上海市志

民主党派分志

1978—2010

上海市地方志编纂委员会　编

上海人民出版社

多党合作·政治协商

2001 年 12 月 5 日，中共市委在锦江小礼堂举行民主协商座谈会，就上海市长的人选听取各民主党派市委和市工商联领导、无党派人士代表意见

民革市委主委厉无畏（左五）、民盟市委主委张圣坤（右四）于 2003 年 2 月 23 日当选为上海市第十二届人大常委会副主任

九三学社市委主委谢丽娟（左四）、农工党市委主委左焕琛（右四）、致公党市委主委俞云波（左三）、民建市委主委黄关从（右三）、台盟市委主委石四箴（左二）于 2003 年 2 月 19 日当选为上海市政协第十届副主席

1997 年 12 月 25 日，各民主党派市委领导应邀参加中国共产党上海市第七次代表大会的开幕式；图为台盟市委主委郑励志（左一）、民进市委主委刘恒椽（左二）、致公党市委主委俞云波（左三）、民革市委主委厉无畏（左四）、民建市委主委黄关从（右四）、农工党市委主委陈灏珠（右三）、民盟市委主委张圣坤（右一）以及宗教界人士罗冠宗（右二）和无党派人士白同朔（中）

1981 年 3 月 12—31 日，中共市委统战部部长张承宗（右三）和民革市委主委赵祖康（左二）、民建市委主委刘靖基（左三）、民进市委主委吴若安（左四）、农工党市委主委周谷城（右一），以及市政协副主席靖任秋（右二）、唐君远（左一）等在广东从化考察调研时合影

2011 年 7 月 25 日，民革市委主委高小玫（左二）调研长江航道建设情况

2003 年 4 月 4 日，民进市委举行“世博会与上海新一轮发展”大讨论；图为副市长、民进市委主委严隽琪（中左）出席

1984 年 4 月，九三学社市委主委卢于道（左）在参政议政座谈会上讲话

2002 年 8 月 27 日，台盟市委《关于用明信片作为上海著名旅游景点的门票，扩大宣传，推动上海旅游业进一步发展的建议》提案得到实施并被评为优秀提案，台盟市委主委石四箴（左四）出席签约仪式

2008 年 8 月 20 日，民主党派市委、市工商联举行 2007 年度决策咨询课题研究成果汇报会

2008 年 6 月 17 日，民革市委举办敬老事业专题研讨会，市委主委高小玫（主席台右三）出席

2012 年 9 月 24 日，民盟中央、民盟市委、上海社会科学院共同主办“文化自觉——当代中国文化发展的反思与前瞻”论坛，民盟中央常务副主席张宝文（左四）、民盟市委主委郑惠强（右三）出席

2008 年 12 月 4 日，民建市委创办第一届“上海中小企业发展论坛”，主题为“坚定信心 共渡时艰 谋发展”

2008 年 11 月 1 日，民进市委与中国民办教育协会联合主办“民办教育：目标、定位和制度创新”主题论坛

2008 年 11 月 29 日，农工党市委与上海科普教育发展基金会等联合举办“上海生态与健康论坛”，农工党市委主委蔡威（左三）、原主委左焕琛（右二）出席

2009 年 12 月 3 日，由致公党中央主办，致公党市委、致公党中央留学人员委员会承办的“中国发展论坛 · 浦东论坛”在浦东张江举行

2011 年 5 月 26 日，主题为“从高校自主招生看教育改革”的九三学社上海高校论坛第四十五次会议召开，九三学社市委主委赵雯（左三）出席

2006 年 11 月 22 日，台盟市委邀请台湾农业专家在沪举行“沪台农业合作与发展研讨会”

1992 年 5 月 1 日，民盟中央主席费孝通（左一）在沪考察期间，与中共市委常委、统战部部长毛经权（左二）讨论“上海如何当好中国经济发展的龙头”问题

2000 年 3 月 23 日，九三学社市委组织两院院士、博士赴浦东考察“聚焦张江”战略落实情况

1999 年 2 月 24 日，市政协、中共市委统战部召开特邀监督员工作会议

1999 年 9 月 19 日，各民主党派市委联合主办“特约（邀）四员”社会咨询日活动

2004年2月12日，各民主党派市委领导参加由中共市科技党委、市科学技术委员会召开的与各民主党派市委对口联系会议

社会服务·帮困助学

2008年10月24日，民革市委举行"第一届社会服务十佳明星"表彰大会暨"民革市委社会主义新农村共建点"揭牌仪式，主委高小玫（后排左三）出席

2006 年 2 月 17 日，民盟市委主委张圣坤（第三排右五）等为援建的安徽寿县联合希望小学揭牌

1995 年 11 月 25 日，民建市委主委陈铭珊（右四）在延安，为由民建市委捐建、民建中央主席孙起孟题写校名的“希望小学”举行剪彩

2007 年 5 月 24 日，民进市委第二期西部教师培训结业，主委蔡达峰（前排左三）出席

2009 年 4 月 15 日，农工党市委主委蔡威（右一）赴广西百色市田东县，考察农工党市委在当地开展的教育、卫生扶贫工作

2012 年 11 月 24 日，台盟市委组织技术团队赴贵州省赫章县举办大棚种植技术培训班

2004 年 4 月 21 日，民盟市委青年工作委员会与久隆模范中学签订“播种希望”合作助学育才协议

1985 年 2 月 28 日，上海工商学院成立校董会，中共市委统战部部长张承宗（前排左四）、民建市委主委刘靖基（前排左五）出席；该学院是民建市委、市工商联经国家教委批准创办的全国第一所民办大学

1999 年 10 月，农工党市委组织文艺小分队下乡巡回演出，主委陈灏珠（右一）参加文艺巴士巡回演出首发仪式

2004 年 4 月 7 日，九三学社市委在嘉定区建立科普教育基地，主委谢丽娟（后排右四）出席签约仪式

2004 年 8 月 20 日，上海市各民主党派市委联合举办“纪念邓小平同志诞辰 100 周年书画联展”

2000 年 6 月 20 日，民建市委举行“促进东西部地区联动发展研讨会”

1998 年 9 月 1 日，农工党市委主委陈灏珠（前排左一）率“农工党市委抗洪救灾慰问团”赴安徽芜湖进行慰问

1987 年 7 月 27 日，致公党市委主委董寅初（右二）等慰问解放军驻川沙某部

2007 年 6 月 22 日，九三学社市委主委赵雯（左一）出席“关爱农民工，五送到工地”活动，向农民工兄弟赠送防暑用品

1987 年 9 月 4 日，民进市委主委吴若安（右三）为上海民进成员中的五位中学特级校长：赵宪初（右二，南洋模范中学）、段力佩（左一，育才中学）、李楚材（左二，位育中学）、薛正（左三，市三女中）、赵传家（右一，市西中学）祝寿

海外联谊 · 对台工作

1981 年 10 月，致公党市支部主委董寅初（前排左二）等会见菲律宾洪门进步党回国观光团，这是致公党上海组织建立后接待的第一个海外侨团

2000 年 5 月，致公党市委首次组团，由主委俞云波（前排左二）率领出访美国，参加美国洪门致公总堂第二十二届恳亲会

2000 年 5 月 26 日，上海各民主党派市委和市工商联联合召开“反台独、促统一”座谈会

1979 年 1 月 2 日，全国人大《告台湾同胞书》发表，台盟盟员奔走相告，欢欣鼓舞。图为台盟市委主委许文思（右二）与盟员交流

2003 年 8 月 21 日，台盟市委举办在沪台籍大学生夏令营

2008 年 7 月 4 日，民革市委接待随两岸直航包机首航来沪参访的“中国国民党黄复兴黄国樑党部大陆参访团”

自身建设 · 政治交接

1998 年 1 月 4 日，上海各民主党派市委联合举行新年学习会

2008 年 8 月 31 日，上海各民主党派市委与市工商联联合举行领导干部暑期学习会

2011 年 2 月 22 日，上海各民主党派市委与市工商联联合举行学习联席会

2002 年 11 月 28 日，中共市委组织部、中共市委统战部、中共市委党校联合举办的第三期党外中青年干部培训班学员结业典礼合影，中共市委常委、统战部部长黄跃金（前排中）出席

1980 年 12 月 4 日，中国致公党在上海成立支部，董寅初（右七）当选为首任主委

1986 年 2 月 22 日，民盟上海电影制片厂支部恢复组织活动，民盟市委主委谈家桢（前排左三）与盟员合影

1998 年 11 月 20 日，中共市委统战部举行《中国民主党派上海市地方组织志》首发式，统战部部长王生洪（中）、原统战部部长赵定玉（右二）出席

2003 年 7 月 15 日，民主党派市委机关干部赴上海国际航运中心洋山深水港一期工程参观学习

1981 年 3 月 12 日，民革市委组织党员瞻仰孙中山故居

2007 年 4 月 16 日，中国国民党革命委员会上海市第十一次代表大会召开

2007 年 4 月 16 日，民革市委召开第十一次代表大会。图为民革第十一届市委主委厉无畏（左）与第十二届市委主委高小玫（右）合影

2008 年 4 月 25 日，民盟市委举行纪念“五一口号”发布六十周年暨政治交接学习教育活动总结大会

2007 年 4 月 6 日，民盟市委召开第十三次代表大会。图为中共市委常委、统战部部长杨晓渡（中）与民盟第十二届市委主委张圣坤（右），第十三届市委主委郑惠强（左）合影

2007 年 8 月 9 日，民建市委举行推进政治交接学习教育活动工作交流会

2007 年 3 月 18 日，民建市委召开第十一次代表大会。图为民建第十届市委主委黄关从（前左）与第十一届市委主委周汉民（前右）合影

2007 年 6 月 12 日，民进市委举行政治交接学习教育活动报告会

2007 年 4 月 23 日，民进市委召开第十次代表大会。图为民进第十三届市委主委严隽琪（左），第十、十一、十二届市委主委刘恒椽（中）与第十四届市委主委蔡达峰（右）合影

2008 年 9 月 9 日，农工党市委召开政治交接学习教育活动总结交流会

2007 年 4 月 26 日，农工党市委召开第十一次代表大会。图为农工党第十届市委主委左焕琛（左）与第十一届市委主委蔡威（右）合影

2007 年 6 月 26 日，致公党市委举行开展“政治交接学习教育活动”动员大会

2012 年 4 月 7 日，致公党市委召开第七次代表大会。图为致公党第六届市委主委吴幼英（右）与第七届市委主委张恩迪（左）合影

2007 年 7 月 16 日，九三学社市委举行政治交接学习教育活动动员大会

2007 年 4 月 19 日，九三学社市委召开第十次代表大会。图为九三学社第十四届市委主委谢丽娟（左）与第十五届市委主委赵雯（右）合影

2008 年 4 月 29 日，台盟市委举行纪念响应中共中央“五一口号”60 周年暨“政治交接学习教育活动”交流座谈会

2007 年 4 月 13 日，台盟市委召开第十次盟员大会。图为台盟第九届市委主委石四箴（右）与第十届市委主委杨健（左）合影

2008 年 4 月 7 日，各民主党派联合举行“上海市各民主党派政治交接学习教育图片巡展”启动仪式；左起台盟市委主委杨健，致公党市委主委吴幼英，民进市委主委蔡达峰，民盟市委主委郑惠强，中共市委常委、统战部部长杨晓渡，民革市委主委高小玫，民建市委主委周汉民，农工党市委主委蔡威，九三学社市委主委赵雯出席

至 2012 年 12 月 31 日，各民主党派市委分别制定并实施的相关制度汇编

各民主党派市委先后创办的报纸或刊物

各民主党派市委先后创办的门户网站

上海市地方志编纂委员会

上海市地方志编纂委员会

（2007.8—2018.6）

《上海市志·民主党派分志(1978—2010)》编纂委员会成员及编修人员名单

编纂委员会成员(2010.12—2012.6)

主 任 委 员　杨晓渡

副主任委员　吴　捷(常务副主任委员)　陶人观

委　　　员　李栋梁　沈志刚　张兆安　许政涛　金如颖　张立军　周　锋
　　　　　　高美琴　顾惠民

办公室主任　邵燮堂　吴孟庆

办公室副主任　宋华忠　胡伟平

顾　　　问　严　政　周　箴

编纂委员会成员(2012.6—2017.9)

主 任 委 员　沙海林

副主任委员　吴　捷(常务副主任委员)　李群策　陶人观　高小玫　郑惠强
　　　　　　陈　群　周汉民　蔡达峰　黄　震　蔡　威　张恩迪　赵　雯
　　　　　　杨　健　李碧影　戴晶斌

委　　　员　吴金城　李栋梁　沈志刚　张兆安　徐钧健　许政涛　金如颖
　　　　　　张立军　马　进　周　锋　高美琴　李碧影　吴珍美　陆　琦

办公室主任　章云鹤　王庆洲　张世俊

办公室副主任　胡伟平　金　佩　杨云庆

顾　　　问　严　政　周　箴　毛经权　赵定玉　陶人观

编纂委员会成员(2017.9—2018.5)

主 任 委 员　施小琳

副主任委员　高小玫　陈　群　周汉民　黄　震　蔡　威　张恩迪　赵　雯
　　　　　　李碧影　戴晶斌　王　珏

委　　　员　董　波　沈志刚　钱雨晴　黄山明　陈芳源　马　进　周　锋
　　　　　　陆　琦

办公室主任　王庆洲　张世俊

办公室副主任　杨云庆
顾　　　　问　毛经权　赵定玉　陶人观　周　箴

编纂委员会成员(2018.5—　　)
主 任 委 员　郑钢森
副主任委员　黄　红(常务副主任委员)　高小玫　陈　群　周汉民　黄　震　蔡　威　张恩迪　赵　雯　钱　锋　李碧影　王　珏　蔡　忠　李　霞　房剑森
委　　　　员　董　波　王光贤　沈志刚　杨德妹　丁光宏　钱雨晴　汪胜洋　黄山明　胡　卫　陈芳源　马　进　周　锋　吴珍美　李海泳　陆　琦　刘　红　孙达普
办公室主任　张世俊　任防飞
办公室副主任　杨云庆　鲁　协
顾　　　　问　毛经权　赵定玉　陶人观　周　箴

编修人员(2010.12—2012.6)
主　　　　编　杨晓渡
执 行 主 编　徐理祥
执行副主编　明　浩　宓正明

编修人员(2012.6—2017.9)
主　　　　编　沙海林
副　主　编　高小玫　郑惠强　陈　群　周汉民　蔡达峰　黄　震　蔡　威　张恩迪　赵　雯　杨　健　李碧影　戴晶斌
执 行 主 编　顾惠民
执行副主编　明　浩　宓正明　董　平　方修仁
特 邀 编 审　陶　俊　胡忠泽　季　萍

编修人员(2017.9—2018.5)
主　　　　编　施小琳
副　主　编　高小玫　陈　群　周汉民　黄　震　蔡　威　张恩迪　赵　雯　吴珍美　戴晶斌　王　珏

总　　　纂　顾惠民
副　总　纂　董　平　方修仁
特邀编审　胡忠泽　季　萍

编修人员(2018.5—　　)
主　　　编　郑钢森
副　主　编　高小玫　陈　群　周汉民　黄　震　蔡　威　张恩迪　赵　雯
钱　锋　吴珍美　王　珏　蔡　忠　李　霞　房剑森
总　　　纂　顾惠民
副　总　纂　董　平　方修仁
特邀编审　胡忠泽　季　萍

各民主党派市委参编人员
民革市委　陈　静　罗湘绮　吉朋晓　王诗艺　马建军
民盟市委　王海波　朱元婷　董　平　吴鸣放　吴馨萍　戴立波　刘佳君
张韬岚　徐宏炜
民建市委　沈永铭　唐祖潮　林永建　乔群慧　何智伟　邹立韧
民进市委　陈振民　黄关桢　李文荣
农工市委　单勇毅　严燕韵　蒋　玲　潘　佳
致公市委　方修仁　汪　溶　王立中　杨丽宁　季金安
九三市委　季　萍　曹晓燕　张越群　张民辉　仲灵颍　陈　莉
台盟市委　林丽萍　吕　湘　刘海东　胡立宇　戴建国

市委统战部机关参编人员
孙海燕　夏瑜峰　吴　展　唐薇霞　洪志强　曹　曦

《上海市志·民主党派分志(1978—2010)》
评议专家名单

组　长　葛剑雄

成　员　(以姓名笔画为序)

丁伯婕　马学强　邢建榕　吕会霖　朱希尹　张兆安　邵　雍　赵正桥　莫建备　蔡建国

《上海市志·民主党派分志(1978—2010)》
审定专家名单

组　长　葛剑雄

成　员　(以姓名笔画为序)

丁伯婕　马学强　邢建榕　吕会霖　朱希尹　孙　瑜　杨仁雷　邵　雍　莫建备　蔡建国

《上海市志·民主党派分志(1978—2010)》
验收单位和人员名单

验收单位　上海市地方志办公室

验收人员　洪民荣　王依群　王继杰　黄晓明　过文瀚

业务编辑　杨军益

《上海市志(1978—2010)》凡例

一、本志坚持以马克思主义为指导，遵循辩证唯物主义和历史唯物主义原理，实事求是记述上海市自然、政治、经济、文化和社会的历史与现状。

二、本志为上海市首轮社会主义新方志中《上海通志》《上海市专志系列丛刊》之续，续义不续例，体例方面创新调整，并对首轮志书补缺正误。采用小篇平列体，分别编纂，陆续出版，汇为全志。

三、本志记述地域范围，以2010年底上海市行政区划为准。由上海市辐射至全国其他地区及国外事物，兼及记述。

四、本志记述内容的时限，上起1978年，下讫2010年，反映这一时期上海改革开放全貌。首轮《上海市专志系列丛刊》所缺或记述内容不够丰富的分志、分卷，上溯至事物发端。中国共产党分志、人民代表大会分志、人民政府分志、人民政协分志、民主党派分志，为保持同一届次内容记述的完整性，下延至2010年后的首个换届年份。

五、本志按自然、政治、经济、文化和社会为序设置分志、分卷，事以类从，类为一志，并兼顾当代社会分工的原则。全志除总述外，中国共产党分志、农业分志、工业分志、商业分志、服务业分志、城乡建设分志、金融分志、口岸分志设置综述卷，并设经济综述分志，加强全志整体性。各分志、分卷采用篇章节体，卷首设概述、大事记，以专记、附录、索引殿后。

六、本志体裁以述、记、志、传、图、表、录为主，力求内容与形式统一。

七、本志人物传遵循“生不立传”原则。入传人物排列先后以卒年为序，在世人物以人物简介(排列以生年为序)、人物表(人物录)记载。

八、本志采用规范的语体文、记述体，行文按《〈上海市志(1978—2010)〉编纂行文规范》，力求严谨、朴实、简洁、流畅，以第三人称记述。

九、本志纪年,凡1949年5月27日上海市解放以前的用历史纪年,一般标示朝代、年号、年份,括注公元纪年;1949年5月27日上海市解放后,一律采用公元纪年。

十、本志所记述的地名、机构名称、职称及币种、计量单位,一般按当时称谓。

十一、本志所用统计资料,原则上根据统计部门公布的材料;未列入统计部门统计的,根据部门统计的材料。

十二、本志资料来源于国家档案馆、上海市及有关省市档案馆、部门档案馆(室),以及历史文献、口碑资料、社会调查、部门提供的材料等,均经考证核实,一般不注明出处。

编纂说明

一、本分志记述时限从1978年各民主党派上海市委组织全面恢复活动(1980年致公党建立上海市组织)开始至2012年底止。

二、本分志资料来源于各民主党派上海市委提供的志稿,志稿以各民主党派市委档案材料、报刊、图书、历史文献和有关人士提供的口述资料为基础。资料一般不注明出处。

三、本分志图照集中,表随文设置。在编纂过程中因1992年前的资料缺失,部分章节中图表年限从1993年开始至2012年止。

四、本分志涉及组织和相关机构名称,在正文中第一次出现时采用全称,其余采用简称;所用简称系在约定俗成的基础上兼顾读者理解。

五、本分志记载了各民主党派市委自1978年恢复活动以来,在加强自身建设,履行参政议政、民主监督职能,参加中国共产党领导的政治协商以及服务社会并体现各民主党派特色的主要活动、主要工作和重要成果。对各党派中央在上海的活动以及领导在沪活动,择其与上海相关的予以记述。

六、本分志记述了各民主党派成员在政府和司法机关担任领导职务(副局级以上)情况,各民主党派市委及其成员在各级政协提案、社情民意和人大议案、书面意见以及专题调研中的建言献策成果被采纳并得到解决情况。

七、本分志人物篇,主要记载上海民主党派的代表性人士。人物传略为在沪已故的,曾任全国人大、全国政协和上海市人大、上海市政府、上海市政协领导职务的民主党派成员,曾任民主党派中央主席、副主席和民主党派上海市委主任委员、副主任委员。人物简介为在沪的、由沪到中央工作,曾任或者现任民主党派中央主席、副主席和民主党派上海市委主任委员。名录主要包括在沪民主党派中央主席、副主席、常委、委员;在沪中国科学院、中国工程院院士;上海市人民政府参事;上海市文史研究馆馆员;获国家最高科学技术奖、上海市教育功臣和上海市科技功臣荣誉称号的在沪民主党派成员。

目　　录

CONTENTS

概 述

中国的8个民主党派分别是中国国民党革命委员会、中国民主同盟、中国民主建国会、中国民主促进会、中国农工民主党、中国致公党、九三学社、台湾民主自治同盟。民主党派是各自所联系的一部分社会主义劳动者、社会主义事业建设者和拥护社会主义爱国者的政治联盟，是接受中国共产党领导、同中国共产党通力合作的亲密友党，是中国特色社会主义参政党。

8个民主党派的上海市级地方组织是：中国国民党革命委员会上海市委员会(简称民革市委)，成立于1955年3月27日；中国民主同盟上海市委员会(简称民盟市委)，1946年6月民盟上海市支部成立，1956年5月改为民盟上海市委员会；中国民主建国会上海市委员会(简称民建市委)，1946年11月10日民建上海分会成立，1956年5月10日成立中国民主建国会上海市委员会；中国民主促进会上海市委员会(简称民进市委)，1949年6月民进上海市分会成立，1956年11月改为中国民主促进会上海市委员会；中国农工民主党上海市委员会(简称农工党市委)，1947年2月，农工党上海市党部成立，1954年8月改组为中国农工民主党上海市委员会；中国致公党上海市委员会(简称致公党市委)，1980年12月4日致公党上海市支部成立，1984年3月成立中国致公党上海市委员会；九三学社上海市委员会(简称九三学社市委)，1946年6月12日九三学社上海分社成立，1984年4月改称为九三学社上海市委员会；台湾民主自治同盟上海市委员会(简称台盟市委)，1949年7月31日台盟华东总支部成立，1955年4月，台盟华东总支部撤销，成立台盟上海市支部，1983年11月改名为台盟上海市分部，1987年11月改名为台湾民主自治同盟上海市委员会。

民主党派地方组织及其基层组织最高权力机构是党(盟、会、社)员大会和党(盟、会、社)员代表大会，会议选举产生的委员组成委员会，每届第一次全体委员会议选举产生主任委员(简称主委)、副主任委员(简称副主委)和常务委员及任命秘书长。闭会期间，在主委领导下，专职副主委和秘书长主持日常工作。其办事机构工作人员列入国家行政编制序列，属国家公务员法管理范围。

上海各民主党派市委机关的办公地在陕西北路128号。1990年11月，上海民主党派大厦正式立项，1991年6月始由中共上海市委统战部具体领导筹建工作，并建立民主党派大厦筹建工作领导小组。1996年12月，8个民主党派市委机关全部入驻大厦集中办公，为全国首创。每年春节前后，中共市委领导前往各民主党派市委机关慰问形成惯例。

一

上海解放后，各民主党派参加了上海地方政权的建设，参加人大和政协工作，参与地方大政方针和重要领导人选的协商，参与政府事务的管理，实行民主监督。教育和组织成员，为恢复国民经济，彻底完成新民主主义革命任务，巩固人民民主专政，反对帝国主义侵略作出贡献。各民主党派的组织基础也得到巩固和发展。1950年底，上海各民主党派经登记审定，成员共1 217人，至1957年6月底，全市民主党派成员达到13 482人，比解放初期增加了11倍多。1966年5月“文化大革命”开始，同年8月，上海各民主党派组织被迫停止活动。

1977年10月，中共中央批转中央统战部《关于爱国民主党派问题的请示报告》，重申中共对民主党派的方针是“长期共存、互相监督”,提出恢复省级民主党派组织的活动。此后,上海各民主党派市级组织先后恢复活动。1978年底,各基层组织陆续恢复活动。1980年4月,致公党上海地方组织开始筹建。

1978年12月中共中央召开十一届三中全会,确定全党工作的重点转移到社会主义现代化建设上来。1979年6月15日,全国政协主席邓小平在全国政协五届二次会议上指出,各民主党派“都已经成为各自所联系的一部分社会主义劳动者和一部分拥护社会主义的爱国者的政治联盟,都是在中国共产党领导下,为社会主义服务的政治力量”,并高度评价了民主党派的历史贡献。此后,各民主党派协助各级中共组织和政府有关部门,开展调查,反映情况,参与制定具体政策,为民主党派成员落实政策做了大量工作。到1980年底,民主党派成员在“文化大革命”及历次政治运动中的冤假错案基本得到平反,被错划的右派分子经过复查基本得到改正。各项政策的落实,调动了民主党派成员为社会主义建设服务的积极性。

1980年1月,上海各民主党派分别召开“文化大革命”后的第一次代表大会,根据中共十一届三中全会和各民主党派全国代表大会的精神,回顾总结历史的经验教训,分析形势,动员全体成员全力以赴地为实现社会主义现代化和祖国统一大业而共同奋斗。各级民主党派组织在继续配合做好落实政策的同时,迅速地把广大成员的积极性引导到为社会主义现代化建设服务上来。至此,上海民主党派的工作全面恢复,并开始了新的进程。至2012年,上海7个民主党派分别召开8次(致公党召开7次)代表大会进行换届。历任中共市委主要领导出席并致贺信祝贺,中共市委副书记、中共市委统战部部长到会讲话。

随着多党合作制度的完善和发展,各民主党派的组织建设问题提上了议事日程。1983年11月,中共中央统战部邀请各民主党派中央主要负责人就组织发展问题举行座谈会,会议明确各民主党派在组织发展中的重点分工。1996年6月、1999年5月和2004年10月,各民主党派中央又先后就加强自身建设提出各自组织发展的指导思想和方针政策。明确组织发展要正确处理质量与数量、发展与巩固、重点与非重点、发展骨干成员与发展一般成员的关系,把发展的重点放在骨干成员及高素质后备干部上来。各民主党派中央重申发展成员要坚持“三个为主”(重点分工为主、中上层人士为主、大中城市为主)、注重质量、保持特色和组织发展与后备干部队伍建设相结合,明确对发展新的社会阶层代表性人士的政策原则。2009年4月,各民主党派中央再次就发展速度和发展新的社会阶层代表人士以及建立县级以上地方组织等提出更为明确的政策原则和要求。民革和农工党对发展的界别进行了调整。

遵循各民主党派中央关于组织发展的原则和基本方针,上海各民主党派坚持“三个为主”,处理好巩固和发展的关系,积极慎重地发展组织,各民主党派的组织得到健康发展。1978年,上海民主党派成员总数为9 251人,成员的平均年龄在60岁以上。1978—2012年的35年间,上海民主党派共发展成员62 335人,至2012年底,成员总数为63 789人,净增54 538人,是1978年的6.9倍。成员平均年龄56.5岁。成员中具有高中级职称者占82.02%。教育、科技、医卫领域成员占63.87%,公有制经济领域成员占16.17%,新阶层成员占9.42%。成员的年龄结构、学历层次等方面变化明显,呈现出年轻化、知识化、代表性强等特点。

上海各民主党派区县级组织(包括区、县委员会和区、县支部)和直属基层组织结构进一步完善。1978年恢复活动时,在区县层面,共有民主党派组织73个,其中:59个委员会,13个支部委员会,1个小组。至2012年底,上海民主党派共有区县组织122个,其中:111个委员会,4个总支部委员会,7个支部委员会。恢复活动时,民主党派直属基层组织共有180个,其中:152个直属支部，10 个直属工委，18 个直属小组。至 2012 年底，民主党派共有直属基层组织 323 个，其中：108 个委员会，7 个直属工委，43 个直属总支部，163 个直属支部，2 个直属小组。

二

中国共产党同各民主党派的政治协商，是中国共产党领导的多党合作和政治协商制度的重要组成部分。上海各民主党派以严肃认真和积极的态度参加中共上海市委领导的政治协商活动。1978—2012 年，各民主党派市委领导人出席党外人士座谈会共 267 次，民主协商会 51 次，共参加政治协商活动 318 次。政治协商的主要内容是：就中共市委贯彻中共中央大政方针的重要部署、中共市党代会和中共市委重要文件以及市政府工作报告、有关重要地方性法规的制定、修改，担任市人大、市政府、市政协及市级司法机关领导职务的建议人选以及关系上海统一战线和多党合作等重大问题进行民主协商；通报中共中央和中共市委重要会议精神和重要情况，并听取意见；征求对党风廉政建设工作和有关上海改革开放和经济建设、精神文明建设等听取意见。

1977 年 11 月 3 日，中共市委邀请各民主党派市委负责人共同协商提名上海市第七届人民代表大会代表候选人和第五届市政协委员人选，成为“文化大革命”以来中断的党派政治协商的新起点。1978 年 9 月，中共市委恢复了民主党派负责人座谈会。1984 年 4 月，恢复中共市委召开、委托中共市委统战部召开的“双月座谈会”（“文化大革命”前为“双周座谈会”）制度。1994 年 5 月起，统称为“各民主党派、工商联负责人、无党派代表人士座谈会”。2001 年 3 月 22 日，市委统战部制定《关于党外人士座谈会操作规范》，将会议名称确定为“党外人士座谈会”。

1989 年 12 月和 2005 年 2 月，中共中央先后制定《关于坚持和完善中国共产党领导的多党合作和政治协商制度的意见》《关于进一步加强中国共产党领导的多党合作和政治协商制度建设的意见》。两个《意见》既进一步明确了中国共产党与各民主党派合作的基本方针是“长期共存、互相监督、肝胆相照、荣辱与共”，也明确提出民主党派是“接受中国共产党领导的，同中共通力合作、共同致力于社会主义事业的亲密友党，是参政党”。确定民主党派参政的基本点是：参加国家政权，参与国家大政方针和国家领导人选的协商，参与国家事务的管理，参与国家方针政策、法律法规的制定和执行。民主党派和无党派人士的民主监督是在坚持四项基本原则的基础上，通过对党和国家的方针政策、各项工作提出意见、批评、建议的方式对中国共产党进行政治监督。遵循两个文件的精神，中共市委先后制定实施意见，对政治协商、民主监督的内容、形式和程序等进一步作出具体规定。中共市委与各民主党派的政治协商活动形成了党外人士座谈会和民主协商会两种会议协商的基本形式。此外，中共市委负责人还不定期邀请民主党派市委主要负责人，举行高层次小范围的谈心活动。在协商过程中，各民主党派本着“肝胆相照、荣辱与共”的精神，对协商议题积极提出意见和建议，为中共市委科学决策、民主决策建言献策。经会议协商一致同意的担任市人大、市政府、市政协及市级司法机关领导职务的建议人选，作为各党派、团体的联合提名，依法分别提请市人大、市政协审议。民主党派提出的相关意见和建议，有的被中共市委和市政府直接采纳到决策和执行之中，有的转相关单位及职能部门研究处理。2009 年，民进中央副主席、民进市委主委蔡达峰在党外人士座谈会上作《减少群众负担，树立群众观念》发言，并形成文稿送中共市委，得到中共中央政治局委员、中共市委书记俞正声的批示，并根据批示印发全市局级以上领导干部阅读，还在《解放日报》上全文刊登，成为民主监督的一个典型案例。

除会议协商以外，各民主党派还就国家大政方针和现代化建设中的重大问题以及中共党的建设问题向中共中央及其地方党委提出书面建议。1997 年 7 月 18 日,民盟中央副主席、民盟市委主委谈家桢致信中共中央总书记、国家主席江泽民,提出保护和加速基因研究等两点建议。江泽民专作批示,并建议有关领导“认真研究,提出解决的办法”。1998 年 3 月 4 日,上海人类基因组研究中心正式成立。2008 年 9 月 22 日,九三学社中央原副主席谢丽娟撰写的《抓住机会吸纳美国的华人金融人才》建议,获中共中央总书记、国家主席胡锦涛,中共中央政治局常委、国家副主席习近平,中共中央政治局委员、国务院副总理王岐山,中共中央政治局委员、组织部部长李源潮等中央领导的批示。

三

参政议政、民主监督是民主党派的基本职能。1978—2012 年的 35 年间,上海各民主党派通过各自成员中的人大代表在人大会议中提出意见和建议,参加人大及其常委会和各专门委员会组织的有关调查研究;在政协召开的各种会议、组织的视察调研中提出意见,或者以提案等形式提出批评和建议;就经济社会发展重大问题进行考察调研,反映社情民意;担任司法机关和政府部门的实职领导职务和担任特约(邀)监督员等,为上海经济、文化、政治和社会建设做出了积极贡献。

人民代表大会是中国人民行使国家权力的机关,也是民主党派成员参加国家政权、参政议政和发挥民主监督作用的重要机构。民主党派成员中的人大代表依照《宪法》及《全国人民代表大会组织法》《全国人民代表大会议事规则》等法律法规进行活动。通过提出议案、书面意见和发言等形式,对国家大政方针、地方重要事务及与人民群众关系密切的重大问题提出意见和建议,反映选民的要求和意见;参与人大的视察活动,督促各项决议的实施。

1978—2012 年,全市有 74 位民主党派成员 108 人次当选历届全国人大代表,其中 9 人、11 人次任常委,2 人、3 人次任全国人大常委会副委员长;696 人、997 人次当选历届市人大代表,其中 64 人、77 人次任常委,13 人、22 人次任市人大常委会副主任。民建会员、九三学社社员孙廷芳在担任第八届全国人大常委会委员期间,积极参政。《人大简报》登载了他 150 多篇发言稿,其中在常委会会议上的发言 19 次。1994 年 7 月,他在全国人大八届八次常委会会议上作题为“遵法律、顺民意、惩治假冒伪劣药品必须紧抓不懈”的发言,提出 5 条具体措施。同年 9 月,国务院发出《关于进一步加强药品管理的紧急通知》。1999 年 3 月,民盟成员李葵南代表在全国九届人大二次会议上,提出的关于制定《政府采购法》的议案,被列入 2000 年全国人大立法计划。农工党市委副主委朱明德代表,邀集农工党内医药卫生、教育、理论、法学、社会科学、外贸等方面的专家学者,组建“议案脑库”,就医药卫生方面的立法问题进行调查研究,1999—2002 年共向全国人大会议提交议案建议 20 件,被大会列为正式议案 10 件。此外,民主党派中的人大代表还就政府信息公开法、人民调解法、产品质量法、住房保障法、科技投入法等法律的制定,以及修订婚姻法、选举法、代表法、科技进步法等提出议案和建议。

在 1978 年后的历次市人大会议上,各民主党派中的人大代表提交议案和建议 600 件。民革成员汪尧昌代表在市人大八届四次会议上,提出《应该制定上海市地方环境保护法规》的议案,受到有关方面重视,并作为立法参考。民进市委副主委盛士琰代表在市九届一次人代会上提出《切实贯彻“义务教育法”,清除教育危机,提高教育质量,制止人员素质的“滑坡”》议案,引起政府部门的重视。民建市委副主委朱德瀛代表在市人大十一届四次会议上提出《关于上海市保护消费者合法权益条例修正案》的议案,被市人大列入当年立法计划。2002 年 10 月,市人大常委会第四十四次会议通过修改后的《上海市消费者权益保护法》，2003年1月1日实施。1999年2月，九三学社市委副主委何克诚代表领衔提出的关于制定《上海市旅游管理条例》的议案，被市人大列入2001年立法调研，推进2003年12月上海市人大常委会通过《上海市旅游条例》。此外，民主党派中的市人大代表还就住宅法、上海市行人交通法规、上海清真食品管理条例、老年人权益保护法、上海市少数民族权益保障条例、归侨侨眷权益保护、台资外资投资保护、上海市政府信息公开条例等法律和地方法规制定、修订、完善及有关具体措施的施行提出许多议案和建议。

人民政协是中国共产党领导的多党合作和政治协商的重要机构，也是各民主党派参政议政、民主监督的重要场所。担任政协委员的民主党派成员依照《中国人民政治协商会议章程》和有关法律法规进行活动。通过提案、发言等形式，反映委员和所联系人士的意见和建议。在政协会议上，民主党派可以本党派名义发言、提交提案，履行政治协商、民主监督、参政议政、反映社情民意职责。

1978—2012年，全国和上海各召开7届政协会议。全市有216位民主党派成员412人次担任全国政协委员，其中47人、76人次任常务委员，6人、15人次任全国政协副主席。1 015人、2 053人次担任市政协委员，其中246人、360人次任常务委员，30人、51人次任副主席，1人、1人次任市政协主席。

民主党派成员中的全国政协委员认真履行职责，就一些重大问题积极建言献策。1980年夏，民革成员武和轩委员向中共中央、全国政协和国务院分别提交了一份《关于国务院要实行精简机构的建议书》，被国务院采纳并写入《政府工作报告》。九三学社市委副主委李昌道委员在参加全国政协八届一次会议期间，就本次人大会议修改宪法的程序与现行宪法第64条规定“宪法的修改，须由全国人民代表大会常务委员会或者五分之一以上的全国人民代表大会代表提议”不符的情况，会同李毅委员共同署名，提出《请严格按照现行宪法第64条规定的修宪程序修宪建议案》的提案，通过九三学社中央转呈全国政协、全国人大，被全国人大采纳。在全国政协八届二次会议上，以九三学社市委副主委张叔英委员领衔的6位委员联名提出《关于建议在全国政协大会期间中央领导同志参加政协委员讨论案》的提案，得到采纳。从1995年起，中共中央总书记等中央领导同志参加全国政协大会的分组讨论，并成为每年全国政协大会的一项重要活动内容。该提案被评为八届全国政协优秀提案。民进市委主委刘恒椽在担任全国政协委员期间撰写的《运用高质量提案　履行好委员职责》一文，被全国政协提案委员会印发全体政协委员，供撰写提案参考。媒体称之为“提案的提案”。全国政协常委、民盟市委主委张圣坤就“高等教育中外合作办学”提出的提案，全国政协常委、民革市委主委厉无畏提出的《关于建立我国石油储备制度的建议》以及农工党市委报送的《关于改进城市创建国家卫生城市工作的若干建议》，均被评为全国政协优秀提案。全国政协常委、致公党市委主委俞云波在全国政协九届五次会议上作《诚实守信是道德建设的当务之急》的大会发言，引起委员们的强烈反响，《人民日报》等12家媒体进行跟踪报道。2008年始民革党员蒋洪委员在每年的全国政协会议上都提出“关于政府财务公开”方面的提案，对推进各级政府财务公开起到了积极作用。全国政协常委、民建市委主委周汉民连续7年为办世博会提案建言，在全国政协十一届四次会议上提交《关于总结上海世博会成果，推动联合国正式将10月31日确定为“世界城市日”的建议》，受到各界关注。

在上海市政协会议上提交提案是上海民主党派履行职能的重要途径。20世纪80年代期间，各民主党派成员中的政协委员较多是以个人名义提交提案，且较多集中于微观层面。20世纪90年代以后，各民主党派市委注重围绕中共市委和市政府的中心工作开展调研，并以组织名义提交提案，促进中共市委和市政府决策的科学化、民主化，同时也提高了各民主党派参政议政和民主监督的质量和成效。据不完全统计,各民主党派围绕经济建设、政治建设、文化建设和社会建设等方面,向上海市政协历次会议提交集体提案 2 247 件,大会发言 376 篇。其中有 271 件被评为市政协优秀提案。民革市委向市政协历次会议提交 236 件提案,其中,《完善我国养老保险制度的若干建议》《关于进一步加强上海水资源管理的建议》等 27 件提案被评为市政协优秀提案。民盟市委在市政协会议上先后提交 364 件提案,其中 37 件被评为市政协优秀提案。《对完善上海高教园区投资模式的建议》《促进本市产学研战略联盟的建议》《关于城乡一体背景下提升郊区教师队伍质量的建议》等提案,因立意高、前瞻性和指导性强,受到中共市委、市政府领导的高度重视。民建市委向市政协提交的 275 件提案中,有 22 件被评为优秀提案。涉及经济方面的占三分之一。《切实重视提高经济效益,促进经济增长方式转变的建议》《关于推进上海国际金融中心建设的几点建议》《鼎力先行先试,推动浦东局部自由贸易港城建设》等提案及大会发言,受到有关部门的重视与采纳。民进市委向市政协提交 276 件提案,其中 37 件被评为优秀提案。《建议加强领导,理顺管理体制,促进职业技术教育的进一步发展》《关于深化上海出版改革的几点建议》《关于提高本市初中教育整体水平,以抑制择校竞争的若干建议》等提案,针对上海教育领域存在的问题,提出了具有操作性的建议,为有关部门采纳。农工党市委向市政协提交 210 件提案,其中 31 件被评为优秀提案。《关于继承和发扬中医中药的建议》被列为市政府承办的重大提案;《关于建立和完善社区卫生服务网络的建议》受到市政府重视,把建设标准化社区卫生服务中心纳入市政府实事工程项目。体现了农工党医卫界的特色。致公党市委向市政协提交 272 件提案,其中 40 件被评为优秀提案。《建议重视发挥新一代华人移民的经济纽带作用》《关于修订〈上海市关于归侨、侨眷权益保护法实施办法〉的建议》等提案体现了侨党特色。九三学社市委向市政协提交 244 件提案,其中 37 件被评为优秀提案。《对〈上海市促进高新技术成果转化的若干规定〉(简称 18 条)的几点意见》和《关于上海发展高新技术风险投资及其法制需求的建议》其主要内容被分别吸纳到同年 6 月颁布实施的市政府新《18 条》以及起草的《上海市创业投资管理暂行规定》之中。《关于提升上海经济贸易仲裁服务的建议》的提案于 2012 年被评为市政协"优秀提案特别奖"。台盟市委向市政协提交 370 件提案,其中 40 件被评为优秀提案。提案内容涉及促进祖国统一方面的有 25 件,其中《上海台商投资情况跟踪及其对策研究》《因应新挑战,进一步吸引台资,促进上海经济发展的建议》和《发挥上海优势,进一步做好台湾人民的工作》等提案受到有关部门的重视。

各民主党派的提案,受到中共市委、市政府的高度重视。1993 年中共中央政治局委员、中共市委书记吴邦国对台盟市委《建议市党、政主要领导亲自批阅民主党派提案》案作出批示,从此民主党派的重要提案成为中共市委书记办公会议、市长办公会议专题研究的一个内容。2001 年 2 月 19 日,中共中央政治局委员、中共市委书记黄菊对《市政协九届四次会议民主党派和工商联提案情况综合》一文作出批示:"民主党派和工商联各位政协委员,围绕上海'十五'计划的实施,提出了许多建议提案。题材广泛,有分析,有操作意见,充分体现了大家参政议政的积极性和主动性。希望有关部门要高度重视,积极研究,认真办理。"

民主党派成员和无党派人士担任政府和司法机关的领导职务,是实现中国共产党领导的多党合作的一项重要内容。1978—2012 年,上海各民主党派成员中有 5 人先后担任上海市副市长,他们是赵祖康(民革)、谢丽娟(九三学社)、左焕琛(农工党)、严隽琪(民进)、赵雯(九三学社);有 5 人先后在市级司法机关担任领导职务,其中,李昌道(九三学社)为首位担任上海市高级人民法院副院长的民主党派人士,俞云波(致公党)为首位担任上海市人民检察院副检察长的民主党派人士;有 54 人被聘为上海市人民政府参事,其中,史说(民革)、李昌道(九三学社)、郑祖康(九三学社)先后担任上海市人民政府参事室主任；有49人次担任市政府部门副厅（局）级以上领导职务，其中，担任正职2人：寿子琪（农工党）担任市科委主任，张全（农工党）担任市环境保护局局长；有66人任副区（县）长。他们坚持原则，克己奉公，尽职尽力，联系群众，调查研究，与中共党员干部融合相处，合作共事，在各自岗位上取得良好的政绩，受到中国共产党和人民的好评。

围绕国家和地方经济建设、社会发展中的重点、难点和热点问题进行调查研究，献计献策，是新形势下民主党派发挥参政议政作用的重要有效的形式和基础性工作。民主党派的调研工作起始于20世纪80年代，1992年，在中共市委统战部牵头下，各民主党派市委开展了专题调查研究工作，并形成一套比较规范的工作程序。2004年开始，上海市决策咨询委员会每年向各民主党派提出建议课题，经双向选择确定后，纳入上海市决策咨询委员会全年决策咨询课题，从而推进了“党委出题、党派调研、政府研处、部门落实”的民主党派、工商联调研工作机制落到实处。从20世纪80年代到2012年，上海各民主党派承接并完成各党派中央课题和围绕上海经济社会建设开展的专题调研课题600项。其中，2004—2012年，承接上海市决策咨询委员会课题73项。这些调研成果，大多转化为各民主党派市委在市政协大会上的提案、大会发言，其中相当一部分在中共市委、市政府有关部门的内部刊物上登载，多项调研成果获“上海市决策咨询研究成果奖”“上海市决策咨询建议奖”和“上海市哲学社会科学内部探讨优秀成果奖”。很多课题调研成果引起中共市委、市政府主要领导及有关党政部门的重视和采纳。

反映社情民意是各民主党派发挥参政议政作用的一个重要形式和途径。上海各民主党派均把反映社情民意放在十分重要的位置，动员各级组织和成员积极参与，发挥了参政议政“直通车”的作用。35年间，尤其是进入21世纪后，上海各民主党派向全国政协、各民主党派中央、市政协、市委统战部等有关方面反映社情民意信息达22 000条。很多建议得到中共中央、国务院和中共市委、市政府领导批示，并被有关方面采纳。

在参政议政中，各民主党派重视工作平台和工作机制建设。20世纪90年代初，各民主党派市委设置了研究室、参政议政工作机构专门负责参政议政工作，并形成了一套行之有效的参政议政工作机制。有的设立“议政日”“主委接待访谈日”，有的开展“三个一”的活动（即成员提供一份提案素材、一条信息、一项建议），“两个一”活动（出一个点子、提一个建议），有的创办《调研建言》内部刊物（可直接报中共市委和市政府领导参阅）。各民主党派都建立专门委员会和区级及直属基层组织提供素材的信息网络等平台，集中整合民主党派成员的智慧和力量，使参政议政工作更具有广泛性和有效性。

民主党派成员受聘担任“特约人员”是体现民主党派进行民主监督的重要形式之一。1988年10月，上海市监察委员会聘请首批特邀监察员14名，其中民主党派成员4名。根据《中共中央关于坚持和完善中国共产党领导的多党合作和政治协商制度的意见》的有关规定，1990年起，上海全面推行聘任“特约（邀）四员”的工作。2005年7月29日，中共市委制定《关于贯彻〈中共中央关于进一步加强中国共产党领导的多党合作和政治协商制度建设的意见〉的实施意见》，上海特约（特邀）人员的聘任工作进一步发展。至2012年底，全市先后聘任了五届特约检察员、特约审计员和特约教育督导员和七届特邀监察员，共328人次。其中，民主党派成员287人次。他们在做好本职工作的同时，认真履行特约（邀）员的职责，参与专项监督检查，接待群众信访举报，参与政风行风评议，参与法规制定和理论研讨，参与检察机关专题研讨和调研，通过提案、建议，加强反腐倡廉的监督，参与重大的督政、督学活动等。1991—1999年，“特约（邀）四员”共举行5次社会公开咨询活动，接待1 000多人次。

除“特约(邀)四员”以外,还有的民主党派成员被各级政府部门和有关单位聘为特邀监督员和政风行风监督员。1998 年起,市公安局聘请首届特邀监督员,此后其他有关政府部门和司法机关也相继开始聘请党外人士担任特邀监督员。2008 年,市纠风办、市高级人民法院、市中级人民法院、市检察院、市公安局、市司法局、市财税局、市工商局等 20 个市政府部门通过市人大、市政协、中共市委统战部,以及各民主党派市委等多种渠道推荐,相继聘请了 335 名民主党派和无党派人士担任各类特邀监督员和政风行风监督员。

四

自 1979 年开始,各民主党派围绕经济建设这个中心,充分发挥自身的优势,紧密结合各项工作,把社会服务作为发挥参政党作用的一项重要工作,通过咨询服务、培育人才、智力支边、扶贫助学、社区服务、支援西部开发,为改革开放、搞活经济、发展生产服务,取得一定的经济效益和社会效益,受到社会各方面的赞誉。各民主党派成员立足岗位,建功立业,一大批民主党派成员获得全国五一劳动奖章,各级劳动模范、先进生产者、三八红旗手以及上海市统战系统为全面建设小康社会作贡献先进个人、先进集体等称号。许多成员在科学技术、教育、文化艺术、医药卫生、体育、人文科学、经济、市政建设等方面获省部级以上的各种奖项和奖励。

1984 年,各民主党派和工商联先后两次在上海展览馆、人民公园联合举办“为四化建设服务成果展览会”,观众达 20 万人次。展览会不仅展示了各民主党派在为社会主义现代化建设服务中取得的丰硕成果,还组织民主党派成员 700 人次,为市民提供法律、科技、医疗和有关政策的咨询服务。

上海各民主党派以服务为宗旨,发挥优势,创办企业、开展各类咨询活动和社会服务工作。1979 年 9 月 22 日,民建市委和市工商联酝酿、倡议和精心筹备,由老一辈工商业者和部分海外人士集资 5 720 万元,以“爱国建设”为宗旨,正式成立“上海市工商界爱国建设公司”,这是改革开放后创建的大陆首家民营企业。1991 年起,农工党市委先后开设深受各界好评的儿科、妇科、生殖健康和老年保健热线咨询电话,为人民群众排忧解难。1998 年 7 月起,民进市委组织力量,开展“同心工程”工作,免费为下岗职工举办“成功之路”系列讲座和计算机、家政等培训班,为下岗特困职工子女就学设立专项助学金。1998 年 6 月,农工党市委组建“文艺巴士”,农工党员中知名演员每年下乡巡演,宣传中共十一届三中全会以来农村取得的丰硕成果,成为农工党市委社会服务活动的一个特色。2003 年起,九三学社市委与市科协等联合举办“名家科普讲坛”,2004 年又成立“科普讲坛”,至 2012 年共举办科普报告 700 余场。民革市委与长宁区仙霞街道、宝阳实业有限公司等单位联合开设了逸仙敬老院 5 家,成为上海市区规模最大的养老机构之一,为上海的养老事业做出了贡献。2004 年 3 月,民盟市委发动数百名盟员律师,在市区 11 个咨询点举行“3·15 献爱心义务咨询活动”,为市民的消费、房产、婚姻等问题提供免费法律咨询。该活动每年在上海 10 个中心区县同时举行,成为上海民盟社会服务工作的品牌项目之一。20 世纪 80 年代到 20 世纪 90 年代期间,上海市各民主党派主办各类学校 178 所。1984 年,民建市委和市工商联合作创建的全国第一所民办成人高等院校“上海工商学院”,被授予“全国成人高等教育先进学校”。上海市前进进修学院、上海市民进自强进修学院、沪东科技进修学院等学校办学声誉好,多次获得“上海市社会力量办学先进单位”称号。各民主党派市委与区委还分别与街道签约结对子,开展共建精神文明活动,积极参与社区建设。

从20世纪90年代开始，上海各民主党派开展为西部贫困地区发展服务工作。1991年11月和2000年4月开始，九三学社市委分别把贵州省黔南市布依族苗族自治州和四川省广元市剑阁县作为科技扶贫的定点地区，开展科技及医疗咨询、人员培训、捐资助学等活动，以及组织开展“沪豫科技合作”工作。1992年9月，民建市委成立“上海市民建经济技术咨询中心”，对宁夏、云南等地区提供技术咨询和人员培训，成绩显著，先后获“全国智力支边扶贫先进集体”“全国民族团结进步模范单位”“全国统一战线为两个文明建设服务先进集体”称号。1998年和2002年，台盟市委分别在湖南和云南少数民族地区援建希望学校2所。1998年始，民盟市委与民盟宁夏区委以宁夏贫困山区为重点开展联手扶贫，并获“全国民族团结进步模范单位”称号。2000年，国家实施西部大开发战略后，各民主党派积极响应、迅速行动。2000年6月，民革市委举办“西部开发与民革参政议政”专题论坛，召开“科技兴农”“智力支边”等座谈会，并组织专家赴新疆、宁夏、甘肃、贵州等地，进行考察、调研。民革专家团“关于贵州铜仁经济可持续发展的建议”被作为中共铜仁地委文件印发当地领导班子及有关部门负责人。2001年，致公党市委开展向西部地区贫困学校捐书活动。2002年，民进市委举办“西部地区希望学校教育干部培训班”，开展“城乡少年手拉手助学活动”，支持所属社会力量办学单位(学校)与西部贫困地区开展助学支教活动，先后举办18期西部教师培训班。2002年，农工党市委促成上海仁济医院与宁夏石嘴山市人民医院结对，帮助该院提高医疗、护理、科研和管理水平。自2005年起，民盟市委与上海建桥集团合作，在贫困地区援建希望小学，至2012年已在全国13个省、自治区建成烛光学校(楼)20所。2009年7月31日，致公党市委设立“上海致公爱心基金”，以贫困地区遭遇特殊困难的社会群体为主要受益对象，至2012年底，共募集善款170多万元，先后用于捐建“致公科普活动中心”和扶贫帮困130多万元，并把每年5月12日定为致公爱心捐助日，体现了“致力为公”精神。1995—2012年，8个民主党派合计援建希望小学57所，设立24个助学基金。

各民主党派在赈灾救灾、援助毕节地区、慈善捐助、服务世博等方面，积极响应党和政府号召，作出应有的贡献。尤其是在长江洪灾、汶川特大地震、玉树地震、“非典”疫情等重大灾害发生时，与全国人民一道投入抗灾救灾。许多民主党派成员和组织受到各级政府和有关方面的表彰。

五

上海各民主党派具有与港、澳、台地区和海外广泛联系的优势。改革开放后，各民主党派动员成员多渠道、多层次、多方式的开展对港澳同胞、台湾同胞、海外侨胞和外籍华人的交往交流工作，通过海外联谊、引进外资等多种形式，为对外开放，为推进海外统战工作和祖国统一事业做了大量工作。

从20世纪80年代起上海各民主党派成员开始接待港澳台同胞和海外侨胞。民革市委在1980年后率先引进资金6 500万美元，还多次接待孙中山后裔、国民党元老和他们的二、三代，以及台湾高校杰出青年大陆参访团等。2006年起，与上海中医药大学联合举办7届“中华文化寻根”在沪台生夏令营。1987年10月，由民革市委和民盟市委共同筹建的“上海中山学社”正式成立后，积极开展学术活动，密切与港澳台及海外的学术交流，促进海峡两岸的联系。

由在沪台湾省籍同胞组成的上海台盟，坚持维护国家统一，坚决反对台湾“独立”、“一中一台”“两个中国”，从20世纪80年代初就组织和动员盟员及在沪台胞为促进海峡两岸交流，为实现和平统一祖国作出努力。1981—2012年，合计接待来访海外台胞770批、3 771人次，牵线搭桥，引进资金 4 亿多元人民币。随着来大陆投资的台商日益增多,台盟市委通过调查研究,为台商排忧解难,落实《台湾同胞投资保护法》,保护台商在大陆投资的合法权益,并帮助在沪台商、台湾就读学生排忧解难约 200 起。1979 年市民建、工商联组成的上海市工商界赴港访问团,受到香港工商界热烈反响,并组团来沪回访。1992 年 6 月,民盟市委主委谈家桢和 6 位科学家应台湾物理学家吴大猷邀请赴台访问,并与蒋纬国会晤,推动海峡两岸科技、教育、医卫等各界双向交流和合作。1991—1995 年,农工党市委连续 5 年与“浦江之声”电台联合举办中秋对台文艺广播晚会。民进市委和九三学社市委鼓励成员通过书信往来、探亲访友、学术交流、在相关主流媒体刊登宣传稿件等密切与港澳台和海外同胞关系,介绍和宣传中国大陆经济发展成就和“和平统一祖国”“一国两制”方针政策。

致公党上海市地方组织及其党员与几十个国家的华侨社团保持经常联系,接待海外华侨社团、洪门人士和台胞 2 123 人次,15 次组团出访十几个国家(包括未与中国建交的国家)。为上海和其他有关省市引进资金、设备和开展贸易,以及各种捐赠总金额达 10.6 亿多美元,还邀请海外学者 130 多人次来上海及其他省市讲学和学术交流,为拓展海外统一战线做了大量卓有成效的工作。

各民主党派通过亲朋探访、信函往来,组织出访、参访和接待来访,以及联合“海峡之声”“浦江之声”“金陵之声”组织端午、中秋文艺晚会对台广播等,沟通大陆与港澳台和国外的联系渠道,阐释宣传中共中央和政府的大政方针,宣传介绍中国大陆改革开放取得的成果。通过联谊,协助引进资金、引进技术和引进人才,发展经济交往,推进上海与港、澳、台及海外的科技、文化和学术等交流,为促进海峡两岸的交往和祖国统一事业作出了积极贡献。

六

上海各民主党派以建设合格的参政党为主旨,以思想建设为核心,以组织建设为基础,以制度建设为保障,加强自身建设,不断提高参政党的综合素质,为进一步履行参政党职能、发挥参政党作用,提供政治、思想和组织保证。

1980—2012 年,上海各民主党派经过多次换届,领导班子实现了跨世纪的新老交替和政治交接。1980 年各党派主委的平均年龄为 74 岁,1997 年各民主党派换届后,主委平均年龄为 61 岁,比 1980 年下降了 13 岁。1997 年换届后,民主党派老一代领导人基本退出领导岗位。在此历史背景下,民主党派老一辈领导人提出了政治交接的任务,并把它确定为换届的主题。政治交接的提出,得到了中共中央的大力支持。1997 年底,中共中央总书记江泽民在同各民主党派中央新老主席座谈时指出,政治交接的核心是把民主党派老一辈在长期革命和建设实践中形成的优良传统和高尚风范一代一代传下去,保证统一战线和多党合作事业的蓬勃发展。2002 年是民主党派新一代领导人主导的第一次换届,也是新世纪的第一次换届,各民主党派中央把巩固和发展政治交接成果作为换届主题,并提出“要建设合格的参政党”。中共中央总书记胡锦涛在 2003 年的党外人士迎春座谈会上,希望各民主党派按照各自全国代表大会确立的参政党建设的任务、目标和原则,努力把民主党派建设成为与共产党长期亲密合作,能够经受各种困难和风险考验,在中国特色社会主义事业建设中发挥积极作用的参政党。2007 年换届,一些改革开放初期加入民主党派的领导人退了下来,一批新中国成立前后出生、90 年代以后加入民主党派的同志走上领导岗位。这次政治交接的主题是坚持走中国特色政治发展道路。换届后,中共中央政治局委员、市委书记习近平出席上海各民主党派领导人暑期学习会,希望上海各民主党派“高举旗帜、服务大局、团结合作、练好内功”。各民主党派领导人在会上表示要“举好旗,走好路,带好队伍”。2012 年换届,各民主党派中央提出,要把与中国共产党“同心、同德、同向、同行”思想体现并贯穿于整个换届过程中。把“同心”思想作为学习践行社会主义核心价值的鲜明主题、搞好政治交接的重要任务、教育培训引导成员的核心内容。2012 年换届后，各民主党派市委主委的平均年龄为 54.6 岁，比 1997 年下降了 6.4 岁。

上海各民主党派在每次换届中和换届后，都把进一步搞好政治交接作为班子建设的首要任务，继承和发扬老一辈领导人在长期革命和建设实践中形成的优良传统和高尚风范，保证中国共产党领导的多党合作和政治协商制度得到坚持和发展。各民主党派先后建立和健全中心组学习制度；积极参加各民主党派领导人新年学习会、暑期学习会和专职副主委、秘书长双周学习联席会等，加强政治理论学习，提高政治水平和领导水平；进一步贯彻民主集中制原则，健全工作机制，落实“集体领导、民主集中、个别酝酿、会议决定”的程序，修订主委会、常委会、全会的议事规则，建立领导班子民主生活会制度、领导班子成员的述职评议考核制度、班子内部的谈心谈话制度，联系基层制度等。组建上海市各民主党派“继承优良传统，共创光辉未来”宣讲团、联合编印《风雨同舟　继往开来》图片集等等。这些举措为领导班子政治交接落到实处打下良好基础，也推进了区(县)组织和基层组织的新老交替和政治交接。

在各民主党派市委的带领下，各级组织和广大成员的学习自觉性和积极性不断提高，计划性不断加强。各民主党派市委根据不同时期的形势和要求，组织成员认真学习邓小平理论和“三个代表”重要思想、科学发展观，学习中共中央和各自党派中央的有关文件精神，学习中国基本政治制度和老一辈民主党派人士与中国共产党团结合作、风雨同舟、荣辱与共的优良传统和光辉历史；学习统一战线理论和方针政策；开展爱国主义、社会主义教育以及形势任务与政策教育等。开展“三增强”“四热爱”(增强对中国共产党“三个代表”重要思想的认识、增强对社会主义制度优越性的认识、增强中华民族凝聚力，热爱中国共产党、热爱祖国、热爱社会主义、热爱人民)、政治交接学习教育活动、树立和践行社会主义核心价值体系、与中国共产党“同心同行”等主题学习教育活动；联合举办“上海市各民主党派纪念响应中共中央‘五一口号’六十周年暨政治交接学习教育活动图片展”，并到各区县巡展。以民主党派和无党派人士联合党校上海市社会主义学院为基地，培训、培养成员。各民主党派积极探索学习方法和形式，增强学习的针对性和有效性。民革市委组织“重走抗战之路”和“辛亥寻访之旅”，编辑出版系列丛书，用党员中的先进模范事迹教育党员。民盟市委聘请中共高校党委书记担任民盟市委思想教育顾问，先后在 8 处民盟重要人物和活动旧址建立“中国民主同盟(上海)传统教育基地”。民建市委每年清明节组织会员祭扫民建创始人和烈士墓，编印纪念民建烈士的《丹心照汗青》。民进市委利用民进成立旧址发挥教育基地作用，制订《“树立和践行社会主义核心价值、推进学习型参政党建设”三年规划实施方案》印发各区县及直属组织。农工党市委发挥中国农工民主党“第一次全国干部会议”会址农工党诞生地的特殊作用，开展优良传统教育。编辑出版《风雨同舟五十年——农工党上海市委成立五十周年》《历练》等一系列党史书籍，鞭策和勉励农工党全体党员继往开来做贡献。致公党市委运用党史、侨史，对党员进行爱国主义、社会主义教育。九三学社市委开展“学社史，继传统，迎接新世纪”专题讨论和“回眸五十年，迈向新世纪”。台盟市委开展“热爱祖国，了解台湾”读书活动；编印《政治交接学习教育活动汇编》，为建立长效机制、推进活动长期开展奠定基础。

上海各民主党派市委十分重视基层组织建设和对中青年成员的教育培养，分别制定关于加强基层组织建设的意见、工作条例和培养教育中青年成员计划，制定后备干部队伍建设有关文件，推荐优秀中青年成员到市、区政府有关部门挂职锻炼。各民主党派通过举办各类培训班、研讨班，选送中青年成员参加中央和上海社会主义学院学习，建立起一支数量充足的后备干部队伍。后备干部队伍建设逐步走向制度化、规范化,初步形成了选拔培养后备干部的工作机制,为优秀年轻干部脱颖而出创造了条件。

1997年开始,民主党派机关参照《国家公务员暂行条例》管理。2006年6月1日开始,民主党派机关工作人员纳入公务员队伍。各民主党派市委机关干部的招录、晋升、考核、培训等方面全部按照国家机关对公务员管理要求实施。各民主党派市委以贯彻《国家公务员暂行条例》和《公务员法》为契机,重点开展制度建设,通过定编、定岗,制定职位说明书,明确职责,严格考核制度;探索处级岗位聘任制,制定干部晋升办法等调动机关干部积极性,提高工作效率。机关干部的政治水平、政策水平、业务能力和积极性主动性普遍提高,为基层、为成员服务意识普遍增强。

1978年,上海各民主党派恢复活动后的35年间,坚持正确的政治方向,在工作中不断总结、探索,形成了一系列思想原则和工作机制,取得了新进步和新发展。

始终坚持中国共产党领导的多党合作和政治协商制度。上海各民主党派十分注重组织和成员的思想建设,与中国共产党同心同德、风雨同舟。在经历诸如以美国为首的北约袭击中国驻南斯拉夫使馆、台湾当局破坏“一个中国”原则抛出的“两国论”“一边一国论”“台独”言论和依法取缔非法组织“法轮功”组织等重大政治事件时,上海各民主党派始终与中国共产党保持高度一致,旗帜鲜明地给予强烈谴责和坚决反对,坚决拥护中国政府的决定。表现出热爱中华,维护祖国统一,伸张正义的政治担当。在履行参政议政、民主监督职能和参与中共领导的政治协商中,既有严肃的政治态度,又有知无不言、言无不尽的坦诚见解,成为发展中国社会主义民主政治的一支重要政治力量。

始终坚持围绕中心、服务大局,参政为民。上海各民主党派团结和带领广大成员立足岗位、建功立业,凝聚智慧、无私奉献,为改革开放、经济建设、社会和谐发展贡献力量,成为推进上海的发展和中国特色社会主义建设的一支重要力量。

始终坚持进步性和广泛性相统一。上海各民主党派既坚持与中国共产党通力合作,共同致力于建设中国特色社会主义事业的进步性,又坚持与来自不同的社会阶层和群体中的成员保持广泛性联系,并反映和代表所联系的这部分群众的具体利益和要求,为推进上海多党合作事业发展提供了良好的思想和组织保证。

始终坚持“三自”工作方针。上海各民主党派始终坚持自己提出问题、自己分析问题、自己解决问题的“三自”工作方针,不断实践和探索自我教育的形式和方法,不断巩固共同的思想政治基础,独立解决自身问题的能力不断增强。

2012年换届后,上海各民主党派新一届市委进一步继承和发扬老一代领导人的优良传统,加强自身建设和后备队伍建设,完善内部监督机制。以“同心”思想为指导,不忘与中国共产党合作初心,拥护中国共产党第十八次代表大会以来的各项方针政策,积极开展坚持和发展中国特色社会主义学习实践活动,坚定中国特色社会主义的道路自信、理论自信、制度自信和文化自信。各民主党派以新的姿态,围绕改革开放和经济、政治、社会、文化及生态文明建设大局,为国家和上海的发展,为实现中华民族的伟大复兴作出新的贡献。

大 事 记

1978 年

4 月 15 日　各民主党派和各界爱国人士 1 000 人参加统战系统召开的揭批“四人帮”大会。

5 月 29 日　民盟中央副主席胡愈之、楚图南等来沪考察，民盟市委举行座谈会，向民盟中央领导汇报工作。

6 月 23 日—7 月 7 日　民建中央副主任委员胡厥文、胡子昂、孙起孟，秘书长孙晓村来沪调查落实政策情况。

9 月 8 日　各民主党派市委领导参加中共市委统战部召开的双周座谈会，讨论民主党派工作问题。中共市委统战部部长张承宗主持会议并讲话。

10 月 24 日　各民主党派市委领导参加中共市委统战部召开的双周座谈会，听取中共中央批转中组部等五部委文件《贯彻中央关于全部摘掉右派分子帽子决定的实施方案》的传达。

11 月 2 日　民革中央领导人朱学范等来沪调研。民革市委主委赵祖康等参加调研，组成“民革中央和华东部分省市会务调查研究会”。

11 月 27 日　台盟上海市支部第四次盟员大会举行，选举产生第四届支部委员会，许文思当选主委。

12 月 26 日　各民主党派市委分别举行常委会议，学习、讨论中共十一届三中全会公报，拥护中共中央一系列决策。

1979 年

1 月 1 日　全国人大常委会发表《告台湾同胞书》。民革市委、台盟上海市支部分别组织学习、座谈。

2 月 24 日　民盟市委召开民盟上海市各区正、副主任会议，讨论恢复和开展民盟基层组织活动问题。

3 月 10—31 日　中共市委统战部部长张承宗任团长，民建市委主委刘靖基任副团长的上海市工商界赴港访问团一行 10 人赴香港进行为期两周的访问。

3 月 13 日　各民主党派和各界人士 200 人参加中共市委统战部举行的党外人士座谈会，学习中共十一届三中全会精神。

5 月 18 日　台盟上海市支部召开在沪台胞大型座谈会，近 500 人出席。会上通过了《在沪台胞声援余登发爱国主义斗争，给台湾父老兄弟姐妹们的公开信》。

7 月　各民主党派分别组织成员学习邓小平 6 月 15 日在全国政协五届二次会议上的开幕词，重点学习关于中国社会阶级状况的根本变化的论述：“中国各民主党派都已经成为各自所联系的一部分社会主义劳动者和一部分拥护社会主义的爱国者的政治联盟，都是在中国共产党领导下为社会主义服务的政治力量。”

9月8日　农工党市委举办首次“医学讲座”,推动医卫界党员交流学术经验,开展学术讨论。

9月22日　民建市委、市工商联创办的上海市工商界爱国建设公司召开成立大会。

9月25日　各民主党派和各界人士160人参加中共市委统战部举行的庆祝建国30周年座谈会,会议由张承宗主持,中共中央统战部副部长张执一参加座谈会并讲话。

10月10日　台盟上海市支部举行文娱联欢晚会,欢迎以黄成台为团长、张景霖为副团长的旅日台胞国庆观光团。这是《告台湾同胞书》发表后首批回国参观的台胞代表团。

10月11—22日　各民主党派恢复活动后的第一次全国代表大会分别在京召开。苏步青、吴若安、周谷城、卢于道分别当选民盟、民进、农工党、九三学社中央副主席。

11月6日　各民主党派市委领导参加中共市委统战部召开的座谈会,交流参加各民主党派全国代表大会的体会。

12月2日　民建中央、全国工商联工作组胡厥文、孙起孟、孙晓村等到沪,听取民建市委、市工商联的工作汇报,并召开技术、经营管理、外贸、退休人员、妇女等一系列座谈会。

12月4日　各民主党派市委领导参加中共市委统战部召开的座谈会,张承宗传达邓小平讲话精神和中共中央有关文件。

12月15日　民建市委和市工商联联合举行民建、工商联成员为“四化”服务经验交流会,民建中央主席胡厥文到会讲话。

12月21日　各民主党派市委领导参加中共市委召开的民主协商会,就市人大常委会主任、副主任、委员,市长、副市长,市政协主席、副主席、常委建议人选进行协商,并提出意见和建议。

12月22日　各民主党派市委领导参加中共市委统战部召开的座谈会。回顾一年来各民主党派市委的工作,交流各民主党派的全国代表大会精神传达贯彻情况,中共中央统战部第一副部长刘澜涛出席座谈会并讲话。

12月23—29日　上海市人大七届二次会议举行,民盟苏步青、民建刘靖基、民进吴若安、农工党周谷城当选市人大常委会副主任。

1980年

1月12—15日　九三学社上海市第四次社员代表大会举行,选举产生九三学社上海分社第九届委员会。卢于道当选主委。

1月12—16日　民革上海市第五次代表大会举行,选举产生民革上海市第六届委员会。赵祖康当选主委。

同期　民盟上海市第七次代表大会举行,选举产生民盟上海市第七届委员会。谈家桢当选主委。

同期　农工党上海市第四次代表大会举行,选举产生农工党上海市第五届委员会。周谷城当选主委。

1月13—16日　民建上海市第五次代表大会举行,选举产生民建上海市第五届委员会。刘靖基当选主委。

同期　民进上海市第四次代表大会举行,选举产生民进上海市第八届委员会。吴若安当选主委。

1月22日　各民主党派市委领导和各界代表人士100人参加中共市委统战部召开的党外人士座谈会，中共市委统战部部长张承宗传达中共中央、国务院批转国家计委《关于国民经济计划安排情况的报告》等文件。

2月11日　各民主党派市委领导参加中共市委统战部召开的党外人士座谈会，听取中共中央转发的邓小平《关于目前的形势和任务的报告》。

4月24日　台盟上海市支部举行盟员和在沪台胞集会，反对台湾当局制造“高雄事件”迫害台胞，要求台湾当局取消“戒严法”，保护台湾同胞的民主权利和爱国统一的权利。会上发表了《大会宣言》。

5月下旬起　民进市委先后举行了13次座谈会，历时6个多月，提出了有关教育方针、培养目标、中等教育结构、学校规模、教材改革和师资培养等11个方面的建议，被民进中央和上海市教育局采纳。

6月9日　民盟中央副主席叶笃义率民盟中央工作组来沪，调查知识分子为“四化”服务情况。

6月12日　中共中央统战部副部长平杰三由张承宗陪同到民建市委、市工商联调研。

6月21日　平杰三与民进市委负责人举行座谈。

6月26日　各民主党派市委领导和在沪全国人大代表、全国政协委员、市人大常委会委员、市政协常委中非党爱国人士100人参加中共市委统战部召开的座谈会，听取中共中央关于爱国人士中的右派复查问题的文件传达，张承宗在会上介绍了上海市对右派分子摘帽和复查、改正的情况。

9月　致公党中央派秘书长邝明来沪，拜会中共市委统战部领导，会见董寅初、叶鸿宝等侨界人士，商讨筹建致公党上海地方组织工作。

10月17日　各民主党派市委领导参加中共市委统战部召开的民主协商座谈会，讨论如何贯彻全国政协五届三次会议政治决议中关于“参加政协的各党派、各团体都有宪法赋予的权利和义务范围内的政治自由、组织独立和法律上平等的权利，都有权在政治上、组织上对自己的问题作出决定，独立负责地开展工作”的问题。

12月4日　致公党上海市支部委员会成立。董寅初任主委。

1981年

2月19日　民建市委、市工商联召开大会，传达民建中央和全国工商联召开的为“四化建设”服务经验交流会的精神，提出以经济咨询服务和工商专业培训为“四化”服务的两大中心。

2月20日　农工党市委召开中医座谈会，讨论继承、发扬、整理、提高中医学术问题。

2月27—28日　各民主党派市委领导和成员中的先进工作者1 000人参加中共市委统战部召开的各民主党派市委和市工商联工作经验交流会，中共市委第二书记胡立教就国内形势和进一步贯彻经济调整、政治安定的方针作报告。

3月7日　民建中央副主席孙起孟来沪指导工作。

3月12—31日　中共市委统战部部长张承宗组织民革市委主委赵祖康、民建市委主委刘靖基、民进市委主委吴若安、农工市委主委周谷城和上海市工商联副主席唐君远等赴广东从化等地考察。

4月6日　各民主党派市委领导参加中共市委召开的民主协商会，就市第七届人大三次会议和市政协第五届三次会议建议人选等问题进行协商，并提出意见和建议。

5月11日　民建市委、市工商联举行联席会议，民建中央主席胡厥文到会并讲话。

6月19日　各民主党派市委领导和各界代表人士参加中共市委统战部举行的纪念中国共产党成立60周年座谈会。

6月下旬　各民主党派市委先后举行庆祝中国共产党成立60周年活动。

7月22日　各民主党派市委领导参加中共市委统战部举行的报告会,胡立教传达中共十一届六中全会精神。

7月下旬　各民主党派市委分别举行会议,学习中共十一届六中全会《关于建国以来党的若干历史问题的决议》。

9月23日　民革市委举行全体党员大会,纪念辛亥革命70周年。

9月30日—10月上旬　各民主党派分别举行会议,学习座谈全国人大常委会委员长叶剑英有关台湾回归祖国、实现和平统一方针的"九点建议"。

10月10日　纪念辛亥革命70周年大会在市政府大礼堂召开,胡立教主持,中共市委第一书记陈国栋讲话,民革市委主委赵祖康、民建市委主委刘靖基、民盟市委副主委赵超构等在大会上发言。

11月29日　农工党市委举行纪念中国农工民主党创始人邓演达烈士殉难50周年大会。

12月20—25日　民革中央五届二次全会在京召开,赵祖康当选民革中央副主席。

12月30日　民盟市委举行纪念民盟成立40周年大会。

1982年

3月3日　各民主党派市委领导及各界人士参加中共市委统战部召开的座谈会,听取中共中央主席胡耀邦在全国第五次"两案"审理工作座谈会上的讲话及中共中央副主席、中共中央纪律检查委员会书记陈云关于林彪、江青两个反革命集团审理工作意见的传达。

3月5日　各民主党派市委领导参加中共市委统战部召开的情况通报会,中共市委统战部部长张承宗通报中共市委召开的市统战工作会议精神。

3月26日　各民主党派市委领导参加中共市委统战部召开的座谈会,听取传达中共中央关于打击经济领域的犯罪活动文件,胡耀邦在广东、福建两省座谈会上的讲话以及中共中央关于检查知识分子工作的有关精神。

4月6日　各民主党派市委领导参加中共市委统战部召开的座谈会,听取中共中央关于知识分子工作的有关文件以及中共中央关于自费出国留学若干问题决定的传达。

4月—5月上旬　各民主党派市委分别成立落实知识分子政策工作组,开展知识分子落实政策情况调查。

5月5日　各民主党派市委领导参加中共市委统战部召开的座谈会,商讨有关推荐、安排党外人士以及调查落实知识分子政策等问题。

5月5—10日　致公党中央主席黄鼎臣来沪视察工作。

5月15日　各民主党派市委领导和各界人士参加中共市委召开的会议,中共市委第一书记陈国栋主持会议,第二书记胡立教和政法委领导小组副组长王鉴分别阐述了中共中央关于审理"两案"的方针,介绍对马天水、徐景贤、王秀珍等9名罪犯审理的情况。

6月28日　民革市委举行民革中央早期领导人之一邵力子诞辰100周年座谈会。

7月13—30日　上海市人民法院审讯江青反革命集团上海重要骨干徐景贤、王秀珍。部分民主党派成员参加旁听。民盟翁曙冠、民建陈铭珊被推选担任陪审员。

7月24日—8月3日　全国人大常委会副委员长廖承志致蒋经国信公布后，民革、台盟、民盟、农工党等民主党派市委和致公党上海市支部分别召开成员座谈会。

8月25日　民革市委举行全体党员和联系人士大会，民革中央副主席贾亦斌到会作报告，谈学习中共中央统战工作会议精神和廖承志致蒋经国公开信的体会。

9月28日　中共市委统战部举行报告会。统战部部长张承宗主持，中共市委第一书记陈国栋讲话。中共市委第二书记胡立教传达中共十二大会议精神。农工党市委主委周谷城谈应邀列席中共第十二次全国代表大会的体会。

10月18日　中共中央统战部部长、国家民委主任杨静仁由张承宗陪同，到各民主党派市委和市工商联机关看望工作人员并与各民主党派和工商联负责人座谈。

1983年

1月18日　民建市委向区、局各级组织发出《关于开展"四提倡，四反对"活动的通知》，要求全体会员大力宣传，积极行动，为精神文明建设作出贡献。

2月3日　各民主党派市委领导和各界代表人士70人参加市政协、中共市委统战部举行的迎春座谈会，中共市委统战部部长张承宗传达中共中央总书记胡耀邦在全国职工思想政治工作会议上所作的《四化建设和改革问题》的报告。

2月5日　民进市委举行先进基层、会务工作积极分子表彰大会。18个先进基层代表、92名会务工作积极分子受表彰。

3月12日　致公党上海市支部召开党员大会，致公党中央主席黄鼎臣、副主席许志猛到会。

4月5日、15日　各民主党派市委领导先后两次参加中共市委召开的各界人士民主协商会，就第六届全国人大代表候选人名单、第八届市人大常委会组成人员候选人名单和第六届市政协正、副主席建议人选进行协商，并分别提出意见和建议。

4月15日　抗日名将谢晋元新墓建成，民革市委举行祭奠仪式。

4月16日　台盟上海市支部召开为"四化建设"和祖国统一服务经验交流大会，同时对获得各种荣誉的盟员进行表彰。

4月20—29日　市政协召开六届一次会议。九三学社上海分社委员会主委卢于道、民盟市委副主委赵超构、民革市委副主委徐以枋、致公党市支部主委董寅初当选市政协副主席。

4月22—27日　市八届人大一次会议举行。民革市委主委赵祖康、民建市委主委刘靖基、民进市委主委吴若安、民盟市委主委谈家桢当选市人大常委会副主任。

7月9日　市政协六届二次常委会上增选农工党市委副主委吴文祺为市政协副主席。

10月4日　台盟上海市支部举行中秋赏月游浦江晚会，中华全国台联会会长林丽韫、台盟总部副主席苏子蘅出席晚会并讲话。

11月4日　各民主党派市委领导和在沪全国人大代表、全国政协委员等参加中共市委召开的党外人士座谈会，中共市委第一书记陈国栋主持，第二书记胡立教传达中共十二届二中全会和中共中央领导讲话精神。

11月8—19日　民建第四次全国代表大会在京召开。胡厥文当选民建中央主席，陈铭珊当选民建中央副主席。

11月9—21日　民进第五次全国代表大会在京召开。吴若安当选民进中央副主席。

11月25日—12月4日　农工党第九次全国代表大会在京召开。周谷城当选农工党中央副主席。

11月30日　台盟上海市支部改名为台盟上海市分部。

12月2—14日　九三学社第四次全国代表大会在京召开。卢于道当选九三学社中央副主席。

12月6日　中国致公党八届一中全会在京召开,董寅初当选中央副主席。

12月7日　各民主党派市委领导参加中共市委统战部召开的双月座谈会,就上海市各民主党派召开代表大会的筹备工作进行交流,并就帮助中共整党的问题提出意见和建议。

12月14—25日　民盟第五次全国代表大会在京召开。苏步青、谈家桢当选民盟中央副主席。

1984年

3月19—22日　致公党上海市支部举行党员大会,成立致公党市委,选举产生致公党上海市第一届委员会,董寅初当选主委。

4月3—7日　农工党上海市第五次代表大会举行,选举产生农工党上海市第六届委员会。周谷城当选主委。

同期　民盟上海市第八次代表大会举行,选举产生民盟上海市第八届委员会。谈家桢当选主委。

4月5—7日　九三学社上海市第五次社员代表大会举行,决定九三学社上海分社委员会改称九三学社上海市委员会,选举产生九三学社上海市第十届委员会。卢于道当选主委。

4月9—12日　民进上海市第五次会员代表大会举行,选举产生民进上海市第九届委员会。吴若安当选主委。

4月10—13日　民建上海市第六次代表大会举行,选举产生民建上海市第六届委员会。刘靖基当选主委。

4月10日—8月31日　各民主党派和工商联先后在上海展览馆和人民公园举办"为四化建设服务成果展览会",前去参观的本地和外省市人数超过19.2万人。展出期间还组织专家向观众提供医疗卫生、科技、经济、法律、侨务政策等方面的咨询。

4月12—14日　台盟上海市分部第五次盟员大会举行,选举产生台盟上海市分部第五届委员会。林田烈当选主委。

4月16日　各民主党派市委领导等300多人参加中共市委召开的情况通报会,副市长阮崇武传达中共中央关于沿海城市座谈会的精神,市长汪道涵作总结讲话。

4月16—22日　民革上海市第六次代表大会举行,选举产生民革上海市第七届委员会。赵祖康当选主委。

4月21日　致公党市委接待来沪访问的加拿大洪门民治党副主席郑炯光一行。

5月26日　全国政协六届二次会议增选民建刘靖基为全国政协副主席。

6月19日　民革中央副主席朱学范来沪调研,并作"为开放与改革服务"的报告。

6月29日　各民主党派市委领导参加中共市委统战部召开的双月座谈会,共商为改革和对外开放服务的设想和建议。

9月8日　中共市委统战部举行中秋联欢晚会。中共市委、市人大、市政协和各民主党派市委领导以及台湾各界在沪亲属、台湾同胞400多人参加了联欢晚会。

9月28日　国务委员兼国家计委主任宋平在上海召开座谈会，对上海经济发展的战略问题听取意见，民建市委、市工商联部分负责人出席座谈。

9月29日　台盟上海市分部举行座谈会，拥护中英草签关于香港问题的联合声明。

10月15日　上海市人民政府任命8位中学名誉校长，其中段力佩、赵宪初、薛正、赵传家、李楚材为民进会员。

11月4日　农工党市委创办老中医医疗咨询服务中心。

11月14日　各民主党派市委领导等70人参加中共市委统战部召开的会议，中共市委第一书记陈国栋传达中共十二届三中全会精神，中共市委第二书记胡立教到会讲话。

11月15日　农工党市委组织第二批赴云南省楚雄州医疗咨询服务队5人离沪赴滇，在楚雄工作两个月。

1985年

1月2日　民盟市委和市政协联合举行纪念沈钧儒诞辰110周年座谈会。

1月16—22日　各民主党派市委领导等参加市政协和中共市委统战部联合召开对外开放服务经验交流会。

3月1日　农工党市委和市政协联合举行“上海市各界人士纪念邓演达烈士诞辰90周年座谈会”，中共市委和各民主党派市委领导出席。

5月30日　民进、民盟市委联合举行纪念民进和民盟早期主要领导人马叙伦诞辰100周年大会。

5—6月　民盟市委举行系列活动庆祝首个教师节。其中：5月7日，盟内书画家赠送书画作品给市教育工会和市教育学会；5月11日、16日，组织盟内医疗专家分别赴华东师范大学、市六十四中学为教师进行医疗咨询服务；5月22日，在美琪影剧院举行《红烛颂》慰问教师节专场演出；6月5日，召开盟员从事教育工作30年庆祝大会，中共市委常委陈铁迪、民盟中央副主席钱伟长、中共市委常委、市委统战部部长毛经权到会讲话。

6月24日　各民主党派市委领导参加中共市委召开的双月座谈会，中共市委书记芮杏文，副书记、市长江泽民出席。

7月15日　各民主党派市委领导参加中共市委召开的民主协商会，就补选八届市人大常委会副主任、委员，市长和增补副市长，六届市政协副主席、常务委员的建议人选进行协商，并提出意见和建议。

同日　民进市委在市政府礼堂举行庆祝首届教师节大会。民进中央副主席雷洁琼专程来沪代表民进中央表示祝贺。

7月28日　在市人大八届四次会议上，九三学社谢丽娟增选为上海市副市长。

8月16—18日　台盟上海市分部召开庆祝首届教师节暨为四化建设和祖国统一服务经验交流大会。

8月31日　民进市委召开座谈会，纪念抗日战争和世界反法西斯战争胜利40周年。

9月2日　九三学社市委举行座谈会，纪念九三学社创建40周年。

9月6日　九三学社市委召开庆祝首届教师节大会，向从事教学工作30年以上的社员颁发纪念奖状，并组织医学专家为教师义务咨询。

9月20日　农工党中央、民建中央、全国工商联联合组成的中药咨询服务中心理事会上海分会成立。

10月11日　致公党市委接待来沪访问的加拿大、菲律宾、澳大利亚等国洪门人士。

10月18日　九三学社市委、中共市科技党委、中共市委统战部联合举办《科技与社会》讲座。市长汪道涵,副市长刘振元,中科院学部委员、九三学社社员严东生等先后主讲有关专题。

10月23日　致公党市委接待美国檀香山致公党前主席陈义麟。

10月24日　农工党市委组成医疗队赴湖南湘西土族自治州进行为期两周的医疗咨询活动。

10月25日　台盟上海市分部举行纪念台湾光复40周年座谈会。

11月7日　致公党市委接待加拿大洪门民治党访华团。

11月15日　各民主党派市委领导和各界人士1 000多人参加市政协、中共市委统战部举行的报告会,芮杏文作形势报告。

11月28日　市政府召开振兴中医大会,35名行医50年的农工党员老中医受到市卫生局表彰。

12月2—8日　民建中央和全国工商联在上海联合举行14个沿海开放城市和特区民建、工商联联络工作会议。

12月7日　民革中央主席朱学范来沪调研并参加民革市委举行大型座谈会。

12月13日　民建市委举办民建成立40周年图片展览会。14日举行纪念民建成立40周年大会。

12月21日　民进市委举行纪念民进成立40周年大会。

1986年

1月27日　各民主党派市委举行办学工作经验交流会。

2月26日　各民主党派市委领导参加中共市委召开的双月座谈会,中共市委书记芮杏文介绍即将举行的中共上海市第五次代表大会的主要任务和议题。

3月10日　中共市委统战部召开各民主党派、工商联"引进新人和加强领导班子建设"经验交流会。

3月15日　九三学社市委举行十届三次全体委员扩大会议,选举杨槱为主委。

3月19日　台盟上海市分部举行海外统战工作恳谈会,交流海外统战工作经验和体会。

3月29日　民革市委副主委李赣驹等会见辛亥革命元老黄兴的孙子黄仪恭和夫人。

4月14日　各民主党派市委领导参加中共市委召开的民主协商会,就提名补选市八届人大常委会委员,市政协六届副主席、秘书长、常委的建议人选进行协商,并提出意见和建议。中共市委副书记黄菊主持会议。

4月29日　市政协六届五次会议增选杨槱为市政协副主席。

5月12—15日　致公党市委接待美国纽约洪门致公总堂外交负责人钟朝鼎等。

5月13日　致公党市委接待菲律宾洪门进步党主席李峻峰一行。

5月25日　致公党中央副主席、市委主委董寅初代表致公党中央委员会出席在美国纽约举行的致公党第十五届恳亲大会。

6月23日　民进市委举行"六二三"下关事件40周年纪念大会。

6月24—28日　台盟总部常务理事蔡子民等领导视察台盟上海市分部工作。

7 月 1 日　民进市委举行庆祝中国共产党成立 65 周年暨纪念北伐战争 60 周年和抗日战争 49 周年座谈会。

9 月 27 日　民盟市委举行大型座谈会，纪念民盟成立 45 周年暨上海组织成立 40 周年。

10 月 16 日　中共中央统战部部长阎明复来沪参加中国民主同盟早期主要领导人之一陶行知诞辰 95 周年纪念活动。19 日会见上海各民主党派、市工商联负责人。

10 月 31 日　民革、民盟市委在联谊俱乐部联合举行孙中山学术研讨会。

11 月 2 日　民革市委为赵祖康和徐以枋、徐国懋祝寿。中共市委书记芮杏文，中共市委副书记、市长江泽民，中共市委常委、统战部部长毛经权，市人大常委会副主任王鉴，市政协副主席杨士法到赵祖康家祝贺。

11 月 11 日　上海市各界举行纪念孙中山诞辰 120 周年大会，各民主党派市委领导参加。

11 月 24 日　中共中央总书记胡耀邦在锦江小礼堂与上海各民主党派市委领导和各界人士见面，亲切交谈。

12 月 8 日　民革市委举行纪念“西安事变”50 周年座谈会。

12 月 29 日—1987 年 1 月 4 日　农工党中央九届三中全会在京举行，周谷城当选中央主席。

1987 年

1 月 10 日　各民主党派市委领导参加中共市委统战部召开的会议，听取《邓小平同志关于学生闹事发表的谈话》精神的传达，并提出意见和建议。

1 月 20 日　农工党市委举行六届九次全体委员扩大会议，通过了同意周谷城辞去农工党市委主委、吴文祺辞去副主委的请求。选举黄器周为主委，推举吴文祺为名誉主委。

1 月 24 日　各民主党派市委领导参加中共市委统战部、市政协联合举行各界人士迎春茶话会，中共市委书记芮杏文，中共市委副书记、市长江泽民，中共市委副书记杨堤，市人大常委会主任胡立教等领导与会，芮杏文就大家关心的问题发表讲话。

同日　民建市委原主委盛丕华墓落成仪式在万国公墓名人墓区举行。

2 月 10 日　民进中央副主席兼秘书长葛志成来沪检查民进市委、民进卢湾区委和嘉定县委工作并作指示。

2 月 25 日　中共中央统战部副部长李定在沪同各民主党派市委领导举行座谈会，就新时期统战工作和民主党派进一步发挥作用等问题发表意见。

2 月 27 日　台盟上海市分部举行纪念台湾“二二八”起义 40 周年座谈会。

4 月 13 日　各民主党派市委领导参加中共市委召开的民主协商会，就第八届市人大增补常委、第六届市政协增补副主席的建议人选进行协商，中共市委副书记吴邦国主持会议。

5 月 7 日　致公党市委举行纪念中国致公党全国“三大”40 周年大型座谈会。

5 月 15 日　致公党市委接待著名美籍华人学者林同炎，并研讨上海浦东的开发开放问题。

6 月 3 日　“柳亚子在上海图片展览会”在上海图书馆开幕，民革中央主席屈武到会剪彩。

6 月 23 日　民进市委、中国教育工会市委员会、上海市教育学会、之江大学校友会联合举行纪念林汉达逝世 15 周年大会。

7 月 17 日　各民主党派联合举行加强自身建设经验交流会。

7 月 21 日　民革市委组织在“‘八一三’淞沪抗战”中有关的原国民党军政人员赴浏河、罗店等地凭吊旧战场,纪念抗日战争爆发50周年。

8月22日　农工党市委组织文艺界党员举行文艺晚会慰问环卫工人。

8月24日　致公党市委接待菲律宾洪门进步党名誉理事长李峻峰等。

9月11—16日　九三学社华东地区六省一市首次工作会议在上海举行。

9月12日　民建市委与中华职教社上海分社联合举行黄炎培诞生110周年、中华职业教育社成立70周年纪念会。

10月12日　由民盟市委和民革市委共同发起组织的上海中山学社成立。选举赵祖康为社长。

10月16—17日　台盟上海市分部第六次全体盟员大会举行,选举产生台盟上海市分部第六届委员会。郑励志当选主委。

10月22—24日　民建市委主委刘靖基、致公党市委主委董寅初应中共中央特邀,赴京列席中共十三大开幕式。

11月5日　各民主党派市委领导参加中共市委召开的民主协商会。就中共市委关于市人大和市政协换届工作中建议人选等问题进行协商,并提出意见和建议。

11月12日　各民主党派市委领导、在沪全国政协委员、市政协常委等党外人士440人参加中共市委召开的会议,芮杏文传达中共十三大会议精神。

11月23—30日　台盟第四次全盟代表大会召开。根据大会通过的修改后盟章规定,台盟上海市分部改为台盟上海市委员会。

12月24日　民革市委举行大型座谈会,纪念民革成立40周年。

1988年

1月14日　各民主党派市委领导参加中共市委召开的民主协商会,就第七届全国人大代表的人选进行协商,并提出意见和建议,中共市委副书记吴邦国主持会议。

1月23日　中共市委召开干部大会,中共中央政治局委员、中共市委书记江泽民作赴广东考察的报告,各民主党派市委正、副主委参加。

1月27日　民革市委副主委徐以枋等瞻仰宋庆龄故居,纪念宋庆龄95周年诞辰。

同日　中共市委统战部和各民主党派市委联合召开民主党派基层工作经验交流会。

2月4日　各民主党派市委领导参加中共市委统战部召开的民主协商会议,就第九届市人大和市政协常委会的建议人选等事项进行协商,并提出意见和建议。

3月12日　各民主党派市委领导参加中共市委召开的民主协商会议,就第七届市政协委员、常委的建议人选进行协商,并提出意见和建议。中共市委副书记吴邦国主持会议。

3月13—15日　民盟上海市第九次代表大会举行,选举产生民盟上海市第九届委员会。谈家桢当选主委。

3月15—24日　农工党市委与上海市政协教育卫生研究委员会联合举办防治肝炎研讨会,谢丽娟到会作报告并听取建议。

3月16日　民进市委举行庆贺吴若安百岁华诞活动。

3月24日—4月10日　全国政协召开七届一次会议,民盟中央副主席钱伟长,民盟中央参议委员会主任苏步青和民建中央常委刘靖基当选全国政协副主席。

4月4—5日　各民主党派市委领导在上海、北京两地分别参加中共市委召开的民主协商会议,就第九届市人大、市政府和第七届市政协的建议人选进行协商，并提出意见和建议。中共中央政治局委员、市委书记江泽民主持在上海召开的协商会议，中共市委副书记吴邦国主持在北京召开的协商会议。

4月26日　市政协七届一次会议闭幕。民盟市委副主委赵超构、民革市委主委徐以枋、致公党市委主委董寅初、九三学社市委主委杨槱、民建市委副主委陈铭珊、台盟市委主委郑励志、民进市委副主委赵宪初当选市政协副主席。

4月27日　市九届人大一次会议闭幕。民建市委主委刘靖基、民盟市委主委谈家桢当选市人大常委会副主任，九三学社市委委员谢丽娟当选副市长。

5月12日　农工党市委与中共市教卫党委、上海市政府教委办、青少年保护委员会等单位联合举办青春期教育指导展览会。

5月19—21日　民建上海市第七次会员代表大会举行，选举产生民建上海市第七届委员会。陈铭珊当选主委。

5月20日　农工党市委举行六届十四次扩大会议，会议同意黄器周辞去农工党市委主委，担任市委顾问。陈灏珠当选代理主委。

5月20—24日　民革上海市第七次代表大会举行，选举产生民革上海市第八届委员会。徐以枋当选主委。

5月28—30日　民进上海市第六次会员代表大会举行，选举产生民进上海市第十届委员会。赵宪初当选主委。

6月16—18日　九三学社上海市第六次社员代表大会举行，选举产生九三学社上海市第十一届委员会。杨槱当选主委。

6月16—28日　民建第五次全国代表大会在京举行，陈铭珊当选民建中央副主席。

7月12—14日　各民主党派市委领导参加中共市委召开的双月座谈会，听取中共中央政治局委员、市委书记江泽民，市长朱镕基关于当前形势的报告，并进行讨论。

8月24日　致公党市委接待美国国际研究中心董事长王仁煜等。

8月30日—9月1日　农工党上海市第七次代表大会举行，选举产生农工党上海市第七届委员会。陈灏珠当选主委。

10月5日　民盟市委受国家教委中教司委托，由市委教育委员会组织部分校长、教导主任和高级教师进行专题研讨“高中教育任务、教材改革和课程设置”问题。

10月8—16日　民盟第六次全国代表大会在京召开，钱伟长、谈家桢当选中央副主席，苏步青被推举为中央参议委员会主任。

10月14日　民建市委主委陈铭珊在北京参加中共中央召开的党外人士座谈会，就国营大中型企业经济效益等问题发言。

10月22—26日　各民主党派市委领导参加中共市委举行的双月座谈会，提出对治理整顿，深化改革的意见和建议。中共中央政治局委员、市委书记江泽民，中共市委副书记、市长朱镕基，中共市委副书记杨堤出席。

10月25日　九三学社中央主席周培源来沪视察，并与九三学社市委主委杨槱等50多人座谈。

11月2日　台盟市委接待旅美台胞、原美国《台湾与世界》杂志发行人叶芸芸女士等一行。

11月9—13日　农工党第十次全国代表大会在京召开，陈灏珠当选中央副主席。

11月12—20日　民革第七次全国代表大会在京召开，赵祖康被推举为中央名誉副主席。

11 月 19—28 日　民进第六次全国代表大会在京召开，邓伟志当选中央副主席。

12 月 12—18 日　致公党第九次全国代表大会在京召开，董寅初当选中央主席。

12 月 22 日　各民主党派市委领导和部分市人大代表、市政协委员应邀参加中共市委副书记、市长朱镕基召开并主持的座谈会，就政府工作和有关治理整顿工作提出意见和建议。

12 月 31 日—1989 年 1 月 8 日　九三学社第五次全国代表大会在京召开。杨樮当选中央副主席。

1989 年

1 月 19 日　致公党市委和《联合时报》社联合举办“如何搞活海外联谊”座谈会。

2 月 1 日　中共市委统战部、台盟市委、市台联联合举行老台胞迎春座谈会。

4 月 14 日　上海联合发展战略研究所宣告成立。该所由九三学社、民盟市委等六个单位发起筹组，系多学科、多党派、多层次、多结构的联合体，旨在为深化改革和发展经济服务。

4 月 15 日　各民主党派市委和市工商联联合召开党务工作表彰会。

4 月 22 日　市政协七届二次会议举行，增选农工党陈灏珠为市政协副主席。

4 月 27 日　各民主党派市委领导参加中共市委统战部召开的会议，听取中共市委副书记杨堤关于 4 月 26 日《人民日报》社论《必须旗帜鲜明地反对动乱》的讲话，与会人士一致表示拥护《人民日报》社论精神。

5 月 2 日　民建市委召开胡厥文追思会。

5 月 21 日　各民主党派市委领导参加中共市委召开的座谈会，中共中央政治局委员、市委书记江泽民传达国家主席杨尚昆、国务院总理李鹏在北京市干部大会上的讲话，与会人士表示坚决拥护中共中央为平息政治风波所采取的措施。

6 月 27 日—7 月 15 日　各民主党派市委分别召开常委扩大会议或全体委员会议，组织学习中共十三届四中全会精神以及中共中央军委主席邓小平、中共中央总书记江泽民、国务院总理李鹏的讲话精神，表示拥护中共十三届四中全会通过的各项决议，拥护以江泽民同志为核心的新的中共中央领导集体。

7 月 31 日　台盟市委举行纪念台盟上海市地方组织成立 40 周年座谈会。

8 月 16 日　中共市委书记、市长朱镕基召开座谈会，民建市委主委陈铭珊建议对行贿者同样予以惩处。25 日，谢丽娟批转陈铭珊的呼吁信，建议对贿赂推销伪药案犯课以重刑。

9 月 8 日　台盟市委、民革市委、民进市委联合举行“海峡情”中秋联欢晚会，浦江之声电台作了现场录音，在对台广播中播放。

9 月 11—14 日　致公党上海市第二次代表大会举行，选举产生致公党上海市第二届委员会，吴肇光当选主委，推举董寅初为名誉主委。

12 月 18 日　台盟市委与民革、民进、九三学社市委联合举行欢度新春广播文艺晚会，通过浦江之声电台向港澳台同胞祝贺新年。

1990 年

1 月 18 日　民建市委在嘉定松鹤墓园举行胡厥文墓落成仪式。

1月25—31日　各民主党派分别组织学习讨论中共中央制定的《中共中央关于坚持和完善中国共产党领导的多党合作和政治协商制度的意见》。

2月3—9日　民进中央副主席葛成志在沪视察民进工作，参加部分区(县)、基层组织负责人学习《中共中央关于坚持和完善中国共产党领导的多党合作和政治协商制度的意见》座谈会。

2月8日　各民主党派市委领导参加中共市委书记、市长朱镕基，中共市委副书记吴邦国举行的谈心活动，就贯彻《中共中央关于坚持和完善中国共产党领导的多党合作和政治协商制度的意见》，以及共同关心的问题进行交谈。

4月2日　各民主党派市委领导参加中共市委召开的民主协商会，就市人大、市政协增补有关建议人选进行协商，并提出意见和建议。

4月5日　民盟市委邀请有关专家就长江三角洲地区的经济开发进行座谈。

4月7日　民盟市委法制委员会和市总工会法律顾问委员会、《文汇报》法庭内外专栏在市总工会为工会会员作法律义务咨询。

4月23—25日　民盟中央主席费孝通和常务副主席高天在沪探讨长江三角洲地区经济开发的问题。23日，费孝通与朱镕基、市政府顾问汪道涵会晤，就开发开放浦东和开发长江三角洲问题交换意见。并与市计委、市建委、市经济研究中心、市规划局等领导进行座谈。

5月11日　民盟、民革、农工党市委负责人与复旦大学学生座谈，介绍民主党派参政议政、民主监督等问题，并就学生提出的问题作了解答。

5月16日　市政协、中共市委统战部和民盟市委共同举行祝贺市政协副主席、民盟市委副主委赵超构80寿辰活动。

6月2日　致公党市委接待菲律宾洪门进步党总部秘书长许志瑶及郭国希等。

6月6—16日　致公党中央主席、上海市委名誉主委董寅初率团赴菲参加菲律宾洪门进步党建立80周年庆典。

6月25日　民进市委举行十届九次全会扩大会议，赵宪初辞去主委，刘恒椽当选主委。

7月11日　台湾中和党、民主统一党、台湾人权促进党、台湾工党自救委员会、台湾原住民民主党和青年党大陆访问团，在沪与上海各民主党派市委领导座谈。

8月8日　致公党市委和市侨联联合举行庆祝中国印尼复交联欢会。

8月9日　农工党市委举行庆祝建党60周年大会。

8月20日　台盟市委与民革、民进、农工党、致公党、九三学社市委联合举行“’90之夏对台广播晚会”。

11月14日　台盟市委政策研究会举行首届学术讨论会。

11月20日　各民主党派市委领导参加中共市委召开的双月座谈会，听取住房制度改革、纠正行业不正之风、制定上海市“八五”经济和社会发展规划等重大问题的情况通报，并提出意见和建议，朱镕基、吴邦国出席。

12月1日　农工党中央主席卢嘉锡来上海视察工作。

1991年

1月3日　各民主党派市委领导参加中共市委召开的党外人士座谈会，就《上海市国民经济和社会发展十年规划和“八五”计划的纲要(草案)》《关于上海市1991年计划安排的意见》《中共市委

1991年工作要点》等文件提出意见和建议。

1月12日　受民盟中央和《群言》编辑部的委托，民盟市委召开开发浦东与建立长江三角洲经济区座谈会。

1月14日　各民主党派市委领导参加中共市委召开的双月座谈会，听取传达中共十三届七中全会和中共市委五届十一次全会精神。

2月20—22日　民盟、民进、农工党、九三学社市委和市工商联领导应中共崇明县委统战部的邀请，赴崇明考察，并参加当地部分乡镇的经济科技咨询活动。

2月21—23日　农工党市委举行促进高校师资国内外合理流动对策研讨会。

4月11日　市九届人大常委会第二十六次会议通过，任命九三学社市委副主委、复旦大学法律系主任李昌道为上海市高级人民法院副院长，任命致公党市委第一副主委俞云波为上海市人民检察院副检察长。

4月15日　各民主党派市委领导参加中共市委召开的民主协商会，就第九届市人大四次会议和市政协七届四次会议有关建议人选等问题进行协商，并提出意见和建议。

5月6日　民盟市委召开纪念中国民主同盟成立50周年大会，并举行各类纪念活动。

5月31日　致公党市委接待牙买加洪门致公党代表团。

6月10日　中共市委书记吴邦国、市长黄菊看望致公党中央主席董寅初。

6月15日　台盟中央在沪举行台盟宣传联络工作会议。

8月30日　各民主党派市委领导参加中共市委召开的座谈会，吴邦国就学习江泽民总书记“七一”讲话和当前国际形势作了讲话。

9月6日　民进市委举行庆祝第七届教师节茶话会，并为陈云涛等老一辈教育家祝寿。

9月7日　中共中央统战部部长丁关根委托中共市委统战部部长毛经权看望致公党中央主席董寅初。

9月14日　民建市委、市工商联、市爱建公司等单位联合为刘靖基90华诞祝寿。

9月18日　农工党市委举行对台广播联欢会，欢度中秋佳节。各民主党派和市台办等负责人300人出席。

9月20日　民建中央和华东六省、市民建组织为“质量、品种、效益年”献计出力汇报会在上海开幕。

9月23日　复旦大学举行庆贺全国政协副主席、民盟中央参议委员会主任、复旦大学名誉校长苏步青执教65周年和90周岁华诞活动。

10月1—6日　致公党市委主委吴肇光赴香港出席中华基督教青年会90周年纪念活动。

10月8日　各民主党派市委领导出席中共市委召开的双月座谈会，中共市委书记吴邦国、市长黄菊分别传达了中共中央总书记江泽民、国务院总理李鹏在中央工作会议上的讲话，通报上海贯彻中央工作会议精神，搞活国营大中型企业的总的设想和具体部署。

10月12日　各民主党派市委联合举行参政议政经验交流会。

10月17日　台盟市委举行座谈会，谴责台湾民进党将“台独”条款列入其党纲。

11月1日　农工党市委创办的“上海儿科咨询热线电话”开通。

11月5日　民盟中央原主席沈钧儒铜像在上海衡山公园落成并举行揭幕仪式。

11月29日　农工党市委举行纪念邓演达烈士殉难60周年座谈会。

12月10日　各民主党派市委领导参加中共市委召开的双月座谈会。吴邦国、陈铁迪传达中共十三届八中全会精神和江泽民讲话以及中共市委五届十二次会议的精神。

12月28日　上海市台湾研究会成立。台盟盟员郭炤烈当选会长，台盟市委主委郑励志担任顾问。

1992年

1月10日　台盟市委与其他民主党派市委、市工商联和浦江之声电台联合举行“’92新春对台广播文艺晚会”。

1月18日　中共中央总书记江泽民在沪会见致公党中央主席董寅初。

2月3日　邓小平、杨尚昆在上海会见各界知名人士，各民主党派市委领导参加会见。

2月25—27日　九三学社中央科技委员会在上海召开科技发展研讨会。

2月28—29日　各民主党派市委领导参加中共市委统战部召开的加强机关建设问题研讨会。

3月14日　各民主党派市委领导参加中共市委召开的双月座谈会，中共市委副书记、市长黄菊通报当前上海的形势和市政府今年工作打算。

同日　民进市委邀请市园林局领导和专家共同研讨加快发展上海绿化工作，会议向政府有关部门提出8项建议。

4月26日—5月4日　民盟中央主席费孝通、副主席冯之浚来上海进行调查研究。

5月6日　民建市委、市工商联联合举行盛丕华诞辰110周年纪念会。

5月28—30日　台盟上海市第七次盟员大会举行，选举产生台盟上海市第七届委员会。郑励志当选主委。

6月3—8日　民进上海市第七次会员代表大会举行，选举产生民进上海市第十一届委员会。刘恒椽当选主委。

6月8日　民盟市委主委、著名遗传学家谈家桢教授应台湾著名物理学家吴大猷教授邀请，与大陆6位科学家一起赴台湾访问。

6月10—12日　民革上海市第八次代表大会举行，选举产生民革上海市第九届委员会。徐以枋当选主委。

6月20日　各民主党派市委领导参加中共市委召开的双月座谈会，就进一步加快改革开放步伐，加速上海经济发展等问题，并提出意见和建议。

6月22—24日　农工党上海市第八次代表大会举行，选举产生农工党上海市第八届委员会。陈灏珠当选主委。

6月26—28日　九三学社上海市第七次社员代表大会举行，选举产生九三学社上海市第十二届委员会。杨槱当选主委。

7月2—4日　民建上海市第八次会员代表大会举行，选举产生民建上海市第八届委员会。陈铭珊当选主委。

7月7—9日　致公党上海市第三次代表大会举行，选举产生致公党上海市第三届委员会。吴肇光当选主委。

7月10—13日　民盟上海市第十次代表大会举行，选举产生民盟上海市第十届委员会。谈家桢当选主委。

8月15日　农工党市委与市卫生局领导互通情况，对口协商，双方建立了联系制度。

8月26日　各民主党派市委领导参加中共市委召开的民主协商会，就市政府人事安排进行协商，并提出意见和建议。

9月4日　民进市委召开庆祝第八届教师节大会。

9月8日　农工党市委和浦江之声电台在市政协江海厅联合举行教师节和中秋节对台文艺广播会。

同日　台盟市委、市台联联合举行“'92在沪台胞中秋联欢会”。

同日　民建市委、市工商联联合举行迎中秋台胞、台属茶话会。

9月15日　民进、民革、民盟、农工党、九三学社市委高教和普教界的20位成员举行会议，商讨今后半年内5个党派联合开展“深化教育体制改革”课题的调研工作。

9月24日　由台盟市委牵头，会同民革、民盟、九三学社市委联合召开“九十年代沪台科技合作的发展方向和可行性研究”课题调研小组会议。

10月20日　各民主党派市委领导参加中共市委召开的双月座谈会，听取中共十四大会议精神的传达。

11月19—27日　民建第六次全国代表大会在京召开，陈铭珊当选中央副主席。

12月3—8日　农工党第十一次全国代表大会在京召开，陈灏珠当选中央副主席。

12月7日　各民主党派市委领导参加中共市委召开的党外人士座谈会，就中共上海市第六次党代会工作报告(征求意见稿)提出意见和建议。

12月11—17日　民进第七次全国代表大会在京召开，邓伟志当选中央副主席。

12月14—22日　民革第八次全国代表大会在京召开，赵祖康被推举为中央名誉副主席。

12月15—20日　致公党第十次全国代表大会在京召开，董寅初当选中央主席。

12月22—28日　民盟第七次全国代表大会在京召开，民盟市委主委谈家桢、副主委江景波当选民盟中央副主席。

12月26日　各民主党派市委领导参加中共市委召开的民主协商会，就上海市出席第八届全国人大代表的建议人选进行协商，并提出意见和建议。

同日　上海市民主党派大厦举行奠基典礼，中共市委统战部部长赵定玉出席。

12月26—30日　九三学社第六次全国代表大会在京召开，杨槱当选九三学社中央副主席。

12月28日　台盟市委就12月19日台湾第二届“立法委员”的选举情况，召集市委台情研究组成员和部分盟员举行座谈会，台盟中央副主席张克辉、市委主委郑励志出席并讲话。

1993年

1月13日　中共市教卫党委举行情况通报会，民盟市委和民进市委领导出席。

1月18日　各民主党派市委领导应邀参加上海市人大常委会举行纪念宋庆龄诞辰100周年大会。

1月22日　邓小平在除夕之夜与上海人民共度新春，各民主党派市委领导应邀参加会见。

2月8日　各民主党派市委领导参加中共市委召开的民主协商会，就新一届市人大、市政府、市政协和市高级人民法院、市人民检查院领导人、候选人、建议人选进行协商，并提出意见和建议。

2月14—21日　市政协八届一次会议召开。民革市委主委徐以枋、民建市委名誉主委刘靖基、民进市委主委刘恒椽、农工党市委主委陈灏珠、九三学社市委主委杨槱、台盟市委主委郑励志当选市政协副主席。

2月16—24日　市人大十届一次会议召开。民盟市委主委谈家桢、民建市委主委陈铭珊、致公党市委主委吴肇光当选市人大常委会副主任，九三学社市委常委谢丽娟当选副市长。

3月15—27日　全国政协八届一次会议举行。民盟中央副主席钱伟长、民盟中央参议委员会主任苏步青、刘靖基当选全国政协副主席。

4月14—16日　各民主党派市委领导参加中共市委统战部召开的“坚持和完善中国共产党领导的多党合作和政治协商制度”研讨会，部分区、局的民主党派负责人参加研讨会。

4月19—22日　九三学社中央副主席赵伟之来沪调研社务工作情况。

4月27日—7月30日　民盟、民建、民革、九三学社、农工党、致公党、民进、台盟8个民主党派先后在浦东新区成立浦东新区委员会(筹)或联络处。

5月6日　台盟市委举行会议，座谈“汪辜会谈”对推动两岸关系深入发展、促进祖国统一大业的重要意义。

5月27日　致公党中央主席董寅初在上海会见海外侨团人士。

6月3日　各民主党派市委领导参加中共市委召开的党外人士座谈会，听取中共市委领导深入基层调查研究有关端正党风，加强廉政建设和基层组织建设的情况通报。

6月3—9日　九三学社中央主席吴阶平来沪调研，到九三市委机关听取工作汇报，与部分市委委员和基层负责人就“社会主义市场经济的建立对党派工作的作用及其影响”进行座谈。

6月29日　市政府教卫办邀请部分民进会员座谈，为办好上海教育电视台献计献策。

8月26日　各民主党派市委领导参加中共市委召开的党外人士情况通报会，中共市委副书记王力平通报了中共市委、市政府贯彻中共中央开展反腐败斗争的部署。

9月7日　台盟市委、市台联联合举行《台湾问题与中国的统一》白皮书座谈会。

9月13日　中共中央政治局委员、中共市委书记吴邦国，副书记、市长黄菊前往华东医院祝贺农工党中央名誉主席周谷城95寿辰，并转达江泽民的问候。

9月17日　中共市委统战部召开民主党派智力支边研讨会。

9月27日　各民主党派市委领导参加中共市委召开的党外人士座谈会，中共市委常委、副市长徐匡迪等通报上海贯彻落实中共中央、国务院关于加强宏观调控决策的情况。

9月28日　各民主党派市委领导出席在外滩举行的陈毅塑像揭幕典礼。

11月19日　各民主党派市委领导参加中共市委召开的党外人士座谈会。吴邦国等传达中共十四届三中全会精神和江泽民在全会上的重要讲话。

12月14日　民建中央召开全国智力支边扶贫经验交流暨表彰会，民建市委荣获“全国智力支边扶贫先进集体”称号。

12月下旬　美国驻上海领事馆副总领事苏佩秋女士等来各民主党派市委了解参政议政等情况，各民主党派市委领导分别予以接待并介绍情况。

1994年

1月6日　致公党市委与市侨办建立对口联系，并制定具体办法。

1月21日　民进市委与市红十字会召开《目前上海红十字会的现状与建议》调查报告评审会。

2月16日　各民主党派市委领导参加中共市委召开的民主协商会，就增补市政协第八届常委的建议人选进行协商,并提出意见和建议。

3月24日　民进、民革市委举行台情报告会,请市台办主任张志群作"关于台湾形势和进一步做好促进沪台经贸及各项交流工作"的报告。

4月7日　各民主党派市委领导参加中共市委召开的党外人士座谈会,听取中共中央纪律检查委员会第三次全会有关精神、上海市开展反腐败斗争的情况及贯彻中纪委第三次全会精神的部署情况通报,并提出意见和建议。

5月3日　台盟中央主席蔡子民来沪视察并与许文思等老盟员座谈。

5月7日　民进中央主席雷洁琼来沪视察并会见民进市委负责人。

5月17—20日　市政协与民进市委联合赴崇明县调查九年制义务教育发展现状和落实《教师法》等问题。

6月1—2日　民革中央主席李沛瑶率领民革中常委一行30人参观考察浦东新区,并与民革市委部分领导进行座谈。

6月28日　各民主党派市委领导参加中共市委召开的党外人士座谈会,中共市委常委、副市长徐匡迪等分别通报关于反腐败斗争和建立社会主义市场经济等问题。

7月11日　民革市委、《团结报》社联合举行职业道德座谈会,就弘扬中华民族传统美德、建设社会主义精神文明主题进行座谈。

7月29日　各民主党派市委领导参加中共市委统战部召开的贯彻第三次全国统战理论工作会议精神大会。

8月8—10日　各民主党派市委领导参加中共市委统战部召开的党外人士座谈会,听取传达全国民主党派工作座谈会精神。

8月26日　各民主党派市委领导参加中共市委召开的党外人士座谈会,听取浦东新区负责人通报进一步加大浦东开发力度,完善保税区建设及如何吸引外资等方面的思路和对策。

9月1日　民革中央名誉副主席、民革市委名誉主委赵祖康95寿辰,市人大常委会主任叶公琦等前往祝寿。

9月17日　民盟市委召开生态环保问题座谈会,邀请市经委、化工局等领导人就如何进一步发展化工支柱产业以及生态环保等问题进行商讨。

9月26日　各民主党派市委领导参加中共市委统战部与民主党派共同召开的庆祝中华人民共和国成立45周年"祖国与我"座谈会。

10月6日　各民主党派市委领导参加中共市委召开的座谈会,听取中共十四届四中全会精神的传达,通报上海贯彻落实四中全会精神的部署情况。

10月19日　中共中央统战部副部长刘延东在沪,就坚持和完善中国共产党领导的多党合作和政治协商制度邀请各民主党派市委领导进行座谈。

11月11日　九三学社市委副主委、市高级人民法院副院长、复旦大学法律系主任李昌道应日本国名古屋大学、大阪大学等的邀请,就"中国民主党派的性质和机能"等问题前往讲学。

11月25日　市教育局邀请各民主党派专家学者座谈初中招生改革工作。

12月1日　各民主党派市委领导参加中共市委召开的党外人士民主协商会,就提名增补副市长的建议人选进行协商,并提出意见和建议。

12月19日　全国政协副主席、中共中央统战部部长王兆国在沪会见各民主党派市委主要负责人。

12月23日　各民主党派市委领导参加中共市委统战部召开的党外人士座谈会，听取中共市委六届三次会议精神的传达。

同日　台盟市委召开参政议政先进个人和积极分子表彰会。

1995年

1月16日　农工党中央常务副主席方荣欣、副主席章师明专程到沪看望农工党中央名誉主席周谷城。

1月16—17日　各民主党派市委领导参加中共市委统战部召开的务虚会，交流学习中共市委六届三次全会精神的体会和各民主党派市委的工作打算。统战部部长王生洪主持会议。

2月2日　台盟市委和市台联举行在沪台胞学习江泽民1月30日发表的《为促进祖国统一大业的完成而继续奋斗》讲话座谈会。

2月8日　各民主党派市委领导参加中共市委召开的民主协商会，就市政协八届副主席、常委增补名单和市长候选人进行协商，并提出意见和建议。

2月14日　农工党市委召开邓演达诞辰100周年纪念会。

2月20日　致公党市委接待加拿大渥太华致公堂副主席邓泉昌一行。

3月28—31日　民建中央副主席路明等来沪调研。

4月14日　台盟市委、市台联联合举行《马关条约》签订100周年座谈会。

5月5日　各民主党派市委领导参加中共市委在中共市委统战部召开的党外人士座谈会，市编委副主任吕凤太通报上海市党政机构改革的情况，并提出意见和建议。中共市委主要领导出席并讲话。

5月17日　致公党中央主席董寅初在沪会见由周鉴梅为团长的泰国潮汕会馆访华团。

5月25日　九三学社市委办学单位校长工作联席会议成立大会暨第一次全体会议，通过《社内办学单位校长工作联席会议条例》。

6月2日　民革市委与《团结报》社、市政协艺术团、中国华艺广播公司联合在端阳节举行“两岸情”文艺晚会。《海峡之声》广播电台首次以异地直播方式向台湾听众播放了晚会实况。

6月13日　台盟市委和市台联联合召开座谈会，就李登辉在美国康奈尔大学发表分裂中国的言论予以谴责。

6月15—17日　民建市委与市政协经济委员会联合开展“建立现代企业制度”专题调研。

6月25—30日　农工党市委主委陈灏珠率领医疗队赴新四军根据地江苏茅山地区为当地老同志和群众义诊并举办医疗讲座。

7月4日　各民主党派市委领导参加中共市委统战部受中共市委委托召开的党外人士座谈会，听取《中共中央办公厅、国务院办公厅关于王宝森主要违法犯罪事实查处情况和中央决定陈希同同志的问题进行审查的通报》，并对上海深入开展反腐败斗争提出意见和建议。

7月29日　各民主党派市委领导参加中共市委、市政府联合召开的加强党风廉政建设大会。

8月3日　各民主党派市委领导参加中共市委召开的党外人士座谈会，听取贯彻落实全国科技大会精神的措施、上海科技发展的目标任务等的情况通报。

8月14日　民盟市委举行纪念反法西斯战争暨抗日战争胜利50周年大会。

8月31日　民建市委举行八届十次常委(扩大)会议，决定在延安地区捐建一所民建希望小学，并设立“希望工程”基金和该基金管理的小组。主委陈铭珊等于 11 月 25 日专程赴延安参加“延安民建希望小学”落成典礼。

9 月 3 日　九三学社市委举行建社 50 周年纪念大会。

9 月 28 日　民建市委与上海中华职业教育社联合举行胡厥文诞辰 100 周年纪念会。

10 月 9 日　各民主党派市委领导参加中共市委召开的党外人士学习会，听取中共市委“深入学习《邓小平文选》贯彻中共十四届五中全会精神讨论会”的情况通报。

10 月 20 日　致公党市委召开纪念中国致公党成立 70 周年大会。

10 月 23 日　台盟市委、市台联联合举行纪念台湾光复 50 周年座谈会。

10 月 27 日　上海举行各民主党派基层组织工作经验交流会。

同日　民革市委祖国统一委员会举行纪念台湾光复 50 周年座谈会。

11 月 6 日　中共中央统战部组织各民主党派中央、全国工商联领导和无党派人士考察团来沪考察。

11 月 9 日　中共中央统战部副部长刘延东，民盟中央主席费孝通、民进中央主席雷洁琼等视察即将落成的上海民主党派大厦。

11 月 20 日　农工党市委和闸北区计划生育委员会联合主办的生殖健康热线电话正式开通。

11 月 25 日　中共市委统战部、市监委、市检察院、市审计局在联谊俱乐部联合举办特约“四大员”社会咨询活动，39 位各民主党派特约(邀)人员参加。

12 月 8 日　民建市委举行中国民主建国会成立 50 周年纪念大会，并举办《上海民建在前进》展览会，出版《上海民建五十年》。

12 月 17 日　民进市委举行中国民主促进会成立 50 周年纪念大会。

12 月 18 日　各民主党派市委领导参加中共市委举行的党外人士座谈会，就准备提交中共市委六届四次全会讨论的《上海市国民经济和社会发展“九五”计划与 2010 年远景目标纲要》提出意见和建议。

12 月 23 日　民建市委、市工商联主办的上海工商学院举行建院 10 周年校庆。

1996 年

1 月 4—5 日　各民主党派市委领导参加中共市委统战部举行的新年学习会，围绕贯彻中共市委六届四次全会精神交流新一年各民主党派市委工作思路。统战部部长王生洪主持。

1 月 8 日　致公党市委与农工党市委联合召开企业家联谊会。

1 月 12 日　九三学社市委举行十二届五次(扩大)全会，同意杨槱辞去九三学社市委主委职务的请求，选举谢丽娟为九三学社市委主委。

同日　农工党市委召开学习《邓小平文选》先进表彰大会。

1 月 24 日　各民主党派市委领导参加中共市委召开的民主协商会，就提名增补上海市第十届人大常委会组成人员、副市长、市政协第八届常委的建议人选进行民主协商，并提出意见和建议。

2 月 1—9 日　市政协八届四次全会召开，九三学社谢丽娟、民革厉无畏增选为市政协副主席。

2 月 2 日　在市人大十届四次会议上，农工党市委副主委左焕琛当选副市长。

3 月 25 日　各民主党派市委领导参加中共市委召开的党外人士座谈会，就加强社区管理、基层政权建设和相关政策等提出意见和建议。

4 月 11 日　民革市委、致公党市委、民进市委、九三学社市委联合举行台情报告会。

4 月 12 日　致公党市委召开归侨党员座谈会，纪念《中华人民共和国归侨侨眷权益保护法》颁布 5 周年，听取对上海市《实施归侨侨眷保护法修改意见》的意见和建议。

4 月 30 日　致公党市委接待印尼泗水地区侨领陈振龙一行。

5 月 16 日、24 日　民建市委与市政协经济委员会联合组织"股份合作制企业试点工作"专题调研。

5 月 29 日　各民主党派市委领导参加中共中央政治局委员、市委书记黄菊主持的党外人士座谈会，就精神文明建设问题进行座谈交流。

6 月 12 日　九三学社市委举行纪念九三学社上海组织成立 50 周年座谈会。

6 月 13 日　民革市委接待来沪参观的美国华侨界知名人士祖炳民等一行 6 人。

7 月 9—12 日　各民主党派市委领导参加中共市委统战部举行暑期学习班，学习江泽民"关于讲政治"的讲话精神，研讨民主党派如何加强自身建设，并就各民主党派市委的换届工作交流情况。

8 月 28 日　各民主党派市委领导参加中共市委召开的党外人士座谈会，听取市公安局通报上海开展"严打"斗争的情况，并提出意见和建议。

9 月 24 日　民盟市委举行上海建盟 50 周年纪念大会。

同日　农工党市委与浦江之声台联合举办"迎中秋　盼团圆"对台广播文艺联欢会。

9 月 30 日　韩国驻沪总领事庆昌宪代表韩国政府，向九三学社创始人之一褚辅成的长孙宣读金泳三总统亲自签署的授勋令并授予建国勋章及证书，嘉奖他祖父及其家人 1932 年冒着生命危险保护大韩民国爱国英雄金九的义举。

10 月 21 日　民进、民革、农工党、九三学社、台盟市委联合举行报告会，邀请市高级人民法院副院长、复旦大学教授李昌道作关于香港基本法的报告。

10 月 26 日　民进市委和民进中央参议委员会上海小组为南洋模范中学名誉校长赵宪初和育才中学名誉校长段力佩 90 寿辰举行祝寿活动。

10 月 28 日　各民主党派市委领导参加中共市委召开的民主协商会，就增补副市长的建议人选进行协商，并提出意见和建议。会上还通报上半年中共市委、市政府班子成员届中考核情况，黄菊主持会议。

11 月 7—9 日　各民主党派中央和全国工商联在北京召开为两个文明建设服务经验交流会，民建市委、民盟市委多学科咨询中心、台盟市委组织宣传处获"为两个文明建设服务"先进集体。

11 月 11 日　民革市委、中山学社举行纪念孙中山诞辰 130 周年座谈会、书画展及"孙中山思想发展"学术研讨会等纪念活动。

11 月 13 日　上海市各民主党派举行民主党派思想建设工作经验交流会。农工党市委主委陈灏珠代表各民主党派发言，中共市委统战部部长王生洪到会讲话。

11 月 29 日　农工党市委召开纪念农工党创始人邓演达烈士殉难 65 周年座谈会，并为其塑像揭幕。

11 月 30 日　民盟市委和上海少年报社联合举办"香港，你好"——"雅特杯"上海市中小学生征文比赛颁奖仪式。

12 月 26 日　上海民主党派大厦启用典礼举行。中共中央政治局委员、国务院副总理吴邦国为大厦题名，中共中央政治局委员、市委书记黄菊发来贺信，中共市委副书记孟建柱、市人大、市政协、市委统战部及各民主党派市委领导出席典礼。

1997 年

1 月 7—8 日　各民主党派市委领导参加中共市委统战部召开的新年学习会,听取中共中央政治局委员、市委书记黄菊在中共市委六届五次全会上讲话精神和全国统战部部长会议精神,交流新一年各民主党派市委的工作思路。

1 月 9 日　上海市各民主党派、工商联、中华职业教育社联合召开学习邓小平建设社会主义理论交流会。

2 月 3 日　各民主党派市委领导参加中共市委统战部受中共市委委托召开的党外人士座谈会,就《市政府工作报告》(讨论稿)提出意见和建议。

2 月 20 日　各民主党派市委举行悼念邓小平活动。

同日　各民主党派市委领导参加中共市委统战部召开的民主协商会,就增补市政协常委的建议人选进行协商,并提出意见和建议。

2 月 28 日　上海各界人士举行"纪念台湾人民'二二八'起义 50 周年"座谈会,各民主党派市委领导参加。

4 月 2 日、5 月 2 日、6 月 5 日　各民主党派市委联合举行迎接香港回归三场报告会,分别由市政府参事杨小佛主讲"回归声中谈香港——香港的过去、现在和将来",市国际战略问题研究会副会长吕蓬主讲"香港回归及当前国际形势的几个问题",市高级人民法院副院长李昌道主讲"香港问题和香港基本法"。

4 月 9 日　各民主党派市委领导参加中共市委召开的党外人士座谈会,听取上海党风廉政建设工作的情况通报,并对反腐倡廉工作提出意见和建议。

4 月 10 日　各民主党派、工商联学习联席会议邀请民进中央副主席邓伟志作题为"民主党派与精神文明建设"的报告。

4 月 13—15 日　九三学社市委主委谢丽娟率专家团赴浙江湖州市考察,洽谈经济技术协作。

4 月 23—24 日　台盟市委接待以黄文龙为团长的"台湾资深青商总会访问团"。

6 月 16—19 日　民盟上海市第十一次代表大会举行,选举产生民盟上海市第十一届委员会。张圣坤当选主委。

6 月 23—24 日　致公党上海市第四次代表大会举行,选举产生致公党上海市第四届委员会。俞云波当选主委。

7 月 1 日　上海市各界人士庆祝香港回归祖国大会在上海展览中心隆重举行。市政协副主席、民进市委主委刘恒椽代表全市民主党派在大会上发言。在此前后,各民主党派市委分别举行各种形式的迎回归庆祝活动。

7 月 3—5 日　农工党上海市第九次代表大会举行,选举产生农工党上海市第九届委员会。陈灏珠当选主委。

7 月 7—9 日　九三学社上海市第八次社员代表大会举行,选举产生九三学社上海市第十三届委员会。谢丽娟当选主委。

7 月 10—12 日　台盟上海市第八次盟员大会举行,选举产生台盟上海市第八届委员会。郑励志当选主委。

7 月 15—18 日　民进上海市第八次代表大会举行,选举产生民进上海市第十二届委员会。刘恒椽当选主委。

7月21—24日　民革上海市第九次代表大会举行，选举产生民革上海市第十届委员会。厉无畏当选主委。

7月22—23日　民建中央主席成思危在沪考察上海工商学院，听取先进支部组织生活的汇报，召开非公有制经济会员座谈会。

7月23—26日　民建上海市第九次会员代表大会举行，选举产生民建上海市第九届委员会。黄关从当选主委。

8月12日　民革市委、市黄埔同学会联合举行纪念"'八一三'淞沪抗战"60周年座谈会。

8月23—29日　农工党市委组织联合医疗队赴云南武定县送医送药。

9月6日　各民主党派市委新老领导参加中共市委召开的党外人士座谈会，迎接中共十五大召开，并祝贺各民主党派市委完成换届，实现新老交替。

9月10日　农工党市委举行纪念农工党上海市级组织成立50周年暨表彰大会。

9月23日　各民主党派市委领导参加中共市委召开的党外人士座谈会，听取中共十五大精神的传达。

9月30日　各民主党派市委领导参加中共市委委托市委组织部、市委统战部召开的民主协商会，传达中共市委关于市人大、市政协换届工作文件的精神，就市政协换届工作进行协商，并提出意见和建议。

10月3日　致公党市委接待应致公党中央邀请来华参加国庆48周年庆祝活动的英国利物浦致公总堂、华埠商会、旅英五邑联谊会、缅甸青莲堂合胜总公司、洪顺总堂、洪门青年联合会等社团负责人及家属共30多人。

10月13日　各民主党派市委领导参加中共市委召开的党外人士座谈会，中共中央政治局委员、市委书记黄菊出席会议，为即将赴京出席各民主党派全国代表大会的上海代表团送行。

10月17—22日　民盟第八次全国代表大会在京召开。苏步青、钱伟长、谈家桢被推举为中央名誉主席，江景波当选中央副主席。

10月27日—11月1日　农工党第十二次全国代表大会在京召开。陈灏珠当选中央副主席。

11月1—6日　致公党第十一次全国代表大会在京召开。董寅初被推举为中央名誉主席，俞云波当选中央副主席。

11月8—13日　九三学社第七次全国代表大会在京召开。杨槱被推举为中央名誉副主席，谢丽娟当选中央副主席。

11月13—18日　民建第七次全国代表大会在京召开。黄关从当选中央副主席。

11月24—30日　民革第九次全国代表大会在北京召开。厉无畏当选中央副主席。

11月26日—12月2日　民进第八次全国代表大会在京召开。邓伟志当选中央副主席。

11月29日　农工党中央主席蒋正华到农工党市委机关调研视察。

12月6日　各民主党派市委领导参加中共市委召开的党外人士座谈会，听取中共市第七次党代会工作报告(征求意见稿)，并提出意见和建议。

同日　农工党市委"金山亭林医院专家下乡服务基地"成立并揭牌。

12月13日　民建市委举办首次大型综合咨询服务活动。

12月17日　各民主党派市委领导参加中共市委召开的党外人士座谈会，就提名第九届全国人大代表的人选进行协商，并提出意见和建议。

12月24日　民革市委举行“纪念民革成立50周年暨表彰大会”。

1998年

1月4日　各民主党派领导参加中共市委统战部召开的新年学习会,统战部部长王生洪主持。

1月7日　中共市委统战部举行“浦江同舟——上海统战系统为两个文明建设服务先进表彰电视文艺晚会”,各民主党派市委领导参加。

1月9日　各民主党派市委领导参加中共市委统战部以中共市委名义召开的民主协商会,就第九届市政协委员、常委的建议人选进行协商,并提出意见和建议。

2月4日　各民主党派市委领导参加中共市委召开的民主协商会,就市十一届人大、市政府、市九届政协领导成员和市高级人民法院院长、市人民检察院检察长候选人建议人选及人大常委会委员候选人建议人选进行协商,并提出意见和建议。

2月10—16日　市政协九届一次会议召开。九三学社市委主委谢丽娟、台盟市委主委郑励志、农工党市委主委陈灏珠、民进市委主委刘恒椽、致公党市委主委俞云波、民建市委主委黄关从当选市政协副主席。

2月12—20日　市人大十一届一次会议召开。民革市委主委厉无畏、民盟市委主委张圣坤当选市人大常委会副主任。农工党市委副主委左焕琛当选副市长。

2月28日　各民主党派市委领导参加市政协、中共市委统战部联合举行的“上海各界人士纪念周恩来诞辰100周年座谈会”。

3月17日　农工党市委召开国医节座谈会,探讨中医发展的现状和前景,呼吁尽快给中医立法,建立促进上海中医药发展的机构。

4月2日　农工党市委和市政协文史资料委员会合作出版上海文史资料选辑85辑《浩气长存——农工党上海烈士纪念集》,并召开出版座谈会。

4月13日　中共市委在西郊宾馆召开座谈会,国务院副总理钱其琛听取上海对台工作情况汇报。市政协副主席、台盟市委主委郑励志代表台盟市委发言。

同日　民建市委主委黄关从会见日本能率协会高地高司社长一行。

4月22日　各民主党派市委领导参加中共市委召开的党外人士座谈会,中共市委副书记龚学平通报上海精神文明建设情况,并就新闻事业改革、文艺体制改革、教育改革和社区建设等方面问题听取党外人士提出的意见和建议。

5月8日　全国人大常委会副委员长、民盟中央主席丁石孙来沪出席欧美同学会全国工作会议,并到民盟市委机关看望全体机关干部。

5月20日　民盟市委召开“纪念真理标准问题讨论20周年”座谈会。

5月22日　农工党市委举行报告会,市委副主委、副市长左焕琛作“走可持续发展道路的上海”专题报告。

5月25日　致公党市委召开党员中的印尼归侨座谈会,座谈和分析印尼发生的骚乱事件。

5月31日　九三学社市委和市建委、科技委联合举办世界环保日城市环境保护义务咨询活动。

6月1—6日　民建中央在沪召开全国组织工作会议、民建会史研究委员会会议、民建中央七届三次常委会议。全国人大副委员长、民建中央主席成思危出席会议。

6月4日　各民主党派市委领导参加中共市委召开的情况通报会,听取中共中央对台工作会议的精神通报。

6月11日　民革市委举行“纪念真理标准问题讨论20周年”学习报告会，邀请市哲学学会会长陈章亮作辅导报告。

6月30日　民进市委宣讲团成立大会暨首场宣讲在闸北区进行。主委刘恒椽作题为《搞好政治交接是党派自身建设的首要任务》的首场报告。

7月1日　民盟盟员郭广昌、民建会员刘鼎照等上海民营企业家参加美国总统克林顿访华期间在沪举行的午餐会。

7月4日　民建市委与市商委联合举办“再生资源利用工作研讨会”，纪念周恩来为供销合作总社再生资源工作题词40周年。

7月9日　农工党市委组织党内艺术家和静安区人民政府联合举办慰问环卫系统职工的“美在静安”专场文艺演出。

7月29日　九三学社中央副主席王选来沪作《知识经济和科学信息产业》的报告。

8月6日　九三学社市委举行“援助福建南平灾区筹建小学捐赠仪式”。

8月13日　民革市委与黄埔同学会组织凭吊淞沪抗战主战场活动。

8月26—28日　九三学社华东六省一市基层工作研讨会在上海召开。

9月1—3日　农工党市委组织医学专家、著名演员参加“抗洪救灾慰问团”，带着价值20万元的药品、衣物及部分捐款赴南京梅山、安徽芜湖抗洪一线进行慰问，为军民进行医疗服务和文艺演出。

9月4日　农工党市委和仁济医院共同组建的上海市赴湖南灾区医疗队举行授旗仪式。

9月19—26日　民进市委赴滇支教团前往昆明禄劝县支教。

9月21日　农工党市委举行座谈会，纪念农工党中央名誉主席周谷城100年诞辰。

9月28日　中共市委统战部、各民主党派、工商联联合举行上海市各民主党派、工商联“继承优良传统，共创光辉未来”宣讲团成立暨首场报告会。

10月11日　九三学社市委主委谢丽娟一行赴福建南平市徐敦镇丰乐村参加建校奠基仪式。

10月12日—11月20日　台盟市委举行捐助活动，捐献5万元参与建造因洪涝灾害受损的湖南省湘西土家族苗族自治州保靖县复兴镇浦西希望小学。

10月14日　谢丽娟带领九三学社中央“大中城市环境保护问题”课题组到松江区开展调研。

10月17—22日　农工党市委组织文艺界党员组成“文艺巴士”辗转奉贤、青浦、南汇、崇明和松江4县1区，举行大型文艺演出5场，观众达2万人。

10月29日　农工党市委召开党内部分中医和西医专家座谈会，学习贯彻《上海市发展中医条例》。

11月3—8日　台盟市委举办“海峡两岸关系学术交流活动”。台湾岛内8位专家学者参加了活动。

11月13日　全国人大副委员长、民建中央主席成思危来沪视察并作题为《当前金融形势及其对策》的报告。

11月20日　《中国民主党派上海市地方组织志》首发式在上海民主党派大厦举行。

同日　民建市委召开“纪念中共十一届三中全会召开20周年——学邓小平理论，学十五大精神，学民建会章交流会”。

11月26—29日　民革中央常务副主席周铁农一行来沪调研社区建设工作。

12月1日　台盟市委举行纪念中共十一届三中全会召开20周年座谈会。

12月9日　民革市委举行“改革开放与民革工作”专题座谈会，纪念中共十一届三中全会召开20周年。

12月30日　台盟市委举行纪念全国人大常委会《告台湾同胞书》发表20周年座谈会。

1999年

1月4日　各民主党派领导参加中共市委统战部召开的新年学习会，统战部部长王生洪主持，中共市委副书记、市政协主席王力平讲话。

1月20日　民进市委举行为两个文明建设服务先进集体、先进个人表彰大会。

1月21日　各民主党派、市工商联宣讲团在徐汇区举行“继承优良传统，共创光辉未来”报告会。

1月28日　市政协、中共市委统战部、民盟市委、市教委、市体委和继光中学及麦伦校友会联合举行纪念沈体兰诞辰100周年座谈会。

2月16日　中共中央政治局委员、中共市委书记黄菊登门向民建会员杨存义拜年，称赞他是一位“好市民”。

3月17日　农工党市委举行纪念国医节“董廷瑶基金”表彰大会。97岁高龄的“儿科泰斗”董廷瑶亲自莅会颁奖。

4月24日　民盟市委召开盟务工作先进集体和积极分子表彰大会。

5月8—12日　各民主党派市委分别举行会议，谴责以美国为首的北约5月7日悍然轰炸中国驻南联盟使馆的野蛮行为，拥护中国政府的严正声明。

5月19—21日　民盟中央副主席吴修平专程来沪，代表民盟中央看望民盟中央名誉主席苏步青、谈家桢和部分老同志。

5月21日　民建市委为纪念上海解放50周年，缅怀为中国解放而牺牲的烈士黄竞武、郑太仆、姜化民，举行《丹心照汗青》一书首发式。

5月31日　民革市委、上海中山故居、上海中山学社、上海黄埔军校同学会举行“纪念孙中山奉安70周年”座谈会。

6月5—9日　台盟六届七次中常会在上海举行。

6月16日　民进市委举行上海地方组织成立50周年庆祝大会。

6月17日　中国民主促进会成立旧址挂牌仪式在上海卢湾区图书馆(原中国科学社)举行。民进中央主席许嘉璐、名誉副主席柯灵为旧址揭牌。

6月26日　农工党市委医卫专家镇江服务基地在镇江京口医院举行挂牌仪式。

7月16—27日　各民主党派市委分别举行各种会议，强烈谴责李登辉抛出分裂祖国的“两国论”。

7月21—24日　民建中央副主席冯克熙专程陪同以冯良杜为荣誉团长、夏惠汶为团长的台北教育会教育研究团一行16人来沪参观访问。

7月22日　中共市委向各民主党派市委领导传达关于取缔“法轮功”的通知。之后，各民主党派市委分别进行传达和宣传，拥护以江泽民同志为核心的中共中央对“法轮功”的处理。

7月27日　农工党市委召开九届二十三次主委办公会议。会议学习了人民日报社论《提高认识，看清危害，把握政策维护安定》和《分裂没有出路——四评李登辉的分裂言论》。

7月30日　台盟市委举行上海组织成立50周年庆祝大会。

8月19日　台盟市委举行八届十四次全体会议。郑励志辞去主委，被推举为名誉主委；石四箴当选主委。

8月24日　民建市委举行国有企业改革与发展研讨会。

8月26日—9月1日　民革市委主委厉无畏带队赴贵州印江参加堰塘新诚希望小学落成仪式。

8月28日　民盟市委主办"'99教师节献爱心助学活动"。

9月3—7日　"庆祝建国50周年上海市各民主党派、工商联书画展"在黄浦区图书馆举行。

9月11日　各民主党派市委领导参加中共中央统战部副部长刘延东在上海召开的座谈会。

9月21日　上海各民主党派、工商联在广电大厦联合举行"百川归海庆华诞"文艺晚会，庆祝新中国成立50周年，并在电视节目中转播。

9月23日　台盟市委和市台联举行"'99在沪台胞庆中秋迎国庆联欢会"。会上，盟员、台胞和在沪就读的台湾学生为台湾"9·21"地震中受难的台湾同胞募捐。

9月27日　民革市委、市政协文史资料委员会共同编撰的《民革党员与新中国》一书举行首发式。

10月4日　致公党市委举行"国庆50周年欢迎海外人士招待会"，接待赴京参加国庆观礼的海外侨胞。

10月7—10日　民建市委主委黄关从出席延安希望小学重建落成的捐赠仪式。

10月16日　农工党市委和上海慈善基金会、市退管会、解放日报社共同发起"99关爱老人医疗法律义务咨询活动"。

10月28日　致公党市委分别接待泰国刘氏宗亲总会代表团一行28人和美国致公总堂顾问练一鸣及其随行人员。

11月9—10日　致公党京津沪渝四直辖市党务工作会议在沪召开，就大城市致公党基层组织建设问题进行专题研讨。

11月9—12日　民盟中央提案工作座谈会在上海举行，民盟中央名誉主席费孝通、钱伟长，副主席冯之浚、吴修平、江景波等出席开幕式。

11月10日　农工党市委配合第十一届中国"国际科学与和平周"宣传活动，开展大型义务医疗咨询服务活动。

11月12日　全国人大常委会副委员长、民建中央主席成思危在沪就国有企业改革和发展及加强自身建设问题，与部分会员座谈。

11月18日　民革市委与中共上海市房地局委员会联合举行"参政党的理论和实践"研讨会。

11月26日　各民主党派市委联合举行报告会，邀请复旦大学教授李昌道作澳门基本法与澳门回归的报告。

12月4日　民建市委召开先进支部、优秀会员表彰大会。

12月7日　农工党中央十二届三中全会举行，左焕琛当选中央副主席。

12月9—19日　各民主党派市委分别举行各种"迎澳门回归"活动。

12月17日　农工党市委召开1998—1999年度先进集体和优秀党务工作者表彰会。

12月18日　各民主党派市委领导参加中共市委召开的纪念《中共中央关于坚持和完善中国共

产党领导的多党合作和政治协商制度的意见》制定10周年座谈会。

12月20日　上海各界人士庆祝澳门回归祖国大会在上海展览中心隆重举行,石四箴、厉无畏在大会上发言。

12月22—27日　各民主党派市委分别举行“纪念《中共中央关于坚持和完善中国共产党领导的多党合作制和政治协商制度的意见》发表10周年座谈会”。

2000年

1月4日　各民主党派、工商联负责人参加中共市委统战部召开的新年学习会,回顾总结1999年工作,展望交流2000年工作思路。

1月10日　各民主党派市委领导参加中共市委召开的党外人士座谈会,听取中共市委七届六次全会精神的传达。

1月20日　民革市委举行优秀基层党务工作者和先进支部表彰大会。

1月21日　各民主党派市委领导参加中共市委举行的民主协商会,就增补市人大常委会副主任、市政协副主席、常委的建议人选进行协商,并提出意见和建议。

1月26日　台盟市委和市台联举行“纪念江泽民《为促进祖国统一大业的完成而继续奋斗》的重要讲话发表5周年暨2000年在沪台胞新春团拜会”。

1月28日　民盟市委召开政治思想顾问座谈会。

1月31日　民进市委召开全市民进组织干部大会。

2月15日　中共市委统战部副部长陶人观受中共中央统战部部长王兆国、常务副部长刘延东委托,前往民进中央名誉副主席柯灵寓所祝90寿辰。

2月22日　民革市委举行座谈会,学习《一个中国的原则与台湾问题》白皮书。

同日　台盟市委和市台联共同举行在沪台胞学习《一个中国的原则与台湾问题》白皮书座谈会。

3月1日　民革市委与民盟市委等五家单位联合举行纪念蔡元培逝世60周年座谈会。

3月23日　九三学社市委主委谢丽娟带领专家学者赴浦东张江高科技园区考察,为园区发展献计献策。

4月9—11日　民革市委接待由美国华侨界来沪访问的海外兴中会一行。

4月26日　民革市委、市黄埔同学会与晋元高级中学联合举行纪念谢晋元将军诞辰95周年活动。

同日　民革市委举行“丹心照汗青——《民革党员与新中国》”巡回宣讲活动首场宣讲会。

5月6—21日　致公党市委主委俞云波应美国洪门致公总堂的邀请率团赴美国访问。

5月15日　民进市委和进华中学联合举办“城乡少年手拉手活动”。

5月25日　民进创始人之一赵朴初的悼念活动在龙华古寺举行,中共市委常委、市政协副主席、中共市委统战部部长黄跃金,市政协副主席、民进市委主委刘恒椽,中共市委统战部副部长、市宗教局局长孙金富出席。

5月26日　各民主党派市委联合召开“反台独、促统一”座谈会。

5月29日　九三学社市委主委谢丽娟会见贵州省黔南州学习考察代表团。6月2日,双方签订为期10年的科技支边协议。

5月30日　民盟部分省市第五次基础教育研讨会在沪开幕。会议主题“面向21世纪，全面推进素质教育”。

6月1—2日　民建沪嘉农业产业化研讨会在嘉兴市召开。

6月9—10日　民进市委与教育学会、《联合时报》社联合举办素质教育研讨会。

6月20日　民建市委主办、《联合时报》社和中国中福实业总公司协办的“促进东西部地区联动发展研讨会”在沪举行。

6月21日　民革市委举行“西部开发与民革参政议政”专题论坛。

6月29日　8个民主党派浦东新区委员会正式成立。上海市副市长、中共浦东新区委员会书记周禹鹏和市委统战部、各民主党派市委领导人出席成立揭牌仪式。

同日　民进市委主办“二十一世纪高新技术园区发展”大型研讨会。

7月14日　各民主党派市委领导参加中共市委召开的党外人士座谈会，听取中共市委常委扩大会议精神的情况通报。

同日　九三学社市委举办关于西部开发科技论坛。

7月23—27日　全国人大常委会副委员长、民建中央主席成思危到上海视察。

7月28日　农工党市委召开大型座谈会，纪念农工党建党70周年。

7月29—31日　各民主党派市委领导参加中共市委召开的暑期学习会，中共市委副书记罗世谦主持会议并讲话，中共市委常委、统战部部长黄跃金出席并作总结讲话。

8月1日　民建市委企业家代表团赴银川，出席民建中央西部11省、自治区、直辖市2000年协作会议。

8月19—24日　民革市委主委厉无畏率队赴新疆，就“关于上海在西部开发战略中的作用研究”进行调研。

8月28日　黄浦区、南市区“撤二建一”后新的黄浦区各民主党派区委和区工商联联合举行成立大会，各民主党派市委领导参加。

9月1日　民革市委举行“纪念赵祖康诞辰100周年”座谈会。

9月4—9日　民盟市委考察团赴宁夏回族自治区参观考察，探讨上海民盟参与西部开发的途径，并与宁夏民盟组织签订6项协议。

9月16日　民革市委等单位联合举办“海峡情”联欢会，通过《海峡之声》广播电台向海内外听众直播。

9月16—23日　九三学社市委教育代表团赴贵州省黔南州考察教育状况，并向黔南州政府捐赠价值10万元的教学仪器和设备。

9月21日　中共中央统战部副部长朱维群，中共市委常委、统战部部长黄跃金到华东医院看望民盟中央名誉主席苏步青、致公党中央名誉主席董寅初，到上海大学看望民盟中央名誉主席钱伟长等。

9月22日　民建市委召开“加入WTO与行业发展研讨会”。

9月29日　农工党市委和市卫生局就医疗卫生改革专题进行对口座谈。

10月5日　致公党市委主委俞云波会见美国檀香山致公总堂主席陈仕琦夫妇。

10月6日　俞云波会见并宴请杨应瑞为团长的美国旧金山地区印支侨领访华团一行16人。

10月13—16日　民进华东六省一市第六次工作研讨会在沪举行。

10月15日　各民主党派市委领导参加中共市委召开的党外人士座谈会，听取中共十五届五中全会精神和中共市委七届全会精神的通报。

10月19日　各民主党派市委领导参加中共市委召开的党外人士座谈会，听取第十九次全国统战工作会议精神的通报。

10月24日　中共上海市纪律检查委员会、市监察委员会联合召开第五届特邀监察员聘任大会，各民主党派被聘特邀监察员出席会议。

11月12日　中共中央政治局常委、国家副主席胡锦涛，中共中央政治局委员、中共市委书记黄菊，中共市委副书记、市长徐匡迪，到华东医院探望致公党中央名誉主席董寅初。

11月17—18日　农工党中央主席蒋正华来沪出席农工党市委召开的中青年干部座谈会。

12月1—5日　民建市委组织会员企业家考察团访问港澳地区。

12月4日　致公党市委举行庆祝中国致公党成立75周年暨上海市地方组织建立20周年大会。

12月20日　民革市委举行“新世纪民主党派工作理论研讨会”。

12月24日　九三学社市委组织部分院士和教授作展望二十一世纪的科普讲座。

12月25日　民建市委举行纪念中国民主建国会成立55周年暨全国优秀会员、先进集体表彰大会。

12月26日　农工党市委召开九届十四次委员会议。农工党中央主席蒋正华，中共市委常委、中共市委统战部部长黄跃金出席会议并讲话。会议接受陈灏珠辞去农工党市委主委的请求，选举左焕琛为市委主委，推举陈灏珠为市委名誉主委。

2001年

1月3日　各民主党派市委领导参加中共市委统战部召开的新年学习会，中共市委常委、统战部部长黄跃金主持并讲话。

1月6日　致公党中央副主席、市委主委俞云波接待美国纽约致公总堂主席丘穗丰一行。

1月11日　各民主党派市委领导参加中共市委召开的民主协商会，就有关市十一届人大和九届政协人事安排问题进行民主协商，并提出意见和建议。

1月14日　民革市委开展拥军活动，民革党员中的心理学教授，内、外、伤科专家以及律师等为武警三支队的200官兵进行咨询。

1月15日　民盟市委召开思想政治顾问座谈会。

1月16日　民建市委举行民建互帮基金“民建南江助学金”颁发仪式。

1月21日　市政府台湾事务办公室、台盟市委、市政协港澳台侨委员会、市台联联合举行“纪念江泽民主席《为促进祖国统一大业的完成而继续奋斗》的重要讲话发表6周年”座谈会。

2月1日　民革市委接待民革党员、辛亥先驱秋瑾的外甥女王焱华夫妇和陶成章的孙子陶亚成等。

2月6—11日　市政协九届四次会议补选左焕琛、石四箴为副主席。

2月10—18日　台盟市委接待由台湾中兴大学台商研究中心主任袁鹤龄、执行长王精文、台北科技大学教授魏台生、台中市议员廖述嘉等率领的大陆参访团一行40人。

2月13日　致公党中央副主席、市委主委俞云波会见美国捷运蓝氏不动产投资公司董事长、中国国民党亲美东支部常委蓝永青，台湾律师欧宇伦、张权一行。

2月26日　中共市委统战部在上海电视台举办“浦江同舟——2000年度上海统一战线为两个文明建设服务先进表彰电视文艺晚会”，各民主党派市委领导应邀出席。

3月13—18日　九三学社市委与市容环卫局联合主办“文明饮餐，洁净家园”系列宣传活动。

3月21—22日　民建华东六省一市社会服务工作座谈会在沪召开。

4月3—10日　民革中央副主席胡敏一行5人，就如何建立健全民革参政议政工作机制问题到沪调研。

4月6—10日　台盟中央主席张克辉、副主席李敏宽率领台盟中央调研组一行7人到沪调研，就民主党派如何开展民主监督工作和上海台商对中国加入WTO之后如何进一步加强海峡两岸经贸合作等课题进行调研考察。

4月11—22日　致公党市委分别接待了菲律宾洪门致公堂代表团、哥斯达黎加洪门民治党、巴拉圭洪门协会、巴拿马民治党等客人。

4月24日　民革市委、上海黄埔同学会、上海市孙中山、宋庆龄文物管理委员会联合举行纪念谢晋元将军殉国60周年座谈会。

5月11日　各民主党派市委领导参加中共市委召开的民主协商会，就两名副市长提名人选进行协商，并提出意见和建议。

5月11—14日　民革市委常务副主委毛增滇、名誉副主委李赣驹等赴广州参加纪念黄花岗起义90周年凭吊活动。

5月13日　民盟市委召开纪念中国民主同盟成立60周年大会。

同日　致公党市委主委俞云波接待以会长李柱焱、伍焕鹏为首的美国洪门致公总堂代表团一行46人。

5月14日　致公党市委与市政府侨务办公室联合宴请美国旧金山美洲致公总堂以李炳富为团长的一行20人访华团。

5月16—18日　民盟中央主席丁石孙、副主席张梅颖在沪期间，与60位上海盟员座谈，看望民盟中央名誉主席谈家桢和苏步青。

同期　九三学社京津沪渝四直辖市第三次社务工作会议在沪召开。

5月24日　台盟市委研究室与市台研会举行“民进党执政一年来的台湾政局、两岸关系及其走向研讨会”。

5月25日　农工党市委和浙江省委联办《风雨同舟手拉手》文艺巡演活动庆祝中国共产党建党80周年，组织著名演员赴浙江衢州、常山为山区群众演出。

6月4日　民进老会员吴企尧向市档案馆捐献《“四八”被难烈士纪念册》，民进市委举行捐赠仪式。民进中央副主席张怀西、邓伟志出席捐赠仪式。

6月8日　民进市委举行“党的光辉照我心——庆祝中共建党80周年文艺晚会”。

6月11—12日　农工党中央副主席章师明到沪调研基层支部建设和换届工作。

6月24日　民革市委与《海峡之声》广播电台举行“同舟两岸情——在沪台胞、台属端午浦江游”活动。《海峡之声》向两岸听众直播晚会实况。

6—7月　各民主党派市委分别举行各种活动和座谈会，庆祝中国共产党建党80周年。

7月7日　台盟市委举行暑期报告会，邀请原国台办副主任、海协副会长、现海峡两岸关系研究中心主任唐树备作题为“台湾岛内政局与两岸关系”的报告。

7月15日　各民主党派市委领导应邀参加中共市委召开的党外人士座谈会，学习中共中央总书记江泽民“七一”讲话，中共中央政治局委员、中共市委书记黄菊出席并讲话，中共市委副书记罗世谦参加，中共市委常委、统战部部长黄跃金主持。

7月15—17日　各民主党派市委领导参加中共市委统战部召开的暑期学习会，黄跃金作学习动员讲话，罗世谦作学习会小结讲话。

7月19日　全国人大副委员长、农工党中央主席蒋正华在上海参加农工党市委学习“七一”讲话，后备干部谈心会。

8月7日　民革市委、上海黄埔同学会接待台湾“黄埔将军”访问团一行。

8月28日—9月2日　民建市委主办、上海建桥学院协办的“民建西部企业管理高级研讨班”在上海建桥学院举行。

9月8—15日　九三学社市委医学专家代表团赴黔南州地区进行医学、卫生事业考察及讲学活动。

9月20日　台盟市委举行学习江泽民总书记“七一”讲话交流会。

9月21日　受中共中央和江泽民、朱镕基、李瑞环、李岚清委托，中共中央政治局委员、中共市委书记黄菊，中共市委副书记、市长徐匡迪，中共中央统战部副部长刘延东，市政协主席王力平到华东医院看望苏步青、巴金、董寅初、谈家桢。

9月22日　中共中央统战部和教育部在复旦大学为民盟中央名誉主席苏步青举行100岁华诞暨回国执教70年庆祝大会。

9月25日　农工党市委举行参政议政先进集体和个人表彰大会。

9月25日—10月11日　民革市委举行纪念辛亥革命90周年系列活动。

9月27日　台盟市委与《海峡之声》广播电台举行“2001年中秋联欢会”，并向两岸听众直播

10月1日　民革市委举行“台属、台胞庆国庆、中秋茶话会”，上海电视台直播茶话会实况。

10月6—7日　全国人大常委会副委员长、民进中央主席许嘉璐在沪期间，视察民进上海交通大学委员会的工作并提出要求。

10月8—15日　台盟市委组团就“如何进一步加强沪滇之间的协作关系”课题赴云南调研，与云南省政府协作办和台盟云南省委座谈交流。

10月11—14日　由民革市委、上海东方文艺管理研究中心主办，《团结报》上海记者站协办的“五缘文化摄影作品展”赴内蒙古巡回展出。

10月23—26日　民建市委接待以澳洲太平绅士周光明为团长的澳大利亚纽省工商界侨领访问团一行。

11月9日　农工党市委和中共市卫生局委员会就中国加入世贸组织后的医卫对策问题召开双向对口交流会。

11月13日　民进市委召开学习江泽民“七一”讲话交流会。

11月15日　致公党市委在云南大理地区漾濞彝族自治县脉地乡桑不老树完全小学举行向贫困学校捐书的活动。

11月22日　农工党市委为纪念农工党创始人邓演达牺牲70周年，举办“我站在邓演达墓前”演讲会暨征文颁奖仪式。

11月30日　民建市委召开参政议政工作会议。

12月5日　各民主党派市委领导参加中共市委召开的民主协商会，听取对上海市市长人选变动的情况，并提出意见和建议。

12 月 13—15 日　民盟八届五中全会在京举行，会议增选民盟市委主委张圣坤为民盟中央副主席。

12 月 15 日　由民进上海自强进修学院捐赠 20 万元建造“民进上海自强希望小学”落成剪彩仪式在贵州省普安县罗汉乡举行。

12 月 20 日　民建市委、市城市规划管理局联合召开“北外滩地区规划建设恳谈会”，就民建市委提出的《开发建设北外滩国际航运商贸区的建议》。

同日　农工党市委召开纪念上海农工党早期领导人郑太朴、李士豪、吴文琪 100 周年诞辰、申葆文 90 周年诞辰座谈会。

12 月 22 日　九三学社中央副主席金开诚到上海指导工作，会见市委主委谢丽娟。

12 月 25 日　民革市委举行“纪念中华民国临时政府成立 90 周年”座谈会。

2002 年

1 月 22 日　各民主党派中的特邀监察员、特约检察员、特约审计员、特约教育督导员，出席中共市委统战部召开的“特约(邀)四员”座谈会，交流工作情况，并提出意见和建议。

1 月 28 日　民革、农工党市委和上海黄埔同学会联合在宝山淞沪抗战纪念馆举行纪念“‘一·二八’淞沪抗战”70 周年座谈会。

1 月 30 日　各民主党派市委领导参加中共市委召开的民主协商会，就增选市人大常委会副主任、市政协副主席人选进行协商，并提出意见和建议。

同日　致公党中央副主席、市委主委俞云波会见并宴请美国纽约安良工商总会会长陈顺盛一行。

2 月 6 日　民建市委举办“民建情暖学子——2002 年民建南江助学金发放暨迎春联欢”活动。

3 月 21—28 日　全国人大副委员长、民革中央主席何鲁丽率民革中央调研团一行 12 人到沪调研有关上海贯彻《公民道德建设实施纲要》的情况。

3 月 27 日　民革市委举行十届十一次全体(扩大)会议，民革中央主席何鲁丽向与会者作关于学习问题和政治交接问题的讲话。

3 月 29 日　台盟市委领导前往昆明参加南寻甸回族彝族自治县“台新民族希望小学”的落成典礼。

4 月 9 日　台盟市委在全盟开展“植一棵树、尽一份力、愿上海更美好、愿祖国早统一”的义务植树活动，并将种植于闸北八中的这片树林命名为“宝岛林”。

4 月 13 日　民革市委与长宁区仙霞街道、宝阳实业公司联合举行“为百姓义务医疗咨询”活动。

4 月 14 日　俞云波会见以魏需逊教授为团长的美国旧金山湾区中国统一促进会访华团一行。

4 月 24—25 日　民建市委与闸北区人民政府主办，民建江苏、浙江省委协办的“应对入世与非公有制经济新发展”经济论坛在沪举行。

4 月 26 日　俞云波会见并宴请台湾世界洪门宗会秘书长丁重及夫人。

4 月 29 日　各民主党派市委在民主党派大厦联合举行换届大会新闻发布会，各民主党派有关领导在会上向新闻单位通报换届筹备经过、各自特色和时间安排。

4 月 30 日　俞云波受致公党中央委托，前往华东医院看望正在住院治疗的名誉主席董寅初，名誉副主席杨纪珂。

5月8日　各民主党派市委领导参加中共市委召开的党外人士座谈会,听取中共上海市第八次党代会工作报告(征求意见稿)的情况,并提出意见和建议。

5月9—12日　民建上海市第十次代表大会举行,选举产生民建上海市第十届委员会。黄关从当选主委。

5月16日　各民主党派中的特邀监察员、特约检察员、特约审计员、特约教育督导员,参加中共市委统战部召开的"特约(邀)四员"情况通报会,市检察院通报2001年以来查处贪污和"严打"整治斗争的情况。

5月17日　俞云波在沪会见并宴请菲律宾联盟银行董事长、菲律宾航空公司董事长、华裔企业家陈永栽夫妇和菲律宾商联总会理事长卢武敏夫妇一行。

5月18—20日　台盟上海市第九次盟员大会举行,选举产生台盟上海市第九届委员会。石四箴当选主委。

5月20—25日　民建市委接待并陪同由民建中央副主席朱元成等组成的非公经济考察团在沪考察。

5月23日　民革市委、上海黄埔军校同学会联合举行中国远征军赴印缅抗日作战60周年座谈会。

5月27日　农工党市委和常德市政府在沪举行经贸交流座谈会。

6月1—4日　民进上海市第九次代表大会举行,选举产生民进上海市第十三届委员会。严隽琪当选主委。

6月3日　台盟市委举行"学习贯彻中共市八次党代会精神和江总书记'5·31'讲话精神"座谈会。

6月14日　俞云波接待来自美国纽约安良工商总会45人访问团。

6月16—19日　农工党上海市第十次代表大会举行,选举产生农工党上海市第十届委员会。左焕琛当选农工党市委主委,陈灏珠被推举为名誉主委。

6月20—22日　致公党上海市第五次代表大会举行,选举产生致公党上海市第五届委员会。俞云波当选主委。

6月21日　民建市委开展为崇明新发展献计出力活动,举行上海民建与崇明县合作项目签约仪式。

6月22日　俞云波接待美国洪门、意大利华商总会等海外侨团以及台湾洪门共计10人。

6月22—24日　九三学社上海市第九次代表大会举行,选举产生九三学社上海市第十四届委员会。谢丽娟当选主委。

6月24日　由市政协主办,民建市委、台盟市委参与的崇明岛发展定位论坛在锦江小礼堂举行。

6月27—30日　民盟上海市第十二次代表大会举行,选举产生民盟上海市第十二届委员会。张圣坤当选主委,谈家桢被推举为名誉主委。

7月2—4日　民革上海市第十次代表大会举行,选举产生民革上海市第十一届委员会。厉无畏当选主委。

7月7日　九三学社市委主委谢丽娟率团前往贵州省黔南洲布依族、苗族自治州进行访问考察,向当地学校赠送22台电脑,为援建一所希望小学捐赠15万元,并举行捐赠仪式。

7月8日　民进市委主办、上海市民进教科文进修学院承办的西部地区希望学校教育管理干部培训班举行开学典礼。

7月20—21日　中共市委举办民主党派、工商联领导干部暑期学习会，认真学习、深入领会中共中央总书记江泽民“5·31”重要讲话精神，中共市委副书记罗世谦出席并讲话，中共市委常委、统战部部长黄跃金主持。

8月8日　台盟市委、市台联联合举行“一个中国原则不容挑衅”座谈会。

8月12日　各民主党派市委领导参加中共市委召开的民主协商会，就增选的副市长人选进行协商，并提出意见和建议。

8月13日　民革市委、上海黄埔同学会、四行仓库等单位联合举行“‘八一三’淞沪抗战”65周年纪念会暨谢晋元将军铜像揭幕仪式。

8月14日　台盟市委举行“民主监督工作研讨会”。

8月27日　市旅游委和市邮政局联合举行落实由台盟市委提出《关于用明信片作为上海著名旅游景点的门票，扩大宣传，推动上海旅游业进一步发展的建议》的市政协100号提案实施签约仪式。

同日　台盟市委举行“参政议政经验交流暨表彰大会”。

9月6日　民建市委在崇明民本中学举行“民建市委助学金颁发仪式”。

同日　民进市委成立学习指导组，推进基层组织的学习。

9月17—19日　民进中央组织的老同志学习考察团到沪，民进市委主委严隽琪，在沪的民进中央副主席邓伟志等参加接待。

9月18日　民盟市委召开迎接中共十六大——教育创新座谈会。

9月21日　民革市委接待加拿大华人促进中国统一联盟参观访问团一行。

9月28日　民革市委举行《民革党员在新中国》一书首发式。

10月9日　全国政协副主席、民盟中央名誉主席钱伟长90周年华诞。受中共中央和江泽民、李瑞环、李岚清等同志的委托，中共中央政治局委员、中共市委书记黄菊前往上海大学看望钱伟长。受民盟中央名誉主席费孝通、主席丁石孙的委托，民盟中央副主席江景波，民盟中央副主席、民盟市委主委张圣坤前往上海大学祝贺。

10月15日　民建市委举行纪念胡厥文诞辰107周年暨雕像揭幕仪式。

10月17日　成思危到上海视察，与民建会员座谈，听取对即将召开的民建全国代表大会和如何建设适应新世纪要求的参政党的意见建议。

10月20—25日　民盟京津沪渝四直辖市第二次盟务工作交流会在上海举行。

10月21日　民盟市委举行纪念沈志远诞辰100周年座谈会。

10月22—24日　民建苏浙沪两省一市联合举办“长江三角洲区域经济发展研讨会暨民进温州民营经济发展论坛”。

10月31日　台盟市委召开部分在沪台商座谈会，了解在沪台商投资、工作和生活的情况。

11月1—6日　民建市委举行系列庆祝活动迎接中共十六大胜利召开。

11月5日　各民主党派市委领导参加中共市委召开的民主协商会，就2003年市政协换届工作进行协商，提出意见和建议。

11月11日　民革市委与上海中山学社、上海黄埔同学会联合举行纪念李烈钧、冯玉祥辛亥革命先贤诞辰120周年座谈会。

11月23日　各民主党派市委领导参加中共市委在统战部召开的党外人士座谈会，听取学习贯彻中共十六大会议的精神通报。

12月3—8日　九三学社第八次全国代表大会在北京召开。谢丽娟当选九三学社中央副主席。

12月4—8日　农工党第十三次全国代表大会在北京召开。左焕琛当选农工党中央副主席。

12月5—9日　民革第十次全国代表大会在北京召开。厉无畏当选民革中央副主席。

12月5日　民进市委统战理论研究小组和民进复旦大学委员会在复旦大学联合举行“以中共十六大精神为指导,建设高素质参政党”理论研讨会。会议编印了《新时期参政党建设研讨会论文集》。

12月10—14日　致公党第十二次全国代表大会在北京召开。俞云波当选致公党中央副主席。

12月11—18日　民建第八次全国代表大会在北京召开。黄关从当选民建中央副主席。

12月13—18日　民盟第九次全国代表大会在北京召开。张圣坤当选民盟中央副主席,苏步青、钱伟长、谈家桢被推举为民盟中央名誉主席,江景波被推举为名誉副主席。

12月16—21日　民进第九次全国代表大会在北京召开。严隽琪当选民进中央副主席。

12月21日　各民党派市委领导参加中共市委召开的民主协商会,就上海市第十届全国人大代表候选人名单进行协商,并提出意见和建议。

12月27日　各民主党派中的特邀监察员、特约检察员、特约审计员、特约教育督导员,出席中共市委统战部召开的“特约(邀)四员”情况通报会。

12月31日　中共市委副书记罗世谦前往华东医院看望全国政协副主席巴金,致公党中央名誉主席董寅初、民盟中央名誉主席苏步青,随后又登门看望民盟中央名誉主席谈家桢。

2003年

1月2日　各民主党派市委领导参加中共市委召开的新年学习会,学习中共十六大精神和胡锦涛同志走访各民主党派中央、全国工商联机关时的讲话精神,并结合实际交流各民主党派市委新一年的工作思路。中共市委副书记罗世谦出席会议并讲话。

1月11日　各民主党派市委领导参加中共市委召开的民主协商会,就第十届市政协委员建议人选名单进行协商,并提出意见和建议。

1月30日　中共市委副书记罗世谦,中共市委常委、统战部部长黄跃金,中共市委常委、市委秘书长范德官等走访了各民主党派市委机关,并召开迎春座谈会。

2月9日　各民主党派市委领导参加中共市委召开的民主协商会,就新一届市人大、市政府、市政协和市高级人民法院、市人民检察院领导候选人预备人选进行协商,并提出意见和建议。

2月13日　九三学社中央主席韩启德来沪指导工作。黄跃金会见并宴请韩启德,谢丽娟陪同。

2月14—19日　市政协十届一次会议举行,九三学社市委主委谢丽娟、农工党市委主委左焕琛、致公党市委主委俞云波、民建市委主委黄关从、台盟市委主委石四箴当选市政协副主席。

2月16—23日　市十二届人大一次会议举行,民革市委主委厉无畏、民盟市委主委张圣坤当选市人大常委会副主任,民进市委主委严隽琪当选副市长。

2月24日　市政协主席蒋以任,副主席王荣华、王新奎,秘书长吴汉民等到各民主党派市委机关看望全体机关职工。

3月27日　民进市委与《联合时报》社联合举办“发扬申博精神,塑造上海城市精神”研讨会。

3月28日　各民主党派市委、市工商联在民主党派大厦举行“发扬申博精神与塑造上海城市精神”研讨会。

4月3日　台盟市委举行“世博会与上海新一轮发展”专题讨论会。

4月12日　民盟中央副主席、民盟市委主委张圣坤，民盟中央名誉副主席江景波等前往同济大学，向同济大学名誉校长、民盟市委原副主委、市政协原主席李国豪敬贺90周年华诞。

4月16日　民盟市委举行“世博会与城市文化精神”研讨会。

4月22日　民革市委与《联合时报》社联合举行“世博会与上海新一轮发展”专题论坛。

4月24日　各民主党派市委、市工商联联合举行“世博会与全面实施科教兴市战略”研讨会。

5月12日　农工党市委防范“非典”热线电话62189861、62674321开通。

5月20日　由农工党市委牵线，中国平安人寿保险公司上海分公司向抗击“非典”一线的科研和医务人员办理为期1年、总额为1 000万元的人寿保险赠送仪式先后在复旦大学医学院和上海市疾病控制中心举行。

5月30日　民建市委企业委员会向市卫生局“抗非”专项基金捐赠人民币共30.5万元。

6月6日　俞云波在沪会见美国纽约安良工商总会会长陈顺盛等一行。

6月18日　民革市委与上海中山学社、上海宋庆龄研究会联合举行“纪念杨杏佛殉难70周年座谈会”。

6月19日　各民主党派市委、市工商联联合举行“创造良好的政务环境与上海新一轮发展”研讨会。

6月20日　中共市委统战部召开各民主党派市委机关全体干部大会，对深入学习贯彻“三个代表”重要思想，全面开展“三增强”“四热爱”教育活动，加强自身建设进行思想动员。

6月21日　民进市委教育委员会与上海市教科院民办教育研究所联合举行“义务教育制度创新”研讨会。

6月26日　各民主党派市委专职领导、机关干部参加中共市委统战部在上海第二医科大学举行报告会，中共市委宣传部副部长郝铁川作“深入学习‘三个代表’重要思想，推进社会主义民主政治建设”报告。

6月28日　由市政协和民进市委联合举办的《祖国，为您祝福》——屠杰雕刻艺术迎“七一”精品展开幕。

7月1日　九三学社市委门户网站启用。

7月2日　各民主党派市委专职领导、机关干部参加中共市委统战部在上海第二医科大学举行报告会，市卫生局局长刘俊作“没有硝烟的战争——上海卫生系统抗非工作纪实”报告。

7月11日　各民主党派市委领导参加中共市委在市委统战部召开的党外人士情况通报会，黄跃金传达中共市委八届三次全会精神。

7月19—25日　以全国人大常委会副委员长、农工党中央主席蒋正华为团长，全国政协副主席、农工党中央常务副主席李蒙为副团长的“调整消费结构、拓宽国内市场”考察团一行17人在上海进行调研。还参观了上海科技馆主办、农工党市委等单位协办的“与健康同行”展览会。

7月21日　中共中央统战部副部长楼志豪在中共市委统战部出席各民主党派市委领导座谈会，听取关于多党合作制度化、规范化、程序化的意见和建议。

7月28—31日　民盟中央副主席冯之浚来沪调研，并于29日主持民盟市委召开的“关于推进中共领导的多党合作制度化、规范化问题”调研座谈会。

8月17日　中共中央统战部部长刘延东在市委统战部与上海各民主党派主委、工商联会长座谈。

8月19日　俞云波在沪会见中国洪门民治党驻加拿大总支部总主委郑炯光一行。

8月21日　俞云波在沪会见中国台湾致公党中央党部首席副主席赖昭虎一行。

9月15日　中共市委常委、统战部部长黄跃金，民盟市委主委张圣坤等分别前往众仁花苑庆祝民盟中央名誉主席、民盟市委名誉主委谈家桢95周年华诞并荣获“上海市教育功臣”称号。

9月20—21日　各民主党派市委领导参加中共市委统战部召开的暑期学习会，中共市委副书记罗世谦出席并讲话。

9月25—27日　民革全国办学工作会议在上海举行。

10月15日　俞云波在沪会见南美洲洪门总会会长蔡三义一行。

10月23日　各民主党派市委领导参加中共市委统战部召开的情况通报会，听取中共十六届三中全会精神的传达。

10月23—25日　农工党中央副主席宋金升在沪进行调研，分别与农工党市委理论研究指导小组和黄浦区委部分领导、党员进行座谈，听取地方组织和基层党员在学习实践“三个代表”重要思想过程中的收获、体会、存在问题及意见建议。

10月26日　民进中央副主席、市委主委严隽琪赴南京参加南京地方组织成立50周年庆祝大会，并致贺词。

10月28日　致公党市委向市交通管理局赠送了一批环保型车载多线路电脑语音报站控制装置及同步信息显示屏。

10月29日　民革香山书画社与台湾中华海峡两岸文化资产交流促进会在上海图书馆联合举办台湾历史博物馆副馆长黄永川书画作品展的开幕式。

10月31日—11月1日　民革华东地区2003年工作研讨会在上海市人大培训中心举行。

11月7—8日　九三学社中央社会与法制委员会主办的“三农问题的法律对策”研讨会在上海举行。

12月3日　各民主党派市委领导参加中共市委召开的党外人士座谈会，听取《政府工作报告(草案)》的情况，并提出修改意见和建议。

12月8—9日　成思危来沪视察，出席“国家经济安全论坛”并作主题报告，出席民建徐汇区委会员座谈会。

12月9日　致公党市委召开“侨居海外中国公民侨务政策”研讨会。

12月19日　市长韩正邀请部分参事、民主党派专家在市政府召开座谈会，听取《政府工作报告(草案)》的意见。

12月23日　各民主党派市委领导参加中共市委召开的党外人士情况通报会，听取中共市委八届四次全会精神的传达。

12月25日　民盟市委、民盟徐汇区委和徐汇区文化局、文管会在永嘉路321弄8号举行张澜寓所揭牌仪式。

12月26—30日　各民主党派市委专职领导参加中共市委统战部举办的学习“三个代表”重要思想专题研讨班。

2004年

1月3日　各民主党派市委领导参加中共市委统战部召开的新年学习会。中共市委统战部部长沈红光主持会议，中共市委副书记罗世谦出席并讲话。

1月9日　九三学社中央“长江三角洲区域经济协调发展论坛”在沪开幕，九三学社中央主席韩启德致开幕词，中共市委副书记罗世谦致贺词。

2月2日　各民主党派市委领导参加中共市委召开的小范围谈心会，中共市委主要领导主持并讲话。

2月12日　中共市科技党委、市科委与民主党派市委对口联系会议在市科学会堂举行。

2月14—16日　民革市委接待台湾高校杰出青年赴大陆参访团一行。

3月14日　民盟市委组织百名律师开展义务法律咨询活动。

3月15日　民进市委与市消保会及东方广播电台联合举行“3·15”消费者维权咨询活动。

3月20日　民革市委与长宁区仙霞街道联手创办的仙霞社区逸仙敬老院正式开业，举行揭牌仪式。

3月26日　“救国会七君子纪念群像”在上海青浦福寿园落成揭幕，民盟中央副主席、市委主委张圣坤，市政协副主席王荣华出席。

4月7日　九三学社市委和嘉定区教育局共同建立嘉定区青少年科普教育基地。谢丽娟出席签约仪式，杨雄里院士作“探索脑的奥秘”科普报告。

4月9日　中共市委常委、统战部部长沈红光代表中共中央统战部部长刘延东前往瑞金医院看望钱伟长。

4月13—15日　民建中央主席成思危来沪视察，出席民建普陀区委、金山区委会员座谈会。

4月17日　中共中央统战部副部长黄跃金看望民盟中央名誉主席钱伟长等。

4月19日　农工党中央常务副主席李蒙一行来沪出席农工党中央在上海举行的“多党合作制度化、规范化”课题调研座谈会。

4月25—27日　农工党苏浙沪组织以长江三角洲经济、社会发展为主题的社会服务联动研讨会在沪举行。

5月9日　俞云波会见大溪地洪门致公堂名誉主席张福昌一行。

5月9—12日　民进中央常务副主席张怀西一行到上海就民进基层组织建设工作进行调研。

5月9日—12月22日　各民主党派市委先后召开纪念《中国共产党领导的多党合作和政治协商制度的意见》发表15周年座谈会。

5月10日　各民主党派市委领导参加中共市委召开的党外人士座谈会，副市长冯国勤通报了上海国有资产的布局、结构的调整及管理体制方面的情况。罗世谦主持会议并讲话，沈红光出席。

5月11日　民革市委、市社科院部门经济研究所联合举行“上海房地产市场可持续发展”专题论坛。

5月13日　各民主党派市委领导参加中共市委召开的民主协商会，就补选副市长人选进行协商，并提出意见和建议。沈红光出席。

5月18日　民革市委、上海孙中山故居纪念馆、上海中山学社联合举行纪念光复会成立100周年学术研讨会。

5月28日　九三学社中央常务副主席陈抗甫抵沪考察，就机关自身建设和社务工作分别与九三学社市委机关工作人员和社各区委、基层领导进行座谈。

5月30日　致公党市委为市委名誉主委吴肇光80岁举行祝寿活动。

5月31日　俞云波在沪会见中国台湾致公党主席王瑞升一行。

6月2日　中共中央统战部副部长楼志豪在沪与部分民主党派、无党派人士座谈。

6月7—8日　民建中央主席成思危来沪视察，出席民建嘉定区委会员座谈会。

6月9—11日　民进中央主席许嘉璐来沪就高等教育发展与体制改革问题进行调研，中共市委主要领导会见许嘉璐一行。

6月13日　由民革市委和上海市黄埔同学会主办，农工党市委等协办召开纪念黄埔军校建校80周座谈暨学术研讨会。

6月30日、7月1日　俞云波分别会见美东华人社团联合总会代表团和世界留台校友会联谊总会访问团。

7月13—17日　民进市委在贵州省普安县罗汉乡中学举行“城乡少年手拉手助学活动”，民进中央常务副主席张怀西、市委名誉主委刘恒椽出席。

7月17—18日　民建中央财政金融委员会全体会议在沪召开。

7月29日　俞云波会见以台北商会会长刘盛良为团长的世界客属总会2004年客属中原文化会谈代表团一行。

8月6日　各民主党派市委领导参加中共市委召开的党外人士座谈会，中共市委副书记殷一璀通报上海实施科教兴市战略进展情况。罗世谦主持会议，沈红光出席。

8月10—12日　各民主党派市委领导参加中共市委统战部召开的暑期学习会。罗世谦出席并讲话，沈红光主持。

8月15日　民盟中央副主席李重庵等来沪就金融风险防范召开座谈会。17日，李重庵看望民盟中央名誉主席、民盟市委名誉主委谈家桢、民盟市委原副主委、市政协原主席李国豪、民盟中央名誉副主席江景波。

8月16日　民建市委召开“纪念邓小平诞辰100周年”座谈会。

8月17—19日　民进中央在沪举行中国高等教育改革与发展研讨会。

8月20日　纪念邓小平同志诞辰100周年上海市各民主党派书画联展开幕式在民主党派大厦举行，并出版画册。

9月4日　民盟市委举行著名教育家、民盟前辈陶行知塑像落成揭幕仪式。

同日　“农工沪滇汇裕希望小学”揭牌暨捐赠仪式在云南南华县沙河镇山场村举行。

9月10日　致公党中央主席罗豪才在罗世谦陪同下，前往华东医院看望致公党中央名誉主席董寅初，祝贺他90周年寿辰。

9月20日　中共市委主要领导代表中共中央和国家主席胡锦涛、全国政协主席贾庆林看望董寅初，为董寅初90岁生日祝寿，并看望谈家桢等。

9月24日　台盟市委举行“纪念李伟光逝世50周年座谈会”。

9月27日　各民主党派市委领导参加中共市委召开的党外人士座谈会，中共市委副书记刘云耕通报中共十六届四中全会精神。罗世谦主持会议，沈红光出席。

10月4日　俞云波会见以周缵方主席为团长的墨西哥中国洪门民治党代表团一行。

10月30—31日　民盟苏浙沪组织在沪举办“长江三角洲基础教育论坛”，民盟中央副主席、民盟市委主委、上海市人大副主任张圣坤主持开幕式，民盟中央副主席李重庵，中共市委常委、统战部部长、市政协副主席沈红光致辞，教育部副部长陈小娅到会讲话。上海市政协副主席、上海社科院院长王荣华，江苏省政协副主席、民盟江苏省委主委曹卫星，浙江师范大学校长徐辉等出席论坛。

10月31日　九三学社市委与市科协、上海人民广播电台990新闻频道等联合举行《科普天天谈》节目大型听众见面会暨大型科普传播活动。

11月8—12日　台盟中央在沪举行参政议政工作会议。

11月13日　民进市委在福寿园举行名誉主委赵宪初铜像揭幕仪式。

11月15—16日　民建中央主席成思危来沪视察，出席民建卢湾区委、闸北区委会员座谈会。

11月19日　民革市委、上海黄埔军校同学会联合举行抗日名将戴安澜诞辰100周年纪念座谈会。

11月25日　民盟市委召开以“开发长江黄金水道”为主题的献计献策座谈会。

11月29日　民进市委举行“民进上海市先进基层组织和会务积极分子表彰大会”。

12月1日　中共市委副书记罗世谦等到民主党派大厦视察工作，并看望各民主党派市委机关干部。

12月9日　各民主党派市委领导等100多人参加中共市委统战部召开的纪念《中共中央关于坚持和完善中国共产党领导的多党合作和政治协商制度的意见》制定15周年座谈会。沈红光主持。

12月11日　各民主党派市委领导参加中共市委统战部召开的党外人士座谈会，听取《政府工作报告》(征求意见稿)的情况并提出意见和建议。中共市委统战部部长沈红光主持。

12月20日　各民主党派市委领导参加中共市委召开的党外人士座谈会。罗世谦主持会议，中共市委主要领导通报中共市委八届六次全会精神并讲话，沈红光出席。

2005年

1月3日　民进市委与上海港务局举行共建“三个文明”签约仪式。

1月4日　各民主党派市委领导参加中共市委统战部召开的新年学习会。中共市委副书记罗世谦出席并讲话，中共市委统战部部长沈红光主持。

1月13日　中共市委统战部召开上海市各民主党派、工商联专题调研成果汇报会。

1月28日　市台办、台盟市委、市政协港澳台侨委员会、市台联联合举行“上海各界人士纪念江泽民同志《为促进祖国统一大业的完成而继续奋斗》重要讲话发表10周年座谈会”。

3月16日　各民主党派市委领导参加中共市委主要领导主持的党外人士座谈会，听取上海保持共产党员先进性教育活动情况的通报，并提出意见和建议。

3月21日　俞云波会见以美国芝加哥中华会馆主席黄显扬、中华会馆董事长关其炼为团长的芝加哥中华会馆回国访问团。

3月23—25日　民建中央对外联络委员会第二次全体会议在沪召开。

3月25日　民革市委举行纪念民革上海组织成立50周年大会。

4月9—10日　九三学社中央副主席洪绂曾来沪考察社会服务工作，出席九三学社市委社会服务工作汇报会。

4月11—12日　成思危在沪视察，出席民建上海市中青年委员会成立大会及民建杨浦区委(复旦大学、同济大学委员会)会员座谈会。

4月14日　民进市委召开学习《反分裂国家法》座谈会。

4月20日　民进市委召开“加强职业教育和培训，提高劳动者素质”主委课题研讨会。

4月28日　民盟市委举行缅怀民盟中央名誉主席费孝通追思会。

4月29日　民进市委举行“参政议政与和谐社会”理论研讨会。

5月6—11日　民革市委主委厉无畏率团赴四川遂宁、广安、宜宾等地，为当地经济建设和社会发展献计献策。

5月10日　民革市委、上海市黄埔同学会联合举办纪念谢晋元、孙明瑾将军100周年诞辰座谈会。

5月13日　民革、民盟、民进、农工党、九三学社、台盟市委领导参加市教委提案答复协商会。

5月18日　各民主党派市委领导参加中共市委召开的党外人士座谈会。中共中央统战部部长刘延东与上海民主党派市委领导见面。罗世谦主持会议。

5月19日　“纪念九三学社成立60周年义务医学咨询”活动在崇明县陈家镇社区开展。

5月20日　民盟市委主委张圣坤等前往著名数学家、中科院院士、盟员谷超豪家中，祝贺他80周年寿辰。

5月21日　民建中央副主席路明在沪出席会员座谈会，讨论民建成立60年来的基本经验，研究新时期民建行动纲领。

5月23—27日　成思危、张榕明率民建中央考察团来沪就“加强信用体系建设，促进中小企业发展、构建和谐社会”作专题调研。23日，中共市委主要领导会见成思危和张榕明等考察团主要成员。27日，沈红光主持民建中央考察团与中共市委、市政府交换意见座谈会。

5月24—27日　民革全国宣传工作会议在沪举行。

5月28日　“上海民进企业家联谊会”举行成立大会。

5月31日　致公党京津沪渝四直辖市党务工作会议在沪召开。

6月3日　民盟中央主席丁石孙在沪与民盟上海青年盟员座谈。

6月6日　俞云波会见全球洪门联盟总会长、中国洪门五圣山山主刘会进。

6月16日　民盟中央常务副主席张梅颖出席民盟市委召开的“科教兴国、振兴中华”盟员座谈会。

6月18日　民盟市委组织百名律师在上海十个中心城区举行房地产专项法律义务咨询活动。

6月23日　市政协和九三学社市委联合举办“培育发展住房租赁市场研讨会”。市政协主席蒋以任致辞，副市长杨雄发表讲话，谢丽娟主持会议并讲话。

6月28—29日　各民主党派市委领导参加中共市委组织部、统战部和中共市委党校联合举办“多党合作专题研讨班”，沈红光作动员讲话，中共市委组织部部长姜斯宪出席，罗世谦在结业式上讲话。

6月30日—7月6日　民革市委“以黄金水道开发利用为突破口，体现上海服务长江、服务全国的功能情况调研”课题组赴重庆、武汉考察。

7月2日　民盟市委与上海市高校都市文化研究院共同举办“上海话与文化多元化”研讨会。

7月4日　各民主党派市委领导参加中共市委统战部召开的党外人士座谈会，听取《中共市委关于贯彻〈中共中央关于进一步加强中国共产党领导的多党合作和政治协商制度建设的意见〉的实施意见(初稿)》的情况并提出意见和建议。沈红光主持座谈会。

7月8—23日　民革市委与上海图书馆联合组团，应台湾中华花艺文教基金会的邀请前去举办“中国江南水乡寻梦”摄影展。

7月10日　各民主党派市委领导参加中共市委召开的党外人士座谈会，听取《中共市委关于深入贯彻〈中共中央关于加强党的执政能力建设的决定〉的意见(送审稿)》和《中共市委关于深入贯彻

〈建立健全教育、制定、监督并重的惩治和预防腐败体系实施纲要〉的意见(送审稿)》的情况并提出意见和建议。中共市委副书记罗世谦主持会议，中共市委副书记王安顺作有关说明。中共市委常委、统战部部长沈红光出席。

8月15日　民革市委、上海市黄埔军校同学会联合举行纪念抗战胜利60周年座谈会。

8月18日　各民主党派市委领导出席由中共金山区委统战部主办的“相约海滨，民主党派成员话金山”论坛。

8月26日—9月8日　九三学社市委举办书画摄影艺术展纪念建社60周年，并于8月27日召开纪念大会。

8月31日　各民主党派市委领导参加中共市委召开的党外人士座谈会，听取罗世谦通报上海党风廉政建设和反腐败工作情况，并提出意见和建议。

9月1日　台盟市委、市台联举行“在沪台胞纪念抗日战争胜利60周年座谈会”。

9月6日　民进中央主席许嘉璐来沪调研会务工作。

9月8—10日　农工党中央副主席、市委主委左焕琛率团赴湖南省湘阴县，代表农工党中央向湘阴县界头铺镇卫生院捐赠价值60万元的药品和医疗器械；代表市计划生育协会向湘阴县幸福工程救助贫困母亲行动捐款10万元。

9月11日　全国政协主席贾庆林在上海会见市政协、中共市委统战部及各民主党派市委、市工商联负责人。

9月16日　民建市委举行“纪念中国民主建国会成立60周年座谈会”，并于10月18日举行“上海民建会员书画摄影作品展”开幕式，12月11日举行纪念大会。

9月19日　各民主党派市委领导参加中共市委统战部召开的暑期学习会。中共市委副书记罗世谦出席并讲话，中共市委常委、统战部部长沈红光主持会议。

9月20日　纪念致公党成立80周年、上海建立组织25周年回顾和书画作品展在民主党派大厦举行开幕仪式，并于25日举行纪念大会。

同日　民革中央原主席朱学范生平陈列馆揭牌仪式在上海金山区枫泾镇举行。

同日　民进市委组织医卫专家赴上海港务集团开展医疗咨询活动。

9月26—27日　成思危来沪视察，并出席民建宝山区委、浦东新区区委会员座谈会。

10月9日　农工党市委召开纪念农工党建党75周年和主要创始人邓演达诞辰110周年大会，并举行画展开幕式和《传承》画册首发式。

10月16日　民进市委举行“上海民进教育论坛”。

10月20日　台盟市委和上海市台湾研究会举行“台湾光复六十周年暨两岸关系前景学术研讨会”。

10月24日　台盟市委、市台联举行“在沪台胞纪念台湾光复六十周年座谈会”。

10月25日　民盟市委召开学习中共十六届五中全会精神和“中国民主政治建设”白皮书座谈会。

10月28日　各民主党派市委领导参加中共市委召开的党外人士座谈会，听取上海十一五发展规划的情况通报，并提出意见和建议。

10月31日—11月1日　民建中央主席成思危来沪视察，出席民建静安区委、长宁区委会员座谈会。

11月4日　俞云波会见美洲各地中华会馆联谊总会秘书长吴志明。

11 月 6 日　民建市委在静安公园举办大型专家咨询活动。

11 月 12 日　左焕琛代表农工党中央社会服务部及农工党市委向崇明中心镇卫生院捐赠由美国爱心基金会提供的第三批共价值 30 万元的药械。

11 月 13—21 日　由民进市委举办的第一期西部教师培训班在上海市民办进华中学举行。

11 月 16 日　农工党市委举办第 17 届"国际科学与和平周"口腔保健专题活动发车仪式。

11 月 29 日　民建市委与上海市集体经济研究会、市政协经济委员会联合举办"上海集体经济改革发展论坛",就集体经济改革发展进行探讨交流。

11 月 30 日　民建市委召开"上海民建经济社会发展研究中心"成立大会。

12 月 18 日　民进市委举行纪念中国民主促进会成立 60 周年大会。会前,许嘉璐、张怀西、严隽琪拜谒、瞻仰了民进成立旧址。中共市委主要领导会见许嘉璐、张怀西一行。

12 月 25 日　俞云波会见台湾新党主席郁慕明。

12 月 27 日　石四箴会见台湾农民联盟两岸农业交流小组召集人陈秀贤和台湾东泰(青岛)农产有限公司董事长张嘉展,就两岸农业合作进行了交谈。

2006 年

1 月 4 日　各民主党派市委领导参加中共市委统战部召开的新年学习会。中共市委副书记罗世谦出席并讲话,中共市委常委、统战部部长沈红光主持会议。

1 月 7 日　各民主党派市委领导参加中共市委召开的民主协商会,就市人大、市政协常委会组成人员调整进行协商,并提出意见和建议。

1 月 12 日　上海市各民主党派联合举行"和谐上海的教育"课题结题报告会。

1 月 16 日　民建市委举行"纪念陈铭珊诞辰 90 周年座谈会"。

2 月 17 日　民盟市委和民盟安徽省委合作援建安徽省六安市寿县茶庵镇联合希望小学举行揭牌仪式。

2 月 23 日　民革、致公党、台盟等民主党派市委有关负责人出席中共市委召开关于深入做好台湾人民工作的座谈会。

3 月 20 日　各民主党派市委领导参加中共市委召开的党外人士座谈会。中共市委副书记罗世谦主持,中共市委副书记殷一璀就上海如何围绕国家战略,增强自主创新能力,建设创新性城市作报告,并提出意见和建议,沈红光出席。

3 月 30 日　民进市委举行"文化建设和文化产业发展"研讨会。

4 月 4 日　俞云波会见加拿大洪门民治党维多利亚支部主委何博文一行。

4 月 11—12 日　成思危来沪视察,出席民建南汇区委、虹口区委会员座谈会。

4 月 29 日　各民主党派市委领导参加中共市委举行的党外人士座谈会,听取中共市委副书记王安顺通报民间组织发展与组织管理情况,并提出意见和建议。中共市委副书记罗世谦主持,中共市委常委、统战部部长沈红光出席。

5 月 5—7 日　致公党中央主席罗豪才来沪视察,并到华东医院看望名誉主席董寅初。

5 月 11 日　俞云波会见以黄金泉为团长的美洲各地中华会馆中华公所华侨总会联谊会代表团一行。

5 月 13 日　由民盟市委组织的大型综合义务咨询活动在静安、杨浦、长宁、浦东等区同时举行。

5月14日　民进市委在嘉定区嘉定镇街道举行名医义诊活动。

5月18日　农工党中央副主席陈宗兴为农工党中央在沪设立的参政党理论研究点授证。

5月19日　台盟市委主委石四箴会见来沪考察的台湾中国砂轮股份有限公司名誉董事长白永传夫妇和副董事长白文亮夫妇等。

5月22日　农工党市委主委左焕琛赴滇出席“农工沪滇裕科涌宝希望小学”新校舍落成揭牌仪式。

5月29日　各民主党派市委领导参加中共市委召开的党外人士座谈会，听取如何做好化解人民内部矛盾、推进社会主义和谐社会建设的情况，提出意见和建议。

5月30日　致公党市委首次举办“聚焦沸点”沙龙，就“建设创新性城市”展开讨论。

6月9日　沈钧儒、史良旧居(愚园路1292弄51号和武定西路1357—1359号)举行揭牌仪式。市政协副主席王荣华、市文管会常务副主任陈燮君，民盟市委副主委冯德康，秘书长方荣等参加仪式并为旧居揭牌。

6月19—20日　民革中央副主席钮小明率团来沪开展文化创意产业调研。

6月20日　由中共中央宣传部、统战部及国家教育部和九三学社中央联合组织的“王选同志先进事迹报告会”在沪举行。中共市委常委、统战部部长沈红光主持会议，中共市委副书记罗世谦出席并讲话。九三学社中央主席韩启德、中共中央统战部副部长楼志豪、市人大常委会副主任朱晓明、九三学社市委主委谢丽娟等出席。

6月21日　由上海社科院长三角区域研究中心、民革市委经济委员会、民建市委企业委员会联合主办的“长三角旅游发展战略高层论坛”在上海举行。

6月22日　市黄埔同学会、民革市委举行纪念北伐战争80周年学术座谈会。

同日　市政协和九三学社市委联合举办“上海房地产发展论坛”。

6月24日　民进市委举行“2006上海民进‘教育论坛’”。

6月25—27日　谢丽娟率团赴贵州省黔南布依族苗族自治州考察，并捐资修建三都县合江镇拥寨小学校舍。

7月12日　民盟市委召开纪念民盟前辈李公朴、闻一多殉难60周年座谈会。

7月19日　各民主党派市委领导参加中共中央市委主要领导主持的党外人士座谈会，听取中共市委八届九次全会有关建设新农村问题的情况通报，并提出意见和建议。

8月2—3日　各民主党派市委领导参加中共市委统战部召开的暑期学习会。罗世谦出席并讲话，沈红光主持。

8月7日　各民主党派市委领导参加中共市委召开的党外人士座谈会。罗世谦通报上海党风廉政建设有关情况，沈红光主持会议。

8月17—19日　成思危来沪视察，出席民建黄浦区委、奉贤区委会员座谈会。

8月28—30日　民盟中央副主席李重庵来沪就民盟地方组织如何在大中型城市发挥自身优势，开展面向社区的社会服务工作，为构建社会主义和谐社会贡献力量进行调研。

9月2日　九三学社市委召开纪念九三学社上海组织成立60周年座谈会。

9月5—6日　致公党中央主席罗豪才来沪进行考察，并出席“第三届全球华人华侨企业科技创新咨询研讨会”开幕式并致辞。

9月11日　民盟市委和民盟甘肃省委联手援建甘肃省定西市锦鸡希望小学剪彩揭牌仪式在甘肃定西市举行。

9月16日　民盟市委举行上海组织建立60周年纪念大会。

9月18—22日　民革市委组织考察团赴西安、宝鸡、汉中，开展“重走西汉路”活动，缅怀赵祖康等为代表的工程界前辈当年为修筑西汉公路所作的贡献。

9月25日　各民主党派市委领导参加中共市委召开的党外人士座谈会，中共市委代理书记韩正主持并通报《中共中央关于对陈良宇同志立案检查的决定等有关情况》，各民主党派市委一致表示拥护中共中央的决定。中共市委副书记罗世谦，中共市委常委、市委统战部部长杨晓渡参加会议。

10月22日　民进市委主委严隽琪出席吴若安铜像揭幕式。

10月23日　各民主党派市委领导参加中共市委在统战部召开的民主协商会，就补选副市长人选进行协商，并提出意见和建议。

10月28日　民建市委举行“纪念中国民主建国会上海组织成立60周年——专家咨询活动”。

10月30日—11月10日　民革市委举行纪念孙中山诞辰140周年系列活动。

11月8日　民建市委捐助崇明县民本中学贫困学生的助学协议及“上海民建与崇明县人民政府合作项目”在崇明签约。

11月10日　九三学社市委主办、农工党市委等单位协办的第十八届中国“国际科学与和平周”专题活动开幕。

11月15日　农工党市委举行“民主党派与和谐社会建设”理论研讨会。

11月21日　许嘉璐在沪视察期间会见民进市委领导班子。

11月22日　台盟市委举办沪台农业合作与发展研讨会。

同日　俞云波会见国民党副主席江丙坤夫妇和台湾特力集团董事长何汤雄夫妇一行。

11月25日　左焕琛率团赴桂出席“农工沪桂康华那娄希望小学”落成揭牌仪式。

11月30日　民进市委、市政协科技成果促进会、上海市科协、文汇新民联合报业集团及上海能源研究会联合举办“建设资源节约型社会主题沙龙”活动。

同日　民革市委举行纪念“西安事变”70周年座谈会。

12月5日　致公党市委和市社联召开“文化资本在构建和谐社会中的作用及其意义”研讨会。

12月7日　致公党市委举行五届十次全体会议，接受俞云波辞去主委职务，选举吴幼英为致公党市委主委，罗世谦和杨晓渡分别代表中共市委和中共市委统战部讲话。

12月13日　各民主党派市委领导参加中共市委召开的党外人士座谈会，中共市委代理书记、市长韩正主持会议，征求对中共市委《关于贯彻〈中共中央关于构建社会主义和谐社会若干重大问题的决定〉的意见(征求意见稿)》的意见和建议，副书记刘云耕、罗世谦，秘书长范德官、中共市委常委、统战部部长杨晓渡和副市长杨定华出席会议。

12月23—27日　致公党中央十二届五中全会在京举行。万钢增补为致公党中央副主席。

12月25日　各民主党派市委领导参加中共市委统战部召开的2003—2005年上海统一战线(工作)先进集体和先进个人表彰大会。

2007年

1月4日　各民主党派市委主委参加中共市委召开的党外人士座谈会，就2006年《政府工作报告(征求意见稿)》提出意见和建议。中共市委常委、统战部部长杨晓渡主持会议，副市长唐登杰出席并讲话。

同日　各民主党派领导参加中共市委统战部举行的新年学习会，交流换届准备工作。杨晓渡主持会议，罗世谦讲话。

1月13日　民进市委接待台湾中华青年企业家协会理事长、中国国民党中央组织发展委员会副主委刘灿树一行。

1月21日　民进中央在华东师范大学召开《长江流域水环境安全与保障》课题专家组会议。

1月23日　各民主党派市委领导参加中共市委在统战部召开的民主协商会，就市第十二届人大常委会组成人员和第十届市政协常委会组成人员进行协商，并提出意见和建议。

2月1日　九三学社市委举行科普讲坛基层巡讲启动仪式。

2月12日　各民主党派市委领导参加中共市委召开的党外人士座谈会，听取中共上海市第九次代表大会报告议题的情况并提出意见和建议。杨晓渡主持会议。

2月25日　台盟市委、市台联举行"在沪台胞纪念台湾人民'二二八'起义60周年座谈会"。

3月13日　台盟中央名誉主席张克辉，副主席李敏宽与在沪老台胞举行座谈。

3月16日　农工党市委举行"中国农工民主党市委地方组织成立60周年纪念暨表彰大会"。

3月18—21日　民建上海市第十一次代表大会举行，选举产生民建上海市第十一届委员会。周汉民当选主委。

3月28日　农工党市委主委左焕琛在上海理工大学复兴路校区出席该校历史上的四位革命烈士(其中赵寿先、郑显芝为农工党党员)浮雕像揭幕仪式。

3月29日　中共市委书记习近平会见来沪出席中国致公党上海市第六次代表大会的致公党中央主席罗豪才，俞云波、吴幼英参加会见。

3月29—31日　致公党上海市第六次代表大会举行，选举产生致公党上海市第六届委员会。吴幼英当选主委。

4月2日　中共市委书记习近平前往民主党派大厦到民主党派机关调研。罗世谦、杨晓渡、宋仪侨参加调研。

4月6日　习近平在罗世谦、杨晓渡的陪同下，看望民盟中央名誉主席钱伟长和谈家桢。

4月6—8日　民盟上海市第十三次代表大会举行，选举产生民盟上海市第十三届委员会。郑惠强当选主委。

4月13—15日　台盟上海市第十次盟员大会举行，选举产生台盟上海市第十届委员会。杨健当选主委。

4月16—18日　民革上海市第十一次代表大会举行，选举产生民革上海市第十二届委员会。高小玫当选主委。

4月16日　台盟市委主委杨健和原主委郑励志等会见台湾《瞭望》杂志社廖天欣董事长夫妇一行。

4月19—21日　九三学社上海市第十次代表大会举行，选举产生九三学社上海市第十五届委员会。赵雯当选主委。

4月23日　第二届上海民进书画、编辑出版成果展在上海民主党派大厦举行开幕仪式。

4月23—25日　民进上海市第十次代表大会举行，选举产生民进上海市第十四届委员会。蔡达峰当选主委。

4月25日　各民主党派市委新老主委参加中共市委召开的党外人士座谈会，听取第九次市党代会工作报告(征求意见稿),并提出意见和建议。

4月26—28日　农工党上海市第十一次代表大会举行,选举产生农工党上海市第十一届委员会。蔡威当选主委。

5月9日　各民主党派市委领导人参加中共市委在市委组织部召开的党外人士座谈会,中共市委常委、组织部部长沈红光作本市出席中共十七大代表候选人初步人选酝酿产生情况的说明并听取意见建议,中共市委副书记罗世谦主持会议。

5月14日　各民主党派市委领导参加中共市委统战部召开的党外人士座谈会,听取传达中共市八届十二次全会精神。

5月22日　各民主党派市委领导参加中共市委召开的党外人士座谈会,中共市委常委、统战部部长杨晓渡传达中共市第九次党代会精神。

5月31日　民盟市委召开政治交接主题学习教育活动动员大会。

6月3日　各民主党派市委领导参加中共市委统战部召开的新任主委研讨班,中共中央统战部副部长楼志豪出席并作报告,中共市委常委、统战部部长杨晓渡主持并讲话。

6月8日　致公党市委召开"长三角合作机制探索"沙龙。

6月12日　民进市委举行第一场政治交接学习教育活动专题报告会,民进中央副主席严隽琪应邀作《坚持走中国特色社会主义政治发展道路,建设适应时代要求的参政党》的报告。

6月15—21日　民建市委举办"政治交接学习教育活动区委主委学习班",周汉民等作专题报告。

6月18—22日　农工党中央副主席左焕琛率领农工党市委代表团赴黑龙江省牡丹江市参加药品、医疗器械捐赠仪式并考察当地医院、卫生院。

6月26日　致公党市委举行开展"政治交接学习教育活动"动员大会。

6月29日　民革市委召开纪念香港回归10周年座谈会。

7月9—10日　致公党苏浙沪组织"长三角区域合作协调机制探索"研讨会在沪召开。

7月11日　民盟中央第一副主席张梅颖来沪出席民盟市委专门委员会成立大会,并作"搞好政治交接,走中国特色政治发展道路"主题报告。同日,前往华东医院看望民盟中央名誉主席谈家桢。

7月12日　致公党市委召开政治交接学习教育活动宣讲团会议。

7月14日　台盟市委召开"政治交接学习教育活动"动员大会。

7月16日　九三学社市委召开"开展以坚持走中国特色社会主义组织发展道路为主题的政治交接学习教育活动"动员大会。

7月29日　台盟中央副主席李敏宽率调研组在沪举行专题座谈会。

8月6日　民进中央常务副主席严隽琪到民进静安区委调研政治交接学习教育活动开展情况。

8月9日　民建市委召开"推进政治交接学习教育活动工作交流会议"。

8月13日　民革市委、市文管会、黄埔同学会等联合举办纪念"'八一三'淞沪抗战"70周年文物文献展。

同日　致公党市委召开政治交接学习教育活动交流会,吴幼英出席。

8月14日　吴幼英出席致公党员贺宝根烈士追悼会。21日,吴幼英前往上海师范大学转交致公党中央主席罗豪才致贺宝根家属的唁电并慰问家属。

8月24—26日　各民主党派市委领导参加中共市委统战部召开的暑期学习会,中共市委书记习近平会见与会成员。

8月28日　杨健、郑励志会见旅日台胞陈仁端夫妇。

8月31日—9月2日　民进中央领导许嘉璐、张怀西、严隽琪率各省级组织老领导来沪考察。其间，中共市委书记习近平会见考察团，杨晓渡陪同。

9月7—17日　致公党中央副主席俞云波率中央代表团赴加拿大、美国访问。

9月11日　民革市委举办“公共财政与民生”论坛。

9月16日　民建中央主办，民建市委和民建中央会员培训中心承办的“中国经济改革与世界资本市场发展”金融论坛在沪举行。

9月26日　各民主党派市委领导参加中共市委召开的民主协商会，就市政协换届工作进行协商，并提出意见和建议。

10月7日　民进市委举办以“师资队伍建设和教育现代化”为主题的上海教育论坛，民进中央常务副主席严隽琪应邀出席并讲话。

10月11日　九三学社中央名誉副主席杨槱90周年华诞暨《话说中国帆船》首发式在上海交通大学举行。

10月13日　民盟市委在福寿园举行“沈志远纪念像揭幕仪式”。

10月16日　民进中央常务副主席严隽琪到民进市委调研政治交接学习教育活动开展情况。

10月16—19日　致公党中央副主席杨邦杰在沪考察都市农村发展情况。

10月23日—11月1日　致公党市委主委吴幼英率团访问荷兰、法国。

10月27日　民建市委举行“坚持科学发展共建和谐社会——中国民主建国会上海专家为民服务”活动。

10月31日　中共中央政治局委员、市委书记俞正声，中共市委副书记殷一璀，中共市委常委、统战部部长杨晓渡等市委领导走访各民主党派市委并座谈。

11月5日　民进市委与安徽省赵朴初研究会等在沪联合举行纪念赵朴初诞辰100周年大会。

11月10日　民盟市委在福寿园隆重举行“闻一多纪念像揭幕仪式”。

同日　台盟市委举行纪念台盟成立60周年座谈会暨《啊！谢雪红》演讲活动。

11月15日　民革市委举行纪念徐以枋诞辰100周年座谈会。

11月17—20日　周汉民接待台湾嘉农农业发展基金会总裁蔡武璋为团长的基层民众访问团。

11月20日　由致公党市委、致公党云南省委及中共云南省红河州委联系捐资兴建的云南省红河哈尼族彝族自治州绿春县牛孔乡破瓦“致公希望小学”落成。

11月24日　民进市委在奉贤区青村镇举办“共谱和谐曲，建设新农村”送医送戏下乡活动。

11月26日　民进市委召开统战理论研讨会。

11月28日—12月3日　台盟第八次全国代表大会在京召开。杨健当选台盟中央副主席。

11月29日　农工党市委等共同举办“第三届社区卫生与家庭医学国际论坛”。

11月29日—12月2日　民盟第十次全国代表大会在京召开，民盟市委原主委张圣坤当选中央副主席。

12月1—7日　民进第十次全国代表大会在京召开。严隽琪当选中央主席，蔡达峰当选中央副主席。

12月6日　由民革市委主办、民革上海香山画院承办的“庆祝民革成立60周年书画展”在上海图书馆开幕，并于27日举行纪念大会。

12月9—15日　民革第十一次全国代表大会在京召开，厉无畏当选中央常务副主席。

12月15—20日　民建第九次全国代表大会在京召开,周汉民当选中央副主席。

12月16日　台盟市委主办"沪台农民专业合作组织研讨会"。

12月17日　各民主党派市委领导参加中共市委在统战部召开的民主协商会,就第十一届市政协委员第一批初步人选进行协商,并提出意见和建议。

12月17—21日　致公党第十三次全国代表大会在京召开。万钢当选中央主席。

12月23日　各民主党派市委领导参加中共市委在统战部召开的民主协商会,就副市长人选进行协商,并提出意见和建议。

12月25日　各民主党派市委领导参加中共市委召开的党外人士座谈会,听取党风廉政建设和反腐败工作的情况,并提出意见和建议。

同日　各民主党派市委领导参加上海市政府下午召开的党外人士座谈会,听取对《政府工作报告》的意见和建议。中共市委副书记、市长韩正主持会议。

2008年

1月4日　各民主党派市委领导参加中共市委统战部举行的新年学习会,中共市委常委、统战部部长杨晓渡主持会议并讲话。

同日　各民主党派市委领导参加中共市委召开的民主协商会,就第十一届市政协委员第二批人选建议名单进行协商,并提出意见和建议。

1月12日　中共市委常委、组织部部长沈红光,市委常委、统战部部长杨晓渡会见致公党中央主席、科技部长万钢。

1月13日　各民主党派市委领导参加中共市委在统战部召开的民主协商会,就人事安排问题进行协商,并提出意见和建议。

1月21日　农工市委以"迎奥运、颂和谐"为主题的"文艺巴士"新年巡演首发仪式,农工党市委主委蔡威和杨晓渡共同为揭幕。

1月23—28日　在市政协十一届一次会议上,致公党市委主委吴幼英、民建市委主委周汉民、农工党市委主委蔡威、民革市委主委高小玫当选市政协副主席。

1月24—31日　在市十三届人大一次会议上,民进市委主委蔡达峰、民盟市委主委郑惠强当选市人大常委会副主任,九三学社市委主委赵雯当选市政府副市长。

1月25日　台盟市委主委杨健会见台商陈瑞生、陈鸿鸣等。

2月4日　市政协主席冯国勤,中共市委常委、统战部部长杨晓渡等到民主党派大厦向各民主党派市委领导和机关干部拜年。

2月18日　各民主党派市委领导参加中共市委统战部受中共市委委托召开的民主协商会,就第十一届市政协委员增补建议人选进行协商,并提出意见和建议。

同日　全国政协副主席徐匡迪,市政协主席冯国勤,中共市委常委、统战部部长杨晓渡,九三学社市委主委赵雯等出席九三学社社员严东生院士90周年寿辰暨学术研讨会。

2月25日　致公党中央副主席严以新一行来沪就政治交接学习教育活动开展调研。

3月22日　九三学社市委举行"九三讲坛"启动仪式。

3月23—24日　致公党中央常务副主席王钦敏、副主席杨邦杰率团来沪调研海岛保护和港口建设问题。

3月24日　民进中央主席严隽琪来沪就“养成教育”问题进行专题调研。同日，杨晓渡会见严隽琪一行。

3月25日　农工党市委在新建的社会主义新农村建设服务点——奉贤青村镇桃园村举行揭牌签约仪式。

4月7日　各民主党派市委联合举办的“风雨同舟，继往开来——上海市各民主党派纪念响应中共中央‘五一口号’60周年暨政治交接学习教育活动图片展”巡展启动仪式在上海中国画院举行。杨晓渡出席致辞，并和各民主党派市委主委共同为图片展巡展启动剪彩。此后，各民主党派市委分别举行各种形式的纪念活动。

4月24日　民革市委、奉贤区人民政府、上海社科院创意产业研究中心联合主办“发展创意农业，推进社会主义新农村建设”论坛，民革中央常务副主席厉无畏在论坛上作主题演讲。

4月26日　九三学社市委与崇明中学、扬子中学科普共建基地揭牌仪式在崇明中学举行。

4月28日　周汉民在全国各民主党派“开展以坚持走中国特色社会主义道路为主题的政治交接学习教育活动”经验交流会作大会发言。

4月30日　各民主党派市委领导参加中共市委召开的党外人士纪念“五一口号”60周年座谈会，中共中央政治局委员、中共市委书记俞正声出席并讲话。

5月4日　“中国民主同盟(上海)传统教育基地”在龙华烈士陵园举行挂牌仪式。

5月6日　严隽琪到上海交通大学视察调研，与民进上海交通大学委员会会员座谈。

5月10日　九三学社市委在长宁、嘉定、南汇和崇明举办大型医务咨询活动。

5月14日　吴幼英在沪会见以黄金泉为团长的美洲各地中华会馆中华公所华侨总会联合会代表团。

5月18日　农工党中央政治交接主题教育活动宣讲团来沪宣讲。

5月19日　下午2时28分，各民主党派市委机关干部为四川汶川大地震遇难同胞肃立默哀，民主党派大厦下半旗志哀。

5月20日　民革市委举行向上海红十字会捐款暨香山画院赈灾作品捐赠仪式。

5月28日　民进中央副主席贺旻到民进市委机关看望机关干部并座谈。

5月29日　九三学社市委举行“利用国际优质教育资源，借鉴国际先进办学机制，促进上海高等教育发展的研究”课题研讨会。

5月31日　农工党市委、上海科技馆和上海科普教育发展基金会联合举办“迎奥运颂和谐”奉贤科普文艺巴士行活动。

6月9日　民建中央在沪召开九届四次主席会议。

同日　农工党中央主席桑国卫在沪接见抗震救灾返沪的医护人员。

6月10—11日　民建全国政治交接学习教育活动经验交流会在沪举行。民建中央主席陈昌智讲话。

6月11日　俞正声在兴国宾馆会见民盟中央第一副主席张梅颖。

6月12日　民建中央九届三次常委会议在沪举行，陈昌智主持会议并讲话。

6月17日　民革市委举行“同享一片蓝天，共创美好未来”敬老事业专题研讨会。

6月25日　民进浦东新区区委和民进上海文广集团委员会抗震救灾大型捐赠拍卖、义演活动在上海市建平中学举行。

6月27日　九三学社市委举办“心手相连，守望相助——抗震救灾报告会”。

6月29日—7月1日　民进中央常委会十二届三次会议在上海举行。其间,俞正声会见严隽琪和民进中央常务副主席罗富和,杨晓渡出席。

6月30日　民革市委召开政治交接教育活动总结会暨2008年度宣传工作会议。

7月2日　民进中央在沪召开民进西部农村教师培训工作座谈会。

7月5日　严隽琪、蔡达峰出席上海市慈善基金会举行的"人文关怀阳光基金"成立仪式暨赈灾义演义卖活动。

7月7日　致公党市委召开政治交接学习教育活动总结表彰大会。万钢、杨晓渡出席会议并讲话。

同日　杨健接待并宴请由台湾新党主席郁慕明率领的台北市浦东同乡会参访团。

7月9日　蔡威代表农工党市委前往上海市红十字会,捐赠一批市值15万元左右的字画,支援四川地震灾区的恢复重建。

7月25日　民建市委举行"上海民建会员抗震救灾事迹报告会"。

7月25—26日　各民主党派市委专职领导研讨班在奉贤举行。

7月28日—8月3日　民革市委主办、昂立少儿教育中心承办、都江堰教育局协办"2008上海—都江堰'心相连,无难路'"夏令营活动,邀请在汶川地震中失去家园和校园的都江堰学生来沪度假。

8月15日　民进市委、市妇女联合会等联合在上海鲁迅纪念馆举行民进中央早期主要领导人之一许广平诞辰110周年纪念座谈会。

8月16日　吴幼英会见加拿大洪门达权总社社长陈德光一行。

8月22日　各民主党派市委领导参加中共市委召开的党外人士座谈会,中共市纪委书记董君舒通报上海党风廉政建设和反腐败工作情况。

8月31日—9月1日　各民主党派市委领导参加中共市委统战部召开的暑期学习会。

9月7日　民进中央在沪举行与上海社会科学院合作签约揭牌仪式。严隽琪出席揭牌仪式并讲话。

9月9日　农工党市委召开纪念周谷城诞辰110周年座谈会。农工党中央主席桑国卫、副主席刘晓峰出席。

9月12日　中共中央政治局委员、上海市委书记俞正声,全国人大常委会副委员长、民盟中央主席蒋树声,中共中央统战部副部长楼志豪在杨晓渡等陪同下看望民盟中央原名誉主席谈家桢、钱伟长,致公党中央名誉主席董寅初。

同日　蒋树声、楼志豪来沪参加祝贺谈家桢100岁寿辰活动,杨晓渡、张圣坤、郑惠强等陪同。

9月14日　民盟(上海)传统教育基地挂牌仪式在上海评弹团(原南海花园饭店)举行。

9月17—19日　台盟八届四次中常会在沪召开。

9月21—22日　致公党苏浙皖沪四省市长三角区域合作发展论坛在沪举行。

9月22日　周汉民会见台湾嘉农农业发展基金会总裁蔡武璋为团长的台湾柯蔡宗亲总会访问团。

9月24日　"民盟(上海)传统教育中心基地暨上海虹桥疗养院旧址揭牌仪式"在徐汇区中心医院举行。

9月25日　各民主党派市委领导参加中共市委召开的党外人士座谈会,听取中共市委副书记、市长韩正作"机构改革"的情况通报。

9月25—29日　第五届"民盟沿海省市发展海洋经济研讨会"在上海召开。

9月27日　九三学社市委举办"九三讲坛",赵雯作题为"奥运文化与志愿者精神"的主题报告。

9月27日—12月28日　各民主党派市委先后分别举行各种形式的纪念“改革开放30周年”活动。

10月1日　杨健会见台湾“二二八”事件受难者陈明忠。

10月9日　九三学社市委、市老年基金会和九三学社普陀区委共同举办“关爱老人，关注未来——应对老龄化社会挑战”专题研讨会。

10月15日　致公党中央副主席严以新带领致公党中央课题组到浦东新区调研留学生回国服务与创业方面的相关情况，并为“致公·张江创业论坛”揭牌。

10月18日　民进市委与上海鲁迅纪念馆联合举行郑振铎诞辰110周年纪念座谈会。

10月21日　农工党市委主办首届“中国环境与健康宣传周——水与健康”上海站活动。

10月24日　民革市委举行“第一届社会服务十佳明星”表彰大会暨“民革市委社会主义新农村共建点”揭牌仪式。

10月28日　各民主党派市委主委参加中共市委召开的党外人士座谈会，听取中共市委开展学习实践科学发展观活动的情况通报，并提出意见和建议。俞正声、韩正、杨晓渡出席。

11月1日　2008上海民进教育论坛暨中国民办教育研究院揭牌仪式在上海市教科院民办教育研究所会议中心举行，严隽琪出席并发表讲话。

11月4日　九三学社市委和市政协经济委员会联合举办“应对国际金融危机，维护上海金融安全”研讨会。

11月7日　民盟市委召开“学习贯彻科学发展观，开创盟务工作新局面”座谈会。

同日　农工党市委与市卫生局、浦东新区人民政府联合举办“世博会与公共卫生安全”论坛。

同日　吴幼英会见以李锦康总理为团长的美国安良工商会代表团一行。

11月19日　民建市委和上海中华职业教育社联合举办“纪念黄炎培诞辰130周年座谈会”。

同日　吴幼英会见出席“纪念司徒美堂诞辰140周年大会”海外来宾代表团一行。

11月27日　民进中央在沪召开《国家中长期教育改革和发展规划纲要》座谈会。

11月29日　农工党市委等联合举办“2008上海生态与健康”论坛。

12月1—3日　民建中央主席陈昌智来沪参加民建市委领导班子谈心会，并出席“情系上海，共话发展”建言献策活动总结表彰会。

12月2日　楼志豪在沪召开各民主党派市委专职副主委座谈会，中共市委统战部副部长吴捷参加。

12月4日　民建市委举办第一届“上海中小企业发展论坛”，主题为“共谋中小企业发展”。

12月9日　致公党中央副主席李卓彬来沪出席致公党苏浙皖沪四省市海外联谊工作座谈会。

12月11—14日　民革全国参政议政成果汇报暨反映社情民意信息工作会议在沪举行，厉无畏出席会议并讲话。

12月26日　各民主党派市委领导参加市政府召开的党外人士座谈会，听取《政府工作报告》并提出意见和建议。

12月28日　台盟市委召开纪念《告台湾同胞书》发表30周年大会。

2009年

1月4日　各民主党派市委领导参加中共市委统战部举行的新年学习会，中共市委常委、统战部部长杨晓渡主持。

1月23日　市政协主席冯国勤，杨晓渡，市政协副主席朱晓明、周太彤、李良园、钱景林等到民主党派大厦看望各民主党派市委领导及机关干部。

2月3—12日　台盟市委“台湾农民专业合作组织”交流考察团赴台考察。

2月13日　民进市委举行纪念柯灵诞辰100周年座谈会。

2月16日　致公党中央主席万钢到致公党市委机关看望机关各部室工作人员，并与市委领导班子成员座谈。

2月17日　各民主党派市委领导参加中共中央政治局委员、中共市委书记俞正声主持召开的党外人士座谈会，听取《中共上海市委关于贯彻落实〈中共中央关于推进农村改革发展若干重大问题的决定〉的实施意见(征求意见稿)》的情况，并提出意见和建议。杨晓渡出席。

3月16日　由农工党市委和市中医药学会主办、市中医文献馆和市中医医院承办的“三一七”废止中医抗争活动80周年纪念大会暨“海派中医论坛”“上海名老中医学术经验研究中心”揭牌仪式举行。

3月25日　九三学社市委、市政协人口资源环境建设委员会和上海财经大学公共经济与管理学院联合举办“保增长，重民生，促进房地产市场健康发展”论坛。

4月8日　全国人大常委会副委员长、农工党中央主席桑国卫来沪就推动基层医疗卫生服务机构装备技术改造，拉动内需、促进民族医疗器械产业发展进行专题调研，农工党市委有关领导陪同调研。

4月9日　各民主党派市委领导参加中共市委召开的党外人士座谈会，有关部门分别通报上海促进就业工作和高校毕业生就业工作的情况，中共市委常委、统战部部长杨晓渡主持会议，副市长胡延照出席并讲话。

4月10日　农工党市委召开新医改方案专题座谈会，探讨新医改方案框架下上海推行医疗卫生体制改革的具体举措。

4月13—15日　民建市委与中国老龄科学研究中心、台湾南开科技大学联合主办的第三届海峡两岸老龄福祉研讨会在沪召开。

4月15日　农工党市委主委蔡威带队赴广西百色市田东县参加农工沪桂瀛通朔良镇灵龙卫生分院落成典礼和农工党市委援建朔良镇百敏卫生分院签约暨开工仪式。

4月15—22日　民建市委主委周汉民接待台湾中国建筑经理公司董事长陈棠率领的“台湾金融及科技专家访问团”一行。

4月16—17日　民进中央主席严隽琪率队就农村基础教育改革与发展、高校科研经费管理改革等课题来沪调研。

4月23日　农工党市委举行《中国特色和谐政党关系论》出版座谈会。

4月27日　民革市委与上海社会科学院、台湾中华金融人员暨投资人协会联合举办“全球金融危机下的两岸金融合作与投资论坛”。

5月11日　致公党市委主委吴幼英会见并宴请巴拿马中华总会名誉会长章辞修及夫人、哥斯达黎加中华总会会长张世民等一行。

5月13—19日　万钢率致公党中央调研组在上海就“促进长三角区域合作发展”问题进行调研。俞正声会见调研组一行，中共市委副书记、市长韩正，中共市委副书记殷一璀、杨晓渡，副市长唐登杰、吴幼英等分别参加会见和座谈。

5月15日　农工党市委召开“关于加快推进上海国际金融中心和国际航运中心建设”座谈会。桑国卫、杨晓渡出席会议并讲话。

5月22日　民革市委举行纪念上海解放60周年座谈会。同日，民革市委还举行恒源祥香山画院大型书画展开幕式及民革市委与民革闸北区委在闸北公园修缮并命名的“共和亭”揭牌仪式。

5月25日　民盟市委在上海龙华烈士陵园隆重集会纪念上海解放60周年，并祭扫了李公朴等8位民盟英烈。

6月4日　民盟中央与上海社会科学院举行合作签约仪式，全国人大副委员长、民盟中央主席蒋树声与中共上海社科院委员会书记、院长王荣华共同签署合作协议书并为合作研究中心揭牌。

6月11日　民建市委与解放日报集团新闻晚报、第二军医大学附属长海医院等共同发起的“迎世博、送健康”系列活动启动仪式在中国2010年上海世博会建设工地举行。

6月20日　民进市委举行纪念民进上海组织成立60周年大会。此前的5月29日，民进市委还举办纪念民进市委成立60周年暨迎世博文艺演出、医卫咨询等活动。

7月9日　各民主党派市委领导参加中共市委召开的党外人士座谈会，副市长杨雄通报世博会筹办情况，并听取意见和建议。

7月14日　民盟市委召开纪念《上海盟讯》创刊60周年座谈会，蒋树声题词，民盟中央副主席李重庵发来贺信。

7月29日　农工党市委、市律师协会举办“中国2010年上海世博会园区管理规则”研讨会。

7月30日　中共中央统战部副部长黄跃金率中央督察组来沪督察《中共中央关于进一步加强中国共产党领导的多党合作和政治协商制度建设的意见》贯彻情况，并看望各民主党派市委机关同志，召开座谈会。

7月31日　上海民建扶帮公益基金会经上海市民政局和上海市社会团体管理局批准，正式注册成立。

同日　致公党市委举行“上海致公爱心专项基金”成立仪式。

8月1日　台盟市委举行成立60周年纪念大会暨“歌唱祖国”纪念歌会。

8月20日　民进市委机关举行“向台湾灾区募捐”活动。

8月23—24日　各民主党派市委领导参加中共市委统战部召开的暑期学习会，学习中共市九届八次全会精神，交流学习体会和工作经验。杨晓渡主持。

8月26日　各民主党派市委领导参加中共市委召开的党外人士座谈会，副市长沈晓明通报市政府有关工作情况，并听取意见和建议。

9月2日　九三学社市委举行纪念人民政协60周年暨九三学社建社64周年座谈会。

9月5日　民进中央在贵州省毕节试验区金沙县第一中学举行“彩虹行动”启动暨签约捐赠仪式，民进市委与金沙县西洛乡签订对口支援协议。

9月7—11日　台盟中央原主席张克辉来沪考察妈祖文化。

9月11日　全国人大常委会副委员长、九三学社中央主席韩启德来沪，就建设高素质参政党、提升自身建设水平等与社员进行座谈。

9月13日　致公党市委“庆国庆、迎世博”书画展开幕式在静安区文化馆举行。

9月16日—10月22日　各民主党派举行书画展、文艺演出、座谈会、研讨会和《风雨同舟继往开来》图片集首发式等各种活动，庆祝“中华人民共和国成立60周年”和“中国共产党领导的多党合作和政治协商制度确立60周年”。

9月22日　致公党市委和市侨联联合举行“爱国奉献60年”上海侨界国庆座谈会。

10月9日　致公党中央副主席严以新率队来沪调研学习贯彻科学发展观的情况。

10月13日　民盟市委在奉贤滨海古园举行纪念谈家桢诞辰100周年暨铜像揭幕仪式。

10月15日　民革市委与普陀区政协联合举办“迎世博苏州河休闲文化发展论坛”，全国政协副主席、民革中央常务副主席厉无畏作《树立三大观念，深度开发苏州河》的专题发言。

10月19日　九三学社中央副主席王志珍出席九三学社市委科技创新工作座谈会，听取换届以来九三学社市委参政议政工作汇报，并与院士、科技界人士围绕科技创新面临的问题进行座谈。

10月20日　致公党京津沪渝四直辖市党务工作会议在沪召开。

10月26日　各民主党派市委领导参加中共市委召开的党外人士座谈会，听取加强中国共产党党建工作的情况并提出意见和建议。

同日　台盟市委召开纪念《中共中央关于坚持和完善中国共产党领导的多党合作和政治协商制度的意见》制定20周年暨人大代表、政协委员及“特约(邀)四员”座谈会。

10月30日　周汉民会见台湾新党主席郁慕明。

11月1日　民盟百名律师义务法律咨询活动在全市10个中心城区同时展开。

11月6日　各民主党派市委领导应邀参加中共市委召开的党外人士座谈会，听取上海反腐败工作的情况通报，并提出意见和建议。

11月7—11日　陈昌智来沪视察，出席由民建市委和黄浦区人民政府共同举办的“上海民建浦江论坛——外滩金融集聚带、股权投资”，并作主旨演讲。

11月11日　由农工党市委、闸北区卫生局与美国凯斯大学、复旦大学公共卫生学院共同举办的第四届社区卫生与家庭医学国际论坛召开。

11月12日　民建中央副主席辜胜阻来沪与部分金融界会员座谈，研讨经济结构调整、金融市场发展等问题。

11月20—21日　民进市委举行“京津冀苏沪青年会员自主创新能力建设”论坛。

12月1日　中共中央统战部副部长楼志豪在中共市委统战部主持召开民主党派思想建设工作座谈会，各民主党派市委领导参加。

12月2日　中国农工民主党“第一次全国干部会议”会址挂牌暨邓演达铜像落成揭幕仪式在上海市淡水路332弄1号举行。桑国卫、楼志豪为“一干”会址纪念牌揭幕，全国政协副主席、农工党中央常务副主席陈宗兴，中共市委副书记殷一璀为邓演达铜像揭幕。

12月3日　致公党中央主办的主题为“经济走势与企业机遇”的“中国发展论坛·浦东论坛”在浦东张江举行。

12月16日　由农工党市委、浦东新区政府和上海科普教育发展基金会联合主办的“2009上海生态与健康论坛”在上海科技馆举行。

12月20日　民进市委举行2009年上海民进教育论坛，严隽琪、上海市教委主任薛明扬出席论坛并讲话。

2010年

1月3日　各民主党派市委领导参加中共市委统战部召开的新年学习会，中共市委常委、统战部部长杨晓渡主持并讲话。

1月6日　各民主党派市委领导参加中共市委副书记、市长韩正在市政府召开的党外人士座谈会，就《政府工作报告》(征求意见稿)提出意见和建议。

同日　全国政协副主席、民革中央常务副主席厉无畏、副主席齐续春等来沪调研，就“十二五”规划与中共社科院党委书记潘世伟及专家学者们进行座谈。

1月8日　各民主党派市委领导参加中共市委召开的民主协商会，就调整市人大、市政协常委建议人选进行协商，并提出意见和建议。

2月23日　在沪全国人大代表、政协委员中的民主党派和无党派人士参加中共市委统战部召开的座谈会，就如何开好全国“两会”和进一步做好统战工作听取意见和建议。

3月19日　台盟市委举办“2010年沪台中小学校长论坛”。

3月22日　民革市委与上海市欧美同学会联合举行纪念蔡元培逝世70周年座谈会。

同日　由民进市委、上海市中华职教社主办的贵州省铜仁市第五期中小学骨干教师培训班(校长班)举行开班典礼。

3月23日　农工党市委、上海科普发展教育基金会主办的“文艺世博情、科普进社区”迎世博特别活动在周家渡街道文化中心举行。

3月24日　致公党市委捐赠的都江堰市安龙学校科普活动中心揭牌仪式在该校举行。

3月25日　各民主党派市委领导参加中共市委召开的党外人士座谈会，听取加快上海国际贸易中心建设的情况，并提出意见和建议。杨晓渡主持会议，副市长唐登杰出席。

3月30日　民盟市委在福寿园人文纪念公园举行史良诞辰110周年暨中国民主同盟(上海)传统教育基地揭牌仪式。

同日　致公党市委在上海滨海古园滨海名苑举行董寅初铜像揭幕暨骨灰安葬仪式。

3月31日　民盟中央副主席李重庵一行来沪调研金山区盟务工作，并参观盟员丁聪漫画陈列馆。

同日　民进市委举行纪念吴若安诞辰120周年座谈会。

4月5日　台盟中央副主席黄志贤一行来沪调研，就宣传工作与进一步开展树立和践行社会主义核心价值体系活动召开座谈会。

4月14日　农工党市委与上海交通大学农业与生物学院签订协议，设立“涉农专业专项研究生助学金”。

5月10日　致公党市委主委吴幼英会见芬兰华商会会长杨二林。

5月10—12日　民建市委主委周汉民会见台湾中华两岸企业发展协进会考察团一行。

5月20日　《家国社稷风雨情——民主党派在上海》首发式暨座谈会在上海民主党派大厦举行。

5月21日　民进市委与上海市佛教协会联合召开纪念赵朴初逝世10周年座谈会。

5月26日　九三学社市委与市政协教科文卫体委员会联合举行“建立罕见遗传病基本医疗保障机制”专题研讨会。

5月28日　民革市委主委高小玫会见以李玉文为团长的“南台湾社团菁英大陆参访团”一行。

同日　民盟市委、市社会主义学院联合举办社会主义核心价值体系研讨会。

6月2日　各民主党派市委领导参加中共市委举行的党外人士座谈会，听取对上海转变经济发展方式的实践和思考，并提出意见和建议。

同日　民建市委和民建中央画院主办的“丹青歌盛世，翰墨颂年华——民建中央画院作品全国巡展首站(上海)”开幕式在上海图书馆举行。

6月5—6日 台盟中央副主席吴国祯一行赴上海考察调研,了解涉台文物保护利用和促进海峡两岸文化交流情况。

6月7—9日 九三学社华东六省一市工作会议在上海召开,会议围绕“如何做好民主党派参政议政工作”主题进行研讨。

6月9日 民革市委举行共建协议签约暨帮教工作交流会,市委法制工作委员会、民革嘉定总支与上海公安局嘉定区看守所签订了共建协议。

6月12日 民进中央和上海社会科学院联合召开“2010年上半年经济、社会形势与下半年政策分析座谈会”。

6月13—14日 第八届海峡两岸中华传统文化与现代化研讨会暨海峡两岸四地电影产业发展论坛在沪举行,严隽琪出席开幕式并讲话。

6月18日 民进市委召开纪念柯灵逝世10周年座谈会。

6月26日 蔡威会见由日本东京都议会议员铃木章浩率领的东京都议会日中友好议员联盟民间访华团一行。

7月1日 民进中央联络委员会、经济委员会联席会议在沪召开,民进中央副主席王佐书出席并作报告。

7月5日 由民进市委和上海中华职教社主办的贵州铜仁地区“东西部教育均衡化发展”研修班举行开班典礼。

同日 周汉民会见台湾嘉农农业发展基金会总裁、台湾一国两制研究协会理事长蔡武璋任团长的台湾基层民众访问团一行。

7月10日 民盟市委召开以“金融发展——信息自主化与市场创新”为主题的首届金融发展论坛。

7月16日 周汉民接待台北市教育会理事长夏惠汶任团长的台北开平餐饮学校考察团一行。

7月19日 民进市委和上海中华职教社举办第二期“东西部教育均衡化发展”研修班。

7月21日 各民主党派市委领导参加中共市委召开的党外人士座谈会,就世博会运行及对创新城市管理方式的启示提出意见和建议。

8月9日 民盟市委与民进市委共同举办社会主义核心价值体系研讨会。

8月11日 由民进市委、上海市中华职教社联合举办的贵州省铜仁市第一期经济社会发展研修班在民主党派大厦举行开班典礼。

8月12日 农工党市委举行纪念中国农工民主党建党80周年大会。

8月20日 陕沪两地民建组织在沪联合举办“陕、沪两地企业家交流恳谈会”。

8月24日 各民主党派市委领导参加中共市委统战部召开的暑期学习会。

同日 农工党市委、市卫生局、市政协教科文卫体委员会联合举办上海“十二五”医疗服务体系建设和发展论坛。

9月1日 民革市委与上海历史博物馆联合举办赵祖康诞辰110周年纪念会暨赵祖康文物捐赠仪式。

9月3日 民革全国妇女和青年工作及调研课题研讨会在沪举行。

9月5—6日 民盟中央副主席李重庵、秘书长高拴平一行来沪,到民盟市委机关视察。

9月7—9日 台盟中央妇委会八届二次会议在沪举行。

9月10日　民进市委举行第八期西部教师培训班开班典礼暨西部教师培训基地揭牌仪式。

9月20日　致公党市委在奉贤滨海古园举行纪念董寅初诞辰96周年暨致公党传统教育基地挂牌仪式。

9月22日　民革华东地区2010年工作研讨会在上海开幕。

9月26日　由台盟中央、市政协共同主办，台盟市委承办的“2010年沪台城市发展与合作研讨会”在沪举行，全国政协副主席、台盟中央主席林文漪出席并致辞。

9月　民建市委捐助的广西百色市田阳县田阳初级中学两个“上海民建扬帆班”正式开学。

10月9日　各民主党派市委领导参加中共市委召开的党外人士座谈会，副市长沈骏通报健全房地产市场体系和住房保障体系等情况。

10月10日　致公党中央原主席罗豪才来沪赴滨海古园参观致公党传统教育基地——董寅初陈列室。

10月11日　吴幼英、俞云波会见美国洪门致公堂老侨领邱穗丰夫妇。

同日　民进中央常务副主席罗富和在沪调研期间，看望慰问民进市委机关干部。

10月26日　九三学社市委“科普之旅”启动仪式在世博会浦东园区公众参与馆举行。

10月29日　中共中央组织部来上海举行座谈会，部分民主党派市委专职领导和无党派代表人士出席。

10月30日　民盟市委举办百名律师义务法律咨询活动。

11月5—13日　上海、四川两地民革组织联合举办“重走乐西路”活动，部分民革工程界筑路前辈后裔参加。

11月7—10日　民建中央主席陈昌智来沪视察，出席民建市委领导班子谈心会，并出席民建徐汇区委、青浦区委、杨浦区委会员座谈会。

11月12日　民盟市委与上海社会科学院、上海大学共同举办纪念费孝通诞辰100周年暨费孝通学术思想研讨会。

11月13日　民进市委举行题为“教育国际化：吸引力、影响力和竞争力”的2010上海民进教育论坛，民进中央主席严隽琪出席并讲话。

12月5—7日　陈昌智来沪视察，出席“上海民建浦江论坛——‘十二五’信息产业发展与展望”并作主旨演讲。

12月7—8日　民盟十届四中全会在京举行，会上增选民盟市委主委郑惠强为民盟中央副主席。

12月8日　各民主党派市委领导参加中共市委召开的党外人士座谈会，听取上海党风廉政建设的情况通报，并提出意见和建议。

同日　致公党市委举行纪念中国致公党成立85周年暨上海建立组织30周年大会，并开展了摄影展等系列活动。

12月10日　台盟中央多党合作理论研究委员会第一次全体会议在沪举行。

12月12—18日　民进市委组织企业家联谊会一行赴台进行教育文化考察和交流。

12月16日　九三学社市委与市政协教科文卫体委员会联合举行“建立上海市罕见遗传病基本医疗保障机制”专题会议。

12月29日　各民主党派市委领导参加市政府召开的党外人士座谈会，就《政府工作报告》(征求意见稿)提出意见和建议。

12月30日　民进市委、徐汇区人民政府共同举行柯灵旧居揭牌仪式。

同日　民进市委举行纪念中国民主促进会成立65周年座谈会,蔡达峰出席并讲话。

12月31日　民盟市委与江苏路街道举行社区共建签约仪式。

2011年

1月4日　各民主党派市委领导参加中共市委统战部召开的新年学习会,中共市委常委、统战部部长杨晓渡主持并讲话。

1月12日　民进市委举行民进中央名誉主席雷洁琼追思会,民进市委主委蔡达峰出席并讲话。

1月18日　民盟市委、复旦大学以及陈望道家属等在青浦福寿园纪念陈望道诞辰120周年。

1月25日　民革市委举行学习和践行社会主义核心价值体系活动总结暨先进表彰会。

1月31日　市政协主席冯国勤,中共市委常委、统战部部长杨晓渡等前往民主党派大厦向各民主党派机关干部拜年。市政协副主席周太彤、李良园、钱景林、姜樑等陪同慰问。

2月10日　中共市委统战部举行"树立和践行社会主义核心价值体系阶段性总结交流大会",各民主党派市委、市工商联代表在会上作了交流发言,杨晓渡出席并讲话。

2月23日　各民主党派市委领导参加中共市委统战部召开的党外人士座谈会,听取副市长沈晓明通报上海推进医药卫生体制改革和新医改方案制定的有关情况并提出意见和建议。杨晓渡主持会议。

2月24日　在沪第十一届党外全国人大代表和全国政协委员参加中共市委统战部召开的座谈会。会上,传达了1月30日胡锦涛总书记在党外人士迎春座谈会上的重要讲话精神。并就如何开好全国"两会"、进一步做好新形势下统一战线工作等听取党外全国人大代表和全国政协委员意见建议。杨晓渡主持会议并讲话。

3月16日　农工党市委在广西扶贫援建的第二个卫生院——农工沪桂瀛通朔良镇百敏卫生分院举行落成揭牌仪式。

3月23日　民进中央主席严隽琪赴民进市委就机关建设进行调研。

3月27—31日　民盟市委组团赴黔参加民盟中央"东部十省市援建毕节实验区研讨会",并向上海民盟援建的梨树镇二堡希望小学捐赠教育设备及颁发奖学金。

3月30日　民建市委监督委员会召开第一次全体会议。

4月17日　民革市委主委高小玫率团赴贵州省毕节地区,签订与纳雍县的同心援建暨合作项目。

4月19日　台盟市委举行《上海文史资料选辑·上海台盟专辑》首发式,暨"重温历史,同心同行"——《上海文史资料选辑·上海台盟专辑》座谈会,主委杨健出席并讲话。

4月22日　民革市委举行"重温历史、同心同行"——纪念辛亥革命100周年文艺演出。杨晓渡、中共市委宣传部副部长陈东出席,高小玫出席并讲话。

4月27日　民盟市委举行民盟成立70周年暨上海组织建立65周年纪念大会。民盟中央主席蒋树声,中共市委常委、统战部部长杨晓渡,民盟市委主委郑惠强出席会议并讲话。

同日　民盟市委在民盟一届二中全会旧址举行民盟(上海)传统教育基地揭牌仪式,蒋树声、郑惠强等出席活动并为基地揭牌。

同日　九三学社市委在浦东张江高科技园区举行"科普之旅——神奇光源探秘"活动。

5月3—7日　民建中央主席陈昌智、副主席张少琴率民建中央“大力发展现代服务业，推进产业结构调整”课题调研组来沪调研，副主席辜胜阻出席有关活动。

5月6日　民革市委、台盟市委联合举行纪念辛亥革命100周年专题报告会。

5月7—8日　陈昌智赴民建金山、闸北区委调研，出席会员座谈会并考察市北高新技术服务业园区。

5月9日　民进市委举行纪念中国共产党建党90周年、辛亥革命100周年暨上海民进开明画院成立揭牌仪式，严隽琪出席揭牌仪式。蔡达峰、中共上海交通大学党委书记马德秀出席并致辞。

5月11日　民革直辖市组织参政议政工作联席会议在沪召开。

同日　民革市委接待中国国民党黄复兴、黄国樑党部参访团一行。

5月16日　民盟市委召开参政议政工作会议，民盟中央副主席索丽生出席并作报告，郑惠强出席并讲话。

同日　农工党市委和浙江省委联合举办庆祝中国共产党建党90周年“风雨同舟手拉手”文艺巴士进企业活动，农工党市委主委蔡威，中共市委统战部副部长吴捷出席仪式并讲话。

5月17日　蔡威出席第六届社区卫生服务与家庭医学论坛。

5月18日　致公党市委主委吴幼英会见南美洪门总会会长蔡三义率领的南美洪门总会代表团。

5月23日　“‘光辉历程同心同行’隆重纪念中国共产党成立90周年暨‘金盟杯’第二届全国部分省市民进合唱团演唱赛”在沪举行，蔡达峰出席并致辞。

5月27日　九三学社中央副主席邵鸿来沪出席九三学社市委组织建设工作座谈会。

同日　邵鸿出席九三学社中央妇委会在沪召开的“女性高级人才问题及相关政策法规研究”课题调研座谈会。

5月28日　九三学社社员谭其骧100周年诞辰纪念大会暨历史地理国际学术研讨会在复旦大学举行，邵鸿出席纪念活动。

5月31日　郑惠强出席第二届上海民盟青年论坛。

6月10日　九三学社市委举行《科苑掇英》——九三学社上海市委院士专家科普文集首发仪式，赵雯、吴捷、市科协副主席俞涛出席并致辞。

6月11日　民盟市委第五届高等教育论坛在复旦大学举办。郑惠强出席开幕式并讲话。

6月13日　致公党市委、市侨联和市欧美同学会联合召开“爱国奉献跟党走”上海侨界庆祝中国共产党建立90周年座谈会，杨晓渡出席并讲话。吴幼英主持会议。

6月15日　上海市党外人士纪念中国共产党成立90周年座谈会在上海展览中心举行。中共市委副书记殷一璀出席并讲话，各民主党派市委、市工商联负责人和无党派代表人士参加会议，杨晓渡主持。

6月17日　台盟市委召开纪念中国共产党成立90周年座谈会，主委杨健出席会议并讲话。

6月22日　民建市委和台盟市委联合举行纪念中国共产党成立90周年报告会。

6月23日　致公党市委举行“同心同行，参政兴国”报告会。吴幼英主持，原主委俞云波作报告。

6月24日　民盟中央副主席陈晓光来沪出席在周公馆举行的“民盟（上海）传统教育基地”揭牌仪式，并参加民盟市委举行的“风雨同舟70年——中共与民盟合作关系研讨会”。郑惠强参加。

6月25—30日　各民主党派分别举办咨询活动、歌咏比赛、座谈会等多种活动，纪念中国共产党成立90周年。

7月13日　各民主党派市委领导参加中共市委统战部召开的党外人士座谈会，听取副市长张学兵通报上海城市安全和社会稳定的有关情况，并提出意见和建议。杨晓渡主持会议。

同日　民革市委等联合举办纪念辛亥百年后裔座谈会。

7月19日　吴幼英出席在沪举行的致公党苏浙皖沪“长三角区域合作发展论坛”。

同日　蔡威率团就《上海社会医疗机构发展研究》课题赴苏州调研民营医院运营发展情况。

7月25—27日　致公党中央副主席程津培、副主席严以新率团来沪就加快推进科技成果转化及产业化进行调研。

7月26日　民盟市委、上海戏剧家协会、上海戏剧学院、上海话剧艺术中心联合举行“纪念杨村彬诞辰100周年座谈会”。

8月8—14日　民进市委组织上海民进讲师团赴贵州省金沙县开展教育帮扶和捐资助学活动。

8月12—15日　由台盟市委主办的首届“上海·赫章心连心夏令营”在沪举行。

8月24日　民革中央副主席修福金来沪参观朱学范故居。

8月25日　民建市委举办“2011上海中小企业发展论坛”，周汉民出席并讲话。

8月26日　市政协和民革市委联合主办“辛亥革命与上海”国际研讨会，民革中央副主席修福金、市政协副主席周太彤出席开幕式并讲话。

8月31日　民盟市委、《解放日报》、市政协文史资料委员会、上海市老新闻工作者协会、《联合时报》联合举行纪念陆诒诞辰100周年座谈会。

9月3—5日　致公党全国宣传思想工作会议在沪举行。

9月13日　蔡威率团赴贵州省大方县进行扶贫考察。

9月21日　民革市委、市政协文史资料委联合举办“追忆与传承”辛亥先贤后裔座谈会，冯国勤会见了30名辛亥后裔，民革中央副主席何丕洁参加会见并讲话。

9月26日　各民主党派市委领导参加中共市委统战部召开的党外人士座谈会，听取副市长杨雄通报加快信息产业发展，提升信息化应用水平，大力推进“智慧城市”建设的有关情况，并提出意见和建议。杨晓渡主持会议。

同日　农工党市委新农村服务点三年结点仪式在奉贤区青村镇桃园村举行。蔡威出席并讲话。

9月27日　民进市委、市文化广播影视管理局、市文物局在福寿园人文纪念公园联合举行许广平纪念碑落成仪式，蔡达峰出席并致辞。

9月28日　郑惠强出席陶行知诞辰120周年纪念大会。

10月9日　上海市各界纪念辛亥革命100周年大会在上海展览中心举行，中共中央政治局委员、中共市委书记俞正声讲话，各民主党派市委领导应邀参加，民革市委主委高小玫发言。

同日　吴幼英接待以墨西哥中国洪门民治党主席周缵方为团长的墨西哥和美国侨胞访问团。

10月12—13日　民进华东六省一市第十三次工作研讨会在沪召开，蔡达峰出席并致开幕词。

10月17—19日　农工党中央常委、中央监督委员会委员肖燕军等来沪就农工党市委开展党内监督工作情况进行调研，并征求对中央监督委员会的意见和建议。

10月18日　民革中央主席周铁农、修福金来沪出席朱学范生平事迹研讨会暨民革前辈纪念场馆联谊会成立大会，并为在朱学范故居举行的民革党史教育基地揭牌。

同日　民盟市委在滨海古园举行张澜铜像揭幕暨民盟(上海)传统教育基地挂牌仪式，郑惠强出席。

10月26日　致公党市委接待美国纽约洪门致公堂余保贤夫妇。

同日　民革市委、中国美术家协会《美术》杂志社主办的纪念辛亥革命100周年画展在上海东方美术馆开幕。

10月29日　民盟市委和市律师协会在闸北等10区联合举办百名律师义务法律咨询活动。

11月4日　各民主党派市委领导参加俞正声主持召开的党外人士座谈会，听取各民主党派对《中共上海市委关于贯彻〈中共中央关于深化文化体制改革推动社会主义文化大发展大繁荣若干重大问题的决定〉的实施意见》的意见和建议。殷一璀、杨晓渡、杨振武、丁薛祥参加。

同日　严隽琪出席由民进市委、普陀区政协联合举办的“苏州河文化创意论坛”并讲话。

11月5日　严隽琪出席主题为“同在蓝天下：关注外来进城务工人员随迁子女教育”的“2011上海民进教育论坛”并讲话。

同日　严隽琪在上海社会科学院出席“2011年经济社会形势与2012年政策展望”座谈会并讲话。蔡达峰参加座谈会。

11月8日　蔡威出席第23届“国际科学与和平周”上海站活动。

11月8—10日　民盟市委举行2011年新任主委培训班暨主委谈心会，近40位新任民盟基层组织正、副主委参加。郑惠强及市委专职领导分别与新当选主委谈心并提出希望。

11月9日　严以新来沪出席“致公·张江”论坛。

11月13日　民建市委举办“推进上海文化建设，共建长宁文明城区——民建专家走进华阳为民服务”活动。

同日　九三学社市委举办第23届中国“国际科学与和平周”义诊活动。

11月14日　各民主党派市委领导参加中共市委统战部召开的党外人士座谈会，杨晓渡通报中共上海市委九届十六次全会精神并讲话。

11月23日　郑惠强出席在上海音乐学院举行的民盟盟员丁善德100周年诞辰纪念大会和铜像安放仪式。

11月29日　民进市委举行树立和践行核心价值体系“双岗建功”先进典型事迹报告会。

11月30日　农工党市委举行2011—2012学年涉农研究生专项助学金颁奖仪式。

12月5—9日　致公党市委、上海社会主义学院联合举办致公党各区委、直属组织新任领导班子成员理论进修班。

12月8日　民革市委组织成员赴新农村共建点的金山农建村进行综合咨询活动。

12月14日　各民主党派市委领导参加中共市委召开的党外人士座谈会，听取上海党风廉政建设和反腐败工作的情况通报，并提出意见和建议。

12月15日　民盟市委举行民盟成立70周年暨民盟上海地方组织建立65周年盟务工作先进集体和先进个人表彰大会。

12月16日　《团结报》顾问委员会2011年年会在沪举行，修福金、高小玫、吴捷出席并讲话。

12月18日　民盟市委举行第二届“民盟金融发展论坛”，郑惠强出席并讲话。

12月19日　修福金率团来沪就抗战遗址四行仓库的进一步保护等开展调研。

12月20日　钱伟长铜像揭幕暨骨灰安放仪式在上海滨海古园举行，冯国勤、杨晓渡、郑惠强等出席。

12月23日　各民主党派市委领导参加中共市委副书记、市长韩正主持召开的党外人士座谈会,听取各民主党派对《政府工作报告(征求意见稿)》的意见和建议。

12月26日　民建市委与嘉定区人民政府联合举办“上海民建浦江论坛——创新驱动转型升级,促进二、三产业融合发展”。民建中央第一副主席张榕明出席并作主旨演讲,周汉民出席论坛。

2012年

1月4日　各民主党派市委领导参加中共市委统战部召开的新年学习会,中共市委统战部部长杨晓渡主持并讲话。

1月5日　民盟市委与上海社科院联合举行民盟市委原主委沈志远诞辰110周年纪念活动。

1月30日　民革市委与市黄埔同学会联合举办纪念“‘一・二八’淞沪抗战”80周年座谈会。

2月7日　民盟市委举行“机关青年干部下基层主题活动启动仪式”。

2月26日　在沪第十一届党外全国人大代表和全国政协委员参加中共市委统战部召开的座谈会,就如何开好全国“两会”、贯彻好“两会”精神等听取代表、委员们的意见和建议。中共市委常委、统战部部长杨晓渡主持会议并讲话。

2月29日　九三学社市委举办区县和直属基层新任主委、副主委培训班,市委主委赵雯出席并作主题报告。

3月12—13日　民进市委举办区县委及直属组织主委班子成员学习培训班。

3月16日　致公党市委主委吴幼英会见来访的南非上海工商联谊总会会长姒海一行。

3月20日　贵州毕节市第七期地级骨干教师培训班在沪举行开班典礼,民进中央副主席王佐书出席并讲话。

3月22—23日　农工党中央主席桑国卫在沪调研、视察。其间,农工党市委主委蔡威向桑国卫汇报了农工党上海市第十二次代表大会筹备工作情况。

3月27—29日　民建中央主席陈昌智来沪视察,出席嘉定、闵行、普陀区委座谈会,并参观会员企业。

3月28—30日　民建上海市第十二次代表大会举行,选举产生第十二届委员会。周汉民当选市委主委。

3月31日　民进中央高考体制改革调研座谈会在沪召开,民进中央主席严隽琪出席并讲话。

4月7—9日　致公党上海市第七次代表大会举行,选举产生第七届委员会。张恩迪当选市委主委。

4月10—12日　民革上海市第十二次代表大会召开,选举产生第十三届委员会。高小玫当选市委主委。

4月15—17日　民盟上海市第十四次代表大会举行,选举产生第十四届委员会。郑惠强当选市委主委。

4月19—21日　九三学社上海市第十一次代表大会举行,选举产生九三学社上海市第十六届委员会。赵雯当选市委主委。

4月20日　台盟市委门户网站开通。

4月20—22日　台盟上海市第十一次盟员(代表)大会举行,选举产生第十一届委员会。杨健当选市委主委。

4月22—24日　农工党上海市第十二次代表大会举行,选举产生第十二届委员会。蔡威当选市委主委。

4月23—25日　民进上海市第十一次代表大会举行，选举产生第十五届委员会。蔡达峰当选市委主委。

同期　民建中央副主席宋海率“加强和创新社会管理”重点专题调研组来沪调研。

4月25日　民革市委举行台情报告会，民革中央副主席郑建邦应邀来沪作台情报告。

4月26日　各民主党派市委领导参加中共市委召开的党外人士座谈会，中共中央政治局委员、中共上海市委书记俞正声出席并主持会议，就中共上海市第十次代表大会报告（征求意见稿）听取意见，中共市委常委、统战部部长杨晓渡，中共市委常委、市委秘书长丁薛祥出席。

4月27日　民盟市委举行民盟中央原主席张澜诞辰140周年纪念活动，郑惠强出席。

5月3日　各民主党派市委领导参加中共市委召开的党外人士座谈会，中共市委常委、市委组织部部长李希通报中共十八大代表候选人初步人选产生情况，并听取意见和建议。

5月6日　张恩迪出席上海丹鼎书画院成立仪式。

5月10日　致公党市委接待巴拿马议员及侨界人士代表团一行。

5月21—25日　致公党市委举办第七届市委委员理论研修班，张恩迪参加学习并做动员。

5月28日　民革市委、上海淞沪抗战纪念馆和上海音像资料馆联合举办纪念“一·二八”淞沪抗战80周年珍贵历史影像播映会。

同日　民建市委在广西田阳初中举行“上海民建扬帆班”爱心赠书启运仪式。

6月7日　农工党市委主办第五届中国环境与健康宣传周暨奉贤区环保志愿者启动仪式，蔡威出席并讲话。

6月10日　郑惠强出席在芷江侗族自治县大树坳乡中学举行的“同心·民盟烛光教学楼落成典礼”。

6月13日　民盟市委与市信息中心举行建立“战略合作框架协议”签字仪式，郑惠强出席。

6月14日　农工党中央副主席汪纪戎一行赴宝山区调研，了解宝山经济社会发展情况。

同日　农工党市委和安徽省委在浦东联合举办“同心携手、捐赠扶贫”书画捐赠认购活动。

6月15日　民进中央在沪召开社会建设和创新社会管理调研座谈会。民进中央主席严隽琪出席并讲话，民进市委主委蔡达峰主持。

6月27—29日　2012年苏浙沪民进参政议政工作联席会议在沪召开。

6月29日　致公党中央副主席闫小培到致公党市委视察工作。

7月3日　民盟市委举行思想政治顾问授聘仪式，14位来自上海党政部门、研究机构和高等院校的政治理论专家学者受聘为民盟市委思想政治工作顾问。

7月6—10日　民革市委和上海中医药大学联合举办第十五届台湾学生“中华寻根夏令营”。

7月11日　各民主党派市委领导参加中共上海市委召开的党外人士座谈会，听取副市长沈晓明通报有关合理使用上海700亿教育经费，建立终身教育体系和学习型社会的情况，并提出意见和建议。中共市委常委、统战部部长沙海林主持会议。

7月30日　蔡威率农工党市委课题组赴上海申康医院发展中心，就上海卫生信息化建设的目标、现状、发展瓶颈开展调研。

8月1日　九三学社市委召开“学习贯彻全国科技创新大会精神——论深化科技体制改革”座谈会，赵雯出席并讲话。

8月2日　民建市委主办“2012上海中小企业发展论坛”，周汉民出席并讲话。

8月3日　民盟市委和上海建桥学院合作捐资援建的"同心・民盟烛光教学楼"落成典礼在江西萍乡市湘东区白竺乡龙台学校举行。郑惠强和上海建桥学院董事长周星增出席。

8月5—10日　上海民进讲师团赴贵州省黔东南地区锦屏县、天柱县开展支教助学活动。

8月13日　民革市委与上海人民广播电视台联合主办纪念"'八一三'淞沪抗战"75周年——淞沪抗战历史珍贵影像巡回展映活动。

8月14日　农工党市委领导与市卫生局领导举行对口交流座谈。

8月16日　致公党中央常务副主席王钦敏来沪就"经济与文化发展展望"主题进行调研。

8月28—29日　各民主党派市委领导参加中共市委统战部举办的暑期学习会,中共市委组织部、宣传部的副部长应邀参加。沙海林主持会议并讲话。

8月29日　民革市委与嘉定看守所联合举行共建活动总结暨工作研讨会。

9月1日　民革中央与上海社科院在沪联合举办"2012年经济形势分析与政策展望"座谈会,民革中央第一副主席厉无畏、副主席齐续春出席并讲话。

9月1—2日　民革中央经济委员会在上海举办"创新驱动,转型发展"专题座谈会,齐续春、高小玫出席并讲话,吴捷致欢迎辞。

9月10日　各民主党派市委领导参加中共上海市委召开的党外人士座谈会,俞正声作"当前国际国内形势对我国和上海经济发展的影响"的报告,并听取意见。中共市委常委、统战部部长沙海林,中共市委常委、市委秘书长尹弘出席。

9月13—25日　第一期贵州省毕节试验区西部教师培训班在沪举行,民进市委主委蔡达峰出席开班典礼并讲话。

9月15日　蔡威率团赴新疆乌鲁木齐县板房沟乡进行扶贫考察。

9月18日　民建市委与普陀区政协联合举办2012"苏州河论坛"暨"浦江论坛",陈昌智出席并作主旨演讲。

同日　民进市委举行"上海民进学习践行社会主义核心价值体系总结表彰暨工作推进会",蔡达峰出席并讲话。

9月22日　蔡达峰出席上海市赵朴初研究会成立大会。大会推举赵雯为研究会名誉会长,赵丽宏当选会长。

9月23日　民盟市委和中共杨浦区委在上海院士风采馆共同举行民盟(上海)传统教育基地挂牌仪式,民盟中央常务副主席张宝文和中共杨浦区委书记陈寅为教育基地揭牌,郑惠强讲话。

同日　苏步青诞辰110周年系列纪念活动在复旦大学举行。张宝文、郑惠强,中共复旦大学党委书记朱之文、校长杨玉良出席。

9月24日　民盟中央、上海社会科学院与民盟市委共同主办"文化自觉——当代中国文化发展的反思与前瞻"论坛,张宝文、郑惠强,上海社科院院长王战出席并讲话。

9月25—26日　民建市委举办"新任民建市委副主委、常委、委员学习班"。周汉民出席开班式并作报告。

10月11日　九三学社中央副主席邵鸿来沪调研,就"提高家政服务业战略地位、扩大城乡妇女就业领域"召开专题研讨会,赵雯出席。

10月12日　民盟市委、上海大学等共同主办的纪念钱伟长诞辰100周年仪式在上海滨海古园举行,郑惠强出席并讲话。

同日　致公党市委举行"致力为公"书画展开幕暨上海致公书画院成立仪式。市政协副主席吴幼英，张恩迪等领导出席并为开幕式剪彩。

10月13日　2012年度《团结报》全国记者站工作会议在上海召开，民革中央副主席修福金出席会议并讲话，高小玫致辞。

10月15日　由民建中央与台湾世新大学联合举办、民建市委承办的第十四届两岸经济系列研讨会在沪举行。全国台湾研究会会长、民建中央原主席成思危出席并作主旨演讲。

10月16—19日　民革市委与台湾中国国民党黄复兴、黄国樑党部赴东北参访，探寻东宁、虎头要塞等二战历史遗迹。

10月18日　台盟中央在沪召开部分青年盟员专题座谈会。全国政协副主席、台盟中央主席林文漪出席会议并讲话。台盟中央副主席黄志贤以及来自全国13个省市台盟组织近20位青年盟员参加。

10月20日　民盟市委和陶行知研究会等联合举行纪念陶行知诞辰121周年和庆祝第28个教师节活动及话剧《永远的陶行知》首场公演。郑惠强出席并讲话。

10月23日　民盟盟员、著名诗人王辛笛百年诞辰纪念座谈会在上海市作家协会举行，郑惠强出席。

10月26日　九三学社市委召开理论和社史研究中心成立大会。

10月27日　民盟市委和市律师协会联合举行“民盟百名律师义务法律咨询活动”。

10月28日　民进上海市委与天津市委在沪就完善民主党派内部监督工作举行座谈会。

10月29日　九三学社市委举行“学习杨佳同志先进事迹征文”表彰会。

10月29日—11月2日　民盟中央副主席索丽生一行专程来沪指导民盟市委“太湖流域水资源保护与经济社会发展”课题调研活动。

10月30日　各民主党派市委领导参加中共上海市委召开的党外人士座谈会，听取副市长姜平通报“进一步推进上海社会建设，加强社区自治和街道共建，促进社会组织发展”的情况，并提出意见和建议。沙海林主持会议。

同日　民进市委向民进贵州省黔东南州委、黔西南州委捐赠有关教材。

同日　农工党市委在贵州毕节地区援建的“农工沪黔盛泉达溪镇冷底村卫生室”和“农工沪黔盛泉小屯乡珠场村卫生室”竣工揭牌。

10月31日　民进市委举行“先进基层支部、会务工作积极分子”表彰大会，蔡达峰出席并讲话。

11月3日　厉无畏学术研究30周年研讨会在上海社会科学院举行，厉无畏出席，中共市委宣传部部长杨振武、民革中央副主席齐续春，高小玫出席并致辞，沙海林出席会后晚宴并致辞。

11月4—7日　民建市委组织企业界会员赴广西百色市田阳县田阳初级中学，看望“上海民建扬帆班”的学生。

11月4—10日　应台湾“中华两岸世纪发展协会”邀请，民革市委首次组团赴台访问。

11月5日　民进市委与市赵朴初研究会联合召开纪念赵朴初诞辰105周年座谈会。严隽琪为市赵朴初研究会题写会名。

11月6日　民进市委举行法律服务进社区活动启动仪式，蔡达峰出席并讲话。

11月7日　民革市委举行纪念冯玉祥、李烈钧将军诞辰130周年座谈会，李烈钧将军哲嗣、民革中央原副主席李赣驹出席会议，冯玉祥孙女冯丹龙赠送《冯玉祥总司令历史影像资料片》。

11月8日　民进中央和上海社科院合作中心在上海社科院召开2012年工作研讨会，民进中央副主席兼秘书长朱永新出席并讲话。

11 月 9 日　由民进中央和上海社科院合作中心主办的“2012 年度经济形势分析及政策前瞻座谈会”在沪举行,严隽琪出席并讲话。

11 月 12 日　农工党市委、浦东区委等联合举行“文明共建基地”签约揭牌仪式,蔡威出席并讲话。

11 月 16 日　九三学社市委主办的“第 24 届国际科学与和平周”义诊活动在长宁区新泾镇社区活动中心举行。

11 月 24 日　民建市委与闵行区委联合举办“民建专家走进闵行为民服务大型社会咨询活动”,周汉民到场慰问。

11 月 27 日　民盟市委成立学习中共十八大精神宣讲团。郑惠强为宣讲团成员颁发聘书并作动员讲话。

11 月 30—12 月 4 日　九三学社第十次全国代表大会在京召开。赵雯当选中央副主席。

12 月 3 日　民革市委、上海台湾研究所、上海市台湾研究会、华东师范大学两岸所联合举办的纪念“九二共识”20 周年研讨会在沪举行。

12 月 6—10 日　中国农工民主党第十五次全国代表大会在京举行。蔡威当选中央副主席。

12 月 9—13 日　中国民主同盟第十一次全国代表大会在京举行。郑惠强当选中央副主席。

12 月 10 日　致公党中央副主席严以新出席第五届“致公・张江”论坛并致辞。

12 月 11—15 日　台湾民主自治同盟第九次全盟代表大会在京举行。杨健当选中央副主席。

12 月 15—21 日　中国民主促进会第十一次全国代表大会在京召开。严隽琪当选民进中央主席,蔡达峰当选副主席。

12 月 16—20 日　中国民主建国会第十次全国代表大会在京举行。周汉民当选中央副主席。

12 月 17 日　民盟市委在上海滨海古园滨海名苑举行民盟盟员谷超豪铜像揭幕暨骨灰安葬仪式。

12 月 25 日　各民主党派市委领导参加中共市委举行的党外人士座谈会,听取中共市委常委、市纪委书记杨晓渡通报党风廉政建设和反腐败工作情况,并提出意见和建议。沙海林主持会议。

同日　民革市委举行“上海海洋科技与经济推进研讨会”。

12 月 27 日　九三学社市委举办“亚太知识产权中心建设与上海创新城市发展”专题研讨会,赵雯出席会议并讲话。

12 月 28 日　各民主党派市委领导参加中共市委副书记、代市长杨雄主持召开的党外人士座谈会,听取对《政府工作报告》(征求意见稿)的意见和建议。沙海林、姜平等市领导参加会议。

第一篇

中国国民党革命委员会上海市委员会

中国国民党革命委员会上海市委员会(简称民革市委)是中国国民党革命委员会(简称民革)在上海的省级地方组织。民革于1948年1月在香港成立,在此前后上海分别建立了民联(即三民主义同志联合会)联络处、民革上海分会、民革上海临时工作委员会、民革上海临时分会和民革上海特别小组5个地下组织。这些地下组织与中共地下组织合作,在策动国民党官兵投诚起义、收集国民党军政情报、保护财产和协助解放军接管上海等方面做了许多工作。1949年9月1日,这5个地下组织与民革南京分会合并成立民革沪宁区临时工作委员会。1950年3月,成立民革上海市分部筹备委员会。1951年春,以市工务局作为试点发展民革组织,建立民革小组。1955年3月27日,民革上海市分部筹委会召开第一次党员大会,民革市委正式成立,丁超五任主委。

在"文化大革命"中,上海民革各级组织被迫停止活动。1977年10月,民革市委各项工作开始恢复。1978—2012年,民革市委共召开8次代表大会,选举产生第六至十三届共8届市委会,历任主委为赵祖康、徐以枋、厉无畏、高小玫。在这35年间,民革市委从恢复走向发展,教育党员适应社会主义建设新时期的要求、把握正确的政治方向,通过在上海城市建设与经济发展中的具体贡献,在履行职能、服务社会、促进祖国和平统一以及加强自身建设诸方面积极作为,并形成特点。

"文化大革命"后,上海民革之演进,大体可分为三个阶段。

1978—1989年,民革市委逐步实现工作重点转移,注意发挥特点和优势,显示较强的政治性和统战性。

1978年6月,上海民革有区县和直属组织35个,党员893人,平均年龄65.5岁,各基层因缺乏年轻人和骨干力量而无法正常开展工作。中共十一届三中全会的拨乱反正,激发了民主党派成员的爱国情怀和参政热情。1980年1月,上海民革召开"文化大革命"后的第一次代表大会。自此开始,重点发展对台、港、澳及海外有影响、有代表性的对象,以及原国民党知名人士的后代,并注重吸收政治素质好且有一定专长的知识分子。1981—1984年,共发展新党员687人;至1988年底,党员总数达2 387人。1979年1月起,民革市委协助相关部门对曾被错划为右派分子的党员陆续摘帽改正。1981年1月,《上海民革》复刊。1982年起,推进落实知识分子政策工作。1985—1986年,民革市委机关在原有秘书、组织、宣传处基础上,增设联络处和四化处。

其间,上海民革职能初步恢复,以党员名义单独或联合提交的一系列议案和提案,如建议开发浦东、重视城市总体规划建设、精简机构等,在当时具有一定的前瞻性。民革市委和所属基层组织从1987年起自筹资金开展咨询服务,一些老党员利用境外人脉渊源,牵线搭桥引进外资。1980—1986年,所属基层组织相继创办业余学校14所;至1989年底,各校共开班285个,在读学生近9 000人。

1978年,有关部门恢复对台宣传,民革市委组织党员与联系人士利用亲友袍泽关系写稿、写信,并联合"海峡之声""浦江之声""金陵之声"等广播电台组织对台广播。1980年,民革全国工作会议提出"以服务社会主义现代化建设为中心,以促进祖国统一为重点"。上海民革学习贯彻中共中央和平统一祖国的大政方针,并贯穿于对台工作的始终。1987年,台湾开放探亲后,民革接待台湾及港澳同胞人数与日俱增,主要是国民党元老及其二、三代后裔,形成了民革市委接待联谊的新特点。仅1989年，各级组织和党员就接待台胞634人次、海外亲友532人次。

1989—1997年，民革市委以参政党的角色参与中国社会主义市场经济建设，发挥在两岸互动中的良性作用，体现参政党的独特价值。

1989年12月，《中共中央关于坚持和完善中国共产党领导的多党合作和政治协商制度的意见》明确了民主党派的参政党地位。1992年，民革八大把加强参政党建设和发挥参政党作用，确定为民革的基本任务。据此，上海民革积极发展新人、加强领导班子建设，到1997年底，党员数量增至3 328人，平均年龄61.2岁。年轻化、知识化的趋势进一步显现，新阶层人士比例逐渐提高。

这一时期上海民革的参政议政，围绕浦东开发、上海土地资源管理、长江口合流污水排放、城市交通建设和布局规划、国有企业改革、社会保障体系改革、社区管理、人才培养与引进、住房制度和医疗改革以及精神文明建设等问题展开，并对中国共产党的党风廉政建设、反腐败斗争、纠正行业不正之风等方面进行民主监督。相关工作委员会从原先的4个，逐步增加到经济、科技、文教医卫、社会法制等8个专门委员会。在社会服务领域，以办学、智力支边、引进资金、扶贫救灾、参与兴办画院和养老院等方式，为国家和上海的“四个现代化”建设助力。

随着中共中央的战略部署，民革市委逐步将对台工作重点由原国民党中上层人士扩大到广大台湾同胞、海外华人，从联谊接待到牵线搭桥，从巩固老关系到结交新朋友，从学术研究到参政议政，丰富对台工作内容。在两次“汪辜会谈”和国务院新闻办发布《台湾问题与中国的统一》白皮书后，广泛开展沪台经贸与各项交流交往活动，举办研讨会探讨沪台科技合作发展方向与可行性，呼吁实现直接“三通”。1995年，民革市委和团结报社主办的“两岸情”端阳文艺晚会首次向台湾直播。

1997—2012年，民革市委提升履职质量，拓展渠道，健全机制，上海民革工作的特色趋于鲜明，参政党履行职责的功能得到展现。

民革市委围绕“建设一个什么样的参政党、怎样建设参政党”的重大问题，提出把上海民革建设成为有思路、有创新、有活力、有特色、有影响的参政党。2005年、2006年中共中央相继制定《关于进一步加强中国共产党领导的多党合作和政治协商制度建设的意见》和《关于加强人民政协工作的意见》两个文件；2007年，国务院发表《中国的政党制度》白皮书，民革十一大修改通过党章，市委会将推进领导班子新老交替和政治交接作为首要任务，努力使自身符合新世纪高素质参政党的要求。随着经济与社会发展，2012年，中共中央印发《关于加强新形势下党外代表人士队伍建设的意见》，上海民革的队伍建设获得了广阔空间。

1997—2012年，组织发展工作在注重质量的前提下有计划稳步推进，代表性人士和有民革特色人士发展比重上升，其中社会与法制领域新党员人数增加较快，非公有制企业等领域人士亦不断增多。至2012年底，上海民革共有党员5 272人，比1978年增加4 379人；党员平均年龄57.65岁，下降7.85岁；区县和直属组织从1978年的35个，扩展至53个，包括浦东新区等16个区委、崇明县支部及36个直属基层组织。

民革市委通过开展政治交接教育活动、“重温历史，同心同行”等一系列主题教育活动，以及纪念民革和上海民革成立、纪念民革先贤和爱国人士等活动，提升党员作为参政党成员的责任意识。在参政议政方面，结合中国与上海迅速发展的实际，就上海“四个中心”建设、筹办世博会、城市基础建设和管理等建言献策，对社会保障、创意产业、公共财政等问题进行追踪，与政府部门联合举办研讨会和论坛，对创意产业发展、政府财政透明、《律师法》执行情况、建好抗战纪念地“四行仓库”等方面开展调研并提出建议。在社会服务方面，开展兴教办学、捐资助学、医药下乡、科技下乡、书画交流、抗击“非典”、新农村共建、抗震救灾、服务上海世博会等活动,为中国贫困地区提供决策咨询服务,为上海发展养老事业添砖加瓦。

对台工作与时俱进,接待对象从原来的老朋友、老关系,扩展到国民党新生代、青年精英、中南部“草根”阶层、海外学者、部分绿营人士,广泛联络台湾学生、结交境外民间团体,开展涉台参政议政,走进岛内开展文化交流,做到巩固老优势、发展新优势,不忘老朋友、结交新朋友,保持老传统、建立新渠道。2003 年起,连续接待五届台湾杰青团来大陆参访。2006 年起,与上海中医药大学联合举办第 9—15 届“中华文化寻根”在沪台生夏令营;举办两岸插花展、书画展、摄影展等文化交流活动;与国民党黄复兴、黄国樑党部保持联系互动,促成该党部参访团 2009 年 5 月拜谒南京中山陵。2010 年 6 月,出台《民革上海市委对台工作指导意见》。2012 年,首次组团出访台湾,与台湾法律界进行接触和交流;举办纪念“九二共识”20 周年研讨会,产生广泛的社会影响。

第一章　组　　织

民革市委在"文化大革命"开始后，被迫停止活动。1977 年 10 月，民革市委第五届委员会恢复活动。1980—1992 年，每四年选举 1 次，产生第六至第八届委员会，1992—2012 年，每五年选举 1 次，产生第九至十二届委员会。

第一节　党　　员

民革党员由同原中国国民党有关系的人士、同民革有历史联系和社会联系的人士、同台湾各界有联系的人士以及其他人士组成，着重吸收其中有代表性的中上层人士和中高级知识分子。民革在民主革命时期孕育、产生，在社会主义时期成长、发展；由继承孙中山爱国和不断进步的革命精神的原国民党民主派和国民党其他爱国民主分子的政治联盟，发展成为自己所联系的一部分社会主义劳动者和一部分拥护社会主义的爱国者的政治联盟、成为为社会主义服务的政党。在上海民革历届委员会的努力下，从之前以老党员为主的新老合作，过渡到以年轻党员为主的新老交替，党员基本情况和界别分布不断变化发展。

1977 年 10 月，民革市委恢复组织活动。1978 年 6 月底统计资料显示：上海民革有党员 893

图 1－1－1　1978 年 11 月，民革中央临时领导小组来沪调研，图为民革市第六届委员会主委赵祖康（前排中）汇报工作

人,其中在职 507 人、离退休的 305 人、社会人士 81 人;年龄 50 岁以下的 16 人、51—60 岁 272 人、61—70 岁 340 人、71—80 岁 204 人、81 岁以上 61 人;最大 93 岁,最小 47 岁,平均年龄 65.5 岁。

1978 年中共十一届三中全会召开不久,民革市委即于 1979 年 1 月起,协助相关中共各级党组织对 1957 年被错划为右派的民革党员予以复查改正。1979 年 10 月民革五大召开,标志着民革开始实现工作重点的转移,上海民革也开始陆续恢复基层组织的活动。1980 年 1 月,召开"文化大革命"后的第一次全市代表大会,此后遵循民革中央"在工作中发展,发展是为了工作"和"发展与巩固相结合"的原则,重点发展对台港澳及海外有影响、有代表性的对象和原国民党知名人士的后代,注意吸收一批政治素质好、有一定专长的知识分子,既保持民革的历史特点,也适应爱国统一战线形势发展的需要。至 1988 年 3 月底,党员总数达 2 140 人。1980 年 6 月 30 日,在"文化大革命"中陷于停顿的民革基层组织全部恢复活动。有的每月过 1 次组织生活,有的每两周 1 次。组织生活内容主要是学习时事政策、交流学习和服务工作的心得体会,反映党员和所联系群众的思想情况,对民革组织和所在的工作单位提出意见和建议。

1989 年 12 月,中共中央制定《中共中央关于坚持和完善中国共产党领导的多党合作和政治协商制度的意见》,明确民主党派的参政党地位。1992 年,民革八大明确把加强参政党建设和发挥参政党作用定为民革的基本任务。是年底,上海民革党员人数增至 2 574 人,平均年龄 64.28 岁。

1993 年,上海民革党员总数为 2 775 人,平均年龄降低至 63.5 岁。知识层次和年龄结构进一步改善,主要分布在教育、科学技术、医药卫生、文化艺术、新闻出版、公有制经济、政府机关、党派机关、群众团体等领域,中上层人士占 72.8%。1994—1996 年,党员总数分别为 2 976 人、3 083 人和 3 227 人。1997 年民革市委换届产生第十届委员会,至年底共有党员 3 328 人,平均年龄 61.2 岁,比第九届下降了 10.4 岁,年轻化、知识化的趋势进一步显现,新阶层人士比例逐渐提高,一批优秀中青年党员相继走上政府实职岗位。

1997—2012 年,遵循《民革章程》和《关于民主党派组织发展若干问题座谈会纪要》的精神,组织发展工作稳步推进,逐步建立起一支年龄梯次结构和群体结构合理的党员队伍。2009 年 7 月 28 日,民革市委十二届九次常委会议审议通过《2009—2012 年组织工作规划纲要》。至 2012 年底,共有党员 5 272 人,比 1978 年增加 4 379 人;平均年龄 57.65 岁,比 1997 年的 61.2 岁下降了 3.55 岁,比 1978 年的 65.5 岁下降了 7.85 岁。在界别分布上,除教育、科学技术、医药卫生、文化艺术、新闻出版、公有制经济、政府机关、党派机关、群众团体等传统领域外,科学技术、新闻出版、非公有制企业人士不断增多。2012 年,民革党员中新的社会阶层人士总数达 625 人,政府、司法机关党员发展比重也逐步上升。

表 1-1-1 1981—1992 年民革市委党员人数情况表

单位:人

年 度	1981	1982	1983	1984	1985	1986	1987	1988	1989	1990	1991	1992
党员人数	1 256	1 447	1 594	1 648	1 748	1 911	2 106	2 249	2 387	2 474	2 523	2 574

表 1-1-2 1993—2012 年民革市委党员基本情况表

单位:人

年 度		1993	1994	1995	1996	1997	1998	1999	2000	2001	2002
党员人数		2 775	2 976	3 083	3 227	3 328	3 452	3 552	3 680	3 760	3 884
女党员	人数	619	697	757	821	878	941	998	1 077	1 118	1 190
	比例(%)	22.3	23.4	24.5	25.4	26.4	27.3	28.1	27.9	29.7	30.6

（续表）

年　度		1993	1994	1995	1996	1997	1998	1999	2000	2001	2002
离退休	人数	1 425	1 581	1 586	1 621	1 664	1 899	2 084	2 214	2 271	2 355
	比例(%)	51.3	53.1	51.4	50.2	50.0	55.0	58.7	60.2	60.4	60.6
文化程度	大专以上(人)	—	—	—	2 290	2 477	2 582	2 699	2 834	2 929	3 055
	比例(%)	—	—	—	71	74	75	76	77	78	79
层次分布	中上层(人)	2 021	2 195	2 307	2 420	2 363	2 425	2 557	2 650	2 732	2 932
	比例(%)	72.8	73.8	74.8	75	71	70.2	72	72	72.7	75.5
	其他(人)	754	781	776	807	1 099	1 027	995	1 030	1 028	952
职称	高级(人)	293	340	370	400	416	439	461	491	507	541
	比例(%)	10.7	11.4	12	12.4	12.5	12.7	13	13.3	13.5	14
	中级(人)	1 045	1 169	1 264	1 414	1 597	1 950	2 025	2 079	2 131	2 198
	比例(%)	37.6	39.3	41	43.8	48	56.5	57	56.5	56.7	56.6
年龄结构	平均年龄(岁)	63.5	62.6	62.2	62.0	61.2	60.7	60.5	60.3	60.3	60.3
	40岁以下(人)	144	210	232	261	308	344	359	412	427	462
	41—50岁(人)	395	449	464	494	532	554	594	617	644	686
	51—60岁(人)	651	731	806	862	874	925	944	942	939	900
	61—70岁(人)	1 585	530	531	544	561	586	619	661	708	795
	71岁以上(人)		1 056	1 050	1 066	1 053	1 043	1 036	1 042	1 042	1 041

年　度		2003	2004	2005	2006	2007	2008	2009	2010	2011	2012
党员人数		4 013	4 122	4 255	4 355	4 447	4 585	4 750	4 838	5 024	5 272
女党员	人数	1 258	1 322	1 378	1 432	1 478	1 565	1 654	1 727	1 809	1 930
	比例(%)	31.3	32.1	32.4	32.	33.2	34.1	34.8	35.7	36	36.1
离退休	人数	2 198	2 337	2 178	2 128	2 104	2 076	2 087	2 021	1 966	2 450
	比例(%)	54.8	56.7	51	48.9	47.3	45	44	42	39	46
文化程度	大专以上(人)	3 156	3 291	2 054	2 176	2 220	2 370	2 512	2 664	2 853	3 137
	比例(%)	78.6	79.8	48.4	50	51	52	53	55	56	60
层次分布	中上层以上(人)	2 998	3 050	3 208	3 270	3 305	2 962	3 086	3 187	3 294	3 416
	比例(%)	74.7	74	76	75.1	74.3	65	65	66	66	65
	其他(人)	1 015	1 072	1 036	1 085	1 142	1 623	1 664	1 651	1 730	1 856
职称	高级(人)	564	593	624	651	661	992	1 039	1 088	1 126	1 161
	比例(%)	14.1	14.4	14.7	14.9	14.9	22	22	22	22	22
	中级(人)	2 279	2 301	2 356	2 430	2 430	1 785	1 869	1 923	1 978	2 048
	比例(%)	56.8	55.8	55.5	55.8	55.8	39	39	40	39	39

(续表)

年　度		2003	2004	2005	2006	2007	2008	2009	2010	2011	2012
年龄结构	平均年龄(岁)	60	59.8	59.6	59.7	59.8	59.71	59.45	58.45	58.26	57.65
	40岁以下(人)	510	536	577	588	581	630	691	723	772	897
	41—50岁(人)	726	764	791	820	860	874	920	1 036	1 119	1 190
	51—60岁(人)	891	895	882	888	902	887	891	876	895	926
	61—70岁(人)	836	880	931	960	960	1 010	1 023	1 002	993	949
	71岁以上(人)	1 050	1 047	1 063	1 099	1 144	1 184	1 225	1 201	1 245	1 310

说明：1. 中上层人士指具有中、高级专业技术职称的人员，县以上各级人大代表和政协委员，县处级以上职务的干部。
2. 2005年后文化程度数据为大学以上及其比例。

表1-1-3　1993—2012年民革市委党员界别分布情况表

年　度		1993	1994	1995	1996	1997	1998	1999	2000	2001	2002
教育(人)		873	934	970	1 002	1 035	1 079	1 111	1 156	1 175	1 205
比例(%)		31.5	31.4	31.5	31.1	31.1	31.1	31.1	31.4	31.2	31.0
科学技术(人)		67	77	84	95	101	106	110	115	120	137
比例(%)		2.4	2.6	2.7	2.9	3.0	3.1	3.1	3.1	3.2	3.5
医药卫生(人)		284	311	323	341	354	365	377	391	405	423
比例(%)		10.2	10.5	10.5	10.6	10.6	10.6	10.6	10.7	10.8	10.9
文化艺术(人)		71	80	83	101	101	101	105	105	111	117
比例(%)		2.6	2.7	2.7	3.1	3.0	2.9	3.0	2.8	3.0	3.0
新闻出版(人)		18	16	10	2	3	3	9	9	8	9
比例(%)		0.6	0.5	0.3	0.1	0.1	0.1	0.3	0.2	0.2	0.2
公有制经济(人)		489	534	549	596	624	613	645	684	710	737
比例(%)		17.6	17.9	17.8	18.5	18.8	17.8	18.2	18.6	18.9	19.0
非公有制经济	私营企业主(人)	—	—	—	—	2	4	6	9	9	10
	比例(%)	—	—	—	—	0.1	0.1	0.2	0.2	0.2	0.3
	其他人员	—	—	—	—	32	42	36	32	32	39
	比例(%)	—	—	—	—	1.0	1.3	1.0	0.9	0.9	1.0
法律(人)		—	—	—	—	8	20	23	26	25	28
比例(%)		—	—	—	—	0.2	0.6	0.6	0.7	0.7	0.7
政府机关(人)		102	145	103	154	233	264	248	259	265	278
比例(%)		3.7	4.9	3.3	4.8	7.0	7.6	7.0	7.0	7.0	7.2
党派机关(人)		70	62	66	63	69	71	71	69	67	69
比例(%)		2.5	2.1	2.1	2.0	2.1	2.1	2.0	1.9	1.8	1.8

（续表）

年　度	1993	1994	1995	1996	1997	1998	1999	2000	2001	2002
团体(人)	5	5	4	5	6	6	10	13	15	16
比例(%)	0.2	0.2	0.1	0.2	0.2	0.2	0.3	0.4	0.4	0.4
其他(人)	796	812	891	868	765	778	801	807	818	816
比例(%)	28.7	27.3	28.9	26.9	23.0	23.1	22.6	21.9	21.8	21.0

年　度		2003	2004	2005	2006	2007	2008	2009	2010	2011	2012
教育(人)		1 254	1 286	1 329	1 365	1 386	1 345	1 372	1 383	1 422	1 474
比例(%)		31.2	31.2	31.3	31.3	31.1	28.3	29	29	28	28
科学技术(人)		137	133	141	147	148	354	356	355	350	350
比例(%)		3.4	3.2	3.3	3.4	3.3	7.7	7	7	7	7
医药卫生(人)		435	457	462	473	480	490	505	523	528	538
比例(%)		10.8	11.1	10.9	10.9	10.8	10.7	11	11	11	10
文化艺术(人)		120	124	131	133	134	109	109	113	116	124
比例(%)		3	3	3.1	3.1	3	2.4	2	2	2	2
新闻出版(人)		7	7	8	10	12	27	28	32	34	36
比例(%)		0.2	0.1	0.2	0.2	0.3	0.6	1	1	1	1
公有制经济(人)		768	786	808	835	860	1 468	1 506	1 468	1 493	1 511
比例(%)		19.1	19.1	19	19.2	19.3	32	32	31	30	29
非公有制经济	私营企业主(人)	24	33	49	55	64	90	105	119	129	149
	比例(%)	0.6	0.8	1.1	1.3	1.4	2	2	2	2.6	2.8
	其他(人)	38	61	128	141	156	192	244	306	377	476
	比例(%)	0.9	1.5	3	3.2	3.5	4.2	5	6	7.5	9
法律(人)		29	29	9	29	28	11	8	8	10	11
比例(%)		0.7	0.7	0.2	0.7	0.6	0.2	0.2	0.2	0.2	0.2
政府机关(人)		291	295	277	319	329	314	338	354	374	408
比例(%)		7.3	7.2	6.5	7.3	7.4	6.9	7	7	7	8
党派机关(人)		71	69	84	67	68	84	83	83	84	88
比例(%)		1.8	1.7	2	1.5	1.5	1.8	2	2	2	2
团体(人)		16	16	17	19	19	25	27	34	48	51
比例(%)		0.4	0.4	0.4	0.4	0.4	0.5	1	1	1	1
其他(人)		—	—	—	—	763	76	69	60	59	55
比例(%)		—	—	—	—	17.2	1.7	1	1	1	1

说明："非公有制经济"栏中的私营企业主是指独资或合资企业中的私人投资者，其他人员是指在这些企业中工作的工程技术人员或经营管理人员。

第二节　市级组织

一、市委员会

民革市委会是民革在上海的省级地方组织,由党员代表大会选举产生。1980—1992年,每届任期四年,此后每届任期五年。1978—2012年,共经历民革上海市第五至十三届委员会。

第五届委员会(1964年12月—1980年1月)

主任委员:

赵祖康

副主任委员:

贾亦斌　姚国桐　刘侠任　张汇文　徐以枋　阮玄武　武和轩

秘书长:

周旧邦

常务委员:

丁日初　干叔涵　王裕光　史　说　阮玄武　刘侠任　李穆生　周旧邦　周宏培　武和轩　胡世奎　胡次威　姚国桐　赵祖康　侯砚圃　徐以枋　徐国懋　张汇文　程子敏　贾亦斌　薛笃弼

委　　员:

丁日初　干叔涵　王裕光　王晓未　田　桓　史　说　白午华(女)　吉一鸣　过之翰　阮玄武　刘昌义　刘侠任　吴艺五　吴蕴瑞　李清悚　李穆生　陈子康　陈书农　周旧邦　周宏培　金兆均　武和轩　罗静轩(女)　胡世奎　胡次威　姚国桐　赵祖康　侯砚圃　徐以枋　徐国懋　郭增望　张　襄　张汇文　张孝骢(女)　张佩芬(女)　张胞与　张兢成　张家惠(女)　程子敏　程伊衡　葛敬恩　贾亦斌　杨庆璋　薛笃弼　戴立庵　钟朴生　魏伯桢

候补委员:

丁善昌　李乙尊　陈蜀琼(女)　赵哲生　郝梦弼　唐爱梅(女)　张兴国　张寿龄　张曦明　黎公琰

第六届委员会(1980年1月—1984年4月)

主任委员:

赵祖康

副主任委员:

贾亦斌　姚国桐　武和轩　张汇文　徐以枋　阮玄武　徐国懋　史　说　丁日初　周旧邦(1981年1月任)　李赣驹(1983年3月任)　诸尚一(1983年3月任)

秘书长:

周旧邦

常务委员:

干叔涵　刘昌义　陈子康　张兴国　张孝骢(女)　张家惠(女)　陆晶清(女)

周旧邦　周宏培　杨庆璋　胡世奎　胡次威　侯砚圃　洪瑞钊　郭增望　顾毓瑔　程子敏
戴立庵　周旧邦(1981 年 1 月任)　李赣驹(1983 年 3 月任)　诸尚一(1983 年 3 月任)

委　　员:

丁日初　丁善昌　干叔涵　史　说　田　桓　白午华(女)　吉一鸣　刘子奇　刘昌义
刘海亭　许大苏(女)　孙铭九　阮玄武　陈子康　陈蜀琼(女)　李清悚　杜　湘
洪瑞钊　张汇文　张兴国　张孝璁(女)　张家惠(女)　张寿龄　张恒源　张曦明
陆印泉　陆晶清(女)　邵之枢　郑揆一　周旧邦　周宏培　武和轩　杨庆璋　金兆均
侯砚圃　胡世奎　胡次威　胡寄窗　姚国桐　赵承建　赵祖康　赵祥麟　夏　铸　顾毓瑔
徐以枋　郭增望　诸尚一　贾亦斌　徐国懋　梁佐华　程子敏　程伊衡　葛正权　黎公琰
戴立庵　翟明宙　李赣驹(1983 年 3 月任)

候补委员:

王光憙　朱　权　阮维国　杜子丰　张继凤　严映皋　郑方云　董　锦(女)　赵哲生
黄崇武　彭建康　薛遗生

第七届委员会(1984 年 4 月—1988 年 5 月)

主任委员:

赵祖康(1987 年 12 月止)　徐以枋(1987 年 12 月任)

副主任委员:

武和轩　张汇文　阮玄武　徐国懋　史　说　丁日初　周旧邦　李赣驹　诸尚一　张国魁
陆玉贻　徐以枋(1987 年 12 月止)　毛增滇(1987 年 12 月任)　厉无畏(1987 年 12 月任)

秘 书 长:

陆玉贻(兼)

名誉主任委员:

赵祖康(1987 年 12 月任)

常务委员:

丁日初　干叔涵　马　谦　王芝芳(女)　王策安　史　说　阮玄武　刘昌义　刘景春
江　靖　李赣驹　张汇文　张兴国　张孝璁(女)　张国魁　陆玉贻　陆印泉
陆晶清(女)　武和轩　杨小佛　杨庆璋　周旧邦　周宏培　赵祖康　胡世奎　洪瑞钊
顾毓瑔　郭增望　诸尚一　徐以枋　徐国懋　黄崇武　商继宗　程子敏　程伊衡
王文璧(女)　朱　权　谢继民　毛增滇　厉无畏　汪尧昌　王天厚　李赣骥

委　　员:

丁日初　丁善昌　干叔涵　马　谦　王文璧(女)　王光憙　王弘之　王芝芳(女)
王治平　王钦奇　王策安　史　说　吉一鸣　邢毅鹏　孙铭九　阮玄武　阮维国　刘子奇
刘昌义　刘景春　江　靖　朱　权　李赣驹　杜子丰　张公义　张汇文　张　勤　张兴国
张孝璁(女)　张国魁　张寿龄　张继凤　张曦明　邵方寅　陆大公　陆玉贻　陆印泉
陆晶清(女)　陈志竞　陈德生　武和轩　杨小佛　杨庆璋　郑方云　周旧邦　周宏培
赵承建　赵祖康　赵祥麟　胡世奎　胡铭恺　胡寄窗　洪瑞钊　夏　铸　顾毓瑔　郭增望
诸尚一　唐祖诒　徐以枋　徐国懋　徐续宇　黄崇武　梁佐华　商继宗　彭建康　程子敏
程伊衡　程庚滟(女)　谢继民　谭　敬　朱秀山　张润苏(女)　黄天佑　盛世和
毛增滇　厉无畏　王天厚　汪尧昌　李赣骥

候补委员：

蒋同福　陶亚成　谢飞鹏　王猋华(女)　俞梀先　林文淑(女)　杨　今　商善最　李盛初

第八届委员会(1988年5月—1992年6月)

主任委员：

徐以枋

副主任委员：

徐国懋　史　说　丁日初　李赣驹　张国魁　陆玉贻　诸尚一　毛增滇　厉无畏

名誉主任委员：

赵祖康

秘书长：

陆玉贻(兼)

常务委员：

丁日初　马　谦　王天厚　王芝芳(女)　王治平　王策安　毛增滇　史　说　厉无畏　阮维国　刘景春　江　靖　朱　权　张国魁　李赣驹　李赣骥　陆玉贻　汪尧昌　周宏培　徐以枋　黄崇武　杨小佛　杨庆璋　胡世奎　顾毓瑔　诸尚一　徐国懋　盛世和　商继宗　程子敏　程伊衡　谢继民

委员：

丁日初　丁善昌　马　谦　王天厚　王光惪　王弘之　王芝芳(女)　王治平　王钦奇　王祖扬　王策安　毛增滇　史　说　厉无畏　邢毅鹏　许　庆　阮维国　刘景春　江　靖　朱　权　朱秀山　张公义　张国魁　张润苏(女)　张继凤　张　龄(女)　李忠萌　李赣驹　李赣骥　陆玉贻　陈兆奎　陈志竞　陈德生　汪尧昌　严淼泰　庞淑锦(女)　周宏培　杨小佛　杨　今　杨庆璋　林文淑(女)　林　华(女)　郑毓蕃　罗靖民　武重年　屈时敬　赵承建　俞继华　胡世奎　胡铭恺　项斯文　顾毓瑔　涂长龄　诸尚一　唐祖诂　徐天锡　徐以枋　黄崇武　黄雅才　章念祖　盛世和　商继宗　彭建康　程子敏　程伊衡　程庚滟(女)　谢飞鹏　谢继民　蔡根生　熊南清　瞿世镜

候补委员：

曾武成　宋经中　高容万　王　真　叶荣璋　俞明健　商善最　蓝鸿湜(女)　俞懋先　王猋华(女)　陶亚成　雍庆生　陈博昌　董邦安　罗华荣(女)

第九届委员会(1992年6月—1997年7月)

主任委员：

徐以枋(1996年1月止)　厉无畏(1996年1月任)

副主任委员：

毛增滇　李赣驹　张国魁　陆玉贻　宋大有　刘豫阳(女，1995年11月任)　厉无畏(1996年1月止)

秘书长：

过传忠

名誉主任委员：

赵祖康

常务委员：

马 谦 王文璧（女） 王芝芳（女） 王卓贤 王祖扬 王策安 毛增滇 厉无畏 许 庆 朱 权 过传忠 汪尧昌 严淼泰 李忠萌 李赣驹 张国魁 张润苏（女） 陆玉贻 宋大有 武重年 项斯文 徐以枋 黄崇武 章念祖 商继宗 谢继民 蔡根生 瞿世镜

委　　员：

马 谦 王文璧（女） 王芝芳（女） 王国华 王卓贤 王祖扬 王策安 毛增滇 厉无畏 叶荣璋 许 庆 邢毅鹏 朱 权 朱秀山 孙吉森 过传忠 汪尧昌 严诚忠 严淼泰 杜锡南 李忠萌 李赣驹 吴敦肃 张国魁 张润苏（女） 张 龄（女） 陆玉贻 陈大慈（女） 陈天平 陈兆奎 陈泽琦 陈博昌 陈德生 宋大有 宋经中 武重年 郑毓蕃 林文淑（女） 林 华（女） 罗华荣（女） 庞淑锦（女） 项斯文 贺成杰 俞 航 俞继华 姜蕙馨（女） 姚克裘 高容万 涂长龄 徐以枋 徐天锡 徐复仑 黄 玮（女） 黄崇武 黄雅才 章念祖 商继宗 彭建康 谢飞鹏 谢继民 程伊衡 雍庆生 蔡根生 瞿世镜

候补委员：

竺秀勤 吴新粹 陶亚成 曾武成 王焱华（女） 陈长兴 王祥秀（女） 倪慎强 陈永亮 俞明健

第十届委员会（1997 年 7 月—2002 年 7 月）

主任委员：

厉无畏

副主任委员：

毛增滇 刘豫阳（女） 过传忠 王卓贤 李世耀 项斯文（2001 年 9 月任） 葛剑雄（2001 年 9 月任）

秘 书 长：

罗华荣（女）

名誉主任委员：

徐以枋

名誉副主任委员：

丁日初 李赣驹 陆玉贻

常务委员：

王大灏 王卓贤 毛增滇 厉无畏 许 庆 过传忠 刘豫阳（女） 张则其 张志恩 陈天平 李世耀 李忠萌 忻伟明 汪尧昌 宋经中 罗华荣（女） 竺秀勤 武重年 贺成杰 项斯文 郭 立 徐为华（女） 徐复仑 章念祖 蒋 洪 谢继民 蔡根生 缪新亚 瞿世镜

委　　员：

王大灏 王卓贤 王祥秀（女） 毛增滇 卢大明 厉无畏 许 庆 许冀煌 关文斌 任先正 孙吉森 过传忠 刘豫阳（女） 张 龄（女） 张文渝 张则其 张志恩 陈天平 陈永亮 陈泽琦 陈博昌 李世耀 李忠萌 李栋樑 忻伟明 吴敦肃 吴新粹 沈清怡（女） 汪尧昌 严诚忠 杜锡南 武重年 武桂云（女） 罗华荣（女）

竺秀勤　俞　航　俞明健　胡宇杲(女)　贺成杰　姚克裘　赵明有　项斯文
姜蕙馨(女)　郭　立　郭士征　殷　俊　凌小明　徐复仑　徐为华(女)　陶亚成
倪慎强　章念祖　梁美训(女)　董　波　谢继民　蒋　洪　鲍凯歌　鲍均贤
裴葆真(女)　蔡根生　缪新亚　瞿世镜　沈龙海(2001 年 2 月止)
宋经中(2001 年 2 月止)

候补委员：

丁美坚(女)　王仁禹　刘　鸣　陈　艺(女)　吴文芳　高小玫(女)　黄福寿
程　抒　蔡　黎

第十一届委员会(2002 年 7 月—2007 年 4 月)

主任委员：

厉无畏

副主任委员：

刘豫阳(女)　项斯文　王卓贤　李世耀　葛剑雄　董　波
罗华荣(女，2005 年 12 月任)　忻伟明(2006 年 9 月任)　高小玫(女，2006 年 9 月任)

秘 书 长：

罗华荣(女)

名誉主任委员：

徐以枋

名誉副主任委员：

李赣驹　陆玉贻

常务委员：

丁美坚(女)　王大灏　王卓贤　厉无畏　刘豫阳(女)　吕　元　严诚忠　张则其
张志恩　忻伟明　李　蓝(女)　李世耀　李玮颖(女)　李惠萍(女)　李栋樑
沈贻初　沈清怡(女)　陈博昌　罗华荣(女)　赵国靖　项斯文　郭　立
黄静华(女)　葛剑雄　董　波　蒋　洪　解　放(女)　鲍凯歌　缪新亚

委　　员：

丁美坚(女)　马铭德　方　方(女)　王大灏　王仁禹　王　伟　王卓贤　冯　强
厉无畏　任先正　关文斌　刘　鸣　刘豫阳(女)　吕　元　朱全忠　朱建国　严诚忠
吴文芳　张则其　张志恩　张蓉伟　忻伟明　李世耀　李玮颖(女)　李栋樑
李惠萍(女)　李裕祥　李殿文　李　蓝(女)　杨振文　杨德钧　沈园东　沈贻初
沈清怡(女)　芮彭年　陈　艺(女)　陈永亮　陈泽琦　陈益樑　陈博昌
周忠菲(女)　林益彬　吴丕宏　武桂云(女)　罗华荣(女)　胡丁英(女)
赵国靖　赵学勇　赵明有　项斯文　殷　俊　郭士征　郭　立　高小玫(女)
黄　飚(女)　黄仁浩　黄昌发　黄静华(女)　龚俭青(女)　程　抒　葛剑雄
董　波　蒋　洪　蒋　健　韩通浩　韩　曙　解　放(女)　鲍凯歌　缪新亚　蔡　峥
蔡　黎　裴葆真(女)　樊芷萌(女)　戴建国

第十二届委员会(2007 年 5 月—2012 年 4 月)

主任委员：

高小玫(女)

副主任委员：

李世耀　董　波　罗华荣(女)　吕　元　彭颖红　忻伟明(2008年12月止)

王卓贤(2010年3月止)　陈永亮(2011年1月任)

秘 书 长：

李栋樑

常务委员：

丁美坚(女)　于雪梅(女)　王卓贤　王慧敏(女)　孔林德　叶　明　吕　元

朱成钢　刘小兵　杨逢珉(女)　杨德钧　李　蓝(女)　李世耀　李栋樑

李惠萍(女)　吴铭忠　邱华云　沈贻初　张则其　张志恩　陈永亮　罗华荣(女)

孟海明　赵国靖　赵学勇　高小玫(女)　高亮全　彭颖红　董　波　蒋　健

忻伟明(2008年12月止)

委　　员：

丁美坚(女)　于雪梅(女)　方　方(女)　王仁禹　王卓贤　王慧敏(女)

孔林德　叶　明　乐　理(女)　冯　强　吕　元　朱建国　刘　鸣　刘小兵

江天熙(女)　杨振文　杨逢珉(女)　杨德钧　李世耀　李栋樑　李惠萍(女)

李　蓝(女)　沈贻初　金志浩　严　威　吴文芳　吴铭忠　吴志明　邱华云　张则其

张志恩　陆　军　陈　艺(女)　陈永亮　陈益樑　陈博昌　林　涛　林益彬

罗华荣(女)　罗永祥　周天平　周忠菲(女)　芮彭年　邵自红(女)　孟海明

赵国靖　赵学勇　高小玫(女)　高亮全　唐　岷　黄昌发　黄仁浩　黄锦海

龚俭青(女)　屠大维　韩　曙　彭颖红　董　波　蒋　健　解　放(女)

胡丁英(女)　郑洪波　宋虹霞(女)　武丕宏　武桂云(女)　程　抒　蔡　黎

臧志军　戴建国　忻伟明(2008年12月止)

第十三届委员会(2012年4月—　　)

主任委员：

高小玫(女)

副主任委员：

董　波　吕　元　彭颖红　陈永亮　朱成钢　李栋樑　王慧敏(女)

秘 书 长：

李栋樑(兼)

常务委员：

丁美坚(女)　于雪梅(女)　王　敏(女)　王慧敏(女)　孔林德　叶　明

吕　元　朱全忠　朱成钢　刘小兵　江天熙(女)　杨逢珉(女)　杨德钧　李国华

李栋樑　李惠萍(女)　吴家平　吴铭忠　邱华云　陈永亮　孟海明　赵国靖　赵学勇

高小玫(女)　高亮全　唐玉光　彭颖红　董　波　蒋　健　蔡　宁　蔡　峥

委　　员：

丁美坚(女)　于雪梅(女)　王　康　王　敏(女)　王光贤　王志坚

王慧敏(女)　孔林德　厉希皓　叶　明　乐　理(女)　冯　强　吕　元　吕建中

朱全忠　朱成钢　朱建国　华一渢(女)　刘　鸣　刘小兵　刘金玲(女)

江天熙(女)　孙洪林　杨　乐　杨振文　杨逢珉(女)　杨德钧　李国华　李季平

李栋樑　李益明　李惠萍(女)　严　威　吴文芳　吴家平　吴铭忠　邱　弘(女)
邱华云　张　缨(女)　张玉萍(女)　张国伟　陆　军　陈　艺(女)　陈　峻
陈永亮　陈博昌　林　涛　林益彬　罗永祥　周天平　周忠菲(女)　单晓光　孟海明
赵　山　赵国靖　赵学勇　顾德昌　高小玫(女)　高亮全　唐玉光　凌思惠　黄锦海
龚俭青(女)　屠大维　韩　曙　彭颖红　董　波　蒋　健　傅海萍(女)　蔡　宁
蔡　峥　蔡　黎　臧志军　潘　敏(女)　戴月明

二、专门委员会

根据各个时期的需要,民革市委设置各专门(工作)委员会或工作组,其任务是开展调查研究,向市委会提供决策咨询,具有专业性、研究性、咨询性等特点。市委调研课题和提案主要由专委会提交。专门委员会委员由市委会聘任,设主任和副主任。

每一届市委根据形势和工作需要,对专委会的设置进行一定调整。第五至九届市委都设置学习工作委员会、文史资料工作委员会;第八届市委增设理论政策研究委员会;第九届市委合并文史和理论研究委员会;第十届市委将学习、文史和理论3个专委会合并为学习与文史工作委员会;第十一届市委不再设置该专门委员会,其职能分别纳入市委相应的职能部门;第十二、十三届市委恢复理论研究工作委员会,其中包含文史工作职能,学习委员会的职能依旧归在职能部室。随着两岸经济文化交流增多,第五、六届市委的对台宣传工作委员会在第七、八届市委时改为祖国统一工作委员会,第九、十届市委时改称祖国统一联谊委员会,第十一、十二届市委时改回祖国统一工作委员会,第十三届市委时改称祖国和平统一促进委员会。1998年起,民革市委增设经济咨询中心和民办教育咨询中心。2007年换届后,调整经济、科技、医卫文教、社会法制、祖国统一、青年、妇女工作委员会,新设老同志学习联络小组和理论研究工作委员会,重新修订各工作委员会的工作任务及其职责。

2012年换届后,民革市委将医卫文教委员会拆分为文化委员会、教育与科技委员会和医疗卫生体育委员会,增设人口资源环境建设委员会,成立社会法制工作者活动中心,取消民办教育咨询中心。

第五届专门委员会(1964年12月—1980年1月)

学习工作委员会

主　任:贾亦斌

副主任:周旧邦　丁日初　程子敏　陈子康

对台宣传工作委员会

主　任:武和轩

副主任:刘昌义　徐国懋　史　说　刘子奇　顾毓瑔　胡次威

社会联系和妇女工作委员会

主　任:阮玄武

副主任:侯砚圃　干叔涵　张孝璁(女)　张家惠(女)　吉一鸣　程伊衡

文史资料和编译工作委员会

主　任:张汇文

副主任:郭增望　张曦明　胡寄窗　葛正权　向哲浚　诸尚一　陆晶清(女)

第六届专门委员会(1980 年 1 月—1984 年 4 月)

对台宣传工作委员会

主　任：武和轩

副主任：刘昌义　徐国懋　史　说　刘子奇　顾毓瑔　田　桓　洪瑞钊　胡次威

文史资料工作委员会

主　任：张汇文

副主任：诸尚一　陆晶清(女)　张曦明　胡寄窗　陆印泉

学习工作委员会

主　任：丁日初

副主任：周旧邦　程子敏　干叔涵　郭增望　朱　权(1983 年 12 月任)

社会联系委员会

主　任：阮玄武

副主任：侯砚圃　干叔涵　张兴国　吉一鸣　程伊衡

妇女工作委员会

主　任：张家惠(女)

副主任：张孝璁(女)　陆晶清(女)　白午华(女)　董　锦(女)

第七届专门委员会(组)(1984 年 4 月—1988 年 5 月)

学习工作委员会

主　任：程子敏

副主任：周宏培　赵祥麟　商继宗　盛世和　程伊衡　王弘之

祖国统一工作委员会

主　任：李赣驹

副主任：刘子奇　刘昌义　刘景春　宋瑞珂　陈志竞　胡次威　洪瑞钊　顾毓瑔　王治平　杨　今

基层工作联络委员会

主　任：张国魁

副主任：朱　权　华寿康　张公义　张兴国

妇女工作委员会

主　任：王芝芳(女)

副主任：张孝璁(女)　郑明仁(女)　程寅滟(女)

文史资料工作委员会

主　任：诸尚一

副主任：陆印泉　姜　豪　梁佐华

经济研究工作组

组　长：徐国懋

副组长：李立侠　杨小佛　钟志刚　汪一鹤(1986 年 8 月任)　张继凤(1986 年 8 月任)

科技工作组

组　长：徐以枋

副组长：马　谦　刘作霖　张曦明　杨庆璋　胡世奎　赵承建　郭增望　徐续宇

教育书画组

组　长：干叔涵

副组长：卢福田　张润苏(女)　吴青霞(女)　黄崇武

《上海民革》编辑组

组　长：诸尚一

第八届专门委员会(1988 年 5 月—1992 年 6 月)

学习工作委员会

主　任：程子敏

副主任：商继宗　程伊衡　武重年　董邦安

祖国统一工作委员会

主　任：李赣驹

副主任：宋瑞珂　刘景春　陈志竟　王治平　江　靖　王弘之　谢继民　项斯文

基层工作委员会

主　任：张国魁

副主任：朱　权　张公义　华寿康　王文璧(女)　严森泰

妇女工作委员会

主　任：王芝芳(女)

副主任：郑明仁(女)　程庚滟(女)　罗荣华(女)

文教工作委员会

主　任：诸尚一

副主任：李赣骥　张润苏(女)　吴青霞(女)　张兴国　乐嘉鑫

经济工作委员会

主　任：徐国懋

副主任：厉无畏　汪一鹤　杨小佛　胡世奎　钟志刚

科技工作委员会

主　任：毛增滇

副主任：赵承建　徐续宇　郑毓蕃

文史资料工作委员会

主　任：王弘之

副主任：陆印泉　汪天厚　梁佐华　翟林椿

理论政策研究委员会

主　任：厉无畏

副主任：瞿世镜

《上海民革》编辑部

主　任：诸尚一

第九届专门委员会(1992 年 6 月—1997 年 7 月)

学习委员会

主　任：武重年

副主任：陈兆奎　高容万　项斯文　宋经中

祖国统一联谊委员会

主　任：李赣驹

副主任：王弘之　宋瑞珂　谢继民　谢飞鹏　王祖扬　项斯文

经济工作委员会

主　任：厉无畏

副主任：杨小佛　汪尧昌　张　钊　贺成杰　潘华恭　李世耀

科技工作委员会

主　任：赵承建

副主任：徐续宇　蔡根生　吴敦肃　涂长龄　汪镇国

文教工作委员会

主　任：瞿世镜

副主任：乐嘉鑫　庞淑锦（女）　何慧湘（女）　朱畅蟾　李福厚

法制工作委员会

组　长：徐天锡

副组长：霍德良　黄振纲

基层工作委员会

主　任：张公义

副主任：朱　权　华寿康　严森泰　张润苏（女）　黄克孝

妇女工作委员会

主　任：王芝芳（女）

副主任：王文璧（女）　姜蕙馨（女）　罗华荣（女）　吴雪华（女）

文史和理论研究委员会

主　任：商继宗

副主任：翟林椿　江　靖　唐国俊

《上海民革》编辑组

组　长：诸尚一

副组长：李晋五　竺秀勤

第十届专门委员会（1997 年 7 月—2002 年 7 月）

科技与医卫工作委员会

主　任：王文璧（女）

副主任：汪尧昌　吴敦肃　涂长龄　蔡根生

文教工作委员会（下设教育组和文体组）

主　任：瞿世镜

副主任：徐馥瑜（女）　薛慕煊

法制建设与社会发展工作委员会（下设法制建设组和社会发展组）

主　任：郭　立

副主任：项斯文　郭士征　霍德良

经济工作委员会（下设财经金融组、经济开发组和房地产开发组）

主　任：贺成杰

副主任：陈永亮　何乾昌　潘华恭　鲍均贤

学习与文史工作委员会

主　任：武重年

副主任：陈兆奎　洪光祥

祖国统一联谊委员会

主　任：李晋五

副主任：王弘之　许　庆　宋经中

妇女工作委员会

主　任：姜蕙馨(女)

副主任：邵念贤(女)　梁美训(女)

《上海民革》编辑委员会

主　任：过传忠

副主任：李玮颖(女)　竺秀勤　谢继民

经济咨询中心

主　任：李世耀

副主任：冯　强　解　放(女)　周和平　杨咏时　杨育新　姜鹤龙　司徒志勋

民办教育咨询中心

主　任：庞淑锦(女)

副主任：张宜谟　聂雅真　谢飞鹏

第十一届专门委员会(2002年7月—2007年4月)

经济工作委员会

主　任：鲍均贤

副主任：邱华云　杨德钧　赵学勇　黄锡雄　傅海萍(女)

法制建设和社会发展工作委员会

主　任：郭　立

副主任：王　伟　郑良信　赵雄麟　郭士征

科技和医卫工作委员会

主　任：赵明有

副主任：刘　鸣　陈博昌　张蓉伟　黄昌发

文教工作委员会

主　任：方　方(女)

副主任：芮彭年　黄福寿　黄　飚(女)　鲍凯歌

祖国统一工作委员会

主　任：毛增滇

副主任：汪尧昌　李晋五　严淼泰　章念祖

妇女工作委员会

主　任：李惠萍(女)

副主任：邵念贤(女)　胡丁英(女)　龚俭青(女)

青年工作委员会

主　任：高小玫(女)

副主任：李益明　陈　舟(女)　孟海明　蔡宏伟

《上海民革》编辑委员会

主　任：过传忠

副主任：李玮颖(女)　胡　欣　缪新亚

基层工作咨询委员会

主　任：谢继民

副主任：竺秀勤　武重年

经济咨询中心

主　任：陈永亮

副主任：冯　强　吴德福　周和平　杨咏时　杨育新　姜鹤龙　解　放(女)　朱建国

民办教育咨询中心

主　任：庞淑锦(女)

副主任：张宜谟　林　涛

第十二届专门委员会(2007年7月—2012年4月)

经济工作委员会

主　任：严诚忠

副主任：丁美坚(女)　傅海萍(女)　王　虎

科技工作委员会

主　任：任先正

副主任：陈益樑　郑洪波

医卫文教工作委员会

主　任：方　方(女)

副主任：芮彭年　林　涛　李益明

社会与法制工作委员会

主　任：郭士征

副主任：朱全忠　赵雄麟　钱伟国

祖国统一工作委员会

主　任：项斯文

副主任：毛增滇　葛剑雄　周忠菲(女)

妇女工作委员会

主　任：杨逢珉(女)

副主任：乐　理(女)　武桂云(女)　张佩娣(女)

青年工作委员会

主　任：于雪梅(女)

副主任：陈　舟(女)　黄　灏　杨　乐

理论研究工作委员会

主　任：臧志军

副主任：董淮平(女)

经济咨询中心

主　任：陈永亮

副主任：袁　立　周和平　周桐宇(女)　解　放(女)　朱建国　冯　强　杨咏时
方奇钟　吴志明　沈文达

民办教育咨询中心

主　任：林　涛

副主任：陈伟志　王仁禹

《上海民革》编辑委员会

主　任：李世耀

副主任：项斯文　过传忠

第十三届专门委员会(2012年7月—　)

祖国和平统一促进委员会

主　任：罗华荣(女)

执行主任：方　方(女)

副主任：周忠菲(女)　李季平

经济委员会

主　任：邱华云

副主任：刘小兵　王　虎　王　钢　赵时旻

社会与法制委员会

主　任：王光贤

副主任：朱全忠　钱伟国　单晓光　金可可　任丹凤(女)　潘　敏(女)

文化委员会

主　任：王慧敏(女)

副主任：杨德钧　罗小平　邱忠毅　王兴全

教育与科技委员会

主　任：唐玉光

副主任：屠大维　林　涛　罗永祥　顾德昌

人口资源环境建设委员会

主　任：赵国靖

副主任：叶　明　蔡　宁　袁光耀

医疗卫生体育委员会

主　任：李益明

副主任：王志坚　蔡　黎　刘　辉

理论研究委员会

主　任：臧志军

副主任：马铭德　黄福寿

妇女工作委员会

主　任：杨逢珉(女)

副主任：武桂云（女）　张佩娣（女）　万　华（女）　楼晓娟（女）　倪晓芳（女）

青年工作委员会

主　任：华一沨（女）

副主任：杨　乐　吴晓晖　梁顺龙　许　昉（女）　沙青青

经济中心

主　任：陈永亮

副主任：周和平　周桐宇（女）　朱建国　冯　强　方奇钟　吴志明　沈文达　洪耀顺
傅海萍（女）　陈伟志　钟彪云　杨顺发　李裕高

社会法制工作者活动中心

主　任：朱成钢

执行主任：丁美坚（女）

副主任：吴家平　杨　瑞（女）　邱　弘（女）

《上海民革》编辑委员会

主　任：于雪梅（女）

副主任：陈　静（女）　胡展奋　董淮平（女）

老同志学习组

组　长：项斯文

副组长：葛剑雄　任先正

三、市委机关工作机构

1977年10月，民革市委机关恢复工作后，设秘书、组织、宣传3个处室。1985—1986年，增设联络处和四化服务处。1997年7月，第十届市委会成立后，设立组织部、宣传部、联络部、社会发展部和办公室、研究室，并沿袭3届。2012年第十三届市委会成立后，研究室改为调研部。

民革市委机关最初在泰兴路306号市政协文化俱乐部办公，1979年10月—1996年12月迁至陕西北路186号办公，1997年1月1日起搬入陕西北路128号上海民主党派大厦13楼办公，2004年8月增加14楼半个楼面。

第三节　区（县）组织

民革上海市区（县）委员会是民革市委下属地方组织。1978年起，民革市委对基层组织作调整。至1980年6月，共有12个区（县）组织，包括黄浦、静安、徐汇、虹口、闸北、杨浦、长宁、南市、卢湾9个区委会和普陀、宝山、川沙3个区（县）支部。1992年，发展为14个区（县）组织，其中宝山升格为区级委员会，川沙发展为县级委员会，金山县、闵行区、松江县3地建立支部。2010年5月，崇明县建立支部。至2012年底，民革市委在除崇明县外的所有区建立区级委员会。

随着上海行政区划的调整、拆并，民革下属地方组织也作了相应的调整。成立于1979年3月的川沙县支部，于1989年3月成立县委，1993年5月成立浦东新区委（筹），2000年6月成立浦东新区委员会；南汇县支部成立于1998年6月，2001年12月成为区支部，2006年6月成为区总支部，2009年7月并入浦东新区委员会。1993年闵行区支部与上海县支部合并，黄浦区委与南市区委于2000年8月合并,2011年8月再次与1956年9月成立支部、1958年成立区委的卢湾区委会合并。

表1-1-4 1978—2012年民革市委区(县)委员会情况表

名称	恢复活动或成立时间	人数(人)	说明
浦东新区委员会	2000年6月29日	545	2009年7月南汇区总支部并入组建新浦东新区委员会
徐汇区委员会	1958年12月成立,1979年2月21日恢复活动	379	1956年8月成立支部
长宁区委员会	1960年2月17日成立,1979年3月7日恢复活动	265	1956年8月18日成立支部
普陀区委员会	1979年1月18日区支部恢复活动,1993年11月7日成立区委会	152	1957年6月16日成立支部
闸北区委员会	1979年2月28日恢复活动	251	—
虹口区委员会	1958年底成立,1979年2月恢复活动	313	1956年8月成立支部
杨浦区委员会	1960年1月合并成立区委,1979年2月15日恢复活动	305	1952年成立榆林区小组,1957年成立杨浦区支部,1958年成立榆林区委
黄浦区委员会	1958年成立支部,1979年3月12日恢复活动	581	新的黄浦区委由黄浦、南市及卢湾合并而成
静安区委员会	1958年年底成立,1979年3月1日恢复活动	234	1956年8月成立支部
闵行区委员会	1993年1月12日	174	1984年成立闵行区支部,1987年成立上海县支部,1993年闵行区支部与上海县支部合并
宝山区委员会	1988年8月4日	216	1988年8月宝山县与吴淞区合并成立宝山区委
嘉定区委员会	2011年12月6日	58	2001年9月6日成立支部,2005年6月23日升格为总支部
金山区委员会	2005年12月6日升格区委会	72	1987年3月6日成立县支部,1997年9月29日成区支部
松江区委员会	1996年6月18日成立县委会,1998年8月25日改区委会	123	1986年6月成立松江县小组,1991年2月26日成立县支部
青浦区委员会	2001年12月12日升格成区委会	82	1995年9月26日成立县支部,1999年10月26日升格县总支部
奉贤区委员会	2011年8月25日升格成区委会	83	2001年4月3日成立区支部,2006年8月10日升格区总支部
崇明县支部	2010年5月31日	29	2009年成立崇明学习小组

说明:表格内"人数"栏列举数据均截至2012年底。

第四节 直属基层组织

1977年恢复活动后,民革市委按地区和党员所在单位成立直属基层组织。直属基层组织包括基层委员会(系统工作委员会)、总支委员会和支部委员会。

至 1980 年 6 月，民革市委共有 23 个直属基层组织，包括民革市委机关、上海城市建设局等 9 个机关支部，上海第二医学院、上海社科院等 7 个大专院校和社科研究单位支部，联一、联二、联三、联四 4 个联合支部，以及出版系统、建设银行、复旦大学 3 个直属小组。1980—1990 年，直属组织发展为 28 个，其中直属工委会 2 个(所属支部 6 个)、直属支部 26 个。至 2002 年底，民革市委共有直属基层组织 27 个，包括 1 个委员会、5 个总支部、21 个支部。至 2012 年底，民革市委共有直属基层组织 36 个，其中委员会 3 个、总支部 8 个、支部 25 个。

1951 年 5 月 24 日，民革上海市分部工务局小组成立；1951 年 8 月 18 日工务局支部成立，成为上海民革第一个支部；1957 年改称上海市政工程局工作委员会；1959 年改称上海城市建设局工作委员会；1983 年改称上海市政工程管理局支部；1996 年扩建成上海市政总支部；2009 年 1 月 8 日上海城建(集团)总支部从中独立。2001 年底，复旦大学支部(1986 年 4 月 19 日成立，见图 1-1-2)与上海医科大学支部(1996 年 10 月 17 日成立)合并组成复旦大学委员会。1983 年 11 月 5 日成立的上海卫生防疫站支部和同月成立的上海卫生局支部，于 1990 年 3 月 21 日合并成立上海卫生局工作委员会，1996 年底扩建为总支部，2006 年 12 月 29 日申康医院发展中心总支部从原卫生局总支中独立出来。

图 1-1-2　1986 年 4 月 19 日，民革复旦大学支部成立

表 1-1-5　1978—2012 年民革市委各直属基层委员会、总支部、支部情况表

名　　称	成 立 时 间	人数(人)	说　　明
复旦大学委员会	2001 年 12 月 13 日	77	由复旦大学支部与上海医科大学支部合并成立
上海大学委员会	2011 年 6 月	56	1987 年 7 月 11 日成立支部，1994 年 9 月 2 日合并成新的上海大学支部，1996 年 2 月 2 日升格为总支部

(续表)

名　称	成立时间	人数(人)	说　明
上海交通大学委员会	2012 年 9 月 27 日	45	1986 年 4 月 9 日成立支部
上海市政工程局总支部	1996 年 12 月 20 日	57	—
联合第一总支部	1996 年 2 月 12 日	126	1979 年 3 月 6 日成立支部
联合第二支部	1979 年 2 月 20 日	13	—
联合第三总支部	1996 年 11 月 7 日	158	1980 年成立支部
联合第四支部	1979 年 1 月 12 日	67	—
上海市卫生局总支部	1996 年 12 月 25 日	54	—
上海申康医院发展中心总支部	2006 年 12 月 29 日	56	从卫生局支部中分离
上海城建(集团)总支部	2009 年 1 月 8 日	43	从市政局总支部中分离
同济大学总支部	2012 年 3 月 21 日	34	1999 年 11 月 23 日成立支部
上海交通大学医学院支部	1953 年	36	2007 年由上海第二医科大学支部更名
上海文史馆支部	1956 年 11 月 4 日	3	1978 年恢复活动,1979 年 1 月 1 日再次组建支部
市委机关支部	1957 年	53	—
华东师范大学支部	1979 年 3 月 16 日	32	1957 年 3 月 26 日成立
上海外国语大学支部	1957 年 6 月 1 日	23	由上海外国语学院支部更名
上海师范大学支部	1957 年 11 月	48	由原上海第二师范学院支部升格而成
上海中医药大学支部	1959 年 10 月	30	由上海中医学院支部更名
上海财经大学总支部	1999 年 12 月 28 日	65	1983 年 11 月 25 日成立上海财经学院支部,后更名
上海交运局支部	1979 年 2 月 12 日	28	1957 年 5 月 28 日成立交通局支部,后更名
上海社科院支部	1979 年	24	—
上海税务局支部	1979 年 2 月 17 日	32	成立时为财政局支部,2009 年 6 月 12 日更名上海市国家税务局(地方税务局)支部
中国人民建设银行上海市分行支部	1983 年 11 月 7 日	26	1980 年 6 月成立小组
上海房地局支部	1987 年 1 月 17 日	18	1983 年 12 月 17 日成立小组
上海仪电系统支部	1986 年 5 月 31 日	76	仪表局支部于 1997 年 3 月 11 日更名,2000 年 12 月 18 日广电系统支部成立
上海文化广播集团支部	2000 年 12 月 22 日	20	由文化广播影视管理局支部更名
华东理工大学支部	2005 年 4 月 19 日	16	—
上海戏剧学院支部	2012 年 2 月 6 日	18	—
上海理工大学支部	2009 年 6 月 1 日	10	—
上海大剧院艺术中心支部	2009 年 6 月 8 日	11	—

（续表）

名　　称	成立时间	人数(人)	说　　明
上海海洋大学支部	2010年4月8日	13	—
东华大学支部	2010年12月23日	13	—
上海科技系统支部	2010年12月24日	7	—
华东政法大学支部	2011年12月9日	14	—
上海政法学院支部	2012年6月19日	8	—

说明：1. 上海交通大学医学院支部、市委机关支部和上海社科院支部由于原始资料缺失，已无法确认成立月份。
2. 表格内“人数”栏列举数据均截至2012年底。

第二章 代表大会和委员会全体会议

根据《中国国民党革命委员会章程》规定，地方代表大会或党员大会每五年或四年举行一次，由同级委员会召集，必要时经上一级组织批准，可以提前或延期举行。其职权是：审议同级委员会的报告；讨论并决定同级委员会的重要事项；选举同级委员会。地方各级委员会在同级代表大会闭会期间执行同级代表大会的决议，领导本级组织的工作。市委全体会议职权为：传达、学习、贯彻国家和上海大政方针及重要会议精神；贯彻执行民革中央的指示、决定和工作意见；审议市委常务委员会工作报告，审议市委会工作报告草案和其他重要文件；选举市委会主委、副主委和常委；其他需要市委会讨论决定的重要事项。

第一节 代表大会

民革上海市第一、二次党员大会分别于 1955 年 3 月和 1955 年 6 月举行，民革上海市第一次党员代表大会于 1957 年 4 月举行，产生民革上海市第二届委员会。之后，民革上海市第二至十二届党员代表大会相继召开，分别产生民革上海市第三至十三届委员会。民革上海市代表大会 1980—1992 年每四年举行 1 次，1993—2012 年每五年举行 1 次。

一、第五次代表大会

民革上海市第五次代表大会于 1980 年 1 月 12—16 日在南京西路 1333 号上海展览馆友谊电影院举行，出席代表 212 人。贾亦斌主持大会并致开幕词；中共市委第一书记彭冲、民革中央常委朱学范到会并讲话；赵祖康代表第五届市委会作工作报告。大会选举产生民革上海市第六届委员会委员 56 人、候补委员 12 人。闭幕式由武和轩主持，赵祖康致闭幕词。大会通过决议，号召全体党员进一步解放思想，实事求是，坚持四项基本原则，充分运用各自的专长和同台湾国民党军政人员有历史关系以及同在台、港、澳和海外亲友有广泛联系的有利条件，努力做好各项工作，为把上海建设成为先进工业、科学技术和外贸基地，为实现中国四个现代化和台湾回归祖国、完成祖国统一大业而努力奋斗。

二、第六次代表大会

民革上海市第六次代表大会于 1984 年 4 月 16—22 日在南京西路 1333 号上海展览馆举行，出席代表 274 人。武和轩主持开幕式，赵祖康致开幕词；中共市委第一书记陈国栋、市委统战部部长张承宗到会祝贺；民革中央发来贺电。徐以枋代表第六届市委会作《加强团结，立志改革，为开创上海民革工作新局面而奋斗》的工作报告。大会选举产生民革上海市第七届委员会委员 70 人、候补委员 14 人，通过了 25 人的顾问名单。闭幕式由赵祖康主持，李赣驹致闭幕词。大会通过决议，号召全体成员高举爱国旗帜，进一步贯彻中共十二大的路线、方针、政策，坚持以服务社会主义现代化建设为中心,以促进祖国统一为重点的工作方针,为胜利完成80年代三大任务,为开创上海民革工作新局面而努力奋斗。

三、第七次代表大会

民革上海市第七次代表大会于1988年5月20—24日在南昌路47号科学会堂举行,出席代表310人。徐以枋主持开幕式,徐国懋致开幕词;中共市委副书记杨堤到会讲话,民革中央副主席赵祖康代表民革中央致贺词,徐以枋代表第七届市委会作工作报告。大会选举产生民革上海市第八届委员会委员73人、候补委员15人和出席民革第七次全国代表大会代表18人。闭幕式由周旧邦主持,李赣驹致闭幕词。大会通过决议,号召全体民革党员深入学习贯彻中共十三大精神,坚持中国共产党在社会主义初级阶段的基本路线,组织和推动民革党员和联系人士积极为改革开放、为社会主义物质文明和精神文明建设、为上海经济向外向型转变作出贡献。

图1-2-1　1988年5月20—24日,民革上海市第七次代表大会在上海科学会堂举行

四、第八次代表大会

民革上海市第八次代表大会于1992年6月10—12日在肇嘉浜路500号中国科学院上海学术活动中心举行,出席代表303人。陆玉贻主持开幕式,徐国懋致开幕词;中共市委副书记陈铁迪到会讲话,民革中央团结委员会主任邵恒秋代表民革中央致贺词,中共市委统战部副部长赵定玉通报中共中央统战部《九十年代统一战线部门工作纲要》精神。徐以枋代表第八届市委会作工作报告。大会选举产生民革上海市第九届委员会委员64人、候补委员10人。闭幕式由陆玉贻主持,李赣驹致闭幕词。大会通过决议,号召上海民革党员认真学习邓小平同志关于建设有中国特色社会主义理论,全面贯彻"以经济建设为中心,坚持四项基本原则,坚持改革开放"的基本路线,加快自身建设,积极发挥参政议政和民主监督作用,为实现"振兴上海,开发浦东,服务全国,面向世界"的战略目标和促进祖国和平统一努力奋斗。

五、第九次代表大会

民革上海市第九次代表大会于1997年7月21—24日在南京西路1333号上海展览中心友谊会堂举行,出席代表234人、特邀代表25人。李赣驹主持开幕式,陆玉贻致开幕词;中共市委统战部部长王生洪宣读中共市委的贺信,中共市委副书记孟建柱代表中共市委向大会表示祝贺,民革中央副主席胡敏、民建市委主委陈铭珊分别代表民革中央和上海各民主党派、工商联致贺词。厉无畏代表第九届市委会作题为《乘势而上,为迎接新世纪,进一步发挥参政党的作用而团结奋进》的工作报告。大会选举产生民革上海市第十届委员会委员64人、候补委员10人和出席民革第九次全国代表大会代表21人。闭幕式由厉无畏主持,毛增滇致闭幕词,胡敏、王生洪莅会讲话。大会通过决议,号召各级组织和全体民革党员不断加强自身建设,以高度的历史使命感、政治责任感和时代紧迫感,埋头苦干,为全面实现上海国民经济和社会发展的"九五"计划努力奋斗。

六、第十次代表大会

民革上海市第十次代表大会于2002年7月2—4日在南京西路1333号上海展览中心友谊会堂举行,出席代表295人。过传忠主持开幕式,毛增滇致开幕词;中共市委副书记罗世谦、民革中央副主席朱培康分别代表中共市委和民革中央致贺词,中共市委统战部部长黄跃金宣读中共市委的贺信,九三学社上海市委主委谢丽娟代表上海各民主党派、工商联致贺词。厉无畏代表第十届市委会作题为《开拓创新,与时俱进,为建设适应新世纪要求的参政党而努力奋斗》的工作报告。大会选举产生民革上海市第十一届委员会委员74人和出席民革第十次全国代表大会代表33人。闭幕式由刘豫阳主持,厉无畏作闭幕词,朱培康、黄跃金出席会议并讲话。大会通过决议,号召各级组织和全体党员求真务实、开拓创新,为巩固和完善中国共产党领导的多党合作和政治协商制度,为促进祖国完全统一,为全面贯彻和落实中共上海市第八次代表大会提出的各项奋斗目标而努力奋斗。

七、第十一次代表大会

民革上海市第十一次代表大会于2007年4月16—18日在南京西路1333号上海展览中心举行,出席代表342人。毛增滇主持开幕式,厉无畏致开幕词;民革中央常务副主席周铁农、中共市委副书记罗世谦分别代表民革中央和中共市委致贺词,中共市委统战部部长杨晓渡宣读了中共市委的贺信,九三学社上海市委主委谢丽娟代表上海各民主党派、市工商联致贺词。厉无畏代表第十一届市委会作题为《加强自身建设,认真履行职责,努力把上海民革工作提高到一个新水平》的工作报告。大会选举产生民革上海市第十二届委员会委员75人和出席民革第十一次全国代表大会代表21人。闭幕式由高小玫致闭幕词，周铁农和杨晓渡出席并讲话。大会通过决议，号召民革各级组织和全体党员全面贯彻落实科学发展观，坚持走中国特色政治发展道路，为坚持和完善中国共产党领导的多党合作和政治协商制度，为促进祖国完全统一、实现中华民族的伟大复兴而努力奋斗。

八、第十二次代表大会

民革上海市第十二次代表大会于2012年4月10—12日在南京西路1333号上海展览中心举行，出席代表361人。高小玫主持开幕式，李世耀致开幕词；民革中央常务副主席厉无畏、中共市委副书记殷一璀分别代表民革中央和中共市委出席并讲话，中共市委统战部部长杨晓渡宣读中共市委的贺信，民盟市委主委郑惠强代表各民主党派市委、市工商联向大会致贺词。高小玫代表第十二届市委会作题为《加强参政能力建设，不断提高履职水平，努力开创上海民革工作新局面》的工作报告。大会选举产生民革上海市第十三届委员会委员75人和出席民革第十二次全国代表大会代表33人。闭幕式由董波主持，高小玫致闭幕词。大会通过决议，号召上海民革各级组织和全体党员高举中国特色社会主义的伟大旗帜，深入贯彻落实科学发展观，为实现上海“十二五”规划目标、全面建设小康社会、促进祖国和平统一大业继续努力奋斗。

第二节　委员会全体会议

1980年1月，召开民革上海市第五次代表大会，选举产生民革上海市第六届委员会。1984—2012年，先后召开民革上海市第六至十二次代表大会，分别选举产生民革上海市第七至第十三届委员会。第六至十三届委员会每年根据工作需要召开全体会议。

表1-2-1　民革上海市第六届委员会全体会议情况表

会议名称	时　间	地　点	主要议程及决定	备注
第一次全体会议	1980年1月17日	南京西路1333号上海展览馆友谊电影院	通过临时领导小组提出的主委、副主委、常委、秘书长名单	—
第二次全体会议	1980年3月15日	陕西北路186号机关礼堂	报告市委1980年工作要点，汇报交流为“四化”和统一祖国服务的经验	扩大
第三次全体会议	1980年6月24日	陕西北路186号机关礼堂	汇报上半年工作、讨论下半年工作；传达中共中央统战部副部长平杰三在各党派负责人会上的讲话	扩大
第四次全体会议	1980年10月6日	陕西北路186号机关礼堂	传达中共中央66号文件(邓小平同志讲话)；传达民革中央常委会第三次会议精神	扩大
第五次全体会议	1980年11月8日	陕西北路186号机关礼堂	传达中共市委统战部部长讲话精神；传达民革中央召开工作会议的通知	扩大
第六次全体会议	1981年1月10日	陕西北路186号机关礼堂	传达民革全国工作会议精神和中共中央统战部领导重要讲话；讨论1981年主要工作；增补副主委、秘书长	扩大
第七次全体会议	1981年4月30日	陕西北路186号机关礼堂	民革中央副主席朱学范莅会并讲话	扩大

(续表)

会议名称	时 间	地 点	主要议程及决定	备注
第八次全体会议	1981 年 9 月 8 日	陕西北路 186 号机关礼堂	传达中共市委统战部和市政协召开的党派工作协商座谈会有关精神	扩大
第九次全体会议	1982 年 1 月 6 日	陕西北路 186 号机关礼堂	传达全国人大、政协会议及民革五届二中全会精神;听取民革五届二中全会上赵祖康当选民革中央副主席的情况介绍	扩大
第十次全体会议	1982 年 2 月 25 日	陕西北路 186 号机关礼堂	通过《市委 1981 年工作情况和 1982 年工作打算》;提出多项主要任务,要求改进领导作风,提高市委机关工作效率	扩大
第十一次全体会议	1982 年 4 月 5 日	北京西路 840 号市政协礼堂	传达市人大、市政协会议精神,民革中央副主席贾亦斌与会;赵祖康号召大家坚决拥护中共中央、国务院关于打击经济领域严重犯罪的决定,协助共产党和政府落实知识分子政策	扩大
第十二次全体会议	1982 年 10 月 21 日	陕西北路 186 号机关礼堂	通过《关于学习、宣传和贯彻中共十二大文件精神的通知》等;决定成立科技研究工作组和业余教育工作组	扩大
第十三次全体会议	1983 年 3 月 9 日	陕西北路 186 号机关礼堂	通过《市委 1982 年工作回顾和 1983 年工作打算》;通过增补市委副主委的决议等	扩大
第十四次全体会议	1983 年 5 月 27 日	陕西北路 186 号机关礼堂	传达市人大、政协会议精神;听取准备召开全市代表会议和选举出席第六届全国代表大会代表的介绍	扩大
第十五次全体会议	1984 年 1 月 16 日	陕西北路 186 号机关礼堂	通过民革上海市第六次代表大会时间;通过召开民革上海市第六次代表大会筹备工作打算等	扩大
第十六次全体会议	1984 年 4 月 13 日	北京西路 840 号市政协东厅	听取关于民革上海市第六次代表大会筹备工作情况汇报;讨论通过民革上海市第六届委员会工作报告(草案)	—

表 1-2-2 民革上海市第七届委员会全体会议情况表

会议名称	时 间	地 点	主要议程及决定	备注
第一次全体会议	1984 年 4 月 23 日	陕西北路 186 号机关礼堂	选举市委常委、主委、副主委,任命秘书长;通过顾问名单	—
第二次全体会议	1984 年 11 月 2 日	陕西北路 186 号机关礼堂	学习民革中央《关于认真学习和贯彻落实中国共产党十二届三中全会文件的决定》	扩大
第三次全体会议	1985 年 1 月 8 日	陕西北路 128 号机关礼堂	传达"沿海开放城市和经济特区统战、政协工作座谈会精神及上海对台宣传工作会议"精神	扩大
第四次全体会议	1985 年 8 月 15 日	陕西北路 186 号机关礼堂	传达中共中央书记处"关于统战工作的四点指示精神"及中共中央统战部"关于各民主党派、工商联引进新人加强领导班子问题的几点建议"	—
第五次全体会议	1985 年 9 月 10 日	陕西北路 128 号机关礼堂	传达民革中央转发《关于民主党派、工商联引进新人,加强领导班子问题的几点建议》的通知;讨论如何进一步加强各级领导班子和工作班子建设	—
第六次全体会议	1985 年 11 月 2 日	陕西北路 186 号机关礼堂	传达"全国各民主党派、工商联为四化服务先进集体和先进个人代表表彰大会"概况和习仲勋讲话精神	扩大

（续表）

会议名称	时　间	地　　点	主要议程及决定	备注
第七次全体会议	1986年3月6日	陕西北路128号机关礼堂	传达各民主党派秘书长联席会议精神；听取市委贯彻中共中央关于建国前参加民主党派成员享受离休待遇的工作进展情况汇报	—
第八次全体会议	1986年5月13日	陕西北路128号机关礼堂	传达中办发〔1986〕6号及7号文件；传达全国和市人大、政协会议精神；传达民革中央《关于召开全国代表会议代表名额和代表产生办法的决定》	扩大
第九次全体会议	1986年9月2日	陕西北路186号机关礼堂	传达《中共中央批转中央统战部〈关于新时期党对民主党派工作方针任务的报告〉的通知》和中央统战部领导"关于民主党派、工商联引进新人，实现新老合作和交替问题的讲话"精神；通过出席民革全国代表会议代表名单，增选市委常委、委员	—
第十次全体会议	1987年2月24日	陕西北路128号机关礼堂	传达中办发〔1987〕4号文件，民革全国代表会议精神，与会代表畅谈参加代表大会的体会	扩大
第十一次全体会议	1987年5月7日	陕西北路186号机关礼堂	传达市人大、市政协会议精神，中共市委书记芮杏文在市政协六届六次会议闭幕式上讲话精神	扩大
第十二次全体会议	1987年12月14日	陕西北路186号机关礼堂	讨论加强市委领导班子建设问题；传达全国政协常委会和民革中央常委会精神；同意赵祖康辞去主委请求，推举为名誉主委，选举徐以枋为主委；通过增选市委委员、常委和副主委议案	扩大
第十三次全体会议	1988年1月18日	南京西路722号联谊俱乐部会议室	传达民革中央六届五中全会精神；审议并同意《关于提前召开民革上海市第七次代表大会的决定》《关于民革上海市第七次代表大会代表名额和代表产生办法》（草案）	扩大

表1-2-3　民革上海市第八届委员会全体会议情况表

会议名称	时　间	地　　点	主要议程及决定	备注
第一次全体会议	1988年5月20—24日	南昌路47号科学会堂	选举市委常委、主委、副主委和秘书长	—
第二次全体会议	1988年6月28日	陕西北路186号机关礼堂	传达全国党派工作会议精神；推举赵祖康继续担任名誉主委，通过市委顾问名单	—
第三次全体会议	1988年12月2日	陕西北路186号机关礼堂	传达民革第七次全国代表大会精神	扩大
第四次全体会议	1989年5月9日	陕西北路186号机关礼堂	传达市人大、政协会议精神	扩大
第五次全体会议	1989年6月21日	陕西北路186号机关礼堂	传达、学习邓小平重要讲话精神和民革中央关于拥护邓小平同志重要讲话电报通知	扩大
第六次全体会议	1989年10月28日	陕西北路186号机关礼堂	传达民革全国组宣工作会议精神	扩大
第七次全体会议	1990年2月26日	陕西北路186号机关礼堂	传达民革七届二中全会精神；民革中央副主席贾亦斌谈学习贯彻《中共中央关于坚持和完善中国共产党领导的多党合作和政治协商制度的意见》	扩大

（续表）

会议名称	时　间	地　　点	主要议程及决定	备注
第八次全体会议	1990 年 9 月 19—20 日	陕西北路 186 号机关礼堂	学习全国统战工作会议、江泽民总书记重要讲话及《中共中央关于加强统一战线工作的通知》精神；听取中共市委统战部副部长赵定玉讲话精神	扩大
第九次全体会议	1991 年 1 月 9 日	陕西北路 186 号机关礼堂	传达民革七届三中全会精神；讨论如何贯彻民革七届三中全会精神和民革中央《关于加强当前工作的意见》精神	扩大
第十次全体会议	1991 年 5 月 11 日	陕西北路 186 号机关礼堂	传达市人大、政协会议精神；就上海民革如何在上海"两会"中进一步发挥作用进行讨论	扩大
第十一次全体会议	1992 年 1 月 16 日	陕西北路 186 号机关礼堂	传达民革七届四中全会精神；听取市委 1991 年工作回顾及 1992 年工作思路汇报	扩大
第十二次全体会议	1992 年 5 月 5 日	陕西北路 186 号机关礼堂	传达市人大、政协会议精神；审议并通过《第八届委员会工作报告》	—

表 1-2-4　民革上海市第九届委员会全体会议情况表

会议名称	时　间	地　　点	主要议程及决定	备注
第一次全体会议	1992 年 6 月 11 日	肇嘉浜路 500 号中国科学院上海学术活动中心	选举市委常委、副主委、主委和秘书长；通过聘请名誉主委、顾问的决定	—
第二次全体会议	1993 年 1 月 1 日	陕西北路 186 号市委机关会议室	讨论市委 1993 年工作思路并形成 1993 年工作要点；健全民主监督机制提上议事日程	扩大
第三次全体会议	1993 年 4 月 8 日	陕西北路 186 号市委机关会议室	传达全国人大、政协会议精神；传达民革中央八届一次常委会议精神	扩大
第四次全体会议	1993 年 12 月 4 日	陕西北路 186 号市委机关会议室	传达民革中央对台宣传工作会议、组织工作研讨会、宣传思想工作研讨会精神；听取对市委 1993 年工作总结和 1994 年工作设想的意见	扩大
第五次全体会议	1994 年 3 月 24 日	陕西北路 186 号市委机关会议室	传达全国和市人大、政协会议精神	扩大
第六次全体会议	1994 年 12 月 9 日	陕西北路 186 号市委机关会议室	传达民革八届三中全会、中共中央统战部副部长刘延东讲话精神及民革中央主席李沛瑶《关于加强民革参政党建设的意见》精神	扩大
第七次全体会议	1995 年 3 月 11 日	陕西北路 186 号市委机关会议室	开展 1995 年第一季度"议政日"活动；传达市人大、政协会议精神；表彰 1995 年提案工作先进	扩大
第八次全体会议	1995 年 11 月 24 日	陕西北路 186 号市委机关会议室	传达市政协常委会议精神；听取市委 1995 年工作回顾和 1996 年工作思路汇报；增选市委委员、常委和副主委	扩大
第九次全体会议	1996 年 1 月 3 日	陕西北路 186 号机关礼堂	同意徐以枋辞去主委的请求，推举其为市委名誉主委；选举厉无畏为市委主委；传达民革八届四中全会精神	扩大
第十次全体会议	1996 年 2 月 12 日	陕西北路 186 号机关礼堂	传达市人大、政协会议精神；听取市委 1996 年工作要点介绍；听取参加民革中央主席李沛瑶遗体告别仪式情况介绍	扩大

（续表）

会议名称	时　间	地　　点	主要议程及决定	备注
第十一次全体会议	1996年11月21日	陕西北路186号机关礼堂	传达民革八届五中全会精神和1997年省级组织换届精神	扩大
第十二次全体会议	1997年2月3日	陕西北路128号	通过《民革上海市委关于召开第九次党员代表大会的决定》；通过1996年工作回顾和1997年工作要点	扩大
第十三次全体会议	1997年5月13日	北京西路840号市政协衡山厅	通报“民革上海市第九次代表大会延期举行的决定”和“关于民革上海市第九次代表大会代表资格”审议情况；通过《第九届民革上海市委员会工作报告》（草案）	扩大

表1-2-5　民革上海市第十届委员会全体会议情况表

会议名称	时　间	地　　点	主要议程及决定	备注
第一次全体会议	1997年7月23日	南京西路1333号上海展览中心友谊会堂	选举市委常委、副主委、主委和秘书长；推举名誉主委、名誉副主委	—
第二次全体会议	1997年12月8日	福州路725号建设银行上海市二支行会议室	传达民革第九次全国代表大会精神并就如何贯彻提出希望；就如何贯彻民革九大精神提出设想	扩大
第三次全体会议	1998年12月29日	陕西北路500号市教委多功能厅	传达中共市委七届三次全会、民革九届二中全会精神；审议并通过常委会工作报告	扩大
第四次全体会议	1999年4月1日	陕西北路500号市教委多功能厅	传达全国和市人大、政协会议以及民革九届六次中常会精神	扩大
第五次全体会议	1999年8月4日	陕西北路500号市教委多功能厅	传达中共中央关于处理“法轮功”问题文件精神、民革中央《关于参政议政工作若干问题的规定》及中共市委七届四次全会精神	扩大
第六次全体会议	1999年12月29日	东方路1678号上海市儿童医学中心多功能会议室	传达民革九届三中全会精神；审议并通过常委会工作报告；听取经济形势辅导报告	扩大
第七次全体会议	2000年3月30日	陕西北路500号市教委多功能厅	传达全国和市人大、政协会议精神并讨论如何贯彻会议精神	扩大
第八次全体会议	2000年12月21日	陕西北路128号民主党派大厦多功能厅	传达中共十五届五中全会、中共上海市七届七次会议以及民革九届四中全会精神；审议并通过常委会工作报告；听取台湾形势辅导报告	扩大
第九次全体会议	2001年3月21日	陕西北路128号民主党派大厦多功能厅	传达全国和市人大、政协会议以及民革中央常委会议精神	扩大
第十次全体会议	2001年9月29日	康定路759号静安区政协会议室	传达民革中央九届十六次常委会议及2002年省级组织换届工作精神；选举市委副主委	扩大
第十一次全体会议	2001年12月13—14日	陕西北路128号民主党派大厦多功能厅	传达民革九届五中全会精神	扩大

(续表)

会议名称	时　间	地　　点	主要议程及决定	备注
第十二次全体会议	2002年3月27日	陕西北路128号民主党派大厦多功能厅	传达全国和市人大、政协会议及民革中央常委会议精神;审议并通过召开民革上海市第十次代表大会的决议(草案);听取民革中央主席何鲁丽在上海调研《公民道德实施纲要》落实情况介绍	扩大
第十三次全体会议	2002年6月7日	陕西北路128号民主党派大厦4楼会议室	审议第十次代表大会有关事项及第十届委员会工作报告(草案)	扩大

表1-2-6　民革上海市第十一届委员会全体会议情况表

会议名称	时　间	地　　点	主要议程及决定	备注
第一次全体会议	2002年7月4日	南京西路1333号上海展览中心	选举常委、副主委、主委,任命秘书长;推举名誉副主委	—
第二次全体会议	2002年12月19日	陕西北路128号民主党派大厦多功能厅	传达民革第十次全国代表大会精神;审议并通过"民革上海市委会议事规则""民革上海市委2002年工作回顾和2003年工作思路"	—
第三次全体会议	2003年12月24日	北京西路860号市政协衡山厅	传达中共市委八届四次全会和民革十届二中全会精神;审议并通过常委会工作报告	—
第四次全体会议	2004年3月24日	陕西北路128号党派大厦6楼多功能厅	传达全国和市人大、政协会议精神	—
第五次全体会议	2004年12月18日	陕西北路128号民主党派大厦14楼会议室	学习中共十六届四中全会和中共市委八届六次全会精神;传达民革中央十届三中全会精神;审议并通过常委会工作报告	—
第六次全体会议	2005年3月22日	陕西北路128号民主党派大厦多功能厅	传达全国人大、政协会议精神;学习座谈《反分裂国家法》	—
第七次全体会议	2005年12月10日	陕西北路128号民主党派大厦六楼多功能厅	学习中共十六届五中全会精神;传达民革十届四中全会和全国代表会议精神;审议并通过常委会工作报告;增选市委副主委	—
第八次全体会议	2006年9月15日	江苏太仓	学习《江泽民文选》和第20次全国统战工作会议精神;增选市委常委、副主委	—
第九次全体会议	2006年12月15日	陕西北路128号民主党派大厦多功能厅	学习中共十六届六中全会精神;传达民革十届五中全会精神;审议并通过常委会工作报告;通报民革上海市第十一次代表大会筹备进展情况	—

表1-2-7　民革上海市第十二届委员会全体会议情况表

会议名称	时　间	地　　点	主要议程及决定	备注
第一次全体会议	2007年4月17日	南京西路1333号上海展览中心	选举常委、主委、副主委,任命秘书长	—
第二次全体会议	2007年12月29日	陕西北路128号民主党派大厦多功能厅	传达民革第十一次全国代表大会精神;审议并通过民革上海市第十二届委员会委员会议议事规则、常委会工作报告;选举市委常委	扩大

（续表）

会议名称	时　间	地　　点	主要议程及决定	备注
第三次全体会议	2008年3月20日	陕西北路128号二楼报告厅	传达全国人大、政协会议精神	扩大
第四次全体会议	2008年12月27日	陕西北路128号民主党派大厦六楼多功能厅	审议并通过常委会工作报告；民主推荐市委领导班子后备干部人选；传达民革十一届二中全会和民革全国参政议政成果汇报暨反映社情民意信息工作会议精神；通报忻伟明辞去民革职务事宜	扩大
第五次全体会议	2009年3月17日	陕西北路128号民主党派大厦二楼报告厅	传达全国人大、政协会议精神	扩大
第六次全体会议	2009年12月22日	陕西北路128号民主党派大厦六楼多功能厅	传达民革十一届三中全会精神；审议并通过常委会工作报告；增补市委委员、常委	—
第七次全体会议	2010年3月30日	陕西北路128号民主党派大厦六楼多功能厅	传达全国人大、政协会议精神；审议并通过《民革上海市第十二届委员会第七次全体会议（扩大）关于王卓贤同志不再担任民革上海市委副主委职务的决定》	扩大
第八次全体会议	2011年1月6日	陕西北路128号民主党派大厦六楼多功能厅	传达民革十一届四中全会和民革参政议政工作暨成果交流会精神；审议并通过常委会工作报告；补选副主委	—
第九次全体会议	2011年12月29日	威海路755号文新报业大厦43楼罗马厅	传达民革十一届五中全会精神；审议并通过召开民革上海市第十二次代表大会的决定草案和常委会工作报告；通过《中国国民党革命委员会上海市委员会内部监督暂行条例（草案）》	—
第十次全体会议	2012年3月28日	陕西北路128号民主党派大厦六楼多功能厅	审议并通过《民革上海市第十二届委员会工作报告（草案）》；通报民革上海市第十二次代表大会筹备工作情况	—

表1-2-8　民革上海市第十三届委员会全体会议情况表

会议名称	时　间	地　　点	主要议程及决定	备注
第一次全体会议	2012年4月12日	南京西路1333号上海展览中心	选举市委常委、主委、副主委，任命秘书长	—
第二次全体会议	2012年12月20日	陕西北路128号民主党派大厦六楼多功能厅	听取中共市委党校教授作中共十八大辅导报告；传达民革第十二次全国代表大会精神；审议通过民革上海市第十三届委员会常委会工作报告	—

第三章 履行职能

1977年恢复活动后，上海民革组织适应形势，整合各界党员的专业优势、基层组织的集体优势和民革市委的统筹优势，参与政府事务的管理，参与大政方针和统一战线重大问题的政治协商，通过各级人代会、政协会议、党外人士座谈会、专题调研等多种渠道发表意见建议，提供民意反映，为国计民生、上海经济和社会发展献计出力，履行参政议政、民主监督的职能，发挥参政党应有的作用。

第一节 参加政治协商活动

中国共产党与民主党派进行政治协商，是中国共产党领导的多党合作和政治协商制度的重要内容之一。新中国成立后，中共上海市委与各民主党派经常举行民主协商会，民革市委主要领导一直参加。党外人士座谈会在“文化大革命”前一直是双周座谈会，1984年起，规范为“双月座谈会”，是中共市委与各民主党派进行政治协商的一种经常性的会议，主要就国家大政方针、地方重要事务、统一战线的重要问题、重要人事安排等进行协商。1978—2012年，民革市委主要领导参加党外人士座谈会300多次。1991年起，民革市委主要领导应邀列席上海市人民政府召开的市长办公会议、常务工作会议。

民革市委在应邀参加中共市委召开的各民主党派市委领导和具有代表性人士座谈会时，对市人大、市政府、市政协领导人换届改选前候选人的提名以及如何开好“两会”等充分发表意见，围绕上海的中心工作和改革开放的大政方针建言献策。

1981年2月，民革市委提出开发浦东的建议，并提出建设几条隧道和桥梁连通浦西和浦东两地。1988年，在中共市委、市政府的支持下，民革市委主委徐以枋通过主持召开论证会、研讨会，使长期争论的南浦大桥通航净高问题得到解决，后徐以枋又任杨浦大桥可行性方案专家论证会顾问。

进入21世纪后，民革市委主委厉无畏在与上海市领导座谈时，针对土地、工资、交易、信息等商务成本要素的上涨，使上海传统工业强项陷入衰退困境的形势，率先提出一系列发展创意产业的意见和建议，建议以创新思维和新产业要素驱动经济发展，让“创意”与产业紧密结合。他的建议得到采纳，他领导的上海社科院创意产业研究中心每年筹备“上海国际创意产业活动周”论坛，承办上海创意产业协会会刊——《创意产业》，由他撰写的《创意改变中国》成为全国不少地方领导干部学习培训的指定参考用书。

2011年11月，在党外人士座谈会上，民革市委提出，四行仓库作为上海抵御外敌的标志，又是国共抗战的共同记忆，在两岸交流中独具作用，但八百壮士陈列室的陈列内容和陈列方式远不符纪念馆要求，建议将其列入予以保护的历史遗存，提升其纪念功能。此建议得到采纳，上海市有关部门启动了“四行仓库抗战纪念馆”修复工程，把四行仓库抗战纪念馆定为上海抗战历史文化纪念馆。

第二节 参加人民代表大会

当选各级人大代表的上海民革党员认真履行职责，在人大会议上行使权利，选举政府机关领导人员，参与讨论、决定重大事项，提交议案和书面意见。1978年后，当选各级人大代表的民革党员解放思想、更新观念,他们的议案和书面意见在数量、质量上都有显著提高。

一、当选人大代表

1978—2012年,全国人大、上海市人大各历七届,当选全国人大代表的民革党员共7人、9人次,其中任常委会委员1人、1人次;当选上海市人大代表的民革党员共69人、88人次,其中任常委会委员4人、4人次,常委会副主任2人、4人次。他们依照《宪法》和人大的有关法规进行活动,履行职责。

【全国人大】

第五—七届:(1978年2月—1993年3月)

代　表:赵祖康

第八届:(1993年3月—1998年2月)

代　表:薛慕煊　许冀煌

第九届:(1998年2月—2003年2月)

代　表:刘豫阳(女)

第十届:(2003年3月—2008年3月)

常委会委员:厉无畏

代　表:厉无畏　高小玫(女)

第十一届:(2008年3月—　)

代　表:严诚忠

【上海市人大】

第七届:(1977年12月—1983年4月)

代　表:张汇文　徐以枋　赵祖康　赵承建

第八届:(1983年4月—1988年4月)

常委会副主任:赵祖康

常委会委员:黄器周

代　表:赵祖康　黄器周　马　谦　刘作霖　汪尧昌　吕光琪　杨寿林　杨庆璋　赵承建

第九届:(1988年4月—1993年2月)

常委会副主任:赵祖康

代　表:赵祖康　马　谦　厉无畏　汪尧昌　吴敦肃　陈雪兰(女)　罗靖民　杨寿林　杨庆璋　杨道孙　蓝鸿混(女)　赵承建

第十届:(1993年2月—1998年2月)

常委会委员:厉无畏　刘豫阳(女,1996年1月任)

代　表:王卓贤　厉无畏　宋大有　汪尧昌　李忠萌　宋经中　刘豫阳(女)　吴敦肃　何慧湘(女)　陈文园(女)　杨道孙　罗靖民　谢继民　蔡根生　黄静华(女)　裴葆真(女)

第十一届:(1998年2月—2003年2月)

常委会副主任: 厉无畏

代　表: 丁美坚(女)　王大灏　王光裕　王卓贤　厉无畏　汪尧昌　忻伟明　吴敦肃　竺秀勤　陆　澄　孙俞航　高小玫(女)　徐为华(女)　张志恩　黄静华(女)　谢继民　蒋　洪　宋经中(2001年5月止)

第十二届:(2003年2月—2008年2月)

常委会副主任: 厉无畏

代　表: 厉无畏　王卓贤　陈博昌　李惠萍(女)　黄静华(女)　李栋樑　忻伟明　孔林德　周桐宇(女)　蒋　洪　周天平

第十三届:(2008年1月—　)

常委会委员: 董　波

代　表: 董　波　王卓贤　陈博昌　孔林德　叶　明　孙洪林　江天熙(女)　陈　峻　朱明华(女)　周天平　林益彬　赵学勇　赵　烨(女)　唐玉光　袁　立　钱　骏　韩　娜(女)　蓝　勇

二、代表履职

1978—2012年,民革党员中的人大代表通过人大的各种会议和活动,参与审议政府工作报告,讨论制定国民经济建设的计划和历年预决算,选举政府领导人,制定法律法规,通过议案、书面意见反映所联系的广大选民的意见和建议,内容有关城市建设和管理、医药卫生、房地产等多个方面,并通过参与人大视察活动,督促各项决议的实施。

【全国人大】

1981年11月,赵祖康代表在全国人大五届四次会议审议《政府工作报告》时提出:要正确处理好城市建设、经济建设和社会建设的关系,使三方面建设得到协调发展,就要充分考虑如何改造现有的城市中心区和发展卫星城镇的问题。认为建设卫星城镇要重视三件事:生活福利与文化设施的配套;建设从市中心区到卫星城镇的快速交通;对卫星城镇居民采取优惠政策,要鼓励人们做到"人心思郊",而不是"人心思市"。

1998年2月,刘豫阳代表在九届一次全国人大会议上提出:现代化的卫生事业应当从传统的以非健康人群为主要目标转向亚健康人群,实现"医疗、预防、保健、康复"四位一体化。2000年,她联合30名全国人大代表就整顿混乱的性保健品市场提出了议案。2001年,她在九届四次全国人大会议上呼吁制定《社区医疗保健人员管理条例》,并针对医改把妇女生育费混杂于医疗保险中的问题提出建立生育保险基金。2002年,她呼吁制定监督法,认为"反腐"贵在尽早发现。2003年3月,她呼吁加大制止滥用抗生素宣传力度,鼓励开发绿色药品。

2009年3月,严诚忠代表提出"中华国服经济文化产业"议案,并推广国服的理念和设计,他认为中国的服装生产企业也不应仅仅以质量为企业生命,还应该重视服装的文化价值,以满足消费者更高文化品位和层次的需要。服装产业要走出困境,关键在于创新,而国服是一个很好的案例。

【上海市人大】

1984年3月,在上海市人大八届二次会议上,赵祖康代表提出盖高层住宅要同拓宽道路、建筑广场、敷设地下管线结合考虑、通盘规划，强调按照上海市总体规划方案，从北到南，对长江口南岸地区到杭州湾北岸地区“两翼”进行有步骤的规划建设，建议将过密的人口疏散到郊区去，要向市民提倡“志在四方”，不要志在市区。

1986年，赵承建代表所提出的《关于向长江口排放合流污水选择排放口问题的建议》受到市政府采纳，副市长倪天增主持召开评审会，专门制定综合方案改变原先的排放口。此后，他又陆续提出《切实保障黄浦江上游水质，改善浦东水质，以利改善浦东投资环境的建议》《抓紧组织力量，制定上海滨江沿海滩涂开发利用总体规划，发挥滩涂资源优势的建议》等10多件议案和建议，都被市政府领导批示列入市政建设和治理规划。

1983—2003年，汪尧昌代表提出逾百件书面意见和议案，如《控制经济增长速度和固定资产投资总额，长期稳定较高地发展上海经济》的书面意见在内部刊物《决策参考》上发表。1986年市人大八届四次会议时，他会同27位代表向大会提出《应该制定上海市地方环境保护法规》的议案，还附上所拟的该项环境保护的法规草案供有关方面立法参考。1990年，他所提出的《建立台湾贸易投资区》和《制定台商投资法》，1993年所提出的《尽快制定“上海市放射性污染防治管理条例”》，1994年所提出的《建议制定“上海市执法监督暂行条例”》，2002年所提出的《建议制定“上海市九段沙湿地自然保护区管理条例”》都被列为议案。

1992年市人大九届五次会议，吴敦肃代表所提出的《关于尽快制定保障律师依法执行职务条例》被列为议案，该议案也是该次人大法制委员会通过的唯一一份议案。1994年所提出的《修改“上海市人民代表大会议事规则”》、1995年所提出的《建议市人民代表大会或常委会作一决议“市民在升国旗和集会时唱国歌”》和1998年所提出的《建议制定“上海市防止劣生条例”》都被列为议案。

1994年市人大十届二次会议上，谢继民代表所提出的《限制在市内燃放烟花炮竹》议案，提出应根据上海的特点采取逐步限制、分步禁止的办法，该案有14名代表附议，被列为交会后审议的议案。1998年的《以立法来加强对国有企业投资的监管》，1999年的《建议制定“上海市塑料废弃物污染防治管理办法”》，2000年的《建议制定“上海市大气污染防治条例”》，2001年的《建议制定“上海市预算监督条例”》都被列为交会后审议的议案。其中《建议制定“上海市塑料废弃物污染防治管理办法”》，提出寻找突破口、成立处置中心、实行登记制度、选定批销单位、收取押金等10条立法要点，该案有19名代表附议，被列为交会后审议的议案。

1998年宋经中代表的《建议建立“代表评议市局级干部制度”》，2003年李惠萍代表的《建议制定“上海市遗体捐献条例”》，都被列为交会后审议的议案。

2007年孙洪林代表提交的《加强对二手房买卖资金的监管》，2008年的《依法立案规范立案》，2009年的《关于规范上海市动拆迁的书面意见》，2010年的《公房变更租赁户名中“协商不一致的证明材料”的认定问题须明确》《物业公司应切实履行指定承租人的职责》《加紧编制高架道路投影区域的空间使用规划的书面意见》《建议市住房保障和房屋管理局开展对本市动迁公司人员结构课题的调研工作》《借鉴“重庆模式”加大本市公共租赁房建设投放力度》《修改2003版(上海市房地产买卖合同)示范文本中争议解决条款》《破解一套房屋执行难法院责无旁贷》，2011年的《寻找应对策略，避免“同案不同判”现象》等书面意见，都是与老百姓生活密切相关的意见与建议。2012年提交的《修订“上海市房屋租赁条例”，增加出租人免于履行指定承租人职责的司法救济条款》被列为交会后审议的议案。

除上述议案外，民革党员中的其他人大代表对上海社会发展和经济建设、市民的衣食住行、法律法规制定完善和有关具体措施的施行还提出了其他许多书面意见，如叶明代表2007年提出的

《关于促进长三角交通一体化与办好世博会的意见与建议》,2008 年的《关于虹桥交通枢纽工程配套路网的若干建议》,2009 年的《关于向全社会推广垃圾分类收集处置的建议》,2010 年的《关于在上海设立自由贸易试验区的建议》等,2011 年的《关于上海市保障性住房建设的建议》,2012 年的《关于建立商品房空置率指标预警机制的建议》等,这些建议后来均得到了落实。

第三节　参加政治协商会议

在历届各级人民政协中,民革市委都有党员担任各级政协委员,与各界委员共同履行政治协商、民主监督、参政议政的职责。

一、担任政协委员

1978—2012 年,全国政协、上海市政协各历 7 届。在历届全国政协委员中,上海民革党员有 24 人、42 人次担任,其中任常务委员 6 人、9 人次,副主席 1 人、1 人次。在历届上海市政协委员中,上海民革党员有 117 人、188 人次担任,其中常务委员 29 人、46 人次,副主席 4 人、6 人次。

图 1-3-1　1998 年 2 月 12 日,民革市委组织界别委员学习

【全国政协】

第五届:(1978 年 2 月—1983 年 6 月)

常务委员: 贾亦斌

委　　员： 刘昌义　贾亦斌　徐以枋　葛敬恩　武和轩（1979年6月任）
徐国懋（1981年11月任）

第六届：（1983年6月—1988年3月）

常务委员： 徐以枋

委　　员： 邓葆光　史　说　刘昌义　孙铭九　陈文瑛（女）　李直峰　武和轩　顾毓琭
徐以枋　徐国懋

第七届：（1988年3月—1993年3月）

常务委员： 徐以枋

委　　员： 毛增滇　史　说　刘昌义　孙铭九　杨小佛　顾毓琭　黄启汉　徐以枋　徐国懋

第八届：（1993年3月—1998年2月）

常务委员： 毛增滇
厉无畏（1996年3月）

委　　员： 毛增滇　厉无畏　瞿世镜

第九届：（1998年2月—2003年2月）

常务委员： 毛增滇　厉无畏

委　　员： 毛增滇　厉无畏　薛慕煊　瞿世镜

第十届：（2003年3月—2008年3月）

委　　员： 毛增滇　刘豫阳（女）　薛慕煊　瞿世镜

第十一届：（2008年3月—　　）

副 主 席： 厉无畏

常务委员： 高小玫（女）　葛剑雄

委　　员： 厉无畏　高小玫（女）　葛剑雄　周桐宇（女）　蒋　洪　朱成钢

【上海市政协】

第五届：（1977年12月—1983年4月）

副 主 席： 赵祖康

常务委员： 刘侠任　张汇文　姚国桐　徐以枋　徐国懋　贾亦斌　周旧邦　胡世奎　李立侠
李赣驹　刘景春　武和轩（1979年12月任）

委　　员： 赵祖康　刘侠任　张汇文　姚国桐　徐以枋　徐国懋　贾亦斌　史　说　阮玄武
周旧邦　胡世奎　侯砚圃　欧元怀　孙铭九　杜　湘　吴邦伟　宋瑞珂　金兆均
郭增望　葛正权　诸尚一　顾毓琭　胡寄窗　李立侠　李赣驹　刘景春
吴青霞（女）　胡时渊　武和轩（1979年12月任）

第六届：（1983年4月—1988年4月）

副 主 席： 徐以枋

常务委员： 刘景春　李立侠　李赣驹　张汇文　周旧邦　郝隆年　胡世奎

委　　员： 徐以枋　刘景春　李立侠　李赣驹　张汇文　周旧邦　郝隆年　胡世奎　丁日初
阮玄武　张国魁　诸尚一　郭增望　顾毓琭　章念驰　商继宗　程子敏　孙铭九
吴青霞（女）　杨小佛　宋瑞珂　胡时渊　洪瑞钊　谢继民　陆玉贻　王泽华

第七届:(1988年4月—1993年2月)

副 主 席: 徐以枋

常务委员: 刘景春　李赣驹　陆玉贻　郑毓蕃　胡世奎　郝隆年　屈时敬

委　　员: 徐以枋　刘景春　李赣驹　陆玉贻　郑毓蕃　胡世奎　郝隆年　丁日初　王天厚　张国魁　武重年　屈时敬　诸尚一　商继宗　程子敏　雍新生　瞿世镜　李忠萌　严淼泰　王泽华　李晋五　吴青霞(女)　宋瑞珂　竺培英(女)　黄崇武　谢继民

第八届:(1993年2月—1998年2月)

副 主 席: 徐以枋　厉无畏(1996年2月任)

常务委员: 过传忠　李赣驹　陆玉贻　郑毓蕃　厉无畏

委　　员: 徐以枋　过传忠　李赣驹　陆玉贻　郑毓蕃　朱畅蟾　许　庆　严诚忠　张国魁　严淼泰　陈大慈(女)　陈天平　项斯文　姜惠馨(女)　贺成杰　江乃雄　徐为华(女)　武重年　章念驰　章念祖　李晋五　宋瑞珂　陈祖范　陈雪兰(女)　竺培英(女)　宋声平　鲍凯歌　厉无畏

第九届:(1998年2月—2003年2月)

常务委员: 过传忠　许　庆　姜惠馨(女)　李忠萌　严诚忠

委　　员: 马鄂云(女)　孙柏年　过传忠　任先正　许　庆　许冀煌　江乃雄　武重年　项斯文　姜惠馨(女)　贺成杰　郭士征　章念弛　章念祖　李世耀　李忠萌　李赣驹　严诚忠　陈天平　宋声平　罗华荣(女)　鲍均贤　鲍凯歌　朱全忠　葛剑雄　陶新康

第十届:(2003年2月—2008年2月)

常务委员: 项斯文　葛剑雄　任先正　李忠萌　赵国靖

委　　员: 项斯文　葛剑雄　任先正　李忠萌　赵国靖　吕　元　严诚忠　李世耀　董　波　罗华荣(女)　郭士征　陈天平　解　放(女)　周忠菲(女)　方　方(女)　陈永亮　蒋　健　邱华云　朱建国　周和平　朱全忠　蔡宏伟　鲍凯歌　陈益樑　黄仁浩　陶新康　李赣驹

第十一届(2008年1月—　　)

副 主 席: 高小玫(女)

常务委员: 方　方(女)　任先正　吕　元　李世耀　赵国靖

委　　员: 高小玫(女)　方　方(女)　任先正　吕　元　李世耀　赵国靖　蒋　健　刘小兵　朱建国　李栋樑　李惠萍(女)　杨逢珉(女)　周和平　周忠菲(女)　罗华荣(女)　屠大维　彭颖红　蒋　健　臧志军　陈益樑　沈文达　郑洪波　王慧敏(女)　孙海彬(女)　黄仁浩　戴建国

二、委员履职

1978—2012年,民革市委坚持发展为参政议政第一要务,围绕国家与上海发展的新形势、新任务,研究新情况、新问题,发挥优势,开拓创新,把提交提案作为衡量参政党政治价值、工作绩效的重要载体。

【全国政协】

1980年夏，武和轩委员向中共中央、全国政协和国务院分别提交《关于国务院要实行精简机构的建议书》。1981年11月28日，他的建议被国务院采纳并写入《政府工作报告》。在全国政协分组讨论《政府工作报告》时，还将建议原文调出，在上海特邀委员小组内传阅。

1994年，全国政协八届二次会议期间，厉无畏委员向大会提交《中国经济发展反差现象的思考》的书面发言，提出从宏观上把握工业效益转移的度的界限、加速建立社会保障体系、切实转变政府管理经济的职能三条建议，后被吸纳到国务院"关于进一步搞好国有经济"的重要决策之中。

1997年，东南亚金融危机爆发，1998年3月，厉无畏委员在全国政协九届一次会议上作了题为《关于防范金融风险的若干建议》的大会发言，提出"我国开放金融市场是迟早的事，当务之急是加快金融市场化改革的步伐，促进金融市场的成熟与规范，为开放作好准备"，还提出防范金融风险的具体对策。2001年3月，厉无畏向全国政协提出《关于建立我国石油储备制度的建议》，引起中央领导高度重视，被评为九届政协优秀提案。

瞿世镜委员在1999年向全国政协秘书处提交了3份发言稿，其中《关于保持社会稳定必须逐步完善利益分配协调机制》被列为大会发言，《关于全国银行实行储蓄实名制，以便掌握所得税税源》的提案得到采纳并实施。全国政协主席李瑞环为此作重要批示。

毛增滇委员在全国政协七届三次全会提交的《必须重视科技进步对经济发展的巨大作用》，以及在八届一次全会上提交的《建议制定"各级人民法院错案责任追究暂行办法"》等3件提案被评为全国政协优秀提案。2000年，全国人大代表刘豫阳在九届三次全国人大会议上就整顿混乱的性保健品市场提出的议案，引起毛增滇和厉无畏的关注，他们在向全国政协九届三次会议提交的《关于规范性保健用品市场的建议》中，呼吁有关部门要对性保健商店的选址加以规范指导，该提案被评为全国政协18个重点提案之一，上海市政府对此高度重视，专门在沪召开与民主党派成员的座谈会，出台整治管理条例，取得成效。

蒋洪委员每年均提出建设阳光财政为主题的提案：2008年，他在全国政协十一届一次会议上提出《建设阳光财政的三点建议》和《制止公款奢侈浪费的十条建议措施》；2009年，他在全国政协大会上发言不久，财政部官方网站首次在全国人大审议通过预算草案的第一时间将其向社会公布；2010年，他的提案是《将阳光财政落到实处》，让人民知晓他们委托政府管理的所有公共资金和资产的运行状况。

葛剑雄委员始终关注民生问题，2008年5月12日发生汶川大地震，他在5月16日即提出建议设立"国家哀悼日"，这一主张在全国引起反响，国务院决定同年5月19—21日为全国哀悼日。在全国政协十一届一次会议上，他提出节假日期间取消高速公路收费的建议，两年后交通部决定节假日取消高速公路收费。

【上海市政协】

1984年，市政协六届二次会议时，李赣驹等市政协委员提出提案，建议将陕北中学恢复原名晋元中学，以纪念抗日将领谢晋元将军，提案被市教育部门采纳实施。1988年8月，在市政协讨论市人民政府制定的《关于改善上海市内道路交通的意见(征求意见稿)》时，徐以枋委员提出：解决上海市交通难的问题，不仅是辟路加车，更重要的是应制定上海城市发展交通的政策和法规，并采取扶助公交事业的政策和办法。1989年，诸尚一委员在市政协七届二次会议上向市委书记朱镕基提出撤销市政府机关所办经济实体的建议,不久市政府就撤并政府机关所办企业。

民革市委在市政协大会上提交的组织提案和大会发言(包括口头发言和书面发言),是集中展现上海民革参政议政水平的重要载体。民革市委注重开展调查研究,加强与政府部门沟通,并通过流程化管理,确保提案(大会发言)质量。各专委会、区级组织、大专院校提交的提案(大会发言)是民革市委组织提案(大会发言)素材的重要来源,提案(大会发言)有时又是由市委课题研究成果转化而来。

随着《中共中央关于坚持和完善中国共产党领导的多党合作和政治协商制度的意见》的实施,从20世纪90年代起,民革市委开始以组织名义向市政协全会提交大会发言和组织提案。1993—2012年,共向上海市政协提交大会发言39件,提案236件,其中27件被评为优秀提案。这些意见和建议大多关系到国计民生,涉及老百姓关心的热点、难点等问题,受到政府和有关部门的关注,在某些领域还形成了民革特点。

围绕环保问题,民革市委先后提出"改善水环境""改善大气环境""建立生态城市的思考""环保的软件建设""长江口水质污染的治理"等。针对改善环境,1993年2月,民革市委在市政协八届一次会议上提出的《关于尽快整治长江口,以迅速振兴上海经济的建议》被市八届政协评为优秀提案,1995年2月提交《关于改善上海市水环境的建议》,1996年提交《关于长江口水质污染的现状及其对策》,1997年提交《关于医院污水处理的建议》,2000年提交《关于充分发挥现有城市污水水质净化设施功能,保护上海水环境的建议》,2001年2月在市政协九届四次会议上提交《关于进一步加强上海水资源管理的建议》,被市九届政协评为优秀提案,2002年2月在市政协九届五次会议上提交《关于巩固和加强本市河道整治力度的建议》。

围绕法制建设问题,1993年2月在市政协八届一次会议上提交《关于建议制定上海市各级人民法院错案责任追究暂行办法》,被评为优秀提案;1994年2月提交《关于加强和完善对执法机关的监督措施的建议》,1995年2月提交《关于深化审判方式改革》,1997年2月提交《坚决清除地方和部门保护主义,树立执法人员文明形象的建议》,2007年1月提交《关于倡导行政首长出庭应诉,提升法治政府形象的建议》,2012年1月在十一届五次会议上提交《关于律师参与本市重大事项社会稳定风险评估工作的建议》。

围绕社会保障问题,民革市委在市政协会议上先后针对"完善养老保险""强化失业保险""规范医疗保险""逐步推行补充养老保险"提出意见和建议,其中1995年2月在八届三次会议上提交的《完善我国养老保险制度的若干建议》被评为优秀提案,1996年2月提交《关于强化本市失业保险制度的若干建议》《关于规划本市医疗保险的若干建议》,1997年2月提交《关于在本市加快推进补充养老保险的建议》,1998年2月提交《关于改善本市退休人员老后收入保障的对策建议》,2001年2月提交《关于收入分配制度改革应趋向椭圆形发展的建议》,2002年2月提交《关于上海医保中"特殊人群"医疗问题的分析与建议》《关于机关事业单位养老保险深入改革的若干思考》和《关于规范慈善事业医疗救助工作的几点建议》,2003年3月提交《关于维护老年人权益,妥善处理"涉老"房屋纠纷的建议》《关于对残疾人就业保障金管理的建议》,2005年1月提交《关于重视离土农民就业问题的建议》,2008年1月提交《关于维护社会公平正义发展和完善农民工社会保障的建议》,2010年1月提交《关于完善上海失业保险制度的建议》,2011年提交《关于加快推进本市事业单位养老保险制度改革的建议》,几乎涉及中国社会保险探索的各个方面。

2005年,民革市委向市政协十届三次全会提交《关于设法恢复生产和使用廉价经典药的建议》后,又召开提案跟踪会,邀请有关方面人士一起出谋划策,随后,信谊药厂生产出某种廉价经典药。

2006 年在市政协十届四次全会上，民革市委又提出《关于进一步倡导恢复生产和使用廉价经典药的建议》。廉价经典药因为上海民革的提案而成为一个专用名词，主流媒体多次对此作专题报道，引起社会的广泛关注。

第十二届民革市委向第十一届市政协提交的《加强危险品运输车辆及涉外水箱反恐监控的建议》得到中共市委书记俞正声的批示；《加快推进利用水泥回转窑处理城市固体废弃物的建议》被列为市政协主席督办提案；《以国际化的英文标识迎世博的建议》被列为市政协跟踪提案；《加快发展上海金融设备产业》的建议被采纳，金融设备产业由此被列入上海发展先进制造业的目录；《确立市郊农民在转让、流转承包土地中主导性地位》的提案得到市农委的重视。《关于加强上海轨道交通专业人才队伍建设的建议》等 7 篇提案获市政协优秀提案奖；《关于加强对消费卡管理的建议》获市政协 2010 年优秀提案特别奖，成为唯一一个获此荣誉的民主党派提案。

提案还推动了有关方面的工作，如《关于以国际化的英文标识迎世博的建议》助推了《公共场合应用标识规范》的出台。

民革市委以组织名义在市政协大会上作书面和口头发言，这些大会发言涉及面广，既有关系国计民生等宏观性较强的内容，又涉及老百姓关心的热点、难点问题。大会发言很多都由民革市委课题研究成果转化而来，有深入调研基础。

表 1-3-1　1990—2012 年民革市委在市政协大会发言情况表

届次(年份)	案　　由	备　注
第七届三次会议(1990 年 4 月)	积极引进台资，振兴上海经济，促进祖国统一	口头发言
	政治学习仍然是政协的一项重要任务	口头发言
	稳定人才队伍、弥补人才断层	口头发言
第七届四次会议(1991 年 4 月)	适应形势发展，为开拓祖国统一工作新领域作贡献	口头发言
	开发浦东新区应做好前期规划	书面发言
	完善特约员工作，发挥参政议政作用	书面发言
第七届五次会议(1992 年 4 月)	扩大海外联谊，深化对台工作	口头发言
第八届一次会议(1993 年 2 月)	上海人才问题的对策思路	口头发言
第八届二次会议(1994 年 2 月)	精神文明建设需要相应的物质保障	口头发言
第八届三次会议(1995 年 2 月)	加大技术出口力度，实现上海外贸出口战略目标	书面发言
	学习贯彻江泽民同志重要讲话，加快祖国和平统一进程	口头发言
第八届四次会议(1996 年 2 月)	抓大不要忽视放小	口头发言
第八届五次会议(1997 年 2 月)	资产经营与重组的市场观、风险观和得失观	口头发言
	关于精神文明建设的几点建议	书面发言
第九届一次会议(1998 年 2 月)	上海要尽快建立再就业战略协调机制	书面发言
	关于动迁香山路 5 号住户，建立孙中山生平事迹陈列馆的建议	口头发言
第九届二次会议(1999 年 2 月)	做好资产重组这篇大文章	书面发言
	依靠全社会的力量，增强本市养老保障的实力	口头发言

(续表)

届次(年份)	案由	备注
第九届三次会议(2000年2月)	增强创新意识,建立创新机制	口头发言
第九届四次会议(2001年2月)	增强上海产业的国际竞争力	口头发言
第九届五次会议(2002年2月)	入世与政府对企业管理职能的转变与创新	口头发言
第十届一次会议(2003年2月)	构建上海城市文化建设体系,提升城市综合竞争力	口头发言
第十届二次会议(2004年1月)	以人为本,统筹兼顾,促进上海的协调发展	口头发言
	做好台湾人民工作,坚决反对"台独",促进祖国统一	书面发言
	抓住国家出口退税政策调整的机遇,进一步加快上海国际贸易中心建设	书面发言
第十届三次会议(2005年1月)	落实科教兴市主战略,积极推进产业文化化	口头发言
	关心老人生活,迎接老龄化社会的挑战	书面发言
第十届四次会议(2006年1月)	积极培育创意产业,切实提高上海城市国际竞争力	口头发言
	民主党派在构建和谐社区中的作用研究	书面发言
	以长江"黄金水道"开发利用为突破口,强化上海"服务长三角、服务长江流域、服务全国"的功能	书面发言
第十届五次会议(2007年1月)	发挥公共财政在构建和谐社会中作用,提升民生投入比重的建议	口头发言
	保护与创新上海郊区乡土文化,提升经济社会发展的历史内涵和文化底蕴	书面发言
	切实提高老年人的生活质量,促进上海养老事业的发展	书面发言
第十一届一次会议(2008年1月)	提高财政透明度,建设服务型政府	口头发言
	抢抓世博机遇,加快发展上海国际会展业	书面发言
	整合力量打造上海海洋科技研发高地	书面发言
第十一届二次会议(2009年1月)	加快海洋开发,促进上海经济发展	口头发言
	发展创意农业,推动社会主义新农村建设	书面发言
	建设创意之都,推进上海城市新发展	书面发言
第十一届三次会议(2010年1月)	关于加快推进上海国际贸易中心建设的几点建议	口头发言
	开发苏州河的符号价值,助推上海创意城市建设	书面发言
	台湾的社区管理及对本市的启示	书面发言
	延续和拓展上海世博效应与功能,建造上海全球非物质文化遗产保护、交流及创新中心	书面发言
第十一届四次会议(2011年1月)	推进财政信息公开,建设高效透明政府	口头发言
	纪念辛亥百年,增强两岸互信,促进祖国统一	书面发言
	完善本市养老模式,推进养老事业发展	书面发言

(续表)

届次(年份)	案　　由	备　注
第十一届五次会议(2012 年 1 月)	重视外来务工者组织化服务的问题	口头发言
	设立政府行政改革推进机构,协调、统筹和推进政府行政改革	书面发言
	上海文化创意产业的消费市场培育	书面发言
	创新社会管理方式,拓展民生财政监督渠道	书面发言

第四节　参与政府事务管理和民主监督

一、参与政府事务管理

根据《中共中央关于坚持和完善中国共产党领导的多党合作和政治协商制度的意见》精神,从 1990 年起,市政府市长办公会议经常邀请各民主党派的市委领导人列席会议。1993 年 9 月,民革市委与上海市政府台湾事务办公室建立了对口联系,双方商定相互及时通报情况,交换有关文件、资料,加强日常工作联系。到 2012 年,民革党员中先后有 11 人被举荐担任市、区政府部门和司法机关副局级以上领导职务。

表 1－3－2　1978—2012 年民革党员担任政府和司法机关领导职务情况表

姓　名	职　　务	任　　期
赵祖康	上海市革命委员会委员	1977 年 12 月—1979 年 12 月
	上海市副市长	1979 年 12 月—1983 年 4 月
徐以枋	上海城市建设局总工程师兼市政工程设计院院长	1978 年—1982 年
王泽华	上海市政工程局局长	1983 年 9 月—1986 年 6 月
史　说	上海市人民政府参事室主任	1984 年 1 月—1994 年 9 月
高小玫(女)	上海市知识产权局副局长	2006 年 5 月—2009 年 2 月
华一溵(女)	中国证监会国际部副主任	2008 年 5 月—2011 年 11 月
	上海市国有资产监督管理委员会副主任	2011 年 11 月—
王光贤	上海市人民检察院第一分院副检察长	2011 年 3 月—
丁美坚	上海申康医院发展中心副主任	2012 年 9 月—
忻伟明	卢湾区副区长	2001 年 5 月—2008 年 12 月
朱成钢	静安区副区长	2006 年 11 月—2011 年 11 月
	徐汇区副区长	2011 年 11 月—
李国华	虹口区副区长	2011 年 11 月—

二、担任“特约(邀)四员”

1988 年 4 月,民革市委副主委诸尚一被市监察局聘任为特邀监察员,参加对监察工作的监督。1988年12月,上海市人民政府为贯彻国务院关于治理经济环境和整顿经济秩序的指示精神,邀请部分市人大代表和市政协委员参加由市政府有关部门负责人及有关专家组成的专案调查工作组,在清理全市投资项目时,首先对在建和预建的楼堂馆所项目进行了清理和整顿,上海民革党员中的市政协委员应邀参与此项工作的有徐以枋、胡世奎等4人。1989年《中共中央关于坚持和完善中国共产党领导的多党合作和政治协商制度的意见》制定后,市监察局、市人民检察院、市审计局从1990年起邀请民主党派人士担任市特邀监察员、特约检察员、特约审计员参与对监察、检察、审计工作的监督,民革党员最初被邀担任的有4人。1993年起上海市人民政府又聘请了教育督导员。此后,又有许多民革党员作为行风评议员,参加市区两级的清理、整顿公司、肃贪倡廉和财税大检查等工作,参加市政府、市政协等组织的财税物价大检查、反腐工作调查以及招聘干部的监督工作,参加市、区(县)组织的对公安、电力、邮电、工商、房地产、法院等系统的行风评议工作。

1988—2012年,上海民革党员中被邀担任市级特邀监察员、特约检察员、特约审计员、特约教育督导员的有21人。这些担任"特约(邀)四员"的民革党员,参加各聘任单位在全市开展的各类活动,定期听取工作情况通报、有关重要事项情况介绍并参与评议,出席党风廉政建设报告会议,进行有关事件的调研、考查、视察和研讨,参与行风评议,参与有关疑难复杂案件的庭审旁听审议和有关方案、法规制订及实施的监督,参与群众来访接待咨询服务。

表1-3-3　1988—2012年民革党员担任"特约(邀)四员"情况表

聘任单位	类别	时间	姓名
上海市监察委员会	特邀监察员	1988年10月—1993年10月	诸尚一
		1993年10月—2000年10月	严诚忠
		1997年5月—2000年10月	毛增滇
		2000年10月—2003年10月	鲍均贤
		2003年10月—2008年6月	王卓贤
		2003年10月—	蒋　健
		2008年6月—	李世耀
上海市人民检察院	特约检察员	1990年4月—2003年9月	薛慕煊　瞿世镜
		2003年9月—2009年4月	项斯文　武丕宏
		2009年4月—	王慧敏　解　放
上海市审计局	特约审计员	1994年1月—2003年11月	黄振纲
		1998年7月—2008年10月	李世耀
		2003年11月—	蒋　洪
上海市教育委员会 上海市政府教育督导室	特约教育督导员	1994年5月—2003年9月	过传忠
		2003年9月—2008年7月	董　波
		2008年7月—	从　群　李　蓝

除“特约(邀)四员”外，还有党员担任高级人民法院特邀监督员，市第一和第二中级人民法院、市公安局、市纠风办、市财税机关、市住建委以及市食品安全、电力电信、社会治安等方面的监督员，他们在参加各项检查监督活动中积极反映情况、提出意见，为纠正行业纠风、加强廉政建设发挥作用。有的还被评为上海市、区行风评议先进个人、优秀行风评议代表。一位担任全国政协委员的民革党员提出“加强行风评议工作的力度，使其成为两个文明建设结合点”的建议，受到中共中央宣传部的高度重视，专门组织调查小组，到上海总结行风评议的经验，并向全国逐步推广。

第五节　建言献策和反映社情民意

一、建言献策

除了在“两会”上提出议案和提案，从 20 世纪 80 年代开始，民革党员就积极献计献策，反映社情民意信息。程子敏等提交的《关于加强上海土地管理和使用的意见》于 1986 年被市政府采纳施行，汪一鹤等提交的《恢复全国邮政储汇业务，以利筹集建设资金》被邮政部门采纳。

1990—2004 年，民革市委共向民革中央、中共市委、市政府提交了 19 份献计献策材料，其中 1993 年提交的《关于防止南水北调加重咸湖影响上海市供水水质的建议》材料，受到上海市长黄菊和分管副市长夏克强的批示。2003 年“非典”时期，民革市委提交的《关于预防和控制“非典”工作的建议》受到副市长杨晓渡的批示。在民革市委提交的 17 份意见和建议中，《严打的新闻报道应注意现行法律政策》被评为 1996 年上海统战系统十佳好信息，《开征燃油税对上海的影响以及相应建议》《厉无畏谈积极为我国加入世界贸易组织作好准备》《何鲁丽到上海调研谈公民道德建设、政治交接等问题》分获 1999 年度、2002 年度“上海统战系统好信息”。

二、反映社情民意

2004 年起，民革上海市委进一步规范了反映社情民意信息的工作制度。2004—2012 年，民革市委共向民革中央、市政协、市委统战部反映社情民意信息 1 869 篇，被采用 662 篇。有关加强对青少年涉台教育的建议，得到中共市委副书记罗世谦的重视；《政府购买就业岗位过程中存在的问题及对策建议》被评为 2005 年度“上海统战好信息”；反映有关中环线通车遗留问题的社情民意信息，受到市建委的重视等；2006 年，《建立建设项目不可行性研究的程序和制度》得到国务院总理温家宝、副总理曾培炎批示；2007 年《关于“世博越江线、世博大道线”等英文名称修改的建议》等 38 篇信息获中共市委、市政府领导批示，《关于注重抗旱水源安全的建议》等 32 篇信息被全国政协和中央统战部采用，葛剑雄提交的《对深化教育体制改革的意见建议》得到中央领导刘延东的批示；2009 年，国际金融危机影响到国内，民革市委响应中共中央统战部“我为应对国际金融危机影响献一策”的活动，积极反映相关信息；2010 年，世博会在上海举行，广大党员献计出力，共反映相关信息 70 篇，有 26 篇被采用；2011 年上海各民主党派市委联合发出“聚焦‘十二五’，同心促发展”倡议，民革市委提交的《建议制定保护本市优秀历史建筑的具体操作方法》等信息获市政府领导批示。民革市委于 2009 年、2010—2011 年度两次被市政协评为反映社情民意信息工作二等奖，2008—2012 年连续五年获民革中央社情民意信息工作先进集体。

表 1-3-4　2005—2012 年获领导批示或被有关部门采用的社情民意信息情况一览表

年　份	意见建议(标题)	批示领导姓名职务
2005	对贯彻落实《中共中央关于进一步加强中国共产党领导的多党合作和政治协商制度建设的意见》精神,进一步完善特约员队伍建设的建议	中共市委副书记罗世谦批示
2005	加强青少年涉台教育刻不容缓	市政协副主席王荣华批示呈中共市委副书记罗世谦同志参阅
2006	标准化菜场不宜"一刀切"	副市长胡延照批示
2006	对《邮政法》2006 年 8 月修改稿的强烈质疑	副市长周禹鹏批示
2007	设立"114"受理信访、投诉,咨询电话查询制度	常务副市长冯国勤批示
2007	用好利率工具平抑过高房价	市领导批示
2008	迎接世博会,提升上海户外广告文化内涵	市领导批示
2008	发展租赁集聚人才	市领导批示
2008	借助迎世博,市容环境整治东风,解决无商业开发价值的边角料地块,改善老百姓居住困难的建议	市领导批示
2009	关于落实"幸福养老"指标加强敬老院工作监管的建议	副市长胡延照批示
2009	关于重视行业工会班子成员代表性的建议	市政协主席冯国勤批示
2009	坚决抵制对大陆赴台游客的反动、恶意宣传	中共市委常委、统战部部长杨晓渡批示
2009	关于调整证券交易时间的建议	中共市委常委、统战部部长杨晓渡,胡延照、屠光绍副市长批示
2010	《整合社会助餐资源,提升本市幸福养老水平》《关于"世博越江线、世博大道线"等英文名称修改的建议》等 21 篇	中共市委书记俞正声等多位领导批示
	《关于注重抗旱水源安全的建议》	全国政协采用
	《防止工贱伤农,损害雇佣农民合法权益》等 13 篇	受到中共市委、市政府领导重视
2011	《防止工贱伤农,损害雇佣农民合法权益》等 22 篇	全国政协和中共中央统战部采用
	《建议尽快出台规范郊区农村各类性质学校土地、房产的归属和征用办法》等 12 篇	中共市委、市政府领导批示
2012	《关于完善我国核安全立法的相关建议》等 15 篇	全国政协或中共中央统战部采用

第六节　专 题 调 研

民革市委以经济、科技、社会法制等专委会为平台,依托各级组织和党员中专家学者的力量,围绕民革中央参政议政重点领域,结合民革市委的研究优势,开展课题调研。1993—2012 年,民革市委共完成各类课题调研 69 个,2002 年完成的《上海都市型工业园区调研》获第五届市决策咨询研究政策建议三等奖,2005 年的《关于以黄金水道开发利用为突破口,体现服务长江、服务全国的功能情况的调研》获中共市委主要领导批示。《关于在本市建立政府行政改革推进机构的建议》获中共

图 1-3-2　2005 年 8 月 24 日，民革市委就食品安全展开调研

市委书记俞正声和市委副书记、市长韩正的批示。围绕民革中央参政议政 3 个重点领域并结合上海民革的特点和优势，民革市委注重对“社会保障”“创意产业”“公共财政”等具有民革研究优势的参政议政课题的长期研究。

一、关于浦东开发

民革市委在 1990 年 4 月，国务院宣布开发、开放浦东问题的决定后，先后拟定《浦东新区基础设施建设》《越江交通问题的探讨》《浦东开发资金的筹措》和《上海经济建设宏观决策》等课题，写出 20 多篇书面意见、建议，报送市政府有关部门参考。其中 1990 年 7 月民革市委经济研究委员会所写的《关于浦东开发的几点意见和建议》提出：(1) 开发浦东要把浦东看作是上海发展外向型经济的突破口，带动老市区改造的；(2) 要从大规模的整体开发，制定整体规划，分阶段进行；(3) 开发浦东的资金，应利用外资为主，特别是要引进外商直接投资；(4) 要重视“土地生财”；(5) 浦东可考虑成立一个有法人资格自负盈亏、能独立行使权力的中外合营的开发总公司；(6) 浦东开发的行政管理，可先组织一个浦东开发区管理委员会，由一位专职副市长主持，吸收有关委办和三区一县的领导人参加；(7) 要加快制定政策和法规，如实行土地批租和征收土地使用费的政策、浦东土地开发管理规定、征收土地使用费标准和优惠办法及浦东地区管理办法等。1990 年 10 月，上海市人民政府公布《关于浦东新区开发开放几项法规》，民革市委又邀请部分对经济、金融有一定专业学识和实际工作经验的民革党员进行学习讨论和调查研究，对其中关于鼓励外商投资、设立外商投资机构、浦东新区土地管理和外高桥保税区 4 个有关法规提出意见和建议。

二、关于人才问题

1992年9月,在中共市委统战部的支持下,由民革市委牵头,与各民主党派、工商联联合组成课题组,对上海的人才问题进行了为期5个月的调查研究,并形成《关于上海人才问题的对策和思路》的调查报告,送有关部门作为决策的参考。1993年2月,市政协八届一次会议期间,民革市委从人才的选拔、管理、流动、培训和待遇等方面在大会上作发言,引起有关部门重视。

三、关于环境保护问题

1994—1995年,民革市委连续两年完成了《上海环境保护的思路与生态城市的思考》《长江口水质污染的现状及整治对策》课题报告。其中,《长江口水质污染的现状及整治对策》重点对如何提高环保意识、加强环保法制、加强长江水环境保护工作的组织管理与协调等方面提出了综合性对策,其目的在于调查长江口水质污染的现状,提出改善上海市供水水质的参考意见,特别是近期内能够实施的一些措施。

四、关于社会保障问题

1996年起,民革市委就社会保障、养老保险、医疗保险等问题展开调研,并形成专题调研报告。其中1996年《关于在本市逐步推进补充养老保险的研究》受到徐匡迪市长、孟建柱副市长的批示。1997年形成的《关于完善国有企业下岗职工和退休人员的社会保障问题研究》提出的收入保障对策和医疗保障对策,受到副市长冯国勤的批示,并转市再就业办公室、市社保局、市医保局、市民政局等有关领导研究。1998年《关于转移部分"国有资产"充入养老保险基金的可行性和方策研究》报告受到副市长冯国勤批示,获上海市决策咨询研究成果奖三等奖。2000年,民革市委对《关于本市收入分配中的问题分析及对策研究》课题进行调研,提出了大力发展中等收入阶层、加大国民收入的再分配、促进消费的收入分配建议,受到中共市委书记黄菊的批示,并请市政府予以研究。2001年,民革市委中标上海市决策咨询重点课题《劳动价值理论与收入分配问题研究》的专题调研以及《关于医疗保险制度可持续发展的对策思路》的专题调研。

五、关于就业问题

2002年,民革市委对《中国加入世贸组织后就业现状分析和对策研究》进行专题调研,提出应对的新思路:(1)战术治标,战略治本;(2)市场管就业,政府管失业。新策略:(1)结构调整同步;(2)建立统一市场;(3)加快法制建设;(4)完善保障体系;(5)保护弱势群体;(6)强化政策服务。该课题一方面转化民革中央2003年的组织提案提交全国政协十届一次全会,并被全国政协作为2003年重点调研课题;另一方面转化为大会书面发言,由民革市委递交市政协十届一次全会。

六、关于创意产业

2008—2010 年，民革市委连续三年均有促进创意产业发展的提案或大会书面发言提交市政协，其中 1 篇提案被市政协评为优秀提案。2009 年、2010 年重点完成市科委课题"发展创意产业，推进产业优化和结构升级"研究，提出创意产业如何在转变经济发展方式、调整产业结构方面发挥其独特作用的对策建议。2008 年，将创意产业研究领域拓展到农业，把农业的发展与创意产业发展相结合，承接市决策委咨询课题"发展创意农业，推进社会主义新农村建设"，并与奉贤区、上海社会科学院创意产业研究中心联合举办创意农业论坛，创意农业课题报告的核心成果被市决咨委选中，报送中共市委、市政府，课题成果还分别转化为市政协全会的大会书面发言。2009 年，民革市委与普陀区政协联合举办"苏州河畔创意"论坛，其中"开发苏州河的符号价值，助推上海创意城市建设"的发言引起社会关注。

图 1－3－3　2007 年 4 月 17 日，民革市委主委厉无畏（左二）陪同民革中央常务副主席周铁农（左三）考察建国路八号桥创意产业园区

七、关于社会法制和公共财政

民革市委关注社会管理创新及法律法规体系的完善，开展"强化失业保险制度化解失业风险冲击""本市大学毕业生就业机制创新研究""关于本市事业单位养老保险改革的研究""十二五期间实现财政透明度目标的推进措施和相关建议"等 9 个社会法制建设方面的课题研究，这些研究的核心成果转化成市政协全会的大会发言和组织提案。2010 年，民革市委承接上海市决咨委课题"十二五期间实现财政透明度目标的推进措施和相关建议"，2011 年，民革市委在该课题核心成果的基础上，再次在政协全会上提出"推进财政信息公开，建立高效透明政府"，对上海市政府大力推进财政信息公开起到了积极推动作用。

表 1－3－5　1993—2012 年民革市委调研课题及成果一览表

年　份	课　题　名　称	成　果　概　况
1993	关于上海人才问题的对策和思路	中共市委统战部重点调研课题，转化为市政协全会大会发言
1994	上海环境保护的思路与生态城市的思考	中共市委统战部重点调研课题
1995	长江口水质污染的现状及整治对策	中共市委统战部重点调研课题

(续表)

年 份	课 题 名 称	成 果 概 况
1996	关于在本市逐步推进补充养老保险的研究	中共市委统战部重点调研课题,转化为市政协全会组织提案
1997	关于完善国有企业下岗职工和退休人员的社会保障问题研究	中共市委统战部重点调研课题,转化为市政协全会组织提案、大会发言
1998	关于转移部分国有资产到社保基金的方针政策研究	中共市委统战部重点调研课题,该报告获上海市第三届决策咨询研究成果三等奖
1999	关于在本市大力发展补充医疗保障的方策研究	中共市委统战部重点调研课题
2000	上海在西部开发战略中的作用研究	市政府重大决策咨询课题,与社科院部门经济研究所联合完成
	关于本市收入分配中的问题分析及对策研究	中共市委统战部重点调研课题,收到当时的市委书记黄菊的批示,转化为市政协全会组织提案
	上海社区环境长效管理的对策思路	中共市委统战部重点调研课题,转化为市政协全会大会发言
2001	劳动价值论与收入分配问题研究	市政府重大决策咨询课题,成果转化作为民革中央在全国政协全会上的发言材料,转化为市政协全会大会发言
	关于医疗保险制度可持续发展的对策思路	中共市委统战部重点调研课题,转化为市政协全会组织提案
	以社区为载体,多渠道关注社会弱势群体的对策思路	中共市委统战部重点调研课题,转化为市政协全会组织提案
	关于规范化发展职工持股制度的对策思路	中共市委统战部重点调研课题
2002	上海都市型工业园区调研	市政府重大决策咨询研究课题,该报告获第四届上海市决策咨询研究政策建议三等奖,转化为市政协全会组织提案
	新形势下上海福利企业生存与发展对策研究	上海市决策咨询研究热点课题
	新形势下在沪台资企业发展趋势研究	中共市委统战部重点调研课题
	中国加入世贸组织后就业现状分析和对策研究	中共市委统战部重点调研课题,该课题被作为全国政协的重点调研课题
2003	科教兴市和基础教育改革问题研究	市决咨委课题
	关于转变政府职能提高办事效率创造良好政务环境的对策思路	中共市委统战部重点调研课题
	充分发挥民间资本在世博会中的作用	中共市委统战部课题
	关于做大做强本市中介机构的建议	与上海财政科学研究所合作课题
2004	浦东新区与外向型、国际化城区相适应的社会事业问题研究	市政府决策咨询定向研究课题
	关于化解特殊群体就业难问题的对策研究	中共市委统战部重点调研课题

（续表）

年 份	课 题 名 称	成 果 概 况
2004	关于金融稳健运行的对策思路	中共市委统战部重点调研课题
	中华人民共和国行政许可法实施前后情况的调研	市政协课题
	关于新时期上海市民日常生活中的难点问题及对策思路	市政府研究中心课题
2005	关于培育和扶持创意产业发展，积极推进产业文化的若干对策思考	中共市委招标课题
	民主党派在构建和谐社会中的作用研究和对策	中共市委统战部重点调研课题
	关于以黄金水道开发利用为突破口，体现服务长江、服务全国的功能情况的调研	市政协课题
	完善提案工作机制，提高提案工作质量	市政协参与课题
	中国共产党在政协中与各民主党派、各界人士如何加强合作	市政协参与课题
	上海义务教育深化探索	市教委课题
	上海郊区教育、卫生体系发展问题研究	市政府政策研究热点课题
2006	医疗体系深化改革若干问题研究	中共市委决策咨询课题
	关于切实提高老年人生活质量的思考与对策	中共市委统战部课题
	上海郊区乡土文化保护与创新	市政协课题
	教育管理现代化指标体系研究	市教委课题
	政府采购创新创业公共服务的模式与方案研究	市科委招标课题
2007	关于在旧区改造过程中公共资金使用问题研究	市决策咨询研究课题
	公共财政的民生指标体系研究	中共市委统战部课题
	本市创意产业集聚区可持续发展问题研究	市政协课题
	本市学前教育相关问题研究	市教委课题
	关于引导和鼓励建立跨地区物流集团推进长江三角洲地区现代物流合作发展的建议	市政协合作课题
2008	发展创意农业推进社会主义新农村建设	市决策咨询研究课题
	关于解决“夹心层”群体住房困难的实证研究	中共市委统战部课题
	关于贯彻科学发展观实施国家海洋战略的若干建议	市政协课题
2009	本市大学毕业生就业机制创新研究	市决咨委课题
	提高高等教育质量研究	市教委课题
	紫竹园自主创新能力建设与“二次创业”的战略举措	市科委课题
	发展创意产业推进产业创新和结构优化	市科委课题(跨年度)
	沪台金融合作若干问题的建议	与市政协港澳委员会合作课题
	突破上海生物医药产业发展的瓶颈问题与对策建议	与市政协教科文卫体委员会合作课题

(续表)

年 份	课 题 名 称	成 果 概 况
2009	关于以上海世博会为契机,加快上海诚信体系建设的若干建议	—
	强化失业保险制度化解失业风险冲击	中共市委统战部课题
	台湾的社区建设与管理及对上海的启示	市政协课题
2010	上海中等职业学校毕业生职业前景调查研究	市教委课题
	发展创意产业推进产业创新和结构优化	市科委课题
	十二五期间推进财政透明的措施及其建议	市决咨委课题
	关于本市事业单位养老保险改革的研究	中共市委统战部课题
	社会管理创新的路径选择	市政协合作课题
2011	关于上海引进国际教育质量认证标准的若干思考	市教委课题
	关于上海建设全球非物质文化遗产基地的研究	市科委课题
	关于推进本市"纯老家庭"和高龄老人"照护"事业发展的专题研究	市决咨委课题
	上市公司社会责任与公司治理法律问题研究	中共市委统战部课题
	关于本市基层政府工作改革创新的现状及课题的研究	市政协课题
2012	关于上海高校参与国际认证行动的实证研究	市教委课题
	完善政务微博建设,促进政府亲民化	市决咨委课题
	关于建设上海全球非物质文化遗产基地的研究	市科委课题
	本市区县民主党派组织履行民主监督职能中存在问题及其对策研究	市政协课题
	关于上海住房保障发展中深层次问题的调研启示和相关建议	中共市委统战部课题

第七节　举办论坛与研讨会

进入21世纪后,民革市委不断探索参政议政工作新形式,拓展新领域,通过举办专题论坛与研讨会、参与政府决策咨询工作等形式,积极履行参政议政、民主监督的职责。2000—2012年,市委共举办了9次论坛、研讨会,主题包括:西部开发与民革参政议政、城市发展新思路、世博会与上海新一轮发展、房地产市场可持续发展、东西方教育理念、创意产业、社区共建等。民革市委组织专家团前往新疆、内蒙古、江西、贵州、四川、吉林等地区,为当地政府决策提供咨询服务。

2000年6月21日,民革市委在民主党派大厦四楼会议室举办"西部开发与民革参政议政"专题论坛。随市政协西部开发调研组前往青海、四川等地考察的3位党员,以及代表市委参加民革全国西部大开发研讨会的2位领导,分别就西部大开发中生态环境、法制建设以及转变政府职能等问题发表观点,参加论坛的同志会后分别参加民革市委召开的"科技兴厂""科技兴农""智力支边"座谈会。

2003年4月22日，民革市委与联合时报社联合在党派大厦六楼多功能厅举办“世博会与上海新一轮发展”专题论坛。9位专家学者作了专题发言，“论坛”主持兼点评的3位同志是民革党员中的学者，主委厉无畏也在“论坛”上发表观点，认为世博会是抓手是机遇，但更重要的应落实在上海的新一轮发展上。2003年6月19日，上海各民主党派、工商联联合举行“世博会上海新一轮发展大讨论”研讨会，研讨“创造良好政务环境与上海新一轮发展”，民革市委主委厉无畏主持会议。

2004年5月11日，民革市委、上海社会科学院部门经济研究所在上海国际会议中心联合举办上海房地产市场可持续发展专题论坛，剖析上海房地产业发展现状、存在问题，探讨推进上海房地产业健康、持续发展的对策思路。参加论坛的专家学者及房地产业经营者分别从理论研究与实践探讨等不同角度对上海房地产业的供需情况、发展趋势进行分析。论坛着重围绕维系房地产可持续发展、上海市房地产市场供需分析及走势探索、探索土地开发和供应模式、促进房地产业健康发展等问题展开研讨。

2004年9月8日，由民革市委主办、上海位育中学协办、上海宇振国际文化进修学院承办的东西方教育理念学术研讨会在市政协举行。民革市委、中共市委统战部、市教委等有关部门领导，上海20所中学的校长和教育工作者共150人参会。会议围绕教育体制改革、东西方教育理念的影响和启示、促进各类各级学校协调发展及以人为本和以书为本的探讨等专题进行研讨。与会者一致认为，教育改革归根结底是教育理念的改革，其方向应该代表先进文化的发展方向，以适应社会经济的不断发展。

2004年12月3日，民革市委举办社区共建研讨会，市内部分社区的中共党政领导，民革基层组织负责人以及中共市委统战部、各兄弟党派的领导，市民政局、市精神文明办、中共市社会工作党委从事社会工作研究的有关人员60人参会，共同交流民主党派基层组织与社区共建精神文明的经验与体会。

2006年6月21日，召开“长三角旅游发展战略高层论坛”，由上海社会科学院长三角区域研究中心、民革市委经济委员会、民建市委企业委员会联合主办，民建市委主委黄关从，上海世博局副局长，民革市委副主委以及国际旅游局、苏浙沪旅游主管部门领导，旅游界的专家学者等近百人出席会议。民革市委主委厉无畏等专家在论坛上为长三角区域旅游的转向建言献策，认为要从资源、技术和资金驱动型向创新驱动和文化驱动型转变，从依靠硬性的资源要素转向依靠文化、高级人才资本、品牌、制度、环境等软性的资源要素转换。

2007年9月11日，为进一步从公共财政的角度探索解决民生问题的各种途径，民革市委经济工作委员会与民革长宁区委在民主党派大厦联合主办“公共财政与民生”论坛，探讨了民生的几大误区，提出应从建立政府财政工作的长效机制入手，推进政府职能转变，强化公共服务，加大公共财政投入民生的倾斜。民革中央副主席、上海市人大常委会副主任厉无畏等领导，兄弟党派同志，民革区委、直属组织党员等近百人参加谈论。

2008年4月24日，民革市委与奉贤区人民政府、上海社会科学院创意产业研究中心在奉贤联合主办“发展创意农业，推进社会主义新农村建设”论坛。民革中央常务副主席、上海创意产业协会会长、上海社会科学院创意产业研究中心主任厉无畏作主题发言，民革中央副主席钮小明、何丕洁，民革市委主委高小玫，中共市委统战部副部长周箴，及市决策咨询委员会、市农业委员会、市政协经济工作委员会，中共奉贤区委、区政府领导出席。中共奉贤区委书记张立平致欢迎词，周箴致辞，民革市委主委高小玫致闭幕词，有关政府部门、学术界和企业界等近150人出席了论坛。

图 1-3-4　2008 年 4 月 24 日,民革中央常务副主席厉无畏(右二)到奉贤现代农业园区调研

2009 年 10 月 15 日,民革市委与普陀区政协联合举办“迎世博苏州河休闲文化发展论坛”。全国政协副主席、民革中央常务副主席厉无畏,上海市政协副主席钱景林,市政协副主席、民革市委主委高小玫,中共普陀区委书记周国雄、区政协主席林爱娟分别致辞,近 200 人出席论坛,论坛现场还举办了“迎世博苏州河休闲文化发展论坛”摄影展,展出 70 幅优秀摄影作品。本论坛深入探讨苏州河休闲文化发展情况,围绕苏州河畔创意产业的发展建言献策,发言“开发苏州河的符号价值,助推上海创意城市建设”引起社会关注。2012 年,民革市委将创意产业与当地旅游开发结合,完成课题报告《加快推进苏州河文化旅游整合发展研究》,《新闻晚报》对此进行了整版宣传。

第四章　社 会 服 务

1978 年改革开放后，开发和扩展社会服务成为民主党派的一项重要任务。到 2012 年，民革市委各级组织及广大党员，在做好本职工作的前提下，利用经济、科技、医卫、教育方面的专业优势和长期积累的人脉资源，开展引进资金、技术，开办企业、学校，兴办社会事业，投身经济、科技、医疗等领域的咨询、策划等多形式的社会服务，并远赴外地，为智力扶贫、关爱社会尽力。

第一节　岗 位 建 功

1978—2012 年，民革党员在经济、科技、教育、医卫、市政建设等方面均有较为突出贡献。据不完全统计，获得省部级以上奖项的共有上百人次。

在经济社会方面：上海市社会科学院部门经济研究所所长、经济学家厉无畏，出版学术著作 20 部。1982 年来，参与和主持国家和上海市重大经济研究与中外合作课题，获省部级优秀成果奖 9 项，被文化部等授予 2007 年度中国创意产业杰出贡献奖。上海财经大学教授、博士生导师郭士征，主编《中国社会保险的改革与探索》等专著，两次获市政府决策咨询研究成果三等奖，2000 年被评为民革全国先进个人。上海财经大学教授、博士生导师蒋洪，主编《财政学教程》等 30 部教材和专著，被评为 2001 年上海市教学成果一等奖和全国优秀成果二等奖。上海财经大学教授、博士生导师刘小兵获得第七届上海市哲学社会科学优秀成果（论文）三等奖和第八届二等奖，带领团队承担了《2006 中国财政发展报告》、2009—2012 年各年度的《中国财政透明报告》项目并形成成果出版。

在科学技术方面：上海交通大学教授毛增滇参与主持的“西汉古铜镜研究”，1980 年获国家重大科技奖；其研究的“410 立升高压气瓶”，1984 年获国家科技进步二等奖。复旦大学教授、博士生导师陈天平，首提无限维空间中非线性映照神经理论，建立的模型被誉为 CHEN 氏模型，分获 1997 年国家教育部“科技进步”一等奖、2002 年国家“自然科学”二等奖。上海交通大学教授、博士生导师彭颖红，致力相关机械设计的理论与技术研究，获发明专利授权 11 项、软件著作权 5 项，2001 年、2009 年分获国家级教学成果奖二等奖，2007 年获上海市科技进步一等奖。

在人文科学方面：复旦大学教授、博士生导师葛剑雄，发表历史地理学专著 20 部，所著《中国移民史》获 1999 年国家“五个一工程奖”、首届“郭沫若中国历史学奖”，被教育部评为“做出突出贡献的中国博士学位获得者”。上海社会科学院文学所研究员、上海市政府参事瞿世镜，被誉为“亚洲伍尔夫研究”领导学者，2001 年获“全国优秀学术成果”一等奖。上海开放大学中文系教授、硕士生导师鲍鹏山，潜心研究先秦诸子数十年，长期从事中国古代文化和文学研究，出版《寂寞圣哲》《说孔子》《中国文学史品读》等 10 部著作。上海戏剧学院教授、电视编导系主任方方，作为国家级广播电视编导特色专业负责人，其专著《中国纪录片发展史》获全国哲学艺术科学优秀成果二等奖。古瓷器、玉器鉴定专家、上海市文物管理委员会处长、研究员许勇翔，曾对全国 31 个省市文博场馆的一级文物进行鉴定定级工作，参与编辑上海博物馆《鉴余留珍》文物图册。东华大学经济发展与合作研究所所长、教授严诚忠，曾为朱镕基、汪道涵、赵启正、基辛格等担任同声翻译以及国际学术交流翻译，发表论文 40 篇，策划并主编《前进学院英语教学系列丛书》。

在医疗卫生方面：复旦大学教授、博士生导师刘豫阳，主编和参编8本医学著作，获1995年卫生部科技进步二等奖，参加的国家卫生部科研课题分获1993年和1999年国家卫生部科研成果三等奖，获2003—2004年度上海市三八红旗手称号。中国残疾人康复协会第一副会长张海恭，发明独创“张氏”无喉自然复声法，1995年开办复声学习班，至2012年，让5 500名无喉残疾者学员开口说话。原市医保局副局长项斯文，参加上海医保系统创建，负责领导的医保计算机网络系统获上海市科技进步一等奖，本人获2000年上海市劳动模范称号。上海肺科医院呼吸科主任李惠萍，在“非典”期间任市防范“非典”专家咨询组成员，带领科室承担各级课题20项，发表论文百篇，获2003年上海市劳动模范及“民革全国抗击‘非典’先进个人”称号。上海中医药大学教授、博士生导师、上海中医药大学附属曙光医院副院长蒋健，参与编写出版13本医学专著，发表论文百篇，在国际上首次发现从形态学上证实血管游走(迁徙)细胞以及肝细胞等均有弹力蛋白酶的mRNA表达，2008年被卫生部任命为“健康中国2020”战略规划研究专家。

在市政建设方面：杨浦区房地局副局长王光裕，在建筑机电工程设备设计、管理等方面实绩显著，获1993年和1996年上海市劳动模范称号、1997年全国“五一”劳动奖章、2000年和2005年全国劳动模范称号。合流污水工程总指挥王泽华，获1993年“上海市建设功臣”称号。曾任内环线高架道路副总指挥的徐为华，主持19个项目的科研应用开发，获1994年市“三八红旗手”称号及1995年上海科技三等奖。副总工程师李忠萌担任“上海市污水工程二期工程指挥部”常务副总指挥，该工程被定为世界银行贷款工程中的样板工程，获2000年“上海市建设功臣”称号。上海洋山同盛联合投资发展有限公司总经济师任先正，担任20项国内外港口工程设计责任人和总设计，获中国国际工程咨询二等奖等国家和省部级奖项3项。

在教育方面：上海大学档案学系主任武重年，从事档案学等研究和教学40年，是中国第一部《档案学辞典》及《中国近代期刊篇目汇录》编者。复旦附中原校长、语文特级教师过传忠，在从事教育工作的同时，主编、参编了数套中等教育语文教材，并以特约主持人身份主持有关文化内容的电视专栏节目470集，获第三届全国电视教育节目一等奖。上海市尚文中学特级教师黄静华，教书育人30多年，获全国模范教师、全国教育系统“巾帼建功”奖、上海市三八红旗手标兵等荣誉，曾在北京人民大会堂受到中共中央总书记江泽民接见。复旦附中学语文特级教师黄玉峰深耕教坛，形成了独特的教育理念与系统的教育方法，致力于传播“人”的教育，是上海市骨干教师基地的负责人，主持“慕苏堂”工作室、“厚积博览”工作室，培养上海诸多骨干教师，指导全国各地青年教师数百名。上海新纪元实业集团董事长陈伟志，1996—2012年带领新纪元团队创办学校8所，有校职员工2 400人，创建“320”教育帮扶项目成效显著，2011年获国务院“全国扶贫开发先进个人”称号。

第二节　经济咨询服务

1987年11月，民革市委主办的上海市通沪咨询服务公司(以下简称公司)成立。公司通过开展涉外咨询、投资咨询代理业务，增加与“三胞”及外商联谊交往，增进他们对大陆的了解。1992年后，公司抓住浦东开发开放机遇，先后为“三胞”和外商办理投资咨询服务25项(户)，引进外商投资3 000万美元。公司实行“一条龙”咨询服务，与上海家化、上海建工集团等企业建立合作伙伴关系，协助华美无线电厂等引进国外技术和设备，为国家创造和节约1 000万美元，新增利税1 000万元人民币。公司借助民革海外关系广泛的特点，通过咨询活动，先后接待台港地区及日、美

图 1-4-1　1987 年 11 月，主委赵祖康（前排中坐者）与通沪咨询服务公司成员合影

等客商 100 批次，办理来沪投资注册 29 项。此外，还在浦东新区、卢湾区等陆续拓展开办国际贸易公司，参与开发闸北区中兴路商住办公综合楼、上海 365 万平方米危旧房屋改造等项目的前期咨询工作。按照国务院党政机关的工会不得经商办企业有关精神，2011 年 2 月 28 日，公司改制与上海民革脱钩。

民革市委所属基层组织自 1987 年起，先后开办上海申联财税咨询公司等 14 家咨询服务机构和上海通亚精细化工厂、海峡打包托运部等 15 个经济实体，开展有偿服务。台湾当局放宽台胞回大陆探亲政策后，这些咨询服务机构接待台胞并提供落实各项政策和经商投资方面服务，取得良好社会效益和一定经济效益。至 2011 年，这些机构和实体有的改制，有的停业，均与所属基层组织脱钩。

为提供互相帮助和交流的平台，民革市委于 1998 年 7 月成立经济咨询中心。其成员大多是从事非公有制经济经营管理、科技开发等企业的法人，其中大部分是市、区人大代表或政协委员。至 2012 年底，共有成员 58 名。

第三节　兴办学校和培训班

一、市委及所属组织开办学校

1980 年 7 月 2 日，民革徐汇区委在徐汇区开办培青文化补习班。一年后，补习班改名培青业余学校。至 1982 年下半年，学校学生数由开班时的 221 人增至 1 174 人。

1981—1983年,民革卢湾、闸北、静安、黄浦、南市、虹口、杨浦等区委和民革川沙县支部,相继办起各具特色的业余学校。民革市委于1982年11月成立业余教育工作组,由各业余学校主要负责人组成。

1984—1991年,民革市委及所属基层共创办业余学校14所。1986年,民革市委主办民新乡镇企业财经函授进修学校。1987年,长宁民革开办爱国教育社、普陀民革主办中山财经业余进修学校,民革党员开办中西进修学校和《中国日报》上海国际语言进修学校各1所,累计入学学员9.5万人,各科毕、结业6万人。其中培青业余进修学院等9所学校、党员等10位办学人员分获全国、市、区教育部门授予的社会力量办学先进集体、先进个人称号。1987年前后,部分业余学校出现滑坡现象,工作组对所属有关学校领导班子进行充实,贯彻"按需施教"方针,增办宾馆服务、旅游导游、会计等多种专业培训业务。如虹口民革主办的民新业余学校,1988年秋增设旅游职业班,向华亭宾馆、锦江宾馆等陆续输送300名专业服务人员,被列为上海市旅游、饭店人才培训"七五"规划指定的八大培训基地之一。以后各校又顺势增设各类电脑培训班及调整课程设置。

1992—1996年,民革市委及所属组织共办学校(院)21所,其中党员个人办学8所。1997—2002年,民革市委及所属组织共办学校(学院)14所,其中党员个人办学10所。各校开设初中高级文化班、高复班、金融贸易、财务会计等共计40多个学科,每年招生量近3万人,累计毕(结)业生超过26万人。民新财会进修学校把成教渗入普教、职教,形成三结合办学模式,为社会培养财会、电子商务、电子计算机各类专业人才3 597名。培青业余进修学院自开办以来累计办班1 750个,其中高中学历班参加全市统考连续两年及格率比全市平均值高出20—30个百分点,13次获市、区社会力量办学、成人教育及民革全国办学先进等称号。民新业余学校与有关方面合作创办驾驶员培训部,至1995年结束,共培训各类汽车驾驶员5 736人次。兴华业余中学为社区残疾人、孤儿和下岗人员减免学费共计1 054人次,还与潍坊新村街道联合举办"周末育才学校",为驻地空军官兵开办"阅读指导"和"财会"等课程。

二、民办教育咨询中心

1998年4月15日在长宁区政协新楼,民革市委成立民办教育咨询中心(以下简称"中心"),加强对成员院校的办学引导,搭建平台,通过各种会议和活动形式,促进"中心"成员学校之间的交流和互相帮助。成立时,成员院校有14所,其中,党员个人主办10所。2012年,成员院校有14所,其中区委主办2所,党员个人主办12所。

至1999年,"中心"共组织各种报告会、交流会、切磋会、研讨会27次,为所属学校开办各类班级428个,在校学生达18 200人,有的学校在招生中几乎翻了1.5倍。2002—2009年,"中心"下基层了解情况,帮助学校找对策解决实际问题。例如,就民新业余学校的现状献计出力;促成昂立与新力学院合作办学;为新纪元教育管理研究中心参与上海地区办学竞标牵线搭桥,对成员发展办学起到积极作用。

"中心"自成立以来,将领会贯彻相关部门办学方针政策视为民办院校办学生命线。2003年民革全国组织办学工作会议在上海召开,"中心"及时召开会议,传达有关精神。2004年是《民办教育促进法》实施第一年,"中心"组织成员学校进行座谈交流。2007—2009年,每年邀请市教委相关领导作关于民办教育发展的报告。2010—2011年,"中心"多次组织成员就《上海市中长期教育改革

图 1-4-2　1998 年 4 月 15 日,民革市委举行成立民办教育咨询中心大会

和发展规划纲要(2010—2020)》进行交流研讨。2012 年,因国家政策调整等原因致民办学校生存受限,逐步走向衰弱。据此,民革市委适时将"中心"部分功能归入民革市委教育工作专委会,明确参政议政为工作核心,其他为辅助。

第四节　支援西部地区开发

1978 年以来,民革市委组织有关专家先后赴新疆、云南、贵州、黑龙江等地开展决策咨询和培训活动,并就西部地区开发开放等专题开展实地考察和调研,在此基础上完成了上海市政府重大决策咨询课题"上海在西部开发中的战略作用研究"等建言材料。

一、智力支边

1982 年 7 月,70 岁高龄党员胡铭恺应中共新疆石河子市委邀请,为该市规划用水问题,对该市能源利用、供水排水工程等提出总体规划建议。1983 年 6 月,民革市委主委赵祖康赴内蒙古呼和浩特市参观访问,了解到该地沥青路面病害(路面开裂)及下水道结构等问题急待解决,返沪后即动员马谦、杜培基两位党员于 8 月初专程赴该市进行智力支边。1985 年 5 月,党员涂长龄、陆正琦参加静安区赴云南丽江医疗专家指导组,协助当地医院完成 66 次外科手术,举办 3 次地区性常见病防治讲座和 12 次外科手术专题讲座。1986 年,党员徐续宇、何国钧应江西省防痨协会和中华医药会西藏分会邀请,分赴南昌和拉萨智力支边,分别对卡介苗并发症和结核病防治问题专题授课。2000 年 6 月,民革市委就西部大开发举办专题论坛。

二、决策咨询

2000年8月19—24日,民革市委主委厉无畏带队赴新疆石河子、昌吉等地,对新疆生产建设兵团八师、农六师人才资源、投资环境等进行考察。厉无畏等就当地经济建设和社会发展作报告。2004年1月4—7日,应中共江西省会昌县委邀请,主委厉无畏带领8位经济学家考察当地猪沼果农业示范户、燕子窝工业区等单位,与会昌经贸委、农业局等8个部门负责人围绕产业化、振兴农业、招商引资等热点问题进行座谈,提出对策思路。

2006年4月29日—5月2日,民革市委一行7人赴四川遂宁、广安等地考察,与遂宁市人民政府有关部门就如何推进遂宁实现跨越式发展进行交流,并赴大英县考察旅游发展情况。2011年10月18—20日,民革市委、民革四川省委联合组织部分党员专家赴攀枝花地区就特色农业发展进行决策咨询,先后考察米易、盐边等县万亩山药种植基地。2位党员在攀枝花市召开的"现代特色农业专题座谈会"上就发挥攀西农业综合优势、文化创意产业融入现代特色农业建言献策。

三、扶贫帮困

1993—2000年,民革市委各级组织和个人以各种方式认助贫困学生,捐款50多万元。如闵行区委二支部在安徽省助养28名贫苦学生;据不完全统计,该区帮养市内、外贫困学生1 000多人,直至其大学毕业。市委妇委会积极参与民革甘肃省委和中共临夏县委统战部组织的"扶羊希望工程",通过"扶羊"方式捐助5 000元,以产出的羊毛解决10名儿童的学费。著名书画家吴青霞、沈宗镐等义卖作品奉献爱心;80岁高龄田醒五伉俪将多年积攒下的9 000元钱全部捐给贫困地区作教育经费。2001—2006年,企业家党员认领贫困学生400名,其中党员钱光亮4年间向社会捐赠80多万元;杨振文向重庆奉节、贵州印江地区100名贫困生资助近3万元,动员合作伙伴日本友人捐赠126万日元;袁立向上海光彩事业促进会捐款10万元,资助困难学生完成学业;吴志明向市慈善基金会和南汇区慈善基金会捐款150万元,捐资26万元为南汇农民订报,捐助300万元结对资助50名学生;程英每年向市慈善基金会捐款50万元认养贫困儿童,把公司庆典节省下的20万元捐至市慈善基金会,数年来达数百万元;周桐宇向"希望工程"捐款总计150万元;沈文达关爱金山农村老人,累积捐款、赠衣达85万元;梁振民先后向"沙田教育奖励基金"等捐款500万元。2007—2012年,杨振文在宁夏捐助100名困难小学生,每人每年300元,直至其小学毕业,还不间断向宁夏公安民警英烈基金会捐款;周和平为北站街道所属4个居委会80户困难家庭送上大米、食用油和慰问款;袁立捐出各类善款81万元;沈文达为金山区"光彩事业促进会"捐款10万元,赞助6辆新型摩托车送给镇派出所。汶川大地震发生后,程英援助10万元用于甘肃杨庄小学异地新建,出资10万元用于四川都江堰地区30户困难家庭子女培训驾驶技能。民办教育咨询中心成员学校昂立教育集团、上海燎原教育集团等,累计为困难学生发放助学款100多万元。章浩是位工薪阶层党员,在组织牵线下,2009—2012年,个人连续向贫困地区代课教师先后捐助爱心款12万元。奉贤民革以组织名义向云南红河地区捐赠数十台电脑,并结对资助十多位贫困学生。

2007年8月,党员、新纪元教育集团董事长陈伟志随民革市委副主委到贵州毕节地区纳雍县进行扶贫调研,向当地教育局资助"3·20"扶贫帮困项目:捐资48万元帮助20名贫困学生完成高中学业,设立20万元"博爱小学奖励基金",培训20名教育管理干部。至2012年,"3·20"教育帮扶项目累计投入近 700 万元，资助纳雍县贫困高中学生共 168 人，有三届 48 名高中学生已毕业，100%考取大学，其中 40 人就读重点大学；同时邀请 100 多位东部教育专家到纳雍县为当地教职人员进行师资配送和专业培训。

2011 年 4 月 17—20 日，民革市委主委高小玫率部分党员企业家前往贵州省纳雍县考察，开展“同心同行”扶贫援建工程。其间，民革市委与纳雍县人民政府正式签署四个合作项目，总计援助金额达 200 万元。包括由党员企业家募集 40 万元设立“沪纳助学基金”，资助该县参加全国普通高考录取二本院校以上贫困学生，每年 30 个名额，资助金额每人 1 000 元，直至大学本科毕业；出资 51 万元，为纳雍县老凹坝乡捐建一所乡级卫生所，再提供 10 万元医疗器械；党员控股的水星家纺控股有限公司为当地职校学生培训首批 60 名员工并提供职业岗位，捐赠自动缝纫机 30 台以及布料纱线等材料 20 万元。

四、援建希望小学

民革市委通过捐助和引荐日本在沪企业，在贵州及宁夏地区分别建立 1 所“希望小学”，同时鼓励党员企业家参与援建。党员企业家在河南、江西、云南、安徽等地区捐建、设立“希望小学”近 10 所。贵州印江堰塘新诚希望小学是由在贵州办企业的闵行区党员出资 25 万元，以民革市委名义建造的一所村级完小，位于印江土家族苗族自治县境内最贫困的中坝乡堰塘村。1999 年 8 月 26 日—9 月 1 日，民革市委主委厉无畏及市委经济咨询中心成员一行，专程参加堰塘新诚希望小学落成仪式。2006 年，市委领导率党员回访堰塘新城希望小学，向学校捐赠 4 台电脑，向 40 名贫困学生赠送学习用品，向全校 12 名老师送上慰问金。市委经济咨询中心成员与学校签约认领 40

图 1-4-3　1999 年 8 月 27 日，主委厉无畏(左四)参加贵州堰塘希望小学落成典礼

名贫困学生直至小学毕业。至 2012 年,该校学生已近 300 人,办学模式在周边地区产生"堰塘效应"。

五、设立帮困助学基金

1993—2002 年,闵行区党员陈宝镇出资在堰塘新城希望小学设立"优秀教师基金",后市委经济咨询中心集体募集资金 5 万元在该校设立"民革上海市委帮困助学基金"。浦东新区党员姜鹤龙出资 100 万元设立"浦东新区旭东教育基金"。虹口区党员袁立捐款 100 万元设立"上海市基金会虹口区富大特别帮困基金""阳光慈善基金"后,每年投入 20 多万元,累计投入 300 万元资助困难中小学生完成学业。闸北区党员周和平设立"和平基金",每年投入数十万元。长宁区党员刘怀南捐赠 50 万元在北京外国语大学设立"刘怀南奖助学基金",后又连续两年向复旦大学捐赠 30 万元,设立"怀志奖学金"。民革杨浦区委累计投入 7 万元设立帮困基金,用于结对帮困工作。2003—2012 年,徐汇区党员陈伟志以集团名义设立 20 万元"博爱小学奖励基金";香山书画社成员胡炜在长风社区设立"胡炜帮困基金";静安区党员许建文在上海华侨事业发展基金会出资 80 万元设立"许与许专项基金";虹口区党员蔡仲伟出资 15 万元和 46 万元分别在福建省、上海市残疾人福利基金会残疾人基金设立"蔡仲伟家庭基金";民革市委通过市委经济咨询中心集体募集资金 40 万元,在贵州毕节纳雍县设立"沪纳助学基金"。

第五节　赈 灾 救 灾

民革市委秉承"灾害无情、人有情""一方有难、八方支援"传统美德,在长江特大洪涝灾害,"非典型性肺炎",汶川、玉树地震及其他一些赈灾救灾中,带领和组织广大党员作出贡献。

一、长江特大洪涝灾害救助

1998 年夏,长江爆发特大洪涝灾害,民革市委所属组织和广大党员纷纷以捐款捐物、参加救灾医疗队等实际行动支援灾区。据不完全统计,民革市委和机关干部共捐款 1.8 万元,所属各级组织和党员捐款总计 16.53 万元,捐出衣物 3 455 件(套)、棉被 44 条。二医大支部全体党员报名参加救灾医疗队,香山书画社 6 件书法作品参加"赈灾慈善"义拍,所得款项全部捐至灾区。

二、抗击"非典型性肺炎"

2003 年,发生"非典型性肺炎"(简称"非典")后,按照市政府关于防范和控制"非典"工作文件精神,民革市委在厉无畏主委领导、统一部署下成立市委防范"非典"工作领导小组,主委任组长;市委机关举行两次机关全体会议,向各级组织发出《关于认真贯彻落实市政府有关文件精神,切实做好防范和控制"非典"工作的通知》。

各级组织和广大党员将防控"非典"工作置于首位。党员纷纷捐款捐物,捐款数近 33 万元。普陀区党员、沙田房地产责任有限公司董事长梁振民捐款 30 万元给普陀区民政局,用于防控"非典"。民革市委专门组织党员座谈会献计献策,向民革中央、市政府、市政协和市委统战部报送 7 期信息、

3篇材料，全部被采纳。其中3篇被市政协《建言》刊物刊登，1篇被《上海统战工作动态》刊登，《关于预防和控制"非典"工作的建议》得到副市长杨晓渡批示。

各级组织及众多党员在抗击"非典"中表现突出。上海肺科医院呼吸科主任李惠萍作为市"非典"防治工作专家咨询组成员，最早接触并治愈上海第7例输入型"非典"病人。市儿童医学中心内科副主任周云芳主要负责医院"非典"医疗方案制定、医疗疗程确立和医务人员防治培训。受市卫生局中医处委托，曙光医院副院长蒋健组织临床专家、基础研究者以及文献研究者多次召开论证会，设计出一套治疗"非典"的临床研究方案。市疾控中心寄生虫流行病防治研究室主任蔡黎，不分昼夜，连续作战在抗击"非典"第一线。东方医院内科医师傅东明向院中共党委递交赴一线的请战书。浦东新区疾控中心杨显武和卫生监督吴培华、青浦妇幼保健院儿保科科长陆桂芳、长宁区卫监所综合管理科科长江惠民、上海中医药大学防保医生屠曼青等一线医务工作者连续一个多月放弃休息，随时待命。在"民革全国抗击'非典型性肺炎'"表彰会上，党员褚海青、李惠萍获表彰。

三、汶川地震救灾

2008年"5·12"四川汶川特大地震发生后，民革市委从宣传鼓动、捐款捐物、建言献策、宣传报道各方面展开抗震救灾工作。地震发生第二天上午，市委就向民革四川省委、重庆市委发出慰问电和慰问信，当日下午向各级组织和广大党员发出"迅速投入抗震救灾工作，积极捐款捐物"通知。各级组织和广大党员积极响应号召，据不完全统计，通过各种渠道捐款305万元。

图1-4-4　2008年5月20日，民革市委通过市慈善基金会向四川灾区捐款

民革市委召开党内专家研讨会，为震区灾后重建献计献策，同时向广大党员发出"我为灾区做什么"网上献一计通知，几天内就报送有关社情民意信息30篇，被有关部门采用15篇、民革中央采用2篇,其中"关于汶川堰塞湖水力威胁的解决建议"受关注。不少党员响应组织安排,奔赴抗震抢险一线。民革市委与成都市教育局等共同举办"2008上海—都江堰手拉手夏令营";香山画院组织画家当场作画14幅,捐献上海市红十字会;市委妇委会与"卡内基"机构联手,组织党员子女和都江堰灾区儿童开展"手拉手、信连信"活动,并赴都江堰光亚学校捐赠文教用品。

民革市委网站、《上海民革》报及时宣传报道所属各级组织和党员救援情况和抗震救灾中涌现出的先进和典型事迹,如儿童骨科专家、上海儿童医学中心骨科主任陈博昌成功救助首个来自四川地震灾区的重伤儿童;市疾控中心寄生虫流行病防治研究室主任蔡黎在震区开展卫生防疫工作情况等。

四、玉树地震救灾

2010年4月14日,青海省玉树藏族自治州玉树县地震发生后,民革市委在第一时间发出全体党员加入到抗灾救济活动中来的倡议书,至6月1日,民革市委共收到各级组织和个人捐款总计86 140元。90多岁的老党员沈宗镐,从自己微薄退休金中捐出1 000元;周和平、梁振民、吴沛青等企业家,不仅个人捐款达数万元,还带动支部党员交上特殊党费捐款。所有捐款,民革市委均通过民革青海省委会转交灾区。

五、其他赈灾救灾

1991年夏,江苏、安徽等地遇罕见特大洪涝灾害。党员心系灾区,纷纷捐款捐物支援灾区建设。著名书画家吴青霞绘就作品义卖,所得2万元全部捐赠灾区。据不完全统计,各级组织及个人捐款3.3万元。2009年"莫拉克"台风骤袭台湾。8月14日,民革市委在民主党派大厦举行"水灾无情人有情——向台湾灾区募捐"活动,现场募集捐款5万元,并在市精神文明办等单位合办的"天使在人间——上海援助台风灾区大型赈灾晚会"现场进行捐赠。2010年西南旱情后,在民革市委召开的十二届七次全会(扩大)会场设立"情系灾区、奉献爱心"捐款箱,与会同志纷纷捐出爱心钱款,民革市委第一时间在网站发出倡议书,得到党员热烈响应,长宁党员刘怀南在"抗旱救灾——我们在行动大型公益晚会"上向上海市慈善基金会捐赠10万元。

第六节　服务社区与新农村建设

一、践行养老事业

20世纪90年代中期,民革市委就介入老龄问题研究并以逸仙敬老院为窗口,进行养老事业的探索实践,至2012年共承接相关市级课题5个,向市政协提交相关提案14份、大会(书面)发言5份。2002年,由民革企业家出资,民革市委与长宁区仙霞新村街道办事处共同建立了仙霞社区逸仙敬老院(以下简称敬老院)。到2012年底,该敬老院在市区开设满足低中高端客户需求的分院5家,总床位数1 600张,成为市区规模最大养老机构之一,获"民革全国社会服务先进集体""上海市示范敬老院"等称号,成为长宁区中小学生社会公德、传统美德实践基地。敬老院还将服务功能延伸至社区,建立2家老年人日托中心和2家社区食堂,为居家老人提供社会化养老服务,探索家庭养老和机构养老兼顾的居家养老新模式。民革中央历任领导何鲁丽、周铁农、厉无畏、朱培康、何丕洁等先后前往敬老院视察，提出指导性建议。

图 1－4－5　2006 年 11 月 3 日，民革中央主席何鲁丽（右二）视察仙霞社区逸仙敬老院

2008 年 6 月 17 日，民革市委举办"同享一片蓝天，共创美好未来"敬老事业专题研讨会。上海市总工会、市民政局等有关单位领导参加，来自上海社会科学院、华东师大、文汇报社、上海公积金中心的专家教授及逸仙敬老院院长冯强分别就中小学敬老教育、长三角异地养老等问题作大会发言，研讨会还编印大会论文集，收录有关老年文化建设、国内外养老创新模式等论文 10 篇，对养老事业作进一步探讨。

2012 年 8 月 7 日，民革市委主委高小玫实地调研上海亲和源养老公寓、在建的生南集团养老院等融居家养老和机构养老为一体的新型养老社区，并组织专家座谈交流。

二、参与社区共建、开展社会服务

民革市委引导各级组织和广大党员关注和服务社区建设始于 20 世纪 90 年代。1993—2006 年，民革市委为各区（县）社区居民、村民以及市重大工程建设者、武警官兵、公安民警等提供医疗卫生、养生保健、心理卫生、法律、教育、购房等各项咨询服务。大型活动有：1995 年 8 月，为成都路高架工地建设者医疗义诊 300 人次；1999 年 5 月，与上海市人口学会在鲁迅公园联合举办"六一"大型咨询活动，为 645 人次提供优生、优育、优教义务咨询；2001 年 12 月，在奉贤南桥文化广场举办"人之本——迎新岁医疗、法律义务咨询活动”,近250位市民前来咨询;2002年4月,与长宁区仙霞街道、宝阳实业公司联合举行“为百姓义务医疗咨询”服务活动,为60个需要帮助的困难家庭各发放价值50元的保健药品;2003年,与浦东新区东明街道联手举办“同创共建文明小区、金秋便民义务咨询活动”;2004年,特邀旅居海外医疗专家牵头,在南京路新世界广场举办医疗咨询、义诊活动;2005年,组织医疗专家、文艺演员赴崇明进行义诊和文艺演出,民革市委有关领导还走访贫困家庭;2006年,组织党员中医疗和法律专家,深入氯碱总厂、煤炭研究所等为一线科技人员服务;赴长宁区仙霞社区开展义务咨询活动。

至2012年,各区级组织均与相关街道(社区)结对开展共建服务。青浦民革每年定期开展医疗、科普、帮困活动,在凤溪、金泽、朱家角等乡镇开展送医送药和义诊活动,累计咨询人数超过1 000人次;杨浦民革直属支部与世纪敬老院结对,19位党员与社区19位贫困学生结对。1997年,宝山民革与吴淞镇街道结对,至2002年为街道招商引资800多万元,开展各类医疗咨询10次。1998年,浦东新区民革与张江镇共建,设立“携手并肩,共建文明”阅报栏;与东明街道联合举办便民咨询活动。2002年,闸北民革彭浦支部走进共康中学(西藏族班),探索学校和民主党派共同推进社会主义精神文明建设新路子。杨浦民革深入长白街道社区举办8场报告会,5 200多名社区干部和群众参加听讲,还帮困结对12名贫困学生。2012年3月,长宁民革与新华街道新华居委开展“同心”结对共建活动,在民革区委持续关注和呼吁下,解决了困扰社区居民多年的“平改坡”遗留、快递营业点扰民等多个民生问题。2012年5月,徐汇民革与中共华泾镇党委共建,4个支部与法工委分别与华泾镇5名家庭困难儿童结对,每人每年资助1 000元,为期3年。

三、投身新农村建设

“三农”问题是民革关注的三个重点领域之一,民革市委围绕新农村建设,为促进农民生活改善作出努力,服务新农村建设成为新时期民革社会服务工作新领域。

2008年10月15日,由党员资助,民革市委向崇明庙镇人民医院捐赠30万元医疗设备。同年10月24日,民革市委与金山区农建村签约,农建村成为民革市委新农村建设共建点,民革市委研究农村问题、党员献爱心的基地,关注和研究“三农”问题的抓手。

2009—2012年,民革市委和民革金山区委每年组织医疗服务队伍到农建村为村民免费义诊,开展扶贫帮困活动。一位党员数年向农建村捐出资金和实物累计100万元。2010年11月,民革市委联合民革崇明县支部组织11位专家医生与3位崇明当地医生,前往崇明新河镇开展医疗咨询服务。2012年1月,松江民革在新浜镇召开帮困座谈会。来自新浜镇鲁星、南杨等4个村的20户家庭代表收到帮困金及慰问品,泖港镇朱定村获捐2台空调和2套体育器材。

2009年2月,民革市委举行农村改革发展问题座谈会,听取部分党内专业人士对《中共上海市委关于贯彻落实〈中共中央关于推进农村改革发展若干重大问题的决定〉的实施意见》征求意见稿的意见。同年3月,民革市委组织党员中“三农”问题专家,联合金山区环保局等部门,共同研究土地流转、环境保护等问题。2010年3月,民革市委组织相关党员与农建村生产队长座谈,了解农民收入和社会保障问题。2012年2月和5月,民革市委、民革金山区委及农建村三方就下一阶段开展社会服务工作内容需求、工作重点、活动形式等进行交流研讨。

在民革市委推动下,党员利用自身优势,以实际行动献力现代农业经济建设。2010年12月,党员作为出资方之一在江苏句容成立“容天下农业文化休闲园·现代农业物流产学研基地”。

该项目吸纳当地农民转型就业 2 000 人。“都市菜园”是现代农业样板之一，其领军人物是民革党员。2010 年，上海世博会期间，都市菜园因其生产优质的无公害蔬菜和副食品成为指定供应商。

第七节　社会法制建设

20 世纪 80 年代起，民革市委就致力于社会法制建设。1985 年 4 月，市委妇委会在复兴公园宣传《上海市保护妇女、儿童合法权益的若干规定》，并开展法律咨询活动。按照民革中央把社会法制作为重点工作领域要求，民革市委重点发展、培养具有较强相关理论和实践基础的人才。2009 年起，陆续输送多名高校法律专业教师到司法局等政府实职部门挂职锻炼。2010 年 9 月，民革市委与市社会主义学院联合举办第一期社会与法制工作者学习班。这是民革市委第一次将党员按职业领域和界别进行分类，组织集中学习。民革市委开设每季一次“社法论坛”，促进民革党内社会法制工作者沟通交流，围绕社会保障、家庭暴力等开展交流研讨。民革市委还成立上海民革社会法制工作者活动中心，作为交流学习平台、上海民革法律相关工作者服务社会基地。

图 1－4－6　20 世纪 80 年代，民革市委组织的法律咨询服务

沪东中学英语教师陈雪兰，从 1991 年起拄双拐、坐轮椅走进监狱，不顾残疾在身，开启了民革党员“大墙帮教”之路，与监狱服刑人员结对帮教。1992 年，民革杨浦区文教支部 20 位党员在陈雪兰带领下，与上海提篮桥监狱、青浦县监狱服刑人员结对帮教，以多样形式开展多角度、多方位社会帮教工作，帮教范围扩展至南汇监狱、上海市监狱总医院等 4 家监狱，20 年来涉及对象 189 人，其中 156 人因表现突出获减刑。特别是跟踪帮教机制的建立，在一定程度上保证了帮教工作持续性和有效性。部分学员在刑期间刻苦学习文化知识，回归社会后成为有用之才。1993 年后，不少民革区级组织相继开展“大墙帮教”，形成社会服务工作新特色。闸北民革 10 位党员与南汇县周浦监狱服刑人员结对帮教；浦东新区党员企业家程英所办企业先后接纳 10 余名刑满释放人员就业，对 200 余名刑释人员进行培训、协助安置，获中华慈善总会 2009 年度“中华慈善特殊贡献奖”。虹口、宝山、长宁、金山等区级组织也开展帮教工作，为所在区域社会法制建设注入力量。2010 年 6 月，民革市委社法委、嘉定民革总支部与嘉定区看守所签订共建协议。2010—2012 年，通过座谈研讨、对干警开展心理咨询、联合开展课题调研等形式，双方共开展共建活动 4 次。2012 年 10 月 10 日，民革市委、杨浦民革联合召开杨浦民革“大墙帮教”20 周年总结表彰大会。民革杨浦区文教二支部被授予社会服务先进集体称号，李玲华等 36 名党员被授予“大墙帮教”先进个人称号，已故党员陈雪兰丈夫朱金亮被授予“大墙帮教”荣誉个人称号。

第八节　服务上海世博会

2010年，民革市委社会服务工作重点是服务上海世博会。民革市委成立世博服务保障领导小组，主委高小玫担任领导小组组长，驻会领导及各部室负责人分别负责接待、联络等5个小组具体工作，各组制定工作方案。领导小组鼓励并组织全市各级组织和党员参与世博服务、献计出力。

世博会前夕，民革市委关注并支持参与世博重大工程建设项目的党员。世博会倒计时100天之际，市委主委高小玫慰问了参与世博会工程建设、承接世博会主题馆、卢森堡馆、芬兰馆以及世博文化中心钢结构生产吊运任务的党员，以此向所有为世博会建设作贡献的党员表达敬意。民革市委领导还走访慰问承接世博会香港馆、以色列馆灯饰工程生产任务的党员、获得上海世博会特许商品生产许可权的党员、为世博提供农副产品供应商的党员等。

世博会期间，黄浦区年逾六旬、担任震旦职业学院世博志愿者工作站站长的老党员，成为年纪最大的"老白菜"之一；民革浦东新区区委副主委作为新区民主党派、无党派人士迎世博"海宝行动队"队长，带领行动队积极服务世博；市委机关干部也报名参加世博志愿活动，参与园区各类服务保障工作。

图1-4-7　2007年3月14日，民革市委经济咨询中心成员考察建设中的世博园区

世博会举办前后，民革市委共反映各类社情民意信息70篇，其中26篇信息被相关部门采用。"关于'世博越江线、世博大道线'等英文名称修改的建议"和"建议以社区(街道)为单位制定适用于本辖区的各种详细世博出行方案”2 篇信息得到市委书记俞正声批示；“关于改善世博会参观预约方式，缩短排队时间的建议”等 4 篇信息得到中共市委统战部部长杨晓渡批示。民革市委支持上海恒源祥香山画院举办迎世博名家书画精品展和“中山杯”迎世博中小学生绘画比赛。《上海民革》报、民革市委网站通过专栏等形式，报道市委、各级组织及广大党员参与、服务、奉献世博的事迹。

世博会期间，市委共接待各地民革组织参观团 58 批、906 人次，其中省部级干部 11 人、厅局级干部 31 人。

第五章　促进祖国统一与海外联谊

上海民革60%的党员同台湾同胞、港澳同胞、海外侨胞有亲友关系。1978年来，民革市委主要在对台宣传、吸引外资外智、文化学术交流、接待来访、联谊交友等方面开展工作。进入21世纪，民革市委坚持以中共中央对台方针政策为指引，按照民革中央提出的民革祖统工作“四个转变”要求（即工作重心向参政议政转变、工作领域向多向型转变、工作渠道向多元化转变、工作主题向和平发展转变），深入开展与中国国民党等台湾党政团体和代表人士的交流联谊，加强民间交流、交往工作，强化涉台项目品牌效应。

第一节　对台宣传

1978年上海民革共组稿33篇，被中新社等采用26篇。1979年《告台湾同胞书》发布，特别是邓小平提出“一国两制”方针后，组稿数量和质量大幅提升。1979—1983年共组稿839篇，被采用445篇；1984—1988年组稿762篇，被采用485篇；1989—1993年组稿1 180篇，被采用594篇。1982年，中央人民广播电台和福建前线电台举办稿件评选，民革2篇稿件获一等奖，3篇稿件获优秀奖，1名党员被评为写稿积极分子。1991年，“浦江之声”电台举办“大陆、台湾两地书”和“历史在呼唤——纪念辛亥革命80周年”广播征文活动，10多名党员和联系人士的稿件获奖，有的基层组织和党员分别被评为“对台宣传优秀组织者”和“优秀通讯员”。民革市委主委赵祖康多次撰写对台宣传稿，稿件经有关电台和海外报刊播发后，许多海外亲友纷纷来信问候。市委领导诸尚一撰写的《潘序伦风采依旧》一稿，在港报登出后，影响较大。

发动与在台亲朋好友通信，是上海民革对台宣传工作的重要部分。当时党员和联系人士的通信主要集中在逢年过节，内容多是互报平安和交流生活情况。1981年春节期间，25位党员和联系人士给在台亲属写家信共113封，这些信件有的辗转邮寄，有的由福建前线进行“空飘”“海飘”。1988年后随着海峡两岸开放交往，党员和联系人士与台湾亲朋好友直接通信、通话、通汇日趋频繁。蒋纬国给表妹竺培英复信时说：“备蒙关心，甚以为感，藉悉甥辈均有高尚工作，孙甥均在学中，且都很孝顺，良深快慰，而今见你端庄秀丽的亲笔字，见字如见人，倍感亲切……”

1993—2002年，民革市委联合“海峡之声”“浦江之声”“金陵之声”广播电台及上海电视台等媒体举办各类庆祝会、联欢会、茶话会和浦江游活动。每次活动都邀请部分台胞台眷参加，进行对台直播。1994年1月29日，主办“春到浦江情满两岸”对台广播联欢会。1995年6月2日，联合团结报社、市政协艺术团等举办“两岸情”端午节文艺晚会。2000年9月16日，联合上海东方文艺管理研究中心举办“海峡情”联欢会。2001年6月24日，联合“海峡之声”广播电台举行“同舟两岸情——在沪台胞、台属端午浦江游”活动。2002年9月22日，联合上海海外联谊会、苏州市台办在苏州木渎严家花园举行“和平杯”中秋团圆诗歌大奖赛颁奖晚会。10年间，上海民革党员撰写对台宣传稿件2 000篇。

2003—2012年，民革市委先后与上海图书馆、上海历史博物馆、上海市档案馆、上海音像资料馆、上海电视台等单位合作，还联络、邀请台湾陆军官校校友会、台湾黄埔四海同心会及台湾退役将军团等境外团体前来参加活动，将民革影响扩展到岛内。参与协助上视纪实频道《往事》栏目《西安事变与张学良》《我所知道的陈仪将军》《唐纳与我》《高陶事件》等人物专访节目制作。2005 年，协助台湾公共电视台拍摄《寻找蒋经国》专题片。纪念“八一三”淞沪抗战 70 周年系列活动新闻，入选市台办 2007 年“上海市对台交流十大新闻”。2008 年，民革市委提供便利并派专人协助凤凰卫视台湾分公司，拍摄《家春秋——蒋、宋、孔家族》专题片，之后协助该公司《近代风云》摄制组在景林堂、外滩、浙江奉化溪口镇等地实地拍摄，协助采访民革党员杨小佛、杜重石、李赣驹等及市委领导。2011 年，上海民革举办国际研讨会、辛亥后裔座谈会、书画展、诗歌朗诵会等有关纪念辛亥百年系列活动，引发台胞广泛关注。

第二节　吸引外资外智

上海民革党员通过台港澳和海外亲友关系，努力“牵线搭桥”吸引外资：1980—1990 年，引进外资、合资、独资项目 20 个，总计 51 292 万美元、100 万港元和 132 万元人民币。其中 1986 年经谭敬介绍，新加坡贵都酒家董事兼经理林美均女士向上海国际俱乐部投资 6 000 万美元，建造上海国际贵都大酒店；香港利加登财团投资 3 700 万美元，在杭州建造新西湖饭店。经李允敬介绍并担保，为河南新分市育才羊毛衫厂引进新加坡实发公司资金 5 000 万美元。经刘友通协办，上海、江苏、浙江有关丝衣加工厂为香港高富进出口公司加工外销丝绸雨衣，劳务费收入 1 000 万美元。1987 年，民革党员为美国金纳公司向大连市外经贸委投资 6 000 万美元，合资建立大连金纳肉牛有限公司牵线搭桥；为香港利因公司向北京中国法学会投资 4 500 万美元、合资建立天平大厦牵线搭桥。1990 年，蒋孝良引进外资 65 万美元，与山东潍坊茂德皮革公司、合肥制革联营。高士模引进外资 1 亿美元，投资农垦机械工业。罗靖民引进外资 179 万美元，投资上海华东皮革公司、南京东方打包公司。吴黎明引进合资港币 100 万元，投资有关旅游食品业。郑伟引进 200 万美元，兴建杰美体育娱乐有限公司。1991—2002 年，引进外资、合资、独资项目 5 个。其中，吴崇仁引进新加坡投资，在福州路建造百腾大厦、静安枫景苑和华山路比利华公寓；引进台商投资 100 万美元在浦东新区兴办高科技企业。郑炜引进台资 200 万美元，组建上海第一支冰上芭蕾队。经上海民革牵线，台湾《中国时报》董事长余纪中资助 1 000 万元人民币修缮南京大学大礼堂，后又引进香港兴业集团颐丰（上海）发展有限公司资金 1 400 万美元。

在引进外智方面，1980—1985 年，民革市委顾问顾毓瑔动员回国探亲亲友中教授、专家在国内一些大学讲学，提供技术资料、开展技术交流。顾毓瑔提出“组织一个中国工程师协会”的建议受到国务院领导重视，国务委员张劲夫邀顾两次参加专题座谈会。国务院成立引进国外人才领导小组后，顾毓瑔为引进国外人才提供名单，并开展具体联系。其胞兄顾毓琇（美国加利福尼亚大学终身教授）回国探亲，先后在上海、北京等地高校讲学，被聘为上海交大名誉教授。1986 年，民革市委副主委张国魁在其堂弟（美国耶鲁大学教授）来沪探亲期间，动员他先后在复旦大学等高校讲学。上海民革党员徐修梅胞弟、高级水利专家、美籍华人徐修惠曾是中国第一代三峡大坝设计工程参与者，三次通过上海民革向有关方面提出对三峡大坝设计方案的建议，其中“提高大坝高度以最经济的利用水力资源”的设想被国务院三峡办部分采用。2003 年后，民革市委根据新形势、新情况，鼓励、引导所属组织和党员继续积极吸引外资外智，重心下沉，自觉服务于所在区县经济和社会发展工作。

第三节 交流交往

一、拓展文化学术交流

1990年8月，上海中山学社在沪召开孙中山与中国现代化学术讨论会，19位台湾学者和教授应邀出席会议，并在会上作交流发言。这是两岸学者首次在沪共同研究孙中山思想并交换意见。1993年4月，9位台湾著名学者应民革党员、中国岳飞研究会副会长朱瑞熙邀请，来杭州参加岳飞国际学术研讨会；民革党员陈慧星的《徐渭与青藤书屋》、朱淡文的《红楼梦论源》和顾吉辰的《宋代佛教史稿》等专著，在台湾有关学术刊物上发表。同年8月，党员、华东师大教授黄克孝，以祖国大陆社会科学学者交流访问团团员身份，赴台参加台湾促进中国现代化学术研究基金会主办的中国现代化学术研讨会。同年，上海民革党员、中科院上海植物研究所高级工程师吴敦肃出国参加国际细胞学会议，结识台湾有关学者，合作开发沪台自然科学"生物肥料"项目。1995年，民革党员、上海师范大学教授朱瑞熙赴台北参加"第二届宋史学术研讨会"，并在台湾新竹清华大学作《宋代的社会生活》等专题讲座。同年，民革党员、华东师范大学教授吴立岗应台北师院邀请作学术报告，其专著获台湾两家出版社出版发行。

1996—2002年，民革市委主委厉无畏多次应邀赴台，在台湾中华经济研究院、台湾文化大学作演讲、学术报告，参加孙中山与现代化学术研讨会等。上海民革党员马鄂云在1995年4月，首次促成宝钢与台湾中钢在炼铁和耐火材料方面的学术交流，之后又相继举办2次。1997年底，民革市委领导、市医保局副局长项斯文赴台交流医院管理，考察交流医疗保险、卫生改革和社区医疗服务等课题。1998—2002年，上海民革党员、复旦大学教授葛剑雄，多次应邀在比利时、美国等国家和中国台湾地区作学术交流及报告。2000年，在台湾历史博物馆副馆长(代理馆长)黄永川协助下，民革市委促成台湾"中华花艺文教基金会"与上海市插花花艺协会共同在沪举办"两岸中华传统插花艺术展"；参与台北与彰化举办的"亚洲国际水墨画大展"。同年，应台湾"中华伦理教育学会"之邀，著名书画家吴青霞在台北举办画展；4月，上海民革党员4人赴台湾参加"海峡两岸书画展"，同时邀请台湾书画家来沪参加杨浦区举办的纪念抗日名将谢晋元书画展览。2002年，上海民革党员、上海社会科学院研究员瞿世镜受中国作家协会委托牵线搭桥，促成英国作家代表团一行2次访华。

2003年始，民革党员应邀多次组团赴港参加"港澳地区和平统一促进会"召开的会议。2005年，民革市委和上海图书馆及台湾海峡两岸文化资产交流促进会、国父纪念馆合作，赴台举办"中国江南水乡寻梦"摄影展。2007年，民革市委与上海历史博物馆、台北孙中山纪念馆合作，赴台举办"孙中山与上海——文物文献展"。2007年12月28日，市台研会、民革市委在上海民主党派大厦联合举办"回顾与展望——两岸交流交往二十周年"研讨会。来自海峡两岸的近50位专家学者及资深媒体人、知名人士与会，民革中央常务副主席厉无畏、海峡两岸关系协会副会长王在希、全国台研会副秘书长杨立宪、市台办主任杨建荣、民革市委主委高小玫等出席。2008年12月28日，民革市委、上海师范大学等联合主办"两岸关系：进展、挑战、前瞻"学术研讨会，来自台湾、上海、北京、南京等地近80位海峡两岸知名专家、学者参加。2009年，上海民革协助促成恒源祥集团向台北孙中山纪念馆捐赠孙中山绒绣像事项。至2012年，以台湾政大校友会为主的台湾同胞和以民革上海戏剧学院支部为主的大陆同胞"两岸文化沙龙"先后举办九期活动。如2012年10月20日，在北京西路艺术书店法兰咖啡厅举办吴慎智作“瓷器文化与生活”讲座，介绍瓷器发展各重要历史时期的特点、现代瓷器创意内涵。

二、加强民间交流、交往

20世纪80年代初起，民革市委在引进台资牵线搭桥中，开展民间交流、交往工作，1990—2002年，主要是通过通沪咨询服务公司（以下简称公司）开展。1992年5月，受台商统胜发商业开发公司委托，公司为其在外高桥保税区投资1 000万美元独自开办一家经营国际贸易、转口贸易、仓储和商业性简单加工的公司，还代他们在上海市办了一家合资建筑装饰公司、一家装潢材料公司。继“统胜发”后，公司又接受美意和港、台几家外商委托。2003—2012年，按照民革中央祖统工作“四个转变”要求，民革市委将加强民间交流、交往工作的重点转向台湾南部：2004年，为台商郭健泉解决其子女在沪就读事宜；2009年，组织部分祖统委委员赴镇江奇美化工有限公司考察，同年两次组织部分在沪台商座谈；2010—2012年，民革市委先后六次组织部分在沪台商开展联谊活动，参加台商60人次，将了解的情况反映相关部门，并帮助台商解决在大陆经营中遇到的困难和问题。

【接待台湾高校杰出青年赴大陆参访团】

2004年起，民革中央分别与各省市组织合作接待由台湾“海峡两岸人民服务中心”与北京“中华中山文化交流协会”共同发起组织的台湾高校杰出青年赴大陆参访团（简称“杰青团”），至2012年共计十一届。2004—2007年，上海民革接待了五届，近200人次台湾高校青年学生来沪参访。为接待“杰青团”来访及做好宣传引导，民革市委安排机关读书会青年干部全程参与，组织复旦大学、中医大等高校学生与台湾学生开展座谈交流。通过参观、游览、座谈及联欢，使台湾学生了解上海城市发展历史，感受大陆改革发展成果。

【与上海中医药大学联合举办“中华文化寻根”夏令营活动】

2005年10月15日，民革市委和上海中医药大学联合主办中医大2005级台湾新生“认识上海一日行”联谊活动。此后，每年举办“认识浦东一日行”活动，得到民革浦东新区委员会协助。2006—2012年，民革市委联合中医药大学每年举办“中华文化寻根”夏令营，近220人次台湾学生参加。这些活动使来沪就读台生在饱览祖国大陆山河同时，充分了解中华文明和历史，增长知识，加深对中华文化理解，增强对祖国大陆认同感。

三、接待来访、联谊交友

1980—1984年，上海民革党员和联系人士接待“三胞”共计32批、170人次。1986年，民革市委有关领导先后接待39人次，其中包括孙中山孙女孙穗英、孙穗华，原国民党将领李默庵、宋希濂、沈策、蔡文治，原上海市公用局局长赵曾珏及知名学者田长霖等。1987年台湾开放探亲以后，民革市委、民革党员及联系人士接待“三胞”人数与日俱增。1988年，民革市委接待的20批“三胞”中有11批来自台湾，其中有白崇禧之子白先刚、原荣誉师师长戴坚、黄兴女婿薛君度及政界和文艺界知名人士祝康彦、胡秋原等。1988年9月，有位台湾退役将军陈先生来信请求民革市委寻找其失散多年兄弟,经与有关方面联系,找到其在沪、宁亲友 10 人,陈先生当年底回祖国大陆探亲时特来民革市委致谢。1990 年,蒋纬国委托党员李赣驹寻找戴季陶遗骸,民革市委派专人远赴成都郊区办理,后戴遗骸得以确认归土,蒋纬国收到新坟照片发函深表谢意。同年居住美国的起义将领李默庵由美返国定居,在沪期间,民革市委为其夫人(上海籍)遗骨安葬上海归园墓地多方联系,完成其夫人遗愿。1991 年,民革党员谭敬的女婿杜维善来访,将一批“丝绸之路”古钱币和中亚古钱币捐赠上海博物馆。

1992 年,海峡两岸达成“九二共识”。当年,上海民革党员接待回国探亲亲友 5 974 人次,其中在台亲友 3 992 人次。其中有国民党元老,有国民党元老第二、第三代。1993—2002 年,接待汪希苓、冯玉祥将军之子冯洪志、张治中将军之子张一真等。1998 年 3 月 29 日—4 月 7 日,美国侨界和知名人士、海外兴中会会长王政义及执行委员一行 8 人受民革中央邀请,以个人身份来大陆参观访问。在沪期间,中共市委副书记、市政协主席王力平,中共市统战部部长王生洪,民革市委领导分别会见、宴请来访客人,并就上海经济建设、发展中美关系等问题交换意见。2001 年 5 月 17—19 日,台湾退役将领参访团一行 26 人来上海访问,民革市委领导与黄埔同学会会长等接待全体团员。

2003—2012 年,接待海外团体 56 批次 1 000 多人次。先后接待台湾知名人士新党籍“立法委员”冯沪祥,台湾民进党中常委、“立法委员”许荣淑,新同盟会会长许历农,以及台北孙中山纪念馆副馆长曾一士等岛内较有影响的政治人物。还接待原国民党元老邹鲁之子邹达、蒋经国儿媳蒋方智怡及章孝严(蒋孝严)等。此外,先后接待境外华人,香港《春秋杂志》主笔李龙镳、台湾商人郭健泉、徐锡麟之孙徐乃达以及黄兴之孙黄绍强等。民革市委高度重视与海外和岛内泛蓝阵营各民间团体交往,接待过的主要境外团体有:台湾黄埔四海同心会参访团、台湾海峡两岸文化资产交流促进会、黄埔军校旅美同学会、美国海外中山学社、加拿大促进中国统一联盟大陆参访团、加拿大侨界人士参访团等。2005 年起,民革市委与中国国民党黄复兴黄国樑党部进行接触并保持互动。2009 年 5 月 20 日,为纪念孙中山奉安 80 周年,民革市委邀请并全程陪同该党部参访团赴南京中山陵虔诚敬谒。2012 年 10 月 23 日,民革市委接待中国国民党中央委员何溢诚博士、中华两岸教育暨就业发展协会台湾学生联谊总会邱荣利理事长、台湾学生联谊总会副会长兼总召张育瑛博士一行三人。

图 1-5-1　2010 年 5 月 28 日,主委高小玫(右)接待以李玉文(左)为团长的“南台湾社团菁英大陆参访团”

第四节　祖国和平统一促进委员会

随着对台工作的发展变化,民革市委涉台工作委员会名称也几经发展。1964 年 12 月—1984 年 4 月称“对台宣传工作委员会”,1984 年 4 月—1992 年 6 月称“祖国统一工作委员会”,1992 年 6 月—1997 年 7 月称“祖国统一联谊委员会”,1997 年 7 月—2012 年 4 月称“祖国统一工作委员会”,

2012年4月后改称“祖国和平统一促进委员会”(以下简称祖统委)。在“和平统一,一国两制”方针指引下,按照形势变化,祖统委带动各基层组织把祖统工作融入到日常工作中,组织涉台参政议政,举办学习、报告会,安排各形式交流和联谊座谈会等活动,使广大党员及时了解海峡两岸形势以及对台各项方针政策。

一、组织涉台政策学习

1981年10月,组织学习全国人大常委会委员长叶剑英关于台湾回归祖国、实现和平统一九条方针政策的谈话。1982年8月17日,邀请在台湾和海外有亲友的成员20人座谈《廖承志致蒋经国先生信》。1983年8月5日,学习邓小平会见美国新泽西州西东大学教授杨力宇时关于“实现中国大陆和台湾和平统一”谈话精神并开展讨论。1988年9月13日,就台湾国民党第十三次代表大会后台湾政局变化、台湾“大陆政策”变化等举行台情研讨会。1990年6月12日,组织学习江泽民同志就台湾问题发表的重要讲话精神。

1993年5月和8月,分别就“汪辜会谈”圆满成功、《台湾问题和中国的统一》白皮书发表组织学习、座谈。1995年3月,组织学习座谈江泽民同志关于台湾问题八项主张重要讲话精神。1995年7月和8月,分别组织座谈会,就李登辉卖国行径进行严厉谴责。1998年3月24日,特邀五缘文化研究所所长林其锬作“五缘文化与海峡两岸关系”报告会。

2003—2007年,先后组织14场台情报告会、10次下基层讲解中共中央有关对台工作要求,举行学习胡锦涛同志提出的新形势下发展两岸关系的四点意见和《反分裂国家法》、纪念“江八条”发表七周年等重要内容的专题座谈会6次。2008—2012年,先后组织13场台情、专题报告会,2次邀约有关专家协助基层举办台情报告会,3次组织部分赴台旅游、交流交往党员及祖统委员进行座谈。邀请中国现代史学会会长胡志伟作“钓鱼岛主权归属与琉球的历史地位”报告和著名时事评论员曹景行作“从欧债危机问题看世界经济格局”专题报告。

图1-5-2　2008年3月25日,民革市委举行台情报告会

二、开展涉台参政议政

民革市委明确以祖统委为平台，开展涉台建言献策工作。20 世纪 80 年代初期，民革党员中的政协委员、人大代表经常以个人名义提出加强海峡两岸联系的意见和建议。《中共中央关于坚持和完善中国共产党领导的多党合作和政治协商制度的意见》制定以后，每年有以组织名义在"两会"上所作的大会发言、递交的提案。1989 年、1990 年，建言要创造良好的投资环境、增强引进境外资金的吸引力。1990 年市人大九届三次会议期间，汪尧昌提出《建立台湾贸易投资区》和《制定台商投资法》的建议，均被列为大会正式议案。1992 年，以《面向全世界华人聚居地区扩大海外联谊，深化对台工作》为主题在市政协大会上发言。1994 年，部分政协委员以《上海应为促进祖国统一大业作出更大贡献》为题，联名提出提案。1995 年，提交《学习贯彻江泽民同志重要讲话，加快祖国和平统一进程》等提案。2003—2007 年，有 1 份涉台提案、1 篇社情民意被市政协采纳，其中社情民意信息《关于加强对本市青少年涉台教育》得到市分管领导批示，并转化为政协提案。

2008—2012 年，民革市委就"两岸政治协商机制""国家统一认同"等提出对策建议，《建议恢复张元济故居的原貌》等提案被有关部门采纳；《关于以纪念辛亥革命一百周年为契机，促进两岸观念认同和政治认同的建议》被全国政协采用；《关于进一步推动两岸司法互助与交流的建议》《关于加强沪港台金融合作的建议》等提案被民革中央采用并获表彰。其间，民革市委向有关方面报送涉台信息 35 篇，其中 24 篇被采用；与上海社科院、上海台研所等学术研究机构联合举办"两岸交流交往二十周年研讨会"，就四行仓库保护问题邀请台湾 5 位专家学者，开展联合调研，形成民革中央提案向全国政协会议提交。2012 年 12 月 3 日，民革市委与市台研会等单位在民主党派大厦共同举办纪念"九二共识"20 周年研讨会，"九二共识"亲历者唐树备、邱进益等海峡两岸 60 余位专家学者到会。

第五节　上海中山文化交流协会

上海中山文化交流协会(以下简称协会)成立于 2006 年 12 月 15 日，并于同日举行第一次全体会员大会。协会由民革市委主办，经上海市民政局、上海市社会团体管理局批准，是由民主党派成员中从事经济、金融、史学、文教、艺术以及相关人士组成的具有法人资格的非营利社会团体。2006—2011 年，协会会长为项斯文。2012 年始，协会会长为董波。

2007 年 3 月 2 日，协会在民主党派大厦举行协会揭牌仪式暨首场报告会，葛剑雄教授作"追寻玄奘的足迹——中亚南亚五国行"报告，党员近 60 人参加。2007 年 8 月 14 日，纪念"八一三"淞沪抗战 70 周年历史资料片观摩会在市民主党派大厦举行，民革党员和来自海峡两岸的黄埔同学近 60 人出席。2008 年 1 月 22 日，在民主党派大厦会见并宴请台湾中坜市北区教育团体 2008 年大陆教育参访团一行 19 人，台湾职业教育界的朋友与上海中华职业教育社等职业技术学校的校长们进行了交流。2008 年 5 月 21 日，邀请复旦大学历史系吴景平教授作"海外蒋介石宋子文档案史料概况和思考"报告。2008 年 10 月 22 日，董开章书画展在南京路的朵云轩展出。2010 年 9 月 12—22 日，邀请台湾奇美文化基金董事长廖锦祥一行(会见团)率旗下奇美管弦乐团近百人赴大陆进行文化交流活动。16 日晚，市委领导陪同会见团赴上海音乐厅观看奇美爱乐管弦乐团"名家、名琴、名曲巡回音乐会”演出。2012 年 11 月 4—10 日，应“中华两岸世纪发展协会”邀请，协会首次组织民革律师界代表 9 人赴台参访。在台期间，参访团受到“中华两岸世纪发展协会”及中国国民党台北市党部热情欢迎。参访团分别拜会寅诚法律事务所、第一国际法律事务所，针对两岸经贸交流交往中所涉法律问题展开探讨和交流。2010—2012 年，协会先后举办“辛亥革命与东南地区社会思潮”“历史、现实、未来——纪念孙中山诞辰 140 周年”“晚清新政与辛亥革命”等一系列国际性学术研讨会。

第六章　自身建设

1978年起,民革市委面对改革开放的新形势,根据1979年民革五大提出的"以服务社会主义现代化建设为中心,以促进祖国统一为重点"的工作方针,不断推动党员和所联系人士投入社会主义建设事业。1992年民革八大后,民革市委注重从各个方面为提高参政议政能力做准备,不断提高党员的思想认识和综合水平。1999年5月,根据各民主党派中央关于加强自身建设若干问题座谈会纪要精神,民革市委以搞好政治交接为主线,以思想建设为核心、组织建设为基础、制度建设为保障,努力提高党员素质。2005年《中共中央关于进一步加强中国共产党领导的多党合作和政治协商制度建设的意见》发布后,民革市委按照进一步做到有影响、有形象、有地位的要求,建立健全参政党工作机制,实践与中共的同心同行,力求把自身建设成为面向新世纪的高素质的参政党。

第一节　思想建设

1978年党派恢复活动后,民革市委坚持中国共产党领导和走社会主义道路的信念。随着新时期民主党派社会基础和性质、任务、地位和作用的不断明确,围绕国家和上海经济建设的中心任务,民革市委带领各级组织和广大党员通过开展思想理论学习、主题教育活动、传统党史教育和参政党理论研究等途径,不断加强思想建设。

一、理论学习

【邓小平理论】

1992年在邓小平南方谈话发表后,民革市委组织三个中心学习组和各基层开展了为期3个月的集中学习。1993年11月2日《邓小平文选》第三卷出版,民革市委按照民革中央的要求组织党员进行深入学习,并于1995年8月4日举行学习经验交流会,选送10篇论文上报民革中央,其中4篇获优秀论文奖。1998年6月24日,中共中央发出《关于在全党深入学习邓小平理论的通知》,民革市委按照民革中央的要求号召广大民革党员以政治交接为着眼点,进一步加强自身建设,将学习邓小平理论与学习中共十五大精神相结合。民革市委和各基层相继举办专题讲座、报告会,组织外出参观,收看专题影像资料,《上海民革》报连续发表党员学习体会文章。

【"三个代表"重要思想】

2000年2月20日,中共中央总书记江泽民在广东省考察期间提出"三个代表"重要思想,民革市委按民革中央要求将学习"三个代表"重要思想作为加强自身建设的一项重要内容。2001年7月,民革市委举行暑期学习会和十届十四次常委会议,学习贯彻江泽民"七一讲话"和全国统战工作会议精神。11月19日、20日,各基层在2001年度市委基层宣传委员学习班上交流学习"三个代表"重要思想体会。2002年6月7日、12日,民革市委分别举行十届十二次全体会议和中心学习组座谈会;8月5日举行暑期学习会,交流学习江泽民5月31日在中共中央党校省级干部进修班毕业典礼上的“5·31”讲话和江泽民对“三个代表”重要思想进一步阐述的体会。

【科学发展观】

2008年12月，民革市委贯彻民革中央要求，组织开展以科学发展观为指导、深化走中国特色社会主义道路的学习教育活动。12月18日，民革市委举行纪念改革开放30周年报告会，邀请专家阐述贯彻落实科学发展观的必要性、紧迫性。民革市委领导班子带头，把学习科学发展观作为学习活动的主题，主委高小玫在新年学习会上要求加强对党员特别是青年党员的教育引导，突出科学发展观对2009年各项工作的统领和指导意义。2009年7月28日，民革市委举办暑期学习会，邀请民革中央宣传部门负责人来沪作学习贯彻科学发展观的辅导讲座。

【中共中央多党合作和政治协商制度文件】

1989年12月30日，中共中央制定《关于坚持和完善中国共产党领导的多党合作和政治协商制度的意见》。民革市委发动各级组织，通过举办学习班、座谈会、报告会、专题讨论、参观访问等形式，提高大家对新时期参政党的性质、地位、任务和作用的认识。2005年2月18日，中共中央制定《关于进一步加强中国共产党领导的多党合作和政治协商制度建设的意见》。同年4月13日，民革市委举行学习报告会暨组宣工作会议，邀请中共市委统战部领导作学习辅导报告。5月24—27日，民革全国宣传工作会议在沪举行，民革市委组织党员听取中共中央统战部一局领导作学习辅导报告，并号召各基层组织党员认真学习文件精神，与学习、宣传和贯彻中共十六届三中、四中、五中全会精神相结合。2012年2月2日，中共中央印发《关于加强新形势下党外代表人士队伍建设的意见》后，民革市委及时组织学习座谈。

二、理论研究

【孙中山思想研究】

1986年10月31日，民革市委、民盟市委联合举行孙中山研究学术讨论会，会议由民革市委领导主持，民盟市委领导在会上宣布上海中山学社筹备组人员组成名单。1987年10月，由民革市委和民盟市委共同发起的上海中山学社（以下简称学社）正式成立，学社挂靠中共市委统战部，受上海市社联业务指导，系研究孙中山和近代中国的专业学术团体。学社发扬孙中山“爱国、革命、不断进步”的精神，遵循“百花齐放、百家争鸣”方针，组织、开展学术交流活动，团结海外华人华侨，推动两岸关系发展。历任社长为赵祖康、厉无畏、高小玫。

1987年10月12日，成立上海中山学社并举办“孙中山思想与台湾政治、经济”报告会。1990年8月12—14日，学社首次举办有来自台湾各大学与研究机构专家学者参加的“孙中山与中国现代化”学术讨论会，同年出刊“上海中山学社通讯”，次年改为《近代中国》丛刊，到2012年已出版22辑，具较高学术水准和社会影响力，是上海市社会科学界联合会下属学会中入选CSSCI的唯一学术集刊。1991年6月28日，学社举办“孙中山思想与二十世纪”学术讨论会。1994年5月20—23日，举办“孙中山与海外华人”学术研讨会。1995年1月27日，举办“清末新政与社会变迁”研讨会。1996年11月11日，举办“孙中山思想发展”学术研讨会。

进入21世纪后，2000年8月28日，学社举行《孙中山与社会变革》学术研讨会。2002年，学社负责人参加台北孙中山纪念馆30周年馆庆暨第五届孙中山与现代中国学术研讨会。2006年11

图1-6-1 1987年10月12日,民革市委与民盟市委共同发起成立上海中山学社

月,与民革市委、孙中山宋庆龄文物管委会等联合举办“孙中山:历史—现实—未来”国际学术研讨会。2008年8月1—3日,与上海孙中山故居纪念馆等联合召开“孙中山的《建国方略》”国际学术研讨会。2011年11月30日,举行2011年年会暨第四次中山论坛“继承与弘扬”青年学者专场。2012年11月16日,举行2012年年会及“《临时约法》与近代社会”学术研讨会青年专场。

学社还与孙中山基金会(广东)、台北孙中山纪念馆、日本孙文纪念馆等海内外学术团体、学术机构及专家学者保持联系与合作,为两岸三地“纪念孙中山”系列活动的发起者和永久性单位。

【统战理论研究】

1978年以来,民革市委围绕统一战线面临的新形势、新特点,中国社会主义政党理论,中共对统一战线理论的丰富和发展,民革历史发展的经验和特点以及在新形势下如何把握特点与优势,通过对统一战线工作实际操作层面的总结,不断探索民主党派自身建设的基本规律、基本方法、基本形式。1993年12月26日,民革市委与上海师范大学上海市统战理论研究会、上海毛泽东思想研究会联合举行纪念毛泽东诞辰100周年专题研讨会。1994年10月7日,民革市委举办会议研讨民革中央《关于加强民革参政党建设的意见》。1998年3月,为纪念周恩来诞辰100周年,民革市委举行“周恩来与统一战线工作”座谈会。1999年11月18日,为纪念《中共中央关于坚持和完善中国共产党领导的多党合作和政治协商制度的意见》制定10周年,民革市委与中共上海市房地局委员会联合举行“参政党的理论与实践研讨会”。2000年,民革市委举行“新世纪统一战线工作理论研讨会”。2001年底,民革市委举行“参政党的作风建设与民主监督”理论研讨会,达成加强参政党的作风建设须树立“求真、求实、求新”三种理念,重视“素质、能力、形象”三方面的建设,培养“参政议政、民主监督、合作共事、做社会稳定工作”四方面的能力的共识。2004年在上述中共中央文件颁发15周年之际,民革市委编辑《探索与实践——纪念中共中央〔1989〕14号文件发表15周年》专辑,12月22日举行首发仪式暨大型座谈会。2005年4月26日,民革市委召开统战理论研究小组工作会议,着重讨论参政党作风问题,2006年1月7日举行“多党合作与和谐社会”研讨会。2007年重新组建、2012年调整的民革市委理论工作委员会在多党合作、参政议政、民主监督等领域发表文章,围绕参政党理论、抗战遗址保护等开展调研，在纪念民革成立60周年、改革开放30周年、中共中央“五一口号”发布60周年、上海解放60周年以及民革市委会成立55周年时积极撰文发稿，并参与上海市政协、上海市统战理论研究会等组织的各项征文活动。

三、主题教育活动

【“三增强”“四热爱”学习教育活动】

2003年6月起，民革市委转发了民革中央《关于开展“三增强”“四热爱”教育活动的意见》，要求各基层组织制定工作计划，组织开展一系列学习教育活动，结合广大党员的本职工作和抗击“非典”的实际，积极开展“三增强”“四热爱”学习教育活动，增强对“三个代表”重要思想的认识、增强对社会主义制度优越性的认识、增强对中华民族凝聚力的认识，热爱中国共产党、热爱祖国、热爱社会主义、热爱人民。

【政治交接学习教育活动】

“政治交接”是1997年换届以来，民主党派在实现新老交替过程中所提出和坚持的一条政治原则。民革市委的政治交接学习教育活动经历了从继承优良传统到加强参政党建设，再到走中国特色社会主义政治发展道路的不断发展、完善过程。2007年4月5日，民革市委举行十一届十次全体会议，学习民革中央《关于在民革全党开展“坚持中国特色社会主义政治发展道路，搞好政治交接”的决定精神》，换届后成立的十二届市委会全面部署政治交接学习教育活动，开展为期1年的相关活动。2007年6月1日，民革市委通过《民革市委关于贯彻〈民革中央关于开展“坚持中国特色社会主义政治发展道路，搞好政治交接”教育活动的决定〉的意见》和《实施方案》。6月18日，民革市委举行2007年度宣传工作会议，开始全面开展上海民革的政治交接教育活动。8月5日、6日，民革市委组织第十一、十二届市委常委赴南汇举行政治交接教育活动学习报告会，听取中共市委统战部领导作题为《以政治交接为主线，建设适应新世纪要求的参政党》的报告。主委高小玫带队下基层调研，要求大家做到“学”“思”“悟”“坚”并贯穿始终和覆盖到所有基层，作为基层支部思想政治工作的主要内容。2008年4月7日起，民革市委参与8个民主党派联合主办的“风雨同舟、继往开来——上海市各民主党派纪念响应中共中央五一口号60周年暨政治交接学习教育活动”图片展巡展。2008年6月30日，民革市委召开政治交接教育活动总结会暨2008年度宣传工作会议，对民革市委政治交接教育活动开展情况进行全面总结。

【“树立和践行社会主义核心价值体系”学习教育活动】

2010年2月21日起，民革市委贯彻《民革中央关于开展“学习和践行社会主义核心价值体系”活动的通知》精神，确定6个区级和直属组织为活动的跟踪点，将“树立和践行社会主义核心价值体系”作为思想建设的重点、其他各项工作的指导原则及各级组织学习讨论的主要内容，并在《上海民革》报开辟相关专栏。7月25日，民革市委举行专题学习会，民革中央常务副主席厉无畏作题为《学习践行社会主义核心价值体系，把民革自身建设推向新阶段》的辅导报告。作为民革中央的示范点，上海民革提出了四个结合，即学习马克思主义指导思想、树立共同理想与思想政治教育结合，开展“智、信、行”教育；弘扬以爱国主义为核心的民族精神与民革党史学习结合，开展传统教育；践行改革创新的时代精神与民革主要任务结合，参政议政出成果；建立社会主义荣辱观与宣传民革党员的先进事迹结合,弘扬社会主义道德风尚。2011 年 1 月 25 日,民革市委举行 2010 年学习和践行社会主义核心价值体系活动总结暨先进表彰会,6 个先进组织、33 名先进个人获表彰。2 月 22—23 日,民革中央学习践行社会主义核心价值体系先进组织和先进个人表彰大会在北京举行,上海民革 3 个基层组织获先进组织称号,5 名党员获先进个人称号。

【"同心同行"学习教育活动】

2011 年春节后的"同心同行"学习教育活动,是由各民主党派认真学习胡锦涛在党外人士迎春座谈会上的讲话精神,开展与中国共产党"思想上同心同德、目标上同心同向、行动上同心同行",坚定不移地走中国特色社会主义政治发展道路的主题教育活动。4 月 22 日,民革市委在兰心大戏院举行以"重温历史、同心同行"为主题的纪念辛亥百年文艺演出。6 月 29 日,民革市委举行纪念中国共产党成立 90 周年座谈会,民革老中青三代党员发言表达了"以民革先辈为榜样,勇挑重担,与中共同心同行"的心声,会后民革市委与民革徐汇区委联合举办的"纪念中国共产党成立 90 周年、辛亥革命 100 周年邮品展"揭幕。民革市委还举行纪念中国共产党成立 90 周年征文评选活动,各级基层组织以召开座谈会、组织观故居、观看珍贵历史影像资料和文物、歌咏、前往天安门广场参加升旗仪式等各种形式开展活动。

四、传统教育

【党史教育】

改革开放后,民革市委每季度举行 1 次新党员座谈会,对近期加入民革的新党员进行"入门教育"即民革党史教育。自 1982 年开始,每次的新党员座谈会都推定一位领导系统介绍民革历史,讲解民革的性质、任务和作用。

1984 年 10 月和 11 月,民革市委为贯彻执行民革第六次全国代表大会的决议和要求,提出"如何开创上海民革工作新局面"和"如何争取做个合格的民革党员"的问题,举办两次专题讲座,分别讲述《新时期统一战线的理论和政策》和《新时期上海民革工作如何开创新局面》。此后,始终联系新时期、新形势、新任务开展党史教育。进入 21 世纪后,党史教育转入经常化、制度化,讲稿经历届领导不断修改完善,至 2012 年 7 月已形成 1.6 万字的《民革党史》讲稿。

【节庆纪念活动】

1987 年 12 月 24 日,民革市委举行纪念民革成立 40 周年大型座谈会,《上海民革》出版纪念专版,民革党员有的撰文、有的赋诗、有的作对庆祝。1997 年 12 月 24 日,民革市委在美琪大戏院集会纪念民革成立 50 周年,表彰在参政议政、党务工作、祖统工作和精神文明建设等方面作出贡献的先进集体和先进个人。2007 年 10 月 30 日,民革市委举办"民革——我的精神家园"演讲比赛。同年 12 月 27 日,民革市委假市政协文化俱乐部举行纪念民革成立 60 周年大会,播放《风雨同舟 60 载》民革影像集。

2005 年民革市委成立 50 周年,市委开展"八个一"活动。包括 3 月 25 日,在市政协文化俱乐部举行纪念大会和文艺演出,并向 50 年以上党龄的老同志颁发荣誉奖牌;与上海孙中山故居纪念馆、上海中山学社等联合举行纪念孙中山逝世 80 周年座谈会,上海香山画院举行首届年展,并出版一本书籍《民革党员在改革开放中》,一本画册《继往开来、再铸辉煌》,一期《上海民革》特刊,一期《团结报》专版。

2008 年 4 月 29 日，民革市委举行纪念响应中共中央“五一口号”60 周年座谈会暨《上海文史资料选辑・上海民革专辑》首发式。2009 年 5 月 22 日，民革市委举行纪念上海解放 60 周年座谈会，当日还举行恒源祥香山画院大型书画展开幕式，民革市委与民革闸北区委在闸北公园修缮并命名的爱国主义教育基地——“共和亭”也于当日揭牌。2010 年 3 月 26 日，民革市委举行纪念民革上海市委会成立 55 周年座谈会暨《民革与新中国的建立》读后交流会。

图 1-6-2　2009 年 5 月 22 日，民革市委与民革闸北区委在闸北公园修缮并命名的爱国主义教育基地——“共和亭”揭牌

【孙中山纪念活动】

民革市委每年都在孙中山的诞辰和忌日举办相关纪念、研讨活动，逢五、逢十更为隆重。

1981 年 11 月 12 日，民革市委领导班子成员以及辛亥老人参加上海各界人士在中山故居举行的纪念仪式，纪念孙中山诞辰 115 周年。1986 年 10 月 31 日，民革市委与民盟市委联合举行纪念孙中山诞辰 120 周年学术研究会。1987 年 10 月 12 日，上海中山学社举办“孙中山思想与台湾政治、经济”报告会。

1996 年 5 月 31 日，民革市委与上海中山故居、上海中山学社等联合举行“纪念孙中山奉安 70 周年”座谈会。1996 年 11 月 5 日，民革市委与上海黄埔军校同学会联合举行纪念孙中山先生诞辰 130 周年座谈会，同时举办书画展。民革市委还与上海钟表厂联合制作、发行了 130 只孙中山纪念表。2003 年发起举办“纪念一代伟人孙中山——上海青少年书法篆刻展”，并赴台湾展出。

2006 年 10 月 30 日—11 月 10 日，民革市委举行纪念孙中山诞辰 140 周年系列活动，民革中央主席何鲁丽莅沪参加相关活动。系列活动包括与上海市政协等联合主办“孙中山与上海”——文物文献档案展，与上海五缘文化研究所等联合主办“孙中山文化思想与中华民族振兴”论坛，与上海香山画院联合举办纪念孙中山诞辰140周年书画展,与上海黄埔同学会联合举行纪念孙中山诞辰140周年座谈会。

【辛亥革命和辛亥先贤纪念活动】

1981年,民革市委举办纪念辛亥革命70周年文物征集和鉴评活动,选出30件精品文物送往北京参加中央美术馆举办的纪念展出。10月10日,民革党员中的辛亥老人、辛亥先烈亲属和后裔以及去台人员家属参与了各界人士纪念辛亥革命70周年大会和市政协举行的茶话会,民革市委组写了一批宣传文章向台湾和海外播发,《上海民革》出版纪念增刊。

1991年,民革市委举行文稿征集活动并出版《上海民革》纪念辛亥革命80周年专刊。10月7日,民革市委与市政协联合举行纪念辛亥革命80周年座谈会。民革各基层组织也相继举行报告会、座谈会、联谊会、瞻仰邹容墓和征文征诗活动,民革市委领导下基层作有关辛亥革命专题报告。

2001年9月25日—10月11日,民革市委举行纪念辛亥革命90周年系列活动:与上海黄埔军校同学会联合举行座谈会;与上海人民广播电台联合举行"先驱魂"广播朗诵会;与市统战理论研究会、上海师范大学等联合举行学术研讨会;与上海历史博物馆、上海社会科学院社会学研究所等联合举行"20世纪初的中国印象——一个摄影师眼中的辛亥革命"历史照片展;与《新民晚报》联合组织"十日谈"征文活动以及与民革苏州市委联合举行座谈会。

2002年8月17—19日,上海中山学社主办"辛亥革命与东南社会思潮"研讨会。2004年5月18日,民革市委与上海孙中山故居纪念馆等联合举行纪念光复会成立100周年学术研讨会。2007年7月14—16日,上海中山学社举办"清末新政与辛亥革命"国际学术研讨会;2010年10月20日,上海中山学社与上海中山文化交流协会联合举行纪念辛亥九九座谈会。

2011年8月26日,市政协和民革市委联合主办"辛亥革命与上海"国际研讨会纪念辛亥革命100周年;9月6日,民革市委和中共浦东新区委联合主办"纪念辛亥百年后裔座谈会";9月7日起,民革市委参与承办"纪念辛亥革命一百周年——海峡两岸退役将领书画展";9月15日,民革市委主办"纪念辛亥革命100周年大型图片展";9月20日,民革市委与上海音像资料馆联合举办纪念辛亥百年珍贵影像暨"辛亥后裔口述历史"成果发布研讨会;9月21日,民革市委与市政协文史委联合举办"追忆与传承"辛亥先贤后裔座谈会;10月4日,民革市委与上海市作家协会、上海图书馆联合举办"潮声浩荡"诗文朗诵会;10月9日,民革市委和市档案局(馆)、东方出版中心等6个单位共同承办的上海市政协纪念辛亥革命百年联展开幕。与此同时,由民革市委和上海市收藏协会监制,上海汲古斋有限公司制作"辛亥革命100周年"大铜章。

【民革先贤和史迹凭吊纪念活动】

1982年6月28日,民革市委在市政协大礼堂举行纪念邵力子诞辰100周年座谈会。1987年6月3日,"柳亚子在上海"图片展览会在上海图书馆开幕。2000年9月1日,民革市委举行纪念赵祖康诞辰100周年座谈会。2002年1月11日,民革市委与上海中山学社、上海黄埔同学会联合举行纪念李烈钧、冯玉祥等辛亥先贤诞辰120周年座谈会。2003年6月18日,民革市委与上海宋庆龄研究会等联合举行"纪念杨杏佛先生殉难70周年座谈会"。2005年9月20日,朱学范生平陈列馆在上海金山区枫泾镇落成揭牌。2006年8月16日,民革市委举办首届统战知识夏令营活动,邀请49名上海民革党员子孙参加座谈和参观中山故居。2007年11月15日,民革市委举行纪念徐以枋诞辰100周年座谈会,同年12月11日,举行纪念宋瑞珂诞辰100周年座谈会和《宋瑞珂文史资料选集》首发仪式。2008年4月4日,民革市委在金山区枫泾镇举行缅怀朱学范生平座谈会并进行祭扫活动。2010年9月1日,与上海历史博物馆联合举办赵祖康诞辰110周年纪念会暨赵祖康文物捐赠仪式。2011年7月15日,民革市委举办2011年度市委委员学习班(扩大),响应民革中央"观故居,走多党合作之路"的号召,赴无锡参观民革前辈王昆仑故居。同年10月18日,朱学范生平事迹研讨会暨民革前辈纪念场馆联谊会成立大会在上海金山枫泾镇举行,民革党史教育基地揭牌仪式在朱学范故居举行。2012年11月7日,民革市委举行纪念冯玉祥李烈钧将军诞辰130周年座谈会,冯玉祥孙女冯丹龙向民革市委赠送《冯玉祥总司令历史影像资料片》。

图1-6-3　1987年6月3日,民革市委主办的"柳亚子在上海图片展览会"在上海图书馆开幕

2005年11月15—18日,民革市委一行20人举行重走抗战文化路活动,赴福建永安缅怀先辈,凭吊历史遗迹。2006年9月18日—22日,为缅怀老主委赵祖康等为代表的工程界前辈为修筑西汉公路作出的贡献,民革市委组团赴西安、宝鸡、汉中三地开展"重走西汉路"活动。2008年11月,民革市委在滇缅公路开通70周年之际,会同参与公路修筑的前辈后裔一行9人组团"重走滇缅公路"。2010年11月5—13日,上海、四川两地民革组织部分民革工程界筑路前辈后裔,联合举办"重走乐西路"活动。

五、各类先进表彰

【对优秀党员和先进基层组织的表彰】

1985—2010年,民革市委举行9次表彰先进活动。

1985年1月25—26日,民革市委表彰为四化建设和统一祖国作出显著成绩的优秀民革党员和联系人士 261 人,2 个基层组织被评为先进集体。1985 年 12 月 11 日,民革市委表彰为四化建设、精神文明建设和为祖国统一作出成绩的 115 名优秀党员和联系人士,以及为加强组织建设和思想建设、协助中共和政府落实各项政策卓有成效的 17 个基层组织。1993 年 4 月 27 日,民革市委对在参政议政、社会实践、祖国统一和民革党务工作等方面作出贡献的 112 名优秀党员和联系人士以及 17 个先进基层组织进行表彰。1994 年 4 月 27 日,民革市委对在参政议政、社会实践、祖国统一、党务工作等方面取得一定成绩的 112 名先进个人和 27 个先进集体进行表彰。1995 年 1 月 23 日,民革市委举行迎春联欢暨先进表彰会,7 名获市政建设功臣称号的民革党员获表彰。1997 年 12 月 24 日,民革市委举行“纪念民革成立 50 周年暨表彰大会”,对在两个文明建设中作出突出贡献的 23 个先进集体和 184 名先进个人进行表彰。2000 年 1 月 20 日,民革市委举行优秀基层党务工作者和先进支部表彰大会,16 个集体获先进支部称号、34 名优秀基层党务工作者获表彰。2005 年 12 月 8 日,民革市委举行 2004—2005 年度特色支部表彰大会,32 个基层组织获“2004—2005 年度民革市委特色支部”称号,45 人获“为社会主义三个文明建设服务先进个人”称号,6 个单位为社会主义三个文明建设服务先进集体,并对 15 位同志和 14 个单位给予为社会主义三个文明建设服务先进个人和单位表扬。2010 年 1 月 8 日,民革市委举行 2007—2009 年基层工作先进集体、特色支部和先进个人表彰会,授予 31 名党员先进个人称号、5 个基层支部先进集体称号、34 个基层支部特色支部称号,另有 16 名党员获得个人表扬。

【受民革中央等的表彰】

1989 年 4 月,上海市各民主党派工商联联合召开党务工作表彰会,民革联一支部等 3 个先进集体受到表彰,17 人被评为积极分子。1994—1997 年,1 个集体和 3 名党员获得上海市统战系统为两个文明建设服务先进称号。1998 年,在为两个文明建设服务的社会实践中,1 名党员获上海市十大杰出职工称号,3 名党员获市统战系统为两个文明建设服务先进个人称号。1999 年,汪尧昌获“民革全国先进个人”称号。2000 年,郭士征、李忠萌获“民革全国先进个人”称号。2000 年,在为两个文明建设服务的社会实践中,9 名民革党员获市级以上先进称号;2001 年 2 月,民革杨浦区委会等组织和个人获上海市统战系统为两个文明建设服务先进称号。2005 年,在纪念抗日战争胜利 60 周年之际,15 名上海民革党员获中共中央、国务院、中央军委颁发的“中国人民抗日战争胜利 60 周年纪念章”。2006 年,5 个集体、11 名党员获民革全国参政议政先进称号,同年逸仙敬老院被评为民革全国社会服务先进集体。2008 年 10 月,党员刘辉被民革中央评为社会服务十佳明星,同年民革市委社情民意信息工作得到民革中央表彰。2009 年,民革市委被民革中央评为社情民意信息工作先进集体,在上海市政协的评比中获二等奖。2010 年,民革市委获民革中央提案工作和反映社情民意信息工作表彰。2011 年,民革市委获民革中央“2011 年度社情民意信息工作先进集体”称号,被上海市政协评为 2010—2011 年信息工作二等奖。2012 年,民革市委扶贫援建和养老帮教工作得到肯定,恒源祥香山画院、逸仙敬老院、杨浦区委文教二支部获民革全国社会服务先进集体称号,陈伟志等 7 人获先进个人称号。

六、宣传报道

【《上海民革》及其他刊物】

《上海民革》创刊于 1951 年 7 月,最初为 16 开本杂志形式,后改为 32 开本,1981 年 1 月复刊后为4开4版的报纸形式，每月1期，设有“上海民革论坛”“人物撷英”“学习”“议政坛”“港台澳之窗”“香山苑”等栏目。2005年10月15日起扩版，由4开扩版为2开。1997年10月9日民革市委举行纪念《上海民革》复刊200期座谈会，2001年11月22日举行复刊250期座谈会，2001年12月28日举行基层宣传刊物工作研讨会，2006年2月21日举行纪念《上海民革》复刊300期研讨会。从1981年复刊至2012年底，《上海民革》报共出版383期。

2010年12月3日，民革市委赴镇江与镇江民革举行办刊经验交流会。民革市委的内部刊物还有每季度一期的《信息之窗》，创办于1994年8月，以反映社情民意和交流各级组织开展信息工作的经验为主；《参政议政通讯》创办于1999年7月，每季度1期，旨在为上海民革各级组织参政议政提供理论依据、研究素材；《祖统工作简讯》创办于1996年，每季度1期，重点进行台情研究并提供海内外有关资料。

【上海民革网站】

上海民革网站网址为http：//www.shmg.org.cn，开通于2008年1月。作为民革市委的官方网站，展示上海民革历史，反映各级组织和党员履职成果，发布民革市委重大信息，开展互动交流。2011年3月22日，民革市委举行网站改版开通仪式，在栏目设置上作了部分精简，并增加上海中山学社的板块链接。

【团结报上海记者站】

团结报上海记者站成立于1989年5月，首任站长诸尚一，此后李玮颖、李栋樑先后任站长。2008年5月，记者站记者正式获得新闻记者证，开启制度规范、运转有序阶段。记者站重视重大活动报道，如1998年10月，记者站记者李玮颖全程采访了第二次汪辜会谈，《团结报》及时刊发现场报道。2002年起，上海记者站每年都获团结报社通联工作、发行工作一等奖，记者站记者获先进个人、优秀记者等称号。每年上海记者站都有面向基层和上海各民主党派的发行表彰会。2012年10月13日，2012年度团结报全国记者站工作会议在上海召开，民革中央副主席修福金出席会议并讲话。

【社会新闻宣传报道】

20世纪八九十年代起，民革市委加大在社会上的宣传力度，职能部室密切与各大新闻媒体的联系，及时报道本党派的重大活动，在《解放日报》《文汇报》《新民晚报》及《联合时报》等报刊上发表稿件，在电视广播等其他新闻媒体进行宣传。2000年起，每年年末民革市委都召开“两会组织提案、大会发言新闻通气会”，2009年起更名为“提案新闻发布会”。每年“两会”期间，民革市委报道代表委员的意见、提案，同时还利用网络开展社会宣传。据不完全统计，2011年、2012年在各类新闻媒体中，有关民革市委、民革党员的报道分别是370篇和402篇。

【编辑系列丛书】

1999年，新中国建立50周年之际，民革市委编辑了《民革党员与新中国》一书，并于次年4—8月举行五场“丹心照汗青——《民革党员与新中国》”巡回宣讲，听讲者达900人次。2001年4月30日，民革市委举行“丹心作奉献——民革党员与两个文明建设”首场宣讲会，由获2000年度上海市统一战线为两个文明建设服务先进个人、先进集体称号的民革党员、基层组织代表作宣讲，次年举行第二次宣讲活动,共700人次参加听讲。2002年9月,系列丛书的第二册《民革党员在新中国》出版,2005年第三册《民革党员在改革开放中》出版,2012年出版《民革党员在新世纪》,分别反映新中国成立后、改革开放和进入21世纪的各个历史时期上海民革代表性党员的先进事迹,展现民革党员为促进上海经济社会发展所作的努力和贡献。

第二节 组织建设

组织工作是参政党工作的基础,组织建设是参政党自身建设的基础,1978—2012年,民革市委注意加强组织建设,健全基层组织,增强组织活力,为进一步发挥参政党作用提出一系列具体措施,分析新情况、探索新方法、解决新问题、总结新经验,以换届为契机,推动参政党建设迈上新台阶。

一、领导班子建设

【实现新老交替】

1980年1月,民革市委召开第五次党员代表大会,选举产生第六届市委会正副主委共11人,年龄最大的86岁,最小的63岁,平均年龄73.8岁,普遍年龄较大。

1992年6月产生第九届市委会后,主委、副主委、秘书长以上领导的平均年龄为64.13岁,大学本科以上8人,专家、学者6人,行政领导、党派领导3人。1995年11月民革九届八次会议增补1名副主委。1996年1月的九届九次会议同意徐以枋辞去民革市委主委职务,并选举厉无畏担任主委,改善领导班子的年龄结构和人才结构,推进领导班子新老交替。

1997年7月,民革上海市第九次代表大会选举产生第十届市委会,实现领导班子的新老交替。换届后市委领导班子由主委、副主委、秘书长7人组成,其中新晋4人,平均年龄53.7岁,大学本科以上4人、大专3人,专家、学者4人,行政领导、党派领导3人,换届后最大年龄59岁,最小的48岁。2001年9月民革市委十届十次会议上,增补2名副主委。

2002年7月,民革上海市第十次代表大会选举产生第十一届委员会,该届委员会领导班子主委、副主委、秘书长由8人组成,其中新晋3人,知识结构和专家、学者的比例有明显提高。2005年、2006年,民革市委进行两次届中调整,增补3名副主委。

在2007年第十一次代表大会选举产生第十二届市委会的第一次会议上,高小玫当选主委,7人当选副主委,1人任命为秘书长,其中4人是博士学历,46岁高小玫成为上海民革历任主委中最年轻的主委。

2012年4月,选举产生的民革上海市第十三届委员会,领导班子由高小玫及其他7名副主委组成,秘书长任命1名副主委兼任,其中5人是博士学历,年龄最大的55岁,最小的49岁,平均年龄51.8岁,比1978年恢复工作后的第六届市委会领导班子下降了22岁,从根本上改善了领导班子的年龄结构和人才结构,推进领导班子新老交替,使一批德才兼备、年富力强的骨干能更快充实到领导岗位上来,知识结构和专家、学者的比例进一步提升。

【推进政治交接】

历届民革市委领导班子注重加强思想政治学习,主委办公会议把学习作为一项重要议程,边学边议,结合实际畅谈个人体会,通过学习研讨提高政治敏锐性和政治洞察力,增强领导班子的能力和合力。民革市委以主委、副主委、秘书长以及各处室负责人为主体的“民革市委中心学习组”，坚持学习邓小平理论、“三个代表”重要思想和中共的路线、方针和政策，学习统一战线理论，提高民革领导班子整体素质。1997年换届后，领导班子积极带头学习，结合民革与台湾以及海外的渊源关系和专业分工、分布等实际情况，使代表性人士和参政议政的能力相结合，加强参政议政力度，注重自身素质不断提高，使民革市委的工作在原有的基础上逐步走向制度化。

民革市委领导班子在日常运行中，继承发扬民革大团结的优良传统，认真贯彻民主集中制原则，举行民主生活会，形成了团结、民主、向上的工作氛围。2002年换届后，民革市委领导班子以学习科学发展观、坚持中国特色社会主义道路为主题，系统学习了民主党派政治交接的系列文件、“学习和践行社会主义核心价值体系”有关文件、胡锦涛在党外人士座谈会上的讲话精神以及新形势下发展两岸关系的四点意见等。在统一认识的基础上，进一步明确分工：驻会副主委和秘书长各司其职，遇到重要事宜及时通气、互相商量，最后在主委会通过后形成决议，进而形成集体领导的合力保证市委会的决策畅通实施。民革市委委员学习会实行了市委专职副主委述职制度。

2007年，民革上海市十二届一次主委会议作出决定，对部分老领导、老同志进行走访，听取他们对新一届市委工作尤其是对开展“坚持中国特色社会主义政治发展道路，搞好政治交接”教育活动的建议。新一届市委领导对走访活动十分重视，主委高小玫等分别拜访了老领导、老同志。2007年7月6日、12日，民革市委领导班子召集部分老同志就“政治交接”进行座谈交流。每年春节、重阳期间，主委高小玫集体慰问老同志，介绍市委工作情况，通报新一年工作安排。民革市委成立老同志学习联络组，以此为桥梁带动民革的学习工作扎实推进。2010年起，民革市委还开展老同志口述历史工作，拍摄制作老领导谈政治交接的影像资料，并在清明时节赴金山、松江、青浦等地祭扫已故老领导墓。

进一步明确领导班子建设的目标后，民革市委努力做到四点：一是坚持学习制度，严格执行主委学习制度，班子成员轮流主讲，交流学习体会，共同提高思想认识；二是健全并执行各项制度，完善主委会、常委会、市委会议事规则，以及驻会领导、机关行政等会议制度，重视发挥常委班子集体作用，每年组织1次常委专题讨论会，分别研究制定3个专题工作文件；三是加强作风建设，坚持民主生活会、主委务虚会制度，主委带队赴区级和直属组织开展调研，了解和沟通上下情况；四是通过建立民革市委监督委员会，探索党内监督机制。2011年12月29日，民革市委举行十二届九次市委会，审议并通过《中国国民党革命委员会上海市委员会内部监督暂行条例（草案）》和监督委员会组成人员建议人选名单。在2012年换届改选后，正式通过《监督委员会工作规则》，健全党内监督工作制度。

二、党员发展

1978年恢复工作时民革党员年龄老化程度严重，平均年龄高达65.5岁，各级组织无法正常开展工作。1980年以后，民革市委开始注意重点发展对台、港、澳及海外有影响、有代表性的对象和原国民党知名人士的后代，并吸收了一批政治素质好的专业人士，1981—1984年共发展新党员687人，平均年龄降至55.2岁，其中大专以上文化程度的占64.2%，中上层人士占62%。

1988年5月后，市委严格执行民革党章规定和民革中央关于降低党员平均年龄、提高党员层次和增强党员代表性的要求。1988年5月—1992年6月共发展党员587人，平均年龄50.4岁，其中大专以上文化程度的达74.6%。界别分布上，教育界为873人，工商企业489人，工程技术328人，医卫界284人，财经175人，政府机关102人，民主党派机关70人，科研67人，文化艺术71人，出版界18人，人民团体5人，其他621人。

1993年6月30日，中共中央统战部发出《关于民主党派组织发展工作有关问题的通知》，民革除了坚持原来的重点分工，又在其他领域发展党员。民革市委结合贯彻民革中央北戴河组织工作会议精神和李沛瑶主席《关于加强民革参政党建设的意见》，拟定了《民革上海市委对加强当前组织建设工作的几点意见》，对进一步健全基层组织、增强组织活力提出了一系列具体措施。

1996年6月，经各民主党派中央协商一致形成了《关于民主党派组织发展若干问题座谈会纪要》，确定民主党派组织发展的基本方针为坚持“三个为主”，即以协商确定的范围和对象为主，以大中城市为主，以有一定代表性的人士为主，另外根据民主党派政治联盟性质和广泛性特点，按有关细则选择性地发展从事非公有制经济的知识分子。

1997年，上海民革发展党员184人，平均年龄42.6岁。在发展中，民革市委注意界别分布，对组织建设提出针对性要求，制定相应的工作目标。1998年初，制定《民革上海市委1999—2002年组织工作纲要》，为顺利实现跨世纪发展目标提供组织保证。1999年1月民革市委召开组织工作会议，贯彻落实民革中央组织工作会议精神，重点研究和探索加强组织工作的途径与措施。1999年5月，各民主党派中央在关于加强自身建设若干问题的座谈会上，强调要正确处理质量与数量、发展与巩固、重点与非重点、发展骨干成员与发展一般成员的关系。民革市委动员广大党员为发展党员建言献策，并主动做好发展工作。同时还做好民革党员第二、三代的工作，开展统战知识夏令营，为争取更多的民革党员优秀后代加入民革组织做好铺垫。与此同时，民革市委重点做好党员中层次较高、具有一定代表性和社会地位的同志工作，如各级人大代表、政协委员和在各级政府部门担任实职的干部等，让他们重视民革的组织发展工作，并且努力争取各级中共统战部门的推荐。

2009年7月，民革市委审议通过《民革上海市委会组织工作规划纲要(2009—2012)》，明确组织工作的目标任务、主要措施和保障机制。按照《民革章程》和《关于民主党派组织发展若干问题座谈会纪要》的指导思想，上海民革组织发展工作稳步发展，党员结构不断向年轻化、知识化转变，年发展率从2007年的2.7%提高到2011年的4%，新党员中大学本科以上学历者占81.4%，硕士及以上学位者占22.7%。在界别分布上，科学技术、新闻出版、非公有制企业人士不断增多。

社会与法制是民革中央参政议政三个重点领域之一，多渠道吸纳一批法制领域专业人才充实民革的履职智库，是民革市委组织发展工作的一项重点。2012年民革市委发展社会与法制领域新党员53名，占全年新党员总数的18%。这些高层次人士加入民革，使得上海地区民革党员在法政领域任职取得新突破，社会法制领域的参政议政工作开始有良好的探索。

表1-6-1　1982—2012年民革市委发展党员情况表　　单位：人

年　度	1982	1983	1984	1985	1986	1987	1988	1989	1990	1991	1992
发展人数	217	170	90	139	196	243	176	185	121	105	137
发展率(%)	17.3	11.7	5.6	8.4	11.2	12.7	8.4	8.2	4.2	4.2	5.4
减员人数	26	23	36	39	33	48	33	47	72	54	86
净增人数	191	147	54	100	163	195	143	138	49	51	51
净增率(%)	15.2	10.2	3.4	6.1	9.3	10.2	6.8	6.1	2	2	2

（续表）

年　度	1993	1994	1995	1996	1997	1998	1999	2000	2001	2002
发展人数	238	249	171	186	184	180	152	172	122	134
发展率(%)	9.2	9	5.7	6	5.7	5.4	4.4	4.8	3.3	3.6
减员人数	37	48	64	50	83	56	52	57	42	46
净增人数	201	201	107	136	101	124	100	115	80	88
净增率(%)	7.8	7.2	3.6	4.4	3.1	3.7	2.9	3.2	2.2	2.3
年　度	**2003**	**2004**	**2005**	**2006**	**2007**	**2008**	**2009**	**2010**	**2011**	**2012**
发展人数	168	156	169	134	119	156	204	201	220	292
发展率(%)	4.3	3.8	4.1	3.2	2.7	3.5	4.4	4.2	4.5	5.8
减员人数	39	47	47	23	27	18	39	113	34	44
净增人数	129	109	122	111	92	138	165	88	186	248
净增率(%)	3.3	2.7	3	2.6	2.1	3.1	3.6	1.9	3.8	4.9

表 1-6-2　1993—2012 年民革市委发展党员基本情况表

年　度		1993	1994	1995	1996	1997	1998	1999	2000	2001	2002	2002
发展人数(人)		238	249	171	186	184	181	152	172	122	134	134
女党员人数(人)		70	78	66	79	67	64	57	78	48	62	62
文化程度	大专以上(人)	150	194	130	139	151	153	133	162	110	118	118
	比例(%)	63.0	77.9	76.0	74.7	82.1	84.5	87.5	94.2	90.2	88.1	88.1
层次分布	中上层人士(人)	157	169	101	145	116	126	111	127	97	95	95
	比例(%)	66.0	67.9	59.1	78.0	63.0	69.6	73.0	73.8	79.5	70.9	70.9
	其他(人)	81	80	70	41	68	54	41	45	25	39	39
	比例(%)	34.0	32.1	40.9	22.0	37.0	30.4	27.0	26.2	20.5	29.1	29.1
职称	高级(人)	40	40	30	37	24	28	28	29	23	24	24
	比例(%)	16.8	16.1	17.5	19.9	13	15.6	18.4	16.8	19	18	18
	中级(人)	108	125	88	92	92	96	80	96	58	57	57
	比例(%)	45.4	50.2	51.5	49.5	50	53.3	52.6	55.8	48	43	43
年龄结构	平均年龄(岁)	47.4	45	46.1	44.5	42.6	43.2	41.5	41.4	42	40	40
	40 岁以下(人)	44	81	52	64	78	65	63	82	54	72	72
	41—50 岁(人)	75	96	55	67	65	73	67	62	45	48	48
	51—60 岁(人)	0	0	0	53	32	38	22	27	22	14	14
	61 岁以上(人)	0	0	0	2	9	4	0	1	1	0	0

(续表)

年　　度		2003	2004	2005	2006	2007	2008	2009	2010	2011	2012
发展人数(人)		168	156	169	134	119	156	204	201	220	292
女党员人数(人)		63	64	55	51	43	73	90	81	88	120
文化程度	大学以上(人)	156	148	115	103	84	120	167	166	193	258
	比例(%)	93	95	68	76.9	70.6	77	82	83	88	88
层次分布	中上层人士(人)	124	108	111	92	83	87	117	105	104	122
	比例(%)	74	69	66	68.7	70	56	57	52	47	42
	其他(人)	44	48	58	42	36	69	87	96	116	170
	比例(%)	26	31	34	31.3	30.3	44.2	42.6	47.8	52.7	58.2
职称	高级(人)	23	26	34	20	16	14	28	34	29	34
	比例(%)	14	17	20	14.9	13.4	9	14	17	13	12
	中级(人)	86	77	69	63	61	72	81	65	66	81
	比例(%)	51	49	41	47	51.3	46	40	32	30	28
年龄结构	平均年龄(岁)	39.6	39	39	36.7	38.6	37.3	37.2	37.5	37.1	36.9
	40 岁以下(人)	89	95	105	73	72	106	141	132	132	204
	41—50 岁(人)	61	47	48	52	44	45	56	65	57	78
	51—60 岁(人)	18	14	14	9	3	5	7	4	9	10
	61 岁以上(人)	0	0	2	0	0	0	0	0	0	0

说明：2003 年、2004 年学历统计口径为"大专以上"。

表 1-6-3　1996—2012 年民革市委发展党员界别分布情况表

年　　度	1996	1997	1998	1999	2000	2001	2002
教育(人)	37	30	59	32	53	43	30
比例(%)	19.9	16.3	32.8	21	30.8	35.2	22
科学技术(人)	11	6	5	10	18	4	7
比例(%)	5.9	3.3	2.8	6.6	10.5	3.0	5.0
医药卫生(人)	23	20	13	15	26	12	18
比例(%)	12.4	10.9	7.2	9.9	15.1	10	13
文化艺术(人)	1	1	2	5	0	5	5
比例(%)	0.5	0.5	1.1	3.3	0	4	4
新闻出版(人)	0	1	1	1	0	1	2
比例(%)	0	0.5	0.6	0.7	0	1	1
公有制经济(人)	79	32	43	46	48	46	44
比例(%)	42.5	17.4	23.9	30.3	27.9	38	33

（续表）

年　度		1996	1997	1998	1999	2000	2001	2002
非公有制经济	私营企业主(人)	0	0	3	2	3	0	7
	比例(%)	0	0	1.7	1.3	1.7	0	5
	其他(人)	0	22	0	1	0	0	0
	比例(%)	0	12	0	0.7	0	0	0
法律(人)		0	0	0	2	3	0	2
比例(%)		0	0	0	1.3	1.7	0	1
政府机关(人)		4	9	12	13	14	8	15
比例(%)		2.2	4.9	5.7	8.6	8.1	7	8
党派机关(人)		3	7	3	2	0	0	2
比例(%)		1.6	3.8	1.7	1.3	0	0	1
团体(人)		0	5	0	1	3	3	1
比例(%)		0	2.7	0	0.7	1.7	2	1
其他(人)		28	51	39	22	4	0	1
比例(%)		15.1	27.7	21.7	14.5	2.3	0	1

年　度		2003	2004	2005	2006	2007	2008	2009	2010	2011	2012
教育(人)		49	44	52	35	30	37	36	42	50	63
比例(%)		29.1	28.2	30.8	26.1	25.2	23.7	17.6	20.9	22.7	21.6
科学技术(人)		22	3	2	1	5	5	3	2	4	3
比例(%)		2.4	1.9	1	0.7	4	3	2	1	2	1
医药卫生(人)		14	21	10	15	12	18	21	21	8	12
比例(%)		8	13.5	6	11.2	18.1	12	10	10	4	4
文化艺术(人)		3	4	6	1	1	0	3	7	4	7
比例(%)		2	2.6	4	0.7	1	0	1	4	2	2
新闻出版(人)		0	0	1	1	2	1	2	4	2	1
比例(%)		0	0	2	1.5	2	1	1	2	1	0
公有制经济(人)		55	39	48	46	29	31	52	22	43	76
比例(%)		33	25	28	34.3	24.1	20	26	11	20	26
非公有制经济	私营企业主(人)	11	9	11	6	7	9	14	12	9	19
	比例(%)	7	5.7	7	4.5	6	6	7	6	4.1	6.5
	其他(人)	4	24	21	13	18	41	41	57	67	100
	比例(%)	2.4	15.4	12	7.4	15	26	20	29	30.5	34.2
法律(人)		2	4	0	0	0	3	2	0	1	1

(续表)

年度	2003	2004	2005	2006	2007	2008	2009	2010	2011	2012
比例(%)	1	2.6	0	0	0	2	1	0	0.45	0
政府机关(人)	20	8	16	13	13	9	27	26	22	33
比例(%)	12	5.1	9	9.7	11	6	13	13	10	11
党派机关(人)	2	0	1	0	1	1	1	0	2	5
比例(%)	1.2	0	1	0	1	1	1	0	1	2
团体(人)	0	0	1	2	1	0	2	6	8	3
比例(%)	0	0	1	1.5	1	0	1	3	4	1
其他(人)	2	0	0	0	0	1	0	2	0	0
比例(%)	1.2	0	0	0	0	1	0	1	0	0

三、后备干部队伍建设

1978年后,各级组织领导班子为延续代表性和影响力,体现民革特色,达到让班子成员平均年龄降低、结构更加合理的目的,开始加强后备干部队伍建设,保证民革事业健康顺利发展。民革市委按照“德才兼备、教育培养、备用结合、动态管理”的原则,将培养和考察相结合,民革市委和基层组织相结合,党内和党外及组织和单位相结合。

1992年6月换届改选后,民革市委加强对后备干部队伍建设工作的力度,将一些在本职工作中有突出贡献,在社会上有一定知名度和影响力的优秀人士,及时纳入后备干部队伍。1997年7月换届后,对后备干部队伍进行调整充实,从新党员中吸纳一批人选建立第十届市委会后备干部队伍,并不断从基层组织中选拔优秀人才,充实到后备干部队伍中来,基本上形成了滚动式的管理模式。后备干部多为大学文化程度及中级以上职称,平均年龄40岁左右。在对后备干部的考察培养中,民革市委采取培养和考察、市委与基层、民革组织与党员单位“三结合”的方法(即上下结合、内外结合、考察和培养相结合),逐步建立选择、培养、使用三位一体的操作机制。经过长期的实践和摸索,民革市委在培养后备干部队伍建设中逐步形成“领导重视、专人负责、制定计划、落实措施”的工作模式。

2008年,民革市委起草《关于区级组织和直属组织选拔和培养后备干部工作的暂行规定》,明确了选拔后备干部的工作程序,并提出对后备干部动态管理的具体内容。同时根据民革的特点和整体工作安排,做到“两个结合”,即将后备干部培养与组织发展相结合、与领导班子建设相结合。在对后备干部队伍培养、考察过程中,进行滚动式的调整筛选,根据不同需要,做到好中选优,优化队伍结构。对所掌握的后备干部进行分层次、分类别管理,根据各人的不同情况,有的在党务工作方面、有的在参政议政方面加以培养,有的让其在本职岗位上发挥特长,有的经过培养推荐到政府部门担任实职,通过培养人尽其才。同时建立后备干部档案,对重点对象,及时掌握其职务职称的变化,业绩、表彰、成果的情况等。

民革市委利用民革中央和市社会主义学院资源,举办年度中青年骨干培训班、社会法制工作者学习班、基层主委学习班，开展基层党务工作及各类骨干培训，每年举办培训班2—3期，保证后备干部人选年度至少参加1次轮训。其中从1985—2012年，民革市委与市社会主义学院联合举办29期干部培训班（从1991年第八期开始称中青年干部培训班，2005年第22期起称中青年骨干培训班），共培训党员951名，经过培训，将一批政治素质好，有一定代表性和专业造诣的年轻党员充实进民革市委青年、经济、法制、科技、医卫、文教等专门工作委员会。

2008—2012年，民革市委共推荐5名青年党员到宝山区党外人士挂职基地锻炼。2011年、2012年，共推荐2名党员至中共市委统战部与浦东新区共建的党外干部实践基地挂职锻炼。市委还各推荐1名党员至司法系统挂职和民革中央挂职，3名党员至其他单位挂职。民革市委还推荐后备干部担任市或区人大代表、政协委员、各级特邀监督员、特邀检察员、政风行风监督员等，提高他们参政议政的能力。2012年起，民革市委启动了区级和直属组织的干部内部交流挂职工作。这些培养机制，为后备干部的成长提供了制度保障和锻炼机会。

四、基层组织建设

1978—2012年，民革市委不断推进基层组织各项工作的规范化和制度化建设，在思想动员和宣传工作中下功夫，增强党员的工作热情和基层组织的活力。

1993年12月，民革市委召开组织工作会议，就上海民革的基层组织建设问题进行专题讨论，提出“适应形势，面向实际，群策群力，增强活力，加强基层组织建设”的方针。

民革市委利用换届机会对基层组织领导班子进行调整，注重形成梯队结构，特别注重选好党性强、作风正、有能力、有威信且热爱民革工作和有奉献精神的“一把手”。对一些年龄较轻、有一定层次、有能力且热爱党派工作的同志适时引进领导班子，力争把新同志进入班子时间再增加“提前量”，比如先委任“副手”进行锻炼。而对缺乏骨干力量的基层组织，考虑从其他基层支部引进人才。

1994年11月，民革中央召开“民革全国基层组织工作经验交流会”，民革市委吸取兄弟省市民革组织在基层组织工作方面所取得的经验，制定一系列措施，如每年举行一次调研活动、召开一次基层工作会议、召开一次中共各区县统战部部长联谊恳谈会，建立民革市委“基层组织联络员制度”，抓好三支基本队伍（即“联络员”队伍、区县专职干部队伍、各级组织的组织委员队伍）。

1997年换届后，民革市委工作的着力点是抓好两头：一头抓困难较多的基层支部，寻找解决问题的有效途径；另一头抓不同层面的经验交流，以点带面逐步形成制度。在此基础上，民革市委注意引导基层组织有计划、有准备地开展形式多样的组织生活，如组织以提高政治思想和理论水平为主的学习会、报告会和宣讲会，以进行爱国主义和民革传统教育为主的参观活动和以增进友谊为目的的联谊活动等，增强基层组织的凝聚力和向心力。同时，支持基层组织之间通过课题开展调研工作，建立自发性的互动的横向联系，要求基层组织建设开展实现“三个健全”、争创“四项成果”活动的倡议，即：健全行之有效、持之以恒的规章制度、健全适应时代要求的活动形式、健全热心党务工作的骨干队伍，以交流学习邓小平理论心得体会为代表的政治学习成果，以提案信息为代表的参政议政成果，以通信、接待、联系为代表的祖统工作成果，以发展党员、健全班子为代表的组织建设成果。

2002年换届后，民革市委对各区委、总支部、支部分批分期召开组织工作基层调研会。2005年，在各级基层组织开展“评选表彰特色支部”活动。同时，民革市委加强基层组织的制度化建设，督促各级班子制定学习制度、工作制度、会议制度等。民革市委还加强基层组织领导班子思想建设,开展以增强全局观念为主的民主集中制教育,坚持"集体领导、民主集中、个别酝酿、会议决定"的民主程序。民革市委领导和各区委班子还定期举办谈心会,交流思想和工作。在2007年民革市委进行的抽样问卷调查中,有72%的党员认为其所在组织的领导班子在决策过程中能广泛听取党员意见,有68%的党员认为领导班子成员的政治、业务素质、组织领导能力和工作水平是强的或比较强的。

民革市委注意加强高校支部和区委会的工作联系,如中医药大学支部成员参与民革普陀区委工作、东华大学参与民革长宁区委的工作,增强大专院校的组织活力,通过组织之间的交流,使人才优势得到有效互补,更好地为参政议政工作服务,为地区经济社会发展服务。

民革市委编写《基层动态》并在《上海民革》报开辟组织工作专版,让广大党员及时了解基层组织的动态。2007年,民革市委制定《民革上海市委机关联络员工作制度》和《民革上海市委机关联络员工作手册》,定期召开联络员工作例会,至2012年,民革市委机关共有处级以下联络员20名,负责联系30多个直属组织。每季度召开专职干部例会并举办专职干部学习班,提高区委专职干部政治理论水平和业务水平,交流组织工作情况。民革市委定期召开与中共各区、大专院校、有关单位统战部门的联谊恳谈会,定期走访接待中共区级统战部和局系统大专院校统战部门争取支持。

五、机关建设

民革市委机关是民革市委开展各项工作的枢纽,是对内对外服务的窗口,民革市委把机关建设作为民革自身建设的基础工作。1998年9月,民革全国秘书长工作会后,民革市委机关建设的目标确定为:营造一个良好、和谐、讲究效率的办公环境,建立民主、团结、奋进的激励机制,以民主集中制为原则,确立和健全民革市委机关分级管理体制。把思想建设作为队伍建设的关键,把提高干部队伍素质和培养后备队伍作为重点,把建立必要的规章制度、规范机关工作秩序作为抓手。倡导建设学习型、服务型、节约型机关,提高机关干部的整体素质和工作能力。

针对机关年轻同志较多的特点,民革市委通过举办机关青年干部培训班和征文、演讲比赛等各类活动,教育培训青年干部;通过轮岗交流、挂职锻炼等途径,加强对机关干部的培养和使用。

民革市委机关经常举办以政治理论学习、专业知识辅导和机关工作交流为内容的学习会。同时根据工作任务,举办各类专业知识讲座和业务培训班,鼓励工作人员利用业余时间接受各类提升教育,尤其是计算机办公自动化和外语基础教育等。民革市委机关还结合工作需要,不定期地举办各类专业知识的竞赛活动和文体活动,丰富业余生活。

民革市委注意机关文化建设和轮岗、挂职锻炼。1997年8月,根据市政府人事部门的要求,民革市委机关开始实施参照国家公务员制度管理工作。先后确定了机关职能,内设机构,人员编制和领导职数,完成了职位设置、分类和54个职位说明书的编制工作。通过过渡考试、考核,机关干部先后过渡到国家公务员的行列,并于1998年3月参照管理工作要求通过中共市委组织部检查验收。

民革市委通过机关行政、机关支部和机关工会3方面发挥骨干作用,及时了解、掌握干部的思想和生活状况,及时疏导情绪、理顺关系和化解矛盾。通过岗位工作责任与目标管理考核相结合的方法规范工作程序,改进工作作风和提高工作效率。从1998年始,民革市委机关每年举办1次中层干部思想务虚会,畅谈思想、工作情况,交流对机关工作的意见和设想,组织干部对新时期机关建设工作进行学习研讨。机关建设每年围绕1个主题开展,2010年以后举办"建设服务型、学习型机关”演讲活动、“机关文化建设研讨会”“我为机关文化建设进一言”活动等。

民革市委机关还非常注重对年轻干部的培养，在机关工作中，提出“快乐，和谐，敬业”的工作要求，除了组织学习、完善制度等常规工作以外，还组织各项活动（机关建设研讨会、祝寿活动、家访），提高机关工作的凝聚力；搭建各种平台，于2001年9月11日成立“青年读书会”，试办《读书会刊》、创办职工之家，激发青年干部的创造力；抓好三支队伍（机关支部、机关工会、处级干部），扩大骨干队伍的影响力，为干部提供培训、轮岗和挂职锻炼的机会。

第三节　制 度 建 设

一、领导班子制度

1993年以来，九届民革市委建立以常务副主委和秘书长为召集人的“参政议政联席会议”制度，负责对参政议政工作进行规划、协调，同时建立“议政日”活动制度、参政议政工作交流制度、民革市委各专门委员会工作制度，与政府部门的联谊恳谈制度和情况通报制度，课题调研审查制度以及信息反馈和激励制度等。

图1－6－4　2008年3月21日，民革市委举行议政日活动暨与党政部门恳谈会

2002年7月，民革上海市第十一届一次主委会议提出《加强制度建设，完善工作机制的意见》。9月，制定《关于学习和政治思想工作方面的制度》（中心学习组学习制度、领导班子民主生活会制度）”“领导班子工作方面的制度”“会议制度（市委全体会议、市委常委会议、市委主委会议、专职副主委、秘书长办公会议、市委专委会会议、市委机关行政工作会议）”和“机关岗位责任制及考核制度”。规定中心学习组负有制订市委会学习计划、指导民革市委及其所属各级组织学习的责任，同

时举办新年学习会和暑期学习会,承担以民革为召集人的学习联席会事宜。中心学习组定于每次主委会议前进行学习,在学习方式上实现三个结合,即个人自学与集体学习相结合,专题研讨与交流体会相结合,一般学习与重点学习相结合。

2012年,民革市委制定领导班子述职制度,即民革市委主委、副主委、秘书长向市委常委会届中述职,并接受常委评议。为进一步加强领导班子成员的思想作风、学风、工作作风和领导作风建设提供了制度保障。

二、后备队伍培养制度

2003年3月,民革市委向所属各级组织下发《民革上海市委关于落实〈各民主党派上海市委关于加强领导班子和机关建设座谈会纪要〉的意见》,要求各级组织认真学习,切实加强民革的自身建设。同时民革市委也重视对后备干部和新党员的培训工作,把后备干部推荐到中共中央统战部、民革中央、中央社会主义学院及中共市委统战部等举办的各类学习班参加学习,组织民革市委和市社会主义学院联办的中青年骨干培训班。发展对象经批准加入民革后,民革市委即为他们举办新党员座谈会。2004—2012年,推荐参加民革中央培训的有13人;2005—2012年,参加中共市委组织部、统战部培训的有18人;2007—2012年,推荐参加中共中央统战部培训的有14人;2007—2012年,推荐参加市社会主义学院民主党派中青年骨干培训班的有23人。

三、基层工作制度和党员管理制度

根据民革章程的有关规定及1996年和2004年民主党派组织发展若干问题座谈会纪要精神,民革市委制定基层工作手册,明确基层组织生活制度,并规定领导干部联系基层制度和市委机关联络员制度、区委专职干部联席会议和定期培训制度。

民革市委贯彻落实"坚持'三个为主'注重政治素质,发展与巩固相结合,有计划地稳步发展"的基本方针,正确处理好数量与质量的关系,把保证质量放在首位,严格把好"入口关"。民革市委制定《民革上海市委组织关系转移办法》,对民革党员组织关系在市内转移和转入、转出上海市的手续及出国、出境的民革党员党籍管理作具体规定,要求各级组织按信息管理程序,做好党员信息收集和更改工作,制作《党员信息更改流程图》和《党员信息变更表》印发各级组织收集基层党员动态的最新信息,供组织部及时更改核对。民革市委依托民革中央统一的信息软件,在已建立的党员信息档案的基础上,发挥信息技术的优势,促进组织工作方法手段的与时俱进。为了更好地收集党员信息,做好党员档案的动态管理,及时掌握党员信息,民革市委制定了信息操作制度。

四、各级会议制度和机关工作制度

民革市委自成立之初就有会议议事规则,明确各类会议的讨论范围,也有各专门委员会会议制度和机关工作制度,1990年起开始在机关推行目标管理,对干部进行培训考核,1997年起,参照《国家公务员暂行条例》管理机关工作人员,直至2006年民主党派机关正式列入国家公务员管理。民革市委制定《民革上海市委会规章制度汇编》,其中修订和完善机关工作管理制度19项、人事管理制度2项、财务管理制度9项、档案管理制度14项,进一步改进机关作风,提高机关服务意识,逐步建立竞争机制。民革市委机关每两周召开一次的行政办公会议，贯彻和落实民革市委作出的各项决定和任务，理顺、协调和解决机关各部室之间的关系，并根据实际情况安排和调整工作部署，确保机关工作规范、有序运转。

2011 年，民革市委在 2007 年《民革上海市委会规章制度汇编》的基础上，又进行整理修订，并于 2012 年 3 月印制成册。其中正式成文的会议制度有《民革上海市委会会议制度》《民革上海市第十二届委员会主委会议议事规则》等；其他制度有《民革上海市委第十二届委员会主委专项经费使用管理办法》《民革上海市委会关于专属组织活动经费补贴使用试行办法》《民革上海市委会关于直属组织活动经费补贴使用试行办法》《民革上海市委会关于直属组织经费补贴使用实施细则》《民革上海市委会名称运用规范》等；还有规定专委会的工作职责 13 篇，如《民革上海市委会会议制度》明确规定市委会全体会议每年举行 1—2 次，常委会会议每季度举行 1 次，主委会议每月举行 1 次，专门委员会根据需要不定期举行会议，机关行政工作会议每两周举行 1 次，机关每年举行 1—2 次工作务虚会议，机关全体工作人员大会视情况不定期举行。

根据形势发展，民革市委在原有的《民革市委参政议政课题管理办法（试行）》《民革上海市委会关于反映社情民意信息工作的管理办法（试行）》、与提案承办单位座谈会制度、四个直辖市联席会议制度等基础上，经过不断完善，把参政议政的相关制度也收入了 2012 年 3 月版的《民革上海市委会规章制度汇编》内，包括《民革上海市委会提案审查制度》《民革上海市委会关于参政议政招标课题管理的意见》《民革上海市委会关于反映社情民意信息工作管理的办法》。

第二篇

中国民主同盟
上海市委员会

中国民主同盟(简称民盟)是中国共产党领导的爱国统一战线的组成部分,是同中国共产党通力合作的参政党,主要由从事文化教育以及科技工作的高、中级知识分子组成。中国民主同盟上海市委员会(简称民盟市委)是民盟在上海市的省级地方组织。

1946 年 8 月,民盟上海市支部成立。1947 年 10 月,民盟被国民党政府宣布为"非法团体",同年 12 月成立上海市支部地下组织。1949 年 5 月上海解放后,民盟组织由地下转为公开,同年 6 月成立上海市支部临时工作委员会。1951 年 10 月成立上海市支部委员会,1956 年 5 月改称为中国民主同盟上海市委员会(简称"民盟市委")。1957 年,中国共产党开展整风运动,随后进行反右派斗争,由于反右派斗争的严重扩大化,大大地挫伤广大盟员为社会主义服务的积极性。1966 年 5 月开始"文化大革命",上海民盟组织受到严重冲击,被迫停止一切活动,一大批盟员遭受各种迫害。

1977 年 11 月,民盟市委组织恢复活动,协助落实中共统一战线政策和知识分子政策,特别是错划右派分子的复查、改正工作,开展调查,反映情况,参与制定具体政策,截至 1979 年底,被错划为右派并经改正的盟员有 474 人。工作重点转移到为四化建设服务的轨道上来。改革开放以后,国家进入经济建设为中心的新时期,民盟市委加强组织建设和思想建设,健全了领导班子,在履行职能的同时,充分发挥自身优势,广泛开展社会办学、智力支边、咨询服务、对台工作等,努力为社会主义现代化建设和促进祖国统一服务。1989 年底,中共中央制定《关于坚持和完善中国共产党领导的多党合作和政治协商制度的意见》,明确了参政党的性质、地位、作用和任务,民盟市委按照"一个参加、三个参与"的基本点,加强自身的思想、组织、制度、作风和机关建设,增强民盟组织凝聚力,号召盟员立足本职,面向社会,在教育、科技方面为"两个文明"建设作出贡献。2005 年初,中共中央制定《关于进一步加强中国共产党领导的多党合作和政治协商制度建设的意见》,完善了政治协商的内容、形式和程序,规范了参政议政和民主监督。民盟市委在民盟中央和中共市委的领导下,不断加强组织建设和思想建设,在履行政治协商、参政议政、民主监督职能的同时,围绕上海的中心任务,积极发挥多学科智力集团的优势,不断促进社会主义市场经济体制的建立和完善,为上海的建设和发展做出贡献。

1980—2012 年,选举产生民盟上海市第七至十四届委员会。根据民盟中央的组织发展要求,为了完善盟员结构,适应新形势、新任务,民盟市委发展盟员时除了保持科教文卫界别的传统优势,还将界别扩展至经济、金融、法律、社会管理等领域。盟员人数从恢复组织活动时的 2 351 人发展至 2012 年底的 15 882 人,其中教育界占比达 53.8%。随着盟员人数的增加,健全基层组织,成立区县工作委员会,探索区校联动新模式,建立盟务工作信息管理系统,把基层工作做到制度化、规范化。根据上海市区(县)等行政体制的改革和变化,在全市各个区县建立地方组织,直属基层组织从 64 个发展到 87 个。

民盟市委注重政治引领和思想建设,坚持以中国特色社会主义理论为指导,围绕树立践行社会主义核心价值体系,坚持不懈地开展政治交接学习教育活动,组织盟员学习邓小平理论、"三个代表"重要思想、科学发展观,学习多党合作理论、盟史盟章,开展"三增强、四热爱"教育活动、学习贯彻科学发展观和"同心"主题教育等活动。领导班子成员带头学习,加强干部教育培训,举办各类培训班。开展理论研讨活动，编辑出版盟史资料，发行《上海盟讯》，开通民盟市委网站。挂牌8处民盟（上海）传统教育基地，开展“同舟之旅”，6 000人次参加。组织举办重大节庆、民盟先贤纪念活动，以理论研究指导工作实践，引导盟员传承老一辈的政治信念和优良传统，深化对多党合作制度的政治认同。按照《公务员法》和《公务员管理暂行条例》对市委机关进行管理，坚持实行机关干部学习制度，召开机关建设会总结工作，以建章立制为抓手，修订《民盟市委规章制度汇编》，推进机关各项工作。

民盟市委积极参加中共与各民主党派的政治协商活动。民盟市委主要领导出席中共市委召开的党外人士座谈会和情况通报会，听取重要会议精神传达和重要情况通报，并发表意见和建议；应邀参加民主协商会，协商担任市人大、市政府、市政协及市级司法机关领导职务的建议人选。民盟市委主要领导围绕上海经济、社会发展的大政方针，为上海的改革开放和社会主义现代化建设，为中共市委和市政府决策的科学化、民主化建言献策，发挥参政党应有的作用。1978—2012年，谈家桢、费孝通、李国豪、谷超豪等就教育改革、浦东开发、宝钢建设、基因工程、数学中心建设等战略层面的重大问题向党和国家领导人提交书面建议，获得党和国家领导人的回复及采纳。此外，上海盟员和上海民盟组织还通过提案、议案、成立课题组等多种方式围绕洋山深水港、上海国际金融中心建设等重大问题进行调研，积极建言献策，有力推动了上海一些重大工程和重要政策的实施。

民盟市委积极履行参政议政的职责，围绕中国共产党和国家的中心任务、上海市的中心工作建言献策。1977—2012年，盟员中共有29人次当选全国人大代表，99人次担任全国政协委员，197位上海市人大代表，482位上海市政协委员。在上海市人民代表大会上共提出议案103件，意见617件。直接促成上海近十部地方性法规的制定和修订。1993—2012年，民盟市委在上海市政协会议上提交大会发言（包括口头发言和书面发言）59篇，集体提案364件，其中37件被评为优秀提案。发挥民盟教育人才荟萃的优势，围绕教育改革和发展中的热点难点问题，开展调研、献计出力。随着改革开放的不断深化，民盟市委和市政府相关委、办、局开始建立起对口联系，就重要问题互通信息，及时磋商。发挥专委会作用，参加调研课题，其中市决策咨询委课题在全市统战系统2009年和2010年的评比中均得分第一。广大盟员积极反映社情民意，2003—2012年，民盟市委向民盟中央、市政协、市委统战部等部门共编辑报送社情民意7 000篇（次）。其中，12篇（次）获得中央领导批示，34篇（次）获得上海市领导批示。

民盟市委积极履行民主监督的职责，在与中共的政治协商和人大、政协的活动中，参加专项考察和调研，就党风廉政等方面提出意见和建议。参与上海政治生活中重大问题决策的协商讨论，提供咨询，反馈信息，实行民主监督。25位担任“特约（邀）四员”及其他行业特邀监督员的盟员，参与行风评议，参与有关方案、法规制定和实施的监督的同时，反映情况，提出意见，为纠正行业不正之风，加强廉政建设发挥积极作用。

民盟市委充分发挥服务社会的优良传统，秉承费孝通“做实事、做好事”服务社会的宗旨，认真贯彻落实民盟中央社会服务工作精神，积极推进教育扶贫、社区服务、义务帮教等工作。发挥智力优势，根据社会需要举办多种形式的业余培训学校和培训班。落实民盟中央“东西互助，联手扶贫”的方针，与民盟宁夏区委结对，捐献物资、开展师资培训、设置助学基金，开展教育扶贫。积极响应“西部大开发”战略，与宁夏民盟组织签订6项协议对口开展支边教育扶贫工作。积极参与援建毕节试验区“同心工程”。2004—2012年，在全国13个省、自治区建成烛光学校（楼）20所。与社区开展共建合作，开展惠民服务工作。成立多学科咨询中心，组织盟内专家开展医务、教育、法律等各种咨询服务。打造百名盟员律师义务法律咨询品牌。成立联络部，筹建上海中山学社，在统战工作的新格局、新要求下，开展海外联谊和维护祖国统一。在长江特大洪灾、汶川地震、玉树地震期间，组织盟员捐款捐物，义演义拍，以多种方式向灾区伸出援助之手。抗击“非典”期间，发挥从事医药卫生工作盟员的专业特长，为“非典”防治积极出主意、想办法。2010年世博会召开之际，积极开展建言献策，参与世博、服务世博。广大盟员在本职岗位上积极奉献，屡获国家、上海市各种奖项和荣誉称号。至2012年，上海盟员中有13位中科院院士、2位工程院院士，3位上海市教育功臣，3位上海市科技功臣。21人担任上海市人民政府各局，以及区县人民政府部门领导职务，13人受聘为上海市政府参事，36人担任上海高校校长，73人受聘为上海市文史研究馆馆员。他们在各个岗位上为参政议政、建言献策、调研咨询、统战联谊发挥作用，为经济发展和社会进步做贡献，为促进社会和谐尽心尽力。

第一章　组　　织

中国民主同盟上海市委员会在"文化大革命"开始后，被迫停止活动，1977 年 11 月，民盟市委第六届委员会恢复工作。1980—1992 年，每四年选举产生第七至十届上海市委员会，根据中国民主同盟第七次全国代表大会通过的章程规定，1992—2012 年每五年选举产生第十一至十四届上海市委员会。

图 2-1-1　20 世纪 80 年代初，主委谈家桢(前排左二)在机关与王丹凤等盟员亲切交谈

第一节　盟　　员

从事文化教育及科学技术和其他工作的知识分子，自愿遵守《中国民主同盟章程》，可以申请加入成为民盟盟员。1977 年民盟市委组织恢复活动时，有盟员 2 351 人。1983 年底盟员人数 3 340 人，平均年龄 60.74 岁。1987 年底盟员人数 5 671 人，平均年龄 53.3 岁，55 岁以下盟员占盟员总数的 43.8%。其中，高教界 30.1%，普教界 27.1%，文艺新闻出版界 11%，科技医卫界 20.7%，机关企事业 11%。盟员中有中科院院士(学部委员)11 人，高校校长 10 人、副校长 12 人，终身参事 7 人，10 人担任政府部门局级领导。12 人当选全国人大代表，2 人当选上海市人大常委会副主任，2 位全国政协副主席，1 位上海市政协主席，4 位上海市政协副主席。1992 年底盟员人数为 7 840 人，平均年龄 54.17 岁，其中高教界占 33.3%，科技卫生界占 29.1%，普教界占 25%。中上层知识分子占盟员总数的90%以上。至1996年底,全市盟员人数为8 933人,平均年龄55.4岁,40岁以下盟员达到1 297人,高教、普教界56.7%。1999年,盟员人数超过1万人,2001年底达10 900人,离退休人员增加,导致平均年龄有所上升,达到57岁,科教文卫界人士占87.3%。

至2012年底,上海盟员总数发展至15 882人,平均年龄57.9岁。有8 552位教师,占盟员总人数的53.8%,有3位上海市教育功臣,60位中学特级教师(包括特级校长)。有1人获全国最高科学技术奖,15位两院院士,3位上海市科技功臣,36位高校校长、副校长,21人担任上海市人民政府有关部门,以及区县人民政府领导职务,29人当选全国人大代表,4人当选上海市人大常委会副主任,2位全国政协副主席,1位上海市政协主席,4位上海市政协副主席。13位上海市政府参事。

表2-1-1 1981—1992年民盟市委盟员人数情况表

单位:人

年度	1981	1982	1983	1984	1985	1986	1987	1988	1989	1990	1991	1992
盟员人数	2 781	3 030	3 340	3 824	4 461	4 971	5 671	6 335	7 070	7 264	7 538	7 840

表2-1-2 1993—2012年民盟市委盟员基本情况表

年度		1993	1994	1995	1996	1997	1998	1999	2000	2001	2002
盟员人数(人)		7 194	7 713	8 317	8 933	9 314	9 845	10 228	10 575	10 900	11 250
女盟员	人数(人)	2 234	2 425	2 665	2 953	3 123	3 370	3 539	3 705	3 864	4 058
	比例(%)	31.1	31.4	32.0	33.1	33.5	34.2	34.6	35.0	35.4	36.1
离退休	人数(人)	4 643	4 743	4 811	4 874	4 903	4 931	5 219	5 555	5 848	6 071
	比例%	64.5	61.5	57.8	54.6	52.6	50.0	51.0	52.5	53.7	54.0
文化程度	大专以上(人)	6 025	6 464	7 040	7 618	7 977	8 483	8 853	9 189	9 506	9 854
	比例(%)	83.7	83.8	84.6	85.2	85.6	86.1	86.5	86.8	87.2	87.5
层次分布	中上层(人)	7 089	7 601	8 201	8 811	9 186	9 705	10 083	10 427	10 750	11 099
	比例(%)	98.5	98.5	98.6	98.6	98.6	98.5	98.5	98.6	98.6	98.6
	其他(人)	105	112	116	122	128	140	145	148	150	151
职称	高级(人)	3 663	3 885	4 110	4 299	4 417	4 575	4 672	4 775	4 854	4 940
	比例(%)	50.9	50.3	49.4	48.1	74.4	46.4	45.6	45.1	44.5	43.9
	中级(人)	2 508	2 756	3 059	3 403	3 627	3 936	4 182	4 392	4 610	4 830
	比例(%)	34.8	35.7	36.7	38.1	38.9	39.9	40.8	41.5	42.2	42.9
年龄结构	平均(岁)	55.6	55.6	55.5	55.4	55.7	55.7	56.1	56.5	57.0	57.3
	40岁以下(人)	677	850	1 090	1 297	1 366	1 562	1 681	1 767	1 817	1 880
	41—50岁(人)	1 414	1 431	1 444	1 489	1 437	1 483	1 505	1 549	1 708	1 821
	51—60岁(人)	2 968	3 053	3 153	3 233	3 291	3 213	3 093	2 928	2 661	2 495
	61—70岁(人)	1 414	1 529	1 673	1 834	2 009	2 240	2 452	2 691	2 917	3 105
	71岁以上(人)	721	850	957	1 080	1 211	1 347	1 497	1 640	1 805	1 949

（续表）

年　度		2003	2004	2005	2006	2007	2008	2009	2010	2011	2012
盟员人数(人)		11 564	11 886	12 387	12 806	13 217	13 614	14 012	14 609	15 195	15 882
女盟员	人数(人)	4 274	4 450	4 708	4 925	5 140	5 391	5 653	5 999	6 302	6 652
	比例(%)	37.0	37.4	38.0	38.5	38.9	39.6	40.3	41.1	41.5	41.9
离退休	人数(人)	5 878	6 133	6 377	6 573	6 837	6 989	7 088	7 221	7 310	7 423
	比例(%)	50.8	51.6	51.5	51.3	51.7	51.3	50.6	49.4	48.1	46.7
文化程度	大专以上(人)	10 928	11 250	11 754	12 170	12 582	12 994	13 398	13 994	14 583	15 269
	比例(%)	94.5	94.6	94.9	95.1	95.2	95.4	95.6	95.8	96	96.1
层次分布	中上层(人)	10 517	10 819	11 295	11 683	12 067	12 469	12 886	13 483	14 080	14 773
	比例(%)	90.9	91	91.2	91.2	91.3	91.6	92	92.3	92.7	93
	其他(人)	1 047	1 067	1 092	1 123	1 150	1 145	1 126	1 126	1 115	1 109
职称	高级(人)	5 734	5 844	6 021	6 137	6 259	6 329	6 407	6 496	6 585	6 677
	比例(%)	49.5	49.1	48.6	47.9	47.4	46.5	45.7	44.4	43.4	42.1
	中级(人)	4 403	4 571	4 814	5 032	5 240	5 477	5 697	6 006	6 285	6 566
	比例(%)	38.1	38.5	38.9	39.3	39.6	40.2	40.7	41.1	41.4	41.3
年龄结构	平均(岁)	57.4	57.7	57.9	58.1	58.4	58.4	58.3	58.1	57.9	57.7
	40岁以下(人)	1 927	1 888	1 997	1 960	2 017	2 127	2 206	2 368	2 542	2 796
	41—50岁(人)	2 003	2 171	2 379	2 593	2 687	2 835	3 095	3 407	3 661	3 895
	51—60岁(人)	2 377	2 287	2 176	2 094	2 020	1 997	1 968	1 995	2 137	2 264
	61—70岁(人)	3 233	3 281	3 331	3 373	3 413	3 295	3 162	2 970	2 690	2 511
	71岁以上(人)	2 024	2 259	2 504	2 786	3 080	3 360	3 581	3 869	4 165	4 416

说明："中上层"栏中的对象为具有中、高级专业技术职称的人员，县以上各级人大代表和政协委员，县处级以上职务的干部。

资料来源：表2-1-1、表2-1-2分别来源于档案资料：民盟市委历年工作报告；《民盟续志》(内部出版)；民盟市委组织部盟员信息数据库。

表2-1-3　1993—2002年民盟市委盟员界别分布情况表

年　度	1993	1994	1995	1996	1997	1998	1999	2000	2001	2002
教育(人)	4 122	4 420	4 761	5 074	5 272	5 565	5 793	5 977	6 188	6 382
比例(%)	57.2	57.3	57.2	56.7	56.5	56.4	56.5	56.4	56.7	56.6
科学技术(人)	1 031	1 115	1 190	1 296	1 362	1 435	1 492	1 558	1 564	1 583
比例(%)	14.3	14.4	14.3	14.5	14.6	14.5	14.5	14.7	14.3	14.0
医药卫生(人)	533	575	638	713	750	814	855	888	906	942
比例(%)	7.4	7.4	7.6	7.9	8.0	8.2	8.3	8.4	8.3	8.3
文化艺术(人)	526	543	563	578	591	616	622	629	634	638
比例(%)	7.3	7.0	6.7	6.4	6.3	6.2	6.0	5.9	5.8	5.6

（续表）

年　度		1993	1994	1995	1996	1997	1998	1999	2000	2001	2002
新闻出版（人）		204	207	213	223	227	239	243	248	248	248
比例（%）		2.8	2.6	2.5	2.5	2.4	2.4	2.3	2.3	2.2	2.2
公有制经济（人）		392	428	469	508	548	573	593	619	647	665
比例（%）		5.4	5.5	5.6	5.6	5.8	5.8	5.8	5.8	5.9	5.9
非公有制经济	企业界人士（人）	3	3	5	9	9	9	9	9	9	9
	比例（%）	0.0	0.0	0.0	0.0	0.0	0.0	0.0	0.0	0.0	0.0
	其他人员	0	0	0	0	0	0	0	0	0	0
	比例（%）	0	0	0	0	0	0	0	0	0	0
法律（人）		50	58	64	78	82	86	93	97	97	98
比例（%）		0.7	0.7	0.7	0.8	0.8	0.8	0.9	0.9	0.8	0.8
政府机关（人）		100	110	130	140	148	159	171	177	181	193
比例（%）		1.3	1.4	1.5	1.5	1.5	1.6	1.6	1.6	1.6	1.7
党派机关（人）		75	81	92	98	100	101	102	104	105	108
比例（%）		1.0	1.0	1.1	1.1	1.0	1.0	1.0	0.9	0.9	0.9
团体（人）		2	2	2	3	3	4	4	4	4	4
比例（%）		0.0	0.0	0.0	0.0	0.0	0.0	0.0	0.0	0.0	0.0
其他（人）		156	171	190	213	222	244	251	265	317	380
比例（%）		2.2	2.2	2.2	2.3	2.3	2.4	2.4	2.5	2.9	3.3

表 2-1-4　2003—2012 年民盟市委盟员界别分布情况表

年　度	2003	2004	2005	2006	2007	2008	2009	2010	2011	2012
教育（人）	6 656	6 832	7 108	7 326	7 548	7 727	7 922	8 137	8 345	8 552
比例（%）	57.6	57.5	57.4	57.3	57.1	56.7	56.5	55.7	55	53.8
科学技术（人）	1 712	1 747	1 811	1 865	1 917	1 954	1 969	2 008	2 073	2 126
比例（%）	14.8	14.7	14.6	14.6	14.5	14.4	14.1	13.7	13.6	13.4
医药卫生（人）	900	921	950	980	1 014	1 037	1 056	1 083	1 116	1 174
比例（%）	7.8	7.7	7.7	7.7	7.7	7.6	7.5	7.4	7.3	7.4
文化艺术（人）	647	661	671	680	689	697	713	746	768	790
比例（%）	5.6	5.6	5.4	5.3	5.2	5.1	5.1	5.1	5.1	5
新闻出版（人）	267	271	280	289	297	306	305	317	325	335
比例（%）	2.3	2.3	2.3	2.3	2.2	2.2	2.2	2.2	2.1	2.1
公有制经济（人）	629	647	667	690	710	743	780	874	943	1 042
比例（%）	5.4	5.4	5.4	5.4	5.4	5.5	5.6	6	6.2	6.6

（续表）

年　度		2003	2004	2005	2006	2007	2008	2009	2010	2011	2012
非公有制经济	私营企业主（人）	15	17	25	30	34	40	51	62	73	80
	比例（%）	0.1	0.1	0.2	0.2	0.3	0.3	0.4	0.4	0.5	0.5
	其他（人）	342	371	432	479	520	588	673	816	956	1 152
	比例（%）	3	3.1	3.5	3.7	3.9	4.3	4.8	5.6	6.3	7.3
法律（人）		21	23	26	27	27	26	27	28	28	31
比例（%）		0.2	0.2	0.2	0.2	0.2	0.2	0.2	0.2	0.2	0.2
政府机关（人）		229	250	269	283	299	334	352	370	398	426
比例（%）		2	2.1	2.2	2.2	2.3	2.5	2.5	2.5	2.6	2.7
党派机关（人）		112	112	113	113	114	114	114	117	117	117
比例（%）		1	0.9	0.9	0.9	0.9	0.8	0.8	0.8	0.8	0.7
团体（人）		32	32	33	42	46	46	48	49	50	54
比例（%）		0.3	0.3	0.3	0.3	0.3	0.3	0.3	0.3	0.3	0.3

说明：表2-1-3“非公有制经济”栏和表2-1-4“私营企业主”栏中所指为独资、合资企业中的私人投资者，其他人员是指在这些企业中工作的工程技术人员、经营管理人员。

资料来源：《民盟续志》（内部出版）；民盟市委组织部盟员信息数据库。

第二节　市级组织

一、市委员会

中国民主同盟上海市委员会是中国民主同盟地方组织，由上海盟员代表大会选举产生，1978—2012年共经历民盟上海市第六至十四届委员会。其职权是：(1) 贯彻执行全国代表大会、中央委员会和所属上级组织的决议；(2) 听取和审议同级委员会的报告；(3) 讨论并决定同级委员会的重要事项；(4) 选举同级委员会委员组成同级委员会。

第六届委员会，任期1964年12月—1980年1月（由于1966年5月开始的“文化大革命”停止活动，至1977年11月恢复组织活动）。委员51人，候补委员8人；常委21人。

第七届委员会，任期1980年1月—1984年4月。委员63人，候补委员10人；常委27人。

第八届委员会，任期1984年4月—1988年3月。委员78人，候补委员13人；常委35人。

第九届委员会，任期1988年3月—1992年7月。委员84人（届中增补3人），候补委员14人；常委37人。

第十届委员会，任期1992年7月—1997年6月。委员77人，候补委员15人（届中增补4人）；常委34人。

第十一届委员会，任期1997年6月—2002年6月。委员99人（届中增补6人），常委41人。

第十二届委员会，任期2002年6月—2007年4月。委员99人（届中增补4人），常委42人（届中增补3人）。

第十三届委员会,任期2007年6月—2012年4月。委员96人(届中增补2人),常委41人(届中增补3人)。

第十四届委员会,任期自2012年4月起。委员100人,常委41人。

第六届委员会(1964年12月—1980年1月)

主任委员:

陈望道

副主任委员:

廖世承　苏步青　苏延宾　储一石　寿进文　谈家桢　赵超构

秘书长:

寿进文(兼)

常务委员:

陈望道　廖世承　苏步青　苏延宾　储一石　寿进文　谈家桢　赵超构　刘馥英(女)　吴兆洪　沈体兰　沈志远　时宜新　李锐夫　李鸿寿　林亨嘉　马侣贤　傅于琛　杨村彬　杨俊生　熊佛西

委　员:

陈望道、廖世承　苏步青　苏延宾　储一石　寿进文　谈家桢　赵超构　丁济民　王辛笛　刘　琼　刘天韵　刘馥英(女)　应云卫　吴兆洪　沈体兰　沈志远　沈德兹　陈伯吹　时宜新　李春芬　李锐夫　李鸿寿　张江树　张福铨　张镜人　罗士葦　周予同　林亨嘉　宋惟忠　赵书文　侯克忠　马侣贤　徐铸成　翁曙冠　顾用中　顾仲彝　冯汉悦　黄铭新　贺天健　傅于琛　童大埙　程俊英(女)　杨村彬　杨俊生　熊佛西　蔡振华　钱宝钧　薛绍清　韩学章(女)　谭抒真

候补委员:

王林谷　王耀珊　孙增在　俞　乐　高君哲(女)　顾月珍(女)　戚雅仙(女)　傅曼芸(女)

第七届委员会(1980年1月—1984年4月)

主任委员:

谈家桢

副主任委员:

赵超构　苏延宾　寿进文　王　中　李锐夫　黄铭新　杨村彬　张镜人

秘书长:

寿进文(兼,1983年2月止)　时宜新(1983年2月代)

常务委员:

王　中　王辛笛　刘　琼　刘馥英(女)　沈德滋　张镜人　李春芬　李锐夫　李鸿寿　苏延宾　寿进文　时宜新　杨村彬　杨俊生　赵超构　顾用中　谈家桢　翁曙冠　黄铭新　傅于琛　童大埙　蒋月泉　蒋学模　蔡振华　钱宝钧　韩学章(女)　谭抒真

委　员:

王　中　王西彦　王辛笛　王林谷　石筱英(女)　田汝康　刘　琼　刘子正　刘海粟

刘馥英(女)　庄鸣山　江泽宏　孙增在　孙斯鸣　朱立波(女)　朱宝华　沈德滋　沈蘅仲　张文郁　张江树　张振义　张惠珠(女)　张福铨　张镜人　李春芬　李锐夫　李鸿寿　苏延宾　寿进文　应循之　陈伯吹　时宜新　罗士苇　尚　丁　杨村彬　杨俊生　杨承祈　周予同　嵇汝运　赵书文　赵超构　赵铭彝　侯克忠　顾用中　顾伯华　陶　雄　徐中玉　徐铸成　谈家桢　翁曙冠　黄铭新　戚雅仙(女)　傅于琛　童大埙　程俊英(女)　程应镠　蒋月泉　蒋学模　蔡振华　钱宝钧　韩学章(女)　谭抒真　戴宗信

候补委员：

王耀珊　江　忠　余国屏(女)　陈济琳　吴志高　周景伯　俞　乐　姚荫梅　高君哲(女)　樊国屏

第八届委员会(1984 年 4 月—1988 年 3 月)

主任委员：

谈家桢

副主任委员：

赵超构　苏延宾　寿进文　李锐夫　黄铭新　杨村彬　张镜人　陆　诒　翁曙冠　徐　鹏　冯之浚(1986 年 4 月任)

秘 书 长：

翁曙冠(兼)

常务委员：

王丹凤(女)　王玉润　王辛笛　王林谷　冯之浚　冯英子　刘馥英(女)　陆　诒　陆泳德　寿进文　苏延宾　时宜新　李锐夫　李鸿寿　张镜人　沈德滋　尚　丁　罗小未(女)　杨村彬　周　恕(女)　赵书文　赵超构　顾用中　谈家桢　徐中玉　徐　鹏　翁曙冠　黄铭新　童大埙　嵇汝运　蒋月泉　韩学章(女)　蔡振华　熊大纪　谭抒真

委　　员：

王丹凤(女)　王玉润　王西彦　王辛笛　王林谷　邓家祺　毋望远　毛　引　艾维超　石仰山　石筱英(女)　田汝康　冯之浚　冯英子　刘子正　刘馥英(女)　竹淑贞(女)　庄鸣山　孙斯鸣　孙增在　朱宝华　沈德滋　沈蘅仲　严灏景　张文郁　张振义　张惠珠(女)　张镜人　李锐夫　李鸿寿　苏延宾　寿进文　陈仁炳　陈伯吹　陈济琳　时宜新　陆　诒　陆泳德　杨立信　杨村彬　佘亚雄　余国屏(女)　吴志高　尚　丁　罗小未(女)　周　恕(女)　周柏春　周锡庚　周修睦　周景伯　郑怀美(女)　施亚钧　赵书文　赵超构　侯克忠　俞　乐　顾用中　顾伯华　徐　鹏　徐中玉　陶　雄　谈家桢　翁曙冠　黄茂福　黄铭新　龚方震　戚雅仙(女)　童大埙　嵇汝运　葛锡锐　程应镠　蒋月泉　熊大纪　蔡振华　韩学章(女)　谭抒真　樊国屏　戴宗信

候补委员：

万式佳(女)　马克烈　王瑞霞(女)　池廷贵　任学征　余澄扬　张应芳　胡伟民　姜小甦　桑国光　高铸九　章永浩　彭万林

第九届委员会(1988 年 3 月—1992 年 7 月)

主任委员:

谈家桢

副主任委员:

赵超构　张镜人　翁曙冠　徐　鹏　嵇汝运　尚　丁　王丹凤(女)　罗小未(女)
黄茂福　欧阳仁荣　江景波(1989 年 5 月任)

秘 书 长:

翁曙冠(兼,1989 年 5 月止)　马克烈(1989 年 5 月任)

常务委员:

马克烈　马国琳　王丹凤(女)　王玉润　王林谷　王守根　王克忠　王菊珍(女)
毋望远　石仰山　冯英子　孙　逊　关　怀　江景波　李传芳　吴志高　时宜新
何振志(女)　张镜人　陆泳德　尚　丁　罗小未(女)　周　恕(女)　周永康
周芝石　赵超构　欧阳仁荣　倪映文　徐　鹏　徐中玉　翁曙冠　桑国光　谈家桢
黄茂福　龚方震　韩学章(女)　嵇汝运

委　　员:

丁乐伦　万式佳(女)　马克烈　马国琳　马莉莉(女)　王丹凤(女)　王玉润
王西彦　王林谷　王守根　王克忠　王菊珍(女)　王瑞霞(女)　戈以荣　毛　引
毛礼智　邓家祺　毋望远　石仰山　左淑贞(女)　田汝康　冯英子　孙　逊
竹淑贞(女)　任学征　关　怀　江逢霖　江景波　池廷贵　阮望春　杨立信　杨楚耀
李传芳　吴志高　吴衡昌　时宜新　何振志(女)　何宗海　佘亚雄　余澄扬　沈蘅仲
汪家骏　张撝之　张镜人　陆泳德　陈济琳　陈铭志　范培钟　尚　丁　罗小未(女)
金因及(女)　周　恕(女)　周永康　周芝石　周柏春　周修睦　周锡庚
郑怀美(女)　胡伟民　胡和生(女)　赵超构　欧阳仁荣　俞　乐　姜鹏远
倪映文　徐　鹏　徐中玉　翁曙冠　桑国光　高铸九　谈家桢　黄茂福　龚方震　彭万林
蒋大骅　蒋月泉　韩学章(女)　葛锡锐　葛维寰(女)　嵇汝运　程如光
顾丽苹(女,1991 年 2 月任)　哈琼文(1991 年 2 月任)　刘子枫(1991 年 2 月任)

候补委员:

丁不凡(女)　朱玉成　刘子枫　许厚复　沈志诚　汪　环　张大年　哈琼文
顾丽苹(女)　徐方瞿　肖　雷(女)　常爱文　蒋见元　蒋恩慈

第十届委员会(1992 年 7 月—1997 年 6 月)

主任委员:

谈家桢

副主任委员:

张镜人　翁曙冠　江景波　徐　鹏　尚　丁　王丹凤(女)　罗小未(女)　黄茂福
欧阳仁荣　沈立恭(1995 年 1 月任)　周芝石(1995 年 1 月任)
马克烈(1996 年 1 月任)　张圣坤(1996 年 1 月任)

秘 书 长:

马克烈(1996 年 1 月止)　沈立恭(1996 年 1 月兼)

常务委员：

马克烈　马国琳　马莉莉（女）　王丹凤（女）　王守根　王克忠　王菊珍（女）　石仰山　江景波　孙　逊　杨楚耀　李传芳　吴志高　汪寿明　沈立恭　张镜人　陆泳德　范培钟　欧阳仁荣　尚　丁　罗小未（女）　周　恕（女）　周永康　周芝石　胡和生（女）　顾世洧　倪映文　徐　鹏　翁曙冠　谈家桢　黄茂福　龚方震　章永浩　葛锡锐　石印玉（1995年1月任）　张圣坤（1995年1月任）　何声武（1995年1月任）　金因及（女，1995年1月任）　顾丽苹（女，1995年1月任）　邹逸麟（1997年4月任）　徐吉浣（女，1997年4月任）

委　员：

丁不凡（女）　万式佳（女）　卫志明　马尔奉（女）　马克烈　马国琳　马莉莉（女）　王丹凤（女）　王守根　王克忠　王建中　王菊珍（女）　戈以荣　毛　引　邓家祺　石印玉　石仰山　左淑贞（女）　朱玉成　刘子枫　江逢霖　江景波　许厚复　阮望春　孙　逊　杨立信　杨楚耀　李传芳　肖　雷（女）　吴志高　何　俊　何声武　何宗海　余澄扬　汪　环　汪寿明　汪家骏　沈立恭　沈传薪　沈志诚　张大年　张圣坤　张撝之　张镜人　陆泳德　陈铭志　范松年　范培钟　欧阳仁荣　尚　丁　罗小未（女）　金因及（女）　周　恕（女）　周永康　周芝石　周柏春　胡和生（女）　哈琼文　姜鹏远　顾世洧　顾丽苹（女）　倪映文　徐　鹏　徐方瞿　翁曙冠　郭时平　谈家桢　黄茂福　龚方震　常爱文　章永浩　彭万林　葛维寰（女）　葛锡锐　蒋大骅　蒋见元　蒋恩慈　马　骁（1994年1月任）　宓志钧（1996年12月任）　许德明（1996年12月任）　袁　群（1996年12月任）　方光华（1996年12月任）　厉家俊（1996年12月任）　吕冬发（1996年12月任）　舒宝刚（1996年12月任）　丘仰东（1996年12月任）　苗孟河（1996年12月任）　朱曼芳（女，1996年12月任）　王如松（1996年12月任）　张应魁（1996年12月任）　周燮鹏（1996年12月任）　郑惠强（1996年12月任）　许慕中（1996年12月任）　张　文（1996年12月任）　邹逸麟（1996年12月任）　郑开慧（1996年12月任）　徐种德（1996年12月任）　彭嘉强（1996年12月任）　戴瑾瑾（女，1996年12月任）　汪　欣（1997年4月任）　李　涵（1997年4月任）　徐吉浣（女，1997年4月任）

候补委员：

马　骁　宓志钧　许德明　袁　群　方光华　厉家俊　吕冬发　舒宝刚　丘仰东　苗孟河　朱曼芳（女）　王如松（1995年1月任）　张应魁（1995年1月任）　郑惠强（1995年1月任）　周燮鹏（1995年1月任）

第十一届委员会（1997年6月—2002年6月）

主任委员：

张圣坤

副主任委员：

欧阳仁荣　沈立恭　黄茂福　周芝石　马克烈　邹逸麟　徐吉浣（女）　何声武　石印玉　汪寿明（1999年12月任）　鲍敏中（2002年2月任）

秘书长：

沈立恭（兼，2002年2月止）　冯德康（2002年2月任）

名誉主任委员：

谈家桢

名誉副主任委员：

张镜人　翁曙冠　徐　鹏　尚　丁　王丹凤(女)　罗小未(女)

常务委员：

马克烈　马莉莉(女)　王如松　方光华　厉家俊　石印玉　冯德康　吕冬发　杨楚耀　李葵南(女)　时俭益　吴大器　何声武　何　俊　邹逸麟　沈立恭　沈志诚　张　文　张圣坤　张应魁　金因及(女)　周一芬(女)　周芝石　周夑鹏　郑惠强　郑　韶　袁　群　顾大僖　顾丽苹(女)　倪映文　徐方瞿　徐吉浣(女)　徐种德　黄茂福　章永浩　韩正之　葛锡锐　戴瑾瑾(女)　欧阳仁荣　汪寿明(1999 年 12 月任)　鲍敏中(2002 年 2 月任)

委　　员：

丁不凡(女)　卫志明　马　骁　马尔奉(女)　马克烈　马莉莉(女)　马继光　王如松　王恒道　方　荣　方光华　孔祥羽　厉家俊　石印玉　丘仰东　冯德康　吕冬发　吕兆康　朱　齐　朱植宙　朱德华　许学书(女)　许慕中　许德明　孙万彪　杨　杰　杨以雄　杨楚耀　李　涵　李泽耀　李海量　李葵南(女)　肖　雷(女)　时俭益　吴大器　吴炳朝　何　俊　何声武　邹逸麟　邹蜜蜂(女)　汪　欣　汪叔阳　沈月新(女)　沈立恭　沈传薪　沈志诚　张　文　张圣坤　张应魁　张京羊　陈文虎　林　华　金因及(女)　周一芬(女)　周芝石　周志超　周夑鹏　郑　韶　郑开慧　郑惠强　宓志钧　袁　群　顾大僖　顾丽苹(女)　钱平雷　倪映文　徐　虹(女)　徐　曙　徐方瞿　徐吉浣(女)　徐种德　奚中路　唐安国　陶雪华(女)　黄旭东　黄茂福　黄宣国　龚学德　常　青　章　鲁　章永浩　韩正之　彭嘉强　葛锡锐　董　平(女)　董德利　喻森海　舒宝刚　游　伟　翟乃社　戴小萍(女)　戴瑾瑾(女)　欧阳仁荣　汪寿明(1999 年 12 月任)　金由辛(2000 年 12 月任)　鲍敏中(2000 年 12 月任)　谢遐龄(2002 年 2 月任)　张康源(2002 年 2 月任)　章贤伟(2002 年 2 月任)

第十二届委员会(2002 年 6 月—2007 年 4 月)

主任委员：

张圣坤

副主任委员：

石印玉　汪寿明　鲍敏中　周一芬(女)　谢遐龄　郑惠强　周夑鹏　吉永华　熊思东　冯德康(2005 年 9 月任)

秘 书 长：

冯德康(2005 年 9 月止)　方　荣(2005 年 9 月任)

名誉主任委员：

谈家桢

名誉副主任委员：

张镜人　翁曙冠　徐　鹏　尚　丁　王丹凤(女)　罗小未(女)　黄茂福

常务委员：

丁光宏　马莉莉(女)　马继光　王如松　王恒道　石印玉　冯德康　吉永华　朱德华　李海量　李葵南(女)　邹蜜蜂(女)　邹德礼　汪寿明　汪叔阳　沈恒根　张圣坤　张显平　张康源　陈大康　陈红专　陈良亚　周一芬(女)　周克荣　周星增　周燮鹏　郑　韶　郑惠强　顾大僖　钱平雷　钱惠丽(女)　徐　虹(女)　徐方瞿　黄发荣　韩正之　游　伟　谢遐龄　鲍敏中　熊思东　沈志刚(2006 年 12 月任)　贺　林(2006 年 12 月任)　周旭东(2006 年 12 月任)

委　员：

丁光宏　马　驰　马莉莉(女)　马继光　王　勇　王东彦　王立南　王如松　王恒道　方　荣　孔祥羽　石印玉　叶德泳　田伟生　乐家珍(女)　冯德康　吉永华　吕兆康　朱建育(女)　朱植宙　朱德华　许学书(女)　孙超才　杨　杰　杨以雄　杨德妹(女)　芮　俭　李　原(女)　李泽耀　李郝林　李海量　李葵南(女)　严燕萍(女)　连　琏(女)　吴　冕(女)　邹蜜蜂(女)　邹德礼　汪寿明　汪叔阳　沈月新(女)　沈传薪　沈恒根　宋庆平　张圣坤　张伟荣　张京羊　张显平　张康源　张谢定　陈　濂　陈大康　陈文虎　陈红专　陈良亚　林　华　周一芬(女)　周志超　周克荣　周星增　周燮鹏　郑　韶　郑惠强　施利毅　施秋平　姚秀平　耿海成　顾大僖　夏希纳(女)　钱平雷　钱惠丽(女)　徐　虹(女)　徐　曙　徐方瞿　奚君羊　唐安国　唐建民　唐祖德　陶伟民　陶雪华(女)　黄发荣　龚学德　常　清　章贤伟　韩天权　韩正之　董　平(女)　蒋华良　喻森海　游　伟　谢遐龄　鲍敏中　蔡永平　蔡建敏　熊思东　薄海豹　林维新(2006 年 12 月任)　沈志刚(2006 年 12 月任)　贺　林(2006 年 12 月任)　周旭东(2006 年 12 月任)

第十三届委员会(2007 年 4 月—2012 年 4 月)

主任委员：

郑惠强

副主任委员：

沈志刚　吉永华　熊思东　贺　林　常　青　周秀芬(女)　周星增　邱益中　冯德康(2010 年 9 月止)　方　荣(2010 年 9 月任)

秘 书 长：

方　荣(2010 年 12 月止)　姚卓匀(女，2010 年 12 月任)

常务委员：

丁光宏　方　荣　田伟生　由文辉　刘民钢　吉永华　朱植宙　吴冲锋　张伟荣　张锦华　杨以雄　杨德妹(女)　沈志刚　邱益中　邹蜜蜂(女)　陈　濂　陈红专　周旭东　周克荣　周秀芬(女)　周星增　茅善玉(女)　郑惠强　俞亮鑫　姚秀平　洛　秦　贺　林　奚君羊　徐　虹(女)　钱惠丽(女)　常　青　章义和　黄发荣　游　伟　熊思东　薄海豹　花　蓓(女，2008 年 4 月任)　安维复(2008 年 4 月止)　冯德康(2010 年 9 月止)　常　清(2010 年 12 月任)　姚卓匀(女，2010 年 12 月任)

委　员：

丁　明　丁光宏　方　荣　毛猛达　王　云　王　勇　王　菁(女)　王立南　乐家珍(女)　冉　峰　冯元海　叶德泳　田伟生　由文辉　龙婉丽(女)　刘民钢

刘家祯　刘海澜(女)　吉永华　孙超才　朱建育(女)　朱植宙　汤天浩　祁红卫
许学书(女)　吴　冕(女)　吴冲锋　吴研露(女)　宋庆平　张伟荣
张社英(女)　张京羊　张谢定　张锦华　李郝林　杨　杰　杨以雄　杨德妹(女)
沈志刚　沈恒根　邱建新　邱益中　邹蜜蜂(女)　陈　崎　陈　濂　陈红专　周旭东
周克荣　周秀芬(女)　周星增　林维新　茅善玉(女)　郑少华　郑惠强　俞亮鑫
姚秀平　姚卓匀(女)　施利毅　施秋平　段文虎　洛　秦　贺　林　唐　瑛(女)
唐建民　夏希纳(女)　奚君羊　徐　虹(女)　徐国民　徐雪红(女)　郭　建
郭家钢　钱惠丽(女)　陶伟民　高雷平　常　青　常　清　章义和　章守宇　黄天印
黄发荣　黄自萍　喻森海　游　伟　程祖毅　董　平(女)　韩天权　廖　瑛(女)
熊思东　蔡永平　蔡建敏　蔡金萍(女)　薄海豹　花　蓓(女,2008 年 4 月任)
安维复(2008 年 4 月止)　冯德康(2010 年 9 月止)　厉　明(2010 年 12 月任)

第十四届委员会(2012 年 4 月—　　)

主任委员:

郑惠强

副主任委员:

沈志刚　贺　林　常　青　周秀芬(女)　周星增　邱益中　方　荣　蒋华良　朱同玉

秘 书 长:

姚卓匀(女)

常务委员:

方　荣　王　勇　王　菁(女)　龙婉丽(女)　刘民钢　朱同玉　余小萍(女)
吴冲锋　张谢定　张锦华　杨　杰　沈志刚　邱益中　邹蜜蜂(女)　陈　崎　陈红专
周少云　周秀芬(女)　周星增　郑惠强　俞亮鑫　姚秀平　姚卓匀(女)　施利毅
柏国强　洛　秦　胡良剑　贺　林　奚君羊　徐雪红(女)　殷啸虎　钱惠丽(女)
陶伟民　高富平　常　青　常　清　曹阿民　章义和　黄发荣　蒋华良　薄海豹

委　　员:

丁　明　方　荣　王　云　王　勇　王　钢　王　菁(女)　王　微(女)　王伟国
王海青(女)　乐家珍(女)　冉　峰　史浩樑　叶德泳　龙婉丽(女)　刘民钢
刘家祯　刘海澜(女)　孙　建(女)　孙兴旺　孙超才　安　琦　尧金仁　朱同玉
严　伟　余小萍(女)　吴冲锋　吴建荣　宋庆平　张社英(女)　张谢定　张锦华
李羽岷　杨　杰　杨　俭　杨文悦(女)　杨益群(女)　汪皓俊(女)　沈　矿
沈志刚　邱建新　邱益中　邹蜜蜂(女)　陈　崎　陈　瑶(女)　陈红专　周少云
周秀芬(女)　周星增　林　晶(女)　林　燕(女)　罗　英(女)　郑惠强
俞亮鑫　姚秀平　姚卓匀(女)　姜继森　施利毅　柏国强　段文虎　洛　秦　胡良剑
费元洪　贺　林　赵卫国　赵燕玉(女)　唐　瑛(女)　奚君羊　徐国民
徐雪红(女)　殷啸虎　秦建国　袁晓英(女)　郭　建　郭家钢　钱惠丽(女)
陶伟民　顾祥林　高富平　高雷平　常　青　常　清　曹阿民　曹蓓娟(女)　章义和
章守宇　符杰普　黄　绮(女)　黄天印　黄发荣　喻森海　蒋华良　韩汉君
廖　瑛(女)　蔡永平　蔡建敏　蔡金萍(女)　蔡钦生　潘　瑾(女)　薄海豹
魏景赋

二、专门委员会

专门委员会是根据《中国民主同盟章程》有关规定而设置，由民盟市委直接领导，以调查研究、参政议政为主要任务，同时开展学习指导、理论研究、社会服务、盟务交流等各项活动。每一届委员会根据形势需要，对专门委员会进行一定的调整。恢复组织活动时，民盟市委有市政协学委会民盟分会、家属工作组、对台宣传工作组和社会知识分子工作组。

图2－1－2　2007年7月11日，民盟中央第一副主席张梅颖(右三)向新一届专委会成员颁发聘书

1980年，民盟上海市第七届委员会将工作组一律改称为委员会。即高教委员会、科技委员会、区县工作委员会、文史资料委员会、妇女工作委员会和市政协学委会民盟分会。

1984年，民盟上海市第八届委员会将区县工作委员会改组为教育委员会，并新增加联络委员会、医药卫生委员会、多学科咨询开发中心委员会、《上海盟讯》编辑委员会、文化工作委员会、财经政法委员会，调整为12个专委会。

1988年，民盟上海市第九届委员会将市政协学委会民盟分会、多学科咨询开发中心委员会、财经政法委员会变更为学习委员会、法制委员会、经济委员会和咨询委员会，增加统战理论研究组和老年委员会，共设15个委组。

1992年，民盟上海市第十届委员会把《上海盟讯》编辑委员会列于专门委员会之外，单独成立。为加强与区(县)联系，重新设置区县工作委员会。调整后，仍设15个专门委员会。

1997年，民盟上海市第十一届委员会增设青年工作委员会，并将高教委员会和教育委员会合并为教育委员会。

2002年，民盟上海市第十二届委员会又将高教委员会单列出来，同时把《上海盟讯》编辑委员会复列入专门委员会中间,此届有 15 个专门委员会。

2007 年,民盟上海市第十三届委员会围绕经济建设中心、城乡社会发展,为了更好地服务于参政议政工作,组建参政议政委员会、金融委员会、社会发展委员会、城乡建设委员会,取消文史委员会、《上海盟讯》编委会、联络委员会,形成 11 个专业性和 5 个功能性共计 16 个专委会的格局,教育委员会改名为普教委员会。

2012 年,民盟上海市第十四届委员会把普教委员会调整为基础教育委员会,其余保持不变。

第六届专门委员会

市政协学委会民盟分会

主任:廖世承

家属工作组

召集人:刘馥英(女) 韩学章(女) 傅曼芸(女) 余国屏(女)

对台宣传工作组

召集人:吴兆洪 应云卫 王辛笛 江 忠

社会知识分子工作组

召集人:储一石 宗惟惠 沈梦熊 周景伯 吴 南

第七届专门委员会

高教委员会

主 任:李锐夫

副主任:李鸿寿 刘馥英(女) 徐中玉 戴宗信 程应镠 江泽宏

科技委员会

主 任:苏延宾

副主任:张镜人 熊大纪 童大埙 竹淑贞(女) 边 澄

区县工作委员会

主 任:翁曙冠

副主任:王辛笛 侯克忠 戚雅仙(女) 辛德培

联络工作委员会

主 任:黄铭新

副主任:谭抒真 李春芬 蒋月泉 冯英子 杨承祈 吴 南

文史资料委员会

主 任:徐铸成

副主任:许 杰 陆 诒 尚 丁 周炳侯 何济翔

市政协学习委员会民盟分会

主 任:赵超构

副主任:傅于琛 韩学章(女) 沈德滋 顾用中 赵书文 江 忠

妇女工作委员会

主 任:韩学章(女)

副主任:王丹凤(女) 朱立波(女) 王元美(女) 郑怀美(女) 余国屏(女)

第八届专门委员会

高教委员会

主　任：李锐夫

副主任：徐　鹏　李鸿寿　刘馥英(女)　徐中玉　江泽宏　程应镠　戴宗信

教育委员会

主　任：李传芳

副主任：陆泳德　辛德培　陈济琳　包启昌　章尚宁

联络工作委员会

主　任：黄铭新

副主任：冯英子　谭抒真　李春芬　陈仁炳　蒋月泉　童芷苓(女)　柳和清

科技委员会

主　任：苏延宾

副主任：周　恕(女)　熊大纪　童大埙　竹淑贞(女)　边　澄　孙增在　聂光达
马永明　王菊珍(女)

医药卫生委员会

主　任：张镜人

副主任：傅培彬　嵇汝运　王玉润　顾伯华　欧阳仁荣

妇女工作委员会

主　任：韩学章(女)

副主任：王丹凤(女)　朱立波(女)　王元美(女)　郑怀美(女)
罗小未(女)　吴青霞(女)　戚雅仙(女)　余国屏(女)

市政协学习委员会民盟分会

主　任：赵超构

副主任：沈德滋　顾用中　赵书文　冯英子　孙大雨　傅季重

文史资料委员会

主　任：徐铸成

副主任：陆　诒　尚　丁　许　杰　周炳侯　何济翔　吴　南

多学科咨询开发中心委员会

主　任：冯之浚

副主任：张振义　黄茂福　张　中　毛　引　唐　军

《上海盟讯》编辑委员会

主　任：尚　丁

副主任：周修睦　徐开垒

文化工作委员会

主　任：杨村彬

副主任：王林谷　刘　琼　王个簃　王西彦　王辛笛　胡伟民　张林岚

财经政法委员会

主　任：寿进文

副主任：李鸿寿　江泽宏　盛慕杰　吴章法　李树棠　陈彪如

第九届专门委员会

高教委员会

主　任：徐　鹏

副主任：马国琳　王克忠　孙　逊　刘馥英(女)　罗小未(女)　徐中玉　戴宗信

教育委员会

主　任：李传芳

副主任：方秋帆　包启昌　任学征　吴志高　陆泳德　顾丽苹(女)　倪映文

学习委员会

主　任：冯英子

副主任：汪寿明　周永康　赵书文　龚方震

文史资料委员会

主　任：陆　诒

副主任：何济翔　吴衡昌　周炳侯

《上海盟讯》编辑委员会

主　任：尚　丁

副主任：周修睦　张林岚

医药卫生委员会

主　任：张镜人

副主任：丁不凡(女)　马克烈　王玉润　石仰山　欧阳仁荣　顾伯华

法制委员会

主　任：韩学章(女)

副主任：阮石平　张　中　李树棠　吴章法　彭万林　蒋恩慈

统战理论研究组

组　长：翁曙冠

副组长：马克烈　尹大贻　张月明(女)　张光武　时宜新　尚　丁　周永康

经济委员会

主　任：寿进文

副主任：李鸿寿　周芝石　徐日清　钱　梁

文化委员会

主　任：杨村彬

副主任：王辛笛　王林谷　吴承惠　何振志(女)　郑硕人　郑毓芝(女)　张志国　胡伟民

科技委员会

主　任：嵇汝运

副主任：边　澄　孙增在　何国舫　周　恕(女)　聂光达　童大埙　程如光　熊大纪

联络委员会

主　任：冯英子

副主任：王菊珍(女)　左淑贞(女)　陈奉苏　陆泳德　柳和清　童芷苓(女)

妇女委员会

主　任：王丹凤(女)

副主任：王元美(女)　李玉茜(女)　郑怀美(女)　胡和生(女)　戚雅仙(女)　谢采琪(女)

咨询委员会

主　任：黄茂福

副主任：毛　引　王中达　陈贵镛　张　中　杨贤智　范宝江　唐　军　章　明(女)

老年委员会

主　任：时宜新

副主任：庄鸣山　朱仲刚　朱伯康　竹淑贞(女)　李蔷华(女)　周景伯　俞调梅　王泰祺　王　淦　王　楷　申法岑　叶朗清　卢绳祖　冯秋萍(女)　陈一正

第十届专门委员会

文化委员会

主　任：朱庆祚

副主任：郑毓芝(女)　吴承惠　郑硕人　张志国　王建中　何　俊

教育委员会

主　任：李传芳

副主任：陆泳德　方秋帆　顾丽苹(女)　胡仁明　周夔鹏　沈志诚

医药卫生委员会

主　任：欧阳仁荣

副主任：石印玉　马克烈　石仰山　蔡迺绳

法制委员会

主　任：李树棠

副主任：彭万林　张　中　阮石平　吴章法　蒋恩慈　丘仰东

妇女委员会

主　任：罗小未(女)

副主任：谢采琪(女)　朱曼芳(女)　胡和生(女)　戚雅仙(女)　李玉茜(女)　丁不凡(女)

科技委员会

主　任：江景波

副主任：周　恕(女)　王如松　聂光达　何国舫　汪家骏　葛锡锐

经济委员会

主　任：周芝石

副主任：王定甫　周永康　徐日清　钱　梁　马海良

高教委员会

主　任：徐　鹏

副主任：马国琳　王克忠　孙　逊　汪寿明　蒋凌棫　顾世洧

联络委员会

主　任：马克烈

副主任：陆泳德　王菊珍(女)　左淑贞(女)　陈奉苏

咨询委员会

主　任：黄茂福

副主任：毛　引　常爱文　王中达　陈贵镛　张　中　杨贤智　章　明(女)

老年委员会

主　任：马国琳

副主任：毛　引　毛礼智

文史资料委员会

主　任：尚　丁

副主任：陆泳德　周炳侯

学习委员会

主　任：翁曙冠

副主任：龚方震　周永康　汪寿明　徐方瞿　江逢霖　何声武　何宗海

区县工作委员会

主　任：范培钟

副主任：吴志高　沈立恭　徐方瞿　倪映文　张应魁

统战理论研究组

组　长：翁曙冠

副组长：尚　丁　马克烈　尹大贻　张月明(女)　周永康

第十一届专门委员会

教育委员会

主　任：何声武

副主任：(高教组)徐本力　顾大僖　吴大器　唐安国　时俭益　张　文

(普教组)李传芳　周夔鹏　沈志诚　冯德康　汪叔阳

文化委员会

主　任：何　俊

副主任：沈传薪　马莉莉(女)　章永浩　吕冬发　李　涵

科技委员会

主　任：徐吉浣(女)

副主任：葛锡锐　王如松　杨贤智　方光华　韩正之

经济委员会

主　任：周芝石

副主任：周一芬(女)　郑　韶　马海良　朱植宙　王恒道

法制委员会

主　任：黄茂福

副主任：彭万林　丘仰东　游　伟　项　黎(女)　陈　濂

医药卫生委员会

主　任：石印玉

副主任：宓志钧　夏　翔　蔡遒绳　石蕴玉　吴文源(女)

老年工作委员会

主　任：黄茂福

副主任：吴志高　杨楚耀　袁　群　徐种德　汪　环　蒋期馨

妇女工作委员会

主　任：金因及（女）

副主任：李葵南（女）　戴瑾瑾（女）　朱曼芳（女）　沈月新（女）

邹蜜蜂（女）

青年工作委员会

主　任：郑惠强

副主任：杨以雄　吴冲锋　李　原（女）

区县委员会

主　任：沈立恭

副主任：顾丽苹（女）　徐方瞿　倪映文　张应魁　厉家俊　朱德华

联络委员会

主　任：欧阳仁荣

副主任：肖　雷（女）　乐胜利　刘耋龄

学习委员会（及统战理论小组）

主　任：马克烈

副主任：邹逸麟　徐方瞿　周永康　汪寿明　谢遐龄

文史委员会

主　任：邹逸麟

副主任：陆泳德　龚方震　毛　引

第十二届专门委员会

高教委员会

主　任：郑惠强

副主任：唐安国　徐本力　顾大僖　吴大器　章　鲁　陈英南　丁光宏　周星增　朱德炎

教育委员会

主　任：周燮鹏

副主任：朱怡华（女）　汪叔阳　徐　虹（女）　王金宝　张康源　杨德妹（女）

张　扬（女）　陈熙强

文化委员会

主　任：马莉莉（女）

副主任：马　驰　沈传薪　陶雪华（女）　张显平　钱惠丽（女）　林　华　黄阿忠

陈达明　乐胜利　吴　冕（女）　张京羊

科技委员会

主　任：吉永华

副主任：金由辛　王如松　韩正之　钱平雷　陆健健　黄发荣　郭广昌　严健军

夏希纳（女）　陶伟民

经济委员会

主　任：郑　韶

副主任：王恒道　朱植宙　章贤伟　奚君羊　倪　峻　蒋卫东　周星增　王　勇

法制委员会

主　任：鲍敏中

副主任：游　伟　陈　濂　薄海豹　项　黎(女)　郭　建　崔惠平　周少云　蔡建敏

医药卫生委员会

主　任：石印玉

副主任：陈红专　周　梁　吴文源(女)　石蕴玉　韩天权　叶德泳　王家东　郭家钢　朱同玉　何宇平

老年工作委员会

主　任：鲍敏中

妇女工作委员会

主　任：李葵南(女)

副主任：朱曼芳(女)　邹蜜蜂(女)　沈月新(女)　王惠娟(女)　连　琏(女)　花　蓓(女)　姚卓匀(女)　卢永毅(女)

青年工作委员会

主　任：熊思东

副主任：吴冲锋　李　原(女)　张谢定

区县委员会

主　任：冯德康

副主任：徐方瞿　厉家俊　朱德华　邹德礼　肖亚辉(女)

联络委员会

主　任：周一芬(女)

副主任：乐胜利　陈良亚　张思华(女)　董　平(女)　吴建荣

学习委员会(及统战理论小组)

主　任：谢遐龄

副主任：徐方瞿　陈大康　马　驰　安维复

文史委员会

主　任：汪寿明

副主任：廖大伟　章义和　陆泳德　龚方震

《上海盟讯》编委会

主　编：冯德康

第十三届专门委员会

参政议政咨询委员会

主　任：郑　韶

副主任：丁光宏　马　驰　安维复　周少云　唐安国　薄海豹　喻森海

高教委员会

主　任：姚秀平

副主任：叶德泳　刘民钢　孙兴旺　杨以雄　陈英南　唐安国　章　鲁　连　琏(女)
　　　　严壮志　李郝林　周克荣　周自翔

普教委员会

主　任：杨　杰

副主任：于东航　王　钢　王海青(女)　朱建文　朱怡华(女)　张　扬(女)
　　　　张锦华　郑建国　唐　瑛(女)　袁晓英(女)　钱秋萍(女)　王伟国

科技委员会

主　任：蒋华良

副主任：田伟生　孙超才　严健军　施利毅　唐克轩　陶伟民　黄发荣　吴研露(女)

经济委员会

主　任：郑　韶

副主任：龙婉丽(女)　吕　萍(女)　张　平　张　铭(女)　陈良亚　周少云
　　　　郭广昌　常　清　刘耕新

法制委员会

主　任：游　伟

副主任：马仲器　孙南申　朱伟琴(女)　张谢定　陆敬波　郑少华　蔡建敏　周自翔

金融委员会

主　任：吴冲锋

副主任：王　勇　冯元海　尧金仁　朱植宙　林维新　闻富国　奚君羊　韩汉君　陈　佼

社会发展委员会

主　任：安维复

副主任：王家东　吴建荣　汤云霞(女)　张显平　杨德妹(女)　林建红(女)
　　　　郭　建　廖　瑛(女)　蔡永平　杨鸿庄

城乡建设委员会

主　任：陆健健

副主任：史清华　由文辉　李光明　沈恒根　钟国定　夏希纳(女)　徐雪红(女)
　　　　高雷平　应庸康

医药卫生委员会

主　任：陈红专

副主任：朱同玉　何宇平　余小萍(女)　张伟荣　狄　文　周　梁　郭家钢　韩天权
　　　　李　昊　倪亦陶

文化委员会

主　任：马莉莉(女)

副主任：王立南　许龙成　吴　冕(女)　宋庆平　陈大康　茅善玉(女)　俞亮鑫
　　　　洛　秦　秦建国　钱惠丽(女)　黄阿忠　王子昂

学习指导委员会

主　任：马　驰

副主任：范丽珠(女)　徐国民　殷啸虎　章义和　王海波

区县工作委员会

主　任：吴大器

副主任：王　菁(女)　张一东　李　原(女)　邹蜜蜂(女)　陈　濂　周旭东　施秋平　熊小泓(女)

青年工作委员会

主　任：丁光宏

副主任：安　琦　花　蓓(女)　薄海豹　王伟国

老年工作委员会

主　任：董　平(女)

副主任：石印玉　汪寿明　周一芬(女)　周燮鹏　谢遐龄　鲍敏中

妇女工作委员会

主　任：徐　虹(女)

副主任：王惠娟(女)　卢永毅(女)　许学书(女)　张社英(女)　姚　雷(女)　姚卓匀(女)　胥智芬(女)　王鹤群(女)

第十四届专门委员会

参政议政咨询委员会

主　任：方　荣

副主任：殷啸虎　郑　韶　周少云

高教委员会

主　任：吴大器

副主任：刘民钢　安　琦　严　伟

基础教育委员会

主　任：杨　杰

副主任：朱怡华(女)　王　浩　于东航

经济委员会

主　任：林　晶(女)

副主任：常　清　王学锋　袁宏燕(女)

金融委员会

主　任：邱益中

副主任：王　勇　韩汉君　尧金仁

科技委员会

主　任：丁光宏

副主任：蔡永平　陶伟民　曹阿民

城乡建设委员会：

主　任：柏国强

副主任：徐雪红(女)　杨文悦(女)　陈　洋

社会发展委员会

主　任：薄海豹

副主任：范丽珠(女)　吴建荣　廖　瑛(女)

法制委员会
主　任：厉　明
副主任：黄　绮（女）　高富平　陆敬波
文化委员会
主　任：马　驰
副主任：俞亮鑫　洛　秦　秦建国
医卫委员会
主　任：朱同玉
副主任：狄　文　余小萍（女）　邱建新
学习指导委员会
主　任：章义和
副主任：徐国民　蒋连华（女）　梅俊杰
区县工作委员会
主　任：张谢定
副主任：邹蜜蜂（女）　宋庆平　汪皓俊（女）
青年工作委员会
主　任：姚卓匀（女）
副主任：刘　洪　费元洪　方研翔
妇女工作委员会
主　任：周秀芬（女）
副主任：姚　雷（女）　卢永毅（女）　王　伟（女）
老年工作委员会
主　任：沈志刚
副主任：董　平（女）　陈　濂　杨以雄

三、市委机关工作机构

恢复组织活动时，民盟市委机关有秘书、组织、宣传3个处。1980年，秘书处改为办公室，1984年10月，组织处、宣传处改称为组织部、宣传部。增设社会服务部，负责咨询、办学、支边、支农以及老年盟员等工作。1988年，为加强与各专门委员会的联系，加强调查研究工作，筹组研究室。1990年7月10日正式建立研究室。为加强台湾同胞、港澳同胞、海外侨胞（简称“三胞”）工作，1995年12月，增设联络部，从此民盟市委会工作机构设置为“四部二室”，即组织部、宣传部、社会服务部、联络部及办公室、研究室。2007年，为更好地加强参政议政工作，将原联络部改为参政议政部。至2012年，一直沿用“四部二室”的市委工作机构设置，即参政议政部、组织部、宣传部、社会服务部、办公室和研究室。

1978年恢复活动后，民盟市委机关设在陕西北路186号办公。1988年4月搬至北京西路860号上海市政协18楼。1996年12月26日迁至陕西北路128号上海民主党派大厦14楼，2004年8月搬至18楼。

第三节 区(县)组织

民盟上海市区(县)委员会是民盟市委下属地方组织,根据市区行政区划的调整、撤并而变迁。民盟市委恢复组织活动时,有徐汇、长宁、普陀、闸北、虹口、杨浦、黄浦、卢湾、静安、南市10个区委员会和上海县、川沙县2个支部以及崇明县直属小组。1980年,成立宝山县、吴淞区支部,1988年合并成立宝山区委员会。1987年,成立金山县支部、崇明县支部。1990年,崇明县支部升格为委员会,至1992年底,民盟市委有黄浦、静安、徐汇、长宁、卢湾、南市、普陀、闸北、虹口、杨浦、宝山、闵行12个区委员会和嘉定、川沙、松江、崇明4个县委员会,以及上海县、南汇县、金山县、奉贤县、青浦县5个直属支部。

1993年,上海县委员会、闵行区委员会合并成立闵行区委员会,嘉定县委员会更名为嘉定区委员会。浦东新区管委会成立后,川沙县盟委以及黄浦、南市、杨浦等区在浦东区域的近10个基层组织重组,1993年4月27日,成立民盟浦东新区委员会(筹),2000年,成立浦东新区委员会。1997年,金山县支部与金山石化支部合并成立金山区委员会,1998年,松江县委员会更名为松江区委员会,2000年,青浦县委员会更名为青浦区委员会,南市区委员会、黄浦区委员会合并成立黄浦区委员会。2001年,南汇县委员会更名为南汇区委员会,奉贤县委员会更名为奉贤区委员会。至2002年底,民盟市委有浦东、黄浦、静安、徐汇、长宁、卢湾、普陀、闸北、虹口、杨浦、宝山、闵行、嘉定、南汇、金山、奉贤、青浦、松江18个区委员会和崇明县委员会。

2009年,南汇区委员会并入浦东新区委员会,2011年,卢湾区委员会、黄浦区委员会合并成立黄浦区委员会,截至2012年底,民盟市委共有浦东新区、徐汇、长宁、普陀、闸北、虹口、杨浦、黄浦、静安、闵行、宝山、嘉定、松江、青浦、金山、奉贤16个区级委员会和崇明县委员会。

表2-1-5 1978—2012年民盟上海市各区(县)委员会情况表

名 称	成立时间	人数(人)	说 明
浦东新区委员会	2000年6月	983	2009年5月因行政区划调整原南汇区委员会并入
南汇县委员会	1996年10月—2009年5月	—	1988年12月15日成立南汇县支部,1996年10月11日成立南汇县委员会,2009年5月并入浦东新区委员会
川沙县委员会	1984年9月—1993年	—	1958年8月浦东县委员会建立,1961年2月撤销浦东县民盟的建制,成立川沙支部委员会,1984年9月22日建立川沙县委员会,1993年并入浦东新区
徐汇区委员会	1958年9月	772	—
长宁区委员会	1956年5月	392	—
普陀区委员会	1958年9月	566	—
闸北区委员会	1961年4月	404	—
虹口区委员会	1958年5月	600	1960年1月虹口、提篮桥两区合并成虹口区
杨浦区委员会	1958年6月	525	1960年1月杨浦、榆林两区合并成杨浦区
黄浦区委员会	1958年6月	1 052	2000年8月“撤二建一”,南市区委并入黄浦区委;2011年8月“撤二建一”,卢湾区委与黄浦区委成立新的黄浦区委员会

（续表）

名　称	成立时间	人数(人)	说　　明
南市区委员会	1959 年 12 月—2000 年 8 月	—	1959 年 12 月成立南市区委员会，因黄浦区与南市区行政区划调整“撤二建一”撤销
卢湾区委员会	1958 年 5 月—2011 年 8 月	—	因黄浦区与卢湾区行政区划调整“撤二建一”撤销
静安区委员会	1960 年	474	1958 年 7 月 13 日成立江宁区委员会，1959 年 8 月 16 日成立新成区委员会，1960 年重建静安区，调整组成静安区委员会
闵行区委员会	1993 年 2 月	366	1961 年 9 月 23 日成立闵行区支部成立，1964 年 5 月划归徐汇区支部。1991 年 1 月 5 日改为闵行区委员会，1993 年 2 月闵行区与上海县合并，成立闵行区委
上海县支部	1958—1993 年 2 月	—	1958 年成立上海县支部，1993 年 2 月因闵行区与上海县行政区划调整“撤二建一”撤销
宝山区委员会	1988 年 8 月	266	原宝山县支部和吴淞区支部合并成立
宝山县支部	1980 年	—	因吴淞区与宝山县行政区划调整“撤二建一”撤销
吴淞区支部	1980 年 10 月—1988 年 8 月	—	因吴淞区与宝山县行政区划调整“撤二建一”撤销
嘉定区委员会	1993 年 5 月	280	1982 年 4 月 21 日成立嘉定县支部，1984 年 10 月 19 日成立嘉定县委员会，1992 年撤县建区，1993 年 5 月成立嘉定区委
松江区委员会	1998 年 7 月	175	1985 年 7 月成立松江小组，1986 年 9 月改建为松江支部，1988 年 9 月 20 日成立松江县委员会，1998 年 7 月更名为松江区委员会
青浦区委员会	2000 年 1 月	125	1990 年 3 月 19 日成立青浦县支部，2000 年 1 月成立青浦区委员会
金山区委员会	1997 年 9 月	112	金山县支部与金山石化支部合并成立
金山县支部	1987 年 3 月—1997 年 9 月	—	因金山县与上海石化总公司行政区划调整合并撤销
奉贤区委员会	2001 年 10 月	109	1989 年 9 月成立奉贤县支部委员会，1996 年 4 月成立奉贤县委，2001 年 8 月奉贤撤县设区，10 月奉贤县委员会更名为奉贤区委员会
崇明县委员会	1990 年 7 月	125	1984 年 10 月恢复盟崇明小组，1990 年 7 月成立崇明县委员会

第四节　直属基层组织

根据《中国民主同盟章程》规定，1956 年开始，民盟市委所属区分部、直属小组、临时小组一律改称为支部。1983 年，民盟的基层组织包括总支部、支部（以及地方委员会的直属支部、直属小组）。1990 年，民盟的基层组织包括基层委员会（以及总支部委员会）、支部委员会（以及地方委员会的直属支部委员会、直属小组）。随着盟员人数的增加，上海经济建设社会发展的需要以及高等院校的调整合并，民盟市委的直属基层支部、总支部和委员会经历了相应的新建、升格、合并与撤销。

民盟市委恢复组织活动时,直属基层有64个。这一时期民盟仍旧以文教界(着重高等院校)人士为发展对象。1984年直属基层有78个,1988年直属基层增加至96个,其中复旦大学、同济大学、中国科学院上海分院等15个直属支部改建为总支部。1990年,中国科学院上海分院总支部、民盟上海中医药大学总支部、华东理工大学总支部、上海第二医科大学、同济大学总支部、复旦大学总支部、华东师范大学总支部升格为委员会。1991年,成立上海纺织控股(集团)公司委员会,上海交通大学总支部、上海师范大学支部、中国纺织大学总支部、上海大学总支部升格为委员会。1992年底,直属基层组织有110个,其中基层委员会9个,总支部13个,支部86个,小组2个。

1994年,上海市卫生局系统总支部升格为委员会,上海工业大学委员会、上海科技大学支部、上海大学委员会合并成立上海大学委员会。1995年,上海船舶系统总支部升格为委员会。1997年,工商银行上海分行总支部、上海电气(集团)总公司总支部升格为委员会。1998年,上海理工大学支部升格为委员会。1999年,上海农学院支部并入上海交通大学委员会,上海纺专总支部并入中国纺织大学委员会并更名为民盟东华大学委员会,上海工程技术大学纺织分院总支部和上海工程技术大学总支部合并建立上海工程技术大学委员会。2000年,上海财经大学总支部、上海外国语大学支部升格为委员会,上海市卫生局系统委员会更名为上海市卫生局委员会。新建民盟上海汽车(集团)公司总支部、民盟交通银行支部和民盟上海银行支部。2001年,上海医科大学委员会、复旦大学委员会合并成立复旦大学委员会,上海铁道大学委员会、同济大学委员会合并成立同济大学委员会,上海轻专支部、上海冶专支部、上海化专支部合并成立上海应用技术学院委员会。2002年底,直属基层组织有69个,其中基层委员会23个,总支部12个,支部34个。

2004年,上海铁路中心医院支部并入上海市卫生局委员会。2005年,撤销民盟轻工业系统委员会、民盟上海外经贸委员会。新建非银行系统的直属金融支部。上海市京剧院支部、昆剧团支部改为直属组织。上海中医药大学委员会、上海海事大学总支部、上海第二工业大学总支部、上海金融学院支部同时接受民盟浦东新区委员会管理。2006年,成立上海申康医院发展中心委员会。2007年,上海第二医科大学委员会更名为上海交通大学医学院委员会。2008年,上海汽车集团总支部升格为上海汽车集团委员会。2009年,上海海洋大学总支部同时接受民盟浦东新区委员会管理。2011年,上海海洋大学总支部、上海音乐学院支部、上海戏剧学院支部、上海社会科学院总支部、上海文广影视集团总支部升格为委员会,上海世纪出版集团总支部和上海文艺出版集团总支部合并成立上海市出版系统委员会,上海市司法系统委员会拆分为上海市第一司法系统委员会和上海市第二司法系统委员会。新成立上海市医学产业支部,上海市现代服务业总支部,上海市第一、第二建设总支部,上海市保险支部等具有行业性的基层。2012年,成立上海科技系统委员会。截至2012年底,民盟市委拥有直属基层组织87个,其中基层委员会33个,总支部26个,支部28个。

表2-1-6 1978—2012年民盟上海市直属基层委员会情况表

名　　称	成立时间	人数(人)	说　　明
复旦大学委员会	1990年12月	425	复旦大学总支部升格,2001年4月复旦大学委员会与上海医科大学委员会合并
上海交通大学委员会	1991年3月	290	上海交通大学总支部升格,1999年9月上海农学院支部并入
同济大学委员会	1990年11月	390	同济大学总支部升格,2001年2月同济大学委员会与上海铁道大学委员会合并

（续表）

名　　称	成立时间	人数(人)	说　　明
华东师范大学委员会	1990 年 12 月	275	华东师范大学总支部升格
东华大学委员会	1991 年 12 月	261	中国纺织大学总支部升格，1999 年 9 月，中国纺织大学委员会更名为东华大学委员会；同年，上海纺织专科高等学校总支部并入中国纺织大学委员会
上海大学委员会	1991 年 5 月	239	上海大学总支部升格，1994 年 10 月由原上海工业大学委员会、上海大学委员会、上海科技大学支部合并成立
上海财经大学委员会	2000 年 3 月	103	上海财经大学总支部升格
华东理工大学委员会	1990 年 5 月	247	华东理工大学总支部升格
上海师范大学委员会	1991 年 3 月	130	上海师范大学支部升格
上海外国语大学委员会	2000 年 6 月	64	上海外国语大学支部升格
上海中医药大学委员会	1990 年 5 月	311	上海中医药大学总支部升格
上海理工大学委员会	1998 年 12 月	111	上海理工大学支部升格
上海交通大学医学院委员会	1990 年 5 月	256	上海第二医科大学总支部升格，2007 年更名为上海交通大学医学院委员会
上海电力学院委员会	1999 年 12 月	95	上海电力学院支部升格
上海工程技术大学委员会	1999 年 9 月	116	由上海工程技术大学纺织分院总支部与上海工程技术大学总支部合并成立
上海应用技术学院委员会	2001 年 1 月	104	由上海轻工业专科学校支部、上海冶金专科学校支部、上海化工专科学校支部合并建立
上海海洋大学委员会	2011 年 5 月	99	上海海洋大学总支部升格
上海音乐学院委员会	2011 年 5 月	58	上海音乐学院支部升格
上海戏剧学院委员会	2011 年 6 月	75	上海戏剧学院支部升格
中国科学院上海分院委员会	1990 年 3 月	401	中国科学院上海分院总支部升格
上海市卫生局委员会	1994 年 2 月	84	上海市卫生局系统总支部升格，2000 年 4 月上海市卫生局系统委员会更名为上海市卫生局委员会；2004 年 12 月，上海铁路中心医院支部并入
上海纺织控股(集团)公司委员会	1991 年 1 月	120	上海纺织(控股)集团总支部升格
上海船舶系统委员会	1995 年 2 月	94	上海船舶系统总支部升格
上海市工商银行委员会	1997 年 9 月	138	上海市工商银行总支部升格
上海电气(集团)总公司委员会	1997 年 12 月	201	上海电气集团总支部升格
上海市第一司法系统委员会	2011 年 9 月	63	由原上海司法系统委员会拆分成立
上海申康医院发展中心委员会	2006 年 9 月	139	由市卫生局所属议员拆分组成
上海汽车集团委员会	2008 年 12 月	84	上海汽车集团总支部升格
上海科技系统委员会	2012 年 10 月	28	—

（续表）

名　称	成立时间	人数(人)	说　明
上海市第二司法系统委员会	2011 年 9 月	74	由原上海司法系统委员会拆分成立
上海社会科学院委员会	2011 年 6 月	65	上海社科院总支部升格
上海文广影视集团委员会	2011 年 5 月	204	上海文广影视集团总支部升格
上海市出版系统委员会	2011 年 6 月	—	由上海世纪出版集团总支部和上海文艺出版集团总支部组成

说明：上海市出版系统委员会的人数为上海世纪出版集团总支部与上海文艺出版集团总支部人数之和。

表 2-1-7　2012 年民盟上海市直属基层总支部、支部情况表

名　称	人数(人)	名　称	人数(人)
华东政法大学总支部	53	上海海事大学总支部	113
上海第二工业大学总支部	86	上海直属综合总支部	154
上海医药系统总支部	51	宝山钢铁(集团)公司总支部	74
上海市银行综合总支部	76	上海第三综合总支部	138
上海市第一建设总支部	62	民盟市委机关总支部	86
中国人民银行上海总部总支部	38	中国海诚工程科技股份有限公司总支部	57
上海信息总支部	94	上海市社会联合总支部	74
上海市化工系统总支部	63	上海市仪电系统总支部	75
上海市绿化和市容管理局总支部	49	上海现代服务业总支部	89
上海第二综合总支部	97	上海市第二建设总支部	111
上海市电业系统总支部	61	上海市商业第二总支部	68
上海证券总支部	88	上海新闻联合总支部	52
上海世纪出版集团总支部	188	上海文艺出版集团总支部	38
上海对外经贸大学支部	33	上海立信会计学院支部	23
上海体育学院支部	50	上海金融学院支部	40
上海远程教育集团支部	48	交通银行支部	57
上海银行支部	39	上海市教育委员会机关直属单位支部	37
上海农业科学院支部	46	上海市农业机械化管理局支部	13
财政局支部	11	上海市商业会计学校支部	24
上海市交通运输系统支部	42	上海市百联集团支部	30
现代企业支部	33	上海科技馆支部	22
中国平安集团支部	52	上海浦东发展银行支部	21
上海医学产业支部	42	上海市保险支部	60

（续表）

名　　称	人数(人)	名　　称	人数(人)
上海美术工作者联合支部	42	上海越剧院支部	40
上海沪剧院支部	33	上海文新联合报业集团支部	24
文参支部	13	中福会儿童艺术剧院支部	41
上海京昆艺术中心支部	60	上海大剧院艺术中心支部	85

说明：另有未编人员16人。

第二章　代表大会和委员会全体会议

根据《中国民主同盟章程》规定，民盟上海市代表大会是民盟上海市级领导机关，其职权是贯彻执行全国代表大会、中央委员会的决议；听取、审议同级委员会的报告；讨论并决定同级委员会的重要事项；选举同级委员会。市委员会全体会议职权是：(1) 贯彻执行民盟中央和同届代表大会的决议和工作任务；(2) 听取、审议常委会提交的市委工作计划、报告总结(草案)；(3) 讨论市委的重大问题及应行决定的事宜；(4) 提出名额并选举市委会主委、副主委和市委常委，组成市委常委会。

第一节　代表大会

民盟上海市第一至六次代表大会分别于1951年10月、1953年10月、1956年8月、1958年4月、1961年4月、1964年12月举行。第七至十次代表大会分别于1980年1月、1984年4月、1988年3月、1992年7月举行，第十一至十四次代表大会分别于1997年6月、2002年6月、2007年4月、2012年4月举行。

一、第七次代表大会

民盟上海市第七次代表大会于1980年1月12—16日，在延安中路1000号上海展览中心大厅举行，出席代表391人。谈家桢主持大会开幕式，并向大会宣读民盟中央委员会贺电。苏延宾作《中国民主同盟上海市第六届委员会工作报告》。中共市委第一书记彭冲代表中共市委到会讲话。大会选举产生民盟上海市第七届委员会，委员63名、候补委员10名。通过《中国民主同盟上海市第七次盟员代表大会决议》。提出以后任务是：(1) 积极推动盟员和所联系的知识分子为“四化”贡献力量；(2) 贯彻“长期共存、互相监督”方针，为发扬社会主义民主和维护社会主义法制作出贡献；(3) 推动盟员学习马列主义、毛泽东思想和时事政策，结合实践，继续进行自我改造；(4) 大团结面，加强与“三胞”的联系；(5) 基层组织进行改选，并适当发展组织。李锐夫主持闭幕式。

二、第八次代表大会

民盟上海市第八次代表大会于1984年4月3—7日，在南京西路1300号友谊电影院召开，出席代表476人。赵超构致开幕词，谈家桢作《中国民主同盟上海市第七届委员会工作报告》。中共市委第二书记胡立教代表中共市委到会讲话。民盟中央副主席苏步青代表民盟中央向大会致贺词。上海市人大常委会副主任赵祖康、王涛、刘靖基，上海市人民政府顾问杨恺，上海市政协副主席张承宗、董寅初等领导应邀出席。大会选举产生民盟上海市第八届委员会，委员78名、候补委员13名。通过《中国民主同盟上海市第八次盟员代表大会决议》。并号召全市盟员：(1) 进一步学习马列主义、毛泽东思想，在改造客观世界的同时，努力改造主观世界；(2) 认真学好中共整党文件，本着“肝胆相照、荣辱与共”的精神，做中共的诤友；(3) 各级盟组织要发挥盟员和所联系的知识分子的聪明才智，积极参与社会主义物质文明和精神文明建设，加强“三胞”工作，为实现祖国统一大业作出贡献。谈家桢主持闭幕式。

三、第九次代表大会

民盟上海市第九次代表大会于1988年3月13—15日，在北京西路860号市政协礼堂召开，出席代表445人。谈家桢主持，赵超构致开幕词，翁曙冠作《中国民主同盟上海市第八届委员会工作报告》。中共市委副书记杨堤代表中共市委到会讲话。民盟中央副主席冯之浚代表民盟中央致贺词。民建中央副主席、民建市委副主委陈铭珊代表各民主党派致贺词。市政协主席李国豪、市人大常委会副主任舒文等领导应邀出席。大会选举产生民盟上海市第九届委员会，委员82名、候补委员14名；选举出席中国民主同盟第六次全国代表大会代表38名。大会向苏延宾、黄铭新、杨村彬、陆诒等25位主动提出不再担任市委委员的老同志宣读致敬信，通过《中国民主同盟上海市第九次盟员代表大会决议》。并要求全市盟员：(1) 进一步深入学习中共十三大文件精神；(2) 各级组织和广大盟员要积极参政议政，要为改革开放服务，为“四化”建设服务，为两个文明建设服务，为海外联谊工作服务，为社会主义民主与法制建设服务。谈家桢主持闭幕式，中共市委统战部副部长张耀忠讲话，赵超构致闭幕词。

四、第十次代表大会

民盟上海市第十次代表大会于1992年7月10—13日，在北京西路860号市政协江海厅举行，出席代表394人。谈家桢致开幕词，民盟中央副主席叶笃义代表民盟中央致贺词。中共市委

图2-2-1　1992年7月10—13日，民盟上海市第十次代表大会在市政协江海厅举行

副书记陈铁迪代表中共市委到会讲话。中共市委常委、市委统战部部长毛经权，市人大常委会副主任孙贵璋，市政协副主席王兴等领导应邀出席。翁曙冠作《中国民主同盟上海市第九届委员会工作报告》。大会选举产生民盟上海市第十届委员会，委员77名、候补委员11名；选举出席中国民主同盟第七次全国代表大会代表33名。大会通过《中国民主同盟上海市第十次盟员代表大会决议》，提出以后任务是：(1) 把学习作为跟上改革开放大潮流的首要任务；(2) 强化参政议政、政治协商和民主监督作用；(3) 发挥优势，积极为经济建设服务；(4) 加强海外联谊工作，促进祖国和平统一早日实现；(5) 加强自身建设，完善政党机制。中共市委统战部副部长赵定玉在闭幕式上讲话。

五、第十一次代表大会

民盟上海市第十一次代表大会于1997年6月17—19日，在北京西路1700号云峰剧场举行，出席代表401人。江景波主持，谈家桢致开幕词，民盟中央主席丁石孙代表民盟中央致贺词。中共市委副书记孟建柱代表中共市委到会讲话。致公党市委主委吴肇光代表各民主党派市委、市工商联致贺词。副市长赵启正，市人大常委会副主任沙麟，市政协副主席赵定玉等领导应邀出席。翁曙冠作《中国民主同盟上海市第十届委员会工作报告》。大会选举产生民盟上海市第十一届委员会，委员93名；选举出席中国民主同盟第八次全国代表大会代表26名。大会通过《中国民主同盟上海市第十一次盟员代表大会决议》，推举谈家桢为名誉主委，张镜人等6人为名誉副主委，王西彦等27人为顾问，并向他们发出致敬信。大会提出以后任务是：(1) 继续组织盟员深入学习马列主义、毛泽东思想和邓小平建设有中国特色社会主义理论，统一全盟认识；(2) 结合党和政府的中心工作，围绕实施"九五"计划、2010年远景目标纲要和社会主义精神文明建设两个主题，提出建设性意见和建议；(3) 充分发挥优势，为教育事业的改革与发展献计出力；(4) 坚持为社会主义两个文明建设"出主意、想办法"，努力拓宽服务领域，把实事、好事做得更实、更好；(5) 积极拓宽海外联谊领域，通过多种形式宣传"一国两制"方针，为促进祖国统一大业贡献力量。中共市委统战部部长王生洪在闭幕式上讲话，张圣坤致闭幕词。

六、第十二次代表大会

民盟上海市第十二次代表大会于2002年6月27—30日，在北京西路1700号云峰剧场举行，出席代表499人。张圣坤致开幕词，民盟中央副主席张梅颖代表民盟中央致贺词。中共市委副书记罗世谦代表中共市委到会讲话。民建市委主委黄关从代表各民主党派市委、市工商联致贺词。市人大常委会副主任胡正昌，副市长周慕尧，市政协副主席陈正兴等领导应邀出席。张圣坤作题为《奋发有为与时俱进为建设高素质参政党而努力奋斗》的工作报告。大会选举产生民盟上海市第十二届委员会，委员95名；选举出席中国民主同盟第九次全国代表大会代表48名。大会通过《中国民主同盟上海市第十二次盟员代表大会决议》，提出以后任务是：(1) 高举邓小平理论伟大旗帜，深刻领会"三个代表"重要思想；(2) 积极参政议政，努力履行参政党职能，积极为改革、发展、稳定和两个文明建设建言献策；(3) 继承优良传统，根据时代要求，在继承中发展，在探索中创新；(4) 加强和深化盟的自身建设。中共市委统战部部长黄跃金在闭幕式上讲话，张圣坤致闭幕词。

图 2-2-2　2002 年 6 月 30 日，民盟中央副主席张梅颖（前排右三）与民盟市委第十二届领导班子合影

七、第十三次代表大会

民盟上海市第十三次代表大会于 2007 年 4 月 6—8 日，在延安中路 1000 号上海展览中心举行，出席代表 457 人。民盟中央主席蒋树声出席开幕式并致辞，中共市委副书记罗世谦代表中共市委到会讲话，中共市委常委、统战部部长杨晓渡宣读中共市委的贺信，致公党市委主委吴幼英代表上海市各民主党派和市工商联致贺词。市人大常委会副主任朱晓明，副市长唐登杰，市政协副主席王生洪等领导应邀出席。张圣坤作题为《促进发展致力和谐开创上海民盟工作新局面》的工作报告。大会选举产生民盟上海市第十三届委员会，委员 94 名；选举出席中国民主同盟第十次全国代表大会代表 46 名。大会通过《民盟上海市第十三次代表大会决议》，提出以后任务是：(1) 加强学习，提高认识，自身建设要有新发展；(2) 深入开展调查研究，紧扣促进发展是参政议政的第一要务的主题，把参政议政工作推向新水平；(3) 不拘一格选人才，干部队伍建设和举荐人才工作要有新突破；(4) 立足本职，服务社会，做实事，做好事，树立民盟新形象。杨晓渡在闭幕式上讲话，郑惠强致闭幕词。

八、第十四次代表大会

民盟上海市第十四次代表大会于 2012 年 4 月 15—17 日，在延安中路 1000 号上海展览中心举行，出席代表 490 人。民盟中央主席蒋树声出席开幕式并致辞，中共市委副书记殷一璀代表中共市委到会讲话。中共市委常委、统战部部长杨晓渡宣读中共市委的贺信，民建市委主委周汉民代表上海市各民主党派和市工商联致贺词。市人大常委会副主任王培生,副市长姜平,市政协副主席钱景林等领导应邀出席。郑惠强作题为《同心同行参政履职努力开创上海民盟工作新局面》的工作报告。大会选举产生民盟上海市第十四届委员会,委员100名;选举出席中国民主同盟第十次全国代表大会代表45名。大会通过《民盟上海市第十四次代表大会决议》,提出以后任务是:(1)弘扬优良传统,夯实政治基础,在思想建设上取得新成效;(2)增强履职能力,提升议政水平,在参政议政上实现新进展;(3)抓好自身建设,坚持人才强盟,在自身建设上迈出新步伐。杨晓渡在闭幕式上讲话,郑惠强致闭幕词。

第二节 委员会全体会议

1980—2012年,民盟上海市召开第七至十四届委员会全体会议。

表2-2-1 民盟上海市第七届委员会全体会议情况表

会议名称	时间	地点	主要议程及决定	备注
第一次全体会议	1980年1月16日	延安中路1000号上海展览馆三楼宴会厅	选举民盟市委正副主委、常委及秘书长	—
第二次全体会议	1980年7月30日	北京西路860号市政协大礼堂	(1)审议通过1980年下半年工作打算;(2)任命文史资料委员会主任、副主任	—
第三次全体会议	1981年1月24日	北京西路860号市政协大礼堂	(1)传达中共中央统战部座谈会精神;(2)传达民盟中央全国工作会议精神	扩大
第四次全体会议	1981年3月11日	陕西北路186号礼堂	(1)讨论中共市委领导在各民主党派和工商联工作经验交流会上的讲话;(2)审议通过1980年工作情况汇报和1981年工作打算	—
第五次全体会议	1981年9月3日	北京西路860号市政协大礼堂	传达中共市委统战部领导在各民主党派市委领导座谈会上的讲话精神	扩大
第六次全体会议	1982年3月5日	陕西北路186号礼堂	审议通过1981年工作情况汇报和1982年工作计划要点	扩大
第七次全体会议	1982年10月7日	陕西北路186号礼堂	(1)苏步青谈列席中共十二大的体会;(2)传达中共十二大主要精神;(3)通过民盟市委关于学习中共十二大文件的通知	扩大
第八次全体会议	1983年2月7日	陕西北路186号礼堂	(1)通过人事变动事项;(2)审议通过1982年工作情况和1983年工作要点	扩大
第九次全体会议	1983年9月17日	陕西北路186号礼堂	费孝通作当前民盟工作的报告	扩大
第十次全体会议	1984年1月6日	陕西北路186号礼堂	(1)讨论传达民盟全国五大精神;(2)讨论召开民盟上海市第八次代表大会有关事项	—
第十一次全体会议	1984年3月19日	陕西北路186号礼堂	(1)讨论召开民盟上海市第八次代表大会有关事项;(2)组织工作追认事项	—

表 2-2-2　民盟上海市第八届委员会全体会议情况表

会议名称	时　间	地　　点	主要议程及决定	备注
第一次全体会议	1984 年 4 月 7 日	上海展览馆咖啡厅	(1) 副主委、常委及秘书长；(2) 通过民盟市委顾问委员会名单	—
第二次全体会议	1985 年 2 月 16 日	陕西北路 186 号礼堂	(1) 传达民盟五届二中全会精神；(2) 审议通过 1984 年工作情况和 1985 年工作计划要点	扩大
第三次全体会议	1985 年 9 月 30 日	陕西北路 186 号礼堂	(1) 汇报上半年工作；(2) 讨论关于引进新人，加强领导班子和工作班子建设问题	扩大
第四次全体会议	1986 年 4 月 18 日	陕西北路 186 号礼堂	(1) 出席全国“两会”的代表和委员谈体会；(2) 部分专委会汇报工作；(3) 增补民盟市委副主委	扩大
第五次全体会议	1986 年 10 月 30 日	陕西北路 186 号礼堂	选举出席民盟全国代表会议的代表	扩大
第六次全体会议	1987 年 3 月 7 日	陕西北路 186 号礼堂	(1) 传达民盟全国代表会议精神；(2) 传达民盟各省、自治区、直辖市秘书长联席会议精神；(3) 汇报 1987 年工作打算	扩大
第七次全体会议	1988 年 1 月 30 日—2 月 3 日	陕西北路 500 号市教育局大礼堂	(1) 传达中共中央领导讲话精神；(2) 传达中共市委领导《赴广东学习考察报告》主要精神；(3) 讨论决定并预选民盟市委第九届委员、候补委员候选人推荐名单；(4) 讨论并通过《民盟上海市第八届委员会工作报告》(草案)	扩大

表 2-2-3　民盟上海市第九届委员会全体会议情况表

会议名称	时　间	地　　点	主要议程及决定	备注
第一次全体会议	1988 年 3 月 15 日	北京西路 860 号市政协江海厅	选举民盟市委正副主委、常委和秘书长	—
第二次全体会议	1988 年 7 月 17 日	南京西路 722 号 2 楼中共市委统战部礼堂	(1) 冯之浚作关于当前形势和盟务工作的讲话；(2) 听取 1988 年度工作要点意见；(3) 高教、经济、教育委员会汇报交流工作	扩大
第三次全体会议	1989 年 5 月 13 日	陕西北路 186 号礼堂	(1) 传达民盟中央常委会和多党合作问题研讨会精神；(2) 汇报近期工作情况；(3) 补选民盟市委副主委和秘书长	扩大
第四次全体会议	1990 年 3 月 3 日	北京西路 860 号市政协江海厅	(1) 传达民盟六届二中全会概况；(2) 审议通过民盟市委常委会工作报告	—
第五次全体会议	1991 年 2 月 8 日	北京西路 707 弄 48 号静安区张家宅街道文化中心礼堂	(1) 传达民盟六届三中全会和费孝通的讲话精神；(2) 审议通过 1990 年工作情况汇报和 1991 年工作打算；(3) 递补民盟市委委员	—
第六次全体会议	1992 年 1 月 11 日	北京西路 860 号市政协江海厅	(1) 传达民盟六届四中全会精神；(2) 审议通过民盟市委常委会工作报告	扩大

表 2-2-4　民盟上海市第十届委员会全体会议情况表

会议名称	时　间	地　　点	主要议程及决定	备注
第一次全体会议	1992 年 7 月 13 日	北京西路 860 号市政协月潭厅	选举民盟市委正副主委、常委及秘书长	—
第二次全体会议	1992 年 7 月 21 日	北京西路 860 号市政协月潭厅	(1) 介绍第十届委员会成员;(2) 汇报民盟上海市第十次代表大会小组讨论情况	—
第三次全体会议	1993 年 1 月 7 日	威海路 755 号文汇大厦 13 楼会议室	(1) 传达李瑞环和中共中央统战部领导讲话精神;(2) 传达民盟全国第七次代表大会精神和关于盟章修改的说明	扩大
第四次全体会议	1994 年 1 月 14 日	北京西路 860 号市政协江海厅	(1) 传达中共中央统战部领导讲话精神;(2) 传达民盟七届二中全会及厉以宁讲话精神;(3) 审议通过 1993 年工作总结和 1994 年工作要点;(4) 通过民盟市委候补委员递补为市委委员	扩大
第五次全体会议	1995 年 1 月 9 日	南京西路 722 号市委统战部文艺厅	(1) 传达民盟七届三中全会精神;(2) 审议通过 1994 年工作报告;(3) 增选民盟市委副主委、常委及候补委员	扩大
第六次全体会议	1996 年 1 月 22 日	北京西路 860 号市政协月潭厅	(1) 审议通过 1995 年工作总结以及 1996 年工作要点;(2) 届中调整,增补市委副主委	扩大
第七次全体会议	1996 年 7 月 25 日	北京西路 860 号市政协月潭厅	(1) 传达民盟中央七届十三次常委会和省级负责人工作会议精神;(2) 传达上海市各民主党派及工商联负责人学习会议精神	扩大
第八次全体会议	1996 年 10 月 23 日	北京西路 860 号市政协月潭厅	(1) 传达民盟中央七届十四次常委会精神;(2) 传达《民盟上海市委 1997 年换届工作的意见》等有关文件	扩大
第九次全体会议	1996 年 12 月 27 日	陕西北路 128 号民主党派大厦六楼多功能厅	(1) 传达民盟七届五中全会及中共中央统战部领导在会上的讲话精神;(2) 审议通过 1996 年工作总结和 1997 年工作要点;(3) 增补市委委员	扩大
第十次全体会议	1997 年 4 月 15 日	陕西北路 128 号民主党派大厦六楼多功能厅	(1) 讨论通过第十一届委员会候选人建议名单;(2) 审议通过第十届委员会工作报告;(3) 增补市委委员	扩大

表 2-2-5　民盟上海市第十一届委员会全体会议情况表

会议名称	时　间	地　　点	主要议程及决定	备注
第一次全体会议	1997 年 6 月 19 日	北京西路 1700 号云峰剧场	选举民盟市委正副主委、常委及秘书长	—
第二次全体会议	1998 年 12 月 29 日	陕西北路 128 号民主党派大厦六楼会议厅	(1) 传达民盟八届二中全会精神;(2) 审议通过 1998 年工作总结和 1999 年工作打算	扩大
第三次全体会议	1999 年 12 月 26 日	陕西北路 128 号民主党派大厦六楼会议厅	(1) 学习中共十五届四次全会和有关领导讲话精神;(2) 传达民盟八届三中全会精神;(3) 审议通过 1999 年工作总结和 2000 年工作打算;(4) 增补民盟市委委员、常委、副主委	扩大

（续表）

会议名称	时　间	地　点	主要议程及决定	备注
第四次全体会议	2000年12月27日	陕西北路128号民主党派大厦六楼会议厅	(1) 传达全国统战工作会议和民盟八届四中全会精神；(2) 审议通过2000年工作总结和2001年工作设想；(3) 增选市委委员	扩大
第五次全体会议	2001年12月30日	陕西北路128号民主党派大厦六楼会议厅	(1) 传达民盟八届五次全会精神；(2) 汇报2002年"两会"提案准备情况；(3) 审议通过2001年工作报告和2002年工作建议	扩大
第六次全体会议	2002年2月7日	陕西北路128号民主党派大厦六楼会议厅	(1) 关于通过召开民盟上海市第十二次代表大会的决定；(2) 增补市委委员、常委及副主委，任命秘书长	—

表2-2-6　民盟上海市第十二届委员会全体会议情况表

会议名称	时　间	地　点	主要议程及决定	备注
第一次全体会议	2002年6月30日	陕西北路128号民主党派大厦六楼会议厅	(1) 选举民盟市委正副主委及常委；(2) 任命民盟市委秘书长；(3) 推举民盟市委名誉副主委，聘请民盟市委顾问	—
第二次全体会议	2003年1月4日	复兴西路46号中共市委统战部二楼会议厅	(1) 学习中共十六大会议精神；(2) 传达胡锦涛在走访民盟中央机关时的讲话精神；(3) 传达民盟中央"九大"会议精神；(4) 审议通过2002年工作总结和2003年工作计划	扩大
第三次全体会议	2003年4月4日	陕西北路128号民主党派大厦六楼会议厅	(1) 传达全国和上海市"两会"精神；(2) 传达市委、市政府关于"世博会与上海新一轮发展"大讨论精神及要求	扩大
第四次全体会议	2003年6月27日	闵行东川路800号交通大学闵行校区	(1) 传达民盟中央九届三次常委会精神；(2) 讨论《民盟上海市委关于加强领导班子和机关建设的实施细则》；(3) 讨论民盟市委2003年上半年工作总结和下半年工作计划	扩大
第五次全体会议	2003年12月19日	复兴西路46号中共市委统战部二楼会议厅	(1) 传达民盟九届二中全会和张梅颖的讲话精神；(2) 传达中共中央统战部领导讲话精神；(3) 审议通过2003年工作报告和2004年工作思路	扩大
第六次全体会议	2004年3月18日	江宁路66号美琪大戏院	传达全国"两会"精神	扩大
第七次全体会议	2004年7月2日	陕西北路128号民主党派大厦六楼会议厅	(1) 传达丁石孙、张梅颖的讲话精神；(2) 传达中共市委会议精神；(3) 审议通过2004年上半年工作报告和下半年工作计划；(4) 传达全国政协信息工作要求	扩大
第八次全体会议	2004年12月21日	陕西北路128号民主党派大厦六楼会议厅	(1) 传达中共中央十六届四中全会及上海市委八届六次全会精神；(2) 传达民盟九届三中全会精神；(3) 审议通过2004年工作总结和2005年工作计划	扩大
第九次全体会议	2005年9月16日	陕西北路128号民主党派大厦五楼518室	(1) 学习《中共中央关于进一步加强中国共产党领导的多党合作和政治协商制度建设和意见》；(2) 传达民盟中央组织工作会议精神；(3) 传达中共市委关于进一步加强人大、政协工作的会议精神；(4) 审议通过2005年上半年工作小结和下半年工作打算；(5) 增补市委委员、副主委	—

(续表)

会议名称	时 间	地 点	主要议程及决定	备注
第十次全体会议	2005 年 12 月 19 日	陕西北路 128 号民主党派大厦六楼会议厅	(1) 传达民盟中央九届十四次中常会和九届四中全会精神;(2) 传达学习中共市委八届八次全会精神和中共市委领导讲话精神;(3) 审议通过 2005 年工作总结和 2006 年工作计划;(4) 通报民盟市委领导班子后备人选民主推荐情况	—
第十一次全体会议	2006 年 12 月 28 日	威海路 755 号文新大楼 2 楼报告厅	(1) 传达学习中共市委八届十次全会和民盟九届五中全会精神;(2) 审议通过 2006 年工作总结;(3) 通过关于 2007 年 4 月召开民盟上海市第十三次代表大会的决定;(4) 增选市委委员、常委	—

表 2－2－7 民盟上海市第十三届委员会全体会议情况表

会议名称	时 间	地 点	主要议程及决定	备注
第一次全体会议	2007 年 4 月 8 日	延安中路 1000 号上海展览中心友谊会堂一楼友谊厅	(1) 选举民盟市委正副主委及常委;(2) 任命民盟市委秘书长	—
第二次全体会议	2007 年 12 月 14 日	陕西北路 128 号民主党派大厦六楼会议厅	(1) 学习中共第十七次代表大会精神和"中国的政党制度"白皮书;(2) 传达民盟第十次全国代表大会精神;(3) 听取民盟市委 2007 年工作报告;(4) 民盟市委主委和专职领导述职;(5) 审议通过《民盟上海市委议事规则》(草案)	扩大
第三次全体会议	2008 年 4 月 25 日	威海路 755 号文新大厦二楼 207 报告厅	(1) 听取政治交接学习教育活动总结报告;(2) 补选民盟市委委员、常委	—
第四次全体会议	2008 年 12 月 16 日	陕西北路 128 号民主党派大厦六楼会议厅	(1) 传达民盟中央十届二次全委会精神;(2) 审议通过 2008 年工作报告;(3) 宣读《民盟市委关于深入学习贯彻科学发展观的通知》;(4) 审议通过《民盟市委基层组织工作条例》和《民盟市委盟务工作先进集体评选办法》;(5) 民盟市委主委和专职领导述职;(6) 解读《民盟市委领导班子后备干部队伍建设实施方案》并现场推荐	扩大
第五次全体会议	2009 年 12 月 15 日	陕西北路 128 号民主党派大厦六楼会议厅	(1) 审议通过 2009 年工作报告;(2) 民盟市委主委和专职领导述职;(3) 宣布《关于表彰盟务工作先进集体的决定》并授奖	扩大
第六次全体会议	2010 年 9 月 29 日	陕西北路 128 号党派大厦二楼报告厅	(1) 听取 2010 年上半年工作总结和下半年工作打算;(2) 补选民盟市委副主委	—
第七次全体会议	2010 年 12 月 15 日	陕西北路 128 号民主党派大厦六楼会议厅	(1) 传达民盟中央十届十三次常委会和四中全会精神;(2) 审议通过 2010 年度工作报告;(3) 民盟市委主委和专职领导述职;(4) 表彰服务世博先进个人和集体;(5) 增补民盟市委委员、常委,任命秘书长	扩大
第八次全体会议	2011 年 7 月 27 日	陕西北路 128 号民主党派大厦六楼会议厅	(1) 民盟市委领导班子成员述职;(2) 民主推荐民盟市委领导班子换届建议人选	扩大
第九次全体会议	2011 年 10 月 25 日	陕西北路 128 号民主党派大厦二楼报告厅	(1) 传达中共十七届六中全会精神;(2) 民主推荐民盟第十四届委员会委员候选人建议人选	扩大

（续表）

会议名称	时　间	地　　点	主要议程及决定	备注
第十次全体会议	2011年12月15日	陕西北路128号民主党派大厦六楼会议厅	(1) 审议通过2011年工作报告；(2) 通过《关于召开民盟上海市第十四次代表大会的决定》；(3) 表彰盟务工作先进集体和先进个人	扩大

表2-2-8　民盟上海市第十四届委员会全体会议情况表

会议名称	时　间	地　　点	主要议程及决定	备注
第一次全体会议	2012年4月17日	延安中路1000号上海展览中心友谊会堂一楼友谊厅	(1) 选举民盟市委正副主委及常委；(2) 任命民盟市委秘书长	—
第二次全体会议	2012年12月14日	陕西北路128号民主党派大厦六楼会议厅	(1) 传达民盟第十一次全国代表大会精神；(2) 审议通过2012年工作报告；(3) 民盟市委主委和专职领导述职	扩大

第三章　履 行 职 能

民主党派的基本职能是参政议政、民主监督，参加中国共产党领导的政治协商。1978 年 12 月中共十一届三中全会召开以后，中国多党合作事业得到了进一步发展，民盟市委参加由中共领导的各项政治协商活动，以“议案”“提案”形式向全国及上海市人大、政协提交意见和建议；盟员中的一些代表人士，担任市、区两级政府和司法机关等部门的领导职务，直接参与政府事务的管理；有的受聘担任特邀监察员、特约检查员、特约审计员和特约教育督导员，履行民主监督的职责；发挥党派特色和优势，积极建言献策；通过反映社情民意、开展课题调研、举办论坛与研讨会等方式，认真履行参政党的职能。

第一节　参加政治协商活动

中国共产党与民主党派进行政治协商，是中国共产党领导的多党合作和政治协商制度的一项重要内容。1978 年 9 月，中共市委恢复“文化大革命”期间中断的民主党派负责人座谈会。1984 年 10 月，开始以双月为期举行座谈会，听取党派意见和建议。1989 年 12 月，中共中央制定《关于坚持和完善中国共产党领导的多党合作和政治协商制度的意见》，中国共产党领导的多党合作和政治协商这一基本制度进一步规范。1990 年 12 月 25 日，中共市委制定《关于加强统一战线工作坚持和完善中国共产党领导的多党合作和政治协商制度的实施意见》，民主党派参政议政的渠道逐渐增多，内容也日趋广泛。民盟市委领导谈家桢、张圣坤、郑惠强等人多次参加中共市委和市政府召开的“双月座谈会”、谈心会、市委办公会议、市府常务工作会议。围绕上海的中心工作建言献策，积极参与改革开放的大政方针，就“两个文明”建设、“四个中心”建设、重要人事安排等重大问题进行协商，围绕国民经济和社会发展情况，就构建社会主义和谐社会、建设社会主义新农村新郊区、非政府组织建设、平安建设、党风廉政、行风建设等问题提出了建设性的意见和建议。

一、国民经济发展

【中共中央关于国民经济调整政策】

1980 年 12 月 25 日，民盟市委在参加国民经济调整政策座谈会时，针对中共中央关于国民经济调整政策为何贯彻不下去提出：调整方案涉及许多企业及个人，如不做好思想工作是贯彻不下去的。做思想工作首先从自己单位做起，不要把自己放在客观地位，要以身作则。

【改革问题】

1988 年 10 月 23 日，民盟市委在参加座谈改革问题时提出：在正确路线指引下，改革的成功条件：(1) 有强有力的措施；(2) 万众一心，但万众一心被“文化大革命”搞成万众万心，令不行禁不止，令行禁止首先要从中共党内做起，其次才是党外，目前措施是好的，希望付诸实施；(3) 对改革不利因素应及时制止。

二、通报重要情况并听取意见

【谴责北约袭击中国驻南斯拉夫使馆】

1999年5月8日，民盟市委在传达中央关于强烈谴责以美国为首的北约对中国驻南使馆进行导弹袭击的情况通报会上表示完全支持中国政府的严正声明。美国这次不顾外交准则袭击中国驻南斯拉夫使馆，这一暴行必将受到全世界人民的谴责。

图2-3-1　1999年5月8日，民盟市委谴责以美国为首的北约对中国驻南使馆进行导弹袭击

【谴责李登辉公然鼓吹“两国论”】

1999年7月15日，民盟市委在党外人士座谈会上谴责李登辉公然鼓吹“两国论”时表示：李登辉的讲话蓄谋已久，是迎合少数“台独”分子和国际敌对势力的行为，要给予严厉谴责。民盟市委对中国政府的严正立场表示拥护，一个中国的前提决不能变。加强两岸学术界交流很重要，加强国家的实力也同样重要，经济发展，实力增强，台湾民众的信心也会增强。

三、上海市中心工作

【科技工作】

2004年2月12日，民盟市委在中共市科技党委、市科委与各民主党派市委对口联系会上对上海科技工作提出3点建议：（1）加强评估机制、审计和监督机制的建设，建立科研工作质量保证体系;(2)上海要加强与国际的合作与研究,从体制机制上鼓励上海科技人员走上国际舞台;(3)建议科委和教委成立一个联合办公室专门考虑一些共同问题。

【建设智慧城市】

2011年9月26日,民盟市委在党外人士座谈会上对上海建设"智慧城市"提出5点建议:(1)聚焦重点产业,实施资金引导;(2)注重问题导向,服务民生;(3)发挥市场作用,吸引民间资本参与;(4)完善体制机制,发挥区县作用;(5)夯实信息基础,确保安全总体可控。

【创新社会管理】

2012年10月30日,民盟市委在"双月座谈会"上就完善社区管理、发展社会组织等方面提出2点建议:(1)关于完善社区管理,要完善街道共建共治平台;强化居委会的自治功能;加强大型居住区社区建设。(2)关于促进社会组织发展,要完善扶持公益组织发展的政策环境;探索建立政府购买服务的公共平台;借鉴联合劝募模式解决资金难题。

第二节　参加人民代表大会

1977年12月,上海市召开第七届人民代表大会,并选出第五届全国人民代表大会代表。到2012年3月,共历7届。在历届全国人民代表大会代表中,上海民盟盟员有17人、29人次当选,其中任常委会委员2人、4人次。在历届上海人民代表大会代表中,上海民盟盟员有134人、199人次当选,其中任常委会委员9人、11人次,苏步青、谈家桢、张圣坤、郑惠强等4人、7人次任常委会副主任。他们依照宪法和有关规定履行人民代表的职责。

一、当选人大代表

【全国人大】

第五届(1978年2月—1983年6月)

常委会委员:苏步青

代　表:苏步青　丁是娥(女)　李国豪　李锐夫　周　怨(女)　赵超构　钱宝钧　傅培彬

第六届(1983年6月—1988年4月)

常委会委员:苏步青

代　表:苏步青　李锐夫　冯之浚　谷超豪　徐　鹏　周　怨(女)　傅培彬

第七届(1988年4月—1993年3月)

常委会委员:冯之浚　苏步青

代　表:冯之浚　苏步青　谷超豪　吴承惠　徐　鹏

第八届(1993年3月—1998年3月)

代　表:徐　鹏　李葵南(女)

第九届(1998年3月—2003年3月)

代　表:周芝石　李葵南(女)

第十届(2003 年 3 月—2008 年 3 月)

代　表: 李葵南(女)　郑惠强　郭广昌

第十一届(2008 年 2 月—　)

代　表: 郭广昌　沈志刚

【上海市人大】

第七届(1977 年 12 月—1983 年 4 月)

常委会副主任: 苏步青

常委会委员: 刘　琼　朱正华　赵超构

代　表: 苏步青　刘　琼　朱正华　赵超构　毋望远　全增嘏　刘良模　刘馥英(女)　朱端钧　张江树　张秉谦　沈　瑛(女)　陈秋草　时宜新　严灏景　杨一依　徐丽仙(女)　傅于琛　鲍涵泉　戴宗信

第八届(1983 年 4 月—1988 年 4 月)

常委会副主任: 谈家桢

常委会委员: 马家骅　韩学章(女)

代　表: 谈家桢　马家骅　韩学章(女)　毋望远　丁是娥(女)　王玉润　邓家祺　朱　雯　朱正华　全增嘏　刘　琼　刘馥英(女)　沈　瑛(女)　陈　敦　陈　熙　陈秋草　汤毓骏　杨立信　张秉谦　郑　为　郑宝隆　时宜新　严灏景　邹见高　李传芳　周景伯　高铸九　罗小未(女)　高婉玉(女)　殷海圻　聂光达　章尚宁　傅于琛　谭冰若

第九届(1988 年 4 月—1993 年 2 月)

常委会副主任: 谈家桢

常委会委员: 聂光达　韩学章(女)

代　表: 谈家桢　聂光达　韩学章(女)　丁是娥(女)　万式佳(女)　马　骁　关　怀　万明玉(女)　邓家祺　王菊珍(女)　厉家俊　朱玉成　朱正华　艾维超　李传芳　李韵珉(女)　沈　瑛(女)　沈志诚　刘　琼　杨立信　杨炳贤　时宜新　陈　敦　严灏景　余光耀　孟余珍(女)　金正钧　哈琼文　俞冠敏　侯桂兰(女)　顾丽苹(女)　黄茂福　谭冰若

第十届(1993 年 2 月—1998 年 2 月)

常委会副主任: 谈家桢

常委会委员: 顾朝旭

代　表: 谈家桢　顾朝旭　万明玉(女)　马　骁　王菊珍(女)　邓家祺　厉家俊　朱玉成　朱建新(女)　朱曼芳(女)　朱德华　华　强　沈立恭　沈志诚　严幼卿　李传芳　金正钧　张明康　邵雪娟(女)　童国瑞　杨立信　杨炳贤　胡　壮　胡仲威　唐毓礼　黄茂福

第十一届(1998 年 2 月—2003 年 2 月)

常委会副主任: 张圣坤

常委会委员: 顾朝旭

代　表: 张圣坤　顾朝旭　王海青(女)　王惠娟(女)　厉家俊　冯德康

朱建新(女)　朱曼芳(女)　阮章云　沈志诚　何　俊　何其渝(女)
张京羊　郑　韶　杨　杰　胡仲威　徐种德　章　鲁　盛正德　黄茂福

第十二届(2003 年 2 月—2008 年 1 月)

常委会副主任: 张圣坤

代　表: 刘云霞(女)　严健军　李　强　邱益中　陈　濂　张京羊　乐家珍(女)
花　蓓(女)　郑建国　谢　卫　丁光宏　王立南　郑　韶　李　原(女)
盛正德　蔡永平　连　琏(女)　茅善玉(女)　夏希纳(女)　潘乐明
阮章云　杨德妹(女)　周星增　闻富国　薄海豹　陈红专　许学书(女)
宋庆平　陶伟民　王海青(女)　张圣坤　王　菁(女)　郭　建

第十三届(2008 年 1 月—　　)

常委会副主任: 郑惠强

常委会委员: 邱益中　陈红专

代　表: 丁　明　丁光宏　于东航　王　钢　王　琛　乐家珍(女)　厉　明
刘　清(女)　刘云霞(女)　陈红专　严健军　何坚敏　吴大器　宋　菁
张　蕾(女)　张圣坤　张谢定　张涤蕓(女)　杨德妹(女)
连　琏(女)　邱益中　周星增　金雪玲(女)　郑惠强　施　蕾
夏希纳(女)　袁晓英(女)　钱秋萍(女)　陶伟民　黄发荣　蔡永平
潘乐明　薄海豹

二、代表履职

担任人民代表的民盟盟员,通过人大的各种活动,参与审议政府工作报告,讨论制定国民经济建设的计划和历年预决算,选举政府领导人,制定法律法规,通过议案、书面意见及会议发言反映所联系的民盟盟员和社会人士的意见和建议,并通过参与人大的视察活动,督促各项决议的实施。

自 1977 年底市人大七届会议以来,上海民盟盟员参政议政意识逐步加强,至 2012 年,在上海市人民代表大会上共提出议案 103 件,意见 617 件。第七届提出议案 18 件,意见 8 件,内容大多为反映"文化大革命"后落实政策问题。第八届提出议案 18 件,意见 4 件。第九届提出议案 9 件,意见 14 件,其中《建议新建上海美术展览馆》《建议上海市建立电影资料馆》《解决公交问题,不能只用补贴办法,应提高票价,加强内部整顿作为根本解决办法》《煤气公司可以用发行债券的方法集资扩建》等议案被有关部门采纳。第十届提出议案 9 件,其中《提议制定市区及城镇禁放鞭炮法规案》《上海户外广告必须按照国家广告法归口管理》被列为议案,其余转为书面意见;提出意见 150 件。第十一届提出议案 10 件,其中《关于本市应尽快制定保护商业秘密的规章或地方性法规的建议》被列为议案,其余转为书面意见;提出意见 71 件。第十二届提出议案 21 件,其中 11 件转为书面意见;提出意见 158 件。第十三届提出议案 18 件,提出意见 212 件。其中,厉明代表在十二、十三届会议上提交了 19 件立法议案,直接促成上海近十部地方性法规的制定和修订。

【《政府采购法》议案】

全国九届人大二次会议上,李葵南代表提出的关于制定《政府采购法》的议案,被列入 2000 年全国人大立法计划。九届人大三次会议上，李葵南代表提出当前婚姻案件审判实践中面临的有关离婚标准、子女抚养中的亲权行使等新状况，提出关于修改"婚姻法"的议案，经会议主席团会议同意，交由全国人大有关专门委员会审议。

【《政府信息公开法》议案】

全国十届人大二次会议上，郑惠强代表提交关于尽快制定《政府信息公开法》的议案，鉴于政府信息公开制度是一项保证公民知情权原则实现的重要制度，呼吁尽快制定政府信息公开法，以法律的形式来规范政府的权力。2004 年 4 月 23 日，上海市政府工作会议上专门研究全力以赴推进政府信息公开工作。

【修订《上海市中小学校学生伤害事故处理条例》议案】

上海市十三届人大一次会议上，厉明代表提出建议对 2001 年颁布的《上海市中小学校学生伤害事故处理条例》进行修订，以适应新的经济社会形势和最高人民法院、教育部出台的相关司法解释和部门规章。经大会主席团审议，建议政府相关部门就调理的执行情况和赔偿标准进行调研，并提请市人大常委会审议。2011 年，该条例修订后重新颁布。

【为"公交优先"立法】

上海市十三届人大一次会议上，厉明代表提出为"公交优先"立法，建议制定《上海市城市公共交通管理条例》，通过公共政策向"公共交通"倾斜，规范公交企业运营方式，对私车牌照拍卖制度立法，切实降低市民出行成本，把市民选择公共交通出行的比例作为考核城市交通优劣的指标。该建议被采纳并写进了上海市"十二五"规划。

【《上海市见义勇为条例》立法议案】

上海市十三届人大四次会议上，薄海豹代表领衔提出关于制定《上海市见义勇为人员奖励和保护条例》的议案，建议建立政府主导、社会参与、财政托底的保障机制，明确政府表彰、奖励标准；明确医院对见义勇为者的受伤、抢救、垫资义务；政府财政对医院、社会救助资金不足的托底保障义务；明确见义勇为者的职业保障权，明确见义勇为者的就业、住房、入学、晋级、入沪的优先权，见义勇为者单位和被救助者的道义责任等，用地方立法的方式弘扬正义。该议案被列为正式议案，经由人大立法研究所完成相关课题论证，2012 年被市人大列为立法预备项目。

表 2-3-1　1994—2012 年民盟盟员中的市人大代表提交议案情况表

届　次	年　度	领衔提交人	题　　目
第十届二次	1994	黄茂福	提议制定市区及城镇禁放鞭炮法规案
第十届五次	1997	朱玉成	上海户外广告必须按国家广告法归口管理
第十一届三次	2000	盛正德	本市应尽快制定保护商业秘密的规章或地方性法规
第十二届一次	2003	厉　明	建议制定《上海市法律援助条例》
第十二届二次	2004	夏希纳	修订完善绿化法规
		薄海豹	制定《上海市律师执业保障条例》

(续表)

届　次	年　度	领衔提交人	题　　目
第十二届二次	2004	厉　明	建议制定《上海市人民调节条例》
			强化监督听证力度,履行人大监督职责
第十二届三次	2005	厉　明	提请修订《上海市历史文化风貌区和优秀历史建筑保护条例》
			建议制定《上海市公益事业捐赠条例》
		王海青	加快制定《上海市终身教育条例》
第十二届五次	2007	厉　明	尽快制定《监督法》实施办法,切实履行人大监督职责
			建议人大开展实施《上海市城市道路管理条例》的执法检查
第十三届一次	2008	薄海豹	关于本市建立房地产交易强制监管制度的议案
		夏希纳	制定《上海生态公益村上海补偿基金管理办法》
			建议市人大对本市建立生态补偿机制情况进行监督
		厉　明	建议开展《上海市城市道路管理条例》实施情况的执法检查
			为"公交优先"立法,建议制定《上海市城市公共交通管理条例》
			建议修订《上海市中心学校学生上海事故处理条例》的议案
		郑惠强	尽快制定《上海义务志愿服务条例》
第十三届二次	2009	厉　明	尽快制定《上海市公共场所控烟条例》
			建议修改《上海市老年人权益保障条例》
			建议开展《上海市城市道路管理条例》实施情况的执法检查
第十三届三次	2010	厉　明	建议修订本市公共汽、电车地方立法
			建议加快制定《上海市推进国际航运中心建设条例》
			建议修订《上海市人大常委会讨论、决定重大事项的规定》
第十三届四次	2011	丁　明	加快制定上海城管地方法规
		薄海豹	制定《上海市见义勇为人员奖励和保护条例》
		厉　明	改进本市生活垃圾分类、运输和处置现有做法
第十三届五次	2012	厉　明	建议制定《上海市预算审查监督条例》
			建议废止《上海市华侨捐赠条例》

第三节　参加政治协商会议

1978—2012年,全国和上海各召开了七届人民政协会议。上海民盟盟员在七届政协中担任全国政协委员的有50人、99人次,其中任常务委员11人、21人次,钱伟长、苏步青等2人、6人次任副主席;担任上海市政协委员的有286人、483人次,其中任常务委员62人、95人次,苏步青、刘良模、谈家桢、赵超构等4人、6人次任副主席,李国豪1人、1人次任主席。

一、担任政协委员

【全国政协】

第五届(1978 年 2 月—1983 年 6 月)

常务委员: 刘良模　谈家桢

委　　员: 刘良模　谈家桢　王个簃　兰锡纯　刘海粟　李春芬　谷超豪　寿进文　苏延宾　吴志翔　杨俊生　杨村彬　陆　诒　俞调梅　徐铸成　顾伯华　黄铭新

第六届(1983 年 6 月—1988 年 3 月)

副 主 席: 钱伟长(1987 年 4 月任)

常务委员: 钱伟长　刘良模　刘海粟　赵超构　谈家桢

委　　员: 钱伟长　刘良模　刘海粟　赵超构　谈家桢　王丹凤(女)　王菊蓉(女)　兰锡纯　冯之浚　李春芬　陆　诒　寿进文　苏延宾　陈伯吹　郑炳中　杨村彬　俞调梅　徐铸成　顾伯华　翁曙冠　蒋月泉　黄铭新

第七届(1988 年 3 月—1993 年 3 月)

副 主 席: 钱伟长　苏步青

常务委员: 刘海粟　李国豪　赵超构　谈家桢

委　　员: 钱伟长　苏步青　刘海粟　李国豪　赵超构　谈家桢　王丹凤(女)　王菊蓉(女)　王菊珍(女)　寿进文　张镜人　陆　诒　杨村彬　顾伯华　胡和生(女)　徐铸成　翁曙冠　蒋月泉

第八届(1993 年 3 月—1998 年 3 月)

副 主 席: 钱伟长　苏步青

常务委员: 谈家桢　谷超豪　江景波　王丹凤(女)

委　　员: 钱伟长　苏步青　王丹凤(女)　江景波　谷超豪　谈家桢　王菊珍(女)　刘海粟　何声武　张镜人　罗小未(女)　胡和生(女)　邹逸麟　翁曙冠

第九届(1998 年 3 月—2003 年 3 月)

副 主 席: 钱伟长

常务委员: 江景波　王丹凤(女)　张圣坤

委　　员: 钱伟长　江景波　张圣坤　谷超豪　王丹凤(女)　沈立恭　邹逸麟　胡和生(女)　郭广昌　徐吉浣(女)　谢遐龄(2000 年 3 月任)

第十届(2003 年 3 月—2008 年 3 月)

常务委员: 张圣坤

委　　员: 张圣坤　邹逸麟　谢遐龄　陆健健　鲍敏中　吉永华　熊思东　章　鲁

第十一届(2008 年 3 月—　　)

常务委员: 张圣坤　郑惠强

委　　员: 吉永华　孙南申　张圣坤　陆健健　茅善玉(女)　郑惠强　蒋华良　熊思东　贺　林(2010 年 3 月任)

【上海市政协】

第五届(1977 年 12 月—1983 年 4 月)

副 主 席：苏步青　刘良模(1979 年 12 月任)　谈家桢(1979 年 12 月任)

常务委员：王丹凤(女)　李锐夫　李鸿寿　苏延宾　寿进文　陆　诒　吴兆洪　沈德滋　张镜人　周同庆　赵超构　高怡生　熊大纪　童大埙　黄铭新　蒋学模　谭抒真　黄文东(1979 年 12 月任)　王西彦(1982 年 3 月任)

委　　员：苏步青　谈家桢　王丹凤(女)　李锐夫　李鸿寿　苏延宾　寿进文　陆　诒　吴兆洪　沈德滋　张镜人　周同庆　赵超构　高怡生　熊大纪　童大埙　黄文东　黄铭新　蒋学模　谭抒真　丁济民　万籁鸣　石啸冲　文先俊　石筱英(女)　许德纪　朱伯康　朱雪琴(女)　朱宝华　朱照宏　刘隽快　刘海粟　孙　瑜　孙增在　陈伯吹　陈善祥(女)　邵家麟　邵滨孙　张开圻　张雪父　张闻骏　张至煜　汪时雍　佘亚雄　吴志翔　吴厚德　郑　英(女)　郑定竹　应野平　杨立洲　杨荫深　周予同　金寿山　罗士苇　赵书文　赵善诒　苗迪青　郭洪生　郭绍虞　侯克忠　顾用中　顾文华　翁曙冠　徐铸成　梁兆安　黄耀曾　程大千　程俊英(女)　舒　适　韩学章(女)　蒋月泉　嵇汝运　储一石　羡书城　黎宝骏　魏建猷　吴永刚(1979 年 12 月任)　许　杰(1979 年 12 月任)　冯英子(1979 年 12 月任)　童芷苓(女,1979 年 12 月任)　韩　非(1979 年 12 月任)　周柏春(1979 年 12 月任)　陆子芬(1979 年 12 月任)　黄文东(1979 年 12 月任)　朱仲刚(1979 年 12 月任)　陈善明(女,1979 年 12 月任)　刘良模(1979 年 12 月任)　潘序伦(1979 年 12 月任)　朱立波(女,1979 年 12 月任)　冯之浚(1981 年 4 月任)　钱君匋(1981 年 4 月任)　王西彦(1982 年 3 月任)　尚　丁(1982 年 3 月任)　江绍基(1982 年 3 月任)　王辛笛(1982 年 3 月任)　吴青霞(女,1982 年 3 月任)

第六届(1983 年 4 月—1988 年 4 月)

主　　席：李国豪

副 主 席：赵超构　刘良模

常务委员：王西彦　王辛笛　冯之浚　冯英子　江绍基　佘亚雄　沈德滋　寿进文　张镜人　李鸿寿　高怡生　钱宝钧　嵇汝运　童大埙　童芷苓(女)　熊大纪　谭抒真

委　　员：李国豪　赵超构　刘良模　王西彦　王辛笛　冯之浚　冯英子　江绍基　佘亚雄　沈德滋　寿进文　张镜人　李鸿寿　高怡生　钱宝钧　嵇汝运　童大埙　童芷苓(女)　熊大纪　谭抒真　王个簃　王林谷　王定甫　戈以荣　文先俊　石筱英(女)　石啸冲　朱伯康　朱宝华　朱照宏　朱仲刚　许　杰　朱雪琴(女)　许德纪　孙增在　李树棠　艾维超　刘洪昌　刘海粟　陈大中　陈铭志　陈善祥(女)　郑　英(女)　郑定竹　郑怀美(女)　汪时雍　陆　诒　陆泳德　张至煜　沈立真(女)　张雪父　张宝书　张闻骏　应野平　吴青霞(女)　尚　丁　罗士苇　周柏春　杨立洲　杨荫深　赵书文　郭洪生　侯克忠　苗迪青　徐　鹏　徐开垒　徐林祥　徐丽仙(女)　顾用中　顾福佑　翁曙冠　钱谷融　钱君匋　梁兆安　盛慕杰　舒　适　韩　非　黄耀曾　蒋恩慈　蒋学模　黎宝骏　潘序伦　魏建猷

第七届(1988年4月—1993年3月)

副 主 席: 赵超构

常务委员: 马克烈　马海良　王中达　王辛笛　戈以荣　石印玉　冯英子　江绍基　江景波　朱照宏　佘亚雄　陆泳德　尚　丁　欧阳仁荣　蒋大介　童芷苓(女)　嵇汝运

委　　员: 赵超构　马克烈　马海良　王中达　王辛笛　戈以荣　石印玉　冯英子　江绍基　江景波　朱照宏　佘亚雄　陆泳德　尚　丁　欧阳仁荣　蒋大介　童芷苓(女)　嵇汝运　卫志明　王克忠　王林谷　毋望远　江逢霖　李良佑　李树棠　许宝孝　朱仲刚　朱雪琴(女)　何声武　何宗海　陈善祥(女)　陈铭志　宋捷文　汤毓骏　郑硕人　郑怀美(女)　言兴朋　吴青霞(女)　张林岚　周永康　周柏春　郭洪生　罗小未(女)　赵维信(女)　施教耐　胡仁明　胡问遂　姚元绥　姚慰城　徐开垒　席克正　钱谷融　龚方震　桑国光　蒋大骅　彭万林　傅季重　吴薛忠　燕国材　韩　伍　蒋恩慈(1986年4月任)　王定甫(1986年4月任)

第八届(1993年3月—1998年2月)

常务委员: 马克烈　王建中　戈以荣　石印玉　张圣坤　欧阳仁荣　尚　丁　周芝石　徐本力　蒋凌棫

委　　员: 马克烈　马国琳　马海良　卫志明　王建中　王克忠　王定甫　戈以荣　石印玉　石仰山　丘仰东　江逢霖　刘至嘉　刘鸿斌　刘耋龄　许宝孝　言兴朋　汪寿明　时俭益　何宗海　严顺开　吴信法　吴薛忠　陈铭志　张圣坤　张兆奎　尚　丁　郑硕人　周永康　周芝石　赵维信(女)　杨以雄　胡仁明　姚元绥　姚慰城　高小峻　郭时平　郭洪生　郭思永　谈雄伟　顾世洧　徐方瞿　徐本力　钱惠丽(女)　章　鲁　彭万林　蒋大骅　蒋凌棫　韩　伍　燕国材　欧阳仁荣　郑惠强(1994年1月任)

第九届(1998年2月—2003年2月)

常务委员: 马克烈　石印玉　林　华　欧阳仁荣　徐方瞿　徐本力　谢遐龄　韩正之

委　　员: 马克烈　马　骁　马海良　卫志明　王恒道　邓华龙　孔祥羽　计镇华　石印玉　乐胜利　许宝孝　吉永华　吕冬发　汪寿明　汪叔阳　沈月新(女)　严顺开　李　涵　时俭益　吴　竞(女)　吴大器　吴文源(女)　吴冲锋　吴炳朝　邹蜜蜂(女)　邹德礼　张　文　张兆奎　张显平　邵士信　林　华　郑开慧　郑惠强　杨以雄　金由辛　周一芬(女)　周燮鹏　施福恢　赵维信(女)　贺　林　袁震东　高小峻　谈雄伟　顾大僖　顾丽苹(女)　徐方瞿　徐本力　徐海清　钱惠丽(女)　黄桐凯　龚学德　彭万林　葛锡锐　蒋泗良　蒋天纵　薛京伦　周　梁　赵国华　谢遐龄　韩正之　欧阳仁荣　朱植宙(1999年12月任)　严壮志(1999年12月任)　崔惠平(2000年10月任)

第十届(2003年2月—2008年1月)

常务委员: 卫志明　冯德康　石印玉　孙超才　吴冲锋　周秀芬(女)　周燮鹏　林　华　金由辛　徐方瞿　徐本力　韩正之

委　　员: 卫志明　马莉莉(女)　王　勇　王绍华　王家东　计镇华　石印玉　田伟生

乐胜利　冯德康　朱植宙　刘　清　关栋天　孙兴旺　孙超才　杨以雄　杨长锁
杨燕迪　李海量　严壮志　严顺开　时俭益　吴　竞(女)　吴大器　吴文源
吴冲锋　吴建荣　何赛飞(女)　邹德礼　汪寿明　汪叔阳　沈恒根　张　扬
张建华　张显平　陈大康　陈英南　林　华　金由辛　周　梁　周秀芬(女)
周燮鹏　赵国华　贺　林　洛　秦　耿海成　顾大僖　钱惠丽(女)　徐方瞿
徐本力　徐海清　徐圆圆(女)　殷啸虎　郭家钢　高小峻　唐祖德
陶倍融(女)　陶雪华(女)　黄　绮(女)　黄发荣　曹欣渊(女)
龚学德　常　青　常　清　韩正之　蒋卫东　蒋天纵　游　伟　蔡金萍(女)

第十一届(2008年1月—　)

常务委员：冯德康　孙超才　杨燕迪　吴冲锋　周秀芬(女)　郑　韶　奚君羊
黄　绮(女)　常　清　韩正之　殷啸虎(2011年1月任)
徐海清(2011年1月任)

委　　员：马　驰　马莉莉(女)　方　荣　王绍华　王　勇　王家东　卢永毅(女)
田伟生　由文辉　关栋天　刘民钢　孙兴旺　孙超才　安　琦　冯德康　朱同玉
朱植宙　祁红卫　严壮志　吴冲锋　何祖华　何赛飞(女)　吴建荣
吴　冕(女)　张伟荣　张建华　张显平　杨燕迪　李　珺(女)　沈恒根
陈大康　周　梁　周秀芬(女)　郑　韶　奚君羊　洛　秦　胡苏云(女)
贺　林　唐克轩　唐祖德　徐圆圆(女)　徐国民　徐海清　徐雪红(女)
殷啸虎　郭家钢　常　青　常　清　章义和　章　鲁　黄　绮(女)　黄天印
游　伟　韩正之　雍　丽(女)　廖　瑛(女)　蔡金萍(女)

二、委员履职

担任各级政协委员的民盟盟员，在历届政协会议上听取并审议各项工作报告，选举政协常委会组成人员，列席各级人大会议，参与讨论《政府工作报告》和政协领导人候选名单的协商，参加视察活动，督促各项决议的实施，并通过提案，发言等形式充分反映民盟成员及相关群众的意见和建议。其中包括：教育、科技、文化、医卫、金融、经济、农业、环保、社区、房地产等方面。其中，有的被有关方面采纳，并通过媒体引起社会各界广泛重视。

1993—2012年，民盟市委在上海市政协会议上提交大会发言(包括口头发言和书面发言)59篇，集体提案364件，其中37件被评为优秀提案。

表2-3-2　1993—2012年民盟市委在市政协的大会发言和提案统计表

届　次	年　度	党派发言(篇)	集体提案(件)	优秀提案(件)
第八届第一次	1993	1	18	2
第八届第二次	1994	1	33	2
第八届第三次	1995	1	29	2
第八届第四次	1996	1	32	1
第八届第五次	1997	1	25	2

（续表）

届　次	年　度	党派发言(篇)	集体提案(件)	优秀提案(件)
第九届第一次	1998	3	17	2
第九届第二次	1999	2	22	3
第九届第三次	2000	3	20	1
第九届第四次	2001	4	16	0
第九届第五次	2002	5	12	0
第十届第一次	2003	3	12	2
第十届第二次	2004	5	12	2
第十届第三次	2005	5	12	3
第十届第四次	2006	4	12	3
第十届第五次	2007	4	13	3
第十一届第一次	2008	3	12	2
第十一届第二次	2009	5	14	2
第十一届第三次	2010	8	12	2
第十一届第四次	2011	1	13	1
第十一届第五次	2012	2	10	2
合计	—	59	364	37

【教育方面】

1995 年，民盟市委在市政协八届三次会议上提出加强上海高等教育地方立法工作的建议：(1) 制定《上海市教育行政管理组织条例》；(2) 制定《上海市教育投资条例》；(3) 制定《上海市高等学校收费管理办法》和《上海市大学生贷学金实施办法》。市教委函复："建议"中提出的从上海高教改革和发展的实际需要出发，迫切需要制定颁布高等教育地方法规是很有现实意义的，新教委成立后，立法工作更应作为政府行政管理部门转变职能的重要手段，并切实规划教育法制建设。对"建议"中所提的法规、规章，拟考虑根据"突出重点、区别轻重缓急、分阶段实施"的原则，逐步完成。

1995 年，民盟市委在市政协八届三次会议上针对高校部分学生家庭经济困难的状况提出：(1) 建立高校学生勤工助学协调机构；(2) 建立特困生补助基金；(3) 对供应高校学生的主、副食品实行优惠政策三点建议，对帮助特困生解困、稳定社会、培养人才、促进教育体制改革顺利进行具有重要作用。市委、市政府领导对此十分重视，拨款资助特困生，并在主副食品供应等方面给予优惠。此提案被评为市政协优秀集体提案。

2001 年，民盟市委主委张圣坤在全国政协八届四次会议上就高等教育中外合作办学提出：(1) 教育主管部门要进一步增强开放意识；(2) 制定中外合作办学的管理办法，对合作双方权利义务作出明确规定；(3) 慎重选择合作对象；(4) 慎重设置专业；(5) 定期对境外、国外大学颁发的学历文凭和学位进行认定，并向社会公布；(6) 政府有关部门规定学费最高限额，限内者可由各办学机构和学生自主定价选择；(7) 政策上鼓励和支持上海高校有优势、有特色的专业(如汉语、中医、建筑学等)到国外参加合作办学,传播中国文化价值观念和教育制度。该提案获第九届全国政协优秀提案。

2003年,民盟市委在市政协十届一次会议上提出对完善上海高校园区投资模式的建议:(1) 组建多种形式教育投资公司;(2) 园区投资方式分学校类型运作;(3) 鼓励多种形式投资;(4) 在大学园区引入民营机制。市教委答复说:民盟市委提出的提案对现行高教园区模式的分析相当深刻,对各种运作机制的风险也作了详尽的预测,更为宝贵的是有关进一步建设大学园区的各项建议,对目前正在筹建投资公司,对学校分类运作、多元投资及管理体制创新等有很大的启发作用。

【科技方面】

1998年,民盟市委在市政协九届一次会议上就加快上海高科技化进程提出建议:(1) 增强政府的政策扶持力度,给予财税优惠政策;(2) 制定新的奖励政策,把科技优势转化为经济优势;(3) 筹措高科技成果产业化专项基金,用于中试风险和奖励;(4) 培育和发展高科技成果中介机构,但要防止成为政府机构的翻板;(5) 保护民族工业,避免刚起步的弱小的高科技产品受国外同类产品的冲击;(6) 支持高科技科工贸独立机构,尤其是民营高科技企业。该提案被评为市政协优秀提案。

1999年,民盟市委在市政协九届二次会议上提出关于加快科技成果转化的建议:(1) 给高新技术合理界定;(2) 政府应采取措施激发企业发展高新技术的积极性;(3) 尽快制定风险基金实施细则;(4) 改变政策,构筑人才高地;(5) 大专院校应开设高新技术专业并普设创造学课程。市政府办公厅在复函中指出"该提案涉及的正是当前上海高新技术发展中市政府着手研究解决的问题,对改进政府工作,加速上海高新技术发展具有重大的参考价值"。市政府秘书长黄跃金在当年的市政协提案工作会议上赞扬说:"民盟市委提出的加快科技成果转化方面的意见和建议,很有参考价值,根据这些意见和建议,本市对原有的促进科技成果转化若干规定(简称'十八条')进行了修改,目前新的'十八条'已经颁布。"

【经济和社会发展方面】

1994年,民盟市委在市政协八届二次会议上提出关于加强对上海外来人口管理的建议:(1) 建立外来人口管理机构;(2) 制定统一的管理法规;(3) 加强调研。建议具有可操作性,被市综合治理办公室采纳。建立各级外来人口管理机构,并初步形成网络。切实加强了对外来流动人口的管理。

1995年,民盟市委在市政协八届三次会议上提出建立社会保险税制的建议:(1) 开征社会保险税可先从城镇工商业中实行,逐步扩大;(2) 保障水平宜低不宜高;(3) 保险费用应由国家、集体、个人共同负担。该提案受到市地方税务局的重视,并将提案报送国家税务总局,建议国家税务总局进行研究,作为研究开征社会保险税的参考。

2002年,民盟市委在市政协九届五次会议上就规范和完善上海社会帮困工作提出:(1) 理顺上海市社会帮困工作的管理体制;(2) 出台和完善社会帮困工作的政策、法规;(3) 完善社会帮困财力支撑的机制和加强相关人力资源的培养;(4) 加强社会帮困工作中慈善与民间公益事业的社会监督;(5) 探索社会帮困工作机制、提高帮困资源的效益;(6) 增强社会和个人防灾减困、自救自助的意识和能力。市民政局副局长率有关部门负责人走访民盟市委,共同探讨社会帮困工作。

2003年，民盟市委主委张圣坤在全国政协十届一次会议上作“抑制过高房价，促进我国房地产市场健康稳定发展”的大会口头发言，针对国内部分省市出现房价过高，房地产市场升温过快的苗头，提出：(1) 定期公布房地产投资数量，住房价格水平，房地产业平均盈利水平等指标，增加透明度，让居民及时掌握上海房地产发展的各类信息；(2) 加快旧区改造，改变供需结构，通过增加土地供应增加可售住房来平抑房价；(3) 对投资性购房进行适当控制；(4) 对低收入家庭购房进行补贴。全国“两会”期间，受到多方关注，引起很大反响，国内多家媒体给予报道。

2006年，民盟市委在市政协十届四次会议上针对上海企业自主创新的瓶颈问题提出：(1) 进一步健全和应用法律、法规及其政策，注意法律、法规及其政策间的连续性、协调性、整体性；(2) 实施知识产权战略，制定技术引进吸收再创新的优惠政策；(3) 制定和完善专项产业政策；(4) 把深化私企改革作为强化企业创新主体的突破口；(5) 实施科技型中小企业的集聚战略；(6) 大力推广和利用现代设计方法，鼓励科技人员设计创新；(7) 集中优势力量，为企业自主创新创造有利条件，安排重大专项，重中选重；(8) 以人为本，大力推进人力资源向人力资本转化的进程；(9) 不断完善和创新产学研联盟机制，充分发挥产学研在企业自主创新中的助推器作用；(10) 培植和优化企业创新文化。该提案得到上海市科学技术委员会和上海市改革和发展委员会的重视。

第四节　参与政府事务管理

民主党派成员和无党派人士担任国家和政府的领导职务，是实现共产党领导的多党合作的一项重要内容。1978年1月—2012年12月，在上海市人民政府有关部门和司法机关，以及区县人民政府中，担任领导职务的上海民盟盟员有21人、22人次；1984年1月—2012年12月，13人受聘为上海市政府参事。他们在各个岗位上为参政议政、建言献策、调研咨询、统战联谊发挥作用。

表2-3-3　1979—2012年民盟盟员担任政府和司法机关领导职务情况表

姓　名	职　　务	任　　期
李锐夫	上海市人民政府高等教育局副局长	1979年1月—1983年9月
张镜人	上海市卫生局副局长	1981年9月—1983年10月
翁曙冠	上海市教育局副局长	1982年4月—1983年9月
蒋凌械	上海市高等教育局副局长	1983年10月—1986年6月
周芝石	中国人民银行上海分行副行长	1985年1月—1993年11月
周一芬(女)	国家审计署驻上海特派办副特派员	1997年6月—2002年12月
游　伟	上海市第一中级人民法院副院长	2005年12月—2010年9月
郑惠强	上海市信息化委员会副主任	2006年6月—2007年12月
花　蓓(女)	闸北区副区长	2006年11月—2009年12月
	上海市监察局副局长	2009年12月—
金因及(女)	卢湾区副区长	1986年12月—1993年6月
徐方瞿	杨浦区副区长	1990年4月—1993年3月
沈立恭	黄浦区副区长	1987年5月—1996年4月

(续表)

姓 名	职 务	任 期
马克烈	嘉定县副县长	1985 年 1 月—1986 年 4 月
倪映文	松江县副县长	1987 年 5 月—1993 年 6 月
厉家俊	宝山区副区长	1993 年 3 月—2003 年 3 月
张应魁	青浦县副县长	1993 年 3 月—1998 年 3 月
周秀芬(女)	徐汇区副区长	2003 年 3 月—2012 年 1 月
李 原(女)	宝山区副区长	2003 年 3 月—2012 年 1 月
	嘉定区副区长	2012 年 1 月—
王 菁(女)	崇明县副县长	2009 年 8 月—
杨德妹(女)	闵行区副区长	2010 年 1 月—
龙婉丽(女)	松江区副区长	2011 年 11 月—

第五节 民主监督

1994 年,民盟市委在市政协八届二次会议上就如何深入持久地开展反腐败斗争,提出下列建议:(1) 对反腐败斗争只能抓紧不能放松。(2) 抓住重点热点动真格,不搞下不为例。(3) 采取措施,保证令出如山,维护政策法规的权威性。(4) 建立健全新的干部制度,抓好干部管理。同年,郑惠强委员针对群众反映比较强烈的反腐问题,从健全法制,制定监督法、检举法,完善监督机制,以及加强思想教育等方面提出了一系列建设性建议。市监察委员会认为所提建议对遏制腐败,加强廉政建设很有参考价值,被评为优秀提案。1995 年,民盟市委副主委马克烈对党的廉政建设提出建议,为了避免官员卸任后利用官场关系从事经济、金融工作提供方便,市、区(县)四套班子领导卸任后可担任有关部门的顾问,建议人大制定相关法规。2011 年,民盟市委在党外人士座谈会上对廉政文化建设、廉政风险防控和制度的执行力三方面提出以下建议。关于廉政文化建设:(1) 坚持正确的选人用人导向,营造风清气正的用人环境;(2) 构建党内诚信文化,促使党员领导干部知行合一;(3) 建立健康的社交文化,倡导健康高雅的生活情趣。关于廉政风险防控:(1) 重在排查风险,分类管理;(2) 重在防控风险,防牢控住;(3) 重在应急预警,关口前移。关于制度的执行力:(1) 要细化各项配套制度;(2) 要建立相应的制度执行的监督和处罚机制。2012 年,民盟市委在党外人士座谈会上就密切党群干群关系、强化制约监督提出以下建议:(1) 关于防范脱离群众危险,密切党群干群关系,要健全党群干群沟通机制、群众利益保障机制和群众工作责任制。(2) 关于加强制约和监督,确保正确行使权力,要进一步强化对领导干部的严格监督,强化对权力运行的全程监督。

受聘担任特约(邀)人员是民主党派和无党派人士履行参政议政、民主监督职能的重要形式之一。1991—2012 年,民盟市委推荐的担任市级司法和政府部门以及政风行风等有关部门"特约(邀)四员"的盟员有 24 位,他们积极参加全市党风廉政建设责任制专项检查、政风行风监督等活动,在反映民意、疏通渠道、行风监督等方面认真工作,在实践中摸索有效进行民主监督的途径和方法,认真履行职能,开展民主监督。

表 2－3－4　1990—2012 年民盟盟员担任“特约(邀)四员”情况表

聘任单位	类别	时间	姓名
上海市监察委员会	特邀监察员	1991 年 4 月—1993 年 10 月	黄茂福
		1991 年 4 月—2000 年 10 月	顾朝旭
		2000 年 10 月—2008 年 6 月	郭　建
		2000 年 10 月—2003 年 10 月	徐海清
		2000 年 10 月—2003 年 10 月	邹德礼
		2003 年 10 月—2008 年 6 月	游　伟
		2003 年 10 月—	薄海豹
		2008 年 6 月—	殷啸虎
上海市人民检察院	特约检察员	1990 年 4 月—2003 年 9 月	欧阳仁荣
		1993 年 11 月—2009 年 4 月	郑　韶
		1998 年 7 月—2003 年 9 月	沈立恭
		2003 年 9 月—2009 年 4 月	鲍敏中
		2003 年 9 月—2009 年 4 月	常　清
		2009 年 4 月—	吉永华
		2009 年 4 月—	田伟生
		2009 年 4 月—	蔡永平
上海市审计局	特约审计员	1990 年 5 月—2003 年 11 月	王定甫
		2003 年 11 月—	吴大器
		2008 年 10 月—	常　清
上海市教育委员会 上海市政府教育督导室	特约教育督导员	1994 年 5 月—2003 年 9 月	金因及(女)
		1994 年 5 月—2008 年 7 月	徐方瞿
		2003 年 9 月—	冯德康
		2008 年 7 月—	王海青(女)
		2008 年 7 月—	杨　杰

第六节　建言献策和反映社情民意

一、建言献策

1978—2012 年期间，谈家桢、费孝通、李国豪、谷超豪等就教育改革、浦东开发、宝钢建设、基因工程、数学中心建设等战略层面的重大问题向中共中央和国家领导人提交书面建议，获得中共中央和国家领导人的回复及采纳。此外，上海盟员和上海民盟组织还通过提案、议案、成立课题组等多种方式围绕洋山深水港、上海国际金融中心建设等重大问题进行调研，积极建言献策，有力推动了上海一些重大工程和重要政策的实施。

【教育改革】

1980 年 5 月,民盟市委根据民盟中央四届常委会的决定,成立了教育计划和教育体制研究小组,谈家桢为小组负责人。研究小组就教育体制改革、如何提高教育质量等问题开展专题调研,提出政策性建议,供中央和教育部门作参考。1980 年 7 月 21 日—8 月 5 日,民盟中央召开教育计划和教育体制研究小组会议,民盟市委就高等院校的结构、领导、管理体制、师资培养、教材编写、教学与科研,以及中小学教育等方面提出建议。会后,民盟中央形成《对于我国教育改革的建议(草稿)》,并征求上海民盟教育界人士的意见。同年 10 月,民盟中央在归纳各地民盟组织意见后,形成《关于教育计划和教育体制的建议书》报送中共中央,受到重视。

1982 年 7 月 17 日,民盟中央下发"关于开展城市中等学校教育调查研究工作的通知",并确定上海、天津、福建为重点调查地区。民盟市委对中学教育现状开展调研,并围绕提高中学教育质量提交建议报送民盟中央。民盟中央于 1983 年 2 月 23 日将《中国民主同盟中央委员会关于改革城市中等教育的几点意见》报送中共中央书记处。

1985 年 1 月,民盟 9 个省市(上海、天津、福建、四川、广东、江苏、辽宁、陕西、甘肃)的地方组织在福建漳州召开普通教育改革研讨会。此后,普通教育改革研讨会又举行 4 次,民盟市委均派员参加,并提交《普及九年制义务教育的几个问题》《关于培养目标和中小学的教育改应试教育为素质教育的建议》《中学各科培养目标及对教师的要求》等多份调研报告。

1989 年 2 月,民盟中央教育体制改革研讨小组在北京召开教育问题研讨会,上海等 15 个地方民盟组织参加,民盟市委就《民盟中央关于教育问题的十条意见》提出修改意见。会后,经讨论形成的《民盟中央关于当前教育问题的若干意见》报送中共中央。此后,民盟市委每年参加民盟中央召开的部分省市教育问题研讨会,并提交调研报告和建议。

1995 年 10 月 7 日,民盟中央副主席、民盟市委主委谈家桢就中国现行的教育体制存在的问题致信中共中央总书记江泽民和副总理李岚清。信中说:"教育坚持德、智、体全面发展是对的,但我以为,是否还可以加上三个方面?一是'群',即集体主义思想。二是'劳',即劳动习惯,动手能力。再有第三,是'美',即美育教育。……回顾过去高等学校办学的弊病,可以用四句话来通俗地加以概括,那就是'综合不综,博士不博,奶油蛋糕,卖条头糕'。……这样培养出来的学生自然不会是具有创新精神的开拓型人才。必然地,他们在分析能力和创造能力上存在着先天性的严重缺陷。二十一世纪是'人类生存和发展'的世纪,摆在学校和教育部门、摆在我们这些人面前的课题是如何培养大批适应时代需要的德、智、体、群、劳、美全面发展的人才,任重道远。"10 月 11 日,副总理李岚清受中共中央总书记江泽民的委托复信感谢谈家桢对科教事业改革和发展始终不渝的关怀,并转国家教委研究处理。

【浦东开发】

1984 年 10 月 16 日,盟员杨贤智等在民盟市委《研究与咨询》内刊上发表《上海的曼哈顿区在哪里?——结合城市改造,在外滩建设新的金融贸易中心》一文,提出与南京东路外滩隔江相望的一片 5 平方公里的浦东土地(东至张家楼,南至塘桥,西至陆家嘴,北至洋泾),是改造成为上海的曼哈顿区最为理想的地点。建议在这片土地上建造高层建筑供金融、贸易、科技、信息等多种功能的城市发展之用,形成与现在外滩相呼应的新外滩。此文以民盟市委名义报送中共市委、市政府和民盟中央。1990 年 3 月，民盟市委经济委员会主任、全国政协委员寿进文在全国政协会议上作《充分发挥长三角洲的综合优势》的发言。

1990 年 3 月，费孝通考察苏浙沪后提出，应考虑整个长江三角洲和长江流域的开发，加大建设力度，充分发挥长江三角洲的经济和技术优势，把上海建设成为社会主义的“香港”。4 月 9 日，费孝通代表民盟中央向中共中央提交《关于建立长江三角洲经济开发区的初步设想》。4 月 10 日，江泽民约见费孝通，费孝通提出应着眼于未来，充分利用长三角的有利条件，以上海为龙头，联合苏浙两省部分地区，积极开发、重建东方大港，敞开东大门，并提出了建立经济区方针政策上的建设性意见。4 月 18 日，国务院总理李鹏在上海正式宣布开发开放浦东的重大决策。4 月 23—25 日，费孝通来沪与上海市市长朱镕基、市政府顾问汪道涵探讨浦东和长三角地区的经济开发等问题。5 月 15 日，费孝通就振兴上海经济的有关问题再次给江泽民同志写了报告，提出对上海发展战略的设想和具体建议。1992 年 4 月 26 日—5 月 4 日，费孝通来沪考察，与上海市党政领导吴邦国、叶公琦、汪道涵就中国经济发展的总体战略，上海要当好中国经济发展的龙头等问题进行了探讨交流。其间，费孝通还参加了浦东新区管委会、上海社会科学院、民盟市委共同举办的“进一步开发开放浦东座谈会”，听取浦东新区领导的情况汇报和专家们对浦东新区进一步开发开放的意见。1995 年 3 月底，费孝通来沪对浦东新区进行考察，提出浦东正在做历史上从未做过的事，浦东要进一步开发开放，必须超越行政区划的界限，要搞区域经济。浦东开发要和崇明岛的开发联系起来，要和苏、锡、常、通、杭、嘉、湖、甬等城市联合起来，浦东不只是上海的浦东，也是全国的浦东。

【重大工程】

宝钢工程　1978 年 12 月 23 日，由邓小平亲自拍板的宝钢工程在上海宝山县的长江沿岸动工兴建。为确保宝钢建设不走弯路，李国豪主张成立顾问委员会。1979 年 12 月 5 日，宝钢顾问委员会成立，民盟盟员、同济大学校长、桥梁力学专家、学部委员（院士）李国豪任首席顾问，民盟盟员俞调梅、冯之浚、张振义、江泽宏任委员。他们为宝钢建设的重大决策，多次提出建议。1980 年初，宝钢建设工地出现桩基水平位移的问题，日方提出防止桩基位移的加固办法，但工程大且代价昂贵。李国豪分析了土体水平移动造成桩基位移的力学作用模式和他演引的微分方程及其求解方法，形成论文《关于桩的水平位移、内力和荷载力的分析》，对位移桩的承载力、需要加固的范围和合理的措施，作了理论上的分析和论证。宝钢对位移桩的处理采用了李国豪的研究结果，既节约了资金又缩短了施工时间。1981 年 1 月，中共中央决定宝钢二期工程取消，一期工程下马，论证善后方案。国家计划委员会在宝钢召开会议贯彻中共中央决策，李国豪在会上提出 3 个观点：(1) 中共中央调整宝钢工程是否作了充分调查，要算经济账，也要算政治账；(2) 不能孤立地看宝钢，从全国来看，全国一盘棋；(3) 一期工程不能下，二期也不能下，这是宝钢的两条腿。一条腿不能走路，技术、经济上不合理，是错误的。张振义比较了宝钢续建、缓建和停建的利弊的经济账，提出只要花少量钱就可使宝钢形成生产能力。中共上海市委和国务院领导采纳了李国豪的意见。1981 年 8 月，国务院作出宝钢一期工程续建的决定。宝钢生产用水规模大，引水工程原定从淀山湖铺设钢管取水。国家建委组织全国有关专家对宝钢生产用水的水源选择进行研讨论证。1982 年 4 月，李国豪致函上海市副市长、中共宝钢党委书记陈锦华，建议从技术、经济和发展考虑，采用在江边筑库从长江取水的方案。转给国务院后，考虑到长江水取之不尽，不影响上海市民用水，且投资少，还节省运营费等因素，最终各方选择了在长江边筑库蓄水以防海潮倒灌的长江引水方案。宝钢的长江引水水库工程于 1985 年 8 月建成蓄水。1985 年 9 月，宝钢产出第一炉钢。

洋山深水港建设 1992—2000年,民盟市委和民盟南汇区(县)委就开发建设上海国际航运中心洋山深水港向市(县)政协大会提出提案10件。民盟市委主委张圣坤先后2次率国际航运、河口海岸等方面专家赴南汇就深水港开发建设的前景和前期规划进行考察调研。1998年民盟市委向市政协九届一次会议提交题为《加快洋山深水港的定位与建设,促进上海国际航运中心的早日形成》的大会发言,并在1999年向全国政协提交了内容相同的提案。在大小洋山建设深水港的多次论证会后,2000年10月,民盟市委原副主委李国豪就上海深水港建设致信江泽民。10月20日,李国豪在江阴长江大桥的落成典礼上,再次向江泽民说到建设大小洋山深水港的可行性和紧迫性:"上海一直都是以港兴市的,深水港是上海发展的生命线,现在更是迫在眉睫的事。釜山和高雄都因有了深水港发展很快,我们得抓紧上马啊。"11月2日,江泽民找国家计委负责人谈话,听取专家论证各方面情况,第二天就对建设深水港的事情作出批示。2001年初,开发建设上海深水港项目得到中共中央、国务院的批准。2002年,上海洋山深水港工程正式开工建设,在东海大桥打下第一根桩。

【科学技术】

基因工程 1997年,民盟中央副主席、民盟市委主委谈家桢预测中国生物工程产业化的高潮即将到来,但在实现产业化的进程中,还面临着许多困难和亟待解决的问题。基因投入生物制药的科学价值和经济效益难以估量,但在这场跨世纪的"基因争夺战"中,如果没能拿到自己的专利基因,那么中国的生物工程产业特别是医药行业,会在下一个世纪中全军覆没,无权生产这些生物药物。7月18日,谈家桢致信江泽民,信中提出两方面建议:一是采取有力措施,保护国内人类基因资源;大力开展宣传,使更多的人了解保护基因资源;组织攻关,加大投入,加速国内人类基因的研究;大力提倡科教企三结合,制定政策,鼓励企业投入,积极参与国际竞争。二是制定政策,营造良好的环境,加快国内基因药物产业化进程。其中包括扶植、保护国内已国产化了的基因工程产品,加强知识产权保护,促进生物医药产业的健康发展,加快基因工程相关的基础研究,开发具有中国特色的基因工程产业。信中,谈家桢还强调指出:"加快基因工程相关的基础研究,在资金问题上,光靠国家是不够的。从国外生物工程发展的趋势来看,企业对基础研究的投入越来越大,并成立了许多基础研究的基金会,企业与大学的联合也越来越紧密,我国在这方面也应提倡并制定有关政策,鼓励企业的投入。"7月22日,江泽民在谈家桢来信上批示,认为谈家桢同志的意见十分恳切,要认真研究解决办法,人无远虑,必有近忧,要珍惜中国的基因资源。1998年3月4日,上海人类基因组研究中心正式成立。

上海数学中心建设 2010年1月,民盟盟员、著名数学家、中科院院士谷超豪获得国家最高科学技术奖。他心系青年人才的培养,经过多番学科调研与讨论,给中共中央和国家领导人写了一封建言信,建议成立一个以上海为基地,联动周边地区高校与研究所的南方数学研究中心,与现已建成的天津南开大学"陈省身数学研究所"、北京大学"北京国际数学研究中心"南北呼应,优化国内数学事业科学发展的战略布局。谷超豪在信中指出:"我们希望能够以人为本,遵守学科的发展规律,为青年人的迅速成长创造良好的条件,着眼于学生的培养,着眼于数学学科杰出人才的培养,构造和稳定一支具有高素质的创新人才团队,营造一个真正依科学规律办事的数学研究平台;上海在建设'两个中心'的过程中需要数学的支持;上海建设'两个中心'也必将促进数学与其他学科的交叉并推动数学自身的发展。上海有海纳百川的传统,有浓重的历史文化底蕴,是我国对外开放的最重要窗口之一。我们希望抓住当前有利的国际形势,把南方数学研究中心建成为一个吸引海外高层次人才回归的平台。"谷超豪院士的信寄出后,中央和地方有关部门以及中科院同时对在上海成立数学中心一事进行论证,同意了这一方案。胡锦涛总书记对"上海数学中心"的建立作出批示。2012 年 5 月 13 日,上海数学中心在复旦大学江湾校区正式奠基。

【上海国际金融中心建设】

2008 年 3 月,全国政协副主席、民盟中央第一副主席张梅颖,民盟中央副主席张圣坤、吴正德和民盟市委主委郑惠强等委员在全国政协会上联名提交《关于落实国家战略,加快推进上海国际金融中心建设的建议》的提案,引起了中共中央和国务院的重视。2008 年 12 月,国务院下发的金融"30 条"(国办发〔2008〕126 号"国务院办公厅关于当前金融促进经济发展的若干意见")中采纳了民盟的有关建议,为确立上海金融中心建设起到了推动作用。

2008 年 5 月,由上海民盟银行、证券、保险等 9 个金融类基层组织的 400 位盟员成立了金融工作委员会。民盟市委金融工作委员会成立后,即与市政府金融办建立了联系,围绕上海金融中心建设进行相关课题调研,就上海金融中心地位的确立、人民币国际化定位等问题建言献策。

2009 年 4 月 29 日,国务院正式发布《关于推进上海加快发展现代服务业和先进制造业,建设国际金融中心和国际航运中心的意见》。世博后,随着上海城市国际影响力的提升、国际金融危机后全球经济金融格局的变化以及人民币国际化步伐的加快,上海国际金融中心建设面临大的机遇期,进入一个新的发展阶段。2011 年 1 月,民盟市委在提交市政协十一届四次会议的提案中建议,上海要加快中心城区金融功能区域规划,促进上海国际金融中心的建设,提出金融功能区域规划要坚持高水平、高起点,富有前瞻性;金融功能区域规划要尽快启动,宜早不宜迟,宜快不宜慢;金融功能区域规划要加强组织机制保障和经费保障,确保有强力协调能力的机构、机制来推进规划的落实等建议。

从 2010 年开始,民盟市委金融工作委员会每年举办金融发展论坛,围绕上海国际金融中心建设的思考与实践进行研讨交流并形成相关建议。至 2012 年,共举办"金融发展——信息自主化与市场创新"(2010 年 7 月 10 日第一届)、"金融发展和信息化创新"(2011 年 12 月 18 日第二届)和"金融改革和债券市场创新"(2012 年 12 月 20 日第三届)三届金融发展论坛,30 位金融界盟员专家分别就上海国际金融中心信息化建设路径选择、各项新型金融衍生品的推行、加快债券监管市场化改革、化解外资银行困境和民营担保公司风险、提升银行金融资产服务、推动股市健康发展等宏观和微观领域的金融问题作主题演讲。论坛征集的论文与专家观点转化为一批专题建议报送有关部门,助推上海国际金融中心建设。

【社会管理】

志愿者服务立法　2007 年,民盟市委组建关于志愿者服务立法问题的课题组。经调研发现,虽然当时上海有一支 130 万人的注册志愿者队伍,在上海承办 2007 年世界特奥会、参与举办北京奥运会及抗震救灾等重大活动中发挥了重要作用,但随着志愿者主体多元化、形式多样化和服务专业化等趋势的出现,志愿者服务市场在明确志愿服务主体的权利与义务以及志愿服务组织的管理与经费等方面存在体制机制不健全、缺乏统一规范等问题,影响和制约了志愿服务事业的发展。2010 年上海即将举办世博会,其间将需要大量志愿者,课题组建议应以世博会的举办为契机,加紧对上海志愿服务的相关立法。通过大量的走访调研和多次修改定稿,课题组撰写了由八章五十条组成的《上海市义务志愿者服务条例》(立法建议稿)。在 2008 年初举行的市人大会议上,由郑惠强联名提交议案,后又在当年的全国政协会议上,以提案形式提交,反复呼吁早日立法。2008 年,这一议案被市人大确立为当年的重点议案,并列入当年的立法计划。议案中的立法建议稿也成为条例的初稿。2009 年 4 月 23 日,《上海市志愿服务条例》经上海市第十三届人大常委会第十次会议审议通过,2009 年 6 月 1 日起正式实施。

设立行政复议委员会 2009 年 9 月,上海浦东新区和闵行区连续发生两起"钓鱼式执法事件",上海开始开展对行政执法纠偏机制的研究。民盟市委成立"关于行政执法规范性研究"课题组,此课题作为 2010 年上海市决策咨询委员会的委托课题。课题组赴崇明、浦东等地和政府有关部门开展多次座谈调研,了解情况,听取意见。经过一年的调研,课题组发现当前行政争议的解决渠道主要是"大信访、中诉讼、小复议"。仅 2009 年同期,人大信访、法院行政案件和政府行政复议案件比例达 10.5∶1.6∶1,即绝大多数争议集中到各级信访部门,一部分群众通过行政诉讼,仅极少数人依靠政府行政复议解决。在研究及借鉴国内外已采取行政复议委员会制度的成功经验后,课题组建议在上海设立行政复议委员会,并对其构架和运作程序等问题作了全面详尽的设计。课题报告提交上海市决策咨询委员会后,得到中共市委主要领导和有关部门的高度重视和多次批示,市政府法制办公室专程派副主任刘剑带队前往民盟市委就成立行政复议委员会一事进行协商座谈,听取细化落实的建议。2011 年初,市政府法制办公室制定了《关于本市开展行政复议委员会试点工作的方案(征求意见稿)》,专门向民盟市委通报并征询意见。民盟课题组也对核心调研成果进一步跟进,提出了《为市政府行政复议委员会试点工作提供必要保障的建议》等多条专报,供中共市委、市政府参考。2011 年 9 月 30 日,《上海市人民政府关于建立上海市人民政府行政复议委员会的决定》发布。10 月 28 日,上海市人民政府行政复议委员会正式宣告成立。

二、反映社情民意

2003 年,民盟市委开始反映社情民意信息工作,在盟员及各级民盟组织中征集社情民意并编辑上报。2003—2012 年,民盟市委向民盟中央、市政协、中共市委统战部等部门共编辑报送社情民意 7 000 篇(次)。其中,获得中央领导批示的社情民意有 12 篇(次),获得市领导批示的社情民意有 34 篇(次)。

【报送社情民意获中央领导批示】

2004 年,中国疾病预防控制中心寄生虫病所血吸虫病室主任、研究员郭家钢提出的"在南水北调工程中警惕血吸虫病传播的建议"通过全国政协信息专报引起中央有关部门重视,报送至吴仪副总理后,吴仪对此作了批示。之后,南水北调办公室特邀请卫生部专家参与南水北调工程工作。2006 年,南水北调办公室在制定血吸虫防治方案时,邀请包括郭家钢在内的医学卫生专家听取意见。

2005 年,上海社会科学院研究员马驰提出,南水北调工程是关系国家战略安全和造福子孙后代的重大工程,国家为此动用巨资,沿线人民也做出了巨大贡献。但在江苏徐州附近开挖南水北调主引水河道的同时,不少市(县)都纷纷在主引水河道旁为自己开挖相应的引水河道,且有愈演愈烈的趋势,应引起政府有关部门重视,及时制止并教育当地居民顾全大局、遵纪守法,不要为局部利益截流水源。"关于制止南水北调工程施工沿线私自开挖引水河道问题的建议"报上海市政协后,被报送至全国政协。2005 年 12 月 2 日,国务院副总理回良玉在《政协信息专报》〔2005〕第 110 期"南水北调工程沿线私挖引水河道的现象应及时制止”上批示“请基尧同志阅研”。

2007年，距离1981年5月13日国务院正式批准编纂出版的国家地图集重大工程启动已过去了26年，五部地图中的四部（普通、自然、农业、经济）已经完成出版，唯独历史地图集因没有足够经费处于停顿状态，迟迟未能出版。《国家历史地图集》是国家级的大型历史地图集，全面、系统、完整地反映了中国自然地理和人文地理自古至1949年的发展演变的基本概貌，显示了20世纪国内历史地理学和相关学科所取得的最新成果，是一项开创性的学术工程，具有极高的学术价值。为此，复旦大学教授、博士生导师邹逸麟撰文吁请国家财政部和中国社科院等部门紧急拨款，立即恢复图集的印制工作，不让上一代历史学家数十年的辛勤劳动白费，使图集早日出版问世，令国内文化史上增添一份能传世的成果。“关于提请国务院给予抢救性拨款支持《中华人民共和国国家历史地图集》出版的报告”经全国政协《政协信息》单篇刊登并报中共中央、国务院，并获国务委员陈至立批示。之后，财政部拨专款解决。

2009年，中国工商银行上海分行调信处高级经理、高级经济师林维新指出，国内银行的信用卡业务存在法规制度建设相对滞后、个人信用体系亟需完善、对特约商户的管理缺乏有效制约等问题，而在商业银行经营中存在规模和效益不对称、发卡门槛低、监管部门对信用卡风险认识不足等多种问题与风险。为强化风险管理，他提出以下对策建议：(1) 尽快修订《银行卡管理方法》；(2) 制定一部《消费信贷法》；(3) 健全并完善个人信用机制；(4) 规范不当竞争行为，主动规避风险；(5) 适当降低透支利率，鼓励持卡人适度消费行为；(6) 加强对商业银行信用卡业务的监督检查。“我国银行信用卡业务存在很大风险”被全国政协《政协信息》采用，并获中央领导批示。

2010年，民盟市委专职副主委沈志刚提出，虽然中央和各级政府采取或实施扩大升学规模、大学生见习计划、技能培训计划、大学生创业计划、就业援助计划、大学生“下乡”计划等各种积极措施，来缓解就业压力，但这些措施大多属于应急的、临时性措施，有些还具有一定副作用，导致就业压力后移，不利于真正解决问题。为此，提出建议：(1) 尽快建立高校毕业生就业岗位需求预测机制，由人力资源管理部门定期公布社会对就业岗位需求信息，提供短、中、长期用人预测及就业指导；(2) 建立高校招生计划与就业需求预测相结合机制，使培养规模与用人需求相适应，有效约束高校盲目招生，使学生家长和学生本人提早建立合理的就业预期；(3) 加强高校与企业等用人单位合作；(4) 建立用人单位使用反馈机制，动态掌握毕业生的工作情况和用人单位的要求；(5) 建立专业调整机制，根据社会需求情况和毕业生就业现状，适当调整专业招生计划。“关于建立高校毕业生就业岗位需求预测机制的建议”获中央领导批示。

2010年，华东师范大学副教授王幼敏提出，中国共产党领导的多党合作制度是中国社会主义的一大特色，每遇国家重大事情，中共中央和国家领导人总是召集各民主党派领导人开座谈会，征求意见，特别是在一年一度的“两会”上，中央领导从善如流，给予各党派领导人很高的礼遇和尊重。但民主党派的基层干部和成员有时会受到忽略，比如民主党派成员获得先进荣誉时，所在的工作单位、基层往往不予以宣传，甚至在宣传时会省略掉对其党派身份的介绍。为此，建议多党合作制度不仅要有高层的活动，还应在基层有相应的体现，需将多党合作制度的基础和细节作进一步夯实，对种种被有意无意“忽略”的细节应予以足够重视，加以改进。“多党合作制需从细节处夯实”经市委统战部报送中共中央统战部，获中共中央总书记胡锦涛和全国政协主席贾庆林批示。

2010年，复旦大学教授孙南申提出，中国是世界上自然灾害最为严重的国家之一，随着经济逐年增长和财富存量的持续积累，自然灾害对中国经济和社会的威胁与破坏程度将不断上升。对于突发性的自然灾害，中国的保险赔付率极低，与具有巨灾保险制度的其他国家情况形成鲜明对比。

国内保险市场中自然灾害保险产品极度匮乏，且保险公司并不提供巨灾保险，所提供的财产险，均将地震、洪水等自然灾害作为免责条款，被保险人无法从保险公司获得相应赔偿。现行保险体制下，自然灾害险因不具商业可保性，而难以通过市场手段进行保险，这种现状反映了社会对自然灾害保险产品的潜在需求与实际供给之间的巨大落差。为此，建议尽快建立以商业保险为基础、国家财政支持为条件、适合中国国情的巨灾保险体制，以有效地利用社会资金分散风险，减少因自然灾害所致的损失，并通过引进商业保险减轻政府的财政负担。“关于建立自然灾害保险制度的建议”，获中央领导批示。

2011年，上海彤泰律师事务所投资顾问、高级注册财务策划师周卫提出，随着中国经济日益发展，证券期货市场日益繁荣壮大，处理的内幕交易案件也越来越多，比较知名的有“杭萧钢构案”“黄光裕案”“中山公用案”等。2010年底，国务院办公厅转发了《关于依法打击和防控资本市场内幕交易的意见》，要求中国证监会等五部委联合出手依法打击和防控证券市场内幕交易。为此，提出了完善对内幕交易行为主体的法律定义、对内幕交易的时点问题进行明确、加强对内幕交易的处罚力度、以中国证券投资者保护基金公司的名义引入集团诉讼制度和完善信息披露和动态监管及举报制度等五点具体建议。“关于加强对证券期货市场监管和内幕交易惩治力度的五点建议”经民盟市委上报后，获中央领导批示。

表2-3-5 2004—2012年民盟盟员提交社情民意获中央领导批示一览表

年 份	社 情 民 意	作 者
2004	在南水北调工程中警惕血吸虫病传播的建议	郭家钢
2005	关于制止南水北调工程施工沿线私自开挖引水河道问题的建议	马 驰
2007	关于提请国务院给予抢救性拨款支持《中华人民共和国国家历史地图集》出版的报告	邹逸麟
2009	关于严格规范宠物尸体处理，取缔宠物墓园的建议	沈志刚 王再平
2009	我国银行信用卡业务存在很大风险	林维新
2010	关于建立高校毕业生就业岗位需求预测机制的建议	沈志刚
2010	多党合作制需从细节处夯实	王幼敏
2010	减少对法定节假日放假时间的行政干预	沈志刚 吴馨萍
2010	社会对自然灾害保险产品潜在需求与实际供给之间存在巨大落差	孙南申
2010	以甘肃舟曲泥石流为鉴，完善自然灾害应对机制	孙南申 董 平
2011	关于加强对证券期货市场监管和内幕交易惩治力度的五点建议	周 卫
2011	关于建立农民工职业培训基地，提高产业工人整体素质的建议	沈志刚

【报送社情民意获市领导批示】

2007年，硅密四新技术开发有限公司上海办事处人力资源经理、民盟市委社会发展委员会委员朱剑虹指出，上海的外国人非法居留现象比较严重，已成为导致外国人刑事犯罪率上升的一个重要因素。为此，建议加强对出入境管理及处罚制度的宣传及明示，建立全国联网的入境签证申报追踪系统，制定法律法规严惩雇佣非法入境者和非法居留者的非法雇主。“严厉打击雇佣非法入境者、非法居留者的行为”被市政协《社情民意专报》采用，获冯国勤、周太彤和唐登杰3位副市长批示。

2010年，民盟市委专职副主委冯德康提出，上海有一部分够不上政府低保救助标准的“家庭支出型贫困”群体，因巨额医疗开支、子女教育所需、家庭突发灾难等原因陷入困境，急需社会帮助。但由政府制定统一标准，并负责实施帮困有很大难度，财力上也不胜负担。为此建议转换思路，跳出政府包打天下的传统模式，通过培育扶持社会组织，由社会组织出面，如慈善基金会等，对家庭支出型贫困群体实施帮困。

2010年，上海大学教授吉永华和上海大学期刊社社长秦钠指出，上海在发展社区教育中，存在硬件设施到位、内涵建设滞后等问题，特别是社区教育工作队伍建设和信息沟通渠道等软件建设方面没有及时到位。为此，建议通过在居委会层面组织招募终身学习推进员等做法，倚重百姓来推进上海社区教育的内涵建设，并提议在普陀区各街道居委会率先试点终身学习推进员工作。

2010年，交银施罗德基金管理有限公司副总经理谢卫提出，伴随近几年基金业的快速发展，市场竞争日趋激烈，基金公司人才流失的问题日趋严重，高级管理人员、优秀投研人员和其他核心业务人员流动频繁，特别是明星基金经理加速转投私募基金的现象频现。为推动基金行业的持续健康发展，建议有关部门就基金公司股权激励组织开展专家调研和论证，先行试点，先易后难，新老并重，逐步推开。通过建立有效的股权激励机制使其人力资本价值在公司股权结构中得到体现，从而增强基金公司核心人员的稳定性。

2011年，上海动物检验检疫专家林荣泉针对“问题馒头”事件，指出当前存在食品生产和经营管理弱化，以及食品从生产到销售各个监督部门存在具体职能交叉和脱节等安全隐患。为此，建议创新食品安全监管机制：(1) 加大地方立法和管理力度，完善法律、法规标准体系；(2) 建立部门联动协作机制和长效监管机制；(3) 建立监管网络创新监管机制；(4) 创新监督模式；(5) 拓展监督层面下移监管重点、夯实监管基础；(6) 加强食品生产企业监管和行业协会自律。

2012年，民盟市委主委郑惠强指出，全国各省、自治区、直辖市已于2011年底前建立社会救助和保障标准与物价上涨挂钩的联动机制，但各地区联动机制存在较大差别，特别是在保障范围、启动条件、补贴标准等方面仍有待完善。为此，提出酌情扩大联动机制保障范围，将家庭困难的大中专在校学生、“三无”人员(无生活来源、无劳动能力、无法定赡养人)等纳入保障范围；及时发布居民基本生活费用价格指数，提高政策执行透明度；进一步完善临时价格补贴标准等建议，以保障低收入困难家庭的基本生活。

2012年，杨浦区总工会四平建筑设计行业工会联合会主席周卫指出，近年来因劳资矛盾引发的群体性事件不断增多，很多企业职工面对现有维权方式成本高、效率低等情况，往往选择依靠同乡会、民间劳工机构等组织解决劳动争议，从而容易引发一些群体性事件。为此，建议充分发挥工会作用，以工会为主导进行三方、多方调解，以此作为解决劳资纠纷、避免群体性事件发生的一条有效途径。(1) 应大力宣传工会调解，引导职工合法维权；(2) 在大型非公企业可建立劳动争议调解部门；(3) 发挥行业和区域工会专职维权，取信企业与职工。

表2-3-6　2006—2012年民盟盟员提交社情民意获市领导批示一览表

年　份	社　情　民　意	作　者
2006	治理狗患防止狂犬病卷土重来	郑惠强
2007	关于打击外国人非法居留问题的若干建议	朱剑虹

(续表)

年份	社情民意	作者
2008	建议取下“禁毒达标楼”铭牌——住宅前挂牌应统一管理	倪亦陶
2010	建立完善对“家庭支出型贫困”群体的社会救助体系	冯德康
2010	关于基金公司建立有效股权激励机制的建议	谢　卫
2010	关于提升上海轨道交通服务的建议	陈震年
2010	就《上海市中长期教育改革和发展规划纲要》民盟市委提出十一条意见建议	周自翔
2010	关于加大群众性救护教育普及工作的建议	陈　燕
2010	二次水改工程应有监理部门监督实施保证实事实做	方　荣
2010	关于推进上海社区教育内涵建设的对策及建议	吉永华　秦　钠
2010	关于完善地铁出行的意见建议	单明哲
2010	关于上海世博会的一点建议	民盟市委
2011	建议电视媒体加大防灾自救知识宣传力度	常　青
2011	关于建立和完善轨道交通安全运行长效机制的建议	郑惠强
2011	切实加强对本市享受“低保”人员的动态管理	刘友梅
2011	把世博城市最佳实践区打造成本市服务业经济发展新高地	王　迪
2011	关于创新食品安全监管机制的建议	林荣泉
2011	建议有效遏止有害食品包装物流入市场	林荣泉
2011	本市高校餐厨垃圾去向亟待加强监管	张　平
2011	建议完善《上海市生猪产品质量安全管理办法》	林荣泉
2011	关于试点设立社区银行支持小企业发展的建议	冯旭光
2011	食品安全要从科技源头抓起	何祖华
2011	警惕小额贷款公司存在的风险隐患	王　微
2011	加大贯彻落实理发业卫生管理制度的建议	王幼敏
2011	建议尽快落实中央在沪事业单位退休人员补贴政策	郑惠强
2011	建议在上海建立中小企业融资交易中心	徐　峰
2011	关于解决医疗垃圾无害化的建议	刘友梅
2011	建议成立权威的文化市场专业评估机制	周　卫
2012	建议进一步完善社会救助和保障标准与物价上涨挂钩联动机制	郑惠强
2012	关于进一步发挥本市国资在“创新驱动、转型发展”中作用的建议	林　晶
2012	高度重视工会调节，避免群体性事件发生	周　卫
2012	关于加强志愿者服务自主性的建议	徐宏炜
2012	吴淞口国际邮轮码头安全隐患亟待关注	郑　涵
2012	关于“双独”家庭老人优先进入养老机构的建议	王曹军

第七节　专 题 调 研

民盟市委恢复组织活动以后，始终关注教育问题。随着国内社会主义民主的不断发展和深化改革、扩大开放的需要，发挥教育人才荟萃的优势，组织专家学者围绕教育改革和发展中的热点难点问题，开展调研、献计出力。1980年5月，民盟市委成立教育计划和教育体制研究小组，此后历年参与民盟中央数十次的教育改革研讨会，就教育体制改革，提高教育质量等开展专题调研，形成了《关于教育计划和教育体制的建议书》(1980年)、《关于城市普通教育改革的几点建议》(1985年)及数次会议纪要直报中共中央，提出政策性建议供教育部门作为参考。

1990年，民盟市委成立了研究室，协助和配合各专门委员会开展工作。1992年起，民盟市委和市政府有关委办局开始建立起对口联系。民盟市委所属各专门委员会，也紧密结合上海在改革开放中面临的新形势、出现的新问题，集中群体智慧，分析原因，提出建议，写成书面报告提交有关方面。1994年始，中共市委统战部每年委托民主党派进行课题调研，围绕上海经济改革和建设中的一些重大课题进行调查研究，完成专题报告供有关部门参考。历年来，民盟市委完成了深化医疗体制改革、社会保障制度的配套法规建设、生态环保建设、推进长江三角洲经济一体化、高校招生体制改革和国有小企业实行股份合作制问题、改善上海地区的能源消费结构等课题，提出的建议得到相关部门的肯定。

2005年，《中共中央关于进一步加强中国共产党领导的多党合作和政治协商制度建设的意见》指出：民主党派人士通过考察调研建言献策，是发挥参政议政作用的重要形式。民盟市委积极贯彻落实“市委出题、党派调研”的工作机制，将专题调研作为参政议政工作的重点之一，积极参加民

图2-3-2　2003年3月20日，民盟市委文化委员会主任马莉莉(右三)率文化界盟员赴泰康路艺术街考察调研

盟中央、市政协、中共市委统战部、市发改委、市教委和市决策咨询委，以及民盟兄弟省市组织的各项调研课题。课题成果有的是提炼成专报报送中央、市委领导，有的是转化为社情民意、政协提案并屡屡获奖，其中市决策咨询委课题在全市统战系统2009年和2010年的评比中均得分第一。此外，民盟市委还不断探索创新工作内容和机制。2008年，在盟内企业家的支持下，自筹资金，启动自选调研课题，通过面向全盟征集、立项课题，搭建发现人才、挖掘人才、锻炼人才的平台。2012年，在连续四年盟内开展自筹资金课题调研、完成自选课题134项的基础上，又创新定向发包课题形式，完成15项重点课题。

一、承接中共市委统战部课题

【深化医院体制改革】

1993年，民盟市委分别对上海6所医院的经济状况和改革措施作了抽样调查，其中医学院校附属医院3所，市卫生局属三级医院1所，区中心医院2所。发现医院普遍存在收支不平衡和改革措施滞后的状况并提出建议：(1) 按成本合理收费，增加医院收入；(2) 提高技术津贴，体现技术、知识的价值，稳定医务队伍，提高医疗水平。

【对国有小企业实行股份合作制的建议】

1996年，民盟市委受中共市委统战部委托，对以股份合作制为主要形式的“放小”工作及其实践作了调查研究，形成《国有小企业实行股份合作制中存在的问题和对策》。报告对上海国有小企业的现状进行了分析，认为在国企改革中必须重视放活小企业、解决面临的困境。提出建议：(1) 制定发展股份合作制的规划；(2) 加大经营者持股比例；(3) 颁布权威规范、放宽过多限制；(4) 支持将小企业纳入集团发展；(5) 制定企业股份评估办法。市政府发展研究中心对此报告给予高度评价，并交领导审阅。

【世博大研讨】

2003年，中共市委、市政府开展“世博会与上海新一轮发展”大讨论，民盟市委承接中共市委统战部调研课题“对上海2010年世博会的系统思考”，回顾了世界一些主要城市举办世博会的历史，总结了经验教训，就上海世博会提出建议：(1) 基本建设与城市规划紧密结合；(2) 调动民间资源避免过度投资；(3) 做好交通规划；(4) 抓住商机筹融资；(5) 做好后续利用促进浦东公共设施建设；(6) 注意回购条款签订；(7) 以不同票价吸引各层次游客；(8) 冲破旧规，开两地展馆之先河。课题报告转化为市政协提案，被评为2004年优秀提案，并得到上海世博协调局的答复。

二、承接市级决策咨询课题

【促进产学研联盟】

2004年，民盟市委承接市决咨委调研课题“上海促进产学研战略联盟的思考与对策”，关乎上海发展的主战略，有很强的时效性。课题组深入多处实地调研，分析了当前上海的产学研联盟还存在体制衔接障碍，知识产权保护不力，利益共享机制不成熟等问题。提出开展项目合作，共建研发中心，统筹各方资源；鼓励人才资源流动，健全风险投资市场，拓宽融资渠道；强化中介机构职能；加快法制建设等建议，具有前瞻性和可操作性，在专家评审时被评为 A 等。课题报告转化为市政协提案，成为 2005 年度“市政协主席促办的重点提案”，进行跟踪调研，并被评为 2005 年优秀提案。

【推进来沪留学生教育】

2005 年，民盟市委承接市决咨委调研课题“上海积极推进来华留学生教育的现状、问题及发展对策研究”，分别从政府管理、社会参与以及学校主体 3 个层面对学科建设、学生社会管理等方面提出了一些切实可行的建议。认为积极推进来沪留学生教育对提升上海的国际化大都市建设和促进城市发展，都具有巨大的作用。建议政府尽快制定发展战略，加大市教育财政投入，发动社会各界力量参与设立留学生奖学金，大力发展各种层次和形式的留学生教育。各高校应制定留学生教育发展规划，完善教学管理，挖掘招生潜力，拓宽联系网络，探索中外合作办学的新模式。上海市教育委员会认为很多建议“都与我们在十一五规划中提出的继续推进本市外国留学生工作的发展思路不谋而合”。课题报告转化为市政协提案，被评为 2006 年优秀提案。

【开发区腾笼换鸟、盘活存量资源研究】

2008 年，民盟市委承接市发改委“腾笼换鸟、存量资源盘活机制深化研究”课题，课题讨论了上海开发区盘活存量资源的意义和机遇，分析了存在的政策、资金和风险瓶颈，提供了规划先行、功能置换的政策创新、市场主导、功能拓展的产业链延伸、多管齐下，分类指导的综合推进、集约利用，换鸟与引鸟结合的市场准入、抓住机遇，结合城市产业布局优化的城乡转型以及异地发展，利益共享的“飞地经济”发展 6 种模式，并提出如下建议：(1) 简化手续，完善政策；(2) 规划先行、市场主导；(3) 分类指导，严格把关；(4) 搭建平台，健全功能；(5) 创新管理，支持发展；(6) 区域合作，联动发展。课题报告获得 2009 年上海市第七届决策咨询研究成果三等奖，为上海各民主党派、工商联唯一获奖课题。

三、承接民盟中央课题

【上海市水安全与水环境保护】

2010 年，民盟市委承接民盟中央的委托课题“上海市饮用水安全与水环境保护调研报告”，就上海饮用水安全与水环境保护问题，调研上海和江苏两地的水源地和供水厂，认为上海地处流域下游，其饮用水水质和水环境受上游影响较为严重，水源地、水厂水质状况不容乐观，达不到饮用水卫生标准，影响水环境改善的制约因素依然存在。针对这样的现状，建议完善上海水环境与饮用水安全的目标体系，切实加强上海市饮用水源保护工作，加大水环境治理力度，加强省界水环境保护的目标考核，加大投资力度，完善政策保障力度以及提高公众参与度，加强社会监督。民盟中央索丽生副主席专程来沪指导参加调研，其成果报送民盟中央。课题专报经民盟中央主席蒋树声报送至中共中央，获得温家宝总理批示、并交由水利部进行落实。

【完善收入分配机制】

2010 年，民盟市委承接民盟中央的重点课题“关于完善收入分配机制的调研报告”，分析认为在国民经济连续增长，职工工资持续上涨的情况下，上海市的收入分配还存在收入差距扩大、居民收入占 GDP 的比重下降、比例不足、一线职工的劳动报酬涨幅缓慢、长期偏低的问题。已经采取从劳动报酬、社会保险两方面调节收入差距,建议进一步完善收入分配,在初次分配中突出劳动要素的主导地位,政府和工会应该在初次分配中有所作为,在二次分配中加大对民生的投入,在三次分配中发挥民间慈善组织的作用。课题成果经民盟中央整合后报送至中共中央,获得胡锦涛总书记批示,国家发改委邀集14个中央部委研究落实。

第八节　论坛与研讨会

民盟是以文化、教育、科技为主、高教为重点,金融、法律、经济方面等多学科人才智力集团,民盟市委依托盟内参政议政资源,围绕社会热点重点问题,召开各类专题座谈会。

图2-3-3　2003年10月11日,民盟市委召开参政议政座谈会,主委张圣坤(左一)主持会议

一、教育方面

民盟市委始终关注教育问题,发挥人才优势,推进教育改革和发展。积极参与民盟中央每年举办的高等教育、基础教育研讨会,组织专家学者围绕教育改革和发展中的热点、难点问题,开展研讨、献计出力。

【民盟部分省市第八次高教研讨会】

1995年10月21日,民盟部分省市第八次高教研讨会在沪举行,会期4天。来自10个省市民盟的34位高教界代表到会。民盟中央常务副主席、全国政协常委、教科文卫体委员会常务副主任丁石孙，民盟中央副主席、民盟市委主委谈家桢，上海市政协副主席、民进市委主委刘恒椽，上海市教委副主任魏润柏，中共同济大学党委书记王建云和校长吴启迪等出席开幕式。研讨会以“迈向21世纪我国高等教育的思考”为中心议题，收到论文25篇。

【民盟第五次基础教育研讨会】

2000年5月30日，民盟第五次基础教育研讨会在上海召开，会期3天。民盟中央副主席冯之浚、江景波，民盟市委主委张圣坤，市政协副主席陈正兴和市委统战部副部长陶人观、市教委副主任张民生等领导出席开幕式。来自17个省市民盟的40多位基础教育专家围绕“面向21世纪，全面推进素质教育”的主题，广泛开展专题调研。在沪期间，各地代表认真学习江泽民总书记关于教育问题的谈话，畅谈学习体会，结合江泽民同志谈话精神和各地实际，分析当前基础教育存在的问题。5月31日，代表们参观了普陀区晋元中学、进华中学和洛川中学，并与普陀区教育局进行座谈。

【长江三角洲基础教育论坛】

2004年10月30—31日，由民盟市委、民盟江苏省委、民盟浙江省委联合发起，并与上海市政协科教文卫体委员会、上海市教育科学研究院和上海市教育学会联合主办的首届“长三角基础教育论坛”在上海市政协大楼举行。本次论坛主题为“率先实现教育现代化的问题与对策”。来自上海、江苏、浙江两省一市的政府代表、教育专家学者近200人参加了论坛。全国人大常委会副委员长、民盟中央主席丁石孙任论坛名誉主席，上海市政协主席蒋以任任论坛名誉顾问。民盟中央副主席、民盟市委主委、上海市人大常委会副主任张圣坤主持开幕式，中共市委常委、统战部部长、市政协副主席沈红光，民盟中央副主席李重庵到会致辞，教育部副部长陈小娅到会讲话。上海市政协副主席、上海社会科学院院长王荣华，江苏省政协副主席、民盟江苏省委主委曹卫星，浙江师范大学校长徐辉等出席论坛。论坛共收到论文160篇，就长三角地区的教育现代化问题进行深入探讨，取得良好效果。

【高校教育论坛】

从2007年开始，民盟市委与上海高校联合举办“高校教育论坛”，每年1届。论坛结合社会热点，就高教领域存在的热点、难点问题展开讨论。如2009年以“金融危机下，中国高等教育面临的挑战与机遇”为主题，多视角、多方位、多层次深入交流探讨了大学文化建设与高等教育发展。至2012年，论坛已成功举办6届。参会专家300人，汇集论文、调研报告超过100篇，论坛成果转化为全国政协、市政协提案和社情民意63篇。“高校教育论坛”成为民盟市委参政议政的一个特色品牌。

二、经济方面

【防范金融风险研讨会】

2004年8月15日，民盟中央副主席李重庵来沪调研防范金融风险问题，民盟市委组织来自中国人民银行、交通银行、招商银行、上证所、申银万国，以及上海交大、上海社科院等单位近20位上海盟内外金融领域专家召开研讨会。与会专家就当前中国的金融形势进行分析评估，并对存在的问题以及如何防范控制金融风险，保持经济平稳协调快速发展提出建议。民盟中央副主席、民盟市委主委张圣坤主持会议，上海市金融服务办副主任吴建融到会讲话。中国人民银行上海分行原副行长、民盟市委原副主委周芝石参加研讨。

2009年,为应对国际金融危机挑战和缓解大学生就业困难,民盟市委组织金融、高教和社会科学界的盟员先后举行了“我为应对国际金融危机影响献一策——金融专题研讨会”“金融危机下高等教育的挑战与机遇”和“发展中的就业:困境与出路”研讨会,盟内专家学者围绕议题撰写文章,收到论文80篇。研讨会还邀请金融、教育部门的政府官员,共同探讨交流。

【金融论坛】

上海民盟直属组织中有证券、银行、保险等9个金融行业相关基层,盟员600人。除继续保持教育特色,民盟市委充分发挥金融界别的优势,自2010年开始,连续三年举办金融发展论坛,成为民盟参政议政活动的创新平台和一大品牌。论坛主题分别是“金融发展——信息自主化与市场创新”“金融发展和信息化创新”和“金融改革和债券市场创新”。历届论坛载体新、内容实、质量高,主题年年有所推进。每次都有10位民盟金融专家学者就论坛主题进行交流,并将成果转化为社情民意、提案,建言献策,以实际行动助推上海国际金融中心的建设。

三、科技创新方面

1997年,民盟市委开始围绕开拓创新问题开展调查研究,提出一系列意见和建议。1998年11月29日,民盟市委邀请上海有关党政部门和盟内专家召开“科教创新与上海发展”大型座谈会提出建议,有关“在体制创新中增强上海城市综合竞争力”的建议,受到中共市委和市政府的高度重视,市长徐匡迪专门召开座谈会,听取民盟同志的意见,他称赞民盟的建议“立意高,前瞻性和指导性

图2-3-4　1998年11月29日,民盟市委召开“科教创新与上海发展”座谈会

强”。民盟市委就加快高新技术转化提出的许多建议，被市政府在修改“促进科技成果转化若干规定”(即上海科技“十八条”)时采纳。

【自主创新论坛】

2006年9月，基于胡锦涛总书记提出的建设创新型国家精神，民盟市委举办了主题为自主创新的大型论坛，就实施科教兴市主战略，加快推进自主创新、科技进步等主题，邀请盟内外专家汇聚一堂，深入研讨。论坛共收到论文30篇，将优秀论文汇编成集。民盟中央主席蒋树声、副主席冯之浚，市政协副主席宋仪侨等领导出席并对论坛表示肯定。

四、其他方面

【提案工作座谈会】

1999年11月9日，民盟提案工作座谈会在上海召开。来自全国各省、自治区、直辖市民盟组织负责人在会上交流了做好政协会议发言和提案工作的经验，提出交流材料200件，内容涉及教育、经济、社会发展等方面，题材广泛，内容丰富。交流了为2000年政协会议准备的发言和提案材料，向民盟中央推荐全国政协九届三次会议上使用材料60件。

【“上海话与文化多元化”都市文化论坛】

2005年6月，民盟市委围绕沪语的保存、保护、传承等问题开展座谈，形成调研报告。受到中共市委书记即时批示中共市委宣传部、中共市科教党委阅酌，指示保存、保护、传承沪语应摆上议事日程。随即，民盟市委还与上海高校都市文化研究院联合举办“上海话与文化多元化”都市文化论坛，《解放日报》《文汇报》《新闻晚报》等媒体对此作了相关报道，并相继刊发有关专家学者的文章。上海市教委将用上海话写的《侬阿晓得伐?》收入新编的六年级语文拓展教材《语文综合学习》中。

【民盟全国第五届海洋经济论坛】

2008年9月25—26日，第五届“民盟沿海省市发展海洋经济研讨会”在上海举行。本次会议的主题为海洋运输与港口经济、海洋科技和生态环境。会议共收到论文52篇。来自21个民盟省市组织的专家和代表180人参加。通过特邀报告、大会发言、交流讨论等形式，分别从海洋物流、海洋科技、海洋航运、海洋环境保护、海洋资源利用、海洋药物开发等方面，探讨中国海洋经济发展的现状、问题及对策建议。民盟市委提出，目前决定上海国际航运中心发展水平的关键是各种软环境因素——聚集的航运资源、完善的航运功能、充分的航运信息、发达的海事法律服务环境等，必须建设软环境，锻造软实力，加强上海国际航运中心海事法律服务环境建设。

第四章 社 会 服 务

20 世纪 80 年代起，上海民盟秉承费孝通“做实事、做好事”服务社会的宗旨，认真贯彻落实民盟中央社会服务工作精神，围绕中心、服务大局，积极推进教育扶贫、社区服务、义务帮教等工作，鼓励支持盟员立足本职、爱岗敬业，为经济发展和社会进步多做贡献，坚持“把好事做实、把实事做好”，为促进社会和谐尽心尽力。

第一节 岗 位 建 功

中国民主同盟是主要由从事教育以及科学技术工作为主的知识分子组成的政党，在教育、科技、医卫、文化、新闻、经济、法律等界别的盟员立足本职，努力发挥专业优势，盟内行业模范和优秀人才大量涌现，为经济建设和社会发展作出了重要贡献。以教育界为例，到 2012 年底，民盟有 8 552 位盟员教师，占盟员总人数的 53.8%，先后有 60 名特级教师(包括特级校长)。1992 年以来，有 120 位盟员获全国模范教师、全国优秀教师、上海市优秀教师、上海市园丁奖以及上海市先进教育工作者光荣称号。谈家桢、李国豪、谷超豪当选“上海市教育功臣”，张曙、谷超豪、贺林当选“上海市科技功臣”，谷超豪获 2009 年度“国家最高科学技术奖”。

一、教育科技

著名数学家、中国科学院院士谷超豪，曾任复旦大学副校长，中国科学技术大学校长，中国数学会副理事长等职。专长微分几何、偏微分方程和数学物理。发展了 Lielertan 变换拟群理论。最早证明多元混合型偏微分方程一大类问题解的存在性。创立高阶混合型方程理论，研究规范场的数学结构，获得一系列成果。著有《数学物理方程》《齐性空间微分几何学》和《经典规范场理论》等。发表数学论文 100 篇。以他为主研究的“双曲型和混合型偏微分方程”获 1982 年国家自然科学二等奖；“规范场的数学结构”获 1982 年国家自然科学三等奖；“调和映照和规范场理论”获 1985 年国家教委科技进步一等奖；2008 年，当选上海市第二届教育功臣；2009 年获得国家最高科学技术奖；获命名小行星“谷超豪星”。

著名材料科学家、中国科学院院士徐祖耀，曾任上海交通大学材料系主任，一级教授。他长期从事材料科学的基础理论及应用研究。自 1980 年以来，承担并完成“六五”科技攻关项目及中科院科学基金会项目、国家自然科学基金项目等 10 项。其中，“马氏体相变”研究成果获 1987 年国家自然科学奖三等奖，被选入“中国基础研究百例”，“形状记忆合金研究”等 3 项成果分别获国家教委科技进步一、二等奖，有两项成果还被评为 1986—1990 年国家自然基金资助项目优秀成果，收入“优秀成果选编”，《变相原理》获 1998 年教育部科技进步奖(著作类)一等奖、1999 年国家科技进步奖(著作类)三等奖。2000 年，获何梁何利基金科学与技术进步奖。

著名作家、文艺理论家徐中玉，历任华东师范大学中文系主任，教育部中国文学学科评议组成员，中国文艺理论学会会长，《文艺理论研究》主编，全国大学语文研究会会长，上海市作协主席。他倾心文艺理论研究，精心写作、编著教学书籍1 000万字，代表著作有《鲁迅遗产探索》《论苏轼的创作经验》《古代文艺创作论》《激流中的探索》《徐中玉学术自选文集》等10多种。主编并开创《大学语文》教材和课程，主编书籍有《近代文学大系・文艺理论卷》《传世藏书・文艺评论部分》《古文鉴赏大辞典》《古代文艺理论专题资料丛刊》等，期刊有《语文教学》《中文自学指导》《文艺理论研究》《古代文学理论研究》等，高校统编教材有各类高校《大学语文》教材5种，《古代文学作品选》等。2009年，荣获上海市哲学社会科学学术贡献奖。

著名纤维科学家、教育家钱宝钧，曾任交通大学教授，华东纺织工学院院长，中国纺织工程学会副理事长，是中国化纤工业、纤维高分子科学的开拓者。在化学纤维成形工艺理论和纤维结构性能研究等方面成就卓著，尤以大分子缠结研究为代表。研制出以棉绒浆作为粘胶纤维的新原料，自行制造生产棉绒浆的设备，摸索出一套适合中国实际的生产粘胶纤维的工艺。他在华东纺织工学院设置国内第一个化学纤维专业，筹建华东纺织工学院化纤研究室，为中国纺织科研和教育事业作出重大贡献。曾荣获国家教委科技进步奖二等奖、首届中国工程科技奖、全国科技大会奖状。

著名物理化学家、教育家张江树，曾任南京大学教务长、理学院院长，华东化工学院院长，全国高等工科院校化学教材编审委员会主任，《辞海》化学分科主编。他筹建了国内第一所高等化工院校——华东化工学院(现华东理工大学)，是国家首批重点大学，被誉为"中国化学工程师的摇篮"。著有《物理化学与胶体化学》《理论化学实验》《中国三电化学研究》等论著。他结合自己所从事的教学与科研工作编写的《理论化学实验》，是国内化学工作者编写并出版的第一本物理化学(旧时称"理论化学")教材。

著名遗传生物学家、中国科学院院士贺林，曾任上海生命科学中心主任，上海交通大学Bio-X中心主任，首届世界转化医学学会主席，东亚人类遗传学联盟主席等职。长期从事人类遗传学和各类组学的研究。揭开第一例孟德尔常染色体显性遗传病A-1型短指(趾)症的致病原因；发现以"贺—赵缺陷"命名的新遗传病并成功对致病基因进行定位；发现和并证实多个精神疾病易感基因。他是两任国家973项目首席科学家以及十五、十一五国家863计划专家。1997年获国家杰出青年奖，2001年获上海科技精英奖、美国国家精神分裂与抑郁症研究联盟"杰出研究者"奖、中国教育部"长江特聘教授"等。2002年荣获何梁何利基金科学与技术进步奖，2003年获国家自然科学奖二等奖，2009年获发展中国家科学院生物奖，2010年获谈家桢生命科学成就奖，同年当选发展中国家科学院(TWAS)院士，2011年获上海市科技功臣奖。

上海灯泡厂高级工程师王菊珍，工作期间业余学习化工专业知识，发现60年代研制投产的钨钍电极具有放射性危害，试制出没有放射性而又具有很好电子放射性能的新材料来代替。1972年12月，试制成功氧化铈含量为2%—3%的钨铈新材料，1981年6月，进一步试制成功氧化铈含量为4%的钨铈电极。中国钨铈电极产品开始进入国际市场，既解除了此项放射性污染，又为国家换回大量外汇。1987年，钨铈电极获得美国专利批准，这是中国恢复专利制度后，上海被批准的第一项外国专利。1987年，钨铈电极获得当年唯一一个国家技术发明奖一等奖。1988年，钨铈电极获得北京国际发明展览会金奖。同年，还获得联合国知识产权组织颁发的著名妇女发明者金牌和证书。王菊珍自1982年起连续3次被评为上海市劳动模范，1989年被评为全国劳动模范。1987年被评为高级工程师，1989年被评为教授级高级工程师。1985年和1988年分别获得上海市和全国三八红旗手称号。

二、医药卫生

著名内科消化学专家、中国工程院院士江绍基，曾任卫生部内科消化重点实验室学术委员会主任、中华医学会上海分会副会长、仁济医院副院长、上海市免疫学研究所副所长等职。二十世纪五六十年代参加血吸虫防治工作,应用自己的临床实践经验编著整理《血吸虫及血吸虫病》。总结并提出急性血吸虫病综合征的标准,率先采用乙结肠镜观察和研究血吸虫病的结肠病变,提出以大剂量阿托品治疗锑剂心脏中毒作为常规,挽救大量血吸虫病病人的生命。被授予上海市血防工作先进个人,记大功一次。他还创建了内科消化学科,进行慢性胃炎、胃癌方面的临床研究工作。1984年上海市消化疾病研究所成立,他在担任所长期间,证实中国存在慢性胃炎引起的恶性贫血;首先建立狼犬胃癌模型,并研究维生素与胃癌的关系,发现叶酸、硒、维甲酸能对胃癌癌前病变诱导分化,为胃癌防治开辟了新途径。江绍基先后培养近30名博士和硕士研究生,发表论文达200多篇,参加过第二、第三、第四版全国教材《内科学》的编写。1994年12月,当选中国工程院医药与卫生工程学部首批院士。

上海市名老中医石仰山,作为国家级非物质文化遗产中医正骨疗法(石氏伤科疗法)第四代传人,中医理论功底深厚,临床经验丰富,1955年正式开业行医。他把祖上沿用百年的“三色三黄”敷药,结合医院临床,运用日本引进的“巴布氏剂”生产流水线,同上海中药三厂共同开发研制新一代骨伤外敷新药——石氏伤膏。“石氏伤科”开设6个专科专病特色门诊,申请课题10项,形成了一系列较为完整的石氏伤科理法方药体系,治疗因跌打损伤而引起的内科疑难杂症,“外伤内治、气血并重”,见效快,又很少有后遗症,年门诊量达15万人。1986年被卫生部授予“全国卫生文明先进工作者”,并分别于1983年、1985年、1987年被上海市市政府授予“上海市劳动模范”,享受国务院政府特殊津贴。“石氏伤科”疗法2008年下被评为上海市及国家级非物质文化遗产,获2011年度国家科技进步奖二等奖。

三、文化艺术

著名沪剧演员丁是娥,曾任上海沪剧团团长,上海沪剧院院长和名誉院长,参与组建上艺沪剧团、新上艺剧团。演唱艺术精湛,形成绮丽多变、独树一帜的丁派唱腔。与乐师朱介生一起发展和创造了“反阴阳”“快流水”“反十字调”等沪剧新的曲调,为沪剧艺术的发展作出重要贡献。代表剧目有《罗汉钱》《金黛莱》《雷雨》《阿必大回娘家》《鸡毛飞上天》《芦荡火种》《被唾弃的人》等。在50年的艺术实践中,她成功地塑造了阿庆嫂、小飞娥等不同类型的女性形象,曾荣获全国戏曲观摩演出演员一等奖。

著名儿童文学作家、翻译家、出版家、教育家陈伯吹,曾任少年儿童出版社副社长,上海市作家协会副主席,中日儿童文学和美术交流协会会长等职,是中国现代儿童文学的奠基人。著有《学校生活记》《一只想飞的猫》《骆驼寻宝记》《童话城的节日》《小薇游园记》等多部儿童文学作品,《师范学校儿童文学讲授提纲》《儿童文学简论》《作家与儿童文学》等著作,主编《小学生》《儿童世界》《常识画报》《小小画报》《小朋友》等杂志。曾荣获全国第二次少年儿童文艺创作奖荣誉奖、中国福利会樟树奖、儿童文学创作荣誉奖等多种荣誉奖项。1981年,陈伯吹用稿费设立“儿童文学园丁奖”,1988年改名为“陈伯吹儿童文学奖”,鼓励国内作家参与儿童文学创作。

著名评弹表演艺术家、评弹“蒋调”艺术创始人蒋月泉,曾任上海市人民评弹团副团长、艺术顾问,中国曲艺协会第二、三届副主席、上海分会副主席等职。主要作品有《杜十娘》《林冲》《夺印》《王孝和》《一定要把淮河修好》《白求恩大夫》等经典曲目。他结合自己的嗓音、性格,以及对书情的理解,形成说表轻松含蓄,语言勾勒,弹唱韵味醇郁,装饰音丰富而优雅,声情交融的崭新风格。他塑造的人物性格鲜明，栩栩如生。他在立足评弹艺术的基础上，汲取川剧、京剧、越剧、北方曲艺等多种剧种的精华，不断改进，形成“蒋调”，风靡书坛，成为深受广大人民喜爱并被广泛传唱的评弹流派唱腔之一。

著名音乐家丁善德，曾任上海音乐学院作曲系主任、副院长，先后担任中国音乐家协会第三、四届副主席。他的创作涉及交响乐、协奏曲、大合唱、室内乐、器乐独奏、艺术歌曲以及电影音乐等各个方面。作品有钢琴曲儿童组曲《快乐的节日》《新疆舞曲第一号》《托卡塔——喜报》等，声乐作品有艺术歌曲和大合唱《黄浦江颂》等，管弦乐作品有《长征交响曲》等。《长征交响曲》是中国第一部以中国工农红军的长征这一伟大历史事件为题材的大型管弦乐作品。他积极推动传统名曲《梁祝》《二泉映月》的改编，为这两首经典传统曲目在国际上的推广和传诵起了举足轻重的作用。他为木偶片《神笔马良》创作的音乐，1954 年获得中央文化部音乐金质奖，1982 年因《长征交响曲》获得香港唱片公司金唱片，1988 年上海市委宣传部授予他“文学艺术荣誉奖”，享受国务院政府特殊津贴，1993 年获上海宝钢高雅艺术荣誉奖。

著名滑稽戏、独脚戏表演艺术家姚慕双，曾任中国曲艺家协会理事，上海戏剧家协会常务理事，上海曲艺家协会理事，上海滑稽剧团艺术顾问，是上海滑稽戏艺术的创始人和集大成者。代表剧目有《宁波音乐家》《英文翻译》《骗表》《各地堂倌》《出色的答案》《笑着向昨天告别》《满园春色》等经典作品。他擅长在人物性格上找笑料，寻觅噱头，以炉火纯青的精湛演技塑造了一个个栩栩如生的艺术形象。曾荣获文化部建国 30 周年献礼演出一等奖、国务院文化事业突出贡献奖等多个荣誉奖项，享受国务院政府特殊津贴。

著名滑稽戏、独角戏表演艺术家周柏春，曾任上海曲艺家协会副主席，上海滑稽剧团艺术顾问。是“冷面滑稽”集大成者，中国滑稽界一代宗师。主要剧目有《出色的答案》《路灯下的宝贝》《笑着向昨天告别》《小山东到上海》等多部作品。1963 年 6 月 25 日，他和姚慕双率上海滑稽剧团赴京演出，进中南海为中央首长演《满园春色》，受到周恩来、朱德、董必武、李先念等中共中央和国家领导人的高度赞扬和好评。曾荣获上海市首届戏剧节优秀表演奖、文化部创作演出一等奖、国务院文化事业突出贡献奖、第四届中国曲艺牡丹奖终身成就奖等荣誉奖项，享受国务院政府特殊津贴。

四、经济法律

高级经济师周芝石，曾任中国人民银行上海分行副行长，上海证券交易所首任监事长，中信实业银行上海分行行长等职。1981 年，获得中国人民银行上海市分行首批经济师中级技术职称。1986 年底，一份“周芝石”签名、面额 50 元的上海飞乐音响股份有限公司的股票，被邓小平作为接见美国纽约证券交易所董事长约翰·范尔霖的回礼。他首先提出先发行股票认购证的方法。1988 年，周芝石在市政协大会上提出上海要开发开放浦东，应该有一家新型的银行来匹配并支持开发，筹集资金，发挥融资功能，可定名为“上海浦东发展银行”，这份提案后来被有关方面采纳，促成了上海浦东发展银行的成立。一生致力于上海金融改革事业的发展，参与了上海推行股票认购证、设立上海外汇调剂中心、上海证券交易所成立、上海银行业融资中心落成、城市信用社发展等一系列重大金融改革举措的酝酿和实施。

著名律师韩学章，曾任上海市律师协会会长，中华全国律师协会副会长。新中国成立前，她专为受欺压妇女在法律方面给予支持，匡扶正义，被誉为“民主律师”。1979 年 4 月 20 日，上海市律师协会恢复建立，韩学章负责筹备上海市律协的工作，制定《上海市法律顾问处工作细则》，这是上海律师制度恢复后对律师工作首次建章立制。1980年8月26日通过的《中华人民共和国律师暂行条例》,使被告人有权获得辩护的宪法原则具有了可操作性。包括韩学章在内的18位律师入选司法部筹建的"律师小组"。在对"四人帮"审判中,被指定为姚文元的辩护律师。上海市律师协会先后建立"韩学章律师基金"和"韩学章律师奖",用于奖励做出突出贡献的律师并对青年律师进行培训。

第二节　特色办学

1982年开始,上海民盟以服务社会为宗旨,保证质量为中心任务,适应社会需要为办学特征,拾遗补阙为原则,以发挥民盟的智力优势为办学基础,自力更生为办学前提,提高国民素质为办学目的,因材施教为办学特色,根据社会需要,举办多种形式的教学单位。主要办学模式有:(1)全日制自学考试班;(2)联办大专学历班;(3)技能类培训班;(4)文化、艺术类辅导班。培训内容从文化补习发展到高考、自学考试、电视大学的辅导,而后又举办外语进修和专业技术培训、岗位培训等。至1987年初,创办23所业余进修学校(进修班)。至1993年初,有学校19所,其中大专程度的进修学校有:上海民盟法商进修学院、上海旅游专科学校夜大学、上海育人业余进修学院。中专程度有:上海盟光财务会计进修学,校、普盟专业进修学校、普陀民盟业余会计专业学校。培训总人数达17.5万人次。至2003年,有学校13所。1997—2003年,毕业生3.5万人。

一、上海法商进修学院

1982年7月由民盟市委主办。初名上海民盟经济法培训班,半年后改名为上海法律专修学校,1987年经扩充后改名为上海民盟法商进修学院。为了适应改革开放需要,培养急缺的经济立法与司法方面的人才,该院先后举办各种类型培训班,共培养法律人才1 823名。其中:经济法培训班共办7期,学制一年半,共结业800人。有100人经过全国律师资格考试取得律师资格,且有多人已担任律师事务所领导工作。另外还受上海市司法局委托,承办兼职、特邀律师培训班;受全国律师协会委托,开办中华全国律师函授中心上海辅导站、华东巡回教学团。1985年,经上海市高等教育局转报国家教育委员会批准,由上海法商进修学院与上海旅游高等专科学校合办上海旅游专科学校夜大学,设"旅馆管理"和"法律与旅游法"两个专业,学制3年,发给大专毕业证书。1985年被评为全国先进集体,1991年被评为静安区先进集体。至1993年共毕业5届学生,计402人。

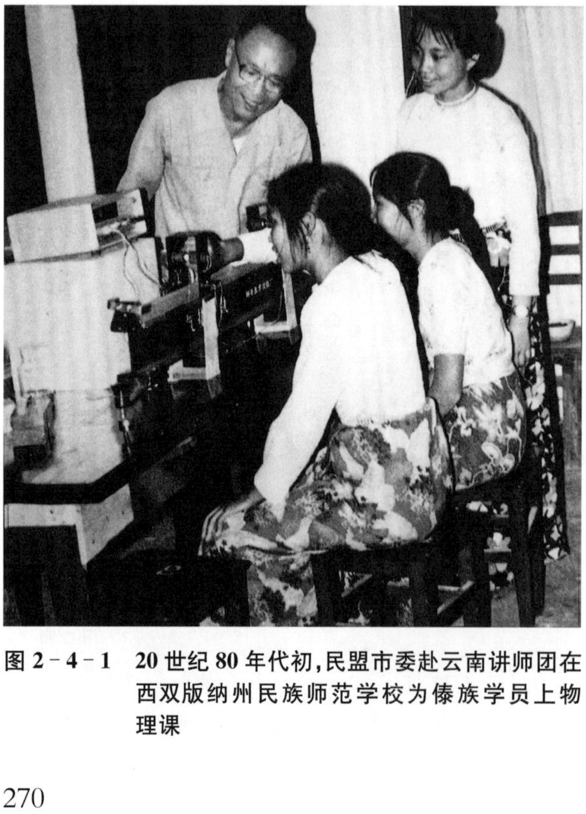

图2-4-1　20世纪80年代初,民盟市委赴云南讲师团在西双版纳州民族师范学校为傣族学员上物理课

二、举办培训班

新闻专业培训班由民盟市委宣传部和解放日报社总编室联合举办，共举办 4 期，培训总人数达 240 人。第一期于 1987 年 8 月开班，有上海市 60 家企业的宣传干部、厂报编辑人员和新闻机构的通讯员 130 人参加。上海民盟咨询服务中心于 1987 年分别与民盟福建省委、民盟广东省委合作，在福州、深圳各举办过 1 期“涉外经济法讲习班”，前者面向福建全省，后者面向全国，参加者 110 人。1986 年中心还与上海市环保局合作举办城市规划与环境保护高级研讨班，进行高层次技术培训，来自 10 多个省市的 30 人参加。民盟市委社会服务部于 1989 年、1990 年举办 4 期针织物染整、纺织印花培训班，先后有 10 多个省市纺织加工厂的技术人员 250 人参加。

第三节　支 教 扶 贫

一、开展教育扶贫

民盟市委十分重视支教扶贫工作。20 世纪 80 年代开始，积极利用盟内教育资源，邀请偏远地区教师来到上海，为他们作教育培训，同时组织盟员赴宁夏支教。

【支援西部开发】

为贯彻落实国务院制定的“八七”扶贫攻坚计划，1994 年 6 月民盟中央在北京召开“东西互助、联手扶贫”工作会议，决定由经济发达的沿海省市以联手的形式结对支援西部贫困地区。民盟市委与民盟宁夏区委结对，以“教育扶贫”为主线，将扶贫工作的重点放在宁夏南部少数民族集聚的六盘山西吉、海原和固原 3 个地区。具体包括组织募捐各种书籍以及衣物；集资建立扶贫基金，奖励当地优秀教师和贫困学生；选定宁夏 1 所中学为长期扶贫对象，协助改进教学质量；选择 1 个企业，提供咨询服务，协助解决生产问题。1995 年民盟市委首次发动全市各级盟组织，为宁夏六盘山地区中小学生和教师捐赠书籍 2 万册、衣物 3 万件，共 10 吨扶贫物资。1998 年通过扶贫基金奖励宁夏海原县中、小学 35 名优秀教师。同年，民盟市委部分领导及盟员共 29 人与固原一中高中贫困优秀学生一对一结对帮困，徐汇区委主办的育人进修学院设立“育人奖学金”，奖励西北民族第二学院和固原一中 30 名优秀贫困学生。民盟市委坚持以教育扶贫为重点，获得宁夏回族自治区政府的高度评价。1998 年，被国家民委评为民族团结进步模范单位。

2000 年，民盟市委积极响应中共中央关于“实施西部大开发”的伟大战略决策，支援宁夏贫困地区的教育事业，与宁夏民盟组织签订有关沪宁民盟组织联手为宁夏教育、卫生事业出力的 6 项协议，分别是《关于促进西部大开发联合调研的合作意向》《关于合作资助宁夏贫困中小学生协议》《关于选送宁夏医务人员到上海市进修的协议》《关于共同促进两地旅游合作的协议》《关于选送宁夏教师到上海市进修的协议》以及《向宁夏贫困地区中小学校捐助图书及教具的协议》。此后每年，在协议的指导下，对口开展支边教育扶贫工作。同年，由盟员创办的邦德学院，向上海市慈善基金会捐赠 180 万元教育基金，专项用于“十五”期间为宁夏贫困地区培养 50 名大学生。

【援建烛光学校】

2002 年 6 月，在中国民主同盟上海市第十二次代表大会上，主委张圣坤发出了“全盟捐款，支持西部地区教育”的号召，广大盟员积极响应，踊跃捐款，募集资金 26 万元。2004 年 8 月，上海民盟深沟希望小学在宁夏固原市深沟村落成启用，正式拉开了援建偏远地区教育工作的序幕。民盟市委与盟员周星增任董事长的上海建桥集团签订“建立希望小学基金合作协议”，从 2005 年开始，建桥集团出资 500 万元，分 10 年在贫困地区援建多所希望小学。2007 年民盟中央组织实施“农村教育烛光行动”后，改称“建立援建烛光学校基金合作协议”，至 2012 年，在全国 13 个省、自治区建成烛光学校(楼)20 所。此外，2011 年开始，盟员个人出资援建了 2 所烛光学校(楼)，民盟黄浦区委出资援建了 1 所烛光学校(楼)。

表 2-4-1　2004—2012 年民盟市委援建烛光(希望)小学情况表

序号	省 份	校 名	揭牌时间	备 注
1	宁夏	固原原州区开城镇深沟村民盟希望小学	2004 年 8 月	—
2	云南	文山壮族苗族自治州文山县开化镇民盟希望小学	2005 年 8 月	—
3	宁夏	吴忠市同心县下马关镇赵家庙民盟希望小学	2005 年 10 月	—
4	安徽	六安市寿县茶庵镇民盟希望小学	2006 年 2 月	—
5	甘肃	定西市安定区李家堡镇民盟希望学校	2006 年 9 月	—
6	四川	凉山彝族自治州昭觉县竹核乡民盟希望学校	2007 年 8 月	—
7	贵州	毕节市梨树镇二堡民盟希望小学	2007 年 7 月	—
8	青海	海东市民和回族土族自治县官亭镇民盟烛光小学	2008 年 7 月	—
9	新疆	昌吉回族自治州奇台县吉布库镇达板河牧业二村民盟烛光学校	2008 年 8 月	—
10	海南	白沙黎族自治县元门乡中心学校	2009 年 9 月	—
11	安徽	淮南市凤台县朱马店镇肖集中学	2010 年 8 月	—
12	山西	吕梁市离石区枣林乡结绳墕中心学校	2010 年 9 月	—
13	陕西	渭南市韩城市王峰乡卓立九年制学校	2010 年 9 月	—
14	甘肃	武威市天祝藏族自治县哈溪镇尖山小学	2011 年 7 月	盟员吴云仙捐资
15	贵州	毕节市七星关区小坝中学	2011 年 9 月	黄浦区委捐资
16	广西	梧州市苍梧县新地镇龙窝小学	2011 年 11 月	—
17	湖南	怀化市芷江县大树坳中学	2012 年 6 月	盟员蒋华良牵头捐资
18	湖南	岳阳市平江县瓮江镇三合中心小学	2012 年 6 月	—
19	江西	萍乡市湘东区白竺乡小学	2012 年 8 月	—
20	新疆	阿克苏市阿瓦提县阿依巴格乡下艾兰木库都克小学	2012 年 9 月	—

【开展师资培训】

民盟市委积极响应盟中央倡导的“烛光行动”，除了援建民盟烛光学校，还通过“走出去”和“请进来”的方式培训这些地区的学校教师。2007 年，组织盟内资深教师，对宁夏吴忠市、石嘴山市的

300 名骨干教师开展培训。2008 年，签订《民盟上海市委、民盟青海省委、青海省海东地区开展教育交流合作协议》，培训来沪校长、教师及选派优秀校长、教师赴当地开设专题讲课，确立义务支教活动的长效机制。每年暑期，组织优秀教师赴宁夏、青海等地开展“送教讲学”活动，培训当地中小学骨干教师 6 000 人次。2009 年，安排青海海东地区两位副校长到上海高桥中学挂职锻炼半年。2011 年，携手民盟甘肃省委，组织部分甘肃天祝地区骨干教师来到上海进行为期 2 周的培训。2 次召开区县盟组织关于参与“农村教育烛光行动”会议，根据盟中央的要求，建立“农村教育烛光行动人才库”。支持支教老师组成调研组，完成调研报告《“烛光行动”赴青海、宁夏支教调研及对策研究》并报送民盟中央。2011 年 9 月，盟员徐方瞿教授向全国部分省市中学捐赠价值 105 万元的《几何王》教学软件 1 800 套，被纳入民盟中央“农村教育烛光行动计划”。捐赠以及相关培训活动相继在北京、河南、贵州、江西、宁夏、上海、重庆完成。此外，民盟市委不定期向宁夏、贵州、河北等地学校捐赠电脑、图书等。2012 年 8 月，由民盟市委选派的教育专家赴宁夏回族自治区中宁县和青海省大通县开办暑期教师培训讲座。

【设置助学基金】

作为地方组织，民盟市委对于上海地区贫困学生教育和郊县农村教育同样十分关注。2004 年，民盟市委青年工作委员会和上海市久隆模范中学签订“播种希望”合作助学育才协议，设立“科学艺术发展奖励金”，每月为久隆学生举办 1 次讲座。2011 年，民盟市委普教工作委员会、民盟上海市崇明县委员会携手崇明县马桥中学签订“烛光行动”助教合作协议。2012 年，助教活动与民盟上海企业家联谊会设立的“马桥中学助学金”合并运作，援助机制更加完善。

二、参与“同心工程”

1988 年，由贵州省委书记胡锦涛倡导建立的“贵州毕节试验区”，成为全国民主党派、工商联重点扶贫的地区。民盟市委积极响应民盟中央的号召，从 2007 年开始，在盟员的支持下，先后援建毕节梨树镇二堡烛光小学、毕节市中心广场文化活动舞台、毕节小坝中学烛光图书楼等。联系民盟出版系统基层筹得一批教育、文学、科普方面书籍捐赠与毕节地区，并与当地图书馆签订长期捐助协议；2011 年制定“援建毕节试验区计划”，为毕节二堡小学赠送 2 万元的教学设备，以及机关干部募捐购买的《新华字典》；组织民盟市委领导班子及部分盟员企业家赴贵州毕节考察，研究探讨援建工作和投资项目。向毕节地区捐赠各类图书 5 000 册，电脑 30 台以及其他教学设备、学习用品，为优秀学生提供奖学金、助学金，组织民盟二堡烛光小学师生赴上海参加建桥烛光夏令营，举办贵州毕节地区部分中小学校长、教导主任研修班。

第四节　社 区 服 务

一、社区共建

【与社区结对】

民盟市委积极参与社区建设，20 世纪 90 年代开始与街道、镇结对共建，提供教育教学服务、科技医卫服务、文化艺术服务、支农服务。1996 年联手民盟普陀区委，与桃浦镇政府合作开展社区建设，联合举办中学生暑期夏令营，桃浦镇干部管理和财会大专和中专班，参与桃浦地区发展规划的制订工作，组织盟内演员参加桃浦广场文化活动，为应届高中生举行课余辅导，并为桃浦中学和中心小学进行教学研究，为外来民工开办讲座。同年，与静安区南京西路街道合作开展社区建设，联合举行"迎八一"军民联欢会，举办科普知识讲座，选设科普教育基地。协助就业指导中心开展培训工作。2004 年，民盟闸北区委与芷江西路街道共同举行大型心理咨询讲座并捐款设立帮困基金；民盟浦东区委与中共南码头路街道党工委举行"精神文明共建"签约仪式，定期开展联谊交流活动；民盟长宁区委在全区盟员中募集 1 600 元资助贫困优秀学生。2005 年，经民盟市委统一协调，民盟杨浦区委、民盟同济大学委员会和民盟电大支部共同与杨浦区四平路街道党工委签订为期 2 年的"携手四平、共建和谐"文明共建协议。民盟黄浦区委向区慈善基金捐款 5 000 元，静安区委与江宁街道、静安寺街道联手为社区居民和学生提供咨询服务，包括医疗服务、升学复习指导以及法律与心理咨询等；闵行区委挑选中青年骨干盟员教师与民办华星学校(民工子女学校)青年教师结对，并安排 1 位盟员律师担任华星学校的法律顾问。2007 年，与远程教育集团合作，组织盟内医务和金融专家，开设"常见病预防和治疗"专题讲座 10 讲、"身边的经济学"专题讲座 12 讲，采取现场拍摄、网络传播的方式，向 19 个社区播放。组织医务专家举办医疗讲座，参加四平路街道共建"东方大讲坛"活动；与卢湾区打浦社区文化活动中心合作，举办音乐、评弹讲座，丰富社区居民业余文化生活。2008 年与上海图书馆联合主办"上海法律名家系列讲座"，邀请盟内外知名法律专家学者作为主讲嘉宾，每月 1 次向市民普及法律知识。2010 年 12 月，与江苏路街道签订共建协议并建立"共建和谐"实践基地，选派 2 名新干部到基地挂职锻炼，推荐 3 名盟内专家参加"老洋房保护专家组"工作。2012 年，在民盟市委的协助下，民盟上海企业家联谊会参与闸北区共和新路街道"阳光爱巢"项目，建立民盟"烛光爱心"基金，构建服务平台和培训服务队伍，为街道辖区内的智障人群提供更有针对性的特殊关怀。

截至 2012 年，在民盟市委的推动下，共有 15 个区、3 个直属基层组织与社区开展共建合作，合作项目近 30 个，通过参与课题调研、举办义务咨询、开展专题讲座、辅导群众文艺、实施帮困助学，以共建为载体，开展惠民服务工作。

【帮教活动】

积极探索开展帮教工作、维护社会稳定。20 世纪 90 年代开始，在民盟市委的支持下，盟员吴炳朝开办的上海市七一运输公司专门吸收走出大墙的失足者，帮助安置帮教刑释解教人员。以此为原型创作出电视连续剧《何须再回首》，广受关注。此后，民盟市委不断拓展帮教工作的新形式、新方法。2008 年，为响应民盟中央"发扬民盟智力优势、开展司法帮教服务"的号召，民盟市委积极与市未成年犯管教所联系，并于 2009 年正式签订精神文明共建协议，由 13 位盟员与少年犯结对帮教。志愿者在思想上、生活上对少年犯给予关心和帮助，还通过盟组织为他们积极联系、落实工作，帮助他们尽快融入社会、自食其力。在帮教过程中，不少盟员和机关干部成为"编外志愿者"，各级民盟组织积极开展帮教活动，包括文化学习、法制宣传、讲座报告、文艺演出、心理辅导和法律咨询等。至 2011 年，第一批帮教对象全部回归社会。

【义诊志愿者服务队】

2009 年，正值世博会工地建设的关键时期，针对农民工求医问药困难的问题，成立上海民盟义诊志愿者服务队，深入工程建设第一线，为农民工提供免费的健康体检和医疗咨询服务。世博会期间，多次在世博工地上开展医疗咨询，在服务世博立功竞赛中获得优胜奖。2011 年和 2012 年，服务队继续为中建八局和申通集团的农民工建设者提供服务。至 2012 年，共开展义诊 22 次，参加的医生和志愿者达200人次，就诊人数共计5 000人次。

【盟内团体、协会】

上海民盟艺术团于2003年成立，建立了一支集声乐、器乐、戏剧、电影、戏曲表演人员为一体的演出队伍，多年来义务为高校、社区、部队、世博局和统战系统离退休干部等社会各界及民盟市委重大活动演出20次。上海民盟书画院于2006成立，院长为汪观清。2002年汶川大地震后，上海民盟书画院组织盟内书画家开展作品义拍会，将义拍所得38万元捐献灾区。此外，还成立有桥牌协会、摄影沙龙、乒乓俱乐部、青年律师联谊会、企业家协会等团体，围绕民盟市委的工作开展各项活动。

二、咨询服务

开展符合民众需求、内容丰富、形式多样的咨询和文化活动一直是民盟市委的工作重点之一。1985年，为庆祝第一届教师节，民盟市委开展教师节活动，组织盟内著名的专家医生前往华东师范大学和徐汇区第六十四中学开展医疗咨询，文艺界盟员开展"红烛颂"专题活动，开创上海民盟面向社会开展服务活动的先河。随后，又相继组织多次颇有影响的咨询活动。例如，在市工人文化宫开展面向社会大众的大型医务咨询活动；以青委会的名义，联合闸北区青联，组织百名青年盟员开展绿化、法律、医务、理财、升学指导等10个项目的咨询活动；组织特级、高级教师为上海家庭贫困学

图2-4-2　1984年6月，民盟中央副主席叶笃义（左四）等参观上海各民主党派和工商联举办的为四化建设服务成果展

生提供义务咨询等。1999 年应南汇县政协的邀请，组织 10 多位海洋工程、河口海岸、国际航运、城市规划、金融信贷、素质教育、环境保护、社会发展等方面的专家学者参加“南汇十年发展战略”专家咨询会，对南汇县的发展提出建议和意见。

【多学科咨询中心】

1984 年 8 月，民盟市委成立“多学科咨询中心”，下设名老中医咨询门诊部、法律咨询部、环保技术服务部、电视摄像部、船舶工程部、技术服务部等专业咨询部门和以民盟高校、科研单位以及区(县)、局基层组织为依托的 20 多个咨询分部。开展多学科、多层次、多渠道、多形式的咨询服务。贵州都匀毛纺厂经过技术咨询后，产品进入国际市场，第一年创汇 60 万美元；福建邵武化工厂，原来 1 年中有半年停产，经咨询开发 4 项新产品后，使该厂产值提高 4 倍。名老中医门诊部解决了看名医难的问题，开办 3 年门诊多达 18 000 人次。1987 年联合江苏、浙江、江西、安徽、福建等省的民盟咨询服务部门，建立民盟上海经济区咨询服务协作组。之后，山东省民盟咨询部门也参加，改名为民盟华东地区社会服务协作组。该组成立后结合改革开放，探索开展涉外咨询的服务工作。同年，咨询中心取得市建委颁发的设计证书，成立建筑工程设计所开展建筑设计业务，1995 年，开始承接大型高层建筑设计，中标南京路新华电影院改建成新华商场工程。1988 年，咨询中心牵头创办“大明城市信用社”。1992 年，筹办“中国国际经济法律咨询服务公司”为外商在沪投资提供经济和法律咨询服务，与吉林省浑江市二轻局签订科技兴工合作协议，接受 70 项科技项目委托咨询。2005 年，与东方理律律师事务所合作筹建“法律咨询部”，开通咨询热线，为盟员免费提供法律咨询服务。

民盟多学科咨询中心 1990 年、1995 年两次被评选为“上海市十佳咨询单位”，1993 年被评为“全国智力支边扶贫先进集体”。

【医疗咨询】

1985 年开始，组织盟内医务专家赴区县、高校为教师提供义务咨询是民盟市委在教师节经常举办的医疗咨询服务工作。医委会多次组织医疗咨询活动，1992 年，前往盲童学校为盲童进行医疗咨询，1998 年，赴江苏盐城革命老区举办为期 1 周的大型医疗咨询服务，共接受门诊 500 多人次，还发现较为罕见的席汉氏综合征病人。2001 年，2 次组织医疗专家赴江苏金湖革命老区开设专家门诊，为老区群众服务。2002 年教师节，赴金山进行医疗咨询，有 380 位教职员工前来咨询。2003 年，组织医务专家赴宝山和崇明开展咨询活动。2007 年，与上海基督教青年会、香港爱心行动中国协会合作，在民盟奉贤区委参与下，联手实施“雏鹰展翅——农民工子女健康教育”项目，为农民工及其子女开展心理、生理健康教育和体检，2008 年，继续在宝山、青浦开展。均受到盟员及社会各界的欢迎。2011 年，与中建八局签署义务医疗咨询合作协议，为建筑工地的农民工建设者提供服务。2012 年，深入上海地铁工程建设第一线及保障房建设工地，免费为农民工提供健康体检和医疗咨询服务达 1 200 人次。

【科技咨询】

民盟市委从 1998 年起，连续四年组织中科院、市农科院、市农学院、市农机所以及上海水产大学、上海园林绿化管理局等单位盟员专家，分别赴市郊南汇、青浦、宝山、奉贤为广大农业技术人员、专业户和农民热情咨询服务，解答农业疑难杂症。专家咨询以设摊答疑，专题报告、大型座谈、实地指导等形式开展。组织科普宣传画廊，散发宣传资料，为农民送书下乡。为帮助当地的农业结构调整和农副产品资源的开发，发动上海农科院科技情报中心，查阅检索1 000种文献资料，赠送给当地政府的主管部门。特邀盟外的专家参加咨询，从外地邀请专家为青浦练塘镇的茭白品种更新进行现场指导，为当地农民服务。2004年11月，邀请盟内外农业专家作科普报告、开展现场咨询，并与南汇区政府签订科技兴农合作意向书。2005年8月和12月，民盟市委邀请果树栽培专家2次赴南汇为当地农民讲授新技术，现场解答疑惑，为三峡移民和当地果业专业户送上科技新知识和培育新方法。

【百名律师义务法律咨询】

2004年3月14日，民盟市委、民盟司法委员会和部分民盟区县委员会联合举办大型法律咨询活动，召集数百名盟员律师，在南京东路、静安公园、淮海公园、徐家汇美罗城等11个点举行"3·15献爱心义务咨询活动"，为市民的消费、房产、婚姻等问题提供免费法律咨询。自此开始，民盟市委的"百名律师义务法律咨询"活动每年在上海10个中心区县同时举行，每年指定一个主会场，由数百名盟员律师免费为市民提供义务法律咨询服务，深受广大市民好评，逐渐成为上海民盟社会服务工作的品牌项目之一。2011年，该项咨询活动开始与上海市律师协会合作。

图2-4-3　2011年10月29日，主委郑惠强(前右)在民盟市委组织的十城区百名律师义务咨询仪式上，向闸北主会场民盟闸北区委主委授旗

第五节　赈灾救灾

在大灾大难面前，民盟市委始终坚持尽心尽力，为人民群众排忧解难。

一、长江抗洪救助

1998年长江流域遇特大洪灾，民盟市委号召广大盟员要在所在单位发挥作用，捐资捐物，支援灾区人民。时值谈家桢90寿辰暨从教70周年,他将3万元祝寿款项捐给灾区。

二、抗击"非典"

2003年4月,民盟市委积极参与抗击"非典"工作。根据中共市委、市政府的部署和民盟中央的指示精神,下发《关于做好"非典"防范工作,加强民盟自身建设的五条意见》,号召全体盟员守望相助,积极抗非。发挥从事医药卫生工作盟员的专业特长,为"非典"的防治积极出主意、想办法。组织专家撰写"加强动物疫情预防监控的建议",报送有关部门。盟员熊思东出任"非典"疫苗攻关组组长,蒋华良和金由辛在抗"非典"病毒的药物设计和研制过程中取得了阶段性成果。《上海盟讯》编发12期"抗击'非典'专讯",报道张镜人、熊思东等盟员和中科院上海分院、复旦大学医学院和中山、瑞金、肺科、曙光等医院及民盟综合支部等盟组织抗击"非典"的先进事迹。

朱蕾、蒋华良、余小萍、张惠勇和吕寒静等一批盟员分别被民盟中央、中国科协、全国和上海卫生系统表彰为抗击"非典"的"先进盟员""优秀科技工作者""模范工作者"和"先进个人"。民盟市委还及时主持召开了"'非典'后上海新一轮发展"研讨会,积极响应中共中央"一手抓抗'非典'、一手抓经济发展"的号召,建言献策。

三、汶川地震灾后援助

2008年5月12日,四川汶川发生里氏8.0级地震,震后第二天,民盟市委迅速反应,召开紧急动员会部署工作,下发《关于号召全市盟员为抗震救灾作贡献的通知》,要求广大盟员发扬民盟精神,立足本职,做好工作,以多种方式向灾区伸出援助之手。

上海民盟书画院联手侨界共同发起"抗震救灾重建家园——名家书画义拍"活动,25位书画名家慷慨捐赠书画,共募得善款143万元,用于灾区重建校园。上海越剧界、评弹团、沪剧界盟员纷纷参加义演活动,为灾区募集善款。据不完全统计,民盟市委机关干部捐款2万多元,盟员个人捐款400万元,盟员发起所在企业捐款达2 800万。此外,广大盟员通过义务献血、请战前线、组织哀悼活动、撰写纪念文章、发起助学倡议、申请领养孤儿、慰问四川籍盟员等,表达对灾区人民的关切和爱心。

医务界盟员主动请战,同济医院祝晓忠、中国疾病预控中心汪俊云等20多位盟员,陆续到达灾区一线投入救治和防疫工作。6月5日,民盟市委举行报告会,从抗震救灾一线归来的第六医院王敢医生、第十医院朱开元医生、同济大学建筑系主任常青教授分别作主题报告,讲述在四川参与救死扶伤以及建筑规划的亲身经历。会上还对赴川参加抗震救灾盟员进行表彰。

民盟市委还发挥集中优势,为灾区恢复重建提供智力援助:(1)组织盟内专家研讨座谈"我为灾区再做什么",为灾后重建出谋划策。(2)组建城乡规划、心理干预、卫生防疫、生态重建、教育援助五个专家小组,开展对口支援。37位盟员专家被列入上海对口支援都江堰指挥部的专家库,两次赴四川灾区,与成都、都江堰的相关部门座谈交流,进行实地考察,从项目对接、智力支持、人员培训和政策建议4个方面开展工作。(3)开展烛光援助。发起捐助"特殊盟费"支援灾区教育事业的倡议,各区县和部分直属基层组织以特殊盟费的方式再次捐款125万元用于援建灾区教育事业。同时,积极响应民盟中央号召,除参加民盟中央召开的抗震救灾工作会议应邀交流发言外,还把100万元援建资金汇总到民盟中央,为灾区建设民盟烛光学校。在师资培训、专业设置、课程建设等方面,对灾区学校予以长期援助。

图 2-4-4　2008 年 5 月 21 日，民盟市委主委郑惠强（前左）赴市六医院慰问赴川参与救助伤员的神经外科主任医师王敢家属

四、玉树地震灾后援助

2010 年 4 月 14 日，青海省玉树藏族自治州玉树县发生 7.1 级地震，民盟市委立即号召全市各级民盟组织广大盟员以“特殊盟费”的形式，参与抗震救灾。民盟企业家联谊会代表李羽岷、马丽华、施云松、蔡钦生，地震后不到一星期就捐款 6.5 万元，浦东新区盟员张健龄捐款 1 万元，区县组织共收到盟员捐款 28 万元。市属组织也广泛参与，奉献爱心。凝聚全盟 14 000 名盟员关爱的特殊盟费，在第一时间通过有关渠道，送到灾区用于重建。

第六节　服务上海世博会

2010 年上海世博会召开之际，民盟市委各级组织和广大盟员把立足本职、参与世博作为履行参政党职能的重要契机，响应号召，积极奉献。

一、献计世博

2007 年，民盟市委注意到志愿者服务的立法问题，组建课题组撰写《上海市义务志愿者服务条例》（立法建议稿），建议以世博会的举办为契机，加紧对上海志愿服务的相关立法。2008 年市人大会议期间，民盟市委主委郑惠强提交联名议案《上海市义务志愿者服务条例》，被市人大列入立法计划。2009 年 4 月，《上海市志愿服务条例》向广大市民公布，2010 年 6 月 1 日起正式实施，为世博会

图 2-4-5　2003 年 4 月 16 日,民盟市委召开"世博会与上海城市文化精神研讨会",民盟中央名誉主席费孝通(左二)与市委主委张圣坤(右二)出席

提供法律支持,同时推动和保障上海志愿服务活动的长期发展。

世博会期间,民盟市委发动盟员献计献策,共收到有关社情民意信息 130 篇,被市政协采用 23 篇,2 篇建议被市领导批示。此外,还专门设计世博参观征询表发放给外地盟委观博团,征求观博感受和建议。2010 年市政协会议期间,提交《深入推进低碳世博》提案,呼吁结合世博筹备和主题演绎工作的深入,结合世博会后世博园区的后续规划利用,发挥"低碳世博"的示范带动效应。民盟市委还提出在进沪航班上增加世博会细节介绍等信息,制作世博音像制品满足国内外游客需求,在世博期间对世博会主展区的基层医院设立志愿者助医服务,将世博园转化为世博园转化为中小学生的"第二课堂"等建议。

民盟市委充分发挥广大盟员和基层组织的力量,通过论坛、研讨、座谈等多种方式,汇聚智慧,献计世博。2010 年 11 月 6 日,民盟市委召开了首届上海民盟青年论坛,以"世博精神与城市软实力"为主题,聚焦"后世博"话题,为推进世博会后上海社会经济持续发展建言献策。

二、参与世博

上海民盟在世博园区内一线工作的有 10 位盟员,担任工程技术人员,参与世博场馆设计和施工,承担绿化环保任务。

生命阳光馆是世博会有史以来首次建造的残疾人馆,盟员郑阶平代表上海 50 多万残疾人参加上海世博会生命阳光馆的上海周才艺展示活动,举办新书《三字经楷书大字帖》首发仪式,受到胡锦涛总书记,中共上海市委书记俞正声、市长韩正,中残联党组书记王新宪等领导的接见和慰问,被誉为上海世博会生命阳光馆的"世博之星"。

世博会期间,《上海盟讯》和民盟网站开辟专栏,介绍盟员参与世博、为世博奉献的先进事迹。积极组织文艺界盟员参与举办有关世博的文化活动,下社区宣讲社会主义新文化,为世博营造和谐气氛。2010 年 2 月 9 日,民盟艺术团部分艺术家与社区文艺爱好者一起为世博建设者、武警战士、世博志愿者、社区居民及世博局工作人员近 600 人作文艺表演。

广大盟员积极参与世博会志愿服务。杨浦、虹口、闸北和复旦民盟组织举行世博志愿者服务队授旗仪式。民盟交运系统支部、申康委员会等 6 个直属组织组成医生和义工 200 人的义诊志愿者服务队,从 2009 年 5 月开始,深入工程建设第一线,提供免费体检和医疗咨询服务,累计服务世博建设者近 2 600 人。为上海世博局 1 000 名干部职工专项医疗义诊,荣获轨道交通系统"十佳志愿者服务队"称号。

民盟市委将世博接待作为展现上海形象、学习外地经验的机会。建立世博工作领导机构,制定相关工作制度和工作流程。世博会期间,共接待民盟中央和各省、自治区、直辖市民盟组织来沪观摩团 44 批、800 多人次,得到了民盟中央及各兄弟省市的充分肯定。同时,也与各地盟组织交流学习盟务工作经验方法。安徽世博观摩团在参观结束后,就园内设施、客流安排、志愿者服务工作提出意见和建议。

世博会期间,广大盟员响应号召,无私奉献,为服务世博、奉献世博和推进上海城市文明建设作出积极贡献。李光明、何宇平两位盟员荣获上海世博会全国先进个人称号。民盟市委总结全盟服务世博的情况并表彰 10 个先进集体和 70 个先进个人。

第七节　海外联谊与促进祖国统一

一、海外联谊

【成立联络部】

上海盟员中有不少与台胞、港澳同胞、海外侨胞有亲友关系,他们通过出国访问、探亲、讲学、参加国际会议进行联谊和交流活动。改革开放以来,盟员到港澳地区及国外工作、定居者增多,为进一步做好联络、联谊工作,1996 年,民盟市委成立联络部,编印《联络通讯》介绍有关政策及资料;组织有"三胞"关系的盟员学习政治、参观访问、欢度佳节;引导盟员与海外亲友沟通信息,宣传"一国两制"方针,引进外资和技术;组织盟员以游记等形式撰写对台宣传稿件,被中国新闻社、海峡之声电台、金陵之声电台采用近百篇。

【对台交流】

1983 年 9 月,根据王丹凤夫妇的建议,主要有民盟盟员组成的上海市政协文艺界赴闽学习演出团于 9 月 10—23 日赴福建演出,与"三胞"赴闽旅游探亲者联欢。"思亲晚会"演出活动直接对台进行广播。1989 年 3 月,受民盟中央委托接待台湾"中华经济研究院"组团来沪工作访问。民盟市委联络委员会与爱德基金会联系,将该会从国外引进的价值 15.8 万美元的各类图书,赠送给两所高校。谈家桢多次引进大量仪器设备,提供给高校及科研部门。其间,他还介绍多位国际著名学者来国内进行学术交流。1992 年 6 月,他与其他 6 位科学家应台湾物理学家吴大猷邀请赴台湾访问,并与蒋纬国会晤,推动海峡两岸科技、教育、医卫等各界的双向交流和合作。

【对日文化交流】

1998年,民盟市委文化委员会与日本国际书画文化交流协会、日本梅华学院合作,先后在上海和京都举办《中日和平友好条约缔20周年书画展》,为中日民间文化交流活动作有益探索。

二、上海中山学社

1987年,盟员林茬在一次组织生活中提出上海是孙中山进行革命活动的一个重要据点,建议成立一个组织纪念孙中山,便于和台湾同胞联系交流。民盟市委副主委翁曙冠十分重视这条建议,并取得中共市委统战部和民盟市委主委谈家桢的支持。考虑到民革与台湾联系的党派优势,联系民革一起组建中山学社,以文会友,寓统战工作于学术研究之中。1987年10月12日,上海中山学社成立,大会选举赵祖康为社长,丁日初、李赣驹、陆诒(盟员)、陈旭麓(盟员)、唐振常、翁曙冠(盟员)为副社长,丁日初兼秘书长。

学社成立后,以研究孙中山思想为纽带,通过学术研讨会、报告会、纪念座谈会、展览等形式推动与港澳台、海外、外省市学者的合作。至2012年,民盟市委参与组织举办了11次专题学术研讨会,包括2008年开始举办的"中山论坛",2011年首次举办的中山青年论坛。参与中山学社组织的各种纪念活动10次。盟员学者多次在中山学社的学术研究阵地《近代中国》上发表文章。在与民革市委的共同努力下,中山学社2000—2002年和2003—2005年连续两次被上海市社会科学界联合会评为优秀社会科学学会。

第五章 自 身 建 设

中共十一届三中全会后，全国工作重心转移到经济建设。1978以来，民盟市委围绕国家和上海经济建设这个中心，积极发挥参政党联系教育文化界的作用。面对新形势和新任务，民盟市委以开展换届政治交接工作为契机，把加强自身建设作为实现政治交接的重要措施，在思想建设、组织建设和制度建设方面做了大量工作。通过开展思想理论学习、主题教育活动、传统与盟史教育、参政党理论与盟史研究，以及推进领导班子、基层组织、后备干部队伍和机关建设等，不断加强自身建设，切实履行和发挥参政党职能。2012年，民盟市委十四届一次常委会审议通过《中国民主同盟上海市委员会五年发展规划》，从指导思想、总体目标、发展战略和主要任务4个方面形成体现党派优势和特色的指导性意见。

第一节 思 想 建 设

一、理论学习

【时事政策教育】

1978年12月，中共十一届三中全会召开。民盟市委即组织学习有关全会精神。1981年，学习中共十一届六中全会通过的《关于建国以来党的若干历史问题的决议》；1982年，学习中共十二大文件、《中华人民共和国宪法》《中国人民政治协商会议章程》；1987年，学习中共十三大会议精神及中共中央关于反对资产阶级自由化的文件精神，并学习讨论中共中央转发的中央统战部《关于新时期对民主党派工作的方针任务的报告》。1989年的政治风波后，民盟市委组织学习班和报告会，并召开宣传工作会议，学习中共十三届五中全会精神，以及民盟中央《关于当前加强思想建设和组织建设的若干意见》。1990年起，民盟市委组织开展对《中共中央关于坚持和完善中国共产党领导的多党合作和政治协商制度的意见》的学习讨论，明确民盟作为参政党的职责和加强自身建设的必要性。1991年，民盟市委组织学习江泽民《在庆祝中国共产党成立七十周年大会上的讲话》等。

【学习邓小平理论】

1992年，邓小平南方谈话发表。邓小平关于建设有中国特色社会主义的一系列重要论述为国内的社会主义现代化建设确定了目标，指明了方向。1993年11月2日，《邓小平文选》第三卷出版发行，同日，中共中央作出《关于学习〈邓小平文选〉第3卷的决定》。

1994年初，民盟市委向各直属组织下发学习《邓小平文选》一、二、三卷的通知，要求在学习原著的基础上结合实际，提高认识。民盟市委分别召开2次基层干部会议，举行2次组织及宣传工作会议，举办中青年盟员学习班，请市委统战部领导及市社会主义学院教师作辅导报告，学习邓小平建设有中国特色的社会主义理论。1995年，民盟各区县委员会和市属基层举办学习《邓小平文选》学习班和学《邓小平文选》经验交流会。1995年11月，民盟市委在嘉定召开学习《邓小平文选》现场交流会,介绍基层组织开展学习《邓小平文选》的情况和盟员学习的体会。民盟市委统战理论小组有计划地开展统战理论研讨,举行论文年会,还参加市统战理论研究会的研讨活动。《上海盟讯》开辟了"盟员论坛"和"学习与思考"专栏,不少盟组织和盟员积极投稿,交流学习体会。1996 年,民盟市委主委会作出决定,要求正副主委除自己学习外,还要深入各基层组织,以普通盟员的身份参与学习。民盟市委还举行了系列学习辅导报告会,邀请四位盟内外专家向广大盟员讲解邓小平理论。2000 年,民盟市委召开学习邓小平理论经验交流会,上海财大盟委、民盟黄浦区委、中科院上海分院盟委、民盟杨浦区委和华东师大盟委分别在会上介绍了开展学习邓小平理论的经验,展示了各级盟组织近年来学习邓小平理论的成果。

【学习"三个代表"重要思想】

2000 年 2 月,中共中央总书记江泽民提出"三个代表"重要思想。2001 年,上海民盟各级组织组织学习讨论,表示要将思想和行动统一到江泽民同志的重要讲话精神上来,进一步加强自身建设,提高政治思想素质,更加自觉地坚持中国共产党的领导,履行好参政党的职能,为实现中华民族的伟大复兴和祖国统一作出应有的贡献。2002 年,民盟市委领导班子多次以"三个代表"重要思想为主题组织学习,并举行报告会,邀请盟内外专家讲解"三个代表"重要思想的理论背景等内容。2002 年 9 月 18 日,民盟市委召开大型座谈会,民盟中央名誉主席钱伟长、谈家桢作书面发言,民盟市委主委张圣坤、中科院院士胡和生等 10 人在会上发言,强调要进一步学习"三个代表"重要思想,一百多位教授、特级教师和教育界盟员代表出席。

【学习科学发展观活动】

2007 年 10 月,中共中央总书记胡锦涛在中共十七大上报告中提出深入贯彻落实科学发展观。2008 年底,民盟中央下发通知要求各级组织深入学习贯彻科学发展观。民盟市委积极响应,开展

图 2-5-1 2008 年 11 月 7 日,民盟中央常务副主席张宝文(右三)参加"学习贯彻科学发展观 开创盟务工作新局面"座谈会

以科学发展观为指导，深化走中国特色社会主义道路的学习教育活动。2008 年 9 月 27 日，民盟市委十三届七次常委会集体学习科学发展观，邀请专家作辅导报告，领会科学发展观理论的深刻内涵。

2009 年初，民盟市委下发文件要求各级盟组织深入学习贯彻以科学发展观为重点的中国特色社会主义理论体系。民盟市委领导班子带头，把学习科学发展观作为集体学习活动的主题，组织“民盟讲坛”系列报告会，邀请专家作“关于学习贯彻科学发展观”等报告。民盟市委还多次举办专题研讨会和学习交流会等各种活动，引导、组织全市盟员开展理论学习和形势教育。2 月 5 日，民盟上海大学委员会等 10 个直属组织在中科院上海分院联合举行“学习贯彻科学发展观，积极参政议政，促进组织建设暨 2009 迎春联谊”活动。5 月 26 日，申康委员会等 12 个基层组织在海关大楼会议室联合举办了科学发展观学习实践交流会。

根据中共中央统战部在全国统一战线开展“我为应对国际金融危机影响献一策活动”的要求，2009 年 2 月，民盟市委专门下发《关于开展“我为应对国际金融危机影响献一策”的活动》的通知，把盟员的思想认识进一步统一到中共中央对当前国际国内经济形势的分析判断和决策部署上，不断探索创新思维，积极建言献策，用具体行动将深入学习贯彻科学发展观落实到民盟的各项工作中。根据中共中央统战部在全国统一战线开展“我为应对国际金融危机影响献一策活动”的要求，2009 年 2 月，民盟市委专门下发《关于开展“我为应对国际金融危机影响献一策”的活动》的通知，把盟员的思想认识进一步统一到中共中央对当前国际国内经济形势的分析判断和决策部署上，不断探索创新思维，积极建言献策，用具体行动将深入学习贯彻科学发展观落实到民盟的各项工作中。

【学习多党合作和政治协商制度文件精神】

1989 年 12 月 30 日，中共中央制定《关于坚持和完善中国共产党领导的多党合作和政治协商制度的意见》(以下简称《意见》)。1990 年初，民盟市委发动各级盟组织和广大盟员深入学习，明确民盟作为参政党的性质、地位、作用和任务，自觉地把《意见》作为行动准则。通过举办学习班、座谈会、报告会、专题讨论、参观访问等形式，推动各级盟组织认真开展学习，对广大盟员进行了科学社会主义理论教育、国情教育、形势教育以及坚持四项基本原则的教育。2004 年，在中共中央《关于坚持和完善中国共产党领导的多党合作和政治协商制度的意见》发表 15 周年之际，民盟市委多次组织研讨会，形成《加强党领导的多党合作制度化规范化建设》和《回顾与前瞻》两份报告报送民盟中央。

2005 年 2 月 18 日，中共中央制定《关于进一步加强中国共产党领导的多党合作和政治协商制度建设的意见》。民盟市委多次在主委会、常委会上组织学习，并组织开展各种形式的宣讲和研讨，学习领会文件精神，明确参政党所面临的新形势和新任务。2005 年 6 月，民盟市委主要领导参加由中共市委组织部和统战部举办的专题学习班。民盟市委还邀请上海社会科学院原院长尹继佐等专家学者为盟员学习中共中央《关于进一步加强中国共产党领导的多党合作和政治协商制度建设的意见》作辅导报告。民盟市委统战理论研究小组在认真学习《意见》的基础上，深入开展多党合作理论的探索和研究。

2012 年 2 月 2 日，中共中央印发《关于加强新形势下党外代表人士队伍建设的意见》，民盟市委各级组织积极开展学习活动。

二、主题教育活动

【“三增强”“四热爱”学习教育活动】

2003年6—8月,民盟市委开展增强对“三个代表”重要思想的认识、增强对社会主义制度优越性的认识、增强对中华民族凝聚力的认识,热爱中国共产党、热爱祖国、热爱社会主义、热爱人民的“三增强”“四热爱”活动。

民盟市委先后在主委会、常委会和全委会上,围绕深入学习贯彻“三个代表”重要思想,全面布置开展“三增强”“四热爱”教育活动,积极推进民盟市委领导班子和机关建设。从6月下旬起,民盟市委开始分阶段、有步骤地开展“三增强”“四热爱”教育活动。先后邀请在医务、科研第一线为抗“非典”斗争做出贡献的盟员朱蕾、金由辛向机关干部介绍事迹,邀请副主委吉永华等与机关干部一起畅谈学习贯彻“三个代表”重要思想的体会。7月14日,民盟市委向各区县和直属基层组织发出通知,要求积极组织盟员认真学习关于开展“三增强”“四热爱”教育活动的有关精神,制定切实可行的实施方案,分阶段、有步骤地开展“三增强”“四热爱”教育活动。8月,民盟市委梳理工作职责,建立正副主委、秘书长分工联系区县和基层组织制度,制定四部二室部门和岗位职责,起草机关干部考核办法,推进领导班子和机关制度建设。

【政治交接学习教育活动】

为了继承和发扬民盟老一辈长期与中国共产党团结合作形成的政治信念、优良传统和高尚风范,增强接受中国共产党领导的自觉性和坚定性,坚持走中国特色社会主义政治发展道路,民盟市委开展为期1年的政治交接学习教育活动。2007年4月,新成立的民盟上海市第十三届委员会全面部署政治交接学习教育活动。成立由主委领衔的领导小组并下设专门办公室;制定颁发“关于开展政治交接学习教育活动的意见”和“实施方案”;主动申请并获民盟中央批准成为全盟两个省级试点单位之一;精心挑选民盟复旦大学、华东师范大学、浦东新区和闸北区4个委员会组织作为民盟市委的先行试点单位。5月,民盟市委在上海市各民主党派中率先召开学习教育活动动员大会,标志着这项活动在全市盟员中全面展开。

本次教育活动的重点对象是领导班子和骨干盟员。民盟市委建立了领导班子专题学习制度,先后邀请民盟中央常务副主席张梅颖、中共中央统战部一局副局长杭元祥、中共市委统战部副部长周箴以及市委党校、上海社会科学院等盟内外专家作辅导报告,学习中共十七大报告精神、胡锦涛总书记“6·25”重要讲话、《中国的政党制度》白皮书,等等。学习期间,领导班子成员根据学习内容,结合盟务工作,畅谈学习体会。举办了3期盟员培训班,共有130位从事参政议政和盟务宣传工作的盟员参加。培训内容以政治交接为主题,重点学习科学理论、统战知识及相关盟务,以提高骨干盟员的政治把握能力、参政议政能力、组织领导能力和合作共事能力。

民盟市委在基层盟员中广泛组织开展学习教育活动,成立宣讲团、推荐学习书目、改版民盟网站、开辟宣传专栏、组织“我与民盟”征文活动、编发《学习资料汇编》《民盟领导人谈多党合作》《民盟英烈》等资料,举办7场“民盟讲坛”系列报告会。4个试点盟组织在学习教育活动中进行了认真探索和积极实践,取得了宝贵经验并通过《简报》和网站在全盟推广,起到了很好的示范和推动作用。

2008年,为进一步固化学习教育活动的成果,建立政治交接长效机制,民盟市委制定《规章制度汇编》，包括领导班子建设、参政议政、组织建设、机关行政工作、机关部室职能和人员岗位职责6个方面共23项规章制度。4月25日，民盟市委举行纪念中共中央“五一口号”发布60周年暨政治交接学习教育活动总结大会，主委郑惠强对学习教育活动做了总结。民盟浦东新区委员会等4个先行试点单位被评为“政治交接学习教育活动先进试点单位”，民盟华东理工大学委员会等9个单位被评为“政治交接学习教育活动先进单位”。

【树立和践行社会主义核心价值体系学习教育活动】

2010年2月，中共中央总书记胡锦涛在党外人士迎春座谈会上对民主党派树立和践行社会主义核心价值体系提出了殷切希望。2010年，在民盟中央统一部署下，民盟市委把树立和践行社会主义核心价值体系与建设高素质参政党、弘扬民盟优良传统、履行参政党职能紧密结合，开展了一系列内容丰富、体现特色的活动。

在树立践行活动中，民盟市委以“民盟讲坛”作为学习辅导平台，多次邀请有关专家作学习辅导报告，举办专题培训班，围绕树立和践行社会主义核心价值体系展开学习讨论。2010年5月28日、8月9日民盟市委分别与上海市社会主义学院、民进市委联合举办社会主义核心价值体系研讨会，深化认识践行社会主义核心价值体系，切实履行参政党职能。2010年11月12日，以纪念活动为契机，民盟市委举办费孝通诞辰100周年等追思纪念活动，缅怀前辈风范。民盟中央常务副主席张宝文来沪参加活动并给予指导。此外，民盟市委以宣传盟内先进人物为抓手，在《上海盟讯》和民盟网站上开辟树立和践行核心价值体系学习专栏和活动宣传专栏，广泛宣传获得国家科学技术大奖的谷超豪院士等先进人物的事迹，弘扬老一代知识分子爱党爱国爱事业的精神。全市各级盟组织还开展了丰富多彩的社会主义核心价值体系“学与行”活动，有的组织理论研讨，有的开展形势报告，有的挂牌成立“实践基地”，取得了良好效果。

【“同心同行”学习教育活动】

2011年1月30日，中共中央总书记胡锦涛在党外人士迎春座谈会上提出，各民主党派、无党派人士要与中国共产党“思想上同心同德、目标上同心同向、行动上同心同行”。

2011年初，民盟市委制定建党90周年和建盟70周年系列纪念活动计划，将其作为深化社会主义核心价值体系“同心同行”主题教育活动的重要内容。2—6月，民盟市委举办“同心同行携手共进——纪念民盟成立70周年征文”活动，撰写优秀征文的青年盟员在5月举办的以“同心同行”为主题的第二届上海民盟青年论坛上发言；4月27日，举行民盟成立70周年暨上海民盟组织建立65周年纪念大会，民盟中央主席蒋树声专程来沪出席；5月26日、8月31日、9月28日、12月1日，分别举行陈望道、陆诒、陶行知、丁善德等民盟老一辈代表性人士的诞辰纪念活动。2011年，出版《民盟总部在沪活动纪实》、反映基层盟员先进事迹的《平凡中的感动》以及制作献礼片《风雨同舟　薪火相传》；挂牌设立民盟一届二中全会旧址、上海周公馆、滨海古园3处民盟（上海）传统教育基地。通过举办系列纪念活动，使广大盟员进一步深化对民盟历史和优良传统的认识，将民盟传统内化为广大盟员自觉的政治认同。

民盟市委还将“同心同行”学习践行活动融入理论学习和研讨之中。2011年，通过“民盟讲坛”平台，围绕共同理想主题，开展学习辅导和专题培训，并组织撰写“再论政治协商制度的法制化”“新中国成立初期中共领导人对民盟的认识”等理论研究课题。

三、传统与盟史教育

【建立民盟传统教育基地】

上海拥有较多民盟传统教育资源。2007 年民盟上海市第十三次代表大会召开后,新一届领导班子提出要以政治交接学习教育活动为契机,建立民盟传统教育基地,并将传统教育基地作为践行"同心"思想的新形式和新平台。2008—2012 年,民盟市委先后在上海 8 处民盟重要人物、活动旧址建立"中国民主同盟(上海)传统教育基地"。

2008 年 5 月 4 日,第一处"中国民主同盟(上海)传统教育基地"在上海龙华烈士陵园(龙华西路 180 号)挂牌。上海龙华烈士陵园安葬有李公朴、曾伟、赵寿先、虞键、焦伯荣、郑显芝、刘启纶、郭莽西八位民盟先烈。

2008 年 9 月 14 日,第二处"中国民主同盟(上海)传统教育基地"民盟上海市组织临时筹备处旧址(原南海花园饭店)在上海评弹团(南京西路 860 弄 1 号)挂牌。1945 年 12 月,民盟前辈肖秉钺将自己投资开设的南海花园饭店的顶楼,免费借给民盟,作为民盟上海市组织的临时筹备处。自民盟上海市支部成立至 1958 年迁出,上海民盟在此地办公达 12 年之久。

2008 年 9 月 24 日,第三处"中国民主同盟(上海)传统教育基地"上海虹桥疗养院旧址在徐汇区中心医院(淮海中路 966 号)挂牌。徐汇区中心医院原为上海虹桥疗养院,1949 年 5 月,国民党特务软禁并企图杀害因病住院的民盟领导人张澜、罗隆基,在周恩来同志的指示下,经中共地下党全力营救,张、罗成功脱险。

2010 年 3 月 30 日,第四处"中国民主同盟(上海)传统教育基地"在青浦福寿园人文纪念公园(外青松公路 7270 号)挂牌。20 世纪 30 年代的抗日救亡运动中,沈钧儒、邹韬奋、章乃器、沙千里等七位爱国志士被国民党当局逮捕入狱,史称"爱国七君子"。"救国会七君子纪念群像"是国内第一座表现"七君子"历史事件的巨型雕像,由费孝通题词。"七君子"中,沈钧儒、史良曾任民盟中央主席,李公朴曾任民盟中央执行委员,沙千里曾任民盟中央常委。

2011 年 4 月 27 日,第五处"中国民主同盟(上海)传统教育基地"民盟一届二中全会旧址在愚园路 1320 号挂牌。民盟中央主席蒋树声出席揭牌仪式并讲话。1947 年 1 月 6—10 日,民盟在此召开一届二中全会,出席会议的中央委员有张澜、沈钧儒、黄炎培、章伯钧、罗隆基、史良、张东荪、邓初民、鲜特生、周新民、李文宜、罗涵先等 36 人。一届二中全会是民盟在国民党撕毁政协协议、召开伪国大、通过所谓《中华民国宪法》、以假民主伪装其独裁专制的历史背景下召开的。会议明确了民盟的政治主张:反对内战,在和平的基础上,实现国家民主。

2011 年 6 月 24 日,第六处"中国民主同盟(上海)传统教育基地"在周公馆(思南路 73 号)挂牌。周公馆是中国共产党代表团在上海设立的办事机构。由于当时国民党的限制,办事处对外称周恩来将军寓所,简称周公馆。1947 年 2 月底,蒋介石下令担任谈判工作的中共代表团从南京、上海、重庆等地全部撤退。3 月 4 日,周恩来致电张澜,商请民盟代管中共在沪、宁、渝等地的财产。1947 年 3 月 19 日—10 月 29 日,"周公馆"成为民盟总部机关办公场所。

2011 年 10 月 18 日,第七处"中国民主同盟(上海)传统教育基地"在滨海古园(奉贤区海湾镇五四农场海古路 755 号)挂牌。滨海古园内葬有十多位来自社会各界的著名民盟人士,还塑有黄炎培、钱伟长、谈家桢、谷超豪等民盟先贤的铜像。

2012 年 9 月 23 日,第八处"中国民主同盟(上海)传统教育基地"在上海院士风采馆(国顺东路

图 2－5－2　2010 年 3 月 30 日，第四处“中国民主同盟(上海)传统教育基地”“救国会七君子纪念群像”在青浦福寿园人文纪念公园挂牌

369 号)挂牌。上海院士风采馆记录了 220 位上海院士的生平事迹，其中苏步青、钱伟长、谈家桢、李国豪、谷超豪、胡和生、吴浩青、高怡生、黄耀曾、嵇汝运、徐祖耀、施教耐、江绍基、贺林 14 位院士是民盟盟员。民盟中央常务副主席张宝文出席挂牌成立活动。

【保护民盟名人故居】

2003 年 12 月 25 日，民盟市委、民盟徐汇区委和徐汇区文化局、文管会在永嘉路 321 弄 8 号举行张澜寓所揭牌仪式。张澜是中国民主同盟创始人之一和民盟杰出领导人。

2006 年 6 月 9 日，沈钧儒、史良旧居在长宁区武定西路 1357—1359 号揭牌成立。沈钧儒、史良都曾在抗日战争和解放战争中，为中华民族的独立、解放和人民民主事业做出过卓越贡献，是爱国民主人士的代表，参与过历史上著名的“七君子事件”。

【盟史教育与同舟之旅】

民盟市委通过举办盟史讲座、盟章研讨会、参观祭扫等活动开展盟史教育，重温多党合作光荣传统。1984 年、1985 年举办了新盟员学习讲座；1987 年在扬州举办了盟章学习研讨会；1988 年在松江举办了盟章修改研讨会。自 20 世纪 90 年代起，民盟市委每年清明组织盟员赴龙华烈士陵园祭扫民盟先贤。2009 年 5 月 25 日，民盟市委在上海龙华烈士陵园隆重集会纪念上海解放 60 周年，并祭扫了李公朴等 8 位民盟英烈。

1995 年 5 月起，民盟市委开设面向新盟员和基层盟员的盟史报告与讲座，截至 2012 年底，共有 5 000 人听取讲座。1996 年 4 月起，民盟市委开展“盟史一日游”活动，组织每季度入盟的新盟员参观上海民盟名人故居和民盟(上海)传统教育基地，通过实地走访民盟旧址了解民盟历史，继承发扬民盟与中共亲密合作的优良传统,坚定正确政治信念和价值追求。2007 年,“盟史一日游”活动更名为“新盟员红色之旅”。2012 年,更名为“同舟之旅”活动。1996 年 1 月—2012 年 12 月底,共有 6 000 人次参加了“同舟之旅”活动。

四、纪念活动

【建盟周年纪念活动】

为纪念民盟上海市组织建立 50 周年,民盟市委先后组织庆祝大会,发行纪念画册并发动盟员开展社会服务活动。1996 年 9 月 24 日在大光明电影院在举办民盟上海市组织建立 50 周年纪念大会,民盟中央主席费孝通,中共市委主要领导,民盟中央副主席丁石孙、冯之浚、吴修平、俞泽猷,市人大常委会副主任孙贵璋,副市长龚学平,市政协副主席王生洪和上海市各民主党派、工商联、各人民团体负责人及上海盟员 1 500 多人出席。中共中央政治局委员、市委书记黄菊发来贺信,民盟中央副主席、民盟市委主委谈家桢在会上讲话。在“为人民服务、为民盟增光”的系列活动中,教育、医卫、法律、金融、商业、园林等系统的盟员积极参加了面向社会大众的咨询活动,文艺界盟员在逸夫舞台举行专场演出,得到广大市民和盟员的好评。民盟市委还编印了纪念画册《肝胆千秋》、摄制了电视资料片《欢庆》,记录了上海民盟半个世纪的历程。

图 2-5-3　1996 年 9 月 24 日,民盟市委举办民盟上海市组织建立 50 周年纪念大会,民盟中央主席费孝通(前中右)、副主席谈家桢(前中左)出席

2001 年 5 月 13 日,民盟市委在云峰剧场举行中国民主同盟成立 60 周年纪念大会。全国人大常委会副委员长、民盟中央主席丁石孙,中共市委副书记罗世谦,民盟中央副主席江景波、张梅颖,市委常委、市委统战部部长黄跃金,市人大常委会副主任、市工商联主席任文燕,市政协副主席、九三学社市委主委谢丽娟,民进市委主委刘恒椽,台盟市委主委石四箴,民盟中央名誉主席谈家桢,市政协原主席李国豪,中共市委统战部副部长陶人观、周箴和上海市其他民主党派负责人莅临大会,上海一千多名盟员出席纪念大会。丁石孙代表民盟中央发言,指出民盟的 60 年是为民族振兴、国家富强奋斗的60年。罗世谦代表中共市委讲话。市人大常委会副主任、民盟市委主委张圣坤在发言中回顾了民盟的光荣历史。

2006年9月16日，民盟市委在上海展览中心友谊会堂举行民盟上海市组织建立60周年纪念大会，全国人大常委会委员、民盟中央主席蒋树声，中共市委副书记罗世谦，市人大常委会副主任、民盟市委主委张圣坤，民盟中央副主席冯之浚，民盟中央名誉副主席吴修平、江景波，市人大常委会副主任包信宝，市政协副主席王荣华，中共市委副秘书长吴汉民，中共市委统战部副部长周富长以及全市900多位盟员代表出席大会。民盟市委组织系列60周年庆祝活动：提出"风雨同舟弘扬民盟精神，肝胆相照履行参政职责"的口号；举办一场大型画展；组织一次文艺演出；开展一次综合咨询；出版一本纪念文集；举办一次"自主创新论坛"；编辑一本纪念画册；开展一次《我与民盟》征文活动；组织一次红色之旅。

图2-5-4　2006年9月16日，民盟市委举行民盟上海市组织建立60周年纪念大会

2011年4月27日，民盟市委在上海戏剧学院举行中国民主同盟成立70周年暨民盟上海市组织建立65周年纪念大会。全国人大常委会副委员长、民盟中央主席蒋树声，中共市委常委、市委统战部部长杨晓渡，民盟中央副主席、市人大常委会副主任、民盟市委主委郑惠强等出席大会并讲话。民盟中央原副主席江景波，民盟中央原副主席、民盟市委原主委张圣坤，市人大常委会副主任、民进市委主委蔡达峰，市政协副主席、致公党市委主委吴幼英，市政府副秘书长王伟，中共市委统战部副部长吴捷等出席，上海500名盟员代表参加会议。蒋树声代表民盟中央、杨晓渡代表中共市委和市委统战部向大会表示热烈祝贺。同日，还进行了新书《民盟总部在沪活动纪实》和上海民盟资料片《薪火传承再铸辉煌》的首发式。此外，民盟市委还开展了"同心同行、携手共进"系列主题活动；主办了"第二届民盟青年论坛"，组织专题征文活动并举办了纪念民盟成立70周年的画展。

【民盟先辈纪念活动】

1999 年 1 月 28 日,市政协、中共市委统战部、民盟市委、市体育运动委员会、麦伦中学校友会在陕西北路 128 号民主党派大厦举行纪念沈体兰诞辰 100 周年座谈会。民盟中央名誉主席谈家桢、民盟市委主委张圣坤、市政协副主席朱达人等出席会议并讲话,充分肯定他在解放战争时期,通过发起组织进步团体"上海各大学民主教授联谊会",积极参加爱国民主运动,以及新中国成立后为教育事业所做的贡献。

2002 年 10 月 21 日,民盟市委在陕西北路 128 号民主党派大厦举行纪念沈志远诞辰 100 周年座谈会。民盟中央副主席江景波、张梅颖,民盟中央副主席、民盟市委主委张圣坤,市政协副主席朱达人、市政协原主席李国豪等出席会议并讲话,充分肯定他早年坚持不懈地传播马克思主义,积极投身爱国民主运动,以及建国初期为上海民盟组织的发展所作的贡献,并对他晚年身处逆境坚持真理表示敬佩。

2006 年 7 月 12 日,民盟市委在陕西北路 128 号民主党派大厦举行纪念民盟先烈李公朴、闻一多殉难 60 周年座谈会。民盟中央副主席、民盟市委主委张圣坤出席并作主题报告。与会同志缅怀了李公朴、闻一多两位烈士的光辉业绩以及当时民盟乃至全社会沉痛悼念李、闻的历史。

2009 年 10 月 13 日,民盟市委在奉贤滨海古园举行谈家桢铜像揭幕仪式,纪念谈家桢诞辰 100 周年。民盟中央副主席张圣坤、李重庵,市委统战部部长杨晓渡、民盟市委主委郑惠强等领导出席仪式,共同缅怀了谈家桢在遗传学学科建设、保护中国人类基因库、教育改革、科技发展等方面所作出的杰出贡献。

2010 年 3 月 30 日上午,民盟市委在青浦福寿园人文纪念公园举行史良诞辰 110 周年暨中国民主同盟(上海)传统教育基地揭牌仪式。民盟中央副主席李重庵、民盟市委主委郑惠强等出席,共同缅怀了史良不断追求时代真理,执着历史责任的一生。同日下午,民盟市委在岳阳路 319 号中科院上海生命科学院信息中心举办纪念史良诞辰 110 周年座谈会。

2010 年 5 月 4 日,民盟市委、中国晚报协会、市新闻工作者协会、文汇新民联合报业集团和中共温州市委等单位在温州市文成县举行纪念赵超构诞辰 100 周年系列活动。民盟市委专职副主委沈志刚出席并讲话,强调在学习和践行社会主义核心价值体系的今天,应该学习和传承以赵超构为代表的民盟前辈的精神传统。

2010 年 11 月 12 日,民盟市委、上海社会科学院、上海大学在淮海中路 622 弄 7 号上海社科院小礼堂共同举办纪念费孝通诞辰 100 周年暨费孝通学术思想研讨会。民盟中央常务副主席张宝文、中共社科院党委书记潘世伟、上海大学副校长李友梅、民盟市委主委郑惠强等出席,表达了对费孝通的无限追思和敬仰之情。随后,与会专家、学者围绕费孝通与社会学、费孝通与上海发展、费孝通与多党合作等议题进行了学术交流。

2011 年 5 月 26 日,复旦大学、民盟市委、上海鲁迅纪念馆、中共义乌市委和市政府在复旦大学联合召开座谈会,纪念陈望道诞辰 120 周年。民盟中央副主席、市人大常委会副主任、民盟市委主委郑惠强,中共复旦大学党委书记、市社联主席秦绍德,复旦大学副校长林尚立,复旦大学新闻学院院长宋超等出席,共同缅怀了陈望道翻译出版《共产党宣言》第一个中文全译本、积极传播马克思主义思想并参与中国共产党的创建,追求民主、科学、进步的一生。同年 1 月 18 日,陈望道家属、民盟市委以及复旦大学师生等 100 人在上海青浦福寿园内陈望道夫妇塑像前举行祭奠仪式。

2012 年 9 月 23 日,民盟市委在复旦大学举行系列活动,纪念苏步青诞辰 110 周年。民盟中央常务副主席张宝文,民盟中央副主席、市人大常委会副主任、民盟市委主委郑惠强,中共复旦大学党

图 2-5-5 2010 年 11 月 12 日,民盟市委、上海社会科学院、上海大学共同举办纪念费孝通诞辰 100 周年暨费孝通学术思想研讨会

委书记朱之文,校长杨玉良出席活动,共同为苏步青铜像揭幕。随后,民盟中央和复旦大学在复旦逸夫科技楼联合举办纪念苏步青诞辰 110 周年座谈会,张宝文、杨玉良出席并讲话,缅怀苏步青在数学界创立国内外公认的微分几何学派的卓著成就,以及培养出谷超豪等 8 位院士方面所作出的突出贡献。

2012 年 10 月 12 日,民盟市委、上海大学、滨海古园在奉贤滨海古园共同举办活动,纪念钱伟长诞辰 100 周年。民盟中央副主席、市人大常委会副主任、民盟市委主委郑惠强,中共上海大学党委书记于信汇出席并致辞,共同缅怀钱伟长在奠定中国近代力学和应用数学研究方面所作的杰出贡献,以国家富强和人民幸福为己任,为多党合作事业和民盟发展不懈追求的一生。

五、理论研究及盟史研究

【理论研究】

1988 年,民盟市委组织一批对统战理论研究有一定学术造诣和研究能力的盟员,成立上海民盟统战理论研究组。1989 年 4 月,在当时上海唯一的权威性统战理论刊物、上海市社会主义学院主办的《上海统战理论研究》上发表第一篇研究成果《坚持、完善、充实和发展共产党领导的多党合作刍议》。1989—2004 年,相继在各类刊物发表《坚持和发展共产党领导的多党合作制度的几点认识》《民主党派肩负党外知识分子工作的重任》《中国的多党合作与社会主义民主政治制度》《加大民主监督力度完善民主监督机制》《关于强化民主党派履行民主监督职能的思考》《谈党派理论研究的功能意识》《上海民盟统战理论研究的昨天、今天和明天》《新型政党制度在宪法中的确立与完善》《新时期统一战线中知识分子地位作用的认识》《试论邓小平新时期统一战线思想》等统战理论研究文章30篇。赵超构的《服从多数,尊重少数》、寿进文的《经济体系改革与统一战线》、殷啸虎的《新型政党制度在宪法中的确立与完善》、张光武的《海外学人与统一战线》、马克烈的《浅议政协的民主监督》、郑惠强的《建立和健全民主党派的参政议政工作机制》、蒋连华的《十六大与西部开发》被收入上海市统战理论研究会《回眸二十年——上海统战理论研究文萃(1983—2003)》。

2008年1月,在上海民盟统战理论研究组的基础上,成立民盟市委统一战线与多党合作理论研究组,编发《理论研究信息》和《理论研究年刊》。2009年12月,"民盟市委统一战线与多党合作理论研究组"更名为"民盟市委多党合作理论与盟史研究会";2010年,改名为"民盟市委参政党理论与盟史研究会"。

自2008年开始,民盟市委根据每年工作重点,围绕多党合作、参政党理论与盟史等热点开展课题调研、学术交流和理论研究活动。内容包括:2008年举办纪念"五一口号"发布60周年、纪念改革开放30周年座谈会;2009年举办"统战经典文献解读"、纪念新中国成立60周年座谈会;2010年组织社会主义核心价值体系学习践行系列活动;2011年结合建盟70周年、中共建党90周年举办风雨同舟70年主题活动、辛亥百年纪念活动;2012年举办纪念中共二大召开暨统一战线思想提出90周年活动等。2010年开始,民盟市委与上海社会科学院每年合作举办文化论坛,至2012年,共举办"纪念费孝通诞辰100周年暨费孝通学术思想研讨会"(2010年第一届)、"风雨同舟70年——中共与民盟合作关系研讨会"(2011年第二届)、"文化自觉——当代中国文化发展的反思与前沿论坛"(2012年第三届)3届文化论坛,并编印3本文化论坛论文集。2008—2012年,共编印5册民盟市委参政党理论与盟史研究年刊,总计100万字。发表研究论文100余篇,承接各部门研究课题10项,其中,2008年、2009年度连续两年荣获民盟中央统一战线和多党合作理论研究课题一等奖。2011年,理论研究课题"民盟在中国宪政史上的地位与作用"和"再论政治协商制度的法制化"分获民盟中央理论研究课题一等奖和市政协理论研究会年度论文评选一等奖。2012年,课题"建国初期中共领导人对民盟的认识"获民盟中央理论研究课题二等奖。

【出版盟史资料】

1986年为中国民主同盟成立45周年和上海民盟组织成立40周年,民盟市委举办图片展览,编撰发行1万册《上海民盟四十年》。

1991年为中国民主同盟成立50周年和上海民盟组织成立45周年,民盟市委拍摄电视片《风雨同舟五十年》。

1996年为民盟上海市组织成立50周年,民盟市委编辑出版《纪念上海民盟五十周年》,编印《肝胆相照》画册。

1999年为第二、三、四届市政协副主席、民盟中央委员、民盟市委常委沈体兰诞辰100周年,民盟市委和上海市政协合作编辑出版《沈体兰纪念文集》。

2001年为中国民主同盟成立60周年和民盟上海市组织成立55周年,民盟市委拍摄电视片《风雨同舟肝胆情》。2005年,民盟市委与香港凤凰卫视合作拍摄《民主之澜》电视片。

2006年为民盟上海市组织成立60周年,民盟市委编辑出版《上海文史资料选辑(上海民盟专辑)》一书,并编印出版《肝胆千秋》画册。

2007—2011年,民盟市委与上海电视台纪实频道《往事》栏目分别合作拍摄《1949民盟大营救》(2007)、《文洁若谈萧乾》(2010)、《史良》(2011)和《陆诒》(2011)。2009年,民盟市委协助中央电视台拍摄《张澜》电视片。

2011年为中国民主同盟成立70周年和民盟上海市组织成立65周年，民盟市委编辑出版《民盟总部在沪活动纪实》一书，并制作“同舟共济，薪火相传”上海民盟资料片。

六、表彰先进

【民盟中央表彰先进】

2003年和2005年，民盟市委在民盟中央开展的宣传工作先进评选中，荣获2003年度和2005年度“宣传工作先进集体”称号。

2004年，民盟中央对盟务工作进行评选，民盟市委荣获2004年度全国盟务工作优等奖。

2005年，民盟中央对全国基层组织进行评选，民盟上海市普陀区委员会、民盟上海市徐汇区委员会、民盟上海市浦东新区委员会荣获“全国基层组织建设先进单位”称号；民盟复旦大学委员会、民盟华东师范大学委员会、民盟上海财经大学委员会、民盟上海市直属综合总支部、民盟上海市交通系统支部、民盟交通银行支部荣获“全国先进基层组织”称号。

2006年，民盟市委荣获民盟中央“盟务工作优等奖”。

2009年，民盟华东师范大学委员会等12个上海民盟基层组织荣获“民盟全国基层组织先进集体”称号。

2011年，民盟中央对全国基层组织和盟员进行评选表彰，民盟浦东新区委员会等29个上海民盟基层组织荣获民盟中央“先进集体”称号，马驰等63名上海盟员荣获民盟中央“先进个人”称号。

表彰社情民意及参政议政工作先进　在2006—2013年民盟中央每年召开的参政议政年度工作会议上，民盟市委分别荣获2005年、2006年、2007年度参政议政和信息工作先进集体二等奖、三等奖和三等奖，并分别荣获2008年、2009年、2010年、2011年、2012年度反映社情民意信息工作先进集体三等奖、二等奖、二等奖、一等奖和二等奖。

2011年，民盟中央首次在全盟开展参政议政测评表彰。民盟市委连续三年荣获民盟中央2010年、2011年和2012年度“参政议政工作先进单位”称号。

【全国层面表彰先进】

1985年，民盟市委主办的法律专科学校“上海民盟法商进修学院”被全国政协评为“民主党派社会力量办学先进集体”。

1994年，上海民盟多学科咨询中心在中共中央统战部和国家民族事务委员会主持召开的“全国智力支边扶贫经验交流暨表彰会”上被评为“全国智力支边扶贫先进集体”。1996年，上海民盟多学科咨询中心在“各民主党派、全国工商联为两个文明建设服务经验交流会”上受到表彰。

【民盟市委表彰先进】

1987年底，民盟市委对全市盟务工作先进进行评选表彰，44个基层组织荣获“盟务工作先进集体”称号，271位盟员荣获“社会主义建设积极分子”称号，257位盟员荣获“盟务工作积极分子”称号，361位盟员荣获“长期从事盟务工作积极分子”称号。

1995年1月，民盟市委召开全市盟务工作先进表彰大会，55个基层组织荣获“盟务工作先进集体”称号，274位盟员荣获“盟务工作积极分子”称号。

1999年4月，民盟市委对全市盟务工作先进进行表彰，54个基层组织荣获“盟务工作先进集体”称号,250 位盟员荣获“盟务工作积极分子”称号。

2004 年 3 月,民盟市委召开全市盟务工作先进表彰大会,51 个基层组织荣获“盟务工作先进集体”称号,253 位盟员荣获“盟务工作积极分子”称号。

2009 年,民盟市委对盟务工作先进进行评选表彰,23 个基层组织荣获“盟务工作先进集体”称号。

2011 年,民盟市委召开中国民主同盟成立 70 周年暨民盟上海市组织建立 65 周年盟务工作先进表彰大会,31 个基层组织荣获“盟务工作先进集体”称号,216 位盟员荣获“盟务工作先进个人”称号。

【市政协、中共市委统战部等表彰先进】

2007—2009 年,市政协每年度对反映社情民意信息工作先进集体进行评选表彰,民盟市委分别荣获“反映社情民意信息工作先进集体”2007 年度三等奖、2008 年度一等奖和 2009 年度一等奖。2010 年开始,市政协对反映社情民意信息工作进行两年度的评选表彰,民盟市委荣获 2010—2011 年度一等奖。

2007—2012 年,市委统战部每年度对统战信息工作先进单位进行评选表彰,民盟市委分别荣获“统战信息工作先进单位”2007 年度三等奖、2008 年度三等奖、2009 年度一等奖、2010 年度一等奖、2011 年度一等奖和 2012 年度特别奖(第一名)。

2011 年,民盟同济大学委员会在对口支援都江堰工作中荣获“上海市突出贡献集体”称号,盟员马莉莉、严健军、谈德彬、郁忠勤等荣获“上海市突出贡献个人”称号。

七、宣传报道

【《上海盟讯》】

上海民盟的机关报《上海盟讯》创刊于 1949 年 7 月 2 日,1966 年 3 月 31 日停刊,在此期间共出版 222 期。1980 年 9 月《上海盟讯》复刊,对开 4 版,每月 1 期。至 2012 年底,《上海盟讯》共出版 632 期。1994 年 8 月,《上海盟讯》进行第一次扩版,扩版后第一版为要闻版,刊登盟务要闻、参政议政等内容;第二版为综合新闻版,以各种栏目反映上海和各地民盟组织及个人的活动情况与精神风貌;第三版为“研究与咨询”“往事与追思”“文萃”“科技与企业”等专版,不定期轮流刊出,第四版为综合性副刊。

1993 年,结合纪念毛泽东诞辰 100 周年,《上海盟讯》开辟“毛泽东的民盟朋友”专栏。1996 年,开辟“盟员论坛”和“学习与思考”专栏,不少民盟组织和盟员积极投稿,交流学习体会。1998 年,开辟基层园地专版,积极反映区(县)、高校等民盟组织的活动情况,密切各级组织与民盟市委的联系。在每月 1 期的基础上,于当年 12 月增加 2 期彩色特刊。2002 年,《上海盟讯》出刊 500 期,民盟市委举行大型座谈会,盟内著名新闻工作者、学者就办好《上海盟讯》进行研讨。2003 年,“非典”疫情使上海面临严峻考验,《上海盟讯》先后编发了 12 期“抗击‘非典’专讯”,及时报道了张镜人、熊思东等盟员和中科院上海分院、复旦大学医学院和中山、瑞金、肺科、曙光等医院及民盟综合支部等民盟组织抗击“非典”的先进事迹。2004 年,《上海盟讯》增刊创刊号正式印发,主要功能为对民盟的思想建设、理论研究、参政议政等工作进行深入拓展报道。2008 年,《上海盟讯》成立新一届编辑委员会。2009 年,时值《上海盟讯》创刊 60 周年,民盟市委举行纪念座谈会,回顾办报历史。2010

年,《上海盟讯》开辟世博专栏,介绍盟员参与世博、为世博奉献的先进事迹;开设树立和践行核心价值体系学习专栏和活动宣传专栏。2012 年,《上海盟讯》新辟"下基层专栏""老主委访谈"等栏目。

【民盟市委网站】

民盟市委网站于 2005 年 9 月试运行,2006 年 2 月正式开通,网址为 http://www.minmengsh.gov.cn。网站旨在成为基层组织和广大盟员学习政治理论,了解盟务动态,相互交流沟通的重要平台。网站设上海民盟、要闻动态、参政议政、社情民意、组织工作、社会服务、理论研究、盟员风采八大栏目,每一栏目下又设若干子栏目。上海民盟栏下设有:历任领导、现任领导、上海民盟概况、民盟章程、历史沿革等子栏目,介绍民盟的历史和现状。盟员风采栏下设有:名人名家、专家学者、人物春秋 3 个子栏目,分别介绍在国内外有影响的领军人物,国内著名学者,各行各业的代表人物及生平事迹。

2007 年,网站进行第一次改版,对原有栏目进行细分,并对版面进行重新设计。改版后网站共有要闻动态、统战要闻、参政议政、思想建设、组织建设、基层动态、社情民意、社会服务、盟员风采和上海盟讯 10 大栏目。2009 年,以《上海盟讯》创刊 60 周年为契机,网站进行第二次改版,修改页面风格,完善栏目设置,改革系统管理权限。同时,建立完善网站管理相关制度,包括例会制度、来稿登记制度等。2009—2010 年,网站开辟世博专栏,介绍盟员参与世博、为世博奉献的先进事迹。2011 年,网站进行第三次调整改版。

【社会新闻报道】

上海市"两会"召开前夕,民盟市委召开新闻发布会,向媒体通报民盟市委一年来的工作概况,介绍"两会"提案、议案、大会发言的准备情况,介绍担任人大代表和政协委员的民盟盟员的参政履职情况。仅 2012 年,在各类新闻媒体中有关民盟市委和民盟盟员的报道就有 450 篇。

第二节　组 织 建 设

一、领导班子建设

1980 年、1984 年、1988 年、1992 年民盟市委换届,先后选举产生民盟上海市第七、八、九、十届委员会,领导班子成员多为教育界专家学者及老一辈的党派领导。1997 年换届后,一批德高望重,数十年与中国共产党风雨同舟、合作共事的老同志从领导岗位上退下来,一批 20 世纪 80 年代入盟、年龄较轻的盟员进入民盟上海市第十一届市委领导班子。

【领导班子交接】

1980 年民盟市委换届,选举产生民盟上海市第七届委员会。领导班子由 1 位主委和 8 位副主委组成(秘书长由专职副主委兼任)。最高年龄 77 岁,最低年龄 57 岁,平均年龄 68.8 岁。

1992 年民盟市委换届,选举产生民盟上海市第十届委员会。领导班子由 1 位主委和 9 位副主委、1 位秘书长组成。最高年龄 83 岁,最低年龄 54 岁,平均年龄 66.6 岁。1995 年 1 月增补副主委 2 人。1996 年 1 月增补副主委 2 人。

1997年民盟市委换届,选举产生民盟上海市第十一届委员会。领导班子成员基本为80年代入盟,由1位主委和9位副主委组成(秘书长由专职副主委兼任),最高年龄65岁,最低年龄55岁,平均年龄60.7岁。1999年12月增补副主委1人。2002年2月增补副主委1人。

2002年民盟市委换届,选举产生民盟上海市委第十二届委员会。领导班子由1位主委和9委副主委、1位秘书长组成。最高年龄62岁,最低年龄40岁,平均年龄54.9岁。2005年9月增补副主委1人。

2007年民盟市委换届,选举产生民盟上海市第十三届委员会。领导班子由1位主委和9位副主委、1位秘书长组成。最高年龄61岁,最低年龄41岁,平均年龄49.9岁。2010年9月增补副主委1人。

2012年民盟市委换届,选举产生民盟上海市第十四届委员会。领导班子由1位主委和9位副主委、1位秘书长组成。最高年龄59岁,最低年龄44岁,平均年龄51.6岁。

民盟市委经过1992年、1997年、2002年、2007年、2012年换届后,一批较年轻、政治素质好、年富力强的盟员进入新的领导班子,2012年与1992年相比,市委领导班子的最高年龄和最低年龄分别下降24岁和10岁,平均年龄下降15岁。

【集体学习会、民主生活会】

民盟市委领导定期参加由市委统战部举办的各民主党派、工商联新年学习会、暑期学习会等,学习重大会议和重要讲话精神,总结党派阶段工作成果,交流工作新思路、新方法和下一阶段的工作目标。

2007年,民盟市委建立领导班子两个月1次的专题学习制度,先后邀请民盟中央常务副主席张梅颖,中共中央统战部一局副局长杭元祥,中共市委统战部副部长周箴,中共市委统战部秘书长徐海鹰,市金融办主任方海星,中共十七大代表包起帆,以及中共市委党校、上海社会科学院等盟内外专家作辅导报告,学习中共中央统战部部长刘延东关于政治交接的讲话、中共市第九次党代会精神、中共市委书记习近平重要讲话、中共中央总书记胡锦涛“6·25”重要讲话和中共十七大报告精神、《中国的政党制度》白皮书等内容。2008—2009年,民盟市委领导班子就科学发展观、“五一口号”、中共十七届三中全会精神、国内外经济形势等专题开展集体学习,并将学习范围扩展至常委会。2010年,民盟市委邀请上海社会科学院和中国浦东干部学院的专家就社会主义核心价值体系作理论辅导报告。2012年,民盟市委领导班子双月集体学习邀请6位民盟市委思想政治工作顾问作关于胡锦涛总书记“7·23”讲话、市第十次党代会以及中共十八大精神等主题学习辅导报告。

2008年,民盟市委制定《领导班子民主生活会实施办法》,并据此执行民主生活会制度。

【学习联席会】

1994年、2002年,民盟市委担任上海8个民主党派市委每两周1次学习联席会的召集单位,负责学习会的组织工作。2010年,民盟市委轮值担任每两周1次学习联席会的召集单位,以开展树立和践行社会主义核心价值体系活动为重要抓手,以促进科学发展为第一要务,把学习践行活动与2010年上海举办世博会相结合,通过特邀报告、学习座谈、专题研讨、工作交流、外出考察等形式,组织17次学习活动,编发10期《上海市各民主党派、工商联学习联席会简报》。

【联系基层】

2003 年，民盟市委正、副主委和秘书长经常到分工联系的区县和直属组织同盟员一起学习、活动，拜访所在单位的统战部和党政领导，沟通情况，交换意见，密切民盟市委与基层组织的联系。

2005 年 4 月，民盟市委建立并实施主委接待日制度。主委接待日制度从以人为本、化解矛盾、共同构建和谐社会出发，充分听取各方意见，加强与基层盟员的联系，指导、推动了基层盟务工作的开展。实行一年后，民盟市委将主委接待日制度和双周座谈会制度相结合，把双周座谈会的范围扩大到市委委员、基层负责人、青年盟员，倾听基层声音，讨论盟务工作，接待来访盟员，听取盟员建言。

图 2-5-6　2008 年 2 月 1 日，民盟市委主委郑惠强(左一)春节期间看望杨浦区盟员退休老教师

2008 年，民盟市委坚持领导班子成员分工联系基层制度并扩大至常委，建立“民盟市委常委联系基层制度”和专兼职领导班子成员的岗位责任制，充分发挥领导班子整体功能以及班子成员的岗位优势、专业特长和工作积极性。2012 年，民盟市委对“领导班子成员和常委参与联系基层制度”进行修订，进一步明确领导班子成员的岗位责任。

二、盟员发展

1977 年，民盟市委恢复活动。1980 年，民盟市委开始贯彻民盟中央关于吸收新盟员以文教为主、中上层为主、大中城市为主的方针，此后盟员发展人数逐年上升。1981 年发展盟员 252 人，1982 年发展盟员 283 人。

1983 年，根据中共中央书记处指示，中共中央统战部与各民主党派市委领导就组织发展等问题进行协商,形成《关于民主党派组织发展座谈会纪要》。《纪要》指出:“民主党派今后仍继续维持原有的重点分工。即:民盟为文教界(着重高等院校)人士……各民主党派的发展对象,仍维持原商定的、以各自所联系的人们中的中上层为主的原则。即发展各自所联系的人们中有一定代表性的人士,并注意在有代表性的中年人中发展。”按照《纪要》精神,民盟市委注重发展文教界特别是高教界知识分子,特别是有一定代表性的中青年知识分子入盟。1983 年发展盟员 509 人,1984 年发展盟员 405 人,1985 年发展盟员 679 人,1986 年发展盟员 525 人,1987 年发展盟员 679 人,1988 年发展盟员 705 人,1989 年发展盟员 781 人。1982—1989 年,盟员年发展率均保持在 10%以上。1990 年后,盟员发展年增长在 5%左右。1992 年底盟员平均年龄由 1983 年底时的 60.74 岁降至 54.17 岁,中上层知识分子占盟员总数的 90%以上。

1996 年,根据《关于民主党派组织发展若干问题座谈会纪要》中“注重政治素质,发展与巩固相结合,有计划地稳步发展”的“三个为主”方针,以及民盟中央“以大中城市为主,以高中级知识分子为主,以从事文化教育工作的知识分子为主”的组织发展方针,民盟市委注重界别特色,稳步发展盟员。1997 年发展盟员 392 人,1998 年发展盟员 521 人,1999 年发展盟员 360 人,2000 年发展盟员 318 人,2001 年发展盟员 334 人,2002 年发展盟员 349 人。2002 年底盟员数为 11 509 人,平均年龄比 1997 年底有所下降。

2002 年换届后,民盟市委确定了坚持政治标准第一,注重吸收政治素质好、知识层次高、工作能力强的中青年知识分子入盟的组织发展目标。2002—2006 年,共发展盟员 1 970 人。2004 年,《关于进一步做好民主党派组织发展工作座谈会纪要》进一步明确组织发展的有关原则和要求。2007 年,民盟市委除确保主体界别优势和传统特色之外,还有针对性地发展经济金融、城市建设、司法等新社会阶层的代表性人士入盟。2009 年,结合民盟中央《关于开展基层组织调研工作的通知》的要求,制定《民盟上海市委 2009—2013 年组织发展规划》,明确发展总体目标、任务和具体措施。2007 年至 2012 年共发展盟员 3 554 人。

2012 年 8 月,民盟市委制定《组织发展五年规划》,提出实施 1030500 计划:发展 10 名左右国家级优秀中青年科学家,30 名左右副处级及以上职务的中层骨干,500 名左右各类青年骨干,通过发展一批高层次代表性人士、担任一定行政职务的中层骨干和各类优秀青年,稳步推进组织发展。

表 2-5-1　1981—1992 年民盟市委发展盟员情况表

单位:人

年　度	1981	1982	1983	1984	1985	1986	1987	1988	1989	1990	1991	1992
发展人数	252	283	509	405	679	525	679	705	781	252	291	348

表 2-5-2　1993—2012 年民盟市委发展盟员基本情况表

年　度		1993	1994	1995	1996	1997	1998	1999	2000	2001	2002	合计
发展人数(人)		471	524	611	633	392	521	360	318	334	349	4 513
女盟员人数(人)		173	191	248	296	176	243	166	156	161	195	2 005
文化程度	大专以上(人)	419	490	588	599	371	500	349	313	328	348	4 305
	比例(%)	89	93.5	96.2	94.6	94.6	96	96.9	98.5	98.2	99.7	95.4

（续表）

年　度		1993	1994	1995	1996	1997	1998	1999	2000	2001	2002	合计
层次分布	中上层人士	449	492	571	587	371	480	329	298	320	329	4 226
	比例(%)	95.3	93.9	93.5	92.7	94.6	92.1	91.4	93.7	95.8	94.3	93.6
	其他(人)	22	32	40	46	21	41	31	20	14	20	287
	比例(%)	4.7	6.1	6.5	7.3	5.4	7.9	8.6	6.3	4.2	5.7	6.4
职称	高级(人)	255	266	294	264	161	225	120	115	132	123	1 955
	比例(%)	54.1	50.7	48.1	41.7	41.1	43.2	33.3	36.1	39.5	35.2	43.3
	中级(人)	190	210	254	303	195	243	202	172	176	186	2 131
	比例(%)	40.3	40.1	41.6	47.9	49.7	46.6	56.1	54.1	52.7	53.3	47.2
年龄结构	平均年龄(岁)	44.2	42.1	40.5	40.2	39.8	38.9	38.7	38.4	38.4	37.2	39.8
	40 岁以下(人)	147	251	319	335	218	321	219	204	217	264	2 495
	41—50 岁(人)	185	161	187	203	112	137	102	80	92	73	1 332
	51—60 岁(人)	137	110	104	94	62	61	38	33	23	11	673
非公有制企业界人士(人)		20	18	28	35	13	22	21	22	26	24	229

年　度		2003	2004	2005	2006	2007	2008	2009	2010	2011	2012	合计
发展人数(人)		352	330	510	429	425	484	528	670	672	775	5 175
女盟员人数(人)		182	176	262	219	218	263	281	350	312	370	2 633
文化程度	大专以上(人)	346	327	507	426	422	478	523	664	666	769	5 128
	比例(%)	98.3	99.1	99.4	99.3	99.3	98.8	99	99.1	99.1	99.2	99.1
层次分布	中上层人士	334	306	479	393	387	456	513	655	660	762	4 945
	比例(%)	94.9	92.7	93.9	91.6	91.1	94.2	97.2	97.8	98.2	98.3	95.6
	其他(人)	18	24	31	36	38	28	15	15	12	13	230
	比例(%)	5.1	7.3	6.1	8.4	8.9	5.8	2.8	2.2	1.8	1.7	4.4
职称	高级(人)	129	115	179	120	123	107	135	127	128	131	1 294
	比例(%)	36.7	34.9	35.1	28	28.9	22.1	25.6	18.9	19.1	16.9	25.0
	中级(人)	191	168	245	220	211	257	257	324	298	306	2 477
	比例(%)	54.3	50.9	48	51.3	49.6	53.1	48.7	48.4	44.3	39.5	47.9
年龄结构	平均年龄(岁)	37.7	36.8	37.6	37.2	37.5	37.1	36.6	36.3	36.7	36.4	37.0
	40 岁以下(人)	252	237	349	301	307	355	383	480	482	567	3 713
	41—50 岁(人)	85	86	139	115	101	116	130	170	174	189	1 305
	51—60 岁(人)	14	7	22	13	17	11	15	20	16	19	154
非公有制企业界人士(人)		24	30	70	52	45	74	92	150	149	208	894

表 2-5-3　1993—2012 年民盟市委发展盟员界别分布情况表

年　度	1993	1994	1995	1996	1997	1998	1999	2000	2001	2002	合计
教育(人)	251	306	355	322	209	285	214	175	213	196	2 526
比例(%)	53.3	58.4	58.1	50.9	53.3	54.7	59.5	55.1	63.7	56.2	56
科学技术(人)	91	85	77	118	66	76	47	57	30	40	687
比例(%)	19.3	16.2	12.6	18.6	16.8	14.6	13.1	17.9	9	11.5	15.2
医药卫生(人)	31	39	56	74	38	60	38	30	18	40	424
比例(%)	6.6	7.4	9.2	11.7	9.7	11.5	10.6	9.4	5.4	11.5	9.4
文化艺术(人)	27	18	18	15	10	27	6	6	6	5	138
比例(%)	5.7	3.4	2.9	2.4	2.6	5.2	1.7	1.9	1.8	1.4	3.1
新闻出版(人)	3	2	7	10	4	12	4	5	5	2	54
比例(%)	0.6	0.4	1.1	1.6	1	2.3	1.1	1.6	1.5	0.6	1.2
公有制经济(人)	36	36	36	39	37	22	11	14	23	22	276
比例(%)	7.6	6.9	5.9	6.2	9.4	4.2	3.1	4.4	6.9	6.3	6.1
非公有制经济　企业界人士	2	2	1	0	0	2	2	0	0	1	10
比例(%)	0.4	0.4	0.2	0	0	0.4	0.6	0	0	0.3	0
其他人员	18	16	27	35	13	20	19	22	26	23	219
比例(%)	3.8	3.1	4.4	5.5	3.3	3.8	5.3	6.9	7.8	6.6	4.9
法律(人)	2	1	0	1	0	1	1	0	1	1	8
比例(%)	0.4	0.2	0	0.2	0	0.2	0.3	0	0.3	0.3	0
政府机关(人)	8	13	20	8	13	14	11	6	11	16	120
比例(%)	1.7	2.5	3.3	1.3	3.3	2.7	3.1	1.9	3.3	4.6	2.7
党派机关(人)	1	5	11	7	1	0	3	3	1	2	34
比例(%)	0.2	1	1.8	1.1	0.3	0	0.8	0.9	0.3	0.6	0.1
团体(人)	1	1	3	3	1	1	4	0	0	0	14
比例(%)	0.2	0.2	0.5	0.5	0.3	0.2	1.1	0	0	0	0
其他(人)	0	0	0	0	0	0	0	0	0	0	0
比例(%)	0	0	0	0	0	0	0	0	0	0	0
年　度	2003	2004	2005	2006	2007	2008	2009	2010	2011	2012	合计
教育(人)	203	183	281	225	231	234	264	267	249	267	2 404
比例(%)	57.6	55.4	55.1	52.4	54.4	48.3	50	39.9	37	34.5	46.5
科学技术(人)	38	36	64	55	53	40	36	46	75	61	504
比例(%)	10.8	10.9	12.5	12.8	12.5	8.3	6.8	6.9	11.2	7.9	9.7
医药卫生(人)	34	21	30	31	35	30	29	32	38	55	335

（续表）

年　度	2003	2004	2005	2006	2007	2008	2009	2010	2011	2012	合计
比例(%)	9.7	6.4	5.9	7.2	8.2	6.2	5.5	4.8	5.7	7.1	6.5
文化艺术(人)	16	14	11	9	10	19	28	36	32	32	207
比例(%)	4.5	4.2	2.2	2.1	2.4	3.9	5.3	5.4	4.8	4.1	4
新闻出版(人)	4	4	9	9	10	11	4	17	12	11	91
比例(%)	1.1	1.2	1.8	2.1	2.4	2.3	0.8	2.5	1.8	1.4	1.8
公有制经济(人)	23	18	20	23	20	39	48	96	81	105	473
比例(%)	6.5	5.5	3.9	5.4	4.7	8.1	9.1	14.3	12.1	13.5	9.1
非公有制经济　企业界人士	1	2	8	5	4	6	9	10	10	8	63
非公有制经济　比例(%)	0.3	0.6	1.6	1.2	0.9	1.2	1.7	1.5	1.5	1	1.2
非公有制经济　其他人员	23	28	62	47	41	68	83	140	139	200	831
非公有制经济　比例(%)	6.5	8.5	12.2	11	9.6	14	15.7	20.9	20.7	25.8	16.1
法律(人)	0	2	3	1	0	0	2	1	1	3	13
比例(%)	0	0.6	0.6	0.2	0	0	0.4	0.1	0.1	0.4	0
政府机关(人)	10	21	20	14	17	35	20	19	28	29	213
比例(%)	2.8	6.4	3.9	3.3	4	7.2	3.8	2.8	4.2	3.7	4.1
党派机关(人)	0	0	1	1	0	1	3	4	3	1	14
比例(%)	0	0	0.2	0.2	0	0.2	0.6	0.6	0.4	0.1	0
团体(人)	0	0	1	9	4	1	2	2	2	3	24
比例(%)	0	0	0.2	2.1	0.9	0.2	0.4	0.3	0.3	0.4	0
其他(人)	0	0	0	0	0	0	0	0	2	0	2
比例(%)	0	0	0	0	0	0	0	0	0.3	0	0

资料来源：表 2－5－1、表 2－5－2、表 2－5－3 分别来源于民盟市委历年工作报告；《民盟续志》（内部出版）；民盟市委组织部盟员信息数据库。

三、后备干部队伍建设

【建立后备干部人才库】

1994 年 6 月，民盟市委初步建立后备干部队伍人才档案。1995 年，民盟市委建立近百人的后备干部队伍人才资料库。2004 年，建立后备干部档案，填写人才履历表，重点对象有人物小传。对人才库实行分类分层和动态管理，及时补充与调整信息。2008 年 11 月，民盟市委制定《民盟市委关于加强领导班子后备干部队伍建设的实施方案》。2010 年，建立参政议政专家和骨干盟员人才库，并按盟内安排、政治安排、实职安排以及参政议政等序列进行分类，实行分级管理。

【成立青年工作委员会】

1995年，民盟市委选拔了一批45岁以下、政治素质好、参政议政能力强、热心盟务的青年盟员，于11月24日成立民盟市委青年工作委员会。同日举办青委会学习班，并赴颛桥进行学习考察。青委会成立后，通过座谈研讨、学习参观、考察联谊等形式，充分发挥青年盟员的骨干作用。1997年4月29日，青委会召开纪念“五四”青年节青年博士座谈会；1997年9月21日，召开部分青年盟员学习中共十五大精神座谈会；1998年8月18日，与杨浦区青年盟员座谈如何开展盟务工作；1998年5月3日，在新客站白玉兰广场举行纪念“五四”青年节上海民盟青年专家大型综合咨询活动；1999年4月30日，与上海大学青年盟员座谈如何发挥青年盟员的作用；2000年4月27日，开展纪念“五四”青年节联谊活动；2002年5月17—19日，青委会全体委员和部分青年盟员赴浙江温州等地进行学习考察；2004年4月21日，在久隆模范中学礼堂举行“播种希望”合作助学育才活动签字仪式，在之后与久隆中学的合作过程中，邀请谷超豪、胡和生、嵇汝运、陈凯先、熊思东、徐方瞿、吴培民、蒋华良、方蕙、殷啸虎、刘刁赟、凌安安等盟内外专家为久隆学生作多次高质量讲座；2004年9月8—9日，组织全体委员学习《中共中央关于进一步加强中国共产党领导的多党合作和政治协商制度建设的意见》文件精神。

青委会委员在本职岗位、盟务工作和参政议政等方面取得了诸多成绩，委员中有多人担任全国和上海的人大代表、政协委员，多人在民盟中央、市级及基层盟务工作中担任要职。委员中有2位获得国家杰出青年科学基金奖，有数人当选国家“863”高新技术计划专家，有多人入选国家“百千万人才”计划第一、二层次，十多人获优秀园丁奖、优秀教师奖等。

【骨干盟员培训】

1984年起，民盟市委经常结合中心任务举办基层干部培训班。1985年7月、8月分别举办2期基层干部培训班，主要内容为：学习新时期统一战线和民主党派的作用、任务以及交流基层盟务工作经验。1989年8月、9月、12月，举办3期干部学习班，学习中共十三届四中、五中全会精神，传达邓小平重要讲话和江泽民在国庆40周年大会上的报告。1990年7月，在苏州洞庭西山举办干部培训班，学习《中共中央关于坚持和完善中国共产党领导的多党合作和政治协商制度的意见》和江泽民在全国统战工作会议上的讲话等。1991年7月、8月，举办2期干部培训班，学习江泽民在庆祝中国共产党成立70周年大会上的讲话和《关于社会主义若干问题学习纲要》。1994年，民盟市委在无锡举办中青年盟员学习班，学习盟章、盟史，交流盟务工作。2007年起，民盟市委每年举办专题培训班，主题包括思想宣传、组织发展、参政议政、社情民意等内容，培训对象包括市委委员、基层组织新任主委、实职干部、新社会阶层、后备干部等中青年骨干盟员。

民盟市委选派各级盟员干部参加中央和上海市社会主义学院、民盟中央举办的培训班、研讨班，组织民盟市委机关干部参加上海市社会主义学院举办的民主党派干部培训班。2000年起，民盟市委每年选派数名盟员参加由中共市委组织部、市委统战部和市委党校举办的党外中青年干部培训班，至2012年，共有71人参加。

【挂职锻炼】

2005年，民盟市委通过宝山区委统战部推荐青年盟员分别赴宝山区规划局、卫生局等单位挂实职锻炼。2008年，推荐青年盟员参加由中共市委统战部和中共宝山区委联合共建的“党外人士挂职基地”锻炼。2011年，推荐青年盟员参加中共市委统战部与浦东新区“党外干部实践基地”挂职锻炼。2008—2012年,民盟市委积极推荐高校和上海社会科学院优秀的青年骨干盟员挂职锻炼,有8位盟员分别在区教育局、卫生局、规划局、文广局、乡镇以及区法院任实职挂职锻炼。参加挂职的盟员在各自岗位上经过锻炼回原单位工作后,有2位盟员分别走上处级工作岗位。

民盟市委通过各种渠道支持、鼓励盟员参加各级政府实职公开招聘和本单位竞争上岗,推荐优秀盟员到政府和司法机关担任实职。有6位盟员相继走上局级工作岗位,他们中有高校副校长、上海社会科学院副所长、银行副行长等。民盟杨浦区委2位盟员通过社会公开竞聘,同时当选静安区体育局副局长和监察局副局长。

四、区(县)和直属基层组织建设

1987年9月,民盟中央召开全国基层组织工作会议,民盟市委传达并贯彻落实会议精神,制定各区县委员会负责人每月1次的联席会和专职干部的月会制度。为加强基层工作,民盟市委为部分区县委员会和市属基层配备了专职干部,部分区委由专职主委或秘书长主持日常工作。

1997年,民盟市委成立区县工作委员会,定期召开区县民盟组织负责人会议,商讨研究盟务工作。民盟市委还通过召开组织工作会议、宣传工作会议、市属组织主委联席会议等形式推动基层组织建设。区县和科技、高教等系统民盟组织开展联合活动,促进了横向联系。

1999年,民盟市委下发《基层组织工作条例》,要求基层组织做到制度化、规范化。

2005年,民盟市委对区域内高校盟员实行原关系所属高校盟组织和现地域所属区县盟组织的双重管理模式,民盟浦东新区区委将区域内的6所高校基层组织纳入双重管理体制,并设置相应联动机制。同年,为推动直属基层更好地开展盟务工作,民盟市委通过"关于直属基层委员会聘任主委助理、秘书的决定",允许在盟员超过150人以上的直属基层委员会聘任1名主委助理或秘书,协助主委开展盟务工作。2006年,民盟市委在闵行、杨浦、普陀等部分区县实行副主委模式,由高校推荐基层盟员进入民盟区委担任主委助理、区委副主委。

2008年被民盟市委定为基层调研年,民盟市委制定调研计划书、调研提纲和调查问卷,分区县、高校、市属、文化新闻出版4个条块召开基层组织负责人和组织委员会议及座谈会,下发回收调研问卷近千份,完成分类总结及《民盟市委基层组织工作调研报告》。在调研基础上制定《民盟上海市委基层组织工作条例》,并首次召开民盟市委基层组织建设工作会议。从2008年开始,按区县、高校、市属和文艺4个条块,每季度召开1次基层组织负责人和组织委员例会,对上一年度、上一季度组织发展工作开展研讨分析。

2009年,经广泛征求各级盟组织的意见,民盟市委制定基层开展盟务工作的量化指标和盟务工作先进集体评选标准,制定《民盟上海市委盟务工作测评表》,由思想建设、领导班子建设、制度建设、参政议政、组织建设和社会服务6部分组成,细分为18小项,以量化形式打分,总分为100分。4月,民盟市委下发《盟务工作先进集体评选办法》《民盟上海市委盟务工作测评表》和《先进集体推荐表》,开展盟务工作先进集体评选活动。

2010年7月,启动民盟松江区委与松江大学城内7所高校的联动,邀请区县和高校的统战部部长作为顾问参与新的区校联动模式的探索。自2011年开始,每年以"松江民盟组织区校合作论坛"的形式,围绕松江区的经济建设和社会发展开展专题研讨。

2011年11月,民盟市委首次创办新任基层主委培训班暨谈心活动,市委主要领导与基层主委一对一谈心,围绕如何当好基层主委和做好盟务工作,畅谈工作思路,相互深入了解。

图 2-5-7　2008 年 2 月 20 日,民盟市委举行区县和直属基层组织老领导新春座谈会

2012 年,民盟市委修订《组织发展程序》和《基层组织工作条例》,进一步加强对基层组织的指导。

五、机关建设

民盟市委机关由专职副主委和秘书长主持工作,实行岗位责任制和目标管理。1991 年起,民盟市委坚持实行机关干部学习制度,开展机关思想政治教育工作,强化机关工作的考核评估。1994 年,民盟市委强调发挥兼职副主委和兼职副秘书长的作用,分别设立参政议政、组织人事、宣传教育、社会服务等领导小组,为民盟市委的决策做好前期研究。7 月,民盟市委对 10 名处级干部(包括调研员)实行聘任制,由主委谈家桢颁发正式聘任书。年中及年底,对机关全体职工进行考评,根据德、能、勤、绩 4 个方面的表现进行综合评定。同年,民盟市委参照《国家公务员暂行条例》逐步将目标管理的考核量化,修订"机关工作纪律""职工考核办法""车辆运行管理""晋升处级以下职务规定"等机关制度。

1993 年,民盟市委开始推进机关办公自动化。1994 年,民盟市委 22 名机关干部和职工参加市级计算机应用培训和现代科学技术基础知识的系列学习。2002 年,完成机关局域网的收、发模块的试运转。2005 年,完成民盟人才资源库软件和民盟市委网站的建设并投入运行。2008 年,机关信息系统建设正式启动,使机关工作网络化程度有所提高。

1997 年 7 月,民盟市委通过中共市委统战部安排机关干部赴区、街道、企业等单位挂职锻炼,至 2012 年有 25 名机关干部参加。2003 年,按照《公务员法》和《公务员管理暂行条例》的要求,积极理顺机关各部门之间的关系,进一步明确干部岗位职责,提高机关工作规范化、程序化的水平;积极探索机关干部人事制度改革,进一步规范并执行干部轮岗、挂职锻炼工作制度,实行干部竞聘上岗。

图 2-5-8　2007 年 12 月 20 日，民盟市委召开机关建设工作会议

2003 年，民盟市委 6 位部室正职负责人进行全面轮岗，机关干部也随之开始轮岗，至 2012 年，共有 40 人次的机关处级、科级干部进行了部室轮岗。2003 年，民盟市委向社会招考录用公务员，至 2012 年，共招录 28 名新任公务员。

2002 年 10 月 20—25 日，民盟北京、天津、上海、重庆直辖市第二次盟务工作交流会在上海举行。民盟中央副主席张梅颖，民盟中央副主席、民盟市委主委张圣坤，中共市委统战部副部长周箴出席。张圣坤致开幕词，张梅颖、周箴在会上讲话。上海、北京、天津、重庆民盟市委先后作大会发言，围绕直辖市民盟组织换届后的政治交接、自身建设以及参政议政等工作进行了交流，随后赴浙江进行考察活动。

从 2003 年开始，民盟市委每年年末召开机关建设会，总结年度机关工作，全体机关干部进行述职评优。2008 年，民盟市委成立青年读书会，拓展学习平台，编辑出版青年读书会《童心》刊物。2008 年，开展"机关文化"主题讨论、组织机关干部当一天志愿者服务民工子弟、借奥运之际开展全民健身、组织机关干部参加纪念改革开放 30 周年知识竞赛和世博知识竞赛等活动。召开机关文化建设工作会议，确立"继承传统勇于创新团结和谐乐于奉献"为民盟市委机关口号。2011 年，民盟市委被评为统战系统"上海干部在线学习城"先进组织单位。同年，经中共上海市市级机关工作委员会、上海市学习型社会建设与终身教育促进委员会办公室考评，民盟市委机关荣获"2010 年度上海市学习型机关创建工作先进单位"称号。2012 年，民盟市委以"走基层，练才干，交盟友，知盟情"为主题，制定机关青年下基层制度，首批 11 名机关青年干部赴民盟区县委员会锻炼，加强与区县基层的联系，提高实际工作能力。

第三节 制度建设

为贯彻民主集中制,健全工作机制,民盟市委以建章立制为抓手,有效推进机关各项工作。自1987年起,民盟市委先后制定会议制度、人事管理制度、档案文书制度、财务管理制度等14项。1993年,增加分工负责制度。2002年,民盟上海市第十二届委员会制定中心组学习制度和联系基层制度。2003年,在机关深入开展"三增强""四热爱"教育活动的基础上,初步形成《民盟市委加强领导班子和机关建设规章制度汇编》。《制度汇编》标志着机关工作的制度化、规范化跨上了一个新台阶。在此基础上,2008年重新修订《民盟市委规章制度汇编》,包括23项规章制度,涉及领导班子建设、参政议政、组织建设、机关行政工作、机关部室职能和人员岗位职责6个方面。

一、领导班子制度

1998年,民盟市委制定《关于加强领导班子建设的几条措施》,要求民盟市委领导班子把学习放在首位,并规定学习内容、要求和方法。2003年,民盟中央下发《关于加强省级组织领导班子建设的意见》,中共市委统战部转发《各民主党派市委关于加强领导班子和机关建设座谈会纪要》,民盟市委据此制定了《民盟市委加强领导班子建设的实施细则》。2007年4月,民盟市委十三届一次主委会通过了关于《加强领导班子建设的若干规定》,完善了领导班子的工作制度,包括学习制度、会议制度、联系基层制度、述职评议制度、分工负责制度。

民盟市委坚持贯彻集体领导和民主集中制原则,依照《领导班子民主生活会实施办法》,每半年举行1次领导班子成员民主生活会。通过述职与评议相结合,建立内部监督和自我约束机制,并遵照《议事规则》完善决策程序,开展相关议事活动。2005年,开始实行双周"主委接待日"制度,发挥专职副主委和兼职副主委的作用。

二、各级会议制度

1987年以来,民盟市委制定了各级会议制度,经过多次完善,建立了会议议事规则,明确各类会议讨论范围。原则上每年召开1次全委会议,每季度召开1次常委会议,每月召开1次主委会议,每周举行1次主委办公会议。此外,还有各专业委员会会议制度、各分管副主委召集的专题会议制度和全体机关人员学习会议制度。

三、基层工作制度

自20世纪70年代末恢复活动以来,民盟市委按照上级文件精神,加强与基层盟员的联系,指导推动基层盟务工作。1996年,以条块结合的形式召开基层负责人联席会议。1999年,民盟市委下发《基层组织工作条例》,要求基层组织做到制度化、规范化。2002年,制定领导班子联系基层制度。2005年,在盟员人数超过150人的委员会内设立主委助理或秘书。2008年,在调研基础上重新制定《民盟上海市委基层组织工作条例》,共9章40条,内容包括基层组织、班子建设、组织发展、后备干部队伍建设等,使基层组织建设有章可循。同年,将领导班子成员分工联系基层制度扩大至常委，建立《民盟市委常委联系基层制度》，建立专兼职领导班子成员的岗位责任制度，充分发挥领导班子成员的岗位优势、专业特长和工作积极性。2012 年，以换届为契机，重新修订《领导班子成员和常委参与联系基层制度》《组织发展程序》《基层组织工作条例》，进一步加强对基层组织的指导，增强基层组织的凝聚力、向心力和影响力。

此外，在基层换届前，都会严格遵循盟章规定，成立换届工作领导小组及工作小组，召开动员会议，制定换届工作方案，确保换届工作平稳有序进行。

四、机关工作制度

机关建设的重点是制度建设，需要根据形势的发展和机关工作实际不断进行修改、补充和完善。1987 年，民盟市委制定机关规章制度 9 项。1990 年开始推行目标管理，实施方案及干部培训考核制度，加强分级管理制度，坚持机关干部学习制度，重视发挥部室负责人的作用。1994 年，修订了“机关工作纪律”“关于晋升处以下职务的规定”“干部考核条例”“车辆运行管理条例”等内部管理制度。同时，对处级干部（包括调研员）开始实行聘任制。1997 年，开始参照《国家公务员暂行条例》来管理和实施机关的各项工作，直至 2006 年民主党派机关正式被列入国家公务员管理。从 2005 年开始，民盟市委机关以落实岗位责任制为抓手，将每年的干部考核和职务晋升结合起来，形成一套公平、合理、科学、规范的考核评比办法，机关干部实行全面轮岗，职级晋升引入竞争机制，提高干部工作的积极性。

2008 年，重新修订的《民盟上海市委规章制度汇编》，包括机关行政管理制度、机关部室工作管理制度和机关工作人员岗位职责管理制度。对原有的文秘、人事、财务、总务和国资管理制度进行补充修订，建立并完善各类会议纪要的编制和发送制度，接通政府公务网，机关各职能部门也根据盟务工作的特点和要求建立相关规章制度。对规范工作程序、明确岗位责任、提高工作效率起到了坚实有力的保障作用。2012 年，为提升干部素质，提高机关服务水平，新增加机关青年下基层制度，锻炼提高青年干部的实际工作能力。

第三篇

中国民主建国会
上海市委员会

中国民主建国会上海市委员会(简称民建市委)是中国民主建国会的地方组织。1946 年 4 月 12 日,民建总会由重庆迁至上海,会址设在雁荡路 80 号中华职业教育社。11 月 10 日民建上海分会成立,与总会同一处办公。1947 年 10 月后,由于国民党政府压迫,民建转入地下,成立上海临时干事会,统一领导总会和上海分会的活动。1949 年 5 月 29 日,上海临时干事会扩大为上海临时工作委员会,负责开展上海地区的工作,会址设在陕西北路 186 号。1953 年 3 月会员大会选举产生民建上海市分会委员会。1956 年 5 月会员大会选举产生民建上海市第一届委员会。1966 年"文化大革命"后,民建市委机关被迫停止办公,活动停止。1977 年 11 月起逐渐恢复活动。

1978—2012 年,共经历了第四至十二届共 9 届委员会。

1978—1987 年,经历四至六届委员会。

"文化大革命"后,民建市委于 1977 年 11 月恢复活动,与市工商联合署办公,时有会员 2 765 人。根据《关于各民主党派组织发展座谈会纪要》要求,确定发展对象为与民建历史上有关系,工作上有联系的工商业、经济工作人士。20 世纪 80 年代,会员不断增多,10 个区工作委员会改建为地方组织(区委员会),各专业局支部改建为工作委员会。至 1987 年底,有会员 4 810 人。

这一时期,民建市委中心工作之一是落实会员政策,协助中共市委和市政府解决"文化大革命"中的冤假错案及历史遗留问题,落实工作安排及清退被查抄财物等。

中共十一届三中全会后,民建市委贯彻"坚定不移跟党走,尽心竭力为四化"行动纲领,把工作重心转移到社会主义经济建设上,学习宣传中共中央的路线、方针、政策。

其间,协商议政工作也相继恢复。1977 年底,民建市委有 9 个专门委员会,全国及市人大代表、政协委员 114 人次。民建市委一方面通过座谈协商向中共提出关于五年规划、十年规划、清理整顿公司、调整物价、房改方案、人才培养等工商经济发展的意见;一方面配合民建中央开展机器设备保养维修情况调研,并就上海民族工业、国营企业、浦东开发开放、生产质量效益、企业债务、深化改革促进企业机制转换等问题展开调研。

1979 年,民建市委、市工商联筹资成立上海市工商界爱国建设公司——改革开放后的大陆首家民营企业;配合经济发展,号召会员认购国库券;联合创办上海工商学院等多所院校。1981 年,民建市委成立国民经济工作咨询服务委员会,承接民建中央、市有关部门,区、局民建组织的专题调研,下基层、赴边远地区开展咨询培训,1987 年,成立"上海经济咨询服务中心"。

1979 年,民建市委与市工商联组织上海市工商界赴港访问,接触了许多香港工商界人士。在 80 年代初形成了港澳同胞、海外侨胞以及外籍友好人士纷纷访沪的热潮。

1988—1996 年,经历七至八届委员会。

1988 年,民建发展对象主要以经济界人士和与经济界有联系的专家、学者中有代表性的中上层人士为主。1996 年,根据《关于民主党派组织发展若干问题座谈会纪要》和民建中央要求,开始适当发展非公有制经济的代表性人士。1990 年后,由于民建、工商联的成员和任务发生变化,民建中央与全国工商联决定分署办公,民建市委单独设立办事机构和机关刊物《上海民建会讯》。民建各区县组织逐步发展升格,各专业局工作委员会随市工商业体制变动调整。至 1996 年底,有会员

6 900 人。

1989 年，制定与实施《中共中央关于坚持和完善中国共产党领导的多党合作和政治协商制度的意见》，上海民建各级组织举办相关学习 500 次。1992 年起，民建市委组织学习邓小平建设有中国特色社会主义理论的有关精神，号召会员坚持“一个中心、两个基本点”的基本路线，为开发浦东，振兴上海，服务全国，面向世界而奋斗。

《中共中央关于坚持和完善中国共产党领导的多党合作和政治协商制度的意见》的制定使中国共产党领导的多党合作事业进入规范化、制度化的新阶段。在参政议政方面，民建市委每年制定调研计划，在完成自主课题和民建中央、市政协、中共市委统战部课题调研基础上，加强与市政府各部门的联系和课题承接；开展“为 1991 年‘质量、品种、效益年’出主意、办实事、作贡献”活动；设立每季度为期 4 天的“议政日”等。其间，就三角债、现代企业制度、国营大中型企业改革、国有企业转换经营机制、职业化企业家队伍建设等问题开展调研、提出意见。一批会员受聘担任“特约(邀)四员”参与民主监督。

民建市委利用自身特色优势，服务经济建设。在会员中开展“五个一”活动；单独或联合创建近 10 家企业；成立上海民建会经济技术咨询中心。1995 年，在延安地区捐建民建希望小学、设立“希望工程”基金。

1989 年，民建市委成立联络委员会，增设联络处，负责接待海外和港澳台地区友人，为引进外资牵线搭桥。

1997—2006 年，经历九至十届委员会。

1997 年，民建市委换届，一批德高望重的老同志从领导岗位退下来，一批年龄较轻的会员进入领导班子。2000 年，民建市委开始成立直属基层委员会。2004 年，根据《关于进一步做好民主党派组织发展工作座谈会纪要》，开始少量发展新的社会阶层人士，包括私营企业主等。2006 年，成立直属崇明县支部，完成区县组织全覆盖，至年底有会员 9 190 人。

这一时期，民建市委以学习邓小平理论和“三个代表”重要思想为主线，学习贯彻中共的基本路线，开展“三增强”“四热爱”学习教育活动和《中共中央关于进一步加强中国共产党领导的多党合作和政治协商制度建设的意见》学习活动。1997 年，成立统战理论研究委员会，开展民主党派自身建设理论和统战理论的研究。1998 年起，陆续修订编印《制度汇编》《市委领导成员联系基层制度》等，推进制度建设。

其间，民建市委就建设南京东路全天候步行街、上海企业集团、债转股工作、上海城市建设资金筹措渠道、崇明开发建设、新一轮国有资产管理体制改革、上海国际金融中心建设、人才培养等经济发展和体制改革问题开展调研、提出建议。2002 年，民建市委开展“为崇明县新发展献计出力活动”，10 次赴崇明调研，与崇明县签约合作项目。2005 年，成立“上海民建经济社会发展研究中心”，创刊《调研建言》。

1997 年，民建市委创立以“让民建服务社会，让社会了解民建”为主旨的大型品牌咨询服务活动和以扶贫帮困为主旨的民建互帮基金。1998 年发生亚洲金融危机，为了发展经济，帮助会员和会员企业渡过难关，民建市委搭建起与企业间联系，与产、学、研联系，与省市间联系的“三座桥”和依托互帮基金的扶贫解忧帮困网、帮助下岗待业会员和会员家属的下岗待业信息网和转岗培训教育网“三张网”。在 1998 年特大洪水和 2003 年“非典”等灾害来临时，上海民建各级组织和会员积极捐资捐物，许多会员赴一线投入抗灾救灾赈灾。

2007—2012 年，经历十一至十二届委员会。

2007 年换届，产生了民建市委最年轻的一届领导班子，平均年龄 52.33 岁。民建市委结合上海“四个中心”建设，进行两轮工作委员会的调整，一批工作委员会调整为基层委员会和直属(总)支部，成立金融、综合、科技、信息等工作委员会。2010 年，成立民建市委监督委员会。至 2012 年底，民建市委有 16 个区委员会和直属崇明县支部，直属(基层)组织 37 个，会员 11 131 人，公有制经济占 52.5%，新的社会阶层人士占 23%。

2007 年，民建市委开展以坚持走中国特色社会主义政治发展道路为主题的政治交接学习教育活动，上海民建网站同时开通。2008 年 4 月，民建市委作为全国民建地方组织和上海市各民主党派的唯一代表在全国民主党派“政治交接主题学习教育活动经验交流会”作大会交流发言。之后陆续开展深入学习贯彻科学发展观、树立和践行社会主义核心价值体系、“同心同行”等学习教育活动。民建市委将 2010 年定为“自身建设年”开展加强自身建设活动。2012 年，制定《民建上海市委关于新形势下进一步加强自身建设的实施意见》，探索参政党自身建设规律和制度化途径。

民建市委围绕上海加快实现“四个率先”和“四个中心”建设，加强参政议政平台建设工作。专门委员会 2 次扩容，至 2012 年，专门委员会规模达到 13 个，成员超过 600 人。2008 年，国际金融危机再度来袭。民建市委开展“建实言、献实策，服务‘四个确保’”活动，成立“四个确保”专题调研组，编写《情况专报》，为中共市委和市政府相关部门提供参考。2008 年、2009 年，民建市委先后创办聚焦中小企业发展的“上海中小企业发展论坛”和聚焦区域经济发展重大课题的“上海民建浦江论坛”。这一时期，民建市委就重点领域民营经济、住房保障机制、上海服务经济发展、上海国际商贸中心建设、“智慧上海”建设、浦东局部自由贸易港城建设等问题开展调研、提出建议，并开展“情系上海，共话发展”等建言献策活动。

民建市委社会服务工作加大了基层拓展力度和对中西部地区的支援力度。2007 年起，大型咨询活动开始与民建区委合作；开展企业进校园招聘活动。2009 年，正式注册成立上海民建扶帮公益基金会，在送温暖送清凉等原有活动基础上，新设广西助学项目(上海民建扬帆班)。2008 年汶川地震中，上海民建各级组织和会员捐款逾 4 000 万元。2008 年，制定迎世博 600 天行动计划，积极参与世博、服务世博。

2010 年，民建市委创办联络工作沙龙，加强互动联系，注重成果转化。2009 年、2012 年，与民建中央、中国老龄科学研究中心、台湾南开科技大学、台湾世新大学等先后联合举办第三届海峡两岸老龄福祉研讨会、第十四届两岸经济系列研讨会。1989—2012 年，共接待海外及港澳台地区友好人士往来 200 批、800 人次。

1978—2012 年，是民建市委在民建中央领导下与中共市委和衷共济、通力合作的一段历史。民建市委以建设中国特色社会主义事业的参政党为目标，在民建优良传统和共同价值理念的引领下，统一思想、健全组织、完善制度、积聚能量，牢牢抓住界别特色，履职尽责、与时俱进、探索创新，成为上海改革开放和经济社会发展的一支重要力量，在实现“两个一百年”奋斗目标、中华民族伟大复兴的中国梦征程中书写新的篇章。

第一章　组　　织

中国民主建国会上海市委员会在“文化大革命”开始后，活动被迫停止，1977年11月，开始逐渐恢复。1978—2012年共经历了第四至十二届共9届市委员会。

第一节　会　　员

《中国民主建国会章程》规定，凡经济界人士以及其他方面的专家学者，愿意履行民建会章，可以申请加入中国民主建国会。民建会员必须热爱祖国，拥护社会主义初级阶段的基本路线，努力为人民服务，为社会主义现代化建设事业服务。

图3-1-1　2009年8月24日，民建市委举办新会员读书班

1977年11月，上海市民建会员总数为2 765人，其中工商业者占80%，其余为非工商业知识分子和少量工商业者家属。1980年后，会员发展速度平稳增长，文化程度有所提升。根据各民主党派关于组织建设的座谈会纪要和民建中央重要文件精神，在保持与经济界密切联系的特色的同时，不断完善组织构成，在发展企业界会员为主的基础上，逐步发展非公有制经济的代表人士、新的社会阶层人士和高校专家学者。1987年底，会员4 810人，平均年龄62.8岁，企业界人士占80.4%；1997年底，会员7 129人，平均年龄56岁，经济界人士占77.4%（其中非公有制经济人士占8.4%）；2007年底，会员9 451人，平均年龄57.8岁，经济界人士占77.7%（其中新的社会阶层人士比例提高,占 18.9%);至 2012 年底会员 11 131 人,平均年龄 56.9 岁,经济界人士占 75.5%(其中新的社会阶层人士占 23%),担任各级人大代表、政协委员的有 474 人。

表 3-1-1 1980—1989 年民建市委会员基本情况表

<table>
<tr><th colspan="2">年 度</th><th>1980</th><th>1981</th><th>1982</th><th>1983</th><th>1984</th><th>1985</th><th>1986</th><th>1987</th><th>1988</th><th>1989</th></tr>
<tr><td colspan="2">会员人数(人)</td><td>2 905</td><td>3 193</td><td>3 347</td><td>3 513</td><td>3 591</td><td>3 888</td><td>4 309</td><td>4 810</td><td>5 274</td><td>5 642</td></tr>
<tr><td rowspan="2">女会员</td><td>人数(人)</td><td>399</td><td>418</td><td>433</td><td>453</td><td>464</td><td>538</td><td>582</td><td>770</td><td>900</td><td>991</td></tr>
<tr><td>比例(%)</td><td>13.73</td><td>13.09</td><td>12.94</td><td>12.89</td><td>12.92</td><td>13.84</td><td>13.51</td><td>16.01</td><td>17.06</td><td>17.56</td></tr>
<tr><td rowspan="2">离退休</td><td>人数(人)</td><td>1 873</td><td>2 047</td><td>2 148</td><td>2 285</td><td>2 388</td><td>2 458</td><td>2 631</td><td>2 644</td><td>2 769</td><td>2 874</td></tr>
<tr><td>比例(%)</td><td>64.48</td><td>64.11</td><td>64.18</td><td>65.04</td><td>66.50</td><td>63.22</td><td>61.06</td><td>54.97</td><td>52.50</td><td>50.94</td></tr>
<tr><td rowspan="2">文化程度</td><td>大专以上(人)</td><td>685</td><td>801</td><td>841</td><td>889</td><td>962</td><td>1 189</td><td>1 510</td><td>1 954</td><td>2 347</td><td>2 750</td></tr>
<tr><td>比例(%)</td><td>23.58</td><td>25.09</td><td>25.13</td><td>25.31</td><td>26.79</td><td>30.58</td><td>35.04</td><td>40.62</td><td>44.50</td><td>48.74</td></tr>
<tr><td rowspan="2">职称</td><td>职称(人)</td><td>156</td><td>192</td><td>221</td><td>247</td><td>236</td><td>442</td><td>808</td><td>1 183</td><td>1 664</td><td>2 290</td></tr>
<tr><td>比例(%)</td><td>5.37</td><td>6.01</td><td>6.60</td><td>7.03</td><td>6.57</td><td>11.37</td><td>18.75</td><td>24.59</td><td>31.55</td><td>40.59</td></tr>
<tr><td rowspan="6">年龄结构</td><td>平均年龄(岁)</td><td>—</td><td>—</td><td>—</td><td>66.73</td><td>66.08</td><td>65.43</td><td>64.01</td><td>62.84</td><td>61.7</td><td>61.51</td></tr>
<tr><td>40 岁以下(人)</td><td rowspan="3">818</td><td rowspan="3">857</td><td rowspan="2">20</td><td rowspan="2">236(55以下)</td><td rowspan="2">155(55以下)</td><td>84</td><td>171</td><td>205</td><td>242</td><td>263</td></tr>
<tr><td>41—50 岁(人)</td><td>139</td><td>348</td><td>640</td><td>898</td><td>1 066</td></tr>
<tr><td>51—60 岁(人)</td><td>822</td><td rowspan="2">2 377(56—70)</td><td rowspan="2">2 377(56—70)</td><td>802</td><td>831</td><td>898</td><td>1 010</td><td>1 123</td></tr>
<tr><td>61—70 岁(人)</td><td>1 490</td><td>1 625</td><td>1 675</td><td rowspan="2">2 863</td><td>1 715</td><td>1 711</td><td>1 662</td><td>1 626</td></tr>
<tr><td>71 岁以上(人)</td><td>597</td><td>711</td><td>830</td><td>900</td><td>1 671</td><td>1 244</td><td>1 356</td><td>1 462</td><td>1 564</td></tr>
</table>

表 3-1-2 1990—2012 年民建市委会员基本情况表

<table>
<tr><th colspan="2">年 度</th><th>1990</th><th>1991</th><th>1992</th><th>1993</th><th>1994</th><th>1995</th><th>1996</th><th>1997</th><th>1998</th><th>1999</th><th>2000</th></tr>
<tr><td colspan="2">会员人数(人)</td><td>5 689</td><td>5 785</td><td>5 955</td><td>6 224</td><td>6 525</td><td>6 679</td><td>6 900</td><td>7 129</td><td>7 494</td><td>7 734</td><td>7 939</td></tr>
<tr><td rowspan="2">女会员</td><td>人数(人)</td><td>1 048</td><td>1 106</td><td>1 151</td><td>1 288</td><td>1 437</td><td>1 528</td><td>1 660</td><td>1 754</td><td>1 922</td><td>2 044</td><td>2 158</td></tr>
<tr><td>比例(%)</td><td>18.42</td><td>19.12</td><td>19.56</td><td>20.7</td><td>22.0</td><td>22.9</td><td>24.1</td><td>24.6</td><td>25.6</td><td>26.4</td><td>27.2</td></tr>
<tr><td rowspan="2">离退休</td><td>人数(人)</td><td>2 878</td><td>2 750</td><td>3 016</td><td>3 256</td><td>3 218</td><td>3 094</td><td>3 920</td><td>2 848</td><td>2 735</td><td>2 764</td><td>3 521</td></tr>
<tr><td>比例(%)</td><td>50.59</td><td>47.54</td><td>51.27</td><td>52.3</td><td>49.3</td><td>46.3</td><td>56.8</td><td>39.9</td><td>36.5</td><td>35.7</td><td>44.4</td></tr>
<tr><td rowspan="2">文化程度</td><td>大专以上(人)</td><td>2 818</td><td>2 950</td><td>3 070</td><td>3 392</td><td>3 671</td><td>3 844</td><td>4 101</td><td>4 368</td><td>4 769</td><td>5 067</td><td>5 129</td></tr>
<tr><td>比例(%)</td><td>49.53</td><td>50.99</td><td>52.18</td><td>54.5</td><td>56.3</td><td>57.6</td><td>59.4</td><td>61.3</td><td>63.6</td><td>65.5</td><td>64.6</td></tr>
<tr><td rowspan="3">层次分布</td><td>中上层(人)</td><td>—</td><td>—</td><td>3 097</td><td>3 693</td><td>4 048</td><td>4 250</td><td>4 758</td><td>4 719</td><td>5 107</td><td>4 460</td><td>5 362</td></tr>
<tr><td>比例(%)</td><td>—</td><td>—</td><td>52.64</td><td>59.3</td><td>62.0</td><td>63.6</td><td>68.9</td><td>66.2</td><td>68.1</td><td>57.6</td><td>67.5</td></tr>
<tr><td>其他(人)</td><td>—</td><td>—</td><td>2 786</td><td>2 531</td><td>2 477</td><td>2 429</td><td>2 142</td><td>2 410</td><td>2 387</td><td>3 274</td><td>2 577</td></tr>
<tr><td rowspan="4">职称</td><td>高级(人)</td><td>723</td><td>757</td><td>798</td><td>968</td><td>1 031</td><td>1 053</td><td>1 081</td><td>1 096</td><td>1 170</td><td>1 208</td><td>1 434</td></tr>
<tr><td>比例(%)</td><td>12.71</td><td>13.09</td><td>13.56</td><td>15.5</td><td>15.8</td><td>15.4</td><td>15.7</td><td>15.4</td><td>15.6</td><td>15.6</td><td>18.1</td></tr>
<tr><td>中级(人)</td><td>1 536</td><td>1 631</td><td>1 719</td><td>2 028</td><td>2 229</td><td>2 399</td><td>2 610</td><td>2 678</td><td>3 075</td><td>3 252</td><td>3 405</td></tr>
<tr><td>比例(%)</td><td>27.00</td><td>28.19</td><td>29.22</td><td>32.6</td><td>34.2</td><td>35.8</td><td>37.8</td><td>37.6</td><td>41.0</td><td>42.0</td><td>42.9</td></tr>
</table>

（续表）

年　度		1990	1991	1992	1993	1994	1995	1996	1997	1998	1999	2000
年龄结构	平均年龄(岁)	61.48	61.79	60.85	60.9	59.5	58.4	57.2	56.0	54.5	54.4	54.4
	40 岁以下(人)	261	250	322	351	511	623	784	950	1 257	1 464	1 165
	41—50 岁(人)	1 067	1 074	1 219	1 290	1 473	1 594	1 720	1 856	2 002	2 114	1 333
	51—60 岁(人)	1 182	1 253	1 324	1 426	1 488	1 531	1 583	1 623	1 662	1 694	2 063
	61—70 岁(人)	1 560	1 492	3 018	1 419	1 410	1 400	1 387	1 369	1 354	1 346	1 297
	71 岁以上(人)	1 619	1 716		1 738	1 643	1 531	1 426	1 331	1 219	1 116	2 081

年　度		2001	2002	2003	2004	2005	2006	2007	2008	2009	2010	2011	2012
会员人数(人)		8 169	8 362	8 602	8 857	9 043	9 190	9 451	9 762	10 084	10 420	10 758	11 131
女会员	人数(人)	2 274	2 378	2 510	2 625	2 728	2 827	2 932	3 117	3 276	3 418	3 566	3 720
	比例(%)	27.8	28.4	29.2	29.6	30.2	30.8	31.0	31.9	32.5	32.8	33.1	33.4
离退休	人数	3 624	3 703	3 807	4 138	4 594	4 310	4 366	4 300	4 225	4 283	4 278	4 229
	比例(%)	44.4	44.3	44.3	46.7	50.8	46.9	46.2	44.1	41.9	41.1	39.8	38.0
文化程度	大专以上(人)	5 635	5 910	6 210	6 530	7 049	7 294	7 606	8 005	8 385	8 783	9 178	9 599
	比例(%)	69.0	70.7	72.2	73.7	77.9	79.4	80.5	82.0	83.2	84.3	85.3	86.2
层次分布	中上层(人)	5 614	5 835	6 058	6 281	6 571	6 811	7 079	7 334	7 554	7 801	8 081	8 311
	比例(%)	68.7	69.8	70.4	70.9	72.7	74.1	74.9	75.1	74.9	74.9	75.1	74.7
	其他(人)	2 555	2 527	2 544	2 576	2 472	2 379	2 372	2 428	2 530	2 619	2 677	2 820
职称	高级(人)	1 484	1 534	1 593	1 651	1 998	2 058	2 097	2 131	2 125	2 224	2 305	2 354
	比例(%)	18.2	18.3	18.5	18.6	22.1	22.4	22.2	21.8	21.1	21.3	21.4	21.1
	中级(人)	3 585	3 721	3 863	4 029	3 947	4 048	4 151	4 302	4 320	4 452	4 577	4 670
	比例(%)	43.9	44.5	44.9	45.5	43.6	44.0	43.9	44.1	42.8	42.7	42.5	41.9
年龄结构	平均年龄(岁)	54.3	54.2	54.1	54.1	58.0	57.9	57.8	57.5	57.3	57.1	56.9	56.9
	40 岁以下(人)	1 386	1 281	1 515	1 380	1 221	1 418	1 526	1 677	1 746	1 831	1 898	1 976
	41—50 岁(人)	1 419	1 502	1 613	1 770	1 915	2 003	2 050	2 089	2 262	2 422	2 609	2 721
	51—60 岁(人)	2 083	2 026	2 043	1 972	1 788	1 793	1 751	1 790	1 794	1 804	1 831	1 951
	61—70 岁(人)	1 289	1 456	1 448	1 633	1 899	1 897	1 985	2 063	2 089	2 092	2 078	2 045
	71 岁以上(人)	1 992	2 097	1 983	2 102	2 220	2 079	2 139	2 143	2 193	2 271	2 342	2 438

说明：“中上层人士”栏中对象为有中、高级专业技术职称的人员，县以上各级人大代表和政协委员，县处级以上职务的干部。

表 3-1-3　1980—1992 年民建市委会员界别分布情况表

年　度	1980	1981	1982	1983	1984	1985	1986	1987	1988	1989	1990	1991	1992
企业(人)	2 379	2 623	2 709	2 868	2 918	3 157	3 480	3 865	4 154	4 430	4 412	4 445	4 522
比例(%)	81.89	82.15	80.94	81.64	81.26	81.20	80.76	80.35	78.76	78.52	77.55	76.84	76.87

(续表)

年　度	1980	1981	1982	1983	1984	1985	1986	1987	1988	1989	1990	1991	1992
财经界(人)	—	—	—	—	—	—	112	54	42	83	90	92	95
比例(%)	—	—	—	—	—	—	2.60	1.12	0.80	1.47	1.58	1.59	1.61
国家机关(人)	135	137	154	162	176	198	146	231	315	238	308	319	324
比例(%)	4.65	4.29	4.60	4.61	4.90	5.09	3.39	4.80	5.97	4.22	5.41	5.51	5.51
大专院校科研单位(人)	57	74	81	89	90	101	146	204	331	398	393	408	417
比例(%)	1.96	2.32	2.42	2.53	2.51	2.60	3.39	4.24	6.28	7.05	6.91	7.05	7.09
其他(人)	334	359	403	394	407	432	425	456	432	493	486	521	525
比例(%)	11.50	11.24	12.04	11.22	11.33	11.11	9.86	9.48	8.19	8.74	8.54	9.01	8.92

表3-1-4　1993—2012年民建市委会员界别分布情况表

年　度		1993	1994	1995	1996	1997	1998	1999	2000	2001	2002
教育(人)		313	265	271	296	307	354	437	513	557	596
比例(%)		5.03	4.06	4.06	4.3	4.3	4.7	5.6	6.46	6.82	7.12
科学技术(人)		225	238	247	243	272	280	306	313	189	191
比例(%)		3.62	3.65	3.7	3.5	3.8	3.7	4.0	3.94	2.31	2.28
医药卫生(人)		195	179	191	197	229	241	257	264	102	112
比例(%)		3.13	2.74	2.86	2.9	3.2	3.2	3.3	3.33	1.25	1.34
文化艺术(人)		—	—	—	11	20	30	31	24	24	24
比例(%)		—	—	—	0.2	0.3	0.4	0.4	0.3	0.29	0.29
新闻出版(人)		28	30	27	27	29	30	33	34	37	36
比例(%)		0.45	0.46	0.4	0.4	0.4	0.4	0.4	0.43	0.45	0.43
公有制经济(人)		4 531	4 765	4 821	4 928	4 918	5 023	5 475	5 539	6 004	5 912
比例(%)		72.8	73.0	72.2	71.4	69.0	67.0	70.8	69.8	73.5	70.7
非公有制经济	企业界人士	—	—	—	36	597	664	68	78	213	298
	比例(%)	—	—	—	0.5	8.4	8.9	0.9	0.98	2.61	3.56
	其他人员	—	—	—	—	—	—	334	192	167	131
	比例(%)	—	—	—	—	—	—	4.3	2.42	2.04	1.57
法律(人)		—	—	—	—	—	—	72	75	84	94
比例(%)		—	—	—	—	—	—	0.9	0.94	1.03	1.12
政府机关(人)		202	208	221	237	264	299	322	350	289	330
比例(%)		3.25	3.19	3.31	3.4	3.7	4.0	4.2	4.41	3.54	3.9
党派机关(人)		106	154	153	110	164	165	167	167	106	106

（续表）

年　度	1993	1994	1995	1996	1997	1998	1999	2000	2001	2002
比例(%)	1.7	2.36	2.3	1.6	2.3	2.2	2.2	2.1	1.3	1.27
团体(人)	30	—	—	55	16	14	15	191	198	222
比例(%)	0.48	—	—	0.8	0.2	0.2	0.2	2.41	2.42	2.65
其他(人)	594	686	748	760	313	394	217	199	199	310
比例(%)	9.54	10.51	11.2	11.0	4.4	5.3	2.8	2.51	2.44	3.71

表 3-1-5　2003—2012 年民建市委会员类别分布情况表

年　度		2003	2004	2005	2006	2007	2008	2009	2010	2011	2012
高等教育(人)		499	523	451	483	510	541	553	576	627	658
比例(%)		5.8	5.9	5.0	5.3	5.4	5.5	5.5	5.5	5.8	5.9
普通教育(人)		137	154	179	183	187	215	227	234	238	248
比例(%)		1.6	1.7	2.0	2.0	2.0	2.2	2.3	2.2	2.2	2.2
科学技术(人)		195	198	239	229	229	237	240	275	343	353
比例(%)		2.3	2.2	2.6	2.5	2.4	2.4	2.4	2.6	3.2	3.2
医药卫生(人)		127	142	325	286	305	267	286	320	341	358
比例(%)		1.5	1.6	3.6	3.1	3.2	2.7	2.8	3.1	3.2	3.2
文化艺术(人)		28	28	46	51	51	56	55	56	57	71
比例(%)		0.3	0.3	0.5	0.6	0.5	0.6	0.6	0.5	0.5	0.6
新闻出版(人)		41	27	47	41	45	52	53	56	54	54
比例(%)		0.5	0.3	0.5	0.4	0.5	0.5	0.5	0.5	0.5	0.5
公有制经济(人)		5 931	6 054	5 309	5 490	5 557	5 637	5 688	5 722	5 731	5 841
比例(%)		68.9	68.4	58.7	59.7	58.8	57.7	56.4	54.9	53.3	52.5
新的社会阶层	私营企业主(人)	—	—	448	490	513	535	567	601	617	651
	比例(%)	—	—	4.9	5.3	5.4	5.5	5.6	5.8	5.7	5.8
	其他人员	—	—	1 257	1 180	1 275	1 404	1 551	1 672	1 786	1 916
	比例(%)	—	—	13.9	12.8	13.5	14.4	15.4	16.0	16.6	17.2
司法机关(人)		—	—	3	3	3	3	3	4	4	4
比例(%)		—	—	0.03	0.03	0.03	0.03	0.03	0.04	0.04	0.03
政府机关(人)		361	336	354	376	393	419	448	476	502	523
比例(%)		4.2	3.8	3.9	4.1	4.2	4.3	4.4	4.6	4.7	4.7
党派机关(人)		105	112	112	115	117	120	121	122	127	127
比例(%)		1.2	1.3	1.2	1.3	1.2	1.2	1.2	1.2	1.2	1.1
团体(人)		223	230	125	116	117	120	116	116	123	122

(续表)

年　度	2003	2004	2005	2006	2007	2008	2009	2010	2011	2012
比例(%)	2.6	2.6	1.4	1.3	1.2	1.2	1.2	1.1	1.1	1.1
其他(人)	314	315	148	147	149	155	176	190	208	205
比例(%)	3.7	3.6	1.6	1.6	1.6	1.6	1.8	1.8	1.9	1.8

说明：1. "国家机关"栏中还包括政协、党派、团体。

2. "非公有制经济"栏中的企业界人士是指独资、合资企业中的私人投资者，其他人员是指在这些企业中工作的工程技术人员、经营管理人员。

3. "新闻出版"栏中对象为党报党刊以外的杂志和已在其他新闻单位工作的成员。

资料来源：民建市委组织部历年会员报表。

第二节　市级组织

一、市委员会

中国民主建国会上海市委员会是中国民主建国会的地方组织，由上海(会员)代表大会选举产生，1980—1992年每四年一届，之后至2012年每五年一届，1980—2012年共历民建上海市第五届至第十二届委员会。其职权是：(1)贯彻上级组织和同级代表大会或会员大会的决议，并定期向上级组织报告工作；(2)听取和审查同级常委会工作报告；(3)审查同级监督委员会的工作报告；(4)讨论并决定本地区会的工作任务；(5)选举主委、副主委、常委，组成常委会；(6)选举同级监督委员会；(7)调整和增选同级委员会的部分委员。

第四届委员会(1965年3月—1980年1月)

主任委员：

胡厥文　魏　如(1966年2月代理)

副主任委员：

荣毅仁　刘靖基　魏　如　陈铭珊　汤蒂因(女)　金学成　祝公健　吴中一　宗之琥

秘 书 长：

祝公健(兼)

常务委员：

丁　忱　王性尧　王洪昌　刘念义　刘念智　刘靖基　成祖荫　孙煜峰　汤蒂因(女)
李柏华　李维棠　吴中一　吴志超　吴明然　杜子云　沈方成(女)　陆慕云　陈清琤
陈铭珊　张士德　张进良　金曰英(女)　金学成　林嘉钰　宗之琥　郎继芳(女)
胡厥文　胡铭绅　荣漱仁(女)　荣毅仁　姚惠泉　祝公健　娄立斋　徐剑英(女)
唐志尧　蒋达宁　董春芳　漆琪生　蔡叔厚　魏　如

委　　员：

丁　忱　王性尧　王洪昌　王兼士　王载非　王鸿文　文先俊　毛啸岑　包燕春
叶　萍(女)　宁思宏　甘源涵　刘念义　刘念智　刘靖基　朱汝翔　朱润生　朱鸿仪
孙煜峰　许汉臣　许兆谷　汤蒂因(女)　成祖荫　何　慕　吴　湄　吴大明　吴士愧

吴中一　吴志超　吴明然　吴逸生　宋保林　宋耀章　李志远　李柏华　李维棠　李嘉源
沈子槎　沈方成(女)　沈云祥　杜子云　陈林祥　陈宝善　陈钟平　陈炳勋　陈清琤
陈铭珊　陈韵明(女)　张　钦　张士德　张今华　张世堂　张进良　张春申　陆慕云
杨拙夫　杨叔铭　杨锡山　严谔声　沃鼎臣　邱文奎　周鸿英(女)　罗　群(女)
罗伯昭　林嘉钰　金曰英(女)　金学成　金瑾芝(女)　庞韦祥　卓碧玉(女)
宗之琥　郎继芳(女)　俞蕴乾　姚惠泉　姜庆湘　姜鉴秋　洪念祖　洪福荣
荣漱仁(女)　荣毅仁　胡凤贞(女)　胡孝扬　胡厥文　胡铭绅　祝公健　娄立斋
唐志尧　徐　炎　徐昭隆　徐剑英(女)　高事恒　钱序葆　顾志成　黄天香　章志鸿
康际武　龚恺元　彭汉恩　葛广富　葛维庵　董幼娴(女)　董春芳　董寅初　蒋达宁
简日林　鲍学仁　鲍金荣　蔡叔厚　漆琪生　魏　如　戴焕禧

第五届委员会(1980 年 1 月—1984 年 4 月)

主任委员:

刘靖基

副主任委员:

陈铭珊　汤蒂因(女)　金学成　祝公健　吴中一　宗之琥　漆琪生　陈清琤　蒋达宁
王洪昌(1983 年 4 月任)

秘 书 长:

祝公健(兼)

常务委员:

丁　忱　王洪昌　王鸿文　文先俊　宁思宏　朱希白　成祖荫　刘靖基　刘念智　吴中一
吴明然　汤蒂因(女)　李柏华　李嘉源　陈　仁　陈林祥　陈清琤　陈铭珊　陆慕云
张士德　张春申　林嘉钰　金曰英(女)　金学成　宗之琥　郎继芳(女)　姜庆湘
祝公健　徐　炎　徐剑英(女)　夏天锦(女)　高事恒　董幼娴(女)　钱序葆
蒋达宁　戴焕禧　漆琪生

委　　员:

丁　忱　丁荣庭　王子建　王洪昌　王鸿文　文先俊　邓碧华(女)　史久华　包燕春
叶　萍(女)　宁思宏　甘源涵　厉始章　乐嗣良　朱克麟　朱汝翔　朱希白　任秉道
成祖荫　成兰亭　戎嘉明　孙　瑜(女)　孙丕晋　孙瑞璜　刘靖基　刘念智　汪　熙
吴大明　吴中一　吴明然　吴逸生　吴沈钇　吴仲信　吴赞廷　李伯龙　李志远
李启龄(女)　李柏华　李嘉源　宋耀章　邱文奎　陈　仁　陈林祥　陈宝善　陈清琤
陈铭珊　陈韵明(女)　陆慕云　庞韦祥　周维本(女)　周鸿英(女)
周素琼(女)　周礼章　罗　群(女)　林嘉钰　金曰英(女)　金学成
金瑾芝(女)　金孑雄　卓碧玉(女)　张　钦　张士德　张世堂　张松坡　张春申
张继宗　洪念祖　洪福荣　宗之琥　郎继芳(女)　俞蕴乾　姚惠泉　姜庆湘　姜岱东
胡铁山　胡凤贞(女)　胡西园　胡孝扬　胡叔常　郑其庚　祝公健　徐又德　徐　炎
徐昭隆　徐剑英(女)　夏天锦(女)　高事恒　高陟君　戚如杲　章松年　许汉臣
许兆谷(女)　许振东　黄伯尧　黄耀忠　郭传棣(女)　康际武　强锡麟　龚恺元
彭汉恩　汤蒂因(女)　贺得哉　董幼娴(女)　程　豪　顾兆清　顾志成　顾锡棠
杨少振　鲍梅倩(女)　漆琪生　荣毅珍(女)　蒋达宁　钱序葆　戴焕禧

第六届委员会(1984 年 4 月—1988 年 5 月)

主任委员:

刘靖基

副主任委员:

陈铭珊　汤蒂因(女)　金学成　宗之琥　漆琪生　王洪昌　董幼娴(女)　张元震

秘 书 长:

王洪昌(兼)

常务委员:

丁　忱　丁荣庭　马涤凡　王鸿文　文先俊　贝竹韵　史久华　宁思宏　朱希白　朱培基　刘念智　沈定良　汪　熙　吴仲信　李柏华　李嘉源　邵企人　陈林祥　陆慕云　金曰英(女)　郎继芳(女)　姜庆湘　荣仁本　徐　炎　徐之河　郭少雄　钱序葆　钱福南　顾志成　黄伯尧　黄耀忠　雷传湛　戴焕禧

委　　员:

丁　忱　丁荣庭　马涤凡　王子健　王兆五　王洪昌　王美艳(女)　王鸿文　文先俊　方之雄(女)　邓碧华(女)　贝竹韵　贝褅华　史久华　史济民　包燕春　甘源涵　宁思宏　叶　萍(女)　厉始章　乐嗣良　朱汝翔　朱克麟　朱希白　朱培基　朱鉴曾　任秉道　成兰亭　戎嘉明　孙　瑜(女)　孙丕晋　刘念智　刘效琨　刘靖基　许汉臣　许兆谷(女)　许振东　汤蒂因(女)　余伟璞　沈本涵　沈定良　沈毓浦　宋耀章　汪　熙　杜庆平　吴大明　吴仲信　吴沈钇　吴逸生　吴逸平　吴赞廷　李伯龙　李志远　李柏华　李启龄(女)　李嘉源　邱海良　邵企人　陈林祥　陈真荣(女)　陈铭珊　陆　勋　陆占江　陆孟津　陆慕云　张　钦　张世荣　张元震　张松坡　张新令　张继宗　张耀奎　杨少振　杨存义　周素琼(女)　周维本(女)　金孑雄　金曰英(女)　金学成　金瑾芝(女)　卓碧玉(女)　宗之琥　郑其庚　郎继芳(女)　经稼炎　胡凤贞(女)　胡孝扬　胡铁山　姜庆湘　姜岱东　俞蕴乾　荣仁本　贺得哉　闻恭良　徐　炎　徐又德　徐之河　徐元洪　徐雪筠(女)　徐昭隆　郭小丹　郭少雄　郭传棣(女)　夏似琦　高陟君　钱序葆　钱福南　钱崇濂　钱嘉福　顾兆清　顾志成　顾宗棠　章松年　戚如杲　龚恺元　曹誉周　黄伯尧　黄耀忠　程　豪　韩炳初　董幼娴(女)　雷传湛　漆琪生　蔡国杰　戴荣华　戴焕禧

第七届委员会(1988 年 5 月—1992 年 7 月)

主任委员:

陈铭珊

副主任委员:

宗之琥　王洪昌　董幼娴(女)　张元震　蒋达宁　王仁中　吴仲信(1990 年 12 月任)

秘 书 长:

顾宗棠

名誉主任委员:

刘靖基

常务委员:

丁荣庭　马仲文　马涤凡　王鸿文　贝竹韵　史久华　朱培基　汪　熙　吴仲信　李柏华

邵企人　邹光正　陈林祥　陆孟津　张善为　金人仲　郎继芳(女)　姜庆湘　桂祖光
徐之河　徐国杰　钱福南　顾志成　黄伯尧　黄耀忠　傅烈成　雷传湛　蔡国杰　戴焕禧

委　员:

丁训静(女)　丁光曜　丁荣庭　马仲文　马涤凡　马鸿南　王一川　王仁中　王兆五
王汝涌　王洪昌　王美艳(女)　王鸿文　方之雄(女)　贝竹韵　贝褅华　史久华
包燕春　叶仲书　叶懋聪　厉始章　乐嗣良　冯春源　朱乃佳　朱克麟　朱培基　戎嘉明
孙　瑜(女)　孙丕晋　刘效琨　连天峰　沈文祥　沈本涵　沈克俊　余伟璞　余梅林
宋关尧　汪　熙　汪兆昌　杜庆平　吴大明　吴才馨　吴仲信　吴国炎　吴逸平　吴惠源
李金香(女)　李柏华　李启龄(女)　邵企人　邹光正　陈业伟　陈庆梁　陈林祥
陈真荣(女)　陈铭珊　陆　勋　陆天雄　陆孟津　张　刚　张元震　张白华(女)
张应葆　张松坡　张冠华　张善为　张耀奎　杨存义　杨根祥　金人仲　金孑雄　金庆祥
金瑾芝(女)　宗之琥　郑学诚　经稼炎　郑其庚　郎继芳(女)　胡祥龙　姜庆湘
姚汶薇(女)　姚祖荫　俞善美　闻恭良　桂祖光　席素珩(女)　徐之河　徐元洪
徐国杰　徐雪筠(女)　徐瑞文　夏似琦　唐齐千　高陟君　郭小丹　郭少雄
钱英芝(女)　钱逢麒　钱崇濂　钱福南　钱嘉福　顾志成　顾宗棠　梁开元　章松年
曹誉周　黄伯尧　黄耀忠　陈　豪　董世骧　董幼娴(女)　蒋大申　蒋达宁　傅烈成
裘为峰　雷伟湛　蔡尔模　蔡国杰　戴荣华　戴焕禧　王宇平(女,1992年3月任)
杨庆源(1992年3月任)　钱康年(1992年3月任)　唐保宁(1992年3月任)

第八届委员会(1992年7月—1997年7月)

主任委员:

陈铭珊

副主任委员:

王洪昌　董幼娴(女)　张元震　蒋达宁　王仁中　吴仲信　顾宗棠　王宇平(女)
郑健龄(1995年8月任)　朱德瀛(1995年8月任)　黄关从(1996年11月任)

秘 书 长:

顾宗棠(兼)

名誉主任委员:

刘靖基

常务委员:

王鸿文　贝竹韵　史久华　陆孟津　张善为　陈庆梁　金人仲　郎继芳(女)　桂祖光
徐国杰　唐保宁　钱福南　黄耀忠　傅烈成　蔡国杰　戴荣华　盛金山(1996年11月任)

委　员:

丁训静(女)　丁光曜　卜家栋　马鸿南　王一川　王仁中　王文亮　王宇平(女)
王美艳(女)　王洪昌　王鸿文　孔庆源　方惠平　贝竹韵　史久华　叶仲书　冯北平
冯春源　朱乃佳　朱关兴　戎嘉明　孙　瑜(女)　刘同钜　刘效琨　沈文祥　沈本涵
沈克俊　宋关尧　吴才馨　吴永年　吴仲信　吴国炎　吴逸平　吴惠源　李　忠(女)
李金香(女)　李辉贵　励良龙　严崇萍(女)　陈业伟　陈庆梁　陈玠杰　陈铭珊
陆天雄　陆永兴　陆孟津　张　刚　张元震　张白华(女)　张有愚　张应葆　张攻非
张冠华　张泓铭　张善为　杨存义　杨庆源　杨根祥　连天峰　金人仲　金庆祥　经稼炎

朗继芳(女)　胡祥龙　姚汶薇(女)　姚祖荫　俞善美　贺志发　桂祖光
席素珩(女)　徐国杰　徐谋宏　徐萱苏(女)　徐新远　徐端文　夏双衡(女)
唐齐千　唐保宁　殷善锷　顾宗棠　钱英芝(女)　钱康年　钱福南　钱嘉福　黄耀忠
彭镇秋　董世骧　董幼娴(女)　傅烈成　蒋大申　蒋达宁　裘为峰　裘果芬(女)
蔡尔模　蔡国杰　戴荣华　陆乃冀(1992年10月任)　陈秋芳(女,1992年10月任)
陈龙武(1992年10月任)　郑健龄(1995年8月任)　朱德瀛(1995年8月任)
黄关从(1996年1月任)　李维屏(1996年1月任)　盛金山(1996年1月任)
唐志祥(1996年1月任)　陶顺根(1996年1月任)　翁研因(女,1996年1月任)

第九届委员会(1997年7月—2002年5月)

主任委员:

黄关从

副主任委员:

顾宗棠　王宇平(女)　郑健龄　朱德瀛　彭镇秋　李维屏(2000年1月任)
陈秋芳(女,2000年12月任)　朱易安(女,2001年12月任)

秘 书 长:

朱德瀛(兼)

名誉主任委员:

陈铭珊

名誉副主任委员:

宗之琥　王洪昌　董幼娴(女)　张元震　蒋达宁　吴仲信

常务委员:

刘志伟　李　忠(女)　李　基　李忠铮　李维屏　杨大安　邱剑吟　张立仁　陈庆梁
陈鸿德　周文彪　高凯生　唐保宁　陶顺根　桂祖光　盛金山

委　　员:

卜家栋　王元中　王宇平(女)　方惠平　孔庆源　朱关兴　朱锡铭　朱德瀛　刘玉坤
刘志伟　刘明建　毕诗浩　严崇萍(女)　李　忠(女)　李　基　李承烈　李忠铮
李明虎　李国振　李维屏　杨大安　杨景懋　吴永年　吴惠源　吴稼乐　邱剑吟　沈国伟
张　健　张立仁　张白华(女)　张有愚　张攻非　张应葆　张泓铭　张冠华　张德远
陆乃冀　陆永兴　陈　坚　陈　其　陈东风(女)　陈龙武　陈庆梁　陈宏民　陈玠杰
陈国琴(女)　陈秋芳(女)　陈鸿德　陈嘉晔　沃国兰(女)　林大钧　金庆祥
周文彪　郑健龄　庞廷惠　胡国胜　姚汶薇(女)　宫慧生(女)　夏双衡(女)
夏善晨　顾宗棠　顾国强　钱英芝(女)　徐谋宏　徐萱苏(女)　高凯生　唐兆琪
唐志祥　唐保宁　陶顺根　翁研因(女)　桂祖光　桂祖达　黄大正　黄关从　黄建清
盛金山　梁立群　梁栋昆　彭镇秋　董世骧　鲍沫西　孔繁玉(女,1998年12月任)
叶肇恺(1998年12月任)　许爱芸(女,1998年12月任)　吴景平(1998年12月任)
周建军(1998年12月任)　胡伯鸿(1998年12月任)　姚祖耀(1998年12月任)
徐志远(1998年12月任)　郭莉萍(女,1998年12月任)　黄　方(1998年12月任)
黄泽民(1998年12月任)　王志雄(2000年1月任)　庄子群(2000年1月任)
查锡良(2000年1月任)　倪语星(2000年1月任)　王　莼(女,2000年12月任)

朱易安(女,2001 年 12 月任)　朱乃佳(2001 年 12 月任)　黄大正(2001 年 12 月任)

第十届委员会(2002 年 5 月—2007 年 3 月)

主任委员:

黄关从

副主任委员:

郑健龄　朱德瀛(2005 年 11 月任)　彭镇秋　李维屏　陈秋芳(女)　朱易安(女)　黄泽民　胡可一　周汉民(2005 年 9 月任)　徐钧健(2006 年 12 月任)

秘 书 长:

吴惠源

名誉主任委员:

陈铭珊

名誉副主任委员:

宗之琥　王洪昌　董幼娴(女)　张元震　蒋达宁　吴仲信　顾宗棠

常务委员:

王志雄　严定邦　吴惠源　张立仁　李　忠(女)　李　基　李忠铮　杨大安　邱剑吟　陈　坚　陈宏民　陈鸿德　周文彪　胡国胜　高凯生　方怀瑾(2005 年 1 月任)　叶肇恺(2005 年 1 月任)　张兆安(2005 年 1 月任)　张浩光(2005 年 1 月任)　赵剑萍(女,2005 年 1 月任)

委　　员:

卜家栋　万雯娟(女)　孔庆源　方怀瑾　方惠平　王　莼(女)　王志雄　叶杭生　叶肇恺　庄子群　朱乃佳　朱关兴　朱易安(女)　朱锡铭　朱德瀛　毕诗浩　许爱芸(女)　严定邦　吴　虹(女)　吴光伟　吴惠源　吴稼乐　宋皓军(女)　张　政　张　健　张立仁　张应葆　张泓铭　张厚伟　张德远　李　忠(女)　李　基　李飞康　李秀清(女)　李忠铮　李维屏　李道清(女)　杨大安　杨景懋　沈国伟　邱剑吟　陆永兴　陆孝民　陈　坚　陈　其　陈宏民　陈国华　陈国琴(女)　陈秋芳(女)　陈鸿德　陈嘉晔　周小弟　周文彪　周建军　周鸣秋　庞廷惠　林大钧　罗乃璋　郑健龄　姜　韧　宣正荣　宫慧生(女)　查锡良　祝志新　胡可一　胡国胜　赵剑萍(女)　钟　滨(女)　倪语星　夏善晨　徐志远　桂祖达　郭莉萍(女)　顾国强　顾晓敏(女)　高凯生　梁立群　梁栋昆　黄　方　黄大正　黄关从　黄建清　黄泽民　彭镇秋　童薇薇(女)　虞哲讯　鲍沫西　王　曦(2005 年 1 月任)　刘立汎(2005 年 1 月任)　汤芷萍(女,2005 年 1 月任)　朱建国(2005 年 1 月任)　李承烈(2005 年 1 月任)　张兆安(2005 年 1 月任)　张先裕(2005 年 1 月任)　张启诚(2005 年 1 月任)　张浩光(2005 年 1 月任)　郑安国(2005 年 1 月任)　周汉民(2005 年 1 月任)　唐仡俊(2005 年 1 月任)　董仲棣(2005 年 1 月任)　程裕东(2005 年 1 月任)　蔡仲曦(2005 年 1 月任)　管宝龙(2005 年 1 月任)　徐钧健(2006 年 12 月任)

第十一届委员会(2007 年 3 月—2012 年 3 月)

主任委员:

周汉民

副主任委员：

王志雄　徐钧健　黄泽民　张兆安　吴景平　陈宏民　葛俊杰　陈秋芳(女,2010年12月止)　钱雨晴(女,2010年12月任)

秘 书 长：

徐钧健(兼)

常务委员：

方怀瑾　刘兴宗　朱建国　汤芷萍(女)　严定邦　张启诚　李　基　杜善金　陈　其　祝志新　钱君律　顾晓敏(女)　梁立群　谢毓敏(女)　魏　建

委　　员：

万雯娟(女)　尤佳秋　方怀瑾　王　曦　王光东　王志雄　冯洪发　卢卫民　叶杭生　任源昌　刘立汎　刘兴宗　孙玉莲(女)　孙敏卿(女)　庄子群　曲延英(女)　朱　钢　朱建国　朱易安(女)　汤芷萍(女)　许中伟　严定邦　吴忠华　吴前进(女)　吴惠源　吴景平　吴稼乐　宋钰勤　宋皓军(女)　张　政　张　健　张兆安　张先裕　张启诚　张国光　张浩光　张德远　李　基　李飞康　李秀清(女)　杜善金　杨志明　汪　庆　沈永铭　沈国伟　贡瑞临　陆永兴　陆孝民　陈　其　陈　琪(女)　陈向峰　陈宏民　陈沈良　陈国华　陈秋芳(女)　麦永懿　周汉民　周鸣秋　林大钧　罗乃璋　茅关兴　郑安国　郑舜华　姚凤英(女)　姜秀峰　查锡良　祝志新　胡可一　钟　滨(女)　倪语星　唐仡俊　唐祖潮　徐志远　徐钧健　徐雪峰　桂祖达　谈建华　郭　立　钱君律　钱雨晴(女)　顾　滨(女)　顾晓敏(女)　曹茂玲(女)　梁立群　黄泽民　嵇人凤(女)　曾乐才　葛俊杰　谢榕榕(女)　谢毓敏(女)　虞哲讯　魏　建　汪　亮(2008年12月任)　柳伟钧(2008年12月任)　周小弟(2010年9月止)　其　实(2010年12月任)　郁敏珺(女,2010年12月任)　管宝龙(2010年12月任)

第十二届委员会(2012年3月—　　)

主任委员：

周汉民

副主任委员：

徐钧健　张兆安　陈宏民　葛俊杰　钱雨晴(女)　胡可一　程裕东　王志雄(2012年8月止)　谢毓敏(女,2012年12月任)

秘 书 长：

徐钧健(兼)

常务委员：

方怀瑾　卢卫民　朱建国　汤芷萍(女)　宋钰勤　张　辉　汪胜洋　陈　其　陈向峰　陈建安　徐雪峰　顾晓敏(女)　曾乐才　谢毓敏(女)　谢榕榕(女)　廖宗廷

委　　员：

卜尔东　尤佳秋　方怀瑾　乐震文　卢卫民　刘俊敏(女)　孙敏杰　朱向阳　朱依纯　朱建国　朱建高　朱忠达　汤芷萍(女)　许中伟　许晓昀　邢培儒　吴咏梅(女)　吴忠华　吴前进(女)　宋钰勤　宋皓军(女)　张　政　张　健　张　辉　张兆安　张饮江　张剑光　张德远　张黎明　李　新　李飞康　李军民　李秀清(女)　杨志明

杨阿国　汪　亮　汪胜洋　沈永铭　苏建新　陈　其　陈　晓　陈　琪(女)　陈向峰
陈宏民　陈沈良　陈建安　其　实　周汉民　林大钧　茅关兴　茅声华(女)
郁敏珺(女)　郑亚萍(女)　金　缨(女)　金冬云　姚　新　姚小刚
姜一冉(女)　姜秀峰　柳伟钧　洪冬英(女)　胡可一　贺子祥　赵　旭(女)
赵红岩(女)　钟茂军　唐祖潮　徐　红(女)　徐国强　徐钧健　徐海蕾(女)
徐雪峰　秦伟华　谈　兵　谈建华　郭　立　郭振华　钱雨晴(女)　顾　滨(女)
顾晓敏(女)　黄慧娟(女)　嵇人凤(女)　曾乐才　温以红(女)　程茂源
程裕东　葛俊杰　蒋　婵(女)　谢毓敏(女)　谢榕榕(女)　廖宗廷　管宝龙
蔡　骏　魏　建　王志雄(2012 年 8 月止)　陈　超(女,2012 年 12 月任)

二、专门委员会

专门委员会是在民建市委领导下的非职能性机构,由民建市委常委会决定设立和调整,具有专业性、研究性、咨询性等特点,其任务是:帮助会员了解各方面特别是国内外经济社会方面的情况和信息;扩大民建市委与各级组织和广大会员的联系,听取和反映会员的意见和呼声,反映社情民意;就民建市委有关方面工作提出建议,就各自所承担的某一方面工作进行调查研究,撰写调研报告和提案,建言献策;就会员关心的问题组织走访、交流、调研等活动,开展专题咨询和研讨;完成民建中央和民建市委交办的调研课题。1980 年,民建市委有 9 个专委会。1997 年,专委会设置中研究性专委会比例有所提高。2000 年 5 月 19 日,民建市委九届十三次常委会议决定对各专门委员会设置作调整和人员充实。2005 年 4 月,增设中青年委员会。2007 年,专委会扩容至 10 个,增设法制研究委员会,合并成立新的财政金融研究委员会。2012 年,专委会再次扩容,教科文卫委员会根据职能细分成立医卫委员会、科教委员会、文化艺术委员会,增设对外联络委员会,专委会规模达到 13 个、600 人。

第四届专门委员会

工业工作委员会

主　任:魏　如
副主任:吴志超　唐君远　汤蒂因(女)　荣鸿仁　张鹤龄

商业工作委员会

主　任:陈铭珊
副主任:吴中一　郭琳爽　孙照明　孙瑞璜　唐志尧　陈清琤

老年工作委员会

主　任:王性尧
副主任:刘念义　朱鸿仪　孙煜峰　姚惠泉　罗伯照　王鸿文

家属工作委员会

主　任:沈方成(女)
副主任:陶敏之(女)　夏天锦(女)　金曰英(女)　唐杏云(女)
　　　　陈韵明(女)　沈庆龄(女)　汪葆华(女)

史料工作委员会

主　任:严谔声

副主任：娄立斋　文先俊　许彦飞　徐梦华　胡治藩　李宝森　杨锡山

上海市工商界学习分会负责人名单

主　委：胡厥文

副主委：刘靖基　丁　忱　祝公健

第五届专门委员会

组织委员会

主　任：祝公健

副主任：陈铭珊　宗之琥　王鸿文　陈　仁　程　豪

(以下为民建市委、市工商联共同设立的专门委员会)

宣教工作委员会

主　任：漆琪生

副主任：蒋达宁　董幼娴(女)　姜庆湘　孙丕晋　钱序葆

生产技术委员会

主　任：孙廷芳

副主任：王雪渔　张春申　张秉谦　王嘉振　郑有荣　陈武卿(1980年12月任)

经营管理委员会

主　任：汤蒂因(女)

副主任：蒋达宁　唐志尧　孙照明　沈祖械　章志鸿　虞贤法　张善章　宁思宏

妇女工作委员会

主　任：郭秀珍(女)

副主任：陶敏之(女)　金曰英(女)　唐杏云(女)　张敏智(女)
杜眉果(女)　李文先(女，1983年7月任)　徐萱寿(女，1983年7月任)

对台宣传工作委员会

主　任：陈清琤

副主任：董幼娴(女)　孙丕晋　李宝森(1980年4月任)　李立侠(1980年4月任)
周　浚(1982年4月任)　黄山涛(1982年4月任)

史料工作委员会

主　任：金学成

副主任：张今华　文先俊　李宝森　许振东　孙丕晋(1980年4月任)
周节之(1983年7月任)

信访工作委员会

主　任：陈铭珊

副主任：陶敏之(女)　孙照明

咨询服务委员会

主　任：刘靖基

副主任：唐君远　杨延修　丁　忱　陈铭珊　高　方　朱博泉　陈武卿(1982年4月任)

第六届专门委员会

宣教工作委员会

主　任：董幼娴(女)

副主任：夏炎德　李柏华　戴焕禧　吴茂陵　钱序葆　丁荣庭　王泰生

组织工作委员会

主　任：陈铭珊

副主任：王洪昌　文先俊　黄耀忠　徐雪筠(女)　史久华　章松年　邱衡约
　　　　姜岱东(1986年2月任)

经济研究委员会

主　任：姜庆湘

副主任：陆慕云　王洪昌　杨锡山　蔡体铨　吴仲信

(以下为民建市委、市工商联共同设立的专门委员会)

经济咨询委员会

主　任：诸德耀

副主任：唐志尧　王鸿文　钱序葆　张善章　苏祖尧　张世堂

科学技术委员会

主　任：孙廷芳

副主任：张元震　王雪渔　叶仲若　荣仁本　张秉谦　王嘉振　吴沈钇

培训工作委员会

主　任：汤蒂因(女)

副主任：孙丕晋　李志远　程　豪　邵企人　杨天龄　孙照明(1984年7月任)

妇女工作委员会

主　任：郭秀珍(女)

副主任：陶敏之(女)　金曰英(女)　唐杏云(女)　张敏智(女)
　　　　杜眉果(女)　李文先(女)　徐萱寿(女)　陈真荣(女)

对台宣传工作委员会

主　任：宗之琥

副主任：董幼娴(女)　李立侠　周　浚　黄山涛　雷传湛

史料工作委员会

主　任：祝公健

副主任：张今华　孙丕晋　陈述曾　许振东　周　浚　黄辉实　周节之

第七届专门委员会

宣传委员会

主　任：蒋达宁

副主任：丁荣庭　李柏华　张善为　唐齐千　黄伯尧　戴焕禧

组织委员会

主　任：王洪昌

副主任：史久华　邹光正　陆孟津　章松年　黄耀忠　蔡国杰

经济研究委员会

主　任：姜庆湘(1990年6月止)　顾宗棠(1990年6月任)

副主任：吴仲信　金人仲　桂祖光　徐雪筠(女)　顾宗棠　潘介人

联络委员会

主　任：董幼娴(女)

副主任：沈祖棫　马仲文　王仁仲　王兆五　王宇平(女)

科学技术委员会

主　任：张元震

副主任：荣仁本　王嘉振　余益年　庞延斌

会史委员会

主　任：宗之琥

副主任：董幼娴(女)　何萼梅　周　庚　姜庆湘　吴大明　胡实声　朱希白　李柏华

(以下为民建市委、市工商联共同设立的专门委员会)

培训工作委员会

主　任：孙廷芳

副主任：孙丕晋　顾永熙　李志远　邵企人

老年工作委员会

主　任：孙照明(1990年9月止)　孙廷芳(1990年9月任)

副主任：张敏智(女)　陆善余　邵鹤年　朱克麟　蒋达宁(1990年9月任)

第八届专门委员会

组织委员会

主　任：吴仲信

副主任：史久华　朱德瀛　邹光正　陆孟津　黄耀忠　傅烈成　蔡国杰

宣传委员会

主　任：蒋达宁

副主任：丁荣庭　刘世俊　李柏华　张攻非　张善为　黄伯尧　戴焕禧

会史委员会

主　任：宗之琥

副主任：朱希白　朱克麟　吴大明　周　庚　胡实声　章松年　程　豪　董幼娴(女)

经济研究委员会

主　任：顾宗棠

副主任：张有愚　张鸿铭　岳　鲁　桂祖光　唐齐千　彭镇秋　蒋鸿礼

联络委员会

主　任：王仁中

副主任：马仲文　王兆五　王宇平(女)　汪　熙　吴仲信　沈祖棫

科学技术委员会

主　任：张元震

副主任：王嘉振　余益年　金人仲　庞延斌　荣仁本

大专院校委员会

主　任：王宇平(女)

副主任：庞延斌　唐保宁　殷善锷　徐雪筠(女)　章汝荣

女会员委员会

主　任：董幼娴(女)

副主任：李　忠(女)　陈秋芳(女)　张白华(女)　张妙珍(女)　唐长馥(女)　翁研因(女)

第九届专门委员会(1997年7月—2000年5月)

法制研究委员会

主　任：陈铭珊

副主任：张立仁　陈东风　蒋鸿礼

企业改革研究委员会

主　任：王洪昌

副主任：沈本涵　陈庆樑　高凯生　桂祖光　蔡国杰

综合经济研究委员会

主　任：王仁中

副主任：陈　坚　钱嘉福　徐家渊　黄泽民

经济理论研究委员会

主　任：陈宏民

副主任：李国振　吴稼乐　唐齐千

统战理论研究委员会

主　任：吴仲信

副主任：吴景平　夏善晨　傅烈成

社会服务委员会

主　任：宗之琥

副主任：刘玉坤　刘鼎照　邱剑吟　余永真　范建中

科技委员会

主　任：张元震

副主任：张念椿　唐保宁　魏国强

老年工作委员会

主　任：蒋达宁

副主任：史久华　陆孟津　黄耀忠

妇女委员会

主　任：董幼娴(女)

副主任：李　忠(女)　陈秋芳(女)　沃国兰(女)　赵剑萍(女)

(调整后第九届领导成员名单2000年5月—2002年5月)

政策研究委员会

主　任：严定邦

副主任：叶杭生　冯洪发　陈庆樑　陈宏民　宫慧生(女)　屠梅曾　傅钧文

经济研究委员会

主　任：吴光伟

副主任：朱　达　李梦甦　陈国庆　桂祖达　桂祖光　顾孟迪　唐齐千　葛俊杰

金融研究委员会

主　任：刘明建

副主任：李德辉　张　伟　陈　坚　罗乃璋　徐志远　黄大正　黄泽民

统战理论研究委员会

主　任：吴仲信

副主任：吴景平　夏善晨　傅烈成

教科文卫体委员会

主　任：孔庆源

副主任：孙达成　余永真　陈嘉晔　庞延斌　胡志麟　查锡良　钱君律　倪语星　高天正　唐保宁　梁　建　谢荣生

社会服务委员会

主　任：周文彪

副主任：史　强　刘鼎照　李相才　邱剑吟　张立仁　南　民　赵增川　夏英宗

企业委员会

主　任：高凯生

副主任：王元中　方国强　白晓江　刘玉坤　刘鼎照　李飞康　邹军利　宋　伟　陈秋芳(女)　武剑华　周小弟　胡国胜　钱永伟　高天乐

老年委员会

主　任：蒋达宁

副主任：陆孟津　黄耀忠

妇女委员会

主　任：王宇平(女)

副主任：冯雅芬(女)　李　忠(女)　沃国兰(女)　陈秋芳(女)　赵剑萍(女)　傅正建(女)

第十届专门委员会

政策研究委员会

主　任：严定邦

副主任：方怀瑾　冯洪发　叶杭生　关保英　张浩光　李秀清(女)　陈庆樑　陈明旺　俞妙根　屠梅曾

经济研究委员会

主　任：吴光伟

副主任：朱　达　朱　涛　张　政　李梦甦　汪　亮　陈国庆　陈建安　徐钧健　桂祖达　顾孟迪　葛俊杰

金融研究委员会

主　任：刘明建

副主任：张　伟　李德辉　贡瑞临　陈　坚　其　实　罗乃璋　胡承凯　徐志远　黄大正　黄星洲(女)　傅钧文　谢毓敏(女)

统战理论研究委员会

主　任：吴景平

副主任：朱乃佳　李　基　沈志义　陈鸿德　祝志新　夏善晨　奚子龙　龚稚蓉(女)

教科文卫委员会

主　任：孔庆源

副主任：孙达成　吴稼乐　陈绍官　陈嘉晔　周星增　庞延斌　宣正荣　查锡良　胡志麟　倪语星　钱君律　梁　建　彭少成　谢荣生

社会服务委员会

主　任：周文彪

副主任：任源昌　何晓俭　张立仁　张泓铭　李相才　杨良骐　邱剑吟　陈明旺　奚子龙　桂祖达　管宝龙

企业委员会

主　任：周小弟

副主任：尹文明　方国强　王元中　包　涵　白晓江　刘玉坤　刘振光　刘鼎照　李飞康　邹军利　武剑华　范娟芬(女)　南　民　胡国胜　钱永伟　高天乐　葛俊杰　董荣亭

老年委员会

主　任：顾宗棠

副主任：陆孟津　桂祖光　黄耀忠　傅烈成

妇女委员会

主　任：万雯娟(女)

副主任：李　忠(女)　沃国兰(女)　范娟芬(女)　姚凤英(女)　姚爱棣(女)　胡志凤(女)　赵剑萍(女)　钟　滨(女)　钟元秋(女)　傅正建(女)

中青年委员会(2005年4月增设)

主　任：周汉民

副主任：方怀瑾　张先裕　吴春宁(女)　陈　真(女)　陈　琪(女)　陈静怡(女)　倪　涛　顾晓敏(女)　曹　丹　曾乐才

第十一届专门委员会

统战理论研究委员会

主　任：陈建安

副主任：王光东　叶肇恺　刘立汎　朱守惠　陈向峰　姚凤英(女)　祝志新　赵　旭(女)　倪怀宝(女)　谢识予

经济研究委员会

主　任：吴光伟

副主任：王如忠　冯洪发　邢元志　李梦甦　汪　亮　汪洪涛　林　锋　顾孟迪　黄罗维　傅钧文

财政金融研究委员会

主　任：杨成长

副主任：刘承祖　许珊燕(女)　吴　燕(女)　张　伟　沈建伟　其　实　侯青松　徐旭初　徐耀生　常建芳(女)　梁卫彬(女)

法制研究委员会

主　任：王　曦

副主任：毛国平　叶杭生　平海兵　关保英　孙晓屏(女)　江　宪　吴家毅　李秀清(女)　邹佳莱　俞妙根　夏善晨

企业委员会

主　任：周小弟(2009 年 12 月止)　郭　立(2009 年 12 月任)

副主任：王久林　卢伟光　刘振光　孙贴成　朱　钢　李飞康　邵隆图　陆　明　陈　晓　陈田忠　周明昌　林　勇　武剑华　范娟芬(女)　郁敏珺(女)　奚子龙　徐国强　郭　立　屠昌忠　梁明华(女)　董荣亭　鲍沫西　魏　东

社会服务委员会

主　任：马国湘

副主任：白晓江　任源昌　孙敏卿(女)　朱忠达　张立仁　张黎明　杨良骐　陆　腾　陈启刚　周德荣　徐建芳　桂祖达　谈建华　高秋生　管宝龙　樊志高

教科文卫委员会

主　任：钱君律

副主任：刘常科　朱　音(女)　朱　莉(女)　吴稼乐　张　健　张艺军　张国华　陈国庆　麦永懿　郑舜华　宣正荣　查锡良　倪语星　钱耀琴(女)　章国瑛　董明霞(女)　谢荣生　鲁　军　谭文松

中青年委员会

主　任：钱雨晴(2011 年 7 月止)　程裕东(2011 年 7 月任)

副主任：方立新　王　琴(女)　王以群(女)　史吉平　龙　婷(女)　任崇光　刘　勇　池晓彬　吴春宁(女)　张　迅　张立红(女)　张显东　杨阿国　陈　琪(女)　陈丽琼(女)　徐　红(女)　郭振华　章　引(女)　黄　耀　黄天红　董力耘　楼宇谷　蔡　骏

妇女委员会

主　任：万雯娟(女)

副主任：张伟玲(女)　陈　玲(女)　金　缨(女)　姚　远(女)　钟元秋(女)　徐海蕾(女)　黄星洲(女)　蔡文青(女)

老年委员会

主　任：顾宗棠

副主任：刘同钜　张善为　陆孟津　桂祖光　梁栋昆　黄伯刚　傅烈成

第十二届专门委员会

统战理论研究委员会

主　任：姚凤英(女)

常务副主任：唐祖潮　陆孝民

副主任：毛　韬　史吉平　刘立汎　刘兴宗　朱守惠　邢培儒　张雪云(女)　李　基　赵伟馨(女)

经济研究委员会

主　任：陆　铭

常务副主任：陈海林　汪　亮

副主任：丁祖昱　王伟国　王如忠　冯洪发　孙　琳(女)　江海洲　邢元志　李　新　李梦甦　杨来科　汪洪涛　陆雄华　陈　琪(女)　林　锋　顾孟迪　黄罗维　傅钧文　谢识予　裔徐炯

财政金融研究委员会

主　任：杨成长

常务副主任：邵　荣　许珊燕(女)

副主任：刘承祖　朱军勇　吴　燕(女)　张　伟　张玉峰　杜云峰　沈建伟　陈　岗　周炜星　范忠山　侯青松　徐旭初　徐志远　郭燕玲(女)　黄晓明　崔晓春　常建芳(女)　梁卫彬(女)　潘　昶

法制研究委员会

主　任：李秀清

常务副主任：邵　荣　江　宪　叶杭生

副主任：王莲峰(女)　毛国平　关保英　孙晓屏(女)　吴家毅　吴静静(女)　张晏维　邹佳莱　陈婉玲(女)　陈慧颖(女)　赵立行　洪冬英(女)　曹艳春(女)　黄宁宁

企业委员会

主　任：马国湘

常务副主任：顾怡雯(女)　郭　立

副主任：丁明峰　王久林　王亦鸣　车建芳(女)　叶维琪　冯金安　卢伟光　全　泽　刘振光　孙贴成　孙晋忠　许金勇　张　政　张锡森　张黎明　李飞康　陆　明　陈　晓　季宝红　林　勇　武剑华　郑良贤　周明昌　施永雷　唐天林　徐建芳　秦伟华　秦辉东　袁国良　黄俊豪　屠昌忠　喻建华　虞　钢　管宝龙

社会服务委员会

主　任：徐国强

常务副主任：徐志明　姜一冉(女)

副主任：孙玉莲(女)　孙敏卿(女)　朱忠达　李宝玉　李相才　陈启刚　侯义宏　唐健盛　谈建华　高秋生

医卫委员会

主　任：张少明

常务副主任：顾怡雯(女)　王剑云

副主任：王桂松　孙　安　孙小丰　朱　莉(女)　刘　晨　江伟骏　严文洪　李　奋　李兴华　何建蓉(女)　张　晖(女)　张　强　陆爱国　陆建平　陈一鸣　陈会文　陈培丽(女)　金晓杰　郑　宁　郑　森　郑舜华　徐建江(女)　郭文毅　董宇启　傅兰玲(女)　鲁　军　温沁竹(女)　蔡　骏

科教委员会

主　任：钱君律

常务副主任：林永建　苏剑波

副主任：万建军　刘天西　刘常科　朱向阳　朱依纯　张饮江　李红词　李建国

来月霞(女)　汪世龙　林挺庆　胡德生　徐雪元　谢　欣(女)　蔡仲曦
谭文松　薛　曦

文化艺术委员会

主　任:乐震文

常务副主任:唐祖潮　胡　考　董明霞(女)

副主任:方　云(女)　关　玲(女)　吕焕皋　朱　涛　张勤贤　朱　音(女)
陈　平　陈国庆　周鸣秋　谢荣生

对外联络委员会

主　任:孙敏杰

常务副主任:陈海平

副主任:刘亦浩　邢　舫(女)　张海濛　李　颖(女)　李浩翔　陆晓明　陈　江
陈永岚　陈燕华(女)　经　雷　夏善晨

中青年委员会

主　任:陈　超(女)

常务副主任:高文红(女)　周新钢

副主任:王　幼(女)　叶文娣(女)　张　琦　陈　强　苏　梅(女)
袁　卫(女)　徐　兰(女)　龚晓鸣　潘晞晨(女)　蔡雨阳

妇女委员会

主　任:宋皓军(女)

常务副主任:乔群慧(女)　闫晓慧(女)　赵　琴(女)

副主任:叶　芳(女)　孙　红(女)　邢晓芸(女)　刘　加(女)
严洁红(女)　张　媛(女)　沈　英(女)　李　英(女)
李光宇(女)　金　缨(女)　钟　滨(女)　桑建萍(女)
贾卓敏(女)　黄冬梅(女)

老年委员会

主　任:吴惠源

常务副主任:张　平　梁栋昆

副主任:王国民　杜善金　李　基　李忠铮　张启诚　陆孝民　陈　坚　陈鸿德　祝志新
黄伯刚

三、市委机关工作机构

1977年11月,第四届市委期间,设置秘书处、组织处、宣传教育处。另与市工商联共同设置联合办公室。

1980年1月,第五届市委期间,与市工商联共同设置秘书处、组织处、宣传教育处、联络处。

1984年4月,第六届市委期间,设置组织处、宣传教育处(1986年8月改为宣传处)。另与市工商联共同设置咨询处、培训处、秘书处(1986年3月改为办公室)及联络处。

1988年5月,第七届市委期间,设置组织处、宣传处。另与市工商联共同设置咨询及培训处(1990年6月起与市工商联分开,单独设咨询培训处)和办公室(1990年6月起与市工商联分开,单独设置)。

1992年7月，第八届市委设置办公室、组织处、宣传处、经济研究处、咨询培训处和联络处。1997年7月，第九届市委将经济研究处、咨询培训处分别改为调研处、社会服务处。2001年12月起更名为办公室、组织部、宣传部、调研部、社会服务部、联络部。至2012年，第十、十一、十二届市委期间，一直沿用此"五部一室"的机关工作结构。

1977年起，民建市委机关在华山路893号办公。1996年，迁至陕西北路128号上海民主党派大厦。

第三节　区(县)组织

1977年，民建市委各区工作委员会先后恢复组织活动。至1982年，有徐汇区、黄浦区、卢湾区、静安区、虹口区、长宁区、闸北区、杨浦区、普陀区、南市区10个区工作委员会和上海县、川沙县、宝山县、吴淞区、嘉定县、闵行区6个区县支部。

1984年起，民建市委10个区工作委员会陆续改建为地方组织(区委员会)，至1986年全部完成。1988年后，各区县支部逐步发展升格，宝山县和吴淞区支部合并成立宝山区委，闵行区支部升格为区委后与上海县支部"撤二建一"成立新的闵行区委，以川沙县支部为基础成立浦东新区委员会(筹)，嘉定县支部逐步升格为区委，相继成立南汇县、金山区、青浦县、奉贤县、松江区支部并逐步升格为区委，南汇区委因行政区划调整并入浦东区委。2006年12月，成立崇明县支部，至此，在上海所有区县建立组织。2011年，黄浦区委与卢湾区委"撤二建一"成立新的黄浦区委。

至2012年底，民建市委有浦东新区、徐汇区、长宁区、普陀区、闸北区、虹口区、杨浦区、黄浦区、静安区、宝山区、闵行区、嘉定区、金山区、青浦区、奉贤区、松江区等16个区委员会和直属崇明县支部。

表3-1-6　1978—2012年民建上海市各区(县)组织情况表

组织名称	成立时间	会员(人)	备　　注
浦东新区委员会	2000年6月	841	2009年7月因行政区划调整原南汇区委并入
徐汇区委员会	1984年6月	732	—
长宁区委员会	1984年6月	480	—
普陀区委员会	1984年7月	427	—
闸北区委员会	1984年6月	430	—
虹口区委员会	1984年7月	452	—
杨浦区委员会	1984年6月	450	—
黄浦区委员会	2011年8月	1 494	由原黄浦区委与原卢湾区委因行政区划调整"撤二建一"成立
静安区委员会	1984年6月	635	—
宝山区委员会	1988年8月	224	合并原宝山县支部和吴淞区支部成立
闵行区委员会	1993年1月	234	原闵行区委与上海县支部因行政区划调整"撤二建一"成立
嘉定区委员会	1993年4月	169	由嘉定县委员会更名
金山区委员会	2003年12月	79	由金山区支部升格

(续表)

组织名称	成立时间	会员(人)	备注
青浦区委员会	2003年11月	90	由青浦区支部升格
奉贤区委员会	2004年11月	71	由奉贤区支部升格
松江区委员会	2006年10月	95	由松江区支部升格
崇明县支部	2006年12月	66	—
黄浦区工作委员会	1956年10月—1984年7月	—	因成立区委员会撤销
黄浦区委员会	1984年7月—2000年8月	—	因黄浦区、南市区行政区划调整“撤二建一”撤销
黄浦区委员会	2000年8月—2011年8月	—	由原黄浦区委与原南市区委因行政区划调整“撤二建一”成立,因黄浦区、卢湾区行政区划调整“撤二建一”撤销
卢湾区工作委员会	1956年5月—1984年7月	—	因成立区委员会撤销
卢湾区委员会	1984年7月—2011年8月	—	因黄浦区、卢湾区行政区划调整“撤二建一”撤销
长宁区工作委员会	1958年11月—1984年6月	—	因成立区委员会撤销
杨浦区工作委员会	1958年11月—1984年6月	—	因成立区委员会撤销
闸北区工作委员会	1958年11月—1984年6月	—	因成立区委员会撤销
虹口区工作委员会	1958年11月—1984年7月	—	因成立区委员会撤销
徐汇区工作委员会	1958年11月—1984年6月	—	因成立区委员会撤销
普陀区工作委员会	1958年11月—1984年7月	—	因成立区委员会撤销
南市区工作委员会	1960年3月—1984年7月	—	因成立区委员会撤销
南市区委员会	1984年7月—2000年8月	—	因黄浦区、南市区行政区划调整“撤二建一”撤销
静安区工作委员会	1960年3月—1984年8月	—	因成立区委员会撤销
宝山县支部	1958年11月—1988年8月	—	因与吴淞区支部合并成立宝山区委员会撤销
吴淞区支部	1960年8月—1988年8月	—	因与宝山县支部合并成立宝山区委员会撤销
闵行区支部	1961年10月—1989年5月	—	因升格为闵行区委员会撤销
闵行区委员会	1989年5月—1993年1月	—	因闵行区、上海县行政区划调整“撤二建一”撤销
上海县支部	1958年11月—1993年1月	—	因闵行区、上海县行政区划调整“撤二建一”撤销
南汇县支部	1990年9月—1996年2月	—	因升格为南汇县委员会撤销
南汇县委员会	1996年2月—2001年12月	—	因撤县建区,成立南汇区委员会撤销
南汇区委员会	2001年12月—2009年7月	—	因行政区划调整撤销,并入浦东区委撤销
嘉定县支部	1981年11月—1992年12月	—	因升格为嘉定县委员会撤销
嘉定县委员会	1992年12月—1993年4月	—	因撤县建区,成立嘉定区委员会撤销
川沙县支部	1962年4月—1993年5月	—	因在川沙县支部基础上成立浦东新区委员会(筹)撤销
金山区支部	1997年8月—2003年12月	—	因升格为金山区委员会撤销
青浦县支部	1997年12月—2000年1月	—	因撤县建区,更名为青浦区支部

（续表）

组织名称	成立时间	会员(人)	备　注
青浦区支部	2000年1月—2003年11月	—	因升格为青浦区委员会撤销
奉贤县支部	1998年3月—2001年10月	—	因撤县建区，更名为奉贤区支部
奉贤区支部	2001年10月—2004年11月	—	因升格为奉贤区委员会撤销
松江区支部	2004年9月—2006年10月	—	因升格为松江区委员会撤销

资料来源：民建市委组织部档案。

第四节　直属基层组织

根据《中国民主建国会章程》规定，地方委员会可以设立直属支部、总支部、基层委员会，省、自治区、直辖市委员会可设直属工作委员会。至2012年底，民建市委有直属（基层）组织共37个，其中工作委员会7个、基层委员会13个、总支部3个、支部14个。

一、工作委员会

1984年，民建市委所有10个区工作委员会改建为区委员会。1986年起，随着入会人数增多，各专业局支部规模过大，市委决定将各专业局支部改建为工作委员会。陆续成立了轻工业局、仪表电讯工业局（1986年）、化学工业局、机电工业管理局、医药管理局、第二商业局（1987年）、冶金工业局、第二轻工业局、纺织工业局、物资局、外经贸系统（1988年）、建工局建材局、交通系统（1989年）、科技、第一商业局（1990年）、船舶工业公司（1993年）16个工作委员会。

图3-1-2　2008年8月15日，民建市委举行工作委员会工作会议

随着上海市有关工商业体制变动,民建市委工委进行相应调整。1994 年 6 月,第二商业局工委更名为商业第二工委。1995 年 7 月,第一商业局工委更名为商业第一工委。1996 年 4 月,纺织工业局工委更名为纺织工委;6 月,成立上海汽车工业工委;9 月,仪表电讯工业局工委更名为仪电工委;10 月,化学工业局工委更名为化工工委;12 月,撤销轻工业局和民建第二轻工业局工委,成立轻工工委。1997 年 1 月,机电工业管理局工委更名为电气工委。1999 年 8 月,撤销冶金工业局工委,成立宝钢工委。2000 年 10 月,医药管理局工委更名为医药工业工委。2001 年 12 月,撤销交通系统工委和建工局建材局工委,成立建设工委。2004 年 7 月,撤销商业第一工委和物资局工委,成立百联工委。2005 年 9 月,外经贸系统工委更名为爱建工委。2006 年 8 月,水产支部升格成立水产工委;11 月撤销科技工委,成立上海科学院系统工委。至 2006 年底,有 15 个工作委员会。

2007 年起,结合上海四个中心建设,民建市委对工委进行新一轮调整。2007 年 7 月,撤销轻工工委、商业第二工委;10 月,成立金融工委、综合经济工委;11 月,成立航运工委。2010 年 7 月,合并上海科学院系统工委(和中科院上海分院支部),成立科技工委;10 月,撤销电气、纺织、仪电、化工、宝钢、百联、医药、上汽、爱建、水产、建设 11 个工委,调整组织形式为基层委员会和直属(总)支部;11 月,成立信息服务业工委。2011 年 1 月,综合经济工委更名为经济工委,成立综合工委。2012 年 8 月,成立创意产业委员会。至 2012 年,民建市委有金融、经济、航运、科技、信息、综合、创意产业 7 个直属工作委员会。

表 3-1-7　截至 2012 年底民建市委直属工作委员会情况表

组织名称	成立时间	会员(人)	备注
市金融工作委员会	2007 年 10 月	311	—
市经济工作委员会	2007 年 10 月	215	—
市航运工作委员会	2007 年 11 月	231	—
市科技工作委员会	2010 年 7 月	68	由合并原上海科学院系统工委和中科院上海分院支部成立
市信息服务业工作委员会	2010 年 11 月	46	由上海市信息服务业支部升格
市综合工作委员会	2011 年 1 月	1 586	—
市创意产业委员会	2012 年 8 月	—	—

资料来源:民建市委组织部档案。

二、基层委员会

2000 年以后,为适应基层组织建设的需求,民建市委开始成立直属基层委员会。2001 年 11 月,合并复旦大学支部和上海医科大学支部,成立复旦大学委员会。2002 年 4 月,合并同济大学支部和铁道大学支部,成立同济大学委员会。2004 年 10 月、11 月,2006 年 10 月,上海交通大学支部、上海大学总支部、华东师范大学支部先后升格成为基层委员会。

2011 年,随着民建市委新一轮工委调整,成立了宝钢集团委员会、上海电气集团总公司委员会、上海汽车工业(集团)总公司委员会、上海华谊(集团)公司委员会、上海爱建股份有限公司委员会。2011 年 9 月、10 月，2012 年 8 月，上海海洋大学支部、上海交通大学医学院总支部、上海中医药大学支部先后升格成为基层委员会。至 2012 年，民建市委有宝钢、上汽、电气、华谊、爱建、复旦大学、上海交大、同济大学、华师大、上大、上海海大、上海交大医学院、上海中医大 13 个直属基层委员会。

表 3-1-8　截至 2012 年底民建市委直属基层委员会情况表

组　织　名　称	成立时间	会员(人)	备　　注
宝钢集团委员会	2011 年 1 月	74	由宝钢工委调整成立
上海汽车工业(集团)总公司委员会	2011 年 8 月	98	由上汽工委调整成立
上海电气(集团)总公司委员会	2011 年 1 月	152	由电气工委调整成立
上海华谊(集团)公司委员会	2011 年 4 月	51	由化工工委调整成立
上海爱建股份有限公司委员会	2011 年 7 月	61	由爱建工委调整成立
复旦大学委员会	2001 年 11 月	96	由合并复旦大学支部和上海医科大学支部成立
上海交通大学委员会	2004 年 10 月	63	由上海交通大学支部升格
同济大学委员会	2002 年 4 月	73	由合并同济大学支部和铁道大学支部成立
华东师范大学委员会	2006 年 10 月	66	由华东师范大学支部升格
上海大学委员会	2004 年 11 月	67	由上海大学总支部升格
上海海洋大学委员会	2011 年 9 月	44	由上海海洋大学支部升格
上海交通大学医学院委员会	2011 年 10 月	49	由上海交通大学医学院总支部升格
上海中医药大学委员会	2012 年 8 月	34	由上海中医药大学支部升格

三、总支部、支部

1979 年，民建市委直属支部陆续恢复、增加和发展。至 1980 年有直属支部 14 个，分别为复旦大学、第一商业局、手工业管理局、化学工业局、物资局、出版局、财经大学、第二商业局、第一机电工业局、医药管理局、供销合作社、上海县、外贸局、海运局长航局港务局支部。1981—1986 年又陆续恢复和成立交通运输局、轻工业局、纺织工业局、仪表电讯工业局、社会科学院、人民银行、川沙县、宝山县、吴淞区、嘉定县、冶金工业局、海运管理局、长航局上海分局、港务管理局、机关、闵行区、文教、工商院校、爱建公司、第二轻工业局、上海汽车工业总公司等支部。

1986 年起，民建市委将各专业局支部改建为工作委员会，并逐步在部分高校和企事业单位新建了直属支部；2000 年起，部分高校支部逐渐升格成立基层委员会；2003 年起区支部相继升格成立区委员会；2011 年，根据部分直属工委建制调整要求，民建市委调整建设、百联、纺织、医药工委成立上海建工(集团)总公司、百联集团有限公司总支部和上海纺织(控股)集团公司、上海市建筑科学研究院(集团)有限公司、上海医药(集团)公司支部。

至 2012 年，民建市委有机关、建工、百联 3 个直属总支部和崇明、供销社、社科院、东航、纺控、建科院、上药、财大、东华、外贸、上外、华理工、上师大、华政 14 个直属支部。

表 3-1-9 截至 2012 年底民建市委各直属总支部、支部情况表

组织名称	成立时间	会员(人)	备注
上海市委机关总支部	1997 年 2 月	125	由机关支部升格
上海建工(集团)总公司总支部	2011 年 1 月	64	由建设工委调整成立
百联集团有限公司总支部	2011 年 4 月	47	由百联工委调整成立
中国东方航空集团公司支部	2009 年 1 月	27	2012 年 1 月上航支部更名
上海纺织(控股)集团公司支部	2011 年 1 月	22	由纺织工委调整成立
上海市建筑科学研究院(集团)有限公司支部	2011 年 1 月	19	由建设工委调整成立
上海市供销合作总社支部	1962 年 11 月	42	—
上海医药(集团)公司支部	2011 年 5 月	32	由医药工委调整成立
上海财经大学支部	1980 年 7 月	32	—
东华大学支部	1989 年 12 月	31	—
上海外贸学院支部	1987 年 12 月	27	—
上海外国语大学支部	1989 年 5 月	23	—
华东理工大学支部	1996 年 11 月	27	—
上海师范大学支部	2000 年 12 月	27	—
华东政法大学支部	2001 年 6 月	30	—
上海社会科学院支部	1981 年 4 月	23	—

说明：崇明县支部见表 3-1-6;另有未编人员 179 人。
资料来源：民建市委组织部档案。

第二章　代表大会和委员会全体会议

根据《中国民主建国会章程》规定，地方的代表大会或会员大会，每五年举行1次，由同级地方委员会召集，在必要时可以提前举行。其职权是：贯彻全国代表大会和中央委员会的决议和决定；听取和审查同级委员会的工作报告；讨论并决定本地区会的重大事项；选举同级委员会。各级地方委员会在同级代表大会或会员大会闭会期间领导本地区的工作。其职权是：贯彻上级组织和同级代表大会或会员大会的决议，并定期向上级组织报告工作；听取和审查同级常务委员会的工作报告；讨论并决定本地区会的工作任务；选举主任委员、副主任委员、常务委员，组成常务委员会；调整和增选同级委员会的部分委员。委员会全体会议每年举行1次，必要时可临时组织召开。

第一节　代 表 大 会

民建上海市代表大会1980—1992年间每四年举行1次，1993—2012年间每五年举行1次。

一、第五次代表大会

中国民主建国会上海市第五次代表大会和上海市工商业联合会第六届代表大会于1980年1月13—16日在北京西路840号市政协礼堂召开。民建代表263人出席。中共市委第一书记彭冲到会并作讲话，刘靖基致开幕词，陈铭珊代表民建市委和市工商联作工作报告。唐君远致闭幕词。大会审议通过了工作报告；选举产生民建上海市第五届委员会，委员114人；通过决议：坚持四项基本原则，根据工作重点转移到社会主义经济建设上来的要求，把为四化建设服务作为努力方向(1980年代表大会确定这一次代表大会为第五次代表大会，以前的代表大会，依次推算)。

二、第六次代表大会

中国民主建国会上海市第六次代表大会和上海市工商业联合会第七届会员代表大会于1984年4月10—13日在延安中路1000号上海市展览馆(今上海展览中心)召开。民建代表400人出席。唐君远致开幕词，民建中央、全国工商联向大会发来贺电；中共市委书记、市长汪道涵代表中共市委应邀到会祝贺并讲话。刘靖基代表民建上海市第五届委员会和上海市工商联第六届执行委员会作题为《坚定不移跟党走　尽心竭力为四化　高举爱国主义旗帜奋勇前进!》的共同工作报告，陈铭珊代表民建上海市第五届委员会作工作报告。大会审议通过了工作报告；选举产生民建上海市第六届委员会，委员126人；通过决议：继续贯彻“坚定不移跟党走，尽心竭力为四化”“毋忘团结奋斗，致力振兴中华”的号召，为80年代三大任务作出新的更大贡献。刘靖基主持闭幕式并致闭幕词。

三、第七次会员代表大会

中国民主建国会上海市第七次会员代表大会于1988年5月19—21日在淮海中路622弄7号上海社会科学院礼堂召开。代表455人出席。陈铭珊主持开幕式并致开幕词。民建中央向大会发来贺电,中共市委副书记杨堤代表中共市委应邀到会祝贺并讲话,民盟市委副主委兼秘书长翁曙冠代表各民主党派市委和市工商联向大会致贺词。应邀到会的领导还有中共市委常委、统战部部长毛经权,市人大常委会副主任王崇基,市政协副主席吴增亮、徐以枋、杨槱等。王洪昌代表民建上海市第六届委员会作工作报告。大会审议通过了工作报告;通过差额选举产生民建上海市第七届委员会,委员120人;宣读了给刘靖基和给老同志的致敬信;通过决议:号召各级组织和成员振奋精神,开拓进取,为建设有中国特色社会主义而贡献力量。闭幕式由蒋达宁主持,毛经权出席,刘靖基讲话,宗之琥致闭幕词。

四、第八次会员代表大会

中国民主建国会上海市第八次会员代表大会于1992年7月2—4日在北京西路860号市政协大楼召开。代表449人出席。开幕式由王洪昌主持,宗之琥致开幕词。民建中央向大会发来贺电;中共市委副书记陈铁迪代表中共市委应邀到会祝贺并讲话,民盟市委副主委王丹凤代表各民主党派市委和市工商联向大会致贺词。应邀到会的领导还有市人大常委会副主任孙贵璋、市政协副主席吴增亮等。陈铭珊代表民建上海市第七届委员会作题为《发挥本会优势　为坚持和贯彻党的基本路线作贡献》的工作报告。大会审议通过了工作报告;选举产生民建上海市第八届委员会,委员96人;宣读了给老同志的致敬信并颁发奖状;通过决议:认真学习,全面领会邓小平同志南方重要讲话和中共中央政治局全体会议精神,坚定不移地贯彻"一个中心、两个基本点"的基本路线,为实现开发浦东,振兴上海,服务全国,面向世界,为建设有中国特色的社会主义而奋斗。闭幕式由陈铭珊主持,中共市委统战部副部长赵定玉讲话,董幼娴致闭幕词。

五、第九次会员代表大会

中国民主建国会上海市第九次会员代表大会于1997年7月23—26日在南京西路1333号上海展览中心召开。代表448人出席。开幕式由王洪昌主持,陈铭珊致开幕词。民建中央主席成思危代表民建中央到会宣读民建中央贺电并致辞,中共市委副书记孟建柱代表中共市委应邀到会祝贺并致辞,市政协副主席、中共市委统战部部长王生洪宣读了中共市委的贺信,民盟市委主委张圣坤代表上海各民主党派、工商联致贺词。应邀到会的领导还有市人大常委会副主任胡正昌,副市长夏克强,市政协副主席赵定玉、郭秀珍等。王洪昌代表民建上海市第八届委员会作题为《团结奋进　为国家出力　为组织增光》的工作报告。大会审议通过了工作报告;选举产生民建上海市第九届委员会,委员83人;宣读了给老同志的致敬信并颁发奖状;通过出席民建第七次全国代表大会49名(上海地区)代表名单;通过决议:认真学习邓小平建设有中国特色社会主义的理论,提高全体会员贯彻党的基本路线、坚定走有中国特色社会主义道路的自觉性,继续以经济建设为中心,发挥自身优势,勤奋工作,开拓进取,为实现上海国民经济和社会发展第九个五年计划及2010年远景目标作出新贡献。闭幕式由王宇平主持,王生洪讲话,黄关从致闭幕词。

六、第十次代表大会

中国民主建国会上海市第十次代表大会于2002年5月9—12日在南京西路1333号上海展览中心召开。代表338人出席。开幕式先后由黄关从、王宇平主持，王宇平致开幕词。民建中央主席成思危代表民建中央到会祝贺并致辞，中共市委副书记罗世谦代表中共市委应邀到会祝贺并致辞，中共市委常委、统战部部长黄跃金宣读中共市委的贺信，市政协副主席、民进市委主委刘恒椽代表上海市各民主党派、工商联致贺词。应邀到会的领导还有市人大常委会副主任刘伦贤、张圣坤，副市长周慕尧，市政协副主席陈正兴、左焕琛等。黄关从代表民建上海市第九届委员会作题为《适应新世纪要求　履行参政党职能　努力开创上海民建工作的新局面》的工作报告。大会审议通过了工作报告；选举产生民建上海市第十届委员会，委员87名；宣读了给不再担任市委委员和顾问同志的致敬信；通过出席民建第八次全国代表大会50名（上海地区）代表名单；通过决议：以邓小平理论和“三个代表”重要思想为指导，坚持中国共产党领导的多党合作和政治协商制度，在中共市委和民建中央的领导下，加强自身建设，团结和带领广大会员围绕中心，服务大局，深入调查研究，积极献计献策，主动服务社会，为国家出力，为组织增光。闭幕式由朱易安主持，黄跃金讲话，黄关从致闭幕词。

七、第十一次代表大会

中国民主建国会上海市第十一次代表大会于2007年3月18—21日在南京西路1333号上海展览中心召开。代表377人出席。开幕式由黄关从主持，朱德瀛致开幕词。全国人大常委会副委员长、民建中央主席成思危代表民建中央到会祝贺并讲话，中共市委副书记罗世谦代表中共市委应

图3-2-1　2007年3月18—21日，中国民主建国会上海市第十一次代表大会在上海展览中心召开

邀到会祝贺并致辞,中共市委常委、统战部部长杨晓渡宣读中共市委的贺信,市人大常委会副主任、民盟市委主委张圣坤代表上海市各民主党派、工商联致贺词。应邀到会的领导还有市人大常委会副主任包信宝,副市长唐登杰,市政协副主席宋仪桥等。黄关从代表民建上海市第十届委员会作题为《搞好政治交接　加强自身建设　开创上海民建工作新局面》的工作报告。大会审议通过了工作报告;选举产生民建上海市第十一届委员会,委员 93 人;宣读向不再担任市委委员同志们的致敬信;通过出席民建第九次全国代表大会 45 名(上海地区)代表名单;通过决议:以邓小平理论和"三个代表"重要思想为指导,全面贯彻落实科学发展观,围绕上海加快实现"四个率先"和"四个中心"建设,团结一致,勤奋工作,为上海新一轮的改革开放和经济社会发展不断做出贡献。闭幕式由王志雄主持,杨晓渡讲话,周汉民致闭幕词。

八、第十二次代表大会

中国民主建国会上海市第十二次代表大会于 2012 年 3 月 28—30 日在南京西路 1333 号上海展览中心召开。代表 380 人出席。开幕式由周汉民主持,王志雄致开幕词。全国人大常委会副委员长、民建中央主席陈昌智到会祝贺并致辞,民建中央向大会发来贺信,中共市委副书记殷一璀代表中共市委应邀到会祝贺并致辞,中共市委常委、统战部部长杨晓渡宣读中共市委的贺信,市人大常委会副主任、民进市委主委蔡达峰代表上海市各民主党派、工商联致贺词。应邀到会的领导还有市人大常委会副主任吴汉民,副市长姜平,市政协副主席李良园等。周汉民代表民建上海市第十一届委员会作题为《弘扬传统　发挥特色　同心奋进,为建设上海现代化国际大都市而努力奋斗》的工作报告。大会审议通过了工作报告;选举产生民建上海市第十二届委员会,委员 95 人;宣读给不再担任市委委员同志的致敬信;通过出席民建第十次全国代表大会 46 名(上海地区)代表名单;通过决议:坚持以中国特色社会主义理论体系为指导,坚持走中国特色社会主义政治发展道路,弘扬上海城市精神和价值取向,为上海加快推进"四个率先"、加快建设"四个中心"和社会主义现代化国际大都市,为开创中国特色社会主义事业新局面而努力奋斗。闭幕式由王志雄主持,杨晓渡讲话,周汉民致闭幕词。

第二节　委员会全体会议

1978—1987 年,民建市委全体会议多与工商联执委会议共同召开。1988 年换届后,民建市委全体会议单独举行,在履行主要职权基础上,进行重要会议、重要讲话、重要政策、重要文件等精神传达和学习。1997 年,民建市委调整全会功能和市委学习架构,全体会议传达学习的任务通过中心组学习会、市委委员学习会、机关学习、"两会"传达会等层次的学习传达形式细化完成。

表 3-2-1　民建上海市第五届委员会全体会议情况表

会议名称	时间	地点	主要议程及决定	备注
第一次全体会议	1980 年 1 月 17 日	市政协礼堂	选举第五届委员会主委、副主委、秘书长、常委;决定市委顾问	—
第二次全体会议(含:工商联六届第二次执委会议)	1981 年 4 月 28—29 日	民建市委、市工商联机关	传达市人大、市政协会议精神;审议通过 1980 年工作情况和 1981 年工作纲要	扩大会议

（续表）

会议名称	时间	地点	主要议程及决定	备注
第三次全体会议（含：工商联六届第三次执委会议）	1981年12月26日	民建市委、市工商联机关	传达民建中央常委联席会议精神；审议通过工作报告；增补市工商联副主委3名	—
第四次全体会议（含：工商联六届第四次执委会议）	1982年4月9日	民建市委、市工商联机关	传达市人大、市政协会议精神	扩大会议
第五次全体会议（含：工商联六届第五次执委会议）	1983年4月2日	民建市委、市工商联机关	审议通过1982年工作情况和1983年工作要点	扩大会议
第六次全体会议（含：工商联六届第六次执委会议）	1983年12月8日	市政协礼堂	传达民建全国四大、全国工商联五大精神；决定提前召开民建、市工商联会员代表大会	扩大会议

表3-2-2　民建上海市第六届委员会全体会议情况表

会议名称	时间	地点	主要议程及决定	备注
第一次全体会议（含：工商联七届第一次执委会议）	1984年4月14日	上海社会科学院	选举第六届委员会主委、副主委、秘书长、常委；决定市委顾问	—
第六届执委与工商联七届执委联席会议	1984年6月15日	市政协大礼堂	传达全国人大、全国政协会议精神；传达民建、工商联中央《关于加强思想政治工作的意见》精神	—
第二次全体会议（含：工商联七届第二次执委会议）	1985年1月24日	市体育俱乐部礼堂	传达民建、工商联中央全会精神；传达中共中央、国务院〔1984〕27号文件；印发民建市委、市工商联《十个月来共同工作报告》	扩大会议
第三次全体会议（含：工商联七届第三次执委会议）	1985年5月25日	复兴西路210号会场	传达全国和市人大、政协会议精神	扩大会议
第四次全体会议（含：工商联七届第四次执委会议）	1985年11月9日	统战部礼堂	传达各民主党派、工商联为四化服务先进集体和先进个人代表表彰大会精神；通过《关于认真学习和贯彻中国共产党全国代表会议文件的决议》	扩大会议
第五次全体会议（含：工商联七届第五次执委会议）	1986年5月12日	复兴西路210号会场	传达全国和市人大、政协会议精神	扩大会议
第六届执委与工商联七届执委联席会议	1986年9月17日	复兴西路210号会场	传达中共中央〔1986〕19号文件精神	扩大会议

表3-2-3　民建上海市第七届委员会全体会议情况表

会议名称	时间	地点	主要议程及决定	备注
第一次全体会议	1988年5月20—21日	上海社会科学院	选举第七届委员会主委、副主委、秘书长、常委；推举第七届委员会名誉主委	—
第二次全体会议	1988年10月26日	上海戏剧学院	传达民建五届二中全会精神	扩大会议
第三次全体会议	1989年5月5—7日	市政协江海厅、民建市委	传达全国和市人大、政协会议精神；讨论民盟市委1989年工作打算	扩大会议

(续表)

会议名称	时　间	地　点	主要议程及决定	备注
第四次全体会议	1989年7月13日	民建市委	传达全国政协七届七次常委会议精神	扩大会议
第五次全体会议	1989年9月16—19日	民建市委	传达民建中央五届四次常委会情况;传达民建中央关于加强和改进思想政治工作的几点意见;听取关于加强思想政治工作的报告	扩大会议
第六次全体会议	1989年12月16—18日	民建市委	传达民建中央五届二中全会精神	扩大会议
第七次全体会议	1990年4月3日	民建市委	传达全国和市人大、政协会议精神;审议通过市委1989年工作和1990年工作要点	扩大会议
第八次全体会议	1990年8月20日	民建市委	传达《中共中央关于加强统一战线工作的通知》	扩大会议
第九次全体会议	1990年9月24日	民建市委	传达民建中央五届七次常委会精神;下发《民建中央关于发挥政党职能,加强自身建设的几项工作意见》	扩大会议
第十次全体会议	1990年12月22日	市政协江海厅	审议通过常委会工作报告;传达民建五届三中全会精神;补选市委副主委1名;决定提前召开第八次会员代表大会	扩大会议
第十二次全体会议	1992年1月10日	市政协江海厅	传达民建中央全会和五届十一次常委会精神	扩大会议
第十三次全体会议	1992年3月2—3日	市政协月潭厅	审议通过常委会工作报告;确认第七届十四次常委会补选市委委员4名的决定;讨论中国民主建国会章程修改草案(征求意见稿);决定召开第八次会员代表大会	扩大会议
第十四次全体会议	1992年6月18日	民建市委	通报并通过七届十五次常委会关于第八次会员代表大会相关文件	—

表3-2-4　民建上海市第八届委员会全体会议情况表

会议名称	时　间	地　点	主要议程及决定	备注
第一次全体会议	1992年7月3—4日	市政协月潭厅	选举第八届委员会主委、副主委、秘书长、常委;推举第八届市委名誉主委	—
第二次全体会议	1993年4月9—10日	民建市委	听取并审议民建上海市第八次会员代表大会以来主要工作和1993年工作设想的报告;选举增补市委委员3名	扩大会议
第三次全体会议	1994年1月8日	市政协月潭厅	听取并审议常委会工作报告;听取全国统战工作会议精神的报告	扩大会议
第四次全体会议	1994年3月28日	市政协江海厅	传达全国和市人大、政协会议精神	扩大会议
第五次全体会议	1995年1月18日	民建卢湾区委	听取并审议常委会工作报告;听取民建六届三中全会精神的报告	扩大会议
第六次全体会议	1995年3月22日	市政协江海厅	传达民建中央六届八次常委会会议精神;通报纪念民建成立50周年准备工作情况	扩大会议

（续表）

会议名称	时　间	地　点	主要议程及决定	备注
第七次全体会议	1995 年 8 月 31 日	市政协月潭厅	选举增补市委委员 2 名，市委副主委 2 名；通过对延安地区捐建民建希望小学、设立“希望工程”基金并成立管理小组的决定	—
第八次全体会议	1996 年 1 月 12 日	市政协月潭厅	听取并审议常委会工作报告；选举增补市委委员 3 名；听取中央纪念民建成立 50 周年活动概况	扩大会议
第九次全体会议	1996 年 7 月 29—30 日	市政协月潭厅	传达全国民主党派工作会议和上海市统战工作会议精神；传达《民建中央和各级组织 1997 年换届工作中几个组织问题的意见》	扩大会议
第十次全体会议	1996 年 11 月 4—5 日	市政协月潭厅	选举增补市委副主委 1 名、市委常委 1 名、市委委员 3 名	—
第十一次全体会议	1997 年 1 月 17 日	民主党派大厦	听取并审议常委会工作报告	扩大会议
第十二次全体会议	1997 年 7 月 8 日	市政协檀山厅	听取并审议常委会工作报告；听取上海市第九次代表大会筹备工作报告；审议通过代表大会议程、日程、出席代表名单、第九届市委委员、常委候选人建议名单（草案）	—

表 3－2－5　民建上海市第九届委员会全体会议情况表

会议名称	时　间	地　点	主要议程及决定	备注
第一次全体会议	1997 年 7 月 25 日	民主党派大厦	选举第九届委员会主委、常务副主委、副主委、秘书长、常委；推举名誉主委、名誉副主委	—
第二次全体会议	1998 年 1 月 16 日	民主党派大厦	听取并审议常委会工作报告；听取市委机关部门设置和负责人名单的报告	—
第三次全体会议	1998 年 12 月 22 日	民主党派大厦	听取并审议常委会工作报告；选举增补市委委员 11 名	扩大会议
第四次全体会议	2000 年 1 月 7 日	民主党派大厦	听取并审议常委会工作报告；选举增补市委副主委 1 名、市委委员 4 名	—
第五次全体会议	2000 年 12 月 26 日	民主党派大厦	听取并审议常委会工作报告；选举增补市委副主委 1 名、市委委员 1 名	—
第六次全体会议	2001 年 12 月 28 日	民主党派大厦	听取并审议常委会工作报告；选举增补市委副主委 1 名；通过召开第十次代表大会的决定	—
第七次全体会议	2002 年 4 月 25 日	民主党派大厦	听取并审议第九届市委向上海市第十次代表大会提交审议的工作报告（送审稿）；推选上海市第十次代表大会报告人	—

表 3－2－6　民建上海市第十届委员会全体会议情况表

会议名称	时　间	地　点	主要议程及决定	备注
第一次全体会议	2002 年 5 月 11 日	民主党派大厦	选举第十届委员会主委、副主委、常委，任命秘书长；推举名誉主委、名誉副主委；民建中央主席成思危代表民建中央祝贺民建上海市第十届委员会的产生	—

(续表)

会议名称	时 间	地 点	主要议程及决定	备注
第二次全体会议	2003 年 1 月 11 日	新东纺大酒店	听取并审议常委会工作报告;传达民建中央第八次全国代表大会精神;听取与学习贯彻中共十六大精神报告	—
第三次全体会议	2003 年 12 月 13 日	民主党派大厦	听取并审议常委会工作报告	—
第四次全体会议	2004 年 12 月 30 日	民主党派大厦	听取并审议常委会工作报告;选举增补市委委员 16 名、市委常委 5 名;传达民建中央八届三中全会精神	—
第五次全体会议	2005 年 9 月 1 日	民主党派大厦	选举增补市委副主委 1 名;学习《中共中央关于进一步加强中国共产党领导的多党合作和政治协商制度建设的意见》	—
第六次全体会议	2005 年 12 月 28 日	民主党派大厦	听取并审议常委会工作报告;传达民建八届四中全会和"纪念民建成立 60 周年大会"精神;向全国优秀会员、先进支部(上海地区)颁发奖状	—
第七次全体会议	2006 年 12 月 22 日	市政协丽都厅	听取并审议常委会(五年)工作报告;增选市委委员 1 名、市委副主委 1 名;传达民建八届五中全会精神;决定召开上海市第十一次代表大会	—

表 3-2-7 民建上海市第十一届委员会全体会议情况表

会议名称	时 间	地 点	主要议程及决定	备注
第一次全体会议	2007 年 3 月 20 日	民主党派大厦	选举第十一届委员会主委、副主委、常委	—
第二次全体会议	2008 年 1 月 20 日	民主党派大厦	听取并审议常委会工作报告;通报任命秘书长的决定	—
第三次全体会议	2008 年 12 月 25 日	民主党派大厦	听取并审议常委会工作报告;选举增补市委委员 2 名;民主推荐市委领导班子后备干部人选	—
第四次全体会议	2009 年 12 月 28 日	民主党派大厦	听取并审议常委会工作报告	—
第五次全体会议	2010 年 12 月 28 日	民主党派大厦	听取并审议常委会工作报告;选举增补市委副主委 1 名,市委委员 3 名;选举民建市委监督委员会组成人员	—
第六次全体会议	2011 年 12 月 29 日	民主党派大厦	听取并审议常委会工作报告;选举增补市委常委 1 名;决定召开上海市第十二次代表大会	—

表 3-2-8 民建上海市第十二届委员会全体会议情况表

会议名称	时 间	地 点	主要议程及决定	备注
第一次全体会议	2012 年 3 月 30 日	上海展览中心	选举第十二届委员会主委、副主委、常委	—
第二次全体会议	2012 年 12 月 27 日	民主党派大厦	听取并审议常委会工作报告;传达民建第十次全国代表大会精神;选举增补市委副主委 1 名、市委委员 1 名;通过民建市委监督委员会组成人员	—

资料来源:民建市委办公室档案的历年全体会议纪要。

第三章 履 行 职 能

民建市委积极履行参政党参政议政和民主监督职能，其主要形式有：参与由中共主要负责同志主持的高层协商；以大会发言和议案、提案形式向各级人大、政协提交意见和建议；承接党政部门委托的调研课题，提供决策咨询；通过党派自身组织、政协、统战部渠道报送社情民意；举办参政议政论坛和活动；通过会员参与人大、政府、政协活动，担任特约人员，参加相关政风、行风监督员队伍等。

作为密切联系经济界的参政党，民建市委履行职能从促进经济发展，化解中小微企业发展难题出发，从把握和遵从经济发展规律入手，提出具有前瞻性、操作性的意见和建议。

第一节 参加政治协商活动

政党协商是中国共产党同民主党派直接进行政治协商的重要民主形式之一。新中国成立后，中共市委与各民主党派经常举行民主协商会，民建一直积极参加，在经济建设重要政策出台、人民群众关心的重大问题、重要人事安排等决策前同中共和政府进行协商，提出对策建议、推荐候选人。同时通过参加中共市委定期举行的“双周座谈会”“双月座谈会”、谈心会、情况通报会，列席市政府常务会议，听取中共中央、国务院、中共市委重要会议精神，重大决策，协商有关重大问题。

20世纪80年代，配合国家改革开放，民建市委数次在座谈中向中共提出关于工商经济发展的意见，内容包括五年规划、十年规划、清理整顿公司、调整物价、住房改革、人才培养等。1984年6月“双月座谈会”，民建市委主委刘靖基代表民建市委、市工商联“两会”提出加速培养高级经营管理人才，拟创办一所民办大学“上海工商学院”的建议，得到中共市委、市政府、市政协及高等教育局大力支持，学院于1985年2月成立。

进入21世纪，民建市委继续发挥密切联系经济界的特色，在政治协商中对经济、金融发展，社会主义经济体制改革提出了许多建议。2008年7月党外人士座谈会，民建市委就民营经济发展和金融中心建设提出建议：一是要关注融资难，必须加快发展产业和风险投资基金、建立企业负担监测和调控体系、完善政府为企业服务监督体系、解决影响企业发展的户籍、交通等具体问题。二是上海金融中心的建设要多考虑“借力”，借国家、国外金融机构和相邻区域之力，建议浦江两岸联合建设金融城；“借脑”，吸引金融人才，加快人才培养、营造良好环境；“借市”，解决资金来源问题。2009年3月“双月座谈会”，民建市委就《中共上海市委关于贯彻落实〈中共中央关于推进农村改革发展若干重大问题的决定〉的实施意见》的提出修改建议，认为农村改革发展速度应加快，应设立最低指标和目标指标，要素向农村、农业流动，二、三产业由用地粗放型向节约型、集约化转变，加大农村基础设施和社会事业投入，加强农民技能培训，健全农村党政、廉洁和民主建设，全面推进建立上海开放的农业体系。2010年3月“双月座谈会”，民建市委就国际贸易中心建设提议：一是保持世博会带来的人脉优势；二是形成“自己逼自己”的压力；三是做实两句口号，即“上海是世界的上海”，“上海是全国的上海”，建设连接国际、国内两个大市场的桥头堡和枢纽站；四是密切“三个中心”关系，三个中心是“三位一体”的关系，要有效整合三个中心建设资源，形成一体化规划、一体化领导、一体化管理、一体化服务;五是推动四个接轨,即规则接轨、平台接轨、管理接轨、服务接轨;六是实现四个目标,即规范、规模、便捷、便宜。

第二节　参加人民代表大会

一、当选人大代表

1978—2012年,全国人民代表大会、上海市人民代表大会各历7届。在历届全国人大代表中,上海民建会员有10人、13人次当选,其中任常委会委员3人、3人次。在历届上海市人大代表中,上海民建会员有150人、213人次当选,其中任常委会委员12人、16人次,刘靖基、刘念智、陈铭珊等3人、6人次任常委会副主任。

【全国人大】

第五届(1978年2月—1983年6月)

代　表:刘念智　刘靖基　祝公健

第六届(1983年6月—1988年4月)

常委会委员:刘靖基

代　表:刘靖基

第七届(1988年4月—1993年3月)

常委会委员:刘念智

代　表:刘念智　张元震

第八届(1993年2月—1998年2月)

常委会委员:孙廷芳

代　表:孙廷芳　张元震　黄关从

第九届(1998年2月—2003年2月)

代　表:万国森　郑健龄

第十届(2003年2月—2008年3月)

代　表:彭镇秋

第十一届(2008年3月—　　)

代　表:张兆安

【上海市人大】

第七届(1977年12月—1983年4月)

常委会副主任:刘靖基

常委会委员:张元震　陆薇读

代　表:刘靖基　张元震　陆薇读　王雪渔　宁思宏　浦传济　邬崇焕　孙瑞璜　许振东　改维德　宋保林　陈宝善　陈　清　陈　恩　张秉谦　张善章　李昌允　李庆祥　吴光汉　严开镐　武书鼎　郑有荣　卓碧玉(女)　袁垒堂　荣漱仁(女)　陶敏之(女)　徐名全　蒋达宁　虞贤法　雷传湛　瞿振华　吴仲信

第八届(1983 年 4 月—1988 年 4 月)

常委会副主任：刘靖基　刘念智

常委会委员：张元震　孙更舵

代　表：刘靖基　刘念智　张元震　孙更舵　改维德　顾　淦　吴仲信　虞贤法　鲁励华　王洪昌　王雪渔　叶仲若　邬崇焕　杨庆源　陈　清　严开镐　袁垒堂　蒋达宁　雷传湛　李志远　张士德　陈宝善　冯南侨　朱培基　杨臣勋　吴赞廷　刘效琨　王文魁　郑善忠　李昌允　武书鼎　张秉谦　陆薇读　王佑民　尤志光　宁思宏　许振东　宋保林　张善章

第九届(1988 年 4 月—1993 年 2 月)

常委会副主任：刘靖基　刘念智

常委会委员：潘介人

代　表：刘靖基　刘念智　潘介人　俞登禹　马鸿南　徐新远　吴才馨　陈业伟　朱鉴曾　毕诗浩　王佑民　鲁励华　唐寿千　顾　淦　叶仲若　戴焕禧　李志远　张士德　杨臣勋　吴赞廷　刘效琨　张启宇　冯春源　宋关尧

第十届(1993 年 2 月—1998 年 2 月)

常委会副主任：陈铭珊

常委会委员：黄耀忠

代　表：陈铭珊　黄耀忠　马鸿南　王卓贤　朱学毓　朱鉴曾　朱德瀛　刘明建　毕诗浩　李祯珠(女)　李辉贵　杨良骐　杨坤祚　邱　峻　沈福贤　陈业伟　范建中　周福安　郑邦荣　夏双衡(女)　徐荣江　高维能　陶顺根　黄关从　黄景彦　鲁励华　蔡尔模

第十一届(1998 年 2 月—2003 年 2 月)

常委会委员：马宗礼　朱德瀛　徐荣江

代　表：马宗礼　朱德瀛　徐荣江　卜家栋　王卫平　王仁中　王月玲(女)　王卓贤　方怀瑾　叶肇恺　刘明建　吴景平　张　惟　陆维莉(女)　陈嘉晔　范建中　周文彪　郑嘉德　赵剑萍(女)　徐训仁　徐年寿　桂祖达　黄亚君　曹国强　盛全荣　葛俊杰　蒋德昌　傅正建(女)

第十二届(2003 年 2 月—2008 年 2 月)

常委会委员：马宗礼　李维屏(2003 年 12 月止)　程裕东(2006 年 1 月任)

代　表：马宗礼　李维屏　卜家栋　万雯娟(女)　尹文明　王　幼(女)　王卫平　王卓贤　叶菊芳(女)　朱守惠　朱建国　汤芷萍(女)　严　曙　吴沪生(女)　吴景平　张浩光　李承烈　杜善金　邱剑吟　陆雄华　陈　坚　陈小恩　周文彪　周红萍(女)　周星增　季宝红　洪克敏(女)　胡志凤(女)　胡国胜　徐雪峰　曹国强　黄亚君　程裕东

第十三届(2008 年 2 月—　　)

常委会委员：徐钧健　程裕东　马宗礼　顾晓敏(女，2010 年 1 月任)

代　表：徐钧健　程裕东　马宗礼　万建军　王元洪　王卓贤　刘兴宗　孙玉莲(女)　汤芷萍(女)　余国强　吴景平　李韶平　杨成长　陆雄华　陈向峰　周红萍(女)　周星增　季宝红　金　缨(女)　姚小刚　洪克敏(女)

徐　红(女)　　徐雪峰　诸正伟　顾晓敏(女)　　常　洁(女)　　曹国强
黄亚君　黄慧娟(女)　　谢榕榕(女)

二、代表履职

1978—2012 年,民建会员中的人大代表提出议案、书面意见,内容有关城市建设和管理、经济建设、政治文明和精神文明建设等。1993—2012 年,提交议案中有 8 件被列为议案处理,提交书面意见、转为书面意见 772 件。

【全国人大】

1980 年,在全国人大五届二次会议上,全国人大代表刘念智提出关于发展旅游事业的议案,建议:(1) 按照国家旅游局的建议统一管理和协调旅游景点;(2) 开放黄山、重庆至上海长江水域,上海至大连、天津等沿海水域;(3) 旅游局、交通部、民航局密切合作改善交通;(4) 建设长江一流游轮;(5) 引进有空调设备大型客车,在大城市建造高级旅游宾馆;(6) 培养旅游事业人才,举办旅游学校,在大学开设旅游专业;(7) 设计制造旅游宣传品。议案获得有关部门逐条答复,旅游局、交通部、民航总局和轻工业部等部门合作推进旅游事业协同发展,落实建造游轮、引进空调客车、办旅游学校专业、设计宣传品等具体措施。

2000 年 3 月,在全国人大九届三次会议上,全国人大代表郑健龄针对假冒伪劣产品充斥市场,扰乱市场秩序,损害消费者利益,败坏国家声誉的问题,提交《关于进一步加大对假冒伪劣产品的治理力度,尽快修订〈中华人民共和国产品质量法〉的建议》的议案。建议对原来的法律条款从伪劣产品的范畴、伪劣产品的存放运输、证据认定、产品包装、处罚程序和力度等方面进行修改。该议案被全国人大常委会列入当年的法律修改计划,2001 年正式颁布实施了新的《产品质量法》。

2008 年 3 月,在全国人大十一届一次会议上,全国人大代表张兆安提交制定《人民调解法》的议案,指出制定《人民调解法》应当首先明确的 5 个原则性问题;提出《人民调解法》的基本框架,建议在具体内容中应包括程序、组织、保障方面立法的完善。新法于 2010 年 8 月 28 日主席令签发通过并予公布,2011 年 1 月 1 日正式施行。

【上海市人大】

中共十一届三中全会后,刘靖基等民建代表提出了请政府大力支持民建、工商联成立国民经济调整改革咨询服务工作组,发挥民建、工商联成员在生产技术、经营管理方面的专业知识;合理调整毛纺织品税率;在香港试办 3 个专业工厂;成立工贸结合的眼镜专业公司;发展中药产业;纠正药品经营中的不正之风等一系列具体建议,为国家经济建设服务。

1994 年 2 月,在市人大十届二次会议上,市人大代表郑邦荣提交了《当前土地批租和居民动迁引发的利益不均问题应引起重视》的议案。1995 年 2 月,在市人大十届三次会议上,他再次提交了《制定土地批租条例把国有土地资源纳入有序开发轨道》的议案,提出就规范土地开发批租,保证土地资源有效利用,防止国家和居民的利益损失进行立法。

2001 年 2 月,在市人大十一届四次会议上,市人大代表朱德瀛提出 20 世纪 80 年代通过的《消费者权益保护法》,已不适应高速发展的经济现状,据此提交了《关于上海市保护消费者合法权益条例修正案》的议案,建议:根据市场变化,重新界定消费品范围,在总则中增加“商品”定义的条款,明确商品房等高档商品经营者的法律责任等，并对将会出现的新问题作前瞻性考虑。该议案被市人大列入当年立法计划。2002 年 10 月，市人大常委会第四十四次会议通过修改后的《上海市消费者权益保护法》，2003 年 1 月 1 日实施。

2007 年 1 月，在市人大十二届五次会议上，市人大常委会委员程裕东提交《努力推进综合性专业化成体系的城市食品安全监管体系的构建》，建议：(1) 开展针对性的强有力的监管工作，进行事前防控和引导，确保城市的食品安全；(2) 建立食品安全监控状态数据库，逐步定期公布；(3) 建立产业链间的安全品质环境管理所构成的管理体系，形成第三方机构检查监督机制；(4) 最终形成包括生产企业执行食品安全管理系统、可追溯控制系统、标签信息系统、食品召回系统、企业法律法规诚信管理系统以及预防紧急状态发生的监视、预警和应对系统的食品安全的社会化管理体系。

民建会员中的人大代表还对如《住宅法》《上海市行人交通法规》《上海清真食品管理条例》《上海市少数民族权益保障条例》《上海市政府信息公开条例》《上海市养犬管理若干规定》等关乎上海社会和谐发展、市民衣食住行的法律法规制定完善和有关具体措施的施行提出议案和书面意见。

第三节　参加政治协商会议

民建市委和担任各级政协委员的民建会员，在历次政协会议上，听取、审议关于政协常委会的工作报告，审议提案工作报告，列席各级人大会议，参与讨论政府工作报告，参与各级政协领导人候选名单的协商，参加各项视察活动，督促各项决议实施。并通过提案、反映社情民意、大会发言、专题会议、分组会议等形式，反映委员和所联系的人士的意见和建议，履行政治协商、民主监督、参政议政职责。

一、担任政协委员

1978—2012 年，全国政协、上海市政协各历 7 届。在历届全国政协委员中，上海民建会员有 50 人、94 人次担任，其中任常务委员 10 人、16 人次，刘靖基担任全国政协第六、七、八届副主席。在历届上海市政协委员中，上海民建会员有 244 人、412 人次担任，其中任常务委员 48 人、65 人次，刘靖基、陈铭珊、黄关从、周汉民先等 4 人、6 人次任副主席。

【全国政协】

第五届(1978 年 2 月—1983 年 6 月)

常务委员：刘靖基

委　　员：刘靖基　丁　忱　孙廷芳　吴志超　陈铭珊　杨俊生　金学成　卓碧玉(女)　荣仁本　汤蒂因(女)　祝公健　姜庆湘　鄞云鹤(女)　徐之河　钟兆琳　蔡体铨　徐昭隆

第六届(1983 年 6 月—1988 年 3 月)

副 主 席：刘靖基(1984 年 3 月任)

常务委员：刘靖基　陈铭珊　汤蒂因(女)　孙廷芳

委　　员：刘靖基　陈铭珊　汤蒂因(女)　孙廷芳　金学成　姜庆湘　祝公健　蔡体铨　丁　忱　吴志超　荣仁本　荣漱仁(女)　徐之河　卓碧玉(女)　鄞云鹤(女)　钟兆琳　徐昭隆　陆薇读

第七届(1988 年 3 月—1993 年 3 月)

副 主 席: 刘靖基

常务委员: 陈铭珊　董幼娴(女)　孙廷芳　吴志超

委　　员: 刘靖基　陈铭珊　董幼娴(女)　孙廷芳　吴志超　王仁中　王洪昌　庞延斌　姜庆湘　蔡体铨　丁　忱　刘鹤章　张春申　荣仁本　胡世俊　诸德耀　徐之河　马仲文　徐昭隆　蒋达宁　卓碧玉(女)　林万骙　陆薇读

第八届(1993 年 3 月—1998 年 3 月)

副 主 席: 刘靖基

常务委员: 陈铭珊　王洪昌　董幼娴(女)　徐昭隆

委　　员: 刘靖基　陈铭珊　王洪昌　董幼娴(女)　徐昭隆　王仁中　陈永达　庞延斌　顾宗棠　叶仲若　姚振民　蔡体铨　陆薇读　孙振华

第九届(1998 年 3 月—2003 年 3 月)

常务委员: 黄关从

委　　员: 黄关从　王宇平(女)　李维屏　庞延斌　顾宗棠　孙振华　陈庆梁　孔庆源

第十届(2003 年 3 月—2008 年 3 月)

常务委员: 黄关从

委　　员: 黄关从　朱德瀛　郑健龄　陈秋芳(女)　王　曦　黄泽民　周汉民

第十一届(2008 年 3 月—　　)

常务委员: 周汉民

委　　员: 周汉民　黄泽民　葛俊杰　王　曦　胡可一　张泓铭　马国湘

【上海市政协】

第五届(1977 年 12 月—1983 年 4 月)

副 主 席: 刘靖基

常务委员: 王兼士　汤蒂因(女)　吴志超　陈铭珊　季慕卿　胡汝鼎　洪佐尧　洪念祖　姚惠泉　董春芳　漆琪生　陈元钦(1979 年 12 月任)

委　　员: 刘靖基　王兼士　汤蒂因(女)　吴志超　陈铭珊　季慕卿　胡汝鼎　洪佐尧　洪念祖　姚惠泉　董春芳　漆琪生　文先俊　李伯龙　金日英(女)　宗之琥　祝公健　荣鸿仁　董幼娴(女)　丁　忱　王嘉振　贝竹韵　贝焕章　孔绥蘅　车懋章　甘源涵　叶炳祥　许秀珍(女)　许资新　刘孟承　汤所均　朱保洪　吴元康　吴振珊　何裕棠　李名岳　李柏华　陈育三(女)　陈发源　杜学展　邹剑雄　宋耀章　张春申　张敏智(女)　姚清德　胡世俊　徐昭侯　郭志明　袁丕烈　诸德耀　钱序葆　顾庆丰　强锡麟　黄山涛　彭佩瑛(女)　童伯型　谢润泉　韩志明　刘念智　王子澄　陈林祥　戚叔玉　吴中一(1979 年 12 月任)　蔡体铨(1979 年 12 月任)　姜庆湘(1979 年 12 月任)　杨锡山(1979 年 12 月任)　周仲洁(1979 年 12 月任)　李立侠(1979 年 12 月任)　杨通谊(1979 年 12 月任)　张雪澄(1979 年 12 月任)　陈元钦(1979 年 12 月任)　夏晋熊(1981 年 4 月任)　章志鸿(1981 年 4 月任)　孙照明(1982 年 3 月任)　沈祖械(1982 年 3 月任)　马仲文(1982 年 3 月任)

第六届(1983年4月—1988年4月)

常务委员: 丁　忱　马仲文　王兼士　王嘉振　沈祖械　李立侠　杨通谊　陈元钦　陈铭珊　宗之琥　季慕卿　洪念祖　胡汝鼎　姚惠泉　董春芳　漆琪生
诸德耀(1986年4月任)

委　　员: 丁　忱　马仲文　王兼士　王嘉振　沈祖械　李立侠　杨通谊　陈元钦　陈铭珊　宗之琥　季慕卿　洪念祖　胡汝鼎　姚惠泉　董春芳　漆琪生　文先俊　汪　熙　吴中一　吴沈钇　李伯龙　金日英(女)　荣鸿仁　夏炎德　董幼娴(女)　戚正元　贝竹韵　贝焕章　包文华　叶炳祥　甘源涵　朱天民　孙丕晋　孙照明　吴元康　吴志超　何裕棠　李名岳　李柏华　陈育三(女)　陈武卿　余益年　宋耀章　张春申　张敏智(女)　杨少振　郎继芳(女)　姚思伟　姚清德　胡世俊　唐志尧　顾庆丰　徐昭侯　诸德耀　钱序葆　夏晋熊　陶敏之(女)　章志鸿　黄山涛　强锡麟　彭佩瑛(女)　谢润泉　韩志明　吴逸平　杨锡山　徐雪筠(女)　洪佐尧　王子澄　吴光汉　张兰祺　张雪澄　陈林祥　戚叔玉
顾宗棠(1986年4月任)　方孟伟(1986年4月任)

第七届(1988年4月—1993年2月)

副 主 席: 陈铭珊

常务委员: 王雪渔　杨通谊　汪　熙　沈祖械　宗之琥　荣正平　荣鸿仁　顾宗棠　唐齐千　雷传湛

委　　员: 陈铭珊　王雪渔　杨通谊　汪　熙　沈祖械　宗之琥　荣正平　荣鸿仁　顾宗棠　唐齐千　雷传湛　王汝涌　王鸿文　朱德瀛　吴沈钇　陈庆梁　林　帆　金人仲　徐萱寿(女)　蔡国杰　蔡立勍　胡上融(女)　王兼士　王嘉振　贝竹韵　贝焕章　方孟伟　石培钧　包文华　戎嘉芳　朱天民　孙丕晋　李昌允　李柏华　吴中一　余益年　沈本涵　张士德　张敏智(女)　陆孟津　陈　信　陈元钦　陈武卿　郑善忠　郎继芳(女)　袁垒堂　顾永熙　夏晋熊　钱绍忠　唐志尧　陶敏之(女)　黄山涛　章志鸿　董春芳　蒋鸿礼　薛槃若　吴逸平　许懋昌　高凯生　王宇平(女)　杨锡山　徐雪筠(女)　王汝珍　李启龄(女)　吴仲信　吴光汉　万国森(1989年4月任)　王裕强(1989年4月任)
荣毅珍(女,1989年4月任)

第八届(1993年2月—1998年2月)

副 主 席: 刘靖基

常务委员: 王宇平(女)　吴仲信　沈祖械　顾永熙　高凯生　唐齐千　彭镇秋

委　　员: 刘靖基　王宇平(女)　吴仲信　沈祖械　顾永熙　高凯生　唐齐千　彭镇秋　冯雅芬(女)　沈本涵　张攻非　陆孟津　陈庆梁　林　帆　金人仲　徐萱寿(女)　殷善锷　蔡国杰　陈秋芳(女)　胡上融(女)　万国森　毛永龄　方孟伟　石培钧　史济民　戎嘉芳　孙叶才　周文彬　胡如珊　胡伯鸿　荣毅珍(女)　陶敏之(女)　崔建平　蒋鸿礼　王汝珍　孔庆源　白晓江　刘同钜　李　基　郑健龄　荣正平　夏善晨　蒋荣仙(女)　严启人　张应葆　唐长馥(女)　姚祖荫

第九届(1998 年 2 月—2003 年 2 月)

副 主 席: 黄关从

常务委员: 吴仲信　陈秋芳(女)　顾永熙　高凯生　彭镇秋

委　　员: 黄关从　吴仲信　陈秋芳(女)　顾永熙　高凯生　彭镇秋　张攻非　李　基　白晓江　夏善晨　陈宏民　胡国胜　杨大安　严定邦　陈　坚　李　忠(女)　黄建清　蒋荣仙(女)　唐仡俊　朱锡铭　张应葆　张立仁　杨景懋　唐志祥　唐长馥(女)　连天峰　鲍沫西　陶顺根　郭耀平　江　明　胡大邦　金熙杰　胡宗正　廖骏德　冯雅芬(女)　张泓铭　孙叶才　陈国梁　武剑华　方孟伟　胡伯鸿　王志雄　倪语星　吴光伟　陈龙武(1998 年 12 月任)　赵增川(2000 年 10 月任)

第十届(2003 年 2 月—2008 年 2 月)

副 主 席: 黄关从

常务委员: 朱易安(女)　严定邦　吴光伟　张泓铭　李维屏　胡大邦　高凯生

委　　员: 黄关从　朱易安(女)　严定邦　吴光伟　张泓铭　李维屏　胡大邦　高凯生　马兆南　尹京苑　王志雄　白晓江　孙敏卿(女)　庄子群　许中伟　吴国庆　吴惠源　张立仁　张兆安　李忠铮　李韶平　杨大安　邹军利　陈　琪(女)　陈宏民　陈建华　陈建安　陈鸿德　麦永懿　周鸣方　武剑华　茅关兴　南　民　宣正荣　胡可一　胡伯鸿　胡宗正　赵增川　钟元秋(女)　倪语星　夏善晨　郭耀平　钱君律　顾国强　黄建清　傅正建(女)　曾乐才　葛俊杰　鲍沫西　蔡　佳(女)　谭文松　周小弟(2007 年 12 月止)

第十一届(2008 年 2 月—　　)

副 主 席: 周汉民

常务委员: 王志雄　陈宏民　朱易安(女)　吴光伟　钱君律　尹京苑　钟元秋(女,2012 年 1 月止)

委　　员: 周汉民　王志雄　陈宏民　朱易安(女)　吴光伟　钱君律　尹京苑　万雯娟(女)　尹文明　方怀瑾　王　幼(女)　王光东　卢卫民　申华淑(女)　孙　立　孙敏卿(女)　孙维敏(女)　庄子群　江　宪　许中伟　许珊燕(女)　过振华　张静静(女)　李飞康　李　新　杨志明　汪　亮　陈启刚　陈沈良　陈　其　陈建安　陈秋芳(女)　陈　琪(女)　麦永懿　其　实　武剑华　茅关兴　郑安国　倪语星　郭　青(女)　钱雨晴(女)　曾乐才　蔡文青(女)　谭文松　魏　建　张黎明(2011 年 1 月任)　钟元秋(女,2012 年 1 月止)

二、政协履职

民建市委和担任全国政协委员、市政协委员的民建会员通过向全国政协、市政协提交提案参政议政,在经济建设、社会发展、精神文明及政治文明建设、市民生活、反腐倡廉和法制建设等方面提出诸多建议。1990—2012 年,民建市委在市政协作大会发言 25 篇。1993—2012 年,民建市委向市政协提交党派集体提案 275 件,其中 22 件被市政协评为优秀提案,2 件被列为 1 号提案,8 件被列为重点追踪提案。

【全国政协】

2003 年 3 月，在全国政协十届一次会议上，全国政协常委黄关从提交了《推动我国证券市场健康发展的若干建议》的提案。建议：(1) 提升上市公司价值，加大优胜劣汰力度，加快上市公司资产重组，鼓励优质股票发展，建立优质股票上市的快速通道。(2) 加快证券市场改革，尊重市场经济规律。重建市场信心，提高违规成本；稳妥解决国有股、法人股流通问题；对基金业采取新的评估方法和措施；设立避险工具：股指期货；允许成立股票质押试点；加快开放保险基金、社保基金进入股市；允许企业回购股票，放宽企业投资股市的限制；加速发展金融控股集团公司；允许成立多种所有制基金和券商；设立国内外汇基金，投入股市。(3) 发展企业债券市场，扩大沪深证交所交易量，推进部分公司债券转为股票，使股市债市均衡发展。该提案得到中国证券监督管理委员会答复。

2007 年 3 月，在全国政协十届五次会议上，全国政协委员朱德瀛提交了《采取有效措施从根本上解决拖欠民工工资问题》的提案。建议：(1) 由国务院制定专门的法规条例，切实保护农民工的权益；(2) 拖欠民工工资必须进行补偿；(3) 将清欠民工工资和领导政绩考核指标相结合，实行领导问责制；(4) 对拖欠工资的单位进行行政处罚直至吊销证照。该提案得到中国劳动和社会保障部、中共中央组织部答复。

2011 年 3 月，在全国政协十一届四次会议上，全国政协常委周汉民提交了《关于尽快建立政府重大行政决策风险评估机制的建议》的提案。针对目前政府行政决策失误追究制度缺失等主要问题，建议建立完善行政决策的风险评估机制：(1) 明确界定行政决策风险评估的范围；(2) 详细规定行政决策风险评估的实施；(3) 建立行政决策的后评估和纠错机制。该提案得到国务院法制办公室答复。

【上海市政协】

大会发言　政协会议中的大会发言，是党派团体和委员个人履行职责的重要形式之一，也是政协履行职能的一种特有形式。民建市委的政协大会发言，围绕党和政府的中心工作，为经济建设大局服务。

1992 年 2 月，在市政协七届五次会议上，民建市委大会发言题为《深入开展“质量、品种、效益年”活动，推进国营大中型企业的深化改革》，建议：(1) 落实责任措施，给予政策支持，帮助企业扭亏；(2) 集中力量消除市场消极因素，坚持“质量第一”，制订法规，坚决制止不正当竞争行为；(3) 强化企业内部的制约机制，加强企业党组织的监督保证作用和职工的民主监督作用，纠正做假账的不正之风；(4) 组织工技联合，推进技术进步，促进科技成果及时转化为生产力；(5) 建立协调机构，仲裁和协调工商之间，内外贸企业之间在深化改革中出现的矛盾和问题。

1998 年 2 月，在市政协九届一次会议上，民建市委大会发言题为《关于做强做优上海企业集团的建议》：(1) 要以“做强、做优”为目标，确保在以后发展过程中的“优化组合、优势互补与优势扩张”；(2) 要以“产品经营”与“资产经营”并举为方向，政府各部门要为企业集团多元化资产经营创造外部条件，帮助企业集团实施“用死(资产)盘活(现金)、以小(资本)盘大(资金)、以无(无形资产)吸有(有形资产)、以控(控股权)盘实(实有资产)”的资产经营策略；(3) 要以技术创新、盘活社会存量资产为重点，改造传统产业，扩大企业集团的生产规模；(4) 要以法律规定为依据，规范企业集团的法人治理机构，形成母子公司的集团体制；(5) 要以政策为导向，欢迎国内、海外的企业大集团落户上海。

2007 年 1 月,在市政协十届五次会议上,民建市委大会发言题为《上海服务经济发展需要“两条腿”走路》,建议:(1) 设立全市服务经济推进委员会或领导小组,完善整体规划、操作思路及相应措施,重点解决各自为政和无序竞争;(2) 结合“四个中心”建设,把重点放在关系到经济增长方式转变、城市功能转型及产业结构调整升级的骨干产业上;(3) 注重寻找服务经济的全球战略合作对象;(4) 把服务经济创新发展的重点放在浦东新区进行探索,先行先试再铺开;(5) 制定计划,建人才库、建服务体系、建绿色通道、建引进培养基金;(6) 在对外拓展上靠意识、靠实力、靠机制、靠政策,拓展方向上抓重点区域、抓市场建设、抓平台建设、抓产业联动。

2011 年 1 月,在市政协十一届四次会议上,民建市委大会发言题为《创新驱动信息产业　全面推进“智慧上海”建设》,建议从人才、资金和资讯 3 个重要方向创新驱动:(1) 加强人才队伍发掘工作,探索人才培养、选拔和流动机制的创新突破;(2) 加大中小企业的财政支持力度,支持发展创新领域,鼓励“雪中送炭”,敢于承担创新责任,实现资金投资方式和投资方向上的创新驱动;(3) 建设信息产业的资讯枢纽,加大与国际领先技术企业的实时交流。

2012 年 1 月,在市政协十一届五次会议上,民建市委大会发言题为《鼎力先行先试,推动浦东局部自由贸易港城建设》,建议:(1) 着力争取中央、相邻省市和长三角、长江流域各省市的大力支持,获取更多推动改革开放的外部动力;(2) 着力对上海设立保税区以来 20 年的探索作好总结,借鉴国际经验,形成后发优势,以更高的立意、着眼于更强的功能、更全的服务;(3) 着手起草符合国际通行法则、符合中国特色、上海特点的局部自由港城运行管理的法律法规体系,可重点借鉴香港;(4) 着手高级人才的凝聚,建立和自由贸易区运作规则相适应的人力资源教育培训体系;(5) 以建设局部自由贸易港城为目标,推动临港新城建设。中共市委书记俞正声在大会发言现场当即决定要将这篇大会发言“转发”给中共市委、市政府领导人手一份,共同探讨。

A3 人民政协报 RENMIN ZHENGXIE BAO 统战新闻 2012年1月20日

市委书记现场“转发”党派大会发言

民建上海市委建言浦东“局部自由贸易港城”引重视

中国侨联圆满完成北川中学援建任务

总投资未超出预算控制目标

统战工作动态

郑州市召开党外代表人士情况通报会

致公党青岛市委救助贫困服刑人员和家庭

民主党派关注养老服务

民盟宁夏区委建言加强引导和扶持老龄产业

民建陕西省委呼吁建立有效可行的养老服务体系

图 3-3-1　2012 年 1 月 20 日,《人民政协报》第 3 版刊载民建市委关于浦东自贸港建设的大会发言引起中共市委书记重视的报道

表 3-3-1　1990—2012 年民建市委在市政协上的大会发言情况表

届　次	题　目
第七届三次(1990 年)	贯彻中共中央《关于坚持和完善中国共产党领导的多党合作和政治协商制度的意见》,加强自身建设
第七届四次(1991 年)	发挥政协职能和搞活大中型企业之我见
第七届五次(1992 年)	深入开展"质量、品种、效益年"活动推荐国营大中型企业的深化改革
第八届一次(1993 年)	关于上海国有企业转换经营机制的若干建议
第八届二次(1994 年)	关于推荐建立现代企业制度若干问题的建议
第八届三次(1995 年)	关于尽快建立一支职业化企业家队伍的建议
第八届四次(1996 年)	上海要抓紧时间,集中力量,努力为三峡建设项目多做贡献
第八届五次(1997 年)	积极探索,大胆创新,加快建立市属小企业划转到区县管理的新机制
第九届一次(1998 年)	关于做强做优上海企业集团的建议
第九届二次(1999 年)	关于提高政协提案实效的思考
第九届三次(2000 年)	关于上海应对我国即将"入世"的十点建议
	关于切实做好债转股工作的建议
第九届四次(2001 年)	关于拓展上海城市建设资金筹措新渠道的建议
第九届五次(2002 年)	着眼长远,立足当前,加快崇明开发与建设
第十届一次(2003 年)	调整结构完善机制,大力推进上海新一轮国有资产管理体制改革
第十届二次(2004 年)	抓住机遇,加快上海国际金融中心的建设
第十届三次(2005 年)	关于完善分配制度,推进人才强市的若干建议
第十届四次(2006 年)	精心筹备上海世博会,提升上海的国际竞争力
第十届五次(2007 年)	上海服务经济发展需要"两条腿"走路
第十一届一次(2008 年)	关于加快推进上海国际商贸中心建设的建议
第十一届二次(2009 年)	发挥政策优势,确保中小企业平稳发展——关于站在国家利益的高度,以特殊政策帮助中小企业走出困境的建议
第十一届三次(2010 年)	依托金融中心后台,发展黄金创意产业
第十一届四次(2011 年)	创新驱动信息产业,全面推进"智慧上海"建设
第十一届五次(2012 年)	鼎力先行先试,推动浦东局部自由贸易港城建设

资料来源:民建市委调研部档案。

集体提案　1997 年 2 月,在市政协八届五次会议上,民建市委提交《关于积极探索建立市属小企业划转区县管理新机制的若干建议》,建议:(1) 加强对企业划转管理的战略意义的宣传;(2) 区(县)政府要大胆创新,积极探索放活、搞好小企业的新途径;(3) 工业控股集团公司对划转给区(县)的小企业要送一程、帮一阵、联一生;(4) 划转小企业的转制要注重"发展产品经营"与"国有资产"的总体盘活;(5) 建立小企业经营者培训中心,组建"小企业联合会";(6) 可对小企业进行"出售改制"的试点与探索。该提案得到市经济委员会答复,被市政协列为一号提案,并获评为市政协优秀提案。

2000 年 3 月,在市政协九届三次会议上,民建市委提交《关于切实做好债转股工作的建议》,建议：(1) 加强对债转股工作的宣传教育；(2) 制定相关法律法规。尽快起草具有中国特色的《债转股特别法》《投资银行法》，制订有关债转股的暂行管理条例及有关惩处逃避国有商业银行债务与采取舞弊、虚假手段导致严重后果的法规及处罚条例等；(3) 改变现有出资方式，加强对股权的管理；(4) 规范操作程序，避免潜在的金融风险；(5) 建立相应的股权交易市场，完善债转股的股权退出机制。该提案得到中国人民银行上海分行答复，受到国务院经济贸易委员会重视。

2001 年，在市政协九届四次会议上，民建市委提交《抓住深水港建设的机遇加快崇明发展》的提案。2002 年，在市政协九届五次会议再次提交《关于加快崇明开发与建设的再建议》的提案，建议：(1) 观念要大转变，要站在上海 21 世纪经济发展的战略高度来思考，崇明、长兴、横沙三岛之间资源互补和经济联动的区位优势；(2) 交通要大改善，尽快建设崇明越江交通；(3) 结构要大调整，发展的产业重点可大致确定为现代绿色农业、旅游业、现代物流业；(4) 人才要大集聚；(5) 全市要大动员，在政策制定上体现浦东开发开放带动效应。该提案得到上海市发展计划委员会答复，被市政协列为重点追踪提案。2004 年 12 月 28 日，上海长江隧桥(崇明越江通道)工程正式启动。

2007 年 1 月，在市政协十届五次会议上，民建市委提交《关于推进上海国际金融中心建设的几点建议》，建议：(1) 鼓励金融机构辐射、平衡调整社会金融资源布局，科学处理政府在建设国际金融中心的地位和作用；(2) 做好国际金融中心建设的基础性工作；(3) 以金融产品创新推动国际金融中心的建设。

2011 年 1 月，在市政协十一届四次会议上，民建市委提交《关于完善本市农产品流通体系的建议》，建议：(1) 引导生产者合理种植；(2) 增加蔬菜价格信息发布项目；(3) 免费或低收费向农业合作组织开放国有商业销售网点用于蔬菜直销；(4) 鼓励中心城区和市郊开展蔬菜瓜果生产投资、开发、销售合作；(5) 以中心城区居委会为单位，开辟早晚免摊位费蔬菜集市；(6) 建立固定菜场摊位费浮动机制与蔬菜批发价格挂钩；(7) 完善产品价格监测体系，建立政府农资补贴挂钩机制；(8) 加强对郊区各种所有制规模化农场和生产单位的政策扶持力度，从源头上提高农副产品的自给能力；(9) 放宽农产品进城的道路交通限制。该提案得到上海市商务委员会的答复。

第四节　参与政府事务管理

一、担任政府领导职务

在中共领导下，上海民建会员发挥在工商、财经、税务、金融、交通运输、企业管理等方面的特长，1978—2012 年，共有 22 人、24 人次在中央、上海市和上海市的各区(县)、局中担任领导职务，参与政府事务管理。

表 3-3-2　1981—2012 年民建会员担任政府机关领导职务情况表

姓　名	职　　务	任　　期
刘鹤章	国家审计署副审计长	1990 年 9 月—2002 年 3 月
蔡体铨	上海市仪表电讯工业局副局长	1984 年 5 月—1991 年 1 月
郑健龄	上海市审计局副局长	1992 年 7 月—2002 年 10 月
朱德瀛	上海市工商行政管理局副局长	1996 年 1 月—1998 年 3 月

（续表）

姓　名	职　　务	任　　期
王志雄	金山区副区长	2003 年 1 月—2006 年 11 月
	上海市统计局副局长、局长	2006 年 11 月—2012 年 7 月
周汉民	浦东新区副区长	2000 年 8 月—2003 年 3 月
	上海市世博局副局长（正局级）	2003 年 10 月—2010 年 2 月
韩炳初	嘉定县副县长	1981 年 7 月—1984 年 9 月
王洪昌	静安区副区长	1981 年 9 月—1983 年 5 月
戴焕禧	普陀区副区长	1981 年 9 月—1984 年 3 月
黄耀忠	闸北区副区长	1981 年 9 月—1987 年 4 月
张士德	虹口区副区长	1981 年 10 月—1984 年 3 月
刘效琨	吴淞区副区长	1981 年 12 月—1987 年 4 月
朱鉴曾	卢湾区副区长	1982 年 1 月—1984 年 3 月
严　克	杨浦区副区长	1982 年 4 月—1984 年 3 月
吴仲信	南市区副区长	1982 年 4 月—1987 年 4 月
戎嘉芳	徐汇区副区长	1984 年 3 月—1987 年 4 月
陈业伟	南市区副区长	1987 年 4 月—1993 年 4 月
李维屏	虹口区副区长	1993 年 4 月—2003 年 3 月
周文彪	南市区副区长	1996 年 3 月—2000 年 8 月
严定邦	闸北区副区长	1998 年 3 月—2003 年 3 月
钱雨晴（女）	奉贤区副区长	2006 年 11 月—
谢毓敏（女）	浦东新区副区长	2012 年 1 月—

资料来源：民建市委组织部档案。

二、担任"特约(邀)四员"

1988 年起，陆续有民主党派成员受聘担任特邀人员开展监察、监督工作。1988 年 11 月，中央监察部和轻工业部组成联合调查组到上海进行物资领域中的专项调查，上海民建会员参加该组工作，出席中共市纪委召开的有关会议，听取汇报，审议案情，在治理经济环境，整顿经济秩序中发挥了作用。

1989 年，《中共中央关于坚持和完善中国共产党领导的多党合作和政治协商制度的意见》提出聘请一批符合条件和有专门知识的民主党派成员、无党派人士担任特邀监察员、特约检察员、特约审计员和特约教育督导员等，特约(邀)四员的工作形式得以制度化。

民建会员担任特约(邀)人员参与了上海市清理整顿公司、财税大检查等经济环境秩序治理和党风廉政建设等民主监督工作，参加了由人大代表、政协委员、党派团体、纠风检查员和离退休干部

图 3-3-2 2001 年 4 月 12 日,民建市委召开特约监督员座谈会

等组成的上海市行风评议组,参加了公安系统、医药购销、普教收费等众多行业纠风工作,同时反映了大量社情民意,发挥了民主监督作用。至 2012 年底,上海民建会员先后有 41 人次担任了特约(邀)人员。

表 3-3-3 1988—2012 年民建会员担任"特约(邀)四员"情况表

聘任单位	类别	时间	姓名
上海市监察委员会	特邀监察员	1988 年 10 月—1997 年 4 月	王洪昌
		1993 年 10 月—2000 年 9 月	蔡体铨
		1997 年 5 月—2003 年 9 月	庞延斌
		1997 年 5 月—2008 年 5 月	彭镇秋
		2000 年 10 月—2003 年 9 月	万国森
		2003 年 10 月—2008 年 5 月	王卓贤　赵　旭　唐仡俊
		2008 年 6 月—	王　曦　查锡良
上海市人民检察院	特约检察员	1990 年 4 月—1993 年 10 月	叶仲若
		1990 年 4 月—1998 年 10 月	钱家福　王宇平
		1993 年 11 月—2009 年 3 月	朱德瀛
		1998 年 7 月—2003 年 8 月	王月玲
		2003 年 9 月—	徐志远
		2009 年 4 月—	葛俊杰　王晓宇

（续表）

聘任单位	类　别	时　间	姓　名
上海市审计局	特约审计员	1990年5月—1993年12月	刘鹤章
		1990年5月—2003年10月	王松华
		1994年1月—1998年6月	龚志望
		1998年7月—2003年10月	冯雅芬
		2003年11月—2008年9月	李维屏
		2003年11月—	严定邦
		2008年10月—	徐钧健
上海市教育委员会 上海市政府教育督导室	特约教育督导员	2003年9月—	陈秋芳
		2008年7月—	林大钧　赵　旭

资料来源：中共市委统战部档案。

第五节　专题调研

1978年，民建中央和全国工商联受中共中央委托，到沪调查落实有关“文化大革命”中的政策问题，民建市委提出实事求是，全部落实政策，抄去多少发还多少，工资恢复原工资的建议。1979年1月，中共中央统战部在座谈会上宣布的8条政策中采纳了上述建议。

改革开放后，民建市委围绕上海经济社会发展的热点、重点和难点开展调研工作，一方面配合民建中央开展了如机器设备保养维修情况等调研，另一方面对上海市民族工业、国营企业、浦东开发开放、生产质量效益、企业债务、深化改革促进企业机制转换等问题进行了一系列深入调研，形成调研报告和提案议案、社情民意等上报有关部门。

20世纪90年代，随着调研工作的载体功能和基础性不断凸显，民建市委着手推进调研工作的规范化制度化建设。每年制定调研计划，选题保持密切联系经济界的特色，又涉及社会万象，更多关注民生；在自主开发课题和民建中央、市政协、中共市委统战部课题调研基础上，加强与市政府各部门合作，承接相关课题；采取联合横向部门、跟踪调查，专家“请进来”，课题组“走出去”的工作方式，提升调研成效。

1991—2012年，民建市委开展专题调研64次。调研结果有的转化为人大政协的议案提案、建议、发言，有的调研报告为中共和政府部门的内部刊物刊登，有的受到中共市委、市政府领导的重视，转发、上报中央有关部门。

1991年，民建市委开展三角债的专题调研，并形成调研报告《三角债“清旧债、堵新欠”的几点建议》，建议：(1) 开展教育、培训、扭转“拖欠有利”思想；(2) 制订和落实清欠计划，实现清欠奖惩；(3) 强化企业的经营承包的资金考核；(4) 纠正企业在银行多头开户；(5) 推广“信用证”的结算方式；(6) 严格执行经济法规，以法治债；(7) 对企业进行核资，创造相对稳定的资金环境；(8) 调整企业内的产品结构与行业内的企业结构，防止“三角债”的再发生。该报告经报送至中共市委和国务院，得到重视。

1994年，民建市委调研提出《关于建立现代企业制度若干问题的调研与建议》报告，分为4个部分：(1) 国有企业建立现代企业制度应从转换经营机制着手；(2) 扭亏解困是国有企业建立现代企业制度的一个必要条件;(3)国有资产管理体制的改革是建立现代企业制度的一项重要内容;(4)抓紧时机实施“改革方案”,是上海率先建立现代企业制度的一项主要工作。由5个子课题组成:(1)关于推进国有企业“转机建制”的调查报告;(2)对国有企业解困和发展工作若干问题的建议;(3)上海国有企业扭亏解困试点工作的现状及建议;(4)关于盘活资产存量与产权交易问题的探讨;(5)关于推进实施“上海率先建立现代企业制度改革方案”的建议。全国政协副主席、民建中央副主席万国权对报告的评价是:民建市委多年来投入大量精力从事国有企业调研,从上海实际出发总结出一些建立现代企业制度的建议,具有系统性、针对性和可操作性。此报告在市人民政府研究室《决策参考》以《上海现代企业制度试点中的三大难点》为题刊登,并形成政协大会发言。

1998年,民建市委就南京东路步行街的建设进行专题调研,形成调研报告《关于建设南京东路全天候步行街的五十条建议》,就步行街的目标定位、建设发展、繁荣商业、文化气息、配套服务、广告宣传和政策体制7个方面分别进行论证、提出建议,为步行街的开发和建设提供决策参考。2000年9月,黄浦区政府发文向区有关委、办、局发出《黄浦区人民政府办公室印发民建黄浦区委员会、民建市委经济委员会关于进一步推进南京路步行街发展50条建议的通知》,其中写道:“50条建议对南京路步行街的进一步发展具有很大的参考价值和操作价值”“要学习和发扬民建同志严谨细致的作风”。

2001年,民建市委向市政协九届四次大会递交《关于创建上海国际航运中心北外滩航运商贸服务区的建议》提案并展开跟踪调研。3月,民建市委与民建虹口区委联合成立“规划开发建设北外滩国际航运商贸区”专题联合调研课题组。经过5个月实地勘查,调查研究,就北外滩开发建设的规划定位、市政配套、环境交通、房产开发、服务设施、商业布局等专题,先后走访有关部门和市港务局、上海航运交易所;向全市相关部门和单位发放调查卷1 200份;召开10次专家学者讨论会。9月,在归纳汇总136份专家书面建议并多次征求10多位专家意见后,完成《关于开发建设北外滩国际航运商贸区的若干建议》调研报告和《北外滩航运商贸区规划开发问卷调查统计分析报告》等14

图3-3-3　2001年9月25日,民建市委举行北外滩国际航运商贸区专题调研总结汇报会

篇近5万字的调研论文集。重点对加快北外滩开发建设中强化统一领导，注重资源整合；准确定位，搞好配套服务；合理布局，营造滨江特色；凭借优势，做大服务产业；吸引人、财流入；管理创新，塑造一流形象六个方面提出36条建议，供虹口区政府决策参考。市规划局开会对该报告作了专门研究，认为这是一份很难得的调研报告。市规划局专家认为，报告严谨科学、内容翔实、工具新意、操作性强，可作为优化北外滩建设规划的重要依据和参考。2002年，北外滩建设进入实质启动阶段，市规划局和虹口区政府继续邀请民建参加规划研讨审定和献计献策。

2007年，民建市委开展重点领域民营经济发展的专题调研，形成调研报告《重点领域民营经济发展对策研究》。其认为：民营经济发展有体制、机制、流通、人才、资金和成本等瓶颈，突破难点在于政府职能转变、改善"经济生态"、经济资源的市场化配置、人才配置激励、资金热点转移和公平税负负担等。其建议：(1) 大力推进经济体制转变。加快市场化进程，推进政府基层组织政务改革，公开信息，发展中介服务组织；(2) 改善"经济生态"。提高混合制经济比重、扶持重点企业；(3) 积极引导人才向重点领域集聚。提高人才集聚程度，扩大重点企业用人权利，加大科研资源整合力度；(4) 积极引导资金向重点领域集聚。改善资金资源配置，提高使用效率，引导投资热点转移；(5) 切实降低民营企业负担。加大政策落实力度，建立企业负担监控体系，提高盈利能力，严格查处违规收费。

2008年，民建市委应市发改委要求，开展住房保障机制专题调研，客观分析多方收集的百姓对住房保障的焦虑等情况，深入开展走访调研、科学研判住房保障机制问题。在同市发改委深入研讨基础上，最终形成调研报告《完善住房保障机制研究》，建议建立和完善下列机制：(1) 组织管理机制——建立一套班子。市政府机构改革中，将组建专司住房保障的职能机构——"住房保障和房屋管理局"；(2) 计划实施机制——组建"一个公司"。在现有国资背景房地产公司基础上，整合组建实施住房保障这一重要公共服务项目的主体；(3) 硬件保障机制——掌握"一批房源"。通过立法，

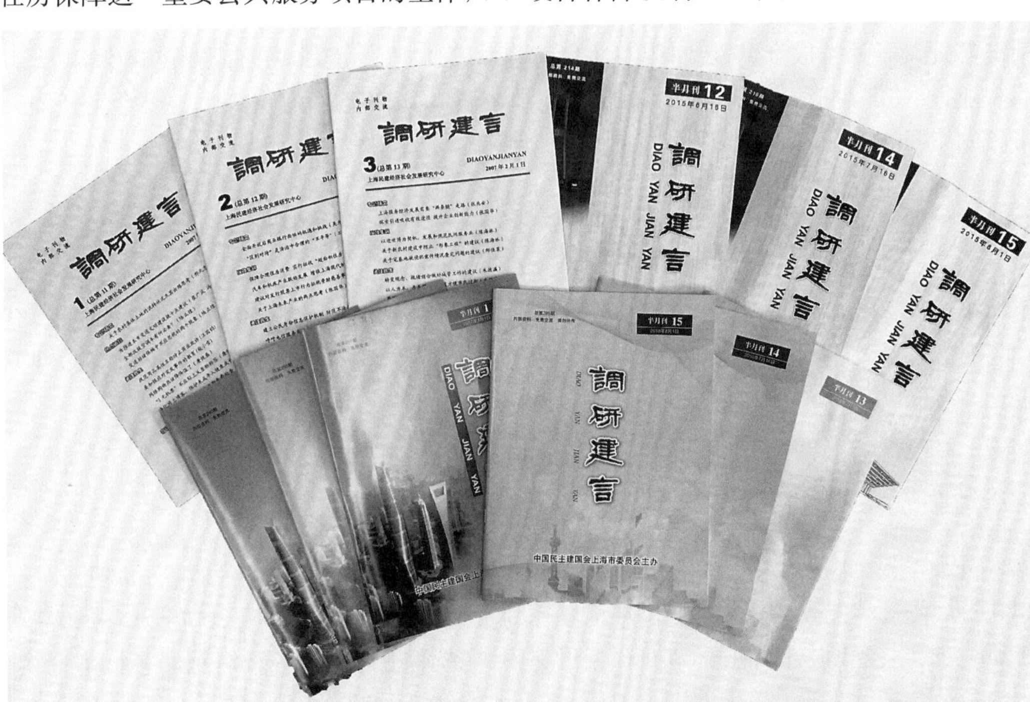

图3-3-4　民建市委的参政议政内刊《调研建言》

确保规划内的经济适用房和政府投资增量房的产权完全控制在政府住房保障机构手中;(4) 公平分配机制——形成“一套保障制度”。调整现有住房保障分配制度:房租由补贴转为减免、保障房产权分级拆零、面积控制梯度化、适度淡化户籍限制;(5) 操作机制——健全“一个操作系统”:印制“告知书”、建立信息平台、制定专用合同;(6) 监督机制——形成“多元监督体系”:政府工作、保障对象的监督;(7) 循环运作机制——形成“一个市场”,形成一个以政府及所属住房保障公司为主体的全市统一的保障性住房交易体系。民建市委通过继续追踪调研保障房建设问题,又提出了把旧房改造纳入保障房建设的考虑范围和建立全市性的保障性住房的租、售转换操作平台和操作机构的建议。形成的政协集体提案《关于做好市区旧房改建改造工作的若干建议》《关于建立全市保障房置换平台的建议》获市政协优秀提案,得到市住房保障和房屋管理局答复,作为上海有关部门编写保障房有关规制的参考依据。之后,上海开始探索共有产权房模式,共有产权房成为上海乃至国家住房保障体系的重要一环。经济适用房可租可售的概念受到社会认可。

2010 年,民建市委开展上海水陆旅游资源的专题调研,并形成调研稿《关于加快上海水陆旅游资源整合的若干建议》,指出上海旅游业发展和水陆资源整合存在定位偏低、规模偏小、宣传太少、资源垄断、市场封闭、管理分散、规划割裂、人才缺乏等问题。其建议:(1) 进一步明确旅游业作为战略性支柱产业的地位;(2) 完善旅游发展协调组织机制;(3) 加强上海旅游产业的形象和产品设计工作;(4) 降低门槛;(5) 完善各种旅游基础设施建设;(6) 提升旅游业从业人员素质,健全培养体系;(7) 加大宣传力度,特别是水上旅游资源和水陆结合线路的宣传推广;(8) 充分发挥旅游业对就业的带动作用。民建市委自 2009 年开始连续三年跟踪上海水上经济发展,上海电视台进行了跟踪拍摄,数次随同课题组成员赴苏州河沿岸调研,并就苏州河发展现状、水面资源利用情况、未来发展潜力与前景规划等进行了专题采访,并拍摄了纪录片《回到苏州河》。

其间,民建中央领导多次带队到沪调研改革开放前沿阵地的经济情况。民建中央主席成思危多次到沪参加法律专业、国有企业、金融行业等部分民建会员座谈会,就加入 WTO、《商业银行法》实施情况开展调研并听取意见;民建中央主席陈昌智 2011 年 5 月 3—8 日,率民建中央“大力发展现代服务业,推动产业结构调整”课题调研组,在沪调研座谈,听取上海市人大常委会主任刘云耕发言和常务副市长杨雄介绍上海服务业发展情况与相关工作。

第六节　建言献策和反映社情民意

民建市委在人大、政府、政协履职和开展专题调研的基础上,发挥特色优势,横向联系、纵向动员,夯实和拓展社情民意信息这项基础性工作,结合举行主题建言活动、论坛、研讨会等多种渠道建言献策。

一、主题建言活动

1991 年,民建市委七届十二次常委(扩大)会议通过了开展“为 1991 年‘质量、品种、效益年’出主意、办实事、作贡献”活动的决定,把这项活动作为贯彻落实中共十三届七中全会精神和带动民建市委各项工作的重要任务和中心环节。根据民建中央要求,上海民建各级组织和会员不论在职的、离退休的都结合本行业和本单位的中心工作,提出各类建议 1 600 多条,其中一半以上被采纳,实现可以计算的经济效益达 1.9 亿元。9 月 20—24 日,根据民建中央的部署,上海、江苏、浙江、福建、山东、江西五省一市委员会在上海就为“质量、品种、效益年”献计出力活动相互通报情况，探讨进一步把这项活动引向深入的途径和方法，最终形成工作报告《把为“质量、品种、效益年”出主意、办实事、作贡献活动广泛、深入、求实、持久地开展下去》。1992 年，民建市委继续就有关质量、品种、效益的问题向全国政协和市政协提出近 90 件意见和建议。

2008 年，民建市委开展“情系上海，共话发展”建言献策活动。成立主委周汉民为组长，各副主委为副组长的领导小组，发出《关于开展“情系上海，共话发展”建言献策活动的通知》，要求各级组织把开展本次活动列入主要工作。截至 11 月，民建市委收到 42 个组织建言献策投稿 620 篇，整理后报送 200 篇，市政协采纳 59 篇，市领导批示 5 篇，新闻媒体刊载 70 篇，并形成一系列专题调研报告。12 月 2 日，民建市委举行“情系上海，共话发展”建言献策活动总结表彰会，表彰活动中取得突出成绩的组织和个人，民建中央主席陈昌智出席并作重要讲话。

图 3－3－5　2008 年 12 月 2 日，民建市委举行“情系上海，共话发展”建言献策活动总结表彰会

二、民建中央、省际参政建言活动

2000 年 6 月 20 日，根据民建中央关于要为实施西部大开发战略积极做贡献的要求，“促进东西部地区联动发展”研讨会在上海图书馆举行。民建市委主委黄关从致辞。出席会议的有民建中央，民建江苏、浙江、安徽、福建、江西、山东、陕西和云南等 9 个省级组织的代表及上海地区的有关专家学者 60 人。民建市委、国务院发展研究中心、上海社会科学院、上海市政府驻西安办事处、上海社会科学院等单位的民建会员及专家学者就西部开发中的金融、人才、资源等问题展开研讨，就东西部经济合作的途径、西部大开发的战略与对策、主要障碍与政策设计、资金来源及相关问题、水资源的开发与科学管理、西部开发与农业东西部合作探讨等问题作交流发言。民建市委提交的《上海要为西部开发作贡献》和与会专家学者的发言、论文共 36 篇选编入《促进东西部地区联动发展研讨会论文选编》。

2000年9月22—23日,根据民建中央部署,"加入WTO与行业发展"研讨会在上海民主党派大厦召开。黄关从致辞。出席会议的有民建中央,民建天津、江苏、浙江、四川、湖南五个省级组织的代表以及上海地区的有关专家学者80人。民建市委、中共市委研究处、上海外贸学院国际经贸研究所、上海同济大学、天津社科院、上海大学、河海大学、上海华谊集团、国泰基金管理有限公司、上海房地产评估中心等单位的民建会员及专家学者围绕加入WTO为中国的行业发展带来的机遇和挑战展开讨论并作交流发言。与会专家就中国加入WTO后的形势分析利弊,提出加快行业体制改革、实施科技创新政策、建立反倾销行业支持体系、加强风险防范等方面的对策。民建中央会后按照WTO的国际规则,针对行业发展特点,形成建议供党政部门作决策参考。民建市委提交的《关于应对我国即将"入世"的十点建议》和与会专家学者的发言、论文共26篇被编入《加入WTO与行业发展研讨会论文汇编》。

2007年9月16日,由民建中央主办、民建市委和民建中央会员培训中心承办的"中国经济改革与世界资本市场发展"金融论坛在沪举行。论坛由民建市委主委周汉民主持,民建中央副主席马培华致开幕辞,中共市委统战部部长杨晓渡致辞。民建中央副主席黄关从,市人大、中共市委统战部等领导出席。出席论坛的有市政协、市发改委、经委、决咨委、金融服务办、政府发展研究中心、上海银监局及在沪有关金融机构、高等院校、研究单位,以及来自民建广西、江苏、浙江、江西等省(区)委的领导、专家和企业家300人。论坛邀请三位诺贝尔经济学奖获得者罗伯特·蒙代尔、托马斯·谢林和埃德蒙·费尔普斯分别就"金融中心、衍生品和汇率问题""控制温室及其与全球变暖的关系"及"世界经济事件以及资本流动问题"作主题演讲,并同与会者进行互动对话,共同探讨人民币汇率的稳定性,中国与世界经济可持续发展问题,为中国经济的健康发展和上海国际金融中心建设提供建议。

2008年4月29日,民建苏浙沪社情民意工作研讨会在上海举行。出席会议的有民建中央调研部、苏浙沪三地调研部和部分上海民建参政议政骨干会员21人。民建江苏省委、浙江省委、上海市委分别介绍了社情民意工作的开展情况和存在问题,提出通过建立稳定的专家队伍、抓好基层组织、完善自身素质等途径提高社情民意工作质量。民建上海化工工委、仪电工委负责人和部分会员在会上交流了通过组织社情民意研讨会、完善激励机制等形式开展社情民意工作的经验。民建中央调研部有关领导就提高会员参与社情民意工作的积极性,练好民主党派参政议政基本功提出要求,并通报了民建中央2007年及2008年第一季度社情民意工作情况。与会人员赴"1933老场坊",考察上海创意产业发展情况。

三、反映社情民意

社情民意是了解社会经济生活和人民群众建议愿望的渠道,是民主党派参政议政工作的基础和重要形式。民建市委明确副主委专门分管此项工作,发动广大会员,建立一支信息员队伍,组成三级网络,市委机关部室专人收集、整理、上报。1997年起,反映的社情民意数量快速提高,不断有社情民意被民建中央、市政协、中共市委统战部采纳,有的经转发被中共中央统战部、全国政协、中共市委、市政府等有关部门采纳。连续获评民建中央、市政协、中共市委统战部社情民意信息工作先进单位。民建市委逐步建立起社情民意专业人才培训、调研成果转化和快速反应机制,紧扣热点、跟踪时事、关注民生,不断提升时效性和采用率。

2000年,民建会员杨存义报送社情民意《推广静安寺街道社区教育学院的经验和玉佛寺周边环境治理》,建议市政府协调,从上海全局一盘棋出发,使玉佛寺周边环境有一个大变样。该社情民意得到中共中央政治局委员、市委书记黄菊批示:静安区静安寺街道社区教育学院很有特色,值得总结,所提玉佛寺周边环境的整洁和改善一事,请韩正同志研究并处理,并表扬这种积极参与的可贵精神,值得大家学习。

2001 年,民建会员彭镇秋报送社情民意《不要把党政领导称为“老板”》,建议各级党政机关及所属部门,从“讲正气”的要求出发,明确规定不准称领导为“老板”,并由纪检和组织部门负责做好宣传与监督,进一步维护好党政领导的社会形象。该社情民意得到市长徐匡迪批示:这个意见很好,可在市府全体会上讲一下。还是称××同志为好。2003 年 3 月,中共市委办公厅下发文件《关于进一步继承和发扬党内互称同志优良传统的通知》。

2007 年,民建会员程茂源报送社情民意《师范生免费上学要有后续硬性规定》,针对入读师范大学免费,建议:(1) 建立师范生诚信档案制度和个人的其他信用联系,并向社会开放查阅;(2) 建立免去费用的追缴制度;(3) 建立师范院校规范的财政拨款制度;(4) 要建立管理严格的财务制度。该社情民意得到国务院总理温家宝批示:请教育部长、财政部长阅。

2008 年,民建会员陈海林报送社情民意《干部教育的贵族化倾向必须纠正》,针对干部教育的贵族化倾向日趋明显,建议:(1) 党校、干校的选址要向落后地区倾斜;(2) 党校、干校硬件建设档次必须定位于普通学校,学习和生活服务功能必须简化,取消党校、干校的宾馆式服务标准;(3) 党校、干校学员的生活标准应当降低,学习期间应当限制一切必要消费以外的公款消费;(4) 教学实习应在基层完成,对即将担任领导职务的学员,要在一定的时期内暂免一切职务,让其回归平民群体,以培养其平民意识;(5) 干部教育应当实行封闭式管理,避免过多的迎来送往。该社情民意得到国家副主席、中央党校校长习近平和中共中央组织部部长李源潮批示,并在中央党校员工中传阅讨论。

2010 年,民建会员郑颖报送社情民意《地铁安检仍然存在漏洞》,针对上海地铁安检存在的问题,建议:(1) 在未设置人体安检设施的情况下,应设包裹安检通道和无包免检通道;(2) 另外还应该设置类似超市提供的那种免费寄存箱,让因疏忽而携带了属于日用性质的危险品的乘客能将物品暂时寄存;(3) 建立快速退票机制。该社情民意得到市委书记俞正声批示——志明同志:前已批转一件给你,现将又一对地铁安检工作的意见转去,请一并研究。

四、情况专报

2008 年国际金融危机蔓延,根据中共中央统战部在全国统一战线开展“我为应对国际金融危机影响献一策活动”的要求及 2008 年底中共上海九届市委六次全会上市委书记俞正声提出的“四个确保”要求,民建市委在全市民建各级组织中开展“建实言、献实策,服务‘四个确保’”活动。民建市委在 2009 年上海“两会”召开前成立了领导负责、机关四个部室参加的“四个确保”专题调研组。针对调研活动编写《情况专报》,报送市有关领导和部门,作为科学决策参考。至 2012 年底共编写 37 篇,其中 11 篇获得市主要领导和相关部门批复,1 篇被《统战专报》采纳转发。

2009 年 1 月,调研组实地走访中小会员企业,听取会员介绍企业运作情况,并提出建议:政府能给予诚信经营、科技含量高、符合产业结构调整的中小企业一定的银行授信额度,以企业信用担保,提供中长期的无息、低息贷款和无抵押贷款,扶持企业渡过难关。情况专报《中小企业资金紧缺　小额贷款还需扶持》得到中共市委统战部部长杨晓渡批示。

2009 年 4 月,调研组走访调研从事现代服务业的会员企业,与会员座谈听取有关上海发展现代服务业的意见和建议。提出建议：推动现代服务行业协会的自身发展。通过行业协会确定资费标准、竞争规则，严格监管低价竞争、中介腐败等行为，从严评定会员企业资质并建立合理公平的行业协会领导班子。报送情况专报《推动行业协会自律　促进现代服务业健康发展》。根据杨晓渡的意见，调研组于8月再次走访从事资产评估、房地产估价、房地产工程造价等经济鉴证类中介服务行业会员企业，召开多次座谈会听取相关负责人意见和建议。报送情况专报《完善制度建设　规范行业行为　推动经济鉴证类中介服务业健康发展》。

2010年1月，民建市委召集部分航运界会员进行座谈，围绕落实国务院关于推进上海建设国际航运中心的意见建言献策。座谈中对上海港存在的口岸成本、办公时间、行业规范、政策影响等问题提出解决方案，并对确保港口吞吐量稳定增长提出建议。情况专报《巩固国际枢纽港地位　确保港口吞吐量稳定增长》得到中共市委书记俞正声、统战部部长杨晓渡、副市长杨雄批示。

2010年5月，民建市委召开“沪台经贸界人士洽谈会”，台湾中华两岸企业发展协进会考察团一行及上海相关行业有关负责人出席会议，共同交流台湾水果在沪流通情况。与会人员对台湾水果在上海流通存在的问题进行了讨论并给出对应的建议。情况专报《台湾水果在沪流通存在问题及建议》得到杨晓渡批示及市政协领导和海关部门重视。

2011年4月，民建市委举行“全市部分小额贷款公司运行情况座谈会”，就全市小额贷款公司生存现状和发展过程中遇到的问题，与会员公司座谈。座谈会提出：全市小贷公司近年来总体呈现业务平稳增长、规模逐步扩大基本特征，成为中小企业融资的重要选择，但受制于政策因素和经营风险的制约，普遍面临发展瓶颈、生存问题；这直接关系到全市中小企业生存与发展，对全市实体经济有传导和放大效应，值得引起高度重视。情况专报《小额贷款公司生存状况及其实体经济的传导和放大效应应引起足够重视》得到杨晓渡批示。

第七节　参政议政平台建设

民建市委结合自身特点，拓宽参政渠道，建立和发展有代表性、可操作性的议政平台和交流平台，不断摸索参政议政的有效形式。1990年9月，创办《调研与建议》内部刊物，为会员提供参政议政的园地，刊载各项调研成果，供政府有关部门参考。1991年起，连续7年每季定期举行1次为期4天的“议政日”活动，邀集各区、局等民建组织负责人共同讨论，广泛收集意见和建议。同时，到基层组织开展议政活动，近距离接收参政议政信息，调动基层组织和会员积极性，建立起一支参政议政队伍，通过举行参政议政培训班、社情民意通气会等提高队伍综合素质。积极发挥专委会的组织优势和平台功能，制定专委会参政议政有关规定，保证专委会参政议政数量和质量。民建市委通过上海民建网站建立议政栏目，发布参政议政信息和建议供会员互相学习，并开通参政议政、社情民意直通邮箱。

2005年，民建市委成立“上海民建经济社会发展研究中心”，推出新的参政议政刊物《调研建言》。2008—2009年，创办“上海民建浦江论坛”“上海中小企业发展论坛”两大论坛，以此提升参政议政品牌影响力、平台规模和深度。

一、上海民建经济社会发展研究中心

2005年11月30日，民建市委召开“上海民建经济社会发展研究中心”(简称“中心”)成立会议

(见图 3 - 3 - 6)。民建中央代表到会祝贺,中共市委统战部、市政协经济委代表应邀致辞。

图 3 - 3 - 6　2005 年 11 月 30 日,民建市委成立"上海民建经济社会发展研究中心"

"上海民建经济社会发展研究中心"(简称"中心")是民建市委设立的内部研究性机构。"中心"加强了参政议政智力资源的整合和民建会内外专家学者的联系。"中心"首任主任由民建市委主委黄关从担任,8 位"中心"副主任由副主委与专委会专家组成,21 位会员专家担任"中心"研究员,72 位经各区委推荐的骨干会员为"中心"成员,9 位党政部门及市人大、政协有关部门专家型的负责同志担任特邀顾问。"中心"办公室由机关调研部负责人和会员骨干组成日常工作班子。民建中央代表认为"中心"的成立是民建参政议政工作的创新,民建中央将会大力支持"中心"的发展,希望加强联系合作,不断追踪形势,把握动向,提出咨询建议,发挥参政议政智囊作用。

"中心"开展的主要工作有:(1) 为民建市委领导参加高层次座谈协商会提供发言材料;(2) 参与民建市委组织的各项专题调研,承担相关的课题任务;(3) 民建市委提交市政协大会发言和集体提案稿件;(4) 承接民建中央的招标课题和参与调研的课题;(5) 向民建中央提交全国政协提案稿件和社情民意信息;(6) 完成民建市委交付的其他参政议政任务;(7) 参与社会课题,为会员企业提供咨询服务。

2006 年 7 月 31 日,"中心"主办的《调研建言》电子版创刊,黄关从题名,刊物以紧扣热点、跟踪时事、关注民生的鲜明特色,为民建会员交流思想、沟通信息搭建平台。至 2012 年,《调研建言》出版 154 期,从最初创刊时联系单位和组织 20 家、会员 100 多名发展至与 100 家有关单位和各级组织保持联系,为 1 200 位会员发送纸质、电子刊物,刊载文章 1 300 篇近 260 万字,文章作者近 400 人次。各类媒体转载文章近 120 篇。

2007 年,民建市委主委周汉民担任新一任"中心"主任。2012 年,为进一步适应新形势新任务的需要,经民建市委主委会议研究,决定对"中心"的人员组成、组织结构进行调整。建立"中心"执行主任制度,产生 5 位执行主任,实行轮值制,原则上每人一年。除执行主任外,设立 5 位常务副主任协助执行主任工作。调整扩容后的"中心"成员人数达到 164 人。

二、上海民建浦江论坛

2009 年,民建市委创办“上海民建浦江论坛”,主题围绕区域经济发展重大课题,发挥民建紧密联系经济界的特色,探索形成一条民主党派与市政府有关部门及各区政府之间合作共事、积极议政之路。2009—2012 年,论坛连续举办四届。先后与黄浦区政府、市经济和信息化委员会、长宁区政府、嘉定区政府、普陀区政府等联合举办,分别以“外滩金融集聚带——股权投资”、“十二五信息产业发展与展望”“创新驱动转型升级　促进二、三产业融合发展”“新兴商贸·科技创新”为主题,邀请国家和上海市有关部门、著名专家学者、国内外知名企业与会,为上海区域经济建设和社会发展出谋划策,各合作区四套班子成员全程参加论坛,有关部门紧密协作为论坛开展给予大力支持和帮助,在发挥各界智力优势、推动地区发展方面进行有益探索。该论坛成为民建市委和全市各区县之间的良性互动平台。

图 3-3-7　2009 年 11 月 8 日,民建中央主席陈昌智在民建市委和黄浦区人民政府共同举办的首届上海民建浦江论坛上作主旨演讲

表 3-3-4　2009—2012 年民建市委举办浦江论坛情况表

时　间	主　题	内　容	出席领导
2009 年 11 月 8 日	外滩金融集聚带、股权投资	围绕上海国际金融中心建设,邀请有关部门、经济领域专家学者、企业经营管理者探讨如何通过加快发展股权投资,推进外滩金融集聚带建设	陈昌智作主旨演讲,周汉民主持,中共黄浦区委书记王文涛致辞
2010 年 12 月 7 日	“十二五”信息产业发展与展望	紧扣信息产业,邀请国家和上海市有关部门、专家学者、国内外知名企业,共同探讨如何加快信息产业发展、全面提升信息化水平	陈昌智作主旨演讲,周汉民主持,副市长致辞

（续表）

时　间	主　题	内　　容	出席领导
2011 年 12 月 26 日	创新驱动转型升级　促进二、三产业融合发展	紧扣产业融合主题，邀请国家和上海市有关部门、著名专家学者、长三角知名企业共同探讨如何加快二、三产业融合并进，全面推动转型升级	张榕明作主旨演讲，周汉民主持，中共嘉定区委副书记、代区长马春雷致辞
2012 年 9 月 18 日	新兴商贸・科技创新	邀请有关部门、商贸科技领域知名专家和企业家，围绕创新驱动、转型发展的主线，共同探讨如何以新型商贸、科技创新作为引领发展的重点，为加速上海西部新兴商贸科技区建设献计献策	陈昌智作主旨演讲，周汉民主持，中共普陀区委书记张国洪致辞

三、上海中小企业发展论坛

2008 年底，在国际金融危机爆发、中小企业发展遭遇困境的背景下。民建市委创办“上海中小企业发展论坛”，搭建一个由多方参与、正面交流、互动沟通的平台，为中小企业破解发展中存在的各种问题，把握机遇、平稳健康发展献计献策。

2008—2012 年，该论坛连续举办五届，分别以“共谋中小企业发展”“扶持中小企业政策落实情况研读”“中小企业发展”“当前中小企业面临的困境与发展”“民营经济与金融创新”等为主题，邀请市经济和信息化委员会、市促进中小企业发展协调办公室、市政协经济委员会、市金融服务办领导与企业界人士及专家学者，共同探讨中小企业发展思路。通过具体案例探求化解相关瓶颈的对策措施，为地区中小企业转型发展助力。2012 年，民建市委与中共奉贤区委达成论坛合作意向。

表 3-3-5　2008—2012 年民建市委举办上海中小企业发展论坛情况表

时　间	主　题	内　　容	出席领导
2008 年 12 月 4 日	共谋中小企业发展	学习实践科学发展观、传达和解读政府的政策方针、反映中小企业的需求与呼声、共谋中小企业发展良策	国家工信部中小企业司司长王黎明，上海市经信委、民建市委领导作演讲
2009 年 5 月 14 日	扶持中小企业政策落实情况研读	制造业、服务业、高科技等领域的企业家结合企业、行业情况，围绕政府扶持中小企业政策落实情况交流发言，通过具体案例对企业所面临的挑战和机遇、如何化解相关政策瓶颈等深入探讨	周汉民致辞
2010 年 9 月 20 日	中小企业发展	围绕如何推动中小企业在调结构转方式中健康平稳发展、如何破解发展中存在的各种新问题、如何在挑战中把握机遇等一系列问题，展开交流讨论	周汉民致辞
2011 年 8 月 25 日	当前中小企业面临的困境与发展	不同行业领域的企业家和专家学者围绕中小企业发展的各个环节，针对中小企业如何突破制约瓶颈、在挑战中把握机遇、保持平稳健康发展等一系列问题，进行交流探讨	周汉民致辞
2012 年 8 月 2 日	民营经济与金融创新	企业界、金融界人士及专家学者围绕中小企业和民间资本如何进入金融领域、金融如何为中小企业服务等一系列问题进行交流探讨，通过具体案例探求化解相关瓶颈的对策措施	周汉民，中共奉贤区委副书记、区长庄少勤致辞

资料来源：民建市委调研部档案。

第四章　社会服务

社会服务是民主党派服务国家经济建设和社会发展的实践活动，是了解社情民意的重要渠道，是参政议政的实践基础。民建市委把社会服务工作作为发挥参政党职能和自身建设的重要任务，在服务会员、扶贫帮困、赈灾救灾、公益助学等方面，力争做出成效、形成特色、创出品牌。

第一节　岗位建功

民建会员主要分布在经济界，他们在国企担任要职、创业经营民营企业和在政府相关部门任职，在不同的经济岗位做了大量工作。此外，民建在教育、科技、医卫、文化等界别也有会员，广大民建会员立足岗位做了大量工作，为中国全面建设小康社会而努力奋斗。

一、企业经营管理

上海梅园村企业发展有限公司总经理刘佩琴1993年创建“梅园村”酒家，从事餐饮经营。她在树立品牌、促进知识转换上下功夫，通过建立“以人为本”的管理机制，形成一支善于学习的骨干队伍，使知识、技能、创新成为“梅园村”的核心竞争优势。她注重企业文化建设、凝聚力工程，通过“互利双赢”建立企业和谐劳企关系。在她的带领下，企业迅速健康地发展起来，成为上海著名的老字号本帮餐厅，上海市著名商标，她个人获“全国三八红旗手”称号。

上海世博发展(集团)有限公司工程技术部副总经理苏梅参与筹建了世博会工程建设指挥部办公室技术处并担任主要领导，在上海世博会的筹办、举办和后续开发的十多年中，始终奋战在一线，运用她在规划、建设、运营和涉外经营等大型项目群的全过程管理经验，为世博建设做了大量工作，并打造出一支高素质技术管理队伍，获得全国总工会颁发的“工人先锋号”的荣誉集体称号，她个人获全国五一劳动奖章。

东方财富信息股份有限公司董事长兼首席执行官其实精通期货证券，热心股市服务，是第一批被中国证监会批准的股评资格人之一。2004年，他创办东方财富网，虽然进入行业较晚，但是凭借多年的财经行业工作经验和专业的队伍的支撑，东方财富网凭借权威、全面、专业、及时的综合财经咨询和金融理财资讯服务，通过提供良好的用户体验在行业中取得领先地位。2010年，东方财富网登陆深圳证券交易所，成为A股首家上市的门户网站。

上海瀛久农业科技发展有限公司董事长顾慧华2006年从原公司辞职回乡，承包了20亩大棚蔬菜开始创业，逐年扩展生产规模，2008年成立上海森鲜蔬菜专业合作社，“森鲜馆”品牌，拥有3 000多亩规模，种植高新蔬菜水果40种，辐射江苏、太仓、山东、海南等地。她认真贯彻国家、市区政府要求，转变生产方式，发展高效绿色农业，并积极筹建“上海绿色农业电子商务可追溯系统”，同时带动农户加入她的现代农业产业，推动当地的农业经济发展和农民受益。她个人获“全国三八红旗手”称号。

上海市嘉定区农业技术推广服务中心主任徐兰长期从事西甜瓜等园艺经济作物的引种、试验和示范推广工作，积极推动嘉定区农业产业结构调整。她经常带领同事一起深入田间地头，指导农民科学种田，通过科技入户（社）、专业技术培训、示范性培训等多种形式开展为农服务工作，指导农民上万人次，并培养了一批优秀科技指导员和优秀科技示范户。她所在单位两次被评为全国农技中心先进集体，她个人获“全国三八红旗手”称号。

上海殷行建设集团有限公司董事长徐国强1989年开始创业，以勤勉、高效、诚实、优质逐渐树立起业内口碑，赢得了市场和发展。他常常一个人下工地，现场掌握真实信息，一线发现隐藏问题，即时采取有效措施。他注重打造企业“求实”文化和专业团队，设立专项奖励鼓励员工提升专业资格。殷行建设集团打造了众多建筑精品，其中南昌恒茂国际华城16号楼、宝山寺移地重建工程分别荣获2009年度、2011年度中国建筑工程“鲁班奖”。

二、经济理论研究

经济学专家漆琪生从30年代开始就从事《资本论》的研究和讲学，他以《资本论》第三卷为基础，在中国公学、暨南大学、中山大学、广西大学任教授，讲解土地问题，阐述马克思主义的地租理论，指明土地改革的必要。他1945年开始在复旦大学任教，教授“经济学原理”“经济学史说”“中国经济史”“农业经济”“货币学”和“金融学”等课程，历任经济系主任、经济研究所所长。“文化大革命”后在74岁高龄重新编写《〈资本论〉大纲》，于1985年出版，1986年获上海市哲学社会科学著作奖。

管理教育专家杨锡山长期从事组织行为学的研究，1984年上海交通大学管理学院恢复建院，任首任院长，此时他已经近70岁。他凭借自己在内地和港澳企业界的关系和声望，四处奔波为学院筹集资金建立学科，建立起会计系、宾馆系、计算机实验室等，并积极引进西方发达市场经济国家管理方面的专业、课程、教材。他作为创始人之一建立了中国行为科学学会和上海市分会。著有《西方组织行为学》，是中国早期组织行为学的重要教材。

经济理论专家徐之河长期从事经济管理和中国经济发展的教学与研究，先后在暨南大学、复旦大学、上海交通大学等高校任职。1958年进入上海社会科学院从事理论研究和人才培养工作，历任教授、部门经济研究所所长、名誉所长。他所著《上海经济》《经济大辞典・工业经济卷》获上海市哲学社会科学优秀著作奖。

上海财经大学世界经济教研室主任、教授李新在俄罗斯留学期间，对20世纪80年代苏联与东欧的经济体制改革发生浓厚兴趣，并逐步展开对中俄经济的长期研究。取得联邦经济学博士学位后，他回国继续深造、任教，并对自己的理论体系进行不断修正和深化，出版《向市场经济过渡：俄罗斯与中国》《马克思主义经济思想史》（苏联俄罗斯卷）、《经济转型比较制度分析》等专著，发表《俄罗斯理论界论战马克思主义》等论文，获全国留学回国人员成就奖、先进个人称号。

三、科学学术研究

中国工程院院士、中科院上海药物研究所研究员唐希灿长期从事神经药理研究和开发新药工作。他主持立项对草药蛇足石杉治疗早老性痴呆症进行研究，成功开发治疗该症新药石杉碱甲（Huperzine A），是国际上从植物中发现的最独特、最强效、高选择的新乙酰胆碱酯酶抑制剂，从石杉碱甲的衍生物中研究筛选出更有疗效、副作用更低的候选药物“ZT－1”用于国内和法国早老性痴呆症Ⅱ期临床研究。研究成果获国家发明奖二等奖、国家自然科学奖二等奖、国家科技进步奖二等奖等。参与编写《基础神经药理学》《石杉碱衍生物其制备方法和用途》。

中国科学院院士、复旦大学江明教授在复旦就读期间参与了复旦高分子专业创建,和其他几位老师一起,白手起家,把这个在国内尚属空白的专业建设起来。他长期从事高分子间的相互作用与多尺度相结构研究,在嵌段共聚物/相应均聚物相容性、特殊相互作用和相容性、离聚物及双亲性聚合物体系、大分子自组装等领域有丰富的研究成果。获国家科技进步奖二等奖(1989 年)、一等奖(1996 年),国家自然科学奖二等奖(2003 年)。2012 年,74 岁的他领衔的"大分子自组装的新路线及其运用"项目再获国家自然科学奖二等奖(2011 年)。

上海交通大学机械动力工程学院副院长朱向阳长期从事机器人学与工业机器人技术研究领域的研究,在中国机器人研究的多个专业领域取得丰硕成果,是机器人学科领域具有较大影响的中青年专家。他参与研究的《工业机器人作业系统的关键技术研究、开发与应用》获 2007 年国家科技进步二等奖,领衔完成的《机器人操作规划与空间几何推理理论》获 2009 年上海市科学技术一等奖,被聘为教育部"长江学者特聘教授"。

复旦大学上海医学院生理与病理学系副主任、教育部分子医学重点实验室副主任朱依纯长期从事心血管病的发病机制及治疗新方法的研究。领衔的课题组经过多年在心血管重构创新治疗方法的基础研究领域方面的潜心研究,通过诱导分化抑制胚胎基因的异常表达而逆转心血管系统重构的研究,提出并验证了通过激活生存素基因抗心肌细胞凋亡的设想等,研究成果获得国家自然科学奖二等奖(2004 年、2010 年),被聘为教育部"长江学者特聘教授"。

上海汇众汽车制造有限公司副总工程师、高级工程师陆雄华,长期从事桑塔纳底盘配套项目国产化和别克、帕萨特轿车底盘配套试制工作。先后攻克了桑塔纳减震器噪声、漏油、制动盘早期磨损、前轮毂轴承早期失效和别克、帕萨特、别克变形车试制中的技术资料图纸转换绘制,实验标准及工艺制订等质量技术难题。为汇众公司先后通过桑塔纳 2000 型轿车前后桥总成 80%国产化鉴定,通过别克轿车第一年的 40%的国产化鉴定和通过帕萨特前后桥国产化评审,获"全国劳动模范"称号。

江南造船(集团)有限责任公司总工程师胡可一长期从事船舶设计、技术开发及公司的技术管理工作,主持并作为主要成员参与国家重点科研开发和实施项目十多项。其中,主持的 3.4 万吨大湖型散货船、16 500 立方米半冷半压式液化气船设计建造获国家科技进步二等奖、中船总科技进步一等奖;74 000 吨巴拿马型散货船获国家科技进步二等奖;参与了国内首型高速无舱口盖集装箱船 1 400TEU 高速无舱口盖集装箱船设计建造。

上海市隧道工程轨道交通设计研究院总建筑师俞加康长期从事地铁总体设计及研究。1990 年开始先后承担上海地铁 1 号线一期工程车站建筑总体设计、2 号线一期工程设计总负责人;3 号线一期工程设计总监;4、5、8 号线及 1 号线北延伸、2 号线西延伸总体设计总负责人;7 号线总体设计技术总负责人。其中地铁 2 号线总体设计获国家建设部优秀设计一等奖、国家设计金奖。主编上海市工程建设《城市轨道交通设计规范》、起草国家《地铁设计规范(GB50157—2003)车站建筑、建筑防灾》。

东华大学纺织工程学院教授程隆棣长期从事纺织科学与工程研究,主要研究方向为纤维制品设计及其加工关键技术、纺织加工关键元器件研究、纺织加工过程力学研究等。他主持的科研项目《环锭紧密集聚纺系统关键技术研究及应用》有效解决纱线毛羽的技术问题,打破了国外技术垄断,获国家技术发明二等奖,《大豆蛋白纤维纺织染整技术及针织产品开发》在大豆蛋白纤维纺织的规模生产和后到产品开发中进行了技术创新,创造了显著的经济效益,获国家科技进步二等奖。

复旦大学历史学系教授汪熙长期从事中国近代史、中美关系史、国际贸易研究、保险与再保险、工商管理研究、教学和实务。1976 年进入复旦大学先后在历史学系、世界经济系任教,培养了众多高层次专业人才。发表有《关于买办和买办制度》《论郑观应》《论晚清的官督商办》《研究中国近代史的取向问题——外因、内因或内外结合》等文章，著有《求索集》等专著，主编《中美关系研究丛书》《国际贸易与国际经济合作概论》，后担任上海工商学院院长。

复旦大学历史系主任吴景平，长期从事中华民国史、财政金融史、中外关系史的研究和教学。所著有《宋子文评传》获全国高校人文社会科学研究优秀成果二等奖，另著有《抗战时期的上海经济》《宋子文思想研究》《宋子文政治生涯编年》《中德关系 1861—1992》等，主编《上海金融业与国民政府关系研究(1927—1937)》，论文《近代中国金融中心的区域变迁》获得上海市哲学社会科学优秀成果奖，担任国务院学位委员会历史学科评议组成员。

《华东政法大学学报》主编、华东政法大学教授李秀清主要研究方向是法律史、比较法学，对欧洲早期中世纪法律的研究是其代表性研究成果，在中国日耳曼法律研究领域具有较高的学术价值。发表的著作(主编、合著、参编)有《日耳曼法研究》《20 世纪比较法学》《外国法与中国法》《世界法系概览》《民国法学论文精萃》《日本法律发达史》等，获上海市哲学社会科学著作奖、国家级教学成果二等奖、全国十大杰出青年法学家称号。

上海谢荣生摄影艺术职业培训中心艺术总监、国家特一级摄影师谢荣生从事人像摄影工作近 50 年，在技艺上形成独特艺术风格。他在全国 30 多个省市举办人像摄影展与摄影讲座，在上海大学美术学院、中国摄影函授学院等 10 多所高校担任摄影客座讲师、教授，担任国家级摄影一级评委，并创办了摄影艺术职业培训中心，培养了一批国家级摄影人才，获全国五一劳动奖章。编辑出版《实用婚纱艺术摄影》《新海派人像摄影教程》《广告摄影》等专著。

四、社会公益事业

荣漱仁长期从事妇女工作，关心儿童福利事业和社会公益事业。新中国成立初期她担任上海市职业妇女会主席，她开办了刺绣组、缝纫组等职业技术训练班，使妇女们走向社会，自食其力为社会主义事业贡献力量并与几位姐妹合办了 4 所幼儿园。中共十一届三中全会后，为了重办托儿所，她辛勤奔波解决房源，亲自出资和处理装修、儿童游乐器械和用品采购，仅用 20 天时间，“侨星托儿所”便办了起来。她每天看望孩子们并对保育员进行辅导。直到 1987 年逝世时，她还在为上海面粉公司为职工办的托儿所研究选址建造事宜，出资捐物。她曾 8 次获“全国三八红旗手”称号。

卢湾区妇联顾问竺蕊芳是原工商业者家属，早在 20 世纪 50 年代，她就积极响应中共号召，走出家门走向社会，成为卢湾区妇女工作的骨干。1979 年，她发动妇女大姐集资 50 万元参与筹办上海市工商界爱国建设公司；1982—1989 年中，她发动妇女 1 800 多人次，认购国库券 20 多万元。她还为希望工程、老年活动基金、抗洪救灾等筹措资金尽心尽力。她负责“张莼君慈善捐款”活动，为卢湾区的孤老、孤儿、单亲儿童、特困家庭及抗洪救灾等捐款近 100 万元，并获“全国三八红旗手”称号。

上海市精神文明建设市民巡访团团长杨存义，曾任民建市委组织处副处长。1997 年退休后，他以市民身份主动参与创建文明和谐城市的各项公益性社会活动，向中共市委、市政府反映城市建设和管理建议、整改意见数百条，拍摄 5 万张照片及一部内参资料片。他的行为启发了市文明办对于市民参与城市管理的可行性思考。2002 年，24 名普通市民组成了上海市精神文明建设市民巡访团，杨存义任首任团长并连任数年，并获“全国社区志愿者先进个人”称号。这些最基层的市民代表，与政府工作人员一起巡视检查城市各区各单位的卫生状况，团员规模也发展到近 200 人。

上海湘江实业公司董事长马国湘在企业经营发展的同时长期注重进行职业教育的研究和办学

实践和公益事业的发展。他是上海民建扶帮公益基金会重要捐助人之一。2008 年汶川地震发生后,他第一时间率领援建车队赶赴灾区现场参与救灾工作,并捐建 5 000 平方米活动板房安置灾民。他为 2008 年北京奥林匹克森林公园无偿捐献数万棵大树,并出资组织成立了上海温暖工程基金会。他位列 2005 中国大陆慈善家排行榜第 8 名,胡润 2006 年中国慈善家排行榜第 39 名。

第二节　咨 询 服 务

一、咨询工作

1979 年 12 月七届市人大二次会议上,民建数名代表联合提出请政府大力支持民建、工商联成立国民经济调整改革咨询服务工作组的议案,以发挥民建、工商联大多数成员在生产技术、经营管理方面的专业知识,为国家经济建设服务。

1981 年 1 月,民建中央、全国工商联召开"为社会主义现代化建设服务经验交流会",会上提出要把咨询服务工作作为今后民建、工商联"两会"中心任务之一。民建市委、市工商联成立了以民建市委主委刘靖基为组长的咨询服务小组,11 月,民建市委、市工商联正式成立国民经济工作咨询服务委员会,把原来分散地为"四化"建设献计献策提升到有组织地提供专业、专题咨询和政策性咨询。

开展咨询服务的项目有来自民建中央、全国工商联、市有关部门的课题,也有来自区、局民建、工商联组织的专题调研;形式有到基层"面对面"咨询,也有到外省市开展咨询服务。咨询项目的内容有:(1) 建议工贸联合,促进外贸体制的改革;(2) 建议外贸体制改革,协调统一对外;(3) 开展对外合同;(4) 对出口高亏产品提出处理意见;(5) 为减少上海港口外贸船舶压船现象的建议;(6) 在引进设备中,为节约国家外汇出谋献策;(7) 帮助技术攻关,使产品质量超过世界先进水平;(8) 协助专业公司进行全行业经营管理的调查;(9) 研究网点设置,帮助搞好商场工作;(10) 提出预测性的咨询资料等。例如,会员姚思伟等经过调研,提出建立工贸合一的手帕专业公司、解决手帕出口产销矛盾的建议,得到国务院肯定,上海成立了全国第一家工贸合一的上海手帕进出口公司,创造了良好创汇效益。会员张善章参加民建中央、全国工商联"两会"对中药材问题的调查研究,形成《关于进一步改进中药事业的建议》上报民建中央、全国工商联,得到肯定。他发动行业内的老行家把鉴别珍贵药材的经验和药材加工技术写成了几十万字的材料,还编写《中药门市服务手册》一书,开办培训班,培训中青年骨干。

1987 年,民建市委、市工商联成立"上海经济咨询服务中心",从以前的单项咨询发展到专业专题咨询和政策咨询,从为市内集体企业咨询发展到为乡镇企业和老少边贫地区咨询。1981—1992 年,民建市委、市工商联共开展咨询项目 9 942 项,参加 11 768 人次,实现经济效益 38 172 万元人民币、561 万美元。

1992 年 9 月,民建市委成立上海民建会经济技术咨询中心。1993—1997 年,咨询中心和民建基层组织进行咨询服务项目 1 000 多个,内容涉及服装、鞋帽、食品、药品、印刷、建筑材料、机械、汽车配件等,参与者达 2 000 人次。

此外,各级组织根据民建市委提出的"社会服务工作要落到实处,要有成效"的要求开展咨询服务,如 1999 年,民建虹口区委与上海市申侨律师事务所联合成立法律顾问室,以法律咨询、参加商务谈判、代理民事诉讼、举办法律讲座等形式,提供财产、经济、民事等法律服务。2002 年,民建卢湾区委成立"开业指导专家志愿团",义务为"4050"人员提供再就业项目设计、自主创业咨询、就业现场咨询会、开业指导电视讲座、咨询热线电话等服务。

二、大型咨询活动

1997 年，民建市委发起具有品牌效应的大型咨询服务活动，“让民建服务社会，让社会了解民建”。

1997 年 12 月 13 日，民建市委组织会员中具有各类专长的专家学者 50 多人在淮海中路思南路口，首次举办大型综合咨询服务活动，为 500 多人次提供工商、法律、房地产、证券、保险、审计、物价、医疗保健等 10 多个项目的义务咨询服务，受到广大市民的欢迎，提供咨询服务的 10 名专家被卢湾区商业委员会聘为首批淮海路功能开发高级参谋。

民建市委为纪念中国民主建国会成立 55 周年、60 周年、65 周年，以及中国民主建国会上海市地方组织成立 60 周年，分别在南京路步行街世纪广场、静安公园、杨浦区五角场、徐家汇港汇广场举行大型咨询活动。

为深入基层，民建市委与中共区委、民建区委联合开展咨询活动。2007 年 10 月 27 日，为庆祝中国共产党第十七次全国代表大会胜利召开，民建市委与中共静安区委统战部、静安寺街道党工委、民建静安区委在静安公园举办“坚持科学发展观　共建和谐社会——中国民主建国会上海专家为民服务”活动，同时举行“中国民主建国会(静安)社区楼宇工作站”揭牌仪式。

图 3－4－1　2007 年 10 月 27 日，民建市委举办“坚持科学发展观　共建和谐社会——中国民主建国会上海专家为民服务”活动

2007—2012 年，民建市委与民建嘉定、浦东、宝山、长宁、闵行等区委联合举办大型义务咨询服务活动 8 次，近 400 人次民建专家会员为 8 200 人次市民提供咨询服务。服务主题包括纪念中国共产党成立、庆祝中共十八大、迎世博、共建文明城区等，接受服务的市民数量逐年增加。

第三节　促进非公有制经济发展

一、服务非公有制企业发展

【为民建会员企业招商引资服务】

民建市委以学习考察、介绍会、座谈会等形式为各地民建会员企业招商引资服务。

1998年10月，民建市委组织从事企业经营管理的会员一行14人前往温州学习考察，听取了解温州民营经济发展历程、现状和机制，参观考察5家当地企业和温州市场。1999年7月，民建温州市委企业家联谊会学习考察团赴民建市委回访。民建市委主委黄关从等与考察团进行了座谈，就进一步加强两地民建的合作交流以及会员企业所关心的问题进行了交流。2000年底，民建市委再次组织会员赴温州考察非公有制经济发展情况，走访了数家知名企业。

2002年9月16日，民建市委企业委员会在上海龙宇投资有限公司举行小型"经贸洽谈会"。圣马力诺共和国前总统、圣—中友协主席贾弗朗哥・泰伦齐博士作该国经贸项目的推介。民建市委领导出席并致辞。

2003年9月26日，意大利对外贸易委员会上海代表处在上海四季酒店举办"托斯卡纳大区经济与机遇"研讨会，上海民建会员企业家受邀出席。

2003年10月15—17日，民建市委组团赴南京参加由民建江苏省委主办的"苏浙沪民建企业家经济合作交流会"，民建中央副主席陈明德到会祝贺。民建市委主委黄关从、民建江苏省委主委赵龙、民建浙江省委主委吴国华联合主持会议并讲话。著名经济学家、会员萧灼基教授作"民营经济现状与发展趋势"报告。其间，举行了苏浙沪会员企业在江苏省投资合作10个项目的签约仪式，其中上海民建会员企业与南京、淮安两地共签订5项经济合作协议。民建市委领导介绍有关经济合作交流情况，并率会员企业家赴淮安实地考察投资环境。

2007年7月27日，中共重庆市黔江区委书记洪天云等一行7人来沪，在民建市委举行"重庆市黔江区招商引资介绍会"。与会上海民建会员企业家听取了黔江区一批可供合作、投资的项目的介绍，并就项目情况和政策问题进行咨询交流。会上播放了民建市委2006年援建的"民建上海希望小学"建设与教学情况的录像。

2007—2012年，民建市委先后组织企业界会员参加贵州黔西、广西南宁、吉林延边、新疆、陕西等地在沪举办的招商引资介绍会、项目推介会、投资说明会、企业家恳谈会等。

【为上海民建会员企业转型发展服务】

企业家沙龙活动　民建市委围绕经济发展热点，举办企业界会员沙龙活动，搭建企业与企业、政府部门、金融机构、行业协会之间的对话平台。

1999—2002年，民建市委举办"民建经贸信息沙龙"，交流信息150多条，并发布西部开发等有关经贸项目，重点推荐信息刊登在《民建经贸信息》刊物上，发行到企业界会员、基层组织和华东六省的民建组织。2002年，民建市委举办《WTO与企业选择》报告会，100名企业界会员到会；是年，组织会内10位民营企业家参加民建中央主办的"民营企业发展环境研讨会"。

2003年起，民建市委依托企业委员会定期举办企业家沙龙。2007年7月11日，举办主题为"企业为何要进行资本运作以及如何在证券市场投资"的企业家沙龙。民建市委主委周汉民要求将沙龙的形式保持，纳入民建系列讲座，扩大出席范围。之后，企业家沙龙每年举办1—2次，内容涵盖银行合作、并购贷款、证券投资、黄金交易、小额贷款、房地产新政、税法新政等，针对传统制造业、航运业、现代服务业、信息产业等不同行业企业分类，为企业实现产业结构转型升级提供服务。

会员座谈会　2002年8月3日，全国人大常委会副委员长、民建中央主席成思危在民建市委召开部分金融界会员专题座谈会。会议讨论了银行改革情况及存在的问题；如何加强银行管理、提高银行效率；《商业银行法》实施情况及建议，以及有关金融方面的问题。

2009年1月5—6日，民建市委分别召开民营中小企业家会员座谈会，来自制造业、投资咨询、房地产、现代服务业、信息产业等多个行业的企业家会员出席。2月20日，召开"并购贷款运作模式"座谈会，市银监局、市金融服务办和16家上海金融机构及有关企业负责人出席会议。8月11日，召开航运物流界会员座谈会，来自运输、货代等航运物流业相关领域的会员就上海加快发展先进制造业和现代服务业、建设"两个中心"（国际金融中心和国际航运中心），尤其是国际航运中心建设听取意见和建议。

2010年1月21日，民建市委召开企业界会员座谈会，从事制造业、投资咨询、信息技术和医疗服务等行业的企业界会员就民营中小企业发展中遇到的问题展开讨论，对上海民营经济发展环境提出了意见和建议。4月21日，举办企业家（食品行业）座谈会。8月11日，在会员企业上海三荣电梯有限公司召开有关上海制造业创新发展座谈会，了解制造类企业发展状况和问题。

2011年8月19日、31日，民建市委两次召开信息产业、现代服务业会员座谈会，了解相关企业、尤其是中小企业在发展过程中面临的情况和问题。

二、参加非公有制经济发展论坛

2002年4月24—25日，由民建市委与闸北区人民政府主办，民建江苏省委、浙江省委协办的"应对入世与非公经济新发展"经济论坛在沪召开。来自苏浙沪的50名非公有制企业家就中国加入世贸组织后，非公有制企业如何适应新环境、应对新挑战、推动企业新发展，以及加快管理、人才、科研改革等进行交流探讨。民建市委主委黄关从，中共闸北区委、区政府有关领导等出席论坛并讲话。

2003年12月4—6日，民建市委组织10名会员企业家赴武汉参加由民建中央、湖北省人民政府主办的2003年"中国民营经济发展论坛暨项目展示洽谈会"。

2005—2012年，民建市委每年由主要领导带队参加由民建中央与地方政府、国家发改委和工信部联合主办的"中国非公有制经济发展论坛"。论坛先后在安徽、福建、重庆、广西、辽宁、陕西、河北、新疆举办，主题分别是"新环境、新经济""非公有制经济市场准入和企业自主创新""平等竞争、相互促进、科学发展""新阶段·新机遇·新战略·新发展""非公有制经济发展与应对全球金融危机""中国非公有制经济成长与发展方式转变""新形势下非公有制经济的转型与升级""鼓励民间投资、助推区域经济发展"。

2009年11月26—27日，由民建四川省委、民建重庆市委、民建中央经济委员会、民建中央企业委员会主办的第二届川渝经济合作与发展论坛在成都举行。民建市委领导率上海企业界会员出席了该论坛。

三、关注小微企业融资发展

2009年2月27日，民建市委召开小额贷款公司运营工作座谈会，邀请开办小额贷款公司的民建会员、部分金融机构的专业人士,就小额贷款公司发展面临的问题和上海即将出台的扶持政策进行交流,共商可持续发展之路。该专题座谈会于2010年4月6日、2011年4月13日再度召开。

2012年6月21日,民建市委组织部分企业界会员参加民生银行上海分行关于小微企业城市商业合作社的座谈推介活动。民生银行上海分行副行长肖光伟等出席会议。来自制造、金融、现代服务业的企业界会员等30人参加会议。

第四节　兴办学校和企业

一、兴办学校

中共十一届三中全会后,民建市委、市工商联及下属各级组织、会员和会员企业先后创办了17所院校,其中,民建市委、市工商联联合办校3所,民建区级组织、区工商联合作办学8所,民建会员及会员企业办学6所。

【上海市工商专业进修学院、上海工商职工中等专业学校】

1981年春,民建市委、市工商联开始筹备兴办上海市工商专业进修学院(原名上海工商专业进修学校),1981年6月,获上海市教育局批准成立,是中共十一届三中全会后上海市民主党派为四化服务而兴办的第一所成人业余学校,民建市委主委刘靖基担任校务委员会主任。1981年秋季招收第一期新生915人。1982年荣获上海市职工教育先进集体。1983年,上海市人民政府颁发了《职工中专专业教育实施条例》,民建市委、市工商联在原有的办学基础上筹建上海工商职工中等专业学校。两所院校统一领导、统一管理。

学院院址北京西路653号,1990年迁址泰兴路275号。学院以培育社会主义经济建设所必需的中、高级经济管理人才为主,开设高等教育自学考试会计学专业、统计学专业等专业的助学班;计算机系列班;会计上岗证班等。至2002年,共培养8万多名中、高级管理人才,17次获市、区和民建中央、全国工商联的先进集体称号,多次被评为市、区职工教育和社会力量办学先进集体。

2004年4月23日,学院申请停办撤销获上海市静安区教育局发文同意,终止办学。

【上海工商学院】

1985年,民建市委、市工商联主办的上海工商学院由上海市人民政府批准成立,1986年经国家教委核准,成为全国第一所民办成人高校。学院位于香港路59号,建筑面积1 880平方米;1997年建立分院,院址黄陂南路764号。2000年分院迁址青浦区华新镇新华路565号,占地50亩,建筑面积2万多平方米,并建成全日制普通高等专科学校,2002年开始招收第一届全日制大专生。学院主要为大专学历教育,1993—2000年开设第二专科学历教育,1999年为上海电视大学开设专科升本科学历教育,2001年起开设全日制普通高等专科(高等职业)教育。大专学历教育设置国际金融、国际商务、涉外会计等7个专业;第二专科学历教育设置对外贸易、金融与保险等4个专业;专升本设置金融学专业;高等职业教育设置商务英语、金融保险等5个专业。1988—2002年有4 016人获得大专毕业文凭,电大二期专升本有114名学生获得本科文凭,第一届中有24人取得学士学位。同时有大专学生900多人,全日制高职学生1 700名在校就读。学院根据社会紧缺人才的需要,开设各种层次的继续教育和资格证书教育。至2002年各类非学历教育有4万人次。

学院实行校董会领导下的院长负责制；教职员工全部实行聘任制，打破“铁饭碗”。学院以“以社会需求为导向，以质量求生存，以特色图发展”为办学方针，以培养涉外经济专业人才为办学重点，强化外语教育，并采用学分制，以适合成人教育的特点。全国人大常委会副委员长、民建中央主席成思危，全国政协副主席、全国工商联主席经叔平，国家教育委员会主任朱开轩，市领导汪道涵、孟建柱、谢丽娟等先后到学院视察，对学院工作给予高度评价。多次获国家教育委员会“全国成人高等教育先进学校”、上海市教育委员会“优良院校”及全国民办高等教育委员会颁发的“全国民办高等教育先进单位”等称号。

1999年，《人民日报》等有关单位联合摄制完成大型文献纪录片《共和国之最》，荟萃了建国50年最具历史意义的重大事件和最具代表性的建设成就，上海工商学院获选入该片。

学院在向全日制高职转型中由于土地权证等未达到教育部标准而未能成功，于2007年起不能继续招收全日制学生。在与上海新侨职业技术学院沟通的基础上，在中共市委统战部与市教委的讨论协商和支持推进下，2008年底，上海工商学院并入上海新侨职业技术学院并撤销建制组建新的上海新侨职业技术学院。

【上海市新江进修学院】

1993年5月，由民建市委牵头，原圣约翰大学部分校友创办和管理上海市新江进修学院。1997年2月，学院被市教委授予“社会力量办学先进”称号，并批准学校升级，改名为上海市新江进修学院。1998年12月，由民建市委主办。院址中山西路907—909号，面积1 000平方米。学院开设英语、行政管理专业大专班，本科自学考试助学班；英语口译中、高级班，托福、雅思强化培训班等。学院以“为科教兴国，为振兴上海服务，为发展长宁服务”为宗旨，以单科独进、多层并存、业余进修、高教自学考试助学等方向办学。至2002年，培训学生2万多人次。2000年12月，获“民办非企业单位登记证书”。2001年，被长宁区教育局评为“社会力量办学先进集体”。2003年，获市教委批准的“上海市A级进修学院”。

【区委和区工商联合作办学】

1981—1985年，民建长宁、黄浦、普陀、徐汇、静安、杨浦区委分别与所在区工商联先后联合办校8所。

表3-4-1　1981—1985年民建相关区委和区工商联合作办学情况表

<table>
<tr><th>名　称</th><th>主办单位</th><th>创办时间、地址</th><th>学科内容及办学性质</th><th>表　彰</th><th>备　注</th></tr>
<tr><td>长宁区中华职业补习学校</td><td rowspan="3">长宁区委、区工商联</td><td>1981年9月，番禺路222弄50支弄6号</td><td>英语、日语、财会、中药、计算机应用、土建项目经理、土建岗位培训班和辅导班等，成人业余补习进修</td><td rowspan="3">1990年、1994年市教育局“社会办学先进集体”，1991—1995年长宁区成人教育委员会“成人教育先进集体”；1996年上海市教育委员会评为A级资格；1997年上海市建筑行业岗位考核指导中心审评为1995—1996年度培训达标单位；建筑中级岗位培训班，水电安装类施工员、预算员等岗位培训全市首创</td><td rowspan="3">三个学校（院）实行统一领导、统一管理</td></tr>
<tr><td>中华职业工商中等专业学校</td><td>1983年9月，番禺路222弄50支弄6号</td><td>财会、日语、中药等专业，全日制中专、成人中专</td></tr>
<tr><td>上海中华职业工商进修学院</td><td>1990年9月，番禺路222弄50支弄6号</td><td>涉外会计、工商管理等专业，全日制大专</td></tr>
</table>

(续表)

名　称	主办单位	创办时间、地址	学科内容及办学性质	表　　彰	备　注
黄浦区工商进修学院	黄浦区委、区工商联	1983年3月,天津路405号	会计、外语、服装剪裁培训班、电视大学自学考试助学班,成人业余进修	—	原名黄浦区工商专业进修学校,1990年4月改为现名
上海市勤业工商进修学院	普陀区委、区工商联	1984年12月,白玉路454号	会计学、公共关系、国际贸易、法律、英语等高等教育自学考试助学班,与上海外国语大学联办英语、日语等各种层次的单科进修班,成人非学历教育	1997年学院被评为“上海市社会力量办学先进集体”	1998年经市、区教育行政部门批准,原址创办民办勤业高级中学
徐汇区求精工商专业业余学校	徐汇区委、区工商联	1985年1月,淮海路1413号	一、二、三级厨师,二、三级点心师,调酒师,雕刻师等,成人业余培训	1998年获上海市劳动局“社会办学先进单位”称号,1999年4月获民建中央办公厅颁发“社会办学先进集体”称号	—
静安区工商专业培训学校	静安区委、区工商联	1985年3月,西康路617弄61号,1997年搬至昌平路390号	三级、二级、初级烹饪师、点心师培训班,净菜快餐点心、家政服务班等,成人业余培训	—	1998年经静安区委、静安区工商联协商,该校由静安区委单独主办,2000年筹建新校舍
杨浦区工商职业技术学校	杨浦区委、区工商联	1985年4月,惠民路440弄22号	计算机应用、美发美容、摩托车维修、烹调师、点心师等培训班,20世纪90年代后会同街道举办“4050”再就业实事培训班。成人非学历教育	1991年获上海市劳动技能培训先进单位称号,1991年、1995年获杨浦区政协、统战工作先进集体称号,1999年获民建中央办公厅颁发的“社会办学先进集体”称号	—

资料来源:民建市委社会服务部档案。

【民建会员和会员企业办学】

1994—2002年,民建会员和会员企业投资教育,创办各类学校5所。

表3-4-2　1994—2002年民建会员和会员企业办学情况表

名称	主办单位	创办时间、地址	学科内容及办学性质	表　彰
童的梦实验小学	会员梁建任董事长的民营上海童的梦(集团)有限公司创办	1994年,闸北区阳泉路629号	从幼儿大班开始设置英语、电脑、钢琴、书法教学课,小学二年级另开设日语口语课,采用用品伙食统一供给的平等管理模式	—
上海民办日日学校	会员上海日日实业公司董事长陈绍官接办	1996年4月,宝山区共江路通河6村166号	在市教委教学大纲设置课程基础上,将法语、英语列入主课,培养有英语、法语两门外语特长的初中毕业生;双语寄宿制民办中法学校,有专、兼职法语教师5名,法国政府派教师进行口语教学	1996年学校的法语教学被国家教育委员会列为中法两国文化交流项目之一,1999年1月与上海法国学校结为姐妹学校

（续表）

名称	主办单位	创办时间、地址	学科内容及办学性质	表　彰
上海王昆艺术学院	会员吕焕皋任董事长的民营上海翔远集团创办	1996年，上海市嵩山路69号	音乐、舞蹈、影视表演、美术、体育事业5个专业；全日制中专和大专挂靠学历教育，聘请程思远、巴金、乔羽、余秋雨、陈爱莲等知名人士为顾问、教授	学院捐款为云南贫困地区举办2期音乐师资培训班，曾被列为“上海参与中西部地区开发项目典型之一”
童的梦中学	会员梁建任董事长的民营上海童的梦（集团）有限公司创办	1997年，青浦区外青松公路7718号	必修课、特色课、活动课、生活课4大教育板块，学生自办校报、自任小记者、自办校园广播等；寄宿制民办中学；2002年与加拿大有关教育机构、院校合作，重点培养英语听说能力	—
上海建桥职业技术学院	会员周星增任董事长的民营上海建桥（集团）联合温州国际信托公司共同创办	2000年4月，浦东康桥工业区建筑面积25万平方米	信息技术、商贸、管理、外语和艺术设计系5个系19个专业；全日制民办普通高等院校，有专职教职员260多名，兼任教师200多名，其中高级职称占60%	南汇县将“建桥学院”列为该县2000年七大重点工程之一

资料来源：民建市委社会服务部档案。

二、兴办企业

1979年，民建市委、市工商联一起牵头发起并创办了上海市工商界爱国建设公司。20世纪80年代中期，民建市委利用自身优势，服务经济建设，1988年8月—1998年5月，以单独或与其他单位联合等多种形式创建了10家企业（包括公司、事务所）。

【上海市工商界爱国建设公司，上海爱建股份有限公司】

1979年1月，中共中央开始对民族资产阶级落实政策，发还给原工商业者在“文化大革命”中被查抄的财物，原工商业者欢欣鼓舞，表示愿将自己的资金、一技之长、海外关系为国家经济建设再作贡献。民建中央、全国工商联负责人胡厥文、胡子昂等要求民建市委、市工商联成员在落实政策后对资金的使用要做到有利于社会、有利于子女、有利于自己的改造。经民建市委、市工商联领导反复酝酿，形成了筹建上海市工商界爱国建设公司的设想，即通过认款的办法吸纳工商界落实政策发还的资金，创办一个旨在以“爱国”为动机，以“建设”为目的的经济实体。5月19日，民建市委主委刘靖基正式向工商界提出此倡议，迅速得到积极响应，上海老一辈工商业者和部分海外人士1 000人共同集资5 720万元。

1979年9月22日，上海市工商界爱国建设公司正式成立，以“爱国建设”为宗旨，为社会主义四个现代化建设服务，是改革开放后创建的大陆首家民营企业。刘靖基任董事长兼总经理，杨延修、吴志超任副董事长，唐君远任监事长，宗之琥、韩志明任副总经理。许多民建会员在市、区爱建公司中担任各种领导职务。公司在创建和发展中得到了中共和政府的关怀与支持。邓小平、江泽民、朱镕基、吴邦国、黄菊等先后接见公司主要领导等；江泽民、吴邦国、黄菊、胡厥文、成思危、经叔平、徐匡迪、汪道涵等给公司题词、致信,鼓励发展。公司在发展过程中创造了诸多“第一”:投资设立中国首家民营非银行金融机构——上海爱建金融信托投资公司;国内最早建造外销侨汇商品房;成为首批获得进出口贸易权和设立海外机构的民营企业;投资参与创办上海首家中外合资公司——上海联合毛纺织品有限公司;投资参与开办闵行开发区第一家中外合资企业——上海环球玩具有限公司。

1992年9月22日,上海市工商界爱国建设公司改制为上海爱建股份有限公司(见图3-4-2),1993年4月26日在上海证券交易所挂牌上市。改制上市以后,爱建业务得到快速发展,经济效益大幅增长。其中,爱建信托成功发行国内首个规范的资金信托产品——上海外环隧道项目集合资金信托计划;爱建房产开发建设的“田林爱建园”项目荣获“詹天佑大奖——优秀住宅小区金奖”等。经过多年发展,爱建成为一家同时拥有信托、证券两张金融执照,拥有房地产、实业、进出口等业务板块,颇具知名度的综合类上市公司,曾先后入选“道·琼斯中国88指数”“上证30指数”等样本股。2004年开始,因子公司人员涉及经济案件,爱建遭受巨额资产损失,公司开始了艰苦的资产重组和资产追索。其间,资产追索取得实质性突破,历史遗留问题得到基本解决。2012年3月,《爱建股份战略定位与业务发展规划》正式发布。2012年6月,经中国证监会核准,公司完成非公开发行股票募集资金工作,引进上海国际集团有限公司等战略投资者。至2012年,爱建公司有爱建信托、爱建资产管理、爱建产业发展、爱建融资租赁、爱建资本管理、爱建财富管理6家核心子公司,同时投资、参股爱建香港公司、爱建证券公司等企业。

图3-4-2　1992年9月22日,爱建公司改制为股份制公司

【其他企业】

上海建华经济技术发展公司　1988年8月,由民建市委独资创办,注册资金50万元。1999年歇业。

上海永安搬场运输行　1988年11月，由民建市委，市工商联，市交运局民建、工商联集资创办，经上海市交通运输局和徐汇区工商行政管理局批准成立，是改革开放以来上海第一家以专业搬场注册的公司。在市经济委、《消费报》、上海电视台等六家单位联合举办的纪念《中华人民共和国产品质量法》实施1周年系列宣传活动中，“永安”被誉为“心系消费者的百家精英”，是当时上海市运输行业唯一获此殊荣的单位。2002年5月，民建市委不再参与其经营活动。

上海民建会经济技术咨询中心　1992年9月，由民建市委投资创办，是具有法人资格的综合性咨询服务机构。1998年歇业。

上海宛平城市信用社　1993年2月，由民建市委、市农垦农工商综合商社投资创办，经中国人民银行上海分行批准，是集体所有制金融机构。1999年并入上海城市合作银行。

上海建兰实业公司　1993年3月，由民建市委妇委会倡议发起集资创办的集体企业。公司主营机械零件外发加工、建筑设计、室内装潢设计、服装设计及加工、各类广告设计制作、经济信息及技术咨询。1998年歇业。

上海建华纺织品公司　1993年10月，经民建市委办公会议决定，将上海建华经济技术发展公司的纺织品经营部改建为具有法人资格的纺织品公司，成立上海建华纺织品公司。1998年歇业。

上海民建建筑设计事务所　1994年2月，由民建市委投资创办，是有法人资格的设计单位。1998年歇业。

中国工商咨询公司上海分公司　1994年，由民建中央和民建市委创办，总公司直属民建中央委员会主管，分公司由民建市委主管。2003年歇业。

上海建信审计师事务所　1994年12月，由民建市委创办，得到中共市委统战部和市审计局的支持。在审核工程决算审计中，核减工程款达752万元，为国有企业节省大量基建支出。1999年8月歇业。

上海建利经贸咨询有限公司　1998年5月，由民建市委部分机关职工、部分会员自愿组合、自筹资金，以股份形式投入创办的股份合作制企业。2002年歇业。

第五节　扶贫帮困

针对会员在产业结构调整而下岗及一部分原工商业者“一老养一老”的特殊情况，民建市委在1998年工作思路中提出编织好“三张网”：依托互帮基金的扶贫解忧帮困网、帮助下岗待业会员以及会员家属的下岗待业信息网和转岗培训教育网，在为会员及其家属再就业和帮困等方面发挥作用。

一、设立互帮基金

1997年9月，为在经济上帮助有困难的民建会员，特别是缓解一些高龄、低收入的老会员和部分因企业调整提前离岗会员的生活困难，民建市委主要领导倡议决定设立民建互帮基金，并于1998年1月正式启动。基金设立10年，有1 800人次向基金捐款，累计筹集资金490万元，帮困支出280万元，资助近4 000人次。2009年解散并将结余资产全部转入上海民建扶帮公益基金会。

图 3-4-3 1997 年 9 月 4 日,民建市委设立“民建互帮基金”;图为主委黄关从颁发帮困助学荣誉奖牌和捐赠证书

【帮困项目】

春节送温暖慰问 1998 年起,每年春节前后,民建市委领导都会看望和慰问老领导、老同志、困难会员。1998—2002 年,民建市委领导还特别看望了部分下岗会员。2003—2009 年,在民建市委“春节帮困送温暖”活动中,民建互帮基金为 1 490 人次困难会员发放慰问金 54.73 万元。

暑期送清凉慰问 每年暑期,民建市委领导亲自看望老领导和老同志,民建互帮基金拨专款,慰问困难会员,送去酷暑的清凉和组织的关怀。2008 年暑期,民建互帮基金拨出专款,为 219 位困难会员发放 7.19 万元慰问金,为 17 位特困老会员发放第三季度补助金 0.85 万元。民建市委领导先后走访慰问部分生活困难和患病老会员。

【助学项目】

南江助学 2001 年 1 月 16 日,民建市委举行民建互帮基金“民建南江助学金”颁发仪式,向 32 位受助学生一次发放 2001 年第一学期助学金 2 万元。2002 年 2 月 6 日,民建市委举办“民建情暖学子——2002 年民建南江助学金发放暨迎春联欢”活动,向 30 名家境贫困、品学兼优的学生颁发 2002 年助学金,受助学生代表向民建市委和南江企业赠送书画、绘画作品。

2001—2010 年,民建互帮基金共发放 13 次“民建南江助学金”,受助学生 259 人次,受助金额近 23 万元。

崇明助学 2002 年 9 月 6 日,民建市委在崇明县民本中学举行“民建市委助学金颁发仪式”,向该校 40 名品学兼优的高一贫困生发放 2 万元“民建助学金”。中共崇明县委统战部(县)教育局、学校领导和学生代表先后发言，民建市委获赠刻有“奖学助学　功德无量”的铜牌。民建市委与崇明县教育局签订“民建助学协议书”，在民本中学开展长期助学。

二、创办上海民建扶帮公益基金会

2008年3月，为提高民建互帮基金公益作用，规范、有序地开展社会慈善活动，民建市委决定成立由民建会员捐助发起的非公募基金会——上海民建扶帮公益基金会。2009年7月24日，上海民建互帮基金管理委员会召开会议，一致决定解散互帮基金管委会，将结余资产全部转入上海民建扶帮公益基金会，已有资助项目一并由基金会承继。31日，上海民建扶帮公益基金会经上海市民政局和上海市社会团体管理局批准，正式注册成立。基金会注册资金200万元，为非公募基金会，具有基金会法人资格。

2009年9月15日，上海民建扶帮公益基金会第一届理事会第一次全体会议召开。会议报告了《上海民建扶帮公益基金会筹备情况》，审议通过《上海民建扶帮公益基金会章程》，选举产生理事会。会议审议通过《2009年度上海民建扶帮公益基金会资助计划》，并决定设立办公室，具体负责基金会的日常运行。

2010年5月6日，基金会第一届理事会第二次全体会议召开，报告了基金会工作情况，审议通过2009年度决算、2010年度预算，基金会标识草案和网页设计草案等，听取了《关于创办养老服务机构的调研情况汇报》。

2010年7月19日，基金会网站正式开通。至2012年，网站浏览人次超过17万，增设信息公开栏目。同年，基金会编纂并印制反映上海民建公益事业动态的《民建扶帮》刊物。

2011年，基金会通过市民政局、市社团局年检，市国税局、市地税局和市财政局的财务审计，获得全市第一批非营利组织免税资格。2012年，新设宝山民建专项基金、长宁民建公益专项基金、佰识途助学创业基金和春雨助学基金。通过《上海民建扶帮公益基金会资产信托管理方案》，做好资产增值项目。民建市委依托基金会平台，对原工商业者、生活困难会员、老会员进行慰问补助，2011—2012年发放补助57万元，受助会员1 157人次，接受会员捐赠260万元，基金会总资产达1 146万元。

【帮困项目】

春节送温暖慰问　2010年，在“春节送温暖”活动中，通过上海民建扶帮公益基金会向来自37个各级组织的256位困难会员发放慰问金8.3万元，并为16位特困老会员发放一季度补助金0.8万元。2011年春节送温暖慰问251人次，发放慰问金10.48万元；2012年春节送温暖慰问255人次，发放慰问金10.76万元。

暑期送清凉慰问　2011年，“暑期送清凉”慰问会员224人，发放慰问金9.52万元。2012年，该项目慰问会员263人次，发放慰问金13.8万元。

特困老会员定期补助　民建市委对特困老会员每季度都进行定期补助。2010—2012年，上海民建扶帮公益基金累计为156人次发放补助金6.26万元。

临时补助　针对一些临时困难，民建市委也通过上海民建扶帮公益基金会进行临时补助。2010—2012年，为46人次受助会员发放补助金7.98万元。

【助学项目】

南江助学 2011年,上海民建扶帮公益基金会发放南江助学金1.06万元,资助学生10人次;2012年,发放助学金7 600元,资助学生7人次。

崇明助学 上海民建扶帮公益基金会向崇明县民本中学继续每年助学40人次,捐赠助学金2万元。2002—2012年,民建市委持续十年开展定向帮困助学工作,累计向民本中学400名品学兼优、生活困难的高一学生发放总计20万元的"民建助学金"。

广西助学(上海民建扬帆班) 2010年9月,"上海民建扬帆班"经过数月筹备与招生,正式开学。扬帆班是中华思源工程生态教育移民项目,旨在通过教育的方式带动移民就业,恢复贫困地区生态环境。上海民建扶帮公益基金会通过为每人每学年资助2 000元生活费的方式,帮助广西百色市边远大石山区家庭贫困但品学兼优的小学毕业生在县城优质初中继续学业。民建市委多次组织企业界会员赴百色市田阳县田阳初级中学,看望"上海民建扬帆班"的学生,并慰问困难学生家长。2010年、2011年,分别招收1个班,每班50人,每年每班资助10万,截至2012年底,共捐助该项目50万元。

2012年4月,为帮助扬帆班建立图书角,民建市委动员各有关组织和会员募捐书籍,5月18日,首批2 300册书籍启程运往广西百色市田阳县初级中学。5月28日,捐赠图书仪式在田阳县初级中学举行。

图3-4-4 2012年5月28日,民建市委向广西田阳县初级中学捐赠图书

三、捐建希望小学

【在陕西、河北、云南、重庆等多地捐建学校】

延安民建希望小学 1995年,民建市委决定在延安地区捐建一所民建希望小学、设立"希望工

程”基金和成立“希望工程”基金管理小组。上海民建 6 000 多名会员积极响应，共捐赠集资 80 万元，其中 35 万元在延安柳林乡三十里铺村建造一所民建希望小学，20 万元用于民建希望小学奖教助学金，25 万元用于“希望工程奖金”。该活动被市级机关工作委员会评为“市级机关 1995 年‘双文明’百件好事”之一。

1995 年 11 月 25 日，“延安民建希望小学”举行落成典礼，陈铭珊等民建市委领导赴延安参加。民建中央主席孙起孟题写校名，陈铭珊撰写碑文。该校占地 2 134.4 平方米，校舍建筑面积 916 平方米，教室 11 间，就读小学生 300 多名。

1998 年后，民建市委又向该校捐赠 6 万元；同时在已经拨给学校 4.57 万元教育基金的基础上，从第二年开始每年拨款 2 万元，至 2010 年，累计拨款 20 万元用于学校助学、奖教、奖学、添置教学用具和培训教师。

民建化吉营小学　1996 年，由民建市委出资 10 万元，与民建中央共同在河北省丰宁县捐建。民建中央副主席冯克煦题写校名。学校占地面积 5 亩，在校学生 240 人，教师 9 人。

民建白玉兰希望小学　1997 年，经上海市人民政府协作办公室和上海市希望工程办公室牵线，由民建市委和会员捐资 20 万元在云南澜沧县雅口乡盐店村捐建。上海市市长徐匡迪题写校名。该校占地面积 6 500 平方米，校舍面积 350 平方米，设 6 个班级，8 名教职工，供 200 多个小学生就读。在捐赠资金中，有 5 万元作为奖教助学基金。

云南希望小学　1999 年 10 月，由民建静安区委和区工商联捐资 20 万元在云南西双版纳勐腊磨憨捐建。该校教学大楼占地 250 平方米，建筑面积 500 平方米。

重庆黔江区希望小学　2006 年 5 月，民建市委企业委员会、互帮基金管委会一行赴重庆考察。考察后，民建市委在重庆市黔江区正阳镇援建了民建上海希望小学。

民建会员以个人名义、企业名义参与捐建多所学校。

表 3－4－3　1998—2007 年民建会员捐建学校情况表

援建学校名称	地　址	组织名称、捐款人姓名	捐助金额	援建时间
上海民建振鼎学校	山东省莱州市西由镇诸冯村	上海振鼎鸡实业发展有限公司董事长刘鼎照	30 万元	1998 年
上海普陀区启星学校	上海市石泉路 201 号	上海中通置业(集团)有限公司董事长孙贴成	12 万元	2002 年
江西井冈山上海中通希望小学	江西泰和县螺溪镇	上海中通置业(集团)有限公司董事长孙贴成	50 万元	2003 年
上海周洁艺术学校	上海市水城路 38 号	上海中通置业(集团)有限公司董事长孙贴成	10 万元	2003 年
云南上海杨浦碧莲中通希望小学	云南思茅墨江县连联珠镇碧莲村	上海华丽家族集团公司董事长王伟林	25 万元	2004 年
安徽池州市贵池区象山小学	安徽池州市贵池区象山村	上海闸北城市建设有限公司董事长徐建芳	70 万元	2006 年
安徽金寨县闸北城建希望小学	安徽省金寨县南溪镇汪冲村	上海中通置业(集团)有限公司董事长孙贴成	30 万元	2007 年
四川甘孜甲登慈善学校	四川省甘孜州甘孜县绒坝岔村	上海振鼎鸡实业发展有限公司董事长刘鼎照	10 万元	2007 年

资料来源：民建市委社会服务部档案。

四、帮助困难会员再就业

1998年,民建市委建立下岗待业信息网和转岗培训教育网。通过走访和下发“下岗会员及下岗会员家属情况调查表”进行调研,掌握下岗会员及家属情况。在民建市委机关刊物《上海民建会讯》上开辟《再就业之路》专栏,逐一刊出调查收集的下岗会员及下岗会员家属名单,发动全市民建会员为再就业工程出力。介绍材料刊出后,不断有会员来电,表示愿意接收下岗会员。《再就业之路》专栏先后9期刊登待岗人员情况和再就业意向,为200多人次下岗会员及家属提供了再就业机会。民建市委分别召开下岗会员座谈会、担任厂长和经理的会员及民营企业家会员联谊会,建立网上联系。民建嘉定区委会办企业招收25名下岗职工;上海振鼎鸡实业发展有限公司董事长兼总经理、民营企业家会员刘鼎照吸纳200多人就业。

民建市委提出“自己出一点、学校免一点、民建支持一点”的办法,在民建市委和会员创办的各类院校中,为基层的下岗会员和下岗会员家属开办了美容美发、电脑、财务会计、会计电算,制冷设备维修等多种培训班。民建徐汇区委和区工商联主办的徐汇求精工商专业培训学校,与区劳动局联合开办全免费点心制作技能培训班,不但为学员传授技能,还做了大量的思想工作,鼓励他们在竞争的市场中学会生存。1999年上半年,民建市委举办了下岗会员和下岗会员家属“彩扎艺术培训班”,请彩扎艺人、会员金丽人传授一技之长;2001年4月,民建市委与会员企业色柯拉房地产公司联合举办“民建会员房地产中介就业培训班”,请资深专家、教授讲课传授房地产中介业务技能,37位下岗会员和下岗会员家属参加培训班,经考核,全部学员都领到了结业证书。

第六节　支援中西部开发

一、支边服务

【智力支边】

根据中共中央统战部、国家民族事务委员会和民建中央“实事求是、尽力而为、拾遗补阙、讲求实效”的工作方针,民建市委1980年起组织成员和社会力量,以咨询培训考察队的形式,为边远和少数民族贫困地区发展经济文化事业提供咨询服务和培训,工作地点遍布新疆、宁夏、内蒙古、云南、广西、江西、吉林、辽宁等地。1990年后,咨询服务智力支边由单向技术援助向技术、管理、信息、市场综合型援助转变;由单向无偿援助向无偿和有偿相结合转变,以支援为主,互补互济,共同发展;由援助“计划经济”式项目向可行性、资源性、效益性“市场”行为的项目转变,项目成功率提高。

1992年9月,民建市委成立上海民建会经济技术咨询中心,继续对宁夏、云南、江西等地区提供技术咨询和人员培训,到贫穷地区进行咨询考察,加强横向联络,完善信息网络,改善经营管理,提高社会经济效益。参与民建中央组织的东西部经济协作及支边工作的研讨,组织民建会办企业横向联络会议等。1993年6月,会员周麟不顾年事已高,第七次赴宁夏,为当地的服装厂设计西服、时装和童装85个品种,培训技术人员20多名,《宁夏日报》《固原报》作专门报道。1996年4月,民建中央副主席冯克煦等在沪考察,主持召开“为两个文明建设服务”座谈会,听取民建市委工作汇报,就咨询、培训等工作提出意见和建议。

1988年、1990年民建市委分别获得国务院国家民族事务委员会“全国民族团结进步先进集体”

称号。1993 年 12 月，在全国智力支边扶贫经验交流暨表彰会上，民建市委获中共中央统战部、国家民族事务委员会颁发的全国智力支边扶贫先进集体奖，会员周麟获先进个人奖；1994 年，在第二次全国民族团结进步表彰大会上，民建市委获国务院颁发的“全国民族团结进步模范单位”称号，会员周麟和马宗礼获模范个人称号。1996 年在中共中央统战部召开的各民主党派、工商联为两个文明建设服务经验交流会上，民建市委获评先进集体，会员王洪昌获评先进个人。

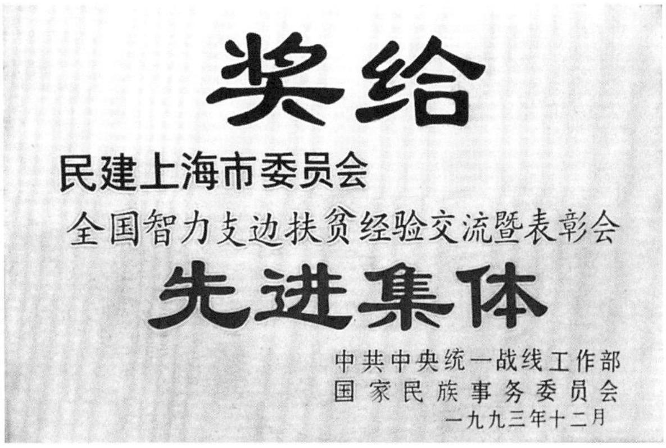

图 3-4-5　1993 年 12 月，民建市委获“全国智力支边扶贫先进集体奖”

2001 年 8 月 28 日—9 月 2 日，民建市委主办的民建西部企业管理高级研讨班在上海建桥学院举行。民建广西、云南、四川、重庆、陕西、青海、宁夏、甘肃和新疆 9 个省级组织推荐的 15 名会员企业家参加。

2005 年，上海第一人民医院主任医师、民建会员王剑云赴新疆阿克苏地区，担任阿克苏地区第一人民医院副院长，任期 3 年。其间，完成上海市援疆项目——光明工程（白内障复明手术），共做手术 700 例。为当地医生示范手术、协助地区卫生系统人事制度改革、牵线当地医院与上海医院间的支援协作关系。2010 年，华尔街英语华东区总经理、民建会员张礼明组织并带队爱心志愿支教团赴喀什支教，按照当地中小学老师实际水平，量身订制多套实用教学培训课程，并深入巴楚县、莎车县，为近百名中小学老师和旅游业者进行培训。2012 年，上海交大博士、民建会员陈欣参与交大药学院及生物工程学院教授支教团队，赴贵州水城县及大方县进行支教。在大方县果宝小学资助了 2 名贫困学生，并参与了捐赠款项使用用途的讨论会。

【实地考察】

2000 年 6 月，民建市委组织企业界会员赴甘肃省学习考察。甘肃省政协副主席、中共甘肃省委统战部部长杜颖，民建甘肃省委主委徐创风，甘肃省经委、计委、外经贸委等领导向学习考察团介绍当地情况，双方进行项目洽谈。

2006 年 4 月 2—8 日，民建市委组织民建经贸考察团赴广西南宁、百色等地考察访问。赴“中国—东盟青年工业园”考察当地投资环境；参加由百色市政府和各委办局等分管工业领导参加的经贸座谈会。

2006 年 8 月 30 日—9 月 4 日，民建市委组织企业代表团赴内蒙古赤峰市考察多个工业开发园区，就投资环境与项目座谈交流。

2008 年 11 月 12—13 日，民建市委领导率企业界会员赴四川省都江堰市调研考察，民建成都市委赠送锦旗“兄弟心连心、患难显深情”。

2010 年 8 月 3—8 日，民建市委组织部分民建高校组织负责人赴湖北考察。

2010 年 10 月 28—30 日，民建市委组织企业界会员赴浙江考察位于衢州的浙江民建创业园，与衢州民建企业家会员座谈；考察兰溪经济开发区及兰溪民建会员（合资）企业——浙江嘉宝化工有限公司及浙江嘉宝物流有限公司。

2011 年 2 月 24—26 日，民建市委应邀组织企业界会员赴山东济宁考察当地企业和正在建设中的济宁市化学工业经济技术开发区，并与当地民建会员座谈。

2011年12月3—7日，民建市委组织企业界会员考察团赴广西学习考察，听取南宁市“同心”品牌示范区经验介绍，参观多家当地企业。民建广西区委主委钱学明等陪同，与上海企业家交流座谈。

【招商引资】

贵州黔西 2007年6月11日，“贵州省黔西县招商引资介绍会”在民建市委举行，黔西县政府、经贸局、招商局领导到沪推介当地招商项目和优惠政策。民建市委领导出席会议并讲话。介绍会共推出可供合作、投资的项目48个，涉及食品加工、房地产开发、煤层气深加工、城镇基础设施、交通运输、旅游资源开发、建材等方面。沪、黔双方就黔西冻鲜猪肉和牛肉供应上海等项目达成意向。6月21日，民建市委领导出席在沪举行的“贵州省毕节地区长三角招商引资推介暨项目签约仪式”并与贵州省黔西县县长蒋从跃共同签署《民建上海市委与黔西县人民政府合作备忘录》。

2009年5月25—27日，民建市委周汉民会见了到沪参观的民建广西区委主委钱学明、中共防城港市委统战部部长侯线红等一行，介绍了上海民建发展历史及参政议政、组织建设、思想宣传和社会服务工作。在沪期间，广西访问团和上海民建从事房产、建筑、制造、期货等行业的20名企业界会员进行了座谈，参观了部分上海民建会员企业。

吉林延边 2008年10月21日，吉林省延边朝鲜族自治州政协副主席石明诚率延边赴上海项目招商代表团在民建市委召开“延边地区招商项目推介会”，与会上海民建企业界会员就项目情况和政策问题与延边地区领导和企业家进行交流。

2009年2月16日，延边州副州长西门顺基、州政协副主席石明诚率延边州代表团在沪举行“延边州代表团与上海民建企业家恳谈会”。6月18—22日，民建市委领导率企业界会员赴延边经贸考察，与当地企业就生物医药、仪电化工、旅游开发、中药材、食品、木材加工、反季节蔬菜种植等项目进行经贸合作洽谈，达成合作意向10项。州政协主席高勇、副州长王景友等参加了经贸合作恳谈会。

2010年5月31日—6月9日，吉林省延边朝鲜族自治州馆日活动在世博会城市最佳实践区亮相。延边朝鲜族自治州政府和延吉市政府分别举行了投资环境说明会及招待会，与上海民建扶帮公益基金会和有关企业携手，展演入选世博会的大型歌舞节目“阿里郎”，并举行大型慈善歌舞晚会。上海民建有关组织负责人和70名企业界会员参加有关活动。

2011年7月6日，周汉民出席吉林省延边朝鲜族自治州——上海企业家投资恳谈会及项目签约仪式。红星美凯龙集团创始人之一、上海民建会员车建芳副董事长签约，在延边州建设“红星美凯龙城市综合体”，协议投资金额达23亿元人民币。民建市委企业委员会、社会服务委员会及50名企业界会员出席活动。

新疆 2010年2月8日，民建新疆维吾尔自治区区委主委董新光率新疆民建企业界会员到沪参观访问，与上海民建企业界会员座谈。双方就食品消费市场的发展趋势、产品包装优化以及物流配送等问题进行探讨。新疆民建一行还参观了上海浦南农副产品交易中心和上海民建会员企业上海爱屋集团食品有限公司。

2012年5月9—11日，民建新疆维吾尔自治区区委及新疆维吾尔自治区招商局一行到沪，就2012年中国(新疆)非公有制经济论坛举行招商推介会，并与上海民建企业界会员座谈。

陕西 2010年8月20日，陕、沪两地民建组织在沪举行联合举办“陕、沪两地企业家交流恳谈会”。民建市委主委周汉民，民建陕西省委主委李冬玉出席并讲话。陕西省发改委及有关地市相关领导介绍了陕西投资政策、环境及推介项目，两地企业家进行了对接交流。

二、实业支援

【黔西魔芋种植项目】

2010 年 4 月 9 日，上海子木实业有限公司董事长、上海民建会员李相才在黔西县投资的帮困扶贫项目——魔芋种植及加工厂在当地举行签约仪式，民建市委领导一行参加。李相才曾多次赴贵州省毕节地区黔西县考察。他投资 1 000 万元建造魔芋加工厂，并制定长期计划，与黔西县当地政府合作，鼓励农民种植魔芋。该项目受到民建中央高度重视。2011 年 10 月 12 日，全国人大常委会副委员长、民建中央主席陈昌智一行前往毕节试验区黔西承接产业转移基地，视察已在基地同心产业园内投资建厂的黔西子木实业有限公司，并在“同心同行，民建助推毕节黔西发展”企业授牌仪式上，亲自为企业授牌。

【新疆喀什巴楚石材产业园及核桃产业园项目】

金博(上海)建工集团有限公司、上海博大企业(集团)有限公司，是上海第一批援疆企业。2010 年 6 月，集团董事长、民建会员袁国良参加“上海市对口支援新疆喀什的工作座谈会”，向上海市代表团、市长韩正做了工作汇报。金博建工集团在新疆地区、中亚地区拥有多座矿山，并在新疆设置分公司，为当地解决了就业问题。集团在新疆和硕地区兴建世界规模最大的“建材装配物流基地”，占地 5 000 亩，在当地新开发 5 座优质建筑石材矿山。2012 年 5 月 28 日，集团在喀什地区巴楚县建造的金博(巴楚)石材产业园在巴楚县神鹿工业园区(重工业园区)举行奠基仪式。集团还在喀什地区建造了一个带有研发功能的核桃生产基地，生产核桃油、核桃粉、核桃饮品等，提高当地农民收入。

第七节　赈 灾 救 灾

一、特大洪水援助

1998 年夏季，长江、嫩江、松花江流域发生了百年未遇的特大洪水，上海民建会员纷纷捐款捐物，表达了对灾区人民的骨肉亲情。据统计，至 1998 年 10 月 15 日，上海民建各级组织和会员通过民建市委、社会慈善组织捐款 179.35 万元，捐赠衣物 9 782 件。

二、抗击“非典”

2003 年，“非典”肆虐全国，民建市委主委黄关从要求会员把抗击“非典”作为一项重要任务抓紧抓好，立足本职，继续搞好经济建设。民建各级组织发出通知，要求会员紧跟中共中央、国务院的战略部署，认真做好“非典”防范工作，积极为防范“非典”献计献策。民建静安区委募集并捐赠 5.15 万元“抗非”专项资金，民建嘉定区委向区卫生局送上慰问信和 1 万元慰问金。

民建各级组织中不少医护人员和医药行业职工、企业家，都战斗在抗击“非典”的第一线，夜以继日地忘我工作。龙建实业发展有限公司董事长、民建会员管宝龙向黄浦区豫园街道捐赠 20 万元，并提供龙建大酒店内 100 多个床位用于隔离和观察；南江(集团)有限公司董事长、民建会员包涵向国家卫生部和中国红十字总会捐赠价值300万元的保健品;华东电器集团副总裁、民建会员黄建华向外滩街道捐赠20万元。

2003年8月,上海民建会员王玉成、包涵、刘鼎照、朱根宝、何晓俭、邹军利、倪语星、管宝龙等荣获民建中央授予的抗击"非典"全国先进会员称号。

三、汶川地震援助

2008年5月12日,四川省汶川县遭遇8.0级强烈地震。5月13日,民建市委主委周汉民要求发动各级组织和广大会员积极参加抗震救灾工作。周汉民先后捐款4次,并亲自给捐款的会员寄送了感谢信。13日,民建市委设立捐赠热线电话,并与市慈善基金会取得联系,机关干部纷纷主动捐款。14日,民建市委向各级组织发出《关于积极参加抗震救灾工作的通知》,并给民建四川省委发去慰问信。民建上海市委网站在醒目位置开设了"抗震救灾,众志成城"专栏、图片新闻和滚动的"捐赠榜",实时更新各级组织及会员的捐款信息;随后又开出"灾后重建　建言献策"栏目,及时了解情况,反映社情民意,为灾区重建工作出谋划策。

据不完全统计,至7月25日,民建市委直接收到捐款228.54万元;各级组织、会员及会员企业通过社会慈善组织累计向灾区捐款达3 938.46万元,居全市各民主党派之首。

民建市委在民建互帮基金下设立"灾区重建专项发展基金",发动会员与会员企业筹集捐款。民建静安区委首先将募集到的善款39.06万元参与该基金的启动。至7月底,"灾区重建专项发展基金"的启动资金已达66.06万元,第一笔39.06万元捐款通过市慈善基金会拨付民建四川省委。民建医卫界会员倪语星、张晓华、孙安、孙小丰随医疗队入川;新闻界会员徐巍、周健在汶川第一线进行报道;企业家会员马国湘为灾区建设5 000平方米活动板房。

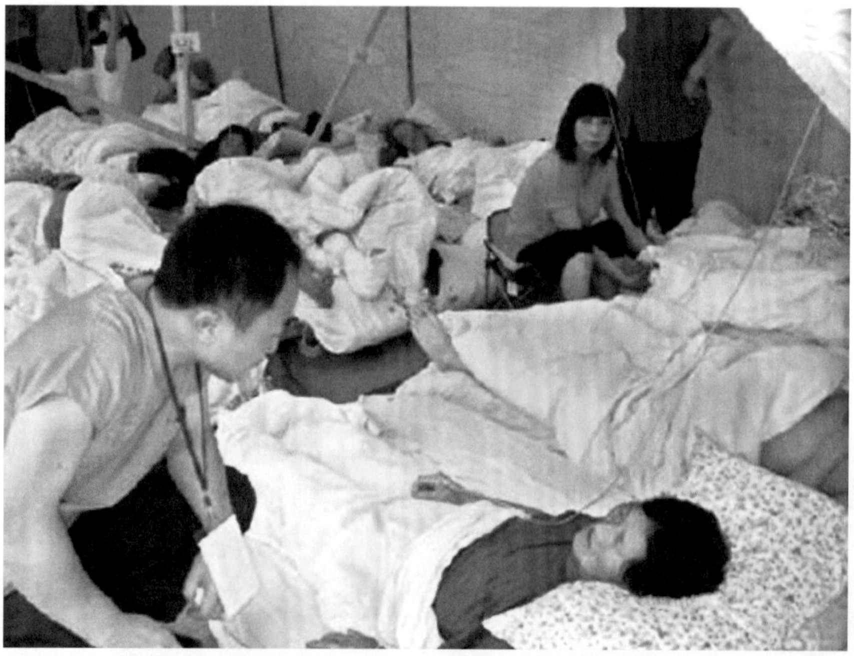

图3-4-6　2008年5月13日,民建会员、仁济医院神经外科副主任张晓华(前左)参加上海第一批抗震救灾医疗小组在地震灾区诊治伤员

7月25日，民建市委举行上海民建会员抗震救灾事迹报告会，表彰荣获民建全国抗震救灾优秀会员称号的39名会员。

四、玉树地震援助、抗旱捐水窖

2010年，中国西南地区发生罕见旱灾，青海省玉树藏族自治州玉树县发生7.1级地震。为帮助西南灾区和青海省玉树藏族自治州玉树县的群众尽快渡过难关，民建中央和中共市委统战部分别发出通知，希望上海民建各级组织和会员紧急行动起来，奉献爱心，全力投入到抗旱、抗震行动中去。民建市委发出《关于支持抗旱救灾，积极投入"思源·甘泉"行动的通知》，动员全市各级组织和会员参与救灾。

4月8日，民建青浦区委召开区委主委会议，决定从会员缴纳的"特殊会费"中支出3 000元向干旱灾区捐建一口水窖。这是民建市委通知发出后收到的第一笔捐款。同日，民建市委收到第一笔个人捐款，民建会员池晓彬认捐1 000元。4月14日，各民主党派向西南旱灾地区献爱心募捐仪式在上海民主党派大厦举行，民建市委机关捐款5 000元。4月22日，周汉民在民建市委会见到访的民建广西区委主委钱学明等一行，代表上海民建会员向革命老区——广西百色市捐赠人民币30万元，用于"捐建百口水窖"行动。

4月14日，玉树地震当天，民建新会员孙晋忠致电民建区委领导，表示要向民建市委认捐20万元，第二天就存入了捐款专用账户。16日，已为西南干旱灾区捐款2万元的民建会员侯义宏又一次来到民建市委机关，为青海玉树地震灾区捐款10万多元。

至2010年底，民建市委网站刊登捐款信息1 000多条，民建市委和上海民建扶帮公益基金会收到各级组织特殊会费、企业、会员、机关干部捐款110多万元；企业家会员奔赴灾区一线，捐赠救灾物资100多万元。

第八节　服务社会建设

一、推动会员服务现代化建设

【为四化建设作贡献】

1978年，民建市委、市工商联"两会"退休成员占成员总数的90%。随着各项政策逐步落实，退休成员感恩报国之心迫切。正值一大批上山下乡知青回沪，安置知青就业问题非常突出。各区民建、工商联根据社会需要，把有技术专长和有经营管理经验的退休成员组织起来，按专业成立四化建设服务组，协助街道筹建集体企业，培训和安置待业青年；帮助有一定基础的街道企业改善经营管理，解决生产技术问题；协助区集管局和街道开办各种培训班，传授技术业务知识；帮助企业开发新产品；为开拓商业服务网点和填补行业空白出主意、提建议。如静安区民建、工商联为各街道73家集体企事业单位提供咨询服务，配合区合作联社和区劳动服务公司协助各街道兴办生产、生活合作社，安排待业青年1 000人。1980—1982年，民建退休会员中有1 297人参加了四化服务组的工作，占退休会员的57%。至1984年4月，协助各区安置回沪知青1万人。

1980年起，民建市委根据民建中央三大制定的"坚定不移跟党走，尽心竭力为四化"的行动纲领，对会员中200名工程技术人员的工作情况和技术专长进行了调查，并向有关部门反映，经过合理安排,有丰富经验和一技之长的成员重新走上技术工作岗位,为发挥他们的专长创造了条件。民建市委、市工商联各级组织多次举行为四化建设服务先进事迹交流会,发扬先进,推动成员发挥专长,做好本职工作。1981年1月,民建市委、市工商联推派32位在各行各业作出显著成绩的成员出席民建中央和全国工商联召开的"两会成员为社会主义现代化建设服务经验交流会"。许多民建会员在四化建设中做出突出贡献,被评为市劳动模范。

【"五个一"活动】

1994年,民建市委根据会员身处经济建设第一线的特点,在会员中开展"五个一"活动,即要求广大会员围绕本地区、本部门、本单位的中心任务,反映一些情况,参与一些调研,提出一些建议,做一些实事,帮助一些困难企业排忧解难。各级组织和广大会员热烈响应:民建卢湾区委配合淮海路改造,组织部分会员走遍整条马路,对原有商业网点记录并绘成图表,提出合理布局的建议,受到该区政府有关部门的好评。民建医药局工委会的药材支部和医药商业支部建立协作关系,定期召开座谈会,就经营管理中存在的问题,研究讨论,整理成书面材料向药材公司和医药公司党政领导反映情况,提出的意见和建议,受到两个公司领导的肯定和表扬。在活动中,民建会员立足本职,为国家积极创汇,参与重要课题、重大项目的研究和设计,建言献策,投资帮助困难企业转型,严格监督,缓解社会矛盾,为国家社会建设奉献。该活动持续至1996年。

二、共建文明社区

民建市委重视民建组织及会员参与社会主义精神文明建设,鼓励和支持各级基层组织和会员,开展创建文明社区活动和参与社会公益事业。

1997年初,在中共南市区委统战部的指导下,民建南市区委与豫园街道共建文明社区,把发展街道经济、为街道经济服务作为共建重点。民建南市区委从事工商、税务、金融、卫生、法律等相关工作的会员与街道经济科的同志一起,开办经济政策、经济法规培训班,讲授现代企业制度、经济合同法、债权债务、个调税缴纳、卫生许可证申办程序等。双方结对子交朋友,共商豫园经济发展良策。在共建一年多的时间里,民建会员为街道介绍成功的项目有10项,产值1 839万元。民建南市区委在豫园新广场组织了4次大型为民咨询服务活动,深入街道走访慰问孤老,帮助居委发起互助活动。

1997年8月,民建长宁区委与华阳街道签订为期3年的共建社区文明协议:助学10名特困学生;助养10位支边支内特困老人;设立10个再就业基地;为街道引进10家企业;开办10期社区服务管理班。1999年,"爱心永驻　民建长宁区委、华阳街道共建精神文明"续约仪式举行。来自华东政法学院、复旦中学等的10名受助学生在"爱心承诺"协议书上签名,承诺奉献爱心、回报社会。民建长宁区委与街道劳动力市场联系,落实解决12名下岗工人的再就业问题;为华阳社区引进2个企业,使街道增加税收18万元,用于社区福利事业。

1997—1998年,民建黄浦区委分别与豫园街道和南京东路街道签订共建精神文明的协议书。区委定期、定点去街道开展慰问孤老活动,组织参加街道报告会,开展咨询、医疗服务等活动。2002年,民建会员担任董事长的南北投资公司在成立之日,对辖区内困难家庭进行帮扶,并设立100万元专项帮困基金。此举被评为2002年度黄浦区精神文明"十佳"好事之一。2004年,民建黄浦区委7名会员出资20万元设立"民建会员爱心共助金",在承兴居委建立民建区委帮困基地,与孤老签订结对服务协议,12名新会员组成帮困小组定期上门服务。每年春节前夕慰问区内困难居民,至

2010 年，累计慰问承兴居委会困难居民近 400 户、癌症患者 80 位。

2005 年 9 月，民建闸北区委与临汾路街道签订为期 3 年的“共建共育工作计划”。2007 年补充在街道慈善爱心超市设立民建专柜等实事项目。6 月 20 日，由民建闸北区委企业委员会 36 位委员参与捐赠的“闸北民建爱心专柜”在临汾路街道慈善爱心超市正式设立，这是全市首个由民主党派捐赠的“爱心慈善超市专柜”，首批价值近 5 000 元的 27 种捐赠商品上柜。同时设立专项捐助基金，保证爱心专柜的持续运行。民建闸北区委组织会员举办专场就业招聘会、开展“学雷锋为民义务咨询服务”活动等。

2007 年，民建宝山区委与中共罗店镇党委举行了共建签约仪式。民建宝山区委向联合村、蔡家弄村、古镇居委、罗南居委捐赠电脑、图书及文体活动用品，并向祁南居委和富南居委 4 位结对的贫困学生发放助学金。2008 年 5 月，民建宝山区委工业支部、吴淞支部分别与顾村镇沈宅村、共富六居委举行共建结对签约仪式，捐建农村居民健身中心，捐赠帮困慰问金 6 万元。2010 年 5 月，吴淞支部组织医卫界会员为大华社区居民举办义务医疗咨询。

2007 年 4 月 18 日，民建市委主委周汉民赴松江调研时，建议民建松江区委建立旨在资助贫困学生完成学业的秉烛助学基金。民建松江区委和会员积极响应筹备，2007 年，“秉烛基金”正式开始运作，设立银行账户有效监管。至 2010 年，共资助全区品学兼优的贫困学生 200 人次，资助金额 20 万元，其中资助浦南泖港、新浜地区贫困学生 80 人次，资助金额 8 万元。

三、关注社会热点

【认购国库券】

1982 年，国务院颁发《中华人民共和国 1982 年国库券条例》，发行 40 亿元国库券。上海市成立了国库券推销委员会，负责推动国库券认购工作，民建市委负责人陈铭珊任该委员会委员。4 月 9 日，民建市委、市工商联执委联席(扩大)会议发出《上海市民建、工商联关于推动成员踊跃认购国库券的号召》，全面启动宣传动员工作，通过大会、小组会、登门访问等形式进行广泛深入的爱国主义教育，使会员认识到国库券的发行有利于集中社会资金用于国家社会主义建设，有利于稳定市场，有利于发扬艰苦奋斗、勤俭节约的好风气。到 4 月 20 日，民建市委、市工商联有 12 871 人认购国库券 894 万元。在民建市委领导积极联系下，香港知名人士王宽诚当场认购 250 万元国库券，民建市委、市工商联超额完成了国家分配的认购 1 000 万元国库券的任务。

【就业创业指导】

1998 年 5 月 23 日，民建虹口区委组织从事工商、财税、劳动保险、房产评估、法律、医疗保健等工作的 40 位专家学者，在鲁迅公园接受市民咨询，提供职业介绍、就业指导、职业培训、劳动仲裁、非正规就业、社会保险、工商个体、私营登记、税务政策、法律法规等服务。民建市委、中共虹口区委统战部、区劳动局、社保中心、工商局、税务局、房产局参与活动。

2004 年 6 月 4 日，民建市委在卢湾区政协召开“情系下岗人员，促进就业援助”——民建卢湾区委创业指导工作现场交流会。卢湾区劳动和社会保障局及民建各区委负责人 70 人参加会议并实地考察了创业指导中心。

2009 年 2 月 11 日，民建市委召开促进就业工作座谈会。民建会员中从事人力资源、促进就业和开业指导的专业人士和上海政法学院、上海海洋大学就业办主任等相关人士从供需方角度商讨促进就业工作。有关负责同志还介绍了民建卢湾区委参与开业指导的情况。

2009 年 3 月 19—20 日,民建市委组织会员企业参与上海政法学院和上海对外贸易学院的招聘会。2010 年 3 月 12 日,民建市委组织会员企业参加在上海外贸学院举行的松江大学园区毕业生招聘会,为毕业生提供 300 多个就业岗位。

【创办社会公益事业】

上海博爱医院 1999 年 9 月,上海轻工职工医院转制后,由上海晟新实业有限公司接办,是上海首家综合性民营医院,民建会员彭少成担任院长。该院投资 6 000 万元,面积 7 662 平方米,院址淮海西路 1590 号。医护人员择优留用原单位 50 人,从全国各地招聘 100 人,并与上海 300 多位教授级医生签约,成立"上海博爱医学委员会",参加博爱系统内的工作。该院开设内科、外科、妇科、儿科、五官科等门诊和国际门诊部,有床位 102 张;建立有提供私人医生、24 小时特需医疗保健服务、体格检查的"博爱健康俱乐部"特需服务体系。

民建大铭敬老院 1999 年 10 月 16 日,由民建虹口区委和民营上海大铭冷气工程有限公司董事长、民建会员何晓俭联合筹备建成。院址上海虹口区广中支路,是一幢三层楼独立式住宅房,总面积 750 平方米,有床位 55 张和一个 300 平方米的花园,为无子女照顾、生活自理有困难的老人提供便利的生活与和谐的环境空间。大铭敬老院坚持"服务老人、奉献社会"的办院宗旨,实施科学化管理,人性化服务,其经验被民政系统介绍推广。该院还安置 8 名职工工作,招收多名下岗人员担任保养员、厨师等。

上海阳光中医医院 2002 年 5 月 18 日,由民营上海日日实业公司董事长、民建会员陈绍官捐建,是上海第一所民营中医医院。院址闵行路 77 号。该院与上海中医药大学附属曙光医院合作,由曙光医院选派院长和名医专家。设中医、康复科、美容保健、减肥、推拿针灸、老年病、亚健康咨询等特色保健服务。在开业揭牌仪式上,医院向上海市慈善基金会捐赠 12 万元,市慈善基金会授予该医院"上海市慈善基金会慈善医疗定点门诊部"铜牌。

第九节 为崇明发展服务

民建市委探索参政议政与社会服务相结合的新途径,选择崇明县部分镇为重点,协助招商引资,组织文化、医疗下乡,开展大型咨询服务;与崇明民本中学签约 10 年帮困助学,会员企业家出资扩建了崇明三星敬老院,每年 2 次看望敬老院的老人。

一、与崇明县签约合作

2002 年 6 月 20 日,民建市委十届一次常委(扩大)会议,通过《关于开展"为崇明新发展献计出力活动"的决定》。

6 月 21 日,"上海民建、崇明县合作项目签约仪式"在崇明举行,民建市委主委黄关从、中共崇明县委书记盛亚飞出席。签约仪式上,上海糖业烟酒(集团)有限公司总经理、民建会员葛俊杰与崇明县商委签订协议,从经营规模、物流配送、营销网络、品牌资源等方面进行全方位合作;民建会员李相才与崇明县陈家镇天净食品有限公司、上海瑞华实业有限公司就西兰花产品的种植、加工、出口签订协议书;上海源昌企业登记代理有限公司董事长、民建会员任源昌和港沿镇经济开发区管理委员会进行合作招商，其项目 2003 年引进企业 3 家，总投资 400 万元；民建市委科教文卫体委员会与崇明县卫生局就崇明县医务人员的业务培训和医疗咨询签订合作协议；民建市委社会服务委员会与崇明县教育局签订为期 5 年的“民建助学协议书”，由民建互帮基金每年向民本中学 40 名品学兼优的高一贫困生发放 2 万元“民建助学金”。

图 3-4-7　2002 年 6 月 21 日，“上海民建、崇明县合作项目签约仪式”在崇明举行

当日，民建市委在崇明开展“送医送戏”活动，组织有关法律、医疗专家和文艺工作者近 50 人分别在县中心医院（县）会议中心和城桥第三敬老院开展法律、医卫咨询和文艺专场演出。

2006 年 11 月，民建市委与崇明县政府进一步加强合作，再次举行“上海民建与崇明县人民政府合作项目”签约仪式，民建会员、会员企业及相关企业多层面地加强与崇明有关方面和行业的项目合作。民建市委与崇明县政府在仪式上续签了为期 5 年的“民建助学协议书”，并签订了“民建市委向崇明县三星镇捐资 20 万元意向书”。

二、崇明课题调研

2001—2007 年，民建市委 10 次组织相关部门及会员赴崇明调研，以专题报告和提案等形式提交政府部门。例如，2001 年和 2002 年，民建市委连续两年在市政协会议上提出抓住深水港建设机遇，加快崇明发展的建议；2003—2005 年，就推进“三岛一沙”生态岛建设开展调研，提出：崇明、长兴、横沙统一规划，通过行政区划的改变推动“三岛联动”；将造船工业基地搬迁至崇明、长兴岛，以提升崇明的经济能力；要使经济发展与生态保护相结合，把九段沙划归崇明，与三岛一同发展等。2006 年，派课题组就提高农民组织化程度和保障水平问题赴崇明县农业重镇考察调研，同年向市政协提交提案《完善发展规划切实推进崇明生态岛群建设》；2010 年，向市政协提交《关于崇明生态岛建设的若干建议》。

提案建议取得了一定的社会效果：2004年，经国务院有关部门批准，崇明岛和长兴岛作为建造大型船舶的造船基地；2005年，国务院批准将长兴、横沙两岛划归崇明；2006年，市发改委在提案答复中表示：将在规划的深化编制工作中，把九段沙湿地纳入三岛和长江口区域生态保护范围，认为“民建市委提出的‘加强宣传和法制建设，探索生态资源有偿转移以及共建长江口生态保护区’等建议，都具有十分重要的参考价值，将和市规划、环保等部门加以推进、探索”。

第十节　对外、对港澳台联络

民建市委根据对外、对港澳台联络工作的特点和主线，积极介绍、大力宣传中国改革开放、经济和社会发展情况取得成就，中国共产党领导的多党合作和政治协商制度以及和平发展的方针政策，秉承“广交朋友、促进合作、扩大影响、稳步开拓”的指导方针，拓展对外、对港澳台联络工作的渠道和领域。1991—2012年底，共接待美国、法国、日本、新西兰、泰国、新加坡、中国台湾、中国香港等国家和地区的友好人士226批、771人次。

一、为祖国和平统一事业作贡献

民建市委联络工作以港澳台为重点，中国台湾为重中之重。推动港澳台地区与内地的经济文化往来与交流，加强与各阶层人士，尤其是经济界、教育界人士的联系，深化合作内容，增进了解、扩大共识。

1979年，由民建市委、市工商联组成的上海市工商界赴港访问团一行10人在港两周，接触了150多人，受到香港工商界热烈接待。同年，香港工商界访问团一行26人来沪回访。1980年下半年至1981年上半年，形成了一个由港澳同胞、海外侨胞以及外籍友好人士纷纷来上海访问的热潮，如香港著名企业家王宽诚、包玉刚、利民泽、费彝民等以及香港厂商联合会参观访问团、东京华侨商工协会代表团、美国大学生代表团等纷纷来访。2000年12月，民建市委组织上海企业界人士考察团赴港澳考察，与香港工商界朋友座谈。

2009年4月13—15日，民建市委、中国老龄科学研究中心、台湾南开科技大学主办的第三届海峡两岸老龄福祉研讨会在沪召开。台湾世新大学董事长成嘉玲、上海中华职业教育社主任黄关从、全国老龄工作委员会办公室、上海市民政局有关领导致辞。两岸专家学者和从事老龄工作的专业人员以两岸老年人的生活、照顾形态和科技应用为主题，就两岸老年人口发展的现状和成因分析、社会福利和养老模式的比较研究、未来老龄福祉的发展趋势等课题进行研讨。研讨会设置了老龄健康照顾的专业实务培训，与会人员参观考察了杨浦区相关养老服务机构。来自市老龄委、北京大学老年学研究所、中国人口发展研究中心以及地方老龄办专家学者和敬老院的业内人士80人参加。

2012年10月15日，民建中央与台湾世新大学主办、民建市委承办的第十四届两岸经济系列研讨会在沪举行，主题为“两岸经济合作前景与展望”。民建中央原主席、全国台湾研究会会长成思危作主旨演讲，民建中央副主席辜胜阻主持，民建中央副主席、民建市委主委周汉民，海峡交流基金会监事、世新大学董事长成嘉玲致辞。来自台湾世新大学、暨南国际大学、成功大学等高校及上海两岸关系和经济流通领域方面的专家学者就当前经济形势下两岸经济合作的前景与预期等议题进行了专题研讨和互动交流。台湾学者访问团及民建相关专家学者100人参加。

至2012年，民建市委接待过中国香港、中国澳门重要人物与团组包括：香港汎年集团有限公司董事长陈金烈、中国香港（地区）商会会长、戴德梁行房地产咨询（上海）有限公司中国行政总裁张国正，以及香港会友访问团、香港工商界代表团等。接待过中国台湾重要人物与团组包括：台湾海基会董事楚崧秋，台湾亲民党副主席吴容明，台湾新党主席郁慕明，台湾亲民党副秘书长、台湾中华电影发展基金会常务董事梅长锟，台湾世新大学董事长、台湾海基会监事成嘉玲；台湾政党访问团包括自强党、人权促进党、大同民主党等党派代表人士；台湾柯蔡宗亲总会访问团、台湾开平餐饮学校考察团、台北教育界人士访问团、台湾学者访问团、台湾金融及科技专家访问团等。

二、联谊往来

民建市委积极搭建海内外交流平台、交往海外友好人士，做好来访接待工作，了解真实需求，排忧解难、牵线搭桥；支持会员参与境外、海外的工商、经济、教育等各界联络。接待过较为重要的客人与团组包括：泰国泰华农民银行总裁伍万通；宋氏家族后人，宋子文长女冯宋琼颐、宋子安次子宋仲虎，美国斯坦福大学胡佛研究院客座研究员宋曹琍璇等；泰国泰皇御代表及泰国上议院法律委员会主席堪暖率领的代表团；加拿大魁北克省勃兰威尔市长率领的工商访问团等。1999 年，民建市委组织企业界会员赴美考察，拜访美国小企业管理委员会、华人同乡会并与部分企业座谈。

2010 年，民建市委在联络工作座谈会的基础上创办联络工作沙龙。9 月 21 日，民建市委举办第一次联络工作沙龙，民建市委主委周汉民主持会议并讲话。参加沙龙的会员来自金融、证券、法律、IT 等行业，包括研究国际问题的专家学者和在外资企业中担任重要职务的会员，多有海外留学、工作经历。周汉民指出，联络沙龙更像是一次民建会员的聚会，可以在宽松的气氛中，交流思想、沟通情况、集思广益、发掘亮点。

图 3－4－8　2010 年 9 月 21 日，民建市委举办第一次联络工作沙龙

民建市委逐步建立联络沙龙工作机制,规范出席对象、座谈形式和落实措施等:参加对象主要由在外资企业、外国驻沪机构中担任高层管理人员,拥有海外留学(硕士以上学历)、工作经历,与港澳台代表性人士有亲属、朋友关系的会员及有行业代表性会员组成;沙龙以座谈形式进行,不设主题,民建市委主委及主要领导、有关部门负责人出席,与会员交流互动,了解情况、听取意见、提出要求、布置任务;出席会员从自身行业角度出发,对社会政治、经济发展等热点问题提出意见和建议;会后及时帮助会员牵线搭桥、解决困难,注重跟进落实,实现成果转换。2010—2012 年,共举办 5 期联络沙龙,近百人次出席。

三、吸引外资

1989 年 2 月,民建市委单独成立联络委员会(专委会),3 月增设联络处配置机关干部专职服务联络工作。联络处干部经常下基层掌握第一手资料,与有关部门取得联系,为引进外资牵线搭桥。1992 年,上海民建各级组织协助引进资金 4 652 万美元,促成对外贸易 53 项、金额为 895 万美元,进行文化学术交流 31 人次,介绍接受捐赠 2 笔(350 万港元和 2 万美元),介绍成功三资企业 28 家、金额为 5 127 万美元,接受咨询项目 33 项,帮助劳务输出 150 人。

1993—2002 年,经民建市委、各级组织和会员牵线成功的外资引进项目达 7 000 多万美元。民建会员许淑华,介绍成功引进外资项目达 6 000 万美元,包括台湾三骅国际贸易公司与浙江长兴水泥厂的合资项目;台湾三隆船务公司与宁波北仑港合资建造仓库码头项目;投资 500 万美元的泰顺蔬菜水果罐头食品厂、投资 100 万美元的独资企业美亚国际贸易公司等。为此受到上海市长宁区政府、上海市政府侨务办公室的嘉奖。民建会员乐嗣良热心引进外资工作,他所联系和协助的香港朋友,于 1994 年在沪建立董恒辅职业技术学院,于 1995 年建立上海市弱智儿童幼儿园,并先后捐助上海教育事业款项达 700 万元人民币。

第十一节　服务上海世博会

2008 年 9 月,上海实施《迎世博 600 天行动计划》,民建市委相应制定 600 天行动计划,推动各级组织开展了一系列迎世博活动。2009 年 2 月 18 日,民建市委主委周汉民担任上海世博会执委会副主任。2009 年 12 月 28 日,民建市委十一届四次全会提出“人人争当世博志愿者”的倡议,民建市委下发《关于民建会员积极参与世博、服务世博,人人争当世博志愿者的倡议书》,号召民建会员为举办“成功、精彩、难忘”的世博会贡献力量。世博会筹备和举办期间,直接参与“一轴四馆”、世博文化中心、上海馆等 20 多个主要场馆的建设、安装和装饰布展的上海民建会员企业有 30 家;部分民建会员企业参与了网上世博、世博食品安全、世博交通系统、世博后滩湿地公园等数十个重大项目的技术支持和研发攻关;多家民建会员企业成为世博特许生产商、零售商,世博场馆设备的供应商和主承建商,他们克服工期紧、任务重、施工难度大等不利条件,完成建设任务;另有部分民建会员企业入选民营企业馆参展企业。民建会员在世博建设者、世博工作者和世博志愿者队伍中也发挥了作用,部分会员获得“上海市五一劳动奖章”,以及“世博百佳建设者”“世博工作先进个人”“统战系统服务世博优秀志愿者”等荣誉称号。2010 年 3 月,在全国政协十一届三次会议分组审议会议上,周汉民作题为《世界给中国机遇,我们还世界精彩》的发言,建议充分利用世博机遇,大力推动国家外交。

图3-4-9　2009年9月18日，周汉民赴民建会员企业考察调研，并在现场体验“三斩斧”工艺

在中共市委《2010年上海世博会期间工作框架》指导下，上海民建各级组织推进世博接待、联络、宣传、参政议政等工作。民建市委在中共市委统战部的帮助下，促成美国第121届“玫瑰花车巡游”世博花车的公开巡游，《洛杉矶时报》以头版头条予以报道；支持延边朝鲜族自治州开展最佳实践区和主题馆日活动，展示东北边疆少数民族地区文化和发展前景；组织调研参加世博建设的会员企业；开展迎世博，服务世博建设者、服务市民义务咨询活动2次；民建市委网站和《上海民建会讯》开辟世博专栏，刊登世博宣传信息415篇，收到“迎世博网上摄影展”会员作品500幅。2010年，民建市委针对世博报送建议200篇，其中市领导批示9篇，报送全国政协4篇，《人民日报》选作内参1篇，媒体刊登100篇，部分建议得到采纳。各级组织在世博期间接待民建中央和全国民建组织来访参观共50批，1 000人次；组织开展捐助世博绿地、慰问世博建设者、资助困难群体圆梦世博、迎世博服务进社区、世博征文、世博宣讲、志愿者服务等活动。

第五章 自 身 建 设

中共十一届三中全会后，全国工作重心转移到经济建设上。民建市委按照民建中央提出的“坚定不移跟党走，尽心竭力为四化”行动纲领，以中共中央的路线、方针、政策为指引，继承发扬民建成立40周年时总结的“高举爱国主义旗帜，坚持中国共产党的领导，坚持自我教育”和民建成立60周年时总结的“五个坚持”(即坚持爱国主义，致力于建设中国特色社会主义事业；坚持接受中国共产党的领导，与中国共产党亲密合作；坚持遵从人民群众的根本利益，认真履行参政党职能；坚持与经济界的紧密联系，努力发挥会的特色；坚持与时俱进，在自我教育中不断提高会的素质)和“四种精神”(即民主、团结、创新、奉献)，努力建设成为“理论上清醒、政治上坚定、组织上巩固、制度上健全、充满活力的致力于建设中国特色社会主义事业的参政党”。实践中，民建市委围绕经济建设这个中心，发挥密切联系经济界特色优势，把自身建设放在首位，以重大节庆、纪念活动及换届工作为契机，以思想建设为核心，以组织建设为基础，以机关建设为保障，以领导班子建设为关键，不断加强自身建设。

中共十七届四中全会后，民建市委根据民建全国自身建设工作会议精神和响应民建中央“加强自身建设，学习借鉴执政党建设的经验，跟上执政党的前进步伐”的号召，把2010年确定为“自身建设年”，探索研究新形势下参政党自身建设的特点和规律。2012年，民建市委十二届一次全会提出“着力提升自身建设，把新时期上海民建的工作提高到一个新的阶段和水平”，十二届一次常委会审议通过《民建上海市委关于新形势下进一步加强自身建设的实施意见》，从思想建设、参政议政、组织建设、社会服务、领导班子建设、机关建设6个方面，建立目标清楚、职责明确、程序民主、运转有效的党派工作机制，对十二届市委工作提出指导性意见。

第一节 思 想 建 设

一、理论学习与形势教育

【理论学习】

学习邓小平理论 1992年，邓小平南方谈话发表。中共十四大根据邓小平的讲话精神，深刻阐述了建设有中国特色社会主义理论。民建市委及时举办学习邓小平南方谈话和中共十四大文件学习班，1 000多名会员参加。1993年11月2日，《邓小平文选》第三卷出版发行。6日，民建中央发出组织学习《邓小平文选》第三卷的通知。民建市委要求全市会员认真学习《邓小平文选》第三卷及邓小平建设有中国特色社会主义理论。12月22日，民建市委宣传委员会和经济研究委员会联合举办了《邓小平文选》第三卷学习研讨会。1994年，民建市委围绕邓小平建设有中国特色社会主义理论，举行了“关于社会主义市场经济问题”“精神文明建设”“反腐败和改革开放”“当前经济形势展望”等大型报告会。专职副主委、处级干部和各级组织骨干先后参加民主党派领导干部培训班、中青年干部学习班，进行集中学习。

1998年初，民建市委制定了学习邓小平理论的工作计划，抓好每两个月1次的市委中心组学习、半年1次的市委委员一日学和每周1次的机关干部学习；将学习邓小平理论与学习中共十五大精神相结合，与学习民建章程相结合，与学形势、学知识相结合；举办专题讲座、大型报告会，组织机关干部外出参观、收看专题录像。6月24日，中共中央发出《关于在全党深入学习邓小平理论的通知》，7月10日，民建中央发出《关于在全会深入学习邓小平理论的通知》。7月30日，民建市委召开中心组（扩大）学习会，学习两个《通知》精神，要求各级组织、广大会员形成学习邓小平理论的新高潮。9月18—20日，市委召开"学习邓小平理论，加强自身建设研讨会"。2001年，民建市委机关开展"邓小平新时期统一战线理论"系列专题学习，每次由各处室干部轮流作主题发言，谈学习体会。

学习"三个代表"重要思想　2000年2月20日，中共中央总书记江泽民提出"三个代表"重要思想。民建市委积极响应，将学习"三个代表"重要思想作为加强自身建设的一项重要内容。5月19日，民建市委举行中心组学习会，学习"三个代表"重要思想。

2002年5月31日，江泽民在中共中央党校省级干部进修班毕业典礼上发表重要讲话，进一步阐述和发展了"三个代表"重要思想。民建中央发出《关于认真学习江泽民同志"5·31"讲话的通知》，民建市委转发并要求各级组织及会员进行学习、研究和宣传。

学习贯彻科学发展观　2008年10月，2009年1月，民建中央先后发出《关于转发各民主党派深入学习贯彻"科学发展观"座谈会纪要的通知》《关于深入学习贯彻"科学发展观"的安排意见》。民建市委及时转发并对各级组织开展学习"科学发展观"活动提出要求。

2009年2月16日，民建市委组织机关学习，举行了对民建中央《努力弘扬民建优良传统共同致力于中国特色社会主义事业》一书系列宣讲活动的第一讲。4月13日，民建市委第34期中青年骨干会员培训班听取中共市委统战部部长杨晓渡专题报告《共同的使命　共同的责任》。6月，民建市委委员"一日学"活动听取辅导报告。各级组织通过辅导讲座、集中宣讲、讨论交流、征文等多种形式开展"科学发展观"专题学习活动300次。

学习多党合作和政治协商制度相关文件精神　1989年12月30日，中共中央制定《中共中央关于坚持和完善中国共产党领导的多党合作和政治协商制度的意见》。民建市委围绕学习该文件举办专题读书班，选送部分骨干会员参加民建中央、中共市委党校、中共市委统战部举办的读书班。至1992年，上海民建各级组织举办的学习该文件、全国统战工作会议精神、《关于社会主义若干问题学习纲要》等专题读书班有500多次。

2005年2月18日，中共中央制定《关于进一步加强中国共产党领导的多党合作和政治协商制度建设的意见》。民建市委印发学习通知并举办多种形式的学习报告会。4月中旬，民建市委邀请中共市委统战部领导作专题辅导报告；9月初，民建市委委员学习会围绕学习贯彻中共中央《关于进一步加强中国共产党领导的多党合作和政治协商制度建设的意见》精神进行了专题座谈。

2012年2月2日，中共中央印发《关于加强新形势下党外代表人士队伍建设的意见》。7月4日，民建市委召开专题座谈会，就《中共上海市委关于贯彻〈中共中央关于加强新形势下党外代表人士队伍建设的意见〉的实施意见》（征求意见稿）听取基层组织和机关部室负责人的意见和建议。

【形势、任务和政策教育】

1982年10月，民建市委和市工商联成立学习领导小组，把学习中共十二大文件作为首要任务来抓。其间，民建市委分别组织学习了《三中全会以来重要文献选编》《邓小平文选》《陈云文稿选编》和1982年12月第五届全国人民代表大会第五次会议通过的《中华人民共和国宪法》等。

1995年，民建市委组织会员学习贯彻中共十四届四中全会精神和民建中央"全国宣传思想工作会议"精神，举行专题讲座和报告会。

1996年,民建市委学习中共十四届六中全会决议,举办《现代企业制度综述》《台湾问题和两岸关系的现状和趋势》《香港行政特区基本法及有关情况》《加强社会主义精神文明建设的几个问题》等大型专题报告会,每次报告会均有200多位会员参加。

1997年9月22—23日,民建市委举办市委委员学习中共十五大精神学习班。24日,民建市委邀请部分老会员参加学习中共十五大精神座谈会。

1999年,民建市委开展"讲学习、讲政治、讲正气"学习活动,举行上海经济形势、中国农业现状和前景、合同法、澳门回归、台湾历史、房地产政策和科索沃形势等问题举行报告会。

2000年10月12日,民建市委召开学习中共十五届五中全会精神座谈会,研究讨论《中共中央关于制定国民经济和社会发展第十个五年计划的建议》,决定将学习贯彻十五届五中全会精神作为今后一个时期的重要任务,积极投入"十五"计划的实施。

2002年,为迎接中共十六大的召开,民建市委组织开展大型学习会、专题讲座、大型咨询服务活动、长江三角洲发展研讨会、民建会员书画展、文艺汇演等一系列主题活动,并组织赴卢浦大桥建筑工地慰问演出。中共十六大召开后,民建市委举行"认真学习领会中共十六大精神"大型报告会,各级组织举行了各种学习座谈会。

2007年10月15日,民建市委举办"学习中共十七大精神,推进本会学习教育活动"区委主委、工委主任学习班。10月23日,民建市委十一届四次常委(扩大)会议审议通过民建市委《关于认真学习贯彻中国共产党第十七次全国代表大会精神,深入推进政治交接学习教育活动的决定》。11月20日,民建市委举行学习贯彻中共十七大精神报告会。

此外,民建市委在全国"两会"和市"两会"闭幕后均召开大会,向会员传达全国"两会"精神,还根据形势、任务的需要举办各种类型的讲座和报告会,组织参观考察活动。

二、主题教育活动

【"三增强""四热爱"学习教育活动】

2003年6—8月,民建市委开展增强对"三个代表"重要思想的认识、增强对社会主义制度优越性的认识、增强对中华民族凝聚力的认识,热爱中国共产党、热爱祖国、热爱社会主义、热爱人民的"三增强""四热爱"活动。

6月24日,民建市委全体正副主委集体学习中共市委统战部"关于开展学习中共十六大精神、'三个代表'重要思想和'三增强''四热爱'学习教育活动"动员大会精神。民建市委成立学习领导小组,由主委黄关从任组长,相继召开机关干部动员大会、主委谈心会、处级干部民主生活会、座谈会和会务工作会议,以组织参加报告会、参观等形式开展学习教育活动。民建市委组织机关干部参加了学习贯彻"三个代表"重要思想辅导报告会、上海医学界抗击"非典"和二军大赴小汤山抗非医疗队事迹报告会,参观了上海国际航运中心洋山深水港一期工程。民建市委抓紧机关制度建设,至8月底,修订完成领导班子通气会制度、会议提醒制度,并修订干部考核制度,起草机关岗位职责说明书,梳理各部室工作职责,提出机关干部选拔、培养梯队名单。

【政治交接学习教育活动】

2007年3月,民建市委完成换届。3月24日,民建市委十一届一次主委会确定将开展政治交接学习教育活动作为2007—2008年的工作重点并作部署。民建市委向民建中央主动争取,成为全国民建组织“开展以坚持走中国特色社会主义政治发展道路为主题的政治交接学习教育活动”两个省级试点组织之一。同时，以“自觉、自主、自为”的原则，根据《民建中央关于深入开展政治交接学习教育活动的意见》，确定于2007年4月—2008年12月，以宣传动员、学习教育、查找差距和不足、制定整改措施4个阶段在全市民建各级组织开展政治交接学习教育活动。

图3-5-1　2007年8月9日，民建市委举行政治交接学习教育活动工作交流会

4月10日，民建市委十一届一次常委(扩大)会议进行学习动员，随即成立由民建市委主委周汉民任组长的学习教育活动领导小组并下设办公室，确定正副主委下基层调研，并选取黄浦区委、宝山区委、汽车工委、复旦大学委员会和金融支部作为学习教育活动试点组织。

活动期间，民建市委选编了8.5万字的《学习资料》，编印《情况简报》45期，在《上海民建会讯》开设相关活动专栏。上海民建网站于2007年6月15日正式开通，积极对各项工作开展宣传。民建市委通过举办市委中心组学习和市委委员学习活动，区委主委、工委主任学习培训班，组织会员赴广西、重庆学习考察，召开主委会、报告会、交流会、座谈会，创办每月1次的“上海民建系列讲座”等，学习贯彻中共十七大精神、胡锦涛总书记有关重要讲话，中共上海市委书记习近平在各民主党派市委、市工商联领导人暑期学习会上的讲话，民建九大、《中国的政党制度》白皮书以及中央和上海重要会议精神等。

活动开始后，民建市委用一年的时间对2002年6月—2007年2月加入民建组织的1 535名新会员进行培训，举办新会员培训班2期，成立“民建市委会员培训中心”。2007年10月，编印并下发1 990份“统一战线、民建知识问答竞赛100题”至各级组织领导班子和新会员，问卷回收率近80%。

2008年，民建市委将学习教育活动与重大纪念活动相结合，举办纪念响应中共中央“五一口号”60周年大型座谈会、纪念黄炎培诞辰130周年座谈会、纪念改革开放30周年座谈会，并开展征文活动。1月，各民主党派联合举办上海市民主党派“政治交接学习教育活动图片展”，民建市委展出11个版面132幅照片。2月起，民建市委召开4次专题座谈会，听取各级组织和老领导、老同志意见建议；从“立、改、废、留、并”5个方面着手，对已有的9个大类近60多种规章制度进行修改补充。4 月 28 日,周汉民作为全国民建地方组织和上海市各民主党派的唯一代表在全国民主党派"政治交接主题学习教育活动经验交流会"作大会交流发言。6 月 10—11 日,民建全国政治交接学习教育活动经验交流会在沪召开,民建中央主席陈昌智出席并作重要讲话,民建中央第一副主席张榕明出席,民建中央常务副主席马培华作题为《继承优良传统,加强自身建设,坚定不移走中国特色社会主义政治发展道路》报告。民建市委作了大会交流发言。6 月 24 日,民建市委召开"传达民建全国政治交接学习教育活动经验交流会精神大会",周汉民作传达讲话,大会就民建市委学习教育活动情况进行了通报。12 月 1—3 日,陈昌智到沪调研,出席民建市委领导班子谈心会,肯定民建市委政治交接学习教育活动所取得的成效,并要求认真总结实践经验,形成自身建设长效机制。

民建各区委在学习教育活动中比较有特色的活动有：虹口区委的会员风采展演,青浦区委"民建相约十五"活动,宝山区委"缅怀先烈、继承优良传统、弘扬爱国主义精神"专题座谈会,徐汇区委"新老结对、传承历史"活动,卢湾区委拍摄民建会员参政履职 DV《永恒的忠诚》等。

学习教育活动结束之际,民建市委编印了《不变的信念——政治交接学习教育活动文件资料汇编》。

【树立和践行社会主义核心价值体系学习教育活动】

2010 年,民建市委落实民建中央和中共市委统战部关于践行社会主义核心价值体系的部署和要求,要求各级组织以"自觉、自主、自为"为原则,开展树立和践行社会主义核心价值体系学习教育活动。

4 月 13 日,民建市委召开宣传工作专题会议,部署活动宣传工作。活动期间,民建市委共编印近 5 万字的学习资料和《民建市委树立和践行社会主义核心价值体系活动简报》28 期,并及时转载《人民日报》社论以及评论文章等。8 月 18 日,民建市委举行市委委员学习会,对社会主义核心价值体系学习教育活动进行部署。民建市委通过召开学习会、开设网站专栏、下发《简报》和视频资料等形式传达中共中央统战部两次"社会主义核心价值体系学与行"电视电话报告会精神,学习重要讲话和先进人物事迹。组织会员集体观看纪录片《追思起孟》和民建优良传统专题学习片,并下发专题学习片 1 万多张、《中国民主建国会简史》4 000 册,举办专题报告会,组织电视剧《黄炎培》观后感征文活动,参观"胡厥文同志生平事迹展览"等。全年,上海民建各级组织开展专题学习 300 次,上报活动信息、学习体会、理论文章等 400 篇。

【"同心同行"学习教育活动】

2011 年 1 月 30 日,中共中央总书记胡锦涛在党外人士迎春座谈会上提出各民主党派、无党派人士要与中国共产党"思想上同心同德、目标上同心同向、行动上同心同行"。2 月 1 日,周汉民在民建市委网站发表致全体会员的新春贺信,要求全体民建会员认真学习贯彻总书记的讲话精神,深化"同心"认识、推进"同行"实践。民建市委制定《民建市委"同心同行"主题学习教育活动要点》,将活动内容分解为理论学习、传统教育、课题研究、主题征文、典型示范等 8 个方面近 20 项具体工作。

3 月起,民建市委以主委会、常委会等形式进行集中学习和工作布置;结合"同心同行"主题开展理论课题研究;组织会员集中学习民建中央编辑制作的《努力弘扬民建优良传统共同致力于中国特色社会主义事业》专题学习片和《中国民主建国会简史》、中共中央统战部下发的"身边的榜样——树立和践行社会主义核心价值体系先进人物典型事迹报告会"光盘等学习资料;集中宣传民建成立 65 周年全国优秀会员先进事迹;参加中共市委统战部举办的"同心同行共奋进——上海统一战线庆祝中国共产党成立 90 周年征文"和"同心同德同向同行"征文活动。上海民建各级组织开展支部交流、组织生活、文艺汇演、摄影展览等学习活动。

7 月 28 日，民建市委十一届十八次常委（扩大）会议对学习贯彻胡锦涛“七一”重要讲话精神进行了传达和工作部署。民建市委和各级组织通过中心组学习、主委扩大会议、全体会议等形式对胡锦涛“七一”重要讲话精神开展专题学习，并举办了“同心同行——纪念中国共产党成立 90 周年”征文活动，收到征文近百篇，获民建中央征文活动组织奖；与台盟市委联合举办“纪念中国共产党成立 90 周年”报告会；与各民主党派联合举办“纪念辛亥革命 100 周年”上海市各民主党派书画摄影联展，征集并展出会员作品近百幅；举办“建党 90 周年”网上摄影展，展出会员作品近 400 幅；民建市委机关举行“歌唱祖国，同心同行”主题活动。民建市委网站和《上海民建会讯》设专栏刊登有关胡锦涛“七一”重要讲话的学习资料、理论文章、活动信息和会员学习心得等 280 多篇。

三、纪念活动

为加强民建会员对多党合作制度和会史传统的学习，民建市委每年清明组织会员赴嘉定松鹤墓园、宋庆龄陵园、浦东川沙烈士陵园、龙华烈士陵园、杭州革命烈士陵园祭扫民建先辈胡厥文、盛丕华和民建烈士黄竞武、郑太朴、姜化民墓，组织参观黄炎培故居，缅怀民建前辈，重温多党合作光荣传统，并以多种形式举行庆祝建国、建党、民建建会、各民主党派响应中共中央“五一口号”等纪念活动，中共中央和民建老一辈领导人的诞辰纪念活动；定期组织会史、会章教育，每年举办两期新会员读书班，每期均有 100 位新会员参加会史与多党合作史的学习。

【建会纪念活动】

1978—2012 年，民建市委举行了建会 40 周年、45 周年、50 周年、55 周年、60 周年、65 周年纪念活动。

1995 年 4 月，民建市委八届十一次常委（扩大）会议审议通过《纪念中国民主建国会成立 50 周年纪念活动安排计划》并陆续开展纪念活动：举办“上海民建在前进”展，展览分为 3 个部分、22 个专题，展出民建各个时期珍贵资料照片 400 幅；编印《上海民建 50 年》《民建与我》征文专辑；评选民建上海市先进集体、优秀会员。12 月 8 日，民建市委在云峰剧场举行建会 50 周年纪念大会，1 300 多名会员参加纪念大会。中共市委书记黄菊致贺信，肯定民建作出的贡献，提出发扬传统、履行职能，为坚持和完善中国共产党领导的多党合作和政治协商制度，为繁荣、振兴上海作出更大贡献。民建市委主委陈铭珊回顾总结民建 50 年的光荣历程。民建中央主席孙起孟及部分中共市委领导为民建 50 周年题词。农工党市委主委陈灏珠代表各民主党派市委和市工商联致贺词。

2010 年 6 月 2—4 日，为纪念民建成立 65 周年，民建市委和民建中央画院主办的“丹青歌盛世、翰墨颂年华——民建中央画院作品全国巡展”首站（上海）在上海图书馆举行。民建中央常务副主席、民建中央画院院长马培华出席开幕式并讲话。民建中央、中共市委统战部、民建市委、民建书画界会员、基层负责人、市书画有关协会代表及媒体近 200 人参加开幕式。展览展出 90 幅由民建中央画院精心挑选的书画和摄影作品以及 30 幅由民建市委遴选的作品。

【重大纪念活动】

1978—2012 年，民建市委举行了庆祝建国、上海解放 40 周年、45 周年、50 周年、55 周年、60 周年，庆祝中国共产党建党 70 周年、80 周年、90 周年，纪念响应中共中央“五一口号”60 周年，纪念中共十一届三中全会 20 周年，纪念改革开放 30 周年，庆祝香港回归、澳门回归等纪念活动。

1999 年，民建市委和民建各级组织以座谈会、联欢会、征文、歌咏比赛等形式庆祝中华人民共和国成立 50 周年、上海解放 50 周年。为缅怀黄竞武、郑太朴、姜化民三位为解放上海牺牲的民建烈士,民建市委和龙华烈士馆收集烈士手迹、遗稿及烈士亲属、战友、同事回忆文章编印成《丹心照汗青》一书,由民建市委主委黄关从题写书名,民建中央主席成思危、上海市市长徐匡迪等题词,并于 5 月 21 日举行首发式。

2001 年 6 月 19 日,民建市委举行庆祝中国共产党成立 80 周年座谈会,回顾与中国共产党风雨同舟的历史,表达继承民建传统,在中国共产党的领导下为国出力的决心。6 月 21 日,民建市委赴嘉兴参观南湖革命纪念馆并与民建嘉兴市委开展学习交流。7 月 1 日,中共中央总书记、国家主席江泽民在庆祝中国共产党成立 80 周年大会上作"七一"重要讲话,民建市委立即转发民建中央《关于在全会认真学习江泽民同志"七一"重要讲话的通知》,并相继举行中心组(扩大)学习会、学习江泽民"七一"讲话辅导报告、专题讲座、处级干部学习会、非公经济会员座谈会等;组织中心组成员赴会员企业考察、调研,并结合江泽民"七一"讲话中发展先进生产力的要求进行研讨。

2008 年 4 月 17 日,民建市委召开座谈会,纪念民建响应中共中央"五一口号"60 周年(见图 3-5-2)。民建市委周汉民回顾了民建响应中共中央"五一口号"的光荣历史,并提出夯实思想政治基础、贯彻落实科学发展观、搞好政治交接学习教育活动的要求。黄关从、中共市委统战部副部长周箴及 5 位民建会员代表作了发言。

图 3-5-2 2008 年 4 月 17 日,民建市委召开纪念民建响应中共中央"五一口号"60 周年座谈会

【人物纪念活动】

1978—2012 年,民建市委举行了纪念邓小平诞辰 100 周年;纪念黄炎培诞辰 110 周年、130 周年;纪念胡厥文诞辰 100 周年、107 周年;纪念盛丕华诞辰 110 周年等纪念活动。

2004 年 8 月 16 日,民建市委召开"纪念邓小平诞辰 100 周年"座谈会。民建市委部分领导及老中青会员参加,共同缅怀了邓小平的丰功伟绩,结合改革开放 20 多年中国的巨大变化、会员的亲身经历和上海民建工作的具体实践畅谈体会,并一致表示要学习贯彻邓小平解放思想、实事求是的精神。

2008年11月19日，民建市委、市职教社联合召开座谈会，纪念黄炎培诞辰130周年。民建市委、市职教社部分领导、老领导、成员出席。会议指出，纪念黄炎培，就是要学习他忠贞不渝的爱国情操；学习他与中国共产党风雨同舟的坚定信念；学习他追求进步的高尚风格；学习他脚踏实地的工作作风、灵活高效的做事方法、广采世界先进文化为我所用的博大胸怀。老同志们作了交流发言，表达对黄炎培的深切怀念。

四、理论研究

1994年，民建中央主席孙起孟提出要重视和研究民主党派自身理论建设问题，民建市委遵循民建中央的意见，着手加强民建自身建设理论及统战理论研究。1997年11月28日，民建市委换届后不久，成立了统战理论研究委员会，其宗旨是开展党派自身建设理论和统战理论研究，巩固和发展中国共产党领导的多党合作和政治协商制度。

1998—2001年，民建市委围绕黄炎培的爱国主义思想、原工商业者会员在接受社会主义改造中的体会、统一战线的形成发展、中共十五大关于非公有制经济的论述、为两个文明建设服务、多党合作与民主监督、促进祖国和平统一、加强自身建设等问题开展学习研究。1999年新中国成立50周年，民建市委多次召开专题座谈，请有代表性的原工商业者座谈，形成理论研究文章《对原工商业者听、跟、走的几点思考》，在市统战理论研究会庆祝新中国成立50周年座谈会上作专题宣读，并刊登于《上海统战理论研究》。民建市委通过组织参观考察、集体学习等方式推动参政党理论研究，在各类征文活动和报纸杂志上发表有关民建自身理论建设和统战理论研究的文章，如《孙中山爱国统一思想探析》《党是灯塔》《以邓小平理论指导统一战线新阶段》《浅谈中共十一届三中全会对新时期统一战线形成的伟大贡献》《试谈民主党派在社会主义两个文明建设中的地位与作用》《民主党派在西部开发中的作用》《新时期民建参政议政工作职能的探索》《中共对民建在初创时期的指导与帮助》《民主监督与纠风工作》《浅谈民主党派在民主监督中的地位和作用》等。

2002—2006年，民建市委围绕学习中共中央关于多党合作制度的重要文件、民建中央庆祝建会60周年有关重要文件，对新时期多党合作、政治协商、参政议政、民主监督、参政党建设等问题，开展深入学习和研究，4篇研究成果《参政议政是民建基层支部建设的一条主线》《关于民主党派基层组织建设工作的思考》《工作重点上层次，工作重心下基层》《关于建立评价制度，健全民建基层组织制度建设体系的思考与探索》在民建中央重点理论研究课题优秀成果评选中获得民建中央一等奖，另有4篇获民建中央二等奖。2002年，民建市委编辑《参政党理论与实践的思考》论文汇编，共5篇成果3.5万字，2006年编辑《民建基层组织制度建设论文集》，共15篇成果8万字，4篇征文被民建中央收入庆祝民建成立60周年《继承传统　开创未来》一书；参加上海市统战理论研究会建党85周年大型学术研究会《民主执政与统一战线》主题征文活动，并推荐论文《提高水平，增强力度，扩大范围，适应新的要求——论统一战线更好地为民主执政服务》。

2007—2012年，民建市委理论研究委员会每年根据民建中央的要求和部署，组织力量开展重点理论课题研究。《在继承中创新，在创新中发展，不断开拓会务工作新局面》《健全会内监督机制的建设是参政党的本质要求和政治保障》《传承和弘扬，在历史与未来融合中继往开来——建会65年来自身建设基本经验思考》《内存于心，外现于行——树立和践行社会主义核心价值体系的实现途径初探》《爱国明志、民主进步、秉真谏言、自励有为——民建会员社会主义核心价值观的思考与探讨》5篇课题主报告获民建中央一等奖，另有5篇副报告获二等奖。2009—2012年，民建市委连续4年获民建中央优秀组织奖。同时,民建市委承接民建中央的人民政协理论课题研究,完成《人民政协在社会公共领域中彰显中国特色政党制度的优势和价值研究》报告;每季度组织召开一次学习交流会,汇总、编撰理论成果,形成近13万字的《理论文集》;参与中共市委统战部"上海统战史研究"课题,申报并完成《参政党基层建设研究文集》和2个立项课题;另有10篇理论研究成果在市统战理论研究会、市社会主义学院、市政协理论研究会征文活动中被评为优秀论文。

五、表彰先进

1992年5月19日,民建中央举行全国优秀会员、先进集体表彰会,上海民建62名会员和23个集体分别被评为全国优秀会员和先进集体。9名会员作为先进代表出席民建中央表彰大会,岳鲁同志在会上作交流发言。6月13日,民建市委召开"全国优秀会员、先进集体"表彰颁奖大会,为获得表彰的优秀会员、先进集体颁发奖章、奖状。

1995年,中国民主建国会成立50周年,在各基层组织推荐的基础上,经过市委评选先进工作领导小组和组织委员会正、副主任联席会议2次讨论评审,并经市委办公会议审批,评出先进集体20个,优秀会员90名,集体表扬8个,个人表扬17名。同时,还选出2个集体和11名会员作为全国先进集体和优秀会员,赴北京接受民建中央表彰。12月8日,在民建市委纪念民建成立50周年大会上对获得先进集体和优秀会员称号的集体和个人进行表彰。

1999年12月4日,民建市委举行上海民建1999年度先进支部、优秀会员表彰会,根据1999年初《民建上海市委关于加强基层组织建设的几点意见》的要求,对1996年以来在加强自身建设、履行参政党职能方面作出突出成绩的23个支部和100名优秀会员进行表彰。

2000年12月25日,民建市委召开纪念中国民主建国会成立55周年暨民建全国优秀会员、先进集体表彰大会,为20名荣获民建全国优秀会员称号的会员以及7个先进集体颁奖。

2005年12月11日,民建市委召开纪念中国民主建国会成立60周年大会,向128名上海民建优秀会员和41个上海民建先进支部及27名民建全国优秀会员、7个民建全国先进支部进行表彰。

2009年,民建市委开展2007—2009年度"先进支部"评选活动,审定评出41个民建市委先进支部。2010年6月,民建市委发出《关于评选优秀会员和先进基层组织的通知》,经各级组织评选推荐,民建市委决定评选出85名上海民建优秀会员。12月28日,民建市委召开纪念中国民主建国会成立65周年暨优秀会员、先进基层组织表彰大会,向获得上海民建优秀会员和先进基层组织称号及33名民建全国优秀会员、10个民建全国先进基层组织颁奖。

六、宣传报道

【宣传阵地】

《上海民建会讯》 1981年1月,停刊近20年的市民建、工商联"两会"机关刊物恢复出版,定名为《上海民建工商联会讯》。1981—1983年共编辑发刊7期。并从1984年起,改为双月刊。《上海民建工商联会讯》发行至1989年第1期(总第38期,1989年2月20日出版)为止。

此后,民建市委、市工商联"两会"分开办刊物,民建市委刊物《上海民建会讯》(双月刊,简称《会讯》)发刊。内容主要为:宣传中共统战工作的方针政策;报道民建会员参政议政、发挥政治协商、民主监督职能等情况及会务活动;宣传民建会员为社会主义建设作贡献的事迹。根据不同时期的重点工作和来稿情况进行编排,《会讯》开设了参政议政、学习研究、政策咨询、经济论坛、热点争鸣、法律顾问、民建史话、机关建设等栏目,并在市委开展重大学习纪念活动和主题学习活动时开辟相关专栏。1993年初,为适应进一步改革开放形势的需要,《会讯》开辟"生意经"栏目,增加有关经济建设、企业经营管理方面的文章。2002年、2007年、2009年、2012年,民建市委4次对《会讯》进行改版,增加了约稿量,新增了口述历史、人物春秋、热点关注、健康园地、理财贴士等栏目。至2012年,《会讯》共出版178期,其中《上海民建工商联会讯》38期、《上海民建会讯》140期,刊登文章3 000篇,近600万字。

为使会员能按时收到《会讯》,从2006年开始,《会讯》改变发行方式,由以往送到区委和直属组织再分发到会员手中的形式,改为由民建市委出资,通过邮局直接寄达每个会员。

民建市委网站　2007年6月15日,以开展政治交接学习教育活动为契机,"上海民建"网站正式开通,设22个栏目和45个子栏目,旨在及时报道会务要闻和动态,宣传多党合作和政治协商制度及统一战线各项方针政策,宣传民建组织在政治协商、民主监督、参政议政方面的成果。11月1日,网站点击数过万。同时,网站第一次改版,改进栏目设置,推出新的页面。

2008年6月,网站开通1周年之际进行第二次改版。2011年,网站技术支撑和后台服务供应商更换为市政府官网东方网,网站服务器也迁移至东方网。新旧版网站进行了无缝链接和转换,累计导入数据1万条,新增数据近1 000条。6月15日,网站完成第三次全新升级改版,总点击率突破25万。2012年,网站新增"直属工委""直属基层委员会""直属(总)支部"等子栏目。

为增强学习性、可读性和互动性,网站结合不同时期热点,先后开设"代表大会""参与世博,服务世博,共享世博""情系灾区、重建家园"等专题;围绕上海民建60多年来历史概况和重大事件,设置了滚动图片、文史资料、学习研究,热点新闻、评论文章、经济信息等栏目;为贴近会员,开设"定格美丽的瞬间——网上摄影展"栏目、"在线调查"栏目,组织"社会主义核心价值体系、民建知识问答竞赛100题"活动。至2012年底,网站共上传文章13 734篇,向民建中央网站上报信息2 842篇,自2008年起连续5年获民建中央网站信息工作一等奖(2009年被民建中央评为特等奖)。

《民建动态》《民建简报》　1997年11月,民建市委创办《民建动态》半月刊和《民建简报》。报道内容为民建市委及各级组织会务活动等,有会务要闻、会议报道、参政议政、会务交流、专委会动态、会员风采等栏目,发送对象为民建各级组织和专委会、市委委员、在沪中央委员、老领导、各部门负责人,抄送民建中央和市委统战部。1997年11月18日出版第1期,第271期(2009年3月2日)起逐步调整改版。2009年6月18日,民建市委制定《中国民主建国会上海市委员会〈民建动态〉信息报送、编辑及印发办法(试行)》,对《民建动态》进行制度化、规范化管理。至2012年底,共出版《民建动态》355期。

《民建简报》以一期一事的形式专题报道民建市委及基层组织近期的重大会务活动、重要事件,发送对象为民建市委正副主委、秘书长、常委、民建中央、市政协和市委统战部。1997年12月8日出版第1期,至2001年,共出版97期。

【社会新闻报道】

根据民建中央"内强素质,外塑形象"的要求,民建市委不断加强与主流新闻媒体的联系,每年邀请上海主流媒体参加恳谈会,就进一步做好党派宣传工作进行交流探讨。民建市委在各主要媒体对重要会务活动进行宣传报道,如民建建会纪念活动、参与世博、中央主席来沪调研、代表大会、区级组织换届和每年民建市委举办的"上海民建浦江论坛"和"上海中小企业发展论坛"等。

每年"两会"召开前夕,民建市委召开新闻通气会,向媒体通报民建市委一年来的工作概况,介绍"两会"提案、议案、大会发言的准备情况,介绍担任人大代表和政协委员的民建会员的参政履职情况。同时及时向媒体推荐各级组织、会员参政议政情况。

根据民建中央要求,民建市委汇总上报省级以上报纸、杂志、电视台及电台中有关上海民建各级组织开展工作、会员履职的相关报道。2000—2012年连续13年被民建中央评为新闻宣传工作先进单位一等奖,10篇报道获民建中央新闻宣传工作优秀作品。据不完全统计,2000—2012年底,在各类新闻媒体中,有关民建市委、民建会员的报道超过7 000篇(次)。

第二节 组织建设

组织建设是自身建设的基础,是履行参政议政、民主监督职能的保障。

1992年5月,全国人大常委会副委员长、民建中央主席孙起孟到上海视察工作,为上海民建作题为“在结合上下功夫”的报告,阐述了经济建设、参政议政与会员的自身建设要结合起来的理论,为基层组织和会员如何加强自身建设、提高素质指明了方向,各级组织及基层支部的负责人、会员、机关干部600人参加。

1998年6月1—4日,民建全国组织工作会议在上海召开,全国人大常委会副委员长、民建中央主席成思危作闭幕讲话,指出加强组织建设,提高整体素质是民建当前的迫切任务,要加强领导集体建设和组织发展工作,改善会员队伍结构,提高素质,更好地履行参政党职能,承担推进改革开放的历史任务。5—6日,民建七届三次中常会在沪继续召开,审议通过了《关于加强当前组织工作的意见》,要求民建各级组织,要着眼于迎接21世纪民建事业的发展,担负起历史使命的需要,进一步重视和加强组织工作,特别要加强以新老两代人政治交接为核心的各级领导集体的建设;在组织发展工作中要注重质量和注意数量,重点发展较高层次、有代表性人士和适当发展非公有制经济代表人士入会,把组织工作推向新阶段。

民建市委根据中央对于组织建设的要求和期望,以健全制度、联系基层为重点加强领导班子建设;以稳中有进、积极发展为重点加强队伍建设;以深入调研、强化培训为重点加强后备干部队伍建设;以结合实际、勇于开拓为重点加强基层组织建设,逐步形成组织建设新格局。

一、领导班子建设

【领导班子交接】

1980年、1984年、1988年民建市委换届,先后选举产生民建上海市第五、六、七届委员会,领导班子成员大多为原工商业者、专家学者和老一辈的党派领导。

1992年换届,选举产生民建上海市第八届委员会。领导班子由主委1人和副主委8人组成(秘书长由专职副主委兼任)。最高年龄76岁,最低年龄60岁,平均年龄67.22岁,大学本科以上6人。其中,老一辈的党派领导6人,专家学者1人,机关2人。1995年8月增补副主委2人,1996年11月增补副主委1人。

1997年换届,一批德高望重,数十年与中国共产党风雨同舟、合作共事的老同志从领导岗位上退了下来,一批年龄较轻的会员进入了民建九届市委领导班子。新一届领导班子由主委1人,副主委5人组成(秘书长由专职副主委兼任)。最高年龄67岁,最低年龄53岁,平均年龄59.67岁,大学本科以上5人。行政领导2人,企业家1人,机关领导3人。2000年1月、2000年12月、2001年12月各增补副主委1人。

2002年换届选举产生民建上海市第十届委员会，领导班子由主委1人和副主委8人、秘书长1人组成。最高年龄64岁，最低年龄40岁，平均年龄55岁，大学本科以上8人。行政领导3人，专家学者3人，企业家1人，机关3人。2005年9月、2006年12月各增补副主委1人。

2007年换届选举产生民建上海市第十一届委员会，领导班子由主委1人和副主委8人组成（秘书长由专职副主委兼任）。最高年龄61岁，最低年龄47岁，平均年龄52.33岁，大学本科以上8人。行政领导2人，专家学者4人，企业家3人。2010年12月增补副主委1人。

2012年换届选举产生民建上海市第十二届委员会，领导班子由主委1人和副主委8人组成（秘书长由专职副主委兼任）。最高年龄60岁，最低年龄48岁，平均年龄53岁，大学本科以上8人。行政领导3人，专家学者4人，企业家1人，机关1人。2012年12月增补副主委1人。

经过1992年、1997年、2002年、2007年、2012年换届后，一批较年轻、政治素质好、年富力强的会员进入民建市委领导班子，2012年与1992年相比较，领导班子的最高年龄和最低年龄分别下降16岁和12岁，平均年龄下降14.22岁。大学本科以上占比上升22个百分点。

【作风建设】

2009年起，根据中共市委统战部《关于做好各民主党派市委机关和专职领导干部年度绩效考核工作的建议》，民建市委制定了考核工作的具体实施方案，市委常委会议对专职领导干部年度履行岗位职责、完成年度目标和成效等情况进行民主测评。同时，以机关干部学习会的形式在全体机关干部范围内进行测评。

2010年，民建市委根据民建中央《关于建立健全省级领导班子谈心会制度的意见》精神，广泛深入开展谈心活动，同年11月10日邀请民建中央领导出席市委领导班子谈心会，还并赴各区级组织调研，检视市委工作成效，听取中央对各级组织发展的要求。

图3-5-3　2010年11月10日，邀请民建中央领导出席市委领导班子谈心会

【政治学习】

新年学习会、暑期学习会 民建市委领导每年参加由中共市委统战部举办的各民主党派、工商联新年学习会、暑期学习会,学习重大会议、重要讲话精神,总结党派阶段工作成果,交流工作新思路、新方法和下一阶段的工作目标。

学习联席会 1995 年,民建市委担任上海 8 个民主党派市委两周一次的学习联席会组长,负责学习会的组织工作,召开 3 次社情民意座谈会,撰写 10 份《情况反映》,根据不同阶段的形势特点,组织"学习《邓小平文选》第三卷辅导报告"等四次大型报告会。

2003 年,民建市委轮值担任学习联席会召集单位,以中共十六大和十六届三中全会为指导组织开展学习活动,经历了抗击"非典"、世博会大讨论、开展"三增强""四热爱"活动等阶段。抗击"非典"期间学联会无法正常进行,各党派领导带头搞好自学,研读中共十六大报告;在开展"三增强""四热爱"活动中,各党派领导交流了贯彻落实《各民主党派上海市委关于加强领导班子和机关建设座谈会纪要》、加强领导班子和机关建设的经验;学联会成员还参加了中共市委统战部组织的"世博会大讨论"大会、改革开放成果系列参观活动。

2011 年,民建市委再次担任召集单位,以中共中央总书记胡锦涛在党外人士迎春座谈会上的"同心同行"重要讲话精神为指导,开展学习教育与参观考察活动 17 次,其中包括"宏观经济形势和'十二五'上海转型发展""中国模式与中国话语""九十年历史与党的政治智慧"等报告会;关于各党派市委、区县换届,全国、市"两会"提案准备,"同心同行"活动,重大纪念活动,"聚焦'十二五',同心促发展"建言献策竞赛活动等工作和相关政策文件的学习交流会;组织参观中共一大旧址及南湖新、老革命纪念馆,考察调研部分中小企业及文化场馆。

民建市委中心组学习会 1998 年初,民建市委成立由常委会成员参加的学习中心组,坚持两月一次的学习活动,主要读《邓小平文选》、学习有关文件和传达重要会议精神。2001 年,在实践基础上制定《中心组学习会制度》,改为每月集中学习一次,出席对象扩大到各区委、工委、大专院校委员会负责人、专门委员会主任和机关中层干部,必要时根据学习内容扩大出席对象,以中心组学习带动各级组织学习。形式上在学习会、座谈会、报告会基础上增加了考察调研,前往革命教育基地、统战工作有关纪念地参观学习和调研企业听意见提建议。每半年制定学习计划,提前下发学习内容,做到学前有预习、发言有重点、报告有新意,保证中心组学习的质量。

【联系基层】

2001 年,民建市委制定《市委领导成员联系基层的制度》;2003 年 1 月在民建市委十届二次全会上形成了市委委员每人联系一个支部的联系网,下发、回收并汇总《民建市委委员参加支部活动情况记录表》。

2009 年,制定并实施《常委会组成人员联系基层支部制度》和《市委机关部室联系基层支部制度》。是年,民建市委主要领导分别深入每个工委进行走访,对组织的现状进行深入调研分析,通过增拨经费、延聘专职人员、租借办公用房等措施基本解决了困扰多年的工委组织无活动经费、无专职人员、无办公场所的问题。

2012 年,实行市委委员联系基层会员制度。通过不断实践完善,从制度上保证领导班子"联系基层、联系会员、联系实际"工作的开展。

【会内监督】

根据民建中央关于成立省级组织监督委员会的要求,民建市委以《中国民主建国会中央监督委员会工作规则》为指导，推进会内监督工作。2010年10月，民建市委十一届十五次常委会审议通过了《关于成立中国民主建国会上海市委员会监督委员会的决定》；同年12月，十一届五次全体会议选举产生了民建市委监督委员会。2011年，结合会内监督工作的实际，制定《中国民主建国会上海市委员会监督委员会工作办法》，规范了监督委员会的人员构成、组织结构、工作流程和工作要求，会内监督逐步规范有序。

二、会员发展

1982年，民建中央召开组织工作座谈会，确定以发展为主的方针，提出既要积极又要稳妥，发展对象主要是在为四化建设服务中有专长、有作用、有贡献、有影响的具有一定代表性的中上层人士。民建市委根据这一原则，有计划有步骤地吸收新会员，至1983年底，会员3 513人，平均年龄66.73岁。

1983年，《关于各民主党派组织发展座谈会纪要》确定民建发展对象为：同民建历史上有关系，工作上有密切联系的从事工商企业和其他经济工作的人士。根据上述原则，市委决定在工作中求发展，发展为了工作，成熟一个发展一个，坚持标准，注意素质。1984—1987年，共吸收有代表性的从事工商经济工作的中青年知识分子1 567人，大多数有大专学历和具有教授、经济师、会计师、工程师等中高级职称，至1987年底，会员4 810人，平均年龄62.84岁。1988年后，继续贯彻上述原则，大力开展组织发展工作。新发展对象主要以经济界人士和与经济界有联系的专家、学者中有代表性的中上层人士为主。

1994年，民建市委贯彻落实民建中央《关于当前组织工作若干问题的决定》，发展了一批较年轻和有较高文化水平的会员，积极推进基层组织新老结合交替，加强后备干部队伍建设。1996年，根据《关于民主党派组织发展若干问题座谈会纪要》和《民建中央关于当前加强基层组织建设的意见》，开始适当发展从事非公有制经济的代表人士，包括业主和部分企业中的中高级知识分子。2001年12月，民建市委修订了《关于组织工作的若干规定》，规范了会员发展流程，强调新会员必须进行入会教育。2004年，根据《关于进一步做好民主党派组织发展工作座谈会纪要》要求，从自身建设目标原则出发，开始发展新的社会阶层人士。至2012年，会员发展数稳步提升，新的社会阶层人士在新会员中的比例有所提高。

表3-5-1 1993—2012年民建市委发展会员基本情况表

年度		1993	1994	1995	1996	1997	1998	1999	2000	2001	2002	合计
发展人数(人)		363	407	282	350	337	486	349	319	316	315	3 524
发展率(%)		6.17	6.5	4.3	5.2	4.9	6.8	4.66	4.13	3.98	3.9	—
女会员人数(人)		85	149	103	139	106	182	128	123	126	112	1 253
文化程度	大专以上(人)	259	305	205	301	289	435	326	306	304	304	3 034
	比例(%)	71.3	74.9	72.7	86.0	85.76	89.5	93.4	95.9	96.2	96.5	86.1
层次分布	中上层人士	234	270	190	340	242	334	240	207	259	201	2 517
	比例(%)	64.5	66.3	67.4	97.1	71.8	68.7	68.8	64.9	82.0	63.8	71.4
	其他(人)	129	137	91	10	95	152	109	112	57	114	1 006
	比例(%)	35.5	33.7	32.6	2.9	28.2	31.3	31.2	35.1	18.0	36.2	28.6

(续表)

年　度		1993	1994	1995	1996	1997	1998	1999	2000	2001	2002	合计
职称	高级(人)	44	32	24	33	42	45	48	46	50	49	413
	比例(%)	12.1	7.86	8.51	9.4	12.5	9.3	13.8	14.4	15.8	15.6	11.72
	中级(人)	190	238	166	210	196	279	182	159	186	151	1 957
	比例(%)	52.3	58.48	58.87	60.0	58.2	57.4	52.1	49.8	58.9	47.9	55.53
年龄结构	平均年龄(岁)	44.56	43.03	42.57	41.5	41.0	38.5	39.5	37.9	38.35	38.2	40.15
	40岁以下(人)	108	160	110	163	165	294	207	215	211	205	1 838
	41—50岁(人)	173	180	124	129	134	152	111	92	85	93	1 273
	51—60岁(人)	80	63	45	57	38	40	31	12	20	16	402
	61岁以上(人)	2	4	3	1	0	0	0	0	0	1	10

年　度		2003	2004	2005	2006	2007	2008	2009	2010	2011	2012	合计
发展人数(人)		350	345	324	274	341	438	425	430	445	456	3 828
发展率(%)		4.19	4	3.66	3.03	3.71	4.63	4.35	4.26	4.27	4.24	—
女会员人数(人)		138	126	119	107	113	191	161	153	158	167	1 433
文化程度	大专以上(人)	338	334	319	269	339	434	420	425	440	452	3 770
	比例(%)	96.6	96.8	98.5	98.2	99.4	99.1	98.8	98.8	98.9	99.1	98.42
层次分布	中上层人士	242	233	236	239	283	291	249	247	291	257	2 568
	比例(%)	69.1	67.5	72.8	87.2	82.99	66.4	58.6	57.4	65.4	56.4	68.38
	其他(人)	108	112	88	35	95	152	109	178	154	199	1 230
	比例(%)	30.9	32.5	27.2	12.8	17	33.6	41.4	42.6	34.6	43.6	31.62
职称	高级(人)	57	53	39	40	36	35	49	54	56	44	463
	比例(%)	16.3	15.4	12.04	14.6	10.6	7.99	11.5	12.6	12.6	9.6	12.32
	中级(人)	161	170	150	113	120	169	137	103	144	122	1 389
	比例(%)	46	49.3	46.3	41.2	35.2	38.6	32.2.	23.95	32.4	26.75	37.19
年龄结构	平均年龄(岁)	38.27	37.75	38.07	37.16	36.72	37.03	37.31	36.86	36.73	37.41	37.33
	40岁以下(人)	224	220	208	193	257	318	288	303	323	317	2 651
	41—50岁(人)	109	113	100	73	69	104	123	113	115	121	1 040
	51—60岁(人)	17	12	16	8	15	16	13	13	7	17	134
	61岁以上(人)	0	0	0	0	0	0	1	1	0	1	3

表3-5-2　1996—2002年民建市委发展会员界别分布情况表

年　度	1996	1997	1998	1999	2000	2001	2002
教育(人)	14	18	52	29	47	45	40
比例(%)	4.0	5.3	10.7	8.3	14.7	14.2	12.7

（续表）

年　度		1996	1997	1998	1999	2000	2001	2002
科学技术（人）		12	17	10	18	8	7	2
比例（%）		3.4	5.0	2.1	5.2	2.5	2.2	0.6
医药卫生（人）		12	14	15	18	13	16	13
比例（%）		3.4	4.2	3.1	5.2	4.1	5.1	4.1
文化艺术（人）		1	—	9	1	—	—	—
比例（%）		0.2	—	1.9	0.3	—	—	—
新闻出版（人）		1	2	1	4	1	3	—
比例（%）		0.2	0.6	0.2	1.1	0.3	0.95	—
公有制经济（人）		224	196	240	184	184	161	156
比例（%）		64.0	58.2	49.4	52.7	57.7	51.0	49.5
非公有制经济	企业界人士	57	36	47	16	18	35	33
	比例（%）	16.0	10.7	9.7	4.6	5.6	11.1	10.5
	其他人员	—	—	—	43	7	11	14
	比例（%）	—	—	—	12.3	2.2	3.5	4.4
法律（人）		—	—	—	—	2	9	7
比例（%）		—	—	—	—	0.63	2.85	2.22
政府机关（人）		18	25	34	24	28	20	41
比例（%）		5.1	7.4	7.0	6.9	8.8	6.3	13.0
党派机关（人）		10	1	—	2	—	1	1
比例（%）		2.9	0.3	—	0.5	—	0.32	0.32
团体（人）		1	1	2	1	11	8	4
比例（%）		0.2	0.3	0.4	0.3	3.45	2.53	1.27
其他（人）		—	27	76	9	—	—	4
比例（%）		—	8.0	15.6	2.6	—	—	1.27

表 3-5-3　2003—2012 年民建市委发展会员界别分布情况表

年　度	2003	2004	2005	2006	2007	2008	2009	2010	2011	2012
教育（人）	38	33	22	36	30	35	31	29	53	41
比例（%）	10.9	9.6	6.8	13.1	8.8	7.99	0.2	6.7	11.9	9
科学技术（人）	4	3	2	—	4	2	3	6	16	7
比例（%）	1.1	0.9	0.6	—	1.2	0.5	0.7	1.4	3.6	1.5
医药卫生（人）	15	15	7	17	16	14	17	20	16	17
比例（%）	4.3	4.3	2.2	6.2	4.7	3.2	4	4.7	3.6	3.7

(续表)

年　　度		2003	2004	2005	2006	2007	2008	2009	2010	2011	2012
文化艺术(人)		4	—	1	3	—	2	—	—	4	6
比例(%)		1.1	—	0.3	1.1	—	0.5	—	—	0.9	1.3
新闻出版(人)		5	4	1	1	2	6	4	2	2	1
比例(%)		1.4	1.2	0.3	0.4	0.6	1.4	1.2	0.5	0.4	0.2
公有制经济(人)		162	159	127	87	132	181	152	155	159	187
比例(%)		46.3	46.1	39.2	31.8	38.7	41.3	35.8	36	35.7	41.0
非公有制经济	私营企业主	54	46	62	19	21	21	30	40	29	33
	比例(%)	15.4	13.3	19.1	6.9	6.2	4.8	7.1	9.3	6.5	7.2
	其他人员	17	37	70	80	108	139	146	133	130	135
	比例(%)	4.9	10.7	21.6	29.2	31.7	31.7	34.4	30.9	29.2	29.6
法律(人)		13	10	1	—	—	—	—	—	—	—
比例(%)		3.7	2.9	0.3	—	—	—	—	—	—	—
政府机关(人)		31	28	24	25	17	23	23	25	20	25
比例(%)		8.9	8.1	7.4	9.1	4.99	5.3	5.4	5.8	4.5	5.5
党派机关(人)		—	—	—	1	2	4	1	3	6	1
比例(%)		—	—	—	0.4	0.6	0.9	0.2	0.7	1.3	0.2
团体(人)		3	8	3	2	—	2	—	1	4	1
比例(%)		0.9	2.3	0.9	0.7	—	0.5	—	0.2	0.9	0.2
其他(人)		4	2	4	3	9	9	13	16	6	2
比例(%)		1.1	0.6	1.2	1.1	2.6	2.1	3.1	3.7	1.3	0.4

资料来源：民建市委组织部的历年会员报表。

三、后备干部队伍建设

民建市委恢复活动后逐步健全后备干部培养工作机制，通过举办活动、学习培训、推荐挂职，为后备干部脱颖而出创造条件。

1999年10月，民建中央通过《关于加强领导集体建设和加紧后备干部培养的意见》，指出：加强领导集体建设，加紧后备干部培养，是关系到民建自身建设和发展的全局性工作，必须深刻认识其重要性和紧迫性，坚持不懈地把这项工作做好。2000年，民建市委通过《民建上海市委关于加强领导集体建设，加紧后备干部培养的工作打算》。

1989—2012年底，民建市委与上海市社会主义学院联合举办了44期中青年会员培训班，累计培训会员近2 000人。同时，选派会员参加中共中央统战部、中央社会主义学院、民建中央、中共市委统战部、中共市委党校等举办的培训班。

2008年6月，民建中央组织部在上海召开后备干部队伍建设座谈会。会议听取上海民建组织关于新时期后备干部队伍建设状况的意见和建议。部分区委和直属组织负责人在会上介绍了本组织的后备干部队伍建设情况，并围绕后备干部队伍建设中存在的薄弱环节商讨对策并就如何搭建培养后备干部平台、提升会员队伍整体素质、建立健全管理监督和跟踪培养后备干部机制做交流。会议要求要着眼长远建设，坚持党管干部的原则，依靠中共党委及统战部门，切实做好后备干部队伍建设工作。自 2008 年起，民建市委推荐到上海党外代表人士浦东实践锻炼基地、宝山挂职锻炼基地挂职锻炼的会员共 9 人。

2012 年 3 月，民建市委召开第十二次代表大会，选举产生的 95 名市委委员平均年龄 48.5 岁，45 岁以下有 17 人，占委员总数的 18%，最年轻委员 32 岁，90.5%以上具有大学以上学历。

四、区委、直属基层组织建设

民建市委秉承"组织发展与上海经济发展相适应，组织架构与上海经济结构调整相适应"的指导思想，坚持继承与创新相统一的原则，坚持"把基层组织建设成为自我教育的学校、团结互助的集体、参政议政的桥梁、培养人才的基地"的目标，努力探索适应新形势的民建基层组织工作新思路、新方法。

1999 年下发《关于加强基层组织建设的几点意见》，并建立了一系列领导班子、常委、机关部室联系基层制度。定期召开组织工作例会、区委主委工作例会，不定期召开区县统战部部长恳谈会、高校统战部部长恳谈会，推进区委、基层组织建设。1997—2007 年，民建中央主席成思危先后视察上海民建 18 个区委；走访民建华东政法学院支部、华东理工大学支部等基层组织，2007 年 12 月，为上海航运工作委员会成立揭牌。2008 年 6 月，民建基层组织建设座谈会在上海召开，民建中央听取地方基层组织汇报和意见，并就基层组织建设提出要求。2008—2012 年，民建中央主席陈昌智先后走访卢湾、徐汇、青浦、杨浦、宝山、松江、金山、闸北、嘉定、普陀、闵行等区委，并为民建上海市信息服务业工作委员会、创意产业委员会、中医药大学委员会成立揭牌。至 2012 年，民建市委共有地方组织 16 个，基层组织 360 个。

【领导班子建设】

1992—2012 年，各区级组织和直属基层组织共进行了 5 次换届。每次换届前，民建市委均下发换届工作的指导性文件，要求通过换届培养骨干，加强后备干部队伍建设，改善领导集体的结构，提高领导集体的整体素质，并逐步推进实行任期制。

2011 年各区委换届后，共选举产生区委委员 234 人，平均年龄 45.8 岁，大专以上学历占 99%，有中高级职称 149 人、占 63.7%，企业界 134 人、占 57.3%。新一届区委领导班子成员共 76 人，平均年龄 47 岁，女性 28 人，全部具有大专以上学历，其中研究生以上 17 人、占 22.4%，大学本科 44 人、占 57.9%；有中高级职称的 54 人、占 71%。新当选主委 8 人、副主委 18 人，换届前增补的正副主委 5 人；担任各级人大代表、政协委员的 67 人。

【履行基层组织工作职责】

区委、基层组织通过多种途径和方法，推进基层组织工作制度化，提高履职能力。如普陀区委实行基层支部评价体系，在支部评价网络管理平台上即时记录，向全体会员公开，每年对支部工作进行年度综合评估；静安区委每年召开支部工作交流大会，并汇总制定《支部工作要点》《对在职支部工作考核的通知》；徐汇区委制定《关于加强基层组织建设的若干规定》。部分区委和直属基层组

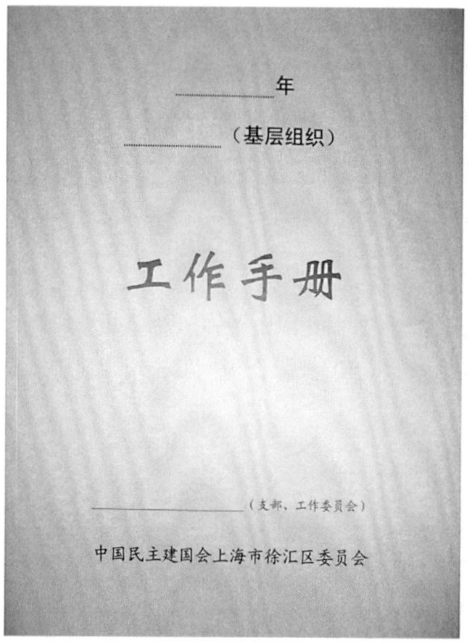

图3-5-4 徐汇、普陀等部分区级组织印制的工作手册

织通过成立新会员支部(小组),将新会员入会教育放在重要位置。通过举行新会员入会仪式、建立支委会民主议事模式、广泛开展支部横向联系活动、制作《新会员手册》等形式有计划地对新会员进行教育培训。

各级组织采用调研讨论、交流联谊、慰问联欢、结对共建、跨区域交流等形式开展活动。如民建交大委员会和金融工委联合举办"民建交大——金融论坛";民建外贸学院支部等几个高校支部联合发起举办的校际主题会议;静安区委建立"社区楼宇工作站"为白领提供智力服务、构建参政议政渠道,发现举荐优秀人才。

【会员守则】

1982年,民建市委为推进会员自我教育、自觉规范,指导会员品行、鞭策会员奋发向上,制定《上海民建会员试行守则》。1984年,通过各级组织和广大成员的反复讨论,民建市委对试行守则进行了修改,1984年12月六届三次常委(扩大)会议通过了《上海民建会员守则》。1994年,民建市委决定对《上海民建会员守则》进行修改,经过三次主委(扩大)会议和常委会讨论,经1994年7月八届八次常委(扩大)会议通过新的《上海民建会员守则》。

2004年,中共十六大确立了"三个代表"重要思想的指导思想地位,制定了全面建设小康社会的奋斗目标,民建中央八大召开,通过了新的《中国民主建国会章程》。民建市委随即决定以中共十六大精神和民建八大精神为指导思想,对《上海民建会员守则》进行修改。其间召开7次座谈会,听取市委常委、各基层负责同志的意见和建议,共修改了8次。经2004年2月十届七次常委(扩大)会议通过。修改后的《上海民建会员守则》共4条,分别为接受领导、发扬传统、热爱组织、服务社会,内容简洁、特点突出。

第三节 机关建设

民建市委以建立健全制度为基础,以加强思想政治工作为核心,通过强化管理手段,完善用人机制和激励制度，改进机关工作作风，逐步形成公务员制度要求的管理规范。

1980年后，民建市委加强对机关干部的思想政治教育，内容包括中共中央全会和民建中央全会精神等。根据政策规章要求，组织机关干部参加公务员初任培训、计算机应用、公文写作、办公自动化、基础英语、信息技术与网络基础、摄影摄像、干部在线学习等培训；定期举行机关干部学习，内容包括政治思想教育、形势教育和业务知识，形式有报告会、座谈会、交流会、参观考察等，以提高机关干部整体素质。

1995年10月起，民建市委通过市人事局公开向社会招考录用公务员。1997年，根据机关建设问题座谈会纪要的精神和上海市各民主党派、工商联机关参照《国家公务员暂行条例管理实施办法》，经批复同意民建市委机关开始参照国家公务员制度管理，按照要求定编、定职、定岗。按照《中华人民共和国公务员法》和干部选拔任用相关规定，落实机关干部赴基层组织挂职锻炼，并在机关内部实行轮岗制度，按照公正、平等、竞争、择优的原则，通过民主测评、民主评议、民主推荐等程序，择优选拔中层干部，并推荐其参加中共市委党校等举办的培训班。

1995年，开发计算机辅助档案管理系统；1999年，建立民建市委机关局域网，引进办公自动化暨“文档一体化管理系统”；1999年，民建市委获评“上海市档案工作市一级先进单位”，成为上海统战系统首家获评单位，受到中共市委统战部的通报表扬；2001年，被评为“上海市档案‘三·五’普法宣传教育先进集体”；2001年，开发“上海民建会员系统”；2012年，贯彻落实国家《关于加强党政机关和涉密单位网络保密管理的规定》，对机房、服务器、软件系统进行重新建设；2012年底，建设覆盖3大通信运营商的短信平台。

民建市委机关积极配合重大节庆纪念、重要活动，2002年，举办“迎十六大”摄影展；2010年，组织世博志愿者活动；2011年举行“歌唱祖国，同心同行”主题活动和拓展训练，组织机关干部到井冈山、重庆等地考察活动。机关工会荣获2005—2006年度市级机关系统“合格职工之家”称号。

第四节　制度建设

1997年民建九届市委成立以后，把制度建设作为第一位重点工作，结合形势发展和自身建设实际，将已有的规章制度进行了全面修订、补充和调整，1998年3月编印《制度汇编》(第一套)，以市委各项会议制度和规则为主。在此基础上，1999年7月，修订完成《中国民主建国会上海市委员会规章制度汇编(试行)》(第二套)。2001年12月，修订完成《中国民主建国会上海市委员会规章制度汇编》(第三套)，分会议制度、班子建设、专委会、部室、文秘、人事、财务、后勤、档案9个方面工作，共56项制度。在制度建设中，民建市委坚持动态化、持续化，不断更新完善适应形势、符合实际的规章制度。

一、领导班子制度

1980年，民建市委建立健全了正副主委、秘书长联席会议制度。

1997年后，民建市委先后制定《主任委员会议重要事项议事规则》《常委会议议事规则》《中心组学习会制度》《市委领导班子谈心会制度》《组织人事事项签报制度》等，通过谈心会、座谈会、专职领导年终述职测评等形式发扬会内民主、贯彻民主集中制、改进领导工作作风。2001年，《中心组学习会制度》修改了召开频率，规范了出席对象。

根据“横向到边,纵向到点”的原则调整与完善《市委领导成员联系基层制度》。领导班子分工联系各级组织、机构及机关部室,对正副主委的分工联系范围作出明确规定,并根据市委工作重点调整重点联系对象。通过走访调研,了解情况解决问题。

2009年,民建市委提出以制度建设带动队伍建设,营造风清气正、心齐气顺的班子氛围。制定并实施《常委会组成人员联系基层支部制度》,保证领导班子“联系基层、联系会员、联系实际”工作的开展。2010年,继续创新领导班子制度建设,实施《市委领导班子成员专题调研责任制》,发挥领导班子特长,为调研工作提供保障。

二、会议制度

1994年,民建市委制定《机关会议制度》。1997年开始,以此为基础进一步对会议制度进行梳理和补充。1998年,民建市委《制度汇编》(第一套)中收录了市委全体会议、常委会议、主委会议、行政会议、专门委员会会议和联席会议等会议制度以及主委会议重要事项议事规则(试行)等会议制度。

2001年,在原有的会议制度中新增了代表大会规则、主委办公会议规则、区域会议(片会)规则和市委全体会议、常委会议请假办法,并新增专门委员会组织通则,将原有专门委员会会议制度归入专门委员会组织通则中。

民建十届市委对会议制度又做了进一步完善,新增了会议提醒制度。民建十一届市委根据民建中央有关组织制度规定,对常委会议的议事规则进行了补充和完善。

三、基层工作制度

1991年,民建市委制定《民建基层支部工作条例》(试行稿),从坚持中共的领导、同中共亲密合作;加强自身建设、提高会员的觉悟程度和支部的组织程度;立足本职岗位,发挥政党职能三大块、十四个方面对基层思想建设、组织建设、支部生活、发挥会员作用等工作提出了要求和规范,各区委、基层组织也相应制定了有关工作条例。

逐步建立联络员制度、组织工作交流会议制度等一系列制度,同时鼓励推进区委、基层委员会自身工作制度的建立。各区委、工委相继建立与在职会员单位党组织的走访联系制度,研究制定了“三定”措施予以保证:一定走访班子;二定走访重点;三定走访时间。部分区委为加强同中共有关党委的联系,逐步建立起各企业支部和中共党委之间,民建区委和中共党委之间,企业支部与企业支部之间的联席会议制度。

1998年,创建了加强条块组织之间联系的“片会”制度,把全市55个地方组织和直属基层组织按地域分为四个大片,各有若干区委、工委和直属支部组成,由各区委轮流定期召开专题活动。建立组织、宣传、联络等联席会议制度,加强市委与基层、基层与基层间的专项会务工作沟通与协作。

四、机关工作制度

1980年,民建市委建立健全机关办公会议制度。

1994年,根据民建市委八届三次全会提出的“市委机关要参照国家公务员制度管理实施方案,采取有效措施加强机关建设”的工作任务，制定《机关工作人员考勤若干规定》《机关会议制度》《机关人事制度》等规章制度。遵循“结合本机关定编、定职、定岗‘三定’方案和对公务员的规范要求的规定；结合民建章程、民建中央的有关政策规定；在保持民建优良传统和规章制度延续的前提下，结合当前工作的实际需要”这3项原则，不断对已有的规章制度进行修订。

1994年，民建市委建立干部考核和激励机制，坚持客观、公正、公开的原则，从“德、能、勤、绩、廉”5个方面着手考核干部。2009年起，建立专职领导干部述职考核制度，每年底由全体机关干部和市委常委对专职领导干部进行考评。对处级干部侧重考核政策思想水平、组织领导能力、知识化、专业化程度及执行民主集中制原则的表现。对于机关干部侧重工作岗位责任轻重、工作量化和个人表现等。考核方法为个人汇报、集体评议、领导评定等。1994—2012年，民建市委机关有110人次考核为优秀。

2009年起，实行工作签报制度，将重要会务事项、组织人事事项等内容以书面形式报请主委或分管副主委审批，完善领导负责制度和议事工作流程。

2012年起，实行工作备案制度，将常委会季度工作报告、机关干部集中学习等党派工作中约定俗成的工作做法和传统的工作内容进行记录，以工作备案的形式不断总结和固化，以期日后逐步完善、调整为正式的制度。至2012年底，共形成工作备案22件。

第四篇

中国民主促进会
上海市委员会

中国民主促进会(简称民进)是以从事教育、文化、出版工作的高、中级知识分子为主,具有政治联盟性质、致力于建设中国特色社会主义事业的政党,是同中国共产党通力合作的参政党,是爱国统一战线的组成部分,是发展先进生产力、社会主义民主政治、社会主义先进文化和构建社会主义和谐社会,实现国家富强、祖国统一、民族振兴的重要力量。

中国民主促进会于1945年12月30日在上海召开成立大会。1949年2月,民进领导人进入北平,并在北平正式组建总部。4月2日,总部理事会决定筹建民进上海分会。5月27日,上海解放。6月19日,民进上海市分会正式宣告成立。1956年11月1日,民进中央发出《关于本会地方各级组织更改名称的通知》,民进上海市分会由此更名为中国民主促进会上海市委员会(简称民进市委),是中国民主促进会在上海市的省级地方组织。

中共十一届三中全会后,民进组织逐步恢复各项活动。民进市委通过调查研究,在协助会员所在单位做好复查平反落实政策工作,帮助成员提高业务水平等方面做了许多工作。同时,积极稳妥发展组织,增加新生力量,为民进组织增添活力。改革开放以后,国家进入经济建设为中心的新的历史时期,民进市委根据自身条件、特点和优势,广泛开展社会办学、智力支边、智力扶贫、咨询服务、对台联络等工作,努力为社会主义现代化建设和促进祖国统一服务。1989年底,中共中央发表《关于坚持和完善中国共产党领导的多党合作和政治协商制度的意见》。伴随国内多党合作制度的完善与发展,民主党派性质和地位发生的重大变化,政治协商、参政议政、民主监督的内容、程序和形式的规范,民进市委团结带领各级组织和广大会员,按照参政党“一个参加、三个参与”的基本点,不断加强自身的思想、组织、制度、作风和机关建设。各级组织紧密配合,增强联动与合作,逐步实现领导班子新老交替,不断增强民进组织的凝聚力,为上海的改革、发展、稳定,为“三个文明”建设作出积极贡献。从1997年起,民进市委不断适应新形势、新任务的客观要求,坚持民进中央提出的“以政治交接为主线,以自身建设和参政议政为重点,把民进建设成适应21世纪的高素质的参政党”的工作总目标,以举办重大节庆、纪念活动,开展政治交接工作为契机,进一步加强以思想建设为核心,以组织建设为基础,以制度建设为保障的自身建设。通过抓班子、带队伍、强基础,优化组织结构,提高会员素质,努力建设新时期高素质的参政党,不断提高全会的整体素质和履行职责的能力,为上海市的经济、社会全面协调发展,为把上海建设成现代化国际大都市和国际经济、金融、贸易、航运中心之一,努力做出新的成绩和贡献。

民进市委积极参加中共与各民主党派的政治协商活动。民进市委主要领导出席中共市委召开的党外人士座谈会和情况通报会,听取重要会议精神传达和重要情况通报,并发表意见和建议;应邀参加民主协商会,协商担任市人大、市政府、市政协及市级司法机关领导职务的建议人选。民进市委主要领导围绕上海经济、社会发展的大政方针,为上海的改革开放和社会主义现代化建设,为中共市委和市政府决策的科学化、民主化建言献策,发挥参政党应有的作用。

民进市委坚持接受中国共产党的领导,坚持爱国、民主、团结、求实和立会为公的优良传统,继承和发扬老一辈领导人与中国共产党风雨同舟、肝胆相照的优良传统,坚持不懈地开展政治交接学习教育活动,坚持不懈地学习与践行社会主义核心价值体系,组织会员学习邓小平理论、“三个代表”重要思想、科学发展观，学习会史会章、多党合作理论，开展“三增强”“四热爱”教育活动、政治交接学习教育活动，学习贯彻科学发展观等活动。领导班子成员带头学习，2002年成立市委学习指导组。加强干部教育培训，举办基层干部学习班、支部主委培训班、中青年骨干会员学习班等，开展新会员教育，建立民进成立旧址会史教育基地。注重后备干部队伍建设，成立民进中青年联谊会，以优化结构、提高素质为重点，建立后备干部人才库，积极探索后备干部选拔、培养、任用机制。开展理论研讨活动，编辑出版会史资料。不断提高宣传工作质量，办好《民进申城月报》《上海民进》并直接寄送每位会员，建立民进市委网站。通过形式多样、内容丰富的学习教育活动，把弘扬“同心”传统、凝聚“同心”共识、推进“同心”工程、拓展“同心”实践作为新时期思想建设的重要抓手，教育和引导会员，努力做老一辈优良传统和高尚风范的传承者，做巩固和发展政治交接成果的实践者。

民进市委始终围绕中心，服务大局，坚持把服务发展作为参政议政第一要务，紧紧围绕中共市委、市政府的中心工作，建有用之言，献务实之策，努力提高参政议政水平。自1991年起，民进市委向市政协大会提交大会发言和书面发言共101份，提交提案共276份，其中37份被市政协评为优秀提案。会员中的人大代表和政协委员积极参加人大、政协的各项活动，通过发言和提交议案、书面意见和提案等形式，履行政治协商、参政议政和民主监督的职责。同时，发挥各专委会作用，建立专题课题、重点课题、主委课题调研，议政日（议政沙龙），区县委参政议政工作联席会议等制度，定期举办民进教育论坛。从1993年起，民进市委在中共市委统战部及市政协的牵头组织下，进行专题调研。进入21世纪后，民进市委以更广阔的视野开展调研，内容涉及上海的文化旅游、教育卫生、科技创新、城市建设、长三角发展等领域。到2012年，共撰写调研报告78份，受到市有关部门重视。担任“特约（邀）四员”的民进成员，参与行风评议，参与有关方案、法规制定和实施监督的同时，反映情况，提出意见，为纠正行业不正之风、加强廉政建设发挥积极作用。广大会员积极反映社情民意信息，提出许多真知灼见。2000—2012年，民进市委向全国政协、民进中央、上海市政协、中共市委统战部报送社情民意信息共计4 200余篇。

民进市委充分发挥会内优势和条件，持之以恒地开展社会服务工作，努力打造社会服务品牌。改革开放以后，民进市委和各区县组织举办各类学校为在职青年补习文化、培训技能，义务为下岗人员进行再就业培训。与街道、企业共建文明，开展医疗咨询、法律咨询、文艺义演等活动。组织教师赴云南、贵州等地助学支教。发挥民进企业家联谊会支边扶贫作用，举办“西部地区希望学校教育干部培训班”“西部贫困地区教师培训班”“城乡少年手拉手助学活动”，为当地师生培训和辅导、捐款捐物。发动会员捐赠希望小学，参与设立“人文关怀阳光基金”，资助西部贫困地区学生就学。在1998年抗洪救灾、2003年抗击“非典”、2008年抗震救灾等活动中，发动会员捐钱捐物、义卖义演、献计献策，展示民进组织和广大会员的爱心和社会责任，树立民进良好的社会形象。

民进市委不断适应新形势、新任务的客观要求，通过巩固老阵地，开拓新领域，研究会员发展的新变化、新要求，着力做好组织发展工作，注重做好代表人士工作，不断完善会员结构。从1980年开始恢复发展会员，到2012年，共发展会员8 670人。会员人数从1978年的1 329人，以教育、文化、出版界为主，到2012年会员数增加到9 070人，界别扩展到科技、医卫、法律和经济等领域，包括公有制经济和非公有制经济界别人士。按照民进中央对组织建设工作的要求，更加明确加强组织建设的重要性，切实做好新形势下组织建设工作，进一步对加强基层组织建设提出明确目标，不断建立健全基层组织，在全市16个区县建立地方组织，并根据上海市区（县）等行政体制的改革和变化，及时对所属的基层组织建制做出相应调整。从1994年起陆续成立直属委员会组织，到2012年共建立直属基层委员会13个,直属支部委员会29个。

民进市委积极推动会员为建设中国特色社会主义事业建功立业。广大会员在各自工作岗位上,充分发挥积极性和创造性,努力工作,勤奋劳动,乐于奉献,为中国特色社会主义事业添砖加瓦,取得优异成绩,其中不少会员获得全国和上海的各种先进称号和嘉奖。

第一章　组　　织

中国民主促进会上海市委员会在“文化大革命”中，各级组织被迫停止活动。1977 年恢复党派活动后，到 2012 年产生第八至第十五届共 8 届上海市委员会。

第一节　会　　员

民进是以从事教育、文化、出版工作的高、中级知识分子为主要成分的民主党派。从事教育、文化、出版以及科技等其他工作的知识分子，承认并愿意遵守本会章程，可以申请加入，成为民进会员。

1978 年党派活动恢复时，会员数为 1 329 人。1979 年，会员数为 1 388 人，其中教育界 1 146 人，文化出版界 97 人；全国和上海市人大代表 10 人，政协委员 23 人。随着组织发展工作的加快，到 1984 年会员数达 2 698 人，比恢复活动时增加一倍。其中，女会员 879 人，占 32.58%，在职占 60.01%，退休占 39.99%，平均年龄 58.2 岁。会员中教育界 2 120 人，文化出版界 268 人；全国和上海市人大代表 9 人，政协委员 31 人。1992 年会员数达 4 539 人，比恢复活动时增加三倍多。其中，教育界 3 121 人，文化出版界为 598 人，科技医卫界别有所拓展。会员中有高级职称的 848 人，占会员总数的 18.7%；中级职称的 2 173 人，占会员总数的 47.8%；全国和上海市人大代表 12 人，政协委员 34 人。2002 年会员数达 6 949 人，其中女会员 2 826 人，离退休会员 2 982 人，平均年龄 52.4 岁；教育界 4 502 人，文化出版界 752 人，并增加了公有制和非公有制经济界别。会员中大专以上学历 6 438 人，占 92.6%，高级职称 2 115 人，占 30.4%，中级职称 4 325 人，占 62.2%；全国和上海市人大代表 18 人，政协委员 36 人。截至 2012 年，会员数为 9 070 人，其中女会员 4 264 人，占 47.0%，离退休会员 3 524 人，占 38.9%，平均年龄 53.1 岁；大学以上学历 7 400 人，占 81.6%，高级职称 2 922 人，占 32.2%，中级职称 5 816 人，占 64.1%。会员中教育界 5 794 人，文化出版界 881 人，另有科技界、医卫界、金融界、司法界、国有企业、机关团体等其他多个界别的成员，以及一定数量的非公有制经济企业的“新的社会阶层人士”，会员界别分布在以教育、文化、出版界为主的基础上呈现多样化趋势。全国和上海市人大代表 23 人，政协委员 38 人。

表 4－1－1　1978—2012 年民进市委会员人数情况表　　单位：人

年　度	1978	1979	1980	1981	1982	1983	1984	1985	1986	1987	1988	1989
会员人数	1 329	1 388	1 373	1 743	1 901	2 113	2 698	2 758	3 087	3 472	3 800	4 190
年　度	**1990**	**1991**	**1992**	**1993**	**1994**	**1995**	**1996**	**1997**	**1998**	**1999**	**2000**	**2001**
会员人数	4 402	4 438	4 539	4 924	5 156	5 386	5 645	5 833	6 049	6 323	6 546	6 765
年　度	**2002**	**2003**	**2004**	**2005**	**2006**	**2007**	**2008**	**2009**	**2010**	**2011**	**2012**	
会员人数	6 949	7 190	7 399	7 692	7 907	8 116	8 280	8 465	8 651	8 836	9 070	

表 4-1-2 1993—2012 年民进市委会员基本情况表

年度		1993	1994	1995	1996	1997	1998	1999	2000	2001	2002
会员人数(人)		4 924	5 156	5 386	5 645	5 833	6 049	6 323	6 546	6 765	6 949
女会员	人数(人)	1 796	1 913	2 021	2 136	2 225	2 347	2 479	2 612	2 727	2 826
	比例(%)	36.5	37.1	37.5	37.8	38.1	38.8	39.2	39.9	40.3	40.7
离退休	人数(人)	2 081	2 177	2 275	2 376	2 475	2 586	2 694	2 801	2 898	2 982
	比例(%)	42.3	42.2	42.2	42.1	42.4	42.7	42.6	42.8	42.8	42.9
文化程度	大专以上(人)	4 411	4 683	4 913	5 160	5 338	5 563	5 835	6 053	6 251	6 438
	比例(%)	89.6	90.8	91.2	91.4	91.5	91.9	92.3	92.4	92.4	92.6
层次分布	中上层(人)	4 557	4 776	4 985	5 193	5 364	5 582	5 855	6 072	6 289	6 466
	比例(%)	92.5	92.6	92.5	92.0	92.0	92.3	92.6	92.7	92.9	93.0
	其他(人)	367	380	401	452	469	467	468	474	476	483
职称	高级(人)	1 559	1 628	1 705	1 752	1 802	1 851	1 912	1 985	2 047	2 115
	比例(%)	31.7	31.6	31.5	31.0	30.9	30.6	30.2	30.3	30.2	30.4
	中级(人)	2 965	3 092	3 248	3 425	3 555	3 716	3 930	4 062	4 211	4 325
	比例(%)	60.2	60.0	60.3	60.7	60.9	61.4	62.1	62.1	62.2	62.2
年龄结构	平均年龄(岁)	54.8	54.7	53.8	52.9	53.3	52.6	51.7	51.9	52.0	52.4
	40 岁以下(人)	372	452	556	616	691	818	1 007	1 176	1 341	1 492
	41—50 岁(人)	937	988	1 003	1 085	1 129	1 213	1 314	1 379	1 456	1 508
	51—60 岁(人)	1 769	1 831	1 895	1 954	2 027	2 053	2 086	2 109	2 114	2 127
	61—70 岁(人)	972	998	1 009	1 014	1 053	1 060	1 053	1 049	1 045	1 044
	71 岁以上(人)	874	887	923	976	933	905	863	833	809	778

年度		2003	2004	2005	2006	2007	2008	2009	2010	2011	2012
会员人数(人)		7 190	7 399	7 692	7 907	8 116	8 280	8 465	8 651	8 836	9 070
女会员	人数(人)	2 991	3 123	3 298	3 441	3 570	3 693	3 822	3 952	4 083	4 264
	比例(%)	41.6	42.2	42.9	43.5	43.9	44.6	45.1	45.7	46.2	47.0
离退休	人数(人)	3 322	3 306	3 306	3 311	3 313	3 248	3 213	3 150	3 565	3 524
	比例(%)	46.2	44.66	42.98	41.9	40.8	39.2	38	36.4	40.3	38.9
文化程度	大学以上(人)	6 051	6 325	5 985	6 204	6 436	6 613	6 801	6 994	7 173	7 400
	比例(%)	84.16	85.48	77.8	78.5	79.3	79.9	80.3	80.8	81.2	81.6
层次分布	中上层(人)	6 598	6 877	7 187	7 399	7 605	7 827	7 968	8 154	8 322	8 530
	比例(%)	91.76	92.94	93.43	93.6	93.7	94.5	94.1	94.3	94.2	94.1
	其他(人)	—	522	505	508	511	453	—	497	514	540

（续表）

年　度		2003	2004	2005	2006	2007	2008	2009	2010	2011	2012
职称	高级(人)	2 338	2 409	2 473	2 544	2 614	2 662	2 721	2 777	2 862	2 922
	比例(%)	32.51	32.56	32.15	32.2	32.2	32.1	32.1	32.1	32.4	32.2
	中级(人)	4 241	4 449	4 883	5 045	5 161	5 292	5 423	5 552	5 667	5 816
	比例(%)	58.98	60.13	63.48	63.8	63.6	63.9	64.1	64.2	64.1	64.1
年龄结构	平均年龄(岁)	51.72	52.34	52.7	53.4	53.9	54.2	54.1	53.3	52.8	53.1
	40岁以下(人)	1 679	1 851	2 069	2 230	2 403	2 563	2 714	2 863	3 010	3 193
	41—50岁(人)	1 585	1 664	1 763	1 849	1 921	1 985	2 052	2 134	2 192	2 283
	51—60岁(人)	2 137	2 147	2 166	2 177	2 194	2 200	2 211	2 214	2 229	2 236
	61—70岁(人)	1 035	1 030	1 024	1 002	995	990	989	982	982	979
	71岁以上(人)	754	707	670	649	603	542	499	458	423	379

说明："中上层"栏中的对象为有中、高级专业技术职称的人员，县以上各级人大代表和政协委员，县处级以上职务的干部。

表4-1-3　1993—2002年民进市委会员界别分布情况表

年　度	1993	1994	1995	1996	1997	1998	1999	2000	2001	2002
教育(人)	3 348	3 482	3 613	3 752	3 851	3 968	4 119	4 256	4 391	4 502
比例(%)	68.0	67.5	67.1	66.5	66.0	65.6	65.1	65.0	64.9	64.8
科学技术(人)	368	392	407	435	452	474	502	518	533	548
比例(%)	7.5	7.6	7.5	7.7	7.8	7.8	7.9	7.9	7.9	7.9
医药卫生(人)	485	529	575	624	662	708	752	789	814	833
比例(%)	9.8	10.3	10.7	11.0	11.3	11.7	11.9	12.0	12.0	12.0
文化艺术(人)	298	312	326	339	341	354	364	371	379	390
比例(%)	6.1	6.0	6.0	6.0	5.8	5.9	5.8	5.7	5.6	5.6
新闻出版(人)	288	296	307	314	316	319	327	332	348	362
比例(%)	5.8	5.7	5.7	5.6	5.5	5.3	5.2	5.1	5.1	5.2
公有制经济(人)	13	15	17	31	46	55	71	82	91	95
比例(%)	0.3	0.3	0.3	0.5	0.8	0.9	1.1	1.3	1.3	1.3
非公有制经济(人)	5	9	16	19	23	26	31	33	36	39
比例(%)	0.1	0.2	0.3	0.3	0.4	0.4	0.5	0.5	0.6	0.6
法律(人)	6	8	9	11	13	15	16	18	19	20
比例(%)	0.1	0.2	0.2	0.2	0.2	0.2	0.3	0.3	0.3	0.3
政府机关(人)	35	37	40	44	49	52	56	61	68	75
比例(%)	0.7	0.7	0.7	0.8	0.8	0.9	0.9	0.9	1.0	1.1
党派机关(人)	58	57	57	56	57	56	61	62	62	61
比例(%)	1.2	1.1	1.1	1.0	1.0	0.9	0.9	0.9	0.9	0.88

(续表)

年　度	1993	1994	1995	1996	1997	1998	1999	2000	2001	2002
团体(人)	2	2	3	4	4	3	3	3	2	2
比例(%)	0.1	0.1	0.1	0.1	0.1	0.1	0.1	0.1	0.1	0.02
其他(人)	18	17	16	16	19	19	21	21	22	22
比例(%)	0.3	0.3	0.3	0.3	0.3	0.3	0.3	0.3	0.3	0.3

表4-1-4　2003—2012年民进市委会员界别分布情况表

年　度		2003	2004	2005	2006	2007	2008	2009	2010	2011	2012
教育(人)		4 700	4 818	5 000	5 117	5 251	5 344	5 448	5 556	5 662	5 794
比例(%)		65.36	65.12	65	64.7	64.7	64.5	64.4	64.2	64.1	63.9
科学技术(人)		441	445	448	450	452	451	452	457	460	463
比例(%)		6.13	6.01	5.82	5.7	5.6	5.4	5.3	5.3	5.2	5.1
医药卫生(人)		870	885	912	950	971	997	1 026	1 045	1 063	1 087
比例(%)		12.1	11.96	11.86	12	12	12	12.1	12.1	12.0	12.0
文化艺术(人)		357	418	429	435	438	450	460	463	467	473
比例(%)		4.97	5.65	5.58	5.5	5.4	5.4	5.4	5.4	5.3	5.2
新闻出版(人)		365	355	370	379	382	385	394	394	405	408
比例(%)		5.08	4.8	4.81	4.8	4.7	4.6	4.7	4.6	4.6	4.5
公有制经济(人)		123	133	151	164	177	193	206	223	240	250
比例(%)		1.71	1.8	1.96	2.1	2.2	2.3	2.4	2.6	2.7	2.8
非公有制经济	企业界人士	40	47	39	41	43	44	46	54	59	75
	比例(%)	0.56	0.64	0.51	0.5	0.5	0.5	0.5	0.6	0.7	0.8
	其他人员	—	5	39	53	66	76	90	100	112	133
	比例(%)	—	0.07	0.51	0.7	0.8	0.9	1.1	1.2	1.3	1.5
司法(人)		18	16	17	17	17	17	17	17	18	20
比例(%)		0.25	0.22	0.22	0.2	0.2	0.2	0.2	0.2	0.2	0.2
政府机关(人)		96	96	100	108	123	124	127	138	144	153
比例(%)		1.34	1.3	1.3	1.4	1.5	1.5	1.5	1.6	1.6	1.7
党派机关(人)		64	64	65	66	67	67	67	70	72	78
比例(%)		0.89	0.86	0.85	0.8	0.8	0.8	0.8	0.8	0.8	0.9
团体(人)		—	3	3	5	5	6	6	7	7	7
比例(%)		—	0.04	0.04	0.1	0.1	0.1	0.1	0.1	0.1	0.1
其他(人)		116	114	119	122	124	126	126	127	127	129
比例(%)		1.6	1.54	1.55	1.5	1.5	1.5	1.5	1.5	1.4	1.4

说明："非公有制经济"栏中的企业界人士是指独资、合资企业中的私人投资者，其他人员是指在这些企业中工作的工程技术人员、经营管理人员。

第二节　市 级 组 织

一、市委员会

中国民主促进会上海市委员会是民进在上海市的省级地方组织，由民进上海市代表大会选举产生，每届任期5年(1980—1992年为每届4年)，在代表大会闭会期间，领导市地方组织的工作，对外代表市地方组织。其职权是：(1) 听取、审议和批准同级委员会或常委会的报告；(2) 讨论和决定本级组织的重大事项；(3) 选举同级委员会主委、副主委、常委；(4) 必要时经上一级组织同意，可以调整同级委员会的少部分成员；(5) 听取同级监督委员会的报告，选举同级监督委员会主任、副主任、委员。民进市委设主委1人，副主委若干人组成主委会议，领导委员会的日常工作。1978—2012年共经历第八至十五届委员会。

第七届委员会(1965年1月—1980年1月)

主任委员：

吴若安(女)

副主任委员：

陈云涛　曹鸿翥　周煦良　黄丹艭　董涤尘　张兆桢　赵宪初

秘 书 长：

张乃璇

常务委员：

方学武　朱有瓛　江芷千　杨国英(女)　吴若安(女)　吴朗西　张乃璇　张兆桢
陈云涛　陈南生　周家凤　周煦良　赵传家　赵宪初　黄丹艭　曹鸿翥　董涤尘

委　　员：

王佩贞(女)　方学武　朱有瓛　江芷千　孙鸣岐(女)　杨国英(女)　杨荣祥
李道瑜　李楚材　杜春潮　严独鹤　吴若安(女)　吴朗西　陈云涛　陈冰清　陈南生
陈科美　陈穗九　余　森　张乃璇　张兆桢　张孝权　周之芹　周家凤　周煦良　金兆梓
宓逸群　赵传家　赵宪初　赵渭人　赵鹤九　姚国芳(女)　俞秀乐(女)　钱　潮
徐福民　黄丹艭　黄羡明　曹鸿翥　董涤尘　薛　正(女)　薛圭方

候补委员：

徐仲钰　奚宗沂　盛士琰　戚逸影(女)　程约奉　蒋家祥

第八届委员会(1980年1月—1984年4月)

主任委员：

吴若安(女)

副主任委员：

陈云涛　周煦良　李楚材　董涤尘　赵宪初　张兆桢　方学武　张乃璇
陈穗九(1983年8月任)　蒋家祥(1983年8月任)

秘 书 长：

方学武(兼，1983年3月止)　陈穗九(1983年3月任)

常务委员：

方学武　朱有瓛　江芷千　张乃璇　张兆桢　李楚材　杨国英(女)　吴若安(女)　吴朗西　陈云涛　陈南生　陈穗九　周朋寿　周家凤　周煦良　赵传家　赵宪初　赵鹤九　钟达轩　盛士琰　戚逸影(女)　蒋家祥　董涤尘　方去疾(1983年8月任)　余　森(1983年8月任)　朱子建(1983年8月任)　奚宗沂(1983年8月任)

委　　员：

方去疾　方学武　王佩贞　毛仲磬　刘永贞(女)　刘哲民　孙鸣歧(女)　朱有瓛　江芷千　张乃旋　张兆桢　张孝权　孙　强　李楚材　李博民　李道瑜　杜春潮　杨国英(女)　杨荣祥　吴启尧　吴若安(女)　吴朗西　吴瑞年　陈云涛　陈冰倩　陈南生　陈科美　陈穗九　余　森　宓逸群　周之芹　周朋寿　周家凤　周熙良　姚国芳(女)　赵传家　赵宪初　赵渭人　赵鹤九　胡　嘉　俞秀乐(女)　钟达轩　徐仲钰　徐福民　奚宗沂　钱　潮　黄羡明　盛士琰　戚逸影(女)　蒋家祥　董涤尘　薛　正(女)　薛圭方

候补委员：

朱子建　许明道　陈邦炎　翁璇庆(女)　程约奉　魏兴中

第九届委员会(1984年4月—1988年5月)

主任委员：

吴若安(女)

副主任委员：

陈云涛　李楚材　董涤尘　赵宪初　张兆桢　张乃璇　陈穗九　蒋家祥　陈炳生　毛智凤(女)　刘恒椽(1988年1月任)

秘 书 长：

蒋家祥(兼)

常务委员：

王佩贞(女)　方去疾　毛智凤(女)　朱子建　朱有瓛　杨国英(女)　李楚材　吴若安(女)　余　森　张乃璇　张兆桢　张邦纶　陈云涛　陈邦炎　陈南生　陈炳生　陈穗九　周朋寿　赵传家　赵宪初　赵鹤九　钟达轩　奚宗沂　徐孝穆　黄　正　盛士琰　戚逸影(女)　蒋家祥　董涤尘

委　　员：

丁　超　王佩贞(女)　方去疾　毛仲磬　毛智凤(女)　朱子建　朱有瓛　刘永贞(女)　刘哲民　许明道　孙鸣歧(女)　杨国英(女)　李博民　李道瑜　李楚材　吴启尧　吴若安(女)　吴厚成　吴瑞年　余　森　沈剑英　汪裕荪　张乃旋　张邦纶　张兆桢　张孝权　张和豪　张敏东　陈云涛　陈邦炎　陈冰倩　陈南生　陈炳生　陈科美　陈穗九　周之芹　周朋寿　宓逸群　赵传家　赵宪初　赵鹤九　胡　嘉　钟达轩　俞秀乐(女)　姜达育　姚国芳(女)　钱　潮　奚宗沂　翁璇庆(女)　徐仲钰　徐孝穆　黄　正　黄介六　黄羡明　常干桢　盛士琰　戚逸影(女)　蒋家祥　董涤尘　薛　正(女)　薛圭方　魏兴中　刘征泰(1988年1月任)　刘恒椽(1988年1月任)　杨德壬(1988年1月任)　陈心田(1988年1月任)　周以勤(女,1988年1月任)

候补委员：

乐嘉基　邢共嘉（女）　朱正谊　杨天来　洪　始　姚善源　徐志璋　籍娱亲（女）

杜祥昌（1988年1月任）　陈　怡（女，1988年1月任）

第十届委员会（1988年5月—1992年6月）

主任委员：

赵宪初（1990年6月止）　刘恒椽（1990年6月任）

副主任委员：

陈穗九　蒋家祥　陈炳生　毛智凤（女）　刘恒椽　邓伟志　盛士琰

秘 书 长：

蒋家祥（兼）

名誉主任委员：

吴若安（女）

名誉副主任委员：

陈云涛　李楚材

常务委员：

赵宪初　陈穗九　蒋家祥　陈炳生　毛智凤（女）　刘恒椽　邓伟志　盛士琰　方去疾

朱子建　杨国英（女）　杨德壬　沈剑英　张邦纶　张和豪　陈心田　陈邦炎　陈南生

林笃桢　宓逸群　赵丽宏　夏文蕙（女）　奚宗沂　徐志璋　徐诒浩　谈延德　黄羡明

童祥苓　蔡维友

委　　员：

丁　超　王有为　尤振国　方去疾　毛智凤（女）　邓伟志　孔耀洲　乐嘉基

邢共嘉（女）　朱子建　朱正谊　朱鹏程　任　意　刘征泰　刘恒椽　许明道　杜祥昌

杨天来　杨国英（女）　杨德壬　吴厚成　沈　沅　沈世明　沈剑英　汪裕荪

张　哲（女）　张邦纶　张应湘　张和豪　张敏东　陈　怡（女）　陈子成　陈心田

陈邦炎　陈炳生　陈南生　陈穗九　邵公权　范一辛　林笃桢　金培基　周以勤（女）

宓逸群　赵丽宏　赵宪初　胡永槐　施觉怀　姜达育　洪　始　姚善源　夏文蕙（女）

奚宗沂　徐诒浩　徐志璋　徐炳胜　谈延德　谈柏年　黄羡明　常干桢　盛士琰　蒋家祥

童祥苓　蔡维友　魏兴中

候补委员：

席秋霞（女）　瞿　钧　籍娱亲（女）　杨继华　何靖华　徐小鲁　龚继先　张孝权

第十一届委员会（1992年6月—1997年7月）

主任委员：

刘恒椽

副主任委员：

蒋家祥　陈炳生　毛智凤（女）　邓伟志　盛士琰　张庆龙（1995年11月任，1997年7月止）

许世远（1996年7月任）　王慧敏（女，1996年12月任）

秘 书 长：

蒋家祥（兼）　邵光宇（1996年12月任）

名誉主任委员：

赵宪初

名誉副主任委员：

陈云涛　李楚材

常务委员：

丁文魁　毛智凤(女)　方去疾　王有为　邓伟志　刘恒椽　杨德壬　沈剑英
张　哲(女)　张和豪　陈心田　陈炳生　林笃桢　赵丽宏　徐诒浩　徐志璋
夏文蕙(女)　奚宗沂　盛士琰　蒋家祥　童祥苓　蔡维友　瞿　钧
孔耀洲(1995年11月任)　刘奕民(1995年11月任)　李名慈(1995年11月任)
许世远(1995年11月任)　张庆龙(1995年11月任)　陈　怡(女,1995年11月任)
林庚金(1995年11月任)　施浩然(1995年11月任)　王慧敏(女,1996年12月任)

委　　员：

丁文魁　毛　琦　毛智凤(女)　方去疾　王有为　尤振国　孔耀洲　邓伟志　乐嘉基
任　意　刘恒椽　刘奕民　朱正谊　朱鹏程　许世远　杨天来　杨德壬　沈　沅　沈世明
沈剑英　张　哲(女)　张庆龙　张和豪　张应湘　张敏东　张静娴(女)　吴厚成
何绍康　杜祥昌　陈　怡(女)　陈子成　陈心田　陈炳生　陈寿鹏　汪裕荪　邵公权
邵光宇　林笃桢　林庚金　金培基　范一辛　周以勤(女)　赵丽宏　侯桂兰(女)
胡永槐　施觉怀　施浩然　姚乃中　姜达育　徐小鲁　徐诒浩　徐志璋　徐福荣
夏文蕙(女)　奚宗沂　盛士琰　常干桢　蒋家祥　童祥苓　蔡维友　谭玉美(女)
熊衍元　瞿　钧　邓国坤(1995年11月任)　李名慈(1995年11月任)
何靖华(1995年11月任)　王慧敏(女,1996年12月任)

候补委员：

邓国坤　李名慈　何靖华　杨继华　罗永祥　柳苇成　席秋霞(女)　潘妙兴

第十二届委员会(1997年7月—2002年5月)

主任委员：

刘恒椽

副主任委员：

陈炳生　许世远　王慧敏(女)　赵丽宏　刘奕民　严隽琪(女,1999年12月任)
李名慈(1999年12月任)　蔡达峰(2001年6月任)

秘 书 长：

邵光宇

名誉主任委员：

赵宪初(1998年4月止)

名誉副主任委员：

陈云涛(1999年3月止)　李楚材(1998年4月止)　蒋家祥　盛士琰

常务委员：

丁文魁　马惠生　王　涓(女)　王慧敏(女)　孔耀洲　许世远　刘奕民　刘恒椽
李名慈　张　哲(女)　张静娴(女)　陈　怡(女)　陈心田　陈炳生　邵光宇
林庚金　金良年　施浩然　赵丽宏　顾国庆　夏文蕙(女)　熊衍元　瞿　钧

严隽琪（女，1998 年 12 月任）　蔡达峰（2001 年 6 月任）

委　　员：

丁文魁　马中岳　马惠生　王　涓（女）　王慧敏（女）　毛　琦　毛文虎　邓国坤
孔耀洲　叶国梁　汤以烈　许世远　许政涛　刘伟国　刘奕民　刘恒椽　朱钟堂　沈　沅
汪华忠　沈瑞康　李　峙　李名慈　杨晋夫　岑国桢　何靖华　张　哲（女）　张洪林
张强辛　张静娴（女）　陈　军　陈　怡（女）　陈子成　陈心田　陈寿鹏　陈炳生
吴　毅　邵仁兴　邵光宇　林庚金　罗永祥　周　青　周苏生　金良年　金培基　施浩然
柳苇成　赵丽宏　侯桂兰（女）　姚乃中　顾国庆　顾奎华　夏文蕙（女）　徐大安
徐福荣　龚继先　谭玉美（女）　蒋有倩（女）　蔡达峰　熊衍元　潘妙兴　瞿　钧
梁撒苗（1998 年 1 月任）　张　辰（女，1998 年 1 月任）　涂之远（1998 年 1 月任）
谢柏梁（1998 年 1 月任）　陈　江（1998 年 1 月任）　陈子康（1998 年 1 月任）
傅　萍（女，1998 年 1 月任）　褚以琳（女，1998 年 1 月任）
严隽琪（女，1998 年 12 月任）

候补委员：

梁撒苗　张　辰（女）　涂之远　谢柏梁　陈　江　陈子康　傅　萍（女）
褚以琳（女）

第十三届委员会（2002 年 6 月—2007 年 4 月）

主任委员：

严隽琪（女）

副主任委员：

王慧敏（女）　赵丽宏　刘奕民　李名慈　蔡达峰　吴　毅　黄　震　陈振楼
顾奎华（2005 年 12 月任）　陈强努（2006 年 8 月任）

秘 书 长：

陈强努

名誉主任委员：

刘恒椽

名誉副主任委员：

蒋家祥　盛士琰　陈炳生

顾　　问：

陈穗九　毛智凤（女）　吴企尧

常务委员：

孔耀洲　王　涓（女）　王慧敏（女）　邓国坤　叶国梁　刘奕民　严隽琪（女）
吴　毅　吴长福　张　辰（女）　张静娴（女）　李名慈　沈　沅　沈瑞康　邵志勇
陈心田　陈振楼　陈强努　金良年　金培基　赵丽宏　褚以琳（女）　顾奎华　黄　震
熊衍元　蔡达峰　瞿　钧

委　　员：

马中岳　孔耀洲　方亚芬（女）　王　文　王　杰　王　涓（女）　王　静（女）
王慧敏（女）　邓国坤　叶伟成　叶国梁　刘伟国　刘奕民　许政涛　严隽琪（女）
严健康　吴　毅　吴长福　吴范宏　岑国桢　张　辰（女）　张大同　张小红（女）

张少波　张文龙　张伟滨　张洪林　张强辛　张静娴(女)　李名慈　汪华忠　沈　沅
沈建青　沈维藩　沈瑞康　邵志勇　陈　军　陈　江　陈子成　陈小群(女)　陈心田
陈国强　陈振楼　陈强努　周苏生　季建林　竺建伟　罗永祥　郑惠萍(女)
金文男(女)　金良年　金培基　姜培民(女)　柯碧华(女)　洪　涛　赵丽宏
徐　威　徐大安　殷寄明　褚以琳(女)　钱武军　顾国庆　顾奎华　屠　杰　梁撒苗
黄　震　程霄玉(女)　蒋有倩(女)　谢柏梁　鲍英菁(女)　熊衍元　蔡达峰
樊汉彬　瞿　钧　吴玉雷(2004年12月任)　胡　卫(2004年12月任)
金哲民(2005年12月任)　黄山明(2005年12月任)

第十四届委员会(2007年4月—2012年4月)

主任委员:

蔡达峰

副主任委员:

赵丽宏　吴　毅　黄　震　陈振楼　张　辰(女)　陈强努　胡　卫
李名慈(2010年12月止)　许政涛(2010年12月任)

秘书长:

陈强努(兼)

常务委员:

叶文博　叶国樑　刘伟国　许政涛　吴　毅　吴长福　吴玉雷　张　辰(女)　张少波
张文龙　张伟滨　李名慈　沈建青　邵志勇　陈振楼　陈强努　金良年　姜培民(女)
胡　卫　赵丽宏　屠　杰　黄　震　黄山明　程霄玉(女)　褚以琳(女)
鲍英菁(女)　蔡达峰

委　　员:

马　良　孔明珠(女)　方亚芬(女)　毛爱群　王　文　王　杰　王　静(女)
王宗义　王祥荣　邓　莹　叶文博　叶伟成　叶国樑　叶蕙星(女)　刘亦武　刘伟国
朱　芳(女)　许政涛　何少华　何培新　吴　毅　吴长福　吴玉雷　吴范宏　吴焕淦
张　辰(女)　张少波　张文龙　张伟滨　李　颖(女)　李名慈　汪耀华　沈华勤
沈建青　沈维藩　邵志勇　陈　江　陈小群(女)　陈国强　陈金隆　陈振楼
陈菊珏(女)　陈强努　季建林　竺建伟　范仲兴　郁建生　郑惠萍(女)　金良年
金哲民　姚　忻　姜培民(女)　柯碧华(女)　洪　涛　胡　卫　胡传海　赵丽宏
倪闽景　徐　威　徐惠新　殷寄明　袁　园(女)　屠　杰　黄　震　黄山明　龚晓平
程霄玉(女)　蒋德海　谢柏梁　褚以琳(女)　鲍英菁(女)　管更新　蔡达峰
樊汉彬　戴立益　王　浩(2010年12月任)　姚伟明(2010年12月任)
杨　燕(女,2010年12月任)　谭　帆(2010年12月任)

第十五届委员会(2012年4月—　　)

主任委员:

蔡达峰

副主任委员:

吴　毅　黄　震　陈振楼　张　辰(女)　胡　卫　许政涛　余　岚(女)

秘书长：

黄山明

常务委员：

王　浩　朱　芳（女）　许政涛　何少华　余　岚（女）　吴　毅　吴长福　吴玉雷
吴焕淦　张　辰（女）　张少波　张伟滨　沈建青　沈维藩　邵志勇　陈振楼　胡　卫
倪闽景　徐惠新　屠　杰　常生龙　黄　震　黄山明　程霄玉（女）　蒋德海
褚以琳（女）　鲍英菁（女）　蔡达峰　戴立益

委　　员：

丁亚萍（女）　万　芾（女）　干建达　方亚芬（女）　毛爱群　王　杰　王　浩
王　静（女）　王祥荣　卢慧文（女）　叶伟成　刘亦武　孙　青（女）
朱　芳（女）　许政涛　何少华　何培新　余　岚（女）　吴　毅　吴长福　吴玉雷
吴范宏　吴焕淦　张　辰（女）　张　峰　张少波　张伟滨　李　萍（女）
李　颖（女）　杨　蓉（女）　杨　燕（女）　汪耀华　沈华勤　沈建青　沈维藩
沈嘉禄　邵志勇　陈小群（女）　陈金隆　陈振楼　陈菊珏（女）　范仲兴
范秀敏（女）　郁建生　郑　苏　郑　琦（女）　郑惠萍（女）　金哲民　姚伟明
施建华　洪　涛　洪　璐（女）　胡　卫　胡传海　赵　玲（女）　倪闽景　徐惠新
聂　丹（女）　袁　园（女）　陶　勇　顾铮先　高湘萍（女）　屠　杰　常生龙
黄　震　黄山明　龚晓平　曾如亭（女）　程霄玉（女）　董文博　蒋碧艳（女）
蒋德海　褚以琳（女）　鲍英菁（女）　管更新　蔡达峰　谭　帆　樊汉彬　戴立益

二、专门委员会

专门委员会是在民进市委领导下开展学习教育、参政议政、社会服务的机构，是民进市委联系相应界别会员的纽带，并为履行参政党职能发挥研究咨询的作用，由每一届民进市委常委会决定机构设置和人员聘任。历届专门委员会的设置根据工作需要有所变动。

民进上海市第八届委员会设置学习委员会、文教委员会、退休会员委员会、对台工作委员会。第九届委员会改文教委员会为教育卫生委员会，改对台工作委员会为"三胞"联络委员会，增设文化出版委员会和妇女委员会。第十届委员会调整教育卫生委员会为教育委员会和医药卫生委员会，调整文化出版委员会为新闻出版委员会和文化艺术委员会，改退休会员委员会为离退休会员委员会。第十一届委员会调整教育委员会为高等教育委员会和普通教育委员会，增设经济科技委员会和文史资料委员会。第十二届委员会改"三胞"联络委员会为联络委员会，增设法制委员会。第十三届委员会撤销文史资料委员会，调整高等教育委员会和普通教育委员会为教育委员会，调整经济科技委员会和法制委员会为科技经济法制委员会，改妇女委员会为妇女儿童委员会，改离退休会员委员会为老年工作委员会。第十四届委员会调整科技经济法制委员会为科技经济委员会和社会法制委员会。第十五届委员会不再设置学习委员会，增设人口资源环境委员会、理论和会史研究委员会，调整文化艺术委员会和新闻出版委员会为文化出版传媒委员会，调整科技经济委员会和医药卫生委员会为经济委员会和科技医疗卫生委员会。

截至2012年底，民进市委共设置教育、文化出版传媒、经济、社会法制、科技医疗卫生、人口资源环境、妇女儿童、联络、老年工作、理论和会史研究10个委员会。

图 4-1-1 2007 年 8 月 11 日,民进市委召开第十四届专委会全体会议

第七届专门委员会(1965 年 1 月—1980 年 1 月)

学习委员会

主　任:董涤尘

副主任:赵宪初　张乃璇　方学武　赵鹤九

联络委员会

主　任:张兆桢

副主任:周家凤　朱有瓛　王佩贞　陈穗九

第八届专门委员会(1980 年 1 月—1984 年 4 月)

学习委员会

主　任:赵宪初

副主任:方学武　张乃旋

文教委员会

主　任:陈云涛

副主任:李楚材　赵宪初　张兆桢　朱有瓛

退休会员委员会

主　任:董涤尘

副主任:赵传家　王佩贞(女)　赵鹤九　戚逸影

对台工作委员会

主　任:周熙良

副主任:李楚材　陈穗九

第九届专门委员会(1984年4月—1988年5月)

学习委员会

主　任：赵宪初

副主任：陈穗九

教育卫生委员会

主　任：陈云涛

副主任：李楚材　赵宪初　黄羡明

文化出版委员会

主　任：董涤尘

副主任：钟达轩　方去疾　徐孝穆

"三胞"联络委员会

主　任：李楚材

副主任：薛　正(女)　陈穗九

退休会员委员会

主　任：张兆桢

副主任：赵传家

妇女委员会

主　任：吴若安(女)

副主任：毛智凤(女)　程　韵(女)　王女杰(女)

第十届专门委员会(1988年5月—1992年6月)

学习委员会

主　任：朱镜清

副主任：黄介六　彭迅雷

教育委员会

主　任：朱鸿鹗

副主任：沈剑英　乐嘉基

新闻出版委员会

主　任：钟达轩

副主任：陈邦炎　刘征泰　龚继先

文化艺术委员会

主　任：方去疾

副主任：徐孝穆　童祥苓　张应湘

医药卫生委员会

主　任：黄羡明

副主任：黄　正　顾伯康

"三胞"联络委员会

主　任：秦瘦鸥

副主任：张邦纶　蔡维友　钟　山

妇女委员会

主　任：程　韵(女)

副主任：王女杰(女)　　王　涓(女)

离退休会员委员会

主　任：吴企尧

副主任：吴祖荫

第十一届专门委员会(1992年6月—1997年7月)

学习委员会

主　任：余源培

副主任：熊衍元　印润田

经济科技委员会

主　任：丁文魁

副主任：范荣屏(女)　　薛福田　李时德　黄森威

高等教育委员会

主　任：朱鸿鹗

副主任：杨德壬　沈剑英　杨明福

普通教育委员会

主　任：乐嘉基

副主任：何靖华　邢　亮　沈瑞康

新闻出版委员会

主　任：陈邦炎

副主任：汪裕苏　王有为

文化艺术委员会

主　任：张应湘

副主任：高式熊　张南云(女)

医药卫生委员会

主　任：黄硕麟

副主任：柏连松　林庚金

妇女委员会

主　任：王　涓(女)

副主任：冷福志(女)　　陆木兰(女)

“三胞”联络委员会

主　任：蔡维友

副主任：钟　山　张　立　吴关松

离退休会员委员会

主　任：姜达育

副主任：姚善源　张文霞(女)

文史资料委员会

主　任：陈穗九

副主任：温崇实

第十二届专门委员会（1997 年 7 月—2002 年 5 月）

学习委员会

主　任：余源培

副主任：陈子成　陈　军

高等教育委员会

主　任：吴立昌

副主任：詹永麒　顾国庆　王祥荣

普通教育委员会

主　任：谭玉美（女）

副主任：吴传发　陈胜庆　贾志敏

文化艺术委员会

主　任：张应湘

副主任：陈　瑜（女）　潘妙兴　张强辛

新闻出版委员会

主　任：王有为

副主任：金良年　宋丽珍（女）

医药卫生委员会

主　任：柏连松

副主任：林庚金　张　哲（女）　施浩然

法制委员会

主　任：熊衍元

副主任：高玉成　徐　威

经济科技委员会

主　任：丁文魁

副主任：陈子壮　徐大安　范荣屏（女）　李时德

妇女委员会

主　任：陈　怡（女）

副主任：夏文蕙（女）　张静娴（女）　李露蕾（女）　傅　萍（女）

联络委员会

主　任：蔡维友

副主任：邓国坤　钟　山　张　立　吴关松

离退休会员委员会

主　任：张文霞（女）

副主任：陆木兰（女）　孙平策　葛瑞徵（女）

文史资料委员会

主　任：陈穗九

副主任：温崇实　吴企尧　蒋　衍

第十三届专门委员会(2002 年 6 月—2007 年 4 月)

学习委员会

主　任：余源培

副主任：陈子成　陈　军　殷寄明　叶文博　王宗义

教育委员会

主　任：陈强努

副主任：王祥荣　陈胜庆　陈　江　徐淀芳　孙荣强

文化艺术委员会

主　任：张静娴(女)

副主任：张强辛　谢柏梁　张文龙　叶蕙星(女)

新闻出版委员会

主　任：金良年

副主任：沈维藩　汪耀华　罗允和　张黎明

医药卫生委员会

主　任：张　皙(女)

副主任：叶伟成　毛家亮　季建林　王玲玲(女)

科技经济法制委员会

主　任：熊衍元

副主任：徐　威　陈子壮　李时德　何培新　龚晓平

妇女儿童委员会

主　任：王　涓(女)

副主任：李露蕾(女)　蒋有倩(女)　杨　燕(女)

联络委员会

主　任：邓国坤

副主任：罗永祥　屠　杰　何少华

老年工作委员会

主　任：沈瑞康

副主任：姜培民(女)　张德樵　蔡幽凤(女)　张利年(女)

第十四届专门委员会(2007 年 4 月—2012 年 4 月)

学习委员会

主　任：余源培

副主任：陈子成　陈　军　殷寄明　陈　江　柯碧华(女)

教育委员会

主　任：胡　卫

副主任：王祥荣　叶文博　谭　帆　徐淀芳　姜培民(女)　陈胜庆　孙荣强
蒋碧艳(女)　顾晓彦(女)

文化艺术委员会

主　任：张文龙

副主任：谢柏梁　王宗义　叶蕙星(女)　张强辛　孙甘露　郑鑫尧

新闻出版委员会

主　任：金良年

副主任：沈维藩　汪耀华　胡传海　罗允和　余　岚（女）　张黎明　管国忠

医药卫生委员会

主　任：吴　毅

副主任：叶伟成　季建林　吴焕淦　毛家亮　青　春（女）

科技经济委员会

主　任：黄　震

副主任：李清娟（女）　何培新　龚晓平　郑　琦（女）　姜永坤

社会法制委员会

主　任：蒋德海

副主任：徐　威　施蔷生　吴　群　张　奕　马　申　王宏刚

妇女儿童委员会

主　任：王　涓（女）

副主任：杨　燕（女）　陆　键（女）　丁翔华（女）　庄　丽（女）
佟喜彦（女）

老年工作委员会

主　任：沈瑞康

副主任：张德樵　钱武军　蔡幽凤（女）　张利年（女）

联络委员会

主　任：李名慈

副主任：袁　园（女）　何少华　管更新　江孝渔　季菊星

第十五届专门委员会（2012 年 4 月—　　）

教育委员会

主　任：胡　卫

副主任：谭　帆　郭坤宇　范秀敏（女）　蔡永洁　倪闽景　王　浩　常生龙
潘婷婷（女）　郑惠萍（女）

文化出版传媒委员会

主　任：余　岚（女）

副主任：王宗义　沈维藩　李　萍（女）　管国忠　江　蕾（女）　诸春梅（女）

经济委员会

主　任：黄　震

副主任：何培新　李清娟（女）　姜永坤　杨　蓉（女）　陈金隆　张宝国

社会法制委员会

主　任：许政涛

副主任：蒋德海　范仲兴　张　奕　郑　琦（女）　单福良

科技医疗卫生委员会

主　任：吴　毅

副主任：张伟滨　吴焕淦　叶伟成　王　杰　龚晓平　吴　群　吴范宏

人口资源环境委员会

主　任：陈振楼

副主任：王祥荣　吴心宏　施蕾生　林卫青　李　响

妇女儿童委员会

主　任：张　辰(女)

副主任：杨　燕(女)　庄　丽(女)　殷岫绮(女)　卫晓萍(女)
　　　　袁家勤(女)　李　丹(女)

联络委员会

主　任：黄山明

副主任：袁　园　沈建青　丁翔华　江孝渔　季菊星

老年工作委员会

主　任：黄山明

副主任：王　涓(女)　张德樵　顾晓彦(女)　张　涛　曹　悦

理论和会史研究委员会

主　任：许政涛

副主任：毛爱群　汪耀华　傅　勇

三、市委机关工作机构

1978年恢复活动后，于1980年1月组成的民进上海市第八届委员会机关工作机构设置为：秘书处、组织处、宣传处。1985年更名为办公室、组织部、宣传部。1988年5月民进上海市第十届委员会机关工作机构设置为：办公室、组织部、宣传部、咨询部、联络部、理论研究室6个部室。1992年6月，理论研究室更名为政策理论研究室。1997年7月，民进上海市第十二届委员会决定把咨询部更名为社会服务部，政策理论研究室更名为研究室。2003年10月，经民进上海市第十三届委员会常委会第五次会议决定，联络部更名为参政议政部，机关工作机构为：办公室、组织部、宣传部、参政议政部、社会服务部、研究室6个部室，并一直沿用至今。

恢复活动后，办公地点在泰兴路306号市政协文化俱乐部，1979年10月—1996年12月底在陕西北路186号，1996年12月26日起在陕西北路128号上海民主党派大厦16楼，2004年8月起在陕西北路128号上海民主党派大厦16—17楼。

第三节　区(县)组织

民进各区(县)委员会是民进市委的一级地方组织。1951年上海民进开始建立基层组织，1952年8月起按工作单位建立支会、直属小组，1955年起改为支部。1957年后，除直属单位外，各区(县)按行政区划相继成立区(县)委员会、支部，下设支部、小组。1978年恢复活动时，有虹口、长宁、徐汇、闸北、黄浦、卢湾、普陀、杨浦、南市、静安10个区委员会和上海、川沙2个县支部。

1986年4月民进川沙县支部升格为民进川沙县委员会，7月成立民进嘉定县委员会。1988年5月成立民进上海县委员会。1989年11月成立民进闵行区委员会。1992年12月成立民进崇明县委员会。1993年1月因行政区划调整，民进闵行区委与民进上海县委“撤二建一”，成立新的民进闵行区委员会；5月因嘉定撤县改区，民进嘉定县委更名为民进嘉定区委员会；6月民进川沙县委撤销，组建民进浦东新区委员会筹委会。1998年11月成立民进金山区委员会。2000年6月成立民进浦东新区委员会；8月民进黄浦区委和民进南市区委“撤二建一”，成立新的民进黄浦区委员会。2001年9月成立民进松江区委员会。2005年12月成立民进奉贤区支部委员会。2007年10月成立民进南汇区总支委员会。2009年7月民进南汇区总支并入民进浦东新区委员会，8月成立民进青浦区支部委员会。2011年7月成立民进奉贤区总支委员会；8月民进黄浦区委与民进卢湾区委“撤二建一”，成立新的民进黄浦区委员会。

至2012年底，民进市委下属虹口、长宁、徐汇、闸北、黄浦、普陀、杨浦、静安、嘉定、宝山、闵行、金山、浦东新区、松江区和崇明县15个区县委员会，奉贤区1个总支委员会，青浦区1个支部委员会，共有会员6 003人。

表4-1-5　1978—2012年民进市委各区(县)组织情况表

名　称	成立时间	支部(个)	会员(人)	备　　注
浦东新区委员会	2000年6月	22	537	1993年6月成立区委筹委会，2009年7月南汇区总支并入
徐汇区委员会	1957年1月	20	575	—
长宁区委员会	1956年12月	17	416	—
普陀区委员会	1958年7月	19	349	—
闸北区委员会	1958年5月	17	432	—
虹口区委员会	1956年10月	23	566	—
杨浦区委员会	1960年1月	15	343	—
黄浦区委员会	1958年6月	36	998	2000年7月与南市区委合并成立新区委，2011年8月与卢湾区委合并成立新区委
静安区委员会	1960年4月	26	558	—
闵行区委员会	1989年11月	13	330	1993年1月与上海县委合并成立新区委
宝山区委员会	1988年8月	17	254	—
嘉定区委员会	1986年7月	12	222	1993年5月由嘉定县委更名为嘉定区委员会
金山区委员会	1998年11月	6	92	—
松江区委员会	2001年9月	7	99	—
青浦区支部委员会	2009年8月	1	30	—
奉贤区总支委员会	2011年7月	3	42	—
崇明县委员会	1992年12月	9	160	—
川沙县委员会	1986年4月	—	—	1993年6月撤销
上海县委员会	1988年5月	—	—	1993年1月与闵行区委合并成立新区委
南市区委员会	1960年1月	—	—	2000年7月与黄浦区委合并成立新区委
南汇区总支委员会	2007年10月	—	—	2009年7月并入浦东新区委员会
卢湾区委员会	1958年6月	—	—	2011年8月与黄浦区委合并成立新区委

说明：表中川沙县、上海县、南市区、南汇区、卢湾区等组织由于撤销或合并等因素，至2012年时组织已不复存在，故没有相应的支部数和会员数。

第四节　直属基层组织

民进各直属委员会是民进市委在相应系统组织的直属基层组织。民进市委直属基层组织为：基层委员会、总支部委员会和支部委员会。1978年恢复党派活动后，至1980年民进市委直属支部为21个。

随着支部会员的增加，部分直属支部相继发展成立基层委员会。1994年7月成立民进上海中医药大学委员会，8月成立民进华东师范大学委员会。1995年4月成立民进上海第二医科大学委员会(2006年8月改称为民进上海交通大学医学院委员会)，7月成立民进上海市文化局委员会(2002年8月，由其中部分组织组合为民进上海文广集团委员会，同时民进文化局委员会撤销)、成立民进上海市新闻出版局委员会(2004年5月，其中部分组织组合为民进上海世纪出版集团委员会)，11月成立民进上海师范大学委员会。1996年12月成立民进上海医科大学委员会(2002年1月并入民进复旦大学委员会)。2002年12月成立民进宝钢委员会。2004年11月成立民进上海交通大学委员会。2005年5月成立民进上海文艺出版总社委员会(2011年10月并入民进上海世纪出版集团委员会)，10月成立民进同济大学委员会。2006年7月成立民进上海理工大学委员会，9月成立民进上海申康医院发展中心委员会(其前身为上海市卫生局总支部委员会)，10月成立民进上海出版系统综合委员会(同时民进上海新闻出版局委员会撤销)。

至2012年底，民进市委有直属基层委员会13个，下属支部67个，共有会员1 924人；直属支部委员会29个，共有会员1 143人。

表4-1-6　截至2012年底民进市委直属基层委员会情况表

名　　称	成立时间	支部(个)	会员(人)	说　　明
上海中医药大学委员会	1994年7月	4	162	—
华东师范大学委员会	1994年8月	5	195	—
上海交通大学医学院委员会	1995年4月	4	152	成立时为上海第二医科大学委员会，2006年8月改为现名
上海师范大学委员会	1995年11月	6	159	—
复旦大学委员会	2002年1月	8	247	1996年12月成立的上海医科大学委员会于2002年1月合并成立复旦大学委员会
上海文广影视集团委员会	2002年8月	7	206	1995年7月成立上海市文化局委员会；2002年8月，由其中部分组织组合为上海文广集团委员会，同时文化局委员会撤销
宝钢委员会	2002年12月	4	112	由原宝钢支部、冶金局支部、梅山支部合并成立
上海世纪出版集团委员会	2004年5月	13	275	1995年7月成立上海市新闻出版局委员会；2004年5月，其中部分组织组合为上海世纪出版集团委员会；2005年5月成立的上海文艺出版总社委员会于2011年10月并入上海世纪出版集团委员会
上海交通大学委员会	2004年11月	3	78	—

（续表）

名　称	成立时间	支部(个)	会员(人)	说　明
同济大学委员会	2005年10月	3	64	—
上海理工大学委员会	2006年7月	3	77	—
申康医院发展中心委员会	2006年9月	3	130	其前身为上海市卫生局总支部委员会
上海出版系统综合委员会	2006年10月	4	67	同时新闻出版局委员会撤销

表4-1-7　截至2012年底民进市委直属基层支部情况表

名　称	会员(人)	名　称	会员(人)
上海市委机关支部	48	上海社会科学院支部	32
上海应用技术学院支部	48	上海光机所支部	20
金融法律支部	67	综合支部	132
文学支部	27	上海市教委机关及直属系统联合支部	36
新闻支部	39	立信会计学院支部	20
美术支部	22	上海大学支部	35
企业支部	112	华东政法大学支部	18
科技支部	128	上海体育学院支部	40
上海高教联合支部	58	上海戏剧学院支部	31
上海博物馆支部	17	上海音乐学院支部	14
上海图书馆支部	20	上海外国语大学支部	43
上海公用事业学校支部	15	华东理工大学支部	20
上海沪剧院支部	21	上海海事大学支部	23
上海越剧院支部	24	安亭科技支部	18
上海市工艺美术学校支部	15	—	—

第二章　代表大会和委员会全体会议

根据《中国民主促进会章程》规定，地方会员代表大会或代表大会每五年举行 1 次（第四次会员代表大会至第七次会员代表大会为四年），必要时经上级组织批准可以提前或延期举行。其职权是：(1) 执行全国代表大会、中央委员会和上级组织的决议和工作任务；(2) 听取、审议和批准同级委员会的报告；(3) 讨论并决定同级委员会的重大事项；(4) 选举同级委员会。

民进上海市组织领导机构，前四届是由会员大会选举产生，其中第一届至第三届为民进上海市分会理事会，第四届为民进市委员会。1958 年 9 月，民进上海市召开第一次代表大会，选举产生的领导机构在届次上承前续计为民进上海市第五届委员会，代表大会次数与领导机构届数由此延续。

根据《中国民主促进会章程》规定，委员会全体会议每年举行 1 次，必要时可以提前或延期举行。全体会议职权为：(1) 听取、审议和批准同级委员会或常委会的报告；(2) 讨论和决定本级组织的重大事项；(3) 选举同级委员会主委、副主委、常委；(4) 必要时经上一级组织同意，可以调整同级委员会的少部分成员。

第一节　代 表 大 会

一、第四次会员代表大会

民进上海市第四次会员代表大会于 1980 年 1 月 13—16 日在延安中路 1000 号上海展览馆举行，出席代表 259 名。大会期间，中共市委第一书记彭冲，书记王一平、赵行志等领导会见全体代表，彭冲在会上作讲话。中共市委统战部部长张承宗看望代表。会中央发来贺信，向大会表示热烈祝贺。吴若安代表民进上海市第七届委员会作题为《在党的领导下继续奋勇前进》的工作报告。大会选举产生民进上海市第八届委员会，委员 53 名，候补委员 6 名。大会通过决议，要求民进组织在恢复活动基础上，根据实际情况进行调整，逐步做到充实提高组织生活；同时充分调动全体会员及所联系的知识分子的积极性，解放思想，开动机器，实事求是，团结一致向前看，为把上海建成先进工业、科学技术和外贸基地，为实现“四化”和台湾回归祖国，完成祖国统一大业作出最大努力。

二、第五次会员代表大会

民进上海市第五次会员代表大会于 1984 年 4 月 9—12 日在延安西路 200 号文艺会堂举行，出席代表 319 名、列席代表 35 名。中共市委书记杨堤到会祝贺并讲话。吴若安致开幕词，李楚材代表民进上海市第八届委员会作题为《团结起来，加快步伐，勇于创新，为全面开创民进工作新局面而奋斗》的工作报告。大会传达了市人大八届二次会议和市政协六届二次会议精神。大会选举产生民进上海市第九届委员会，委员 62 名，候补委员 8 名。大会通过决议号召民进各级组织和全体会员，要面向现代化，面向世界，面向未来，锐意进取，立志改革，在建设社会主义两个文明和促进祖国统一的光辉征途上，团结起来，加快步伐，为全面开创民进工作新局面而奋斗。

三、第六次会员代表大会

民进上海市第六次会员代表大会于 1988 年 5 月 28—30 日在南京西路 722 号联谊俱乐部举行，出席代表 311 名、列席代表 34 名。中共市委副书记杨堤到会讲话祝贺。民进中央参议委员会副主席张明养代表民进中央专程到会宣读贺信。农工党市委代理主委陈灏珠代表各民主党派、工商联市委致贺词。吴若安致开幕词，蒋家祥代表民进上海市第九届委员会作题为《发扬民进传统，实现党派工作的新转变》的工作报告。大会选举产生民进上海市第十届委员会，委员 64 名，候补委员 8 名；选举上海市出席民进第六次全国代表大会的代表 21 名。会上宣读吴若安致代表大会请求辞去主委职务的信，并宣读代表大会给吴若安等 29 位老同志的致敬信。大会通过的决议号召全市各级组织和全体会员紧密团结起来，在社会主义和爱国主义的旗帜下，为开创民进工作的新局面，为统一祖国、振兴中华和振兴上海奋勇前进。闭幕式上中共市委统战部副部长张耀忠到会讲话，赵宪初致闭幕词。

四、第七次会员代表大会

民进上海市第七次会员代表大会于 1992 年 6 月 3—6 日在北京西路 860 号市政协江海厅举行，出席代表 296 名。民进中央副主席葛志成专程前来参加大会并宣读民进中央贺信。中共市委副书记陈铁迪到会讲话祝贺。农工党市委副主委孔令朋代表各民主党派市委和市工商联致贺词。刘恒椽致开幕词，蒋家祥代表民进上海市第十届委员会作工作报告。大会选举产生民进上海市第十一届委员会，委员 63 名，候补委员 8 名；选举上海市出席民进第七次全国代表大会的代表 18 名。大会通过的决议要求全市各级干部和全体会员认真学习邓小平南方谈话，进一步解放思想，更新观念，为社会主义两个文明建设多做实事，进一步发挥参政党的作用。闭幕式上中共市委统战部副部长赵定玉到会讲话，陈炳生致闭幕词。

五、第八次代表大会

民进上海市第八次代表大会于 1997 年 7 月 15—18 日在延安中路 1111 号延安饭店 12 楼东方厅举行，出席代表 246 名，列席代表 20 名。民进中央常务副主席陈舜礼到会祝贺并宣读民进中央致大会的贺信。中共市委副书记孟建柱到会祝贺。市政协副主席、中共市委统战部部长王生洪在会上宣读中共市委致大会的贺信。民革市委主委厉无畏代表市各民主党派和工商联致贺词。中共市委常委、副市长赵启正，市人大常委会副主任孙贵璋，市政协副主席赵定玉，民进中央副主席邓伟志应邀出席大会。刘恒椽致开幕词，蒋家祥代表民进上海市第十届委员会作题为《团结奋进，开创民进工作新局面，迎接二十一世纪》的工作报告。大会选举产生民进上海市第十二届委员会，委员 61 名，候补委员 8 名；选举上海市出席民进第八次全国代表大会的代表 20 名。大会宣读给离任老同志的致敬信。大会通过的决议号召各级组织和全体会员要高举邓小平建设中国特色社会主义理论伟大旗帜，紧密团结在以江泽民同志为核心的党中央周围，为迎接中国共产党第十五次全国代表大会和民进第八次全国代表大会的胜利召开，迎接 21 世纪的到来而努力奋斗。陈舜礼出席闭幕式大会，王生洪在闭幕式上作题为《认清形势任务，加强自身建设，更好地肩负起参政党的历史使命》的讲话，陈炳生致闭幕词。

六、第九次代表大会

民进上海市第九次代表大会于 2002 年 6 月 1—4 日在重庆南路 227 号上海第二医科大学东校园新科技二楼报告厅举行,出席代表 274 名。全国人大常委会副委员长、民进中央主席许嘉璐,中共市委副书记罗世谦到会祝贺并讲话。中共市委常委、统战部部长黄跃金和民进中央常务副主席张怀西分别宣读中共市委和民进中央致大会的贺信,市政协副主席、农工党市委主委左焕琛代表市各民主党派和工商联致贺词。市人大常委会副主任沙麟,市人大常委会副主任、民盟市委主委张圣坤,副市长周慕尧、严隽琪,市政协副主席陈正兴,市政协副主席、民建市委主委黄关从,民进中央副主席邓伟志应邀出席大会。刘恒椽致开幕词并代表民进上海市第十二届委员会作题为《发扬传统,开拓创新,为建设 21 世纪高素质参政党而努力》的工作报告。大会选举产生民进上海市第十三届委员会,委员 74 名;选举上海市出席民进第九次全国代表大会的代表 28 名。大会通过的决议号召全市民进各级组织和全体会员要同心同德,团结合作,与时俱进,奋发有为,为实现新世纪的三大任务作出新的贡献。闭幕式上黄跃金作了讲话,蔡达峰宣读代表大会给离任老同志的致敬信,严隽琪致闭幕词。

七、第十次代表大会

民进上海市第十次代表大会于 2007 年 4 月 23—25 日在南京西路 1333 号上海展览中心友谊会堂宴会厅举行,出席代表 279 名。全国政协副主席、民进中央常务副主席张怀西,中共市委副书记罗世谦分别代表民进中央和中共市委出席开幕式并致辞,中共市委常委、统战部部长杨晓渡宣读

图 4-2-1　2007 年 4 月 23—25 日,民进上海市第十次代表大会在上海展览中心举行

中共市委的贺信。市政协副主席、农工党市委主委左焕琛代表市各民主党派和工商联致贺词。全国人大常委会委员、民进中央副主席王立平，市人大常委会副主任刘伦贤，副市长周太彤，市政协副主席王生洪应邀出席大会。严隽琪致开幕词并代表民进上海市第十三届委员会作《搞好政治交接，履行参政党职能，为构建社会主义和谐社会作贡献》的工作报告。大会选举产生民进上海市第十四届委员会，委员75名；选举上海市出席民进第十次全国代表大会的代表30名。大会宣读给离任老同志的致敬信。大会通过的决议号召民进各级组织和全体会员在新一届市委的带领下，全面贯彻和落实科学发展观，团结一致，勤奋工作，为上海加快实现"四个率先"和建设"四个中心"作出新的更大贡献。闭幕式上，王立平代表民进中央向大会的圆满成功表示热烈祝贺，杨晓渡作了讲话，蔡达峰致闭幕词。

八、第十一次代表大会

民进上海市第十一次代表大会于2012年4月23—25日在南京西路1333号上海展览中心友谊会堂宴会厅举行，出席代表288名。全国政协副主席、民进中央常务副主席罗富和代表民进中央出席开幕式并致贺信，中共市委副书记殷一璀代表中共市委出席开幕式并讲话。中共市委常委、统战部部长杨晓渡宣读中共市委的贺信。市政协副主席、农工党市委主委蔡威代表各民主党派市委、市工商联向大会致贺词。市人大常委会副主任王培生、副市长姜平、市政协副主席高小玫应邀出席大会。蔡达峰致开幕词并代表民进上海市第十四届委员会作《夯实组织基础，提升整体素质，为推进经济社会全面发展作贡献》的工作报告。大会选举产生民进上海市第十五届委员会，委员79名；选举上海市出席民进第十一次全国代表大会的代表32名。大会宣读给离任老同志的致敬信。大会通过的决议号召全市民进各级组织和全体会员在新一届民进市委的领导下，按照科学发展观的要求履行职能、发挥作用，为实现上海"创新驱动、转型发展"、努力推进"四个中心"建设作出新的更大贡献。闭幕式上，杨晓渡出席并讲话，蔡达峰致闭幕词。

第二节　委员会全体会议

民进市委历届委员会每年都要举行若干次全体会议或全会扩大会议，全会或选举、组建当届委员会领导班子，或传达、学习中央重要会议精神，或研究、安排民进市委主要工作，或讨论、审议各级组织换届准备等等。1980—2012年底，第八至十五届委员会举行的全体会议或扩大会议情况。

表4-2-1　民进上海市第八届委员会全体会议情况表

会议名称	时　间	地　点	主要议程及决定	备注
第一次会议	1980年1月17日	上海展览馆会议室	选举第八届委员会常委、正副主委和正副秘书长	—
第二次会议	1980年3月6日	民进市委礼堂	(1) 学习讨论中共十一届五中全会公报和邓小平《目前的形势和任务》；(2) 讨论通过市委1980年工作要点(草案)；(3) 同意对第四次代表大会提出的意见和建议的处理情况；(4) 通过学习、文教、退休、对外宣传工作委员会名单、常委会秘书名单以及市委组织机构负责人名单	—

(续表)

会议名称	时　间	地　点	主要议程及决定	备注
第七次会议	1981年9月14日	民进市委礼堂	(1) 传达中共市委统战部召开的各民主党派市委领导座谈会精神;(2) 传达教育战线思想工作精神;(3) 部署9、10月工作	扩大
第八次会议	1982年1月9日	民进市委礼堂	(1) 传达全国"两会"精神;(2) 传达民进中央常委会十一次(扩大)会议精神	扩大
第九次会议	1982年4月17日	民进市委礼堂	(1) 传达市"两会"精神;(2) 传达全国统战会议精神;(3) 传达民进中央3月全国工作座谈会精神;(4) 增补市委副主委	扩大
第十一次会议	1982年12月9日	民进市委礼堂	(1) 关于开展评选先进支部、会务积极分子活动的情况汇报;(2) 关于开展知识分子政策落实的调研工作情况汇报;(3) 关于区(县)委办学情况汇报	—
第十二次会议	1983年1月29日	民进市委102室	讨论市委1983年工作计划	—
第十三次会议	1983年3月15日	民进市委礼堂	(1) 同意正副主委、秘书长第五十八次办公会议调整秘书长人选,决定提请市委会选任;(2) 讨论《四代会以来工作小结》	—
第十四次会议	1983年4月8日	民进市委礼堂	(1) 传达民进中央1983年全国工作座谈会精神;(2) 汇报关于四代会工作经验和关于为何开创新局面问题;(3) 汇报五代会筹备工作等问题	扩大
第十七次会议	1983年8月10日	静安书场	增补2人为市委副主委,4人为市委常委	—
第十九次会议	1984年4月6日	民进市委礼堂	汇报、讨论第五次会员代表大会筹备工作	—

说明:民进上海市第八届委员会自1980年1月—1984年4月共召开19次全体会议,本表列举了其中部分全会的情况。

表4-2-2　民进上海市第九届委员会全体会议情况表

会议名称	时　间	地　点	主要议程及决定	备注
第一次会议	1984年4月13日	延安西路200号文艺会堂	(1) 选举第九届委员会常委、正副主委和秘书长;(2) 决定第九届委员会顾问人选,决定副秘书长人选;(3) 讨论传达贯彻民进第五次全国代表大会精神的意见	—
第二次会议	1984年5月23日	民进市委礼堂	(1) 传达全国工作会议精神;(2) 讨论1984年下半年工作要点(草案)	扩大
第三次会议	1984年7月7日	民进市委礼堂	(1) 传达全国"两会"精神;(2) 传达中共市委统战部"双月座谈会"精神;(3) 各专门委员会、机关机构调整以及第三季度工作安排	扩大
第四次会议	1984年10月20日	民进市委礼堂	(1) 庆祝中共十二届三中全会胜利闭幕;(2) 汇报工作以及讨论四季度工作;(3) 补选市委委员	扩大

（续表）

会议名称	时　间	地　点	主要议程及决定	备注
第五次会议	1985年1月3日	民进市委礼堂	(1) 庆祝1985年元旦和建会39周年；(2) 传达民进七届二中全会精神；(3) 讨论1985年工作设想	扩大
第八次会议	1985年12月3日	民进市委礼堂	(1) 传达民进中央部分地方组织负责人工作座谈会以及常委会会议精神；(2) 讨论1986年工作意见	扩大
第九次会议	1986年2月6日	民进市委礼堂	(1) 吴若安代表市委致迎春祝词；(2) 传达民进中央七届三中全会精神；(3) 传达国家教委教育工作会议精神；(4) 汇报1985年工作情况和1986年工作补充意见	扩大
第十一次会议	1987年6月25日	民进市委礼堂	传达民进第六次全国代表大会精神	扩大
第十三次会议	1987年12月25日	民进市委礼堂	讨论第六次会员代表会议筹备工作	扩大
第十四次会议	1988年1月3日	民进市委礼堂	(1) 增补市委副主委；(2) 审议通过区(县)换届改选工作的几点意见	—

说明：民进上海市第九届委员会自1984年4月—1988年1月共召开14次全体会议，本表列举了其中部分全会的情况。

表4-2-3　民进上海市第十届委员会全体会议情况表

会议名称	时　间	地　点	主要议程及决定	备注
第一次会议	1988年5月30日	联谊俱乐部	(1) 选举第十届委员会常委、正副主委和秘书长；(2) 通过聘请名誉主委、名誉副主委以及顾问名单	—
第二次会议	1989年1月29日	民进市委礼堂	讨论1989年工作	—
第四次会议	1989年7月7日	民进市委礼堂	传达中共十三届四中全会精神	扩大
第五次会议	1989年8月31日	民进市委礼堂	传达民进八届三中全会精神	—
第七次会议	1990年1月19日	民进市委礼堂	(1) 讨论通过《民进市委1990年工作打算(讨论稿)》；(2) 讨论通过《民进市委1990年巩固和发展组织工作的几点意见(讨论稿)》	扩大
第八次会议	1990年4月16日	民进市委礼堂	(1) 传达中共中央召开的“民主协商会”精神；(2) 传达中共十三届六中全会精神	扩大
第九次会议	1990年6月15日	民进市委礼堂	(1) 通报“华东六省一市民进逐个交流研讨会”情况；(2) 审议通过赵宪初辞去主任委员职务的请求，增补刘恒椽为主任委员	—
第十一次会议	1991年1月3日	民进市委礼堂	(1) 传达民进八届三中全会精神；(2) 汇报1990年的工作	扩大
第十二次会议	1991年5月2日	民进市委礼堂	(1) 传达全国、市“两会”精神；(2) 部署下半年工作	扩大
第十三次会议	1992年4月16日	民进市委礼堂	传达全国、市“两会”精神	扩大

说明：民进上海市第十届委员会自1988年5月—1992年4月共召开13次全体会议，本表列举了其中部分全会的情况。

表4-2-4 民进上海市第十一届委员会全体会议情况表

会议名称	时 间	地 点	主要议程及决定	备注
第一次会议	1992年6月6日	市政协月潭厅	(1) 选举第十一届委员会常委、正副主委和秘书长;(2) 聘任名誉主委、名誉副主委和顾问	—
第二次会议	1992年12月25日	市政协月潭厅	(1) 传达民进第七次全国代表大会精神;(2) 传达民进中央参议委员会会议精神	扩大
第三次会议	1993年2月6日	民进市委礼堂	(1) 审议通过《一九九三年工作要点》;(2) 传达江泽民在全国计划会议上讲话精神	扩大
第四次会议	1993年4月13日	民进市委礼堂	传达全国"两会"精神及江泽民参加上海组讨论会的讲话精神	扩大
第五次会议	1993年12月27日	民进市委礼堂	(1) 传达民进九届二中全会精神;(2) 审议并同意"1993年度工作汇报"和"1994年工作计划要点"的建议	扩大
第六次会议	1994年12月13日	民进市委礼堂	传达民进九届三中全会精神	扩大
第七次会议	1995年3月21日	民进市委礼堂	传达全国"两会"精神	扩大
第八次会议	1995年11月18日	民进市委礼堂	(1) 汇报1995年上半年度工作;(2) 传达民进中央为社会主义两个文明建设服务经验交流会精神;(3) 递补市委委员,增补市委常委,增补市委副主委	—
第九次会议	1996年2月23日	民进市委礼堂	(1) 传达市"两会"精神;(2) 审议通过1996年工作打算和1995年工作汇报	扩大
第十次会议	1996年7月4日	民进市委礼堂	(1) 传达民进中央九届十一次常委扩大会议精神、《民进中央关于1997年中央换届工作的意见》和《民进中央关于1997年省级组织换届工作的意见》;(2) 审议通过贯彻执行《民进中央关于1997年省级组织换届工作的意见》的实施意见;(3) 审议通过上半年主要工作简况汇报(书面);(4) 增补市委副主委;(5) 讨论通过市委机关人事任命事项	扩大
第十一次会议	1996年12月28日	民进市委礼堂	(1) 增补市委常委、副主委;(2) 通过常委会关于市委秘书长任免建议名单	—
第十二次会议	1997年7月4日	民进市委1609室	(1) 通报民进第八次代表大会筹备情况,审议通过第八次代表大会有关文件;(2) 决定民进第八次代表大会召开日期;(3) 通报民进中央批准免除张庆龙会内一切职务并开除其会籍的处分决定	—

表4-2-5 民进上海市第十二届委员会全体会议情况表

会议名称	时 间	地 点	主要议程及决定	备注
第一次会议	1997年7月18日	民进市委1609室	(1) 选举第十二届委员会常委、正副主委和秘书长;(2) 通过聘请名誉主委、名誉副主委和顾问的决定;(3) 通过聘请第十二届各专门委员会正副主任和顾问的决定;(4) 通过任命副秘书长的决定	—

（续表）

会议名称	时　间	地　点	主要议程及决定	备注
第二次会议	1997年9月28日	山西南路200号南京饭店	(1) 传达民进中央九届十八次常委会精神；(2) 传达刘延东在中共中央统战部通报会上的讲话	扩大
第三次会议	1997年12月10日	民进市委1609室	传达民进第八次全国代表大会精神	扩大
第四次会议	1998年2月27日	民进市委1609室	(1) 传达民进中央主席会议精神；(2) 传达市“两会”精神	扩大
第五次会议	1998年10月24日	民进市委1609室	(1) 传达民进全国宣传思想工作会议、全国组织工作会议和华东六省一市工作交流研讨会精神；(2) 部署贯彻实施民进中央两个工作会议精神	扩大
第六次会议	1998年12月1日	民进市委1609室	学习邓小平新时期爱国统一战线理论交流发言	扩大
第七次会议	1998年12月26日	民进市委1609室	(1) 传达民进十届二中全会精神；(2) 传达中共中央统战部副部长刘延东“形势报告”精神；(3) 审议通过《1998年工作汇报和1999年工作打算》报告；(4) 聘请会内法律界专家成立市委会法律顾问团；(5) 增补市委委员、常委	扩大
第八次会议	1999年3月19日	民进市委1609室	传达全国“两会”精神	扩大
第九次会议	1999年7月20日	民进市委1609室	(1) 刘恒椽就李登辉在台湾抛出分裂祖国的所谓“两国论”发表谈话；(2) 传达民进十届六次常委会精神；(3) 讨论通过下半年主要工作实施计划	扩大
第十次会议	1999年12月26日	民进市委1609室	(1) 审议通过《1999年工作汇报和2000年工作打算》；(2) 增选市委副主委	扩大
第十一次会议	2000年12月22日	民进市委1609室	(1) 座谈纪念中国民主促进会成立55周年；(2) 传达民进十届四中全会精神；(3) 审议并原则通过“2000年工作汇报和2001年工作打算”和“关于加强思想政治工作的意见”	扩大
第十二次会议	2001年6月20日	民进市委1609室	(1) 传达民进中央十届十二次常委会精神；(2) 汇报市委上半年工作；(3) 增选市委副主委、常委	—
第十三次会议	2001年12月28日	民进市委1609室	(1) 审议通过《2001年工作汇报和2002年工作打算》工作报告；(2) 增补市委常委	—
第十四次会议	2002年5月19日	青浦区南华苑度假村	(1) 讨论第九次代表大会的有关文件；(2) 通过第十三届委员会委员、常委、领导班子成员和大会执行主席等建议名单；(3) 汇报第九次代表大会筹备情况	扩大

表4-2-6　民进上海市第十三届委员会全体会议情况表

会议名称	时　间	地　点	主要议程及决定	备注
第一次会议	2002年6月3日	二医大东校园新科技楼二楼报告厅	(1) 选举第十三届委员会常委，正副主委；(2) 通过关于任命秘书长、副秘书长的决定；(3) 通过关于聘请名誉主委、名誉副主委、顾问的决定	—

(续表)

会议名称	时　间	地　点	主要议程及决定	备注
第二次会议	2002年12月28日	民主党派大厦六楼多功能	审议并原则通过常委会2002年工作报告	—
第三次会议	2003年12月24日	民主党派大厦六楼多功能	(1) 审议并原则通过常委会工作报告;(2) 传达民进十一届二中全会精神	—
第四次会议	2004年7月10日	民主党派大厦六楼多功能厅	(1) 常委会上半年工作汇报;(2) 部署下半年工作	—
第五次会议	2004年12月27日	民主党派大厦六楼多功能厅	(1) 审议并原则通过常委会2004年工作报告;(2) 传达民进十一届三中全会精神;(3) 增选市委委员	扩大
第六次会议	2005年6月20日	民主党派大厦六楼多功能厅	(1) 常委会上半年工作汇报;(2) 传达民进十一届九次中常会精神	—
第七次会议	2005年12月29日	民主党派大厦六楼多功能厅	(1) 审议并原则通过常委会2005年工作报告;(2) 传达民进十一届四中全会精神和民进中央举行纪念民进成立60周年大会的精神;(3) 增补市委副主委和市委委员	扩大
第八次会议	2006年8月14日	民立中学会议室	(1) 增补市委副主委;(2) 传达近期召开的全国统战工作会议和中共市委举行的各民主党派市委领导暑期学习会精神;(3) 市委换届工作动员并布置有关工作	扩大
第九次会议	2006年12月30日	上海展览中心友谊厅	(1) 审议通过常委会2006年工作报告;(2) 传达民进十一届五中全会精神;(3) 举行上海民进网站开通仪式	扩大
第十次会议	2007年3月26日	民主党派大厦二楼报告厅	(1) 传达全国"两会"精神;(2) 报告民进第十次代表大会的筹备情况;(3) 决定民进第十次代表大会召开日期;(4) 审议通过民进第十次代表大会的议程、日程、特邀代表名单等有关文件	—

表4-2-7　民进上海市第十四届委员会全体会议情况表

会议名称	时　间	地　点	主要议程及决定	备注
第一次会议	2007年4月25日	上海展览中心一楼友谊厅	(1) 选举第十四届委员会常委,正副主委;(2) 通过任命秘书长	—
第二次会议	2007年12月28日	民主党派大厦二楼报告厅	(1) 传达民进第十次全国代表大会精神;(2) 审议并通过常委会2007年工作报告	扩大
第三次会议	2008年3月28日	民主党派大厦二楼报告厅	(1) 传达全国"两会"精神;(2) 部署2008年工作	扩大
第四次会议	2008年12月30日	民主党派大厦二楼报告厅	(1) 审议并通过常委会2008年工作报告;(2) 传达民进十二届二中全会精神;(3) 推荐市委领导班子后备干部	扩大
第五次会议	2009年3月20日	民主党派大厦二楼报告厅	传达学习全国"两会"精神	扩大

（续表）

会议名称	时　间	地　点	主要议程及决定	备注
第六次会议	2009年12月26日	民主党派大厦六楼多功能厅	(1) 传达民进十二届三中全会精神；(2) 审议并通过常委会2009年工作报告	扩大
第七次会议	2010年3月30日	民主党派大厦六楼多功能厅	传达学习全国“两会”精神	扩大
第八次会议	2010年12月29日	民主党派大厦六楼多功能厅	(1) 审议并通过常委会2010年工作报告；(2) 传达民进十二届四中全会精神；(3) 通过《监督委员会条例》，产生第一届监督委员会；(4) 增补市委副主委、市委委员	扩大
第九次会议	2011年3月18日	民主党派大厦二楼报告厅	(1) 传达全国“两会”精神；(2) 通报关于2011年区县委员会换届工作的实施意见、第十一次代表大会代表名额及产生办法意见的情况说明	扩大
第十次会议	2011年8月2日	民主党派大厦六楼多功能厅	(1) 市委主委班子述职报告和部分主委班子成员个人述职报告；(2) 市委换届工作动员；(3) 民主推荐第十五届委员会领导班子人选	扩大
第十一次会议	2011年12月30日	民主党派大厦六楼多功能厅	(1) 审议并通过常委会2011年工作报告；(2) 听取市委监督委员会2011年工作情况报告；(3) 传达民进十二届五中全会精神	扩大
第十二次会议	2012年3月30日	民主党派大厦二楼报告厅	(1) 传达全国“两会”精神；(2) 报告民进第十一次代表大会筹备工作情况；(3) 通过民进第十一次代表大会有关文件，决定大会召开日期	—

表4-2-8　民进上海市第十五届委员会全体会议情况表

会议名称	时　间	地　点	主要议程及决定	备注
第一次会议	2012年4月25日	上海展览中心友谊会堂一楼友谊厅	(1) 选举第十五届委员会常委、正副主委；(2) 通过第十五届委员会监督委员会组成人员	—
第二次会议	2012年12月28日	民主党派大厦六楼多功能厅	(1) 审议通过2012年工作报告；(2) 听取第十五届委员会监督委员会2012年工作情况报告；(3) 传达民进第十一次全国代表大会精神	扩大

第三章　履 行 职 能

民进市委按照《中国民主促进会章程》中“本会坚持中国共产党领导的多党合作和政治协商制度，贯彻‘长期共存、互相监督、肝胆相照、荣辱与共’的方针，促进与中国共产党思想上同心同德、目标上同心同向、行动上同心同行。积极参加国家政权，参与国家大政方针和国家领导人选的协商，参与国家事务的管理，参与国家方针、政策、法律、法规的制定执行。在国家政治生活中认真履行参政议政、民主监督的职责”的规定，始终认真履行职责，围绕中心，服务大局，反映社情民意，努力发扬特色，发挥优势，深入调研，广泛联系，善于思考，不断提高履职能力。

第一节　参加政治协商活动

民进市委积极参加中共与各民主党派的政治协商活动。民进市委主要领导出席中共市委召开的党外人士座谈会和情况通报会，就重大问题在决策前、决策执行中进行协商，听取重要会议精神传达和重要情况通报，并发表意见建议；应邀参加民主协商会，协商担任市人大、市政府、市政协及市级司法机关领导职务的建议人选，并把经会议协商一致的意见作为各党派、团体的共同意见，依法分别提请市人大、市政协进行审议。民进市委主要领导围绕上海经济、社会发展的大政方针，为上海的改革开放和社会主义现代化建设，为中共市委和市政府决策的科学化、民主化建言献策，发挥参政党应有的作用。

一、出席党外人士座谈会

党外人士座谈会是由中共市委组织召开，与各民主党派就国家大政方针、地方重大问题在决策前、决策执行中的重要事务及统一战线中的重大问题等进行政治协商的经常性重要活动。座谈会内容包括：传达中共中央有关全会会议精神；传达中共上海市各次代表大会及有关全会的会议精神；传达有关重要会议精神，如全国统战工作会议精神、全国民主党派工作会议和市对台工作会议精神、全国社会治安工作会议精神等；征求对市党代会和市委重要文件以及市政府工作报告的意见；听取中共市委负责人关于上海制订国民经济和社会发展中长期规划的介绍并征求相关意见；征求对上海有关改革开放和两个文明建设的意见，如对上海率先建立社会主义市场经济运行机制的意见、对进一步加大浦东开发开放力度的意见、对上海市政府机构改革的意见、对进一步推进上海精神文明建设的意见等；通报重要情

图 4-3-1　2008 年 4 月 30 日，主委蔡达峰在党外人士座谈会上发言

况并听取意见，如通报上海端正党风、加强廉政建设情况、通报上海开展“严打”斗争的情况、通报中共中央关于“法轮功”问题的指示精神等；征求对党风和廉政建设的意见，如听取对中央关于陈希同、王宝森等情况通报的意见，听取对上海党风廉政建设的意见，征求对加强和改进党政监督机制的意见等。民进市委主要领导人积极参与讨论，并就上海经济建设、社会发展和反腐倡廉等重大问题及有关政策落实等发表意见、提出建议。

二、出席民主协商会

民主协商会是中共市委与各民主党派就人大、政府、政协的领导人选进行民主协商的一种形式。在历届市人大、市政府、市政协换届改选前有重要人事变动，由中共市委召开会议，邀请各民主党派就市人大、市政府、市政协领导班子成员和市高级人民法院院长、市人民检察院检察长候选人建议人选、相关人事变动共同协商确定，再提请市人大、市政协会议选举、任命。民进市委主要领导人参加人事协商座谈会，听取人事安排情况介绍，认真参与协商并发表意见。

第二节　参加人民代表大会

在历届全国和市人民代表大会中，上海民进都有会员当选人大代表。当选第五至十一届全国人民代表大会代表的有10人、12人次，其中任常委会副委员长1人、1人次；当选第七至十三届上海市人民代表大会代表的有61人、93人次，其中任常委会委员5人、5人次，吴若安任第七、八届市人大常委会副主任；蔡达峰任第十三届市人大常委会副主任。他们都依照《中华人民共和国宪法》和有关法律规定，参政议政，履行自己的职责。

一、当选人大代表

【全国人大】

第五届（1978年11月—1983年4月）

代　表：吴若安（女）

第六届（1983年4月—1988年8月）

代　表：吴若安（女）

第七届（1988年8月—1993年3月）

代　表：陈炳生　钱伯诚

第八届（1993年3月—1998年3月）

代　表：陈炳生　徐仁惠

第九届（1998年3月—2003年3月）

代　表：许世远

第十届（2003年3月—2008年3月）

代　表：褚以琳（女）　蔡达峰　瞿　钧

第十一届（2008年3月—　）

常委会副委员长：严隽琪（女）

代　表: 严隽琪(女)　陈振楼

【上海市人大】

第七届(1977 年 12 月—1983 年 4 月)

常委会副主任: 吴若安(女)

代　表: 吴若安(女)　朱镜清　江芷千(女)　杨国英(女)　李昌允　周家凤　钟达轩　黄羡明　薛　正(女)

第八届(1983 年 4 月—1988 年 4 月)

常委会副主任: 吴若安(女)

代　表: 吴若安(女)　朱镜清　李昌允　陈炳生　钟达轩　黄羡明　盛士琰　薛　正(女)

第九届(1988 年 4 月—1993 年 2 月)

常委会委员: 陈心田

代　表: 陈心田　孔耀洲　李　峙　沈剑英　范荣屏　黄羡明　龚继先　盛士琰　蔡维友　瞿　钧

第十届(1993 年 2 月—1998 年 2 月)

常委会委员: 盛士琰

代　表: 盛士琰　丁文魁　孔耀洲　许世远　刘伟国　陈子壮　陈心田　李　峙　范荣屏　瞿　钧　张庆龙(1997 年 5 月止)

第十一届(1998 年 2 月—2003 年 2 月)

代　表: 丁文魁　王慧敏(女)　孔耀洲　古　晓　卢承锐　刘伟国　吴小静(女)　陈子壮　陈心田　陈菊珏(女)　汤以烈　顾国庆　褚以琳(女)　蒋德海　瞿　钧　叶文博　严隽琪(女)

第十二届(2003 年 2 月—2008 年 2 月)

常委会委员: 王慧敏(女)

代　表: 王慧敏(女)　叶文博　叶冠峰　刘伟国　许世远　李　皑　吴　毅　吴小静(女)　张　群　张少波　张伟玉(女)　陈心田　柯碧华(女)　倪闽景　姚国华　顾国庆　顾奎华

第十三届(2008 年 2 月—　　)

常委会副主任: 蔡达峰

常委会委员: 陈强努　瞿　钧

代　表: 蔡达峰　陈强努　瞿　钧　于颖彦　卫晓萍(女)　王　浩　王文平　王其芬(女)　叶文博　朱　芳(女)　李清娟(女)　张　辰(女)　张少波　陈　瑾　金哲民　姚　戎　姚安宝　倪闽景　黄　溪(女)　蒋碧艳(女)　鲍英菁(女)

二、代表履职

当选历届全国和市人大代表的上海民进会员,依照《中华人民共和国宪法》和有关法律规定,通过参加人大会议，参与审议《政府工作报告》，讨论政府领导人选并选举；行使立法和监督权，并通过议案、发言，反映所联系的党派成员和社会各界人士的意见和建议、社会热点问题以及来自多方面的社情民意，同时参与人大组织的视察活动，督促各项决议的实施。

1988 年，盛士琰等提出议案《切实贯彻"义务教育法"，清除教育危机，提高教育质量，制止人员素质的"滑坡"》，共有 60 位市人大代表参与签名，引起政府部门的重视。当年，上海市教育经费由原计划增长 5.7%提高到增长 8%。

2002 年，王慧敏等 19 名代表的《上海旅游业的健康、快速发展急呼〈上海市旅游管理条例〉尽快出台》得到有关部门重视。2003 年 12 月 31 日市十二届人大常委会第九次会议审议通过《上海市旅游条例》，并于 2004 年 3 月 1 日起施行。

2005 年，王慧敏等 13 名代表联名提出书面意见《关于加快本市旅馆业立法的若干建议》，希望上海能在全国率先出台一部关于旅馆业综合管理的法规并提出了具体建议。唐登杰副市长专门作出批示，要求市旅游委在市政府出台《上海市旅馆业发展规划纲要》的基础上，进一步加强立法调研工作，完善上海旅馆业依法管理。

表 4-3-1　1982—2008 年民进会员中市人大代表提交的议案一览表

年　度	案　　由
1982	关于加速建设福州路"文化街"
1983	建议创建上海针灸学院以利培训高级人才，顺利发展中国针灸事业，保持国际领先地位
1988	切实贯彻"义务教育法"，清除教育危机，提高教育质量，制止人员素质的"滑坡"
1990	彻底改革小学升初中考试制度
1994	加强农业投入，抓好蔬菜的生产与销售
1995	对外环线环绿带建设呼吁紧急立法
1996	尽快制定《上海市法制宣传教育条例》，加大法制宣传力度
1999	上海应制定眼镜行业的法规
2000	关于制定废旧电池收集处理暂行办法的议案
2001	关于加快制定《上海市旅游管理条例》的建议
	上海在新一轮旧区改造中，要把消除中心城区的危棚简屋列为量化目标
2002	关于制定《上海市学前教育条例》的建议
	上海旅游业的健康快速发展急呼《上海市旅游管理条例》尽快出台
	关于尽快制定《上海市学前教育条例》的建议
	关于修订《上海市实施〈中华人民共和国义务教育法〉办法》的议案
2007	本市应加快推进"服务型经济转型"的政策制定的建议
2008	加快上海国际金融中心建设的若干建议
	郊区经济发展应放在本市更加突出的位置
	规划建设大型邮轮靠泊区，全面加快发展上海邮轮经济步伐
	关于市人大督促解决在居民集聚区建设虹杨超大型变电站引发的民生问题的建议

第三节 参加政治协商会议

在全国和市人民政协中，上海民进都有一定数量的会员担任政协委员。担任第五至十一届全国政协委员的有18人、31人次，其中柯灵任第七届常务委员，邓伟志任第九届常务委员，蔡达峰任第十一届常务委员。担任第五至十一届市政协委员的有115人、197人次，其中任常务委员有21人、34人次；吴若安任第五届副主席，赵宪初任第七届副主席，刘恒椽任第八、九届副主席。他们同各界委员一起履行政治协商、民主监督和参政议政的职责。

一、担任政协委员

【全国政协】

第五届(1978年3月—1983年6月)

委　　员：周煦良　柯　灵

第六届(1983年6月—1988年3月)

委　　员：柯　灵　段力佩　臧慧芬(女)　蒋家祥

第七届(1988年3月—1993年3月)

常务委员：柯　灵

委　　员：柯　灵　朱鸿鹗　刘恒椽　赵丽宏　蒋家祥　臧慧芬(女)

第八届(1993年3月—1998年3月)

委　　员：邓伟志　刘恒椽　朱鸿鹗　蒋家祥

第九届(1998年3月—2003年3月)

常务委员：邓伟志

委　　员：邓伟志　马惠生　刘奕民　刘恒椽

第十届(2003年3月—2008年3月)

委　　员：王　静(女)　邓伟志　严隽琪(女)　陈振楼　赵丽宏

第十一届(2008年3月—　)

常务委员：蔡达峰

委　　员：蔡达峰　王　静(女)　张　群　赵丽宏　黄　震　屠　杰

【上海市政协】

第五届(1977年12月—1983年4月)

副 主 席：吴若安(女)

常务委员：李楚材　罗君惕　周煦良　赵宪初

委　　员：吴若安(女)　李楚材　罗君惕　周煦良　赵宪初　王佩贞(女)
毛智凤(女)　方学武　朱有瓛　沈百英　陈云涛　陈南生　陈穗九　张乃璇
张兆桢　金幼云　单晓天　赵传家　闻茂康　钱　潮　董涤尘　蒋孝毅
段力佩(1979年12月任)　蒋家祥(1982年3月任)

第六届(1983年4月—1988年4月)

常务委员: 李楚材　罗君惕　周煦良　金幼云　赵宪初　蒋家祥

委　　员: 李楚材　罗君惕　周煦良　金幼云　赵宪初　蒋家祥　毛智凤(女)　王佩贞(女)　方去疾　方学武　朱有瓛　朱曼殊(女)　朱鸿鹗　杨国英(女)　陈云涛　陈穗九　陈南生　张乃璇　张兆桢　单晓天　赵传家　闻茂康　钱　潮　翁泽永　童祥苓　董涤尘　乐嘉基(1984年3月任)

第七届(1988年4月—1993年2月)

副 主 席: 赵宪初

常务委员: 李楚材　陈穗九　金幼云

委　　员: 赵宪初　李楚材　陈穗九　金幼云　毛智凤(女)　邓伟志　乐嘉基　朱镜清　李昌九　任　意　刘征泰　许松寿　杨国英(女)　杨德壬　陈云涛　陈南生　张应湘　张和豪　林笃桢　林黛文　范一辛　赵一民　夏文慧(女)　徐志璋　黄葆慧(女)　童祥苓　闻茂康　黄增基

第八届(1993年2月—1998年2月)

副 主 席: 刘恒椽

常务委员: 陈　瑜　金幼云　谭玉美(女)

委　　员: 刘恒椽　陈　瑜　金幼云　谭玉美(女)　王慧敏(女)　毛　琦　毛智凤(女)　冯世鎏　许松寿　李名慈　乐嘉基　任　意　杨德壬　余源培　沈剑英　张应湘　张和豪　张静娴(女)　陈寿鹏　林丙义　夏文蕙(女)　徐志璋　黄葆慧(女)　童祥苓　熊衍元　薛福田　瞿　钧

第九届(1998年2月—2003年2月)

副 主 席: 刘恒椽

常务委员: 李名慈　余源培　张　哲(女)　陈　瑜　金幼云　赵丽宏

委　　员: 刘恒椽　李名慈　余源培　张　哲(女)　陈　瑜　金幼云　赵丽宏　马雪萍(女)　毛　琦　邓国坤　尹达新　吴立昌　张　彤　张大同　张应湘　张静娴(女)　邵光宇　岑国桢　林丙义　林庚金　金幼云　金良年　夏文蕙(女)　徐仁惠(女)　黄葆慧(女)　童祥苓　熊衍元

第十届(2003年2月—2008年2月)

常务委员: 刘奕民　李名慈　余源培　张　哲(女)　陈　瑜　黄　震

委　　员: 刘奕民　李名慈　余源培　张　哲(女)　陈　瑜　黄　震　王圣民　王祥荣　孔耀洲　邓国坤　沈建青　岑国桢　吴长福　张大同　张文龙　张臣吉　张静娴(女)　陈　江　陈　军　陈强努　邵光宇　邵志勇　杨荣华　金良年　洪　涛　徐惠新　郭　翔　袁　园　黄山明　程霄玉(女)　屠　杰　熊衍元

第十一届(2008年2月—　　)

常务委员: 李名慈　吴　毅　胡　卫　袁　园　郭　翔　褚以琳(女)

委　　员: 李名慈　吴　毅　胡　卫　袁　园　郭　翔　褚以琳(女)　丁建勇　王　杰　王圣民　王祥荣　方亚芬(女)　邓　莹　孙甘露　杨荣华　李　皑　吴长福　吴范宏　吴焕淦　张　峰　张大同　张文龙　陈　军　陈　江　迟黎明　金良年　胡传海　洪　涛　徐惠新　郭坤宇　黄山明　喻碧波　程霄玉(女)

二、委员履职

担任全国和市政协委员的民进会员,通过参加政协全会,列席同时召开的同级人民代表大会,参与审议政府工作报告,讨论关于国家大政方针和国家经济计划的制定,参与各项视察活动,并通过提案,就上海的经济发展、城市建设和管理、社会稳定、精神文明建设等提出建议,同时反映所联系的党派成员和社会人士的要求,履行政治协商、民主监督的职责。《中共中央关于坚持和完善中国共产党领导的多党合作和政治协商制度的意见》中确定了在政协会议上,民主党派可以本党派名义发言,提出提案。自 1991 年起,每年的市政协全会上,民进市委都提交大会发言(包括口头发言和书面发言),并提交提案。到 2012 年,共提交大会发言 101 份、提案 276 份,其中 37 份被市政协评为优秀提案,有的被市政协列入重点督办提案。

1991 年,《建议加强领导,理顺管理体制,促进职业技术教育的进一步发展》的提案得到市教卫办的重视并积极办理,被评为市政协 1991 年优秀提案。

1992 年,《关于深化上海出版改革的几点建议》的提案,由上海新闻出版局在局长办公会议上专题进行讨论,并予书面答复。《关于改革上海高校招生办法的建议案》获市政协优秀提案。

1996 年《建议将民进成立大会会址作为革命遗址加以保护》、1998 年《关于将民进成立大会会址作为爱国主义教育基地的建议》和 1999 年《关于将民进成立大会会址作为上海市爱国主义教育基地的再建议》3 件提案的连续呼吁,在中共市委和统战部的支持和帮助下,民进成立旧址在 1999 年 6 月举行揭牌仪式。

1998 年,《关于提高早期退休的老年人生活质量的建议》的提案在《联合时报》发表并同时刊登在《决策参考》上,收到许多读者来信,得到有关领导和部门的高度重视,相关建议被采纳,提高了上海早期退休人员的养老金,受到老年人的欢迎。

1998 年《关于出版发行工作改革的建议》、1999 年《关于出版管理体制改革的建议》、2000 年《关于加快上海图书发行体制改革的几点建议》、2001 年《关于加快培养上海出版业人才的几点建议》等提案,对做大做强上海出版业,提高出版物质量,扩大沪版图书发行量提出建议。

1999 年,在市政协九届二次会议上的"建立中国旅游资源信息网,发展上海旅游业"的大会发言以及 2000 年《关于提高上海旅游市场化水平的建议》、2001 年《关于加快制订〈上海市旅游条例〉的建议》和 2002 年《上海旅游业的健康、快速发展急呼〈上海市旅游条例〉尽快出台》等提案,提出既有前瞻性又有可操作性的建议,促成《上海市旅游条例》通过市人大常委会立法。

2001 年,民进市委、民革市委、民盟市委的联名提案《进一步推进本市语言文字规范化工作的几点建议》,周慕尧副市长作了批示:"请市语委按黄菊同志批示精神高度重视积极研究认真办理,情况盼告。"提案引起市领导和语言文字主管部门的重视,市政府将语言文字工作法制建设列入 2001 年立法调研项目。

2002 年,在市政协九届五次会议上的"积极推进终身教育,把上海建成学习型城市"的大会发言被评为市政协优秀大会发言。

2004 年,《关于解决本市流浪乞讨人员问题的建议》提案,得到中共市委副书记刘云耕的批示。在中共市委政法委员会召集市公安局、市民政局、市建委等有关部门作集中提案答复中表示:下一步各有关部门将根据提案的精神,进一步解放思想,开拓创新,及时总结工作经验,逐步完善各项工作进度,探索出一条与上海经济发展和社会进步相适应的对流浪乞讨人员救助管理的新途径。《要以科学的发展观推进上海城郊一体化建设》提案得到市委、市政府主要领导批示;《关于加快建设出版博物馆的建议》提案被中共市委宣传部采纳,选址落实。

2005 年,《关于上海率先启动图书希望工程的意见和建议》提案得到中共市委宣传部高度重视。针对提案中众多不乏有利用价值的图书化为纸浆的问题,中共市委宣传部明确表示:将经审核确认为不良资产的库存图书中仍有使用价值的,由宣传部国资办统一汇总提供清单,在民进市委的参与和协助下提供给希望工程办公室挑选,选定后作为捐赠处理。《新民晚报》为此作系列报道,激起市民捐书热潮。2007 年,中共市委宣传部又对图书捐赠进展作了答复。

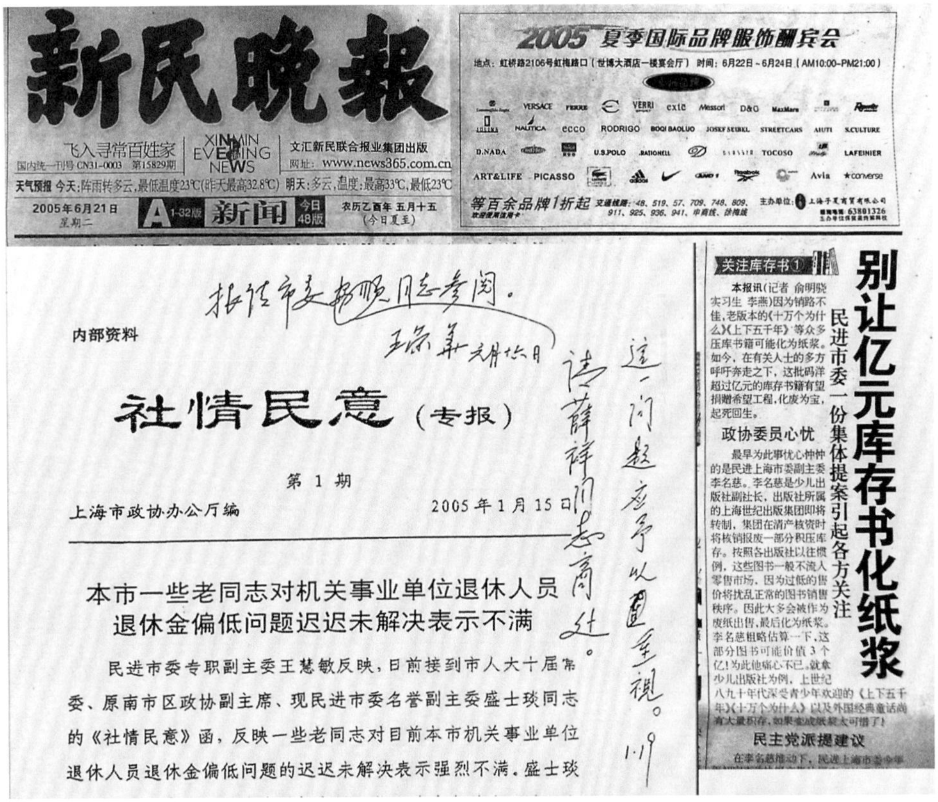

新民晚报

飞入寻常百姓家　XINMIN EVENING NEWS　文汇新民联合报业集团出版

国内统一刊号 CN31-0003　第15829期　网址: www.news365.com.cn

天气预报 今天:阵雨转多云,最低温度23℃(昨天最高32.8℃) 明天:多云,温度:最高33℃,最低23℃

2005年6月21日 星期二　A 1-32版 新闻 今日48版　农历乙酉年 五月十五 (今日夏至)

2005 夏季国际品牌服饰酬宾会

地点:虹桥路2106号虹梅路口(世博大酒店一楼宴会厅) 时间:6月22日~6月24日(AM10:00-PM21:00)

等百余品牌1折起

内部资料

社情民意(专报)

第 1 期

上海市政协办公厅编　2005 年 1 月 15 日

本市一些老同志对机关事业单位退休人员退休金偏低问题迟迟未解决表示不满

民进市委专职副主委王慧敏反映,日前接到市人大十届常委、原南市区政协副主席、现民进市委名誉副主委盛士琰同志的《社情民意》函,反映一些老同志对目前本市机关事业单位退休人员退休金偏低问题的迟迟未解决表示强烈不满。盛士琰

关注库存书①

别让亿元库存书化纸浆

民进市委一份集体提案引起各方关注

本报讯(记者 俞明晓 实习生 李燕)因为销路不佳,老版本的《十万个为什么》《上下五千年》等众多压库书籍可能化为纸浆。如今,在有关人士的多方呼吁奔走之下,这批码洋超过亿元的库存书籍有望捐赠希望工程,化废为宝,起死回生。

政协委员心忧

最早为此事忧心忡忡的是民进上海市委副主委李名慈。李名慈是少儿出版社副社长,出版社所属的上海世纪出版集团即将转制,集团在清产核资时将核销报废一部分积压库存。按照各出版社以往惯例,这些图书一般不流入零售市场,因为过低的售价将扰乱正常的图书销售秩序。因此大多会被作为废纸出售,最后化为纸浆。李名慈粗略估算一下,这部分图书可能价值 3 个亿!为此他痛心不已。就拿少儿出版社为例,上世纪八九十年代深受青少年欢迎的《上下五千年》《十万个为什么》以及外国经典童话尚有大量积存,如果变成纸浆太可惜了!

民主党派提建议

在李名慈推动下,民进上海市委……

图 4-3-2　中共市委领导对民进市委的建议作出批示以及 2005 年 6 月 22 日的《新民晚报》报道民进市委参政议政成果

2006 年,《关于大力扶持本市民办非企业单位发展的建议》提案得到市社会服务局、市社会团体管理局领导的重视并专程到民进市委机关进行沟通。该提案被评为市政协优秀提案。

2008 年,《关于促进网络出版发展的若干建议》的提案中,对如何更好地促进网络出版成员的发展提出了相关建议和对策,引起政府部门的高度重视。市新闻出版局在答复中,明确表示将采纳提案的有关建议,并采取相应的对策和措施。

2009 年,《关于上海科技创新中的高端专业人才开发与引进的建议》的提案在客观全面分析上海高端专业人才开发和引进工作的现状并指出存在问题的基础上,提出合理化建议,应实行政策聚焦突破,加大国内外高端专业人才尤其是国际高端专业人才的引进力度,同时把握人才国际化趋势,加快国内高端专业人才的开发与培养。该建议得到有关政府部门的重视和采纳。该提案被评为市政协优秀提案。

表 4-3-2　1991—2012 年民进市委在市政协全会上的大会发言一览表

年　度	大会发言题目	备　注
1991	切实改变学校作风，提高教育质量	大会发言
	关于发展浦东新区教育事业的若干建议	大会发言
	重视流散在社会上的青少年的教育问题	大会书面发言
	关于改革现行公费医疗制度的建议	大会书面发言
	怎样使学术基金发挥更大的作用	大会书面发言
	对创作人员应给予照顾政策	大会书面发言
	文化经费在使用上对严肃艺术要给予优惠	大会书面发言
	高校教师队伍断裂层分析	大会书面发言
	有关职业教育问题	大会书面发言
	关于给予教育单位使用市政设施政策倾斜的建议	大会书面发言
	扩大外贸出口创汇的几点建议	大会书面发言
1992	服从和服务于经济建设这个中心——人才建设仍然是当务之急	大会发言
	发展社区教育，提高市民素质，加快我市现代文明城市建设的进程	大会书面发言
	上海需要更多的绿	大会书面发言
1993	要充分发挥民主党派为经济建设服务的优势	大会发言
	近期上海国有资产管理体系模式构想	大会书面发言
	让全社会都来关心弱智儿童教育	大会书面发言
	解放思想，深化改革，为创建上海高等教育试验区而努力	大会书面发言
	对深化上海教育体制改革进程中几个问题的思考	大会书面发言
	关于进一步深化上海文化体制改革的几点意见	大会书面发言
	关于深化上海出版改革的几点思考	大会书面发言
	加强基础性研究和应用研究，稳定研究队伍	大会书面发言
	“大世界”应归还市文化局领导管理	大会书面发言
1994	关于学习、宣传、执行《教师法》的几点建议	大会发言
	关于上海市红十字会工作的现状及我们的建议	大会书面发言
	关于深化高校管理体制改革的几点意见	大会书面发言
1995	关于加快上海农村教育整体发展的几点建议	大会发言
	关于率先建立社会主义市场经济运行机制的建议	大会书面发言
1996	上海社区文化和社会服务建设的思路与对策	大会发言
	关于加强廉政建设的几点意见	大会书面发言
	上海应有一流的基础教育——对上海基础教育“九五”计划的若干建议	大会书面发言

（续表）

年　度	大会发言题目	备　注
1997	上海就业结构的发展变化与人才培养的对象	大会发言
	民主党派如何在社会主义精神文明建设中发挥自己的作用	大会发言
	制定局级领导干部学法考核制度	大会书面发言
1998	关于上海社区精神文明建设的思路与建议	大会发言
	深化基础教育改革，推进素质教育实施	大会书面发言
	关于加快上海城市绿化建设的几点建议	大会书面发言
	本市民办高中的现状及建议	大会书面发言
	对上海市“再就业工程”的几点建议	大会书面发言
	关于建设上海旅游市场的几点对策	大会书面发言
	用成套改造的模式进行旧区改造	大会书面发言
1999	迎接知识经济时代，健全构筑上海人才高地的机制	大会发言
	建立中国旅游资源信息网，发展上海旅游业	大会发言
	上海再就业工程要走向社会主义大市场	大会书面发言
	推进上海城乡协调发展，加快都市型农业建设步伐	大会书面发言
	加强社区卫生服务，提高人民生活水平	大会书面发言
	上海可持续发展与环境保护	大会书面发言
2000	发展消费信贷，扩大消费需求	大会发言
	上海学前教育改革发展的思路与建议	大会书面发言
	建设上海旅游服务交易市场，培育上海旅游批发集团	大会书面发言
	中医药科技成果转化的几点建议	大会书面发言
	产学研结合促进科技成果产业化	大会书面发言
2001	上海市沿江沿海地区生态环境恶化趋势及对策	大会发言
	关于促进行业协会规范运作和有序发展的建议	大会书面发言
	关于加快制定《上海市旅游管理条例》的建议	大会书面发言
	在实施中小学素质教育中发挥德育、教师、社区作用的思考	大会书面发言
	“十五”期间上海城市生态建设战略重点与举措	大会书面发言
2002	积极推进终身教育，把上海建成学习型城市	大会发言
	上海旅游企业实施“走出去”战略的思考与对策	大会书面发言
	关于制定《上海市劳动争议处理条例》的若干建议	大会书面发言
	为上海建设成最佳居住环境城市努力	大会书面发言
	关于完善《上海市职工基本医疗保险办法》的建议	大会书面发言

(续表)

年 度	大会发言题目	备 注
2003	加强规划管理,促进上海市小城镇生态环境建设	大会发言
	关于改进出版社现行税收政策的建议	大会书面发言
	关于加快提高上海郊区基础教育水平的若干建议	大会书面发言
	关于促进上海黄浦江观光旅游产业发展的对策与建议	大会书面发言
2004	关于推进本市义务教育均衡化发展的几点建议	大会发言
	关于进一步改善本市创业和就业环境的若干建议	大会书面发言
	深化管理体制改革推进公益性文化事业	大会书面发言
	关于进一步完善残疾儿童社会保障机制的建议	大会书面发言
2005	关于推进本市民办教育发展的若干建议	大会发言
	关于在医疗机构尽快设立临床医学工程师的建议	大会书面发言
	关于上海率先启动《图书希望工程》的意见和建议	大会书面发言
	关于修改《上海市城镇廉租住房试行办法》的建议	大会书面发言
2006	关于加强上海职业教育,提高劳动者素质的建议	大会发言
	关于上海积极拓展境外印刷业务的若干建议	大会书面发言
	关于大力扶持本市民办非企业单位发展的建议	大会书面发言
	在完善医疗卫生服务体系中必须重视心理健康的建议	大会书面发言
2007	关于上海郊区文化资源优化配置的若干建议	大会发言
	关于推进本市无偿献血事业的建议	大会书面发言
	关注青少年心理问题,促进青少年健康成长	大会书面发言
	关于民营资本进入上海出版产业若干许可领域的建议	大会书面发言
2008	公平对待民办教育,政府责任不可推卸	大会发言
	加强学校体育工作,切实改善上海青少年体质健康状况	大会书面发言
	关于上海社区文化建设投入分析及社会化发展的若干建议	大会书面发言
2009	关于上海社区建设可持续发展的思考与建议	大会发言
	关于加强本市节能工作的若干建议	大会书面发言
	关于上海科技创新中的高端专业人才开发与引进的建议	大会书面发言
	关于本市出版业体制与机制创新改革的若干建议	大会书面发言
2010	加快探索居民自治新思路,推进业主委员会健康发展	大会发言
	上海实施市民旅游教育对策	大会书面发言
	关于在上海弘扬妈祖文化的建议	大会书面发言
	建议在构建上海国际航运中心时探索实施“地主港”管理模式	大会书面发言

（续表）

年　度	大会发言题目	备　注
2011	促进社区公共服务和社会组织协调发展的思考与建议	大会发言
	关于提升上海基础教育国际化水平的建议	大会书面发言
	关于“十二五”期间上海推进图书精品力作出版的对策、建议	大会书面发言
	关于深入推进本市“公交优先”战略的若干建议	大会书面发言
2012	关于优化本市基础教育师资队伍的建议	大会发言
	关于推动本市传统出版业转型发展的若干建议	大会书面发言
	关于上海轨道交通法制化建设的建议	大会书面发言
	关于进一步关注进城务工人员随迁子女教育的若干建议	大会书面发言

表 4-3-3　1991—2012 年民进市委在市政协全会上的提案统计表

年　度	1991	1992	1993	1994	1995	1996	1997	1998	1999	2000	2001
提案数量(件)	4	7	15	12	10	11	14	19	26	16	16
年　度	**2002**	**2003**	**2004**	**2005**	**2006**	**2007**	**2008**	**2009**	**2010**	**2011**	**2012**
提案数量(件)	16	13	11	11	13	12	13	9	8	10	10

表 4-3-4　1991—2012 年民进市委在市政协全会上的优秀提案一览表

年　度	提　案　题　目
1991	建议加强领导，理顺管理体制，促进职业技术教育的进一步发展
1992	关于改革上海高校招生办法的建议
1993	关于深化上海普教体制改革的几点建议
	建议设立上海国有资产管理机构
1994	关于学习、宣传、执行《教师法》的几点建议
	关于依靠科技力量参与市场竞争，搞活企业的几点建议
1995	关于上海率先建立社会主义市场经济运行机制的几点建议
	关于加强语言文字管理，尽快制定相应法规
1996	关于进一步加强社区服务建设的几点建议案
	关于宣传、落实《教育法》的情况分析与建议
1997	关于搞好国有企业的几点意见
	关于建立和完善上海股票市场管理体系的几点建议
2000	关于进一步引导好上海地区宗教与社会主义相适应的几点建议
	尽快建立中小学生人身伤害事故处置赔偿基金会

(续表)

年　度	提　案　题　目
2001	关于促进行业协会规范运作和有序发展的建议
	关于推进造血干细胞(骨髓)捐献工作的几点建议
2002	关于提高本市初中教育整体水平,以抑制"择校竞争"的若干建议
2004	关于推进本市义务教育均衡化发展的几点建议
	要以科学的发展观推进上海城郊一体化建设
2005	关于上海率先启动图书馆希望工程的意见和建议
	关于加强培养优秀复合型技能人才(灰领)的建议
	关于推进上海社区资源共享的研究与建议
2006	关于大力扶持本市民办非企业单位发展的建议
	加强职业教育,提高劳动者素质
	适应未来几年上海市人口变化的教育对策
2007	关于加强本市名中医传承和培养的建议
	关于加强对上海艺术品市场监管的建议
	关于上海郊区文化资源优化配置的若干建议
	关于进一步关注青少年心理问题,促进青少年健康成长的建议
2008	加强学校体育工作,切实改善上海青少年体质健康状况
	关于上海社区文化建设投入分析及社会化发展的若干建议
2009	关于上海社区建设可持续发展的思考与建议
	关于加强本市节能工作的若干建议
2010	关于推进民营图书工作室健康发展的若干建议
	关于对淀山湖水资源污染进行生态治理和恢复的建议
2011	关于"十二五"期间上海推进图书精品力作出版的对策、建议
2012	关于增强国有大中型企业创新动力的建议

第四节　参与政府事务管理

从1980年起,民进市委与市教育局、市新闻出版局、市卫生局建立对口联系制度,对重大方针政策问题进行对口协商。《中共中央关于坚持和完善中国共产党领导的多党合作和政治协商制度的意见》制定后,从1990年起,市政府市长办公会议经常邀请各民主党派的市委领导人列席会议。民进市委领导人在参加上述会议时都认真准备,发表对市政府及相关委办重大方针政策的看法并提出建议。到2012年,民进会员中先后有17人、20人次被举荐担任市政府及相关委办、区县政府领导职务。

表 4-3-5　1979—2012 年民进会员担任政府机关领导职务情况表

姓　名	职　务	任　期
罗君惕	上海市民族事务委员会副主任	1979 年 9 月—1984 年 2 月
严隽琪(女)	上海市信息化办公室副主任	2000 年 4 月—2001 年 5 月
	上海市副市长	2001 年 5 月—2007 年 2 月
瞿　钧	静安区副区长	1990 年 4 月—2002 年 12 月
	上海市教委副主任	2003 年 4 月—2007 年 6 月
赵宪初	徐汇区副区长	1981 年 5 月—1984 年 3 月
陈炳生	普陀区副区长	1984 年 3 月—1990 年 4 月
张敏东	川沙县副县长	1984 年 4 月—1987 年 4 月
王慧敏(女)	长宁区副区长	1987 年 4 月—1997 年 5 月
刘奕民	徐汇区副区长	1991 年 3 月—1998 年 3 月
张庆龙	川沙县副县长	1991 年 3 月—1992 年 12 月
陈心田	普陀区副区长	1993 年 2 月—1999 年 2 月
陈　怡(女)	杨浦区副区长	1993 年 4 月—1998 年 3 月
孔耀洲	黄浦区副区长	1996 年 4 月—2000 年 6 月
褚以琳(女)	崇明县副县长	1998 年 3 月—2009 年 8 月
顾奎华	徐汇区副区长	1998 年 3 月—2003 年 3 月
张　辰(女)	闵行区副区长	2001 年 8 月—2009 年 12 月
	黄浦区副区长	2010 年 1 月—2011 年 7 月
程霄玉(女)	黄浦区副区长	2009 年 12 月—
鲍英菁(女)	闸北区副区长	2010 年 2 月—

第五节　民主监督

1989 年 12 月,《中共中央关于坚持和完善中国共产党领导的多党合作和政治协商制度的意见》制定后,聘任特约(邀)人员工作进一步制度化。1988 年 10 月起,民进会员方学武和蒋家祥被聘为上海市监察委员会特邀监察员,参与监察、监督工作。被聘任市级特邀监察员、特约检察员、特约审计员和特约教育督导员的上海民进会员共有 57 人次,直接参与对监察、检察、审计、教育工作的监督。担任"特约(邀)四员"的民进成员,参加各聘任单位结合各自工作特点和特约员职能所及在全市有序开展的各类活动,有定期的工作情况通报,听取有关重要事项情况介绍和评议,出席党风廉政建设报告会议,进行有关事件的调研,组织有关问题的考查和视察,参与有关专题的研讨,参与行风评议,参与有关疑难复杂案件的庭审旁听和审议,参与有关重大项目的审议,参与有关方案、法规制定和实施的监督,参与有关专项调查,参与群众来访接待咨询服务等。在参加各项检查监督活动的同时,反映情况,提出意见,为纠正行业不正之风、加强廉政建设发挥积极作用。2003 年 10 月,民

图 4-3-3 1995 年 2 月,群众赠送给特邀监察员蒋家祥的锦旗

进市委召开市级各类特邀监督员会议并通过《民进市委会关于加强与民进成员中市级各类监督员联系制度》,以加强与中共市委统战部、市人大、市政协等派出单位、聘任单位和监督员本职工作单位的联系,更好地为各级各类监督员的工作创造条件提供服务。2012 年,以党际监督为重点,努力开展参政党民主监督工作的理论研究和实践探索,制定《关于推进民主监督工作的意见》。

蒋家祥在担任特邀监察员期间,在一次市监察局的案件讨论会上对原某县副县长到处吃拿占要的行为提出自己的意见,受到上级部门的重视并被采纳;还有一次他对原市某局级领导人的严重官僚主义和家长式作风等问题,提出这样的人不适合再留在这个岗位上担任领导职务的意见,最后市领导部门采纳了蒋家祥等特邀监察员的意见。

陈宝雷作为东方电视台主持人,在主持《法与情》《东方直播室》和《东方热点》等栏目中,结合自己参与检察机关活动的亲身经历,多次策划编导了反映检察工作和检察干警精神风貌的专题节目,扩大了检察机关的社会影响。

1994 年 10 月,市监察委员会建立市特邀监察员接待日制度,通过接待群众来访和举报,了解和反映社情民意,增强同人民群众的联系,拓宽体察民情的渠道。耐心听取陈述,积极疏导,细致地做思想工作,及时劝导,化解了多起发生矛盾冲突的苗子,配合监察机关做了大量的社会稳定工作。有一次,王慧敏等接待某厂职工来访,反映该单位某些领导的经济问题,有关部门一拖再拖未予解决,王慧敏等两位特邀监察员耐心倾听他们陈述,仔细询问事情原委,积极疏导、督促有关方面抓紧处理。又有一次,在接待群众来访中涉及有关警员问题,王慧敏明确提出意见和严肃警纪的建议,并电询处理情况,经市监委信访室主任多次会同市公安局、静安分局研究,督促处理这件信访问题,邀请来访人及家属一起到市纪委,由市、区公安局当面道歉,承认处置错误,并当场交还被扣物品。事后,市监委和市公安局、静安分局一起上门慰问、道歉。受害人表示尽管受到了很大委屈,但问题终于解决了。

徐福荣被聘请为特约检察员后,深感肩负责任,遂提出编一部检察工作辞典的建议。1990 年 12 月的一次会议上,听了关于检察工作和检察干警队伍的情况介绍后,更坚定他编撰该辞书的决心和信心。该建议得到最高人民检察院和市检察院领导的肯定,并把它列入检察工作重要基础工作。历经 5 年的艰辛编撰,1996 年《检察大辞典》终于由上海辞书出版社正式出版,填补了中国检察史上没有工具书的空白。

2000 年后,民主党派中特邀监察员,围绕社会关心的热点、难点问题,采用政协提案方式,就加强廉政法制教育,注重从源头上治理腐败,完善行政效能监察机制等工作,提出反腐倡廉的意见和建议。在王慧敏牵头组织下，民进市委提出了《关于全面推进市政府采购的几点建议》，从源头治理的角度指出在推进政府采购工作的同时，要建立内部机制。

乱办班、乱收费问题是教育督查的重点、难点和热点问题。2000年，市教委为了加大对教育行风建设的力度，组建人民教育督察员队伍，担任特约教育督导员的民进会员受聘为人民教育督察员，他们利用工作之余深入到社区、学校，对政府及教育行政部门的有关规定实施情况进行认真督察，并对中小学教育的热点问题开展巡访、督察，发现问题随时反馈，使政府有关部门和教育督导室能较快地掌握情况，及时处理。邵光宇等了解到某大学成人教育学院违背国家教育部和市教委规定，大量举办以中小学生为对象的补课班后，主动配合督导室进行查处。

2009年，民进市委在中共市委召开的党外人士座谈会上关于党风廉政、社会管理、"两个中心"建设等的建言得到中共市委、市政府主要领导高度关注并作重要批示，蔡达峰撰写的《减少群众负担，树立群众观念》一文刊登于《解放日报》，成为民主监督的一个典型案例。

表4-3-6　1988—2012年民进会员担任"特约(邀)四员"情况表

聘任单位	类别	任期	姓名
上海市监察委员会	特邀监察员	1988年10月—1993年10月	方学武
		1988年10月—1997年4月	蒋家祥
		1997年5月—2003年10月	王慧敏
		2000年10月—2003年10月	程霄玉
		2003年10月—	陈强努
		2008年10月—	郭　翔
		2008年10月—	李清娟
上海市人民检察院	特约检察员	1990年4月—2003年7月	徐福荣
		1990年4月—2003年7月	陈宝雷
		1998年7月—2009年4月	金培基
		2003年9月—	叶国梁
		2003年9月—	王慧敏
		2009年4月—	丁建勇
		2009年4月—	陈金隆
		2009年4月—	蒋德海
上海市审计局	特约审计员	1990年4月—1998年4月	陈建德
		2003年11月—	郁建生
		2008年10月—	褚以琳
上海市教育委员会 上海市政府教育督导室	特约教育督导员	1990年11月—2003年9月	陈炳生
		1997年11月—2008年7月	邵光宇
		2003年9月—	许政涛
		2008年7月—	江孝渔
		2008年7月—	齐卫国

第六节　建言献策和反映社情民意

一、积极建言献策

民进市委在开展专题调研的基础上，发挥不同界别会员和专委会的优势，结合不同时期社会和经济发展任务，举办不同主题的议政沙龙(议政日)、论坛、研讨会等建言活动，拓展建言献策渠道，关注上海社会和经济发展及社会民生，为社会进步和可持续发展贡献智慧和力量。

1986年第四季度，民进市委对中共市委草拟的《关于上海教育发展战略课题研究的初步设想》提出建设性意见。还对《中华人民共和国教师法》草案，组织20次专题座谈会，提出修改意见。与此同时，民进市委经过调查研究，分析讨论，写出《关于在本市中学试行把会考成绩计入高考总分办法的几点意见》《关于上海市普及义务教育条例实施细则座谈会的情况汇报》《应该端正中小学办学思想》等意见和建议，供教育部门参考。

1989年夏季，上海市市区初中毕业生将有占20%学生不能升学。为及时解决他们的出路问题，民进市委于1989年4月17日向中共市委、市人大常委会、市人民政府递交了《关于初中毕业生出路的建议》。建议书受到中共市委重视，并于5月2日函复民进市委，认为所提问题和解决办法都很好，已转请市教卫办和有关部门认真研究提出意见。

1992年10月，民进市委联合民革、民盟、农工党、九三学社市委，对深化上海普教体制改革进行研讨。1993年7月，提出《对深化上海普教体制改革的几点意见》建议书。

2005年，民进市委通过召开学习《反国家分裂法》座谈会和“两岸关系”座谈会，发动与台、港、澳政界、商界、学术界知名人士有亲属关系的会员献计献策，开拓工作渠道，并向民进中央、中共市委统战部报送“关于《反国家分裂法》出台后对台工作的建议”等意见和建议。

2010年，民进市委参与上海市“十二五”规划大讨论，发动各级组织围绕上海服务型经济发展、社会建设和社会管理、节能减排和环境保护、文化出版业发展四个方面建言献策，并分别举办专题讨论、“议政沙龙”活动。在此基础上，“民进市委对本市制定十二五规划的建议汇总稿”经中共市委统战部领导批示后报送中共市委领导。

二、报送社情民意信息

反映社情民意是民进市委整体工作的重要组成部分，是履行参政议政、民主监督等各项职能的重要方面。民进市委向民进中央和中共市委统战部报送的信息主要有：民进市委领导对于重大政治事件表明的政治立场；民进会员中的政协委员向市政协报送信息；会员关于经济建设和社会发展的建议以及社情民意信息；等等。

从2000—2012年，民进市委报送全国政协、民进中央、上海市政协、中共市委统战部社情民意信息共计4 201篇。其中一些社情民意信息得到中央领导和市领导的批示，一些社情民意信息被全

表4-3-7　2000—2012年民进会员报送社情民意信息统计表

单位：件

年　度	2000	2001	2002	2003	2004	2005	2006	2007	2008	2009	2010	2011	2012
报送数量	40	56	38	68	83	121	470	540	697	539	490	363	369

国政协以及有关职能部门采用。

1999 年，民进市委向中共市委统战部反映的《一民主党派人士反映〈围棋人生〉一书中有明显违背对台宣传政策之处》被评为 1999 年度统战好信息。

2000 年 6 月 23 日，民进会员艾小白提出关于“尽快建立我国纳米技术研究中心”的建议。该建议指出，纳米技术是明天最能产生突破性进展的领域，21 世纪人类面临的人口、粮食、能源、资源、环境五大危机可望由纳米科技的发展而得到解决、缓解，组建国家纳米科学和纳米工程中心是顺应潮流，参与国际竞争的需要。该建议得到朱镕基总理批示，并予以落实。

2000 年，市政协委员张应湘建议“取消转播中央电视台三、五、六、八台的加密收费”（市政协《社情民意》2000 年第 80 期）。2002 年，市政协委员尹达新建议“人民广场应使用无拼缝的国旗”（市政协《社情民意》2002 年第 3 期）。2002 年，市政协委员张彤建议“在长阳路眉州路口增设红绿灯”（市政协《社情民意》2002 年第 18 期）。信息所反映的问题很快得到解决，并被评为九届市政协优秀社情民意。

2008 年，“加强学校体育工作，增强学生体质”“私企协会半强制收费”等得到中共市委书记、市长和分管副市长等领导批示，“旧区改造”信息获市政协主席批示并转相关部门落实。

2009 年，“上海私营企业半强制收费引发众多企业不满”“为迎世博急待规范申城外语招牌及告示”等得到中共市委、市政府领导批示。

2010 年，“关于水利建设的建议”得到回良玉副总理批示，“关于规范机动车年检收费建议”获中共市委书记批示。

2011 年，《关于完善地铁安检、保障地铁运行安全的建议》《尽快出台相关政策、鼓励上海张江高新区企业申请“新三板”挂牌》《关于加快推进上海国际贸易中心建设的建议》得到市领导批示。

2012 年，《关于加强医疗技术下基层的建议》《部分退休教师对收入调整的反映》《关于上海建立教育培训质量监控培训体系的建议》《民众生活信念教育亟待加强》《建议本市清理纠正民办教育歧视性政策》《关于本市加强“体教结合”的建议》得到市领导批示。

三、建立信息工作机制

遵照民进中央领导指示精神与民进中央总体工作部署和要求，结合上海民进工作实际，民进市委 2001 年 7 月召开信息工作会议，下发《关于加强信息工作的几点意见》。同时为使会员能更快、更方便地反映社情民意信息，民进市委开通社情民意热线。2002 年 3 月 26 日，民进市委召开 2002 年民进信息工作研讨会，交流各区县委信息工作情况，逐步形成信息工作激励机制。2004 年 2 月，制定《民进市委会关于进一步加强信息工作的意见》，创刊《民进市委信息工作通讯》，成立信息工作组，聘请特邀信息研究员，旨在推动基层信息工作，并推进信息工作的规范化和制度化。

第七节　专 题 调 研

从 1993 年起，民进市委在中共市委统战部及市政协的牵头组织下，进行专题调研。进入 21 世纪后，民进市委以更广阔的视野开展调研，注重科学性和操作性，注重调研报告的质量。这些课题的内容涉及上海的文化旅游、教育卫生、科技创新、企业改革、流动人口教育、经济金融、城市建设、长三角发展等领域。到 2012 年，通过专题调研共撰写调研报告 78 份。这些调研报告受到市有关部门重视,大部分转化为市政协提案,部分被市政府研究室和有关部门摘登,部分被有关杂志等媒体选用。

1995年,民进市委《上海社区文化和社区服务建设的思路和对策》专题调研报告是在以南市、长宁两区为重点开展调研后完成的。民进市委分别邀请有关街道、区文化局、区文化馆、街道文化站以及各有关方面人士召开座谈会,走访南市区文化馆、长宁区文化馆、南市区小东门街道、董家渡街道、长宁区华阳街道、黄浦区广场街道、浦东新区潍坊街道、杨浦区延吉街道等。专题调研报告转化形成民进市委在市政协八届四次大会上的发言和3份提案,其中《关于进一步加强社区服务的几点建议》被评为优秀提案。

1996年,民进市委《上海就业结构的发展变化与人才培养及就业问题研究》专题调研报告分析了上海要实现建成"一个龙头,三个中心"的特大型中心城市这一战略目标,存在就业结构变化以及人才结构与之不相适应的状况,并就如何适应上海经济社会发展、重点培养具备上海"三个中心"特色的高级人才以及大批适应上海现代化建设的合格就业者,提出人才培养的对策建议。该文摘登于上海市人民政府1997年第四期《决策参考》。

1997年,民进市委《关于上海社区精神文明建设的思路与对策》专题调研报告就上海的社区教育和社区文化建设作了调研,总结取得的成绩,分析存在的问题,并提出思路与对策。调研报告转化形成《关于上海社区教育的几点建议》《多种格局发展社区文化,全方位提高市民素质》两个提案,提交上海市政协九届一次会议,得到市教育委员会和精神文明办公室的采纳。

1998年,民进市委就"上海旅游业的发展应向信息化、产业化方向发展"开展调研,形成《中国旅游资源信息网产业化可行性研究报告》。该调研报告论证了在上海建立中国旅游资源信息网的重要意义及可能性,分析了上海的有利条件,提出要充分发挥上海海陆空交通畅通、信息网络发达、服务硬件过硬的优势,立足上海,服务全国,面向世界,使上海的旅游业发生质的飞跃,同时提出《中国旅游资源信息网》的整体定位及实施要素、信息库的构架及信息收集方法,还进行市场预测。该调研报告转化形成《建立中国旅游资源信息网,发展上海旅游业》的市政协九届二次大会发言和提案《关于上海建立中国旅游资源信息网的建议》。该调研报告和形成的提案在全市各新闻媒体上广泛报道,并经市领导批转市信息化办公室及市旅委处办,国家建设部与林业部总局也已接受并表示积极支持成果转化工作。

2000年,民进市委通过专题调研认为"为培育上海新的经济增长点,要求通过加快旅游业的发展,带动相关行业的繁荣和发展,上海都市型旅游经济的发展顺理成章地对上层建筑提出了立法要求",所形成的专题调研报告《关于加快制订〈上海市旅游管理条例〉的思考与建议》指出:综观上海旅游经济、政策基础和法律基础,《上海市旅游管理条例》的制订已具备了客观充分条件。还从制定《上海旅游管理条例》的基本原则、基本内容构架作了探索性描述,并就加快制定该《条例》提出建议。

2001年,民进市委《积极推进终身教育,把上海建成学习型城市》专题调研报告提出,终身教育已成为21世纪教育发展的重要趋势,教育终身化将成为新世纪特征。专题调研报告认为,上海要创建学习型城市,发展社区教育是一个重要载体和主要抓手。同时,与世界各国终身教育发展比较,分析了上海建立和完善终身教育体系的基础和优势,目前面临的问题和现状,为上海的现代化建设可持续发展提出了诸多建议。该专题调研报告转化所形成的市政协大会发言被市政协评为优秀大会发言。

2002年,民进市委"上海市郊小城镇生态环境建设与可持续发展"课题组针对近年来以苏州河为重点的城市水环境综合整治力度不断加大,困扰上海城区多年的河流水体黑臭现象已基本得到遏制。而与此同时郊区水域又出现河网水体整体黑臭等现象，已逐步形成以小城镇为中心、连片成带、农村包围城市的水环境污染新局面。该课题组根据上海市"十五"规划将加快郊区城镇化步伐，首先重点发展"一城九镇"的规划，提出"以人为本"，重视小城镇生态建设的思路和对策。

图 4-3-4　2007 年 8 月 29 日，主委蔡达峰(左二)等到上海图书馆调研

2005 年，市教委委托民进市委牵头承接"和谐上海的教育"决策咨询总课题，由 8 个民主党派市委根据自身优势自主选择，各自承担一个子课题进行立项调研，各党派根据情况写出调研报告，由民进市委汇总成"和谐上海的教育"总课题，将研究成果和总报告提交上海市教委。民进市委承担课题总协调的工作，对子课题选题等相关事宜进行沟通、协商。课题研究集中各党派的集体智慧，通过展开深入细致的实证调查和认真缜密的理论思考，围绕教育发展与和谐上海的关系进行研究，提供了实践操作的路径。

2005 年，中共新闻出版局党委会议决定将"积极开拓境外印刷业务，促进上海印刷产业持续健康发展"课题委托民进市委立项调研。通过课题调研了解到，未来五年，发展壮大印刷业应成为上海文化产业发展的重要目标之一，而其中的缺口需由印刷产业承担，因此必须通过印刷业的业务拓展和产值增长来完成纲要的目标。该调研报告对挖掘上海印刷业潜在市场和境外的印刷业务发展空间提出有效途径和方法，供政府有关职能部门作为制定有关文化产业政策的决策参考。

2006 年，民进市委承接的上海市决策咨询委员会课题"上海郊区文化资源配置研究"为民进市委主委课题。该课题组对上海 7 个区(县)10 个点进行深入调研，召开近 10 次不同层次的座谈会，发放近 2 000 份调查问卷并回收。通过对上海郊区城市化程度不同的 5 个区县的 12 个乡镇文化资源配置的现状调查，审视上海郊区文化事业发展，尤其是文化资源配置方面的特征、成因与不足，进而提出对策建议。在中共市委统战部举行的重大调研课题中期成果评审会上获与会专家们的好评并得到市决咨委的认可，其成果将提供给上海市领导和有关部门，作为决策参考。该课题组根据评审会的意见,继续对上海郊区未来发展趋势和存在问题作深入研究,对郊区城乡接合部的休闲文化(如农家乐)、餐饮娱乐等大型服务设施对市区和郊区人群的融合作用等作进一步的深入调研。

2008年,民进市委承接市决策咨询委员会“上海社区‘三个中心’建设后评估调研”课题。该课题组分别前往浦东新区花木街道、金桥镇和松江区车墩镇调研社区“三个中心”建设情况,为政府在社区“三个中心”建设决策上提供有价值的、可操作性的意见和建议。

2011年,民进市委承接中共市委统战部的专项调研课题“上海轨道交通安全对策研究”。随着轨道交通的便捷化,安全化,区域城际轨道交通的安全可靠性具有公路、民航无法比拟的诸多优越性,轨道交通正在发挥主导性的城市交通功能。该课题组针对轨道交通安全涉及人、物、信息及管理等诸多方面的因素,通过现场察看、座谈会、个别访谈、问卷调查等途径,总结上海轨道建设、运营管理的成功经验,提出完善意见和相应机制体制方面的改进对策。

表4-3-8 1993—2012年民进市委专题调研课题一览表

年 度	课 题 名 称	备 注
1993	本市实施《教师法》的情况调查及几点建议	—
1994	浦东新区九十年代教育发展战略及规划研究	—
1995	上海社区文化和社区服务建设的思路与对策	—
1996	上海就业结构的发展变化与人才培养及就业问题研究	市政府《决策参考》1997年第4期摘登
1997	关于上海社区精神文明建设的思路与对策	—
1998	中国旅游资源信息网产业化可行性研究报告	—
1999	跨世纪上海学前教育的探索与研究	—
2000	关于加快制定《上海市旅游管理条例》的思考与建议	—
2001	积极推进终身教育,把上海建设成学习型城市	—
	上海旅游企业实施“走出去”战略的思考与对策	—
2002	加强规划管理,促进上海市小城镇生态环境建设	—
	上海黄浦江观光旅游产业发展研究	—
	上海市郊区基础教育工作	—
	上海市郊小城镇生态环境建设与可持续发展	—
2003	上海旅馆业现状与发展对策研究	—
	关于完善初中优秀毕业生免试直升重点高中的建议	—
	关于推进上海社区资源共享的研究与建议	—
	关于本市社会力量办学办学问题的调研	—
	高等职业教育在高教未来发展中地位和作用	—
	大学生综合素质教育中拓展训练的应用研究	—
2004	关于上海社区文化、科技、教育、体育等社会事业资源共享问题的研究	承接中共市委课题
	关于本市社会力量办学问题的调研	承接市政协课题

（续表）

年　度	课　题　名　称	备　注
2004	适应未来几年上海人口变化的教育对策研究报告	—
	加强职业教育提高劳动者素质	—
	积极开拓境外印刷业务的建议，促进上海印刷产业持续发展	—
	关于构建高等职业教育产学合作机制问题的研究报告	—
2005	和谐上海的教育	8个民主党派市委联合承接市教委课题
	适应未来几年上海人口变化的教育对策研究报告	承接市政协课题
	积极开拓境外印刷业务，实现上海印刷产业可持续发展	—
2006	影响青少年健康成长的社会环境研究	承接市政协课题
	上海郊区文化资源配置与开发研究	承接市决策咨询委员会课题
	民营资本进入上海出版产业若干许可领域存在的问题和促进措施	—
	关于推进上海城市建筑创新的研究和建议	—
2007	推进学习型城市建设中社会教育的问题与对策研究	—
	上海社区文化建设投入分析及社会化发展的若干建议	—
	上海构建服务型经济研究及政策建议	—
	加强学校体育工作，改善上海青少年体质健康状况	承接市政协课题
	关于促进长江三角洲地区科技创新合作的建议	—
	关于长三角出版业互动发展的若干建议	—
	长江流域沿江重化工业布局存在的问题及其对策	—
2008	中小学教师专业发展标准研究报告	承接市政协课题
	以科学发展观为指导，深化出版体制改革	—
	上海社区“三个中心”建设后评估调研	承接市决策咨询委员会课题
	上海郊区旅游发展调研	—
	关于促进长江三角洲地区合作的研究报告	—
	“十一五”期间上海科技创新高端专业人才开发与引进政策研究	—
2009	上海外来流动人口子女教育问题研究	承接市政协课题
	上海实施市民旅游教育研究	—
	加强区域协作妥善解决民工子女就学问题	—
	京沪两地民营文化工作室的发展与运作的启示	—
	加强大学生就业培训的建议	—
	关于社会建设与管理创新的思考与建议	—
	淀山湖水环境污染探析及防治对策	—
	促进教育公平的目标及指标研究	—

(续表)

年度	课题名称	备注
2010	上海市基础教育国际化的理论与实践研究报告	—
	关于上海鼓励文化产品和服务出口的情况报告	—
	上海教育信息化现状与未来发展趋势研究	—
	三峡水库支流滞留区水华暴发机理及其调控对策	—
	全球发展面临的三重性压力及其对我国转型发展的战略建议	—
	重构社区公共服务培育现代社会组织	—
	国企高管薪酬问题及对策研究	—
	《关于增强上海国有大中型企业创新动力的对策研究》第二阶段报告	—
	本市区域性社会组织发展机制研究(中期报告)	—
	关于"十二五"期间上海如何推进图书精品力作出版的对策和建议	—
2011	加快提升上海中等职业教育培育能级	—
	关于本市培育公益性社会组织的三点建议	—
	关于增强上海国有大中型企业创新动力的对策研究	—
	增强上海国有大中型企业创新动力的对策研究	—
	上海轨道交通安全对策研究	承接中共市委统战部课题
	关于培育发展本市公益性社会组织的对策研究	—
	职业教育政策研究	承接市教委教育决策咨询课题
2012	中国非物质文化遗产保护与可持续性发展的政策研究	—
	本市基础教育集团化办学模式研究	承接市政协课题
	发挥基层社会组织在维护社会稳定中的作用研究	—
	关于拓展上海书展辐射功能、整体提升市民阅读环境的几点思考	—
	上海促进科技创新的激励机制和收入分配政策研究	—
	上海市出租车管理的问题与对策研究	—
	提高中职人才培养质量,服务上海经济社会发展	—

第八节　举办论坛与研讨会

一、开展教育研讨和举办教育论坛

【开展素质教育大研讨】

1999年6月13日《中共中央国务院关于深化教育改革全面推进素质教育的决定》颁发,2000年2月1日江泽民《关于教育问题的谈话》发表。为此,民进市委把全面推进素质教育作为2000年主要课题,开展大学习、大研讨。3月24日,民进市委发出通知,要求全体民进会员关心、支持上海的教育事业,为推进素质教育建言献策;并要求各基层支部安排一次组织生活,学习江泽民《关于教育问题的谈话》，组织发动会员围绕实施素质教育过程的各个方面撰写论文。5月20日，民进市委十二届六次常委会议对素质教育开展研讨。6月9日、10日，民进市委与市教育学会、联合时报社联合举办素质教育大型研讨会。在9日的研讨会上，与会者观摩德语展示、数学小课题和陶艺釉上彩等学科活动，并就学校如何实施素质教育，开发学生的特长和潜能等问题作研讨。在10日的研讨会上，与会者就如何充分发挥素质教育中的作用等问题作研讨。研讨活动在《联合时报》上刊发专版，《上海民进》和《民进申城月报》出版研讨专辑，共发表52篇报道和论文。此外，民进市委还举行以素质教育为主题的议政日活动，宣讲团举行师德专场报告会。

【举办上海民进教育论坛】

民进市委从2003年起首次主办上海民进教育论坛，论坛每年举办1次，到2012年共举办10次。

2005年10月16日，由民进市委主办，上海教育电视台、上海市教委基础教育处和上海教育科学院民办教育研究所协办的“上海民进教育论坛”，围绕“切实减轻学生过重课业负担，营造有利于青少年健康成长的社会环境”的主题，从理论、政策，尤其是操作层面提出一些思路和解决问题的方案。

2007年10月7日，由民进市委主办，民进闸北区委、闸北区教育局、上海市教科院民办教育研究所协办的“上海民进教育论坛”，以“师资队伍建设与上海教育现代化”为主题。民进中央常务副主席严隽琪、上海市教委主任沈晓明等出席并讲话，蔡达峰致辞。论坛就国际化视野下的师资专业发展、中小学教师专业发展与培养的思考和探索、师资队伍建设的制度创新与保障等方面提出真知灼见。

2008年11月1日，由民进市委、中国民办教育协会主办，上海市教科院民办教育研究所、上海市民办中小学协会、上海市民办高等教育协会承办的“上海民进教育论坛暨中国民办教育研究院揭牌仪式”，其中论坛的主题为“民办教育目标、定位和制度创新”。全国人大常委会副委员长、民进中

图4-3-5　2008年11月1日，民进市委等举行主题为“民办教育目标、定位和制度创新”的教育论坛

央主席严隽琪,联合国教科文组织协会世界联合会主席、中国民办教育协会会长陶西平出席并讲话,民进中央副主席、中国民办教育协会常务副会长王佐书主持论坛并介绍中国民办教育研究院成立有关情况,蔡达峰致开幕辞,严隽琪与陶西平共同为中国民办教育研究院揭牌。

2011 年 11 月 5 日,由民进市委主办,民进浦东新区区委、市教科院民办教育研究所承办的"上海民进教育论坛",以"同在蓝天下:关注外来进城务工人员随迁子女教育"为主题。严隽琪,中共市委常委、中共浦东新区委员会书记徐麟出席会议并讲话。蔡达峰致辞。市政协副主席、中共浦东新区委员会副书记、浦东新区区长姜樑等出席会议。论坛探讨如何保障农民工子女的教育权益,以满足就业市场平等开放的要求,并就实现《国家中长期教育改革和发展规划纲要》中提出的"形成惠及全民的公平教育"目标建言献策。

二、开展参政议政研讨活动

【举办"议政日"活动(议政沙龙活动)】

民进市委从 1993 年 9 月举办第一次"议政日"活动,创设议政活动新形式。1998 年起每季度举行一次,2004 年更名为"议政会议",2008 年改为"议政沙龙"。每次议政活动选择当时的热点、难点问题确定一个主题,参加活动的会员围绕主题进行议论和探讨。民进市委借助与会会员意见,继续深入了解相关社情民意,提出有建设性、针对性和可操作性的意见和建议。

【举行参政议政工作会议】

1996 年 4 月 1 日,民进嘉定、长宁、普陀、静安 4 个区委召开参政议政工作会议,以"如何进一步提高参政议政水平"为题,就如何提高区委的参政议政水平开展了热烈的讨论。12 月 4 日,民进长宁、静安、普陀、嘉定 4 个区委召开参政议政工作会议,就"如何提高党派提案质量"进行专题讨论。1997 年 12 月 16 日,民进市委举行会议,交流各区(县)委的参政议政工作。1998 年 3 月 25 日,民进市委在参政议政工作研讨会上提出 1998 年参政议政工作的基本思路和打算。从 2004 年起,民进市委形成参政议政工作例会制度。从 2006 年开始,每年的工作例会总结和交流参政议政的成果和经验,部署新的一年工作的同时,增加了对反映社情民意信息工作先进的表彰。

【举行区县参政议政联席会议】

根据各区县地理位置、经济发展状况,从 2003 年起民进市委划片分别举行参政议政联席会议,推进民进参政议政工作。2003 年 11 月 27 日,民进虹口、闸北、杨浦、宝山 4 个区委首次举行参政议政联席会议,12 月 26 日,民进卢湾、黄浦、静安、浦东新区 4 个区委举行参政议政联席会议,2004 年 3 月 18 日,民进徐汇、长宁、普陀、闵行 4 个区委举行参政议政联席会议,3 月 30 日,民进嘉定、崇明、金山、松江 4 个区(县)委举行参政议政联席会议,会议通报 2003 年民进市委参政议政工作情况,介绍民进市委 2004 年提案工作进展情况。各区(县)委主委作参政议政工作交流,并就如何加强民进市委与区(县)委间参政议政工作开展研讨。

为推进民进区(县)委之间参政议政工作互动并和民进市委参政议政工作实现联动,民进市委于 2004 年建立"上海民进各区(县)委参政议政联席会议制度"。

2004 年 4 月起举行第二轮参政议政"片会"。4 月 21 日,民进杨浦、闸北、虹口、宝山区委举行参政议政联席会议,5 月 14 日,民进黄浦、卢湾、静安、浦东新区区委举行参政议政联席会议,分别就整合会内外参政议政工作资源、加强与政府有关部门的对口联系、如何做好提案的跟踪、建设高素质的参政议政骨干队伍4项议题进行研讨。10月27日，民进闵行、徐汇、长宁、普陀区委举行参政议政联席会议，11月11日，民进崇明、嘉定、金山、松江区（县）委举行参政议政联席会议，分别就如何整合参政议政资源、发挥作用，积极协助党和政府做好协调利益关系、维护社会稳定的工作以及2005年“两会”提案的准备情况作交流。2005年1月14日，民进市委召开了区县参政议政联席会议交流总结会。

在《中共中央关于进一步加强中国共产党领导的多党合作和政治协商制度建设的意见》发布以后，民进市委以落实科学发展观和构建和谐社会为着眼点，以增强履行参政党职能提高参政议政能力为着力点的背景下，2005年先后分片召开6次参政议政工作研讨交流会，就如何搞好区委的参政议政工作，提高参政议政水平；如何建设一支高素质的参政议政骨干队伍；如何发挥整体优势，做好议政和调研工作；如何拓宽提案视野、合作调研，抓好与专业工作者相结合的队伍建设等方面作了研讨。在10月28日召开的区县参政议政联席会议交流总结会上，总结和交流各区县参政议政的成果与经验。

2006年2月12—22日，民进市委从增强组织的整体参政议政能力出发，就提高“两会”提案质量分片召开了6次区（县）参政议政联席会议。

2010年11月26日，民进市委召开区县委参政议政联席会议，就如何进一步发挥区县委参政议政联席会议的作用，加强民进市委与区（县）委、区（县）委与区（县）委之间在参政议政领域的工作交流展开讨论，并对区（县）委下阶段参政议政工作提出具体要求。

【举办苏浙沪参政议政工作联席会议】

为加强民进参政议政能力建设，增进区域间民进组织参政议政工作的交流、研讨与合作，民进江苏省委、民进浙江省委、民进上海市委于2005—2012年在上海先后召开3次民进苏浙沪参政议政工作联席会议。2005年4月21—23日召开的工作联席会议，严隽琪到会祝贺。与会者参观考察上海科技发展园区——上海多媒体谷、上海豫园街道等，听取民进闸北区委参政议政工作汇报，并就苏浙沪民进参政议政工作的合作建立工作联席会议制度，信息资源共享机制、人才库资源共享机制、重大课题联合调研机制达成共识。2008年4月17—18日召开的工作联席会议，决定苏浙沪民进组织就“长三角地区联动发展”进行合作调研。调研涉及的领域有立法、环保、科技创新、出版和教育等方面，完成调研课题的总报告报送民进中央和政府相关部门。2012年6月27—29日召开的工作联席会议，蔡达峰接见出席会议的代表，并对苏浙沪民进参政议政工作的合作寄予厚望。会议期间，与会人员分别以小组讨论和大组交流的形式进行工作研讨。

第四章 社 会 服 务

中共十一届三中全会以后，民进市委积极响应中国共产党和政府号召，进一步履行参政党功能，强化会员献身社会主义事业的积极性和自觉性。广大会员在本职工作和服务社会，文明共建和支援西部开发，扶贫帮困和赈灾救灾，海外联谊和促进祖国统一以及上海世博会等领域取得突出成绩，为社会主义三个文明建设作出重要贡献。

第一节 岗 位 建 功

民进市委带领广大会员立足本职、爱岗敬业，充分发挥参政党智力优势和会员专业特长，为社会主义建设服务。广大会员在不同岗位上积极进取、不断开拓，涌现出一大批社会主义事业的优秀建设者和劳动者。一部分会员还获得国家科技进步二等奖以上奖项和全国劳模、全国先进工作者等荣誉称号。

一、教育科研

历任上海交通大学校长助理、上海市人民政府信息化办公室副主任、上海市人民政府副市长的严隽琪，是国内计算机集成制造系统和虚拟制造理论与技术专家。曾任国家 863 计划自动化领域第一、二届主题专家组专家，上海先进制造技术领域专家组组长，国家计划“工艺设计自动化重点实验室”主任，并主持多项国家“863”计划、国家自然科学基金重点项目和上海市科技攻关重点、重大项目。获 3 项国家科技进步二等奖及多项省部级科技进步奖，以及全国“五一”劳动奖章、上海市劳动模范、首届上海市巾帼创新奖、国家有突出贡献中青年专家、上海市“三八”红旗手标兵、国务院政府特殊津贴等奖励、荣誉称号。发表学术论文 50 篇、学术著作 6 部。

华东师范大学校务委员会原副主任、教授、博士生导师许世远，曾任中国地理学会副理事长、上海市地理学会理事长等职。主要从事地理、地貌、沉积、环境演变与可持续发展等方面科研教学工作。曾获 1987 年国家科技进步三等奖，国家教委(教育部)科技进步二、三等奖，全国高校优秀教材一等奖，宝钢全国优秀教师奖，上海市科技进步二等奖等 10 项奖项。1991 年受到国务院表彰，享受国务院政府特殊津贴。1992 年获国家有突出贡献的中青年专家称号，1994 年被授予法国地理学会名誉会员。

华东师范大学生态与环境科学学院研究员徐亚同，主要从事环境科学与工程、废水处理、废弃物资源化、生态工程等研究，兼任中国生态学会微生物生态专业委员会副主任、中国环境科学学会水环境学会理事、中国海洋湖沼学会水环境学会理事、《环境污染与防治》与《上海化工》等杂志社编委。曾被评为 1995 年中国环境学会第一届和第二届全国优秀环保科研工作者。“城市污水 A/O 系统生物脱氮研究”获 1986 年度上海市科技进步三等奖；“苏州河水环境治理关键技术研究与应用”获 2003 年度国家科技进步二等奖。发表论文 190 多篇、专著 12 部。

华东理工大学化工学院院长、教授、中国化工学会混合和搅拌专业委员会副主任、上海市化学工程委员会副主任、博士生导师赵玲，入选上海领军人才、教育部新世纪优秀人才。“醋酸装置反应器扩容工业实验研究”和“聚酯装置节能降耗技术研究与应用”分别获 1998 年和 2008 年中石化科技进步三等奖，“年产 10 万吨聚酯成套技术”和“年产 15 万吨聚酯三釜流程成套技术开发”分别获 2001 年和 2005 年中石化科技进步一等奖，“大型精对苯二甲酸生产过程智能建模控制与优化技术”获 2011 年度国家科技进步二等奖。在国内外核心刊物上发表论文 150 篇，国家发明专利 13 项。

上海市闸北区彭浦实验小学英语教师、闸北区人大代表倪浩俊，从事英语教学 30 多年，先后获得全国优秀教师、上海市劳动模范称号，1995 年被评为全国劳动模范，是小学中为数不多的有中学高级教师职称的教师。在教学中形成独特的英语教学“形象比喻、歌曲配唱、情景感染、竞赛游戏、实践训练”等“六法”，取得很好效果。带教的青年教师分别在市区教学评比中获一、二等奖，有的成为科研带头人和先进工作者。所带的学生分别在市、区，各类竞赛中获一、二等奖，还经常有学生的作业刊登于《小学生学习周报》。

宝钢金属有限公司总经理、中国包装联合会第八届理事会副理事长、中国金属学会金属材料深加工分会第一届委员会副主委、上海包装技术协会第九届理事会副会长、教授级高级工程师曹清，参加负责的《DI 罐用极薄钢板及钢罐产品开发》项目获 2008 年度上海市科技进步二等奖，《两片易拉罐用镀锡钢板的开发与应用》项目（第二负责人）获 2009 年度冶金行业科学技术一等奖，《两片易拉罐用镀锡板的开发与应用》项目（第三负责人）获 2011 年度国家科技进步二等奖。发表论文 10 篇，形成 13 项专利，其中发明专利 5 项。

宝钢股份研究院厚板研究所首席研究员、中国机械工程学会压力容器分会材料委员会副主任张汉谦，主要从事核电、压力容器用高端材料开发和工程应用。科研项目“奥氏体不锈钢焊条”能将多种不锈钢焊条用于高碳钢、高强度和超高强度低合金钢的焊接，实现低温预热、不预热焊接后无裂纹，获 2000 年度国家科技进步二等奖。2010 年获“全国劳动模范”称号。张汉谦历年来获得省部级科技进步一等奖 1 项、二等奖 3 项，三等奖 6 项，高新技术产品认证 5 项，省部级荣誉称号 6 项。出版《钢熔焊接头金属学》等专著 3 部，论文 90 篇，发明专利 10 项。

二、文化艺术

上海昆剧团艺术指导、中国戏剧家协会会员、国家一级演员、上海文史馆馆员张静娴，自 1981 年以来，曾两次获中国戏剧“梅花奖”，首届“宝钢高雅艺术奖”和首届中国戏剧节“荣誉表演奖”，以及“白玉兰戏剧表演主角奖”和第四届中国昆剧艺术“特别荣誉奖”。在昆剧舞台上塑造了杨贵妃、卓文君、杜丽娘等一系列鲜明形象。文化部表彰其“长期潜心昆曲艺术事业成就显著”，2003 年被上海市政府授予“德艺双馨”艺术家称号。曾获上海市首届“巾帼奖”，全国文化系统先进工作者，三次获得上海市和全国“三八”红旗手称号。2010 年被授予“全国先进工作者”荣誉称号。2011 年获中国戏曲表演学会“终身成就奖”。

上海沪剧院国家一级演员，上海市戏剧家协会理事、上海文史馆馆员陈瑜，1991 年和 1992 年获第八和第九届中国戏曲“梅花奖”，1989 年和 1992 年两次荣获“国家文华表演奖”和两次荣获上海市“白玉兰”戏剧表演主角奖。1992 年和 2002 年当选上海市劳动模范。1993 年获国务院颁发的政府特殊津贴。2000 年获国务院颁发的“优秀专家”称号。曾被评为上海市“德艺双馨”文艺工作者和上海市“三八”红旗手标兵以及“优秀文艺工作者”。2008 年被国家文化部命名为国家级非物质文化遗产项目沪剧代表性传承人，并被授予非物质文化遗产保护工作先进个人。2011 年获中国戏曲现代戏突出贡献奖。代表剧目有《清风歌》《明月照母心》《雷雨》等。

上海越剧院一团团长、国家一级演员、中国戏剧家协会会员方亚芬，在继承创新越剧传统艺术上成绩显著,广受好评。1988年起连续获得各级戏曲电视大赛一等奖、“十佳演员”“越剧新星”等奖项,崭露头角。1993年和1994年分别获得“第四届白玉兰戏剧表演艺术主角奖”和“宝刚高雅艺术奖”。2006年和2007年分别获得“第十六届白玉兰戏剧主角奖”和“中国戏剧梅花奖”。2012年获第五届巴黎中国戏剧节最佳女演员奖。2001年、2002年、2003年以及2007年四次被评为上海市劳动模范。

三、医药卫生

上海交通大学医学院附属瑞金医院消化外科研究所病理研究室主任、博士生导师于颖彦教授,长期从事外科肿瘤病理学与移植病理学工作。2005年获上海市科技进步一等奖、教育部科技进步二等奖,作为研究团队骨干2008年获得国家科技进步二等奖。负责国家“863”胃癌重大攻关项目分课题、国家自然科学基金项目等多项课题。她所主持的研究成果“胃癌发生发展中的分子异常及其诊疗新方法研究”被中华全国归国华侨联合会评为“中国侨界贡献奖(创新成果奖)”。近年来获得国家发明专利2项,在国内外学术刊物上发表论文100篇,包括国际高水平SCI收录多篇。

上海交通大学附属第一人民医院眼科研究所原主任、博士生导师张皙教授,1995年研制治疗视网膜脱离的C3F8气体及后续研制的C3F8小包装,获联合国TIPS发明创新科技之星奖和国家发明专利,填补了国内外空白。“糖尿病性视网膜病变临床防治及发病机制研究与应用”获得2008年国家科技进步二等奖,同年获第五届中国医师奖。曾多次获得上海市科技进步一、二、三等奖和中华医学科技、教育部、上海市医学科技奖。2007年获上海“银蛇奖”最高荣誉奖,中华医学会“眼科学表彰”。主编、参编专著8部,在国内外核心期刊发表论文231篇,其中SCI全文收录21篇。

复旦大学附属中山医院超声诊断科主任、博士生导师王文平教授,主要从事超声医疗工作,擅长腹部疾病的超声诊断和治疗工作,在国内外较早提出诊断肝肿瘤超声诊断的指标和见解,并率先开展超声诊断肝癌的新技术,使之始终处于国内领先水平。发表论文100篇,并获得全国及上海市优秀科技论文一等奖至三等奖多项。曾主编和参编各类专业和教学书籍近十部,并出版国内首部肝肿瘤超声造影的专著。曾主持和主要参与上海教委、卫生部、国家自然基金等科研基金多项,带教研究生数十名。先后获得“上海市高校优秀青年教师”称号、卫生部科技进步三等奖、中国科协第三届青年科技奖、国家科技进步二等奖、上海市科技进步一等奖等奖项。

第二节　兴办教育事业

上海民进办学起步于1980年。从1980—1984年初,利用民进自身优势,以文化补习为主,开办文理科单科班和高复班,以满足在职青年补习文化的需求。1985年以后,为适应市场经济的新形势,以专业培训为主,开办业余艺术进修学校,设绘画、书法、京剧、越剧等专业,其他业余学校开办法律,彩电、冰箱和摩托车修理以及财会、英文打字等班级。1987年以后,以外语及职业培训为主,开设托福、英语、日语、德语、涉外会计、文秘、国际贸易,以及推拿、针灸、烹饪、书法、绘画、舞蹈、吉他演奏、围棋等班级。

为了坚持正确的办学方向,民进市委分别于1982年和1984年作出《关于各区(县)委会创办学校的几点意见》《关于区(县)委会举办学校的规定》。1993年9月27日,制定《民进市委关于各级组织举办业余学校(班)的几项规定》。1994年2月28日,制定《民进市委员会关于各级组织举办业余学校(班)的若干意见》,对民进各级组织办学加强了管理和规范。《民办教育促进法》颁布后,组织专题讲座和专题报告，并就《民办教育促进法》实施后民办学校的界定审批、办学规范、管理体制和服务社会等问题开展研讨。

一、市委主办学校

【剑桥少儿英语培训】

为了适应国内、国际社会发展需求，使基础教育从"应试教育"转型"素质教育"，民进市委社会服务部在1998年与中英教育测量学术交流中心签订合作协议，成立民进剑桥少儿英语联合办公室。1999年8月，更名为民进剑桥少儿英语第二管理分中心，隶属于上海市教育考试院，主要负责每年春秋季剑桥少儿英语全国统一考试考务工作。民进市委以该项目为抓手，把民进社会办学力量单位组织起来，精心推介剑桥少儿英语教育项目，实施培训计划。民进社会力量办学单位作为剑桥少儿英语学习系统的主体培训机构发展到16所学校，民进举办剑桥少儿英语教师上岗证培训班18期，500人次参加培训；全市参加剑桥少儿英语培训和考试的学生达3万人次。2012年1月，民进剑桥少儿英语第二管理分中心停止所有工作。

【上海市民进进修学院】

创立于1980年9月，校名为"徐汇区民进文化补习学校"，由民进徐汇区委主办。为满足知识青年参加高考补习文化需要，开设4个高复班。1986年后，开设各类大专课程，教学规模不断扩大。1996年改名为"上海市民进进修学院"，由民进市委接办。院址为淮海中路1788号，建筑面积1 080平方米。学院开设外语、外贸、法律、会计、计算机信息管理、计算机及其应用，计算机网络大专及本科专业的自考辅导班，成人高复班、三校生高复班、剑桥少儿英语、KET等课程。1992年9月，该院被民进中央评为全国先进集体，同时又被徐汇区教育局评为先进集体。1996年5月，由上海市教委评估为A级优秀学院。《解放日报》《文汇报》《新民晚报》《中国日报》等新闻媒介都对该院作过报道。创办以来，累计举办4 283个班，学生达182 000人次以上，结业学生达12 000人次左右，历年统考合格率都在65%左右，招生规模每年万名左右，约240个班级。2000年上半年又被上海市徐汇区教育局评选为办学先进集体。该院于2003年7月停办。

二、区委主办学校

1982年民进长宁、闸北、黄浦区委创建办学机构，各区委相继利用社会资源共创建19所各类学校。到2012年，还有9所在继续办学。

表4-4-1　1982—2012年民进相关区委社会力量办学机构(学校)一览表

名　　称	主办、挂靠单位	法人代表	地　　址	备　　注
长宁区求知进修学校	民进长宁区委	李慧琴	华阳路255弄1号	—
民进上海创业专修学院	民进杨浦区委	陈　怡	长阳路965号	—
静安区民进业余进修学校	民进静安区委	周鸿钧	新闸路1370号	2007年停办
黄浦区民进业余学校	民进黄浦区委	张联冠	广东路615号	—

(续表)

名　　称	主办、挂靠单位	法人代表	地　　址	备　　注
闸北区沪北文化艺术进修学校	民进闸北区委	刘静芳	七浦路 596 号	—
民办白玉兰学校	民进虹口区委	马惠生	运光路 40 号	2010 年 6 月与民办瑞虹高级中学合并
虹口区虹进业余学校	民进虹口区委	蔡幽风	巴林路 60 弄 8 号	2010 年 11 月停办
上海浦东新区民进进修学校	民进浦东区委	王　扬	高桥镇西街 217 号	2008 年停办
普陀区普进业余学校	民进普陀区委	刘钊培	北石路 610 弄 28 号	2012 年停办
闵行区民进业余艺术学校	民进闵行区委	卫建民	莘庄镇基地附中	—
嘉定区民进学友进修学校	民进嘉定区委	邓国坤	嘉定工业区南苑幼儿园	2009 年停办
宝山区求知科技文化进修学校	民进宝山区委	刘伟国	盘古路 566 号	2012 年停办
徐汇区民进业余进修学校	民进徐汇区委	薛迪伟	嘉善路 177 号	2007 年 7 月停办
民办进华中学	上海中环投资开发(集团)有限公司	陈国强	富平路 657 弄 91 号	—
蔡福华音乐艺术中心	蔡福华音乐艺术中心	蔡福华	洛川东路 161 号	—
上海博爱幼教集团	上海博爱教育集团	徐莉芳	银都路 3 151 弄 176 号	—
协和教育中心(集团)	协和教育集团	王丽强	虹泉路 999 号	—
新世纪信息进修学院	民进浦东新区区委	邹国梁	张扬路 3 080 弄 4 号	2004 年底停办
宝山区科艺进修学校	民进宝山区委	陈裕国	大华路龙珠苑 200 号	现由区教育局下属机构主办

第三节　支援西部开发与扶贫帮困

一、智力支边

【赴云南智力支边、示范讲学】

1983 年暑假期间，民进市委组织由上海市第四、第六师范等校教师组成的 4 支支边队伍，分赴云南省德宏、大理、丽江、玉溪地区进行智力支边，主要教学内容有教材分析、教法介绍、专题讲座、基础知识培训、上公开实践课、学员试讲互评等。1984 年 8 月 4—17 日，应云南丽江地区的邀请，民进市委组成“赴丽江地区支边交流代表团”，为丽江地区培训中小学教师，有 1 162 人参加。1998 年 9 月 19—26 日，民进市委联合东方航空公司组成“民进・东航赴滇支边团”赴云南省昆明市禄劝彝族苗族自治县进行教育支边活动。共举行小学语文、数学，初中语文、数学、英语及教育行政管理、教育改革信息动态的讲座、报告和示范课 12 场。还与昆明市中小学教研员进行研讨，并为昆明市部分中小学教师举行 7 场讲座和教学示范课，向禄劝县中小学赠送 3 000 多册图书以及打字机、电视机。共有 1 900 多人次参加有关活动。

【在贵州举行教育帮扶和捐资助学活动】

共青团中央、教育部、民进中央及全国少工委于 1999 年底联合发出《关于在少先队组织中广泛开展“城乡少年手拉手助学活动”的通知》后，民进市委通过上海市进华中学与贵州省普安县罗汉中学的定点结对，开展“城乡少年手拉手助学活动”。2002—2004 年，通过建立“进华中学手拉手帮困助学基金”，先后助学捐赠共计各类图书 3 000 册、书包 100 只、练习簿 1 500 本、文具用品 3 500 件以及 6 000 元，使贵州省普安县罗汉中学的 40 名贫困学生，得以返校继续完成学业。2005 年进华中学捐赠钱款 10 万元、教学办公用品 3 万元。上海民进自强进修学院该院向援建民进上海自强希望小学捐赠电脑、打印机各 1 台，向该校 30 名特困学生发放“助学帮困金”3 000 元。向普安县罗汉中学 80 个“助学帮困对子”发放“助学帮困金”8 000 元。

图 4－4－1　2004 年 7 月 14 日，民进市委赴贵州普安县罗汉乡举行“城乡少年手拉手”助学现场会

2006 年 5 月 19—25 日，民进市委助学支教考察团在贵州省黔西南州普安县进行助学支教活动。与民进贵州省委和普安县政协共同举行助学支教座谈会，以深入开展“同在一片蓝天下，助学帮困手拉手”活动，同时向罗汉中学捐赠 4 000 册图书。上海民进自强进修学院向上海民进自强希望小学捐赠 5 台学生用电脑，捐赠该校 30 位贫困学生每年的书杂费。上海民进企业家联谊会向罗汉中学捐赠传真机 1 台，并与上海民进自强希望小学签订捐赠人民币 25 000 元用于修造该校围墙的备忘录。和罗汉中学签订共同举办职业技能培训班的协议。上海民进少儿出版社支部向上海民进自强希望小学、罗汉小学、罗汉中学等 8 所学校捐赠图书。上海红十字造血干细胞捐赠者俱乐部助学者代表向上海民进自强希望小学 11 位教师发放 2006 年度教师节奖励金。他们还与上海民进自强希望小学签订继续捐赠 45 位贫困学生学杂费的备忘录。上海市民办进华中学向罗汉中学 80 位学生继续捐赠书杂费，向罗汉小学 52 位学生捐赠书杂费。

2006 年 6 月 30 日—7 月 4 日，由民进中央社会服务部在贵阳举行支边工作座谈会暨教学设备捐赠仪式上，民进市委牵头上海市徐汇区长桥中学向贵州省 3 所中学捐赠 12 000 册图书，并与贵州金沙县西洛中学结成姊妹学校。

2007 年 8 月 14—16 日，上海民进讲师团赴贵州省黔西南州兴义市开展助学支教活动。由上海民进企业家联谊会支持、上海市民办进华中学和上海教科院民办教育研究所5名优秀教师组成的讲师团向全州200名教师,围绕初中语数外教学、现代师生关系和教师心理健康等主题进行为期3天的讲学,并与参加学习的教师开展交流与互动。2名随团上海红十字造血干细胞(骨髓)捐赠志愿者俱乐部成员还奔赴黔西南州普安县罗汉乡,探望21名与俱乐部成员结对的贫困学生。助学支教期间,民进市委还与黔西南州政府、民进黔西南州委会举行沪黔助学助教协议签约仪式,上海市民办进华中学、上海民进自强进修学院代表分别与普安县罗汉中学、普安县上海民进自强希望小学签订为期3年的助学助教协议,并资助助学款3.3万元;上海红十字造血干细胞(骨髓)捐赠志愿者俱乐部代表向罗汉小学捐赠5 000元;邓莹向州教育局捐赠6万元,用于资助百名家庭困难的少数民族高中女生继续完成学业。

2008年8月21—26日,由上海民进优秀教师以及部分民进企业家联谊会成员组成的上海民进讲师团,到贵州省黔西南州普安县开展助学支教活动。民进市委"人文关怀阳光基金"举行赴黔助学支教现场会,上海市民办进华中学、上海市民进自强进修学院、上海民进企业家联谊会代表分别向罗汉中学、罗汉小学、民进上海自强希望小学23名优秀师生代表发放助学助教金1.2万元,向三校全体教师赠送由进华中学提供的希望杯600只。向罗汉中学捐赠4台教学用电脑、6台录音机及书籍和学习用品。23—24日,向全县200名老师,开办8堂讲座,就如何拓展助学支教模式、加强沪黔两地联系、增强助学工作实效开展讨论,并提出意见和建议。

图4-4-2 2008年8月23日,上海民进讲师团赴普安县罗汉乡开展公开课

2009年8月19—25日,由上海市杨浦高级中学、世界外国语中学、洋泾中学、市民办教育研究所等组成的上海民进讲师团成员到贵州黔东南州雷山县进行讲学。11月8—10日,民进市委组织来自企业界、教育界会员代表赴贵州省毕节地区金沙县进行扶贫帮教考察,与金沙县西洛乡签订为期3年的帮扶协议,商议三年教育医疗经济等帮扶项目。

2010年4月22—26日，上海民进讲师团一行12人赴贵州毕节地区金沙县西洛乡支教考察。支教期间，讲师团教师多次举办讲座和公开课，并与当地教师进行教学研讨交流。金沙县200位教师听取讲座、公开课并参加研讨。支教期间，讲师团成员考察西洛乡部分中小学，走访西洛乡特困学生家庭20户，为一些孤儿、单亲困难家庭捐赠助学款16 500元及学习用品。8月20—26日，上海民进讲师团先后赴贵州省黔西南州安龙县、云南省红河州建水县开展支教讲学活动，为安龙县、建水县40所700名中学教师及中小学教育管理、教研人员开设3场语数外学科讲座及2场教研专题培训，还向安龙县、建水县参加听课的教师们捐赠书籍。

2011年8月8—14日，上海民进讲师团赴贵州省金沙县开展教育帮扶和捐资助学活动。先后为金沙县20余所学校近400名中小学教师、教育管理人员举办15场语数外学科、教研专题等讲座。走访7户贫困学生家庭，捐赠现金近2万元。

2012年4月15—19日，民进市委组织讲师团、医疗队赴贵州省金沙县、大方县开展支教助学和医疗帮扶活动，分别作中学英语、语文、数学等学科专题讲座，与金沙县、大方县2 800余名中学教师和学生交流东西部地区教学方法及理念，并就教师如何指导学生做好中、高考复习，学生怎样应对中、高考等开展针对性讲座。医疗队结合当地多发、常见病预防和治疗分别进行骨科、心内科、肛肠科相关疾病知识讲座。其间，医疗队共安排教学查房7次，手术示教20例，义诊180人次，知识讲座培训5次，参加培训500人次。

2012年8月5—10日，上海民进讲师团赴贵州省黔东南地区锦屏县、天柱县开展支教助学活动，先后为锦屏县、天柱县2 500余名中小学教师、学生和教育管理人员举办13场语数外学科、教研专题讲座。10月30日，民进市委组织民进上海外国语大学支部向民进贵州省黔东南州委、民进贵州省黔西南州委捐赠高等教育英语听力教材1 260册、配套磁带1 280套，用于支持补充当地英语专业大专生专升本考试教材需要。在民进市委协调下，上海民进企业家联谊会出资16万元，为贵州省黔西南州安龙县毛草坪小学捐建图书馆和计算机房。民进市委为该校图书馆捐赠近千册图书，民进中央和民进市委还为该校计算机房捐赠18台电脑。

【为贵州等西部地区举办各类教育培训】

2002年7月8—25日，民进市委根据共青团中央、教育部、民进中央、全国少工委关于开展"城乡少年手拉手助学活动"的要求，和民进教科文进修学院联合举办暑期"希望学校教育管理干部培训班"。来自贵州、四川、云南、甘肃、陕西、宁夏、广西、内蒙古、重庆等九个省、自治区、直辖市30名学员参加培训。

2005—2012年，民进市委响应民进中央号召，充分利用自身的资源优势，支持所属社会力量办学单位(学校)与西部贫困地区开展助学支教活动。先后举办18期西部教师培训班，为参训教师组织专题讲座，开展教学观摩和教学展示，与学校教师进行教学研讨以及座谈交流，学习东部地区先进教育理念、教学方法和教学经验，并对参训教师进行公开课点评，开展班主任交流，让参训教师全面参与到承办培训学校的日常教学中。来自贵州省黔东南、黔西南、遵义地区、毕节地区的400名校长和教师参加培训。上海民进企业家联谊会参与创立的人文关怀阳光基金提供经费支持。

民进市委在获知"上海希望工程西部万名教师培训行动"的消息后，主动与上海市希望工程办公室联系，争取部分培训名额由民进市委作安排。在上海民进企业家联谊会资助下，2006—2008年，先后有3批74位来自西部的小学教师参加培训。

2009—2010年，民进市委和上海中华职教社联合主办8期"贵州铜仁市骨干教师培训班"。培训班重点学习教育中长期发展规划、公办学校行政管理、学校文化与校本课程、提高学校的效能、校长的管理艺术、领导的培育力等课程,组织培训班学员实地参观考察部分中小学、中职学校和大学,使学员们进一步了解上海的办学理念,为学员们结合当地实际,提高办学质量提供帮助。来自贵州省铜仁市的中小学校长、少数民族教师参加培训。

2010年,民进市委和上海中华职教社连续主办3期贵州铜仁地区"东西部教育均衡化发展"研修班。培训班要求学员通过自身多思、多想、多看、多问、多学,尽最大努力把专家理论带回贵州带回铜仁,用先进的思路教育学生,让学生得到更好的发展,使铜仁教育实现跨越式发展。来自贵州铜仁地区有关市(县)100多位学员参加。

2012年9月13—25日,民进市委响应民进中央"同心・彩虹行动"号召,举办第一期贵州省毕节试验区西部教师培训班,同时上海市慈善基金会人文关怀阳光基金在现场举行"鸿雁传书"图书公益捐赠仪式和"天扬助学金"捐赠仪式,民进市委举行向贵州省黔西南州安龙县毛草坪小学捐建图书馆仪式。来自贵州省毕节市金沙县、黔西南州和黔东南州的50位中小学和职中校长来沪参加培训。参训教师聆听5场专家讲座,参观考察华东师范大学、上海交通大学以及上海市民办进华中学常熟教育基地,还深入中国中学等15所中小学校开展3天的"影子培训",进行课堂观摩、校务管理、校园文化、教研科研等方面业务进修,并就学习成果进行汇报交流。

二、捐建希望小学

2001年12月15日,在民进中央社会服务部、民进贵州省委的支持和协调下,民进上海自强进修学院等单位共捐资26万元建设的"民进上海自强希望小学"和"希望之星活动室"在贵州普安县罗汉乡落成。民进中央名誉主席雷洁琼为学校题名。民进中央常务副主席张怀西、民进市委主委刘恒椽等有关领导及当地群众参加学校落成典礼。

三、成立人文关怀阳光基金

2008年7月5日,上海市慈善基金会人文关怀阳光基金在上海市教科院民办教育研究所报告厅举行成立仪式暨赈灾义演义卖活动。全国人大常委会副委员长、民进中央主席严隽琪,民进市委主委蔡达峰出席并讲话。严隽琪和上海市慈善基金会理事长陈铁迪为基金成立揭牌。上海市慈善基金会人文关怀阳光基金是由市慈善基金会、市作家协会、上海市民办中小学协会和市民进企业家联谊会联合发起设立,隶属于市慈善基金会"共享阳光基金"。人文关怀阳光基金成立后,通过举办慈善义卖、与民进闸北区委合办慈善酒会、联合民进文艺界会员进行慈善义演等方式筹款,得到民进中央、民进市委及政府相关部门高度重视。人文关怀阳光基金先后资助民进市委赴贵州省金沙县西洛乡、黔东南州雷山县、黔西南州兴义市、普安县的4次西部支教讲学活动,邀请上海市特级教师、高级教师及教育专家在贵州当地举办讲座近40场,公开课15堂,培训教师800名。人文关怀阳光基金管委会成员及所联系的企业家参团深入山乡走访贫困学生,捐赠电脑4台,录音机6台,复印机、一体机各1台,文具用品800套,书籍价值1万元;赞助民进市委第五、第六、第七期西部教师培训班及市希望小学教师培训班等项目,在上海5所办学成绩卓著的中小学校内全日制培训贵州一线骨干教师60名;组织在沪农民工子女参加"上海一日游",并举办"我眼中的上海"征文比赛,邀请上海市作协的作家,到农民工子女学校开设讲座;每年为上海66所农民工子女学校赠送图书、

图 4-4-3　2008 年 7 月 5 日,民进市委参与赈灾义演义卖活动

订阅素质教育和信息技术方面的杂志;资助贵州在沪就读同济大学的贫困大学生赴奥地利交流实习 1 个月;资助上海贫困大学生及生活困难人员 4 万元。

2009 年,民进市委向上海民进企业家联谊会发出捐款倡议,募集资金 17 万元,在人文关怀阳光基金设立"同心工程"项目,专项用于援建毕节市金沙县西洛乡多媒体教室。

2010 年,在人文关怀阳光基金下成立"启华助学金",每年捐赠 20 万元,用于资助和奖励黔西南州普安县罗汉乡和毕节地区金沙县西洛乡贫困学生,其中 8 万元用于罗汉乡贫困学生的资助、12 万元用于西洛乡贫困学生的资助。

2011 年,人文关怀阳光基金、市作家协会、上海世纪出版集团等联合为民进市委帮扶结对的贵州毕节地区、黔西南州等贫困地区的近 40 所中小学以及部分上海农民工子弟学校的师生捐赠新版《辞海》(第六版)缩印本,共计 700 本,价值 20 万元。

2012 年,在民进市委协调下,人文关怀阳光基金向贵州省毕节市西洛乡捐赠价值 14 万元的多媒体设备,用于改善和提高当地教育教学环境。在人文关怀阳光基金下设立"天扬助学金",专项资助黔西南州考上高中但家庭贫困的少数民族女生高中 3 年的学杂费,首批受资助的有 46 名学生。

2012 年 5 月 11 日,在民进市委组织协调下,人文关怀阳光基金发起、设立"鸿雁传书"公益项目,倡议各大出版社通过阳光基金开展图书公益捐赠。第一期"鸿雁传书"由上海世纪出版集团社股份有限公司教育出版社提供包括文学类、艺术类和科普类图书共计 6 900 册,分别捐赠给民进贵州省黔西南州委、毕节市金沙县教育局、大方县教育局、铜仁市清水小学、民进陕西省渭南市委和湖北省宜昌市九四中学。6 月 25 日,举行第二期图书公益捐赠活动由华东师范大学出版社教辅分社无偿捐赠 66 种书目共计 25 556 册图书,价值 59 万元,分别捐赠给民进贵州省黔西南州委、毕节市金沙县教育局、大方县教育局、铜仁市清水小学、民进陕西省渭南市委和湖北省宜昌市九四中学。图书捐赠主要用于充实当地乡村中小学校图书馆(室)藏书,丰富师生课余生活。

2012 年 6 月 2 日,在民进市委协调下,华东师范大学出版社教辅分社在"六一"国际儿童节之际,通过人文关怀阳光基金向上海市民办中小学协会无偿捐赠《培养天才儿童第一法 · 教会孩子阅读》等33套图书(每套32本),共计图书1 056本。

四、扶贫帮困

【捐赠活动】

1998年1月,民进市委组织由民进静安区委发起的“为边远地区的‘花朵’充实知识的土壤”捐赠书籍活动。2月23日,民进市委向民进白玉兰学校全体教师赠送“健美骑士”健身器,及被誉为第三医学的“无针针灸”磁疗器。

2006年6月12日,民进市委把徐汇区长桥中学与龙临中学两校合并后校图书馆剩余的1.6万册图书,分别捐赠给贵州省普安县罗汉中学、德卧中学、石场中学,山西省阳泉市杨家庄乡中学。

2009年7月17日,在民进四川省委机关举办向四川省中医药管理局图书捐赠仪式中,捐赠医药类图书共800册,总计价值5万元。

2010年4月22—24日,在贵州省铜仁市逸群小学和贵州省铜仁市政府大楼会议室举行捐赠30台电脑和500套校服仪式。8月27日,民进市委协同民进黔西南州委牵线美中慈善基金会捐赠金沙县人民医院的CT设备启用。

【开展“同心工程”】

1998年5月18日,民进中央社会服务部发出《关于实施〈同心工程〉献计出力,多办实事》的通知。同年7月起,民进市委组织力量,开展“同心工程”工作。上海民进自强进修学院为康健、田林、漕河泾、斜土四个街道的下岗职工举办4讲《成功之路》系列讲座,有1 000人次听讲座。免费为4个街道下岗职工开办计算机,裁剪和家政等培训班,有343人参加培训,其中就业人数占85%。为下岗特困职工子女求学设立“民进自强帮困助学金”,年金额2万元。11月7日,在上师大附中举行向下岗职工帮困家庭发放“献爱心助学业”帮困基金发放活动并再一次举办《成功之路》系列讲座,请通过首期学习培训现已重新上岗的学员介绍他们的“成功经验”,同时再一次免费开设技术技能培训班。

【与市郊小学结对并捐赠图书】

2004年10月上旬,民进市委专门发出通知,号召所属基层组织开展向崇明县黄东华希望小学“捐献图书献爱心、助学结对手拉手”活动,共收到捐赠图书2 500册、文具用品1 650件(套)和“助学帮困金”2万元。11月18日,民进市委举行向崇明县黄东华希望小学捐赠图书暨闸北区实验小学与崇明县黄东华希望小学“助学结对”仪式,向黄东华希望小学捐赠了“助学帮困金”和学习用品,两校签订《助学结对协议书》。2008年4月11日,民进市委在闵行区浦江镇郢都小学举行捐赠图书仪式,向闵行区浦江镇郢都小学和华漕镇红卫小学2所农民工子女学校捐赠价值10万元的少儿、文学、科普、艺术、社科、历史类等图书。10月14日,就黄东华希望小学与闸北区实验小学如何进一步做好教育互助交流活动等工作进行座谈交流。

第四节　开展共建服务活动

民进市委充分利用自身的人才、智力优势,更好地为社会主义两个文明建设服务。

一、与街道社区开展共建活动

【与徐汇区社区开展共建活动】

1997年1月27日，民进市委社会服务部、民进徐汇区委与徐汇区田林街道签订共建两个文明建设协议。6月1日，联合举办以“普天同庆、喜迎回归”为主题的广场文化活动。6月12日起，举办以提高居委会干部整体素质为重点的系列讲座培训共10讲。10月10日，民进市委妇委会与田林街道一起举办“夕阳红，秋菊黄”敬老慰问活动。11月14日，联合举行学习中共十五大专题报告会。1998年5月9日，共同主办“上海国际艺术节田林分场”广场活动。8月26日，上海民进自强进修学院邀请社会学方面的专家学者，组织康健、田林街道居民举办“热爱祖国、不信邪教”大型系列专题活动。8月28日组织曙光医院专家名医为田林、康健街道近800名居民免费开展医疗咨询，举办“讲科学、讲文明”纳凉晚会。1999年12月25日，上海民进自强进修学院和徐汇区田林、康健、漕河泾街道(镇)联合发出争当“自强好少年”倡议书，制定8项评选条件，每年6月和12月各评选1次，予以表彰和奖励。2000年3月26日，上海民进自强进修学院在徐汇区为康健、漕河泾、虹梅3个街道举行“学百句英语，迎亚太经合会”培训班。7月22日，为田林、康健、漕河泾、虹梅、凌云5个街道(镇)的500多名中小学生家长免费举行“素质教育进家庭”讲座和课堂教学实践及有关教育咨询等系列活动。

【与江苏路街道共建】

2005年3月5日，民进市委在长宁区江苏路街道社区服务中心开展教育、医卫、法律义务咨询活动。民进市委选派民进会员组成专家组，现场回答居民提出的疑难问题，并就解决方法等给予指导，共有300多人次参加咨询。2006年3月4日，民进市委社会服务部与该街道在长宁区江苏路街道社区事务受理服务中心举行“共建和谐社区”签字仪式。

【其他共建活动】

2006年5月14日，民进市委与中共嘉定区委统战部、民进嘉定区委在嘉定区嘉定镇街道联合举办大型“民主党派名医义诊活动”。民进复旦大学委员会所属华山医院、肿瘤医院、妇产科医院民进会员中的专家参加义诊活动。

2012年11月6日，民进法律服务进社区活动在宝山区吴淞社区文化活动中心举行“民进法律服务进社区工作站”启动仪式。来自法律、医卫、经济、文艺等界别的民进会员为社区群众进行咨询和演出活动。

【名医进校园系列讲座】

2012年11月，民进市委联手徐汇区卫生局、徐汇区教育局共同举办“医教结合——名医进校园”系列讲座。这是民进市委的社会服务项目，同时也作为民进市委提案《关于推进本市医教结合的若干建议》的调研项目。前后共举办3讲，有数百名学生及家长参加讲座。

二、与上海港务局开展共建活动

1997年6月13日，民进市委与上海港务局举行共建社会主义精神文明恳谈会。9月12日，组织文艺界民进会员赴上海港务局新华港务公司举行上海港务局和民进市委共建社会主义精神文明文艺演出。10月10日,在上海港务局高阳港务公司举行尊老敬老医卫、法律义务咨询及为离退休职工系列服务。1998年1月16日,民进市委和上海港务局正式签订共建文明单位协议。5月19日,民进市委共建文明小组和市委科技经济委员会部分委员赴上海龙吴港务局参观学习。6月,民进市委共建小组组织市委法制委员会、离退休学习组赴共建单位上海港务局外高桥、浦东港务局大厦进行参观学习。8月6日,民进市委与上海港务局在海港医院就关于进一步提高医院医务人员的业务培训工作举行首次合作交流座谈会。9月23日,民进市委组织会员中的市人大代表、专家学者赴上海港务局张华浜港务公司,对该公司文明行业(窗口)进行行风文明评议。10月24日,民进市委和上海港务局以及浦东老龄委、潍坊街道、浦东时代广场在浦东时代广场举行1998年敬老日大型文艺会演,专家、教授义务举办医卫、法律咨询,为老志愿者服务等尊老、敬老、为老系列服务。1999年7月27日,民进市委组织会内市人大代表、政协委员、专家学者等赴上海港务局民生港务公司、外高桥保税区港务公司进行行风文明评议。11月17—26日,民进市委组织会员中的市人大代表、政协委员及专家教授对共建单位上海港务局所属外高桥、龙吴、张华浜、南浦、罗泾、高阳、新华、民生、军工路、上海港客运服务公司等14个港务公司生产系统和创建文明窗口服务行业进行考评并提出意见和建议。12月15日,上海港1999年的集装箱吞吐量突破400万国际标准箱和上海港外高桥区二期工程建成投产。民进市委为上海港务局发出贺信。2000年8月30日,民进市委领导班子和共建组成员赴上海港务局所属外高桥国际集装箱码头有限公司进行参观考察。11月27日,上海港集装箱吞吐量突破500万国际标准箱,民进市委于28日向上海港务局送去贺信。2001年6月21日,民进市委组织来自市一医院、瑞金医院、华山医院、仁济医院、中山医院民进会员中的专家教授,赴上海港务局为离休干部和老党员进行义务医卫咨询。2003年11月30日,上海港已实现集装箱吞吐量1 000万标准箱的目标,民进市委领导出席上海国际港务集团举行集装箱吞吐量突破1 000万标准箱庆典大会并发去贺信。2005年1月3日,民进市委与上海国际港务集团在上海港集装箱外高桥码头分公司举行《精神文明共建共育工作规划》签字仪式,进一步健全工作机制,紧密结合双方实际,组织开展各种共建共育活动。2005年9月20日,作为庆祝民进成立60周年会庆系列

图4-4-4 2005年1月3日,民进市委与上海国际港务集团举行《精神文明共建共育工作规划》签字仪式

活动之一，民进市委组织医务专家赴上海国际港务（集团）有限公司为离退休干部开展医疗咨询活动。

三、开展其他社会服务活动

【编辑出版《重振雄风（四）》】

1993 年初，民进市委根据中央领导同志关于上海要“重振雄风”的指示，对上海经济发展中作出贡献的企业和企业家著书立传，借以向海内外广泛介绍他们的成果、经验和思考，使之成为了解上海改革开放进程的一扇窗口。民进市委汇同上海文论杂志社、上海机械工业书店，组织知名作家、记者进行采访写作，编写、出版大型报告文学集《重振雄风（四）》，并举行隆重的首发式。该书收录胡万春、费礼文等作家、记者参加写作的 26 篇报告文学作品，记述 26 家企业在改革开放的大潮中经历的阵痛和磨难，以及成功和辉煌。

【开展送戏送医下基层活动】

1996 年，响应民进中央送戏下乡的号召，连续举行下乡下厂下基层演出。11 月 18 日，民进市委组织本会文艺工作者到江苏太仓市，分别前往香塘集团香塘工艺鞋厂和太仓利泰纺织厂向工人、干部慰问演出。22 日到松江县仓桥镇，在松江师范学校礼堂为工人、农民、学生、干部演出。28 日，演出队再次到太仓，为正在召开职工代表大会的通力建设工程公司慰问演出。

2007 年 11 月 24 日，民进市委在奉贤区青村镇举办“共谱和谐曲，建设新农村”大型送医送戏下乡活动。来自肿瘤医院、华山医院、曙光医院和中山医院等医院的民进会员中的资深医生为当地群众提供免费、优质的医卫咨询服务。民进会员中的著名表演艺术家和演员还给当地群众带来了一场精彩的文艺演出。

2009 年 5 月 29 日，在浦江镇世博家园，由民进市委主办，中共闵行区委统战部、民进闵行区委、闵行区文广局及浦江镇人民政府共同协办“更美的城市，更好的生活，更深的情谊”——纪念民进市委会成立 60 周年暨迎世博文艺演出、医卫咨询活动。

【“3・15”消费者维权现场法律咨询活动】

2004 年 3 月 15 日，民进市委科技、经济、法制委员会和上海市消费者权益保护委员会、东方广播电台在上海书城联合举办“诚信、维权”3・15 现场大型直播咨询活动，历时 3 小时，接待消费者 89 人次，并由东方广播电台都市 792 节目作现场直播。2008 年 3 月 15 日，民进市委社会法制委员会与上海书城联合在上海书城淮海店进行主题为“消费与责任”的“3・15”消费者维权现场咨询活动。2009 年 3 月 15 日，民进市委社会法制委员会与上海书城联合在上海书城福州路店举行“3・15”消费者维权现场咨询活动，大力倡导健康、文明的消费方式和消费行为，大力宣传和谐消费环境中消费者应有的权益和经营者应尽的义务。2010 年 3 月 15 日，民进市委社会法制委员会与上海书城在上海书城福州路店联合举办“迎世博——‘3・15’消费者权益保护”法律咨询活动。针对群众提出的消费维权问题，从法律法规角度为消费者提出法律建议，指导帮助消费者运用法律手段维护自身的合法权益。

【开展敬老节义务咨询活动】

2005 年 10 月 13 日，民进市委邀请医药卫生委员会的医疗专家、科经法委员会的资深律师，开展“关爱老会员生活,关注老会员健康——民进市委敬老节医卫・法律咨询服务”大型咨询活动,为民进老会员提供医疗、法律咨询服务。来自上海10家三级医院的20位具有高级职称的专家、教授,为160名民进老会员开展心内科等12个科目的义务医疗咨询,为20位老会员提供法律咨询服务。

【发挥民进企业家联谊会支边扶贫作用】

2005年5月28日,民进市委成立“上海民进企业家联谊会”。上海民进企业家联谊会建立共同学习、交流与合作的平台,成员通过这个平台,广交朋友,互通信息,开展社会服务,在自身企业帮助社会困难群体的同时,为民进开展的各项支边扶贫、教师培训等工作提供大力支持。2008年四川汶川发生强烈地震后,上海民进企业家联谊会成员通过各种途径向地震灾区捐款680万元、捐物价值1 000万元。2010年青海玉树地震发生后,多位上海民进企业家联谊会成员在第一时间,主动通过人文关怀阳光基金向地震灾区捐款21万元用于灾后重建。

上海民进企业家联谊会与浙江民进企业家联谊会、江苏民进经济界会员联谊会开展各项交流。2008年4月9日组成苏浙沪企业家“会员之家”,带动三地企业家联谊会共同进步,提高社会服务和参政议政水平。2008年12月,与安徽民进企业界会员联谊会开展座谈交流。2011年2月25日第二届成立。新一届上海民进企业家联谊会制定《上海民进企业家联谊会联系人制度》《上海民进企业家联谊会考核办法》《上海民进企业家联谊会会费缴纳使用办法》等有关制度和办法,修订《上海民进企业家联谊会工作条例》。

第五节 赈灾救灾

一、为特大洪灾募捐

1998年8月10日,民进市委认真学习中共中央关于长江抗洪抢险工作的决定,贯彻落实市委市政府紧急会议部署抗洪救灾会议精神,向各区(县)委和基层组织下发通知,要求全市各级民进组织动员和组织会员的募捐工作,努力做好本职工作,以实际行动支援灾区抗洪救灾。截至8月31日,各区县和基层组织共向民进市委上缴捐款97 504.51元。

二、抗击“非典”

2003年4月28日,民进市委向民进各区(县)委,直属委员会、总支、支部发出通知,向全体会员及其家属致以深切慰问,向所有战斗在“非典”防治第一线的人员,尤其是医务界的会员致以崇高的敬礼。同时,要求各级组织减少会议、活动,通过电话和电子邮件传递信息;要求会员积极配合市委、市政府的各项防范措施,严格遵守各项规定;要积极为预防“非典”和战胜“非典”献计献策。

民进医卫界会员响应号召,发挥专业特长,以科学的态度和负责的精神,积极投身到预防、治疗和控制“非典”工作中。民进瑞金医院支部向中共瑞金医院党委提交决心书,表示时刻准备着接受挑选,积极参加志愿医疗队,投入抗击“非典”的斗争中去。民进华山医院支部要求会员出主意想办法,为制定预防和治疗措施,健全和完善防控机制,有效遏止疫情,贡献力量。医卫界会员们不顾自

图 4－4－5　1998 年 8 月 16 日，民进会员、华山医院皮肤科专家翁孟武（右一）在长江流域特大洪灾第一线参加医疗救助活动

身被感染的危险，放弃节假日休息，走在抗击"非典"第一线。各区县还组织抗"非典"募捐活动和慰问医卫界会员活动。其间，许多会员建言献策，民进市委报送相关信息 29 条。

三、四川汶川地震抗震救灾

2008 年 5 月 12 日，四川省汶川县发生强烈地震后，上海民进各级组织和广大会员时刻关心地震灾区救援工作、关注赈灾工作的进展，响应中共中央和民进中央的号召，迅速行动起来，以各种方式和途径，为地震灾区人民群众送温暖、献爱心。5 月 14 日，民进市委致民进四川省委慰问信表示深切问候。组织、动员和鼓励上海民进各级组织和会员积极参与救援捐助活动；紧急启动社情民意信息工作机制，积极为赈灾献计献策。蔡达峰对上海民进各级组织和广大会员参与抗震救灾工作提出具体要求。5 月 23 日，民进市委向各区县委，直属委员会、支部和全体会员发出致敬信，对上海民进各级组织和会员积极投入抗震救灾工作表示崇高敬意和衷心感谢。赵丽宏为抗震救灾作诗《我们血脉相连》在上海市社会各界赈灾文艺晚会上朗诵，由他主编的《惊天地泣鬼神——汶川大地震诗钞》由华东师范大学出版社出版。6 位医卫界会员参加抗震救灾医疗队工作。据不完全统计，截至 5 月 31 日，民进市委向民进中央、市政协和市委统战部报送抗震救灾信息 36 条。上海民进会员向地震灾区捐款 355 万元，上海民进企业家联谊会成员经营的企业向地震灾区捐款 427 万余元、捐赠服装价值 1 000 万元。5 月 27 日，吴毅代表民进市委看望、慰问赴四川抗震救灾的民进会员及家属。6 月 25 日，民进浦东区委和民进上海市文广集团委员会举办抗震救灾大型捐赠拍卖、义演活动，所得善款共计 11.85 万元和价值 25 万元的医药用品，全部捐给四川地震灾区人民。7 月 17 日，陈强努前往长宁区中心医院、宝山区中心医院和第一人民医院宝山分院，慰问上海民进成员中赴四川抗震救灾的医务工作者。

图 4-4-6 2008 年 5 月 15 日,民进成员在地震灾区开展救护工作

第六节 海外联谊与促进祖国统一

一、开展"三胞"联络工作

1980 年 4 月,民进市委建立对台宣传工作委员会,下设各区(县)对台联络工作组。1984 年改为"三胞"(台湾同胞、港澳同胞、海外侨胞)联络委员会,各区(县)为"三胞"工作组。"三胞"联络委员会成立后,举办各种形式的座谈会、台情报告会、联欢会,组织委员和有关会员学习党和政府有关台湾回归祖国的一系列方针政策。1979—1991 年,民进市委组织对台湾有影响和有台胞亲属的民进会员写宣传稿件和家信,通过《人民日报》海外版、中央人民广播电台、《浦江之声》广播电台、《中国新闻社》等媒体上进行宣传。2005 年 8 月 26 日,按照民进中央有关开展港、澳、台工作的精神,为进一步加强与民进"三胞"会员的联系和沟通,搭设促进祖国和平统一的信息平台,民进市委召开两岸关系专题座谈会。

民进市委下属会员中许多有"三胞"亲属。从 1990 年起,民进市委联络部及各区(县)"三胞"工作组围绕宣传"和平统一、一国两制"的方针,邀请"三胞"亲属会员参加国庆、中秋、春节等传统节日的晚会,参观各地经济建设成就等,千方百计为他们排忧解困,激发他们爱国热情,以推动他们为统一祖国、振兴中华出力。

二、开展"三引进"工作

"三胞"会员及亲属为"三引进"(引进资金、技术、人才)穿针引线,牵线搭桥,做了不少工作。民进静安区委所属"三胞"会员亲属就引进先进技术 3 套、合资企业 10 个、外资独资企业 1 个,以及

1 000 万美元贷款。会员、老教育家赵传家的女儿定居新西兰，父亲以父女之情激发女儿的爱国热情，她用中文翻译了第一本介绍新西兰的图册，并引进羊毛生产项目，回国时受到李鹏总理接见。会员康施通过反复、热情的工作，促使其外甥回大陆探亲，并通过谈判为中美共建沪宁高速公路达成协议做出贡献。会员王嗣德在 1994 年引进外资 970 万美元(上海祥龙电子仪器有限公司 450 万美元，嘉良钢铁有限公司 420 万美元，上海秉汇渣土清理有限公司 100 万美元)；在 1996 年引进人民币 1.7 亿元建设西湖乐园——国际俱乐部前期工程；引进人民币 5 000 万元建造德大上海日月潭国际钓鱼俱乐部筹建阶段。会员张锐在 1997 年牵头引进市政府重点项目“中美合资上海通用汽车公司”生产“别克”轿车，为 1997 年上海市最大项目，上海电视台曾采访、报道。

第七节　服务上海世博会

民进市委在迎办中国上海世博会期间，要求并引导广大民进会员发挥积极作用。2010 年初，发出倡议书，号召全体会员践行“理解、沟通、欢聚、合作”的世博理念，以真情与奉献为世博增光添彩。

民进会员立足本职，通过撰写社情民意信息，为中国上海世博会顺利进行提供许多意见和建议，得到市领导及有关部门肯定。会员张峰建议提前筹划世博演出工作，得到中共市委主要领导批示，要求市委相关部门抓紧落实。会员张广仁撰写《为迎世博亟待规范申城外语招牌及告示》的信息，引起市政府领导的高度重视。广大民进会员积极参加由社会，单位组织的世博志愿者活动。浦东新区在世博会展区中占有很大比例，是世博会的重点地区之一，民进浦东新区区委组成的“海宝行动队”，每月进行 1 次“世博环境综合整治与安全保障”巡查工作。

在上海世博会筹办期间，参与世博场馆建设的民进会员全面完成世博场馆的建设、布展任务。2010 年 1 月 27 日，蔡达峰代表民进市委慰问参与世博场馆建设的民进会员，并鼓励他们以建设精品工程为目标，高质量地完成世博场馆建设任务。

图 4-4-7　2010 年 1 月 27 日，主委蔡达峰慰问参与世博场馆建设的民进会员

民进市委做好上海世博会接待工作,2010 年初制定《民进市委世博接待工作方案》。整个世博会期间,共接待 20 多个包括民进中央和民进各省市组织的学习参观团。2010 年 6 月,民进市委承办由民进中央和中国电影家协会主办的"第八届海峡两岸中华传统文化与现代化研讨会",安排近 200 名与会嘉宾参观上海世博会中国展馆,以及台湾地区,香港、澳门特别行政区等场馆。9 月 7—10 日,民进市委联系落实市希望工程办公室主办的"全国千名希望小学师生看世博"活动部分名额,邀请贵州省金沙县西洛乡的 10 位优秀教师与 10 位学生来沪参观。10 月中旬,民进市委安排参加苏浙沪民进企业家联谊会联席会议的与会嘉宾 70 多人参观上海世博会。

第五章　自 身 建 设

中共十一届三中全会后，民进市委恢复活动，组织市委委员和部分有代表性的人士定期学习，先后学习中共各届全会精神、新宪法等。1989年底，中共中央发表《关于坚持和完善中国共产党领导的多党合作和政治协商制度的意见》。民进市委以学习贯彻这一文件为中心，围绕增强参政意识、提高参政议政水平，加强自身建设、逐步实现领导班子新老交替，充分发挥参政党作用等主题开展学习。从1997年起，民进市委不断适应新形势、新任务的要求，坚持民进中央提出的"以政治交接为主线，以自身建设和参政议政为重点，把民进建设成适应21世纪的高素质的参政党"的工作总目标，以举办重大节庆、纪念活动，开展政治交接工作为契机，进一步加强以思想建设为核心，以组织建设为基础，以制度建设为保障的自身建设。着力做好组织发展工作，扎实推进基层组织建设，进一步明确加强基层组织建设目标。通过抓班子、带队伍、强基础，优化组织结构，提高会员素质，努力建设新时期高素质的参政党，不断提高全会的整体素质和履行职责的能力。

第一节　思 想 建 设

一、理论学习

【学习邓小平理论】

1992年初，民进市委组织会员学习邓小平南方谈话。1994年，推动并组织会员学习《邓小平文选》第三卷，完成《关于邓小平思想研讨》和《市场经济与统战工作研讨》两篇论文。1996年，举办邓小平建设有中国特色社会主义理论学习研讨会和"民主监督"研讨会，撰写并提交《学习邓小平〈新时期统一战线和人民政协的任务〉》《邓小平"多党合作"思想的一点哲学思考：两点论和重点论》《参政党与民主监督》《论如何进一步提高民主党派的参政水平》等多篇论文。1997年3月3日，与民革、农工党、九三学社上海市委联合举办"纪念邓小平三篇重要文献"学习辅导报告会。9月20日，下发《民进市委员会关于学习贯彻中共十五大精神的通知》，要求各级组织和广大会员认真学习邓小平理论，完整地、准确地把握邓小平理论的科学体系，在邓小平理论的指引下，积极履行参政党的职能，围绕经济建设这个中心，努力做好本职工作。1998年8月6日，下达《关于学习贯彻中共中央〈通知〉进一步深入学习邓小平理论的通知》；8月10日，举行深入学习邓小平理论报告会、座谈会；8月12日，举行邓小平理论报告会。2004年8月14日，民进市委学习指导组举行纪念改革开放总设计师邓小平诞辰100周年座谈会。

【学习"三个代表"重要思想】

江泽民关于"三个代表"重要思想的论述发表后，2000年9月20日，民进市委组织成员听取学习"三个代表"重要思想辅导报告会。江泽民在庆祝中国共产党成立80周年大会上的讲话发表后，民进市委领导立即组织学习。2002年6月14日，在民进市委十三届委员会第一次主委会议上，新一届领导班子认真学习江泽民"5·31"讲话。9月6日，民进市委学习指导组结合如何建设高素质参政党,交流学习江泽民“5·31”讲话精神体会。2003年8月4日,邀请中共市委党校冷鹤鸣作“大力弘扬与时俱进的精神——《“三个代表”重要思想学习纲要》辅导报告”。8月7日,民进市委宣讲团举行题为《经济全球化下的中国先进文化》报告会。2006年,民进市委发出关于学习《江泽民文选》的通知,对各级领导干部开展学习提出要求。

【学习科学发展观】

民进市委按照民进中央要求,2009年初下发学习贯彻科学发展观通知并制订实施方案。2009年3月30日,民进市委举行“学习贯彻科学发展观”专题报告会。组织领导班子和骨干成员学习中共十七大精神、《毛泽东、邓小平、江泽民论科学发展》《科学发展观重要论述摘编》《科学发展观与统一战线学习辅导材料》等,共举办各类学习培训班5期、学习辅导报告3次、讨论交流5次,组织问卷调查1 000人次,组织会员收看民进中央学习贯彻科学发展观专题报告视频转播。针对会员思想实际,编写《学习贯彻科学发展观材料汇编》辅导读本印发基层。民进市委报刊、网站开辟专栏,刊登学习贯彻科学发展观的做法与体会文章。

【学习多党合作和政治协商制度文件精神】

1989年底,中共中央发表《关于坚持和完善中国共产党领导的多党合作和政治协商制度的意见》。1990年初,民进市委分别组织市委委员、区县、总支负责人、会员中的人大代表、政协委员,传达、学习文件精神。1993年,民进市委采用问卷和座谈会等方式开展上述文件贯彻落实情况的调研工作,并完成调研报告《参政议政、民主监督仍应是民主党派的主要职责——民进市委会关于贯彻落实中共中央89年14号文件的情况及今后设想》。2004年12月22日,召开纪念上述文件颁布15周年大型座谈会。《中共中央关于进一步加强中国共产党领导的多党合作和政治协商制度建设的意见》发布后,2005年6月20日的民进市委十三届六次全体会议上就“加强参政议政能力建设为重点,探索提高参政议政水平途径”作学习交流,并在8月3—4日民进第23期中青年会员暑期学习班上把《中共中央关于进一步加强中国共产党领导的多党合作和政治协商制度建设的意见》作为学习重点。

二、主题教育学习活动

【开展“三增强”“四热爱”学习教育活动】

2003年5月20日,民进中央向全会发出《民进中央关于开展“三增强”“四热爱”教育活动的通知》。民进市委积极响应号召,发动基层组织开展“三增强”“四热爱”教育活动。6月20日,中共市委统战部召开各民主党派市委机关全体干部大会,对全面开展“三增强”“四热爱”教育活动,加强自身建设进行思想动员。民进市委根据部署制定计划并作进一步动员,组织市委机关干部学习《“三个代表”重要思想学习纲要》,参加市委统战部组织的“三增强”“四热爱”教育活动和专题辅导报告,并以此为契机,重新组织修订机关各部室职能和职位说明书,建立健全各项工作制度和规定19项。

【开展政治交接学习教育活动】

根据《民进中央关于在全会开展以“坚持走中国特色政治发展道路”为主题的政治交接学习教育活动的决定》及有关通知精神,民进市委被确定为试点单位。2007年5月上旬,民进市委深入各基层组织，着重摸清会员思想反映及各级组织履行参政党职能和自身建设上存在的主要问题。5月21日，民进市委成立政治交接学习教育活动领导小组，研究制定《民进市委会关于开展以"坚持走中国特色政治发展道路"为主题的政治交接学习教育活动的决定》、实施方案及相关通知，制定下发政治交接学习教育活动进度表、自学大纲、学习资料汇编等。同时确定长宁区、闸北区、静安区、浦东新区委员会和上师大委员会等为重点联系单位；民进市委及所属60个区县组织、直属组织的班子成员、骨干成员和专职干部参加。政治交接学习教育活动于5月下旬开始启动，6月初全面展开。5月30日，民进中央副主席严隽琪到民进市委就开展政治交接学习教育活动进行调研。6月12日，民进市委举行第一场政治交接学习教育活动专题报告会，严隽琪作《坚持走中国特色社会主义政治发展道路，建设适应时代要求的参政党》专题报告。6月20日，民进市委召开专门委员会正副主任、顾问会议，研讨学习教育活动开展情况。6月25日，民进市委召开十四届一次常委会议，静安区委、闸北区委、浦东区委、长宁区委、普陀区委和上师大委员会介绍开展政治交接学习教育活动的情况和主要做法。7月3日，民进市委举行第二场政治交接学习教育活动专题报告会。7月11日，民进市委召开市委委员研讨会，围绕政治交接学习教育活动展开交流研讨。7月24日，民进市委举行第三场政治交接学习教育活动报告会。8月6日，严隽琪到静安区委，就政治交接学习教育活动开展情况进行调研。10月16日，严隽琪到民进市委调研政治交接学习教育活动开展情况。12月14日，长宁区、闸北区、静安区、浦东新区4个区委联合组织召开政治交接学习教育活动交流研讨会。民进市委学习教育活动领导小组办公室编印简报34期。2008年，各区(县)委组织及直属组织按照民进市委要求，组织政治交接学习教育活动在基层支部的拓展计划工作，举办"风雨同舟，继往开来"政治交接学习教育活动图片展。民进市委在民进中央举办的"中国特色社会主义主题教育活动经验交流会"上介绍试点工作经验和做法。

【开展社会主义核心价值体系学习教育活动】

树立和践行社会主义核心价值体系、推进参政党建设，是民进十二届二中全会和民进市委十四届六中全会提出的战略任务。2010年，民进市委制定"树立和践行社会主义核心价值、推进学习型参政党建设"三年规划实施方案印发各区县及直属组织。民进市委按照方案要求，组织2次常委集体学习会、3次主委集体学习会、3次基层支部主委报告会，举办上海民进新社会阶层人士理论培训班、直属基层组织负责人学习班、宣传思想骨干和信息员培训班、中青年会员学习班。民进市委领导班子成员深入基层开展学习宣讲活动。组织会员参加民进中央开展的"六个为什么"有奖征答活动6期，3 000多人次参加有奖征答，获优秀组织奖。与民盟市委联合主办"关于社会主义核心价值体系理论研讨会"。同时，结合主题教育活动，组织会员参与服务世博、奉献世博、宣传世博活动和"十二五"规划大讨论。2011年民进市委领导深入20个区县及直属组织开展专题调研，在此基础上制定民进区县委及直属组织主委班子成员学习培训计划和培训大纲并组织实施培训。组织民进市委和机关干部参加由中共中央统战部、九三学社中央联合主办的"杨佳同志事迹巡回报告会"。11月29日，民进市委举行树立和践行社会主义核心价值体系"双岗建功"先进典型事迹报告会，10位会员被评选为"树立和践行社会主义核心价值体系——'双岗建功'先进典型"，其中以5位同志的先进事迹作宣讲。2012年9月18日，在民主党派大厦举行上海民进学习践行社会主义核心价值体系总结表彰暨工作推进会，37个集体被授予"上海民进学习践行社会主义核心价值体系先进集体"称号，21人被授予"上海民进学习践行社会主义核心价值体系先进个人"称号。

【开展“同心同向同行”教育活动】

根据各民主党派市委、市工商联学习联席会有关通知要求,民进市委2011年5月12日发出倡议,在上海民进各级组织和广大会员中开展“聚焦‘十二五’,同心促发展”建言献策竞赛活动。同时,以纪念中国共产党成立90周年活动为契机,制定并印发“民进市委纪念中国共产党成立90周年安排意见”。5月23日,在上海市建平中学举行“‘光辉历程,同心同行’隆重庆祝中国共产党成立90周年暨‘金盟杯’第二届全国部分省市民进合唱团演唱赛”。组织参加由中共市委统战部举办的纪念中国共产党成立90周年座谈会。在民进市委报刊、网站开辟专栏、制作专题网页。组织各级组织开展“重温历史、同心同德、同心同向、同心同行——参观中共党史、民进会史教育基地活动”。组织会员参加市社会主义学院、市统战理论研究会组织的纪念建党90周年征文活动,上报征文68篇,获优秀组织奖。10月25—26日,与市社会主义学院联合举办民进区(县)委及直属组织主委班子成员学习培训班,开展专题学习。

三、传统与会史教育

【组织各类学习会、报告会,加强对会员的思想教育】

民进市委为提高会员整体素质,根据形势和任务需要,通过组织学习会、报告会等形式开展学习教育活动。每年的第一季度,组织传达、学习全国“两会”精神报告会;在国家遇到重大灾害中,及时组织抗洪救灾、抗震救灾报告会;根据不同时期社会上的热点问题,组织专题报告会;按照不同时期的学习需求,组织专题学习会和辅导报告会;根据不同的学习对象,组织专题系列报告会。从2007年开展主题教育学习活动起,根据学习活动要求,组织相应内容的学习专题报告会。在组织各类学习会、报告会的同时,民进市委还针对政治交接等会务工作需要,组织对有关会员进行培训。

【举行会员座谈会】

民进市委每年都要召开多次由不同界别、不同年龄、不同层次会员参加的座谈会,在传达中共中央、民进中央重要会议精神的同时,分别听取他们的意见,征求对民进组织和民进工作的建议和需求。自2003年12月起,民进市委举办“双月座谈会”,按照不同界别、不同层次、不同会龄的会员,分别召开座谈会,作为组织与会员交流的平台,以加强与基层会员的联系和沟通,征求他们对民进组织在履行党派职能中的建议和想法,推进民进组织的自身建设。

【开展重大纪念活动】

庆祝教师节活动 自1985年1月第六届全国人大常委会第九次会议通过议案,决定每年9月10日为教师节后,民进市委每年在教师节前后以座谈会、大会和电影招待会等形式举行庆祝活动。1985年8月3—5日,民进市委为庆祝首届教师节组织文艺界会员在美琪大戏院举行为期3天的专场慰问演出活动。演出期间,民进出版总支下属各支部特设专柜出售紧俏书籍和优惠书籍为教师服务。民进书画家向教育会堂赠送一批作品。民进市委还把民进中央副主席赵朴初亲书的《金缕曲·敬献人民教师》水印版作为节日礼物赠送给会员中的教师。1987年9月4日,民进市委举行庆祝第三届教师节茶话会。民进市委把由民进中央主席雷洁琼题签、副主席兼秘书长葛志成作序,民进中央宣传部主编的《献给教师》一书作为礼品赠送教师会员。1993年9月8日,民进市委在市政协江海厅举行庆祝第九届教师节茶话会。教师节当日,民进市委在上海人民广播电台“四季可乐”

栏目点歌祝贺节日。1998 年 9 月 11 日，民进市委在上海民主党派大厦多功能厅举行庆祝第十四届教师节大会，大会向获得全国和市先进称号的 5 位教师颁奖，并宣布再捐赠 1 万元，为灾区孩子献一份爱心。2001 年 9 月 20 日，民进市委在美琪大戏院举行庆祝新世纪首个教师节电影招待会，会上宣读获得全国和市教育系统荣誉称号的 21 位会员名单并向他们颁奖表示祝贺。2003 年 9 月 12 日，民进市委举行庆祝第十九届教师节暨中秋节晚会和“高雅艺术欣赏·歌剧篇——张峰独唱音乐会”，会上表彰获得市首届教育功臣提名奖的民进会员和 3 位“抗击‘非典’”先进会员并向他们赠送纪念品。2012 年 9 月 7 日，民进市委召开庆祝第二十八届教师节专题座谈会，与会代表就从事教育工作的体会和教育事业的发展等进行交流研讨。

纪念中国共产党成立 80 周年、90 周年　2001 年，民进市委组织纪念中国共产党成立 80 周年系列活动。6 月 4 日，民进市委在上海民主党派大厦举行仪式，吴企尧将《“四·八”被难烈士纪念册》正本捐赠给上海档案馆，还分别向民进中央、民进市委、市民族宗教事务委员会、中共市委党史研究室赠送此书复制件。市档案馆领导接受捐赠并向吴企尧颁发收藏证书。民进中央常务副主席张怀西、民进中央副主席邓伟志、民进市委主委刘恒椽等领导出席捐赠仪式。6 月 8 日，民进市委举行“党的光辉照我心”文艺晚会，刘恒椽在演出前致辞，严隽琪在会上讲话，陈炳生、王慧敏、刘奕民等出席。6 月 26 日，在上海民主党派大厦举行纪念中国共产党成立 80 周年座谈会，刘恒椽出席并讲话，王慧敏主持会议，陈炳生、许世远、赵丽宏、刘奕民、李名慈、蔡达峰等出席。中国共产党早期党员之一、中国共产主义青年团创始人、革命烈士俞秀松的亲属、民进老会员安志浩，以亲身经历讲述俞秀松的革命历程；民进市委顾问吴企尧回顾在中国共产党领导下，中国民主促进会的奋斗历程。2011 年 6 月 29 日，民进市委在上海民主党派大厦召开纪念中国共产党成立 90 周座谈会，赵丽宏出席并讲话。邓伟志、张辰、胡卫，老领导王慧敏、刘奕民、李名慈等出席，许政涛主持会议。

纪念中共中央颁布“五一口号”60 周年　2008 年 4 月 24 日，民进市委在上海民主党派大厦举行纪念中共中央发布“五一口号”60 周年报告会，刘恒椽、蒋家祥等出席报告会，陈强努在会上作《纪念“五一口号”发布 60 周年》专题报告。4 月 29 日，民进市委召开纪念中共中央发布“五一口号”60 周年座谈会，蔡达峰出席并讲话，邓伟志、刘恒椽、赵丽宏、蒋家祥、王慧敏出席并作主题发言，陈强努主持座谈会。5 月 15 日，民进市委召开直属基层组织所在单位中共党委统战部部长恳谈会，赵丽宏、李名慈、吴毅、陈振楼、陈强努等出席会议。复旦大学、上海新闻出版局、上海社科院等 29 个单位的中共党委统战部部长在本单位民进组织负责人陪同下参加会议。部分单位统战部部长在会上发言。5 月 25 日，民进市委与中共青浦区委统战部共同主办“同舟共济、再铸辉煌”纪念“五一口号”发布 60 周年、改革开放 30 周年大型文艺演出活动，胡卫出席并讲话，青浦区政协主席张布尔，中共青浦区委副书记胡燕平等领导等参加活动。

【民进成立纪念活动】

举行民进成立 50、60 周年庆祝活动　1995 年 12 月 17 日，民进市委在静安体育馆举行庆祝中国民主促进会成立 50 周年大会。市政协主席陈铁迪为大会题词。中共市委主要领导在会上讲话。市人大常委会副主任胡正昌、副市长龚学平、市政协副主席毛经权、中共市委统战部部长王生洪、中共市委副秘书长刘国胜、市侨办主任袁采、市各兄弟党派、工商联负责人等领导应邀出席。2 500 多名会员参加会议。蒋家祥主持大会并宣读民进中央贺信和中共中央政治局委员、中共市委书记黄菊发来的贺信。刘恒椽作题为《开拓奋进，为建设有中国特色的社会主义作贡献》的讲话。农工民主党市委主委陈灏珠代表各民主党派市委、市工商联致贺词。大会还演出文艺节目。2005 年 12 月

18 日,民进市委在云峰剧院举行纪念中国民主促进会成立 60 周年大会,全国人大常委会副委员长、民进中央主席许嘉璐出席并发表讲话,中共市委副书记罗世谦出席大会代表中共市委对民进成立 60 周年表示祝贺。全国政协副主席、民进中央常务副主席张怀西出席大会。严隽琪在纪念大会上讲话。市人大常委会副主任、民盟市委主委张圣坤代表各民主党派市委、市工商联向大会致贺词。黄震主持大会。刘奕民宣读民进市委关于表彰"五个一"达标支部的决定。陈振楼宣读大会给老同志的致敬信。青年会员向他们献花。青年会员代表在大会发言。中共市委统战部部长沈红光,市人大常委会副主任王培生,市政协副主席谢丽娟,以及各民主党派市委、市工商联代表,上海民进各级组织会员共 1 000 人出席纪念大会。会后举行纪念民进成立 60 周年文艺演出。为纪念民进成立 60 周年,民进市委举行一系列庆祝、纪念活动。2005 年 3 月 5 日,民进市委在长宁区江苏路街道社区服务中心举办教育、医卫、法律义务咨询活动,有 300 多人次参加咨询。9 月 28 日,近百名民进会员和来宾出席民进市委在上海民主党派大厦六楼多功能厅举办的庆祝新中国成立 56 周年暨民进成立 60 周年《民进先辈文学作品朗诵会》。

图 4-5-1　2005 年 12 月 18 日,民进市委领导与机关干部在 60 周年大会上朗诵诗篇《向着光明的前途》

举办民进市委成立 50 周年、60 周年系列庆祝活动　1999 年 6 月 16 日,在云峰剧场举行中国民主促进会上海市委员会成立 50 周年庆祝大会。民进中央名誉主席雷洁琼发来贺信并为大会题词:发扬民进优良传统,开拓创新多做贡献。全国人大常委会副委员长、民进中央主席许嘉璐为大会题词:继承先辈传统,开创民进未来。中共市委副书记、市政协主席王力平,市人大常委会主任陈铁迪,中国民主促进会创始人之一、民进中央名誉副主席柯灵,民进中央副主席邓伟志也分别为大会题词。许嘉璐出席会议并讲话。王力平代表中共市委表示热烈祝贺。刘恒椽在大会上致辞。

台盟市委主委郑励志代表各民主党派市委、市工商联向民进市委成立 50 周年致贺词。庆祝大会由王慧敏主持。市人大常委会副主任沙麟，副市长冯国勤，民进中央副主席张怀西、邓伟志，市各民主党派、工商联负责人和各有关大专院校、部委办局领导到会祝贺。近千名会员参加大会。会后，民进文艺界会员演出节目。2009 年 6 月 20 日，民进市委在市政协文化俱乐部礼堂举行纪念民进市委成立 60 周年大会。全国政协副主席、民进中央常务副主席罗富和，中共市委常委、统战部部长杨晓渡应邀到会并讲话。蔡达峰出席并致辞，市人大常委会副主任、民盟市委主委郑惠强代表各民主党派市委、市工商联致贺词。副市长唐登杰、市政协副主席钱景林和各民主党派市委、市工商联负责人应邀出席。陈强努主持大会。上海教育、文化、出版有关单位，各区县及有关高校统战部、统战系统有关单位的领导应邀出席。会后举行庆祝民进市委成立 60 周年文艺演出。

【举行纪念民进前辈活动】

许广平诞辰 100 周年、110 周年纪念座谈会　1998 年 10 月 19 日，民进市委、市妇联、上海鲁迅纪念馆在上海民主党派大厦联合举行许广平诞辰 100 周年纪念座谈会。中共市委副书记、市政协主席王力平出席并参观有关许广平生平的照片和文物展。刘恒椽，市妇联主席孟燕堃出席并讲话，民进市委顾问、市委文史资料委员会副主任吴企尧介绍他当年护送许广平赴香港经过。上海文化界人士和专家、学者先后发言缅怀许广平光辉事迹。邓伟志、王慧敏、赵丽宏和老领导蒋家祥、陈穗九、毛智凤以及中共市委宣传部、市文管委负责人，鲁迅和许广平的儿子、全国政协委员周海婴夫妇及子女，许广平生前友好以及专家、学者等出席座谈会。2008 年 8 月 15 日是许广平主持编辑出版的 1938 年版《鲁迅全集》正式出版纪念日，民进市委、市妇女联合会、市文物管理委员会在上海鲁迅纪念馆联合主办“许广平同志诞辰 110 周年纪念座谈会”。蔡达峰，全国妇联书记处书记王乃坤出席并致辞。中共市委宣传部副部长、市文物管理委员会副主任陈东致欢迎词，市妇联主席张丽丽，

图 4-5-2　2008 年 8 月 15 日，民进市委与市妇女联合会、市文物管理委员会联合主办“许广平同志诞辰 110 周年纪念座谈会”，主委蔡达峰(中)为许广平同志诞辰 110 周年纪念展剪彩

中共市文广局党委书记、市文物管理委员会副主任、上海博物馆馆长陈燮君,中共虹口区委书记孙卫国,赵丽宏,陈强努,周海婴等出席座谈会。广东省广州市文化局、北京鲁迅博物馆、浙江绍兴鲁迅纪念馆等单位领导,许广平亲属、生前友好及民进市委老领导等参加座谈会。之后,蔡达峰、王乃坤、陈燮君、张丽丽、赵丽宏等领导为"许广平纪念展"揭幕剪彩。

赵宪初铜像揭幕仪式 2003年4月17日,赵宪初铜像揭幕仪式在南洋模范中学校举行。严隽琪,市政协副主席、复旦大学校长王生洪等为铜像揭幕。中共徐汇区委书记茅明贵,刘恒椽、邓伟志等领导以及赵宪初夫人周循箴及子女,南洋模范中学历届校友和师生代表出席。2004年11月13日,赵宪初铜像揭幕仪式在上海市福寿苑举行。民进市委专职副主委王慧敏出席。

纪念赵朴初诞辰100周年、逝世10周年 2007年11月5日,民进市委、安徽省赵朴初研究会、市文史研究馆、上海宋庆龄基金会、《人才开发》杂志社、市作家协会、市书法家协会、上海中外文化艺术交流协会和上海新四军历史研究会等单位在市政协文化俱乐部四楼礼堂举行纪念赵朴初诞辰100周年大会,民进中央向大会发来贺信,市人大常委会原主任、市慈善基金会理事长陈铁迪出席,市政协副主席王荣华出席并讲话,王慧敏、赵丽宏、陈强努等出席并发言。2010年5月21日,民进市委与市佛教协会在上海民主党派大厦六楼会议厅联合主办纪念赵朴初逝世10周年座谈会,蔡达峰,中共市委统战部副部长吴捷,市佛教协会会长、玉佛禅寺方丈觉醒,陈强努出席并讲话。民进中央和市有关单位代表张圣坤、黄关从、陈灏珠、谢丽娟、任文燕、毛增滇、陈昌福在座谈会上发言。

柯灵旧居揭牌仪式 2010年12月30日,民进市委、徐汇区人民政府共同举行柯灵旧居揭牌仪式,蔡达峰出席并讲话,邓伟志、刘恒椽、赵丽宏,老领导蒋家祥、刘奕民、李名慈,民进中央,徐汇区政府等有关单位人员及柯灵子女参加。

雷洁琼追思会 2011年1月12日,民进市委举行追思会沉痛哀悼深切缅怀雷洁琼,蔡达峰出席并代表上海民进各级组织和会员对雷洁琼的逝世表示深切哀悼。邓伟志、刘恒椽、张辰、陈强努、许政涛,老领导蒋家祥、王慧敏、许世远、刘奕民、李名慈等发言悼念。陈强努主持追思会。

刘恒椽追思会 2012年2月7日,民进市委举行追思会沉痛哀悼深切缅怀刘恒椽,蔡达峰出席并讲话。赵丽宏、吴毅、黄震、陈振楼、张辰、陈强努、胡卫,老领导王慧敏、许世远、刘奕民及刘恒椽家属等参加追思会,部分同志作追思发言。许政涛主持追思会并代读邓伟志的书面追思发言。

【举行迎新活动】

民进市委每年要举行多次迎新活动,欢迎新入会同志,民进市委主要领导出席并作讲话,对新入会同志表示欢迎并提出要求。迎新活动通过多媒体形式介绍民进概况、会史会章,使新会员了解民进的光荣历史与优良传统,特别是明确中国共产党领导的多党合作和政治协商制度所具有的历史必然性、伟大独创性和巨大优越性。加深对"共产党领导,多党派合作;共产党执政,多党派参政"的中国特色政党制度的认识。

【成立民进市委宣讲团】

1998年6月30日,民进市委在闸北区召开民进市委宣讲团成立大会暨首场宣讲。宣讲团的任务是向广大会员宣讲学习邓小平理论和"三个代表"重要思想,宣讲改革开放和经济建设新形势以及广大群众关心的社会热点问题,宣讲民进光荣历史、民进章程、新时期统战理论等。成立大会结束后,刘恒椽以《搞好政治交接是党派自身建设的首要任务》为题向来自闸北区和各区县以及直属基层组织的会员100人作首场宣讲。2000年5月25日,民进市委宣讲团举行"师德专场"宣讲活动。7月14日,就进一步搞好基层支部建设举行宣讲报告。为了更好地为基层会员进行宣讲,宣讲团把成员名单和宣讲题目登载在《民进申城月报》上,供基层组织选择。至2002年底,宣讲团在会内外宣讲100多场,1万多人次听了宣讲。

【发挥民进成立旧址教育基地作用】

1999年6月17日,中国民主促进会成立旧址揭牌仪式在卢湾区图书馆举行。全国人大常委会副委员长、民进中央主席许嘉璐和民进中央名誉副主席柯灵为成立旧址揭牌,刘恒椽主持仪式,民进中央名誉主席雷洁琼发来贺信,许嘉璐在揭幕仪式上讲话,民进中央副主席楚庄、邓伟志、张怀西,中共市委统战部、中共卢湾区委等有关方面负责人和民进市委副主委以及部分老同志出席揭牌仪式。

2005年确定民进召开成立大会会议室旧址,并在会议室楼前竖立纪念石碑,会议室内悬挂纪念浮雕。12月18日,许嘉璐,民进中央常务副主席张怀西、严隽琪等民进中央领导瞻仰旧址。

2007年在政治交接学习教育活动中,民进市委组织会员在民进成立旧址开展现场教育。2011年结合学习教育活动制定民进成立旧址参观学习方案,组成19名讲解员志愿者队伍。5月组织讲解员志愿者进行专题培训提供现场讲解服务。先后组织47批次、600人到成立旧址学习参观;同时通过制作宣传片、陈列相关著作等充实和丰富民进成立旧址内涵。2011年7月15日,召开民进成立旧址会史教育基地专项工作会议,专题研究民进成立旧址接待服务相关工作,讨论民进成立旧址会史教育基地工作机制。

【编辑出版会史资料书籍】

民进市委注重会史会章的学习教育,从历史的优良传统中汲取精神财富。2007年在政治交接学习教育活动中,编撰出版《一代名师》发送上海民进各级组织。2009年民进市委成立60周年,组织编撰《上海民进六十年回顾》,同时组织区县直属组织编写《在正道上行——上海民进支部组织生活案例选》。2010年,民进中央和中共市委统战部发动开展"口述史"工作,民进市委结合学习教育活动,编撰《风云往昔:口述上海民进会史》。2011年,组织区县委员会编撰《民进上海市区县组织会史资料汇编》。2012年,组织编写《民进市委人物传略》《在正道上行——上海民进基层支部树立和践行社会主义核心价值体系活动案例选》。

四、理论研究

为总结民进加强自身建设的经验,进一步探索新时期建设高素质参政党的规律,民进市委1998年12月成立统战理论研究小组,是上海市统一战线理论研究会的团体成员。

2001年7月10日下午,召开"学习江泽民'七一'讲话,开创新世纪民主党派工作新局面研讨会",就民主党派如何在新形势下进一步加强参政议政、民主监督和如何加强民主党派自身建设展开研讨。

2002年9月10日召开座谈会,就建设高素质参政党的重要性和必要性、高素质参政党内涵进行研讨。研讨论文《高素质参政党内涵的新世纪解读》于10月22—23日民进中央在长沙召开的民进建设高素质参政党理论研讨会上宣读。12月5日,民进市委统战理论研究小组和民进复旦大学

图 4-5-3　2008 年 9 月 7—8 日,民进市委承办民进中央“纪念改革开放 30 周年参政党建设理论研讨会”

委员会联合举行“以十六大精神为指导,建设高素质参政党”理论研讨会,会议编印《新时期参政党建设研讨会论文集》。

2004 年 4 月 28 日,举办“科学发展观与统战工作”理论研讨会,就政治文明、“五个统筹”“五个坚持”、民主党派工作以及维护司法公正、强化司法监督等重大理论和现实问题进行研讨。

2005 年 4 月 29 日,召开“参政议政与和谐社会”理论研讨会,提出将“加强参政议政能力建设”与推进“构建社会主义和谐社会”相结合作为当前民进理论研究工作的重中之重。

2006 年 7 月 20 日,召开上海民进统战理论研讨会,就进一步加强理论学习,促进统一战线和多党合作事业的巩固和发展进行研讨。

2007 年 11 月 26 日,召开上海民进统战理论研讨会,结合当前形势和参政党建设,围绕“和谐社会与政党和谐”进行研讨交流。

2008 年 6 月 30 日,举行参政党理论座谈会,探讨参政党理论的内涵、实质与发展前景。

2009 年 9 月 19 日,民进市委、市统战理论研究会联合举行纪念中国共产党领导的多党合作和政治协商制度确立 60 周年理论研讨会。

2011 年 8 月 22 日,在民进成立旧址举行民进创建史研究沙龙活动。11 月 25 日,举行参政党自身建设理论研讨会。

2012 年 3 月 21 日,民进市委参政党理论研究课题组召开例会,就“推进会内监督对领导班子建设的作用”“新形势下民主党派开展社会服务工作的定位、抓手和特点”“提高民主党派民主监督实效性问题研究”“民进为推进社会主义文化大发展、大繁荣服务问题研究”“参政党内部运行机制问题研究”“民主党派成员特点研究”等专题进行研究。11 月 23 日,举行参政党建设理论研讨会。

五、表彰先进

【民进市委获先进表彰】

1989年，市各民主党派和市工商联举行先进集体、先进个人表彰大会，上海民进有20个先进集体、120位先进个人受到表彰。

1998年1月7日，市统战系统召开“上海统一战线为两个文明建设服务先进个人和先进集体”评选表彰大会，上海民进有2个单位被评为先进集体，5人被评为先进个人。民进市委被民进中央评为1998年度民进全国会刊工作先进单位。

2001年2月26日，市统战系统召开2000年度上海统一战线为两个文明建设服务先进表彰电视文艺晚会，上海民进有2个单位被评为先进集体，4人被评为先进个人。

2002年，民进市委被民进中央评为先进集体，6位会员被评为先进会员。

2003—2005年，民进市委信息工作连续三年获民进全国省级组织先进。

2004年，民进市委参政议政工作获民进全国省级组织先进。

2006年，民进市委参政议政工作和社会服务工作分别获得民进全国先进集体称号。民进市委妇女儿童委员会获得2005—2006年度市三八红旗集体称号。

2007年，民进市委参政议政工作获民进全国省级组织先进。组织会员参加民进中央举办的“六个为什么”有奖征答活动，获优秀组织奖。

2008年，民进市委被民进中央评为省级组织信息工作和新闻宣传工作先进单位，民进中央省级组织新闻宣传工作和会刊(报)工作先进单位；获得市政协信息工作先进单位称号。

2009年，民进市委获得民进全国省级组织参政党理论研究工作、民进全国省级组织新闻宣传工作和会刊(报)工作先进单位称号。

2007年、2009年、2010年，民进市委三次获得民进全国省级组织社会服务工作先进单位称号。

2010年，民进市委获得民进全国省级组织参政议政工作先进单位称号，获得民进中央开展的“十二五”规划有奖征答优秀组织奖。

2011年，民进市委获得民进全国省级组织参政党理论研究工作、民进全国省级组织新闻宣传工作和会刊(报)工作先进单位称号。获得由市社会主义学院、市统战理论研究会颁发的“同心同德同向同行——纪念中国共产党成立90周年”征文活动优秀组织奖。

2012年，民进市委获得民进全国省级组织参政议政工作、民进全国省级组织新闻宣传工作先进单位称号。民进市委参政议政部参与完成民进中央相关课题，获得2个参政议政成果一等奖，1个参政议政成果二等奖；2位会员分别获得参政议政成果一等奖和二等奖。

【民进市委表彰先进基层组织和个人】

民进市委根据形势和任务的需要，根据会务工作的要求，自1980年初起，对会务工作作出显著成绩的个人和基层组织给予表彰，鼓励先进，树立榜样，推动工作。

会务工作表彰　1983年举行1982年先进基层、会务工作积极分子表彰大会，表彰先进基层组织18个、会务工作积极分子92人。1984年举行五好支部和会务工作积极分子表彰大会，表彰五好支部29个，会务积极分子123人，民进市委“三八”红旗手22人、“三八”红旗集体2个。1986年举行先进支部和先进个人表彰大会，表彰先进支部31个、先进会务工作者164个，民进市委“三八”红旗手 17 人。1989 年举行先进集体、会务积极分子表彰大会，表彰先进集体 20 个、会务积极分子 120 人。1991 年举行先进集体、先进个人表彰大会，表彰先进集体 71 个、先进会员 118 人。1995 年 1 月 20 日举行表彰大会，表彰 1994 年度会务工作先进集体 24 个，积极分子 155 人。2004 年 11 月 29 日举行“民进上海市先进基层组织和会务积极分子表彰大会”，向 10 个荣获全国先进和 33 个市先进的民进基层组织以及 100 位会务积极分子颁奖。2008 年 12 月 26 日召开 2006—2008 年度先进支部、会务工作积极分子表彰大会，授予 56 个支部“民进市委先进支部”称号，授予 77 位民进会员“会务工作积极分子”称号。2012 年 10 月 31 日举行先进基层支部、会务工作积极分子表彰大会，60 个基层支部被授予“民进市委先进基层支部”称号，91 位会员被授予“会务工作积极分子”称号。

图 4-5-4　2004 年 11 月 29 日，举行“民进上海市先进基层组织和会务积极分子表彰大会”

参政议政及信息工作表彰　2007 年 1 月 23 日召开“2006 年参政议政工作会议暨信息工作先进表彰大会”，对被评为民进市委 2006 年度反映社情民意信息工作的 40 个先进支部、8 位先进个人予以表彰。2007 年 12 月 21 日举行参政议政工作会议暨信息工作先进表彰大会，对 40 个信息工作先进支部和 10 位先进个人进行表彰。2010 年 1 月 6 日召开 2009 年度参政议政工作会议暨信息工作先进表彰大会，对 12 个先进单位和 10 位先进个人进行表彰。2010 年 12 月 23 日召开参政议政工作会议暨信息工作先进表彰大会，对 10 个先进单位和 10 位先进个人进行表彰。

宣传报道工作表彰　2007 年 1 月 24 日召开宣传报道工作座谈暨优秀通讯员表彰会，对 17 名获得 2006 年度民进市委优秀通讯员会员予以表彰。2008 年 2 月 27 日召开 2007 年度宣传报道工作先进表彰大会，对 5 个先进单位和 14 位先进个人进行表彰。2008 年 12 月 12 日召开宣传报道工作先进表彰大会，对 9 个先进单位和 15 位先进个人进行表彰。2009 年 12 月 23 日举行宣传报道工作先进表彰大会，对 9 个先进单位和 15 位先进个人进行表彰。2010 年 12 月 17 日举行宣传报道工作先进表彰大会，9 个单位、15 名个人受到表彰。

其他工作表彰　1999 年 1 月 20 日举行两年一度的为两个文明建设服务先进集体与先进个人表彰大会，45 个单位被评为先进集体，137 人被评为先进个人，3 个单位受到大会表扬。2010 年 12 月 21 日举行民进市委“双创”工作表彰暨基层支部换届工作总结会，3 个“民进全国先进地方组织”、

19 个“民进全国先进基层组织”获奖。2012 年 1 月 4 日举行“聚焦‘十二五’，同心促发展”建言献策竞赛活动暨宣传报道工作先进表彰大会，对 26 个先进单位和 28 位先进个人进行表彰。

六、宣传报道

【会刊会报】

1980 年 3 月《民进沪讯》复刊，1987 年第 1 期起改名《上海民进》，形成民进市委机关刊物《上海民进》（双月刊）及《工作简报》（月刊）。前者由宣传部负责编辑，后者作为“通报”性质的月刊，只反映市委组织的各项重大活动和领导人的活动。1995 年 3 月《工作简报》停止刊行，创刊《民进申城月报》。该报最初为 4 开 4 版，2003 年 3 月扩版为对开 4 版，既有民进市委会议活动通讯报道，又有区县、直属组织报道、民进会员的动态及民进会员散文、诗歌书画创作，具有新闻性、文艺性、可读性，会员人手一份。2009 年改版后的《民进申城月报》新增了“时评”“人物专访”“提案答复”“社情民意”“名家新作”“纵横谈”等栏目。《上海民进》主要栏目为“学习与研究、民进前辈风华录、风雨同舟、民声、史廊和艺苑”等。1997 年 9 月 15 日，决定成立《民进申城月报》《上海民进》编委会，举行编委会成立会议。其间，《上海民进》一度改为《上海民进专辑》，不定期出版。2006 年 5 月 18 日，《上海民进》改为季刊，成立《上海民进》编委会，每年召开 1 次编委会议。

图 4－5－5　《上海民进》和《民进申城月报》

【民进市委网站】

2006 年 12 月 30 日，民进市委网站开通。民进市委十三届九次全体(扩大)会议举行开通仪式，严隽琪出席并为网站开通题词。网址为 http://www.shmj.org.cn。网站设民进概况、新闻动态、参政议政、社会服务、学习园地、精彩专版、会员风采、交流平台等栏目，每个栏目下设若干子栏目。2011 年初改版后的网站为基层组织和广大会员提供更加方便快捷的信息服务；制作了"庆祝香港回归 10 周年""抗震救灾——我们在行动""庆祝民进市委会成立 60 周年"和"庆祝新中国成立 60 周年""纪念中国共产党成立 90 周年"等专题宣传网页。

【社会新闻宣传】

为了加强民进组织在社会上的影响，民进市委制订会外媒体宣传工作计划，加强与会外媒体的沟通联系，充分利用统战报刊和主流媒体，挖掘报道资源，每年的各项重要会务活动都及时在各主要媒体作宣传报道。特别在每年市"两会"召开前，民进市委各部室通力合作，向记者介绍民进会员中市人大代表、市政协委员参加会议准备情况，并将大会发言及提案等材料提供给新闻单位，在各类媒体上报道民进市委和代表、委员围绕上海改革开放和经济社会发展热点问题提出的建议。"两会"召开期间更是加大宣传报道力度，宣传部与各报、电视台、电台等紧密配合，及时组织采访与报道。为进一步做好会外媒体宣传报道工作，2011 年制定《市委会新闻宣传报道暂行规定》。

第二节　组 织 建 设

组织建设是民主党派自身建设的基础。民进市委按照"领导班子建设有新要求、后备干部队伍建设有新规则、组织发展有新突破、基层组织建设有新举措"的工作思路推进组织建设。

一、领导班子建设

【推进领导班子成员的新老交替】

1980 年 1 月民进市委召开第四次会员代表大会，选举产生第八届委员会，领导班子由主委 1 人，副主委 8 人，秘书长 1 人(兼)组成，平均年龄 73 岁，年龄最大的 90 岁，最小的 62 岁。1988 年 5 月民进市委召开第六次会员代表大会，选举产生第十届委员会，领导班子由主委 1 人，副主委 7 人，秘书长 1 人(兼)组成，平均年龄降为 62 岁，年龄最大的 81 岁，最小的 50 岁。1990 年 6 月民进市委进行届中调整，年过八旬的主委辞去职务，选举接任的主委不满 60 岁，实现主要领导年轻化。1992 年民进市委召开第七次会员代表大会，选举产生第十一届委员会，领导班子由主委 1 人，副主委 5 人，秘书长 1 人(兼)组成，平均年龄 62 岁，年龄最大的 67 岁，最小的 54 岁，初步实现主委班子年轻化。界别都为教育界，其中高教 2 人，普教 4 人，均为大专以上文化程度，高级职称 2 人，专家学者 2 人。为了更好地推进新老交替，1995 年 11 月、1996 年 7 月和 12 月，届中先后增补副主委，其中高教 1 人，政府部门领导 2 人。1997 年 7 月民进市委召开第八次代表大会，选举产生第十二届委员会，领导班子由主委 1 人，副主委 5 人，秘书长 1 人组成，平均年龄降为 58 岁，年龄最大的 66 岁，最小的 46 岁，主委班子进一步年轻化，年龄结构成阶梯状。均为大专以上文化程度，高级职称 4 人，专家学者 3 人。界别有所拓宽，增加了文化界。2002 年 6 月民进市委召开第九次代表大会，选举产生第十三届委员会，领导班子由主委 1 人、副主委 8 人、秘书长 1 人组成，平均年龄降为 50 岁，年龄最大的 62 岁，最小的不满 38 岁。均为大专以上文化程度，高级职称 9 人，专家学者 6 人。界别增加到教育、文化、出版、医卫、机关，涵盖民进各主要界别。一批老同志相继退出领导班子，新的领导班子成员全部为改革开放后入会的会员。2007 年民进市委召开第十次代表大会，选举产生第十四届委员会，领导班子成员均为大学以上文化程度和高级职称，涵盖民进各主要界别。2012 年民进市委召开第十一次代表大会，选举产生第十五届委员会，领导班子由主委 1 人，副主委 7 人，秘书长 1 人组成，平均年龄为 53 岁，年龄最大的 59 岁，最小的 48 岁。均为大学以上文化程度和高级职称，涵盖民进各主要界别。

1980—2012 年，经过 8 次换届，民进市委领导班子成员与 1980 年相比平均年龄降低 20 岁，全部为高级职称且涵盖民进各主要界别，年龄和界别结构更趋合理。

【民进市委班子学习】

民进市委根据形势和任务的需要，及时安排组织班子成员的相关学习。从 1997 年换届后，新一届领导班子决定把自身学习作为每月 1 次的主委会议的第一议程。2002 年换届后，除了继续把学习列为主委会议第一议程外，还成立市委学习指导组，坚持每季度进行 1 次学习，成员扩大到各区县委和直属基层委员会(总支)的主委，以带动基层组织的学习。从 2010 年起，民进市委以主委集体学习会的形式开展学习，研究部署工作，推进学习型参政党建设。学习会邀请各方专家作辅导报告，与会的主委班子成员交流学习体会。

图 4-5-6　2004 年 10 月 29 日，民进市委领导班子举行民主生活会

【举行民主生活会】

根据民进章程第四十七条规定："本会建立健全监督制度和机制，各级领导班子成员要对履行会务工作职责和廉洁自律的情况进行述职，并接受评议"，为加强市委领导班子建设，建立领导班子民主生活会和述职制度。1999 年 2 月 7 日，市委正副主委和秘书长围绕如何加强领导班子建设的问题开展谈心和自我批评。2002 年 12 月 7 日,民进市委根据民进中央关于加强民主集中制,改进领导作风的决定,作出民主生活会常态化的安排。

【成立市委监督委员会】

为建立健全内部监督机制,探索领导班子与制度建设长效机制的需要,民进市委于 2011 年 2 月 24 日成立第一届监督委员会并召开工作会议,制定《民进市委监督委员会工作条例》,确定把了解市委领导班子民主生活会和届中述职的执行情况、区县组织和直属组织换届程序的执行情况、听取常委对市委工作的意见和建议等作为 2011 年重点工作。2012 年 3 月 21 日,市委监督委员会召开工作会议,传达民进中央会内监督工作座谈会议精神,对市第十四届委员会监督委员会工作报告以及市新一届委员会监督委员会主任、副主任、委员产生办法和建议名单进行讨论。12 月 10 日,市第十五届委员会监督委员会举行全体会议,修订完善《民进市委监督委员会工作条例》;对部分会员以及群众反映的情况进行核实并作妥善处理;通过查阅市委主委会议、常委会议和全体会议记录,加强会内监督实效。

二、会员发展

上海民进在组织发展中坚持以从事教育文化出版工作的知识分子为主、以大中城市为主、以有一定代表性的人士为主的原则;严格掌握"坚持标准,保证质量,改善结构,慎重发展"的原则;坚持发展与巩固相结合、有计划稳步发展的方针。1980 年 8 月,为适应新的历史时期形势的需要,按照民进中央通知,恢复吸收在群众中有影响、有代表性、符合入会条件的人士入会,并根据民进中央《关于发展组织工作的暂行办法》规定,按照各民主党派重点分工,在高等师范院校、各类中等学校、

图 4-5-7 2012 年 12 月 26 日,新会员在民进成立旧址开展学习教育活动

初等学校和幼儿教育界以及文化、出版界中发展会员，同时注意吸收从事其他文教工作的知识分子。1983 年 11 月，遵照各民主党派中央《关于民主党派组织发展问题座谈会纪要》精神，在回祖国大陆定居的拥护祖国统一的爱国者中选择适当人士吸收入会。同时，注意发展科技界及其他界别的人员入会。1990 年 3 月，民进中央《关于当前我会巩固与发展组织工作的意见》提出，组织发展工作要"着重巩固，放慢发展步子"，发展会员要特别注意政治素质，严格掌握"坚持标准，保证质量，改善结构，慎重发展"的原则，努力提高全会的政治素质。民进市委严格按照民进中央规定的要求和标准，积极而又慎重地进行组织发展工作。1993 年 6 月，根据《关于民主党派组织发展工作有关问题的通知》精神，民进市委在注重质量的前提下做到有计划稳步发展和坚持巩固与发展相结合；在坚持重点分工前提下，适当吸收其他方面人士。1996 年 6 月，根据《关于民主党派组织发展若干问题座谈会纪要》精神，民进市委有条件有选择地发展非公有制经济人士入会。1999 年根据《各民主党派中央关于加强自身建设若干问题座谈会纪要》精神，民进市委在组织发展中继续坚持"发展是为了工作"和"在工作中发展"的原则，认真贯彻"坚持三个为主(即以协商确定的范围和对象为主，以大中城市为主，以有代表性人士为主)，注重政治素质，发展与巩固相结合，有计划地稳步发展"的方针，正确处理质量与数量、发展与巩固、重点与非重点、发展骨干成员与发展一般成员的关系，把发展的重点放在发展骨干成员和发展高素质的后备干部上来。2009 年 9 月按照《中国民主促进会章程》和《民进全国组织工作会议纪要》的要求，制定《民进市委组织发展规划(2009—2013)》，就组织发展提出总体目标、任务和相应保障措施。

上海民进从 1980 年开始恢复发展会员。1985 年之后的几年是组织发展高峰时期，每年发展会员超过 300 人，发展界别以传统界别为主。1990 年之后，发展速度有所放缓，但发展界别有所扩展。1996 年起开始发展非公有制经济界别会员，2003 年起发展律师界别会员。从 1980—2012 年，共发展会员 8 932 人。发展对象从当初教育、文化、出版及其他文教工作知识分子为主，逐步扩展到科技、医卫、法律及其他界别的中高级知识分子，包括公有制经济和非公有制经济界别人士。

表 4-5-1　1980—2012 年民进市委发展会员情况表　　单位：人

年　度	1980	1981	1982	1983	1984	1985	1986	1987	1988	1989	1990
发展人数	130	238	179	227	225	404	360	414	361	437	262
年　度	1991	1992	1993	1994	1995	1996	1997	1998	1999	2000	2001
发展人数	109	155	335	271	263	288	216	251	312	248	235
年　度	2002	2003	2004	2005	2006	2007	2008	2009	2010	2011	2012
发展人数	199	265	283	327	253	245	229	227	229	213	280

表 4-5-2　1993—2012 年民进市委发展会员基本情况表

年　度		1993	1994	1995	1996	1997	1998	1999	2000	2001	2002
发展人数(人)		335	271	263	288	216	251	312	248	235	199
女会员人数(人)		156	127	118	126	94	132	179	120	125	111
学历	大学以上(人)	303	252	237	267	203	235	290	223	187	235
	比例(%)	90.4	93.0	90.1	92.7	94.0	93.6	93.0	94.0	94.0	94.8

(续表)

年　度		1993	1994	1995	1996	1997	1998	1999	2000	2001	2002
层次分布	中上层人士	311	254	241	262	210	236	298	232	191	222
	比例(%)	92.8	93.7	91.6	90.6	97.2	94.0	95.5	98.0	96.0	89.5
	其他(人)	24	17	22	26	6	15	14	3	8	24
职称	高级(人)	92	84	78	30	57	40	41	51	42	40
	比例(%)	27.5	31.0	29.6	10.4	23.6	15.9	13.1	21.7	21.0	16.1
	中级(人)	215	165	159	233	158	196	249	181	149	182
	比例(%)	64.2	60.9	60.5	71.5	73.2	78.1	79.5	77.0	75.0	73.4
年龄结构	平均年龄(岁)	41.4	40.8	40.9	52.9	41.1	38.8	38.9	38.3	38.2	37.9
	40岁以下(人)	188	144	147	141	102	150	186	158	144	169
	41—50岁(人)	116	98	90	122	86	78	98	73	45	61
	51—60岁(人)	31	29	26	24	28	23	28	4	10	18

年　度		2003	2004	2005	2006	2007	2008	2009	2010	2011	2012
发展人数(人)		265	283	327	253	245	229	227	229	213	280
女会员人数(人)		149	168	170	150	133	151	142	146	144	180
学历	大学以上(人)	258	274	293	219	227	202	204	221	195	258
	比例(%)	97.4	96.8	89.6	86.6	92.7	88.2	89.9	92.1	91.5	92.1
层次分布	中上层人士	246	279	310	252	242	222	207	203	186	228
	比例(%)	92.8	98.6	94.8	99.6	98.8	96.9	91.2	88.6	87.3	81.4
	其他(人)	19	4	17	1	3	7	20	26	27	52
职称	高级(人)	44	71	64	71	70	58	64	59	66	70
	比例(%)	16.6	25.1	19.6	28.0	28.6	25.3	28.2	25.8	31.0	25.0
	中级(人)	202	208	225	162	158	148	143	142	119	157
	比例(%)	76.2	73.5	68.8	64.0	64.5	64.6	63.0	62.0	55.9	56.1
年龄结构	平均年龄(岁)	37.6	37.8	38.5	38.4	38.1	37.8	39.2	38.0	37.9	38.1
	40岁以下(人)	183	194	218	161	166	160	149	149	143	183
	41—50岁(人)	70	80	86	81	64	62	65	76	67	90
	51—60岁(人)	12	9	23	11	15	7	13	4	3	7

表4-5-3　1993—1998年民进市委发展会员界别分布情况表

年　度	1993	1994	1995	1996	1997	1998
发展人数(人)	335	271	263	288	216	251
教育(人)	201	153	151	154	131	142
比例(%)	60.0	56.5	57.4	53.47	60.65	56.57
科学技术(人)	31	27	19	29	23	29

（续表）

年　度		1993	1994	1995	1996	1997	1998
比例(%)		9.2	10.0	7.2	10.07	10.65	11.55
医药卫生(人)		56	48	49	55	41	56
比例(%)		16.7	17.7	18.6	19.10	18.98	22.31
文化艺术(人)		19	18	15	17	5	7
比例(%)		5.7	6.6	5.7	5.90	2.31	2.79
新闻出版(人)		14	11	12	7	5	3
比例(%)		4.2	4.1	4.5	2.43	2.31	1.20
公有制经济(人)		3	2	2	13	3	1
比例(%)		0.9	0.7	0.8	4.51	1.30	0.40
非公有制经济	企业界人士	3	6	7	0	0	0
	比例(%)	0.9	2.2	2.7	0	0	0
	其他人员	0	0	0	0	0	0
	比例(%)	0	0	0	0	0	0
法律(人)		2	2	1	0	0	0
比例(%)		0.6	0.7	0.4	0	0	0
政府机关(人)		3	4	5	7	7	8
比例(%)		0.9	1.5	1.9	2.43	3.24	3.19
党派机关(人)		3	0	0	0	0	1
比例(%)		0.9	0	0	0	0	0.40
团体(人)		0	0	1	2	0	0
比例(%)		0	0	0.4	0.70	0	0
其他(人)		0	0	1	4	1	4
比例(%)		0	0	0.4	1.40	0.4	1.60

表 4-5-4　1999—2012 年民进市委发展会员界别分布情况表

年　度	1999	2000	2001	2002	2003	2004	2005
发展人数(人)	312	248	235	199	265	283	327
高等教育(人)	37	28	31	22	31	26	34
比例(%)	11.86	11.29	13.19	11.06	11.70	9.19	10.40
普通教育(人)	157	127	119	104	143	138	179
比例(%)	50.32	51.21	50.64	52.26	53.96	48.76	54.74
科学技术(人)	30	17	14	22	22	6	3
比例(%)	9.62	6.85	5.96	11.06	8.30	2.12	0.92

(续表)

年　度		1999	2000	2001	2002	2003	2004	2005
医药卫生(人)		48	39	26	20	27	41	27
比例(%)		15.38	15.73	11.06	10.05	1 019	14.49	8.26
文化艺术(人)		13	8	9	12	7	13	11
比例(%)		4.17	3.23	3.83	6.03	2.64	4.59	3.36
新闻出版(人)		10	8	18	7	12	13	18
比例(%)		3.21	3.23	7.66	3.52	4.53	4.59	5.50
公有制经济(人)		0	3	7	2	12	10	18
比例(%)		0	1.21	2.98	1.01	4.53	3.53	5.50
非公有制经济	企业界人士	0	2	0	1	4	7	2
	比例(%)	0	0.80	0	0.50	1.51	2.47	0.61
	其他人员	0	0	0	0	0	5	24
	比例(%)	0	0	0	0	0	1.77	7.34
法律(人)		0	0	0	0	1	2	1
比例(%)		0	0	0	0	0.38	0.71	0.40
政府机关(人)		12	15	8	9	6	7	4
比例(%)		3.85	6.05	3.40	4.52	2.26	2.47	1.22
党派机关(人)		5	1	0	0	0	0	1
比例(%)		2.00	0.40	0	0	0	0	0.40
团体(人)		0	0	0	0	0	3	0
比例(%)		0	0	0	0	0	1.06	0
其他(人)		0	0	3	0	0	12	5
比例(%)		0	0	1.30	0	0	4.24	1.53

年　度	2006	2007	2008	2009	2010	2011	2012
发展人数(人)	253	245	229	227	229	213	280
高等教育(人)	16	32	13	18	18	27	29
比例(%)	6.30	13.10	5.70	7.90	7.90	12.70	10.40
普通教育(人)	138	131	140	121	119	100	143
比例(%)	54.50	53.50	61.10	53.30	52.00	46.90	51.10
科学技术(人)	2	4	2	4	5	4	3
比例(%)	0.80	1.60	0.90	2.00	2.20	1.90	1.10
医药卫生(人)	38	22	25	31	20	21	27
比例(%)	15.00	9.00	10.90	13.70	8.70	9.90	9.60

（续表）

年　度		2006	2007	2008	2009	2010	2011	2012
文化艺术(人)		6	3	14	12	4	6	8
比例(%)		2.40	1.20	6.10	5.30	1.70	2.80	2.90
新闻出版(人)		10	7	3	7	7	16	4
比例(%)		4.00	2.90	1.30	3.10	3.10	7.50	1.40
公有制经济(人)		13	14	16	13	19	14	11
比例(%)		5.10	5.70	7.00	5.70	8.30	6.60	3.90
非公有制经济	企业界人士	2	2	1	2	8	5	16
	比例(%)	0.80	0.80	0.40	1.00	3.50	2.30	5.70
	其他人员	14	13	8	14	12	11	21
	比例(%)	5.50	5.30	3.50	6.20	5.20	5.20	7.50
法律(人)		0	0	0	0	0	1	2
比例(%)		0	0	0	0	0	0.50	0.70
政府机关(人)		8	15	4	5	12	7	8
比例(%)		3.20	6.10	1.70	2.20	5.20	3.30	2.90
党派机关(人)		1	1	0	0	3	1	6
比例(%)		0.40	0.40	0	0	1.30	0.50	2.10
团体(人)		2	0	1	0	1	0	0
比例(%)		0.80	0	0.40	0	0.40	0	0
其他(人)		3	1	2	0	1	0	2
比例(%)		1.20	0.40	0.90	0	0.40	0	0.70

三、后备干部队伍建设

【举办中青年会员学习班】

为加强对中青年会员的培养和考察，民进市委自1982年起，每年暑期举办1期中青年会员学习班。自1994年开始同市社会主义学院联办，至2012年已举办30期。学习班为期4天，每期有40位左右会员参加，从2008年起每期参加学习班的会员达60人左右。学习班采用辅导报告和研讨相结合的方法，由民进市委领导作动员和总结，市社会主义学院根据每期学习班的不同学习重点和培训要求安排专题辅导报告，组织会员参加学习讨论和交流。

【成立中青年联谊会】

1999年9月3日，民进市委成立中青年联谊会。中青年联谊会每届5年，至2012年为第四届中青年联谊会。中青年联谊会以“学习、调研、联谊”为宗旨，采取跟踪考察、动态管理的方式，建立

图 4-5-8 2004 年 5 月,民进市委中青年联谊会赴安徽省滁州市调研考察

定期考核制度。民进市委根据联谊会特点,组织他们参加各类政治学习、考察参观、参与社区共建活动和行风评议等。民进市委为每届联谊会确定多个调研课题,组成相应课题组,在民进市委领导的直接领导、指导下开展专题调研,形成提案建议稿。通过各项活动,使中青年联谊会成员逐步提高参政议政能力,也使民进市委培养后备干部队伍的机制更加规范化、制度化。

【参加党外中青年干部培训班】

从 1991 年起,民进市委每年都推荐会员分批参加中共市委统战部和市社会主义学院联办的各民主党派中青年干部学习班,到 2000 年已推荐 94 位会员参加。1998 年,组织 8 位新当选的人大代表和政协委员参加市委统战部学习班。2002 年,组织新当选的市委委员参加市委统战部和市社会主义学院联合举办的“民主党派新当选市委委员培训班”。2003 年,推荐 5 位会员参加市委党校举办的处级干部培训班。2008 年,推荐 2 位会员参加中央社会主义学院举办的学习班。2009 年,推荐 3 位会员参加民进中央举办的培训班,推荐 4 位会员参加市委统战部研讨班。2010 年,推荐 2 位会员参加中央社会主义学院党外干部进修班、培训班。2011 年,安排 2 批会员参加中央社会主义学院党外干部培训班、民进中央骨干会员培训班。

【选拔优秀会员挂职锻炼】

2004 年,民进市委推荐会员到宝山区政府挂职锻炼。2005 年,民进市委与中共宝山区委签订人才合作项目。2011 年,推荐会员到浦东新区实践基地挂职锻炼。到 2012 年,民进市委先后推荐 19 位会员到宝山区、浦东新区挂职锻炼。到宝山区的 6 位会员分别任对外经济委员会副主任、教育局副局长、体育局副局长、环保局副局长、发展改革委员会副主任和信息化委员会副主任。

【举办新社会阶层人士理论培训班】

2010 年 3 月，组织民进企业家联谊会、企业支部、综合支部及部分区(县)委的 31 名企业、经济、法律界会员赴中央社会主义学院进行为期 1 周的统战理论、国内外经济社会形势等方面的知识学习。

四、区(县)和直属基层组织建设

【开展基层组织建设调研】

民进市委为全面了解基层组织建设情况，推动支部各项工作，开展基层建设调研，市委机关各部室干部参加调研。1999 年下半年，民进市委成立领导小组，确定调研的课题和要求，采用“以点带面，点面结合”的方式逐步推进。8 月 27 日，在区(县)委员会和直属委员会、总支主委会议上作部署。10 月 14 日，在长宁区委员会和上医大委员会两个试点单位调研工作基本完成后，召开以基层组织建设调研为主要议题的组织工作会议，对试点单位的调研工作进行阶段性总结，推动面上调研工作的展开。2000 年 1 月 31 日，召开全市基层组织干部大会，对基层调研作总结并制定《民进市委基层支部工作条例》，颁发《支部工作手册》等加强支部建设 10 项措施。开展“回家(民进市委)看看”活动，为基层支部提供组织生活场所和内容。

【召开组织工作会议】

1993 年 3 月 11 日，召开各区(县)正、副主委会议暨组织工作会议，就上海民进如何遵照会章精神搞好组织发展工作方面进行广泛讨论。6 月 3 日，召开各区(县)委负责组织工作的正、副主委和组织委员参加的组织工作会议，通报民进市委近阶段组织发展情况及下阶段工作打算。1994 年 1

图 4-5-9　2004 年 5 月 12 日，民进市委举行支部主任培训会

月11日,召开直属系统、总支、支部组织工作会议,就1993年组织发展、组织建设有关事宜及1994年组织工作作通报。1月17日,召开各区(县)委正副主委、组织委员出席的组织工作会议,就1993年各区(县)所属支部换届改选工作作总结,并汇报1993年组织发展、组织建设工作,通报民进市委1994年组织工作方面的打算。1997年11月,分别召开地区系统和直属系统组织工作会议,就近年来组织发展工作的经验、做法和存在的问题作交流。1998年7月,分别召开直属系统组织工作会议和各区(县)委组织工作会议,就加强基层组织建设进行部署。2009年6月26日,召开组织建设工作交流会,静安区委介绍调整支部设置,加强基层建设的具体做法。11月11日,召开"上海民进组织工作会议",贯彻民进中央组织工作会议精神,明确上海民进组织发展思路。

【区(县)和直属组织专职干部会议制度化】

民进市委每年都要召开多次区(县)委机关专职干部会议和直属组织联络秘书会议,学习传达上级会议有关精神,通报民进市委各部室工作,交流各单位工作经验,部署下一阶段工作。2005年,完善专职干部季度会议制度,并规范填报"民进区(县)委员会每月工作汇总表"。从2006年起,在区(县)委机关专职干部和直属组织联络秘书中开展"达标创优"活动。

【建立基层支部主委工作片会机制】

2011年2月,民进市委建立"基层支部主委工作片会"工作机制,各基层支部主委展示本支部工作成果,并通过学习、交流,相互借鉴和分享成功基层支部组织生活经验,提升基层支部整体工作水平。到2012年,共分片召开5次。

五、机关建设

1993年5月,民进十一届三次常委会通过《民进市委机关机构改革方案》和《民进市委关于实施机关工作人员岗位聘用制的意见》,调整市委机关机构设置,实行工作人员岗位聘用制,健全和严格各项规章制度。1997年,民进市委提出"以加强学习为先导,规范管理为抓手,健全规章为保证,团结高效为目标"的机关工作思路,健全机关学习制度,逐步形成务实高效、团结和谐的机关氛围。同时,根据中共市委组织部关于上海市各民主党派、工商联机关实施参照国家公务员制度管理工作有关意见,在机构改革"三定"的基础上,完成参照公务员制度管理工作,健全机关学习制度。为争取档案工作升级达标,民进市委为档案室配备电脑、档案软件、打印机等设备,建立档案工作网络,修改、补充和制定档案管理制度。2001年5月,通过档案工作市二级评审。同时建立机关局域网,为机关实现信息化打下基础,并就"如何做合格机关干部"开展两天的学习和研讨。2003年5月中旬,结合年度机关建设计划的实施,在普通话及汉语拼音、公文写作、计算机及网络应用软件能力等方面加强对机关干部培训。2004年5月25日,民进市委机关举行机关青年读书会成立大会。机关青年读书会通过学习交流、邀请专家学者作专题报告并互动、前往外地民进机关读书会相互学习交流等形式开展活动,同时开展不同主题的学习交流会。2005年,民进市委机关干部在学习中就建设和谐机关的构想开展讨论与思考。7月15日,召开落实职位说明书工作研讨会,就机关职位说明书的内容、实施等提出建议和意见。2006年1月6日,召开工作研讨会,重点加强机关的文化建设。2007年11月,开展"机关建设大讨论",明确机关建设目标和任务。为建设好学习型机关,2008年,在原有学习制度上,进一步明确每周四上午为机关学习时间,由宣传部负责,与工会、民进机关支部共同制订学习计划，安排学习内容。民进市委坚持行政、机关工会、民进机关支部“三位一体”模式，协调三方面工作关系，安排机关干部进行岗位轮换，为培养机关中层干部力量设立部长助理岗位。

1997年，民进市委机关被评为统战系统目标考核优秀单位。民进市委机关工会被评为2000年度市级机关先进职工之家。2001年，民进市委档案工作被评为市二级先进单位。2004年，民进市委机关获“2001—2003年上海统一战线为三个文明建设服务先进集体”称号。2005年，上海民进机关信息化建设工作荣获民进全国省级组织先进称号。2006年，民进市委研究室获上海统战系统信息工作先进单位一等奖。

第三节　制度建设

一、领导班子制度

1997年，民进上海市第十二届委员会产生后，在原有基础上逐步健全和完善各种会议制度，包括代表大会、委员会全体会议、常委会议、主委会议以及议事规则，健全民主集中制。制度根据“集体领导、民主集中、个别酝酿、会议决定”的民主程序，实行集体领导与分工负责相结合，重大问题由主委会议、常委会议、全委会议讨论决定，发扬民主，不搞“一言堂”，真正体现领导班子的集体意见。此外民进市委还制定了各专门委员会工作条例。

自1997年换届后，民进市委决定把自身学习作为每月一次主委会议的第一议程。2002年换届后，除了继续把学习列为主委会议第一议程外，还成立市委学习指导组，坚持每季度进行一次学习，成员扩大到各区县委和直属基层委员会(总支)的主委，以带动基层组织的学习。

2001年12月，民进市委根据民进中央制定的组织学习制度，制定《民进市委各级组织学习制度》。2002年10月，民进市委根据民进中央下发的《民进中央关于加强民主集中制，改进领导作风的决定》，制定《民进市委关于贯彻〈民进中央关于加强民主集中制，改进领导作风的决定〉的意见》，规定领导班子民主生活会制度和述职制度。同年底，还建立专职领导干部年终述职报告及评议制度，建立主委、副主委、秘书长向市委常委会届中述职的制度。2007年，制定《议事决策规则与程序》《民进市委主委专项经费管理办法》等制度。

二、各级会议制度

民进组织恢复活动后，民进市委就对市委会全体会议、常委会会议、市委办公会议、区县直属单位负责人会议、市委专题会议、机关工作会议等各级会议制定相应会议规程和职权。1992年，民进市委把这些会议制度作为汇编《民进市委会规章制度和机关人员岗位责任制》中的重要部分。2008年6月，在制定完善会议制度的基础上，对所有规章制度进行汇编。《民进上海市代表大会规程》对大会的机构组成及职能、大会的议程、大会代表的组成、大会的筹备工作等作了规定。《民进市委会会议规程》对市委会全体会议，常委会会议、主委会议，区县委员会、直属委员会、直属支部负责人会议，专题工作会议，专门委员会正、副主任联席会议及各专门委员会全体会议，欢迎新会员会议，区(县)委员会专职干部和直属委员会秘书会议等作了规定。并就各种会议制定管理办法，从会议的组织策划、会议的会前准备、会议的岗位安排、会议结束后的工作等几个方面作了规定，做到开展有计划、组织有规范、审批有制度、归档有时限。

三、机关工作制度

民进市委机关恢复工作后，就逐步建立规章制度。1992 年，民进市委把这些规章制度汇编成《民进市委会规章制度和机关人员岗位责任制》，规章制度包括“关于执行市委会规章制度的说明”，进一步明确机关各岗位人员职责。

为加强市委机关建设，保证各项工作顺利进行，根据机关运作“纵向有序，横向协调”的要求，建立切实可行的规章制度，2007 年民进市委开始部分规章制度的修订工作，并于 2008 年 6 月把所有规章制度汇编成《中国民主促进会上海市委员会规章制度汇编》。民进市委机关的建章立制主要包含三个方面的内容：以民主集中制为核心、精简务实为原则的各种会议制度；以岗位责任制为核心、规范高效为原则的各种工作制度；以公务员条例要求为核心、提高干部素质为原则的人事管理制度，并强化考评，健全干部述职制度。相应规章制度有：《民进市委会印章管理办法》《民进市委网站管理规程》《民进市委会机关会议制度》《民进市委会档案工作规定》《民进市委会部门立卷归档办法》《民进市委会机关机要文件管理规定》《民进市委会机关公文处理办法》《民进市委会机关保密工作制度》《民进市委会机关财务管理规定》《民进市委会机关国有资产管理办法》《民进市委会机关物品采购管理规定》《民进市委会机关考勤规定》《民进市委会机关年度考核办法》《民进市委会机关文印管理规定》《民进市委会机关机动车使用管理办法》《民进市委会机关安全卫生管理规定》。

四、基层工作制度

2000 年，民进市委在对全市基层组织进行调研的基础上，制定《基层组织(支部)工作条例》，印发《基层支部工作手册》。《基层组织(支部)工作条例》从思想建设、组织建设和档案建设三个方面作了规定。《基层支部工作手册》要求记录支部年度工作计划、支部成员名册、支委会议情况、组织生活内容情况、社情民意信息、会员岗位奉献荣誉称号、会员情况变更、收缴会费情况、年度工作小结等工作事项，较全面地反映基层支部会员和支部活动情况。

第五篇

中国农工民主党
上海市委员会

中国农工民主党(简称农工党)是以医药卫生、人口资源和生态环境领域高中级知识分子为主，由一部分社会主义劳动者、社会主义事业建设者和拥护社会主义的爱国者组成的政治联盟，是接受中国共产党领导、同中国共产党通力合作的亲密友党，是致力于中国特色社会主义事业的参政党。

1930 年 8 月 9 日，国民党左派领导人邓演达在上海召开第一次全国干部会议，创立了“中国国民党临时行动委员会”，标志着农工党的正式成立。1935 年 11 月 10 日的第二次全国干部会议上，将党名更改为“中华民族解放行动委员会”。1947 年 2 月 3 日在上海召开的第四次全国干部会议，正式更名为中国农工民主党。上海是农工党的诞生地，也是早期农工党的重要活动地区。

中国农工民主党上海市委员会(简称农工党市委)是中国农工民主党在上海市的省一级地方组织，以 1947 年 2 月 12 日农工党上海市党部委员会成立作为地方组织建立标志。

1978—2012 年底，农工党市委共经历了第四至十二届共 9 届。

1977 年 11 月，农工党恢复组织活动后，农工党市委通过调查了解，配合党员所在单位做好复查平反落实政策工作。中共十一届三中全会以后，农工党市委协助各级中共组织落实各项统战政策，历年来党内的冤假错案全部得到平反，解决了遗留问题，调动了党员的政治热情和工作积极性。农工党市委积极稳妥发展组织，增加新生力量，为组织增添活力，许多医卫界、教育界、文艺界、科技界的知名人士加入了农工党。

《中共中央关于坚持和完善中国共产党领导的多党合作和政治协商制度的意见》和《中共中央关于进一步加强中国共产党领导的多党合作和政治协商制度的意见》的先后制定，使国内多党合作制度逐步迈入规范化、程序化、制度化的轨道，民主党派性质和地位发生了重大变化。尤其是进入 21 世纪以后，中国的多党合作事业迎来了蓬勃发展新时期。

农工党市委主动顺应形势变化要求，注重开展对党员的政治教育和思想建设，团结带领各级组织和广大党员，积极发挥人才和智力优势，围绕经济建设和社会发展需求，为改革开放建言献策，为咨询服务、办医办学、智力支边献计出力，收到了显著的社会效果。农工党市委不断加强自身的思想、组织、制度、作风和机关建设。各级组织紧密配合，增强联动与合作，不断增强组织的凝聚力，为上海的改革、发展、稳定和“三个文明”建设作出积极的贡献。农工党市委进一步发挥参政党的作用，在各级人大、政协、政府的工作中，通过多种途径，积极参加政治协商、参政议政和民主监督活动，对医疗卫生、教育、经济建设等领域的改革和发展提出了许多建设性意见和建议，对推动改革开放和现代化建设、促进祖国统一事业发挥了积极的作用。

30 多年间，农工党市委通过完善机制、制定规划，切实履行参政党的基本职能。在开展政治协商、民主监督和参政议政工作中，农工党市委主要领导认真出席中共市委召开的党外人士座谈会和情况通报会，听取重要会议精神传达和重要情况通报，并发表意见建议;应邀参加民主协商会，协商担任市人大、市政府、市政协及市级司法机关领导职务的建议人选。农工党市委积极动员广大党员聚焦上海经济、社会发展的大政方针，围绕国计民生等热点问题，尤其是在医疗卫生事业的改革和发展方面，为上海的改革开放和社会主义现代化建设，特别为中共市委和市政府决策的科学化、民主化建言献策。从 1978—2012 年，上海农工党员中共有 11 人次当选全国人大代表，111 人次当选上海市人大代表；有39人次担任全国政协委员，有200人次担任上海市政协委员。1993—2012年，农工党市委每年都有集体提案被评为市政协优秀提案，还有不少被列入重要提案。农工党市委从1999年起启动反映社情民意信息工作，2004年开始逐渐步入正轨。至2012年底，累计有3条信息得到中央和国家领导人批示，22条得到中共市委、市政府领导的批示。农工党市委还与上海市卫生局建立对口联系工作制度。通过以上这些活动，农工党市委在上海的政治生活中发挥了参政党的重要作用。

30多年间，农工党市委充分发挥党内优势，持之以恒地开展社会服务工作，努力打造社会服务品牌。农工党市委围绕经济建设这个中心，举办各类咨询服务、扶贫助学、社区共建等活动，在支援西部开发、参与抗洪救灾、抗击"非典"、对汶川大地震的灾后救援、重建等方面，为推进上海乃至全国的社会经济发展积极做出贡献。农工党市委尤其注重发挥医药卫生界别特色，主办了各种类型不同层面的医疗咨询活动。通过开办专家门诊、医疗服务基地，开设医疗服务热线，送医送药到贫困地区和革命老区，使众多人民群众受益，在社会上产生积极影响，以实际行动树立了农工党员的新形象。

30多年间，农工党市委自觉接受中国共产党的领导，坚持爱国、民主、团结、求实的优良传统，继承和发扬老一辈领导人与中国共产党风雨同舟、肝胆相照的优良传统，坚持不懈地抓好党员的思想建设工作。通过开展"三增强、四热爱""政治交接""树立和践行社会主义核心价值体系""同心同行"等系列主题教育活动，组织党员学习党史党章、巩固多党合作理论基础，将邓小平理论、"三个代表"重要思想、科学发展观贯穿于党员思想政治教育的全过程，使全体农工党员能够坚持正确的政治立场和政治方向，增强对有中国特色的多党合作政治制度的信心。农工党市委不定期开展参政党理论研讨活动，编辑出版党史资料；高度重视宣传工作，纸质媒体《农工沪讯》不断与时俱进，2008年4月建立的农工党市委网站进一步延伸了宣传工作的空间。以上各项举措引领广大农工党员努力做老一辈优良传统和高尚风范的传承者，做巩固和发展政治交接成果的实践者。

30多年间，农工党市委注重领导班子建设和骨干队伍建设。农工党市委领导班子成员带头加强学习，不断提高政治把握能力。农工党市委加强干部教育培训，建立后备干部人才库，积极探索后备干部选拔、培养、任用机制。通过定期举办基层干部学习班、支部主委培训班、中青年骨干党员学习班、新党员学习班等，以优化干部结构、提高党员素质为重点，注重后备干部队伍建设。为了不断适应新形势、新任务的客观要求，农工党市委通过巩固老阵地，开拓新领域，研究党员发展的新变化、新要求，着力做好组织发展工作，注重做好代表人士推荐工作，不断优化与完善党员结构。至2012年底，农工党在上海全市的15个区、1个县建立了地方一级组织，在上海大部分高校和一些系统建立了45个直属基层组织；农工党员总数由1979年的826人增加到8 157人。在农工党市委和各级组织的领导和推动下，广大农工党员爱岗敬业、积极奉献，在上海的医卫、教育、文化、科技和经济等各个领域发挥着积极作用，涌现了许多先进模范集体和个人，并团结和影响了一大批知识分子共同努力奋斗。

第一章　组　　织

“文化大革命”结束后，上海农工党组织于 1977 年 11 月开始恢复活动；1978 年各级地方组织陆续恢复；至 2012 年，共经历了第四届至十二届共 9 届市委员会的更替。

第一节　党　　员

农工党党章规定：凡从事医药卫生、人口资源和生态环境领域以及科技、教育和其他领域的高中级知识分子，承认中国农工民主党章程，愿意参加党的组织，参加组织活动，执行党的决议和履行党员义务的，可以申请加入中国农工民主党。恢复地方组织后，1979 年统计党员人数为 826 人。1980 年起，恢复发展党员工作，以从事医药卫生和其他工作的知识分子作为主要发展对象。1980—1983 年的 4 年中一共发展新党员 957 人，其中医卫界 570 人，占 59.6%，是农工党最主要的界别。与此同时，还有部分人因落实政策而恢复了党籍。

1984 年起，贯彻发展与巩固相结合方针，放慢发展步子，注重新党员的素质及年龄的梯度结构，同时注意形成有利于开展工作的群体结构，到 1988 年 7 月，全市共有党员 2 754 人。

1988 年后，根据农工党第十次全国代表大会通过的党章规定，发展新党员主要对象为医药卫生、科学技术、文化艺术界的中、高级知识分子，并逐步解决党员年龄老化和培养骨干问题，提高新党员的代表性。此后，科技界和文艺界的农工党员占比有所提高。

1992 年 6 月，第七届农工党市委的工作报告指出：“近两年放慢了发展党员的步子，注重新党员的质量和代表性，到 1992 年 5 月，农工党市委共有党员 3 736 名，其中具有中高级职称的有 2 235 名，占 60.9%。界别比例是：医药界 2 046 名，占 54.8%；科技界 494 名，占 13.2%；文教界 551 名，占 14.7%；文艺界 371 名，占 9.9%，其他 208 名，占 5.6%；出国 66 名，占 1.8%。”

1992 年第八届农工党市委起，更加注重新党员的政治素质和参政议政能力，并倾向于发展经济界人士。1993 年起，按照农工党第十一次全国代表大会通过的新章程，农工党市委规定在上海的市级单位，除具有硕士、博士学位之外，原则上不发展初级职称人员；在区（县）级单位，可以适当放宽。为优化党员职业构成，提出有条件地发展一些新闻、经济、司法界的代表性人士。

1993—1997 年共发展新党员 1 408 人，其中包括 1 名中国工程院院士。新党员平均年龄 45 岁，党员队伍老化现象有所缓解。

1997—2002 年共发展新党员 1 202 人，平均年龄 40.6 岁，党员队伍愈加年轻富有活力。

2003—2007 年共发展新党员 1 006 名，其中中高级职称占 97.1%，具有学历高、年轻化的特点。

2011 年，农工党中央决定在原有医卫界别的基础上，新增人口资源和生态环境界别，并于 2012 年 12 月 9 日正式写入党章。农工党的界别特色进一步拓宽。

至 2012 年底，上海市农工党员人数为 8 157 人，比 1979 年增加了 8.87 倍。作为以医卫界为主要界别特色的党派。农工党员中医卫界占 57.9%，除此之外教育界占 14.7%，科技界占 9.5%，文艺界占 6.2%，非公有制经济界占 4.1%，公有制经济界占 3.8%，政府机关占 1.6%，党派机关占 1%，新闻出版界占 0.6%，团体占 0.2%，法律界占 0.1%，其他占 0.4%。党员的平均年龄为 57.2

岁。2012年底，党员中中上层人士已占全体党员的98.7%，其中高级职称占比38.7%。

总体上看，30多年间，党员总数逐步增加，女党员比例逐年提高，高层次人才占比日益提升，界别领域不断拓展，但平均年龄还是有所增加。30多年中，累计有12人次农工党员在上海市委办局、区(县)政府部门担任局级以上领导职务，其中副市长1名，委办局正职领导2名；累计有3名工程院院士，3位高校副校长(副院长)，2名市政府参事，31位市文史研究馆馆员。

表5-1-1 1993—2012年间部分年度农工党市委党员基本情况表

年　度		1993	1997	2002	2007	2012
党员人数(人)		3 992	5 051	6 137	7 037	8 157
女党员	人数(人)	—	2 140	2 651	3 322	4 068
	比例(%)	—	42.4	43.2	47.2	49.9
离退休	人数	1 486	1 772	2 749	3 598	3 950
	比例(%)	37.2	35	44.8	51.1	48.4
文化程度	大专及以上(人)	—	—	5 446	64	7 719
	比例(%)	—	—	88.7	91.2	94.6
层次分布	中上层(人)	3 904	4 895	5 953	6 879	8 050
	比例(%)	97.8	96.9	97.0	97.8	98.7
	其他(人)	88	156	184	158	107
职称	高级(人)	1 381	1 673	2 011	2 956	3 153
	比例(%)	34.6	33.0	32.8	42	38.7
	中级(人)	2 523	3 222	3 942	3 976	4 456
	比例(%)	63.2	63.8	64.2	56.5	54.6
年龄结构	平均年龄(岁)	54.7	52.8	52.1	55.5	57.2
	40岁及以下(人)	232	603	1 007	878	975
	41—50岁(人)	2 285	810	1 186	1 384	2 001
	51—60岁(人)	—	1 847	1 468	1 285	1 621
	61—70岁(人)	1 475	985	1 446	2 010	1 313
	71岁及以上(人)	—	806	1 030	1 480	2 244

说明："中上层"栏中的对象为除初级职称外的人员，区县以上各级人大代表和政协委员，县处级以上职务的干部；所选列年份主要为举行代表大会的年份。

表5-1-2 1993—2012年间部分年度农工党市委党员界别分布情况表

年　度	1993	1997	2002	2007	2012
教育(人)	583	704	845	1 007	1 203
比例(%)	14.6	14.0	13.8	14.3	14.7
科学技术(人)	546	638	719	766	778

(续表)

年　　度		1993	1997	2002	2007	2012
比例(%)		13.6	12.6	11.7	10.9	9.5
医药卫生(人)		2 246	2 970	3 634	4 130	4 722
比例(%)		56.2	58.8	59.2	58.7	57.9
文化艺术(人)		372	396	455	482	508
比例(%)		9.3	7.9	7.4	6.8	6.2
新闻出版(人)		18	27	32	36	50
比例(%)		0.5	0.5	0.5	0.5	0.6
公有制经济(人)		74	122	151	175	307
比例(%)		1.9	2.4	2.5	2.5	3.8
非公有制经济	企业界人士	—	33	—	64	102
	比例(%)	—	0.5	—	0.9	1.3
	其他人员	—	27	—	158	226
	比例(%)	—	0.4	—	2.2	2.8
法律(人)		—	—	44	7	10
比例(%)		—	—	0.7	0.1	0.1
政府机关(人)		27	40	65	102	128
比例(%)		0.7	0.8	1.1	1.4	1.6
党派机关(人)		64	71	71	73	79
比例(%)		1.6	1.4	1.2	1	1
团体(人)		11	11	10	11	12
比例(%)		0.3	0.2	0.2	0.2	0.2
其他(人)		51	66	51	26	32
比例(%)		1.3	1.3	0.8	0.4	0.4

说明:“非公有制经济”栏中的企业界人士是指独资、合资企业中的私人投资者,其他人员是指在这些企业中工作的工程技术人员、经营管理人员。

第二节　市级组织

一、市委员会

农工党市委是农工党在上海市的地方组织,由农工党上海市代表大会选举产生。市委员会的职责是贯彻执行农工党中央委员会和上海市代表大会的决议;制定工作计划;讨论和决定农工党市委重大问题;选举主委、副主委、常委会委员。在委员会闭会期间,由常委会行使委员会职权。主委主持委员会和常委会的工作;副主委协助主委工作;秘书长在主委会议领导下工作。从 1978 年恢复地方组织起，每届市委员会任期 4 年；自 1992 年起，每届市委员会任期 5 年。1978—2012 年经历了第四至十二届共 9 届市委员会。

农工党市委第四届委员会(1965 年 3 月—1980 年 1 月)

主任委员：

周谷城

副主任委员：

王聿先　申葆文　刘大杰　吴文祺　李振麟　许士林

秘 书 长：

李振麟(兼)

常务委员：

王超然　田光涛　倪伟思　夏理彬　袁丕烈　冯冠华　黄器周　魏指薪　鞠鸿麟

委　　员：

王少楼　孙家谦　孙瑞琦　朱华谷　李泰云　汪静懿(女)　沈香圃　陆瘦燕　姜振勋
赵体健　赵景深　连瑞琦　陈宗贤　张赞臣　富润生　顾而已

候补委员：

周公南　姜　衍　施凤联　黄兴道　张大壮　顾水如

农工党市委第五届委员会(1980 年 1 月—1984 年 4 月)

主任委员：

周谷城

副主任委员：

王聿先　申葆文　吴文祺　李振麟　张赞臣　黄器周　许士林

秘 书 长：

李振麟(兼，1983 年 3 月止)　夏高阳(1983 年 3 月代理)

常务委员：

王聿先　王超然　申葆文　叶吉益(女)　冯冠华　许士林　孙家谦　李国衡　李振麟
吴文祺　张赞臣　周谷城　赵体健　祝世康　倪伟思　袁丕烈　夏高阳　顾可权　黄器周
梁俊青　鞠鸿麟　魏指薪

委　　员：

王少楼　王正公　王聿先　王超然　王宣渭(女)　申葆文　叶吉益(女)　冯冠华
许士林　朱华谷　朱　烨　孙家谦　孙瑞琦　李国衡　李振麟　李泰云　连瑞琦　严北溟
吴文祺　沈仲理　汪静懿(女)　张大壮　张赞臣　张鹏翮　周公南　周谷城　赵体健
赵清阁(女)　赵景深　范日新　姜　衍　祝世康　倪伟思　袁丕烈　夏高阳　顾可权
黄器周　梁俊青　富润生　董廷瑶　蒋孔阳　鞠鸿麟　魏指薪　谢一飞(1980 年 7 月任)
张明良(1980 年 7 月任)　陈德尊(1983 年 3 月任)　黄兴道(1983 年 3 月任)

候补委员：

张明良(1980 年 7 月止)　谢一飞(1980 年 7 月止)　陈德尊(1983 年 3 月止)
黄兴道(1983 年 3 月止)

农工党市委第六届委员会(1984年4月—1988年8月)

主任委员：

周谷城(1987年1月止,在农工党中央工作期间由吴文祺主持工作)

黄器周(1987年1月—1988年5月)　　陈灏珠(1988年5月任代理主委)

名誉主任委员：

吴文祺(1987年1月任)

副主任委员：

黄器周　许士林　李国衡　夏高阳　孔令朋　余红仙(女)　王宣渭(女)

高令山(1985年6月任)　吴文祺(1987年1月止)　蔡　琰(1988年5月任)

秘 书 长：

李国衡(兼,1985年7月止)　周骏羽(1985年7月任)

常务委员：

王聿先　王有章　王宣渭(女)　孔令朋　叶吉益(女)　归兰修(女)　许士林

孙家谦　陈玉成　陈祖福　陈德尊　李宗尧　李国衡　吴文祺　余红仙(女)　周谷城

施钟鼎　赵体健　顾可权　高令山　倪伟思　夏高阳　黄器周　梁俊青　常泽民　富润生

蔡小荪　濮之珍(女)　鞠鸿麟　戴蔼善　陈灏珠(1988年5月任)

蔡　琰(1988年5月任)

委　　员：

王少楼　王正公　王聿先　王有章　王宣渭(女)　孔令朋　叶吉益(女)

归兰修(女)　朱　烨　朱华谷　刘典荣　刘素娥(女)　许士林　孙家谦　李宗尧

李国衡　李振麟　严北溟　吴文祺　沈仲理　余红仙(女)　张正宜(女)　张明良

周公南　周谷城　周骏羽　陈玉成　陈尚方　陈祖福　陈德尊　赵体健　赵景深　施钟鼎

徐迪三　高令山　倪伟思　夏高阳　唐慎斋　顾可权　黄器周　梁俊青　常泽民　谢一飞

富润生　蒋孔阳　雷传宗　董廷瑶　蔡小荪　漆畹生　鞠鸿麟　戴蔼善　濮之珍(女)

蔡光天(1985年12月任)　袁保山(1985年12月任)　李根渊(1985年12月任)

陈灏珠(1988年5月任)　蔡　琰(1988年5月任)

候补委员：

叶士雄　吴嗣洪　郭天玲(女)　孙花满(女)　李根渊(1985年12月止)

袁保山(1985年12月止)　蔡光天(1985年12月止)

农工党市委第七届委员会(1988年8月—1992年6月)

主任委员：

陈灏珠

名誉主任委员：

吴文祺

副主任委员：

夏高阳　孔令朋　余红仙(女)　蔡　琰　左焕琛(女)　曹国琛(1989年5月任)

濮之珍(女,1989年5月任)　郭天玲(女,1989年5月任)

秘 书 长：

左焕琛(女,代理,1990年10月止)　李根渊(1990年10月任)

常务委员：

孔令朋　左焕琛(女)　朱明德　李宗尧　余红仙(女)　陈德尊　陈灏珠　赵体健
施钟鼎　夏高阳　徐迪三　徐钟隽　翁佩玲(女)　曹国琛　常泽民　谢一飞　蔡　琰
蔡小荪　鞠鸿麟　濮之珍(女)　陈玉成(1989年5月任)　郭天玲(女,1989年5月任)

委　　员：

王汝鹏　王佐良　孔令朋　左焕琛(女)　叶士雄　叶显纯　乐秀拔　朱丽瑛(女)
朱明德　任炽刚　刘旦初　刘典荣　汤任高　孙花满(女)　李庆麟　李国雄　李宗尧
李根渊　李家骥　李葆炎　杨建猷　陈景熹　陈德尊　陈灏珠　罗宝琛　郑善龙　赵体健
施钟鼎　姚　淇　姚中一　袁保山　夏高阳　徐迪三　徐钟隽　翁佩玲(女)
郭天玲(女)　陶秋贞(女)　曹国琛　常泽民　章瑞芝(女)　梁谷音(女)
蒋孔阳　程乃珊(女)　谢一飞　雷传宗　蔡　琰　蔡小荪　蔡光天　漆畹生　潘富恩
戴尅戎　鞠鸿麟　濮之珍(女)　高柱中(1991年9月止)　金佩文(女,1991年9月任)
张兆伟(1991年11月任)　施兆发(1991年11月任)　陆家溪(1991年11月任)

候补委员：

王广田(女)　朱冰玲(女)　刘智根　宋绍发　金义成　钟召民(女)　谢锦生
金佩文(女,1991年9月止)

农工党市委第八届委员会(1992年6月—1997年7月)

主任委员：

陈灏珠

副主任委员：

孔令朋　余红仙(女)　蔡　琰　左焕琛(女)　曹国琛　濮之珍(女)
郭天玲(女)　陈克瀛　李根渊(1996年12月任)　吴绍中(1996年12月任)

秘 书 长：

李根渊(1996年12月止)　朱冰玲(女,1996年12月任)

常务委员：

孔令朋　左焕琛(女)　朱明德　李宗尧　李根渊　杨建猷　吴绍中　张兆伟
余红仙(女)　陈克瀛　陈德尊　陈灏珠　施钟鼎　徐迪三　徐钟隽　翁佩玲(女)
郭天玲(女)　曹国琛　常泽民　谢一飞　蔡　琰　鞠鸿麟　濮之珍(女)
朱冰玲(女,1996年12月任)　朱丽瑛(女,1996年12月任)
周廷魁(1996年12月任)　姜义华(1996年12月任)　陆家溪(1996年12月任)
张定国(1997年5月任)　胡锡琪(1997年5月任)　章继浩(1997年5月任)

委　　员：

王广田(女)　王汝鹏　王佐良　孔令朋　左焕琛(女)　叶士雄　叶显纯　乐秀拔
朱邦翰　朱丽瑛(女)　朱明德　任炽刚　刘旦初　刘智根　汤任高　孙花满(女)
李庆麟　李国雄　李宗尧　李根渊　李家骥　李葆炎　杨建猷　吴文丽(女)　吴绍中
吴嗣洪　余红仙(女)　张正宜(女)　张兆伟　陈志文　陈克瀛　陈德尊　陈灏珠
陆家溪　沈海山　郑善龙　金义成　金佩文(女)　施兆发　施钟鼎　姚　淇　姚中一
袁保山　徐迪三　徐钟隽　倪昌杰　翁佩玲(女)　郭天玲(女)　曹国琛　常泽民
章瑞芝(女)　梁谷音(女)　谢一飞　谢锦生　蔡　琰　漆畹生　潘富恩　戴尅戎

鞠鸿麟　濮之珍(女)　叶惠贤(1993年12月任)　王梦云(女,1996年12月任)
朱冰玲(女,1996年12月任)　沈　东(1996年12月任)　陈康宁(1996年12月任)
周廷魁(1996年12月任)　姜义华(1996年12月任)　胡锡琪(1996年12月任)
徐耀芳(女,1996年12月任)　蒋　凡(1996年12月任)　刁会正(1996年12月任)
李君蕙(女,1997年5月任)　宋炳荣(1997年5月任)　张定国(1997年5月任)
林自强(1997年5月任)　沈文玮(1997年5月任)　范纪炎(1997年5月任)
周泰仁(1997年5月任)　赵粹英(女,1997年5月任)　章继浩(1997年5月任)

候补委员:

丁灵珠(女)　朱瑜麟　陈宏生　宋绍发　秦汉英(女)　刁会正(1996年12月止)
朱冰玲(女,1996年12月止)　王彝伟(1996年12月任)　朱邦贤(1996年12月任)
李启勇(1996年12月任)　胡畏生(1996年12月任)　胡耀明(1996年12月任)
罗国豪(1997年5月任)

农工党市委第九届委员会(1997年7月—2002年6月)

主任委员:

陈灏珠(2000年12月止)　左焕琛(女,2000年12月任)

副主任委员:

余红仙(女)　曹国琛　郭天玲(女)　陈克瀛　李根渊　吴绍中
朱明德(1999年10月任)　左焕琛(女,2000年12月止)　叶建农(2000年12月任)
姚俭建(2000年12月任)

秘 书 长:

朱冰玲(女)

名誉主任委员:

陈灏珠(2000年12月任)

常务委员:

叶建农　左焕琛(女)　朱冰玲(女)　朱邦贤　朱丽瑛(女)　朱明德　刘智根
李根渊　杨建猷　吴文丽(女)　吴绍中　余红仙(女)　张定国　陈克瀛　陈灏珠
陆家溪　周廷魁　胡锡琪　姜义华　翁佩玲(女)　郭天玲(女)　曹国琛　章继浩
姚俭建(2000年12月任)　金如颖(女,2000年12月任)

委　　员:

丁灵珠(女)　刁会正　王梦云(女)　王彝伟　石鉴玉　左焕琛(女)　叶建农
叶惠贤　朱玄璋　朱邦贤　朱冰玲(女)　朱丽瑛(女)　朱明德　刘旦初　刘智根
汤任高　苏竹君(女)　李庆麟　李启勇　李君蕙(女)　李根渊　杨建猷
吴文丽(女)　吴绍中　余红仙(女)　宋炳荣　张广仁　张仲超　张企良　张定国
陈克瀛　陈宏生　陈康宁　陈灏珠　林自强　陆宗兴　陆家溪　沈　东　沈文玮　范纪炎
金义成　金如颖(女)　周廷魁　周泰仁　赵粹英(女)　胡畏生　胡锡琪　胡耀明
施兆发　姜义华　祝墡珠(女)　姚　淇　姚俭建　钱　程　徐建玉(女)
徐耀芳(女)　倪昌杰　翁佩玲(女)　郭天玲(女)　曹国琛　章继浩
梁谷音(女)　蒋　凡　韩生廉　戴尅戎　王汝刚(2000年3月任)
蔡　威(2000年3月任)　罗国豪(2000年3月任)　马剑英(女,2000年3月任)

王文一(2000 年 3 月任)　宋文莘(2000 年 3 月任)　吴礼权(2000 年 3 月任)
姚经建(2000 年 3 月任)　江信昌(2000 年 3 月任)　寿子琪(2001 年 12 月任)
卢士梅(2001 年 12 月任)　刘仲苓(2002 年 3 月任)　张喆人(2002 年 3 月任)
顾国柱(2002 年 3 月任)

候补委员:

罗国豪(2000 年 3 月止)　马剑英(女,2000 年 3 月止)　王文一(2000 年 3 月止)
宋文莘(2000 年 3 月止)　吴礼权(2000 年 3 月止)　姚经建(2000 年 3 月止)
江信昌(2000 年 3 月止)

农工党市委第十届委员会(2002 年 6 月—2007 年 4 月)

主任委员:

左焕琛(女)

副主任委员:

叶建农　陈克瀛　姚俭建　朱冰玲(女)　祝墡珠(女)　朱邦贤　叶惠贤　寿子琪
张喆人　蔡　威(2006 年 3 月任)

秘 书 长:

刘仲苓

名誉主任委员:

陈灏珠

名誉副主任委员:

曹国琛

常务委员:

左焕琛(女)　叶建农　叶惠贤　冯希平　朱邦贤　朱冰玲(女)　朱建民　刘仲苓
刘桂香(女)　刘智根　寿子琪　杨建猷　吴文丽(女)　张广仁　张喆人　陈克瀛
金如颖(女)　洪建国　祝墡珠(女)　姚俭建　徐伟人　梁　鸿　蔡　威

委　　员:

丁金宏　马剑英(女)　王　曙　王文一　王平培　王汝刚　王彝伟　邓　康
方小亚(女)　石鉴玉　左焕琛(女)　叶建农　叶惠贤　卢士梅　冯希平
朱　洁(女)　朱玄璋　朱邦贤　朱冰玲(女)　朱建民　刘一闻　刘仲苓
刘桂香(女)　刘智根　江信昌　许　荣　寿子琪　杨云珠(女)　杨祉雷　杨建猷
苏竹君(女)　李启勇　吴文丽(女)　吴礼权　冷培恩　宋文莘　宋永建　张广仁
张企良　张仲超　张怀琼　张喆人　陆　豪　陆宗兴　陈宏生　陈芳源(女)　陈克瀛
陈晶莹(女)　范　荧(女)　范林元　金义成　金如颖(女)　周　康　郑元者
孟庆刚　胡耀明　赵　强　施　俭　洪建国　祝墡珠(女)　姚经建　姚俭建　顾国柱
钱　程　徐伟人　徐建玉(女)　徐澜波　凌桂馥(女)　梁　鸿　韩生廉　蔡　威
魏　松　尚　云(2003 年 8 月任)

农工党市委第十一届委员会(2007 年 4 月—2012 年 4 月)

主任委员:

蔡　威

副主任委员：

姚俭建　朱邦贤　寿子琪　张喆人　刘仲苓　黄峰平　祝墡珠(女，2011年7月止)
金如颖(女，2011年7月任)　魏　松(2011年7月任)　叶建农(2011年9月止)
叶惠贤(2011年9月止)

秘 书 长：

金如颖(女)

常务委员：

冯希平　刘仲苓　刘桂香(女)　朱邦贤　朱建民　寿子琪　张广仁　张怀琼　张喆人
尚　云　金如颖(女)　洪建国　姚经建　姚俭建　徐伟人　梁　鸿　黄峰平　童晓文
蔡　威　杨建猷(2011年3月止)　张　全(2011年7月任)　魏　松(2011年7月任)
祝墡珠(女，2011年7月止)　叶建农(2011年9月止)　叶惠贤(2011年9月止)

委　　员：

丁金宏　门　峰　马国华　王　琴(女)　王　曙　王汝刚　王家成　邓　康　冯希平
刘一闻　刘仲苓　刘建平　朱邦贤　朱建民　孙小铭　沃伟东　冷培恩　宋永建　寿子琪
朱　洁(女)　肖　萍(女)　吴礼权　何立群　张广仁　张仲超　张怀琼　张喆人
陆　豪　陈　英(女)　陈芳源(女)　陈晶莹(女)　郑元者　郑有慧(女)
范　荧(女)　范林元　尚　云　罗宗洛(女)　金如颖(女)　刘桂香(女)
李玲娣(女)　杨云珠(女)　杨祉雷　季萍萍(女)　周　康　洪建国
施　文(女)　施　俭　赵　强　胡大佑　胡伟康　姚经建　姚俭建　高照宇　顾建钧
钱　程　徐伟人　徐爱娣(女)　徐澜波　梁　东　梁　鸿　黄林鹏　黄峰平　常生龙
童晓文　蒋伟忠　阙华发　蓝闽波　蔡　威　魏　松　杨建猷(2011年3月止)
张　全(2011年7月任)　祝墡珠(女，2011年7月止)　叶建农(2011年9月止)
叶惠贤(2011年9月止)

农工党市委第十二届委员会(2012年4月—　　)

主任委员：

蔡　威

副主任委员：

姚俭建　寿子琪　张喆人　刘仲苓　黄峰平　金如颖(女)　魏　松　张　全　张怀琼

秘 书 长：

王晓东

常务委员：

丁金宏　王晓东　朱建民　刘仲苓　寿子琪　杨云珠(女)　沈雪勇　张　全　张广仁
张怀琼　张喆人　陈　良　陈芳源(女)　金如颖(女)　胡翊群　施　俭　姚俭建
顾建钧　徐爱娣(女)　梁　鸿　黄峰平　葛　敏(女)　童晓文　蔡　威　魏　松

委　　员：

丁金宏　门　峰　王　珏(女)　王　琴(女)　王小砖(女)　王学民　王家成
王晓东　毛奇凰(女)　邓　康　尹大强　左建平　叶　强　朱　洁(女)　朱建民
刘仲苓　刘建平　许剑民　孙小铭　孙宏伟　寿子琪　杨云珠(女)　李月华(女)
李照国　肖　萍(女)　吴礼权　吴晓童　吴瑞君(女)　何立群　余　梅(女)

冷培恩　沈雪勇　宋永建　张　全　张广仁　张怀琼　张国恩　张喆人　张毓涛(女)
陈　良　陈芳源(女)　陈晓平　陈晶莹(女)　罗文杰　季萍萍(女)
金如颖(女)　周　康　胡伟康　胡翊群　赵　强　赵立平　施　俭　姚俭建　顾建钧
顾德平　晏　波　钱　程　倪云华(女)　徐　锋　徐丛剑　徐爱娣(女)　徐澜波
高照宇　黄东平　黄峰平　曹惠芳(女)　梁　东　梁　鸿　葛　敏(女)　蒋伟忠
童晓文　曾晓颖(女)　谢春毅　蓝闽波　阚华发　蔡　威　魏　松

二、专门工作委员会

专门工作委员会是在农工党市委领导下的非常设工作机构。其主要任务是：联系和组织专委会的委员加强学习，提高思想政治水平；联系和组织委员，围绕政府的中心工作和重要课题开展调查研究，撰写提案，反映社情民意，为上海改革、发展稳定大局积极建言献策；广泛联络海内外各界人士，为维护国家主权，促进祖国和平统一作贡献；立足本职，发挥专业特长，开展社会服务工作；组织各种活动，积极为委员知情出力、履行职责创造条件；为农工党培养人才提供工作平台；承办上级领导交办的任务。

图 5-1-1　2002 年 11 月，农工党市委召开工作委员会领导骨干会议

1951—1966 年“文化大革命”前，历届市委会共设有 7 个工作委员会。“文化大革命”期间停止活动。1980 年第五届起，陆续恢复了其中 6 个工作委员会，并逐步增设新的专门工作委员会。在第七届及以前有不同名称，1992 年第八届开始统一规范。专门工作委员会在农工党市委领导下，围绕农工党市委的中心工作开展活动。1998 年农工党市委制订专门工作委员会的工作条例，明确组织领导、目标任务。各专门工作委员会分别由农工党市委副主委分管、常委会任命专委会主任，秘

书长全面协调,农工党市委机关负责联络。截至 2012 年底,农工党市委先后共设立过 12 个专门工作委员会,具体如下:

(1) 市政协学习委员会农工党学习分会

1980 年 2 月恢复设立;2000 年 3 月根据市政协九届三次全会精神撤销。

(2) 医药卫生专门工作委员会

1980 年 2 月恢复设立。

(3) 联络专门工作委员会

1980 年 2 月成立对台工作组;1980 年 7 月更名为联络专门工作委员会。

(4) 文史资料专门工作委员会

1980 年 2 月,成立文史资料工作组;1980 年 7 月更名为文史资料专门工作委员会。2012 年十二届农工党市委换届后撤销,原文史资料专门工作委员会与文化专门工作委员会整合为新的文化专门工作委员会。

(5) 文化专门工作委员会

1980 年 10 月恢复设立文艺工作组;1984 年 4 月更名为文艺工作委员会;2002 年十届农工党市委换届后更名为文化专门工作委员会。

(6) 教育专门工作委员会

1981 年 9 月恢复设立教育工作研究组;1984 年 4 月更名为教育专门工作委员会。

(7) 妇女儿童专门工作委员会

1984 年 4 月恢复设立妇女工作委员会;2002 年十届农工党市委换届后更名为妇女儿童专门工作委员会。

(8) 科技专门工作委员会

1984 年 4 月成立科技工作委员会;1989 年 8 月更名为科技咨询工作委员会,后又更名为科技专门工作委员会。

(9) 老龄专门工作委员会

1989 年 8 月成立老龄专门工作委员会。

(10) 经济专门工作委员会

1992 年 9 月,恢复建立经济专门工作委员会。

(11) 参政议政专门工作委员会

2000 年 3 月成立。

(12) 人口资源环境专门工作委员会

2010 年 6 月设立。

1978—2012 年历届农工党市委专门工作委员会名单

第五届专门工作委员会(1980 年 1 月—1984 年 4 月)

市政协学习委员会农工学分会

主　任:申葆文

副主任:冯冠华　朱华谷　孙家谦　鞠鸿麟　赵体健

医药卫生专门工作委员会

主　任:王聿先

副主任：张赞臣　黄器周　冯冠华　李国衡

文史资料工作组

主　任：吴文祺

副主任：祝世康　倪伟思　夏高阳

对台工作组

主　任：许士林

副主任：袁丕烈　叶吉益（女）　夏高阳　倪伟思

第六届专门工作委员会（1984 年 4 月—1988 年 8 月）

市政协学委会农工学分会

主　任：李国衡

副主任：高令山　施钟鼎

医药卫生专门工作委员会

主　任：黄器周

副主任：王宣渭（女）　薛兆圣　陈曾德　陈德尊　谢一飞

联络专门工作委员会

主　任：孔令朋

副主任：叶吉益（女）　陈惠康

教育专门工作委员会

主　任：顾可权

副主任：濮之珍（女）　周公南

文艺专门工作委员会

主　任：余红仙（女）

副主任：杨华生　凌　云

科技专门工作委员会

主　任：孙家谦

副主任：叶世雄　许小元

文史资料专门工作委员会

主　任：许士林

副主任：倪伟思　许方伯

妇女专门工作委员会

主　任：任桂珍（女）

副主任：归兰修（女）　刘素娥（女）

第七届专门工作委员会（1988 年 8 月—1992 年 6 月）

市政协学委会农工学分会与政策研究工作委员会

主　任：夏高阳

副主任：施钟鼎　鞠鸿麟　李宗尧　蔡小荪　倪家泰　漆畹生　尤俊意

医药卫生专门工作委员会

主　任：蔡　琰

副主任：谢一飞　陈曾德　陈德尊　徐迪三　颜德馨　朱明德　王宣渭（女）　郑传锐

翁佩玲(女)　黄鹤年

联络专门工作委员会

主　任：孔令明

副主任：顾　淦　陈惠康　彭　明

教育专门工作委员会

主　任：濮之珍(女)

副主任：常泽民　徐仲隽　刘旦初　朱永康　梅人朗　乐秀拔

科技咨询专门工作委员会

主　任：曹国琛

副主任：王汝鹏　周　鋐　陈玉成　叶士雄　许小元

文艺专门工作委员会

主　任：余红仙(女)

副主任：杨华生　凌　云　程乃珊(女)　富润生　张正宜(女)　陈景熹

文史资料专门工作委员会

主　任：许士林

副主任：郭天玲(女)　伍启惠　叶吉益(女)　郑善龙

妇女专门工作委员会

主　任：左焕琛(女)

副主任：朱丽瑛(女)　陶秋贞(女)　孙花满(女)

老龄专门工作委员会

主　任：许方伯

副主任：唐慎斋　赵体健

第八届专门工作委员会(1992年6月—1997年7月)

市政协学习委员会农工党学习分会

主　任：濮之珍(女)

副主任：施钟鼎　鞠鸿麟　李宗尧　蔡小荪　倪家泰　漆畹生　尤俊意

医药卫生专门工作委员会

主　任：蔡　琰

副主任：徐迪三　谢一飞　朱明德　蔡小荪　翁佩玲(女)　黄鹤年　陈曾德　郑传锐
颜德馨　陈德尊

教育专门工作委员会

主　任：濮之珍(女)

副主任：徐仲隽　蔡光天　刘旦初　乐秀拔　梅人朗

文艺专门工作委员会

主　任：余红仙(女)

副主任：张兆伟　杨华生　凌　云　张正宜(女)　富润生　王梦云(女)　叶惠贤
王汝刚　陈景熹　强　华

妇女专门工作委员会

主　任：左焕琛(女)

副主任：朱丽瑛（女）　陶秋贞（女）　朱冰玲（女）　孙花满（女）
祝墙珠（女）

文史资料专门工作委员会

主　任：郭天玲（女）

副主任：伍启惠　郑善龙　彭　明　何时希

联络专门工作委员会

主　任：孔令朋

副主任：蔡光天　顾　淦　杨建猷　陈惠康　叶吉益（女）　徐仁淇（女）

科技咨询专门工作委员会

主　任：曹国琛

副主任：王汝鹏　叶士雄　许小元　陈玉成　沈志广　周　鋐　夏锦禄　胡畏生

老龄专门工作委员会

主　任：唐慎斋

副主任：赵体健　金宁恬　张瑞林　朱维镕

经济专门工作委员会

主　任：陈克瀛

副主任：李根渊　吴绍中　钱关林　叶学勇　李启勇

第九届专门工作委员会（1997 年 7 月—2002 年 6 月）

学习工作委员会

主　任：刘旦初

副主任：陆家溪　倪家泰　刘智根　张定国　漆畹生　尤俊意　姚　淇　张兆伟　卢士梅

医药卫生专门工作委员会

主　任：朱明德

副主任：陈曾德　周廷魁　张学忠　黄鹤年　蔡小荪　颜德馨　戴尅戎　陈　强　王崇贤

教育专门工作委员会

主　任：吴绍中

副主任：徐仲隽　胡锡琪　沈　东　蒋　凡　宋炳荣　乐秀拔　梅人朗　王水照　顾国柱
李啸虎

文艺专门工作委员会

主　任：叶惠贤

副主任：王梦云（女）　杨华生　张正宜（女）　梁谷音（女）　王汝刚　钱　程
李葆炎　陈景熹　强　华　魏　松

妇女专门工作委员会

主　任：朱丽瑛（女）

副主任：祝墙珠（女）　翁佩玲（女）　吴文丽（女）　陶秋贞（女）
丁灵珠（女）　孙花满（女）　黄绮雯（女）　马剑英（女）

文史资料专门工作委员会

主　任：姜义华

副主任：朱邦贤　张仲超　苏竹君（女）　金名俊　郑善龙　颜梅华

联络专门工作委员会

主　任：杨建猷

副主任：蔡光天　陈惠康　叶吉益(女)　徐仁淇(女)　罗国豪　吴长龙　李启勇　蔡裕中　金如颖(女)　应启章

科技咨询专门工作委员会

主　任：胡畏生

副主任：丁传贤　王汝鹏　叶建农　叶士雄　沈志广　章继浩　韩生廉　夏锦禄　胡耀明　陈明亮

老龄专门工作委员会

主　任：李宗尧

副主任：常泽民　金宁恬　张瑞林　徐迪三　王佐良　袁保山　宋永建

经济专门工作委员会

主　任：陈克瀛(1999 年 10 月止)　施有毅(1999 年 10 月任)

副主任：孙小铭　钱关林　严建华　朱玉亭　施有毅(1999 年 10 月止)

参政议政专门工作委员会

主　任：朱冰玲(女)

副主任：陆家溪　姚俭建　刘旦初　张定国　姚　淇　刘智根　章继浩　孙小铭　卢士梅

第十届专门工作委员会(2002 年 6 月—2007 年 4 月)

参政议政专门工作委员会

主　任：丁金宏

副主任：梁　鸿　朱建民　孙小铭　杨祉雷　朱玄璋　陈晶莹(女)　徐澜波　费新民　沈建华　张鹤年　黄郑明

医药卫生专门工作委员会

主　任：冯希平

副主任：洪建国　徐伟人　石鉴玉　张企良　张怀琼　陆宗兴　陆　豪　施　俭　冷培恩　寿美娟(女)　陆兰娣(女)　尚　云

教育专门工作委员会

主　任：蔡　威

副主任：李啸虎　顾国柱　吴礼权　郑元者　王彝伟　王　曙　孙国元　耿文秀(女)　沈荣祥　陈兆荣　金建国　赵宏铨

文化专门工作委员会

主　任：魏　松

副主任：王汝刚　钱　程　范林元　刘一闻　方小亚(女)　张民权　韩婷婷(女)

文史资料专门工作委员会

主　任：刘智根

副主任：张广仁　苏竹君(女)　张仲超　周　康　金义成　江信昌　范文通　吴天祥　周廷魁　陈康宁　黄绮雯(女)

联络专门工作委员会

主　任：杨建猷

副主任：赵　强　应启章　蔡裕中　蒋伯勤　胡伟康　彭天明　韩生廉　田永波　朱总路
张安蒙(女)　钟　勤(女)　胡畏生

科技专门工作委员会

主　任：邓　康

副主任：潘跃进　陈国良　李启勇　胡耀明　许　荣　林尧武　诸　军　毛协民　黄林鹏
李院生　金建辉

老龄专门工作委员会

主　任：胡锡琪

副主任：宋永建　孟庆刚　朱丽瑛(女)　张定国　李烈钧　周泰仁　刘旦初
梁谷音(女)　施佩苍　宋炳荣　吕维星

经济专门工作委员会

主　任：施有毅

副主任：严建华　葛德荣　郁建强　周旭东　王建新　陈宏生　王文一　姚经建　王平培
宋文莘　门　峰

妇女儿童专门工作委员会

主　任：金如颖(女)

副主任：刘桂香(女)　吴文丽(女)　马剑英(女)　杨云珠(女)
陈芳源(女)　徐建玉(女)　朱　洁(女)　范　荧(女)
凌桂馥(女)　施　文(女)

第十一届专门工作委员会(2007年4月—2012年4月)

参政议政专门工作委员会

主　任：丁金宏(2010年6月止)　梁　鸿(2010年6月任)

副主任：朱建民　杨祉雷　徐澜波　王家成　孙小铭　费新民　沈建华　张鹤年　黄郑明
梁　鸿(2010年6月止)　吴瑞君(女，2010年6月止)

文化专门工作委员会

主　任：魏　松

副主任：王汝刚　钱　程　范林元　刘一闻　季萍萍(女)　郑有慧(女)　张民权
韩婷婷(女)　康爱石　郝德明

教育专门工作委员会

主　任：陈晶莹(女)

副主任：张怀琼　吴礼权　王　曙　常生龙　李啸虎　耿文秀(女)　陈兆荣　黄　洋
张　慧(女)　李国瑞

医药卫生专门工作委员会

主　任：冯希平

副主任：洪建国　徐伟人　童晓文　尚　云　施　俭　冷培恩　李玲娣(女)　刘建平
阙华发　陈　良　高　鑫(女)　王学民　徐　锋　顾建钧

联络专门工作委员会

主　任：胡伟康

副主任：赵　强　沃伟东　何立群　马国华　王　琴(女)　蔡裕中　蒋伯勤　彭天明

田永波　朱总路　叶　强　陈伟峰　倪建春

经济专门工作委员会名单

主　任：梁　东

副主任：门　峰　高照宇　严建华　葛德荣　郁建强　周旭东　王建新　金建国
许兴莉(女)　张毓涛(女)　徐黎黎(女)　韩　清

妇女儿童专门工作委员会

主　任：刘桂香(女)

副主任：杨云珠(女)　陈芳源(女)　朱　洁(女)　范　荧(女)
施　文(女)　罗宗洛(女)　徐爱娣(女)　肖　萍(女)
陈　英(女)　颜静兰(女)

科技专门工作委员会

主　任：蓝闽波

副主任：邓　康　潘跃进　黄林鹏　蒋伟忠　胡大佑　陈国良　许　荣　诸　军　李院生
金建辉　陈忠卫　王晓东

文史专门工作委员会

主　任：张广仁

副主任：张仲超　周　康　郑元者　苏竹君(女)　金义成　江信昌　范文通　吴天祥
顾国柱　王彝伟　单勇毅　许政泓　达　政

老龄专门工作委员会

主　任：杨建猷

副主任：宋永建　陆　豪　姚经建　李烈钧　施佩苍　吕维星　顾德平　饶斐文　应启章
刘智根　石鉴玉　陆宗兴　葛　敏(女)　钟　勤(女)

人口资源环境专门工作委员会(2010年6月成立)

主　任：丁金宏

副主任：王　珏(女)　尹大强　吴瑞君(女)　滕五晓　王　荣　陆　斌
沈　红(女)　郑传伟

第十二届专门工作委员会(2012年4月—　　)

参政议政专门工作委员会

主　任：梁　鸿

副主任：朱建民　徐澜波　王家成　孙小铭　倪云华(女)　顾德平　李月华(女)
高照宇　黄郑明　姚　捷　戚建豪　周洛华　范　荧(女)

医药卫生专门工作委员会

主　任：胡翊群

副主任：陈芳源(女)　顾建钧　葛　敏(女)　冷培恩　刘建平　阙华发　王学民
徐　锋　晏　波　徐丛剑　谢春毅　吴晓童　罗文杰　陈晓平　叶　强　赵　强
许剑民　洪建国　孙万驹　饶斐文

教育专门工作委员会

主　任：陈晶莹(女)

副主任：童晓文　陈　良　沈雪勇　吴礼权　赵立平　李照国　冯希平　王　曙

张　慧（女）　李国瑞　董丽敏（女）　徐斌艳（女）

科技专门工作委员会

主　任：蓝闽波

副主任：邓　康　蒋伟忠　周　康　左建平　张毓涛（女）　潘跃进　黄林鹏　陈国良　李院生　陈忠卫　粟　莹（女）　徐　鉴　刘　宇　彭红文（女）

文化专门工作委员会

主　任：钱　程

副主任：季萍萍（女）　张国恩　王汝刚　范林元　张民权　韩婷婷（女）　康爱石　王学成　朱杰军　陆春涛　单勇毅

妇女儿童专门工作委员会

主　任：徐爱娣（女）

副主任：杨云珠（女）　朱　洁（女）　肖　萍（女）　毛奇凰（女）　曾晓颖（女）　王小砖（女）　曹惠芳（女）　王　琴（女）　陈　英（女）　颜静兰（女）　张　华（女）　戴红勤（女）　高　鑫（女）

经济专门工作委员会

主　任：梁　东

副主任：门　峰　周旭东　王建新　金建国　许兴莉（女）　徐黎黎（女）　韩　清　张　英（女）　张仲超　沈　凌

联络专门工作委员会

主　任：胡伟康

副主任：张广仁　何立群　黄东平　马国华　蒋伯勤　彭天明　朱总路　陈伟峰　丁汉明　陈　炼（女）　胡大佑　陶世圣　郁建强　葛德荣

人口资源环境专门工作委员会

主　任：丁金宏

副主任：施　俭　王　珏（女）　尹大强　吴瑞君（女）　余　梅（女）　滕五晓　王　荣　陆　斌　沈　红（女）　柳建设　许　荣

老龄专门工作委员会

主　任：杨建猷

副主任：宋永建　孙宏伟　陆　豪　姚经建　李烈钧　吕维星　钟　勤（女）　蔡裕中　杨祉雷　尚　云　李玲娣（女）　费新民　王彝伟　沈建华　田永波

三、市委工作机构

1979 年，农工党市委机关设组织处、宣传处、秘书处；1980 年，秘书处改为办公室；1989 年，增设联络处；1992 年，增设咨询服务办公室，并对部分机构名称作了调整，组织处、宣传处分别更名为组织部、宣传部；1993 年 1 月，成立政策研究室；1998 年，咨询服务办公室更名为社会服务部；2002 年底，机关开展“三定”改革，确定设办公室、组织部、宣传部、社会服务部、联络部、政策研究室 6 个部室；2003 年 12 月，再次整合并调整机关部室，设办公室、组织部、宣传部、社会服务部、参政议政部、研究室 6 个部室,至 2012 年底未做变动。

1978 年,恢复组织后,农工党市委机关办公处所设在泰兴路 306 号市政协文化俱乐部;1979 年 10 月—1996 年 12 月底,农工党市委机关迁移到陕西北路 186 号办公;1997 年 1 月 1 日起,开始在陕西北路 128 号上海民主党派大厦 20 楼办公。

第三节　区(县)组织

农工党上海市的区(县)组织是农工党市委的下一级地方组织。1978 年各区开始逐步恢复活动。1979 年 6 月,"文化大革命"前的 10 个区委会全部恢复。随着组织的发展壮大,农工党组织在上海行政区域的地方组织不断增加。至 2001 年,农工党组织实现了对上海所有的区(县)全覆盖。

1978—2012 年,伴随着上海行政区划的调整、更名等,农工党区(县)级地方组织也有相应的调整与更名。

1993 年 1 月,撤销原上海县支部委员会,与闵行区委员会合并,成立新的闵行区委员会;1993 年 6 月,撤销原川沙县委,与黄浦区、南市区和杨浦区的部分基层组织合并成立浦东新区委员会(筹);2000 年 6 月,成立浦东新区委员会;2000 年 8 月,原黄浦区委员会与原南市区委员会合并,成立新的黄浦区委员会;2009 年 7 月,撤销原南汇区总支部委员会,将原南汇区综合支部、经济园区支部划入农工党浦东新区委员会;2011 年 8 月,原黄浦区委员会与原卢湾区委员会"撤二建一",组成新的黄浦区委员会。

图 5-1-2　2011 年 12 月 7 日,农工党上海市嘉定区委员会成立

至 2012 年底,共有 16 个区(县)委员会,分别是长宁区委员会、闸北区委员会、杨浦区委员会、虹口区委员会、徐汇区委员会、黄浦区委员会、普陀区委员会、静安区委员会、闵行区委员会、宝山区委员会、浦东新区委员会、松江区委员会、金山区委员会、嘉定区委员会、奉贤区委员会、崇明县委员会；1个筹备区委：青浦区委会(筹)。

表5-1-3　1978—2012年底农工党市委区(县)组织情况表

名　称	变　动　情　况	人数(人)
浦东新区委员会	1993年6月撤销原川沙县委，与黄浦区、南市区和杨浦区的部分基层组织合并成立浦东新区委员会(筹)；2000年6月成立浦东新区委员会；2009年7月撤销原南汇区总支部委员会，将原南汇区综合支部、经济园区支部划入农工党浦东新区委员会	649
徐汇区委员会	成立于1978年前	438
长宁区委员会	成立于1978年前	289
普陀区委员会	成立于1978年前；1999年原纺织委员会下属纺一支部并入	430
闸北区委员会	成立于1978年前	329
虹口区委员会	成立于1978年前	285
杨浦区委员会	成立于1978年前；1993年5月原杨浦区委部分支部合并入浦东新区委员会(筹)；1999年，原纺织委员会下属纺二支部并入	407
黄浦区委员会	成立于1978年前；2000年8月原黄浦区委员会与原南市区委员会合并，成立新的黄浦区委员会；2011年8月与原卢湾区委员会“撤二建一”，组成新的黄浦区委员会	733
静安区委员会	成立于1978年前	353
闵行区委员会	1982年11月成立闵行区支部；1987年12月成立闵行区委；1993年1月撤销原上海县支部委员会，与闵行区委员会合并，成立新的闵行区委员会	385
宝山区委员会	1987年12月成立宝山县支部；1988年8月撤销原宝山县支部与原吴淞区委，成立宝山区委员会	302
嘉定区委员会	2001年9月成立嘉定区支部委员会；2005年7月成立嘉定区总支部委员会；2011年12月成立嘉定区委员会	62
金山区委员会	1983年11月成立上海石化总厂支部(筹)；1986年3月成立上海石化总厂石化支部委员会；1988年1月成立上海石化总厂总支部委员会；1996年1月成立金山县支部(筹)；1997年1月成立金山县支部委员会；1997年10月撤销原上海石化总厂总支委与金山县支部，合并成立金山区委员会	103
松江区委员会	1981年10月成立松江县支部；1989年8月成立松江县委员会；1998年8月更名为松江区委员会	185
青浦区委员会(筹)	1997年4月成立青浦县支部(筹)；1998年3月成立青浦县支部委员会；2000年1月更名为青浦区支部委员会；2010年2月成立青浦区总支部委员会；2011年8月成立青浦区委员会(筹)	71
奉贤区委员会	2000年9月成立奉贤县支部委员会；2006年8月成立奉贤区总支部委员会；2010年11月成立奉贤区委员会	65
崇明县委员会	1989年6月成立崇明县支部；1993年12月成立崇明县委员会	106
南市区委员会	成立于1978年前，撤销情况参见黄浦区委员会	—
卢湾区委员会	成立于1978年前，撤销情况参见黄浦区委员会	—

(续表)

名 称	变 动 情 况	人数(人)
川沙县委员会	1983年6月成立支部(筹);1986年3月成立川沙县支部委员会;1990年7月成立川沙县委员会;撤销情况参见浦东新区委员会	—
南汇区总支部委员会	1995年12月成立南汇县支部(筹);1998年7月成立南汇县支部委员会;2001年2月成立南汇县总支部委员会;撤销情况参见浦东新区委员会	—
吴淞区委员会	1981年9月成立吴淞区支部;后扩建为吴淞区委;撤销情况参见宝山区委员会	—
上海县支部委员会	1983年11月成立上海县支部;撤销情况参见闵行区委员会	—

说明:"人数"栏内的数据均截至2012年底。

第四节 直属基层组织

直属基层组织是指农工党市委在上海的部分市级单位按照业务系统设立的农工党市委直属基层委员会、总支部委员会、支部、小组。

1978年,基层组织开始逐步恢复。1979年6月,全部恢复后有18个直属支部:复旦大学、华东师大、上海社会科学院、上海外语学院、上海财经学院、沪光职校、市卫生局、中医学院、上医一院、上医二院、上海京剧院、市电影局、市手工业局、出版系统、中国画院、戏曲学校、外贸系统、农工党市委机关。1980年后,逐步建立了一些新的支部,相继成立了第六人民医院支部、上海市传染病医院支部、上海教育学院支部、市纺织工业局支部、上海市文史馆支部。至1984年4月,共有23个直属支部。

1984年后,由于党员人数增加,直属基层组织随之调整、新建。1984年4月—1988年7月期间,农工党上海石油化工总厂支部、上海京剧院支部、上海第二医科大学总支部委员会、同仁医院支部、上海市卫生防疫站支部、上海交通大学支部、同济城建支部、上海石化总厂总支、上海海运学院支部、上海昆剧团支部、上海滑稽剧团支部、市外经贸委总支、上海医科大学总支、上海体育学院支部14个直属基层组织相继成立、升格、调整。至1988年8月,共有6个直属总支部委员会,27个直属支部,2个直属小组。

1988年8月—1992年5月期间,农工党同济大学城建学院支部、农工党新华医院总支、华山医院支部、中山医院支部、复旦大学总支部、上海有色金属总公司直属支部、上海市第二肺科医院支部、上海杂技团支部、上海歌剧舞剧院支部、铁路中心医院支部、上海市司法局支部筹备组等直属基层组织相继成立。

1989年7月,农工党市委批准,部分直属总支部委员会改建为工作委员会。从1989年12月—1992年,上海医科大学、上海第二医科大学、中医学院、卫生局总支部委员会和纺织局支部相继改建为工作委员会。被撤销的直属组织有:上海有色金属总公司支部委员会、纺织局工作委员会、上海铁路局卫生监督所小组(简称铁防小组)。

1994年,直属工作委员会全部更名为直属委员会。

至2012年底,农工党市委的直属基层组织一共有45个,其中委员会15个、总支部委员会4个、支部委员会23个、支部2个、小组1个。

表 5-1-4　1978—2012 年底农工党市委直属基层组织情况表

名　　称	变 化 情 况	人数(人)	备　　注
复旦大学委员会	1988 年 9 月成立上海医科大学总支部委员会；1990 年 9 月成立复旦大学总支部委员会；1991 年 1 月成立上海医科大学工作委员会；2002 年 1 月上海医科大学委员会和复旦大学总支部委员会合并成立复旦大学委员会	377	—
上海交通大学委员会	1984 年 6 月成立小组；1987 年 12 月成立支部；2010 年 10 月成立委员会	49	—
上海交通大学医学院委员会	1978 年成立上海第二医学院支部委员会；1987 年 1 月成立上海第二医科大学总支部委员会；1990 年 3 月成立上海第二医科大学工作委员会	321	1993 年 6 月更名上海第二医科大学委员会；2005 年更名为上海交通大学医学院委员会
上海中医药大学委员会	20 世纪 80 年代初成立中医学院支部委员会；20 世纪 80 年代中成立中医学院总支部委员会；1991 年 3 月成立中医学院工作委员会	254	1993 年更名为上海中医药大学委员会
上海市卫生局委员会	1984 年 12 月农工党市委直属的原市一院、市六院、市中医院、市中医门诊部、市传染病医院与卫生局支部委员会合并成立卫生局总支部委员会；1991 年 3 月成立上海市卫生局工作委员会	113	1991 年 6 月铁路中心医院支部从上海铁道医学院支部独立出来；2005 年 12 月原铁路中心医院支部更名为第十人民医院支部并归入上海市卫生局委员会
上海申康医院发展中心委员会	2006 年 12 月成立	364	由原卫生局委员会拆分出部分支部组成
华东师范大学委员会	1984 年 7 月成立教育学院支部委员会；1999 年 3 月华东师范大学支部和教育学院支部合并成立华东师范大学委员会	76	—
同济大学委员会	1988 年 1 月成立同济城建支部；1990 年 2 月拆分为同济大学支部和城建学院支部；2001 年 11 月由原同济大学支部与铁道大学支部合并成立同济大学总支部委员会；2006 年 5 月成立同济大学委员会	78	1995 年 12 月原铁道医学院支部更名为上海铁道大学支部
上海师范大学委员会	1985 年 11 月成立支部委员会；2006 年 7 月成立总支部委员会；2009 年 11 月成立委员会	63	—
上海海事大学委员会	1988 年 3 月成立上海海运学院支部；1998 年 3 月成立上海海运学院总支部委员会；2011 年 11 月成立委员会	67	2004 年更名为海事大学总支部委员会
上海文化广播影视集团委员会	1994 年 6 月成立市文化局总支部委员会；2002 年 11 月成立委员会	171	由原农工党市委直属的文化局总支部委员会、上海电视台支部、市电影局支部合并而成
上海大剧院委员会	1991 年 4 月原上海歌剧院支部与上海舞剧院支部合并为歌舞剧院支部；1998 年 5 月歌舞剧院支部与上海乐团支部合并成立上海歌剧院支部委员会；2006 年 12 月成立委员会	99	—

(续表)

名　　称	变 化 情 况	人数(人)	备　　注
上海京昆艺术中心委员会	1986 年 4 月成立上海京剧院支部;1988 年 3 月成立昆剧团支部;2009 年 9 月由原京剧院支部和昆剧团支部合并而成	56	—
上海市司法委员会	1992 年 4 月成立支部;2009 年 4 月成立委员会	66	—
上海市科技委员会	2001 年 12 月成立科技支部;2006 年 2 月成立中科院上海分院支部;2011 年 1 月成立委员会	47	由原市科技支部委员会和中科院上海分院支部合并而成
上海财经大学总支部委员会	2009 年 5 月成立	49	前身为上海财经大学支部委员会
上海市外经贸委总支部委员会	1988 年 8 月成立	59	由原市外经贸支部和原海关专科学校小组合并而成
上海医药(集团)有限公司总支部委员会	1999 年 5 月成立支部委员会;2002 年 12 月成立总支部委员会	68	—
上海书画总支部委员会	1999 年 12 月成立支部;2010 年 12 月成立总支部委员会	50	—
上海社会科学院支部委员会	1981 年 6 月成立	16	—
上海体育学院支部委员会	1988 年 12 月成立	23	—
上海对外贸易学院支部委员会	1995 年 12 月成立	26	从原市外经贸委总支部委员会分出来
上海大学支部	1998 年 1 月成立	12	—
东华大学支部委员会	2005 年 9 月成立	19	—
华东理工大学支部委员会	2005 年 12 月成立支部;2008 年 10 月成立支部委员会	19	—
上海医药高等专科学校支部委员会	2009 年 8 月成立	21	—
上海外国语大学支部委员会	2009 年 6 月成立	12	—
上海体育职业学院支部委员会	2003 年 3 月成立上海体育运动技术学院支部委员会	19	2010 年 5 月更名为上海体育职业学院支部委员会
上海文史馆支部委员会	1985 年 12 月成立	6	—
上海戏剧学院附属戏曲学校支部委员会	1993 年 6 月成立支部;2002 年 12 月成立支部委员会	26	由上海京剧院支部独立出来
上海戏剧学院附属舞蹈学校支部委员会	2002 年 10 月成立	21	—
上海越剧院支部委员会	2002 年 10 月成立支部	9	—

（续表）

名　　称	变 化 情 况	人数(人)	备　　注
上海市文化广播影视管理局支部委员会	1998年4月成立市文化广播影视管理局艺术研究所支部；2002年12月成立支部委员会	13	2005年7月更名为市文化广播影视管理局支部委员会
上海新闻出版局支部委员会	80年代初成立出版支部，至2010年换届时为第十四届支部委员会	26	—
新闻支部委员会	1996年5月成立支部；2005年10月成立支部委员会	53	—
产业支部委员会	1999年5月成立支部；2001年12月成立支部委员会。	52	—
上海轻工控股(集团)公司支部委员会	原市轻工业局支部成立时间不详，至2010年换届时为第九届支部委员会	38	1996年更名为轻工控股(集团)公司支部委员会
交通支部委员会	2001年2月成立支部；2001年9月成立支部委员会	13	—
工业支部委员会	2003年12月成立支部；2008年12月成立支部委员会	11	—
市政系统支部委员会	2001年5月成立	22	—
机关第一支部委员会	1993年6月成立	21	由原机关支部委员会拆分而来
机关第二支部委员会	1993年6月成立	31	由原机关支部委员会拆分而来
张江高科技园区支部	2005年11月成立	15	—
工商支部	2006年4月成立	7	—
上海市环保局小组	2012年9月成立	4	—
待落实人员	—	3	—

说明："人数"栏内数据均截至2012年底。

第二章　代表大会和委员会全体会议

2012 年修订的《中国农工民主党章程》规定，地方代表大会或党员大会，每五年举行 1 次，必要时可提前或延期举行。其职责是：贯彻执行全国代表大会、中央委员会和上级组织的决议；审议和批准同级委员会的报告；选举同级委员会；选举出席上一级代表大会的代表；讨论并决定同级委员会的重要事项。

《中国农工民主党章程》规定，地方各级委员会在同级代表大会或党员大会闭会期间，领导本地的党务工作，每年至少举行 1 次全体会议。其职权为：(1) 贯彻执行上级组织和同级代表大会或党员大会的决议，定期向上级组织报告工作；(2) 审议工作报告；(3) 制定工作计划，讨论决定本组织的重大问题；(4) 选举主委、副主委、常委会委员。

第一节　代 表 大 会

上海市的农工党组织于 1954 年 8 月召开第一次党员大会，产生第一届委员会；之后分别在 1958 年 9 月，1961 年 5 月，1965 年 3 月召开过 3 次代表大会。“文化大革命”之后，1980 年 1 月召开农工党上海市第四次代表大会，选举中国农工民主党第五届上海市委员会。1988 年，为使代表大会和市委员会的届次一致，报经农工党中央批准，农工党上海市第六次代表大会改为第七次代表大会。从 1980—2012 年，共召开过 8 次代表大会。

一、农工党上海市第四次成员代表大会

第四次成员代表大会于 1980 年 1 月 12—16 日，在南京西路 1333 号上海展览中心举行，出席代表 158 人。周谷城致开幕词并代表第四届农工党市委会作题为《在为社会主义现代化建设服务的道路上团结前进》的工作报告；中共市委第一书记、市长彭冲到会讲话；中共市委书记赵行志作关于当前国际形势的报告。会议选举出由 43 名委员和 4 名候补委员组成的第五届委员会。通过会议决议，号召全体党员要在中共市委领导下，坚持四项基本原则，遵循“长期共存、互相监督”的方针，为四个现代化服务，为台湾回归祖国贡献力量。

二、农工党上海市第五次代表大会

第五次代表大会于 1984 年 4 月 3—7 日，在南京西路 1333 号上海展览中心举行，出席代表 250 人，列席 39 人。吴文祺致开幕词；农工党中央发来贺电。周谷城代表第五届农工党市委会作题为《振奋精神，继续前进，为全面开创我会工作新局面而团结奋斗》的工作报告；中共市委第二书记胡立教到会讲话。应邀出席会议的还有中共市委统战部部长、市政协副主席张承宗，市人大常委会副主任陈沂，副市长刘振元，市政协副主席杨士法、卢于道等。会议选举出由 52 名委员和 7 名候补委员组成的第六届委员会。大会决议号召农工党市委会进一步贯彻中共十二大的路线、方针、政策，

图 5-2-1　1984 年 4 月 3—7 日，农工党上海市第五次代表大会在上海展览中心举行

按照五届市委员会工作报告提出的 8 点建议，为全面开创工作新局面，为加快实现社会主义现代化建设，为完成 80 年代三大任务而努力奋斗。

三、农工党上海市第七次代表大会

第七次代表大会于 1988 年 8 月 30 日—9 月 1 日，在南昌路 57 号上海市科学会堂举行，出席代表 350 人。陈灏珠致开幕词；王宣渭代表第六届市委员会作题为《解放思想，紧密团结，为振兴中华，建设上海作贡献》的工作报告；农工党中央副主席章师明、中共市委副书记杨堤到会并讲话；民建市委主委陈铭珊代表上海各民主党派市委、市工商联向大会致贺词。应邀出席会议的还有中共市委常委、统战部部长毛经权，市人大常委会副主任王崇基，副市长谢丽娟，市政协副主席王兴等。会议选举出由 61 名委员和 8 名候补委员组成的第七届委员会，并选举出席农工党第十次全国代表大会代表 25 名。大会向让贤老同志宣读致敬信。大会决议号召要坚定不移地贯彻执行中共十三大确定的社会主义初级阶段基本路线；增强党派意识，深入调查研究，切实发挥参政党的基本职能和作用；积极参政议政，努力促进"一国两制"的早日实现；进一步加强自身建设，努力提高党员的政治思想素质和各级组织的工作效率。

四、农工党上海市第八次代表大会

第八次代表大会于 1992 年 6 月 22—24 日，在北京西路 860 号上海市政协江海厅举行，出席代表 342 人。左焕琛致开幕词；陈灏珠代表第七届市委员会作题为《解放思想，参政议政，为加快开发浦东、振兴上海作出贡献》工作报告；农工党中央副主席章师明、中共市委副书记陈铁迪到会讲话；民进市委主委刘恒椽代表上海各民主党派市委、市工商联向大会致贺词。应邀出席会议的还有中共市委常委、统战部部长毛经权，市人大常委会副主任孙贵璋，市政协副主席王兴等。会议选举出由 60 名委员和 7 名候补委员组成的第八届委员会，并选举出席农工党第十一次全国代表大会代表

23 名。大会宣读了给让贤老同志的致敬信。大会决议号召市各级组织和全体党员：认真学习、深刻领会邓小平的南方谈话精神、中共中央政治局的决议和江泽民在中共中央党校的重要讲话，为巩固和发展最广泛的爱国统一战线，为推进“一国两制”、和平统一祖国大业的早日实现，为开发浦东、振兴上海而共同努力奋斗。

五、农工党上海市第九次代表大会

第九次代表大会于 1997 年 7 月 3—5 日，在北京西路 860 号上海市政协召开，大会共有正式代表 334 名和列席代表 48 名。濮之珍致开幕词；陈灏珠代表第八届委员会作题为《加强自身建设，履行参政党职能，为两个文明建设作出更大贡献》的工作报告。中共市委向大会发来了贺信。全国政协常委、农工党中央副主席田光涛、中共市委副书记孟建柱到会祝贺并讲话。九三学社市委主委谢丽娟代表各民主党派市委和市工商联致贺词。出席开幕式的还有市人大常委会副主任孙贵璋、副市长夏克强、市政协副主席赵定玉，中共市委统战部部长王生洪、副部长陶人观，以及各民主党派市委、市工商联和区县局部委办的负责人。会议选举出由 65 名委员和 7 名候补委员组成的农工党上海市第九届委员会，并选举出席农工党第十二次全国代表大会代表 27 名。中共市委统战部部长王生洪出席闭幕式并讲话。大会宣读了给离任老同志的致敬信。陈灏珠致闭幕词。大会决议号召全体党员要更加紧密地团结在以江泽民同志为核心的中共中央周围，同心同德、群策群力，为全面推进上海的社会主义改革开放和现代化建设、为统一祖国、振兴中华作出新的贡献，以优异的成绩迎接中国共产党第十五次全国代表大会和中国农工民主党第十二次全国代表大会的胜利召开。

六、农工党上海市第十次代表大会

第十次代表大会于 2002 年 6 月 16—19 日，在南京西路 1333 号上海展览中心召开，大会共有正式代表 296 名，荣誉贵宾 21 名。左焕琛代表第九届委员会作题为《与时俱进，开拓创新，为建设适应新世纪要求的参政党而奋斗》的工作报告；农工党中央常务副主席李蒙和中共市委副书记罗世谦到会祝贺并讲话；中共市委常委、统战部部长黄跃金宣读中共市委的贺信；致公党市委主委俞云波代表上海各民主党派市委、市工商联致贺词；应邀出席开幕式的还有农工党中央副主席章师明，市人大常委会副主任胡正昌，副市长周慕尧，市政协副主席宋仪侨、黄关从等。会议选举出由 72 名委员组成的第十届委员会和 40 名出席农工党第十三次全国代表大会的代表。闭幕式上，宣读了给离任老同志的致敬信。黄跃金到会讲话。大会决议号召继续深入学习邓小平理论和江泽民“5·31”讲话精神，坚持中国共产党的基本路线，坚持以政治交接为主线，加强自身建设，高举社会主义和爱国主义两面旗帜，认真履行参政党职能，维护安定团结，反映社情民意，为发展社会主义民主政治，为两个文明建设而努力奋斗。

七、农工党上海市第十一次代表大会

第十一次代表大会于 2007 年 4 月 26—28 日，在南京西路 1333 号上海展览中心举行，共有正式代表 311 名，荣誉贵宾 19 名。左焕琛代表第十届委员会作题为《求真务实，继往开来，切实履行参政党职能，为构建社会主义和谐社会而努力奋斗》的工作报告；全国政协副主席、农工党中央常务副主席李蒙，中共市委副书记罗世谦分别代表农工党中央和中共市委出席开幕式并致辞，中共市委常委、统战部部长杨晓渡宣读了中共市委的贺信；市工商联合会会长王新奎代表上海各民主党派市委、市工商联致贺词。应邀出席开幕式的还有市人大常委会副主任胡炜、副市长唐登杰、市政协副主席宋仪侨等。会议选举出由73名委员组成的第十一届委员会和40名出席农工党第十四次全国代表大会的代表。中共市委常委、统战部部长杨晓渡参加闭幕式并讲话。会上宣读了给离任老同志的致敬信。大会决议要求继续推进政治协商的制度化、规范化和程序化建设，继续探索民主监督的有效形式，继续提高参政议政的实效性，继续拓展社会服务的新领域；要积极建言献策，以解决人民群众最关心、最直接、最现实的利益问题为重点。

八、农工党上海市第十二次代表大会

第十二次代表大会于2012年4月22—24日，在南京西路1333号上海展览中心举行，这次代表大会共有代表328名，列席人员17名，荣誉贵宾16名。蔡威代表第十一届委员会作题为《高举中国特色社会主义伟大旗帜，同心同德，为建设上海国际化大都市而努力奋斗》的工作报告；全国人大常委会副委员长、农工党中央主席桑国卫，中共市委副书记殷一璀出席开幕式并讲话；中共市委常委、统战部部长杨晓渡宣读中共市委贺信。致公党市委主委张恩迪代表上海各民主党派市委、市工商联向大会致贺词；应邀出席开幕式的还有全国人大常委会委员、农工党中央副主席姚建年，中共市委常委、市政协副主席吴志明，市人大常委会副主任王培生，副市长姜平等。会议选举出由77名委员组成的第十二届委员会和36名出席农工党第十五次全国代表大会的代表。闭幕式上宣读了给离任同志的致敬信；杨晓渡出席大会闭幕会议并讲话。大会决议要求全市农工党员要在农工党中央和中共市委的领导下，高举中国特色社会主义伟大旗帜，以邓小平理论和"三个代表"重要思想为指导，深入学习贯彻科学发展观，继续扎实有效地履行好政治协商、民主监督、参政议政职能。

图5-2-2　2012年4月22—24日，农工党上海市第十二次代表大会在上海展览中心举行

第二节　委员会全体会议

1980—2012 年底,农工党上海市第五至十二届委员会,共举行全体会议 100 次。

表 5-2-1　农工党上海市第五届委员会全体会议情况表

会议名称	时　间	地　点	主要议程及决定	备注
第一次全体会议	1980 年 1 月 17 日	—	选举主委、副主委、常委会委员、秘书长	—
第二次全体会议	1980 年 7 月 30 日	—	传达上海各民主党派市委领导座谈会精神;汇报 1980 年上半年工作情况与下半年工作打算;通过两个专委会更名的决定;递补 2 名农工党市委委员	—
第三次全体会议	1980 年 12 月 31 日	—	传达市人大常委会有关经济调整方针等内容;传达市政府关于 1981 年第一季度工作的几点意见	—
第四次全体会议	1981 年 1 月 6 日	—	汇报讨论农工党全国工作会议概况和个人体会	—
第五次全体会议	1981 年 9 月 5 日	北京西路 840 号市政协东厅	介绍各民主党派市委领导座谈会精神;讨论 1981 年 9—12 月工作打算(草稿)	扩大会议
第六次全体会议	1982 年 1 月 7 日	陕西北路 186 号礼堂	传达全国人大、政协会议精神;传达农工党中央常委会议情况	扩大会议
第七次全体会议	1982 年 2 月 17 日	陕西北路 186 号礼堂	汇报 1981 年度工作小结;讨论 1982 年工作打算;传达各民主党派市委领导座谈会精神	扩大会议
第八次全体会议	1982 年 4 月 23 日	陕西北路 186 号礼堂	传达市人大、政协会议精神	扩大会议
第九次全体会议	1982 年 10 月 15 日	陕西北路 186 号礼堂	周谷城谈列席中共十二大体会;传达中共市委委员关于学习十二大文件的重要讲话;讨论农工党市委学习中共十二大文件的计划(草案)等	扩大会议
第十次全体会议	1982 年 12 月 20 日	陕西北路 186 号礼堂	传达全国人大、政协会议精神	扩大会议
第十一次全体会议	1983 年 3 月 14 日	陕西北路 186 号礼堂	汇报农工党中央工作会议精神;汇报农工党市委 1982 年工作及讨论决定 1983 年工作打算;宣布递补 2 名候补委员为正式委员	扩大会议
第十二次全体会议	1983 年 5 月 18 日	陕西北路 186 号礼堂	传达市人大、政协会议精神	扩大会议
第十三次全体会议	1983 年 7 月 7 日	陕西北路 186 号礼堂	传达全国人大、政协会议精神;酝酿协商出席农工党九大代表候选人名单	扩大会议
第十四次全体会议	1983 年 8 月 13 日	陕西北路 186 号礼堂	传达农工党中央、中共市委统战部相关会议精神;讨论布置学习《邓小平文选》;汇报协商农工党九大代表候选人名单情况并进行大会选举	扩大会议

表 5-2-2　农工党上海市第六届委员会全体会议情况表

会议名称	时　间	地　　点	主要议程及决定	备注
第一次全体会议	1984 年 4 月 7 日	南京西路 1333 号上海展览中心	选举主委、副主委、常委会委员、秘书长；顾问及工作班子组成人员	—
第二次全体会议	1984 年 11 月 24 日	陕西北路 186 号礼堂	汇报和讨论 1984 年换届以来工作情况以及下一阶段工作初步打算	—
第三次全体会议	1985 年 1 月 9 日	—	传达农工党九届二中全会精神	扩大会议
第四次全体会议	1985 年 4 月 14 日	—	传达市人大、政协会议精神	扩大会议
第五次全体会议	1985 年 12 月 28 日	—	汇报和讨论工作报告；递补 3 名委员	扩大会议
第六次全体会议	1986 年 2 月 25 日	陕西北路 186 号礼堂	传达农工党中央九届五次中常会及地方工作负责人会议精神	扩大会议
第七次全体会议	1986 年 7 月 4 日	陕西北路 186 号礼堂	传达中共中央对统战工作新的指示；听取并讨论农工党市委 1986 年上半年工作情况和下半年的工作打算	扩大会议
第八次全体会议	1986 年 12 月 16 日	陕西北路 186 号礼堂	汇报 1986 年下半年工作总结；汇报 1987 年第一季度工作设想	扩大会议
第九次全体会议	1987 年 1 月 20 日	陕西北路 186 号礼堂	介绍农工党中央九届三次全会概况；传达中共中央各民主党派工商联负责人座谈会精神；同意周谷城、吴文祺的辞职决定；选举黄器周任主委	扩大会议
第十次全体会议	1987 年 4 月 10 日	陕西北路 186 号礼堂	传达上海市统战工作会议精神；审议并讨论 1987 年工作打算（草案）	扩大会议
第十一次全体会议	1987 年 6 月 22 日	陕西北路 186 号礼堂	传达并讨论农工党全国代表会议精神	扩大会议
第十二次全体会议	1987 年 12 月 26 日	陕西北路 186 号礼堂	传达农工党中央九届十一次常委会精神；传达农工党中央自身建设研讨会纪要和有关决定；分组讨论如何理解统一战线四大功能以及农工党在新历史时期的性质、地位、作用和任务	扩大会议
第十三次全体会议	1988 年 3 月 11 日	—	传达贯彻农工党中央全国咨询工作会议精神	扩大会议
第十四次全体会议	1988 年 5 月 20 日	—	接受黄器周辞去主委之职，增补 2 名委员、常委；选举陈灏珠为代理主委；选举 1 名副主委	扩大会议

表 5-2-3　农工党上海市第七届委员会全体会议情况表

会议名称	时　间	地　　点	主要议程及决定	备注
第一次全体会议	1988 年 9 月 1 日	南昌路 57 号上海市科学会堂	选举主委、副主委、常委会委员、秘书长	—
第二次全体会议	1988 年 11 月 17 日	—	传达农工党第十次全国代表大会的精神	扩大会议

（续表）

会议名称	时　间	地　　点	主要议程及决定	备注
第三次全体会议	1989年5月9日	—	传达全国和上海市人大、政协会议精神；增选3名副主委、增补2名常委	扩大会议
第四次全体会议	1989年7月1日	—	传达中共十三届四中全会文件精神	扩大会议
第五次全体会议	1989年11月4日	—	传达农工党中央自身建设研讨会精神	扩大会议
第六次全体会议	1990年2月13日	—	审议1989年工作小结和1990年工作打算；讨论学习《中共中央关于坚持和完善中国共产党领导的多党合作和政治协商制度的意见》及有关会议精神	—
第七次全体会议	1990年7月19日	北京西路860号市政协1 401室	传达农工党全国工作会议精神	—
第八次全体会议	1991年2月12日	陕西北路186号礼堂	传达农工党十届三中全会精神；讨论1990年工作总结和1991年工作计划	扩大会议
第九次全体会议	1991年3月11日	北京西路860号市政协大楼401室	传达上海统战会议和“双月座谈会”精神	—
第十次全体会议	1991年5月4日	陕西北路186号礼堂	传达市人大、政协会议精神；酝酿中共建党70周年纪念活动内容	扩大会议
第十一次全体会议	1991年8月27日	陕西北路186号礼堂	传达农工党十届八次中常会及全国组织工作会议精神；审议关于提前召开第八次党员代表大会和换届工作的决定；成立换届筹备工作组及通过农工党市委委员补选事宜	扩大会议
第十二次全体会议	1991年11月20日	陕西北路186号礼堂	传达中共市委统战部部长毛经权有关参政议政讲话；听取阶段工作汇报；递补1名委员，增补3名委员，撤销1名委员	扩大会议
第十三次全体会议	1992年3月16日	陕西北路186号礼堂	传达中央会议精神；传达“双月座谈会”精神；汇报1992年工作初步打算	扩大会议
第十四次全体会议	1992年5月12日	陕西北路186号礼堂	传达全国和上海市人大、政协会议精神	扩大会议

表5-2-4　农工党上海市第八届委员会全体会议情况表

会议名称	时　间	地　　点	主要议程及决定	备注
第一次全体会议	1992年6月24日	北京西路860号市政协月潭厅	选举主委、副主委、常委会委员、秘书长	—
第二次全体会议	1992年9月2日	陕西北路186号201室	阶段工作汇报；欢迎蔡光天院长赴英、美访问胜利归来	—
第三次全体会议	—	—	—	缺档案
第四次全体会议	1994年2月26日	—	传达市人大、政协会议精神	扩大会议

（续表）

会议名称	时　间	地　　点	主要议程及决定	备注
第五次全体会议	1994 年 5 月 6 日	北京西路 860 号市政协檀山厅	传达全国人大、政协会议精神和有关医疗制度改革精神；修改后的政协章程说明；阶段工作汇报	扩大会议
第六次全体会议	1994 年 12 月 22 日	陕西北路 186 号礼堂	传达农工党十一届三中全会精神；汇报 1995 年工作打算	扩大会议
第七次全体扩大会议	1995 年 3 月 22 日	北京西路 860 号市政协泰山厅	传达全国和上海市人大、政协会议精神	扩大会议
第八次全体会议	1995 年 8 月 1 日	陕西北路 186 号礼堂	传达农工党中央十一届八次常委会精神；部署贯彻农工党中央《关于加强后备干部队伍建设的决定》的意见	扩大会议
第九次全体会议	1995 年 12 月 25 日	陕西北路 186 号礼堂	传达农工党十一届四中全会精神	扩大会议
第十次全体会议	1996 年 3 月 19 日	北京西路 860 号市政协武夷厅	宣读农工党中央常委会《关于学习贯彻全国人大、全国政协八届四次会议精神的决议》；传达全国和上海市人大、政协会议精神	扩大会议
第十一次全体会议	1996 年 7 月 22 日	北京西路 860 号市政协武夷厅	传达各民主党派领导人学习会精神；学习交流江泽民关于“讲政治”的重要讲话	扩大会议
第十二次全体会议	1996 年 12 月 2 日	北京西路 860 号市政协武夷厅	传达农工党中央十一届十二次常委会精神；增选 2 名副主委，调整补选农工党市委秘书长，增选 9 名委员，5 名候补委员，递补 1 名委员，增选 5 名常委	—
第十三次全体会议	1997 年 3 月 25 给	陕西北路 128 号民主党派大厦 1911 室	传达全国和上海市人大、政协会议精神	扩大会议
第十四次全体会议	1997 年 5 月 5 日	陕西北路 128 号民主党派大厦 1506 室	增补 9 名委员，1 名候补委员，增选 3 名常委；讨论通过关于召开农工党上海市第九次代表大会事项等	—

表 5-2-5　农工党上海市第九届委员会全体会议情况表

会议名称	时　间	地　　点	主要议程及决定	备注
第一次全体会议	1997 年 7 月 5 日	北京西路 860 号市政协武夷厅	选举主委、副主委、常委会委员；任命秘书长等	—
第二次全体会议	1997 年 11 月 10 日	陕西北路 128 号民主党派大厦 1009 室	传达农工党第十二次全国代表大会精神；部署关于贯彻农工党十二大精神工作的意见	扩大会议
第三次全体会议	1998 年 2 月 24 日	陕西北路 128 号民主党派大厦 1011 室	传达市人大、政协会议情况及八届市政协常委会工作报告；祝贺陈灏珠再次当选市政协副主席、左焕琛再次当选副市长	扩大会议
第四次全体会议	1998 年 3 月 24 日	陕西北路 128 号民主党派大厦 1004 室	传达全国人大、政协会议精神；宣读中央常委会关于学习贯彻全国人大、政协会议精神的决议	扩大会议

(续表)

会议名称	时 间	地 点	主要议程及决定	备注
第五次全体会议	1998年8月11日	陕西北路128号民主党派大厦605室	传达各民主党派市委、市工商联领导干部暑期研讨班概况;传达中共市委常委(扩大)会议精神;讨论通过"学习贯彻有关深入学习邓小平理论的通知";传达农工党中央关于全力支持防汛抗洪救灾工作的通知,并部署有关工作,进行募捐	扩大会议
第六次全体会议	1998年11月30日	陕西北路128号民主党派大厦1006室	传达农工党十二届二中全会精神和全国政协纪念"五一"口号50周年座谈会精神;组织部和研究室负责人分别介绍下一阶段工作要点	扩大会议
第七次全体会议	1999年2月12日	陕西北路128号民主党派大厦1006室	传达市人大、政协会议精神;通过1999年度工作要点;通过"关于各级组织积极参与创建社区文明工作的意见"及"关于各级组织在再就业工作中积极发挥作用的意见"	扩大会议
第八次全体会议	1999年3月23日	陕西北路128号民主党派大厦1009室	传达全国人大、政协会议精神	扩大会议
第九次全体会议	1999年5月9日	陕西北路128号民主党派大厦2010室	传达中共市委统战部紧急会议精神和中共中办、国办电文,表示坚决拥护中国政府严正声明,强烈谴责以美国为首的"北约"悍然轰炸中国驻南斯拉夫大使馆的野蛮暴行	扩大会议
第十次全体会议	1999年12月21日	北京西路860号市政协武夷厅	传达农工党十二届三中全会精神;讨论2000年工作要点(征求意见稿);左焕琛谈担任副市长4年来的感受	—
第十一次全体会议	2000年2月21日	陕西北路128号民主党派大厦四楼会议室	传达市人大、政协会议精神	扩大会议
第十二次全体会议	2000年3月21日	陕西北路128号民主党派大厦四楼会议室	左焕琛谈参加全国政协九届三次会议的体会;传达全国人大、政协会议精神;传达统战部关于台湾问题紧急会议精神;增补2名委员	扩大会议
第十三次全体会议	2000年7月19—20日	江苏省周庄云海度假村	汇报2000年上半年度工作小结;交流学习"三个代表"重要思想的体会;汇报赴宁夏、青海考察西部开发工作情况	—
第十四次全体会议	2000年12月26日	北京西路860号市政协泰山厅	传达全国统战工作会议精神和农工党十二届四中全会精神;审议通过2000年工作报告;同意陈灏珠辞去农工党市委主委的请求;增补左焕琛为九届农工党市委主委,增补2名副主委和2名常委;推举陈灏珠为名誉主委,宣读给陈灏珠的致敬信等	扩大会议
第十五次全体会议	2001年3月21日	陕西北路128号民主党派大厦四楼会议室	传达全国和上海市人大、政协会议精神	扩大会议
第十六次全体会议	2001年12月4—5日	松江区小昆山镇平原西路200号上海市希望工程教师培训中心	增补2名委员;传达农工党中央全会精神	扩大会议

（续表）

会议名称	时　间	地　　点	主要议程及决定	备注
第十七次全体会议	2002 年 3 月 15 日	陕西北路 128 号民主党派大厦四楼会议室	增补 3 名委员；听取 2001 年工作报告（修改稿）意见；协商第十届市委委员候选人推荐名单；协商出席农工党十三大代表推荐名单	扩大会议
第十八次全体会议	2002 年 4 月 3 日	陕西北路 128 号民主党派大厦多功能厅	左焕琛就如何开好农工党上海市第十次代表大会提出要求；通报换届的有关文件等	—

说明：农工党中央主席蒋正华、中共市委统战部部长黄跃金出席农工党上海市第九届委员会第十四次全会。

表 5-2-6　农工党上海市第十届委员会全体会议情况表

会议名称	时　间	地　　点	主要议程及决定	备注
第一次全体会议	2002 年 6 月 18 日	陕西北路 128 号民主党派大厦多功能厅	选举主委、副主委、常委会委员，任命秘书长	—
第二次全体会议	2002 年 12 月 11 日	陕西北路 128 号民主党派大厦多功能厅	传达党外人士学习中共十六大、“双月座谈会”精神和农工党第十三次全国代表大会精神	扩大会议
第三次全体会议	2003 年 1 月 27 日	陕西北路 128 号民主党派大厦多功能厅	传达中共市委统战部新年学习会精神；讨论通过 2002 年工作总结；讨论通过 2003 年工作计划要点；通报关于副秘书长的任命	—
第四次全体会议	2003 年 3 月 2 日	陕西北路 128 号民主党派大厦多功能厅	传达全国人大、政协会议精神；参与“世博会与上海新一轮发展大讨论”动员	扩大会议
第五次全体会议	2003 年 8 月 20 日	陕西北路 128 号民主党派大厦 4 楼会议室	传达农工党十三届三次中常会精神；审议通过换届一年来工作小结及 2003 年下半年工作要点；审议通过工作规划和议事规则；增补 1 名委员	—
第六次全体会议	2003 年 12 月 19 日	陕西北路 128 号民主党派大厦多功能厅	审议 2003 年工作报告；传达农工党十三届二中全会精神	—
第七次全体会议	2004 年 3 月 24 日	北京西路 860 号上海市政协江海厅	传达全国人大、政协会议精神	扩大会议
第八次全体会议	2004 年 12 月 14—15 日	松江佘山森林宾馆	传达农工党中央十三届七次常委会、十三届三中全会精神；分组讨论并审议 2004 年度工作报告、2005 年工作要点	—
第九次全体会议	2005 年 7 月 26 日	陕西北路 128 号 21 楼农工党市委 21 楼会议室	学习中共市委八届七次全会精神；传达农工党中央十三届九次常委会精神；讨论并审议 2005 年上半年工作报告；审议并通过《关于加强后备干部队伍建设的意见》；通过全会决议	扩大会议
第十次全体会议	2005 年 12 月 13 日	陕西北路 128 号农工党市委 21 楼会议室	传达农工党十三届四中全会精神；听取并审议 2005 年度工作报告；传达中共市委八届八次全会精神；通过全会决议	—

(续表)

会议名称	时　间	地　　点	主要议程及决定	备注
第十一次全体会议	2006年3月22日	陕西北路128号农工党市委21楼会议室	传达学习贯彻全国人大、政协会议精神;增补选举1名副主委	—
第十二次全体会议	2006年12月27日	扬子江药业集团上海海尼药厂海尼会所	学习中共十六届六中全会和中共市委八届十次全会精神;传达农工党十三届五中全会精神;听取并审议2006年工作报告;通报十一届农工党市委常委、委员提名的协商情况;部署2007年工作;通过全会决议	—
第十三次全体会议	2007年3月21日	陕西北路128号民主党派大厦多功能厅	审议农工党上海市第十一次代表大会有关文件;学习传达全国人大、政协会议精神;宣读全会决议	—

表5-2-7　农工党上海市第十一届委员会全体会议情况表

会议名称	时　间	地　　点	主要议程及决定	备注
第一次全体会议	2007年4月28日	南京西路1333号上海展览中心友谊会堂	选举主委、副主委、常委会委员	—
第二次全体会议	2008年2月2日	北京西路860号上海市政协武夷厅	传达市人大、政协会议精神;通过2007年工作报告;通过全会决议	—
第三次全体会议	2008年12月28日	陕西北路128号民主党派大厦多功能厅	传达农工党十四届二中全会精神;听取和审议2008年工作报告;表彰先进;通过大会决议;推荐农工党市委领导班子后备干部	—
第四次全体会议	2009年8月25日	陕西北路128号民主党派大厦多功能厅	听取和审议2009年上半年工作总结	—
第五次全体会议	2009年12月30日	陕西北路128号民主党派大厦2楼报告厅	传达农工党十四届三中全会精神;听取并审议2009年工作报告;通过大会决议	扩大会议
第六次全体会议	2010年12月29日	陕西北路128号民主党派大厦2楼报告厅	表彰先进;传达农工党十四届四中全会精神;听取并审议2010年工作报告;审议并通过全会决议	—
第七次全体会议	2011年7月27日	陕西北路128号民主党派大厦2楼报告厅	增补1名委员;2名常委;2名副主委;传达农工党十四届十二次中常会精神;总结2011年上半年工作,部署学习贯彻胡锦涛"七一"讲话精神及下半年工作	—
第八次全体会议	2011年8月11日	陕西北路128号民主党派大厦多功能厅	审议关于召开农工党上海市第十二次代表大会的决定(草案);领导班子成员述职测评;民主推荐2012年换届领导班子人选	扩大会议
第九次全体会议	2011年12月27日	—	传达农工党十四届五中全会精神;听取和审议2011年工作报告;审议全会决议(草案)	—
第十次全体会议	2012年4月10日	陕西北路128号民主党派大厦多功能厅	审议并通过农工党第十二次全国代表大会相关文件	—

表 5-2-8　农工党上海市第十二届委员会全体会议情况表

会议名称	时　间	地　　点	主要议程及决定	备注
第一次全体会议	2012 年 4 月 24 日	南京西路 1333 号上海展览中心友谊会堂一楼友谊厅	选举主委、副主委、常委会委员	—
第二次全体会议	2012 年 7 月 26 日	陕西北路 128 号民主党派大厦多功能厅	传达学习农工党十四届十五次中常会精神；通报 2012 年上半年工作	—
第三次全体会议	2012 年 12 月 20 日	陕西北路 128 号民主党派大厦多功能厅	传达学习农工党十五大精神；审议 2012 年工作报告；表彰先进	—

第三章 履行职能

1977年恢复活动以后，农工党市委参与大政方针和统一战线重大问题的政治协商，参加地方人大工作和政协工作，参与政府事务的管理，履行参政议政、民主监督的职能。历届市区两级人民代表大会和政治协商会议中，都有农工党员参加；一些农工党骨干担任了政府及其有关部门的领导职务，在各自岗位上为参政议政、建言献策、调研咨询、统战联谊发挥作用。农工党市委还与市政府有关部门建立对口联系制度，通过社情民意、课题调研、论坛研讨等方式发挥参政党的积极作用。

第一节 参加政治协商活动

在历届市人大、市政府、市政协领导人换届改选前，中共市委都要召开由各民主党派市委领导参加的民主协商会，就人大、政府、政协的组成人选进行协商，农工党市委负责人每次都应邀参加，并发表意见。

党外人士座谈会(又称“双月座谈会”,“文化大革命”前称为“双周座谈会”)则是中共市委与各民主党派就国家大政方针、地方重要事务、统一战线中的重大问题进行经常性政治协商的重要形式。由中共市委委托中共市委统战部召开，及时通报中共和政府的重要会议精神、重大方针政策的出台，听取各民主党派意见和建议。

1983年10月，中共中央作出全面整党的决定。11月4日在中共市委第一书记陈国栋主持召开的座谈会上，农工党市委负责人作了书面发言，提出要防止清除精神污染扩大化，防止整党走过场，建议基层中共党组织也能用座谈的形式，听取党外人士的意见。

1984年3月15日，中共市委统战部受中共市委委托分别召开各民主党派市委领导座谈会，征求党外人士对整党的意见和建议。农工党市委负责人提出：法规要严密，办事要以《宪法》为标准，正确行使民主权利。新中国成立前在地下斗争时期，共产党与民主党派的关系很密切，大家生死与共，休戚相关，相互保护。1956年共产党提出与民主党派“长期共存、互相监督”，现在又加入了“肝胆相照、荣辱与共”，这十六字方针体现了中共与各民主党派长期合作的精神，希望能经常听取意见，加强合作。

在1984年5月17日的座谈会上，中共市委通报了整党情况，传达中共中央领导人的重要指示。农工党市委负责人提出：整党不能以整出多少人为标志，主要看是否整出了好的党风，建立了完备的制度；党员犯错误、受处分，不能以党纪代替国法。

1985年10月7日中共市委召开的“双月座谈会”上，传达了中共全国代表会议精神。农工党市委负责人提出建议：在坚持改革的同时，要有些制约性措施，要有制度保证，另外要有法制保证。

1988年9月1日召开的“双月座谈会”上，中共市委书记江泽民作有关经济改革的报告。农工党市委负责人就此谈了自己的看法：(1) 改革进入关键阶段，对物价、工资的改革如何从理论上来配合进行宣传，有待研究、探讨、论证；(2) 在改革的宣传教育上是薄弱的。对于改革带来的好处、实惠及可能出现的逆转都应对人民讲清楚；(3) 经济体制改革必须与政治体制改革同步进行，法制建设、党风建设都是政治体制改革的一部分。

1990 年 6 月 8 日，中共市委统战部召开座谈会，就贯彻《中共中央关于坚持和完善中国共产党领导的多党合作和政治协商制度的意见》进行交谈。农工党市委领导提出：民主党派干部兼职的工作量应予以承认，并与中共干部的待遇一视同仁。

1992 年 3 月 14 日的"双月座谈会"上，农工党市委负责人联系实际畅谈学习邓小平南方讲话的体会，并提出应用各种方式，宣传邓小平谈话精神，使之成为亿万人民的共识。

1994 年，农工党市委把"双月座谈会"与横向联席学习、统战系统报告会结合起来。农工党市委主要领导都十分珍惜"双月座谈会"，每次都认真参加，做好笔记，并坦陈农工党的见解。

1996 年，农工党市委主要领导参加中共市委组织就上海大政方针和重大人事安排的会议共 3 次，"双月座谈会"6 次，列席市长常务会议 12 次。

2005 年 3 月 16 日，农工党市委主要领导在中共市委党外人士座谈会上，就《关于本市开展保持共产党员先进性教育活动的情况》作了发言；4 月，农工党市委主要领导作"关于加强上海市社区建设的 15 条建议"的发言；10 月 27 日，农工党市委主要领导就"上海市制定国民经济和社会发展第十一个五年规划的建议情况"作了发言。

2012 年 7 月 11 日，农工党市委主要领导出席中共市委党外人士座谈会，就 2012 年上海教育经费使用安排以及建设终身教育体系和学习型社会的有关情况发表意见和建议；9 月 12 日，农工党市委主要领导出席中共市委党外人士座谈会，围绕"当前国际国内形势对我国和上海经济社会发展的影响"议题发表意见和建议。

第二节　参加人民代表大会

当选各级人大代表的农工党员认真履行职责，在各级人大会议上行使权利，听取、审议政府工作报告，选举国家机关领导人员，参与讨论、决定重大事项，提交议案、书面意见等活动。

一、当选人大代表

1978 年 2 月—2012 年 3 月，共经历全国人民代表大会和上海市人民代表大会各 7 届。上海农工党员中累计有 8 人、11 人次当选全国人大代表，其中任常委会副委员长有 1 人、2 人次；有 78 人、111 人次当选上海市人大代表，其中任常委会委员 11 人、11 人次，常委会副主任 1 人、1 人次。

【全国人大】

第五届(1978 年 2 月—1983 年 6 月)

代　表：周谷城

第六届(1983 年 6 月—1988 年 6 月)

常委会副委员长：周谷城

代　表：陆俨少　周谷城

第七届(1988年4月—1993年3月)

常委会副委员长: 周谷城

代　表: 周谷城　黄器周

第八届(1993年3月—1998年3月)

代　表: 曹国琛

第九届(1998年3月—2003年3月)

代　表: 朱明德

第十届(2003年3月—2008年3月)

代　表: 张喆人

第十一届(2008年3月—　)

代　表: 叶惠贤　张　全　张喆人

【上海市人大】

第七届(1977年12月—1983年4月)

常委会副主任: 周谷城(1979年12月任)

常委会委员: 周谷城　吴文祺(1979年12月任)

代　表: 吴文祺　张赞臣　周谷城

第八届(1983年4月—1988年4月)

常委会委员: 黄器周　裘劭恒

代　表: 任桂珍(女)　余泰峰　李国衡　陈尚方　徐鹤松　顾　淦　黄器周　裘劭恒　戴蔼善　鞠鸿麟

第九届(1988年4月—1993年2月)

常委会委员: 李国衡　裘劭恒

代　表: 王汝刚　王岱明　王诗珮(女)　邓凤鸣(女)　左焕琛(女)　朱邦翰　朱丽瑛(女)　汤任高　余泰峰　李国衡　陆志杰　陈玉成　陈尚方　金浩祥　倪昌杰　徐钟隽　顾　淦　曹国琛　裘劭恒　鞠鸿麟

第十届(1993年2月—1998年2月)

常委会委员: 左焕琛(女)　徐钟隽

代　表: 王广田(女)　王汝刚　王崇贤　左焕琛(女)　刘智根　汤任高　许帼光(女)　陆志杰　陈克瀛　陈尚方　周之英(女)　岳美缇(女)　金浩祥　姚祺儿　倪昌杰　徐钟隽

第十一届(1998年2月—2003年2月)

常委会委员: 郭天玲(女)

代　表: 丁汉民　王汝刚　左焕琛(女)　刘仲苓　刘桂香(女)　刘智根　朱　洁(女)　许叔祥　许帼光(女)　张　菁(女)　李庆麟　杨云珠(女)　沈　东　沈建华　陆全根　陈克瀛　周泰仁　岳美缇(女)　姚祺儿　郭天玲(女)　董玲囡(女)

第十二届(2003年2月—2008年1月)

常委会委员: 朱冰玲(女)

代　表：丁汉民　王汝刚　厉翠兰(女)　朱　洁(女)　朱冰玲(女)　朱如安　寿子琪　张　菁(女)　李烈钧　杨云珠(女)　杨祉雷　沃伟东　陆兰娣(女)　陈伟峰　陈克瀛　陈晶莹(女)　岳美缇(女)　钟　勤(女)　徐　峰　徐志英

第十三届(2008 年 1 月—　　)

常委会委员：姚俭建

代　表：王汝刚　刘铁梅(女)　朱如安　朱建民　许　沁(女)　吴　敏(女)　张毓涛(女)　杨永辉(女)　杨祉雷　沈　伟　陈子龙　陈伟峰　陈芳源(女)　陈晶莹(女)　周　康　尚　云　罗　维(女)　姚俭建　徐丛剑　徐黎黎(女)　张　全

说明：以上人大代表名单按姓名笔画排序。

二、代表履职

1999—2004 年，全国人大代表中的上海农工党员在各次全国人大会议上提交议案 24 件，经审查后作为正式议案 14 件；1979—2012 年，市人大代表中的农工党员在上海市人大各次会议上提交(有的领衔、有的联名)，经审查后作为正式议案的有 25 件，作为书面意见提交的共有 370 件。

【全国人大议案】

1999—2002 年，朱明德代表在全国人大会议上提交议案 20 件，被大会列为正式议案 10 件，其中有关于制定《卫生法》《角膜捐献法》《医师职业保险法》《艾滋病防治法》《农村卫生保健法》《人工生殖法》等，以及关于修改《母婴保健法》《食品卫生法》等。

2004 年 3 月全国人大十届二次会议上，张喆人代表提出的《建议尽快制订初级卫生保健法》《建议尽快修改中华人民共和国传染病防治法》《尽快修改中华人民共和国水污染防治法》《建议制订执业药师法》等被大会列为正式议案。

【市人大议案】

1979 年 12 月市人大七届二次会议上，张赞臣等代表提出的议案《建议上海市卫生局、医药管理局、中医学会，大力支持中医中药密切配合，为争取外汇、发挥积极作用》，被列为大会正式议案。议案建议：(1) 恢复专科中医师的名医称号；(2) 加强中医医院的建设；(3) 中药铺内特约名中医定期设诊，开辟对外服务，开设专柜为侨胞、国际友人服务；(4) 组织中医代表团赴海外参观访问。

1985 年 4 月市人大八届三次会议上，黄器周代表提出的制定《上海市医药管理暂行条例》议案，被列为大会正式议案，使医院管理有法可依，对提高医疗质量，改善服务态度，保障人民健康有重要作用。

1987 年 4 月市人大八届四次会议上，黄器周、顾淦等代表提出的《上海市公民义务献血亟需立法》《关于制定反浪费法》《从速制定上海市精神卫生法》等议案，被列为大会正式议案。议案强调了法制建设在改革开放中的重要作用。金浩祥代表提出的《关于修建龙吴路》议案,被列为大会正式议案,并受到市领导的重视。后来市政工程局落实了龙吴路改造工程,并加强了日常的道路养护,从而改善了吴泾地区、闵行经济开发区的投资环境,也为该地区居民出行带来了方便。

1992年4月市人大九届五次会议上,倪昌杰等代表提出的《加强音像市场管理,切实杜绝"黄源",促进精神文明建设》议案,被列为大会正式议案。议案提出改变现行管理体制,实行市区二级管理等建议。

十届市人大代表徐钟隽等人提出的"解决检察机关办公用房拥挤、行政装备落后和干警住房困难"议案,被列为大会正式议案,引起了有关领导和职能部门的重视,在有关部门的支持下,问题得到较好解决。

1996年2月市人大十届四次会议上,王崇贤、周之英等代表分别领衔提出的《公房出售后物业管理要立法》《关于要求制定房屋售后管理实施细则》2件议案,被列为大会正式议案。这两件议案针对公房出售后管理和服务中出现的问题,提出制定公房出售后物业管理办法和细则。还有2件农工党员中的人大代表领衔提出的《要求对市政建设设立〈市政建设法〉》《关于要求制定房屋动迁管理条例》议案,被作为书面意见。

1998年1月市人大十一届一次会议上,陆全根代表提交的书面意见中提出,"文明小区设置正规的书报亭势在必行,建立书报亭可以成为上海的几百、几千扇文化窗口,还能解决一部分下岗人员就业问题"。这个意见引起中共市委、市政府领导的重视,多次作出指示,当年就把建造100个标准化书报亭列入市政府实事项目,在1998年底全市共完成了1 000个书报亭安装工作,1999年元旦在上海街头出现了1 000座新颖美观的"东方书报亭",以后又继续得到发展。

2002年2月市人大十一届五次会议上,由郭天玲代表领衔提出,朱洁、董玲囡、刘仲苓、张菁、许帼光5名代表参加附议的《关于对〈上海市发展中医条例〉和有关条款进行督查》议案,被列为大会正式议案。议案认为该条例实施3年后,没有得到很好执行。针对暴露出来系列问题,建议市人大教科文卫委员会进行专门调研和监督检查,并提出具体措施。这件议案同时被作为大会议案进行审议,会后落实了督查工作,市人大常委会副主任龚学平专程到部分市、区各医院和郊区中医院进行调研,对发现的一些问题,要求有关单位进行培训、宣传贯彻条例,推动了有关各方对中医药工作的重视。

不少农工党员人大代表提出的书面意见得到采纳、推进,如《中医药急需立法》《社区卫生服务必须加强》《新区分质供水刻不容缓,为保护人民身体健康建议列入政府工作实事》《针对销售加碘食盐必须端正认识》《公共场所要禁烟》等有关医疗卫生、促进健康的书面意见。其中在十届市人大五次会议上,许帼光代表领衔提出的《中医药急需立法》,促成了在十一届市人大通过的《上海市发展中医条例》的制定。

第三节 参加政治协商会议

农工党市委和担任各级政协委员的农工党员认真履行参政议政职责,在政协会议上积极以提案、大会发言方式对社会的热点难点问题提出解决的建议,为改革开放献计献策,内容涉及医药卫生、教育、国企改革、廉政建设、民主党派工作等方面,很多提案受到有关部门的重视并被采纳。

图 5－3－1　2008 年 2 月，农工党市委召开“两会”动员会

一、担任政协委员

1978—2012 年，全国和上海各经历了 7 届人民政协会议。上海农工党员中担任全国政协委员的有 19 人、39 人次，其中任常务委员 4 人、7 人次；担任上海市政协委员的有 119 人、201 人次，其中任常务委员 24 人、30 人次，副主席 5 人、8 人次。

【全国政协】

第五届(1978 年 2 月—1983 年 6 月)

常务委员： 周谷城

委　　员： 余红仙(女)　李振麟　周谷城

第六届(1983 年 6 月—1988 年 3 月)

委　　员： 孔令朋　申葆文　李振麟

第七届(1988 年 3 月—1993 年 3 月)

常务委员： 陈灏珠(1991 年 3 月任)

委　　员： 孔令朋　李振麟　蔡光天　陈灏珠(1989 年 3 月任)

第八届(1993 年 3 月—1998 年 3 月)

常务委员： 陈灏珠

委　　员： 孔令朋　叶惠贤　陈灏珠　黄鹤年　蔡光天　戴尅戎　左焕琛(女，1995 年 3 月任)

第九届(1998 年 3 月—2003 年 3 月)

常务委员： 陈灏珠

委　　员：丁传贤　叶惠贤　左焕琛(女)　陈灏珠　周骏羽　胡锡琪　戴尅戎
叶建农(2000年3月任)

第十届(2003年3月—2008年3月)

常务委员：左焕琛(女)

委　　员：丁传贤　叶建农　叶惠贤　左焕琛(女)　周骏羽　胡锡琪　蔡　威

第十一届(2008年3月—　　)

常务委员：左焕琛(女)　蔡　威

委　　员：叶建农　左焕琛(女)　寿子琪　周骏羽　常兆华　蓝闽波　蔡　威

【上海市政协】

第五届(1977年12月—1983年4月)

副 主 席：周谷城(1979年12月止)

常务委员：申葆文　周谷城　王聿先(1979年12月任)

委　　员：王少楼　邓文庆　冯冠华　叶吉益　申葆文　孙　泰　吴文祺　李泰云　陈云成
陈文彬　陈宗贤　周谷城　柯德琼　祝世康　赵景深　赵阔明　倪伟思　袁丕烈
戚叔含　黄器周　富润生　董廷瑶　薛兆圣　魏指薪　王聿先(1979年12月任)
许士林(1979年12月任)　李振麟(1979年12月任)　夏高阳(1981年4月任)
连瑞琦(1982年3月任)　赵清阁(1982年3月任)　顾可权(1982年3月任)

第六届(1983年4月—1988年4月)

副 主 席：吴文祺(1983年7月任)

常务委员：吴文祺　李振麟　夏高阳

委　　员：王聿先　孙　泰　许士林　余红仙(女)　吴文祺　张赞臣　李振麟　陈玉成
陈德尊　陈灏珠　林超鸿　赵清阁(女)　赵景深　倪伟思　夏高阳　顾可权
高令山　富润生　董廷瑶　蒋孔阳　薛兆圣　程乃珊(女,1986年4月任)
濮之珍(女,1986年4月任)

第七届(1988年4月—1993年3月)

副 主 席：陈灏珠(1989年4月任)

常务委员：陈灏珠　夏高阳

委　　员：王安坚　王汝鹏　王宣渭(女)　叶学勇　许士林　余红仙(女)　吴绍中
李根渊　汪翠祥　陈德尊　陈灏珠　周骏羽　林超鸿　夏高阳　黄鹤年
程乃珊(女)　蒋孔阳　谢蓉葆　濮之珍(女)　郭天玲(女,1989年4月任)
蔡　琰(1989年4月任)　梁谷音(女,1990年4月任)

第八届(1993年3月—1998年2月)

副 主 席：陈灏珠

常务委员：余红仙(女)　李根渊　姜义华　濮之珍(女)

委　　员：王汝鹏　江辅舆　余红仙(女)　吴长龙　吴绍中　张学忠　李传祐　李根渊
苏竹君(女)　陈德尊　陈灏珠　周骏羽　林超鸿　姜义华　倪家泰
郭天玲(女)　常泽民　曹新妹(女)　梁谷音(女)　谢蓉葆(女)
蔡　琰　颜梅华　戴玉琳　濮之珍(女)

第九届(1998 年 2 月—2003 年 2 月)

副 主 席：陈灏珠(2001 年 2 月止)　左焕琛(女，2001 年 2 月任)

常务委员：叶建农　朱冰玲(女)　余红仙(女)　李根渊　姜义华　章继浩

委　　员：丁金宏　尤继舜　王梦云(女)　叶建农　石鉴玉　刘旦初　朱冰玲(女)　朱邦贤　余红仙(女)　吴长龙　吴绍中　张广仁　张定国　李根渊　陆宗兴　陈灏珠　周廷魁　周肖吾　周骏羽　姚俭建　姜义华　祝墡珠(女)　曹新妹(女)　梁谷音(女)　章继浩　韩生廉　戴玉琳　左焕琛(女，2001 年 2 月任)　顾国柱(2001 年 2 月任)　魏　松(2001 年 2 月任)

第十届(2003 年 2 月—2008 年 1 月)

副 主 席：左焕琛(女)

常务委员：余红仙(女)　姚俭建　姜义华　祝墡珠(女)　章继浩

委　　员：丁金宏　尤继舜　邓　康　冯希平　左焕琛(女)　艾祖炯　刘仲苓　朱邦贤　余红仙(女)　吴绍中　张怀琼　张曦仑　沈建华　沈荣祥　陆宗兴　周肖吾　周骏羽　尚　云　姚俭建　姜义华　施有毅　查　波　洪建国　祝墡珠(女)　赵　强　耿文秀(女)　钱　程　顾国柱　曹新妹(女)　梁　鸿　梁谷音(女)　章继浩　韩生廉　魏　松

第十一届(2008 年 1 月—　　)

副 主 席：蔡　威

常务委员：朱邦贤　沃伟东　沈建华　祝墡珠(女)　梁　鸿　黄峰平　魏　松

委　　员：丁金宏　王晓东　邓　康　冯希平　艾祖炯　刘仲苓　朱邦贤　冷培恩　张广仁　张民权　张怀琼　张国恩　张　娣(女)　沃伟东　沈建华　季萍萍(女)　金如颖(女)　施有毅　查　波　洪建国　祝墡珠(女)　赵　强　徐爱娣(女)　耿文秀(女)　钱　程　康爱石　梁　东　梁　鸿　黄林鹏　黄峰平　童晓文　蒋伟忠　蔡　威　潘跃进　魏　松　张喆人(2010 年 12 月任)

说明：以上政协委员名单按姓名笔画排序。

二、委员履职

1993—2012 年，农工党市委通过全国政协委员以农工党中央、全国政协农工组名义在各次全国政协会议上提交大会发言和提案有 7 件；农工党市委在上海市政协各次会议上，就经济建设、城市建设、教育、医疗卫生、文化、法制建设和社会管理等方面提交大会发言和集体提案超过 200 件。农工党市委每年至少有 1 件集体提案获得市政协的优秀提案表彰；部分提案被列为市政协重要提案(一号提案、重点跟踪提案)；还有部分提案得到市领导批示。列举部分有代表性集体提案简介如下：

【全国政协】

2001 年 3 月全国政协九届四次会议上，陈灏珠委员作“关于改善城市贫困人口医疗服务的若干建议"大会发言;这次会议上,全国政协农工组还提交了由农工党市委报送的《关于改进城市创建国家卫生城市工作的若干建议》,建议直指创建国家卫生城市中各地出现的虚假和泡沫成分,提出停止全国的城市卫生综合检查,进一步完善创卫工作中的法制、体制、机制,完善环境卫生管理的指标体系和检查评比制度。该提案被评为全国政协优秀提案。不久全国性的城市卫生综合检查评比活动被正式取消,取而代之的是更多长效性、常态化城市卫生管理措施。

2005年左焕琛委员在全国政协大会上代表农工党中央做"打破地方封锁,建立全国统一市场"大会发言受到关注;在全国政协联组会上就防治艾滋病、血吸虫病的建言,受到中共中央常委曾庆红、全国政协副主席徐匡迪的充分肯定。2010年3月全国政协十一届三次会议上,左焕琛委员代表农工党界别的大会发言"农民工的期盼"引起场内外极大反响,各大媒体纷纷予以长篇报道。进而为在全国范围内推动"农民工"这一群体融入城市、获得平等对待、逐步争取市民待遇开了一个好头。

【上海市政协】

经济方面 1996年2月市政协八届四次会议上,农工党市委提出《推进现代化企业制度中几个亟待解决的问题和对策》提案。提案建议:(1)企业的上级主管部门包括各业务主管机关及行业主管部门,要针对企业存在的问题,调整各项政策,规范企业的行为。(2)在建立现代化企业制度的过程中,除强调主要经营者的作用外,还要十分重视领导班子的群体作用。(3)加强对企业领导人的培训和教育,大力提高企业领导者的素质,特别是主要领导者的素质。(4)各个行业协会、行业组织及有关部门要结合各自工作特点制定规划,使其真正作为政府与企业间的桥梁,使企业的经营管理走上规范化、制度化道路。(5)主管企业改革的部门要制定出切实可行的规划,分期分批地推进企业制度的创新,加快推进现代化企业制度的确立。(6)加强各种中介机构、资产管理和资产评估部门的监督管理,制定有效的监督管理办法。上海市现代企业制度试点工作领导小组对该提案的答复中表示,对这些建议将加以重视,在下一步工作中加以采纳。该提案被市政协八届四次会议上列为一号提案,并被评为市政协优秀提案。

1999年2月市政协九届二次会议上,农工党市委提出《让上海中小企业真正活起来的建议》提案。提案针对中小企业(包括国有、集体、私营等多种成分)近年来出现停滞甚至落后的局面,认为在社会主义市场经济条件下,没有大批成熟的中小企业,经济运行中就缺乏合格的市场主体,就难以形成规范的交易行为,就无法构建与市场经济相适应的所有制结构和财产制度,上海就不能实现真正意义上的与市场经济相适应的经济变革。为此提出六点建议。该提案被列为市政协重要提案。

城市建设方面 1994年2月市政协八届二次会议上,农工党市委提出《维护和发展公共绿地是上海城市建设的重要工作》提案。提案针对上海公共绿地发展的不足之处,建议采取有力措施,加快公共绿地的建设。陈灏珠委员以此题代表农工党市委作大会发言,得到市领导的重视,推动了上海绿化工作的发展。此信息被上海各报相继报道。

1999年2月市政协九届二次会议上,农工党市委提出《关于建立本市环境卫生长效管理的若干建议》提案。提案针对上海的城市卫生管理体系存在的城市卫生机构主体不完善,城市环境卫生管理缺乏长效管理的运行机制和监督机制等问题,提出了相关建议。该提案被评为市政协重要提案,并对承办过程进行了跟踪。1999年5月17日,上海市政府办公厅函复农工党市委,对该提案给予高度评价。

2006 年 1 月市政协十届四次会议上，农工党市委提出《从现在就开始抓声环境整治迎接 2010 世博会》提案。提案建议要采取切实的管理措施和技术手段，缓解城市声环境与城市现代化建设之间的矛盾；完善城市噪声污染管理的框架建设，针对新出现的噪声源，补充和完善原有政策、法规和管理办法与发展趋势不协调的现象，提高控制和管理实效；科学合理地进行城市建设规划其他管理措施；进一步加强充实城市声环境监控管理的网络建设投入，要对上海城市声环境实行网络化、数字化管理；加强有关宣传教育。该提案被评为市政协优秀提案。

2007 年 1 月市政协十届五次会议上，农工党市委提出《关于进一步完善上海城市支持农村的体制和机制的对策建议》提案。提案建议应该立足于上海城市的特点构架城市支持农村体制和机制的总体思路；必须以"高效、求实"的态度明确城市支持农村体制和机制建设的行为主体；必须以城乡统筹为目标确定城市支持农村体制和机制的创新目标；必须以科学发展观为指导统筹解决城市支持农村建设中的各类问题。该提案被评为市政协优秀提案。

医疗卫生方面 1993 年 2 月市政协八届一次会议上，农工党市委提出《关于继承和发扬中医中药的建议》提案。专职副主委郭天玲委员代表农工党市委作题为《关于振兴中医药的几点建议》的大会发言。发言针对中医药事业存在的危机，着重分析了由于国外对中医药研究的重视和加强，使国内中医药界面临严重的挑战，以及传统中医药后继无人的问题，呼吁中共市委、市府有关部门，切切实实落实好中医政策。该提案被评为 1993 年市政协优秀提案，并受到市政府的高度重视，列为市政府承办的重要提案。副市长蒋以任、谢丽娟在该提案上批示，并责成市政府教卫办、市卫生局、市医药局共同承办。1994 年，提案中的建议得到落实，上海市中医药工作咨询委员会正式成立。

2001 年 2 月市政协九届四次会议上，农工党市委提出《关于上海市贫困人口就医问题及对策建议》提案(同时作为农工党市委大会发言)。提案将贫困家庭的医疗服务情况总结为"一高三低"："一高"指医疗服务需求高；"三低"则包括医疗利用程度低、医疗花费低和治疗满意度低。该提案被市政协列为 2001 年重要提案，并对承办过程进行了跟踪。该提案得到市政府有关部门的高度重视，对推进和完善上海贫困医疗救助工作，将医疗救助纳入上海医疗保障体系发挥了积极作用，有效地缓解了贫困人口医疗问题。

2002 年 2 月市政协九届五次会议上，农工党市委提出《关于进一步完善本市医保改革的若干建议》提案。提案指出，上海市在医保改革推出后显露出三个方面亟待解决的问题：医疗费用上涨迅速，供方行为失控；退休人员与在职人员的医疗消费不成比例；医保覆盖面与社会需求尚有较大距离。为此建议：(1) 加快政府职能转变，完善管理职能；(2) 构筑多层次医疗保险体系；(3) 完善医疗服务补偿机制，增加卫生投入；(4) 加强医疗供方控制，坚持以质量效益为重点卫生发展道路。该提案被市政协列为重要提案，并对承办过程进行了跟踪。该建议得到市政府有关部门的重视，对推进和完善上海医疗保险制度改革的成效明显。该提案被评为市政协优秀提案。

2004 年 1 月市政协十届二次会议上，农工党市委提出《关于尽快建立社区卫生服务评估体系的建议》提案。提案指出，对于转型期的社区卫生服务的评价，需要从起点、过程和结果进行二阶段三层面评价：一是看社区卫生服务中心是否朝着理想的社区卫生服务模式转变，这是评价的关键；二是改革的过程评价，也可谓改革的效率评价；三是改革的结果评价，也可以看作改革目标评价。为此，需要考察社区卫生服务的场所、社区卫生服务运行状况、社区卫生服务的效益和效率、社区居民的参与程度。该提案被评为市政协优秀提案。

2006 年 1 月市政协十届四次会议上，农工党市委提出《关于解决上海"看病难、看病贵"问题的建议》提案。提案指出，"看病难"主要表现在：首先，大医院看病难，市民在名医院(三级医院)就诊、住院难的现象仍较普遍;其次,由于高水平的专家数量不多,看名医、名专家就更困难了,以至于一些著名专家门诊的预约要超过几个月。为此建议,优化医疗资源配置,核心是组建以三级医院为核心的、包含若干二级医院和社区卫生服务中心共同组成的医疗集团;三级医院可以从人力、物力上全力支持下级医院、以保证医疗质量;三级医院的专家可以直接到下级医院会诊,方便居民。该提案被评为市政协优秀提案。

2007 年 1 月市政协十届五次会议上,农工党市委提出《优化医疗执业环境,构建和谐医患关系》提案。提案指出,近年来医患关系的恶化,是影响医疗质量和间接形成老百姓看病难和看病贵的重要因素之一;医疗执业环境是医疗卫生的重要内容之一。为此建议:尽快制订卫生法,完善地方法规;确立具有威慑力的法律法规体系,树立司法审判的权威;建立风险保障机制;重建医疗技术鉴定的公信力;坚持正确的舆论导向,杜绝虚假新闻;理顺医疗体制,适当提高医务人员的待遇;建立专项救助基金,形成法定的救助机制;加强对妨碍正常医疗秩序和伤害医务人员的违法行为的打击。该提案被评为市政协优秀提案。

2008 年 1 月市政协十一届一次会议上,农工党市委提出《关于改善中医药生存与发展环境的建议》提案。提案针对上海市中医药学发展已远远落后于其他地区的状况提出建议:制定中医药发展的配套政策法规;建立强有力的组织、协调、管理机构;加大经费投入的力度;打破“西化”瓶颈口的约束;提高中医药从业人员的劳务价值;“中医药适宜技术进社区”要继续深化,抓出实效;以推进中医药现代化和国际化为抓手;在中医药标准化建设上积极参与、巩固优势;按照中医药学发展规律和特点改革中医药教育和人才培养模式;确立坚持围绕促进中医发展推进各项工作的思路。该提案得到中共市委书记俞正声的重要批示。

2011 年 1 月市政协十一届四次会议上,农工党市委提出《关于上海市公立医院改革的一些建议》提案。提案建议在上海公立医院改革“5+3+1”项目中选择 1—2 所做成真正意义上国际公认的公立医院;市中心的二级乙等医院普遍运行较为困难,建议每区选择一所也按上述标准改建为真正意义上的公立医院,即全员成本和全院运行成本由政府投入 70%;规范老百姓就医行为,有序就医;增强医保和卫生监督的力量。该提案受到中共市委、市政府的高度重视,中共市委书记俞正声、上海市常务副市长杨雄、副市长沈晓明对此都作了批示。当年下半年市政府制定的关于“5+3+1”项目的实施意见中,吸纳了该提案的部分意见并通过市政协进行反馈。该提案被评为市政协优秀提案。

2012 年 1 月市政协十一届五次会议上,农工党市委提出《关于改革本市医保支付方式的建议》提案。指出随着医疗保险覆盖人群的逐步扩大,人口老龄化趋势的日渐严重,医疗费用支出的不断增长,医疗保险基金的风险也随之增大,人们对医疗保险的关注程度也日益提高,对医保基金的管理水平及保障科学合理支付等方面提出了更高的要求。为此建议:进一步完善医保功能;构建医保支付的逻辑目标,并提出了未来上海市医保支付方式改革的政策框架和实践路径。该提案被评为市政协优秀提案。

教育方面 1995 年 2 月在市政协八届三次会议上,农工党市委提出《建议防止重点中学与非重点中学的差距扩大》的提案。提案针对当时教育部门的一些做法以及社会上某些倾向,重点中学与一般初级中学的差距扩大,不能满足实际需要,必然引起在九年义务制教育中对中学入学的竞争激烈,学业负担过重,影响教育改革的发展,为此提出 3 点建议。副市长谢丽娟对该提案作批示:“提案值得重视,需研究对策”,并向农工党市委致谢;市教育委员会在答复中提出了对策和措施。在会议期间,东方广播电台邀请农工党市委领导到直播室,就这个内容直接与听众对话。该提案被评为市政协优秀提案。

1999年1月市政协九届二次会议上，农工党市委提出《关于上海市高等教育的几点建议》提案。提案针对上海高等教育改革的现状，建议政府增加并重视高等教育的资金投入及其使用；重视创新人才培养，创建一流大学；充分挖掘高校资源，扩大上海高等教育普及程度；高校改革应以市场经济为导向，以法律规范为手段。该提案被评为市政协优秀提案。

文化方面　2005年1月市政协十届三次会议上，农工党市委提出《关于促进上海文化事业和文化产业发展政策的建议》提案。针对文化事业和文化产业发展中的问题分析原因，建议进一步加快上海文化事业和文化产业的管理和运行体制改革，加强文化事业建设、推动文化产业发展，着重在经济财政、组织管理、社会环境、人才资源等方面采取相应的政策。该提案被评为市政协优秀提案。

人口方面　2002年2月市政协九届五次会议上，农工党市委提出《关于提高上海人口素质的若干意见》提案。提案指出，提高上海市出生人口的素质行动是实现上海社会经济可持续发展战略，提高上海城市综合竞争力的一种必然要求与必然选择。为此建议，在法制建设、体制建设、运作机制、技术手段、社会参与等方面加强建设。该提案被列入市政协重要提案，并被评为优秀提案。

法制建设方面　1996年2月市政协八届四次会议上，农工党市委提出《进一步完善立法，加大打击经济诈骗犯罪的力度的建议》提案。提案针对经济领域诈骗犯罪的情况提出建议：适时对我国《刑法》有关条文进行修改或者司法补充，从而加大对经济诈骗犯罪的打击力度；在《刑法》正式修改之前，加紧作出有关强化打击经济诈骗犯罪的司法补充、司法解释，以弥补当前对惩治、打击经济诈骗犯罪中出现的种种不到之处。该提案被评为市政协优秀提案。

社会管理方面　1994年2月市政协八届二次会议上，农工党市委提出的《关于外来民工的疏导和管理》大会书面发言及提案，被《人民日报》社的《内部参考》全文刊载，《光明日报》《中国科技报》《联合时报》及全国中文核心期刊《社会科学》分别报道、全文转载，上海东方电台专访农工党市委主委陈灏珠，并在“委员论坛”节目播送，受到中共市委及市政府的重视和好评。

1996年2月市政协八届四次会议上，农工党市委提出《关于促进本市“七不”宣传教育的十点建议》提案。提案建议“七不”宣传教育要与提倡优良的社会风尚相结合，在七个不能做的基础上，制定七项鼓励市民去做的事；“七不”宣传教育要与职业道德和职业规范相结合，各行各业都要制定自己的职业道德和职业规范标准，并公布于众，接受监督；要设立专门机构，进行管理和监督，并对有关纠纷进行仲裁；“七不”宣传教育与党政机关及窗口行业文明建设的表率作用相结合、与法制宣传和法制建设相结合。该提案被评为市政协优秀提案。

2000年2月市政协九届三次会议上，农工党市委提出《关于进一步完善本市社会救助工作的若干建议》提案。提案针对当前社会救助工作中存在的对社会救助对象确认缺乏科学、有效、合法的确认手段，“多头管理”模式下，社会救助工作的交叉与遗漏，社会救助必要的社会支持系统发展不足，部分社会救助资金处于不透明、不公开状态，财政对社会救助宏观管理能力不足等问题提出相关建议。该提案由市政协副主席陈正兴负责牵头，对承办过程进行了跟踪。该提案被列入市政协重要提案。

2001年2月市政协九届四次会议上，农工党市委提出《关于加强流动人口犯罪社会控制的若干建议》提案。提案针对流动人口犯罪频发的问题，建议以居住地为主，在流动人口中开展精神文明建设活动，纳入创建文明小区、文明村工作之中；提高全体市民和各级组织的法制意识、责任意识和社会正义感；加强城郊接合部的规范化管理，消除三不管地带；适量吸纳流动人口参与流动人口聚居地区的社会治安管理工作，提高预防措施打击犯罪的针对性。该提案被列入市政协重要提案。

2003年2月市政协十届一次会议上,农工党市委提出《关于完善上海城市化进程中离土农民安置和保障工作的若干建议》提案。提案建议市政府实施以土地使用权换取社会保障的措施,由征地单位负责一次性为失地农民交纳社会保险(医疗、失业、养老)金,保障标准可根据实际情况选择"城保""镇保";征地养老人员的经费管理和使用应由社保部门统一执行。该提案被评为市政协优秀提案。

2005年1月市政协十届三次会议上,农工党市委提出《建立政府或行业食品安全网站,建立食品安全网格化管理制度——关于完善食品安全长效监管机制的七点建议》提案。提案建议为长效预防、遏制、铲除危害食品安全的因素,有必要进一步完善食品安全长效监管机制,健全由市、区(县)食品产销法人三位一体的食品质量安全监管体系;制定地方法规,完善食品安全标准;强化市、区(县)食品安全联席会议制度的统一领导和协调职能;建立政府、行业食品安全网站;建立食品安全监管网格化管理制度;建立食品安全信息发布制度。从青少年起抓食品安全卫生的自我保护和维权意识,在中、小学开设食品安全卫生公共教育课程。该提案被评为市政协优秀提案。

2006年1月市政协十届四次会议上,农工党市委提出《关于稳步推进市郊宅基地置换进程中加强农民利益保护的建议》提案。提案建议充分尊重农民对宅基地置换的选择权;切实保护农民在宅基地置换中的基本权益;妥善解决农民宅基地置换后的后顾之忧;允许宅基地异地置换,并在规划区以外地区实施宅基地收购、储存制度。该提案被评为市政协优秀提案。

2007年1月市政协十届五次会议上,农工党市委提出《对加强执法系统"编外协办员"队伍建设的建议》提案。提案针对上海市一些执法系统的"编外的协办员"队伍所存在的问题,建议"聘""用"联合,建立长效管理机制;建立各系统协办员的工作守则,规范协办员的工作职责范围;加强监督、考核,建立优胜劣汰工作机制。该提案被评为市政协优秀提案。同次会议上,农工党市委集体提案《上海促进城市无业、失业群体就业的建议》也被评为市政协优秀提案。

2011年1月市政协十一届四次会议上,农工党市委提出《关于本市完善发展型基本生活保障的政策建议》提案。提案指出,作为现代福利制度的最后一道防线,基本生活保障是缓解贫困、维护社会安全稳定、实现社会"底线公平"的重要保障,也是最能体现政府职责的福利保障制度,在整个福利保障制度中居于基础性地位。为此建议:加强基本生活保障的管理与专业队伍建设,提高低保制度的管理水平;发展社会救助体系,逐步将基本生活保障扩展为以发展为导向的综合保障;强化贫困医疗救助制度。

每年的政协会议上,除了由农工党市委提交的集体提案外,还有很多农工党员中的政协委员围绕经济体制改革、医疗卫生、社会管理、廉政建设和民主法制建设等方面,以个人名义或者联名向大会提交大会发言、提案,每年均有几十篇之多。

表5-3-1　1993—2012年市政协全会上农工党市委部分大会发言、优秀(重要)提案情况表

届　次	题　　目
第八届第一次会议(1993年2月)	关于深化高等教育改革的几点建议
	关于加速以社会主义市场为导向发展高新技术产业的几点建议
	关于继承和发扬中医中药的几点建议(优秀提案)
第八届第二次会议(1994年2月)	维护和发展公共绿地是上海城市建设的重要工作(优秀提案)
	关于外来民工的疏导和管理

（续表）

届　次	题　目
第八届第三次会议（1995 年 2 月）	协调外来民工与本市职工就业、再就业关系的对策
第八届第四次会议（1996 年 2 月）	进一步完善立法，加大打击经济诈骗犯罪力度的建议（优秀提案）
	关于促进本市“七不”宣传教育的十点建议（优秀提案）
第八届第五次会议（1997 年 2 月）	关于建立和完善社区卫生服务网络的建议
第九届第一次会议（1998 年 2 月）	进一步完善本市政府公共政策体系协调性的若干对策与建议
第九届第二次会议（1999 年 2 月）	关于建立本市环境卫生长效管理的若干建议（市政府、市政协重要提案）
	为“新医保”平稳出台，顺利运行而努力
第九届第三次会议（2000 年 2 月）	关于进一步完善本市社会救助工作的若干建议（优秀提案、重要提案）
第九届第四次会议（2001 年 2 月）	大力发展农业信息技术，构建上海郊区农业信息网络体系
	关于加强流动人口犯罪社会控制的若干建议（重要提案）
	关于进一步完善政府采购审计监督工作的建议
	建立和完善社区建设和社区发展的工作机制的若干建议
	关于上海市贫困人口就医问题及对策建议（重要提案）
第九届第五次会议（2002 年 2 月）	对当前上海中医工作的几点意见和建议
	关于促进非正规就业的若干建议
	关于提高上海出生人口素质的若干意见（重要提案、优秀提案）
第十届第一次会议（2003 年 2 月）	关于完善上海城市化进程中离土农民安置和保障工作的若干建议（优秀提案）
	关于建立学校食品卫生安全监督体系的建议
第十届第二次会议（2004 年 1 月）	统筹城乡教育发展，稳定经济相对薄弱区（县）骨干教师队伍
	关于尽快建立社区卫生服务评估体系的建议（优秀提案）
第十届第三次会议（2005 年 1 月）	关于促进上海文化事业和文化产业发展政策的建议（优秀提案）
	关于设立查询、监督、投诉社会总机“便民一号通”的建议（重要提案）
第十届第四次会议（2006 年 1 月）	关于稳步推进市郊宅基地置换进程中加强农民利益保护的建议（优秀提案）
	关于解决上海“看病难、看病贵”问题的建议
第十届第五次会议（2007 年 1 月）	上海促进城市无业、失业群体就业建议
	新形势下上海流动人口的调控
	优化医疗执业环境，构建和谐医患关系（优秀提案）
第十一届第一次会议（2008 年 1 月）	外来常住人口新生代的社会融合和社会和谐研究（优秀提案）
	关于改善中医药生存与发展环境的建议（优秀提案）
第十一届第二次会议（2009 年 1 月）	加大投入，完善多层次医疗保障体系，切实减轻百姓医药费负担（优秀提案）
第十一届第三次会议（2010 年 1 月）	新医改背景下的二级医院改革与发展
	打破体制分割，建立城乡统筹的医疗保险制度（优秀提案）

(续表)

届　次	题　目
第十一届第四次会议(2011年1月)	加强城市土壤污染防治工作刻不容缓
	关于上海市公立医院改革的一些建议(优秀提案)
第十一届第五次会议(2012年1月)	新医改背景下上海发展社会办医的政策建议
	关于改革本市医保支付方式的建议(优秀提案)

第四节　参与政府事务管理

一、担任政府机关领导职务

在中共市委的领导下,农工党市委作为中国特色多党合作制度中的参政党之一,积极参与上海的各级政府管理事务。农工党市委专职领导列席市政府每季度的工作会,并将会议精神带回来传达学习,以更好地引领参政议政工作。一些农工党员发挥各自所长在各级政府所属部门从事行政管理工作,其中有部分党员担任各级行政职务(尤其以区卫生局行政领导为多)。1978—2012年,共有8人、10人次在市政府、各委办局和各区政府中担任局级以上领导职务,参与政府事务管理。

表5-3-2　1983—2012年农工党党员担任政府机关领导职务情况表

姓　名	职　务	任　期
顾　淦	上海市对外贸易局副局长	1983年11月—1984年12月
左焕琛(女)	上海市卫生局副局长	1995年12月—1996年2月
	上海市副市长	1996年2月—2001年5月
张喆人	杨浦区副区长	1998年3月—2006年12月
	上海市民政局副局长	2006年12月—2008年8月
寿子琪	上海市科学技术委员会副主任	2004年1月—2008年2月
	上海市科学技术委员会主任	2008年2月—
蔡　威	上海市卫生局副局长	2005年11月—2008年2月
张　全	上海市环境保护局局长	2007年9月—(2011年1月加入农工党)
常泽民	杨浦区副区长	1984年3月—1987年5月
陈克瀛	闸北区副区长	1987年4月—1998年4月

二、担任"特约(邀)四员"

1988年10月,上海市监察委员会聘请第一批特邀监察员14名,其中有民主党派成员4名,但无农工党员。1989年《中共中央关于坚持和完善中国共产党领导的多党合作和政治协商制度的意见》下达后，上海市制定了特约(邀)监察员工作《暂行办法》，"特约(邀)四员"的形式得以制度化。至2012年底，上海农工党员中先后有34人次担任了"特约(邀)四员"，在治理经济环境、整顿经济秩序、反映社情民意、纠正政风行风等活动中参加监察工作，发挥民主监督作用。

连续四届被聘为特邀监察员的农工党员尤俊意，因常年从事法学理论研究，积极承担《上海市监察机关没收、追缴和责令退赔财物的规定》和《廉政准则》等法规制定的专家论证工作。在中纪委、监察部召开的《行政监察法》修改意见座谈会上，提出要"加强宣传力度，通过制定法规使行政监察制度更具体，操作性更强"的建议。在市监察委纠风办召开的"十年纠风路"理论研讨会上，以《依法治国与行风建设》一文作大会交流发言。此文影响重大，被誉为"对提高行风评议水平很有参考价值"，并在纪念纠风工作10周年全国征文比赛中获一等奖，得到中纪委的肯定。尤俊意参加了监察学会举行的全市性源头治腐研讨会，撰文《构筑源头治腐的法治系统工程》被收入市监察委汇编的《源头治腐实践与研究》一书。他参加市监察委成立的源头治理课题小组，执笔拟写题为"与时俱进，制度创新，推动源头治腐工作向纵深发展"研讨文章，被市监察委领导采用，作为参加亚洲监察专员协会第七次会议的反腐学会研讨会上的演讲稿，并用中英文两种文字印发。该文从理论和实践上作了深刻阐述，对监察机关更好履行监察职能，进一步搞好党风廉政建设和反腐败工作有很大的参考价值。

农工党员姚俭建与其他民主党派监察员一起参加了市政务公开办公室组织的对市工商局、市规划局和市房地局系统的政务公开查评工作。在这些评议、查评工作中，党派成员都十分注意对行风问题的观察，深入思考，从方针政策及机制、体制上分析问题，提出建议。

1994年4月，特约审计员、农工党员孙锡才在参与对基金会审计的会议时，提出在上海成立一个管理中心，对资金实行统一管理等建议。这些建议既有利于完善审计报告，也有利于提高审计工作质量。

2000年4月，市审计学会开展"社会主义市场经济下的内部审计制度研究"课题组活动中，农工党员沈文玮等就如何结合实际开展审计科研活动，提出了"首先对全市的内部审计情况进行调查，同时选择几个点考察，后再研究"的建议，课题组采纳后，对全市170家企业的内部审计情况进行了问卷咨询的调查，对上海石化股份公司、上海一百股份公司、黄浦区内审网络制度等进行专题调查。建议内部审计监督要成为企业内在需要，必须形成一种制度、规范化，必须有权威性，不能成为"装饰"。

表5-3-3　1990—2012年农工党党员担任"特约(邀)四员"情况表

聘任单位	类别	任期	姓名
上海市监察委员会	特邀监察员	1991年4月—2003年10月	尤俊意
		1991年4月—	周乐飞
		1997年5月—2003年10月	姚俭建
		2003年10月—2008年6月	顾国柱
		2003年10月—	冯希平
		2008年6月—	张佩国
上海市人民检察院	特约检察员	1990年4月—1998年7月	徐钟隽
		1998年7月—2009年4月	王汝刚
		1998年7月—2009年4月	张仲超
		2003年9月—2009年4月	姚俭建
		2009年4月—	晏　波

(续表)

聘任单位	类别	任期	姓名
上海市审计局	特约审计员	1990年5月—1998年7月	孙锡才
		1998年7月—2003年11月	沈文玮
		2003年11月—2008年10月、2009年4月—	叶建农
		2008年10月—	张仲超
上海市教育委员会 上海市政府教育督导室	特约教育督导员	1994年5月—1997年11月	张正宜
		1997年11月—2008年7月	刘旦初
		2008年7月—	张怀琼
		2008年7月—	葛宏波

三、对口联系市卫生局

上海市政府办公厅1991年关于加强政府及其部门与民主党派联系的意见中提出,政府的经济、教育、科技、文化、卫生、新闻出版、对台、侨务、监察等部门要分别与民主党派建立对口联系,并逐步形成制度。根据这一意见,农工党市委自1992—1996年与上海市卫生局建立对口联系座谈会制度,将之作为履行参政议政职责的一项重要工作,之后中断了一个时期。

2000年,分管卫生工作的左焕琛副市长建议中共市卫生局党委,希望仍能恢复与农工党的对口联系。这一建议得到中共市卫生局党委领导的支持。2000—2001年双方进行了3次对口座谈交流。2000年9月29日,陈灏珠等农工党市委领导与市卫生局党政领导就医疗卫生改革专题进行了对口座谈交流,双方针对目前医卫改革存在的问题真诚坦率地交换了意见。市卫生局向农工党市委详细介绍了深化医卫改革的十大举措;农工党市委在会上向市卫生局提出了在医院、医疗、医保等方面改革共24条意见和建议。对此,市卫生局非常重视,会后以简报的形式下发给所属单位。

2001年上海市医保改革制度全面推进,4月底,农工党市委主要领导以及党内有关专家与市卫生局党政领导及有关处室负责人就此进行了对口协商。市卫生局领导通报了医保制度出台后各医院的运行状况。农工党市委在对口协商中提出了医保出台后存在的一些问题,如二级乙等医院门诊量大幅下降,在自费的比例上有不合理方面,药店配药的可靠性、安全性尚待研究等,还有如何抓紧有利时机,加强医卫资源重组配置以及医院内部体制改革,医疗服务如何体现优质优价,卫生经费如何随经济发展而加大投入等。11月,双方又就中国加入世贸组织后对上海医疗服务领域的影响、处理医患纠纷的法律防范等问题进行了对口交流。

2000—2012年,农工党市委与市卫生局之间基本上每年有2—3次对口联系。历届农工党市委领导班子和市卫生局党政领导都有比较深入的交流座谈,内容主要围绕医疗卫生体制改革、公立医院改革、三医联动、二级医院转制、医联体探索、家庭医生制度试点、处理医患纠纷等热点展开。农工党市委与市卫生局对口联系工作更加强调制度化、规范化建设,以不断提升双方对口联系的层次和水平。市卫生局主要领导也高度重视双方交流座谈的质量和效果,双方就交流座谈的形式、内容,作了更加周密、细致的安排。

经过多年来的总结与实践,农工党市委和市卫生局的对口联系内容更加丰富、实在,形式更加灵活、多样，在多党合作的政治实践中，发挥着越来越大的作用。农工党上海各区县委员会也与各自卫生行政部门开展对口联系，为推进区域卫生事业改革与发展积极建言献策。

第五节 专题调研

1993 年起，农工党市委开展专题调研工作。通过各界别党员对一些社会热点、难点问题进行深入调查，组织课题组成员开展分析研究，广泛听取相关领域专家学者的意见和建议，所形成的调研报告有的送各级有关部门，为政府决策提供参考意见；有的转化为提案或社情民意，成为建言献策的重要来源。农工党市委的专题调研有来自农工党中央的委托，也有来自上海相关部门的委托。2004 年以后，农工党市委的定向课题逐步固定为每年 5 个，委托单位主要为中共市委决策咨询委员会、上海市政协、中共市委统战部、市科委、市教委。2009 年起，农工党市委在定向课题之外新设立自立课题，面向全体农工党员征集调研题目，经专家评审和领导审议后立项开展调研。

一、承接农工党中央课题

1995 年，农工党中央要求部分地方组织就《药品管理法》实施 10 周年来，在药品管理上仍存在的一些问题进行认真分析，提出切实可行的意见和建议。农工党市委经调研后提出《当前药品市场存在的几个问题》的报告。报告建议，借鉴国际上医药界的兼并形式，在中国东、西、南、北、中 5 个地区建立 5 个医药工业集团；针对老年性痴呆、心脑血管疾病、肿瘤、骨质疏松症和抗病毒感染，由 5 个集团分别选择其中之一作为主攻目标，应用国际标准，开发出有效的国产药品市场；保护国内的野生药材资源和开发培育优良的中药材。

2012 年，由农工党中央牵头，农工党市委经调研提出"关于设立'基层卫生机构医疗器械装备技术改造'和'医疗器械创制'专项，提升基层医疗服务能力，拉动内需的建议""关于加强和创新流动人口服务管理体系建设的建议"和"关于加强我国职业病防治体系建设的建议"等课题。这些调研课题经农工党中央整合后均得到中共中央、国务院领导的批示。

2008 年和 2009 年，农工党市委还分别完成农工党中央调研课题"农村三级卫生服务网络发展和农村饮用水安全保障"的分报告；农工党中央"基层卫生机构医疗器械配备情况调研""新医改背景下的公立医院改革"和"未成年人犯罪现状调查及对策研究"等专题的调研。

二、开展市级课题调研工作

1993 年起，农工党市委每年都开展市级课题调研工作。经过课题组成员的精心调研、深入思考、广泛讨论，形成的调研报告有的转化为集体提案提交政协大会，有的汇集为相关对策建议通过社情民意信息渠道向市政协和农工党中央报送。

1995 年，农工党市委提出《上海高校招生制度改革基本思路和对策研究》专题调研报告。报告认为高校招生体制改革是高校改革的难点，高等教育量的超常扩张将会带来质的相应恶化，在招生体制改革中必须予以综合考虑；"宽进严出"模式对成人教育较为适宜，而上海的普通高等教育尚缺乏成熟条件和操作可能，要防止盲目扩招带来的高风险。建议上海宜适度提高招生规模的幅度；另须加大推进高校从单一的计划招生体制向国家宏观调控下依法自主招生体制的转轨。

1996年,农工党市委开展中共市委统战部立项调研课题"上海城市社区卫生保健网络系统研究"。该课题深入分析上海城市社区卫生保健的现状,并就适应医疗保险制度,逐步建立与21世纪国际大都市相称的卫生保健网络提出若干对策建议:深化医疗保险制度改革,建立全民健康保险系统,实现人人享受卫生保健;在加大对卫生保健投入的同时,按不同消费层次,建立相应的补偿机制;建立卫生发展银行,设立初级卫生保健基金,扶持上海卫生保健网络的建设;理顺体制,改进管理,将卫生保健工作的重点向社区转移;调整医学院校的教育结构,培养全科医生、老年病科医生和社区卫生保健管理人才,以适应社会的需要;加快卫生保健的立法工作,强化社区卫生保健工作。该调研由农工党市委领导参与指导,农工党市委妇委会集中一批专家、学者党员,与上海医科大学、闸北区计生委共同开展专题调查。该调研成果得到了市政府有关部门的重视,调研报告在《中国初级卫生保健》(全国性刊物)上发表,部分建议内容在《光明日报》《上海社会科学院学术季刊》刊载。

1998年,农工党市委完成"市容环境长效管理的社区机制研究"课题调研。该课题涉及了中国城市管理市容环境卫生中的难点问题之一,完整地使用了公共物品、外部性和产权经济等现代理论观念,广泛地运用了定量分析的方法,对建立市容环境卫生管理的长效机制提供了新思路。尤其是对策部分具有前瞻性,实践操作上也具有一定的可行性,对政府部门工作具有较大的参考价值;该课题并派生出3个提案,其中《关于建立本市环境卫生长效管理的若干建议》,由农工党市委在1999年1月市政协九届二次会议上提出,被市政府、市政协列为重要提案。在"两会"期间,中共市委"信息动态"、《新民晚报》《解放日报》等都作了摘要报道。并于1999年与市爱国卫生运动委员会合作完成关于城市卫生环境长效管理的调研课题,提出《市容环境长效管理的九点建议》。该调研报告获得第三届市决策咨询研究政策建议三等奖,还提交给在上海召开的全国城市卫生管理研讨会。

图5-3-2　农工党市委的《市容环境长效管理的社区机制研究》课题调研报告获得第三届市决策咨询研究政策建议三等奖

1999年，农工党市委提出《关于有序发展上海民营中介组织的对策研究》专题调研报告。报告提出近几年来，上海民营中介组织在快速发展中存在法制环境不完善、市场经济运行机制不规范、中介市场体系发育不成熟、政府职能配置欠优化等问题。建议将适宜于民营中介组织承担的服务与管理功能从政府机构中彻底剥离出去；市政府协调工商行政、民政和社会团体管理等职能部门，对现有的政策进行一次全面清理，在政策、财政、税收和信贷等方面支持民营中介组织的发展；加强对中介市场和民营中介组织的科学管理；建立有利于民营中介组织发展的法律环境；建议市人大、市政府及各职能部门尽快制定具有上海特点的有关民营中介组织的地方性政策法规；完善民营中介组织的自我约束机制，提高中介服务的整体水平。

2002年，农工党市委提出《上海城市化进程中离土农民的安置和保障问题研究》的专题调研报告。调研报告提出，离土农民中存在新征劳力安置难、隐性就业和隐性失业问题严重、社会保障不落实、自谋出路者生活陷入困境比例高、征地养老经费管理使用不规范、部分乡镇擅自隐瞒土地用途、违规操作、征地农民利益受损等问题。建议：(1) 采取切实措施，增加征地劳动力的就业竞争力和自我保障能力；(2) 在享受"社会保障"问题上，应该给予征地劳动力与其他居民同样的保障权利。(3) 在加入"城保"和"镇保"的选择问题上，应该制定严格的附加原则和标准。(4) 征地农业人员基本社会保障经费应采取多渠道筹集，以减轻社会保障安置经费不足的矛盾。(5) 对以往已经安置的人员重新实施社会保障安置，要视情况区别对待，规范征地养老人员经费的管理和使用。(6) 在对离土农民实施新的安置政策时要注意新老政策的衔接。(7) 有关部门在推进城市化进程中，要加强对使用土地的严格管理，逐步规范用地，让离土农民参与分享使用土地的收益，最大限度地保障其基本权益。

2004年，《关于促进上海文化事业和文化产业发展政策的建议》调研报告在向中共市政协党组

图5-3-3　2005年8月31日，上海市政协常委、农工党上海市委副主委祝墡珠(右四)在浦东新区调研食品卫生

汇报时，受到蒋以任主席的好评，该课题被遴选参加向韩正市长汇报的市政协成果展；课题报告《上海市贫困人口医疗服务问题与对策研究》荣获第五届上海市决策咨询研究成果二等奖；《关于推进上海市郊农民宅基地置换进程的若干建议》《关于上海文化院团体制改革的思考与对策》分获中共市委统战系统的A级、B级奖。

2006年，《构建上海特色的城市支持农村体制机制研究》课题报告，获得上海市科技兴农决策咨询专家评审委员会成果评定B级。

2010年，农工党市委承接市决策咨询委员会课题“上海国际化医疗服务现状及发展建议”，该课题报告获得充分肯定，被市决策咨询委员会《专报》采用后得到俞正声书记、沈晓明副市长的批示；该成果于2012年获上海市第十一届哲学社会科学内部探讨优秀成果奖。

2011年，农工党市委自立课题“外来普通劳动者在沪长期居住趋势与对策研究”。该课题就“外来普通劳动者”在上海的基本生存状态、市民化权益、对城市的文化和心理认同、定居意愿4个方面来考察。通过政策分析和梳理，找到一系列存在的问题。课题组提出了对长期定居上海的外来普通劳动力的融合策略，优先性直接融合和全面性基础融合相结合，完善现有的体制机制，逐步解决长期定居的外来劳动力的融入问题。

第六节　建言献策和反映社情民意

从1999年起，农工党市委启动反映社情民意和建言献策工作。2001年之后逐步加大该项工作的推进力度，有系统地发动广大农工党员收集社情民意。为了使这项工作能规范有效并能长期开展，农工党市委专职副主委分管领导这项工作，制定并多次修改了《农工党上海市委关于开展社情民意征集工作的实施意见》，建立了社情民意反映和反馈网络，为广大农工党员反映社情民意创造了条件。

2005年，农工党中央常委、上海市委副主委叶建农的提案《制定存款保险法的建议》转换成了

图5-3-4　2012年11月12日，农工党市委举行特约信息员聘任仪式

建言。该建言分析了建立中国存款保险制度的必要性，并列举了存款保险法的基本内容，得到了中共中央常委、国务院副总理黄菊亲笔批示。

2011 年，农工党员、黄浦区政协原副秘书长王彝伟提出，政协组织学习《中共中央办公厅转发〈中共政协全国委员会党组关于"中共中央关于加强人民政协工作的意见"〉贯彻落实情况的报告的通知》(下简称《意见》)的深度还不够，基层落实《意见》的进度也不平衡，在贯彻《意见》过程中对新情况、新问题的把握以及工作创新方面还有待加强，为此撰写了《关于贯彻"16 号文件"的一些反映》，得到国家领导人批示。

2012 年，针对广西龙江流域发生镉污染事件，当地有关部门为应对此次龙江流域镉污染，保障柳州市饮用水安全所采取的一系列匆匆实施的应对技术措施可能给流域生态环境和流域内居民人群健康带来的长久次生危害的现状，农工党党员、上海市政协常委、人口环资委副主任、中科院上海生命科学研究院植生生态所研究员、中国毒理学会理事沈建华提出了"广西龙江流域镉污染紧急措施可能引发长期次生危害"的 3 条建议，得到了国务院副总理李克强的批示。

表 5-3-4　2005—2012 年农工党党员获市领导批示的社情民意情况表

年度	篇　目	作　者	批示人
2005	《下载＋粘贴＋打印＝学习体会?》	沈建华	王安顺
2007	《理顺高校在外籍行政领导下的保密制度迫在眉睫》	—	—
	《上海科技馆自然博物馆分馆和静安雕塑公园建设应注重协调和相互呼应》	—	杨　雄　冯国勤
	《不要让体育也成为应试教育》	—	杨定华
	《调查显示：本市郊区医务人员从业环境欠佳》	—	—
2009	世博会主要建筑内的电缆应采用 CMP 阻燃电缆	沈建华	俞正声
	铁路、公路客运站应该增设交通卡退卡点	徐江明	—
2010	职业性急性硫化氢中毒防控亟待加强	冷培恩	—
2011	菜场的超市化，还是超市的菜场化?	沈建华	—
	还有染色的"黑"面包怎么办	沈建华	—
	建议杂粮食品制成品必须标明含量比率	沈建华	—
	上海医改新亮相实施还需着力点	卢慧敏	—
	关于加强对中医保健服务业规范管理的建议	朱邦贤　张怀琼	—
	关于家电以旧换新政策实施过程中的一些问题反映	沈建华	—
	建议考核医院合理用药和检查结果阳性率替代药占比考核指标	毛晓伏	—
	尽快出台《上海市预防接种异常反应补偿办法》的建议	何翠芬	—
2012	新医改背景下上海发展社会办医的政策建议	顾建钧	—
	关于改善儿童就医难问题的建议	周骏羽	—
	推进全科医师家庭责任制的医疗联合体协同服务机制	梁　鸿	—

(续表)

年度	篇　　目	作　者	批示人
2012	大型保障住宅社区建设对区域人口发展的影响及其对策	吴瑞君	—
	关于对市政府2000年第82号令有关条款进行修改的建议	杨云珠	—
	社会组织在艾滋病防治工作中遇到的问题及对策建议	吴　健	—

说明：由于市政协反馈渠道原因，无法显示全部批示人。

第七节　举办论坛与研讨会

一、社区卫生与家庭医学国际论坛

2005年，农工党闸北区委发起了第一、二届“社区卫生与家庭医学国际论坛”。2007年第三届起，农工党市委连续参与该论坛的主办工作。该论坛还吸纳了复旦大学公共卫生学院、美国凯斯大学家庭医学系、闸北区卫生局等单位共同主办，分别探讨“社区卫生服务与和谐社会建设”“健康管理：趋势和发展策略”“基于社区的医学教育和家庭医师培养”“基于社区的家庭医学服务”等主题。论坛不仅在社区卫生和家庭医学方面开展学术理论交流，而且在技术、数据交换和人员培训方面开展了合作，并取得了显著成绩。

二、上海生态与健康论坛

2008年和2009年，农工党市委、上海科普教育发展基金会联合分别在徐汇区和浦东新区主办了两场“上海生态与健康论坛”。两次论坛的主题分别是“生态健康与科学发展”“生态健康与疾病预防”。农工党中央副主席汪纪戎两次到沪参会并作主题报告；上海农工党生态环境与健康领域的专家、学者纷纷参与论坛交流与研讨。

三、其他论坛

2008年11月30日，农工党市委与上海市卫生局、市政协教科文卫体委员会、中欧国际工商学院、复旦大学附属华山医院等联合主办“2008上海医学发展论坛”。论坛主题为“现代服务业与国际化医疗”。

2010年8月24日，农工党市委与上海市卫生局、市政协教科文卫体委员会联合主办《上海“十二五”医疗服务体系建设和发展论坛》。农工党上海市委中青年联谊会、静安区中心医院联合承办该论坛。论坛组织了多位农工党党员医卫专家各抒己见，为上海进一步推进医疗卫生事业发展建言献策。

2012年11月2日，农工党市委与市卫生局、宝山区政府、农工党宝山区委、上海市康复医学会联合主办“上海市康复医学国际论坛”。论坛围绕区域康复医学体系建设、公立医院转型发展以及康复医学领域的最新研究和动态等一系列主题，进行广泛交流。

图 5-3-5 2012 年 11 月 2 日,农工党市委在顾村公园举办“上海市康复医学国际论坛”

第四章　社会服务

中共十一届三中全会以后，农工党市委充分发挥以医药卫生为主的优势和特长，开展医疗咨询服务，培训医务人员，参与医疗体制改革，开设专家特色门诊等活动。随着党员人数的增加，农工党市委还陆续组织开展科技、经济、法律咨询，在西部大开发和扶贫帮困、对口援建等重大国家战略中积极发挥智力优势，投入办学、办医，提供人才培训等多项社会服务活动。进入21世纪以后，农工党市委不断开拓创新，文艺巴士、国际科学与和平周、环境与健康宣传周等活动成为农工党市委社会服务工作特色品牌。

第一节　岗位建功

农工党市委长期以来积极推动党员立足本职工作，发挥优势为社会主义建设和改革开放伟大事业多作贡献。广大农工党员在各自岗位上勤奋工作，开拓进取，涌现了一大批先进人物和优秀人才。据统计，1981—2012年期间，获得省部级以上奖项的农工党员共有190人次。

中国工程院院士、卫生部学位委员会委员、市心血管病学会名誉主委、著名心血管病专家陈灏珠，1973年施行了国内第一例选择性冠状动脉造影，1974年在国内外首先采用超大剂量异丙肾上腺素抢救"奎尼丁晕厥"病人取得成功。他曾获国家科技进步二等奖1项；全国科学大会、卫生部和上海市重大成果以及科技进步一等奖6项；1990年获国家教委"从事高等学校科研工作40年成绩卓著"奖；1991年获国务院"为发展我国卫生事业作出突出贡献"奖；2010年3月，获市政府颁发的2009年度市科技功臣奖。

中国工程院院士、上海交通大学医学院附属第九人民医院骨科终身教授、骨科和骨科生物力学专家戴尅戎，在国际上率先将二十世纪的标志性新材料——形状记忆合金制品用于人体内部，设计出可对关节骨折进行持续加压的骑缝钉，被国外专家称为"魔术般的金属制品"，获1989年度国家发明二等奖和上海市首届发明家称号，并获得在日本召开的国际形状记忆合金医学应用会议"奠基人金杯"奖。他还相继发明了双杯髋假体、形状记忆锯齿臂等，获国家、省部级大奖20项；获2007年度上海市科技功臣奖。

中国工程院院士、中科院上海硅酸盐研究所研究员丁传贤，其研究成果广泛用于工业生产和国防建设中，在国内外专业杂志和国际会议文集上发表学术论文60篇，共有17项科研成果，其中1项获国家新产品三等奖、2项获国家发明三等奖，9项获中科院上海技术进步二、三等奖；1988年获国防科委颁发"献身国防科技事业"荣誉证书。

中国极地研究中心副主任、研究员、极地科学考察和冰川专家李院生，2005年1月成功"登"上卫星遥测标识的南极内陆冰盖冰穹A的"北高点"。2009年2月，被任命为中国首个南极内陆考察站暨南极昆仑站首任站长。他曾先后获国家科技部等授予的"南极九五国家重点科技攻关项目先进个人"、极地中心授予的"先进工作者""十佳考察队员"等荣誉称号；立国家海洋局二等功。

上海市伤骨科研究所教授、全国名老中医、著名伤骨科专家、魏氏伤科传人李国衡，1994年被人事部、卫生部确定为全国继承老中医专家学术经验指导老师；1996年受到中央保健委员会的奖励;曾获国家中医药管理局科技进步三等奖。

上海中医药大学教授、全国名老中医沈仲理,在中医治疗子宫肌瘤方面独树一帜,任国家重点科研课题"中医中药治疗子宫肌瘤"负责人,其论文获1991年上海市科学技术进步三等奖;主编上海市大学教材《妇产科学》及《中医妇科临床手册》、合编全国高等院校教材《中医妇科学》和《中国医学百科全书中医妇科学》;获国家教委科学技术进步三等奖和上海市政府奖励;1993年获中国退(离)休科技联合会年度优秀工作者称号。

上海中医药大学终身教授、全国名老中医、中国中医药学会肿瘤专业委员会顾问钱伯文,《辩证诊治213例颅瘤的疗效观察》论文获1987年市卫生局中医药科技进步一等奖、1995年获第二届世界传统医学大会国际优秀(论文)成果奖;1994年被人事部、卫生部确定为全国继承老中医专家学术经验指导老师,并获荣誉证书。

上海铁路中心医院教授、全国名老中医、上海市医学领先专业专家委员会委员颜德馨,提出"衡法治则",受到中医界重视,在生命科学和抗衰老领域有多项研究成果,发表论文200篇、著述10部,1989年获全国铁路先进个人光荣称号。1990年经人事部、卫生部、国家中医药管理局确认为全国首届继承名老中医药专家学术经验工作指导老师,1991年起享受国务院政府特殊津贴待遇;1994年获英国剑桥大学世界名人成就贡献奖及美国名人传记学会20世纪成就奖;1995年获首届"上海市名中医"称号;1999年获上海市医学荣誉奖。

上海民办前进进修学院院长、前进企业集团名誉董事长蔡光天,他创办的前进进修学院可谓社会力量办学中的翘楚。从1983年春创办,到1992年已发展成22个分校和教学点。学校设有外语、中医、烹饪、电脑、英文会计、外贸英语等专业。学校以培养社会紧缺人才为目标,适应改革开放对人才的需要,学员人数达25万人。当时60种报纸,杂志及广播电台、电视台先后报道了"前进"及其创办人农工党员蔡光天的先进事迹。蔡光天本人被美国名人学会董事会聘为顾问、英国伦敦剑桥名人中心列为世界杰出人物、被授予美国加利福尼亚州荣誉公民。1994年被评为"中国改革风云人物"。

1979年版三卷本的《辞海》作为改革开放后第一次修订的版本,以增新、补缺、改错为总方针。1979版《辞海》的阵容非常庞大,参与编写的人员都是各领域权威性人物,计有主编1人,副主编16人,编辑委员186人。农工党员吴文祺担纲了1979年版《辞海》副主编一职,上海的农工党员中还有周谷城、刘大杰、伍蠡甫、张世禄、钱伯文、陈灏珠、孙家谦、屠景明、顾可权、漆琪生、李泰云、沈济苍、蒋孔阳等16人入选编委。

第二节　服务社会

一、医疗服务

【医疗咨询】

1984年7月初至8月底,"上海市各民主党派和工商联为四化建设服务成果展览会"在市中心人民公园举办。在农工党市委设立的医卫咨询服务点,参加服务的中高级医师237人次,咨询人数3200人次。

1984年11月4日,在市中医门诊部成立老中医医疗咨询服务中心,主要有中医内、妇、儿、伤、皮肤、肿瘤等专科。1985年1月,以原地为"南部",在海军411医院开设"北部"。1985年12月,增设西医部(1986 年 6 月停办)和对外服务部。截至 1992 年底,各科咨询人数累计达 16.9 万人次。

1985 年 6 月,为配合农工党市委举办的“健康长寿展览会”,农工党市委组织开展医疗咨询服务,参与者 130 人,咨询人数 1 000 人。

1990 年 8 月,为纪念农工党建党 60 周年,农工党市委动员 12 个区委会、4 个县委会以及市纺织局支部,共设立 17 个医疗咨询服务点,派出医卫界党员 700 人(占当时党员总数的五分之一),为市民作义务医疗咨询服务。

1991 年,农工党市委开设儿科咨询热线电话,每天晚上由儿科专家主持接听,提供有关优生优育、防病治病的咨询服务。1995 年,农工党市委又先后开通了妇科热线、生殖健康热线、老年保健热线电话,由党内医务工作者义务服务。10 年间共接听来自上海及外省市和海外的咨询电话近 10 万次,新闻媒体曾多次进行报道。热线于 2001 年因故停办。

1993 年起,农工党市委响应农工党中央(“国际科学与和平周中国组织委员会”成员单位)的号召,在每年 11 月的“国际科学与和平周”期间开展义务医疗咨询,宣传“热爱科学,热爱和平,热爱祖国”的理念,举办以“常见病防治”“老年人自我保健”等为内容的科普讲座、义务医疗咨询服务和科普图片展,向群众赠送科普、健康保健读物和保健品。1993—2012 年,连续 20 年坚持开展这项活动。2007—2011 年连续五届获得中国“国际科学与和平周”活动科学和平贡献奖。

图 5-4-1　2010 年 11 月 9 日,由农工党市委主办的第 22 届“国际科学与和平周”上海站活动在杨浦区延吉新村街道举行

1997 年为迎接香港回归,农工党市委于 6 月 15 日举行“百名专家送医大行动”大型医疗咨询活动。

1999 年是国际老人年,农工党市委联合市慈善基金会、市退休职工管委会、市老龄委、解放日报社等单位,共同组织了“99 关爱老人医疗、法律义务大咨询”活动全市 13 个区分设服务点,有近

200 位医卫、法律专家参加服务，近 5 000 人次市民受益。

2000 年 9 月和 10 月，农工党市委分别在教师节和敬老节期间举办肝健康咨询活动和前列腺疾病大型咨询活动。每年的教师节、敬老节，农工党市委均会举办类似的活动。

【医疗服务点】

1984 年，农工党市委开办“农工医疗咨询中心”老中医专家门诊，这是由社会力量开办的第一家医学专家门诊，由党内著名老中医坐诊。后又与远洋医院、万航渡路地段医院等多家医疗单位合作，开设了西医整形外科门诊和医疗咨询中心。

1993 年，农工党市委在北站医院开办“农工党医学专家会诊中心”，陈灏珠等著名专家定期门诊，缓解了当时闸北区就医难问题。

1997 年，农工党市委在金山县亭林医院建立“农工党市委医学专家下乡服务基地”，开设了 11 个专科，并对当地医务人员进行培训和指导，以缓解金山亭林地区 8 个乡镇 20 万人口就医难的问题。

1998 年，农工党市委在临汾地段医院设立了医卫专家为社区服务基地。首期开设了社区急需的眼科、泌尿外科、神经内科、中医内科、老年康复 5 个专科专家门诊。农工医卫专家还负责培训该社区医卫人员，通过门诊、查房、讲课、论文指导，为临汾医院培养业务骨干。

1999 年，农工党市委与镇江京口区人民医院合作，设立“农工党医学专家镇江京口服务基地”，通过门诊、查房、讲课和论文指导等形式，帮助当地培养业务骨干，并多次在服务基地举办大型义务咨询活动。

2000 年，农工党市委相继在南汇光明中医院、浦东上南医院设立专家服务基地。2004 年分别与上海浦东新区联洋地段医院、绍兴市东方门诊部，2006 年与三亚力度度假疗养中心、桐乡东方医院、义乌华山康复医院达成医疗合作协议。中央电视台于 2001 年 7 月专程来沪采访服务基地，并在央视四套“中国报道”栏目播出。

此外，农工党市委还多次开展为企事业单位进行健康检查的服务工作，开设降脂减肥门诊等。

【医疗讲座】

1979 年 9 月—1980 年 11 月，农工党市委共举办“医学讲座”12 次，由医卫界专家主讲，听讲者共 1 400 人次。讲座内容包括中西医各科新知识、新技术。

1994—1998 年，农工党市委举办的系列医疗讲座，邀请医学专家、教授系统授课有 300 次，累计 18 000 人次听讲。

进入 21 世纪，农工党市委的医疗讲座虽然没有定期化、制度化，但是形式更加广泛，内容与时俱进，涉及心血管、消化道、皮肤、五官科、放射科等各个医学学科和新医学、新技术等。

二、环保宣传

2008 年，农工党中央等数个单位联合发起在全国范围内开展“中国环境与健康宣传周”的倡议。同年 10 月，农工党市委与长宁区委共同举办首届“中国环境与健康宣传周——水与健康”上海站活动。此后，农工党市委在每年 6 月的“中国环境与健康宣传周”期间均会与有关区县组织合作，开展上海站的活动，通过展示宣传展板、发放宣传资料和专家咨询等形式，开展环保主题宣传，进一步发挥农工党人口、资源环境领域的界别特色。到 2012 年底，共举办了 6 次宣教活动。

图 5-4-2　2009 年 5 月 31 日,农工党市委举行"中国环境与健康宣传周"

三、文艺巴士巡演

1998 年 6 月,为宣传中共十一届三中全会召开 20 年来农村取得的丰硕成果,农工党市委决定组建"文艺巴士"下乡巡演,8 月底具体实施方案出台。10 月,农工党市委组织党内 50 位艺术家组成"文艺巴士",赴奉贤、青浦、南汇、崇明和松江举行了 5 场大型文艺演出,歌颂改革开放的巨大成就,观众达 2 万人。此后,农工党市委每年均组织"文艺巴士"巡演活动,深入社区、农村演出。其中 2008 年的巡演活动取得了良好的社会声誉。这一年是"文艺巴士"举办 10 周年之际,借着迎奥运的东风,农工党市委以"迎奥运颂和谐"为主题,在 1 月举行了新年巡演首发仪式。新年伊始,艺术家们的演出,受到中共浦东新区社会工作委员会、浦东新区社会发展局党政领导和群众热烈欢迎,他们向参加演出的艺术家们赠送锦旗"迎奥运携手行,共建和谐社会",书法家、农工党员刘一闻受现场祥和气氛感染,即兴创作春联"人民康健,世纪和谐"回赠。此后,"文艺巴士"还先后驶入宝山、奉贤、金山等地进行巡演,受到了当地群众的欢迎和喜爱。

此外,农工党市委还多次与江苏、浙江等周边省市的农工党组织合作,组成"风雨同舟手拉手"文艺巴士巡演队,走出上海,使"文艺巴士"的影响不断扩大,成为农工党市委社会服务活动的一个特色。

四、结对共建

1998 年,农工党市委与长宁区虹桥街道共同协商,本着"加强联系、增进友谊、优势互补、携手共进"的宗旨,达成了共创精神文明共建协议。农工党发挥医务人员相对集中的优势,定期组织医疗咨询服务队到虹桥地区开展医疗咨询及举办保健讲座等为民服务；虹桥街道为农工党参政议政、开展社区调查、了解社情民意创造条件，提供便利。

1999年，根据农工党中央的要求，农工党市委制定和下发《关于农工党上海市各级组织积极参与创建社区文明工作的意见》，有18个组织参与22个街道的社区文明建设。

2006年，农工党市委与宝山路社区爱心慈善超市理事会结对共建。该服务点紧密依靠中共街道党工委，由街道民政科提供贫困、低收入者名单及其基本情况，农工党市委社会服务部每两个月组织医务人员为他们义诊一次。

2007年，农工党市委社会服务部与浦东新区周家渡街道签订精神文明共建协议书，在社区精神文明建设中开展医疗咨询、科普讲座、教育指导、扶贫帮困等社会需要、群众受益的社会服务活动；2009年11月，增加一项新的共建内容：资助社区帮困对象；2012年，该社区精神文明共建项目被评为浦东新区社区统战工作首批优秀品牌。

2008年3月25日，农工党市委在奉贤区青村镇桃园村举行"社会主义新农村建设服务点"揭牌签约仪式。农工党市委整合多方资源，帮助解决农民生产生活中实际困难的帮扶项目正式启动。至2011年9月，通过3年的努力，青村镇桃园村摘掉了"贫困村""难点村"的帽子，全村525户1 331名村民一起走上了幸福小康的大道。

图5-4-3　2008年3月25日，农工党市委在奉贤区青村镇桃园村举行"社会主义新农村建设服务点"签约揭牌仪式

2010年8月，在农工党市委牵线搭桥下，上海夕阳老年护理院与区域内的二级医院——上海浦东新区人民医院签订了技术支援合作协议，浦东新区人民医院老年医学合作部同时成立。通过这一合作项目，浦东新区人民医院向夕阳老年护理院给予技术支援与指导帮助，并为该院提供专家会诊、业务指导及老人的转院救治"绿色通道"。

2012年5月，在农工党市委牵线下，《金色年代》杂志社和浦东新区爱心养老公寓建立共建合作。《金色年代》杂志社依托浦东新区爱心养老公寓这个平台,举办定期健康保健讲座、为老人拍摄艺术照、组织国内外旅游等活动。

五、社会办学

农工党市委会及所属各区(县)委员会遵照农工党中央"面向社会、拾遗补缺、发挥余热"的社会办学方针,1980—1992年6月共办各类学校16所,累计培训学员40万人。办学内容,开始时以高复班为主,后逐渐扩大规模,涉及的专业有医药卫生、外语、文学艺术、财会经济、宾馆服务以及自学考试辅导等几十个学科。其中由农工党虹口区委会开办的科文业余补习学校是最早办的学校,1980—1990年共招收学生1.7万人,结业1 000人,培养了外语、会计、法律等社会紧缺人才。"前进""易进""鲁艺"等校每年都被评为"社会力量办学先进单位"。

前进进修学院由农工党员蔡光天创办于1983年,经10年努力,已发展至22个分校和教学点,设有外语、中医、烹饪、电脑、英文会计、外贸英语等专业,学员人数累计达35万人。该院的高师资、高效率、高质量已引起国内外重视,60种报纸、杂志、广播电台和电视台先后对此作了报道。

易进进修学院创办于1983年夏,学校坚持正确的办学方向,把社会效益放在首位,设中医、美术、大学自学考试辅导、宾馆服务员培训、外语5个部,9年来共培训专业人才1.5万人,为5 000名待业青年创造了就业条件。

鲁艺业余艺术学校创办于1983年春,是全市最早成立的业余艺校之一。聘请朱屺瞻、周渝生、余秋雨等文艺界著名人士为顾问,为开创文艺新局面,不拘一格培养人才,开设文学、美术、影视戏剧、音乐舞蹈、综合5个科28个班,培训学员1.5万人,为文学艺术、广播新闻部门输送了一批人才。

六、其他社会服务

【科技咨询】

1989年,农工党市委创办国华科技咨询服务公司,开展为企业的科技咨询。1993年、1994年承接了为重庆特殊钢厂配备涡流探伤设备、为陕西宝鸡市有机化工厂建立医药中间体三甲氧基苯甲醛车间等18个高、精、尖、新项目。

【助力下岗职工再就业】

1999年2月,为贯彻农工党市委《关于农工党上海市各级组织在再就业工作中积极发挥作用的意见》,农工党市委妇委会在市妇联的帮助下,与黄浦区卫生学校合作开办了医院高级护工培训班。首期招收40人,1999年5月24日开学,邀请虹口区妇联和下岗女工代表介绍办班经验及当护工的体会,学员们在市职业培训中心集中学习一个月理论知识,并经过半个月的实习后,在中山医院的支持下,安排部分护工正式上岗。

2001年,农工党市委创办"上海助民职业介绍所",先后帮助近千名下岗职工重新走上工作岗位。

【设立董廷瑶基金】

1999年,农工党市委设立以中医儿科泰斗董廷瑶命名的"董廷瑶基金"。该基金由97岁的农工党员董廷瑶捐出多年行医积蓄10万元设立,用于奖励在中医药事业上作出杰出成绩的中青年党员。该基金曾颁发过两次奖励：1999 年 3 月 17 日“国医节”70 周年之际第一次进行奖励；2001 年“国医节”进行了第二次奖励。

第三节　扶贫帮困和对口援建

一、扶贫帮困

根据农工党中央要求，农工党市委每年都要组织医疗队义务为“老、少、边、贫”地区人民服务。

1983 年 8 月，农工党市委组织医疗咨询服务队一行 15 人，赴云南省楚雄彝族自治州。在州卫生局的支持下，开设心血管、传染病、防疫卫生、妇产科、耳鼻喉科和普外科等讲座。举办了医院管理工作交流会、推拿伤科培训班和针灸提高班，共培训各级医务人员 1 500 多人次。咨询门诊 2 500 人次，做大小手术 30 次。还为军分区、干休所的解放军官兵和老干部治病，深入山区为彝族百姓治病，并对改善楚雄州的医疗卫生情况提出建议。1984 年 11 月—1985 年 1 月，第二批医疗咨询服务队 5 人再次去楚雄州。先后共 4 批服务队举办医卫讲座 20 个，听讲者达 5 000 多人次，培训州（县）防疫站检验人员 29 人。在提高当地的医疗技术水平，健全病史，合理用药，加强病房管理，健全各项制度等方面，都取得了明显的效果。

1983—1992 年，农工党市委多次组织医疗咨询队去外省市、少数民族地区和上海郊区服务。派遣 6 人医疗队赴湖南湘西土家族自治州，举办传染病、妇产科、老年保健 3 个专题讲座，听讲者 300 人。派遣 8 人医疗队赴江西金溪地区，咨询门诊 1 500 人次，矫形、五官示范手术 22 次。另外，还组织医疗咨询队赴扬州、宁波、常州、苏州、松江、青浦、嘉定为病家服务。

1994 年 10 月，农工党市委利用国庆假日组织 11 位具有高级职称的专家组成医疗队赴桐庐峨山畲族乡为当地少数民族服务，4 天共义务咨询门诊近千人次，不少疑难杂症得到明确诊断。医疗队还为当地医院查房带教、讲课培训医务人员 200 人次。当地中共县委、政府、人大、政协主要领导亲自接待医疗队，并赠送锦旗：“送医到峨山，深情留畲乡”。

1994 年，为响应全国妇联倡导的“蓓蕾工程”帮助大方县因贫困而失学的儿童重新入学，农工党市委和农工党贵州省委的妇委会在竹园乡海马小学合作创办“沪黔前进苗族女子班”，农工党市委妇委会每年捐款 2 000 元，资助 24 名少数民族贫困女孩完成 6 年小学学业，数年后这些学生都顺利小学毕业，并有部分女孩升入初中学习。

1995 年，农工党上海市委和农工党常州市委联合组成医疗咨询服务队，农工党市委主委陈灏珠亲自率领 16 人于 6 月 25 至 30 日赴金坛、溧阳茅山地区，开展为期 6 天的义诊活动。医疗队先后在金坛人民医院、薛埠镇茅山地区人民医院、茅麓乡卫生院、溧阳老干部局等处义诊 5 次，受益共 1 000 人次，举办讲座 8 次，开设“小讲课”，受到当地医疗骨干欢迎，共有 2 000 人次听讲。医疗队还为当地医生作示范查房、会诊病例分析，临床带教等工作。常州和上海的多家媒体都进行了及时报道。

1996 年 9 月，农工党中央在贵州大方县召开定点扶贫工作会议，农工党市委向大方县一次性捐款 1 万元。此后，农工党市委在贵州省大方和贞丰县开展助学助教、救助贫困母亲等项目，取得了良好的社会效益。

1997 年 8 月，农工党市委与美优药厂共同组织，以新华医院的专家、教授为主体，组成联合医疗队，赴云南武定县贫困地区为少数民族送医送药，深入农村开展诊治，在医院开展查房、会诊、带教、

图 5-4-4　1995 年 6 月 25—30 日,农工党市委主委陈灏珠(左四)指导茅山当地医生

授课,为离退休干部进行医疗咨询,处理了肝脾破裂、急性心梗、坏死性胰腺炎等急诊患者,诊断 2 例肿瘤病人,传授计划生育新技术,还送去了上海知名品牌的药品,受到当地群众和党政领导的高度赞扬,当地新闻媒体作了跟踪报道。

2001 年,农工党中央在黔西南的扶贫点开办"前进少数民族班",沪黔两地农工党组织选择该班中 23 名布依族贫困女孩及升入初中的 10 名苗族女孩作为助学对象。

2002 年,农工党市委争取到上海计划生育协会的幸福家庭工程基金 10 万元,在黔西南由贵州省计生协会和两地农工党组织参与,共同开展为贫困地区脱贫致富的"幸福家庭工程"。

2006 年,农工党市委在北站医院着手设立爱心帮困门诊,主要以下岗、低保人员为服务对象,提供农工党中央划拨的处方药品。

2006 年 4 月,农工党市委牵线由农工党中央向宝山路街道爱心慈善超市捐赠部分扶贫帮困物资。

2010 年 4 月,农工党市委与交通大学农业与生物学院签订协议,设立"涉农专业专项研究生助学金",为期 3 年。农工党市委每年出资 6 万元,用于资助农生学院中家庭经济条件困难的研究生。

2012 年 6 月,农工党市委和农工党安徽省委在浦东联合举办"同心携手、捐赠扶贫"书画捐赠认购活动,来自沪皖两地的著名书画家捐赠书画作品 68 幅,两地企业家党员积极认购,筹得善款 51 万元,用于农工党沪皖两地的帮扶项目。9 月,农工党市委组织部分企业家赴新疆考察,决定在新疆乌鲁木齐县板房沟乡参与实施卫生扶贫项目——捐款建设板房沟乡中心卫生院及培训当地医生,并由农工党市委、新疆区委和当地政府部门签订三方协议。

二、支援西部开发

2000 年 5 月,农工党市委积极做好穿针引线工作,6—7 月,农工党市委组成多支考察团,赴宁夏、青海等地进行考察、调研活动,针对西部资金缺乏、管理落后、人才匮乏等亟待解决的问题进行咨询。经洽谈协商，为宁夏石嘴山市人民医院牵线，与上海仁济医院结对，帮助提高其医疗水平，并向石嘴山市人民医院赠送远程教育设备。

2002年，农工党市委响应农工党中央号召，积极动员党员开展为内蒙古自治区“退耕还林”建“农工世纪林”和“西部助学支教”捐款活动，基本做到每个基层支部和党员参与，自愿捐助，共募得捐款8万元。

2008年6月，农工党市委在广西扶贫援建的公益性项目田东县朔良镇灵龙卫生服务站签约开工。2009年4月，朔良镇灵龙卫生分院落成。同时农工党市委又与朔良镇百敏卫生分院签约。农工党市委现场捐资20万元，用于新建朔良镇百敏卫生分院综合业务楼。2011年，朔良镇百敏卫生分院落成揭牌。

2010年，为贯彻统战部“上海市统一战线参与贵州毕节试验区建设工作专题会议”精神，农工党市委制定了参加贵州毕节试验区建设计划，组建了工作小组。2011年9月，蔡威等农工党市委领导带领部分农工党企业家一行14人赴贵州省大方县进行扶贫考察，并与贵州省大方县签订了农工沪黔盛泉达溪镇冷底村卫生室建设协议书。2012年10月，“农工沪黔盛泉达溪镇冷底村卫生室”和“农工沪黔盛泉小屯乡珠场村卫生室”竣工揭牌。

三、援建希望小学

1999年，农工党市委副主委曹国琛引进香港鑫达公司50万元人民币资金，加上自己捐助10万元，经农工党市委和浙江省委牵线，选定在浙江湖州的贫困山区菱湖区梅峰乡兴建一所希望小学，农工党中央主席卢嘉锡题校名“德贞中心学校”，并于2000年竣工。

2003年9月，农工党市委组团对云南省南华县山场村小学进行实地查访，农工党市委联络委委员沃伟东、倪建春等同志共捐资16万元建设“农工党沪滇汇裕希望小学”并承担60名贫困民族学生学习生活费用。2004年，该校新校舍落成，农工党市委主委左焕琛为新校舍题写校名，并向该校捐赠了教学和学习用品。此外，还向南华县沙桥镇所属中小学23名贫困生捐赠助学金。

2005年，农工党市委捐赠20万元建造贵州省贞丰县小屯感乡新寨小学校舍，捐赠20万元建造云南省涌宝希望小学。2006年，农工党市委捐赠20万元建造广西壮族自治区田东县朔良镇那娄希望小学，资助特困生。

2006年，农工党市委组团赴百色市田东县朔良镇进行考察。农工党员企业家胡伟康、吴乾龙分别捐资10万元(共20万元)，为那娄小学援建教学楼。工程于当年10月如期完工，并于11月落成投入使用，遂改名为“农工沪桂康华那娄希望小学”。新教学楼的投入使用，极大地改善了学校的硬件设施、优化了教学环境。同时，整合了教育资源，将原下设的那娄、平力、六放3个教学点合并办学，成为一所满足全村学生就读需要的寄宿制学校。

第四节　赈灾救灾

一、抗洪救灾

1998年长江流域遇特大洪灾，为贯彻农工党中央《关于认真贯彻江泽民总书记的重要讲话，全力支持防汛抗洪救灾工作的通知》精神，在8月11日农工党市委的扩大会议上，农工党市委号召全市党员向灾区捐款，得到各基层组织和党员踊跃响应。农工党市委主委陈灏珠率“农工党市委抗洪救灾慰问团”，于9月1—3日带着上海农工党员募集捐赠的价值20万元的药品、衣物和部分捐款，前往洪水泛滥的安徽芜湖地区慰问抗洪第一线的职工、部队战士和受灾群众，并进行医疗服务和文艺演出。农工党市委还和仁济医院联合组织赴湖南灾区医疗队，并捐赠药品和钱款。

二、抗击“非典”

【农工党市委应对“非典”疫情】

2003年，非典型性肺炎疫情(简称“非典”)席卷全国。4月23日，农工党市委主委左焕琛召集农工党市委全体机关干部，传达中共市委、市政府为防治“非典”而最新出台的八条措施，并要求坚决落实。4月24日，农工党市委向全市农工党员和各民主党派发出倡议：坚守岗位，忠于职责，与中国共产党同心同德，充分发挥党派优势，为所有人的健康和社会安宁而努力工作。4月30日，农工党市委下发《关于积极行动起来，为战胜“非典”而努力工作的通知》。5月7日，农工党市委成立九人“防非”领导小组，左焕琛任组长。5月8日，农工党市委机关制定“防非”预案。5月12日，农工党市委“非典”热线电话62189861、62674321正式开通(见图5-4-5)。该热线由复旦大学、二医大、市卫生局及中医药大学所属各大医院教授、专家义务值班，解疑答难。5月14日，邀请医学专家就“非典”病人肺组织纤维化的预防和治疗进行攻关，并将成果上报市政府领导。5月20—21日，农工党市委、市卫生局与平安人寿保险股份有限公司上海分公司携手，由平安保险公司向上海市防治“非典”一线数百名医务人员赠送总额为1 000万元人民币、为期1年的人寿保险。

图5-4-5　2003年5月12日，农工党市委开通防范“非典”热线电话

【医卫界党员抗非治患】

广东发现首例“非典”，著名老中医颜德馨应广东省中医院之邀，参与远程会诊，与各地专家一起研究确定较为合适的治疗方案，用中药治疗了130例病人，得到世界卫生组织有关专家的肯定。

市疾控中心主任医师、流行病学专家，上海市“非典”防治专家咨询组成员周廷魁，不仅在上海街头、社区参与“防非”咨询，而且受邀在各档电视节目中宣传普及“防非”知识。作为上海专家组组长，他带队飞赴石家庄，支援河北的“防非”工作。

市传染病院主治医师黄琴和副主任医师孙洪清作为首批九人医疗组成员进驻隔离病区工作20天。为此，黄琴被共青团市委授予“新长征突击手”荣誉称号。

闵行区疾控中心主任姚经建在闵行区发现“非典”病例后，带队细心排摸，寻找病患线索。

【文艺界党员宣传慰问】

“非典”期间，著名男高音歌唱家魏松终止正在美国的访问演出，参与上海歌剧院“抗非”交响合唱《生命的誓言》的演出。

上海人民滑稽剧团团长王汝刚带领团里的青年演员到浦东新区“新先锋药业公司”包装车间体验生活，并创作出一台反映上海人民众志成城阻击“非典”的新戏。

著名节目主持人叶惠贤策划赶排出了一台全明星大型报道剧《非常任务》，弘扬了人们在抗击“非典”时所展现的无私无畏的精神。

【农工党员捐赠、送温暖】

农工党员鲍立峰向上海市红十字会捐赠价值4万元的二氧化氯消毒剂，并远赴北京进行“抗非”空气杀菌、消毒指导，北京晚报为此作了专题报道。

扬子江药业集团有限公司总经理助理、农工党员徐瑛女士向农工党市委赠送价值3万元的“抗非”药品。

同时，还有更多的农工党员以自己特有的方式为抗非做贡献：《中国商报》驻上海记者站站长张仲超为“非典”热线电话开通提供经费保障；农工党市委秘书长刘仲苓为居住小区抗非建言献策；上海中大科技发展有限公司总裁潘跃进带领科技人员研制出舒适、新型的防护服，保护医务人员的安全；市红十字会宣传部部长田永波为8个民主党派市委机关干部送上洗手消毒液；云海实业股份有限公司向闸北区民政局捐赠1万元；等等。

【农工党中央表彰】

农工党市卫生局委员会、复旦大学枫林校区总支、闸北区疾病预防控制中心支部、徐汇区防疫站支部、闵行区委综合医卫支部、二医大附属新华医院总支、卢湾区疾控监督支部、嘉定区支部、松江区委中心医院支部、长宁区同仁医院支部获得了“抗击‘非典’先进集体”荣誉称号。28名党员获得“抗击‘非典’优秀党员”称号，另有150名党员获得了“抗击‘非典’先进个人”称号。

三、抗震救灾

【汶川特大地震】

2008年5月12日，四川汶川特大地震发生后，农工党市委第一时间动员布置做好抗震救灾的有关工作。农工党市委机关干部于灾后第二天就在主委蔡威的带领下自发为四川汶川地震的灾民进行募捐,筹得捐款11 100元整。各级组织和广大农工党员也纷纷捐款表达心意。据统计,农工党市委共收到各类捐款、特殊党费74.5万元。另据不完全统计,农工党员和各级组织通过各种渠道共缴纳"特殊党费"和捐款捐物达650万元,以支援四川地震灾区恢复重建。

农工党市委主动加强与农工党四川省委的联系,关注震区的日常生活秩序,当了解到广元市急需洁净餐具后,即以最快的速度将易于清洗、利于防疫的500套不锈钢餐具托运至广元市,为灾区群众的饮食卫生安全提供帮助。

众多医卫界农工党员在地震发生后积极报名参加各级救灾医疗队,几十名党员先后奔赴灾区现场开展救灾工作。

首先驰援灾区的13位党员获得农工党中央第一批抗震救灾优秀党员荣誉称号。全国人大常委会副委员长、农工党中央主席桑国卫专程到农工党市委,慰问了第一批抗震救灾优秀党员。农工党市委还有12个组织、62人分别获得了农工党中央第二批抗震救灾先进集体和优秀党员荣誉称号。

市政协委员、农工党市卫生局委员会主委、市疾控中心病媒生物防治科主任冷培恩作为上海第一批奔赴灾区的公共卫生专家,在现场提出了"不要向灾区捐赠不易保存食品"的建言,该建言通过农工党中央和全国政协及时传递到了国务院抗震救灾指挥部并即刻发挥了作用。事后,全国政协信息局多次在全国信息会议上提到该建言并给予了充分肯定。农工党员相关的建言献策如"心理干预、地震带周边地区多学科专家评估""相对集中建村等五点关于灾区重建的建议""灾区公共卫生体系重建方面的建议"等被有关部门采纳。

著名骨科专家戴尅戎教授(见图5-4-6)作为卫生部抗震救灾三人专家组成员自2008年5月26日起至6月初,在四川灾区,对受灾重症病员的医疗救治情况进行了评估,提出了重症伤员的救治和转送意见,在成都建立了2个危重伤员救治中心和1个后备中心,完成了危重病人的集中与救治组织工作。

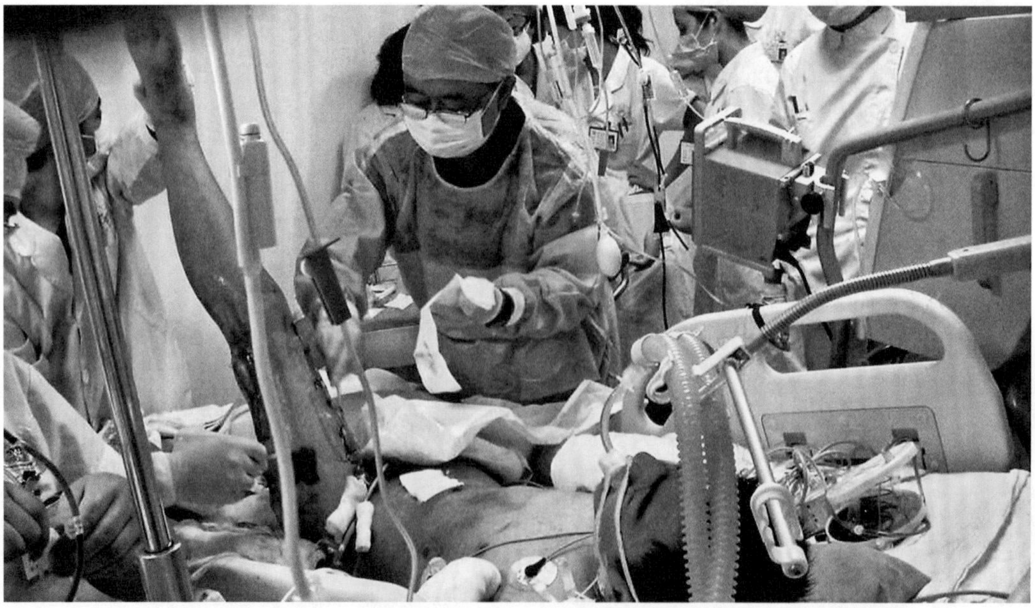

图5-4-6　2008年5月26日—6月初,戴尅戎教授参与受灾重症病员救治

按照中共中央的决策部署，上海承担对口支援都江堰市的灾后恢复重建任务。农工党市委及时召开地震灾后重建工作会议，制定参与灾后重建工作实施办法，按照量力而行的原则，积极筹备援建标准化乡村卫生站(所)、抚慰和助养灾区孤儿、开展救治康复，赴都江堰考察慰问。农工党市委还协助安排了部分都江堰医务人员来沪进修学习。

在抗震救灾过程中，农工党市委进一步加强社会宣传，发挥网站、《农工沪讯》和《每日信息通报》等平台的宣传作用，全力报道抗震救灾工作。

【青海玉树地震】

2010 年 4 月 14 日，青海省玉树地震发生后，农工党市委向各区县委、直属委员会、总支、支部发出通知，号召农工党员大力发扬“一方有难、八方支援”的精神，积极通过自己所在工作单位参与捐款，为抗震救灾贡献自己的一份力量。同时，农工党市委机关干部自发为玉树灾区捐款，捐款数达 7 000 元。

第五节　吸引外资与促进祖国统一

一、吸引外资

农工党市委积极动员党员在海(境)外亲友中开展引进资金、设备、技术的“三引进”工作，促进祖国现代化建设。

1994 年，农工党员、上海生物制品研究所研究员吴长龙得知上海市血液中心因市政建设，拟迁新址，资金紧缺，便多方联络，得到国际友人协助，谈妥引进芬兰政府 1 000 万美元无息贷款。1995 年 8 月，该项目被列为中芬两国政府签署的合作项目之一，并优先启动。1996 年 4 月 18 日，市血液中心综合输血大楼奠基，1997 年 11 月，新大楼落成使用。2001 年，为安徽阜阳市中医院改造项目引进 400 万美元的丹麦政府无息贷款；2004 年，为浙江省金华市儿童医院引进 498 万美元的芬兰政府无息贷款。

1996 年，经农工党员徐仁琪及胡德培夫妇牵线，引进香港友人蔡明山 100 万元人民币给其曾就读过的普陀区澳门路第二小学，改善该校办学条件；同年该学校更名为“明山小学”，上海市副市长谢丽娟参加了学校揭牌仪式。

二、促进祖国统一

1989 年，农工党市委成立了联络处，专门开展海内外联络工作，对党员亲属中的台港澳人士进行情况调查，建立资料；组织“三胞”联络中心学习组，开展台情研究(包括听辅导报告、看港台报刊、观摩台情参考片等)，进行海外联谊、参观访问、中秋佳节游览浦江等活动。

1991—1995 年，农工党市委连续五年在中秋前夕与“浦江之声”电台分别在衡山宾馆、市政协丽都花园、百乐门及复旦大学等举办中秋对台文艺广播晚会，邀请在海内外有影响的农工党员和社会人士讲话、寄语。1993 年“汪辜会谈”取得成功，国务院台湾事务办公室和国务院新闻办公室又发表了《台湾问题与中国统一》白皮书，海协会会长汪道涵出席了当年的中秋对台广播会并发表讲话：大陆和台湾应在两利的基础上，逐步走向统一，强调重要的在于建立一定的关系，相逢一笑泯恩仇。在广播晚会上,农工党市委还组织由农工党员为主的著名演员作文艺演出,并对台湾同胞播送,表达大陆人民盼团圆、要统一的愿望。1993—1999年,农工党市委及基层组织10次邀请赴台港澳及海外探亲、讲学、考察和定居在外的党员以茶话会、座谈会、幻灯讲座、信息交流及报告会等形式畅谈亲身感受。

1993年5月,著名昆剧演员梁谷音应台湾"中华文化基金会"和"中央大学"之邀,赴台讲学、演出,其间拜会了蒋纬国,蒋纬国称赞大陆戏曲表演水平高、质量高。1993年10月,农工党员、著名声乐教育家廖一明教授应台湾东明大学之邀到该校任客座教授,在两个月中为台湾声乐界言传身教"咽音"唱法,得到台湾媒体的高度评价。廖一明说:"我庆幸自己能为两岸文化交流尽一份力,我确信我在宝岛台湾撒下的'咽音'种子会发芽开花,开出鲜艳的中华民族声乐之花。"

1994年初,农工党员、著名老中医颜德馨应邀赴台湾讲学期间,会见了台湾"中国医药学院"董事长陈立夫,交流两岸中医中药概况,探讨中医理论基础、辨证论治和中西医结合等问题。

1994年1月,市文史研究馆组织农工党员袁淡如等5位馆员、著名画家赴浙江奉化溪口进行专题国画创作,上海电视台录制了《奉化之行》的专题片节目,在上海电视台和中央电视台播放,激发了台湾同胞怀念大陆和家乡之情,蒋纬国特地派人到大陆购买这部录像片。袁淡如特地画了一幅题为《别墅情深》的奉化溪口胜境图,托友人带给蒋纬国。蒋纬国收到画以后致信感谢,信中写道:"大作'别墅情深'奉化溪口胜境国画乙幅,亦已收到。欣赏之余,怀旧思乡之情,油然而兴也。"信中还写到对两岸统一的看法:"中国之和平统一,为炎黄子孙一致愿望。只要我们大家继续努力,必能早日完成共同大业,重建汉唐盛世,使吾中国人在国际社会更享荣尊。"

1995年,农工党市委接待来自台湾和世界各地的原"中央政治大学"的老校友一行数十人,通过交流,双方深切体会到两岸血浓于水的手足之谊、同胞之情,为两岸关系发展起了推动作用。农工党市委还接待过澳大利亚留学生、美国驻沪副总领事等。

1996年,江泽民《为促进祖国统一大业的完成而继续奋斗》的重要讲话发表后,农工党市委多次组织有关党员学习座谈,为贯彻八点主张而努力,还和民革市委、民进市委、九三市委等联合举办专题报告会,深入学习宣传讲话精神。为了加强与在境外的党员的联系,农工党市委还为出国探亲、访问的党员举办迎送会,在中国传统节日期间向定居国外、境外的党员寄贺卡,加强联系,增进了解。党员也与各自的海外关系保持密切联系,宣传国内的政治经济形势。

第六节　服务上海世博会

一、举办论坛、讲座

2008年11月、2009年11月,农工党市委与市卫生局、浦东新区政府联合举办两次"世博会与公共卫生安全"论坛,公共卫生行政管理人员、医学专家和农工党医卫界成员分别就公共卫生安全、传染病的防控、食品卫生安全与保障、公共卫生安全的管理和区域公共卫生及医疗保障等题目进行了探讨。

2009年7月,农工党市委和市律师协会主办"中国2010年上海世博会园区管理规则"研讨会,市法学会、市律师协会的法学专家围绕该管理规则(草案)展开讨论,并就总则、购票、持票、参观、附件五个部分中存在的问题和解决方案进行探讨。研讨会形成的相关成果提交上海世博会事务协调局,为上海世博会园区管理规则的最终制定提供参考。

2009 年 11 月，农工党市委在周家渡街道举办以“弘扬科学，关注民生，发展公益，促进和谐”为主题的第 21 届“国际科学与和平周”活动，即“世博社区健康讲坛”的启动仪式，为世博地区居民免费提供医疗咨询，并向社区赠送保健科普书籍。讲坛历时一年，一直持续至上海世博会结束。

2010 年 4 月，农工党市委中青年联谊会在同济大学中法中心举行活动，特邀世博科技办公室副主任李光明作题为“世博会与科技创新”的专题报告，与会成员围绕该主题进行了座谈讨论。

二、考察与接待服务工作

2010 年 8 月，农工党市委专门组织机关青年干部赴世博园区考察，旨在抓漏洞、找问题，从细节处完善世博会各项具体工作，并且在短时间内编写上报了 14 篇社情民意。

上海世博会召开期间，为切实做好接待服务工作，农工党市委成立由专职领导及各处室负责人组成的接待服务工作领导小组，制定接待服务工作的框架方案，围绕关键环节抓衔接，及时沟通信息，加强工作协调。农工党市委接待了来自全国各地农工党组织的参观团共 57 批、1 218 人次，其中省部级领导 32 人、地市级领导 21 人。

三、建言献策

农工党市委在上海世博会举办前和举办期间，集中收集各方意见，鼓励广大成员积极为上海世博会成功举办集思广益、献计献策。农工党市委提交的与世博会有关的社情民意中，有十几篇得到

图 5－4－7　2010 年 10 月 12 日，农工党市委主委蔡威带队调研世博园区控烟情况

了市政协的采纳,并报送了部分建言给全国政协转送相关部门予以落实。其中2009年4月,市政协常委、中科院上海生命科学研究院植物生态研究所研究员沈建华经调研得知,由于价格因素,在上海世博会的建筑物中没有采用CMP电缆,但同时,有跨国公司愿意无条件为2010年上海世博会主要场馆建筑免费提供一批CMP电缆。为此提交了"建议上海世博会场馆使用阻燃电缆"的社情民意,受到中共中央政治局委员、中共市委书记俞正声,上海市政协主席冯国勤的高度重视和重要批示,并促使上海世博会中国馆成功安装了"阻燃芯"。

第五章　自身建设

加强参政党的自身建设，是坚持和完善中国共产党领导的多党合作和政治协商制度的需要；是适应国家形势与任务要求，更好地履行参政党职能的需要；是构建社会主义和谐政党关系，建设适应新世纪、新阶段要求的高素质参政党的需要；是搞好政治交接，巩固和发展同中国共产党长期合作的需要。1978—2012年，历届农工党市委高度重视自身建设工作，以思想建设为核心、组织建设为基础、制度建设为保障，建立健全参政党各项工作机制，各项党务工作逐步走上制度化、规范化轨道。

第一节　思想建设

农工党市委坚持把思想建设作为自身建设的一项重要工作。1978—2012年，在各个不同的历史阶段，特别是在重大历史转折时期，农工党市委都要结合当时的形势，带领广大农工党员学习邓小平理论、“三个代表”重要思想、科学发展观，学习中共中央和国家的方针政策，不断提高党员和干部的政治素质和思想水平。

一、理论学习

【学习邓小平理论、“三个代表”重要思想、科学发展观】

1983年8月，《邓小平文选》出版发行，农工党市委主委周谷城指出：《邓小平文选》是新的历史时期排除各种障碍，消除各种阻力，进行彻底拨乱反正最锐利的思想武器，号召全体党员认真学习；1992年3月，邓小平南方谈话发表，农工党市委和基层组织纷纷举办学习班、读书班，认真学习和深刻领会讲话精神，对“思想更解放一点，胆子更大一点，步子更快一点”的精神实质提高认识；1993年11月开始，农工党市委制定了学习《邓小平文选》第三卷的学习计划，要求全市各级组织和全体党员着重解决“什么是社会主义”“社会主义与市场经济关系”“两手抓、两手都要硬”等问题，并列出了主要学习文件和辅导材料。上海各级农工党组织根据农工党市委的学习计划，深入学习原著精神，理论学习推向更深的层次。

2001年江泽民在中国共产党建党80周年纪念大会上发表重要讲话，农工党市委下发关于认真学习贯彻江泽民“七一”讲话的通知，农工党市委各级领导班子、各基层组织、各工作委员会及农工党市委机关掀起了庆“七一”、学“讲话”的热潮。农工党市委领导班子首先加强学习，主委带头，副主委轮流交流学习体会，在领导带领下，前后举行了20次学习座谈会。

2002年，上海各级农工党组织把学习邓小平理论、学习“三个代表”重要思想和中共十六大会议精神，作为重大的政治任务。6月，农工党上海市第十次代表大会号召全体党员，继续深入学习邓小平理论和江泽民“5·31”重要讲话精神，努力贯彻全国统战工作会议精神；要坚持中国共产党的基本路线，坚持和完善中国共产党领导的多党合作和政治协商制度。

2009年2月11日，农工党市委召开党员思想状况座谈会，就如何深入学习贯彻科学发展观等

6个方面的问题进行座谈,还就如何理解和把握科学发展观对民主党派履行职能和自身建设提出的新要求等问题进行探讨和研究。

【学习中共中央有关文件】

1989年底和2005年初,中共中央分别制定《中共中央关于坚持和完善中国共产党领导的多党合作和政治协商制度的意见》和《中共中央关于进一步加强中国共产党领导的多党合作和政治协商制度的意见》。农工党市委均及时召开相关会议,认真学习、讨论两次《意见》内容,下发通知要求各基层认真学习、加以宣传和贯彻执行。通过学习,广大农工党员认识到中国民主党派是中国共产党领导的多党合作和政治协商制度中的参政党,明确了农工党在新的历史时期的性质、地位、任务和作用,提高了参政党意识。2004年,《中共中央关于坚持和完善中国共产党领导的多党合作和政治协商制度的意见》制定15周年之际,农工党市委组织以大型研讨会为主,辅以征文、讲座、动态调研和纪念画册等的一系列纪念活动,进一步巩固中国共产党领导的多党合作和政治协商制度的思想基础。

二、主题教育活动

【"三增强""四热爱"主题教育活动】

2003年5月中旬,根据中共中央统战部的号召,农工党中央下发了关于开展"三增强""四热爱"学习教育活动的通知("三增强"是指增强对中国共产党"三个代表"重要思想的认识,增强对社会主义制度优越性的认识,增强中华民族凝聚力;"四热爱"是指热爱中国共产党、热爱祖国、热爱社会主义、热爱人民)。农工党市委十分重视此次学习教育活动。活动分为学习动员、建章立制、落实成果三个阶段:要求全体党员和各级基层组织以学习中共十六大精神为主线,认真学习"三个代表"重要思想,学习中共中央和国务院领导同志重要讲话,学习上海市各民主党派市委专职领导干部《关于加强领导班子建设和机关建设座谈会纪要》,进一步统一思想,提高认识,加强自身建设,积极探索新时期参政党建设的新内涵和新要求;为建设符合21世纪要求的参政党,为改革、发展、稳定各项任务的完成做出积极贡献。

【政治交接学习教育活动】

2007年,农工党中央下发《关于在全党开展以坚持走中国特色政治发展道路为主题的政治交接学习教育活动的通知》。5月,农工党市委成立了学习教育活动领导小组,向各基层单位下发了关于开展学习教育活动的通知,并申请将徐汇区委设为农工党中央的学习教育活动试点单位,另将宝山区委、长宁区医卫综合支部、华东师大总支部委员会设为农工党市委的试点单位。

配合政治交接学习教育活动的推进,农工党市委组织了500人份的农工党员思想状况问卷调查。通过对回收问卷的统计与分析,及时掌握自身建设中存在的问题,调整学习教育活动的内容,使其更具有针对性。同时,利用农工党市委新党员学习班、中青年骨干学习班等机会,由农工党市委专职领导作政治交接学习教育活动主题辅导。这次政治交接学习教育活动,进一步提高了广大党员尤其是各级领导班子和骨干成员的思想觉悟和政治理论水平,对中国特色社会主义道路更加坚定,对农工党党章、党史和老一代领导人的优良品德、高尚风范了解更加深刻,对新时期参政党的目标、任务和努力方向更加明确,各级组织的自身建设得到了进一步加强,同时也扩大了农工党的社会影响。

图 5-5-1　2008 年 7 月 15 日，农工党市委召开政治交接学习教育活动征求意见座谈会

【“树立和践行社会主义核心价值体系”学习教育活动】

2010 年 5 月中旬，根据农工党中央“关于树立和践行社会主义核心价值体系学习教育活动”的部署，农工党市委成立了学习教育活动领导小组，率先开展学习、掌握有关精神。农工党市委下发的实施意见中明确了开展树立和践行社会主义核心价值体系学习教育活动的重要意义、指导思想、主要内容和主要对象、工作要求和实施步骤，明确农工党市委领导小组成员要直接参与基层组织的学习教育活动，掌握情况，引导好面上的学习活动，同时将徐汇区委设为学习教育活动的示范点，通过先行先试，把一些成功有效的工作方法和经验及时向其他基层组织推广。

这次学习教育活动每年围绕 1 个重大主题来开展与推进。2010 年的主题是纪念农工党建党 80 周年；2011 年的主题为纪念中国共产党建党 90 周年，农工党市委要求各级组织把学习教育活动贯穿于各项重大纪念活动之中。

农工党市委在开展学习教育活动时还注重对典型人物的宣传工作。2010 年，与上海电视台合作，录制了农工党市委原主委陈灏珠、左焕琛两人的电视访谈节目并在纪实频道的黄金时段播出；在《农工沪讯》头版开出了先进人物先进事迹的报道专栏，通过对身边的人和事的有效宣传使学习活动显得更加具体和可及。

【“同心同行”教育活动】

2011 年，根据开展“同心同行”活动的要求，农工党市委以建设学习型参政党为目标，切实推动提高参政党工作科学化水平；以学习宣传先进典型为重点，形成党员自觉践行奋勇争先的生动局面；以参政党理论建设为抓手，深入开展当代民主党派核心价值观研究。

在宣传思想工作方面：结合重大历史纪念日开展系列活动，着力宣传中国共产党在中华民族复兴大业中的领导地位和突出贡献、着力弘扬农工党先辈的爱国革命精神，从而提高广大党员的政治认同度，增强走中国特色政治发展道路的自觉性；举办先进人物先进事迹宣讲报告会，使社会主义核心价值观以真人真事的方式传播给广大成员，使之入脑入心，提高学习教育活动的实际效果。

在组织建设方面：围绕“坚持中国共产党的领导、坚持中国特色社会主义政治发展道路”深化主题教育，着重提高成员政治把握能力，提高接受中国共产党领导的自觉性，坚持多党合作和政治协商的政治准则，深化对参政党地位、性质和历史使命的认识，继承和发扬与中国共产党亲密合作的优良传统，不断增进政治共识，夯实多党合作的思想基础；结合“同心同行”主题，将成员学习培训工作作为发扬优良传统的思想教育过程，做好深入细致的思想政治工作。

三、传统教育

【革命传统教育】

捐赠史料 1993 年 9 月，农工党市委向新筹建的上海龙华烈士纪念馆捐赠了一批农工党革命史料供展出和收藏。史料中有新中国成立前农工党地下斗争时期出版的《沪讯》、油印的宣传品和毛泽东的文章、烈士手稿、工作笔记等 10 件。这些史料真实地反映了农工党与共产党风雨同舟的革命历程，体现了农工党烈士为追求人民解放事业，不怕流血牺牲、英勇战斗的革命精神。

1998 年，在龙华烈士纪念馆开馆 1 周年暨上海解放 49 周年之际，农工党市委专职副主委郭天玲教授把珍藏多年的其父农工党烈士郭莽西的一本读书笔记捐赠给龙华烈士纪念馆，同时捐赠的还有烈士赵寿先生前写的家信和用过的书稿，龙华烈士纪念馆为此举行了隆重的捐赠仪式并向郭天玲等十位烈士家属颁发了纪念证书。

座谈学习革命先烈 1999 年 5 月，农工党市委举行纪念上海解放 50 周年座谈会，邀请在解放上海的革命斗争中牺牲的农工党烈士的家属、生前好友、农工党的老前辈和部分中青年代表，以及在民主革命时期和农工党并肩战斗、一起坐牢的中共老同志、烈士家属参加会议。大家在发言中缅怀农工党的革命前辈，回忆农工党和中国共产党风雨同舟的革命历史，高度颂扬了农工党先烈在与国民党反动派的斗争中，与中国共产党同心同德、团结一致、并肩作战，为新中国的成立不惜牺牲青春与生命的革命业绩和崇高情操。

2003 年 4 月，农工党市委召开农工党老领导连瑞琦同志 105 周年诞辰座谈会。会上宣读了农工党中央和方荣欣、郭秀仪名誉副主席的来信，刘人寿等老同志回忆了与连瑞琦在民主革命时期和新中国成立后一起工作的情况，非常动人。这次纪念活动对继承和发扬农工党光荣革命传统起了积极作用。

党史教育培训、参观等活动 农工党市委经过查找与考证、核实了多处早期农工党在上海的活动旧址，如绍兴路 41 号中国国民党临时行动委员会中央机关、愚园路 483 弄愚园坊 20 号邓演达被捕地等，为农工党中央的史料累积做出了贡献，也推进了上海的党史研究工作。在此基础上，多次组织党员、机关干部拜谒历史遗迹，接受革命传统教育。农工党市委每年清明节都要组织扫墓活动，到龙华烈士陵园拜谒农工党先烈。新进机关工作的同志必须参加接受革命传统教育。

农工党市委还不定期举办党史教育培训班，向农工党员、新党员、机关干部宣讲农工党史中的重大事件、重要人物等内容，深入浅出地帮助大家认识农工党的光荣历史，发挥党史团结、教育、引导功能。

协调设立烈士墓、出席烈士浮雕揭幕仪式 2002 年，农工党市委向市政协提交了关于在龙华烈士陵园为王守先烈士建墓立碑的提案，上海市民政局根据有关政策答复建墓立碑有困难。经农工党市委多次交涉协商，同意作为特殊情况，为王守先在烈士纪念堂安置衣冠盒，以作为纪念。安放工作于2003年4月初完成，并举行了纪念仪式。

2007年3月，农工党市委主委左焕琛等出席了上海理工大学为该校历史上的四位革命烈士浮雕像举行的揭幕仪式，其中的赵寿先、郑显芝两位烈士是农工党党员。

"一干会址"挂牌暨邓演达铜像落成揭幕仪式　农工党"一干"会议的会址是中国农工民主党历史上的重要活动遗址。在农工党中央的关心下，农工党市委多次组织力量进行查证、研讨，收集了多方面的材料，并经过专家论证会研讨，最终确定了在上海原法租界萨坡赛路290号"一干"会议的确切地址为如今的淡水路332弄1号。

图5-5-2　中国农工民主党第一次全国干部会议会址(淡水路332弄1号)

2009年12月2日，中国农工民主党"第一次全国干部会议"会址挂牌暨邓演达铜像落成揭幕仪式在淡水路332弄1号举行。全国人大常委会副委员长、农工党中央主席桑国卫，中共中央统战部副部长楼志豪为"一干"会址纪念碑揭幕，全国政协副主席、农工党中央常务副主席陈宗兴，中共市委副书记殷一璀为邓演达铜像揭幕。另有5位农工党中央副主席、中共市委统战部副部长、农工党市委领导班子成员等数十人参与仪式。

编辑出版一系列党史书籍　农工党市委在收集和整理历史档案，积累了众多珍贵的历史照片和资料的基础上，于1990年庆祝农工党建党60周年之际，编写出版了党史专册《中国农工民主党上海市组织六十年史略》，并举办了党史图片陈列。

1997年地方组织50周年纪念大会上，农工党市委首发《风雨同舟五十年——农工党上海市委成立五十周年》纪念画册。2007年农工党市委换届之际，又编辑出版第二集画册《历练》，回顾总结阶段性工作成绩和历史经验，鞭策和勉励农工党全体党员继续中国共产党开创与领导的伟大事业，继往开来，勇攀高峰。

1998年，农工党市委和市政协文史资料委员会合作出版了《上海文史资料选辑》第85辑《浩气长存——中国农工民主党上海烈士纪念集》，介绍了邓演达等10位农工党烈士的英勇事迹，反映了农工党与中国共产党风雨同舟的光荣历史。这是第一本民主党派烈士纪念专集，资料珍贵丰富，具有较高的史料价值。

2004年，农工党市委全力配合农工党中央筹备出版《农工党英烈传》的组稿工作，完成了23位英烈传中郑太朴、曾伟、虞键、郭莽西、赵寿先、焦伯荣、郑显芝、刘启纶、王守先9位烈士传记的撰写任务。

2007年4月，《上海文史资料选辑(上海农工党专辑)》首发。该书紧紧围绕农工党是同共产党通力合作，致力于建设中国特色社会主义的参政党这一主题，展示了农工党市委坚持以政治交接为主线，坚持"长期共存、互相监督、肝胆相照、荣辱与共"的方针，遵循中国共产党领导的多党合作和政治协商制度，为建设中国特色社会主义，为维护安定团结政治局面，为实现祖国完全统一，为维护世界和平与促进共同发展，作出积极贡献的历史画卷。

【党员教育】

1980年起，农工党市委每年都召开欢迎新党员大会和座谈会，由农工党市委负责人介绍农工党的革命历史和组织情况，还经常举办新党员培训班进行党的知识、政策和任务的教育，提高新党员对农工党的认识，增强组织观念和责任感。为了给新党员奠定良好的思想基础和党派意识，从1999起，农工党市委除召开迎新大会之外，还尝试开设入党前教育课，后又开设新党员学习班，并逐步形成制度。

1981年1月起，农工党市委不定期地为全体农工党员举办"新长征讲座"，开展时事政治教育。第一讲由主委周谷城讲《调整与前进的大好形势》。以后的讲座中，结合时事形势，邀请中共和政府的领导干部、专家学者开展宣讲。内容包括中共和政府的重大政策、国际国内时事、台湾问题以及国外见闻等。自1984年7月起，讲座更名为"新时代讲座"；2004年再次改名为"前进讲坛"。该讲座每年举办2—3次，每次都有近百位来自基层的农工党党员聆听讲座。

四、参政党理论研究

20世纪90年代初，农工党市委在学习与政策研究委员会的基础上成立了理论研究小组。该小组先后编辑出版了5本较有质量的《理论政策研究论文集》，得到农工党中央主席卢嘉锡的高度评价，特题词："加强对统战理论和政策的学习研究，为振兴中华统一祖国作出更大贡献"。后由于农工党市委机关处室的调整，该项活动一度停止。2000年，配合市政协学习委员会农工党学分会的撤销，农工党市委成立了以上海社会科学院、部分高校人文科学、社会科学工作者为主，直属农工党市委的理论研究指导小组；2002年11月，理论研究指导小组成员再次调整。

2003年2月，农工党市委理论研究指导小组与徐汇区委联合召开"上海的城市精神与道德建设"理论研讨会。2004年4月，农工党苏沪两省市级组织在沪举行党建理论研讨座谈会，双方就对中共领导的多党合作与参政党建设中的理论和现实问题进行了深入浅出的探讨。2004年11月，为纪念《中共中央关于坚持和完善中国共产党领导的多党合作和政治协商制度的意见》制定15周年和深入学习中共中央十六届四中全会精神，农工党市委理论研究指导小组、黄浦区社会主义学院和农工党黄浦区委联合举行"参政党理论学习研讨会"，交流研究成果。

2004年，根据农工党中央的要求，农工党市委理论研究指导小组完成了近万字的《关于进一步完善中国共产党领导的多党合作政治制度的若干建议》专题研究报告；承担并完成了农工党中央下达的理论研究课题《邓小平理论对我国多党合作制度的贡献与发展》《建设社会主义政治文明与坚持和完善中国共产党领导的多党合作制度》《传统文化与我国多党合作政治制度研究》三个研究报告。

2005 年，农工党市委报送农工党中央的理论研究论文《创建和谐的多党合作和政治协商制度》（尤俊意）获一等奖，《进一步加强多党合作、政治协商制度》（吴绍中）和《发展：民主党派参政议政的第一要务》（姚俭建）获三等奖；2006 年报送的《有关“协商民主”的三个关系》（浦兴祖）、《关于民主党派进一步发挥参政党作用的理论和政策思考》（刘杰）获一等奖，《试论江泽民对统战理论与实践的贡献》（尤俊意）获二等奖，《进一步发挥民主党派在人民政协的作用》（吴绍中、王彝伟）获三等奖；2008 年报送的《政治交接与领导班子建设》（蔡威）获一等奖，《论和谐政党关系的社会功能》（吴绍中）获二等奖；2009 年报送的《论保持参政党的政治特色与组织结构的优化》（王彝伟）获一等奖，《论当前我国民主党派的参政能力建设》（朱新光）获二等奖，《科学发展观与参政议政的新课题》（姚俭建）获三等奖；2010 年报送的《核心价值观的构建与认同：参政党思想理论建设的路径选择》（姚俭建）获二等奖，《民主党派要努力树立和践行社会主义核心价值体系》（王彝伟）和《我国参政党文化建设探析》（朱新光）获三等奖。农工党市委也在 2005 年、2006 年、2008 年、2009 年和 2010 年，连续多年获理论研究先进组织工作奖。

2006 年 5 月，农工党中央参政党理论研究点在上海成立，这是农工党省级组织中首次成立的参政党理论研究组织。农工党中央副主席陈宗兴专程到会参加理论点的成立授证仪式，并发表了开展参政党理论研究工作的重要讲话。理论研究点还聘请了沪上统战理论研究方面的专家学者担任顾问和特约研究员。8 月，农工党市委参政党理论研究点成员赴莫干山进行学习交流活动，并就参政党理论点成立之后的各项工作进行商讨。11 月，在党派大厦召开“民主党派与和谐社会建设”理论研讨会，参与理论研讨的学者专家分别就党派自身建设、政治协商、民主监督，积极履职等方面推进和谐社会的建设交流了自己的思考。

2007 年，在农工党中央宣传部的部署下，农工党市委参政党理论研究点成员组成书稿写作小组，制定撰写《中国特色和谐政党关系论》书稿计划。经过 2 年的努力，2009 年 4 月，该书正式出版。4 月 29 日，农工党中央在京举行《中国特色和谐政党关系论》一书出版座谈会，全国政协副主席、农工党中央常务副主席陈宗兴，中共中央统战部副部长楼志豪等领导出席座谈会并对该书的理论成果给予高度肯定。

五、表彰先进

【表彰先进集体、优秀党员和优秀党务工作者】

1982 年 10 月，农工党市委发布表彰书，表彰党员高令山将在国外为华侨治病所得的 3.5 万美元酬金赠给肿瘤医院购置医疗器械；党员袁丕烈、顾淦、林景帆赠款设立上海交通大学外贸奖学金。

1985 年 2 月，农工党市委表彰 10 个先进基层集体和 66 名先进党员；1989 年 1 月，农工党市委表彰党务工作先进集体 15 个、积极分子 70 人；1989 年 8 月，农工党市委表彰党员岳美缇、梁谷音、王根起于政治风波期间在国外出访演出时，冲破阻力，如期回国，并授予“优秀农工党党员”称号；1997 年，在纪念农工党上海市组织成立 50 周年的大会上，农工党市委表彰了在两个文明建设中做出贡献的 31 个先进集体和 35 个先进个人；1999 年 12 月，农工党市委表彰了 34 个先进集体，45 位党员作为 1998—1999 年度先进集体和优秀党务工作者；2002 年 4 月，农工党市委表彰基层组织建设先进单位，9个基层组织被授予“农工党市委基层组织建设工作表扬单位”；2004年5月，农工党市委对被评为“先进支部”的51个单位以及100位“优秀党务工作者”予以表彰；2009年5月，农工党市委表彰98个先进集体和134名先进个人。

2000年，农工党市委获农工党中央授予的省级“组织建设先进单位”称号，2个基层组织获市级“组织建设成绩奖”；2005年10月，15名上海农工党员获农工党中央全国优秀党务工作者称号表彰；2009年，农工党市委获农工党中央授予的“组织工作优秀集体”称号：3个基层组织获“组织工作先进集体”称号，4个基层组织获“先进基层组织”称号，14人获“优秀组织工作者”称号。

【表彰参政议政工作】

1994年6月，农工党市委组织召开“优秀提案工作者表彰会”，对近年来提案工作成绩显著的8个先进集体和47个个人进行表扬；1997年，农工党市委召开“优秀提案工作者表彰会”，表彰了60位优秀提案工作者；2000年4月，农工党市委对10名1999年度提案工作先进个人进行表彰；2001年9月，农工党市委表彰参政议政先进集体和个人，5个基层组织和9位党员受表彰，21位党员受到表扬；2006年7月，农工党市委举行2004—2005年度参政议政工作表彰大会，向突出贡献奖、优秀个人、先进个人获奖者31人、先进集体代表21人颁发奖状。2010年，农工党市委表彰10个社情民意信息工作先进集体，24位社情民意信息工作先进个人。

图5-5-3　2011年2月23日，主委蔡威(左)为社情民意信息先进集体代表颁奖

2001年11月，农工党市委获农工党中央关于调研工作先进集体称号，2人获先进个人称号；2010年，农工党市委获农工党中央2010年度全党社情民意信息工作先进集体称号；4人获先进个人称号。

【表彰社会服务工作】

1988 年 8 月，农工党市委表彰咨询服务先进集体 17 个、先进个人 51 人；2005 年 9 月，农工党市委召开社会服务工作先进集体及先进个人表彰会，部分党员荣获上海市先进个人；2007 年 11 月，农工党市委召开参政议政工作暨社会服务工作表彰大会。一批在社会服务中作出成绩的先进集体和个人获得奖状。

2005 年 8 月，农工党市委获农工党中央全国先进集体表彰，一批党员获重要先进个人、突出贡献者奖；2009 年 6 月，农工党市委 2 个下属组织被农工党中央授予“2007—2008 年度社会服务信息工作先进集体”荣誉称号，2 位党员获农工党中央授予的“2007—2008 年度社会服务信息工作先进个人”荣誉称号。

【表彰宣传思想工作】

1995 年 12 月，农工党市委召开《农工沪讯》作者通讯员表彰大会，10 人获“优秀撰稿人”称号，5 人获“撰稿积极分子”称号；1996 年 1 月，农工党市委召开学《邓小平文选》先进表彰大会，6 个基层组织和 6 个党员获奖；2001 年 3 月，农工党市委表彰了 5 位 2000 年度优秀通讯员；2012 年，12 个基层组织获农工党市委授予的“树立和践行社会主义核心价值体系学习教育活动优秀集体”称号，15 人获优秀个人称号。2005 年，10 个基层组织获上海市宣传思想工作先进组织奖，16 人获上海市优秀宣传干部奖；同年有 16 个基层组织获《前进论坛》发行工作上海市先进单位称号，受表扬的有 15 个基层组织。

1995 年底，农工党市委 2 个基层组织和 3 个党员获农工党中央学《邓小平文选》先进表彰。1999 年，农工党市委获农工党中央宣传思想工作先进集体奖，另有 3 人获个人奖。2002 年，农工党市委及下属 8 个基层组织获 2001—2002 年度全国党刊发行工作先进集体，2 人分获先进个人与优秀通讯员称号，1 人获“好文章”奖。2005 年，农工党市委获全国宣传思想工作先进组织奖，5 人获全国优秀宣传干部奖；同年，农工党市委获《前进论坛》发行工作省级先进单位称号，8 个基层组织获《前进论坛》发行工作省辖市级先进单位称号，1 人获《前进论坛》发行工作全国先进个人；4 人获 2004 年度(前进论坛)“好文章”奖。2009 年，农工党中央授予农工党市委“2009 年度党务网站工作先进集体”荣誉称号。

六、宣传报道

【党刊党报】

1979 年 8 月，重新创办机关刊物《农工沪讯》，初为不定期出版，16 开 4—8 页打印件，后条件成熟改为铅印。1980 年 1 月起定为月刊，主要宣传中国共产党的方针政策，报道农工党内组织活动，对党员进行思想教育。在各个阶段根据形势和任务，发表评论，号召学习有中国特色社会主义理论，介绍党员的工作、学习情况。

1987 年，在纪念《农工沪讯》出版 100 期之际，农工党市委请原主委周谷城为《农工沪讯》题写刊名；1994 年改为双月刊，形成“百家论坛”“参政议政”“人物专访”“史苑纵横”等特色专栏；1995 年，《农工沪讯》双月刊改为季刊。《农工沪讯月报》试刊号发行。最初这份月报是作为《农工沪讯》(季刊)的补充，后由于月报具备了文章短小、信息量大、时效性强等特色，逐步取代《农工沪讯》刊物成为农工党员获取党派信息的重要平台。1999 年后《农工沪讯》月刊曾有不定期的专刊出版，主要刊登重大会议、活动的内容和理论文章。2004 年起，《农工沪讯月报》更名为《农工沪讯》，按月出版在党内发行；

2009年,《农工沪讯》扩版,由原来8开4版,扩版为4开4版,版面内容也进一步更新与扩充。

【农工党市委网站】

2008年4月,在纪念中共中央“五一口号”发布60周年座谈会上,农工党市委网站正式开通。

2010年,鉴于网站的安全需要,农工党市委网站租用东方网服务器,并将网站作进一步的调整,使栏目设置更为合理,服务功能进一步增强;2009年、2011年农工党市委网站2次改版,改版后的农工党市委网站继续采用双界面形式,同时扩充了党员登录界面的内容与信息,对广大党员了解组织、参政议政更有帮助。

【社会宣传工作】

为扩大农工党组织在社会上的影响力,农工党市委一直重视社会宣传工作。特别是每年全国和上海市“两会”期间,农工党市委宣传部会加强与报纸、电视台、电台等主要媒体的配合,及时组织采访,全面、多方位报道农工党代表委员的议案、提案以及围绕国家大政方针、上海中心工作发表的真知灼见。

2006年,在全国“两会”期间,农工党市委与东方网合作,首次利用网络开展社会宣传,就国内的医保制度改革,左焕琛主委做历时40分钟的“网上访谈”,收效甚佳;2010年,农工党市委紧扣上海世博会这一重点工作,积极开展外宣报道,在各媒体发表与世博相关的报道共35篇次,题材涵盖提案、社情民意、人物访谈和世博相关活动等。参与完成了中共市委统战部组织的《国家社稷风雨情》外宣书籍的部分撰写出版工作。

第二节　组 织 建 设

组织建设是农工党市委自身建设中的一项重要工作。为了做好这项工作,农工党市委定期召开组织工作会议,贯彻农工党中央对组织工作的要求,听取基层组织的意见和建言,制定工作规划。

一、领导班子建设

【推进领导班子成员的新老合作与交替】

1980年,农工党上海市第四次代表大会产生农工党上海市第五届委员会,选出正副主委、秘书长共8名。

1984年4月,农工党上海市第五次代表大会产生中国农工民主党上海市第六届委员会正副主委、秘书长共9人,设名誉主委1名。1987年1月,周谷城卸任,由黄器周接任主委。1988年5月,黄器周卸任,由陈灏珠代理主委一职。

1992年6月,农工党上海市第八次代表大会产生中国农工民主党上海市第八届委员会正副主委、秘书长共10人,平均年龄60.2岁,最高年龄73岁,最低年龄48岁;大学本科学历以上的8人;其中担任局级以上领导职务的有4人。

1997年7月,农工党上海市第九次代表大会产生农工民主党上海市第九届委员会正副主委、秘书长共9人,平均年龄为60.5岁,最高年龄73岁,最低年龄52岁;大学本科学历以上的6人;其中担任局级以上领导职务的有4人。

2002年6月，农工党上海市第十次代表大会产生中国农工民主党上海市第十届委员会正副主委、秘书长共11人，平均年龄51.6岁，比1992年下降8.6岁；大学学历4名，大专学历3名，研究生学历4名（硕士3人，博士1人）；其中担任局级以上领导职务的有7人。

2007年4月，农工党上海市第十一次代表大会产生中国农工民主党上海市第十一届委员会正副主委、秘书长共11人，平均年龄51.3岁；大学学历4名，研究生学历7名（硕士4人，博士3人）；其中担任局级以上领导职务的有6人。

2012年4月，农工党上海市第十二次代表大会上产生中国农工民主党上海市第十二届委员会正副主委、秘书长共11人，平均年龄52.8岁；大学学历6人，研究生学历5人（硕士2人，博士3人）；其中担任局级以上领导职务的有8人。

【加强政治学习】

历届农工党市委领导班子注重加强思想政治学习，每年举办农工党市委领导班子建设研讨会，主委办公会议把学习作为一项重要议程，边学边议，结合实际畅谈个人体会，通过学习研讨进一步提高了班子成员的政治敏锐性和政治洞察力，不断增强领导班子的团结和谐。

1997年，农工党市委聘请上海10个高校（上海社会科学院）的中共党委书记担任农工党市委的思想政治建设顾问。1998年，农工党市委第一个工作会议即邀请受聘的顾问来机关恳谈。在恳谈会上，双方就如何开展思想教育、做好党派工作、培养新一代接班人进行交流恳谈。随着该项制度的不断发展，除农工党市委主要领导外，各部室主要负责人也参加；后又扩大到农工党基层组织负责人。每次恳谈内容迅速传达到农工党各基层组织，这一做法得到中共市委统战部的肯定。

【贯彻民主集中制，健全工作机制】

农工党市委把贯彻民主集中制、坚持"集体领导、民主集中、个别酝酿、会议决定"的原则作为领导班子建设的主要内容，凡是重大事项的决策过程，都遵循这一原则。在工作分工上发挥领导班子成员、专职与兼职领导的各自优势和特长，主委全面抓、副主委重点抓、秘书长具体抓；通过民主生活会、谈心会等形式，沟通思想，坚持每月1次的主委办公会议，形成集体领导的合力，既有具体分工，又有全面配合，保证了农工党市委的决策实施畅通。

二、党员发展

1977年11月，农工党上海各级组织恢复活动。1980年起，恢复发展党员工作，新发展的成员，突出以医药卫生界为重点，在1979年826人的基础上有较快发展，至1983年12月党员总数为1 728人。1983年，中共中央统战部邀请各民主党派中央主要负责人就组织发展问题举行座谈会，并形成《关于民主党派组织发展座谈会纪要》。会议明确各民主党派在组织发展中的重点分工，指出民主党派适当地加强组织发展工作是必要的，要求有计划地开展组织发展工作。根据该文件精神，1984年起，党员发展注重新党员的素质优化，以及年龄的梯形结构，还注意形成有利于开展工作的整体结构。

1988年后，根据农工党第十次全国代表大会通过的党章规定，主要从医药卫生、科学技术、文化艺术界的中、高级知识分子中发展新党员，并逐步解决党员年龄老化和培养骨干问题，提高新党员的代表性；1992年，对发展新党员更加注重政治质量，特别加大吸收参政议政能力强和经济界的人士参加,为参政议政注入新鲜血液。

1993 年,农工党市委根据该文件精神以及农工党第十一次代表大会通过的新章程规定,结合上海的特点,在市级单位,除具有硕士、博士学位的外,原则上不发展初级职称的知识分子;在区(县)级单位,适当允许发展一些有发展前途的具有大专以上学历的初级职称的知识分子;为了优化结构,有条件地适当发展一些新闻、经济、司法界的代表性人士。农工党市委在 1993—1996 年共发展新党员 1 130 人,其中包括 1 名中国工程院院士。

1996 年,经各民主党派中央协商一致形成《关于民主党派组织发展若干问题座谈会纪要》,进一步明确提出民主党派组织发展的指导思想和方针政策。1999 年《各民主党派中央关于加强自身建设若干问题座谈会纪要》提出,组织发展要正确处理质量与数量、发展与巩固、重点与非重点、发展骨干成员与发展一般成员的关系,把发展的重点放在骨干成员及高素质后备干部上来。自 1997 年起,农工党市委每年的发展率均控制在 5%左右。1997—2002 年,农工党市委把巩固和发展基层组织、培养和造就跨世纪接班人作为工作中的重点来抓,5 年中共发展新党员 1 202 人,平均年龄 40.6 岁。

2003—2007 年的 5 年中共发展新党员 1 006 名,其中,中高级职称占 97.1%,具有学历高、年轻化的特点。

2011 年,农工党中央决定增加新的界别领域:人口资源和生态环境领域,并于 2012 年 12 月 9 日正式写入党章。农工党市委根据新形势、新任务的需要,集中吸纳一批人口资源、环境保护等领域内年富力强、经验丰富的党员,为更好地体现农工党特色,履行好职能创造条件。

截至 2012 年底,党员总数 8 157 人,党员平均年龄 57.2 岁,中高级职称占总人数 93.3%。党员在职人数占 51.6%,退休占 48.4%。组织发展总量保持平稳,年龄、界别结构有所改善,新党员的年龄逐步趋于年轻化,除继续保持主要界别特色外,新阶层党员人数不断增加。

表 5-5-1　1981—2012 年农工党市委发展党员情况表

单位:人

年　度	1981	1982	1983	1984	1985	1986	1987	1988	1989	1990	1991
发展人数	299	188	278	84	189	221	363	429	491	231	124
年　度	1992	1993	1994	1995	1996	1997	1998	1999	2000	2001	2002
发展人数	154	282	272	287	289	278	264	209	265	249	215
年　度	2003	2004	2005	2006	2007	2008	2009	2010	2011	2012	
发展人数	194	239	246	177	251	242	235	293	292	307	

表 5-5-2　1996—2012 年农工党市委发展党员基本情况表

年　度		1996	1997	1998	1999	2000	2001	2002	2003	2004
文化程度	大专以上(人)	—	—	—	175	228	195	220	180	221
	比例(%)	—	—	—	83.7	86.0	90.7	88.4	92.78	92.46
层次分布	中上层人士	270	252	246	192	251	211	233	186	234
	比例(%)	93.4	90.6	93.2	91.9	94.7	98.1	93.6	95.87	97.91
	其他(人)	19	26	18	17	14	4	16	8	5
	比例(%)	6.6	9.4	6.8	8.1	5.3	1.9	6.4	4.13	2.09

（续表）

年　度		1996	1997	1998	1999	2000	2001	2002	2003	2004
职称	高级(人)	41	47	51	37	50	51	54	54	48
	比例(%)	14.2	16.9	19.3	17.7	18.9	23.7	21.7	27.5	20.08
	中级(人)	229	203	195	155	201	164	179	134	169
	比例(%)	79.2	73.0	73.9	74.2	75.8	76.3	71.9	69.07	70.71
年龄结构	平均年龄(岁)	41	41.1	41.7	40	39.7	39.9	40.4	37.9	40
	40岁以下(人)	115	120	119	111	126	121	127	6	141
	41—50岁(人)	112	114	110	83	118	77	103	34	90
	51—60岁(人)	60	42	35	15	19	17	19	14	8
	61岁以上(人)	2	2	0	0	2	0	0	0	0

年　度		2005	2006	2007	2008	2009	2010	2011	2012
文化程度	大学以上(人)	241	172	246	237	229	291	289	301
	比例(%)	98	97.2	98	97.9	97.4	99.3	99	98
层次分布	中上层人士	239	171	248	228	223	282	283	289
	比例(%)	97	96.6	98.8	94.2	94.9	96.2	96.9	94.1
	其他(人)	8	6	3	14	12	11	9	18
	比例(%)	3	3.4	1.2	5.8	5.1	3.8	3.1	5.9
职称	高级(人)	61	49	73	60	51	52	70	53
	比例(%)	82	27.6	29.1	24.8	21.7	17.7	24	17.3
	中级(人)	156	119	172	162	172	185	188	192
	比例(%)	63.4	67.2	68.5	66.9	73.2	63.1	64.4	62.5
年龄结构	平均年龄(岁)	39.1	39.2	39.1	38.6	38.7	38.5	38.9	38.3
	40岁以下(人)	159	106	162	159	143	186	179	193
	41—50岁(人)	75	66	78	67	85	93	101	104
	51—60岁(人)	9	5	11	16	7	13	12	10
	61岁以上(人)	3	0	0	0	0	0	0	0

表5-5-3　1996—2002年农工党市委发展党员界别分布情况表

年　度	1996	1997	1998	1999	2000	2001	2002
教育(人)	28	31	37	20	37	42	27
比例(%)	9.7	11.2	14.0	9.6	13.9	16.9	12.6
科学技术(人)	29	27	22	14	21	17	11
比例(%)	10.0	9.7	8.3	6.7	7.9	6.8	5.1

(续表)

年　　度		1996	1997	1998	1999	2000	2001	2002
医药卫生(人)		185	180	164	134	144	135	125
比例(%)		64.0	64.7	62.1	64.1	54.3	54.2	58.1
文化艺术(人)		4	10	15	18	22	9	23
比例(%)		1.4	3.6	5.7	8.6	8.3	3.6	10.7
新闻出版(人)		3	4	0	5	1	1	0
比例(%)		1.0	1.4	0	2.4	0.4	0.4	0
公有制经济(人)		18	16	12	8	5	17	13
比例(%)		6.2	5.8	4.6	3.8	1.9	6.9	6.0
非公有制经济	企业界人士(人)	0	0	0	4	9	5	4
	比例(%)	0	0	0	1.9	3.4	2.0	1.9
	其他人员	0	0	0	3	9	8	6
	比例(%)	0	0	0	1.4	3.4	3.2	2.8
法律(人)		0	0	0	1	5	5	4
比例(%)		0	0	0	0.5	1.9	2.0	1.9
政府机关(人)		8	2	4	2	8	5	2
比例(%)		2.8	0.7	1.5	1.0	3.0	2.0	0.9
党派机关(人)		4	0	1	0	2	2	0
比例(%)		1.4	0	0.4	0	0.8	0.8	0
团体(人)		0	0	0	0	0	0	0
比例(%)		0	0	0	0	0	0	0
其他(人)		10	8	9	0	2	3	0
比例(%)		3.5	2.9	3.4	0	0.8	1.2	0

表5-5-4　2003—2012年农工党市委发展党员界别分布情况表

年　　度	2003	2004	2005	2006	2007	2008	2009	2010	2011	2012
高等教育(人)	14	13	28	13	35	29	23	22	24	25
比例(%)	7.22	5.44	11.4	7.3	13.9	12	9.79	7.5	8.2	8.1
普通教育(人)	14	17	21	18	27	21	20	35	18	25
比例(%)	7.22	7.11	8.5	10	10.8	8.7	8.51	11.9	6.2	8.1
科学技术(人)	18	18	12	10	5	10	12	6	4	6
比例(%)	9.28	7.53	6.1	5.6	2	4.1	5.11	2	1.4	2
医药卫生(人)	101	132	133	114	128	127	129	151	172	161
比例(%)	52.06	55.23	54	64.4	51	52.5	54.9	51.5	59	52.4

（续表）

年　度		2003	2004	2005	2006	2007	2008	2009	2010	2011	2012
文化艺术（人）		13	6	12	7	14	10	11	7	8	12
比例（%）		6.7	2.51	4.9	4	5.6	4.1	4.68	2.4	2.7	3.9
新闻出版（人）		0	1	1	0	2	2	1	6	2	4
比例（%）		0	0.42	0.4	0	0.8	0.8	0.43	2	1	1.3
公有制经济（人）		15	17	5	1	10	11	22	37	35	31
比例（%）		7.73	7.11	2	0.6	4	4.5	9.36	12.6	12	10.1
新的社会阶层人士	私营企业主	3	10	5	0	3	6	4	9	8	11
	比例（%）	1.55	4.18	2	0	1.2	2.5	1.7	3.1	2.7	3.6
	其他人士	2	3	15	4	16	13	9	9	14	23
	比例（%）	1	1.26	6.1	2.3	6.4	5.4	3.83	3.1	4.8	7.5
司法机关（人）		2	4	3	0	0	0	0	3	0	0
比例（%）		1	1.67	1.2	0	0	0	0	1	0	0
政府机关（人）		7	5.02	8	6	4	5	4	7	6	5
比例（%）		3.61	14	3.3	3.4	1.6	2.1	1.7	2.4	2	1.6
党派机关（人）		1	1	1	2	0	1	0	1	1	4
比例（%）		0.52	0.42	0.4	1.1	0	0.4	0	0.3	0.3	1.3
团体（人）		0	0	0	0	0	1	0	0	0	0
比例（%）		0	0	0	0	0	0.4	0	0	0	0
其他（人）		4	5	2	2	7	6	0	0	0	0
比例（%）		2.1	1.99	0.8	1.1	2.8	2.5	0	0	0	0

三、后备干部队伍建设

自20世纪90年代起，农工党市委注意着手建立跨世纪后备干部队伍，分别对45岁以下和50岁以下的近600位党员进行了调研分析。1993年各区县、直属基层进行换届时，要求注意各级领导班子成员年龄结构与建立跨世纪后备干部队伍相衔接，规定“正副主委领导班子中要有一位55岁以下的中年同志，委员中50岁左右的同志要占一定的比例”，还制定了对新进领导班子的年轻领导和拟引进安排领导职位的新人给予脱产轮训一遍的计划。

1994年，为加强后备干部队伍建设，对到1997年、2000年换届的各级领导班子按人数的三分之一进退幅度进行预测，并与推荐农工党员担任政府实职、政治安排（人大代表、政协委员）相结合的后备干部培训规模。

1995年8月，根据农工党中央《关于加强后备干部队伍建设的决定》文件，农工党市委八届十二次常委会通过了《关于加强后备干部队伍建设的决定》。根据该《决定》内容，通过物色、选拔、培养（包括教育培训和实践锻炼）、考察和安排等一系列步骤，市、区（县）和基层组织分阶段、分批形成了

80人的多层次后备干部队伍。同时,通过举办干部培训班,召开各种座谈会、舆论宣传、事迹介绍等形式对后备干部进行培养。

2000年,农工党市委建立了"后备干部人才库",并做好动态管理,积极创造条件,推荐到中央社院、中共市委党校和市社会主义学院集中学习培训。农工党市委每年均举办中青年干部学习班,参加学习班的党员大都具有高学历、高职称,是所在工作领域有一定代表性的中青年优秀党员。

2005年6月29日,农工党市委中青年联谊会正式成立,63位热爱党派事业、在中青年中有一定影响的优秀代表人物,支部委员以上在党务工作中取得显著成绩的优秀中青年干部成为首届会员。该联谊会旨在搞好政治交接,储备优秀人才,为提高后备干部的政治把握能力、合作共事能力、组织协调能力、参政议政能力提供平台,激励广大中青年党员为构建社会主义和谐社会贡献力量。首届中青年联谊会会长蔡威在2007年第十一次代表大会上当选农工党市委主委。

2009年12月30日,农工党市委十一届九次常委会结合贯彻落实《中共中央关于进一步加强中国共产党领导的多党合作和政治协商制度建设的意见》精神,通过《加强后备干部队伍建设的意见》,就加强后备干部队伍建设,推进后备干部队伍建设的制度化、规范化、程序化提出一系列意见。

四、区(县)和直属基层组织建设

农工党市委把推进基层组织建设、健全基层组织生活的工作放在重要位置,把基层支部作为党派工作基础,使支部成为和广大党员联系的纽带。

【加强基层组织领导班子建设】

1998年,农工党市委在《关于加强区(县)委、直属委班子建设的几点意见》中提出,为使区(县)委员会、直属委员会领导班子切实建设成为政治素质高,与中共通力合作,能团结带领广大党员前

图5-5-4 1999年2月,农工党市委召开区县主委例会

进的领导集体，要求班子成员带头讲学习、讲政治、讲正气，坚持正确的政治方向和政治立场，发扬民主团结的作风，坚持按民主集中制原则办事，发扬敬业和奉献精神，密切联系群众，增强做好党派工作的历史使命感和现实责任感。

农工党市委结合每次的基层组织换届，做好基层领导班子建设和后备干部的推荐和培养工作，举办基层组织的主委学习班，按照“团结、稳定、鼓励、求实”的要求，统一思想认识，把政治素质好，有代表性、有较强参政议政能力、热爱党务工作的中青年骨干选进领导班子，使新班子成员年轻化，层次高，工作热情高涨。各基层组织负责人基本都经农工党市委推荐，参加过市社会主义学院举办的学习班、农工党市委举办的基层骨干学习班等各类培训班，加强了干部素质教育，为做好政治交接提供组织保障。

2008年，农工党市委根据农工党中央要求开展“基层组织建设年”活动。5月底，举办区(县)委员会专职干部学习班，学习活动精神，交流开展活动的方案。6—9月，农工党市委组织部对部分基层组织领导班子制度建设和基层组织建设进行调研。在农工党市委的领导下，各基层组织认真落实“基层组织建设年”的各项工作部署，在工作中发现典型经验，以点带面，示范引导，在实践中坚持探索、创新，将基层组织建设引向深入，取得实效。

【履行基层组织的工作职责】

农工党市委在1994年制定的《关于加强基层支部建设的八点意见》中要求支部开展专题调研，提合理化意见、建议，对本地区中心工作献计献策，每年为本地区、本单位做一件好事，开展咨询、三胞、妇女、老龄方面的工作。1998年，在《关于加强基层支部建设的几点意见》中进一步规定基层支部要积极参加社区的精神文明建设。基层组织在落实农工党市委要求的过程中，自觉接受所在单位中共组织的领导，结合改革和形势的发展，组织、推动党员开展政治学习，进行自我教育，立足岗位为社会主义现代化建设建功立业；及时反映党员和所联系的群众的意见、要求和建议，开展参政议政工作，组织党员参加面向社会的咨询服务活动，在所在单位和地区产生了影响力和凝聚力。

【促进组织生活制度化、活动形式多样化】

在《关于加强基层支部建设的几点意见》中，为使支部建设工作有一个新面貌，农工党市委要求进一步建立和健全组织生活制度，内容是支部每年要制定年度计划，年终要总结并进行汇报、交流，支委要定期商量工作，原则上支部每两月过1次组织生活，组织生活要制度化，会议内容要信息化，活动形式要多样化，每年组织1次参观学习活动，出席率要保持在70%，建立支部基础资料，支部负责人要主动向所在单位中共组织通报工作等。

1998年，农工党市委下发《基层支部工作手册》，对健全组织生活，加强党员管理提出具体要求，各基层组织在贯彻落实工作中创造了一些经验，如开展星级支部评选、创优活动、结对互帮、开展与街道共建等，效果显著，使组织生活形成多样化的样态。

2001年，长宁区委联合支部、华东师大委员会、上海交通大学支部荣获农工党全国基层组织建设优秀奖，农工党市委及时对此进行工作调研，注重总结和交流好的工作经验，向全市基层组织进行推广。

五、机关建设

农工党市委机关是农工党市委开展各项工作的枢纽，是下达上传、对内对外服务的窗口。为此农工党市委采取一系列措施增强机关的服务功能，提高机关干部的整体素质，努力搞好机关建设。

【加强机关思想政治工作】

农工党市委注重加强机关思想政治工作和机关干部学习,从各职能部门的负责人抓起。除了坚持每周工作班子开会前结合形势学习时事、政治,还安排处级干部每年集中学习1—2次。

农工党市委逐步完善机关干部的学习制度,有计划、有步骤地选送机关干部到市社院、市行政学院和中央社院学习培训,输送机关干部参加与公务员制度接轨的各类学习,参加“上海干部在线学习”,并多次举办机关干部学习班,学习统战理论、公文写作等内容。农工党市委机关全体干部按要求通过了市公务员局规定的各项理论学习与考试。

农工党市委注重使用和培养青年干部,工作上多压担子,并创造机会让他们参加不同类型的学习班、培训班。2000年,将机关后备干部培养纳入主委会议的议事日程,制定了机关干部挂职实施办法;2001年,组织40岁以下的机关干部成立青年理论学习小组,不定期开展学习和交流。

【完善健全机关制度】

1993年根据《各民主党派关于加强中央机关建设问题座谈会纪要》精神,农工党市委建立了机关分级管理的领导体制,充实了专职与兼职干部,加强了中层干部力量,调整了部分处室负责人,完善了学习制度,修订了出勤、考核、考评制度,奖勤罚懒。这一系列措施有效调动了机关干部的工作积极性,增强了机关内部的团结合作。1996年参照《公务员管理办法》,以推行目标管理的岗位责任制为主要内容,将农工党市委总体目标落实到各部室,通过每周1次的工作班子会,检查工作任务执行情况。

1997年开始,按照国家人事制度改革办法,民主党派机关参照试行《国家公务员暂行条例》实施方案。为此,农工党市委先后举办了机关处室负责人、全体机关干部“三定”(定职能、定机构、定编制)、目标管理等四次学习班。在“三定”基础上对机关干部进行了轮岗交流,签订两级目标管理责任书,制定执行机关目标管理和目标管理考核实施细则,做到奖惩分明,有利于调动机关干部的工作积极性。为进一步健全以岗位责任制为核心的人事管理制度,农工党市委还先后制定了单项质量考核、文明处室评比、处级干部述职等制度,进一步规范了工作流程,加强了机关干部遵守国家公务员管理制度的自觉性。1999年,农工党市委机关被市人事局评为“上海市级机关目标管理先进单位”。在中共市委统战部的安排下,从2000年起陆续推荐后备干部到街道挂职锻炼。2003年底,机关进行大轮岗后2004年又签订了两级目标管理责任书。到2012年底,累计有13人次机关干部到街道等单位挂职锻炼,有36人次机关干部进行了轮岗交流。

2006年6月1日开始实施的国家首部《公务员法》,明确把民主党派机关纳入公务员队伍。至此,农工党市委机关干部的招录、晋升、考核、培训等方面的管理全部按照国家机关对公务员管理要求实施。农工党市委加强对机关干部的培训与管理,进一步增强机关干部遵守国家公务员管理制度的自觉性。

第三节 制度建设

一、会议制度

1997—1998年,为加强民主集中制的建设,农工党市委建立健全了一系列与之配套的农工党市委会议制度(暂行)规定,其中包括《委员会全体会议制度》《常务委员会会议制度》《主任委员办公会议制度》《秘书长办公会议制度》《机关办公会议制度》《机关各职能部门召开的会议制度》《机关工作人员会议制度》《区(县)主委例会制度》《专职干部例会制度》《工作委员会工作条例》等制度。

2003年,农工党市委进一步制定和健全相关会议制度:明确了主委会议与主委办公会议的区别,制定了《主任委员会议议事规则》(试行)和《主任委员办公会议议事规则》(试行),以及《农工党市委常务委员会议事规则》(试行)、《农工党市委全体会议规则》(试行)等制度。

2006年,农工党市委再次修订和健全相关会议制度:《主任委员会议议事规则》(暂行)、《主任委员办公会议议事规则》(暂行)、《农工党市委常务委员会议事规则》(暂行)、《农工党市委全体会议规则》(暂行)等制度。

2009年底,农工党市委将各项会议制度正式确定,在农工党市委十一届九次常委会会议通过,并于2010年5月汇编成册。

二、基层工作制度

1994年,农工党市委制定了《关于加强基层支部建设的几点意见》文件,要求支部开展专题调研,提合理化意见、建议,对本地区中心工作献计献策,每年为本地区、本单位做一件好事,开展咨询、"三胞"、妇女、老龄方面的工作。

1998年,农工党市委制定了《农工党上海市组织工作五年规划》及其配套文件《关于区(县)委、直属委班子建设的几点意见》《关于加强区(县)委、直属委后备干部队伍建设的几点意见》《关于加强基层支部建设的几点意见》,并通过组织调研、交流学习、树立典型等措施,进行落实,使大部分基层组织做到组织健全,制度完善,活动正常,并能围绕所在单位献计献策。

1980年开始,农工党市委坚持举行农工党各区(县)委员会主委和直属支部主委(主任)"主委例会"工作达30年。这一做法对农工党市委和各区(县)委、各直属基层组织的自身建设起了很大的推动作用。1998年和2009年,为切实贯彻农工党中央精神,"加强党的组织建设,重在把各级领导班子建设好"的要求,农工党市委进一步完善和健全了该项制度。

为加强对区(县)专职干部工作指导,密切上下沟通,增强区(县)委专职干部之间互相交流、学习,农工党市委于2003年和2009年两次修订并细化了"专职干部工作例会制度"。

2009年、2010年,农工党市委先后制定和修改《农工党上海市委领导班子后备干部队伍建设工作实施方案》《农工党上海市委基层领导班子成员届中调整工作程序规定》《农工党上海市委直属组织活动经费使用管理办法》《农工党上海市委组织发展五年规划》和《农工党市委关于市属支部委员会换届工作意见》等各类文件。

三、机关工作制度

1998年,农工党市委制定和完善了机关相应的工作管理制度,如财务管理、车辆使用、接待工作、国有资产管理以及拟定了机关公文处理、档案工作、电脑管理等规章制度的草案。为提高机关工作效率提供了有力保障。

2009年,农工党市委制定了"关于加强重大事项和重要情况请示、报告的制度",就重大事项和重要情况的主要内容、有关要求做了具体规定。

2006年、2010年,农工党市委多次重新修订了《农工党上海市委工作制度汇编》,每次重印均进行部分修改与整合。

第六篇

中国致公党
上海市委员会

中国致公党(简称致公党)是中国共产党领导的多党合作与政治协商制度中,以归侨、侨眷中的中上层人士和其他有海外关系的代表性人士为主组成的,具有政治联盟特点的参政党。

1980年12月4日,中国致公党上海市支部委员会成立。1984年3月,中国致公党上海市委员会(简称致公党市委)成立,至2012年先后召开过7次党员代表大会,选举产生第一届至第七届委员会。2012年底,全市共有致公党员3 095人,其中女党员1 396人,占45.2%;离退休党员1 398人,占45.2%;大专以上文化程度的2 212人,占71.5%;具有中、高级专业技术职称的2 334人,占75.4%;平均年龄56.8岁,60岁及以下1 779人,60岁以上1 316人。

1984年5月,致公党上海第一个区组织——南市区支部委员会成立;1995年12月升格为上海第一个地方组织——南市区委员会。至2012年底,除崇明县外上海其他区均建有致公党组织,共有12个区委员会、2个区总支部委员会和2个区支部委员会[其中1个区支部委员会为(筹)];直属基层组织8个委员会,2个总支部委员会,17个支部委员会。

1981年5月,致公党上海市支部委员会在宝庆路3号正式建立机关,仅设办公室。此后,机关工作机构的设置、名称和地址几经变更,至2012年致公党市委机关在陕西北路128号办公,设有办公室(联络部)、组织部、宣传部、参政议政部(研究室)等。

致公党上海市组织自建立以来,参加中共市委领导的政治协商,参与政府事务管理,组织致公党员参加各级人大和政协工作,认真履行参政议政、民主监督的职能。至2012年,致公党员中先后有8人次当选第五届至第十一届全国人大代表,有55人次当选第七届至第十三届市人大代表,另有129人次当选各区(县)人大代表,其中一些党员还分别当选全国、市和区县各级人大常委会的委员、副主任;先后有14人次担任第五届至第十一届全国政协委员,102人次担任第五届至第十一届上海市政协委员,724人次担任区(县)政协委员,其中一些党员还担任全国、市和区(县)政协的常委、副主席。1984年3月—2012年,有9位致公党员分别担任市政府有关委办局和市检察院的领导职务,市政府参事等;有21位致公党员分别担任市特约检察员、特约审计员、特约教育督导员和特邀监察员,参与对政府有关部门的监督工作。

人大代表和政协委员在"两会"期间不辱使命,认真履职。在市人大第九届二次会议上,针对当时社会上侵犯归侨、侨眷合法权益事件时有发生的情况,林文进代表等联名提出议案呼吁制定地方法规以提升保护归侨的力度。俞云波委员在全国政协第九届五次会议上发言指出,弄虚作假正在成为社会公害,当务之急是要解决诚信失范问题,在会议期间引起热烈讨论并引起社会强烈共鸣。结合一段时期以来,海外侨胞和出国工作学习的同胞频发受到侵害情况,张恩迪委员在全国政协第十一届五次会议上建议,要改进和加强保护、帮助境外中国人和海外华侨华人的机制。据统计,市人大代表在市人大第八届至第十三届的历次会议上,共提出47件议案和建议,内容涉及侨务和知识分子政策、经济建设、教育医疗卫生改革、法制建设、爱国主义教育、反腐倡廉等方面。致公党市委在1993—2012年的历次市政协会议上,累计提交了53篇大会发言和272件提案,内容涉及精神文明建设、经济建设、深化改革、文化交流、政策法规、信息网络安全等诸多方面,其中40件提案被评为"优秀提案""重点提案""主席重点督办提案"等;市政协委员提交的个人提案累计783件。多项议案、提案和建议被市政府及相关职能部门采纳并落实解决。

致公党上海市组织围绕上海改革开放和发展中的热点问题组织调查研究。据统计，在1982—2012年，先后展开80项重点调研课题，为中共市委、市政府正确决策提供参考依据。从2007年开始，致公党市委与苏、浙、皖的兄弟组织合作，轮流主办“长三角区域合作发展论坛”，为泛长三角地区经济社会可持续发展献计献策。自2008年起，致公党市委积极支持浦东新区区委举办“致公·张江论坛”，多次配合致公党中央在上海和长三角地区开展有关调研活动。

致公党上海市组织重视反映社情民意工作，1992—2012年在收到的社情民意中编报了2 636件，被全国政协、致公党中央、上海市政协、中共市委统战部等采用519件，38件得到上海市领导批示，接连3次获得“上海统战系统十大好信息”奖。2012年有12件社情民意信息被致公党中央评为优秀成果，同年在市政协召开的社情民意工作会议上，致公党市委因社情民意采用率达91%而受到表彰。

开展海外联谊是致公党“侨”“海”特色的充分体现。致公党上海市组织以争取侨心为目的，不忘老朋友、广交新朋友，构建了“市级组织—基层组织—致公党员”三级联络网络，有计划、有步骤、有重点、有针对性地开展海外联谊工作。1981年10月，致公党市支部委员会接待了第一个海外侨团——菲律宾洪门进步党回国观光代表团。此后，致公党市委配合有关部门先后接待115个海外华侨社团，包括洪门人士在内的华侨华人总计2 647人次；仅1981—2002年，基层组织和致公党员共接待海外亲友24 216人次。根据致公党中央部署，重视做好未建交国家侨团和人士来访接待工作，通过接待海外侨团、侨胞，使他们加深对中国的了解，增进了友谊，促进了外资、外智引进工作的开展。致公党市委2000年5月应美国洪门致公总堂邀请，首次组团出访美国，实现“走出去开展海外工作”的重要突破。此后，致公党市委应邀先后组团出访欧美非的20多个国家，与当地新老侨团、侨领及留学生代表座谈和交流，向他们介绍祖(籍)国特别是上海改革开放以来的发展，以及中国特色的多党合作制度，增进了彼此间的了解和友谊。致公党员高士模做自己妹夫、国际著名专家林同炎工作，促使他消除顾虑回国探亲，林同炎不仅主动为黄浦江两岸间架设桥梁提出建设性意见，还积极呼吁开发开放浦东。

致公党上海市组织支持、鼓励和引导致公党员在各自岗位上“致力为公　建功立业”，为上海的改革开放、创新发展和全面建设小康社会多作贡献；同时充分发挥致公党员的力量，积极开展科技咨询、社会办学、支边扶贫和服务社区等活动。多年来在不同岗位上努力奉献的致公党员因出色的工作表现，被评为劳动模范、三八红旗手、新长征突击手、各类优秀工作者、优秀致公党员等，还有荣获国家科技进步一等奖等奖项。因救学生而献身的上海师范大学贺宝根教授被授予革命烈士称号，时任中共市委书记习近平赞誉其为“全社会学习的楷模”。

致公党上海市组织以思想建设为核心，以组织建设为基础，以制度建设为保障，切实加强自身建设，把爱国主义、社会主义教育作为党员思想政治教育的主线，注重政治理论学习，开展“树立和践行社会主义核心价值体系”学习教育活动等一系列主题活动，提高全市致公党员对中国共产党领导的多党合作和政治协商制度的显著特色和优越性的认识，使致公党员坚定自觉接受中国共产党领导的信念和继承致公党优良传统、开创各项工作新局面的信心与决心，为坚定正确政治方向和履行参政党职能提供了有力保证。

致公党上海市组织贯彻“积极稳妥、重在质量”的组织发展原则，注重培养政治素质好、知识层次高，有一定发展潜力的党员骨干，提升党员队伍整体素质，优化党员队伍结构。通过举办中青年干部培训班、致公党市委委员学习班，选送党员到中共市委党校、中央和市社会主义学院学习，推荐党员到上海党外代表人士挂职锻炼基地挂职锻炼等办法，加强对后备干部队伍的培养和锻造，使干部队伍的梯次结构更加合理。以加强学习为抓手，提高致公党全市各级组织班子成员的政治把握能力、参政议政能力、组织领导能力和合作共事能力。

致公党上海市组织建立和完善各项会议制度、议事规则，形成了比较完整的规章制度体系，于2012年汇编成《致公党上海市委工作流程》和《致公党上海市委工作规定》。在推进机关建设中营造“讲学习、讲服务、讲和谐、讲奉献”的工作氛围，将机关工作纳入制度化、规范化轨道，增强为基层服务、为党员服务意识，积极提高工作效率。

1982年3月，致公党上海市支部委员会油印出版交流工作的机关内部刊物《致公简讯》，1986年6月刊物更名为《上海致公简讯》。1984年9月创办面向全体党员的内部刊物《上海致公》。1987年4月上述两刊合并，定名《上海致公》，每月出版1期，至2012年底共出刊364期。2008年10月28日，致公党市委门户网站——“上海致公”开通。

第一章　组　　织

1980年12月4日，中国致公党上海市支部委员会成立。1984年3月，中国致公党上海市委员会成立，至2012年共经历第一至第七届委员会。党员人数则从建立支部时的11人，发展到2012年底的3 095人。2012年底，在上海行政区内除崇明县外均建有致公党组织，共有12个区委员会、2个区总支部委员会和2个区支部委员会[其中1个区支部委员会为(筹)]；直属基层组织在高等院校中有6个委员会、10个支部委员会；在系统中有2个委员会、2个总支部委员会、5个支部委员会；还有致公党市委机关和上海社会科学院2个支部委员会。致公党市委领导的专门委员会从第一届的3个增加至第七届的11个。

第一节　筹　　建

1979年10月，中国致公党第七次全国代表大会决定在归侨聚居和台港澳同胞、海外侨胞进出较多的上海等大中城市建立地方组织。1980年4月，致公党中央提出在上海适当发展新党员，待条件具备时建立地方组织。7月，致公党中央主席黄鼎臣两次来沪，与中共市委统战部领导协商在沪筹建致公党组织事宜，会见上海市侨联主席董寅初，希望他加入致公党并主持筹建工作。8月，致公党中央和中共市委统战部决定由董寅初主持筹建致公党上海组织的工作。截至1980年12月初，除从福建移居至上海的致公党员叶鸿宝、章元滨之外，致公党中央在上海发展了董寅初、施子年、叶巧生、郑竞辉、奕纪梁、王清泗、梅爱好、庄昌贵、张宝琴9位同志，合起来上海地区已有11名致公党员，符合《中国致公党章程》规定建立地方组织的基本条件。12月4日，在延安西路129号市侨联会议室举行"中国致公党上海市支部委员会成立大会"。

致公党上海市支部委员会成立后，上海侨界、大专院校、医卫、科研等方面一批有代表性的人士，陆续加入致公党，使新建立的致公党上海市组织得以较快发展，党员队伍不断壮大，至1984年初已有204名党员，致公党中央决定成立致公党上海市委员会。1984年3月，中国致公党上海市全体党员大会召开，成立了中国致公党上海市委员会。

第二节　党　　员

《中国致公党章程》规定，致公党党员发展对象主要是归侨、侨眷中的中上层人士和有海外联系的代表性人士。

致公党上海市组织建立初期，主要在归侨侨眷和侨务工作者中发展党员。1982年后，又在高等院校、工业局、科研部门、市级机关和区(县)发展党员。1984年致公党市委成立后，党员队伍迅速扩大，1989年全市致公党员人数超过1 000名。进入21世纪，新党员中的归国留学人员比例越来越大，致公党的特点逐渐演变为"侨""海"并重，截至2012年3月底，致公党员有2 966人，其中有"侨""海"关系者超过80%。党员主要分布在科技、教育、医卫、文化、经济、法律以及其他一些界别。

表 6-1-1 1980—2012 年致公党市委党员人数情况表　　单位：人

年　度	1980	1981	1982	1983	1984	1985	1986	1987	1988
党员人数	11	52	119	198	265	382	526	762	946
年　度	1989	1990	1991	1992	1993	1994	1995	1996	1997
党员人数	1 117	1 197	1 221	1 238	1 303	1 395	1 491	1 533	1 438
年　度	1998	1999	2000	2001	2002	2003	2004	2005	2006
党员人数	1 530	1 583	1 701	1 813	1 860	1964	2 050	2 159	2 250
年　度	2007	2008	2009	2010	2011	2012			
党员人数	2 349	2 455	2 600	2 755	2 920	3 095			

表 6-1-2 1993—2012 年致公党市委党员基本情况表

年　度		1993	1994	1995	1996	1997	1998	1999	2000	2001	2002
女党员	人数(人)	—	—	—	665	688	668	696	720	792	817
	比例(%)	—	—	—	43.4	47.8	43.7	44	43.8	43.7	43.9
离退休	人数(人)	230	418	420	499	697	825	820	812	946	1 189
	比例(%)	17.7	30	28.2	32.6	48.5	53.9	51.8	49.4	52.2	63.9
文化程度	大专以上(人)	—	—	—	—	—	—	1 261	1 314	1 480	1 734
	比例(%)	—	—	—	—	—	—	79.6	80	81.6	93.2
层次分布	中上层(人)	1 215	1 288	1 379	1 421	1 128	1 315	1 339	1 391	1 553	1 638
	比例(%)	93.2	92.3	92.5	92.7	78.4	85.9	87.5	84.7	85.6	88.1
	其他(人)	88	107	112	112	310	216	244	251	260	222
	比例(%)	6.8	7.7	7.5	7.3	21.6	14.1	12.5	15.3	14.4	11.9
职称	高级(人)	335	350	381	596	397	421	427	435	486	503
	比例(%)	25.7	25	25.6	38.9	27.6	27.5	27.9	26.5	26.8	27.1
	中级(人)	880	938	998	918	831	894	912	956	1 067	1 135
	比例(%)	66.2	67	66.9	59.9	57.8	58.4	59.6	58.2	58.9	61
年龄结构	平均年龄(岁)	56.3	58.2	57.5	55.9	55.7	55.3	54.8	55.1	59.2	59.4
	40 岁以下(人)	68	88	109	111	110	166	192	165	151	169
	41—50 岁(人)	904	923	998	314	184	207	228	205	240	255
	51—60 岁(人)				708	601	612	624	500	417	391
	61—70 岁(人)	331	384	384	323	421	424	423	596	715	726
	71 岁以上(人)				77	122	121	116	176	290	319

（续表）

年　度		2003	2004	2005	2006	2007	2008	2009	2010	2011	2012
女党员	人数(人)	865	900	953	991	1 041	1 089	1 163	1 237	1 317	1 396
	比例(%)	44	43.9	44.1	44	44.3	44.4	44.7	44.9	45.1	45.2
离退休	人数(人)	1 195	1 190	1 213	1 061	1 303	1 323	1 335	1 364	1 372	1 398
	比例(%)	60.8	58.1	56.2	47.2	55.5	53.9	51.3	49.5	47	45.2
文化程度	大专以上(人)	1 739	1 824	1 353	1 458	1 542	1 609	1 744	1 879	2 043	2 212
	比例(%)	88.5	89	62.7	64.8	65.6	65.5	67.1	68.2	70	71.5
层次分布	中上层(人)	1 802	1900	2 010	2 098	2 192	2 297	2 455	2 598	2 766	2 946
	比例(%)	91.8	92.6	93.1	93.2	93.3	93.5	94	94.3	94.7	95.2
	其他(人)	162	150	149	152	157	158	155	157	154	149
	比例(%)	9.7	7.3	6.9	6.8	6.7	6.4	6	5.7	5.3	4.8
职称	高级(人)	532	569	638	661	680	712	750	798	877	917
	比例(%)	27.1	27.8	29.6	29.4	28.9	29	28.9	35.1	30	29.6
	中级(人)	1 270	1 331	1 238	1 296	1 350	1 401	1 358	1 398	1 405	1 417
	比例(%)	64.7	64.9	57.3	57.6	57.5	57	52.2	50.7	48.1	45.8
年龄结构	平均年龄(岁)	58.9	58.7	57.9	58.5	58.4	58.2	57.8	57.5	57.1	56.8
	40岁以下(人)	207	235	259	286	327	345	390	428	469	527
	41—50岁(人)	308	371	417	440	453	516	586	656	728	780
	51—60岁(人)	365	336	326	322	336	337	346	381	430	472
	61—70岁(人)	714	703	695	644	619	583	537	481	428	409
	71岁以上(人)	370	405	462	558	614	674	741	809	865	907

说明：1. "中上层"栏中的对象为有中、高级专业技术职称的人员，县以上各级人大代表和政协委员，县处级以上职务的干部。
2. 1993年之前因资料遗失或者当年未作统计，故数据缺失。

表6-1-3　1992—2012年致公党市委党员界别分布情况表

年　度	1992	1993	1994	1995	1996	1997	1998	1999	2000	2001	2002
教育(人)	371	425	450	482	501	479	508	526	547	596	639
比例(%)	30	32.6	32.3	32.3	32.7	33.3	33.2	33.3	33.3	32.9	34.4
科学技术(人)	396	125	132	138	216	197	206	210	211	231	212
比例(%)	32	9.6	9.5	9.3	14.1	13.7	13.5	13.3	12.8	12.7	11.4
医药卫生(人)	173	188	203	227	230	214	231	239	252	279	274
比例(%)	14	14.4	14.6	15.2	15	14.9	15.1	15.1	15.3	15.4	14.7
文化艺术(人)	39	40	47	50	51	49	53	72	74	78	59
比例(%)	3	3.1	3.4	3.4	3.3	3.4	3.5	4.5	4.5	4.3	3.2
新闻出版(人)	—	10	10	10	11	10	10	11	13	14	14

(续表)

年　度		1992	1993	1994	1995	1996	1997	1998	1999	2000	2001	2002
比例(%)		—	0.8	0.7	0.7	0.7	0.7	0.7	0.7	0.8	0.8	0.8
公有制经济(人)		—	331	357	385	273	248	266	256	264	294	271
比例(%)		—	25.4	25.6	25.8	17.8	17.2	17.4	16.2	16.1	16.2	14.6
非公有制经济	企业界人士	—	—	—	—	51	47	49	50	50	53	10
	比例(%)	—	—	—	—	3.3	3.3	3.2	3.2	3	2.9	0.5
	其他人员	—	—	—	—	—	—	—	1	1	35	35
	比例(%)	—	—	—	—	—	—	—	0.02	0.02	1.9	1.9
法律(人)		—	—	—	—	—	—	—	5	5	6	9
比例(%)		—	—	—	—	—	—	—	0.1	0.1	0.1	0.14
政府机关(人)		—	6	7	7	8	12	13	24	33	40	66
比例(%)		—	0.5	0.5	0.5	0.5	0.8	0.8	1.5	2	2.2	3.5
党派机关(人)		—	15	17	17	17	18	19	18	19	20	20
比例(%)		—	1.2	1.2	1.1	1.1	1.3	1.2	1.1	1.2	1.1	1.1
团体(人)		—	17	17	17	52	49	49	5	6	6	45
比例(%)		—	1.3	1.2	1.1	3.4	3.4	3.2	0.3	0.4	0.3	2.4
其他(人)		210	146	155	158	123	115	126	167	167	195	206
比例(%)		17	11.2	11.1	10.6	8	115	8.2	10.5	10.2	10.8	11

年　度		2003	2004	2005	2006	2007	2008	2009	2010	2011	2012
教育(人)		670	688	715	737	770	777	817	854	899	933
比例(%)		343	33.6	35.6	32.8	32.8	31.7	31.4	31	30.8	30.1
科学技术(人)		215	215	225	229	229	234	230	230	230	234
比例(%)		10.9	10.5	10.4	10.2	9.7	9.5	8.8	8.3	7.9	7.6
医药卫生(人)		286	295	311	324	336	356	375	389	408	424
比例(%)		14.6	14.4	14.4	14.4	14.3	14.5	14.4	14.1	14	13.7
文化艺术(人)		59	63	69	71	72	76	71	72	72	74
比例(%)		3	3.1	3.2	3.2	3.1	3.1	2.7	2.6	2.5	2.4
新闻出版(人)		13	13	14	14	12	11	10	10	10	12
比例(%)		0.7	0.6	0.6	0.6	0.5	0.4	0.4	0.3	0.3	0.4
公有制经济(人)		460	470	493	513	532	558	585	617	654	707
比例(%)		23.4	22.9	22.8	22.8	22.6	22.7	22.5	22.4	22.4	22.8
非公有制经济	企业界人士	16	25	36	42	47	56	86	101	113	121
	比例(%)	0.8	1.2	1.7	1.9	2	2.3	3.3	3.7	3.9	3.9
	其他人员	48	69	112	122	138	163	188	229	266	312
	比例(%)	2.4	3.4	5.2	5.4	5.9	6.6	7.2	8.3	9.1	10.1

（续表）

年　度	2003	2004	2005	2006	2007	2008	2009	2010	2011	2012
法律（人）	16	20	2	2	2	4	4	4	4	4
比例（%）	0.8	1	0.1	0.1	0.1	0.2	0.2	0.2	0.2	0.1
政府机关（人）	72	84	90	96	107	126	139	154	167	178
比例（%）	3.7	4.1	4.2	4.3	4.6	5.1	5.3	5.6	5.7	5.8
党派机关（人）	21	24	27	31	31	36	35	34	34	36
比例（%）	1.1	1.2	1.3	1.4	1.3	1.5	1.3	1.2	1.2	1.2
团体（人）	42	41	42	42	42	40	44	44	46	43
比例（%）	2.1	2	1.9	1.9	1.8	1.6	1.7	1.6	1.6	1.4
其他（人）	46	43	23	27	31	18	16	17	17	17
比例（%）	2.3	2.1	1.1	1.2	1.3	0.7	0.6	0.6	0.6	0.5

说明：1. “非公有制经济”栏中的企业界人士是指独资、合资企业中的私人投资者，其他人员是指在这些企业中工作的工程技术人员、经营管理人员。

2. 1991年之前因资料遗失或者当年未作统计，故数据缺失。

第三节　市 级 组 织

一、市委员会

1980年12月4日，中国致公党上海市支部委员会成立。1984年3月，中国致公党上海市委员会成立，至2012年，致公党市委共经历致公党上海市第一至第七届委员会。历届致公党市委（含支部）组成人员情况如下：

上海市支部委员会（1980年12月—1984年3月）

主任委员：

董寅初

副主任委员：

叶鸿宝

委　　员：

叶鸿宝　施子年　董寅初　吴肇光（1981年4月任）　奕纪梁（1981年4月任）

第一届委员会（1984年3月—1989年9月）

主任委员：

董寅初

副主任委员：

叶鸿宝　吴肇光　林文进（1985年6月任）　俞云波（1986年3月任）

秘 书 长：

林铮墉

常务委员：

叶鸿宝　吴肇光　林秀清(女)　林铮墉　施子年　奕纪梁　董寅初

王大平(1984年12月任)　林文进(1984年12月任)　俞云波(1985年6月任)

委　　员：

王大平　叶鸿宝　庄昌贵　吴肇光　李浚洲　林秀清(女)　林铮墉　郑竞辉　施子年

奕纪梁　俞云波　董寅初　靳小才(女)　蔡彩凤(女)　缪圣赐

朱曾浒(1984年12月任)　林文进(1984年12月任)

第二届委员会(1989年9月—1992年7月)

名誉主任委员：

董寅初

主任委员：

吴肇光

副主任委员：

俞云波　林文进　林铮墉　陈昌福(1991年6月任)

秘 书 长：

陈昌福

常务委员：

吴肇光　陈昌福　林文进　林秀清(女)　林铮镛　郑竞辉　俞云波　施子年　奕纪梁

周国瑾　蔡康洪

委　　员：

冯文捷　朱曾浒　庄昌贵　庄炳良　刘　植　吴月兰(女)　吴肇光　陈昌福　陈予群

许胜文　汪云山　林文进　林铮墉　林秀清(女)　林遂荣　郑竞辉　郑　强　俞云波

施子年　奕纪梁　周国瑾　钱大定　黄慧娟(女)　靳小才(女)　蔡康洪　缪圣赐

第三届委员会(1992年7月—1997年6月)

名誉主任委员：

董寅初

主任委员：

吴肇光

副主任委员：

俞云波　陈昌福　陈德川(女)　陈作义(1994年8月任)

秘 书 长：

陈昌福(1994年8月止)　陈作义(1994年8月任)

常务委员：

庄炳良　汪云山　吴肇光　陈昌福　陈德川(女)　周国瑾　郑　强　俞云波　奕纪梁

陈作义(1994年8月任)

委　　员：

方厚贤　卢　萍(女)　冯文捷　朱泰隆　朱曾浒　庄昌贵　庄炳良　刘顺发　刘　植

许胜文　吴月兰(女)　吴肇光　汪云山　张镜清　陈予群　陈兴桥　陈昌福

陈德川(女)　林遂荣　周国瑾　郑　强　俞云波　施子年　奕纪梁　顾芷芳(女)

钱大定　徐健行　徐维铭　靳小才(女)　蔡康洪　陈作义(1994年8月任)
吴建生(1996年12月任)　张重华(1996年12月任)　陈汝作(1996年12月任)
孟国庆(1996年12月任)　谢涵坤(1996年12月任)　王宗尧(1997年4月任)
劳爱娜(女,1997年4月任)　黄十洲(1997年4月任)　周乃晟(女,1997年4月任)

第四届委员会(1997年6月—2002年6月)

名誉主任委员:

董寅初

主任委员:

俞云波

副主任委员:

陈昌福　陈德川(女)　陈作义　张重华　徐维铭　吴建生(2001年7月任)
吴幼英(女,2002年1月任)

秘 书 长:

陈作义(2000年9月止)　张立军(2000年9月任)

常务委员:

汪云山　陈汝作　陈作义　陈昌福　陈德川(女)　吴建生　张重华　俞云波　周国瑾
顾芷芳(女)　徐维铭　张立军(2000年9月任)　吴幼英(女,2001年7月任)
王宗尧(2002年1月任)　蔡建国(2002年1月任)　朱传琪(2002年3月任)

委　　员:

马晓晖(女)　王宗尧　方厚贤　朱泰隆　忻元龙　汪云山　陈兴桥　陈汝作　陈作义
陈昌福　陈德川(女)　吴念农　吴建生　沈坤荣　劳爱娜(女)　肖迪娜(女)
张重华　孟国庆　周乃晟(女)　周国瑾　俞云波　顾芷芳(女)　徐健行　徐维铭
黄十洲　谢涵坤　方　里(2000年1月任)　朱传琪(2000年1月任)
翁曼君(女,2000年1月任)　张立军(2000年9月任)　余季方(2000年12月任)
张恩迪(2000年12月任)　周又玲(女,2000年12月任)　吴幼英(女,2001年7月任)
吴　敏(女,2002年1月任)　蔡沫西(2002年1月任)　蔡建国(2002年1月任)

第五届委员会(2002年6月—2007年3月)

名誉主任委员:

吴肇光

主任委员:

俞云波(2006年12月止)　吴幼英(女,2006年12月任)

副主任委员:

吴幼英(女,2006年12月止)　张重华　吴建生　蔡建国　张恩迪
张立军(2004年9月任)

秘 书 长:

张立军

常务委员:

王宗尧　朱传琪　吴幼英(女)　吴建生　沈一基(女)　张立军　张重华　张恩迪
陈汝作　周国瑾　俞云波　蔡建国　袁　雯(女,2005年7月任)　黄　振(2005年7月任)

段祺华(2006 年 12 月任)　李松坚(2007 年 2 月止)　孙宝贵(2007 年 2 月止)

委　　员:

马晓晖(女)　方　里　方厚贤　王宗尧　叶　纹(女)　朱传琪　何建华　余季方
吴幼英(女)　吴建生　吴　敏(女)　张立军　张重华　张恩迪　忻元龙　杨明棣
沈一基(女)　沈坤荣　陈汝作　周又玲(女)　周国瑾　孟国庆　俞云波　赵伟明
翁曼君(女)　袁　雯(女)　顾益鸣　黄　振　谢涵坤　谢维俭　蔡沫西　蔡建国
任　进(女,2005 年 7 月任)段祺华(2005 年 7 月任)　董敏华(2005 年 7 月任)
吴念农(2005 年 7 月止)　孙宝贵(2007 年 2 月止)　李松坚(2007 年 2 月止)
凤懋伦(2006 年 12 月任)

第六届委员会(2007 年 3 月—2012 年 4 月)

主任委员:

吴幼英(女)

副主任委员:

蔡建国　张恩迪　张立军　袁　雯(女)　邵志清　任忠鸣(2011 年 7 月任)

秘 书 长:

凤懋伦

常务委员:

马　进　凤懋伦　刘燕刚　吴幼英(女)　张立军　张恩迪　邵志清　段祺华　秦高荣
袁　雯(女)　黄　振　龚新高　蔡建国　任忠鸣(2011 年 7 月任)
许复新(2011 年 7 月任)　汪敏生(2011 年 7 月任)

委　　员:

马　进　凤懋伦　王　璐(女)　王尊民　王德辉　任　进(女)　任忠鸣　刘　杰
孙　康　刘燕刚　何建华　谷　勇　陈　玲(女)　陈有良　吴幼英(女)　吴建明
宋继高　张立军　张恩迪　张培莉(女)　杨明棣　汪敏生　邵志清　段祺华　赵伟明
秦高荣　袁　雯(女)　郭佳田　黄　振　龚新高　董敏华　谢维俭　蔡建国　虢建武
戴作为　许复新(2011 年 7 月任)

第七届委员会(2012 年 4 月—　　)

主任委员:

张恩迪

副主任委员:

蔡建国　张立军　袁雯(女)　邵志清　任忠鸣　马　进

秘 书 长:

凤懋伦

常务委员:

马　进　凤懋伦　任忠鸣　刘燕刚　孙立坚　许复新　张女欢(女)　张立军　张恩迪
汪敏生　邵志清　段祺华　秦高荣　袁　雯(女)　黄　振　龚新高　蔡建国　戴作为

委　　员:

马　进　马晓辉(女)　凤懋伦　王德辉　王　璐(女)　任　进(女)　任忠鸣
刘　杰　刘燕刚　孙立坚　孙　康　许复新　何建华　吴建明　宋继高　应仲树

张女欢(女)　张立军　张恩迪　张培莉(女)　李文侠　李建奎　汪敏生　谷　勇
邵志清　陈　玲(女)　郑　涵　金国伟　施建祥　段祺华　徐廉芳　秦高荣
袁　雯(女)　郭佳田　黄　振　龚新高　董敏华　蔡建国　戴作为

说明：致公党市委常委、委员按姓名笔画为序排列。

二、专门委员会

专门委员会(简称专委会)是致公党市委领导下的非职能性常设工作机构，是致公党市委履行职能的有效载体和开展各项相关工作的平台，是团结和联系各界别致公党员的一种组织形式。专委会主要任务是组织相关委员和界别的致公党员学习宣传中央和地方的方针政策，通报致公党中央有关精神和致公党市委工作部署与动态，为委员和致公党员知情出力、参政议政创造条件，发挥界别优势开展形式多样的社会服务等。专委会的设置和变动，专委会主任的任免由致公党市委主委会议研究提议，常委会议决定。专委会副主任和委员由主委会议任免。专委会的任期与同届市委会相同。致公党市委副主委和秘书长分工联系各专委会，机关干部任专委会的联络秘书，协助主任开展工作。

1984 年，第一届致公党市委决定设立华侨知识分子工作委员会、妇女工作委员会和学习委员会。1989 年，第二届撤销华侨知识分子工作委员会，增加参政议政委员会。1992 年，第三届增设经济工作委员会。1998 年 1 月，第四届撤销经济工作委员会，增加海外联络工作委员会。2002 年 7 月，第五届学习委员会更名为学习工作委员会，增加经济和社会服务工作委员会、老年工作委员会。2007 年 4 月，第六届将经济和社会服务工作委员会拆分为经济工作委员会和社会服务工作委员会，增加青年工作委员会、党务咨询工作委员会、老同志工作委员会。2012 年 5 月，第七届增设农村工作委员会和文化与体育工作委员会。此外，还设立了上海致公企业家联谊会、上海致公书画院和上海致公艺术团等 3 个非常设性工作机构。

历届专门工作委员会主任、副主任名录如下：

第一届专门委员会

华侨知识分子工作委员会

主　任：焦瑞身

副主任：郑大同　张清月(女)

妇女工作委员会

主　任：林秀清(女)

副主任：卓晶如(女)　纪清珠(女)　张宝琴(女)

学习委员会

主　任：施子年　俞云波(1987 年 3 月任)

副主任：庄炳良　俞云波(1987 年 3 月止)

第二届专门委员会

学习委员会

主　任：陈昌福

副主任：高士模　庄炳良

妇女工作委员会

主　任：林秀清(女)

副主任：林妙卿(女)　张宝琴(女)

参政议政委员会

主　任：林铮镛

第三届专门委员会

学习委员会

主　任：张镜清

副主任：钱大定　庄昌贵　施子年

参政议政工作委员会

主　任：林文进

副主任：周国瑾　陈作义　奕纪梁　庄炳良

妇女工作委员会

主　任：顾利霞(女)

副主任：桑秀明(女)　林妙卿(女)　张宝琴(女)　靳小才(女)

经济工作委员会

主　任：林铮镛

副主任：李浚洲　徐维铭　葛永乐　郑　强

第四届专门委员会

学习委员会

主　任：陈昌福

副主任：顾芷芳(女)　顾关林　蔡沫西

参政议政工作委员会

主　任：陈作义

副主任：陈汝作　孟国庆　杨　容(女)　庄炳良

妇女工作委员会

主　任：顾利霞(女)

副主任：劳爱卿(女)　翁曼君(女)　肖迪娜(女)　俞亚琴(女)

海外联络工作委员会

主　任：吴建生

副主任：谢涵坤　吴月兰(女)

第五届专门委员会

学习工作委员会

主　任：张恩迪

副主任：赵伟明　谢维俭　李　嘉(2005年4月任)

参政议政工作委员会

主　任：张重华

副主任：孟国庆　顾关林　杨　容(女)　方修仁(2005年4月任)

海外联络工作委员会

主　任：蔡建国

副主任：谢涵坤　吴建明(2005 年 4 月任)

妇女工作委员会

主　任：沈一基(女)

副主任：翁曼君(女)　　肖迪娜(女)　　袁　雯(女)

经济和社会服务工作委员会

主　任：余季方

副主任：顾芷芳(女)

老年工作委员会

主　任：陈作义

副主任：陈汝作　蔡沫西

第六届专门委员会

学习工作委员会

主　任：谢维俭

副主任：顾益鸣　李　嘉

参政议政工作委员会

主　任：马　进

副主任：钟祥财　沈舜义

海外联络工作委员会

主　任：段祺华

副主任：张培莉(女)　　吴建明

妇女工作委员会

主　任：沈一基(女)

副主任：徐玉梅(女)　　许燕玲(女)

经济工作委员会

主　任：徐廉芳

副主任：耿　健　施建祥

社会服务工作委员会

主　任：秦高荣

副主任：袁　刚　方厚贤

青年工作委员会

主　任：刘燕刚(2010 年 6 月止)　黄　振(2010 年 6 月任)

副主任：朱　磊

党务咨询工作委员会

主　任：周国瑾

副主任：方　里　孟国庆

老同志工作委员会

主　任：陈汝作

副主任：朱传琪

第七届专门委员会(至2012年底)

学习工作委员会

主　任：汪敏生

副主任：李　嘉　郑　涵　夏金华

参政议政工作委员会

主　任：邵志清

副主任：张文明　李双龙　钟祥财

海外联络工作委员会

主　任：吴建明

副主任：何烈辉　赵一华

妇女工作委员会

主　任：张培莉(女)

副主任：许燕玲(女)　姚　蓁(女)

经济工作委员会

主　任：孙立坚

副主任：冯　军

社会服务工作委员会

主　任：秦高荣

副主任：孙伟华　肖家运　陈午雄

青年工作委员会

主　任：黄　振

副主任：朱　磊　陈亚萍(女)

党务咨询工作委员会

主　任：周国瑾

副主任：方　里　王尊民　杨明棣

老年工作委员会

主　任：陈汝作

副主任：朱传琪　沈一基(女)

农村工作委员会

主　任：许复新

副主任：冯　琛　卢月弟　湛育红

文化与体育工作委员会

主　任：王　勇

副主任：张　辉　袁　刚

上海致公企业家联谊会

会　长：应仲树

副会长：谷　勇　陈有良　施建祥　耿　健　杨　晨

上海致公书画院

院　长：戴小京

副院长：吴德昇　夏明来

上海致公艺术团

团　长：宋　波

副团长：张　行(女)　　　熊郁菲(女)

三、市委机关工作机构

1981年5月，致公党上海市支部委员会机关仅设办公室。1984年3月，中国致公党上海市委员会成立，12月增设宣传处、组织处、联络处。1997年9月，致公党市委机关设4个职能部室，分别为办公室、组织部、宣传部(增挂研究室牌子)、联络部。2004年4月，经致公党市委主委会议研究决定，将原宣传部改编为参政议政部、宣传部，将联络部的职能归并入办公室，调整后的机关工作机构由办公室、组织部、参政议政部、宣传部组成。至2012年底，致公党市委机关办公室内设联络部，参政议政部内设研究室，总体格局仍为“三部一室”。

1981年5月初，中国致公党上海市支部委员会在徐汇区宝庆路3号办公。此后，致公党上海市委机关于1985年3月迁至静安区镇宁路360号，1996年12月迁至陕西北路128号上海民主党派大厦18楼，2004年8月搬至19楼办公。

第四节　区(县)组织

致公党上海市各区(县)组织是致公党市委下属组织。1984年5月7日，致公党上海第一个区组织——南市区支部成立；1987年2月，第一个郊县组织——川沙县支部成立。2012年底，在上海

图6-1-1　2006年12月2日，致公党浦东区委在留学归国人员聚集的张江高科技园区成立支部委员会

17个区(县)中,除崇明县以外均建有致公党组织,其中12个区是委员会,2个区是总支部委员会和2个区是支部委员会[其中1个区支部委员会是(筹)]。

表6-1-4 1981—2012年致公党各区(县)组织成立及其沿革情况表

组织名称	成立时间	人数(人)	沿革
南市区委员会	1995年12月	—	1982年8月成立区小组;1984年5月成立区支部委员会;1993年9月成立区总支部委员会;2000年8月因与黄浦区委员会合并而撤销
长宁区委员会	2003年11月	113	1984年10月成立区支部委员会
虹口区委员会	2001年8月	161	1984年10月成立区支部委员会;1992年12月成立区总支委员会
徐汇区委员会	1996年12月	201	1985年1月成立区支部委员会;1994年4月成立区总支部委员会
卢湾区委员会	1996年12月	—	1985年1月成立区支部委员会;1992年11月成立区总支部委员会;2011年8月因与黄浦区委合并而撤销
静安区委员会	2000年4月	135	1985年6月成立区支部委员会
普陀区委员会	2000年1月	150	1986年3月成立区支部委员会;1992年10月成立区总支部委员会;1997年12月成立区委员会(筹)
黄浦区委员会	2011年8月	321	1981年3月成立区小组;1986年11月成立区支部委员会;1996年1月成立区总支委员会;1998年11月成立区委员会,2000年8月因与南市区委员会合并成立新的黄浦区委员会,后又与卢湾区委员会合并成立
杨浦区委员会	2003年11月	98	1989年8月成立区支部委员会
闸北区委员会	2003年11月	74	1992年12月成立区总支部委员会
闵行区委员会	2011年12月	52	2008年9月成立区支部委员会(筹);2008年10月成立区支部委员会;2010年11月成立区委员会(筹)
川沙县支部委员会	1987年2月	—	1993年5月川沙县支部并入浦东新区委员会(筹)
南汇区支部委员会	2001年12月	—	1988年6月成立县小组;1989年12月成立县支部委员会;因2009年5月并入浦东新区区委而撤销
浦东新区委员会	2000年6月	324	1993年5月成立区委员会(筹)
金山区委员会	2004年12月	60	1994年3月成立金山石化支部委员会;1997年10月成立区支部委员会
奉贤区总支部委员会	2006年8月	47	1995年4月成立县支部委员会;2001年1月改称区支部委员会
嘉定区委员会	2010年11月	69	2001年9月成立区支部委员会;2005年6月成立区总支部委员会;2009年10月成立区委员会(筹)
宝山区总支部委员会	2011年6月	48	2008年2月成立区支部委员会(筹);2008年4月成立区支部委员会
青浦区支部委员会	2009年12月	28	2008年12月成立区支部委员会(筹)
松江区支部委员会(筹)	2009年12月	17	—

说明:表中人数为所在组织截至2012年底的实有人数,少数基层组织由于撤销、合并等原因到2012年底作为组织已不存在,相关成员分散进入其他基层组织,故在表内人数栏中用"—"表示。在下列直属基层组织的两张表格中也有相同情况。

第五节　直属基层组织

一、高等院校组织

1981年3月2日，致公党上海市支部委员会召开全体党员大会，决定建立华侨公寓、华东师大、市侨联、区侨联和综合5个小组开展组织生活等活动。此后，在全市有致公党员的高等院校建立致公党组织，并随着高校改革部分组织历经合并、撤销等整合。至2012年底，在复旦大学等16所高校建立基层组织。

表6-1-5　1981—2012年致公党各高校组织成立及其沿革情况表

组织名称	成立时间	人数(人)	沿革
上海医科大学支部委员会	1984年10月	—	1985年前为上海第一医学院支部委员会，2001年10月撤销，党员并入复旦大学委员会
复旦大学委员会	2001年10月	115	1985年12月成立支部委员会
上海交通大学委员会	2012年12月	52	1996年7月成立支部委员会
华东师范大学委员会	2011年6月	53	1981年成立小组；1984年11月成立临时支部委员会；1987年6月成立支部委员会
华东理工大学委员会	2011年5月	52	1990年6月成立华东化工学院支部委员会
上海外国语大学支部委员会	1987年	13	成立时为上海外国语学院支部委员会，1994年2月学校更名
东华大学支部委员会	1985年1月	47	成立时为华东纺织工学院支部委员会，1985年9月学校更名为中国纺织大学，支部委员会随之更名，1999年8月学校再更名为东华大学
上海大学委员会	2011年9月	51	1983年2月上海工业大学成立小组；1988年6月上海科技大学、上海大学成立小组，同年上工大成立支部；1994年5月三校与上海科技高等专科学校合并为上海大学，上述组织撤销，上海大学成立新支部委员会
上海交通大学医学院委员会	2011年6月	63	1986年12月成立上海第二医科大学支部委员会；2005年7月与上海交通大学合并，此后更名为上海交通大学医学院支部委员会
上海师范大学支部委员会	1986年12月	39	1983年9月成立小组
上海第二工业大学支部委员会	1989年2月	33	1987年12月成立小组
同济大学支部委员会	2006年12月	19	—
上海对外贸易学院支部委员会	2009年4月	10	—
上海海事大学支部委员会	2010年3月	19	—
上海中医药大学支部委员会	2010年5月	6	—
上海音乐学院支部委员会	2011年11月	14	—
上海理工大学支部委员会	2012年10月	19	2009年5月成立支部委员会(筹)

二、系统组织

1984 年,上海有关委、局陆续成立致公党组织,随后由于体制改革的不断推进,一些委、局改制为集团(公司)以及撤并,相应的致公党组织也更名为系统支部、总支部和委员会,有的顺应时事变化或者撤销,或者与其他系统组织合并。

表 6-1-6 1984—2012 年致公党各系统直属组织成立及其沿革情况表

组织名称	成立时间	人数(人)	沿革
上海市科技系统委员会	2002 年 4 月	83	1984 年 8 月成立上海科委系统支部委员会;1993 年 8 月成立科委系统总支部委员会
上海市电气(集团)总公司委员会	2009 年 4 月	91	1989 年 1 月成立上海机电系统支部委员会,1993 年 3 月成立总支部委员会;1995 年改制的上海市机电控股(集团)公司于 1996 年 10 月和上海电气(集团)总公司合并,致公党组织随之更名
上海申康医院发展中心总支部委员会	2006 年 12 月	76	1984 年 5 月成立时为上海市卫生系统支部委员会,1993 年 3 月成立总支部委员会;2006 年 12 月市卫生系统成立申康医院发展中心,致公党组织随之更名
上海市纺织系统总支部委员会	1995 年	24	1984 年成立支部委员会
上海市电业系统支部委员会	1984 年 10 月	17	成立时为上海电力系统支部委员会;2001 年 12 月上海市电力工业局改制,致公党组织随之更名
上海市广电系统支部委员会	1990 年 4 月	32	—
上海社会科学院支部委员会	1989 年 3 月	21	1987 年 4 月成立小组
上海市委机关支部委员会	1984 年 7 月	37	—
上海市医药系统支部委员会	1984 年 8 月	—	2011 年 12 月撤销
上海市华谊集团支部委员会	1984 年 9 月	34	成立时为上海化工系统支部委员会;1996 年 11 月上海化学工业局改制重组为上海华谊(集团)公司,致公党组织随之更名
上海市仪电系统支部委员会	1984 年 10 月	34	—
上海市文化系统支部委员会	1985 年 3 月	33	—
上海市建设系统支部委员会	1984 年 8 月	—	2001 年 4 月撤销
中国科学院上海原子核研究所支部委员会	1991 年 10 月	—	2002 年 4 月撤销
上海市未来学会支部委员会	1989 年 5 月	—	2001 年 4 月撤销
上海市工程技术系统支部委员会	1984 年 9 月	—	2001 年 4 月撤销
待落实人员	—	110	—

说明:本表中上海纺织系统总支部委员会由于原始资料缺失,已无法确认成立的月份。

第二章　代表大会和委员会全体会议

根据《中国致公党章程》的规定，地方各级组织的代表大会每五年召开1次，必要时经上一级组织批准可提前或延期召开。代表大会的职权是：听取和审议同级委员会的工作报告；讨论并决定同级委员会的重要事项；选举同级委员会；选举出席上一级代表大会的代表。

根据《中国致公党章程》规定，地方各级委员会在同级代表大会闭会期间，领导本地区的全部党务工作，对外代表同级地方组织。地方委员会全体会议每年至少举行1次，必要时可提前或延期召开。其职权是：(1)贯彻执行上级委员会和同级代表大会的决议、决定，定期向上级委员会报告工作；(2)听取和审议同级常委会的工作报告；(3)讨论并决定本地区组织的重要事项；(4)选举同级常委会，选举同级委员会主委、副主委；(5)调整和增补同级委员会部分委员。

第一节　代表大会

自1980年12月4日致公党上海市支部委员会成立大会，1984年3月—2012年12月先后召开过7次党员代表大会。

一、支部委员会成立大会

1980年12月4日下午，致公党上海市支部委员会成立大会在延安西路129号上海市侨联会议室举行，出席会议的致公党员有10位。大会的主要议程是：(1)建立致公党上海市支部委员会及选举产生领导班子；(2)讨论支部今后工作。致公党中央秘书长邝明和中共市委统战部党派处、市侨办有关领导等出席大会。大会选举产生了由3名委员组成的致公党上海市支部委员会。大会提出此后工作任务是：广泛联系上海市归侨、侨眷；协助政府落实侨务政策和知识分子政策；积极稳妥地发展党员；开展各项党务工作。

二、全体党员大会(即第一次代表大会)

1984年3月19—21日，致公党上海市全体党员大会在延安西路200号文艺会堂举行，204位党员参加大会。致公党中央主席黄鼎臣、中共市委书记杨堤到会祝贺。市人大常委会副主任刘靖基，市政协副主席、中共市委统战部部长张承宗，市政协副主席杨士法，致公党中央宣传部、上海市各民主党派、市侨办、市侨联、市台联的负责人出席大会。董寅初代表致公党上海市支部委员会向大会作《团结奋斗，为振兴中华，开创致公党上海工作新局面而努力》的工作报告。大会审议并通过了工作报告。大会选举产生由15名委员组成的致公党上海市第一届委员会。大会决定：此次党员大会确定为致公党上海市第一次代表大会。大会决议，根据新形势的要求，提出以后工作任务：加强自身建设，发展和巩固各级组织；努力开展海外联谊工作，努力为引进资金、技术、设备和人才穿针引线；全面开拓为社会主义现代化建设服务的新局面。

图 6-2-1　1984 年 3 月 19—21 日,致公党上海市全体党员大会在文艺会堂举行

三、第二次代表大会

1989 年 9 月 11—14 日,致公党上海市第二次代表大会在延安西路 200 号文艺会堂召开。出席大会的代表 197 人。中共市委副书记吴邦国代表中共市委致贺词,九三学社上海市委副主委张重超代表上海市各民主党派市委、市工商联致贺词。致公党中央副主席兼秘书长王宋大到会祝贺。市人大常委会副主任李家镐,市政协副主席王兴,中共市委常委、统战部部长毛经权,市政府侨务办公室、上海市各民主党派、工商联负责人,各区(县)、局、大专院校、科研单位统战部门代表到会祝贺。俞云波代表第一届致公党市委作《致力为公,团结奋进》的工作报告。大会审议并通过了工作报告。大会号召全体党员进一步认真学习、贯彻中共十三届四中全会精神,坚持"一个中心,两个基本点",高举社会主义和爱国主义旗帜,为促进社会主义现代化建设多作贡献。大会选举产生由 27 名委员组成的致公党上海市第二届委员会。副市长庄晓天和中共市委统战部副部长杨增年参加闭幕式并讲话。大会决议提出以后工作任务:坚持四项基本原则,进一步加强政治思想工作;努力促进稳定,促进经济发展;广泛联系和团结海外侨胞和台港澳同胞,做好联谊工作。

四、第三次代表大会

1992 年 7 月 7—9 日,致公党上海市第三次代表大会在北京西路 860 号市政协江海厅召开。出席大会的代表 274 名。大会主席团成员林铮墉主持开幕式,大会主席团成员吴肇光致开幕词。九三学社上海市委副主委孙曾一代表上海市各民主党派和市工商联致贺词。致公党中央主席董寅初、中共市委副书记陈铁迪分别代表致公党中央和中共市委到会表示祝贺并致辞。中共市委常委、市委统战部部长毛经权,市人大常委会副主任孙贵璋,市政协副主席王兴,市检察院检察长石祝三,以及上海市各民主党派、市工商联、市侨办、市侨联的主要负责人等应邀出席开幕式。俞云波代表第二届致公党市委作《致力为公,团结奋进,开创为社会主义经济建设服务新局面》的工作报告。大会审议并通过了工作报告。大会选举产生由 30 名委员组成的致公党上海市第三届委员会。大会选举产生25名党员作为出席中国致公党第十次全国代表大会的代表。大会决议确定致公党市委要以参政议政为主要任务，围绕为经济建设中心服务，开展各项工作。

五、第四次代表大会

1997年6月23—25日，致公党上海市第四次代表大会在北京西路860号市政协江海厅召开。306名代表出席大会。大会主席团成员俞云波主持开幕式，大会主席团成员吴肇光致开幕词。致公党中央主席董寅初、中共市委副书记孟建柱分别代表致公党中央和中共市委到会祝贺并致辞。中共市委统战部部长王生洪宣读中共市委的贺信。农工党市委主委陈灏珠代表上海市各民主党派和市工商联致贺词。市人大常委会副主任沙麟、副市长赵启正、市政协副主席赵定玉、致公党中央副秘书长兼组织部部长邱国义，上海市各民主党派、市工商联负责人应邀出席开幕式。陈作义代表第三届致公党市委作《致力为公，埋头苦干，为推动“两个文明”建设团结奋斗》的工作报告。大会审议并通过了工作报告。大会选举产生由26名委员组成的致公党上海市第四届委员会。大会还选举产生26名党员作为出席中国致公党第十一次全国代表大会的代表。闭幕式上，宣读了给吴肇光等老同志的致敬信。王生洪在闭幕式上讲话。俞云波致闭幕词。大会决议提出，以后五年的任务是：参政议政工作要抓重点，深入实际，讲究实效；海外联谊工作要继续坚持抓住重点，深入细致，顾及全局，广泛联系；致公党市委领导班子下一个梯队的物色和培养工作要抓早、抓好。

六、第五次代表大会

2002年6月20—22日，中国致公党上海市第五次代表大会在南京西路1333号上海展览中心友谊会堂召开。200名代表出席大会。大会主席团成员陈昌福主持开幕式，大会主席团成员俞云波致开幕词。致公党中央主席罗豪才、中共市委副书记罗世谦分别代表致公党中央和中共市委到会祝贺并致辞。中共市委常委、市委统战部部长黄跃金宣读中共市委的贺信。民革市委主委厉无畏代表上海市各民主党派和市工商联致贺词。市人大常委会副主任沙麟、副市长杨晓渡、市政协副主席陈正兴、致公党中央秘书长邱国义，上海市各民主党派、市工商联负责人应邀出席开幕式。大会主席团成员陈作义代表第四届致公党市委作《致力为公，奋发有为》的工作报告。大会审议并通过工作报告。大会选举产生由35名委员组成的致公党上海市第五届委员会。大会还选举产生24名党员作为出席中国致公党第十二次全国代表大会的代表。在陕西北路128号民主党派大厦六楼多功能厅举行的闭幕式上，宣读了给陈昌福等老同志的致敬信。中共市委常委、市委统战部部长黄跃金在闭幕式上讲话。俞云波致闭幕词。大会通过决议，号召致公党全市各级组织和全体党员，要高举邓小平理论伟大旗帜，坚持和完善中国共产党领导的多党合作和政治协商制度，致力为公，奋发有为，开拓创新，与时俱进，以新的业绩迎接中国共产党第十六次全国代表大会和中国致公党第十二次全国代表大会的胜利召开。

七、第六次代表大会

2007年3月29—31日，致公党上海市第六次代表大会在北京西路860号市政协江海厅召开。204名代表出席大会。大会主席团成员蔡建国致开幕词。全国政协副主席、致公党中央主席罗豪才和中共市委副书记罗世谦分别代表致公党中央和中共市委出席开幕式并讲话,中共市委常委、市委统战部部长杨晓渡宣读了中共市委的贺信。市政协副主席、台盟市委主委石四箴代表上海市各民主党派、市工商联致贺词,市侨联主席杨玉环代表上海市涉侨单位致贺词。会上,主席团成员吴幼英代表第五届致公党市委作工作报告,大会审议并通过了这份报告。大会选举产生由35名委员组成的致公党上海市第六届委员会。大会还选举产生27名党员为出席中国致公党第十三次全国代表大会的代表。在北京西路860号市政协常委会议厅举行的闭幕式上,大会向张重华、吴建生等退出致公党市委领导岗位的老同志宣读了《中国致公党上海市第六次代表大会致敬信》。大会通过决议,号召致公党全市各级组织和广大党员致力为公、奋发有为、开拓创新、与时俱进,为构建社会主义和谐社会、实现中华民族伟大复兴、完成祖国统一大业而努力奋斗。

八、第七次代表大会

2012年4月7—9日,致公党上海市第七次代表大会在南京西路1333号上海展览中心友谊会堂召开。出席大会的代表251名。大会主席团成员吴幼英致开幕词。致公党中央主席万钢、中共市委副书记殷一璀分别代表致公党中央和中共市委到会祝贺并致辞。致公党中央副主席严以新等参加会议。九三学社上海市委主委赵雯代表上海市各民主党派和市工商联致贺词。中共上海市侨联党组书记沈敏代表上海市涉侨单位致贺词。吴幼英代表第六届致公党市委在开幕式上作《致力为公,同心同向,为开创上海现代化国际大都市建设新局面而努力奋斗》的工作报告。大会审议并通过了工作报告。大会选举产生由39名委员组成的致公党上海市第七届委员会。大会还选举产生29名党员为出席中国致公党第十四次全国代表大会的代表。闭幕式上,中共市委常委、市委统战部部长杨晓渡讲话,张恩迪致闭幕词。大会向卸任致公党市委主委的吴幼英同志宣读了《中国致公党上海市第七次代表大会致敬信》。大会通过决议,号召全市各级致公党组织和广大党员高举中国特色社会主义伟大旗帜,始终做到与中国共产党同心同德同向同行,不断增进政治共识,认真履行"致力为公,参政兴国"宗旨,攻坚克难,积极进取,紧扣上海创新驱动、转型发展的主题,为"十二五"规划的顺利实施,加快推进"四个率先",加快建设"四个中心"和社会主义现代化国际大都市,为实现中华民族伟大复兴、完成祖国统一大业而不懈奋斗。

图6-2-2 2012年4月7—9日,致公党上海市第七次代表大会在上海展览中心友谊会堂举行

第二节　委员会全体会议

一、支部委员会会议(1980—1984 年)

致公党上海市支部委员会从成立至 1984 年 3 月第一次代表大会召开，其间共召开过 40 次支委会议、支委扩大会议。其中，1981 年 3 月 2 日，支委会议决定建立 5 个小组开展组织生活等活动。同年 3 月 7 日，支委扩大会议决定配备专职干部，设立开展党务工作的办公机构。同年 4 月 10 日，支委会增补吴肇光、奕纪梁为支部委员。同年 8 月初，支委会决定开展社会办学工作，决定借淮海中学校舍开办文化补习班。1982 年 2 月 13 日，支委扩大会议决定办《致公简讯》，此即《上海致公》之前身。1983 年 11 月 10 日，支委扩大会议专题研究“智力支边”“智力引进”问题。

二、市委会全体会议

致公党市委成立后，每届每年都举办若干次全体会议、全会扩大会议。

表 6-2-1　1984—1989 年致公党上海市第一届委员会全体会议情况表

会议名称	时　间	地　　点	主要议程及决定	备注
第一次全体会议	1984 年 3 月 21 日	—	选举致公党市委领导班子	—
第二次全体会议	1984 年 12 月 22 日	徐汇区政协礼堂	听取审议致公党市委 1984 年工作报告，讨论 1985 年工作要点、选举增补致公党市委委员和常委	扩大会议
第三次全体会议	1985 年 5 月 11 日	—	传达全国和上海人大、政协会议(简称“两会”)精神；讨论致公党市委下半年工作	扩大会议
第四次全体会议	1985 年 6 月 29 日	—	讨论并通过《基层工作意见》和《基层工作会议纪要》；选举增补副主委、常委	扩大会议
第五次全体会议	1985 年 12 月 28 日	—	总结 1985 年工作，规划与部署 1986 年工作	扩大会议
第六次全体会议	1986 年 3 月 18 日	—	传达中共上海市第五次党代会精神；部署 1986 年工作；增补致公党市委副主委	扩大会议
第七次全体会议	1986 年 8 月 21 日	—	传达中共中央统战部部长阎明复的讲话精神	扩大会议
第八次全体会议	1986 年 10 月 11 日	—	研究与部署学习中共十二届六中全会精神	扩大会议
第九次全体会议	1986 年 11 月 27 日	镇宁路 360 号致公党市委会议室	总结 1986 年工作，规划与部署 1987 年工作；推荐致公党中央委员候选人；通过参加致公党全国代表大会的人选	扩大会议

(续表)

会议名称	时　间	地　　点	主要议程及决定	备注
第十次全体会议	1987 年 3 月 7 日	镇宁路 360 号致公党市委会议室	传达全国和上海市统战工作会议精神；通过 1987 年工作计划；讨论贯彻执行全国和上海市统战工作会议精神的办法	扩大会议
第十一次全体会议	1987 年 9 月 8 日	镇宁路 360 号致公党市委会议室	传达致公党八届十六次中央常委会(简称“中常会”)精神	扩大会议
第十二次全体会议	1987 年 10 月 27 日	—	就组织成员认真学习中共十三大精神作动员	扩大会议
第十三次全体会议	1987 年 12 月 10 日	—	传达贯彻中共十三大会议、致公党八届十七次中常会精神	扩大会议
第十四次全体会议	1988 年 1 月 15 日	—	总结 1987 年工作，研究部署 1988 年工作	扩大会议
第十五次全体会议	1988 年 5 月 4 日	—	传达全国、市“两会”精神；传达致公党八届十八次中常会精神；通过关于产生致公党九大代表办法的决议	扩大会议
第十六次全体会议	1988 年 8 月 11 日	—	传达致公党中央召开的研讨会精神；决定表彰党务工作积极分子活动的工作要点	扩大会议
第十七次全体会议	1989 年 9 月 9 日	—	审议并决定致公党上海市第二次代表大会事项	扩大会议

表 6-2-2　1989—1992 年致公党上海市第二届委员会全体会议情况表

会议名称	时　间	地　　点	主要议程及决定	备注
第一次全体会议	1989 年 9 月 13 日	延安西路 200 号文艺会堂	选举致公党市委正副主委、秘书长；推举名誉主委	—
第二次全体会议	1989 年 11 月 15 日	—	部署学习贯彻中共十三届五中全会精神；传达致公党九届四次中常会精神；研究加强自身建设，提高参政议政水平，加强支部建设	—
第三次全体会议	1990 年 4 月 18 日	—	传达江泽民在“双月座谈会”上讲话精神和全国“两会”精神	扩大会议
第四次全体会议	1990 年 7 月 11 日	—	传达全国统战工作会议精神；听取中央代表团访问菲律宾情况报告	扩大会议
第五次全体会议	1991 年 1 月 31 日	镇宁路 360 号致公党市委会议室	传达致公党中央九届三中全会精神和中央召开主席办公会议情况	扩大会议
第六次全体会议	1991 年 5 月 17 日	镇宁路 360 号致公党市委会议室	传达全国、市“两会”精神，通报致公党市委 1991 年 1—4 月工作情况和 5—12 月工作要点	扩大会议
第七次全体会议	1991 年 6 月 13 日	镇宁路 360 号致公党市委会议室	讨论中共建党 70 周年“七一”纪念活动；增选副主委	—
第八次全体会议	1992 年 6 月 24 日	镇宁路 360 号致公党市委会议室	通过关于召开致公党上海市第三次代表大会有关事宜	—

表 6-2-3 1992—1997 年致公党上海市第三届委员会全体会议情况表

会议名称	时 间	地 点	主要议程及决定	备注
第一次全体会议	1992 年 7 月 8 日	—	选举产生致公党市委常委及领导班子	—
第二次全体会议	1992 年 11 月 17 日	—	推荐上海市人大代表、政协委员名单;讨论有关基层换届工作	—
第三次全体会议	1993 年 7 月 9 日	市政协 1603 室	总结换届一年来工作,讨论下半年工作	—
第四次全体会议	1994 年 8 月 11 日	镇宁路 360 号致公党市委会议室	汇报上半年工作,研究下半年工作;传达全国民主党派座谈会精神;选举增补致公党市委副主委等	—
第五次全体会议	1995 年 1 月 10 日	镇宁路 360 号致公党市委会议室	传达致公党十届三中全会精神,回顾 1994 年工作,部署 1995 年工作	—
第六次全体会议	1995 年 9 月 18 日	镇宁路 360 号致公党市委会议室	汇报 1995 年上半年工作;审议庆祝致公党建党 70 周年活动计划和下半年工作	—
第七次全体会议	1996 年 1 月 26 日	九江路 216 号罗马大酒店	汇报 1995 年工作总结;讨论 1996 年工作打算	—
*第八次全体会议	—	—	—	—
*第九次全体会议	—	—	—	—
第十次全体会议	1996 年 7 月 24 日	北京西路 860 号市政协衡山厅	传达全国和上海市两个统战工作会议精神;总结上半年工作,对下半年特别是基层换届工作进行安排	扩大会议
第十一次全体会议	1996 年 12 月 26 日	上海市政协武夷厅	审议 1996 年工作小结、1997 年上半年工作要点;增补致公党市委委员	扩大会议
第十二次全体会议	1997 年 4 月 11 日	陕西北路 128 号 1808 室	致公党市委关于换届工作汇报;增补致公党市委委员	—
第十三次全体会议	1997 年 5 月 6 日	市政协衡山厅	汇报致公党上海市第四次代表大会筹备工作,征求出席致公党全国十一大代表候选人名单意见	扩大会议

说明:* 三届八次和九次全体会议有关材料档案缺失。

表 6-2-4 1997—2002 年致公党上海市第四届委员会全体会议情况表

会议名称	时 间	地 点	主要议程及决定	备注
第一次全体会议	1997 年 6 月 24 日	民主党派大厦六楼多功能厅	选举产生第四届致公党市委常委及领导机构成员	—
第二次全体会议	1997 年 11 月 13 日	延安西路 129 号华侨大厦多功能厅	传达致公党第十一次全国代表大会精神	扩大会议
第三次全体会议	1998 年 1 月 9 日	上海市政协武夷厅	专题研究组织工作	扩大会议
第四次全体会议	1999 年 1 月 25 日	民主党派大厦	传达致公党中央全会精神;报告致公党市委一年工作	扩大会议

(续表)

会议名称	时 间	地 点	主要议程及决定	备注
第五次全体会议	1999 年 3 月 26 日	民主党派大厦 10 楼 1009 室	传达全国"两会"精神;通报致公党市委工作情况	扩大会议
第六次全体会议	1999 年 7 月 27 日	民主党派大厦 1311 室	传达中共市委七届四次全会精神及致公党中央常委会、中央参政议政和联络工作研讨会、全国侨代会精神;部署致公党市委下半年工作	扩大会议
第七次全体会议	2000 年 1 月 12 日	民主党派大厦六楼多功能厅	传达中共市委七届六次全会精神;总结致公党市委 1999 年工作,提出 2000 年工作思路;选举增补致公党市委委员	—
第八次全体会议	2000 年 12 月 21 日	民主党派大厦四楼会议室	传达全国统战工作会议和致公党十一届四中全会精神;审议致公党市委工作报告;选举增补致公党市委委员	扩大会议
第九次全体会议	2001 年 7 月 5 日	民主党派大厦 1609 会议室	学习江泽民"七一"重要讲话;传达致公党十一届十二次中常会精神;审议致公党市委上半年工作报告和下半年工作要点;增补致公党市委副主委、常委	扩大会议
第十次全体会议	2002 年 1 月 28 日	民主党派大厦六楼多功能厅	传达致公党十一届五中全会精神;听取审议致公党市委 2001 年工作报告和 2002 年工作要点;审议通过关于召开致公党上海市第五次代表大会的决议(草案);选举增补致公党市委委员、常委、副主委	扩大会议
第十一次全体会议	2002 年 3 月 19 日	民主党派大厦 1806 会议室	传达全国"两会"精神,选举增补致公党市委常委	—
第十二次全体会议	2002 年 6 月 7 日	民主党派大厦六楼多功能厅	学习江泽民"5·31"讲话精神和中共上海市第八次党代会精神;审议通过第四届致公党市委工作报告;研究召开致公党上海市第五次代表大会事项	—

表 6-2-5 2002—2007 年致公党上海市第五届委员会全体会议情况表

会议名称	时 间	地 点	主要议程及决定	备注
第一次全体会议	2002 年 6 月 22 日	民主党派大厦四楼会议室	推荐名誉主委,选举常委和领导机构成员,任命秘书长	—
第二次全体会议	2002 年 12 月 27 日	民主党派大厦六楼多功能厅	学习中共十六大精神;传达致公党第十二次全国代表大会会议精神;专题部署致公党组织发展工作	扩大会议
第三次全体会议	2003 年 7 月 4 日	民主党派大厦六楼多功能厅	听取 2003 年致公党市委上半年工作小结及下半年工作要点;俞云波作学习胡锦涛"七一"重要讲话动员	扩大会议
第四次全体会议	2004 年 3 月 19 日	民主党派大厦六楼多功能厅	传达全国"两会"精神;听取并审议常委会工作报告;表彰 2003 年先进集体和优秀党员	扩大会议

（续表）

会议名称	时　间	地　点	主要议程及决定	备注
第五次全体会议	2004 年 9 月 28 日	民主党派大厦六楼多功能厅	传达中共十六届四中全会和致公党十二届七次中常会精神；选举增补致公党市委副主委、任命秘书长	扩大会议
第六次全体会议	2004 年 12 月 21 日	民主党派大厦 1906 会议室	传达中共市委八届六次全会精神；传达致公党十二届八次中常会及三中全会精神；听取审议致公党市委常委会工作报告，部署 2005 年工作	扩大会议
第七次全体会议	2005 年 3 月 18 日	民主党派大厦六楼多功能厅	学习和领会进一步加强中国共产党领导的多党合作和政治协商制度建设的相关文件；学习全国侨务工作会议精神；传达全国“两会”精神	扩大会议
第八次全体会议	2005 年 7 月 28 日	民主党派大厦六楼多功能厅	传达中共市委八届七次全会精神；听取致公党市委上半年工作报告，布置下半年任务；选举增补致公党市委委员、常委	扩大会议
第九次全体会议	2005 年 12 月 20 日	民主党派大厦六楼多功能厅	传达致公党十二届四中全会精神；审议通过 2005 年致公党市委常委会工作报告，部署 2006 年工作；学习贯彻中共市委八届八次全会精神	扩大会议
第十次全体会议	2006 年 12 月 7 日	南京西路 1333 号上海展览中心友谊会堂友谊厅	听取审议致公党市委常委会工作报告；增选致公党市委委员、常委；接受俞云波辞去致公党市委主委职务，选举吴幼英为致公党市委主委；决定于 2007 年 4 月下旬召开致公党上海市第六次代表大会	—
第十一次全体会议	2007 年 3 月 20 日	民主党派大厦二楼会议室	传达全国“两会”精神；审议致公党上海市第五届委员会工作报告；审议通过拟提交致公党上海市第六次代表大会的相关文件；换届动员	扩大会议

表 6－2－6　2007—2012 年致公党上海市第六届委员会全体会议情况表

会议名称	时　间	地　点	主要议程及决定	备注
第一次全体会议	2007 年 3 月 30 日	民主党派大厦二楼报告厅	选举致公党上海市第六届委员会主委、副主委、常委，任命秘书长	—
第二次全体会议	2007 年 12 月 25 日	—	传达致公党第十三次全国代表大会精神，听取审议致公党市委常委会 2007 年度工作报告，部署讨论 2008 年工作	扩大会议
第三次全体会议	2008 年 7 月 11 日	民主党派大厦六楼多功能厅	传达致公党中央十三届三次常委会精神，总结致公党市委上半年工作，部署下半年任务；市侨办崔明华作《海外侨情于开创侨务工作新局面》报告	扩大会议
第四次全体会议	2008 年 12 月 23 日	民主党派大厦六楼多功能厅	传达贾庆林在沪视察时的讲话精神和致公党十三届二中全会精神；听取致公党市委常委会 2008 年度工作报告，部署 2009 年工作；邀请市发改委专家做上海经济发展形势的报告	扩大会议

(续表)

会议名称	时　间	地　　点	主要议程及决定	备注
第五次全体会议	2009 年 7 月 31 日	民主党派大厦六楼多功能厅	传达中共市委九届八次全会精神;听取审议致公党市委常委会 2009 年度上半年工作报告;传达致公党十三届七次中常会精神	扩大会议
第六次全体会议	2009 年 12 月 29 日	民主党派大厦六楼多功能厅	学习中央经济工作会议及上海经济工作会议精神;听取审议致公党市委常委会 2009 年度工作报告;传达致公党十三届三中全会精神	扩大会议
第七次全体会议	2010 年 7 月 26 日	民主党派大厦六楼多功能厅	传达致公党第十三届十一次中常会精神;听取致公党市委常委会上半年度工作报告和下半年工作部署;邀请中共市委党校教授作关于树立和践行社会主义核心价值体系的学习辅导报告	扩大会议
第八次全体会议	2010 年 12 月 27 日	民主党派大厦六楼多功能厅	审议通过 2010 年致公党市委常委会工作报告;传达致公党十三届四中全会精神;传达中共市委九届十四次全会及上海市经济工作会议精神;授予 36 位党员“参与世博、服务世博”先进个人称号	—
第九次全体会议	2011 年 7 月 15 日	民主党派大厦六楼多功能厅	学习胡锦涛“七一”重要讲话精神和中共市委九届十五次全会精神;总结上半年工作,部署下半年任务。选举增补致公党市委副主委和市委常委、委员	扩大会议
第十次全体会议	2011 年 12 月 23 日	民主党派大厦六楼多功能厅	学习中共十七届六中全会精神、中央经济工作会议精神;传达致公党十三届五中全会精神;审议通过致公党市委 2011 年工作报告和《关于召开中国致公党上海市第七次代表大会的决定》;听取中共市委宣传部领导作学习中共十七届六中全会精神辅导报告	扩大会议
第十一次全体会议	2012 年 3 月 28 日	民主党派大厦六楼多功能厅	学习胡锦涛在党外人士迎春座谈会上的讲话精神;审议致公党上海市第六届委员会工作报告;审议通过提交致公党上海市第七次代表大会的有关文件	—

表 6-2-7　2012 年致公党上海市第七届委员会全体会议情况表

会议名称	时　间	地　　点	主要议程及决定	备注
第一次全体会议	2012 年 4 月 8 日	南京西路 1333 号上海展览中心友谊会堂三楼	选举致公党市委主委、副主委、常委,任命秘书长	—
第二次全体会议	2012 年 12 月 27 日	民主党派大厦六楼多功能厅	传达致公党第十四次全国代表大会精神和中共市委十届三次全会精神;听取审议致公党上海市第七届委员会常委会 2012 年工作报告;邀请市人大常委会法工委负责人作学习中共十八大精神的辅导报告	扩大会议

第三章 履 行 职 能

致公党上海市组织建立后，积极组织党员参加各级人大和政协工作，参与政府大政方针和重大事项的政治协商，参与政府事务管理，认真履行参政议政、民主监督的职能，发挥了参政党应有的作用。

第一节 参加政治协商活动

政治协商是中国共产党领导的多党合作和政治协商制度的重要组成部分。《中共中央关于坚持和完善中国共产党领导的多党合作和政治协商制度的意见》制定后，1990 年 12 月 25 日，中共市委制定《关于加强统一战线工作坚持和完善中国共产党领导的多党合作和政治协商制度的实施意见》，上海的多党合作和政治协商逐步向制度化、规范化发展，走上了新的发展阶段。多年来，中共上海市委、市政府通过“双月座谈会”“专题协商会”“谈心会”等形式和制度性安排，开展同民主党派、无党派人士的政治协商。

1993 年起，中共市委同各民主党派上海市地方组织形成了以党外人士座谈会和民主协商会两种会议协商基本形式为主的政治协商制度。致公党市委和其他兄弟民主党派市委、市工商联的领导人、无党派人士应邀参加座谈会、协商会达 100 次，就中共市委贯彻中共中央大政方针的重要部署、对中共市党代会和中共市委重要文件以及市政府拟提请市人大会议审议的政府工作报告，对上海改革开放和经济、社会、精神文明建设，对党风和廉政建设等发表意见和建议；就担任市人大、市政府、市政协及市级司法机关领导职务的建议人选进行民主协商。致公党市委历任领导人本着肝胆相照、荣辱与共的精神，对政治协商的议题积极提出意见和建议，发挥了参政议政、民主监督作用，为中共实行科学、民主决策作出了贡献，得到了中共市委的充分肯定和重视。

1994 年 10 月 6 日，中共市委召开的党外人士座谈会上，致公党市委主委吴肇光对中共中央政治局委员、上海市委书记、市长黄菊传达中共十四届四中全会上作出的《中共中央关于加强党的建设几个重大问题的决定》，以及通报上海贯彻落实四中全会精神的部署给予高度评价，表示是新形势下加强执政党建设的纲领性文件，民主党派要以执政党为榜样，也要认真学习中共十四届四中全会精神，学习中国共产党从严治党的方针，加强自身建设，跟上形势的发展，与中共长期合作，风雨同舟，共同创造祖国美好未来。

1998 年 6 月 4 日，中共市委召开党外人士座谈会，通报中央对台工作会议精神。致公党市委主委俞云波在会上听取中共市委副书记、市政协主席王力平就贯彻中央对台工作会议精神，全面做好上海对台工作的情况介绍后说，中央对台工作会议，充分体现了以江泽民同志为核心的中共中央对祖国统一大业的高度重视。表示要根据民主党派自身特点和优势，更好地发挥参政党作用，为促进沪台两地的沟通、往来和交流合作，为促进祖国和平统一多做实事。并建议加强对台情的调查研究，有些问题可以与民主党派加强协商；简化台胞入境手续，从各方面加强与台胞的交流；有关部门要进一步支持帮助民主党派发挥优势，把对台工作做得更好。

2005 年 10 月 28 日，中共市委召开党外人士座谈会，议题涉及构建和谐社会问题。俞云波就致公党在社会发展中作用体现的途径，如参加政协会议、担任政府和司法部门领导职务，发挥致公党员专长立足本职服务社会，团结海内外华侨华人等作了阐述，并就其中存在的问题提出若干建议：比如民主党派要把参政议政关注焦点集中到为政府部门改进工作寻找和提供解决问题的方案与对策上来；比如鼓励致公党员努力协助基层政府和社区组织做好群众的工作，在文明社区的建设中发挥民主党派的优势；比如关注归侨侨眷、归国留学人员以及海外侨胞的民生问题，反映他们的呼声等等。

2010年7月21日举行的党外人士座谈会上，致公党市委主委吴幼英在听取杨雄副市长对上海世博会开幕以来运行情况的介绍后，就进一步完善相关工作提出建议：(1) 在世博会入园高峰期间开辟境外人士专用临时通道，给予境外人士(包括华侨华人)参观世博会以一定礼遇，体现出对远方朋友的热情和照顾，也以此吸引更多境外人士参观上海世博会，让“世界看中国”成为一个现实。(2) 邀请民主党派市委领导人参加世博会“国家馆日”活动，借世博会之机大力宣传中国政党制度等。

继2010年12月8日党外人士座谈会上，吴幼英谈了从细节入手进一步加强党风廉政建设的看法后，2012年12月25日致公党市委主委张恩迪在以“党风廉政建设”为主题的党外人士座谈会上，再次对上海反腐倡廉工作提出建议：对待网络反腐反应要快，回应要真，处理要严；通过宣传、鼓励和改进功能等措施妥善引导网络反腐力量；继续加大科技反腐力度，完善监管平台功能切实发挥监管作用，在建立信息共享机制中切实形成反腐合力。

第二节　参加人民代表大会

一、当选人大代表

从第五届全国人大起至第十届全国人大，每届都有致公党员当选全国人大代表，共计5人、8人次，其中1人、1人次任常委会委员。从第七届上海市人大起至第十三届市人大，每届都有致公党员当选市人大代表，共计42人、55人次，其中6人、6人次任常委会委员，1人、1人次任常委会副主任。

【全国人大】

第五届(1978年2月—1983年6月)

代　表：吴肇光

第六届(1983年6月—1988年3月)

代　表：吴肇光

第七届(1988年3月—1993年3月)

常委会委员：董寅初

代　表：董寅初　吴肇光

第八届(1993年3月—1998年3月)

代　表：吴肇光

第九届(1998年3月—2003年3月)

代　表：陈作义

第十届(2003年3月—2008年3月)

代　表：张重华

第十一届(2008年3月—)

代 表：邵志清

【上海市人大】

第七届(1981年3月—1983年4月)

常委会委员：董寅初

代 表：董寅初 焦瑞身

第八届(1983年4月—1988年4月)

常委会委员：林文进

代 表：林文进 焦瑞身 张清月(女) 匡达人(女) 陈作义 陈焕仁(女) 林铮墉 周国瑾

第九届(1988年4月—1993年2月)

常委会委员：林文进

代 表：林文进 陈作义 郑足珍(女) 高坤敏(女) 陈惟荣 黄慧娟(女) 郑金保 冯文捷 郑 强 陈焕仁(女) 黄诚爵

第十届(1993年2月—1998年2月)

常委会副主任：吴肇光

代 表：吴肇光 陈作义 郑足珍(女) 高坤敏(女) 邱荣芳 陈焕仁(女) 孙 玫(女) 冯文捷

第十一届(1998年2月—2003年2月)

常委会委员：张重华

代 表：张重华 李嘉吾 刘秀凤(女) 吴幼英(女) 吴建生 陈汝作 顾益鸣

第十二届(2003年2月—2008年2月)

常委会委员：吴建生

代 表：吴建生 任 进(女) 许复新 张立军 顾益鸣 黄 振

第十三届(2008年2月—)

常委会委员：袁 雯(女,2009年8月止)

代 表：叶 纹(女) 任 进(女) 刘燕刚 朱 磊 陈剑锋 陈志民 杨 晨 徐廉芳 鲍吾英(女) 聂 明 黄 振 黄惠敏(女) 袁 雯(女,2009年8月止)

此外,截至2012年,致公党员中有129人次被选为历届各区(县)人大代表。其中,1993年被选为各区(县)人大常委会委员共6人,周国瑾当选静安区人大常委会副主任;1996年被选为区人大常委会委员1人;2002年有5人被选为区人大常委会委员,陈汝作当选徐汇区人大常委会副主任;2006年有5人被选为区人大常委会委员;2011年有10人被选为区人大常委会委员,袁雯当选普陀区人大常委会副主任。

二、代表履职

上海担任全国人大代表的致公党员在2004—2012年召开的历次全国人大会议上,先后提出30

件议案、建议。其中,张重华代表根据自己从医时注意到群众看病难、看病贵的问题,在第十届全国人大第四次会议上提出意见:国家每年对卫生事业的投入增幅不能低于当年经济增长比率,要作为各级政府计划中一项约束性指标肯定下来;在保证医疗质量的前提下,千方百计降低医疗成本;尽量扩大医疗保险覆盖面,争取早日实现全国人民人人能享受基本医疗保障;加强对医护人员的职业道德教育,促使提高自律性;做好、做实城市卫生下乡、建立平价医院,发展商业医疗保险等正在进行的相关实事。

邵志清代表关注到农村义务教育阶段存在学生教学用具不足和餐饮方面问题,在全国人大第十一届一次会议上提出为农村义务教育阶段学生免费提供书包、文具和午餐的书面意见,认为国内农村经济发展情况总体还处于较低水平,有些地区低收入家庭数量较多,建议国家和地方政府进一步加大教育事业投入,可在2009—2013年期间分阶段实施为农村义务教育阶段学生免费提供书包、文具和午餐,并结合《国务院关于深化农村义务教育经费保障机制改革的通知》(国发〔2005〕43号)和全国农村义务教育经费保障机制改革工作会议的精神,提出九个方面的具体办法。其时正参与并负责推进上海信息化建设工作的邵志清代表在全国人大第十一届二次会议上海代表团的分组审议中,结合自己工作实践建议人大运用信息化的手段,为代表提供个性化的信息服务,他认为不管是“两会”期间还是休会时候,代表获得的资料都很有限,成为代表在履行职能时遇到的瓶颈。他建议利用电子化的方式为代表提供履职所需信息,由代表去自主选择,方便代表获取相关信息有利于提高工作的效率。邵志清代表在上海市经信委领导岗位已工作多年,他在2012年3月7日全国人大第十一届五次全会的上海代表团审议《政府工作报告》时指出,政府工作要从宏观层面加强布局,聚焦重点,避免重复建设和资源浪费;推进示范应用,通过政府采购等方式,积累先行先试经验;探索市场化机制,做好战略对接。

当选上海市人大代表的致公党员,在历年市人代会上,听取和审议市政府的工作报告、经济和社会发展计划的报告;审查上年度预算执行情况的报告及本年度预算草案,批准上年度预算执行情况的报告及本年度预算;听取和审议上海市人大常委会工作报告、市“两院”工作报告;选举市人大、市政府、市“两院”领导人。通过议案、书面意见、发言等形式,对上海大政方针、重要事务以及与人民群众关系密切的重大问题提出主张,反映各自选区选民的要求和意见,参与市人大组织的视察活动,督促市人代会各项决议的实施。1981—1992年的上海市人大会议上,致公党员中的市人大代表多次就上海市制定维护归侨侨眷合法权益条例、关于归侨出国探亲期间注销户口、关于归侨侨眷出国探亲出具海外经济担保等内容涉及侨务和知识分子政策,以及经济建设、教育医疗卫生改革、反腐倡廉等方面问题提出议案、书面意见等共61件。1993—2012年,致公党员中的上海市人大代表,在历次市人代会上累计提出110件议案和书面意见等。议案内容包括:法制建设、爱国主义教育、卫生工作入世后的对策、倡导“医德”、预防艾滋病入侵等多个方面。

比如在涉侨事务方面,郑强代表认为上海有3 000多归侨,侨眷30多万人,是有名的侨乡,但在集中反映民意的人民代表大会里却没有一个传递这部分人呼声的专门渠道,于是在市人大第九届一次会议上提出《上海市人大设立华侨委员会》的议案,经大会审议得到通过,在第九届二次会议召开时即增设了市人大华侨民族宗教委员会,并确定该委员会副主任中应至少有1名为归侨代表人士。林文进代表高度关注时有发生的违反宪法侵犯归侨、侨眷合法权益的事件,联合其他17位代表在第九届二次会议上提出《关于制订上海市归侨、侨眷合法权益保护条例》议案,指出目前立法条件已成熟,应及时制定地方法规去保护归侨、侨眷合法权益。在第九届二次、三次全会上,市人大代表中的致公党员还先后联名、单独提出《关于取消归侨子女出国交培养费》《关于30年以上教龄的归侨教师退休工资给予照顾》等项议案,不仅提出为归侨子女出国留学需交一笔不菲培养费问题解套的思路，还为30年以上教龄的退休归侨教师收入低导致生活困难问题呼吁保留100%工资。议案得到通过并在1993年付诸实施。

再比如医疗卫生也是代表关注的热点，市人大常委会委员张重华代表在第十一届五次会议上接连提出3件涉医的议案，针对20世纪90年代初以来第一批被继承的上海市名老中医、老药工中有三分之一作古的情况，他在《切实做好老中医(药)绝技的继承抢救工作》议案中指出，对确有特长、绝技的老中医、老药工，政府要加强人力、物力、财力的支持力度，组建能体现该专家医疗特色的专病医疗中心，配备德才兼备、年轻有为的学术继承班子，允许其子女作为带徒对象；专病医疗中心与政府卫生主管部门签订合同书，能在一定期限内，将老中医、老药工的绝技、特长真正继承发扬。面对中国加入世贸组织后出现的新情况，他在《充分发挥上海市行业协会(学会)作用》议案中呼吁：卫生行政管理部门应转变职能，摆脱原来办医院的具体事务，逐步实现管办分离、政事分离。深刻了解医院人事管理体制和机制方面问题的他，在《鼓励医生私人开业是有利之举》议案中分析了加入世贸组织后随着外资医院的进入，使公有制非营利性医院面临挑战的情况，具有前瞻性地建议有关部门制定鼓励医生私人开业的政策。张立军代表对上海仅有一家公惠医院，有相当部分低收入者基本医疗难以得到充分保障的问题，在市人大第十二届三次会议上提交《关于发展公惠医院，扩大基本医疗覆盖面的建议》的书面意见，建议政府有关部门制订发展公惠医院的具体思路和实施办法，可以把社区医院、一级医院转制为公惠医院，有关方面在财政上应给予公惠医院支持，以及在使用社保卡方面给给予优惠政策等。叶纹代表就社会上医患矛盾突出以及医务人员面临窘境的状况，在市人大第十三届一次会议上提议有关部门通过将中国古代医圣孙思邈的生日(农历四月二十八日)设立为上海"医生节"的做法，不仅提高医务工作者职业自豪感、荣誉感和责任感，也可在社会上培育尊重医务工作者的良好风气，保障医务工作者的合法权益，促进医患关系的进一步和谐。她还建议成立有法律工作者参与，邀请各方面专家形成化解医患矛盾的专业处置机制，切实推动医患之间良好关系的形成，在保障人民群众身心健康的同时关爱医务人员的身心健康。

此外，焦瑞身代表、陈作义代表获悉工资改革中对自行落实插队落户的知识青年在插队期间不计工龄，认为此举不尽合理，在市人大第八届二次会议上提交《关于在工资改革中插队知青工龄计算不合理问题》议案，希望能将这部分人在工龄计算上能与其他知识青年一视同仁。此议案被市工资改革委员会采纳。

对于如何保护上海市民饮用水安全的问题，林文进代表在九届一次会议上提交《关于修改黄浦江上游水源保护条例》议案，指出黄浦江水源的安全问题是一件关系到市民健康的大事，要进一步完善保护条例，切实执法加强水源地保护与管理。此议案得到通过。

上海市区留存有不少日本侵略军占领时的旧址遗迹，利用这些旧址遗迹可以对青少年展开爱国主义的教育，为此吴建生代表在市人大第十一届三次会议上提交《建议在30—40年代上海人民反对日本军队侵略的各个旧址处，立牌说明日军侵略的历史，以对市民特别是年轻一代进行爱国主义教育》议案，得到有关部门的响应。

第三节　参加政治协商会议

一、担任政协委员

从第五届全国政协起至第十一届全国政协，每届都有致公党员担任全国政协委员，共计7人、

14 人次，其中 3 人、4 人次任常务委员，2 人、2 人次任副主席。从第五届上海市政协起至第十一届市政协，每届都有致公党员担任市政协委员，共计 64 人、102 人次，其中 10 人、14 人次任常务委员，3 人、5 人次担任副主席。

【全国政协】

第五届(1978 年 8 月—1983 年 6 月)

委　　员：董寅初

第六届(1983 年 6 月—1988 年 4 月)

常务委员：董寅初

委　　员：董寅初

第七届(1988 年 4 月—1993 年 3 月)

委　　员：俞云波

第八届(1993 年 3 月—1998 年 3 月)

副 主 席：董寅初

委　　员：董寅初　俞云波

第九届(1998 年 3 月—2003 年 3 月)

常务委员：俞云波

委　　员：俞云波

第十届(2003 年 3 月—2008 年 3 月)

常务委员：万　钢　俞云波

委　　员：万　钢　俞云波　吴幼英(女)

第十一届(2008 年 3 月—　　)

副 主 席：万　钢

委　　员：万　钢　吴幼英(女)　张恩迪　段祺华　蔡建国

【上海市政协】

第五届(1981 年 3 月—1983 年 4 月)

常务委员：董寅初　赵维梁

委　　员：董寅初　赵维梁　叶鸿宝　陈失因　奕纪梁

第六届(1983 年 4 月—1988 年 4 月)

副 主 席：董寅初

委　　员：董寅初　叶鸿宝　陈失因　林秀清(女)　俞云波　郑竞辉　黄祖康　奕纪梁　李美良(女)　陈德川(女)

第七届(1988 年 4 月—1993 年 2 月)

副 主 席：董寅初

常务委员：俞云波　陈德川(女)

委　　员：董寅初　俞云波　陈德川(女)　林铮墉　林秀清(女)　郑竞辉　张清月(女)　奕纪梁　方仁念(女)　陈　平　周尔智　刘　植　吴月兰(女)　杨　容(女)

第八届(1993 年 2 月—1998 年 2 月)

常务委员：俞云波　陈德川(女)

委　　员：俞云波　陈德川(女)　陈昌福　奕纪梁　郑　强　顾利霞(女)　刘　植　吴月兰(女)　叶　朱(女)　朱泰隆　汪云山　杨　容(女)　周丽珍(女)　章树荣　林建基　顾芷芳(女)

第九届(1998 年 2 月—2003 年 2 月)

副 主 席：俞云波

常务委员：陈昌福　陈德川(女)　蔡建国

委　　员：俞云波　陈昌福　陈德川(女)　蔡建国　冯　涛　朱泰隆　杨　容(女)　劳爱娜(女)　吴念农　忻元龙　张连官　林建基　顾芷芳(女)　顾利霞(女)　徐维铭　高敦嶽　章树荣　葛永乐

第十届(2003 年 2 月—2008 年 2 月)

副 主 席：俞云波

常务委员：段祺华　蔡建国

委　　员：俞云波　段祺华　蔡建国　马晓晖(女)　王向朝　王宗尧　冯　涛　李松坚　朱传琪　任忠鸣　孙宝贵　吴　敏(女)　何建华　忻元龙　沈一基(女)　张恩迪　陈志民　陈国余　钟祥财　顾利霞(女)　董敏华

第十一届(2008 年 2 月—　　)

副 主 席：吴幼英

常务委员：王向朝　何建华　张立军

委　　员：吴幼英　王向朝　何建华　张立军　马　进　马晓晖(女)　凤懋伦　任忠鸣　许复新　许燕玲(女)　陈国余　陈　玲(女)　金国伟　钟祥财　袁　刚　夏金华　龚新高　董敏华

在此期间，致公党员中先后有 724 人次被推荐担任历届各区(县)政协委员。1993 年有 16 位致公党员任区(县)政协常委，其中汪云山任虹口区政协副主席，郑荣贵任徐汇区政协副主席，方厚贤任南汇县政协副主席；1996 年有 8 位致公党员任区政协常委，其中汪云山、陈汝作分别任虹口区、徐汇区政协副主席；2002 年有 14 位党员任区政协常委，其中方厚贤任南汇区政协副主席，周国瑾任静安区政协副主席；2006 年有 18 位党员任区政协常委，其中周国瑾、方厚贤分别连任静安区、南汇区政协副主席；2011 年有 26 位党员任区政协常委，其中马进任黄浦区政协副主席，刘燕刚任徐汇区政协副主席，徐廉芳任虹口区政协副主席。

二、委员履职

上海担任全国政协委员的致公党员在 2002—2012 年召开的历届历次全国政协大会上，先后累计提交了 76 件大会发言和提案。

自 1991 年起担任上海市人民检察院副检察长的全国政协常委俞云波，对社会上一段时间来诚信失范愈演愈烈的趋势深为担忧，在 2002 年 3 月全国政协第九届五次会议期间举行的致公党和民盟联组会上，呼吁警惕和重视因诚信失范给社会和人们思想上造成危害，引起参加该联组会的江泽民、李瑞环等中央领导的注意。随后，全国政协大会秘书处邀请俞云波到大会讲坛上就此作一个发言。俞云波在题为《诚信失范的思考与建议》的大会发言中,列举司法活动中的假书证、假凭证、假鉴定,经济活动中的假账、假发票、假冒商标、假审计报告,体育界的黑哨,学术界的剽窃等现象,指出“诚信失范已经成为中国当前的一大社会公害”“不讲诚信,弄虚作假的腐败已经严重地影响到党和政府的形象,已经影响到政策形成的科学性与正确性,影响到施政的效果”。针对干部队伍建设中的诚信问题,他从中央关于“以德治国”的要求出发,强调“国家干部、公务员在执行公务中要对上级讲真话报实情。地方对中央更要如此,这要作为政治纪律”“诚信要作为考核干部的内容之一,‘诚信才能望重,望重才能有成’,群众最欢迎讲真话做实事的干部”“当务之急要大力解决诚信失范的问题”。发言当即在会场中引起与会委员的共鸣,经《人民日报》《人民政协报》等12家主流媒体的转载报道,诚信问题顿时成为当时社会上一个关注度甚高的热门话题。

吴幼英委员高度重视为社会发展作出巨大贡献的农民工无序流动问题,在全国政协第十一届一次会议上她提交《运用法律和政策来引导全国农民工的有序流动》提案,指出在培育社会主义市场经济过程中自发形成的农民工劳动大军,事实上还处于少有人关注的无序流动状态,这是建设和谐社会不容忽视的一个隐患,会引发交通治安等各方面的问题,她认为必须予以高度重视,建议要站在全国的角度和高度,着眼于长远可持续,以法律法规为依据,以政策为引导,以措施为保障,对农民工流动及其相关的其他问题都放到一起来进行通盘梳理综合考虑,引导农民工流动趋于有序,为和谐社会建设打下基础。

段祺华委员针对近年来中国企业在“走出去”过程中遭遇众多反倾销调查、知识产权侵权指控等贸易纠纷应对不力的局面,在全国政协第十一届二次会议提交《关于中国涉外律师培养应上升到国家战略层面》提案,2009年5月13日全国政协举行办理协商会,段祺华在会上分析了其中的原因,主要是中国企业法律意识不强,对东道国当地法律规定和有关国际惯例了解不够;此外国内虽有15.8万名律师,但能熟练运用外语和法律知识对外交涉的律师仅2千人左右,其中熟知国际法、WTO规则,能直接打国际官司的律师更是凤毛麟角,在办理过程中往往受到外国律师挤压。因此他呼吁刻不容缓地多举措并进加大培养涉外律师人才的力度,具体可建立专门的律师学院,培养高端的专业涉外律师队伍作为国家发展战略的人才储备;对国内现有律师则开辟多种渠道进行培训等。他的这些建议得到参与提案办理协商会的委员们赞同,提案承办单位的负责人也交流了他们的想法,表示抓紧研究落实,认真做好该提案的办理工作。

蔡建国委员对遭到忽视的食品外包装污染提出看法,他在全国政协第十一届三次会议上提交的提案中指出,食品外包装由于印制过程中会用到含有苯类物质的油墨,苯类物质已被公认为有较强致癌可能性;而且还会使用到胶水,一般胶水中都含有芳香族和脂肪族等可能对人身体健康产生负面影响的有害物质。一些包装食品允许消费者把食品连同外包装一同高温蒸煮加热后食用,某些有害物质会在加热过程中游离出来渗进食品。他进一步指出国内食品包装方面法律法规缺失,职能部门执法中依据不足,管理上不能到位。他建言主管部门除了梳理出允许用于食品包装的材料、专用印刷油墨和胶水的产品目录清单,还要对这些用于印制食品包装材料的基础性资源实施生产使用许可认证制度;科研部门要研究、开发符合食品卫生要求、对人体和环境都无毒无害的产品,研究形成国家标准推广实施;食品卫生检疫部门应尽早把食品包装材料和食品本体一并纳入检测范围。他呼吁:要从速制定法律加以规范,使食品安全在管理上不留下盲点死角。

张恩迪委员对越来越多中国人因工作、学习、探亲等原因走出国门和散居在世界各地还有数千万的海外华侨安全问题表示关心,在全国政协第十一届五次会议上提交提案,提出了研究制定保护境外中国人和海外华侨华人的工作制度、适当充实和加强中国驻外使领馆中侨务工作的力量、与相关国际组织和当地华侨社团建立协作关系、进一步加强对出境工作中国人和海外华侨的自我安全教育以及遵守所在国法律、尊重当地习俗的教育等方面建议。

1993—2012年，致公党市委在市政协第八届至第十一届历次会议上累计提交了53篇大会发言和272件提案。内容涉及政策法规、经济金融、精神文明、深化改革、医疗卫生、文化教育、信息安全等诸多方面。比如市政协常委俞云波针对发生于1989年的政治风波之后的社会情况，代表致公党市委在市政协第七届三次会议上作题为《维护国家稳定，加强海外联谊》的发言，提出要把维护国家的稳定作为海外联谊工作的出发点；海外联谊工作要服从和服务于国家的稳定，在维护稳定的同时不断改善投资环境，做好海外工作和引进物资工作。院前急救是上海医卫事业中的短板，致公党市委通过深入调研获得大量第一手的资料，在市政协十一届五次会议上的大会发言中发出“上海院前急救‘少人’‘缺地’问题亟待解决”的呼吁，受到了各界人士的广泛关注，《解放日报》等沪上各大媒体对此进行了跟踪报道，上视新闻综合频道和东方卫视等电视传媒还就院前急救问题制作了专题节目。会后不久，有关部门表示，这篇大会发言提出的增加中心城区急救网点、建立急救医师职称序列等建议正在落实中。在此期间，致公党员中的市政协委员提交的个人提案达783件，其中杨容委员提交的个人提案就达182件。

致公党市委在历届市政协全会期间，先后有多件提案被评为“优秀提案”。比如1992年致公党市委在调研中发现，多年前建立的上海市见义勇为基金会遇到基金不足、资金来源缺乏的较大困难，在次年市政协第八届一次会议上提出《关于大力扶持见义勇为基金会的建议》提案，指出对于见义勇为的事迹不仅要通过新闻媒体大力宣扬，更重要的是要在社会形成理解并赞扬支持见义勇为的风尚，动员社会各方面支持见义勇为基金会就是重要途径，但是支持赞助的情况要在一定范围里予以公布和表彰。此外，财政部门应对见义勇为基金会增加拨款，可以在社会福利金中切出一块作为此项目的专款使用。该提案被评为“优秀提案”。发生于1997—1998年的亚洲金融危机，对中国经济金融发展形成很大压力，致公党市委通过调研在市政协第九届一次会议上提交《对防范金融风险提出建议》提案，建议有关部门对金融宏观调控政策的发布要注重连续性，提供相应的配套措施，并与《商业银行法》保持一致性；对金融机构、非银行金融机构及大小银行的监管力度应当一致；有步骤、有计划地释放国有企业试行现代企业制度改革的风险，政策性、导向性贷款宜由财政出资，银行代管；按行业、系统建立中小企业贷款风险基金，可根据贷款总额提取一定比例款项用于对企业贷款的担保；开展实用保险业务，完善使用保障机制，要求贷款企业参加常年财产保险和贷款保险；加强对信用卡发放的监管，加快银行之间及银行与有关部门间信息网络建设；成立地区性银行同业公会，规范协调区域内银行同业间的经营行为；加强职业道德建设和对银行监管人员的监督，试行金融从业人员宣誓上岗制度及银行管理人员个人财产申报制度。该提案被市政协评为“优秀提案”。致公党市委在调研总部经济时发现服务产业是重要的抓手，于是在2004年市政协第十届二次会议上提交《本市应进一步优化服务产业培育总部经济》提案。指出要使总部经济这棵大树能在上海这片土地上根深叶茂地发展，就需要服务业在现有基础上再踏上一个新台阶。为此建议：政府要对整个服务业作进一步的资源整合，要站在有利于总部经济发展的角度对城市服务产业结构、布局进行优化，以完善的发展环境吸引国内外的企业总部入驻上海；要进一步强化公务员服务意识，逐步提高政府服务效率和水准；要充分利用科学技术，有效提高服务业软硬件科技含量，放手培植为总部经济服务的中小高科技企业；要发展大批各种类型专业性中介服务机构，研究制定建立与现代服务产业相适应的政策法律体系；要大力吸引发展高质量服务业所需的各种优秀人才，并为他们营造人尽其才的宽松环境；大专院校和研究机构要积极参与到高级服务业人才的培训工作中来，

图 6-3-1　2004 年 4 月 19 日,致公党市委提交的《上海应进一步优化服务产业培育总部经济》提案被列为市政协重点提案

为入驻上海的企业总部提供他们所需的人才储备;社科、经济研究部门要积极为政府发展总部经济出谋划策,为政府解决发展总部经济过程中遇到一些技术性问题提供科学依据。该提案被评为“优秀提案”。

苏州河治理始终是上海城市建设中一件大事,致公党市委通过调研提出《关于疏浚苏州河底泥的分析及建议》提案,并在市政协第九届二次会议上提交同名提案,详细分析了苏州河底泥分布特征和苏州河底泥污染及对上复水体的影响,强调苏州河底泥疏浚是综合治理的必要措施之一,阐述了疏浚势在必行的主要原因和重要性,提出了苏州河底泥疏浚规模、时间以及底泥处置的方案。会议期间,副市长蒋以任说:致公党市委提出苏州河疏浚的提案很好,有关部门正研究具体实施办法。同年 3 月 16 日,该提案承办单位领导亲自到致公党市委讨论提案落实问题。2002 年 3 月,该提案的内容被列为当年上海市重大市政建设项目的第一号工程。

上海市郊农村发展什么产业是人们关注的焦点,致公党市委通过调研在市政协第九届三次会议上提出《建议沪郊农村发展劳动密集型、以农副产品为原料的加工业》提案,认为政府应在资金、科研、技术、甚至产品的销路方面,对发展沪郊劳动密集型的产业,特别是那些以农副产品为生产原料的产业给予特殊的照顾和扶持,帮其发展壮大,从而加快沪郊的城镇化进程,使农村的经济质量迈上新台阶。该提案被市政协列为“重要提案”。

致公党市委对浦东新区综合配套改革深入调研后,在市政协第十一届一次会议上提交了《以浦东综合配套改革为平台进行生产性服务业开放新探索》提案,深入分析了上海服务业与北京以及发达国家大城市相比还相当滞后的原因:尚未形成与国际接轨的市场准入环境;一些政策没有实施细则和操作方案,甚至没有实施的部门,导致一些鼓励性、开放性政策悬在空中;迄今出台的各种政策中优惠性政策多于功能性政策;设计创意和科技研发服务的比重偏低;生产性服务业的发展出现人才瓶颈;投资环境有待进一步优化;需要中央进一步帮助和支持。为此建议：在浦东新区先行先试适度开放有关生产性服务业领域的项目，一定要和中央已颁布的相关方针政策精神一致，可在国家尚未出台某些特殊专业服务行业资格审核认证制度和开业许可情况下，先行拿出不违背基本原则的解决办法。浦东新区培育生产性服务业时，应注意走符合国际惯例的市场化道路，加大立法进度，以逐渐形成一个操作规范有序的制度化环境。要组织研究力量，系统梳理与发展生产性服务业不相适应的具体表现，找出解决的路径，排出一个循序渐进的解决问题时间表，依次在新区试行。该提案受到市发改委、浦东新区政府等相关部门的高度重视，市政协将提案列为主席重点促办提案。

担任上海市政协委员的致公党员，在历次市政协全会上，听取并审议市政协常委会的工作报告和市政协提案工作的报告，列席市人代会，听取并讨论市政府工作报告和"两院"工作报告。参与市政协领导人候选名单的协商，参加市政协组织的各项视察活动，督促各项决议的实施。通过提案、发言等形式，反映委员和所联系群众的意见和建议，履行政治协商、民主监督、参政议政、反映社情民意职责，并在市政协全会期间以提案等形式参政议政。

比如在涉侨事务和归国留学人员方面，奕纪梁委员就上海归侨、侨眷知识分子状况展开调查后发现，还存在着"文化大革命"中被占住房、被抄物品未归还，工作安排不合理，住房困难，生活水平下降，评定职称等方面的问题，于是在 1982 年 4 月的市政协第五届四次会议上提出《关于重视落实侨务政策和知识分子政策》提案，得到上海侨务部门的重视，会同有关方面将遗留问题一一得到妥善解决。市、区侨联组织地位和专职干部紧缺成为上海侨联组织发展的瓶颈，在 1984 年 4 月间召开的市政协第六届二次会议上，市政协委员中的致公党员就此提出《关于重视侨联工作》的联名提案，后在市政府协调下有关部门发文明确了市、区侨联的地位——作为一级社会团体组织，并增加了市侨联专职干部编制数。杨容委员在第九届市政协会议期间提交的《强化归国留学生创业氛围》系列提案(共 6 件)被评为"优秀提案"。此外，她在第八届市政协会议期间提交的《为"九五"期间上海中医药事业的发展献计献策》系列提案(共 9 件)也是"优秀提案"，上述两个系列提案所提的建议，有多项被市政府侨办、市科委等相关职能部门采纳落实。

表 6-3-1　1992—2012 年致公党市委在市政协全会上的优秀(重要)提案情况表

年　度	提　案　名　称	备　注
1992	建议增加上海环卫投资，改善垃圾出路	优秀提案
1993	关于扶持见义勇为基金会的建议	优秀提案
1994	关于成立浦东新区"内联企业"协调部门的建议	优秀提案
1995	关于进一步改善经济投资环境的建议	优秀提案
1996	关于在房改中对新式里弄和公寓房子要区别情况予以出售的建议	优秀提案
1997	关于完善现代企业监督机制的若干建议	优秀提案
1998	对防范金融风险提出建议	优秀提案
2000	建议沪郊农村发展劳动密集型、以农副产品为原料的加工业	优秀提案
	关于本市家庭装潢业明确主管部门，加强统一管理规范市场运作的建议	优秀提案
	建议本市建立公用事业费用结算中心，实行水、电、煤三表统抄的便民措施	优秀提案

(续表)

年　度	提　案　名　称	备　注
2002	本市要提高金融、证券、社保、医疗等超大型数据库应变突发事件的能力	重要提案
	加强特大型城市防范灾害的研究,建立上海灾害预警应急机制	重要提案
	关于本市应进一步加强信息安全教育的建议	重要提案
	加强对社区管理工作监督的力度,提高社区工作的透明度	重要提案
	建议规范科普读物市场,不给邪说蛊惑人心的市场	重要提案
	关于本市加紧制定反家庭暴力相关条例,进一步保护老弱妇幼身心健康的建议	重要提案
2003	关于构建上海高层商住楼安全性能考核评价系统的建议	优秀提案
2004	关于发展本市民营文化企业的若干思考	优秀提案
	本市应进一步优化服务产业培育总部经济	优秀提案
	本市应把进一步规范社会用语列入培育“城市精神”之中	优秀提案
2005	建议本市通过立法的形式加强对个人征信工作的管理	优秀提案
	关于上海物业管理行业“四化”发展的建议	优秀提案
	废弃物再循环处理应引起社会各界的广泛重视	优秀提案
2006	要重视基层社区卫生机构在贫困人群医疗救助中的基础作用	优秀提案
	积极倡导推广“适宜技术”理念　切实遏制看病费用上涨势头	优秀提案
	建议逐步将在沪外来务工者再教育纳入上海塑造新市民教育体系	优秀提案
2007	开展行为节能宣传　建设资源节约型城市	优秀提案
	规范上海店招文字　落实《国家通用语言文字法》	优秀提案
	加强上海对外侨务宣传工作的若干建议	优秀提案
2008	以浦东综合配套改革为平台进行生产性服务业开放新探索	优秀提案
	在干部培训中要有应急、防灾等方面的教育内容	优秀提案
2009	关于大力发展家庭手工业　促进社会经济发展和就业的建议	优秀提案
	关于加大扶持力度　推动本市特色农产业做强做大的建议	优秀提案
2010	建立市级协调机制,统筹“异地办区”工作	优秀提案
	充分依托上海资源优势　推动华文教育事业发展	优秀提案
	关于创新模式、完善本市养老服务的建议	优秀提案
2011	医保衔接民政为低保人员就医提供便捷	优秀提案
	尽快立项并启动上海华侨历史陈列馆筹备工作的建议	优秀提案
2012	执行基本药物制度还要进一步细化	优秀提案
	上海院前急救“少人”“缺地”问题亟待解决	优秀提案
	关于加强社区文化活动中心人才队伍建设的建议	优秀提案

第四节　参与政府事务管理

一、担任政府和司法机构领导职务

1980年致公党在上海建立组织后，先后有多位致公党员担任市、区两级政府和司法机构的领导职务。1991年4月，在市第九届人大常委会第26次会议上，副主委俞云波被任命为上海市人民检察院副检察长。由民主党派成员担任省市级人民检察院的领导职务，不仅在上海是开篇，在全国范围也是首例。此前，周国瑾于1984年4月、1987年4月分别担任静安区第八、九两届政府的副区长。至2012年，在致公党员中共有8人，11人次分别担任市政府、市检察院和区政府的领导职务，其中担任市级领导职务有7人次，担任区级领导职务有4人次。

图6-3-2　2004年3月25日，浦东新区副区长张恩迪（右二）调研区重点教学单位——音乐特色学校上海市元培学校落实全面推行素质教育情况

表6-3-2　1984—2012年致公党党员担任政府和司法机关领导职务情况表

姓　名	职　　务	任　　期
俞云波	上海市人民检察院副检察长	1991年4月—2008年5月
吴幼英（女）	卢湾区副区长	1993年4月—2003年7月
	上海市监察委员会副主任	2003年7月—2007年3月

(续表)

姓　名	职　　务	任　　期
张恩迪	浦东新区副区长	2003年2月—2012年1月
	上海市民政局副局长	2012年1月—
邵志清	上海市信息化委员会副主任	2008年2月—2008年10月
	上海市经济和信息化委员会副主任	2008年10月—
蔡建国	上海市政府侨务办公室副主任	2010年12月—
袁　雯(女)	上海市教育委员会副主任	2010年12月—
周国瑾	静安区副区长	1984年3月—1990年3月
许复新	金山区副区长	2006年11月—

二、担任"特约(邀)四员"

根据1989年12月制定的《中共中央关于坚持和完善中国共产党领导的多党合作和政治协商制度的意见》的精神,中共市委从民主党派成员中聘任特约检察员、特约审计员、特邀监察员和特约教育督导员[简称"特约(邀)四员"],参与对政府有关部门的监察工作。至2012年,共有32人次上海致公党员被聘为市"特约(邀)四员"。

表6-3-3　1990—2012年致公党党员担任"特约(邀)四员"情况表

聘任单位	类　别	任　　期	姓　　名
上海市监察委员会	特邀监察员	1991年4月—2000年9月	桑秀明
		2000年10月—2003年9月	陈汝作　朱传祺
		2003年10月—2008年5月	张重华
		2003年10月—	沈一基
		2008年6月—	张培莉
上海市人民检察院	特约检察员	1990年4月—1991年4月	俞云波
		1991年7月—2003年8月	陈作义
		1991年7月—1998年6月	何炯年
		1998年7月—2009年3月	吴建生
		2003年9月—2009年3月	余季方
		2009年4月—	张立军　张恩迪
上海市审计局	特约审计员	1990年5月—1993年12月	林铮墉
		1994年1月—2003年10月	陈昌福
		2003年11月—	蔡建国

（续表）

聘任单位	类　别	任　　期	姓　　名
上海市教育委员会 上海市政府教育督导室	特约教育督导员	1990年11月—2003年8月	周国瑾
		1997年11月—2003年8月	张连官
		2003年9月—2008年7月	凤懋伦（2006年调入致公党市委机关工作）
		2008年7月—2010年12月	袁　雯
		2008年7月—	杨明棣

第五节　开展调查研究

致公党上海市组织自建立以来，紧紧围绕上海改革开放和发展中的热点问题，组织党员中的专家、学者和致公党市委机关干部，每年确定若干课题，开展专题调研，撰写调研报告，送市政府有关部门，向市人大、政协提出议案、提案。

1982—1992年，致公党上海市组织先后组织开展了10项课题的调研工作。调研内容重点围绕落实侨务政策和知识分子政策、加强海外统战工作、做好留学生工作以及经济建设、市政建设、治安综合治理和浦东开发开放等许多方面。1982年2月，致公党上海市支部委员会开展关于落实侨务政策和知识分子政策的调研，并形成报告送致公党中央和中共市委统战部、市政府侨务办公室，报告中所反映的问题引起了有关方面的重视。该调研报告在同年召开的市政协会议上作为提案，提出了要做好知识分子工作的建议。1986年6月，致公党市委主委董寅初赴美国探亲返沪后，就在美期间观察到的海外侨情，结合他探亲访友时与华侨华人的交流，以及与当地侨团接触并做工作的体会写成一份书面报告，提出开展海外工作的11点建议。董寅初将这份报告中的主要精神在中共市委统战部召开的海外统战工作研讨会上作了发言，书面报告则转呈中央有关部门，得到中共中央领导人和有关部门的高度重视。该报告对后来中共中央制定关于加强海外统战工作的文件起了一定促进作用。1990年6—8月，致公党市委调研上海的投资环境，形成《关于进一步完善外商在沪投资“软环境”的若干建议》，梳理出上海市投资“软环境”中存在的10个问题，提出了重新汇编中英对照的现行涉外经济法规并公开出售、编印反映上海地区现行基础情况的资料、增设涉外经济咨询服务机构、派出与外商谈判项目的人士应由熟悉业务与国际商务的专业人士组成、确保中方对三资企业的管理权、加强对涉外人员的培训等建议。此项研究成果还转化为市政协七届三次会议上致公党市委的集体提案。

1993—2002年，致公党市委组织党内外专家、学者和具有较强调研能力的党员，累计开展了22个课题的专题调研。调研所取得的成果都转化为致公党市委在市政协会议上的提案和建议，或在市政协会议上的大会发言。如1996年《关于完善现代企业监督机制的若干问题》调研报告得到中共市委领导重视，被中共市委领导批转给有关部门。中共市委统战部办公室将其作为重要信息上报，入选“十佳信息”。在市政协八届五次会议上，致公党市委以此研究成果作为大会发言，并形成3件提案，其中《关于银行代表参加现代企业监事会的建议》的提案，被第八届市政协评为“优秀提案”。2000年《关于切实做好网络信息安全工作的几点建议》的调研报告，转化为致公党市委在市政协九届四次会议上的1篇书面发言和3件提案，其中《建议上海市制定信息安全条例，保护国家安全》的提案被列为大会"重要提案"。这份调研报告还受到市政府信息办、市公安局等部门的重视,他们认为报告提出的问题很及时、很重要。2001 年《加入 WTO 对上海吸引留学人员回国创业的影响及其对策》调研报告,被上海社会科学院编入《2002 年上海社会报告书》。此研究成果还转化成致公党市委在市政协九届五次会议上的 1 篇书面发言和 1 件提案,提案的题目是《进一步拓宽和畅通留学回国人员参政议政渠道的建议》。

自 2003 年起,致公党市委除认真完成中共市委、市政协委托的课题调研及自行确定的重点课题调研外,还积极参与致公党中央、中共市委统战部、市教委等组织的课题调研。同时将参政议政与海外联谊相结合,带着课题到出访国调研。如 2005 年出访菲律宾期间,就医疗救助问题展开调研,并将研究成果融入《关于上海市贫困人群医疗救助的若干思考》专题调研报告中。2006 年出访日本、新加坡期间,就非居住类建筑节能改造问题进行调研,并将国外的经验融进《上海市非居住类既有建筑节能改造对策研究》调研报告中。据统计,2003—2007 年,共完成 19 项重点课题调研。在 2003 年 12 月召开的致公党中央参政议政表彰大会上,致公党市委被评为参政议政工作先进集体,并在大会上作交流发言。《上海高层商住楼使用安全状况调研与对策》(2002 年)等 3 项研究成果获优秀课题奖。

图 6-3-3　2005 年 9 月 16 日,致公党市委"贫困人员医疗救助"课题组在菲律宾国家医保总公司营业网点调研

2008—2012 年,致公党市委与市政协、市决咨委、市教委、市科委等部门密切合作,紧紧围绕上海经济社会发展大局,对"经济转型""环境保护""乡村发展""社会养老""教育医疗""留学归国人员在沪创业"等方面存在的突出问题和"离岸金融""后世博开发""培育碳金融市场"等前瞻性课题进行了深入调查。致公党市委领导班子成员亲自挂帅,各基层组织和党内专家积极参与,圆满完成了

28个重点课题的调研，为中共市委、市政府正确决策提供了参考依据。其中，《低碳经济中碳金融市场设计相关问题研究》(2010年)的课题成果被列为上海发展储备项目；《生产性服务业发展的着力点及对策》(2008年)等多个课题获致公党中央优秀课题奖；《农民工教育的现状、问题和对策》等3个课题的调研报告分别被收入2008年、2009年、2010年《上海社会报告书》。《上海市归国留学人员创业情况调研报告》(2009年)、《借助浦东新区综合配套改革先试先行开展离岸金融业务探索研究》(2008年)等研究成果均先后转化为致公党市委在市政协大会上的发言材料；《关于促进上海行业协会进一步发展的若干问题调研》(2011年)的研究成果，被转化为《关于进一步完善行业协会管理体制的若干建议》的提案送市政协全会。

图6-3-4　致公党市委参政议政工作荣获致公党中央参政议政先进集体表彰，调研报告连续多年被收入《上海社会报告书》

2010年，致公党市委再次被致公党中央评为“参政议政先进集体”。

第六节　举办专题论坛

一、长江三角洲区域合作发展论坛

由致公党上海、江苏、浙江三地组织共同举办的长江三角洲区域合作发展论坛，首次会议于2007年7月9—10日在沪举行，主题为“长三角区域合作协调机制探索”。致公党上海市委主委吴幼英，致公党江苏省省委主委黄因慧，致公党浙江省委副主委梁细弟及三地党内外有关专家学者30

人出席会议。市政协经济委员会陈祥麟主任对苏、浙、沪致公党同仁共商长三角地区发展大计做法予以肯定,认为有助于整合社会各方面资源。与会专家学者对影响本地区经济进一步发展的一系列热点、难点问题展开热烈讨论。江苏专家从制度创新的视角切入,浙江专家对科技合作前景的解析,上海专家提出第三方培育的问题,有效拓展了长三角地区融合发展的思路。专家们对建立长三角区域协调机制应处理好的几大关系、对政府在长三角合作中的定位、对长三角与国内外其他区域协调发展的比较研究、对目前相对比较成熟的长三角旅游一体化介绍、对不同城市群在发展长三角中的作用、对长三角合作协调目标与主要突破口的分析等,分别作了阐述,提出了一系列建议。此后,长三角区域合作发展论坛出席范围扩大到致公党安徽省委,坚持每年一次轮流在沪、苏、浙、皖举行。

2008 年 9 月 21 日,主委吴幼英率上海专家参加在江苏省扬州市召开的以"长三角区域合作中的产业布局与产业整合"为主题的第二届"长三角区域合作发展论坛"(简称"合作论坛")。2009 年 8 月 7—9 日,致公党市委副主委邵志清率上海专家参加在浙江省杭州市召开的以"长三角地区中小企业如何转型升级应对金融危机"为主题的第三届"合作论坛"。2010 年 8 月 6—8 日,主委吴幼英率上海专家参加在安徽省合肥市召开的以"长三角区域自主创新"为主题的第四届"合作论坛"。

2011 年 7 月 19 日,在沪上海宾馆召开以"低碳经济与碳排放权交易"为主题的第五届"合作论坛",主委吴幼英、安徽省委主委谢广祥出席,与会的还有江苏省委副主委杨德才、浙江省委副主委杜时贵、安徽省委副主委程晓舫、吴春梅,中央参政议政部副部长程向前、中共市委统战部副部长吴捷等领导,以及四省市的 30 多位专家学者。在论坛上,专家学者围绕"低碳经济"这个关键词展开讨论,着眼创新驱动、转型发展,提出了一系列促进低碳经济发展的建议。会议期间,专家学者还考察了上海节能环境产业园、上海环境能源交易所等处情况。

图 6-3-5 2011 年 7 月 19 日,主题为"低碳经济与碳排放权交易"的第五届"长三角区域合作发展论坛"在上海宾馆举行

2012年8月20—21日，主委张恩迪率上海专家参加在江苏省南京市召开的以“后金融危机时代长三角实体经济发展与提升”为主题的第六届“长三角区域合作发展论坛”。

二、致公·张江论坛

“致公·张江论坛”(简称“张江论坛”)是致公党浦东新区区委与上海张江高新技术创业服务中心基于两家精神文明共建的良好基础，创立的一个旨在发挥致公党人才库、智力库优势，服务张江中小企业的公益性论坛，受到致公党中央、致公党市委、中共上海浦东新区统战部、张江功能区等各方面领导的关心和支持，自2008年10月—2012年每年举办1届，已举办5届。

2008年8月国际金融危机爆发，国内中小企业深受影响。10月以“金融风暴下的科技型中小企业应对策略分析”为主题的“致公·张江论坛”召开，中央副主席严以新为论坛揭幕。论坛在张江中小企业与政府间架设起一座直接沟通的桥梁，受到中小企业欢迎。

2009年4月10日，以“金融携手科技，助推企业成长”为主题的第二届“致公·张江论坛”召开，致公党员、开信创业投资公司董事长王方路根据中小企业融资现状着重分析吸引私募融资的重要因素；致公党员、上海证券交易所公司管理部高级经理顾斌结合国际上创业板的发展状况解析中国创业板的相关规则。论坛为中小科技型企业如何应对风险出谋划策。

同年12月3日，由致公党中央主办，致公党市委和中央留学人员委员会联合承办的“中国发展论坛·浦东论坛”在浦东张江龙东商务酒店举行。本次论坛也是第三届“致公·张江论坛”，主题为“经济走势与企业机遇”。致公党中央常务副主席王钦敏出席论坛并致辞。会议期间，中共市委常委、浦东新区区委书记徐麟会见了致公党中央领导和与会专家学者。致公党中央副主席严以新出席论坛，致公党市委主委吴幼英主持论坛开幕式。王钦敏指出，致公党中央举行本次论坛的目的，就是要借助党内外专家、学者的力量，共同展望2010年中国经济走势，探索中国企业发展的机遇，为企业克服发展中困难提供对策和思路。来自国内的知名专家、学者和企业家在近三小时的主旨演讲和互动中，着重介绍了当前经济形势以及上海经济的发展趋向，分析了企业面临的生存状况，阐述了对企业如何应对危机的看法，并和与会者就相关问题进行了交流。中共市委统战部、中共浦东新区区委、区政府的有关领导出席与会，150位致公党员和张江留学归国创业人员代表与会并参与互动。

2011年11月9日在浦东张江高科技园区，召开“以科技金融助推企业发展——复杂经济形势下的科技型中小企业融资”为主题的第四届“致公·张江论坛”，致公党中央副主席严以新等致公党和浦东新区有关领导出席，张江管委会主要负责人和来自金融、经济、知识产权、决策咨询以及主流媒体的多位专家，与来自科技型内外资企业的负责人，就当前中国经济的宏观走势、企业创新、回国创业、张江服务、民企扶持、融资贷款等，进行主题演讲，展开深入讨论，在中小企业融资、多层次科技金融平台、创新科技金融突破发展瓶颈、营造有利于企业发展的良好环境、实现科技型中小企业平稳快速发展等方面形成一系列真知灼见，不但受到了论坛现场许多企业家的欢迎，也吸引了逾10万人通过微博的形式进行“围观”。论坛举行期间，进行了新浪官方微博实时转播，讨论话题在海内外微博粉丝中引起热议，在3个小时内先后有来自欧美亚和大洋洲等地的600多位粉丝通过留言参与讨论。在论坛上，还进行了致公党浦东新区区委与上海张江高科技园区新一轮共建协议的签约。

2012年12月10日在浦东国际人才酒店，召开以“创新转型与第三次工业革命”为主题的第五届“致公·张江论坛”,致公党中央副主席严以新、致公党市委主委张恩迪等致公党和浦东新区有关领导出席,张江(集团)有限公司总经理丁磊和《福布斯》中文版杂志及福布斯中文网总编辑周健工、上海社会科学院经济研究所研究员钟祥财、华东师范大学经济地理学教授杜德斌、深圳市半导体行业协会秘书长蔡锦江、新车间创始人李大维等分别作主题演讲,对张江园区在国家宏观经济形势调整的大背景下,近年来一直在营业收入和税收等方面保持两位数复合增长的现象展开分析,认为这是园区注重产业结构调整、注重发展战略性新兴产业、注重抓设计和销售两端的具体体现,反映张江园区在创新驱动、转型发展中的示范引领作用。论坛同步进行微博视频直播,在 2 个多小时论坛期间,国内外逾 32 万人次参与讨论。

第七节　反映社情民意

图 6-3-6　2004 年 4 月 19 日,致公党市委召开参政议政工作会议

了解和反映社情民意是履行参政党职能的重要方式之一。致公党市委重视反映社情民意工作,1992—1997 年就向市、区有关部门传送了 74 条社情民意信息。此后又多次召开社情民意工作会议,研究、制定反映社情民意的工作办法,逐步建立、完善社情民意报送网络,向基层广泛征集各类信息稿件,及时向致公党中央、上海市政协、中共市委统战部上报,内容涉及教育、卫生、宣传、交通等各领域。

2005 年,针对《中共中央关于进一步加强中国共产党领导的多党合作和政治协商制度建设的意见》制定、连战与宋楚瑜访问大陆、涉日游行事件,致公党市委及时将有关领导和专家学者的意见、建议呈报致公党中央与中共市委统战部。报送市政协的《关于完善政府采购监管制度的建议》《限制外资炒房是抑制上海房价上涨的重要措施之一》《应重视对民工进行文化素质教育》等 7 条建议相继刊载于市政协《社情民意》第 5、22、66、67、74、87、91 期,受到有关方面关注。同年 12 月,致公党市委被致公党中央授予参政议政信息工作优秀组织奖。

2006 年,致公党市委又及时将有关领导和专家学者针对台湾当局终止“国统会”和“国统纲领”、日本首相参拜“靖国神社”等问题的意见与建议,呈报致公党中央与中共市委统战部。同年,致公党市委报送给致公党中央和市政协等的社情民意共计 80 篇,被市政协采用 24 篇,致公党中央采用 46 篇。其中,俞云波等提出的《上海应在海外统战中发挥更大作用》《要妥善处理改善居民生活与建筑保护之间的关系》等建议,相继刊载于市政协《社情民意(专报)》上;《要重视地铁电视的宣传窗口作用》《应对业主委员会成员进行培训》等刊载于市政协《社情民意》上;报送给中共市委统战部的《发挥宗教在构建和谐社会中的独特作用》被《上海统战专报》采用。这些信息都受到有关方面的关注和重视。

2007 年,收到社情民意信息 335 篇,编发社情民意信息 83 篇,致公党市委及时向市政协报送 78 篇,向致公党中央报送 71 篇。市政协采用了 30 篇,《关于修改并完善“汉语拼音方案”的建议》等

3 篇被全国政协采用，特别是《代煎中药也要制定行业标准按照规范操作》的信息，收到了国家中医药管理局专门复函表示赞同，表示该标准已委托相关部门制定。

2008 年致公党市委推出一系列加强社情民意工作的新举措：一是就社会热点问题不定期召开“聚焦沸点”座谈会，听取党内外专家的意见与建议；二是围绕中共市委和市政府中心工作，收集、上报有关信息；三是着力开掘基层信息源。以此为基础，致公党市委社情民意信息从数量到质量呈现稳步提高的趋势。2008 年 4 月初提出的《建议组织西藏今昔对比展览到海外去巡展》，市政协刊载在《社情民意》28 期并报全国政协，中共市委统战部也采用刊载于《上海统战专报》“综合与摘要”栏并报中央统战部。4 月底、5 月初，中央有关部门即组织了西藏相关展览。同年，一位老党员、印尼归侨反映的《呼吁有关驻外使领馆、涉侨机构注意工作方式、方法，以保障海外华人在居住国的合法权益》，致公党市委第一时间报送致公党中央和中共中央统战部，国侨办对此十分关心，很快会同外交部采取有效措施，改进工作方式，以更好地保障海外华人在居住国的合法权益。2010 年，致公党市委被致公党中央评为“信息工作先进集体”；2011 年，致公党市委报送的社情民意被致公党中央采用的数量，在各兄弟省市组织中排名第二。

2007 年—2012 年 3 月中旬，致公党市委累计收集到社情民意有 1 757 件，经甄选加工后报送致公党中央、上海市政协、中共市委统战部等部门，其中被这些部门采用的合计 383 件，有 34 件得到市领导批示，3 件分别获得 2007 年、2009 年、2010 年“上海统战系统十大好信息奖”。2012 年 4 月致公党市委换届后至当年底，共收到社情民意 336 篇，编辑报送 126 篇，《本市院前急救“少人”、缺地亟待解决》等 4 篇信息得到市领导批示；被全国政协、中共中央统战部采用的社情民意信息分别为 11 篇和 12 篇，内容涉及《关于与尼泊尔开展全方位、多层次交流的建议》《大学招考乱象应引起关注》《保障房建设公建配套设施也要跟上去》等。据统计分析，致公党市委报送的社情民意信息综合采用率超过 70%，在被采用信息的中涉及侨海内容的占到十分之一，如《应重视吸引外国优秀人才》《关于进一步加快落实华侨陈列馆（博物馆）相关筹备工作的建议》等，侨海方面的社情民意信息其他民主党派一般较少关注到，通过涉侨参政党——致公党的途径反映上去，对维护侨益具有突出的现实意义。2012 年致公党中央对 2011 年度参政议政成果进行表彰，致公党市委的 12 篇信息与提案被评为中央参政议政优秀成果，在各省级组织中名列前茅。2012 年上海市政协在召开的社情民意工作会议上，特别指出致公党市委社情民意采用率最高达到 91%。

第四章　海外联谊

海外联谊工作是一项充分体现致公党“侨”“海”特色的工作，致公党市委始终坚持以维护国家稳定、推动经济建设、促进祖国统一为指导思想，以争取侨心为目的，以不忘老朋友、广交新朋友为方针，有计划、有步骤、有重点、有针对性地开展海外联谊工作。

第一节　建立海外联谊网络

致公党市委于1998年1月成立了海外联络工作委员会，以加强对海外联谊工作的领导。2002年7月，又在各基层组织增设一名联络委员，负责了解与落实本组织所辖致公党员开展海外联谊的相关工作。至此，形成了“市级组织—基层组织—致公党员”三级联络网络，并通过经常性务虚会议、统计报表沟通掌握情况。在三级联络网络中，不同层面的工作各有侧重，比如市级组织以联系海外侨团及知名华侨华人为主，并衔接致公党中央和中共市委、市政府，反映情况，配合工作；基层组织以联系本地区致公党员海外亲友中有社会影响的知名人士为主，并衔接致公党市委和所在地区、部门的中共党组织、行政部门，反映情况，配合工作；致公党员则以亲情为纽带，重心放在联系自己在海外的至亲好友上，并衔接所在基层组织反映情况，配合工作。网络建立起来后，整个致公党市委的海外联络工作上下职责分明，重点与面上做到统筹兼顾，呈现出一个协调有序的新局面。

第二节　服务侨胞

中国致公党是涉侨参政党，致公党员有的本人是归国华侨、侨眷，有的是归国留学人员，有的在海外许多国家和地区的华侨、华人中有亲戚朋友；致公党市委的领导人，有些直接当选过各级归国华侨联合会的领导，比如俞云波、吴幼英先后担任过全国侨联副主席；董寅初、吴幼英先后担任过上海市侨联主席，其中董寅初还曾是全国侨联顾问；郑竞辉、林文进、陈作义、吴建生等先后担任过市侨联副主席。还有部分致公党员先后担任过区（县）侨联主席、副主席、秘书长等职。因此，致公党市委一直以来把服务侨胞作为海外联谊工作中的一个重要内容。1980年12月致公党上海市支部委员会成立后，至1984年3月，粗略统计就协助市有关部门，为党员和归侨、侨眷平反冤假错案，改正错划右派，妥善处理被占住房，以及解决调资、职称等问题500多件。这些工作不仅使被落实政策的人自己心情舒畅、精神振奋，而且使他们的海外亲人认识到中共真正在做拨乱反正的工作，体现了有错必纠的铁面无私精神，进而增强了海外侨胞的爱国热情。担任上海市政协委员的致公党员，在市政协历届会议上，为落实侨务政策和知识分子政策、维护归侨、侨眷合法权益，先后提出过不少维护归侨侨眷利益的涉侨提案，使国家有关部门及时调整和完善相关的侨务政策，解决了归侨知识分子在生活、学习、工作中遇到的不少困难，本地的各级侨联工作条件因此得到极大的改善，市人大因此有了关注华侨事务的专门委员会，有关部门因此着手完善留学生工作，侨界人士参与浦东开发开放因此获得机会，对侨资企业的服务因此得到改进，归国留学人员投资园区因此得到了扶持，来沪就读的华侨、港澳同胞子女在办理手续过程中遇到的问题因此迎刃而解，如此等等。当选市人大代表的致公党员在历届上海市人代会上，也提出了不少议案和书面意见，比如要求制定上海地方的归侨、侨眷合法权益保护条例，取消归侨子弟出国需交不菲培养费，从事教育超过 30 年的归侨教师退休工资给予适当照顾，等等。此外，在 1988—1992 年的上海市人大会议上，这些市人大代表多次就上海如何制定维护归侨侨眷合法权益条例，以及有关归侨出国探亲期间注销户口和需出具海外经济担保等一系列具体问题向市政府职能部门提出意见、建议，所提的这些主张都得到相关部门的重视，基本上予以采纳。

2007 年，致公党市委大力推动上海市“五侨”（市人大侨民宗委、市政府侨办、市政协港澳台侨委员会、致公党市委、市侨联）互动机制，充分利用“五侨”联席会议这一平台与全市的涉侨单位一起，联合开展“侨法宣传月”等活动，各区委和直属组织以丰富多彩的形式开展旨在宣传“侨法”和为侨服务的活动。致公党市委还通过市侨办、市侨联、市妇联等单位向有关方面申请帮困资金，并拨出部分资金对致公党员中有特殊困难的归侨侨眷进行慰问帮扶。2008 年新年伊始，致公党市委就结合市侨办、市侨联、市慈善基金会等资源，做好新年侨界帮困送温暖工作，对数十名生活困难的致公党员进行了资助。国际金融危机爆发时，致公党市委及时深入多家侨资企业和致公党员主办的企业了解情况展开调研，了解在复杂情况下这些企业遇到的困难和需求，一是及时送去致公党组织的关心，二是宣传政府主管部门推出的应对危机政策，以及与此相关的各种信息。致公党市委还积极整合党内资源，引导党员企业家为归侨子女择业、就业和创业提供机会，同时在《上海致公》杂志上刊登就业信息，为归侨和侨眷提供力所能及的帮助。2009 年，致公党市委与市侨联一起提出了在上海建立华侨博物馆的创意，2012 年更进一步提出应尽快开展涉侨文物的征集工作，以此推动涉侨相关工作的落实。2012 年致公党市委再与市侨联一起，就如何帮助生活困难的早期退休归侨问题提出解决的思路，被政府部门采纳后终于使遇到难题的早期归侨生活得到改善。

新修订的《中华人民共和国归侨侨眷权益保护法》颁布后，致公党市委即组织力量学习宣传，除了与市侨联合作开展“侨法宣传月”活动，同时对《上海市实施〈中华人民共和国归侨侨眷权益保护法〉办法》草案（简称《办法》）提出了多项修订建议。2010 年初获悉《办法》即将修订，致公党市委十分重视，于同年 3 月 23 日召开专题座谈会听取党内一些老归侨和侨眷对《办法》修订草案征求意见稿的意见和建议，经汇总整理后报送有关方面，其中不少建议被采纳，使得 2011 年 3 月 1 日正式施行的《办法》能更好地发挥保护归侨侨眷合法权益的作用。例如关于侨务专项经费，在“征求意见稿”中只写“市人民政府应当将侨务工作专项经费列入同级财政预算”，没涉及区（县）政府财政。事实上侨务工作要能够正常、有序地开展，不仅需要市级财政的支持，区（县）甚至乡镇也需要投入经费。致公党市委基于这一认识提出在区（县）各级财政中，增加支持侨务工作经费的力度。最终《办法》采纳了该条建议，明确规定“各级人民政府应当将侨务工作专项经费列入本级财政预算，并予以保障”。这一规定，使区（县）乃至乡镇开展侨务工作时的经费在法律层面上固定下来，对于加强全市侨务工作具有重要意义。又如关于归侨侨眷出境定居后回国方面的有关规定，在“征求意见稿”中是这样要求的，“一年内返回本市要求恢复户籍的，由公安部门办理恢复户籍手续”。从实际情况来看，“一年”的规定反映出有关部门对现状了解不够，很多家庭子女在国外定居，父母出国去照顾孙子、孙女下一代，过两三年又准备回国定居要求恢复户籍的不在少数，因此关于“一年”的规定在操作上会有很多困难，致公党市委建议应适当放宽相关规定。在最终出台的《办法》修订版中对此规定作了虚化处理，不予以强调。此外，致公党市委对《办法》的文字等细节方面提出的具体修改建议也得到采纳。

第三节 接待来访

中国致公党上海市支部委员会建立不久，即配合有关部门接待海外亲友和菲律宾、缅甸、美国、加拿大洪门等人士。据不完全统计，自1981年初至1992年7月，就接待海外华侨社团和洪门人士590人次，亲友13 700人次。1981年10月，接待菲律宾洪门进步党回国观光代表团一行54人，是为致公党上海组织建立后接待的第一个较大型的海外侨团，来访成员多为该侨团的领导层人士。1983年8月，接待美国致公堂一行20人，是为致公党上海组织首次接待来自美洲国家的侨团。1988年3月，接待英国致公总堂一行46人，这是致公党上海组织首次接待来自欧洲的较大型的侨团。1991年3月和8月，先后接待香港著名企业家霍英东和马来西亚顺成集团总裁戴瑞建。

1992—2002年，致公党市委先后接待海外华侨社团和洪门人士906人次，基层组织和致公党员共接待了海外亲友10 516人次。1997年10月3日，致公党市委接待了应致公党中央邀请前来参加国庆活动的英国利物浦致公总堂、华埠商会、旅英五邑联谊会等，以及缅甸青莲堂和胜总公司、洪顺总堂、洪门青年联合会等社团主要负责人及其家属共35人。1998年10月，接待了巴拿马侨领观光团。1999年先后接待了加拿大高立企业公司总裁卢尚伟、美国GP实业股份有限公司董事长徐福明及其随行人员、台湾纪大实业(投资)有限公司董事长邓文聪一行、泰中友好协会理事丁身展一行、泰国刘氏宗亲总会代表团一行28人、美国致公总堂顾问练一鸣及其随行人员、菲律宾秉公社中国访问团一行。

2000年，致公党市委先后接待了香港宁波同乡会会长、“其士国际集团”主席周亦清一行，美国中华总会馆夏威夷檀香山会馆终身常务董事黄超常一行，美国檀香山致公总堂主席陈仕琦夫妇，以及以杨应瑞为团长的美国旧金山地区印支侨领访华团一行16人。2001年4月12日，接待了以胡炳文为团长的菲律宾洪门25人访华团。同年5月13日，接待了以会长李柱燊、伍焕鹏为首的美国洪门致公总堂代表团一行46人；次日又接待了以李炳富为团长的美国旧金山美洲致公总堂访华团一行20人。2002年，先后接待了美国纽约安良工商总会会长陈顺盛等一行，意大利华侨企业家、科恩投资集团有限公司主席、意大利高科技产业有限公司董事长陈田忠，台湾世界洪门总会秘书长丁重夫妇，菲律宾联盟银行董事长、菲律宾航空公司董事长、著名华裔企业家陈永栽夫妇和菲律宾商联总会理事长卢武敏夫妇，印尼洪门黄炳康一行等知名人士。2003年，先后接待了美国纽约安良工商总会会长陈顺盛等一行，北美国际交流中心总裁贾浩博士，德国上海联谊总会会长周志刚等一行，美国费城侨领、商务观光团一行，南美洲洪门总会会长蔡三义一行，美国亚特兰大协胜成员、美国汉纶国际企业股份有限公司董事长徐昭汉夫妇一行等知名人士。

2004年，致公党市委先后接待了来自16个国家和地区的13个团组90人次，其中有台湾致公党访问团、美国安良工商总会、大溪地洪门致公党和墨西哥洪门民治党等访问团，哥斯达黎加议员及工商界人士代表团一行。还协助美国、加拿大、澳大利亚等洪门组织联合代表团处理好了五祖祠善后事宜。2005年，接待了来自台湾的多批洪门客人以及美洲各地中华会馆联谊总会等传统侨团。2006年，根据侨中有台、台中有侨的海外联络工作特点，致公党市委积极做好台胞工作，陆续接待了来沪考察的国际洪门中华总会理事长一行，台湾来沪投资创业的洪门人士，以及国际洪门中华总会2006年大陆工商考察团等台湾同胞近40人。此外，同年还接待了德国、加拿大等地爱国华侨及洪门人士来访12批次近80人。通过邀请他们来访，加深了他们对祖国的了解，深植了爱国友好力量的种子，也为“反独促统”工作作出了一定贡献。

2007—2012 年，致公党市委热情接待了应邀来访的海外侨团 35 批次近 400 人。其中，2007 年接待南非民主联盟党议员代表、荷兰中国商会考察团、菲律宾洪门致公党宿务支部访华代表团、菲律宾洪门进步党访问团等海外友人共 116 人；2008 年接待出席“纪念司徒美堂诞辰 140 周年大会”海外来宾代表团，其成员遍及美国、加拿大、巴西、智利、英国、德国、法国、荷兰、比利时、挪威、菲律宾、缅甸等多个国家；2009 年接待中南美洲侨领和东南亚、美国、澳大利亚等侨团代表；2010 年上海世博会期间接待海外来宾 10 批 102 人次；2011 年接待尼泊尔总行政部代表团、南美洪门总会代表团、巴拉圭洪门和南部非洲上海工商联谊总会、墨西哥和美国侨胞访问团；2012 年接待巴拿马议员及侨界人士访华团、捷克华商会以及瑞士上海华人联合会等华侨和洪门人士来访 4 批次 20 人。

根据致公党中央的部署，致公党市委十分重视对一些尚未同中国建交国家的侨团和人士的接待工作。2001 年 4 月 22 日，致公党市委就接待了来华访问的哥斯达黎加洪门民治党、巴拉圭洪门协会、巴拿马民治党一行；2005 年 6 月 15 日，接待中美洲华裔青年联合会代表团一行，其成员由危地马拉、尼加拉瓜、哥斯达黎加和萨尔瓦多四个尚未与中国建交的国家的华裔青年组成；2006 年 5 月，接待美洲各地中华会馆中华公所华侨总会联合会代表团一行 17 人，由美国以及萨尔瓦多、尼加拉瓜、巴拿马、危地马拉等 4 个中南美洲未建交国家的侨领组成，在传统侨团中有着较大影响；2009 年，接待哥斯达黎加中华总会、中南美洲 6 国华人总会侨领等。通过接待与交流，使这些侨团的成员加深了对中国的了解，纷纷表示回国后要多做工作，促进所在国早日与中国建交。

图 6-4-1　2005 年 6 月 15 日，致公党市委接待中美洲华裔青年联合会代表团

第四节　组 团 出 访

2000 年 5 月 6—21 日，致公党市委首次组团出访美国，这是实现“走出去开展海外工作”的重要突破。应美国洪门致公总堂的邀请，主委俞云波率致公党市委代表团赴美国旧金山、芝加哥、纽约、夏威夷等地,与当地侨团和华侨华人广泛接触,在华人华侨中就反对“台独”、和平统一中国,做了大量深入细致的工作;同时如实介绍具有中国特色的多党合作制度,以及近年来祖国特别是上海建设取得的最新进展,在各地侨团和华人华侨中产生了很大反响。代表团除出席美国洪门总堂第22届恳亲大会外,还拜访了美国纽约华人社团联合会、五洲洪门致公总堂、檀香山中华总会馆、芝加哥福建会馆、夏威夷潮州同乡会等十多个华人华侨团体,增进了彼此间的了解和友谊。

2001年9月13—25日,致公党市委代表团应邀出访英国和德国。代表团在这两个国家广泛接触不同侨团和当地侨胞,向他们详细介绍祖国特别是上海改革开放以来的发展,欢迎侨胞们多回祖国大陆看看。代表团还通过英国留学生组织到牛津大学与留学生座谈,介绍国内政治稳定、经济繁荣的形势,介绍国内的民主党派和政党制度,收到一定的效果。

2003年11月,致公党市委代表团应中国洪门民治党驻澳洲墨尔本总支部、日本东京华侨总会以及美国安良工商总会、中国洪门民治党驻加拿大总支部等邀请,先后对这些国家进行了访问。两个代表团分别与当地华侨、华人进行了广泛接触,举行了多次座谈会。在交流中,代表团成员积极宣传祖国及上海在建立和完善社会主义市场经济体制过程中取得的新进展和新成就,使广大华侨、华人对国内改革开放的伟大事业有了全面深入的了解。许多与会者都表示要把握机遇,回国投资,为祖国的经济发展、繁荣昌盛出一份力。

2005年9月12—20日,致公党市委代表团应菲律宾中国洪门致公党总部的邀请前去访问考察。在菲期间,访问团先后与菲律宾中国洪门致公党总部、菲华各界联合会、菲华商联总会、菲广东侨团总会、菲江夏黄氏宗亲会、菲上海江苏浙江联谊会、菲华侨教育中心等传统侨团,以及菲律宾中国和平统一促进会、菲律宾华裔青年联合会等具有广泛社会影响的华侨组织进行了接触,与当地一些知名的侨商进行了深入的交流。代表团还就贫困人员医疗救助问题,分别与菲律宾大学经济学院和医学院的教授、世界卫生组织的代表以及菲律宾国家医疗保险总公司首席执行官等进行深入交流,实地考察了当地医疗保险的运作情况,深入了解华侨华人非政府组织进行的帮困救助项目,帮助致公党市委正在进行的贫困人员医疗救助课题研究拓展了视野。同年11月3—15日,致公党市委的代表团应德国全德华人社团联合会和瑞士瑞中文化交流中心的邀请前去访问考察。其间,与欧洲华侨华人社团联合会、欧洲中国和平统一促进会、全德华人社团联合会、德国德中文化经贸促进总会、德国侨联、德国华侨华人促进中国和平统一联盟、《华商报》、瑞中文化交流中心等具有广泛社会影响的华侨组织、华文媒体进行了接触,与一批新老华侨、当地知名的侨商侨领及留学生代表进行了座谈和交流,就祖国统一、民族振兴、华文教育等问题深入交换意见,形成了许多共识。

2006年8月9—20日,致公党市委代表团应日本东京华侨总会和新加坡中华总商会等邀请,分别对日本、新加坡进行访问,与当地华侨华人进行广泛的接触,还就非居住建筑节能改造问题进行了调研。

2007年10月23日—11月1日,主委吴幼英率致公党市委代表团考察、访问荷兰。其间,代表团与全荷华人社团联合会、旅荷华侨总会、荷中友好交流协会、全荷华人联合体育运动会、荷兰海牙华商会、旅荷华侨瑞安教育基金会、法国上海商会等具有广泛社会影响的华侨组织进行了接触,与一批新老华侨、当地知名侨商及留学生代表进行了探讨,并与中国驻法国、荷兰大使馆的官员进行了交流,增强了致公党市委与驻外使领馆和华社的联系,促进了侨界的团结,增进了侨胞对祖(籍)国的感情,结交了一批新朋友。

2008年12月24—31日,致公党市委代表团赴巴西考察侨情。出访期间,代表团分别拜访了中国驻里约热内卢总领事馆、里约热内卢市华人联谊会及巴中交流促进会等。通过考察,代表团对巴

图 6-4-2　2007 年 10 月 23 日—11 月 1 日，致公党市委主委吴幼英(前排左三)率代表团考察、访问荷兰

西华侨华人的生活状况有了深入了解，回国后即向致公党市委提出了关于加强与南美诸国华侨华人经贸文化交往的若干建议。

2009 年 6 月 30 日—7 月 9 日，致公党市委代表团出访芬兰、丹麦，先后拜访了芬兰中国发展与交流中心、芬兰华人联谊会、芬兰华商理事会、赫尔辛基大学孔子学院和丹麦中国商会、丹麦华人总会及所属的工商会与华人学校，就芬兰、丹麦的华侨华人社团和华文教育情况进行了广泛的交流与现场考察。同年 8 月 26 日—9 月 4 日，致公党市委代表团出访西班牙、希腊，先后拜会了中国驻西班牙大使馆和西班牙上海联谊会、西班牙华人企业联合会、西班牙中国和平统一促进会、希腊华侨华人总商会、希腊中国和平统一促进会、欧洲联合周报社等侨团，参观了有关华文学校，并与两地的留学生进行了深入座谈。代表团在与当地侨团座谈时，积极宣传中国尤其是上海改革开放以来的巨大成就，以及中国特色的多党合作制度，介绍了即将在上海举办的世博会的筹办情况，并向各侨团赠送世博门票及世博礼品，进一步加强了与南欧侨团的友好联系。

2011 年 7 月 23 日—8 月 1 日，致公党市委代表团出访加拿大和美国。其间，代表团应邀参加了洪门民治党 135 周年暨全加洪门达权总社 96 周年双庆活动。出访期间，代表团拜会了中国驻温哥华总领事馆领事、加拿大洪门民治党总部及新老侨领、旧金山苏浙同乡会、旧金山上海同乡会、全美中华青年联合会以及罗省秉公堂，看望了旅居美国的致公党员，并与当地华人华侨和华人社团进行了深入广泛的交流，向他们介绍了中国致公党的发展近况，后世博时期上海的城市发展和城市文化建设等情况。同年 8 月 8—17 日，致公党市委代表团应邀出访博茨瓦纳、南非。出访期间，代表团拜会了中国驻博茨瓦纳大使馆、中国驻南非大使馆和中国驻约翰内斯堡总领馆，拜访了博茨瓦纳华侨总商会、博茨瓦纳和平统一促进会、南部非洲上海工商联谊总会、开普敦上海商会，参观了南非斯坦陵布什大学孔子学院，实地考察了博茨瓦纳东方城、南非约翰内斯堡唐人街等。此访加强了与南部非洲华侨社团的联系,加深了对南部非洲华侨华人发展状况的了解,并就中国企业“走进非洲”、华文教育等问题进行了调研,取得了不少第一手资料。

2012 年 9 月 20—29 日,致公党市委代表团应瑞士华人上海联合会和意大利普拉托华侨华人联谊会的邀请出访,其间,与瑞士华人上海联合会、意大利普拉托华侨华人联谊会等侨团侨领进行座谈交流,对瑞、意两国的华文教育现状、华人在海外发展以及两国社会建设、城市管理等进行了深入考察。同年 10 月 22—27 日,致公党市委代表团出访俄罗斯,其间代表团先后在莫斯科与圣彼得堡等地,和莫斯科大学、圣彼得堡国立大学、俄罗斯人民友谊大学的部分在校中国留学生、在俄经商的部分华商、中资企业及当地的汉语教学机构负责人进行了深入交流,对以孔子学院为载体的对外汉语教学开展状况进行了专题调研。

第五节　引进外资和人才

致公党市委充分发挥与海外有广泛联系的特点,积极开展引资、引智工作。无论是组团出访还是接待海外人士来访,致公党市委都会对华人华侨、侨团、侨领以及洪门人士热情介绍中国特别是上海的经济发展情况,以及改革开放以来发生的巨大变化和取得的巨大成就,热情欢迎更多的华侨华人回祖(籍)国访问、投资、洽谈贸易,鼓励留学生学成后回国为振兴中华贡献智慧和力量。致公党市委还通过党内的组织生活和各种会议,发布有关投资的法规、项目信息,组织“四引进”(引进资金、人才、技术、设备)工作交流,表彰开展这项工作的积极分子,推动致公党员动员海外亲友投资国内,并为投资的亲人在国内及上海市奔走联系。

从致公党上海市组织建立至 1992 年 7 月,通过党员穿针引线引进资金、设备,以及各种捐赠,促成贸易,总金额达 5.4 亿美元。其中,2.1 亿美元落地在上海,其余分布在黑龙江、陕西、福建、广东、浙江、江苏等地。有些致公党员引进资金数额较大。例如,何源智为上海联系引进法国光导纤维 2 500 万美元;高士模为黑龙江联系引进美国农业机械 5 000 万美元;林铮墉为上海、福建、江苏促成与美国的化工原料贸易 6 000 万美元;周丽珍为上海促成香港轮船公司购船 2 000 万美元,还促成海外亲友为卢湾区图书馆捐 10 万美元建设乐乐图书楼,并为西安、广州引进日本投资办厂、办旅游业 1 000 万美元;刘惠贤为上海、江苏促成向瑞士、荷兰纺织品出口 6 000 万美元;许胜文为上海引进香港 2 500 万美元投资玻璃工业;李浚洲为上海引进美国 8 000 万美元投资建宾馆和办公楼;陈德川联系新加坡资金 3 200 万美元,投资上海、广州、苏州等地造别墅、建厂;郑竞辉、龚因心、成莹犀分别为福建、上海、陕西联系菲律宾、中国香港、美国资金 2 500 万美元,捐建学校、图书馆等。

1993—1997 年,经致公党员联系,引进资金、设备和各种捐赠,据不完全统计,累计总金额 5.2 亿美元。例如,俞云波联系引进新加坡“星”集团资金 3.5 亿美元在上海建造海洋大厦,引进印尼金光集团资金投入上海“金外滩”项目,引进新加坡资金在浦东新区办企业和开发房地产,引进美国资金参与南市区、普陀区旧城区改造项目。同时,还协助引进智力,几年来经党员介绍、联系促成 50 多位华裔和外国学者在上海市 10 多所大专院校和科研部门讲学,开展学术交流。

致公党员高士模的妹夫林同炎是入籍美国常年在那里生活的华人,更是享誉海内外的预应力专家和桥梁专家。1978 年后,高士模通过信函等途径反复做林同炎工作,促成他下决心于 1979 年回阔别几十年的大陆来省亲。林同炎在曾经非常熟悉的故土探亲访友途中,发现贵为中国经济重镇的上海黄浦江两岸的发展极不平衡,据他的观察主要原因是两岸人们往来全部依靠轮渡,这种方

图 6-4-3　林同炎夫妇(左二、左三)1986 年访沪期间,受到中共市委常委、统战部部长毛经权(左一)和致公党市委主委董寅初(左四)、致公党市委副主委俞云波(右一)的接待

式明显已经跟不上时代发展的要求,曾经在世界各地设计建造有不少著名桥梁的林同炎考察了黄浦江两岸的情况,主动构思了两套越江大桥的方案送交上海市政府的相关部门,在后来建造的南浦大桥中就采纳了不少他方案中的合理化建议,比如浦西引桥可用占地不多的螺旋环式结构等,此议解决了在寸土寸金的上海建造越江大桥用地问题。后来他把注意力延伸到浦东这一片土地上,认为那时还是遍布农田和错落村庄的浦东地区若能开发出来,无疑将是推动上海经济跃上新台阶一次难得的机遇。为此,林同炎自费 30 万美元邀请多位国际上知名专家学者展开前期研究、论证,前后酝酿并形成了《开发浦东——建设现代化的大上海》计划等 24 个互有关联的开发开放浦东方案,通过致公党市委交给上海市政府和中央。林同炎十分前瞻的想法受到有关方面高度称赞,为落实国务院关于"使浦东成为现代化的新区"的批示,市政府于 1987 年 7 月成立开发浦东联合咨询小组时,聘请林同炎为海外顾问。

1997—2002 年,经致公党党员联系,从美国、日本等地成功引进有关城市垃圾处理的设备和资金等一批项目,还联系到来自美国、澳大利亚、英国、比利时等国的专家、学者 20 多人次,到上海、浙江、西安等地进行讲学和学术交流。

2002 年 10 月 15 日,致公党中央副主席、致公党市委主委俞云波应邀率致公党中央代表团赴美国华盛顿,参加在那里举行的第二届北美高新技术项目和人才交流大会。该会由北美国际交流中心主办,大华府华人专业团体联合会、华盛顿中国大陆大专院校校友联合会等 50 多个专业团体联合举办。会议的宗旨是促进海外华人专家、学者、企业家的人才资源和管理经验,以及北美的风险投资和金融市场力量,与中国大陆的企业和市场相结合,鼓励和支持海外学子回国创业,发展高新技术企业。俞云波在会上作重要发言,希望会议进一步推动中美企业之间的经验交流,促进中国与海外华人华侨事业共同发展。

第六节　重要节庆、纪念活动

每逢重要节庆,致公党市委都会开展形式多样、内容丰富的纪念活动,带领广大致公党员抒发爱党爱国情怀,团结凝聚广大海外华侨华人,继续发扬侨界优良传统,努力为祖国和平统一作出新的贡献。

一、庆祝香港、澳门回归

1997年7月1日是香港回归祖国的日子。致公党中央主席董寅初(致公党市委首任主委)作为中央代表团成员之一,随国家主席江泽民参加中英两国政府香港政权交接仪式,在政权交接现场代表12亿中国人民,目睹中国政府对香港恢复行使主权。董寅初在《上海致公》上撰文表达心声:"千言万语归结为一句话:为强大的祖国感到无比自豪"。致公党上海市各级组织纷纷举行座谈会、联欢会、电影招待会等,热烈庆祝香港回归祖国。致公党市委领导分别到基层组织参加庆祝活动,表达对香港回归祖国的喜悦兴奋之情,表示一定要坚决按照"一国两制"的方针,为实现祖国的统一而继续奋斗。致公党市委还举办了介绍香港历史和现状的报告会和欢庆香港回归的大型座谈会。

1999年12月20日是澳门回归祖国的日子。12月13日,致公党市委在民主党派大厦,召开迎接澳门回归的座谈会,致公党中央副主席、市政协副主席、致公党市委主委俞云波参加座谈会。座谈会由致公党市委副主委兼秘书长陈作义主持,来自区县、高校和各大系统的致公党员就澳门回归祖国,"一国两制"方针得到进一步落实,纷纷谈了自己的感想。发言中不少党员还针对李登辉的"两国论"提出了严厉的批判。一些在台湾有亲属的党员说,香港和澳门的主权先后收回,是"一国两制"构想的成功实践。台湾岛内的同胞对此普遍认同,这对解决台湾问题将产生积极影响。他们在发言中强调,要继续做好在台亲友的工作,为统一祖国而努力。俞云波在听取了大家的发言后说,澳门回归是继香港之后,"一国两制"基本国策又一成功的范例。但是在争取祖国统一的进程中,还有许多工作要做,其中之一就是要和李登辉及其分裂祖国的行径作坚决的斗争。俞云波要求致公党员在庆祝澳门回归的同时,更紧密地团结在以江泽民同志为核心的中共中央周围,为推进祖国的统一事业而奋斗。

二、举行海外人士国庆50周年招待会

应致公党中央邀请,分别由梁万威、陈郁、吴建球、冯振康担任团长的加拿大、多米尼加、英国、巴拿马等国华侨华人有关社团访问团,由黄惠生会长带领的英国利物浦华埠商会访问团共62位海外朋友,在北京参加中华人民共和国50周年国庆大典后专程到上海来参观考察,1999年10月4日,致公党市委在中山西路555号绿洲大厦宴会厅举行国庆50周年招待会,欢迎这些海外侨胞。致公党中央副主席、市委主委俞云波在招待会上讲话指出,50年来祖国发生的变化,是中国共产党领导全国人民通过艰苦卓绝的奋斗赢来的,这其中也包括有海外华侨华人的一片心血。希望全体炎黄子孙继续并肩携手,为下个世纪实现中华民族的全面振兴而共同努力。致公党市委主委、名誉主委、副主委及致公党中央联络部有关领导出席招待会。招待会由致公党市委副主委兼秘书长陈作义主持。

三、上海侨界纪念中国共产党成立90周年

2011年6月13日,致公党市委、市侨联和市欧美同学会在中共市委统战部二楼会议室联合召

开“爱国奉献跟党走·上海侨界纪念中国共产党成立 90 周年座谈会”。市政协副主席、致公党市委主委、市侨联主席吴幼英主持座谈会。6 位侨界人士作了发言。市欧美同学会常务副会长、上海交通大学教授向隆万讲述了父亲向哲浚作为检察官参加东京审判，为清算日本侵华罪行、维护中华民族尊严作出的贡献。市人大代表、静安区侨联副主席冯丹龙讲述了祖父冯玉祥将军和父亲冯洪达将军、姑母冯理达将军等三代人爱国爱党的感人事迹。中国工程院院士、第二军医大学长征医院教授廖万清回顾了自己在党培养下从一名普通归侨成长为著名皮肤病学、医学真菌学专家的经历。全国政协委员、致公党中央委员、著名律师段祺华和市欧美同学会留德语国家分会会长、同济大学教授、上海世博会总规划师吴志强分别叙述新归侨、留学回国人员为国建功立业的经历和体会。致公党市委原副主委、市侨联顾问、上海交大教授吴建生介绍了放弃德国工作，回国后参与上海侨务工作和侨界参政议政的往事。中共市委常委、统战部部长杨晓渡应邀到会并讲话。他对广大归侨侨眷、海外侨胞在各个历史时期做出的历史贡献予以充分肯定。他强调，纪念中国共产党成立 90 周年，上海侨界要以贯彻胡锦涛总书记的“同心”思想为重点，继承、发扬侨界优良传统，在走中国特色社会主义道路、共创中华民族伟大复兴大业中进一步发展侨界作用，特别是要充分发挥侨界在海外生活工作经历，在现代服务业、先进制造业和企业管理、科研、教育等领域的优势，在上海“创新驱动、转型发展”中建功立业。

第五章 社 会 服 务

致公党市委鼓励、引导和支持党员在各自岗位上“致力为公，建功立业”，为上海的改革开放、创新发展和全面建设小康社会多做贡献；同时，充分发挥党员的专业特长，积极开展科技咨询、社会办学、支边扶贫和服务社区等活动。

第一节 党员立足本职作贡献

上海的致公党员主要分布在侨务、科研、文教、医卫、经济等部门，大多具有中高级职称，是所在部门的业务骨干，还有一些党员是学科带头人，一些党员是民营企业家。

致公党上海各级组织以及广大致公党员立足本职，努力工作，成绩突出，获得各种奖励与荣誉。至2012年，先后有8个基层组织获得全国和上海的“先进集体”“红旗集体”等荣誉称号。在致公党员中，获得全国、上海市各类荣誉称号的就有192人次（其中有中央和市级劳动模范、新长征突击手、先进工作者、先进个人等29人；全国和上海的侨务工作积极分子、侨联工作先进个人、归侨侨眷先进个人、留学归国人员成就奖、侨界十杰等69人；全国和上海市“三八红旗手”等42人；全国和上海优秀教师、化学教学改革优秀教师、优秀体育工作者、优秀园丁、高校优秀青年教师、模范教师、育才奖获得者等获34人；全国十佳创业者、中国优秀民营科技企业家、上海市侨界杰出私营企业家、侨界优秀企业家、侨界创业之星、华侨华人专业人士“杰出创业奖”等18人）。累计有156人次获得包括全国科技进步二等奖，国家自然科学奖二等奖，市科技进步一、二、三等奖，以及市自然科学一等奖与发明奖等在内的各类奖项。东华大学教授顾利霞获国家“八五”攻关项目重大科技成果先进个人称号，并受到江泽民、朱镕基等中共中央领导人的接见。此外，有1人获“上海市发明家”称号、3人获得“上海市工艺美术大师”称号、1人获上海市“人民满意公务员”称号、1人当选上海市优秀护士，1人获“中非友好贡献奖”，1人获吴阶平—保罗·杨森医学药学奖，1人首批入选国家级“新世纪百千万人才工程”；1人获中国陶瓷民族宗教杯大赛金奖和中国陶瓷十大名品银奖；1人获上海市教学成果一等奖，2人获教育部颁发的国家级教学成果二等奖。

一、科学技术

中国科学院院士、中国科学院上海生化和细胞研究所研究员、分子生物学家刘新垣，在基因工程、基因治疗以及细胞中的信号转导等方面有很深的研究和造诣。他研究的“蚕丝腺的核糖体大分子RNA含稀有碱基”“寡核苷酸受体”“干扰素”“天然新型白细胞介素”等均达到世界先进水平。2000年后，他在过去发现白细胞介素-2有镇痛作用并可与阿片肽受体结合的基础上，又发现白细胞介素-2有戒毒作用；在基因治疗与病毒治疗相结合的“癌症的靶向基因—病毒治疗”新方法的研究方面也取得突破性进展和重大成果。他先后发表论文360多篇，培养了60多名硕士、博士生，获得各种奖励40多项，其中不少为国家科技一等奖、二等奖，曾被评为有突出贡献的科学家、优秀发明家、先进工作者、优秀博导等。2001年获香港何梁何利奖。2005年被选为国际干扰素和细胞因子大会的主席。刘新垣于1991年被选为中国科学院院士，1992年被选为乌克兰科学院外籍院士，2001年被选为第三世界科学院院士。

中国科学院上海植物生理研究所研究员焦瑞身，长期从事微生物生理生化遗传和生物工程等基础和应用基础研究。在力复霉素生物合成的基础性研究中，首次阐明了氮原子的掺入途径并发现硝酸盐对抗生素合成的多效性作用。有关研究成果分获中国科学院科技进步二等奖和国家自然科学二等奖。他承担国家任务并取得多项成果："核黄菌生理学研究"获全国科学大会奖；"丙酮丁醇连续发酵和高丁比丙酮丁醇菌种选育"获国家发明三等奖；"呼吸缺陷型酒精高产酵母构建"获中科院科技进步二等奖；指导研究成功微生物石油发酵生产单一长链二元酸新工艺，获国家发明三等奖。他指导开展的酵母菌小菌落突变株研究，筛选到的新菌株能提高酒精产量，已为许多工厂采用；他领导的抗生素合成的调节理论研究，为治疗肺结核药物的生产提供有效措施。焦瑞身研究员历任中科院上海植物生理研究所微生物室主任、国家科委生物工程开发中心顾问、中国微生物学会理事长、中科院生物技术专家委员会副主任、美国微生物学会荣誉会员、《中国生物工程学报》主编、《中国抗生素杂志》编委和《应用和环境学报》编委。在国内外先后发表论文、专著120篇，共培养硕士、博士研究生30名。

中科院上海药物研究所研究员、医学博士任进，曾赴日、美留学并在日本东京大学脑神经研究所工作，入选中科院2000年"百人计划"，2001年回国后担任中科院上海药物研究所药物安全评价研究中心主任，带领团队创新性建立了以分子毒理学新技术为基础的药物安全评价研究体系，突破了长期以来中国药物安评平台国际不认可、毒性机制研究水平低的关键瓶颈。药评中心于2004年、2008年先后通过国家SFDA的GLP认证和复查，2012年3月2日正式通过经济合作与发展组织(OECD)瑞典和比利时两个成员国的GLP认证并获得证书，成为中国唯一通过OECD多国GLP认证的安评平台。十多年来，任进的团队先后完成了国内外研制的180种药物、600药次的安全性评价研究。为科研院所和医药研发机构提供了200药次的早期毒性筛选服务。她主持完成的关于"传统中药活性成分的系统分子毒理学研究"获2009年"中国药学会科学技术奖一等奖"；应用基因敲除小鼠模型首次证明了肝脏P450酶及亚型CYP1A在马兜铃酸代谢中的重要解毒作用，为困扰国际医学领域的"欧洲巴尔干肾病"找到了科学解释；首次发现大黄素与TOPOIIa的ATP结合位点，是其引起DNA断裂损伤作用的分子机制。任进被评为2010年上海市领军人才，先后获得中国侨界(创新成果)贡献奖和国务院侨办首届华侨华人专业人士"杰出创业奖"；获上海市"侨界十杰"称号，被评为全国归侨侨眷先进个人，入选全国首批"新世纪百千万人才工程"国家级人选，上海市2001—2002年度"三八红旗手"，她率领的团队被评为上海市2003—2004年度"三八红旗集体"。

中科院上海光学精密机械研究所研究员王向朝，自1998年入选中科院"百人计划"从日本回国后，率领他的团队先后承接并完成了国家"863"计划项目、国家自然科学基金项目、中科院高技术研究与发展重点项目、上海市"纳米专项"项目、上海市"光科技专项"项目等20多项重点科研项目，研发出具有自主知识产权的"高精度光纤连接器端面测试仪""纳弧度分辨率角位移干涉测量仪""纳米精度激光激振测振仪""微振动纳米精度实时干涉测量仪"等，为发展国内高端微加工业、微制造业和纳米机械等，提供了十分精准的检测手段，为航空航天、信息技术、生物医学、环境监控、汽车制造等许多行业实现升级换代式的发展，奠定了重要基础。王向朝申请有国际专利1项、国家专利61项(其中发明专利40项)、获专利授权37项(其中发明专利20项)，获计算机软件著作权2项。此外，还在国内外一流的权威学术期刊上发表论文180多篇。他先后获得过中科院和上海市等颁发的“科学技术进步奖”“优秀青年学者奖”等多次嘉奖。

二、高等教育

东华大学纤维材料改性国家重点实验室学术带头人顾利霞教授，在40多年的科研生涯中，成功研发高吸水涤纶、高收缩涤纶、舒适型涤纶改性长丝、功能化系列共聚酯和纤维等，不仅推动中国化纤工业的技术进步，在纺织品面料市场的升级换代中也发挥重要作用。她对纤维材料改性研究的成果，仅其中一项在国内企业推广并投入生产后，创造8亿元的经济效益。她运用新的设计理念，引进纳米等一些关键性技术，开发成功的系列高科技纤维材料，具有自主知识产权，质量达到国际先进水平，填补国内纺织品纤维材料方面的空白。顾利霞先后获得过国家科技进步二等奖、三等奖，上海市科技进步一等奖、纺织部和国防科工委重大科研成果二等奖等7项科技奖，发表150多篇学术论文、出版2部学术专著，申请5项国家发明专利，多次获国家计委、国家科委和上海市等颁发的先进个人、“三八红旗手”等各种荣誉称号。她先后为国家培养、输送纺织业发展急需的高级专业人才20多名，还成为国内化学纤维材料研究中的中坚力量，备受学术界关注。

上海交通大学材料科学系主任、材料科学及工程所所长、教授、博士生导师吴建生，从事硅系金属间化合物材料的研究工作，在世界上首次开发出钛、铝、硅系金属间化合物新材料。他先后出版专著2本，发表论文60多篇，是国内新材料领域专家，1991年被国家教委、国务院学位委员会授予“做出突出贡献中国博士学位获得者”称号。

复旦大学计算机系教授、博士生导师朱传琪，研究并行处理与高性能计算，在国内外学术刊物及相关国际学术会议上，发表50篇学术论文。“大型并行超级计算机的同步”项目获第五届国家自然科学奖四等奖，朱传琪为第一研究者。他被国家科学技术委员会评为“国家高技术研究发展先进工作者”。1998年获“上海市科技精英”称号。主要著作有*Run-Time Data-Flow Analysis*《程序自动并行化系统》。

复旦大学数学研究所教授、博士生导师忻元龙，投身于“调和映照”和“子流形理论”课题的深处研究开发。他在国外学术刊物上发表了数十篇论文，在国外出版社出版两部英文专著。1993年获得“陈省身数学奖”。他主持的有关课题研究成果还分别于1985年和1994年两次获得“国家教委自然科学一等奖”。

教育部“长江学者”、上海大学材料学院钢铁冶金重点实验室副主任任忠鸣教授，多次主持国家和上海市的重大研究课题，包括国家自然科学基金课题5项，市政府重大、重点课题7项，国家“七五”“八五”科技攻关项目2项等。先后在国内外发表论文100篇；获得专利10项(其中发明专利2项)。他和他的科研团队围绕超导磁场发生器这一装置研发了许多配套设备，为新材料的研发与制备立下了大功，强磁场下制备纳米材料等一系列项目，得到了国家杰出青年基金和各类自然科学基金的赞助；强磁场下熔融金属过冷凝固显示出独特物理特性现象的发现，获2010年日本磁科学学术会议的最佳奖项。

华东理工大学数学系主任王宗尧教授留美回国后从事纯粹数学的研究。其“希尔伯特空间上的强不可约算子”课题的研究成果，被英国的朗曼出版社列入数学研究前沿专著系列出版，获1999年“上海市科技进步奖”。1995年，他研究的另一项课题“完全不可约算子与线性算子谱分解”获得“国家教委科技进步二等奖”。

三、医疗卫生

复旦大学附属中山医院外科教授、博士生导师吴肇光，几十年来在外科领域辛勤耕耘，取得丰硕成果。1986 年 2 月，他接治了一名因坏死而切除了全部小肠和部分结肠的“无肠女”。面对生存无望的患者，吴肇光大胆提出采用全静脉营养支持来延续患者生命的方案。这在当时不仅国内无先例，国际上也很罕见。此方案实施后，患者生存状况良好，6 年后还在医疗团队的保障下成功孕育分娩了一个健康的女儿。他在人工胰方面的研究也居国际领先水平。在国内，吴肇光除了率先施行肝叶切除术外，还较早开展了乳腺癌超根治术、全盆腔清扫术、结肠代食道术、迷走神经切断术及肠系膜上腔静脉吻合术等。他还参加编写《医学百科全书》《外科手册》《实用急诊外科学》《营养与创伤骨科》等专著，并发表了数 10 篇学术论文。

复旦大学附属中山医院肾脏病科主任、内科学教授、博士生导师廖履坦，1978 年成功完成尸体肾移植，成为国内最早一个存活 8 年的病例。1992 年起，在国内最早应用还原型谷胱甘肽治疗药物性急性肾衰取得一定疗效后，又在动物试验和临床研究中证实其疗效并探讨了作用机制。1983—1996 年，廖履坦共培养 9 名硕士研究生及 13 名博士研究生。他先后参加 30 次国际学术会议，其中在大会作专题报告 12 次，交流论文 47 篇。2000 年，他被授予终身荣誉教授。

复旦大学附属中山医院普外科主任、教授、博士生导师吴肇汉，从事胃肠外科和外科营养方面的科研和临床工作，发表论文 150 篇，主编卫生部规划教材《外科学》(第六版)，发表专著《临床营养治疗学》。1993 年，“外科营养”研究成果获“上海市科技进步二等奖”。2002 年，“短肠综合征的实验和临床研究”成果获得“上海市科技进步一等奖”。

四、文化艺术

上海社会科学院文学研究所古典文学室主任、研究员孙琴安，为了挖掘和保存毛泽东与文化人士、民主人士交往的珍贵史料，丰富中华民族文化库藏的宝贵遗产，拜访当代中国许多有影响的人士，如周谷城、柯灵、贺绿汀、秦怡、张骏祥、冯至、臧克家、周而复、卞之琳、徐迟、赵超构、徐铸成、艾青等，撰写了《毛泽东与名人》一书，成为 1993 年的畅销书。此外，他还出版了《毛泽东与文人》《毛泽东与著名学者》《毛泽东与著名艺术家》《毛泽东与国民党著名将领》《毛泽东与中国文学》以及《唐代绝句流变》《刘禹锡及其文学成就》《中国评点文学史》《唐诗选本六百种提要》《唐诗五律诗精评》《唐代律诗探索》等 20 部作品。

上海民族乐团首席二胡演奏家、国家一级演员马晓晖，2002 年起以“二胡与世界握手——传奇二胡”为主题开启全球个人巡回音乐会，旨在通过二胡这种艺术形式，让世界了解历史悠久的中华文化。她先后在欧、美、亚、非几十个国家和地区举办了 500 场的独奏音乐会和讲学，录制了 20 张独奏专辑。先后参与了“上海合作组织会议”“上海 APEC 会议”“上海申博”等一系列活动的文艺演出，并担任 2007 年上海特奥会爱心大使、2010 年上海申博文化大使。马晓辉热心公益事业，在东方艺术中心举办公益性艺术欣赏讲座，举办“蓝天下的至爱——马晓辉献给农民工的二胡畅想”等慈善义演。她曾先后获 1994 年和 1999 年“‘宝钢杯’高雅艺术表演奖”；1993—2001 年多次获得“‘上海之春’首届国际音乐节优秀表演奖”。2003 年，获上海市统一战线为三个文明建设服务先进个人。

金石微雕艺术家、工艺美术师韩林华，1966年创作了世界上第一件头发雕刻作品，上面完整地记录了清末江南名家吴昌硕的“仙鹤图”。他的微雕作品曾赠送给日本首相田中角荣、法国总统密特朗和英国女王伊丽莎白，为弘扬中华民族文化作出贡献。他的许多作品，被国外著名艺术馆、博物馆作为中华文化的珍品予以收藏。

五、经济法律

段和段律师事务所创始人段祺华，于1988年自费赴美留学，1990年获华盛顿大学法学院硕士学位并受聘于美国西雅图著名律师事务所——威廉·克斯诺及吉布斯律师事务所。1992年，他响应国家对海外留学生归国作贡献的号召，放弃在美国优厚的工作条件回国创业，成为因“来去自由”政策而回国创办律师事务所的第一人，也是1992年国家教委鼓励留学生回国创业新政策出台之后留学生回国投资创业第一人。他的号码为00011的《出国留学人员短期回国工作身份证》被中国国家博物馆作为历史文物收藏。作为全国政协委员，段祺华每年都会积极提交提案，为法治国家建言献策，其中《中国涉外律师的培养应该上升到国家战略层面》《使用先进储能技术是城市用电实现削峰填谷和节能减排的关键》等被全国政协提案委员会定为重点提案。段祺华还长期担任各级政府法律顾问及多个政府部门的咨询顾问，先后担任全国工商联常委、上海市政协常委、上海市工商联副会长、致公党中央委员，先后被评为并获得“全国优秀律师”“全国优秀留学回国人员”“首届全国华侨华人专业人士杰出创业奖”“上海市优秀律师”、首届“东方大律师”以及“上海市侨界十大杰出人物”“上海市统一战线先进个人”“上海市优秀中国特色社会主义事业建设者”等荣誉称号。

上海联创投资管理有限公司总裁、加拿大留学回国人员冯涛，2001年被《财富》杂志评为全球25位最有希望的企业新星之一，2003年获得“全国‘十佳’创业者”称号。

上海中汇金融外汇咨询公司董事长、总经理余季方，1993年8月，主持创建了中国的汇价资料数据库；1994年，建成上海市结售汇监控系统；1995年底，开发现汇账户电子监管系统；1996年底，成功开发了全国第一个人民币账户IC卡的管理系统；1997年7月，成功开发了全国第一个IC卡的贷款证管理系统；1998年，成功开发进出口核销监管系统，同年8月启用。1999年3月，该公司参与组建“上海资信公司”，于2000年7月完成全国首个社会征信体系建设，被列为2000年市政府十大实事的第三件。

上海市装饰装修行业协会副会长、上海进念室内设计装饰有限公司董事长、总经理黄振，在开展装潢业务中坚持“诚信服务，规范操作”的企业经营理念，使公司被评定为“上海市著名商标企业”“上海市诚信服务先进单位”“上海市就业与社会保障先进民营企业”。2001年，黄振被评为“上海市侨界杰出私营企业家”。

第二节　咨询服务

1984年5月，致公党市委决定成立由市委领导的致公科技咨询服务部，并在市科委完成注册登记。咨询部的宗旨是“为社会服务，不以赢利为目的”，为海内外企业和个人提供机械、电工、医疗、化工、翻译等方面的项目咨询，自成立到1992年7月，先后完成比如空调器、化纤涤纶、汽车配件等新产品科技开发36项，工程技术咨询24项，完成翻译包括英、德、俄、法、日、匈牙利、印尼、泰国、缅甸、印地文等语种的科技资料 280 万字，大型医疗咨询活动 12 次，为全市 1.25 万名市民提供医疗咨询服务，还为无锡、杭州、常州等地 1.44 万名城镇居民和农民开展医疗咨询服务。

致公党市委还鼓励基层组织和党员中的医务工作者，发挥自己医疗专业特长，积极为社会各界人士开展义诊和医疗咨询服务。其中，致公党南汇县支部的“周浦义诊组”长年坚持活动，服务总人数累计超过 15 万人次，他们还开辟医疗咨询热线，赴大别山革命老区开展义诊服务，获老区群众盛赞。该义诊组因此在 1994 年被全国侨联评为“爱国奉献全国先进集体”；1999 年又被全国侨联授予“全国侨务工作先进集体”荣誉称号。1996 年 5 月 25 日，支部和南汇县侨联在周浦镇政府大院内，举办“全市侨界名医周浦义诊日”活动，共邀请全市各大医院的 26 位专家、教授，为近 700 位群众提供义诊服务，涉及耳鼻喉、骨、神经、妇、皮肤、消化、小儿等专科，深受当地群众欢迎。2002 年 10 月 17 日，致公党上海二医大支部和该校侨联在打浦街道金玉兰广场上，联合举办“上海第二医科大学侨联会、致公党专家社区义务医疗咨询活动”，20 位来自二医大各附属医院的科主任和教授开设 10 个专科以及药物咨询等项目，提供咨询服务达 410 人次。同年底，致公党普陀区委教卫支部的医生们开设医疗保健咨询热线，为辖区内群众提供医疗保健方面的知识以及就医方面的指导，还不定期举办健康知识和营养保健讲座，以期更好地为周围群众服务。

2004 年 11 月 5 日，由致公党市委经济与社会服务工作委员会组织的致公党部分医疗专家到闸北区彭浦镇开展义诊活动。2005 年 11 月 19 日，该专委会再组织党内医疗专家，赴偏远的金山区漕泾镇建龙居委会开展义诊活动，专家们为前来咨询的老人和特困人员等悉心检查，受到当地群众欢迎。2006 年 9 月 8 日，致公党市委经济与社会服务工作委员会组织上海各大知名医院耳鼻喉科、眼科、妇产科、普外科、内分泌科、消化科、中医科、心内科等专科的致公党员专家，由致公党市委副主委、复旦大学附属眼耳鼻喉科医院院长张重华教授带队，在崇明县的仁济医院分院开展咨询活动，前后两个小时共为 200 多名崇明居民提供服务。

从 2008 年起，致公党黄浦区委每年组织党员中的医生、律师到老西门社区少数民族宗教场所小桃园清真寺，为宗教界人士提供免费医疗、法律咨询。同年 9 月 26 日下午在小桃园清真寺，“情系社区服务群众——致公党黄浦区委、区侨办为少数民族群众提供法律医疗服务”，医生们为教民们提供中医和西医内科、泌尿科、外科、眼科、牙科等咨询服务，律师们为教民维护自身合法权益提供法律援助。2010 年 9 月 3 日，致公党区委联合区侨办、中共老西门社区（街道）党工委在小桃园清真寺内举行“健康快乐，共享世博”活动，来自致公党区委的 13 名致公党员医生、律师为社区少数民族群众共有 150 人次提供医疗法律咨询服务。两位在上海世博会期间专程由北京来沪讲经的阿訇也加入咨询队伍中，他们对民主党派与社区结对共建，服务少数民族的做法赞不绝口。2011 年 8 月 3 日，在小桃园清真寺内举行主题为“情系群众，服务群众”的义诊活动，致公党区委和交大医学院委员会组织 12 位致公党员医生，为社区近百位少数民族群众作身体检查并解答健康方面的问题。

2010 年 11 月 6 日，由致公党市委主办，100 位致公党员专家、学者参加的“共建和谐·上海致公爱心服务日”活动在全市 9 个主、分会场同时展开。参加活动的专家、学者为现场群众提供了政策法规、医疗卫生、金融理财、海外留学等多方面的咨询服务。当天下午，致公党医学专家还在上海图书馆举办了中医养生讲座。次日，闵行区支部与交通大学支部联合赴儿童福利院服务慰问孤残儿童。

图 6-5-1 2010 年 11 月 6 日,致公党市委主办的“共建和谐・上海致公爱心服务日”活动在全市 9 个主、分会场同时展开

第三节 兴办各类学校和培训班

1981 年 8 月—1985 年 7 月,致公党上海市支部委员会办起了第一所学校:致公文化补习学校,开设为社会青年准备参加高考的语文、数学、理化、英语、政治等课程。创办后的 3 年中,每年招生达 2 400 人次。1986 年 9 月,致公党市委又开办了致公文化艺术学校,这是一所以少儿为对象的学校,主要开设电子琴、手风琴、钢琴、书法、舞蹈等艺术类班,以及少儿英语口语班。该校还在上海市徐汇、长宁、卢湾、黄浦、虹口、杨浦 6 个区设立过分校。至 1992 年 7 月,留下卢湾、长宁、黄浦 3 个区分校。致公文化艺术学校自开办到 1992 年 7 月,累计招收少儿学员 1.25 万人次,其中有 140 名少儿学员在上海市、区举办的各种竞赛中得奖。该校学员先后受委托圆满完成过“上海国际儿童画展”开幕式上的大型迎宾舞和“黄浦旅游节”的舞蹈演出任务。

开办于 1989 年 9 月的侨星文化职业进修学校,开设烹调、裁剪、彩电维修、粤语、外语(英语、印尼语)等班,到 1992 年 7 月累计招收学员 1 600 人次,其中 540 名学员通过学习领到区劳动部门颁发的专业合格证书。

据统计,从 1981 年 4 月—1992 年 7 月,致公党上海组织参与社会办学,先后共兴办过 6 所学校,经过这些学校培训的成人学员累计达 9 600 人次。

1993—2002 年,致公党上海市基层组织又参与创办了 2 所学校:一是民办侨华中学,经上海市教委批准,由华东师范大学侨联、致公党华师大支部创办于 1993 年 3 月,是当时上海唯一的“侨”字学校，也是普陀区的第一所民办高级中学。1993年夏季，该校招收了第一批80多名高一新生。此后每年的高三会考，该校的所有高三学生所有学科100%通过。普通高校的升学率，也从兴办初的47%上升到65%。二是致海进修学院，经市教委批准，于1999年6月由致公党浦东新区区委和上海亚龙企业有限公司共同主办。该学院招收对象为应届和历届高中毕业生以及具有同等学历的中专、职校、技校毕业生，有全日制住宿、走读和业余班，学制2—3年。各专业学生参加分别由复旦大学、华东师范大学、上海外国语大学、上海大学等高校组织的高等教育自学考试，成绩全部合格者，颁发国家承认的由市高等教育自学考试委员会主署、主考高校副署的毕业文凭。学院共设有6个专科、3个本科的自考专业，以及各种类别和层次的培训班。截至2002年底，学院注册学生450多人(其中120人住宿)，培训班学员560多人；已经毕业和结业的学生750多人，培训人员已达1 400多人次；学院在册的60多位教师中，具有高级职称的占69%。

第四节　扶 贫 帮 困

自1987年5月起，致公党市委响应致公党中央号召，贯彻“星火计划”精神，先后与湖南、四川、安徽等省联系，组织党员中的科技人员分赴这些地区开展扶贫工作。如1987年10月，致公党市委组织人员赴湖南省湘西苗族、土家族自治州的保安县，为该县制皂厂开发新产品，并帮助打开新产品销路，使该厂效益逐年提高。1992年3月，致公党市委组织人员赴四川省酉阳地区帮助当地制定经济开发规划，并具体帮助当地发展杜仲的种植和山羊加工利用。

2001年，致公党市委在各区和直属基层组织中发起“一个党员一本书、支边扶贫献爱心”的捐书活动，全市1 800多名致公党员总共捐了3 400多本各类课外读物，并于同年11月15日在云南省大理地区漾濞彝族自治县脉地乡桑不老村完全小学举行了捐赠图书的交接仪式，总价值达3万多元这批图书，受到地处大山深处教学资源严重匮乏的学生们欢迎。

2005年，致公党市委获悉云南省绿春县牛孔乡破瓦小学承担着8个村民小组适龄儿童的教学任务，所有校舍都因年久失修陷于危房困境。由致公党员创办的上海联创投资有限公司捐赠10万元校舍重建资金，与致公党云南省委及中共云南省红河州委的捐资一起，投入校舍翻建工程，历经两年修建终于在2007年11月完成，当月20日该校被命名为破瓦致公希望小学并举行建成挂牌仪式。专程参加希望小学落成仪式的致公党市委领导表示将与致公党云南省委会携手，本着“治贫先治愚，治穷先兴教”的共识，继续为完善该校设施努力，推动“沪滇合作”不断深入。2011年3月24日，致公党市委捐资47万元援建的四川省成都市都江堰安龙学校致公科普活动中心揭牌，该中心被当地有关部门列为成都市首批科普基地。

图6-5-2　2007年11月20日，破瓦致公希望小学举行建成挂牌仪式

2009年7月31日，致公党市委在民主党派大厦举行“上海致公爱心基金”成立仪式，为持久做好扶贫帮困工作打下基础。该基金为致公党市委领导下的公益性基金，挂靠在上海市华侨事业发展基金会下，以接受广大党员的捐款和定向捐助为主要资金来源，以贫困地区遭遇特殊困难的社会群体为主要受益对象。基金旨在倡导一方有难、八方支援的“致力为公”互助精神，进一步彰显致公党员在社会慈善事业中的作用。致公党市委决定每年5月12日为致公爱心捐助日。此前的5月10日，致公党市委青年工作委员会联合致公党长宁区委青年工作委员会，组织致公党内年轻党员在中山公园门口举办“纪念5·12汶川大地震一周年慈善义卖”活动，来自18个基层组织的70多名青年致公党员以及来自致公党市委机关的年轻干部参加义卖活动，义卖品有党员的私人捐赠如古董、首饰、字画、雕塑、书籍、小家电、化妆品、蜡染织物、音像制品等，也有特意组织的一批青少年读物。义卖所得11 349.4元，成为“上海致公爱心基金”的第一笔善款。基金成立仪式上，致公党全市各级组织踊跃为基金捐款，当场共募集善款96 780元。2010年5月30日，致公党市委青年工作委员会联合致公党徐汇区委青年工作委员会，在徐家汇美罗城广场举办“致公党市委青年党员慈善义卖”活动。来自全市的21个基层组织的90多名青年党员及致公党市委机关的年轻干部参加了义卖活动，活动共筹得义卖款19 010元，全部捐给了“上海致公爱心基金”，用于灾区建设、中西部帮困扶贫等工作。2011年5月，在杨浦区万达广场举办的义卖活动筹得善款33 000元。2012年5月，在黄浦区、宝山区举办的两场义卖活动，筹得善款共7万余元。至2012年底，“上海致公爱心基金”共募集到1 725 177元善款，先后用于扶贫帮困1 310 443元。

致公党上海各基层组织积极响应致公党市委号召，开展各种形式的扶贫帮困活动。南汇区(县)支部多年来一直关注革命老区——安徽大别山岳西县的扶贫帮困工作。1990年4月，该支部组织人员赴岳西县，帮助当地开发花岗石、大理石等建筑材料，通过他们牵线，岳西县的花岗石板材厂与上海南汇县周浦镇商业总公司联手建立了浦建建筑石板材实业公司，使岳西县的产品打进了上海市场。2002年上半年，岳西县被安徽省定为发展中草药生产的基地，把中药材种植业发展成为该县支柱产业，南汇区支部通过岳西县政协与当地县政府有关部门沟通联系，促成上海万香日化有限公司与岳西县中药种植业相衔接；9月29日，支部组织“香原料种植项目考察组”赴岳西县，就薄荷的种植、收购等合作项目进行考察、洽谈，并由上海万香日化有限公司与岳西中草药产业办公室签署了为期五年的《关于香原料种植项目合作协议书》，既使岳西一大批种植薄荷农户有稳定的销售渠道，同时带动当地一批薄荷油、留兰香油粗加工小型企业的发展。2004年4月，南汇区支部牵线搭桥，促成上海建桥学院董事长周星增捐款50万元，岳西县政府提供配套资金54万元，在该县来榜镇建设占地10亩的中心小学——“上海南汇希望小学”，学校拥有一幢可容纳600名学生的三层12间教室教学楼，一幢含有阅览室、图书馆、微机电化教室、会议室和教师办公室的综合楼，以及篮球场和足球场等体育活动场所，还建了宿舍楼和厨房、餐厅等配套设施。2009年7月，在岳西县来榜镇中心卫生院，举行由原南汇区支部主委方厚贤牵线促成的原南汇区卫生局向大别山革命老区捐赠先进医疗检查设备仪式，同去的上海医疗专家们还开展了“上山下乡义诊服务”活动。

此外，1991年8月，当时的南汇县支部组织专业人员赴安徽省黄山地区，帮助那里开发中草药和培训初级医务人员。2005年4月，南汇区支部促成上海万香日化集团公司与青海省祁连山鹿场的合作，由万香公司资助鹿场开发鹿产品的药用资源，实现鹿产品药用资源的深加工、精加工，并利用上海企业在国际市场的影响力，把青海的鹿制品等畜牧业产品打入国际市场，助推青海畜牧业发展再上一个新台阶。

从2000年起，致公党徐汇区委发动党员为家境贫寒但品学兼优的学生提供力所能及的经济支持，向位育中学预备班和七宝中学高一班的两位学业优秀、人品端正，但家庭经济困难的学生提供全学年学费全额资助。在确定援助方案时，注重把帮困助学和构建社会主义和谐社会紧密结合起来，经常派专人上门家访、与受助学生电话联系，关心他们的学习与成长情况，使身处困境的学生能感受到社会主义大家庭的温暖和关爱。致公党徐汇区委还结对帮助中国中学、南模初级中学两位生活困难的学生，资助他们完成学业，鼓励他们做一个品学兼优的好学生。

致公党闵行区支部有位支部委员长期坚持帮困助学，为家境贫寒的学生解决实际困难。2009年7月，由他资助的两名贫困学生，一名大学毕业，另一名考上大学。2009年10月，他又和支部主委一起，在中共闵行区委统战部的帮助下，与中共浙江省磐安县委统战部、县妇联取得联系，参与县妇联的“春蕾计划”，与当地6名分别在小学、初中和高中就读的品学兼优学生长期结对，支部主委还让正就读高三的女儿与其中1名高二学生结成互帮互学对子，这两位党员很快就将第一笔助学款6 370元汇到磐安县妇联账户中，并由县妇联转交到学生所在学校。

2010年前后，致公党嘉定区委(筹)与区内企业上海爱普香料有限公司建立捐资助学联动服务机制，分别在西藏、贵州、云南、河南等地开展持续五年的捐资助学活动。2010年10月，嘉定区委(筹)与区工商联携手嘉定区部分民营企业家到湖南省平江县瓮江镇盘石村，通过“上海致公爱心基金”捐赠20万元，定向用于援建该村的幼儿教育中心。2011年初，嘉定区委了解到四川泸州古蔺县有一批困难群众急需御寒衣服，迅速联系到区内一家热心公益事业的企业——上海乐绅服饰有限公司，组织到价值15万元的400件羊毛衫，并在同年春节前的1月28日送到古蔺县困难群众的手中。

致公党黄浦区委、奉贤区委、静安区委等基层组织也动员党员与所在区的孤寡老人、贫困家庭及生活困难的寒门学子结对帮扶，捐资助学，体现了致公党为社会服务的“致力为公”精神。

一些致公党员多年来还捐出巨资扶贫帮困，如中科院院士、中科院上海生化和细胞研究所研究员、分子生物学家刘新垣，先后捐赠20多万元给沈阳的一名孤儿，供他上学；为救湖南一位病人捐赠20多万元；湖南雪灾捐赠4万元；四川赈灾捐赠4万元；捐赠其他贫病群众数10万元；协助学生出国数十万元；还出资帮助家里的保姆从小学、初中读到大学毕业。刘新垣慈善捐款累计超过100万元；他还表示要成立一个基金会，在百年之后，把自己享有的数千万元股权和全部财产捐献给人民，以报效祖国培养之恩。

第五节　赈 灾 救 灾

当国内外发生各种重大自然灾害后，全市致公党员都能做到慷慨解囊，捐钱捐物，为帮助受灾群众渡过难关献出自己的爱心。比如2008年汶川大地震发生后，致公党员的捐款捐物达419万元(其中捐款309万元、捐物110万元)。其中，党员陈于宁捐款23.2万元，致公党市委委员陈有良捐款15万元，致公党市委常委黄振捐款10万元，致公党市委经济委员会副主任耿健捐款2万美元和5万元人民币，致公党员杨晨捐款10万元。多位致公党员还参加医疗队奔赴抗灾第一线参与救援。致公党员杨迪刚出资百万元，和新加坡华侨银行联合投资210万元人民币，为四川省绵竹市捐建了一所永久性小学教学楼。致公党员张贵和自愿到灾区支教，通过绘画指导和心理疏导对灾后余生的中小学生进行“艺术疗伤”，并把学生画作汇编成册出版并展出，引起社会强烈反响。地震发生后的次月初，致公党市委根据灾后建设的需要，积极推荐了5名专家学者作为致公党中央抗灾救灾、共建家园专家组成员，参与智力赈灾救灾工作。2010年4月，青海玉树地震发生后，致公党市委主委吴幼英和一些党员一起通过“上海致公爱心基金”向地震灾区捐款逾23万元，其中党员赵一华捐款10万元、唐燕捐款5万元。印度洋地震海啸发生后，全市致公党员也积极响应致公党中央《向海

图 6-5-3　2008 年 6 月 1 日,嘉定区致公党员向灾区学生捐赠学习用品

啸受灾国家捐款的通知》,纷纷投入所在单位、社区的向海啸受灾国家捐款活动,为受灾国人民重建家园贡献自己的力量。

第六节　参加社区建设

1997 年 8 月中旬,致公党市委专门召开社区工作会议,要求基层组织发挥优势,融入社区,为所在社区精神文明建设服务。

1999 年 8 月 15 日,致公党长宁区支部和区侨联一起,组织有一技之长的侨界志愿者,为仙霞街道内敬老院的老人以及社区居民服务,举办保护老年人合法权益的法律知识讲座,开展文艺演出,还有医疗、房地产、侨务、心理等方面的咨询,获得服务的居民有 500 多人次。

2000 年 10 月,致公党奉贤县支部与南桥镇科技协会正式建立社区精神文明建设协作关系后,针对一些地方的封建迷信活动和陈规陋习,支部组织党员,深入社区,采用办讲座、出专题黑板报等形式,宣传科普知识,引导社区居民掌握科学知识,自觉抵制和战胜愚昧与迷信。奉贤县支部还通过在县政协大会上作加强社区科普工作的大会发言、提交改善社区环境和交通条件的提案、组织医疗小分队深入社区开展免费医疗咨询、举办医疗保健系列讲座等活动和措施,参与社区文明建设。

2002 年 12 月 15 日,被致公党中央授予"中国致公党社会服务工作先进集体"的致公党静安区委,不断实践和探索以多种方式参加社区建设。在中、高考前夕,静安区委会同静安区侨联和曹家渡街道,聘请致公党内 20 位资深校长,在曹家渡社区指导 400 位家长和中、高考学生如何填报志

图 6-5-4　2007 年 5 月 18 日,致公党虹口区委与曲阳社区(街道)签约结对共建文明和谐社区

愿;致公党党员中的医师走访街道里弄,累计咨询、诊治、保健指导 500 人次。在参与社区工作方面,有的致公党党员参与居委的社区工作,参加小区巡逻,编写安全防范知识的黑板报;有的当上社区特约监督员,参加物业管理行业纠风评议工作。在社区扶贫帮困方面,致公党党员为曹家渡社区的贫困学生牵线搭桥,经上海市慈善基金会以及社会各界人士的相助,2001 年 1 月—2002 年 6 月共帮困助学 334 人次,落实帮困助学资金 218 726 元;自 1996 年起,静安区委助养一位家住曹家渡街道均泰居委的特困老人,每年 600 元,由党员自愿捐款。此外,静安区委还不断探索社区服务新领域,如法律进社区,为社区弱势群体服务,让社区居民人人懂法、守法、用法,提高法治素质,让社区更安定团结;教育进社区,发挥民主党派知识分子的优势,为社区居民的终身教育服务,提高社区居民的文化素养和文明素质等。

不少基层组织也积极响应致公党市委社区工作会议的号召,分别与有关社区签订"共建社区精神文明公约",为促进社会稳定、加强社区精神文明建设、建设和谐社会努力做贡献。

1997 年 11 月 14 日,致公党普陀区总支与该区桃浦镇的新建社区白丽路街道签署共建精神文明协议。针对新建小区的特点,普陀区总支为街道居民组织医疗咨询服务,送医上门,缓和新区居民看病方面的矛盾;与有关方面联系,落实社区内的扶贫帮困,帮助贫困学生完成学业,帮助困难家庭渡过难关。普陀区总支发挥优势,努力为街道的经济建设牵线搭桥,从资金、管理、技术和人才等多方面,寻求合作伙伴。2008 年 10 月 25 日,开展社区共建已有 6 年的致公党普陀区委与石泉街道在石泉社区学校共同举办"2008 年度社区文明共建活动",普陀区委向石泉街道两位品学兼优的家庭经济困难学生发放了帮困助学金;向街道居民赠送了篮球架和篮球,共建双方还分别组队,进行篮球友谊赛;普陀区委一批医卫界、法律界,教育界致公党党员专家为社区居民作了内容丰富的咨询活动。2011 年 11 月 5 日,普陀区委与石泉路街道办事处又在石泉社区活动中心共同举办了一次咨询服务活动,咨询服务内容涵盖法律服务、物业管理、医疗健康、学习培训等。活动期间,区委主委戴作为还率班子成员赴石泉沙田敬老院慰问老人。戴作为代表区委与敬老院签订了共建协议,并向该院捐赠爱心慰问款1万元。按照共建协议,普陀区委将借助共建平台,向敬老院提供力所能及的房屋修缮、法律医疗咨询服务和经常性的慰问帮助,为老人们安度晚年尽绵薄之力。

1997年12月5日,致公党徐汇区委与天平街道签署共建社区精神文明的协议,徐汇区委在宣传精神文明、提供为民服务、参与助学帮困、开展医疗与法律咨询等方面,为天平街道的精神文明建设,提供有力支持。2001年7月21日,致公党黄浦区委与老西门街道签订共建精神文明公约,黄浦区委发挥自身优势,为老西门街道招商引资、发展街道经济提供信息;为老西门街道各界人士提供医疗保健、科普教育、综合咨询等服务。

2002年9月12日,致公党杨浦区支部与江浦街道签约共建社区精神文明。杨浦区支部组织党员中的医务人员为社区居民提供医疗保健服务,组织党内专家学者,为街道的社区工作干部举办科普知识讲座。2008年7月21日,致公党杨浦区委又与区环保局共建结对,重点围绕环保主题,以"相互支持、密切合作、体现特色、共同发展"为原则,依托区环保局召开的重要专业性会议精神和重要政策、规划,依托同济大学环境学院及国家重点实验室,积极拓展合作内容,具体探讨开展同济第一附属中学环境教育及其课程设计的可行性和内容设置,校内、课外节能减排,创建绿色学校等工作,以及针对新江湾城地区开发建设中的生态环境问题及保护措施等课题的调研和考察。2011年7月10日,致公党杨浦区委和中共江浦路街道党工委在江浦社区文化中心共同主办"垃圾分类先行,生活低碳可待"高校名师进社区系列讲座,区委主委兼同济大学支部主委、同济大学环境科学与工程学院环境科学系系主任陈玲教授在首场讲座中呼吁大家在低碳大环境下积极践行环保的责任与义务,在小区中形成"低碳发展""低碳行为"和"低碳生活"的共识,造就人人关注环保、人人参与环保的良好社会氛围。讲座结束后,陈玲还和180多位听众进行互动问答。

2006年,致公党金山区委参与中共金山区委统战部发起"统一战线为新农村建设服务"活动,开展解决"三农"相关问题的调查研究,协调社会资源参与新农村扶贫帮困,帮助引进资金、技术、人才,促进村级经济发展,参与农村文化建设等方面的建言献策。2008年5月29日,金山区委领导与第二、第三支部的支部委员前往结对联系的漕泾镇金光村进行调研,并通过送医、送文化服务等形式为金光村的建设服务,同时通过引进信息、引进专业人才、引进经验等方式,帮助金光村实现持续性发展,使农民真正受益。金山区委还向村委会捐赠了科技图书。2009年3月9日,金山区委在金山石化滨海影剧院广场举行"增强凝聚力,提高贡献力——学雷锋献爱心为民服务活动",8位拥有医疗、法律、教育等中高级职称的致公党员在两个小时活动中,先后为100多人次居民提供听诊、量血压、疾病防治、动拆迁、求职、求学方面的咨询服务,区委委员、各支部委员则在活动现场担当志愿者做引导,并向群众发放法律书籍和世博宣传资料。

第七节　服务上海世博会

上海赢得2010年中国上海世界博览会的举办权后,致公党员们纷纷为办好世博会出主意、想办法。2009年报送的社情民意《世博会志愿者应掌握最基本的应急处置知识》和《奥运会备用救护车充实上海世博会救护队伍的建议》,在分别得到中共市委书记俞正声批示后,有关方面迅速采取行动,加强了世博会志愿者应急技能的培训与演习等方面的工作,上海主要媒体都对此作了报道。《2010年上海世博会前政府网站内容应定期核实》和《建议更改市政府信访接待地点,提升上海城市形象》分别得到上海市市长韩正、中共市委副书记殷一璀的批示。在韩正批示后市政府网站公开招聘了网站社会监督员，《人民日报》《解放日报》《新闻晚报》、东方卫视等媒体也及时作了报道，对在上海世博会开幕前推动政府改进窗口部门工作起到一定作用。此阶段的社情民意呈现出三个特点：一是时效性强。上海世博会试运营以来，随时收集信息，随时编报，基本做到当天信息当天报。4月20—28日，一周多的时间就收集试运营信息16篇，整理报送12篇，且大多被有关方面采用。如4月20日试运营首日上午10点左右，致公党市委即报送了《试运营首日7号线世博客流与上班流叠加效应显现》，当天即得到市领导批示。二是采用率高。2010年共收到社情民意311篇，编辑报送155期，分别报送致公党中央、市政协、中共市委统战部，共被采用94篇，采用率超过编报数的60%。三是领导批示多、高层采用数量较多。2010年共有14篇信息得到市领导批示，《建议有关部门做好世博志愿者选拔的收尾工作》和《世博期间，地铁运营时间内应做到地铁安检工作"全覆盖"》以及《参加世博会开幕式彩排后对做好开幕式组织工作的建议》3篇信息，市政协采用后得到中共市委主要领导批示。此外，还有5篇信息被全国政协采用，4篇被中共中央统战部采用。上述这些社情民意受到包括上海世博会组织方等在内各有关部门的高度重视，提出的建议基本都得到落实。

致公党市委开展了一系列关于上海世博会的专题调研并形成参政议政成果，在2009年上海市政协十一届二次会议和2010年上海市政协十一届三次会议上，先后提交与上海世博会相关的提案5件、大会发言1件，其中《建议利用举办世博会契机把上海建成国际减灾示范城市》提案获评上海市政协2010年度优秀提案。

致公党市委在2010年，还把服务上海世博会与正在开展的"践行社会主义核心价值体系"活动紧密结合起来，动员全市各级组织和广大致公党员，发扬"致力为公"优良传统，积极做好各项工作，在筹备、举办世博会的过程中服务世博、参与世博。各级组织与致公党员参与世博、服务世博的形式多种多样，内容丰富多彩，比如青年党员世博文明一日行活动，"我为世博做什么"演讲活动，世博知识与文明礼仪宣讲活动，庆世博书画摄影展等等，更多的作为世博志愿者全力以赴投入到迎博、办博的工作中，为上海世博会的成功、精彩、难忘发挥着重要的"螺丝钉"作用，作出了应有贡献。

2010年1月15日，致公党市委召开"致力为世博"动员大会。市政协副主席、致公党市委主委吴幼英出席会议并作动员讲话，号召全市各级组织和广大致公党员行动起来，携手同心，认真投入迎世博、办世博的各项工作中，为世博会的成功举办贡献力量。动员大会上，宣读了致公党市委致全市致公党员的号召书，世博局国内参展顾问黄耀诚应邀向与会致公党员介绍了世博会筹办工作的最新进展。

2010年4月15日，致公党市委在上海音乐厅举办主题为"相聚上海，情谊世博"的文艺演出。全国政协副主席、致公党中央主席、科技部部长万钢，致公党市委主委吴幼英等领导和全市1 000多名致公党员一起观看了"上海致公"艺术团和相关演出团队带来的精彩演出。本次演出既是庆祝上海致公党组织成立30周年系列活动的重要组成部分，也是致公党市委向即将开幕的上海世博会献上的一份厚礼。在上海世博会筹备和举办期间，上海市各级致公党组织发扬自身特色、广大致公党员结合本职工作，投身参与世博、服务世博的工作中。致公党浦东新区区委、长宁区委、杨浦区委、卢湾区委、徐汇区委等分别组织党员作为志愿者为世博会提供服务；致公党静安区委与共建单位南京西路街道共同举办"新侨老侨携手看世博"主题活动；致公党黄浦区委联合区侨办、中共老西门社区(街道)党工委举办"健康快乐，共享世博"活动为社区少数民族群众提供义诊服务；致公党金山区委举办《笔墨蕴情颂世博》书画摄影展；致公党宝山区支部热情接待菲律宾侨团；等等。

广大致公党员有的投身世博会场馆建设，有的参与世博会文艺演出，有的为世博会布展提供自己创作的艺术品,有的投身世博会展区的医疗救护工作,有的参与拓展世博会旅游项目,有的活跃在世博会这个大舞台从事公共外交、民间外交等,充分发挥自己的长处,彰显上海世博会的魅力。其中,二胡演奏家马晓辉在上海世博会非洲联合馆广场等多个场馆,与布隆迪国家大鼓团等国外知名艺术团体和文艺工作者同台献艺,充分展示中华传统文化在和世界上不同文化交汇碰撞时迸发出的精彩。尼泊尔驻沪领事馆名誉领事及馆长吴建明参与尼泊尔馆——“阿尼哥中心”的建设和布展工作,并为增进中尼两国的文化合作与交流作出努力。达之路集团董事长、上海世博事务协调局协调顾问何烈辉,在筹办和举办上海世博会期间联系、促成多个非洲国家到世博会园区展览,还接待了 20 个非洲国家政府、国际组织和企业代表团,其中包括 13 位总统、1 位总理和 1 位首相,联合国副秘书长、非洲联盟副主席和 100 多位政府部长,1 000 多位非洲国家的企业家,通过经贸和文化这条纽带拉近了中国与非洲国家的距离。何烈辉还参与中国向纳米比亚的慈善捐助。上海海派红木艺术博物馆馆长、木雕艺术大师包天伟的力作,融汇中国文化符号——孔子毕生 20 个经典故事于一体的大型瘿木群雕作品《万世师表》在联合国馆全程展出,联合国副秘书长贝南授予包天伟荣誉证书。

一位致公党市委机关干部因工作成绩出色,在上海世博会服务接待指挥部“服务世博,奉献世博”立功竞赛中记三等功。

致公党市委把宣传上海世博会当作一项重要任务,在《上海致公》杂志和“上海致公”网站上开设“聚焦世博”栏目,在致公党内营造办好世博、服务世博的良好舆论氛围,通过宣传上海世博会向全世界介绍上海乃至中国改革发展的巨大成就,吸引港澳台同胞和海外华侨华人回家看世博。

致公党市委在迎接和承办上海世博会期间,与海外侨团的交往过程中通过赠送世博门票、世博纪念品等方式,邀请海外侨团与侨胞参观上海世博会,先后接待海内外宾客共 25 批 307 人次。全市广大致公党员也发挥主人翁、当好东道主的高度自觉和海外联系广泛的优势,邀请海外亲朋回国参观上海世博会。致公党员们在接待海外亲朋时,大力介绍中华文化和上海习俗,受到海外亲朋的欢迎。

第六章　自身建设

致公党市委自建立以来，始终以思想建设为核心，以组织建设为基础，以制度建设为保障，切实加强自身建设，为保持坚定正确的政治方向和认真履行参政党职能提供了有力的保证。

第一节　思想建设

1981年5月，组成有各方面代表性党员参与的“学习中心组”，制定了支部的学习计划，组织党员开展时事和政治理论等方面的学习。1984年4月，致公党上海市委员会成立后，组建“学习委员会”，成为协助致公党市委开展思想教育工作的专门机构。1996年6月，致公党市委根据致公党中央的精神，制定《关于实施宣传思想工作五年设想的意见》，提出今后五年思想建设的根本任务、主要内容和主要措施。致公党市委领导班子召开主委会议专门研究，提出明确目标：充分发挥宣传思想工作所具有的团结、教育、动员、鼓舞党员的功能，激发党员的社会主义积极性，把一支具有良好政治思想素质的党员队伍带入21世纪。致公党市委领导还深入基层组织，参加基层党员活动，召开座谈会，与新老党员谈心，及时了解党员的思想动态，把思想工作做深做细。

一、理论学习

学习政治理论，致公党市委要求广大致公党员重在领会精神，注意联系国情和上海市情的实际，特别是改革开放的实践。学习一般以自学为主，结合专题辅导，机关刊物《上海致公》开设理论学习的固定专栏，既推荐学习资料，又刊载党员的学习心得，致公党市委与基层组织还适时组织讨论交流，切实帮助党员提高思想。

1988年以后，致公党市委着重组织党员学习《邓小平文选》，重点是学习邓小平关于建设有中国特色的社会主义理论。到1992年7月，先后举办党员学习《邓小平文选》和学习建设有中国特色的社会主义理论的专题学习班共24期，480人次党员参加了学习班。其间，还于1990年9月举办了学习《邓小平文选》交流会，1992年6月举办了“学习邓小平理论，坚持走建设有中国特色社会主义道路”报告会，出席听报告者3 500人次。

1992年11月17日，致公党市委召开有致公党市委委员、各基层支部主委和出席中国致公党第十次代表大会的上海代表参加的干部会议，部署深入学习、贯彻中共十四大精神。会议要求全体致公党员和干部深刻认识中共十四大重要历史意义，深切领会建设有中国特色的社会主义理论、特别是建立社会主义市场经济体制的目标，把学习、贯彻中共十四大精神与进一步加强自身建设结合起来，在思想上、组织上适应新的历史阶段要求。会后，致公党市委采取各种形式，引导党员认真学习、正确理解邓小平建设有中国特色社会主义理论的深刻含义，掌握邓小平理论的精髓，要求党员牢固确立坚持以经济建设为中心、坚定不移改革开放的观念，增强走有中国特色社会主义道路的共识。2000年以来，致公党市委还先后两次召开宣传工作会议，及时传达中共中央、致公党中央和致公党市委的有关文件精神，在全体党员中开展学习邓小平新时期统一战线理论，提高广大党员思想认识。

2001年7月21日,致公党市委举行学习座谈会,学习江泽民在庆祝中国共产党成立80周年大会上的重要讲话,主委俞云波在本次座谈会及之前于7月5日召开的致公党市委第四届九次全会上,要求广大党员要认真学习好江泽民的讲话,深入学习好"三个代表"重要思想,并要贯彻到具体工作中,为坚持和完善中国共产党领导的多党合作和政治协商制度,为祖国统一、人民幸福、民族富强而贡献每一个党员的力量。中共十六大召开后,致公党市委及时发出《关于认真学习、贯彻中共十六大会议精神的通知》,对各级组织的学习作出部署,提出要求,把学习贯彻"三个代表"重要思想作为首要政治任务。中共十六届四中、五中、六中全会以后,致公党市委中心组又及时进行主题学习,并要求致公党市委各级组织及广大党员认真学习、深刻领会、全面贯彻全会精神,立足本职,勤奋敬业,同时履行好参政党职能,为社会发展积极建言献策。

2009年3月18日,致公党市委召开学习贯彻科学发展观动员大会。主委吴幼英在动员大会上要求全市各级组织和广大党员以高度的政治责任感和使命感、饱满的工作热情、认真负责的态度、改革创新的精神,投入到学习贯彻科学发展观活动中去,为坚持中国特色社会主义政治发展道路,为全面完成今年国家的各项任务,为上海"四个确保"目标的实现,作出积极贡献。致公党市委要求广大党员在学习贯彻活动做到"四个结合",即与应对国际金融危机影响献一策和服务"四个确保"活动相结合,与坚持走中国特色社会主义道路学习教育活动相结合,与加强自身建设相结合,与履行参政党职能相结合,切实建设好符合时代要求的高素质参政党。在致公党市委制定的《关于深入学习贯彻科学发展观的实施意见》中,明确整个学习贯彻工作分理论学习和改进提高两个阶段,要求全市各级组织开展以"精读一本理论书籍、剖析一个具体案例、开展一次交流活动、组织一次实践活动、提出一个可行建议"为主要内容的"五个一"活动,从实际出发,重实干、讲实效、出实绩,以"实"字贯穿于整个学习贯彻工作的始终。

此次活动,致公党市委注重在深入学习和贯彻落实中推进自身建设,以贴近现实的宣传教育夯实党员的思想基础,以深入实际的走访调研指导各级的组织建设工作,以严谨务实的制度建设推动致公党市委的规范运作,以强化履行职能讲求实效中提高为建设四个文明服务的能力;为政府决策出谋献策建立在调查研究基础之上,为和谐社会建设服务努力创新工作方法,拓展与海外侨社的友谊以诚相见广泛交流。致公党中央副主席严以新于2009年10月9日率队来沪调研致公党市委学习贯彻科学发展观的情况后,对致公党市委在此次活动中取得的成绩给予了充分肯定,要求致公党市委巩固业已取得的学习贯彻成果,并持之以恒地把科学发展观融入自身建设和履行职能的实践中,更好地为四个文明建设服务。

《中共中央关于进一步加强中国共产党领导的多党合作和政治协商制度建设的意见》和《中共中央关于加强人民政协工作的意见》先后制定,致公党市委立即组织各种形式的学习活动,认为这是推动新时期新阶段中国多党合作事业发展的纲领性文件。要求各区委、直属组织以交流、座谈、研讨等形式组织全市党员深入学习。鉴于在高校工作致公党员,既有研究能力,又有工作经验,致公党市委请他们结合各自的特长探索民主党派的党建理论。这些党员根据自己的学习体会,先后在《上海致公》《上海统战理论研究》等刊物上发表了《论坚持和完善民主监督》《"三个解放"是新世纪思想解放的关键》等相关文章,对夯实参政党理论建设基础起到推动作用。

中共十七大召开后,致公党市委继续抓住政治理论学习,带领各级组织和广大党员认真学习中共十七大和十七届历次全会精神,以及《中国的政党制度》白皮书等其他重要文件,使党员的思想和行动做到与中共中央保持着高度一致。深入学习科学发展观,在完成党员思想状况问卷调查的基础上,针对党员思想实际开展了"五个一"教育活动,进一步深化了广大党员对科学发展观的科学内涵、精神实质和根本要求的认识。致公党市委召开党员座谈会、专家辅导会，对十七届四中、五中、六中全会精神进行宣讲，就“如何理解”“如何把握”“如何贯彻”等专题深入交流探讨，提高了广大党员理解和贯彻国家大政方针的能力。

二、主题教育活动

跨入21世纪以来，按照致公党中央和中共市委的要求，致公党市委陆续开展了一系列主题教育活动，旨在提高全市致公党员对中国共产党领导的多党合作和政治协商制度的显著特色和优越性的认识，提高对践行社会主义荣辱观、核心价值观及构建社会主义和谐社会的认识，更加坚定广大致公党员自觉接受中国共产党领导的信念和继承致公党优良传统、开创各项工作新局面的信心与决心。

【“三增强”“四热爱”学习教育活动】

2003年5月中旬，致公党中央向全党发出《关于开展“三增强”“四热爱”教育活动的通知》，在全党开展以增强对中国共产党“三个代表”重要思想认识、增强对社会主义制度优越性认识、增强中华民族凝聚力和热爱中国共产党、热爱祖国、热爱社会主义、热爱人民为主要内容的“三增强”“四热爱”教育活动。2003年6月20日，中共市委统战部举行上海市民主党派“关于开展学习中共十六大精神、‘三个代表’重要思想和‘三增强’‘四热爱’学习教育活动”动员大会。中共市委常委、市委统战部部长黄跃金作动员报告，上海各民主党派主要负责人出席会议。按照致公党中央和中共市委的要求，致公党市委随即对学习教育活动作出具体安排，明确开展活动的重点和要求，整个学习教育活动分3个阶段推进：从2003年6月20日—7月10日主要为动员、学习，规定了学习内容和讨论专题；从7月11日—7月24日主要为建立学习制度和组织党员进行交流；从7月25日—8月14日主要为学习教育活动阶段性总结。经过学习教育，广大致公党员在思想上增强维护中国共产党领导的多党合作和政治协商制度建设自觉性和坚定性，党员的政治意识、政党意识、集体观念、荣誉观念普遍提高，致公党市委机关的工作作风也在学习教育活动中得到了转变，更加讲团结、讲效率，更加富于活力。

【政治交接学习教育活动】

2007年6月—2008年7月，作为致公党中央开展政治交接学习教育活动的试点单位，致公党市委开展了以坚持走中国特色社会主义道路为主题的政治交接学习教育活动。在中央统一领导和中共市委统战部帮助指导下，致公党市委始终坚持贴近实际、注重实效，内容新颖、形式创新，在开展的各种活动中，以“六个一”计划的实施最具特色：成立一个宣讲团，提供一份学习辅导材料目录，设计一条学习考察线路，制作一张致公党党史教育光盘，走访一批致公党老党员，宣传一位典型人物。其中，由致公党市委新老领导、党员中的专家学者、从事党务工作多年的基层负责同志组建起来的宣讲团，在这一年里先后深入到各个区委和直属基层组织，作了40场辅导报告；围绕政治交接理论学习的目的，向致公党员推荐15篇学习辅导材料，还专门录制并发放了有致公党党史文字与影像资料的光盘；规划的市内外16个爱国主义教育基地学习考察线路，比如杰出爱国主义者孙中山的故居、黄花岗七十二烈士陵园、中国民主促进会的成立旧址，以及对统一战线事业产生过深远影响的中共二大会址等，此外还有上海国际汽车城、临港新城、金山廊下现代农业园区等一批在

图6-6-1 2007年8月29日,致公党市委在中共二大会址举行政治交接学习教育活动学习考察启动仪式

改革开放中形成的新成果;通过政治交接学习教育活动建立了各级领导走访老党员、与新党员促膝谈心的机制,这些活动与传统的节日活动结合起来。

由于在活动中注重将深入学习中国特色社会主义理论与充分认识新中国成立以来各方面所取得的伟大成就紧密结合,将学习中共中央关于多党合作制度的政治理论与学习致公党党史、致公党和共产党的合作史紧密结合,将理论学习把握国情与加强自身建设、履行参政党职能紧密结合,使得学习教育活动具有方向明确、重点突出的特征,致公党市委的凝聚力、向心力和战斗力因而得到进一步提高,收获的成果实实在在——各级基层组织和全体致公党员的精神面貌焕然一新。

学习教育活动对致公党市委的各项工作都是有力的促进。比如在制度建设方面,进一步完善了致公党市委的议事规则,机关各部门的工作效率得到提高;在后备干部建设方面,优化了干部队伍的结构;在专委会工作方面,成为致公党市委履行参政党职能一个有力的支点,并为培养和选拔人才创造了条件;在参政议政方面,继续紧扣和谐发展这个主题,努力体现致公党的侨海特色,在完成的4项调研中,有2项调研成果被转化为致公党市委的集体提案并获得市政协优秀提案奖。广大致公党员的政治理论水平和思想认识有了新的提高,履行参政党职能的自觉性普遍得到增强。

在整个学习教育活动过程中,中共市委统战部及中共各级党组织始终给予了热情的关怀和支持,不仅在经费等方面提供了有力的保障,同时还在理论学习和社会实践等方面给予了具体的指导和帮助。致公党中央罗豪才主席、万钢主席、杜宜瑾副主席、严以新副主席等领导先后到致公党市委进行指导。万钢主席出席总结表彰大会,对致公党市委开展政治交接学习教育活动所取得的成绩予以充分肯定,并提出新的目标。

【“树立和践行社会主义核心价值体系”学习教育活动】

2010年3月，按照中共十七届四中全会关于开展社会主义核心价值体系学习教育活动的精神，致公党市委在全市范围开展“树立和践行社会主义核心价值体系”的学习教育活动。主委吴幼英在《解放日报》刊文指出：社会主义核心价值体系集中体现了社会主义意识形态的本质属性，丰富的内涵反映了这一体系的政治性、战略性、科学性和现实性，作为多党合作政治体制中参政党的成员，必须自觉把树立和践行这一体系放在首要地位，并且身体力行，不仅要内化为自己的价值取向，更要提升为自己的行为准则。要做到这一点，首先要继承光荣传统，大力弘扬老一辈领导人的优秀政治品格；其次要围绕中心、服务大局，切实履行好肩负的职责，充分发挥广大致公党员的聪明才智，立足岗位为“十二五”规划的制定和上海加快转变经济增长方式积极建言献策；第三要通过培育共同的理想信念，使广大党员增强归属感，切实提高政治把握、参政议政、组织领导和合作共事的能力，为建设一支经得起风浪考验，具有强烈爱国意识，能全心全意为社会主义事业添砖加瓦的参政党队伍打好基础；第四要充分发挥致公党的“侨”“海”特色，广交新朋友，深交老朋友，更加有效地把海外炎黄子孙凝聚到一起。

为帮助广大党员更好地理解这次学习教育活动的重要意义和社会主义核心价值体系的深刻内涵，致公党市委专门向各基层组织和广大党员印发了“学习社会主义核心价值体系推荐资料”，共有18本书。此外，“上海致公”网站开辟“树立和践行社会主义核心价值体系”专栏，《上海致公》杂志从2010年第7期起，至2012年第2期，共在专栏中刊发了17篇有关“树立和践行社会主义核心价值体系”的理论文章，供广大党员学习和参考。

著名爱国侨领董寅初，是致公党上海组织的创始人和社会主义核心价值体系的亲身实践者，他和许多党内前辈一起，为国家、为民族、为致公党在上海的创立与发展，均作出过不可磨灭的贡献。为了让民主党派前辈宝贵的精神财富得到继承与弘扬，使其在新时期的民主党派思想教育中发挥巨大促进作用，致公党市委经过研究，决定把坐落在奉贤区滨海古园内的董寅初陈列室建成致公党传统教育基地，成为既是广大致公党员搭建思想教育的新平台，又是面向社会一个介绍致公党成就的新窗口。这一做法得到致公党中央主席罗豪才的充分肯定。许多老领导、老致公党员都把宣传中共领导的多党合作制度和致公党传统看作是自己不可推卸的责任，他们在活动开展的过程中，不顾年事已高，有的深入基层上党课讲党史，为基层工作作参谋；有的在致公党市委刊物、网站上发表文章畅谈自己的履职体会，身体力行“传、帮、带”，为年轻党员作出了良好表率。

从活动启动至2010年11月底，致公党市委领导前后8次深入不同基层组织，倾听最基层组织和广大致公党员的意见与呼声。其间，致公党市委为了准确掌握基层组织状态和深入了解党员的思想状况展开了问卷调查，根据对反馈问卷相关数据的汇总和分析获取了大量第一手资料，形成多篇揭示侨海关系、基层组织发展、党员思想动态现状和新时期致公党员特点的研究报告，为致公党市委在继续推进自身建设等工作时提供有价值的决策依据。比如，致公党市委把“树立和践行社会主义核心价值体系”学习教育活动和开展基层组织建设年活动相结合，推出了《关于开展基层组织建设年活动的实施意见》，并制定出5年组织建设规划。市委成立了致公党主委吴幼英任组长的“基层组织建设活动年”领导小组，明确开展该项活动的指导思想、总体目标、主要任务、工作要求和实施步骤，致公党市委组织部、宣传部等职能部室配合做好相关工作，各区委、直属组织具体组织实施。整个活动分动员部署(2010年3—4月)、全面实施(2010年5—10月)和总结表彰(2010年11—12月)3个阶段有序展开。活动围绕完善组织发展、党员培训、管理服务的机制，重点在于解决组织设置、服务方式、活动方式等方面的突出问题，形成组织健全、作用突出、服务配套、充满活力的基层组织建设新格局,在锻造一支守信念、讲奉献、有本领、重品行的基层骨干党员队伍方面发力,力求实现基层组织领导班子好、党员队伍好、工作机制好、工作业绩好、群众反映好的“五好”目标。近一年来发展新党员110名,其中具有中高级职称的占到57.7%,还分别在上海海事大学和上海中医药大学新建了支部委员会。2010年12月,致公党市委召开大会,对“树立和践行社会主义核心价值体系”、推进基层组织建设中涌现出的先进集体和先进个人予以表彰,在会上授予致公党浦东新区委员会等15个组织“先进集体”,马瑞霞等30名党员“先进个人”。致公党市委以及致公党徐汇区委等6个基层组织还被致公党中央授予“树立和践行社会主义核心价值体系,推进基层组织建设”先进集体称号。

【“同心同行”学习教育活动】

2012年6月,致公党市委根据致公党中央《关于在全党实施“同心”行动的通知》部署,下发《关于贯彻中央开展“同心”行动通知的实施意见》(简称《意见》),致公党市委决定成立主委张恩迪为组长的“同心”行动领导小组,下设“同心”行动办公室负责具体工作,由致公党市委宣传部承担该活动的日常工作,在致公党各区委及直属组织中分动员部署阶段(2012年6—7月)、全面实施阶段(2012年7—10月)、总结阶段(2012年11月)三个阶段,围绕加强学习教育、夯实“同心”基础、注重学以致用,展开“同心”实践。《意见》明确指出,“同心”思想主要是指思想上同心同德,目标上同心同向,行动上同心同行。活动总目标是结合政治交接,引导致公党员充分认识中国共产党的先进性和中国特色社会主义道路的正确性,正确看待改革发展进程中出现的新情况、新问题,努力增进政治共识,坚定走中国特色社会主义发展道路的决心和信心,加强践行社会主义核心价值体系的自觉性,团结一心更好地履行参政党职能。在学习教育活动中,致公党市委以报告会、座谈会、参观考察等形式,使党员对社会主义核心价值体系的领悟深化,统一思想增强政治鉴别力,能在错综复杂的国内外形势中把握住正确的前进方向,使学习型参政党建设真正落在实处。致公党市委在活动中不仅要求领导班子成员实现理论学习的制度化、常态化,还注意发挥各专门委员会作用,举办中青班和新党员培训班把贯彻“同心”思想作为党员教育培训的核心内容,自上而下形成贯彻“同心”思想的良好氛围,党务工作因而得到加强。

各区组织和直属组织也都制定了“同心”活动的具体方案,以“主人翁”的姿态投入到活动中,鼓励大胆创新、开展各具特色的工作,生动活泼的学习教育活动提高了党员思想认识。宝山区总支于8月30日—9月3日开展“致力为公、服务社会”——同心助学云南省大理州贫困地区学校活动,为大理州鸡足山镇关李完小建立电脑房和图书室,还捐赠学生生活用品若干,援助物品总计人民币近6万元,此事经大理电视台全程报道后,在当地引起强烈反响。普陀区的致公党员们自觉践行“同心”思想,于10月20日在该区石泉路街道社区活动中心开展为民服务公益活动,为居民提供政策咨询、法律咨询、侨法宣传、物业咨询、医疗义诊讲座等便民服务,零距离解答居民困惑,解决居民难题。长宁区委利用社情民意征集台开展“我为长宁献一计”,就加快建设长宁“三个城区”等献计献策。金山区委的“四同”:同心强基——成立青年委员会、同心汇智——建言献策谋发展、同心聚力——关爱老人服务社会、同心讴歌——致公党党员书画作品展,使致公党的凝聚力、战斗力得到了增强。

三、传统教育

【爱国主义和社会主义教育】

根据致公党自身特点,致公党市委以多种形式举办讲座、座谈会和报告会,把爱国主义、社会主义教育作为党员思想政治教育的主线。1982 年 4—5 月，与市侨联联合举办的“爱国主义系列讲座”共 4 讲：《中国近代史表明只有共产主义和社会主义才能救中国》《中国人民进行了英勇顽强的斗争探求救国的道路》《华侨的过去与现状》《华侨的爱国主义传统史话》，前后有 2 500 多人次出席听讲。1984 年 5—7 月，每月一次举办了“振兴中华系列讲座”，有 2 000 人次听讲。1986 年 6—7 月，致公党市委召开了 6 次座谈会，讨论如何坚持中国共产党领导的多党合作制度和政治体制改革问题。1991 年 12 月，举办《中国人权状况》报告会，出席听讲者逾千人。有些党员还应邀结合亲身经历作专题报告，如致公党员高士模、王尚茂以他们赴美国、泰国等国家探亲时所见所闻进行社会主义与资本主义社会状况对比，在上海市一些部队、学校、企业向战士、学生和青年工人进行热爱社会主义中国的宣传教育。1981—1987 年，他们共作 140 多场报告，听众达 1.47 万人次。1999 年国庆节前夕，致公党市委通过举办庆祝国庆 50 周年大型座谈会、组织“老党员看上海”活动、与各民主党派市委和市工商联联合举办庆国庆书画联展、联合举行“百川归海庆华诞”文艺晚会等系列活动，激发致公党员爱国主义热情和为建设有中国特色社会主义服务的积极性。

2007 年 8 月 9 日，优秀致公党员、时年 44 岁的上海师范大学教授贺宝根，在承担国家自然科学基金“长江口崇明东滩高潮滩盐沼水——沉积物——植物界面泥沙输移机制研究”课题，率课题组学生去崇明岛东滩野外考察时遇海水上涨，为救学生而牺牲。主委吴幼英去学校慰问贺宝根家属，致公党中央主席罗豪才发来唁电，时任中共市委书记习近平在观看贺宝根同志事迹展时，赞他为全社会学习的楷模，《解放日报》《文汇报》《联合时报》等主流媒体作了广泛报道。11 月 20 日，上海市政府授予贺宝根革命烈士称号。致公党市委号召广大致公党员向贺宝根烈士学习，把致公党的优良传统——“致力为公”精神融汇在各项工作实践中。

图 6-6-2　贺宝根

【纪念中国致公党成立和上海建立组织周年活动】

致公党市委以纪念致公党成立周年活动为契机，开展致公党党史、侨史教育。每逢致公党成立逢 5 周年、逢 10 周年，致公党上海市委都会举办系列纪念庆祝活动，宣传致公党爱国、革命的光荣传统，激发全体致公党员的责任感与使命感，号召广大致公党员坚定不移地走中国特色的社会主义政治道路，积极推进上海多党合作事业不断向前发展，充分发挥“侨”“海”特色和优势，努力使致公党成为适应新世纪新任务要求的参政党，为上海改革开放和现代化建设事业作出积极贡献。

1995 年，结合庆祝致公党建立 70 周年活动，致公党市委组织党员集中学习继承致公党先辈的爱国主义传统，引导、激发党员爱国主义热情，自觉地将爱国主义与社会主义紧密地结合起来，从而更积极地投身于社会主义建设实践。

2000 年，结合庆祝致公党建立 75 周年、致公党上海地方组织建立 20 周年活动，致公党市委通过组织党员学习致公党党史、举办系列庆祝活动,通过妇女工作委员会组织老中青妇女代表开展“回顾历史、展望未来”专题活动等多种形式,继承和发扬致公党老一辈光荣传统,展示新一代致公党员的精神风貌,树立正确的世界观、人生观和价值观,坚定致力为公的信念。

2005 年适逢中国致公党成立 80 周年,致公党上海地方组织建立 25 周年,致公党市委召开主委会议审议并通过了《关于开展纪念致公党成立八十周年、上海建立组织二十五周年系列活动的意见》,对致公党各区委、致公党市委各直属组织及致公党市委职能部门开展“双庆”纪念活动进行了全面部署。9 月 25 日,来自全市各级组织的致公党员、来自海外的华人华侨友人、来自各兄弟民主党派和工商联的代表在上海展览中心三楼宴会厅欢聚一堂,隆重纪念中国致公党成立 80 周年暨上海建立组织 25 周年,中共上海市委副书记罗世谦代表中共上海市委向致公党上海市委表示热烈的祝贺,并向全市致公党员致以诚挚的问候和崇高的敬意。大会将致公党市委开展的一系列纪念活动推向高潮。

致公党市委编辑出版了《中国致公党上海市优秀参政议政成果选编(1993—2004 年度)》,共收录近 10 年来致公党全市委各级组织和党员提交的各类参政议政成果 91 篇,充分反映了致公党参政议政的成绩和特色;对 10 个先进集体、24 名优秀党员和 8 名优秀组织工作者予以 2004—2005 年度先进集体、优秀个人和优秀组织工作者表彰;举行旨在教育年轻党员和青年机关干部继承本党前辈的优良传统,履行参政党职能,为社会主义“三个文明”建设作贡献的座谈会,老党员结合亲身经历为年轻同志讲党史说形势,介绍参政议政的心得体会和加强自身建设的经验;邀请部分区、系统中共统战部部长座谈,共同总结 25 年来致公党上海组织的发展经验,谋划今后的发展大计;举办图片回顾和书画作品展,集中展示了致公党上海组织 25 年来,在履行职能、加强自身建设、海外联谊和参与上海“三个文明”建设的主要成果,参展的书画作品也都表达了广大党员对改革开放成就的赞美,对致公党的热爱,对中国共产党领导的多党合作制度的热爱;召开新闻通气会,感谢新闻界长期以来对致公党市委的支持,希望今后加强彼此间合作,更广泛地宣传多党合作制度的优越性和致公党市委在建设中国特色社会主义过程中所做的工作;与联合时报社合作推出了图文并茂的“庆祝

图 6-6-3 2008 年 4 月 24 日,致公党市委举办纪念中共中央发布“五一口号”60 周年知识竞赛

中国致公党成立八十周年、上海建立组织二十五周年”专版，以翔实的史料和生动的文字介绍了致公党市委的发展过程和工作成绩，充分反映了侨党的特色和优势，在社会上取得良好的反响。当年第十期《上海致公》作为纪念专刊全面报道了致公党市委系列“双庆”纪念活动的全过程，全景式地展现致公党市委的工作成就和党员的心声，并为为期半年多的系列纪念活动画上圆满的句号。

2010年是中国致公党成立85周年，致公党上海地方组织建立30周年。4月15日，致公党市委在上海音乐厅举办了一场以“相聚上海，情谊世博”为主题的文艺演出，庆祝致公党组织发展进入新的历史阶段，同时也向即将开幕的上海世博会献上一份厚礼。12月8日，举办了“双庆”纪念大会，12月27日，主办了主题为“致力为公30年——庆祝中国致公党成立85周年、致公党上海组织建立30周年”摄影展，展出200幅具有相当艺术水准的摄影作品，热情讴歌中国特色社会主义事业所取得的巨大成就，充分表达了广大致公党员热爱祖国的赤子之心。

四、党员教育

致公党市委注重联系每个时期国内外形势变化、特征以及面临的任务，及时有针对性地在党员中进行形式多样的宣传教育。1999年6月，致公党市委举办主题为《中国与WTO——挑战与机遇》的形势报告会，分析、讲解加入WTO对推动中国经济持续发展的利与弊。1999年11月，致公党市委学习委员会举行报告会，特邀国际问题专家主讲《目前台湾形势与中美关系》。2000年12月，致公党市委组织党内专家，为300多位党员作《2000年经济形势报告》，深入分析中国经济现状和问题，深刻领会邓小平建设有中国特色社会主义理论的精华，使党员准确把握发展要义，坚定改革开放、振兴中华的信念。2001年2月，致公党市委举行学习报告会，请上海交通大学教授陈章良作《2000年若干热点问题透析》报告，基层组织主委、宣传委员及部分党员共200多人参加报告会。同年12月，致公党市委举行岁末国际问题报告会，请有关专家为400多位党员详细分析“9·11”事件以来的国际局势变化，以及对中国发展的影响。2002年5月，致公党市委举行中东局势报告会，200多位致公党员参加了报告会。2012年9月28日，致公党中央原副主席、致公党市委原主委俞云波以“从东海、南海领土问题看我国的海洋安全与加强海洋意识”为题，向致公党市委学习委员会成员、基层组织致公党员和致公党市委机关干部70多人讲解被国内外广泛关注的东海及南海岛礁争端，鼓励致公党员以实际行动贯彻同心思想，时刻与中共中央保持一致，为维护社会和谐稳定建言出力。

致公党市委历来重视对新党员的教育。1997年起，致公党市委决定每年对新发展的党员开展党章、党史教育，把学习党章、党史作为对新党员入党教育的第一课。党史教育采用的教材为致公党史专业研究者撰写的《中国致公党史略》，还有致公党领导人撰写有关党史的回忆文章等，让新党员在学习致公党历史，学习致公党与中国共产党长期合作、风雨同舟的珍贵史实，看到在新形势下民主党派肩负的重大政治责任，自觉继承与发扬多党合作的优良传统，牢固确立坚持中国共产党领导的观念，致力为公、奋发进取，主动维护大好形势、维护爱国统一战线。1999年5月，致公党市委召开新党员座谈会，主委俞云波和近60名新党员参加座谈，30多位新党员先后发言，表示要认真学习邓小平理论，继承和发扬党内老一辈的优良传统，坚定自觉接受中共领导的信念，坚持和完善中国共产党领导的多党合作和政治协商制度，在各自工作岗位上，为上海的经济建设和社会发展建功立业。2002—2012年，致公党市委共举办14期新党员学习班，先后有550名新党员参加培训，学习班的内容和形式在这一过程中得到不断充实与完善。

第二节 组织建设

1998年,致公党上海市第四届委员会制定《致公党上海市委组织工作纲要(1998—2002)》,对组织建设的总体要求作出阶段性规划,对发展党员提出"积极稳妥、重在质量"的要求,对基层组织提出"改善结构、健全组织、增强活力"的指导思想。

一、发展新党员

致公党上海组织建立初期仅11名党员,到1992年底已发展到1 238名党员,主要为归侨、侨眷中的中上层人士和有海外联系的代表性人士。1992年第三届市委会成立时全市党员人数为1 250名,至1997年5月共有党员1 582名,新党员中具有高级职称的占60%,40岁年龄以下的占40%,进一步改善了人才结构和年龄结构。1997—2002年的5年间共发展了250多位新党员,大多是年纪轻、学历层次高,不少还是各领域的业务骨干。2002—2007年,第五届市委会期间发展了461名新党员,这些新党员的平均年龄为40.9岁,其中有中高级职称的437人。这一阶段的党员发展呈现两个特点:一是层次高,特色鲜明,新党员中既有大学校长、学院院长,也有专家、学者和归国留学人员;二是各基层组织的党员发展比较平衡,原先发展工作基础较薄弱的一些系统组织加大了发展力度,扩大了组织发展的覆盖面。2007—2012年3月底换届,共发展新党员783人,其中大学以上文化程度占87.6%,拥有中高级以上职称者占58.7%,有"侨""海"关系者占65.6%,党员队伍综合素质进一步提升,代表性更为突出。其中仅2011年就发展176名新党员,新党员平均年龄仅38.7岁,33.9%拥有研究生学历,21.5%具有海外学习和工作经历,进一步优化了党员队伍的结构。

表6-6-1 1993—2012年致公党市委发展党员基本情况表

年度		1993	1994	1995	1996	1997	1998	1999	2000	2001	2002
发展人数(人)		55	70	75	58	86	69	64	68	51	56
女党员人数(人)		20	39	36	29	35	35	34	27	21	25
文化程度	大专以上(人)	50	54	64	54	81	60	57	64	50	56
	比例(%)	90.9	77.1	85.3	93.1	94	87	89	94.1	98.0	100
层次分布	中上层(人)	50	64	73	58	69	67	62	68	51	52
	比例(%)	90.9	91.4	97.3	100	80.2	97.1	96.9	100	100	92.9
	其他(人)	5	6	2	0	17	2	2	0	0	4
	比例(%)	9.1	8.6	2.7	0	19.8	2.9	3.1	0	0	7.1
职称	高级(人)	21	25	27	27	16	28	20	21	18	14
	比例(%)	38.2	35.7	33.7	46.6	18.6	40.6	31.3	30.9	35.3	25.0
	中级(人)	26	26	38	22	44	30	31	38	28	38
	比例(%)	47.3	37.1	50.7	37.9	51.2	43.5	48.4	55.9	54.9	67.9

（续表）

年　度		1993	1994	1995	1996	1997	1998	1999	2000	2001	2002
年龄结构	平均年龄(岁)	45.2	46.1	44.4	41.4	40.2	40.2	39.4	39.1	39.4	39.2
	40 岁以下	19	19	28	30	33	40	39	36	28	36
	41—50 岁	17	25	25	12	31	18	19	26	19	12
	51—60 岁	18	26	21	16	20	10	5	6	4	8
	61—70 岁	1	0	1	0	2	1	1	0	0	0
	71 岁以上	0	0	0	0	0	0	0	0	0	0
年　度		2003	2004	2005	2006	2007	2008	2009	2010	2011	2012
发展人数(人)		112	117	110	90	110	117	165	166	176	187
女党员人数(人)		48	46	51	37	52	51	75	71	81	84
文化程度	大专以上(人)	111	114	80	76	91	101	147	140	162	172
	比例(%)	99.1	97.4	72.7	84.4	82.7	86.3	89.1	84.3	92.0	92.0
层次分布	中上层(人)	107	109	110	86	109	116	163.	165	176	187
	比例(%)	95.5	93.2	100	96.6	99.1	99.1	98.8	99.4	100	100
	其他(人)	5	8	0	4	1	1	2	1	0	0
	比例(%)	4.5	6.8	0	3.4	0.9	0.9	1.2	0.6	0	0
职称	高级(人)	26	30	26	28	19	32	33	47	37	34
	比例(%)	23.2	25.6	18	31.1	17.3	27.4	20.0	28.3	21.0	18.2
	中级(人)	46	79	76	58	54	51	67	50	72	59
	比例(%)	41.1	67.5	69.1	64.4	49.1	43.6	40.6	30.1	40.9	31.6
年龄结构	平均年龄(岁)	37.9	40.4	39.4	38.4	39.1	39.3	38.1	39.1	38.8	37.8
	40 岁以下	68	52	61	57	69	65	99	90	100	122
	41—50 岁	38	57	39	30	34	46	55	68	58	57
	51—60 岁	6	8	9	3	7	6	9	7	18	8
	61—70 岁	0	0	1	0	0	0	2	1	0	0
	71 岁以上	0	0	0	0	0	0	0	0	0	0

说明："中上层"栏中的对象为有中、高级专业技术职称的人员，县以上各级人大代表和政协委员，县处级以上职务的干部。

表 6－6－2　1992—2012 年致公党市委发展党员界别分布情况表

年　度	1992	1993	1994	1995	1996	1997	1998	1999	2000	2001	2002
教育(人)	16	19	13	28	19	41	29	18	26	12	13
比例(%)	32.7	34.5	18.6	37.3	32.8	47.7	42.0	28.1	38.2	23.5	23.2
科学技术(人)	5	1	9	2	6	6	1	3	1	4	4
比例(%)	10.2	1.8	12.9	2.7	10.3	7.0	1.4	4.7	1.5	7.8	7.1

（续表）

年　度		1992	1993	1994	1995	1996	1997	1998	1999	2000	2001	2002
医药卫生(人)		7	13	13	17	5	12	14	8	13	8	7
比例(%)		14.3	23.6	18.6	22.7	8.6	15.4	20.3	12.5	19.1	15.0	12.5
文化艺术(人)		1	2	5	2	2	3	3	2	3	0	0
比例(%)		2.0	3.6	7.1	2.7	3.4	3.5	4.3	3.1	4.4	0	0
新闻出版(人)		0	0	0	0	0	0	0	0	1	0	1
比例(%)		0	0	0	0	0	0	0	0	1.5	0	1.8
公有制经济(人)		14	12	19	17	15	7	9	20	11	13	10
比例(%)		28.6	21.8	27.1	22.7	25.9	8.1	13.0	31.3	16.2	25.5	17.9
非公有制经济	企业界人士	0	2	1	2	1	2	1	1	0	1	5
	比例(%)	0	3.6	1.4	2.7	1.7	2.3	1.4	1.6	0	2.0	8.9
	其他人员	0	4	5	5	6	0	6	3	5	5	5
	比例(%)	0	7.3	7.1	6.7	10.3	0	8.7	4.7	7.4	9.8	8.9
法律(人)		0	0	0	0	0	0	0	0	0	0	0
比例(%)		0	0	0	0	0	0	0	0	0	0	0
政府机关(人)		1	2	4	0	1	5	4	7	6	5	8
比例(%)		2.0	3.6	5.7	0	1.7	5.8	5.8	10.9	8.8	9.8	14.3
党派机关(人)		1	0	1	0	1	2	1	1	1	2	0
比例(%)		2.0	0	1.4	0	1.7	2.3	1.4	1.6	1.5	3.9	0
团体(人)		2	0	0	0	1	3	0	1	1	1	0
比例(%)		4.0	0	0	0	1.7	3.5	0	1.6	1.5	2.0	0
其他(人)		2	0	0	2	1	5	1	0	0	0	3
比例(%)		4.0	0	0	2.7	1.7	5.8	1.4	0	0	0	5.4

年　度	2003	2004	2005	2006	2007	2008	2009	2010	2011	2012
教育(人)	33	31	26	27	37	25	44	41	46	40
比例(%)	29.5	26.5	23.6	30	33.7	21.4	26.7	24.7	26.1	21.3
科学技术(人)	3	3	7	3	2	5	4	2	7	5
比例(%)	2.7	2.6	6.4	3.3	1.8	4.3	2.4	1.2	4.0	2.7
医药卫生(人)	12	10	13	12	12	17	20	15	19	17
比例(%)	10.7	8.6	11.8	13.3	10.9	14.5	12.1	9.0	10.8	9.1
文化艺术(人)	2	1	3	1	1	3	0	2	0	1
比例(%)	1.8	0.9	2.7	1.1	0.9	2.6	0	1.2	0	0.5
新闻出版(人)	0	1	1	0	0	0	0	0	0	2

（续表）

年　度		2003	2004	2005	2006	2007	2008	2009	2010	2011	2012
比例(%)		0	0.9	0.9	0	0	0	0	0	0	1.1
公有制经济(人)		24	21	23	18	23	27	37	38	42	49
比例(%)		21.4	18.0	20.9	20	20.9	23.1	22.4	22.9	23.9	26.2
非公有制经济	企业界人士	4	8	9	7	6	8	13	14	8	5
	比例(%)	3.6	6.8	8.2	7.8	5.5	6.8	7.9	8.4	4.5	2.7
	其他人员	12	19	20	13	15	16	33	38	38	56
	比例(%)	10.7	16.2	18.2	14.5	13.6	13.7	20.0	22.9	21.6	29.9
法律(人)		6	4	0	0	0	0	0	0	0	0
比例(%)		5.4	3.4	0	0	0	0	0	0	0	0
政府机关(人)		8	14	6	7	11	15	12	14	13	10
比例(%)		7.1	12	5.5	7.8	10	12.8	7.3	8.4	7.4	5.3
党派机关(人)		2	2	1	1	0	0	0	0	0	2
比例(%)		1.8	1.7	0.9	1.1	0	0	0	0	0	1.1
团体(人)		1	0	0	1	0	0	2	2	3	0
比例(%)		0.9	0	0	1.1	0	0	1.2	1.2	1.7	0
其他(人)		5	3	1	0	3	1	0	0	0	0
比例(%)		4.5	2.6	0.9	0	2.7	0.9	0	0	0	0

说明："非公有制经济"栏中的企业界人士是指独资、合资企业中的私人投资者，其他人员是指在这些企业中工作的工程技术人员、经营管理人员。

二、领导班子建设

领导班子建设是组织建设的核心。致公党市委始终坚持将集体学习作为主委会议和常委会议的一项重要议程，树立坚定的政治信念，坚持中国共产党的领导，坚定走中国特色社会主义道路，坚决贯彻执行中国共产党制定的基本路线和各项方针政策，不断提高领导班子的政治把握能力、参政议政能力、组织领导能力、合作共事能力。在各类主题教育活动中更是要求领导班子带头发挥表率作用，带领致公党全市各级领导班子讲政治、讲正气、讲团结，发挥集体的智慧和力量，做好基层组织建设的组织者和带头人。

致公党市委领导班子始终坚持贯彻执行民主集中制的原则，通过有计划地完善各项会议制度、议事规则和规章制度，实行集体领导和个人分工负责相结合，坚持"集体领导、民主集中、个别酝酿、会议决定"的方针。凡重大决定、重要人事安排等都由会议集体讨论、集体研究决定。致公党市委注意创新工作机制，如领导班子成员的联系点制度，安排班子成员联系若干个基层组织，每年参加这些基层组织的组织生活等活动2次，深入了解基层组织的情况，向基层的致公党员宣传近阶段致公党中央和市委的精神；从2006年起，致公党市委领导班子和专职副主委向致公党市委常委会做年度述职，接受评议，兼职领导届终也要述职，大大提高了致公党内民主监督水平。

各项制度建立后,从学习、会议到调研,致公党市委领导班子带头严格贯彻执行。例如,致公党上海第六届委员会在任期内先后召开主委会议 50 次、常委会议 22 次、市委全体会议 11 次,认真议事,及时处理组织建设和充分发挥参政党职能等方面大事、要事;致公党市委建设学习型领导班子,认真落实学习计划,集中学习 84 次,班子成员的“四个能力”进一步增强。

此外,根据工作需要和实际情况,历届致公党市委在任期内都会按照规定程序,通过增选、补选调整班子的成员,加强班子的整体力量。

三、基层组织建设

致公党市委高度重视对基层组织建设工作的指导,建立区级组织主委、直属基层组织主委的工作例会制度,定期交流基层组织参政议政、自身建设、海外联谊、服务社区等方面的经验,使基层组织之间的交叉联系得到加强,促进基层组织各项工作制度化、规范化。建立联络员制度,规定致公党市委机关工作人员每人联系 3—5 个基层组织,参加基层各项活动,畅通致公党市委与基层组织之间的联系渠道。致公党市委每季度召开一次区委专职干部工作例会,加强各区专职干部之间的交流,以期取长补短、互相学习;每年邀请中共各区统战部部长、高校系统统战部部长分别举行一次座谈会,介绍致公党市委工作,感谢中共各区和高校的统战部对致公党基层组织建设和工作的支持帮助。

致公党市委重视区县和直属基层组织的换届工作,制定区县和直属组织换届改选工作意见,在统战部的关心和支持下,选好领导班子,进行新老交替,做好政治交接。通过换届达到巩固和发展基层组织的目的。同时,致公党市委还重视健全建立基层组织工作,1993 年 6 月,成立致公党浦东新区委员会(筹),为致公党在浦东新区开展工作打下了良好基础;1995 年 12 月成立的致公党南市区委员会是致公党在上海市第一个区级组织;2003 年,杨浦、闸北和长宁区相继升格为区委员会,至此上海中心城区已经全部成立区级委员会。2004 年,金山区支部升格为委员会,建立了第一个郊区委员会。致公党市委始终重视高校和系统组织的新建、筹建、升格等方面工作。通过换届对部

图 6-6-4　2004 年 3 月 25 日,致公党黄浦区委社区支部成立

分区县和直属基层组织作适当调整，理顺基层组织条块之间的关系，使基层组织得到巩固和发展。致公党市委注重研究新形势下直属基层组织及二级支部的组织建设工作，六届市委结合“侨”“海”特色，支持致公党浦东新区委员会在留学回国人员集中的张江高科技园区成立张江支部。

2000年11月，在中央召开的“全党自身建设工作会议”上，黄浦区委、浦东新区区委(筹)、上海交通大学支部被授予“全国优秀基层组织”称号。2010年，致公党市委及徐汇区委等6个基层组织被致公党中央评为“树立和践行社会主义核心价值体系，推进基层组织建设先进集体”。

四、后备干部队伍建设

1992年前，致公党市委就先后选送2名党员到中央社会主义学院学习，选送126人次到上海市社会主义学院学习，58人次到中共市委党校学习；同时每年举办1—2次学习班，先后选送450名中青年党员参加后备干部学习。1992—2002年的10年间，致公党市委先后举办了10期各类干部学习班、培训班，共有330人次参加学习，同时还选送180名中青年干部到中共市委、中央和上海市的社会主义学院学习，加强对各级干部、后备干部的思想政治教育，着重要求干部、后备干部讲政治、讲学习、讲团结、讲奉献，树立坚定的大局观念，提高参政议政能力。1998年，致公党市委制定的《致公党上海市委组织工作纲要(1998—2002)》明确提出，为了搞好政治交接、培养选拔年轻干部，各级组织要把后备干部队伍建设列入组织建设的重要议事日程，要有专人负责此项工作，有规划、有措施，要与中共党组织加强沟通，按阶段、分层次、分批次做好年龄在50岁左右，特别是在45岁以下的优秀干部的物色、培养、考察和选拔工作，尤其要重视在工作实践中培养、考察后备干部。2002—2007年，致公党市委又先后举办5期中青年干部培训班和2期市委委员学习班，并选拔优秀干部到中央和上海市社会主义学院学习。其间，致公党市委还对基层组织的172名干部的情况进行分析，形成分析报告，为致公党市委今后的干部选拔任用提供依据。2007—2012年，致公党市委先后举办各类培训班共15期，推荐40人参加致公党中央、中共市委统战部举办的各类学习培训、研讨班，推荐3人到上海党外代表人士挂职锻炼基地实职锻炼，逐步形成了一支政治素质好、代表性强、层次较高的中青年后备干部队伍，优化了干部队伍的梯次结构。

五、开展京津沪渝四个直辖市党务交流

自1997年重庆市成为直辖市以来，至2012年底，京津沪渝4个直辖市党务工作交流会由四市组织轮流举办，其中1999年、2005年和2009年在上海举办。1999年11月9日，在上海邮电大厦召开的党务交流会，研究大城市中致公党的基层组织建设问题。致公党中央副主席杜宜瑾、俞云波，中央秘书长兼组织部部长邱国义，以及致公党四直辖市市委的主要负责人出席会议参加研讨。中共市委统战部秘书长季晓东和中共上海市各区(县)委统战部的主要负责人应邀列席会议。致公党市委副主委陈昌福、陈德川，市委常委、委员，致公党各区县组织的主要负责人共计近百人参加此次交流会。会上，致公党重庆市委主委刘惠君、致公党北京市委副主委黄源中、致公党天津市委副主委汪莹以及致公党上海市委副主委陈作义分别交流了各地致公党市委在基层组织工作中积累的经验与体会。大家在发言中一致认为，健全的基层组织结构，是充分发挥民主党派参政议政、民主监督职能的基本保障。这一工作做好了，能够促进民主党派在中国的民主政治建设中发挥出更大的作用。

2005年5月31日—6月1日，在沪召开的4个直辖市党务工作会议，主要议题是探讨新世纪新阶

段基层组织的建设和发展问题。致公党中央副主席、上海市委主委俞云波，中共市委统战部副部长周箴到会讲话，致公党市委副主委吴幼英、张立军，致公党中央组织部有关领导出席会议。俞云波和4个直辖市致公党市委的同志分别就基层组织的组建和现状、致公党员发展和活动状况、致公党市委与基层组织的责权规范、后备干部的队伍建设以及如何更好地调动党员参政议政积极性等展开研讨，交流经验。

2009年10月20日，4个直辖市党务工作会议再次在上海召开。会议围绕新时期民主党派加强思想建设和做好宣传工作，交流新经验，研讨新问题，探索新途径。中共市委统战部副部长吴捷到会祝贺，并介绍上海经济社会发展概况和统一战线工作情况。上海市政协副主席、致公党市委主委吴幼英主持会议并讲话，希望与会同志认真总结新形势下参政党宣传工作的经验，研究参政党加强思想建设的规律，更好地为巩固中共领导的多党合作和政治协商制度作出自己的努力。北京市人大副主任、致公党北京市委主委李昭玲，重庆市政协副主席、致公党市委主委王孝询，致公党天津市委副主委张社荣分别率队出席本次会议。致公党中央宣传部部长王翔到会并讲话。

第三节 机关建设

搞好机关建设，直接关系到参政党职能的发挥和党员的凝聚力。历届致公党市委，始终将机关建设放在致公党市委每年工作的重点位置，以加强机关政治思想学习、加强机关目标管理、建立健全各项规章制度等为抓手，将机关工作逐步纳入制度化、规范化轨道，强化为基层服务、为党员服务的服务意识，进一步提高工作效率。

加强机关政治思想建设，是提高机关干部整体素质的重要环节。按照致公党中央提出的打造“学习型、服务型、和谐型”机关的要求，致公党市委积极营造“讲学习、讲服务、讲和谐、讲奉献”的机关工作氛围。致公党市委和机关各部室领导注重以身作则，严格落实每月一次的机关干部学习制度，将学习出席情况及学习态度作为机关干部的个人考核的主要内容之一；同时，鼓励机关干部在职学习、在线学习和轮岗锻炼，提高机关干部的思想理论水平和实际工作能力。致公党市委有意识地安排机关干部尤其是青年干部参与市委各重点课题的调研，使这些青年机关干部的参政议政工作能力得到锻炼和提高。在致公党中央组织的2009年、2010年、2011年参政议政论文竞赛中，致公党市委机关就有12人次获优秀论文奖。

加强机关信息化建设，致公党市委机关在2007年开始使用具备公文流转、工作安排、物资管理、邮件传递等功能的机关内部无纸化网络办公系统，向管理数字化的机关信息化建设迈进了一大步，节省了办公经费，提高了工作效率。在上海市级机关国有资产管理年度考核评价中，致公党市委机关从2009年起连续三年获得“A”级评定。

致公党市委一贯重视建立和健全机关的规章制度。根据科学、合理、高效、精简的原则，致公党市委明确机关“三部一室”的职责、任务和工作岗位，制定岗位职责和岗位职能说明书，在定编、定位的基础上，实行目标责任制管理，将致公党市委机关的各项工作量化、分解为具体的目标任务，落实到各部室和机关干部个人。机关岗位工作呈现逐级管理、分层指导、网络清晰、督查有力的局面。

机关建设的加强，使机关面貌有了较大改变，工作效率、工作秩序和工作质量均有所提高。2006年，致公党市委机关被致公党中央授予“全党机关建设先进集体”荣誉称号，致公党市委副主委兼秘书长张立军和杨浦区委机关一专职党务工作者被致公党中央授予“全党机关建设工作先进个人”荣誉称号。2011年，致公党市委机关又一次被致公党中央评为“机关建设先进集体”，5位致公党市委机关干部被致公党中央评为“机关先进工作者”。

第四节　制 度 建 设

1980 年 12 月 4 日，致公党上海市支部委员会成立大会上，就规定每月召开 1 次支部会议，研讨党务工作。此后，根据中国致公党党章规定和致公党中央的一系列规章制度，参考上海各兄弟民主党派制订的各项制度，致公党上海市组织逐步制订了一系列符合致公党本身特点，适应组织运行需要的规章制度。

1990 年 6 月 2 日，致公党市委制定“市委机关目标管理制度”，从指导思想、目标制定、目标管理、考核、奖励 5 个方面作了具体的规定。1992 年 7 月，制定《市委主委、副主委办公会议规则》《机关工作岗位责任规定》，明确了专职副主委、秘书长和各处室负责人的岗位职责；同年 12 月，致公党市委制定了《机关考勤、请假制度（试行）》，修订《公文收、发、立卷、归档制度》。1993 年 11 月，致公党市委出台《关于党员组织发展工作及党员党籍管理的暂行规定》《市委和基层组织间的联络员制度》等。1995 年 7 月，致公党市委制定《支票现金管理制度》等。

1999 年，致公党市委结合工作实际修订和完善了 20 项制度，如《主委办公会议议事规则》《常委会议议事规则》《市委会会议议事规则》《机关办公会议议事规则》《参政议政工作方法（试行）》《反映社情民意工作办法》《专门委员会通则》《公文办理制度》《档案管理制度》《接待工作制度》等，使致公党市委机关工作进一步纳入制度化、规范化轨道。

2012 年 4 月，换届后新一届致公党市委对之前的各项工作规定和工作流程再次进行梳理和修订，并从 2012 年 11 月起分别将《致公党上海市委工作流程》和《致公党上海市委工作规定》汇编成册。

第五节　表 彰 先 进

一、致公党中央的表彰

【表彰“两个文明”“三个文明”建设先进】

1995 年，致公党中央表彰“为社会主义‘两个文明’建设服务”的先进集体与个人，上海地区被表彰的先进集体有华东理工大学支部、南汇县支部，先进个人有方厚贤等 14 位党员。2005 年，致公党中央表彰“2004—2005 年度为‘三个文明’建设服务”的先进集体与个人，上海地区被表彰的先进集体有复旦大学委员会等 3 个基层组织，优秀党员有任忠鸣等 6 位，优秀组织工作者有方里等 6 位。

【表彰“政治交接”“践行社会主义核心价值”先进】

2001 年，致公党中央表彰“2000 年度‘优秀基层组织’”，上海地区被表彰的有上海交通大学委员会等 3 个组织。2008 年表彰“政治交接”先进集体，上海地区被表彰的有致公党市委以及普陀区委等 4 个基层组织。2010 年表彰“树立和践行社会主义核心价值体系，推进基层组织建设”先进集体与个人，上海地区被表彰的先进集体有致公党市委以及徐汇区委等 6 个基层组织，先进个人有王建敏等 12 位党员。

【表彰参政议政工作先进】

2003 年 12 月 19 日，在致公党中央表彰参政议政工作大会上，授予致公党市委“参政议政先进集体”称号。2004年参政议政信息工作大会上，授予致公党市委“参政议政信息工作优秀组织奖”，钟祥财等3位参政议政工作“先进个人”称号，姚薇等2位社情民意信息工作“先进个人”称号。2009年参政议政信息工作大会上，授予致公党市委“信息工作优秀组织奖”，浦东区委等3个基层组织“参政议政工作先进集体”称号，马进等5位党员“参政议政工作先进个人”称号，方修仁“机关参政议政优秀工作者”称号。

【表彰社会服务工作先进】

2002年12月15日，在致公党中央召开的全党社会服务工作经验交流暨表彰大会上，授予致公党市委和静安区委“先进集体”称号，孟国庆、杨容2位“先进个人”称号。2003年，授予致公党浦东新区委员会“抗击‘非典型肺炎’先进集体”称号，许燕玲等3位党员“抗击‘非典型肺炎’先进个人”称号。2008年，授予致公党市委“抗震救灾先进集体”称号，于志臻等16位党员获得“抗震救灾个人突出贡献奖”，刁兴林等96位党员获得“抗震救灾先进个人”称号。

【其他表彰】

2010年，在致公党中央海外联络工作会议上，授予致公党市委“先进集体”称号，何烈辉等2位“先进个人”称号。2011年，在宣传思想工作会议上，授予致公党市委“宣传思想工作先进集体”称号，孙立坚等5位党员“宣传思想工作先进个人”称号。2006年，授予致公党市委“全党机关建设工作先进集体”称号，授予张立军等2位“全党机关建设工作先进个人”称号。2011年，授予致公党市委“机关建设先进集体”称号，5位机关干部被评为“机关先进工作者”。

二、致公党市委的表彰

【表彰“两个文明”“三个文明”建设先进】

1995年，致公党市委授予卢湾区总支部、复旦大学支部等6个基层组织“为社会主义‘两个文明’建设服务先进集体”称号，匡达人等28位党员“先进个人”称号；方宇清等15名党员在为社会主义“两个文明”建设服务中作出成绩而受到表扬。2004年，致公党市委授予黄浦区委等8个基层组织“2001—2003年度为‘三个文明’建设服务先进集体”称号，授予王德辉等33位“优秀党员”称号。2005年，致公党市委授予虹口区委等10个基层组织“2004—2005年度在三个文明建设中成绩突出的先进集体”称号，支敏等24位“优秀党员”称号，王好平等8位“优秀组织工作者”称号。

【表彰“政治交接”“践行社会主义核心价值”先进】

2008年6月，致公党市委授予浦东新区区委等7个基层组织“政治交接学习教育活动先进集体”称号，丁怡等30位党员“先进个人”称号。2010年，致公党市委授予静安区委等15个基层组织“树立和践行社会主义核心价值体系先进集体”称号，马瑞霞等30位党员“先进个人”称号。

【表彰社情民意先进】

2009年，致公党市委授予徐汇区委等8个集体“社情民意先进集体”称号，杨周彝等10位党员“先进个人”称号；表扬王华等26位党员。

【表彰党务工作先进】

1988年9月27日，致公党市委在国庆、中秋联欢会上授予王文成等147位“党务工作积极分子”称号。2001年，致公党市委授予卢湾区委等8个基层组织“2000年度市级先进基层组织”称号，姜新荣等31位“优秀党员”称号。

【表彰服务世博会先进】

2010年，致公党市委在基层组织推荐的基础上，授予马晓辉等36位党员“参与世博、服务世博”先进个人称号。

对历年涌现的先进集体和先进个人以及获得各种奖励者，致公党市委都及时召开专门会议，举办展览会，开展表彰活动，以表彰他们的先进事迹，同时激励全市致公党员和基层组织以这些先进榜样为标杆，发扬他们的精神，立足岗位，积极履职，为上海经济社会发展作出更大贡献。

第六节　宣传阵地建设

一、《上海致公》

1982年2月13日，致公党上海市支部委员会召开扩大会议，决定出版机关内部刊物，由致公党上海市支部宣传委员施子年和林莺负责筹办工作。1982年3月12日，8页16开油印的机关刊物《致公简讯》第一期出版。此后《致公简讯》不定期出版，主要报道上海的致公党组织活动情况和党员的学习心得体会。1986年6月第50期起，更名为《上海致公简讯》。

1984年9月，致公党市委成立后，《上海致公》创刊。1987年4月，致公党市委决定将《上海致公简讯》和《上海致公》两份内刊合并，正式定名为《上海致公》。新的《上海致公》除继续承担原《上海致公简讯》的“简报”任务，报道致公党市委工作动态和基层组织活动外，还刊载致公党员为四化建设服务的事迹，交流学习体会，对改革开放的献计献策，海外联谊以及介绍侨情、侨史等。《上海致公》每月出版1期，如遇特殊需要，可出增刊。

历任致公党市委领导高度重视办刊水平和刊物质量的提高，不仅对办刊经费和软硬件条件予以保障，还经常为刊物撰写稿件，向全市致公党员解读中央和上海的大政方针，与广大致公党员就参政党理论与实践问题展开广泛深入的讨论，对提高致公党员的政治思想素质与基层组织党务工作进行指导。主委俞云波还经常与编辑部同志座谈，共同分析新时期的办刊思路，为编辑部同志上课讲解。致公党市委副主委吴幼英担任新一届编委会主任后，对办刊指导思想进行定位，健全了审稿制度。刊物坚持宣传邓小平理论、“三个代表”重要思想和科学发展观，坚持宣传新时期统一战线理论，坚持致公党“侨”“海”特色和地方特色，充分展示涉侨参政党风采，努力做到贴近社会、贴近生活、贴近党员，成为贯彻致公党中央和致公党市委工作部署、致公党市委开展致公党员思想政治教育的一个主阵地。《上海致公》在2004年和2010年先后2次被致公党中央授予优秀内刊特等奖。

《上海致公》的组稿、编辑、出版、发行等工作由致公党市委宣传部具体负责。1986年始，建立通讯员队伍，每个基层组织确定一位通讯员。宣传部组织通讯员学习文件、传达上级精神、交流信息、研讨业务，使刊物获得信息的渠道和稿源有所拓展。2011年初，致公党市委宣传部召开编委扩大会议，对如何进一步提高《上海致公》办刊质量等问题进行深入讨论，进一步梳理了办刊思路，明确了宣传的重点。为配合当年在党内开展的“同心同行”主题活动、庆祝中共建立90周年和纪念辛亥革命100周年等重大事件,刊物分别开设专栏进行重点宣传,有力地推动这些活动的深入开展。

至2012年底,《上海致公》已出版364期。现在的《上海致公》形成16开本、44页的规模,采用电脑排版,彩色封面和封底,每期登有若干幅照片,每期5万字左右。常设栏目20多个,固定栏目"市委要闻""基层组织生活""点击参政议政""党员剪影""党史简述""侨情点滴""学习与思考"等深受广大致公党党员的喜爱,是党员手中最受欢迎的必读刊物。《上海致公》内部发行,发行范围:致公党中央、上海市有关部门、兄弟省市致公党组织,以及上海市每位致公党党员。

二、《工作简报》

1995年,致公党市委着眼于进一步完善党内工作机制,建立上情下达、下情上报通畅渠道的需要,决定由机关办公室牵头,汇集党内上下各方面的信息并主持编辑,用于传达致公党中央的最新精神,通报致公党市委的近期主要工作,以及加强各区级组织、高校和直属基层组织交流相关党务活动的内部刊物《工作简报》(以下简称《简报》)。截至2012年底,总计编辑印发的《简报》达到176期。以言简意赅、质朴无华行文风格见著的《简报》,成为各级致公党干部及时准确把握致公党中央精神、认真贯彻落实致公党市委工作和各致公党组织之间提供学习相互提高机会的重要平台,对进一步提高致公党队伍自身建设的效率,增强"致力为公"的凝聚力、战斗力发挥着不可替代的作用。

三、"上海致公"门户网站

2008年10月28日,致公党市委开通"上海致公"门户网站 http://www.shzgd.org/,通过"致公要闻""自身建设""参政议政""互动天地"等10个板块,全面系统地反映了致公党市委各项工作,

图6-6-5　2008年10月28日,致公党市委开通"上海致公"门户网站

有效扩大了致公党的社会影响。2009 年，与东方网合作开办了“致公说事”栏目，每两月 1 期，邀请致公党内的专家学者就和谐社会构建、祖国传统医学、国家海洋开发战略、基本药物制度、糖尿病防治等热点话题与网友交流，每次节目都有百条以上网友提问，平均点击量超过 18 万次，最高点击量超过 21 万次，社会反响很好；该节目在致公党中央网站同步推出后，社会影响进一步扩大。致公党市委十分重视新闻宣传，2007—2012 年 5 年间，各大媒体刊载有关致公党市委工作的报道文章达千篇。2011 年，致公党市委被致公党中央评为“宣传思想工作先进集体”。

第七篇

九三学社
上海市委员会

九三学社是以科学技术界高、中级知识分子为主的具有政治联盟特点的政党，是接受中国共产党领导、同中国共产党通力合作的亲密友党，是中国特色社会主义参政党。1946 年 5 月 4 日，九三学社在重庆召开成立大会。同年 6 月 12 日，九三学社上海分社正式成立，成为九三学社首个地方组织。1952 年，九三学社上海分设委员会成立。1966 年“文化大革命”开始，九三学社上海分社委员会被迫停止一切组织活动。

1977 年 11 月，九三学社上海分社委员会在市政协大楼恢复组织活动。1984 年 4 月，经九三学社中央批准，更名为九三学社上海市委员会（简称九三学社市委）。九三学社市委是九三学社的省级地方组织。

1978 年后，九三学社上海分社委员会通过调查研究，拨乱反正，协助中共落实知识分子政策，调动了广大社员的积极性。在改革开放和社会主义现代化建设新时期，按照九三学社中央“坚持发展与巩固相结合的方针”和“发展为了工作，在工作中发展”的原则，加强自身建设，以中共十一届三中全会精神为指导，把工作重点转移到为社会主义现代化建设服务的轨道上来。自 20 世纪 80 年代起，九三学社上海组织贯彻落实“科教兴市”战略，组织开展科技体制改革、高新技术成果转化、浦东开发开放及上海发展战略研究等一系列专题调研，为上海的经济建设和社会发展作出积极贡献。

1989 年 12 月，《中共中央关于坚持和完善中国共产党领导的多党合作和政治协商制度的意见》的制定，为民主党派发挥作用、履行职责指明了方向。九三学社市委继承和发扬与中国共产党长期合作、风雨同舟的优良传统，团结和带领广大社员围绕中心、服务大局，认真贯彻落实《九三学社中央关于加强自身建设的意见》精神，加强思想建设、组织建设、制度建设和机关建设。在工作实践中，九三学社市委加强领导班子建设，推进后备干部队伍建设，完善组织发展及社员的教育管理工作。1995 年，制定《关于基层建设的几点意见》，推动基层组织建设；1998 年，九三学社上海市十三届二次会议正式通过《九三学社上海市委员会议事规则》，规范九三学社市委领导班子议事、决策程序；1999 年，建立九三学社市委常委联系基层等制度。自 2002 年起，按照民主集中制原则建立机关专职领导干部述职评议和机关工作人员轮岗轮训等制度。同时，不断建立健全领导班子学习制度、各级会议制度、基层工作制度和机关工作制度，推进各项制度落到实处。

2005 年 2 月，《中共中央关于进一步加强中国共产党领导的多党合作和政治协商制度建设的意见》的制定，为多党合作事业发展提供了重要的政治规范和政策依据。九三学社市委以邓小平理论、“三个代表”重要思想和科学发展观为指导，坚持和完善中国共产党领导的多党合作和政治协商制度，学习和贯彻《中国的政党制度》白皮书和中共中央《关于加强新形势下党外代表人士队伍建设的意见》精神，组织开展“三增强”“四热爱”“政治交接学习教育活动”“树立和践行社会主义核心价值体系”和“同心同行”等主题教育活动；利用社讯、社刊和网络等媒体开展传统教育、履职活动及社务工作的宣传报道，大力表彰先进，深化思想建设，巩固团结奋斗的共同思想政治基础。

积极参加中共与各民主党派的政治协商活动。九三学社市委主要领导出席中共市委召开的党外人士座谈会和情况通报会，听取重要会议精神传达和重要情况通报，坦诚发表意见和建议；参加民主协商会，协商上海市重要人事安排等议题。自 1991 年起，九三学社市委主要领导还应邀参加市政府相关工作会议，围绕上海市的大政方针政策，为改革开放和社会主义现代化建设事业建言献策，为中共市委和市政府决策的科学化、民主化作出积极努力。

1978—2012年，围绕上海地区的改革开放、经济建设和社会可持续发展，九三学社市委组织广大社员积极履行参政议政和民主监督职能，提出不少有前瞻性、针对性和可操作性的意见和建议。上海九三学社社员中当选全国人大代表23人次，其中常务委员会委员1人；担任全国政协委员79人次，其中常委11人次；当选上海市人大代表212人次，其中常务委员会委员18人次；担任上海市政协委员400人次，其中副主席4人，常委69人次。在上海市、区两级政府及司法机关担任局级以上职务的有20人（其中担任上海市副市长2人，担任市政府参事室主任2人），13人担任上海市政府参事，23人担任上海市特约（邀）四员。在第八至十一届全国人大会议上，由上海社员领衔提出的议案48件。在第十至十三届市人大会议上，由上海社员领衔提出的议案24件。在第八至十一届全国政协会议期间，担任全国政协委员的上海九三学社社员共提交提案84件。自1990—2012年的历届市政协会议上，以九三学社市委名义所作的大会发言26件；自1980—2012年的历届市政协会议期间，由社员领衔提交的个人、联名提案及以九三学社市委名义提交的提案等共1 065件，其中被评为优秀提案37件，获"优秀提案特别奖"1件。1978—2012年，九三学社市委共完成专题调研报告100余项，其中《推进本市房地产平稳健康发展系列专题调研》等多次受到上海市领导的批示。广大社员积极撰写反映社情民意的信息稿，获中央领导和市领导批示的有20余件，其中由谢丽娟撰写的《抓住机会吸纳美国的华人金融人才》信息稿，得到中共中央总书记、国家主席胡锦涛，中共中央政治局常委、国家副主席习近平等中央领导的批示。九三学社市委还充分发挥自身智力优势，举办"九三学社上海高校论坛""工业八基层联席会议""九三讲坛"等，并与九三学社中央、上海市政协等联合举办一系列专题论坛、研讨会，认真履行参政议政职责。

35年来，上海九三学社社员立足本职，为改革开放和社会主义现代化建设作出积极贡献，有28人当选中国科学院和中国工程院"两院"院士。据不完全统计，自1990—2012年，上海九三学社社员中共有83人次获得国家级自然科学、技术发明、科技进步三大科技奖项；有131人次作为第一完成人获得上海市自然科学、技术发明、科技进步三大科技奖项；有11人获得"何梁何利基金奖"，还有不少社员获得省部级以上重大科技奖项。1983—2012年，九三学社上海组织充分利用科技特色与人才优势，在开展咨询服务、业余办学、社区服务、赈灾救灾、海外联谊、服务中国2010年上海世界博览会等活动的同时，组织开展"科普专题讲座""名家科普讲坛""科普之旅"，共建"科普教育基地"以及举办"国际科学与和平周"科普主题系列等特色品牌活动，还与贵州省黔南州和毕节市、四川省广元市剑阁县等贫困地区长期开展智力支边、科技扶贫的合作交流，积极推进沪豫科技合作等社会服务工作。

35年来，在九三学社中央和中共市委的领导下，九三学社上海市组织始终以思想建设为核心、组织建设为基础、制度建设为保障，不断加强自身建设，建立健全工作机制，各项工作不断取得新进展。截至2012年底，全市共有区（县）组织17个（其中16个区委和1个县级支社），直属基层组织47个。社员总数从1978年的1 048人发展到2012年底的10 862人；社员中的高级职称占57.6%，中级职称占35.0%，社员平均年龄为59.8岁；科技、高教和医卫等主体界别人数占总数的83.8%，还有部分社员在文学艺术、新闻出版、法律、国有企业、机关团体等单位工作，另有少量非公有制经济的"新的社会阶层人士"。九三学社作为以科学技术界高、中级知识分子为主体的参政党，已成为致力于建设中国特色社会主义事业的重要政治力量。

第一章 组 织

九三学社上海分社成立于1946年6月12日，分社领导机构历经临时工作委员会、分社理事会和分社委员会；1984年4月经九三学社中央批准，九三学社上海分社委员会改称为“九三学社上海市委员会”。

第一节 社 员

九三学社是以科学技术界高、中级知识分子为主要成分的民主党派。从事科学技术工作以及高等教育、医药卫生等方面的高、中级知识分子，赞成并愿意遵守本社章程，可申请加入，成为九三学社社员。

1978年，上海九三学社社员总数为1 048人，其中科技界占45.7%，高教界占32.2%，医卫界占15.5%；具有高、中级职称者占97%以上，其中一级教授11人、二级教授39人，三级教授36人，中国科学院学部委员(后改称为中国科学院院士)3人；96人次当选或者担任全国和上海市人大代表、政协委员；社员平均年龄为65岁。至1983年底，社员人数达到2 017人，社员平均年龄下降至58岁。至1994年底，社员人数达到5 465人，其中高级职称占63.0%，中级职称占34.0%；中国科学院和中国工程院“两院”院士已增至19人；社员平均年龄为58.8岁。至2010年底，社员总数首次突破万人，达到10 224人，社员平均年龄为59.1岁。

至2012年底，社员总数为10 862人，其中科技界占41.7%，高教界占26.4%，医卫界占15.7%，另有文学艺术、新闻出版、财经、法律、国有企业、机关团体等单位的社员，以及少量的非公有制经济的“新的社会阶层”人士，社员界别分布呈现多样化趋势。社员中高级职称占57.6%，中级职称占35.0%，其中中国科学院和中国工程院“两院”院士28人；离退休社员占46.5%，社员平均年龄为59.2岁。2012年，当选或者担任全国和上海市人大代表、政协委员106人次。

表7-1-1 1981—1992年九三学社市委社员人数情况表

单位：人

年 度	1981	1982	1983	1984	1985	1986	1987	1988	1989	1990	1991	1992
社员人数	1 342	1 570	2 017	2 236	2 519	2 911	3 400	3 913	4 301	4 490	4 617	4 689

表7-1-2 1993—2002年九三学社市委社员基本情况表

单位：人

年 度	1993	1994	1995	1996	1997	1998	1999	2000	2001	2002
社员人数	5 065	5 465	5 783	6 167	6 437	6 743	7 037	7 295	7 533	7 726
女社员人数	1 215	1 373	1 475	1 662	1 783	1911	2 037	2 160	2 260	2 395
比例(%)	24.0	25.1	25.5	26.9	27.7	28.3	28.9	29.6	30.0	31.0
离退休人数	1 537	1 519	1 630	2 357	2 338	2 360	2 404	2 588	4 129	3 913
比例(%)	30.3	27.8	28.2	38.2	36.3	35.0	34.2	35.5	54.8	50.6

（续表）

年　度		1993	1994	1995	1996	1997	1998	1999	2000	2001	2002
文化程度	大专以上人数	—	—	—	—	—	—	6 966	7 211	7 444	7 642
	比例(%)	—	—	—	—	—	—	99.0	98.8	98.8	98.9
层次分布	中上层人数	4 916	5 303	5 611	6 044	6 317	6 620	6 870	7 121	7 392	7 618
	比例(%)	97.1	97.0	97.0	98.0	98.1	98.2	97.6	97.6	98.1	98.6
	其他人数	149	162	172	123	120	123	167	174	141	108
	比例(%)	2.9	3.0	3.0	2.0	1.9	1.8	2.4	2.4	1.9	1.4
职称	高级职称人数	3 296	3 443	3 589	3 833	3 921	4 045	4 160	4 279	4 398	4 792
	比例(%)	65.1	63.0	62.1	62.2	60.9	60.0	59.1	58.7	58.4	62.0
	中级职称人数	1 620	1 860	2 022	2 190	2 355	2 526	2 698	2 829	2 940	2 768
	比例(%)	32.0	34.0	35.0	35.5	36.6	37.5	38.3	38.8	39.0	35.8
年龄结构	平均年龄(岁)	59.1	58.8	58.7	58.2	58.3	58.3	58.4	58.6	58.8	58.7
	40岁以下	198	307	421	649	753	844	968	1 082	1 131	1 040
	41—50岁	2 729	2 788	2 758	582	590	664	722	788	915	1 123
	51—60岁				2 384	2 290	2 179	2 014	1 821	1 629	1 247
	61—70岁	2 138	2 370	2 604	1 676	1 879	2 054	2 244	2 419	2 564	2 760
	71岁以上				876	925	1 002	1 089	1 185	1 294	1 556

表7-1-3　2003—2012年九三学社市委社员基本情况表　单位：人

年　度		2003	2004	2005	2006	2007	2008	2009	2010	2011	2012
社员人数		7 993	8 327	8 644	8 986	9 303	9 652	9 942	10 224	10 502	10 862
女社员人数		2 530	2 715	2 912	3 076	3 236	3 423	3 591	3 753	3 895	4 080
比例(%)		31.7	32.6	33.7	34.2	34.8	35.5	36.1	36.7	37.1	37.6
离退休人数		3 897	4 186	4 446	4 636	4 804	5 034	4 999	5 165	5 096	5 048
比例(%)		48.8	50.3	51.4	51.6	51.6	52.2	50.3	50.5	48.5	46.5
文化程度	大专以上人数	7 919	8 323	8 493	8 784	9 094	9 311	9 576	9 838	10 096	10 430
	比例(%)	99.1	100	98.3	97.8	97.8	96.5	96.3	96.2	96.1	96.0
层次分布	中上层人数	7 903	7 743	8 141	8 466	8 751	9 040	9 297	9 559	9 769	10 056
	比例(%)	98.9	93.0	94.2	94.2	94.1	93.7	93.5	93.5	93.0	92.6
	其他人数	90	584	503	520	552	612	645	665	733	806
	比例(%)	1.1	7.0	5.8	5.8	5.9	6.3	6.5	6.5	7.0	7.4

(续表)

年　度		2003	2004	2005	2006	2007	2008	2009	2010	2011	2012
职称	高级职称人数	4 900	4 888	5 242	5 427	5 574	5 804	5 904	6 038	6 136	6 253
	比例(%)	61.3	58.7	60.6	60.4	59.9	60.1	59.4	59.1	58.4	57.6
	中级职称人数	2 912	2 855	2 892	3 039	3 177	3 236	3 393	3 505	3 633	3 803
	比例(%)	36.4	34.3	33.5	33.8	34.2	33.5	34.1	34.3	34.6	35.0
年龄结构	平均年龄(岁)	59	59.8	58.5	58.5	58.7	58.8	58.8	59.1	59.2	59.2
	40岁以下	1 224	1 022	1 284	1 294	1 283	1 352	1 334	1 142	1 375	1 433
	41—50岁	1 204	1 534	1 677	1 899	2 091	2 229	2 447	2 632	2 742	2 853
	51—60岁	1 266	1 157	1 171	1 096	1 077	1 122	1 174	1 359	1 372	1 530
	61—70岁	2 758	2 638	2 631	2 593	2 489	2 347	2 107	1 689	1 685	1 472
	71岁以上	1 541	1976	1 881	2 104	2 363	2 602	2 880	3 402	3 328	3 574
中共党员		178	178	187	190	188	192	190	188	184	184

说明：1. “中上层人数”栏中的对象为有高、中级专业技术职称的人员，县以上各级人大代表和政协委员，县处级以上职务的干部。

2. 2011年、2012年的“大专以上”栏内数据实为“大学以上”。

表7-1-4　1993—2002年九三学社市委社员界别分布情况表　　单位：人

年　度		1993	1994	1995	1996	1997	1998	1999	2000	2001	2002
教育	人数	1 569	1 652	1 725	1 782	1 845	1 914	1 998	2 014	2 046	2 084
	比例(%)	31.0	30.2	29.8	28.9	28.7	28.4	28.4	27.6	27.2	27.0
科学技术	人数	2 664	2 888	3 035	3 183	3 324	3 454	3 592	3 700	3 791	3 870
	比例(%)	52.6	52.8	52.5	51.6	51.6	51.2	51.0	50.7	50.3	50.1
医药卫生	人数	476	529	597	682	738	802	868	929	987	1 055
	比例(%)	9.4	9.7	10.3	11.1	11.5	11.9	12.3	12.7	13.1	13.7
文化艺术	人数	56	63	66	65	68	68	68	69	69	66
	比例(%)	1.1	1.2	1.1	1.1	1.1	1.0	1.0	0.9	0.9	0.9
新闻出版	人数	71	75	79	81	84	90	95	96	105	114
	比例(%)	1.4	1.4	1.4	1.3	1.3	1.3	1.4	1.3	1.4	1.5
政府机关	人数	2	3	3	38	47	51	57	60	73	76
	比例(%)	0.0	0.1	0.1	0.6	0.7	0.8	0.8	0.8	1.0	1.0
党派机关	人数	33	34	35	46	46	49	51	54	55	54
	比例(%)	0.7	0.6	0.6	0.7	0.7	0.7	0.7	0.7	0.7	0.7
其他	人数	194	221	243	290	285	315	308	373	407	407
	比例(%)	3.8	4.0	4.2	4.7	4.4	4.7	4.4	5.1	5.4	5.3

表 7-1-5　2003—2012 年九三学社市委社员界别分布情况表　　单位：人

年度		2003	2004	2005	2006	2007	2008	2009	2010	2011	2012
高等教育	人数	2 077	2 212	2 311	2 391	2 482	2 551	2 628	2 707	2 776	2 863
	比例(%)	26.0	26.6	26.7	26.6	26.7	26.4	26.4	26.5	26.4	26.4
普通教育	人数	62	62	17	20	22	30	34	40	43	44
	比例(%)	0.8	0.7	0.2	0.2	0.2	0.3	0.3	0.4	0.4	0.4
科学技术人数		3 965	4 067	4 060	4 170	4 233	4 327	4 357	4 408	4 454	4 532
比例(%)		49.6	48.8	47.0	46.4	45.5	44.8	43.8	43.1	42.4	41.7
医药卫生人数		1 118	1 127	1 242	1 306	1 384	1 459	1 520	1 583	1 638	1 709
比例(%)		14.0	13.5	14.4	14.5	14.9	15.1	15.3	15.5	15.6	15.7
文化艺术人数		65	63	62	63	62	62	63	62	63	67
比例(%)		0.8	0.8	0.7	0.7	0.7	0.6	0.6	0.6	0.6	0.6
新闻出版人数		115	113	111	109	111	114	115	125	126	127
比例(%)		1.4	1.4	1.3	1.2	1.2	1.2	1.2	1.2	1.2	1.2
公有制经济人数		256	286	326	351	378	412	449	479	523	579
比例(%)		3.2	3.4	3.8	3.9	4.1	4.3	4.5	4.7	5	5.3
非公有制经济	企业界人士人数	5	12	44	45	45	48	53	60	61	61
	比例(%)	0.0	0.1	0.5	0.5	0.5	0.5	0.5	0.6	0.6	0.6
	其他人员人数	17	17	167	216	244	292	343	398	436	478
	比例(%)	0.2	0.2	1.9	2.4	2.6	3.0	3.5	3.9	4.2	4.4
法律人数		21	20	8	4	5	5	6	5	5	5
比例(%)		0.3	0.2	0.1	0.0	0.1	0.1	0.1	0.0	0.0	0.0
政府机关人数		84	53	89	109	128	145	160	167	182	195
比例(%)		1.1	0.6	1.0	1.2	1.4	1.5	1.6	1.6	1.7	1.8
党派机关人数		54	45	55	54	57	59	63	65	67	72
比例(%)		0.7	0.5	0.6	0.6	0.6	0.6	0.6	0.6	0.6	0.7
团体人数		10	4	6	6	6	5	5	7	8	8
比例(%)		0.1	0.0	0.1	0.1	0.1	0.1	0.1	0.1	0.1	0.1
其他人数		144	246	146	142	146	143	146	118	120	122
比例(%)		1.8	3.0	1.7	1.6	1.6	1.5	1.5	1.2	1.1	1.1

说明：1. “非公有制经济”栏中的“企业界人士”是指独资、合资企业中的私人投资者，“其他人员”是指在这些企业中工作的工程技术人员、经营管理人员。2010 年起，九三学社市委将“非公有制经济”表述替换为“新的社会阶层人士”，包括“私营企业主”和“其他人士”两类。

2. “法律人数”栏中原包含司法机关人员、律师等，2005 年起变更为专指司法机关人员。

第二节 市级组织

一、市委员会

九三学社上海市委员会(1952—1984 年为九三学社上海分社委员会)是九三学社省级地方组织,由社员大会或代表大会选举产生,在社员大会或代表大会闭会期间领导本地区社的工作。市委员会设主委 1 人,与副主委若干人组成主委会议,主持本届市委员会的工作。

第八届上海分社委员会(1964 年 12 月—1980 年 1 月)

主任委员:

卢于道

副主任委员:

陈　植　颜福庆　王怀琛　毛启爽　洪铭声　谢光华　程达肯　杨　槱

秘 书 长:

夏宗辉

常务委员:

刁友道　毛启爽　王怀琛　卢于道　陈　植　洪铭声　夏宗辉　笪移今　许应期
张汇兰(女)　程达肯　黄叔培　杨　槱　杨允中　褚凤仪　谢光华　颜福庆

委　　员:

刁友道　毛启爽　王怀琛　王祖骥　王葆和　卢于道　卢鹤绂　孙遂初　严东生　陈　植
吴斐丹　余　濱　汪鸿鼎　陆鸿渐　周嘉民　苏祖斐(女)　洪铭声　苗迪青　胡汝鼎
倪葆春　徐瑞和　夏宗辉　陶延桥　笪移今　许应期　张汇兰(女)　程达肯　黄叔培
费振翼　杨允中　杨　槱　董承琅　褚凤仪　鲁子惠　蒋柔英(女)　戴　弘　戴天右
谢光华　颜福庆

候补委员:

王忠谟　王祖寿(女)　俞长銮　施　彬　高景仰

说明:1966 年"文化大革命"开始,九三学社上海分社委员会停止工作,直到 1997 年 11 月恢复组织活动。

第九届上海分社委员会(1980 年 1 月—1984 年 4 月)

主任委员:

卢于道

副主任委员:

陈　植　王应睐　洪铭声　程达肯　杨　槱　谢光华　卢鹤绂　苏德隆
笪移今(1982 年 5 月任)　胡汝鼎(1982 年 5 月任)

秘 书 长:

谢光华(兼)

常务委员:

刁友道　王应睐　王祖骥　尹文英(女)　卢于道　卢鹤绂　苏德隆　杨　槱　吴斐丹
张汇兰(女)　陈　植　胡汝鼎　洪铭声　夏宗辉　倪葆春　殷之文　郭秉宽　笪移今

屠　达　程达肯　谢光华　丁光生(1982年5月任)　王一山(1982年5月任)
陈涵奎(1982年5月任)　费振翼(1982年5月任)

委　　员:

丁光生　刁友道　王一山　王应睐　王祖骥　方信瑜(女)　尹文英(女)　卢于道
卢鹤绂　孙遂初　严东生　苏祖斐(女)　苏德隆　李家耿　杨　槱　吴斐丹　余　濆
汪鸿鼎　沈芸荪　张汇兰(女)　陆鸿渐　陈　植　陈涵奎　陈善祥　苗迪青　周嘉民
胡汝鼎　俞长銮　洪铭声　费振翼　夏宗辉　倪葆春　徐瑞和　殷之文　高景仰　郭秉宽
陶延桥　笪移今　章夷荪　屠　达　董承琅　蒋式谷　蒋柔英(女)　程达肯　鲁子惠
谢光华　戴　弘　戴天右

候补委员:

王忠谟　王祖寿(女)　吴　诚　施　彬　章炎胄

第十届委员会(1984年4月—1988年6月)

主任委员:

卢于道(1985年8月止)　杨　槱(1985年8月代理,1986年3月任)

副主任委员:

王应睐　洪铭声　谢光华　卢鹤绂　笪移今　孟庆闻(女)　刘育民　赵安泰
苏德隆(1985年4月止)　杨　槱(1985年8月止)　胡汝鼎(1985年10月止)
张叔英(1987年11月任)　张重超(1987年11月任)

秘 书 长:

赵安泰(兼,1985年6月止)　张叔英(兼,1986年3月任)

常务委员:

丁光生　马文华　王一山　王应睐　王祖骥　尹文英(女)　卢鹤绂　刘育民
许佩珍(女)　孙曾一　杨　槱　吴指南(女)　汪鸿鼎　沈芸荪　陈仁彪　陈涵奎
孟庆闻(女)　赵安泰　洪铭声　费振翼　夏宗辉　殷之文　高景仰　郭纲朴　郭秉宽
笪移今　屠　达　谢光华　薛志麟　苏德隆(1985年4月止)　卢于道(1985年8月止)
胡汝鼎(1985年10月止)　张叔英(1986年3月任)　王德仁(1987年11月任)
李新洲(1987年11月任)　张重超(1987年11月任)　陈詠恩(1987年11月任)
徐学成(1987年11月任)

委　　员:

丁光生　马文华　王一山　王应睐　王忠谟　王祖寿(女)　王祖骥　尹文英(女)
卢鹤绂　冯覃燕　刘育民　汤定元　许佩珍(女)　孙遂初　孙曾一　苏祖斐(女)
李家耿　杨　槱　吴　诚　吴指南(女)　汪鸿鼎　沈芸荪　张元震　陆行珊　陆鸿渐
陈仁彪　陈涵奎　陈善祥　苗迪青　范启明　周嘉民　孟庆闻(女)　赵安泰　俞长銮
俞载道　洪铭声　费振翼　夏宗辉　顾安如　徐学成　徐瑞和　殷之文　高景仰　郭纲朴
郭秉宽　黄曰侯　笪移今　章炎胄　屠　达　蒋式谷　蒋柔英(女)　谢光华
谢丽娟(女)　詹同渲　薛志麟　戴　弘　戴天右　苏德隆(1985年4月止)
卢于道(1985年8月止)　胡汝鼎(1985年10月止)　张叔英(1986年3月任)
王德仁(1987年11月任)　李新洲(1987年11月任)　张重超(1987年11月任)
陈詠恩(1987年11月任)　徐学成(1987年11月任)

候补委员:

金麟孙　王一飞　曹慕兰(女)　朱世昌　陆敬业　戚盛豪　邬显明　杨羽白　李绍宽
王德仁(1987年11月止)

说明:1985年8月,九三学社市委主委卢于道逝世,九三学社中央执行局8月24日电告九三学社市委,建议杨槱为代理主委,1986年3月15日十届三次全会选举杨槱为主委。

第十一届委员会(1988年6月—1992年6月)

主任委员:

杨　槱

副主任委员:

王应睐　卢鹤绂　笪移今　孟庆闻(女)　赵安泰　张叔英　张重超　孙曾一　王天铎

秘 书 长:

张重超(兼,1991年9月止)　何克诚(1991年9月任)

常务委员:

丁光生　刁新民　马文华　王一山　王天铎　王应睐　王德仁　卢鹤绂　许佩珍(女)
孙曾一　李新洲　杨　槱　吴指南(女)　沈芸荪　张友隽　张叔英　张重超　陆敬业
陈仁彪　陈涵奎　陈詠恩　孟庆闻(女)　赵安泰　费振翼　倪正茂　徐学成　郭纲朴
笪移今　谢丽娟(女)　薛志麟

委　　员:

丁光生　丁得璋　刁新民　马文华　王一山　王天铎　王应睐　王灿青(女)　王纯尧
王忠谟　王季卿　王敬轩　王德仁　王德孝　卢鹤绂　叶　瑛(女)　冯覃燕　朱世昌
邬显明　江秋涛　许佩珍(女)　孙曾一　严隽鸿(女)　苏盛惠　李文杰　李绍宽
李新洲　杨　槱　吴指南(女)　何馥瑛(女)　沈芸荪　张友隽　张则陆
张良梅(女)　张叔英　张绍麟　张重超　陆迎庚　陆敬业　陈　仪(女)　陈仁彪
陈行祥　陈涵奎　陈詠恩　范祖尧　金麟孙　孟庆闻(女)　赵安泰　胡忠泽　闻建勋
费振翼　袁国英(女)　顾安如　夏　擎　倪正茂　徐在新　徐孝礼　徐昌泰　徐学成
郭礼和　郭纲朴　郭耀祥　高介祜　曹慕兰(女)　戚盛豪　笪移今　谢丽娟(女)
詹同渲　端木时夏　薛志麟

候补委员:

王荣升　王振第　陆晓民　赵允皋　高鸿飞　杨俊华　曹志祥　姚福田　刘若萍(女)
王彩霞(女)

第十二届委员会(1992年6月—1997年7月)

主任委员:

杨　槱(1996年1月止)　谢丽娟(女,1996年1月任)

副主任委员:

孟庆闻(女)　赵安泰　张叔英　张重超　孙曾一　王天铎　李昌道
许根俊(1996年8月任)　翁祖泽(1996年8月任)

秘 书 长:

何克诚

常务委员:

刁新民　马文华　王天铎　王纯尧　王德仁　许登堡　孙曾一　李昌道　李新洲　何克诚

沈芸荪　沈蓉芬(女)　张友隽　张叔英　张重超　陆晓民　陆敬业　陈仁彪　陈明仪
孟庆闻(女)　赵安泰　倪正茂　徐在新　徐学成　郭礼和　谢丽娟(女)
杨　槱(1996年1月止)　许根俊(1996年8月任)　李定国(1996年8月任)
顾柏堂(1996年8月任)　翁祖泽(1996年8月任)

委　员:

丁得璋　刁新民　马文华　王天铎　王安定(女)　王灿青(女)　王纯尧　王季卿
王嘉康　王德仁　王德孝　朱世昌　邬显明　刘式雍　江秋涛　许登堡　孙晶璋　孙曾一
严隽鸿(女)　苏盛惠　李文杰　李昌道　李定国　李绍宽　李新洲　杨绍刚　杨俊华
何克诚　何馥瑛(女)　沈芸荪　沈蓉芬(女)　张友隽　张良仪　张良梅(女)
张叔英　张绍麟　张重超　张素贞(女)　陆仕华　陆迎庚　陆晓民　陆敬业
陈　仪(女)　陈仁彪　陈行祥　陈明仪　范承善　范祖尧　金麟孙　周振惠
孟庆闻(女)　赵允皋　赵安泰　胡忠泽　胡嘉增　闻建勋　袁国英(女)　耿德荫
夏慧荣(女)　钱森申　倪正茂　徐在新　徐麦玲(女)　徐昌泰　徐学成　高介祜
高鸿飞　郭礼和　郭耀祥　曹正文　曹志祥　戚盛豪　谢丽娟(女)　端木时夏
杨　槱(1996年1月止)　叶舜发(1996年8月任)　许根俊(1996年8月任)
朱家珠(女,1996年8月任)　吴迺川(1996年8月任)　严隽薇(女,1996年8月任)
邵敏望(1996年8月任)　范滇元(1996年8月任)　顾柏堂(1996年8月任)
侯志俭(1996年8月任)　翁祖泽(1996年8月任)

说明：根据九三学社九届三中全会《关于加强自身建设的意见》要求，1996年4月2日，九三学社市委召开常委会，通过《九三学社上海市委员会关于增选社市委会委员和中间调整的意见》；1996年8月，第十二届第六次全会增选10位市委委员、4位常委及2位副主委。

第十三届委员会(1997年7月—2002年6月)

主任委员:

谢丽娟(女)

副主任委员:

张叔英　李昌道　许根俊　翁祖泽　张友隽　何克诚　李新洲　陈明仪　侯志俭
杨雄里(2002年2月任)　李定国(2002年2月任)　张良仪(2002年2月任)
徐迪民(2002年2月任)

名誉主任委员:

杨　槱

名誉副主任委员:

陈　植　王应睐　笪移今　刘育民　孟庆闻(女)　赵安泰　孙曾一　王天铎

秘 书 长:

张良仪

常务委员:

刁新民　王灿青(女)　王纯尧　叶舜发　朱家珠(女)　许根俊　李昌道　李定国
李新洲　杨绍刚　何克诚　张友隽　张良仪　张叔英　陈明仪　邵敏望　郑祖康　胡嘉增
侯志俭　顾柏堂　倪正茂　徐在新　徐迪民　翁祖泽　郭礼和　曹正文　戚盛豪
谢丽娟(女)　杨雄里(2002年2月任)

委　　员:

刁新民　王廷弼　王灿青(女)　王纯尧　王宝昌　王嘉康　王德孝　叶建荣　叶舜发
吕　乐(女)　朱守正　朱家珠(女)　刘小德　江伟达　许政暟　许根俊
严隽薇(女)　李昌道　李定国　李绍宽　李新洲　杨绍刚　吴迺川　何克诚
何馥瑛(女)　沈　灏　张友隽　张纪蔚　张良仪　张叔英　张素贞(女)　陆仕华
陈　仪(女)　陈代杰　陈明仪　陈绍行(女)　邵敏望　范承善　范滇元　庞安全
郑东朝　郑华耀　郑祖康　封亚培　胡忠泽　胡嘉增　侯志俭　顾柏堂　钱森申　钱筱琪
倪正茂　徐在新　徐麦玲(女)　徐迪民　徐瑞鹏　徐静琳(女)　徐滕岗　翁祖泽
凌明娟(女)　郭礼和　郭明达　黄建德　曹　旭　曹正文　曹林奎　戚继舫　戚盛豪
梁恭杰　曾文忠　曾纪骝　谢丽娟(女)　褚君浩　蔡　琼(女)　管伟康　谭妙全
叶胜龙(2001年2月任)　阮康成(2001年2月任)　杨雄里(2001年2月任)
李忠湧(2001年2月任)　张一尘(2001年2月任)

第十四届委员会(2002年6月—2007年4月)

主任委员:

谢丽娟(女)

副主任委员:

李新洲　侯志俭　李定国　徐迪民　郑祖康　赵　雯(女)　褚君浩
翁祖泽(2006年3月止)　杨雄里(2006年3月止)　张良仪(2006年3月止)
夏以群(女,2006年3月任)　程维明(2006年3月任)

名誉主任委员:

杨　槱

名誉副主任委员:

刘育民　孟庆闻(女)　赵安泰　孙曾一　王天铎

秘 书 长:

胡忠泽(2004年11月止)　沈　洁(女,2004年11月代理,2005年10月任)

常务委员:

左　伋　朱守正　李忠湧　李定国　李新洲　陈东辉　陈代杰　陈绍行(女)　郑祖康
封亚培　赵　雯(女)　胡忠泽　侯志俭　贾伟平(女)　顾亚平　顾柏堂　倪正茂
徐迪民　徐静琳(女)　郭礼和　黄　鸣(女)　曹正文　程维明　谢丽娟(女)
褚君浩　缪建鹤　翁祖泽(2006年3月止)　杨雄里(2006年3月止)
张良仪(2006年3月止)　夏以群(女,2006年3月任)

委　　员:

马　洪　王　力　王　育　王宝昌　尹　介　左　伋　叶建荣　叶胜龙　吕　乐(女)
朱　弘　朱守正　朱家文　任向阳　刘小德　齐　聪(女)　许政暟　阮康成
严隽薇(女)　李丽英(女)　李忠湧　李定国　李道季　李新洲　杨怀志　吴向阳
沈　洁(女)　沈　灏　沈红慧(女)　张一尘　张纪蔚　张启琴(女)　张国炎
陈东辉　陈代杰　陈绍行(女)　陈敏怡(女)　林富生　金　佩(女)　金　亮
金立鑫　周　瑜(女)　郑东朝　郑华耀　郑祖康　封亚培　赵　雯(女)　胡忠泽
侯志俭　姚　政　贾伟平(女)　夏以群(女)　顾亚平　顾柏堂　钱筱琪　倪正茂

徐迪民　徐益超　徐静琳(女)　徐滕岗　郭礼和　黄　鸣(女)　黄建德　曹　旭
曹正文　曹林奎　戚继舫　梁恭杰　董慧琴(女)　程维明　曾纪骝　谢丽娟(女)
路达仁　褚君浩　管伟康　廖昌永　谭妙全　缪建鹤　翁祖泽(2006 年 3 月止)
杨雄里(2006 年 3 月止)　张良仪(2006 年 3 月止)　夏以群(女,2006 年 3 月任)

第十五届委员会(2007 年 4 月—2012 年 4 月)

主任委员:

赵　雯(女)

副主任委员:

夏以群(女)　程维明　陈义汉　顾亚平　黄　鸣(女)　敬忠良
李新洲(2010 年 7 月止)　周　锋(2010 年 7 月任)　钱　锋(2010 年 7 月任)
葛均波(2010 年 7 月任)　李定国(2010 年 12 月止)　郑祖康(2011 年 11 月止)

秘 书 长:

沈　洁(女)

常务委员:

王　育　左　伋　朱守正　任建兴　李昕欣　李忠湧　吴力坚　沈　洁(女)　陈义汉
陈东辉　陈代杰　陈绍行(女)　周　锋　封亚培　赵　雯(女)　贾伟平(女)
夏以群(女)　顾亚平　徐益超　徐静琳(女)　黄　鸣(女)　曹正文　葛均波
敬忠良　景　莹(女)　程维明　李新洲(2010 年 7 月止)　钱　锋(2010 年 7 月任)
李定国(2010 年 12 月止)　郑祖康(2011 年 11 月止)

委　　员:

马　洪　王　力　王　育　王训国　王澧华　方建安　尹　介　左　伋　吕　乐(女)
朱　弘　朱　红(女)　朱守正　朱国建　朱家文　任向阳　任建兴　任照平
齐　聪(女)　孙政华　李丽英(女)　李昕欣　李忠湧　李建国　李道季　杨怀志
吴力坚　吴向阳　吴青峰　吴健生　吴乾渝(女)　吴赛阳(女)　余丹红(女)
沈　洁(女)　沈红慧(女)　张开明　张纪蔚　张其林　张国炎　张金仓
张晓彤(女)　张晓鹏　陈义汉　陈东辉　陈代杰　陈绍行(女)　陈敏怡(女)
陈善本　武天龙　林富生　金　佩(女)　金立鑫　周　锋　周　瑜(女)　周国民
封亚培　项永兵　赵　雯(女)　姚　政　贾伟平(女)　夏以群(女)　顾亚平
徐大振　徐益超　徐静琳(女)　徐滕岗　高庆迁　郭其一　陶励强　黄　鸣(女)
黄勇平　曹正文　葛均波　董慧琴(女)　敬忠良　景　莹(女)　程维明　童卫旗
蔡生力　廖　侃　李新洲(2010 年 7 月止)　钱　锋(2010 年 7 月任)
李定国(2010 年 12 月止)　郑祖康(2011 年 11 月止)

第十六届委员会(2012 年 4 月—　　)

主任委员:

赵　雯(女)

副主任委员:

夏以群(女)　程维明　陈义汉　敬忠良　周　锋　钱　锋　葛均波　李昕欣　黄勇平

秘 书 长:

朱　红(女)

常务委员：

王　育　王训国　左　伋　朱　弘　朱　红(女)　朱少伟　朱自强　朱国建　任建兴
李小年(女)　李迅雷　李昕欣　张金仓　陈义汉　陈代杰　陈绍行(女)
金　佩(女)　周　锋　封亚培　赵　雯(女)　贾伟平(女)　夏　红(女)
夏以群(女)　钱　锋　徐大振　高庆迁　郭其一　黄　鸣(女)　黄勇平　葛均波
敬忠良　景　莹(女)　程维明

委　　员：

干杏娣(女)　王　育　王训国　方建安　尹　介　尹静波(女)　左　伋
龙亚秋(女)　叶银忠　吕　乐(女)　朱　弘　朱　红(女)　朱少伟　朱自强
朱国建　朱国健　朱家文　任建兴　任照平　庄佳芳(女)　刘庆华　齐　聪(女)
孙政华　严俊瑛(女)　李　明　李小年(女)　李迅雷　李丽英(女)　李青峰
李昕欣　李道季　杨怀志　吴向阳　吴青峰　吴健生　吴乾渝(女)　吴赛阳(女)
余丹红(女)　邹　申(女)　沈群慧(女)　张开明　张其林　张国炎　张金仓
张晓彤(女)　张晓鹏　张培志　陈　迪　陈义汉　陈代杰　陈绍行(女)
金　佩(女)　周　锋　周　瑜(女)　周国民　封亚培　项永兵　赵　雯(女)
赵景泰　施菊萍(女)　袁志斌　贾伟平(女)　夏　红(女)　夏以群(女)
顾鸣敏　钱　锋　徐大振　徐滕岗　高庆迁　郭其一　唐　颐　陶励强　黄　鸣(女)
黄勇平　曹　良　曹珍富　梁治安　葛均波　董亚明　敬忠良　景　莹(女)　程维明
童卫旗　鲍　俊　蔡生力　廖　侃

二、专门委员会

专门委员会是九三学社上海市委员会常务委员会领导下的非职能性机构，是团结联系社员和各界人士、开展具有专业特色社务工作的一种组织形式，具有专业性、研究性、咨询性等特点。

20 世纪 50 年代，九三学社上海分社委员会设置专门委员会，"文化大革命"期间停止活动。1980 年以后恢复工作，随着形势的变化，社员数量的增加以及社务工作内容的增多，专门委员会机构的数量有所扩大，其名称也几经演变。

1980 年 2 月，九三学社上海分社委员会设上海市政协学习委员会九三学社分会、联络工作委员会、文史资料编辑工作委员会、文教工作委员会、科技工作委员会、医卫工作委员会、《九三上海社讯》编辑委员会 7 个专门工作委员会。

1984 年 4 月，九三学社市委新设科技咨询工作委员会、离退休工作委员会和妇女工作委员会。

1988 年 6 月，《九三上海社讯》编辑委员会、文史资料编辑工作委员会合并为社讯社史工作委员会，增设地区工作委员会。1988 年 8 月，十一届常委会第一次会议通过《九三学社上海市委员会专门委员会组织条例》。1990 年 6 月，专门机构规范为工作委员会和委员会两类，前者主要协助九三学社市委开展相关领域的工作，起到动员、协调的作用，后者着重开展专题调研，提供有关参政议政材料。新成立经济委员会、政法委员会，原科技、医卫、文教 3 个工作委员会统一称为委员会。

1992 年，原社讯社史工作委员会改为《九三沪讯》编辑委员会，专门工作机构仍保持 12 个。

1997 年 7 月起，各专门机构又统一称为工作委员会。原离退休工作委员会改称为老年工作委员会，原科技咨询工作委员会、《九三沪讯》编辑委员会不再设立，专门工作机构减至10个。

2002年6月，原上海市政协学习委员会九三学社分会改称为学习工作委员会。

2007年7月，重新修订《九三学社上海市委员会关于专门委员会的管理条例》等规章，并调整专门委员会设置，各专门机构统一称为委员会。规定各专门委员会的正副主任在每次换届后由常委会任命，其成员由九三学社市委主委会议决定，报常委会备案。原学习工作委员会改称为学习宣传委员会；原政法工作委员会改称为社会法制委员会；原联络工作委员会不再设立，另设青年委员会。

图7-1-1　2012年11月7日，九三学社市委在民主党派大厦举行专委会成立大会，主委赵雯(中)为新任专委会主任、副主任颁发聘书

截至2012年底，共有学习宣传、经济、科技、文教、医疗卫生、社会法制、妇女、老年、青年、地区10个专委会。各专委会结合各自的工作重点开展相关活动。

第八届专门(工作)委员会(1964年12月—1980年1月)

市政协学习委员会九三学社分会

主　任：卢于道

副主任：陈　植　洪铭声　谢光华

科学文教工作委员会

主　任：毛启爽

副主任：卢鹤绂　严东生　陈守实　吴斐丹　倪葆春　刁友道　许应期

社讯编辑委员会

主　任：洪铭声

副主任：夏宗辉　许应期

促进和平解放台湾工作组

主　任:夏宗辉

副主任:汪定曾

家属工作组

主　任:蒋柔英

副主任:邵瀞容　董益珠

第九届专门(工作)委员会(1980 年 2 月—1984 年 4 月)

市政协学习委员会九三学社分会

主　任:卢于道

副主任:吴斐丹　周嘉民　洪铭声

联络工作委员会

主　任:倪葆春

副主任:刁友道　王祖骥　陈从周

文史资料编辑工作委员会

主　任:夏宗辉

副主任:许士骐　顾济之　章夷荪　顾维维(1980 年 12 月任)

文教工作委员会

主　任:杨　槱

副主任:汪鸿鼎　郑　勉　笪移今　蒋汉文

科技工作委员会

主　任:卢鹤绂

副主任:丁光生　汪定曾　胡汝鼎　屠　达

医卫工作委员会

主　任:郭秉宽

副主任:王一山　李家耿　吴善芳　荣独山

《九三上海社讯》编辑委员会

主　任:笪移今(1980 年 12 月任)

副主任:洪铭声(1980 年 12 月任)

第十届专门(工作)委员会(1984 年 4 月—1988 年 6 月)

市政协学习委员会九三学社分会

主　任:笪移今(1986 年 3 月止)　洪铭声(1986 年 3 月任)

副主任:王季卿　倪正茂　薛志麟　高景仰(1986 年 3 月任)　张重超(1987 年 3 月任)

科技工作委员会

主　任:王天铎

副主任:邓佩鑫　吴　诚　张美敦　陈行祥　夏宗辉(1986 年 3 月任)
李新洲(1987 年 3 月任)

文教工作委员会

主　任:范祖尧

副主任:马文华　汪鸿鼎　陈詠恩　徐　朗　冯覃燕(1986 年 3 月任)

陈人哲(1987年3月任)　端木时夏(1987年3月任)

医卫工作委员会

主　任：王一山

副主任：丁光生　王一飞　叶　瑛(女)　朱长民　李家耿　谢丽娟(女)

王才良(1987年3月任)

社讯社史工作委员会

主　任：詹同渲

副主任：张　斌　俞天白(1987年3月任)

地区工作委员会

主　任：张叔英

副主任：刁新民　王忠谟　沈芸荪　胡忠泽　徐孝礼　郭纲朴

科技咨询工作委员会

主　任：赵安泰(1986年3月任)

副主任：张友隽　张则陆　范启明　郑　谏　胡嘉增　屠　达　夏宗辉(1986年3月止)

杨羽白(1986年3月任)　王师俊(1987年3月任)

妇女工作委员会

主　任：尹文英(女)

副主任：许佩珍(女)　陈梅芳(女)　袁国英(女)　高君珠(女)

黄君益(女，1986年3月任)　卢欧琳(女，1987年3月任)

离退休社员工作委员会

主　任：高景仰(1986年3月止)　章炎胄(1986年3月任)

副主任：王治平　刘冠中　陈一仁　贺友智　夏　擎　程伟民　金荣昌(1987年3月任)

联络工作委员会

主　任：顾恺时

副主任：王祖寿　王祖骥　王德孝　陈从周　赵允皋　刘光坤(女，1987年3月任)

第十一届专门(工作)委员会(1988年6月—1992年6月)

市政协学习委员会九三学社分会

主　任：张重超

副主任：丁光生　王季卿　张友隽　倪正茂　薛志麟

科技委员会

主　任：王天铎

副主任：邓佩鑫　李新洲　吴　诚　张美敦　陈行祥

文教委员会

主　任：范祖尧

副主任：马文华　冯覃燕　陈人哲　陈仁彪　陈詠恩　徐　朗　端木时夏

医卫委员会

主　任：王一山

副主任：王一飞　王才良　叶　瑛(女)　朱长民　李家耿　吴生一　谢丽娟(女)

地区工作委员会

主　任：张叔英

副主任：刁新民　王忠谟　沈芸荪　胡忠泽　徐孝礼　郭纲朴

科技咨询工作委员会

主　任：赵安泰

副主任：王师俊　杨羽白　张友隽　张则陆　范启明　郑　谏　胡嘉增

联络工作委员会

主　任：顾恺时

副主任：王德孝　刘光坤(女)　陈从周　赵允皋

社讯社史工作委员会

主　任：詹同渲

副主任：张　斌　俞天白

妇女工作委员会

主　任：尹文英(女)

副主任：卢欧琳(女)　许佩珍(女)　袁国英(女)　高君珠(女)
黄益君(女)

离退休社员工作委员会

主　任：高景仰

副主任：王治平　刘冠中　陈一仁　金荣昌　贺友智　夏　擎　程伟民

经济委员会

主　任：邵敏望

政法委员会

主　任：李昌道

第十二届专门(工作)委员会(1992年7月—1997年7月)

市政协学习委员会九三学社分会

主　任：张重超

副主任：张友隽　陆敬业　闻建勋

科技工作委员会

主　任：王天铎

副主任：刘启龙　张鉴祖　陈行祥　薛志麟　陈元光(1994年2月任)

文教工作委员会

主　任：范祖尧

副主任：马文华　张绍麟　陈仁彪　陈明仪　端木时夏　陈詠恩(1994年2月任)

医卫工作委员会

主　任：王一山

副主任：卢树华(女)　朱家珠(女)　李定国　吴生一

经济工作委员会

主　任：邵敏望

副主任：杨思远　沈蓉芳(女)　翁祖泽　涂克仁　盛济平

政法工作委员会

主　任：李昌道

副主任：史文清　杨绍刚　谢延光

妇女工作委员会

主　任：尹文英(女，1994 年 11 月止)　高君珠(女，1994 年 11 月任)

副主任：卢欧琳(女)　张素胤(女)　陈　仪(女)　袁国英(女)
黄益君(女)　高君珠(女，1994 年 11 月止)　华荣凤(女，1996 年 1 月任)
苏昭仪(女，1996 年 1 月任)

地区工作委员会

主　任：张叔英

副主任：刁新民　沈芸荪　陆晓民　金麟孙　胡忠泽

科技咨询工作委员会

主　任：赵安泰(1994 年 2 月止)

副主任：丁德璋　王以忠　石厚民　邬显明　郑　谏　胡嘉增　徐学成
陈隆华(1994 年 2 月任)

联络工作委员会

主　任：孙曾一

副主任：王德孝　刘光坤(女)　罗宗英　赵允皋　褚君浩

离退休工作委员会

主　任：郭纲朴

副主任：王忠谟　石金虎　叶　瑛(女)　刘冠中　何宗耀　费振翼　顾　正

《九三沪讯》编辑委员会

主　任：张　斌

副主任：俞天白　曹正文

第十三届专门(工作)委员会(1997 年 7 月—2002 年 6 月)

市政协学习委员会九三学社分会

主　任：陈明仪

副主任：何克诚　范承善　徐在新　屠旅南

科技工作委员会

主　任：徐迪民

副主任：叶舜发　陆敬业　郭礼和　黄　道

文教工作委员会

主　任：侯志俭

副主任：吴健生　沈　灏　林正国　郑华耀　郑祖康　胡刚毅　胡学超　曹　旭

医卫工作委员会

主　任：李定国

副主任：杨英珍(女)　吴生一　张纪蔚　陈　仪(女)　贾伟平(女)　奚　健

经济工作委员会

主　任：邵敏望

副主任：毛之伦　陈行祥　周士琳　盛济平　梁恭杰

政法工作委员会

主　任：倪正茂

副主任：杨绍刚　徐静琳(女)

妇女工作委员会

主　任：朱家珠(女)

副主任：朱若兰(女)　华荣凤(女)　苏昭仪(女)　张文渊(女)
张素胤(女)　陈　仪(女)　胡玉兰(女)　顾健生(女)

老年工作委员会

主　任：金麟孙

副主任：刘冠中　胡勤裕　顾　正

联络工作委员会

主　任：王德孝

副主任：沈蓉芬(女)　陈绍行(女)　赵云皋　褚君浩

地区工作委员会

主　任：张友隽

副主任：刁新民　王廷弼　王灿青(女)　王嘉康　张一尘

第十四届专门(工作)委员会(2002年6月—2007年4月)

学习工作委员会

主　任：张良仪

副主任：左　伋　朱守正　曹正文　屠旅南　潘庆云

科技工作委员会

主　任：阮康成

副主任：陈东辉　金忠贤　姚　政　顾亚平　敬忠良　缪建鹤

文教工作委员会

主　任：沈　灏

副主任：吴健生　林正国　胡刚毅　曹　旭　董慧琴(女)　程维明

医卫工作委员会

主　任：叶胜龙

副主任：齐　聪(女)　吴乾渝(女)　张纪蔚　陈绍行(女)　贾伟平(女)
葛均波

经济工作委员会

主　任：景　莹(女)

副主任：毛之伦　华　俊(女)　郑华耀　封亚培　盛济平　谢荣兴

政法工作委员会

主　任：倪正茂

副主任：马　洪　杨绍刚　陈乃蔚　徐静琳(女)　董茂云

妇女工作委员会

主　任：严隽薇(女)

副主任：朱若兰（女）　许宝铮（女）　张　焰（女）　陈敏怡（女）
金　佩（女）　蔡　琼（女）

地区工作委员会

主　任：张一尘

副主任：李忠湧　张荐云（女）　林富生　金　亮　黄　鸣（女）　谭妙全

联络工作委员会

主　任：梁恭杰

副主任：方　芸（女）　李德懿（女）　陈代杰　罗伟璋

老年工作委员会

主　任：姜林宗

副主任：叶子龙　陈士衡　胡勤裕

第十五届专门委员会（2007 年 4 月—2012 年 11 月）

学习宣传委员会

主　任：曹正文

副主任：朱守正　李鸿仪　张国炎　康　青（女）

经济委员会

主　任：景　莹（女）

副主任：干杏娣（女）　吕颂宪　朱　红（女）　华　俊（女）　李迅雷　封亚培
彭润中（2009 年任）

科技委员会

主　任：阮康成

副主任：叶银忠　陈代杰　季晓烨　金忠贤　姚　政　黄勇平

文教委员会

主　任：周　锋

副主任：马　洪　左　伋　吴健生　张晓鹏　陈善本　徐大振　毛时安（2009 年任）

医卫委员会

主　任：陈绍行（女）

副主任：林建华（女）　郎铁成　项永兵　贾伟平（女）　夏　红（女）　葛均波

社会法制委员会

主　任：倪正茂

副主任：孙周兴　陈乃蔚　夏晓龙　韩海斌（2009 年任）

妇女委员会

主　任：金　佩（女）

副主任：李小年（女）　张　焰（女）　陈敏怡（女）　范亚平（女）
高雅珍（女）

老年委员会

主　任：张良仪

副主任：王若文　吴宗麟　张荐云（女）　林正国　曾纪骝

青年委员会

主　任：钱　锋

副主任：龙亚秋(女)　李青锋　余丹红(女)　张其林　钱菊英(女)
脱　宁(女)

地区委员会

主　任：李忠湧

副主任：王训国　任建兴　林富生　徐益超　徐静琳(女)

第十六届专门委员会(2012年11月—　)

学习宣传委员会

主　任：朱少伟

副主任：宋仲诤　周梅婴(女)　顾鸣敏　康　青(女)

经济委员会

主　任：李迅雷

副主任：干杏娣(女)　冯丹龙(女)　吕颂宪　华　俊(女)　刘及欧(女)
郑贡达　彭润中

科技委员会

主　任：阮康成

副主任：叶银忠　华　峰　李胡生　何大军　张道方　陈代杰　季晓烨　金忠贤　赵景泰
姚　政　龚继明　曾凡一(女)

文教委员会

主　任：吴健生

副主任：方建安　左　伋　庄佳芳(女)　李建国　张金仓　张晓鹏　曹珍富

医疗卫生委员会

主　任：陈绍行(女)

副主任：丁玉强　林建华(女)　郎铁成　项永兵　贾伟平(女)　夏　红(女)
谢　青(女)

社会法制委员会

主　任：徐静琳(女)

副主任：刘　楷　孙周兴　陈乃蔚　夏晓龙　唐生林　韩海斌

妇女委员会

主　任：金　佩(女)

副主任：李小年(女)　宋洁青(女)　张　焰(女)　陈颖伟(女)
高雅珍(女)

老年委员会

主　任：张荐云(女)

副主任：艾晓杰　许宝铮(女)　李　岩(女)　吴宗麟　陈以文(女)　曾纪骝

青年委员会

主　任：李青峰

副主任：龙亚秋(女)　余丹红(女)　张其林　钱菊英(女)　徐玉芳(女)

地区委员会

主　任：任建兴

副主任：朱　弘　朱国建　杨怀志　张开明　徐大振

三、市委机关工作机构

【机构设置】

1978年，九三学社上海分社委员会机关工作机构沿用旧制，设秘书处、组织处、宣传处。

1984年4月，九三学社上海市委员会改秘书处为办公室，增设科技咨询服务部。

1985年6月，新设工作委员会办公室。

1986年3月，撤销工作委员会办公室，成立科教处。同年，增设联络处。

1989年，撤销科教处，建立研究室。

1997年7月，机关的处室改称为部室，机关工作机构设为办公室、组织部、宣传部、联络部、研究室，科技咨询服务部更名为科技教育部。

2002年6月，撤销联络部，新设参政议政部；科技教育部更名为社会服务部。

2003年10月，依据《九三学社上海市委机关各部门工作职能及职位说明书》，机关工作机构设为办公室、组织部、宣传部、参政议政部、社会服务部和研究室6个职能部室。至2012年底，机关工作机构设置没有变化。

【办公地点】

1977年11月—1979年10月，九三学社上海分社委员会办公地点为市政协大楼。

1979年10月—1996年11月，九三学社上海市委(包括九三学社上海分社委员会期间)办公地点为陕西北路186号。

1996年11月，九三学社上海市委办公地点搬迁至陕西北路128号上海民主党派大厦19楼；2004年10月后，办公地点调整至14、15楼。

第三节　区(县)组织

九三学社各区(县)委员会是九三学社在上海的区级地方组织，由社员大会、社员代表大会选举产生，在社员大会、社员代表大会闭会期间领导本地区社的工作。1978年以前，徐汇、长宁、普陀、闸北、虹口、杨浦、黄浦、南市、卢湾、静安10个中心城区已建立地区性支社，为市直属基层组织。1982年，闵行区支社筹备委员会和吴淞区支社相继成立。1983年12月，九三学社第四次全国社员代表大会修改的社章明确，直辖市的区委员会为区级地方组织。1984—1986年，以上12个区级支社陆续改建为区委员会，成为上海的区级地方组织。1988年，上海市撤销宝山县和吴淞区，设立宝山区，宝山县和吴淞区的区级组织归并为宝山区委员会。1993年，为适应浦东的开发开放，将黄浦、杨浦、南市3个区级组织中，工作单位在浦东新区，以及上海市、区两级组织中家住浦东新区的离退休社员划出，成立浦东新区筹备委员会；至2000年8月，浦东新区委员会正式成立。此外，上海的郊县原来没有九三学社社员，后由于外地调入社员的增多，逐渐有建立组织的要求。1989年，松江县支社成立；原挂靠在闵行区委员会的金山、奉贤县小组改建为市属县级支社；1994年，新建

图 7-1-2　1984 年 8 月 29 日,九三学社静安区委员会举行成立大会

青浦县支社。随着撤县建区工作的进行,金山石化总厂支社和金山县支社于 1997 年合并成立金山区委员会;1999 年,嘉定区委员会成立;2001 年,青浦、松江、奉贤分别建立区委员会;2003 年,成立南汇区支社;2005 年,成立崇明县支社;2008 年,成立南汇区筹备委员会。随着上海行政区划的多次变更,九三学社各相关区委员会也多次进行重组。2000 年,上海市撤销黄浦区和南市区,设立新的黄浦区,原黄浦区和南市区的区级组织归并为新的黄浦区委员会。2009 年,上海市撤销南汇区,将其行政区域并入浦东新区,南汇区的区组织并入浦东新区委员会。2011 年,上海市撤销黄浦区和卢湾区,建立新的黄浦区,原黄浦区和卢湾区的区级组织归并为新的黄浦区委员会。

截至 2012 年底,上海九三学社共有 17 个区(县)组织,其中区级委员会 16 个、县级支社 1 个,社员总数共为 4 990 人,占上海社员总数的 45.9%。

表 7-1-6　1984—2012 年九三学社上海市各区(县)委员会、支社情况表

名　称	成立时间	社员数(人)	支社数(个)	说　　明
浦东新区委员会	2000 年 6 月	646	13	2009 年 8 月,上海市撤销南汇区建制,将其行政区域并入浦东新区,南汇区的区级组织归并到浦东新区委员会
徐汇区委员会	1984 年 9 月	543	13	—
长宁区委员会	1984 年 11 月	370	10	—
普陀区委员会	1986 年 1 月	274	9	—
闸北区委员会	1985 年 10 月	254	7	—
虹口区委员会	1986 年 6 月	288	6	—
杨浦区委员会	1984 年 9 月	320	6	—

（续表）

名　称	成立时间	社员数（人）	支社数（个）	说　　明
黄浦区委员会	1985年11月	620	12	2000年8月，上海市撤销黄浦区和南市区，设立新的黄浦区，原黄浦区和南市区的区级组织归并为新的黄浦区委员会；2011年8月，上海市撤销黄浦区和卢湾区建制，建立新的黄浦区，原黄浦区和卢湾区的区级组织归并为新的黄浦区委员会
静安区委员会	1984年8月	311	8	—
闵行区委员会	1984年12月	462	14	—
宝山区委员会	1988年8月	328	8	1988年8月，上海市撤销宝山县与吴淞区，设立宝山区，宝山县和吴淞区的区级组织归并为宝山区委员会
嘉定区委员会	1999年10月	145	5	—
金山区委员会	1997年10月	100	5	—
松江区委员会	2001年10月	99	3	—
青浦区委员会	2001年12月	85	5	—
奉贤区委员会	2001年12月	84	4	—
崇明县支社	2005年8月	61	—	—
吴淞区委员会	1984年10月	—	—	1988年8月，上海市撤销宝山县与吴淞区，设立宝山区，宝山县和吴淞区的区级组织归并为宝山区委员会
南市区委员会	1986年3月	—	—	2000年8月，上海市撤销黄浦区和南市区，设立新的黄浦区，原黄浦区和南市区的区级组织归并为新的黄浦区委员会
卢湾区委员会	1986年1月	—	—	2011年8月，上海市撤销黄浦区和卢湾区建制，建立新的黄浦区，原黄浦区和卢湾区的区级组织归并为新的黄浦区委员会
南汇区委员会（筹）	2008年7月	—	—	2009年8月，上海市撤销南汇区建制，其行政区域并入浦东新区，南汇区的区级组织归并到社浦东新区委员会

说明：表内“社员数”“支社数”栏内的数据均至2012年底。

第四节　直属基层组织

1951年，九三学社上海分社委员会建立了以支社和直属小组为组织形式的直属基层组织。1957年，共有直属基层组织54个，其中：地区支社10个；高校系统9个支社、6个小组；科研系统7个支社、4个小组；医卫系统4个支社、2个小组；机关企业系统9个支社、3个小组。1978年以后，新建机械学院、体育科学研究所、金山石化、市化工局、上海海运学院直属小组和市纺织局、市仪表局、上海音乐学院、上海体育学院、上海工程技术大学、船舶等支社，部分直属小组则改建成支社。至1983年底，直属基层组织增至65个，其中5个为直属小组。

1984年后，上海的地区支社逐步改建为区委员会，成为区级地方组织；新建上海大学、文艺、梅山等支社，直属基层组织总数有所减少。同时，在部分高校和科研单位，高、中级知识分子较为集中，且九三学社社员人数增长很快，有些基层组织社员已突破百人，原有的支社形式难以适应新的情况变化。1989年,九三学社第五次全国社员代表大会修改社章时,在“基层组织”一章新增设立“基层委员会”条款,规定:“有的企业和事业单位,规模大,下属单位多,社员也比较多,有两个支社以上,可设立基层委员会”。据此,九三学社市委于1990年将社员人数超过80人的中科院上海分院、复旦大学、上海交通大学、同济大学、华东化工学院、中国纺织大学、上海医科大学、上海第二医科大学和市纺织局9个支社改建为基层委员会。1991年,原市卫生局第一支社、第二支社和胸科医院、生物制品研究所的九三学社组织联合组成市卫生局委员会。1994年,上海工业大学、上海科技大学、上海科技高等专科学校和原上海大学合并组建新的上海大学,四校九三学社组织联合成立上海大学委员会。1999年,华东师范大学支社改建为委员会。2001年,分别成立上海师范大学、上海海运学院和上海外国语大学委员会,新建上海应用技术学院支社。2002年1月,上海医科大学并入复旦大学,原复旦大学委员会和上海医科大学委员会合并为复旦大学委员会,下辖邯郸校区和枫林校区2个分委员会。2004年,上海第二工业大学支社从浦东新区分出,成立直属支社。2005年8月,从事旅游服务业的社员从外贸支社分出,成立旅游业支社;同年11月,上海第二医科大学并入上海交通大学,原上海第二医科大学委员会改称为上海交通大学医学院委员会。至此,直属基层组织调整为48个,其中基层委员会14个,直属支社32个,直属小组2个。

图7-1-3　1990年5月25日,九三学社上海交通大学委员会举行成立大会

2005年12月,九三学社市委撤销原轻工支社,并对该支社社员的组织关系实行属地化管理,原以专业局冠名的基层组织名称也作了相应调整。2006年,因卫生体制改革,原市卫生局委员会一拆为二,分为申康医院发展中心委员会和市卫生局委员会两个组织。2008—2012年,新建上海电气委员会、文化委员会、上海工程技术大学委员会、城乡建设交通委员会、上海海洋大学委员会、海运委员会、科技系统委员会和金融委员会(筹)。原规划院小组因社员全部退休,于2007年6月撤销,该院社员的组织关系即转入相关的区级组织。

至 2012 年底，上海的九三学社组织共有直属基层组织 47 个，其中基层委员会 23 个，直属支社 23 个，直属小组 1 个，社员总数为 5 861 人，占上海社员总数的 54.0%。

表 7-1-7　1990—2012 年九三学社上海市直属基层委员会情况表

名　　称	成立时间	社员数（人）	备　　注
中科院上海分院委员会	1990 年 1 月	570	—
复旦大学委员会	1990 年 9 月	489	2002 年 1 月复旦大学委员会与上海医科大学委员会合并为复旦大学委员会，下辖复旦大学邯郸和复旦大学枫林 2 个分委员会，原复旦大学委员会称为复旦大学邯郸分委员会
上海交通大学委员会	1990 年 5 月	380	—
同济大学委员会	1990 年 5 月	365	2002 年 1 月同济大学委员会与上海铁道大学委员会合并，成立新的同济大学委员会
华东师范大学委员会	1999 年 7 月	135	—
华东理工大学委员会	1990 年 5 月	242	原华东化工学院委员会
上海外国语大学委员会	2001 年 12 月	78	—
东华大学委员会	1990 年 6 月	173	1990 年 6 月成立中国纺织大学委员会，1999 年 10 月更名为东华大学委员会
上海交通大学医学院委员会	1990 年 11 月	246	原为上海第二医科大学委员会，2005 年 11 月因学校总体并入上海交大后更名为上海交通大学医学院委员会
上海海事大学委员会	2001 年 11 月	152	2001 年 11 月上海海运学院委员会成立，2004 年更名为上海海事大学委员会
上海大学委员会	1994 年 11 月	226	—
上海师范大学委员会	2001 年 12 月	133	—
上海申康医院发展中心委员会	2006 年 10 月	236	—
上海市卫生局委员会	1991 年 10 月	112	—
上海纺织控股(集团)公司委员会	1990 年 8 月	123	—
上海电气委员会	2008 年 9 月	163	—
上海市文化委员会	2008 年 9 月	111	—
上海工程技术大学委员会	2009 年 5 月	106	—
上海城乡建设交通委员会	2011 年 12 月	134	—
上海海洋大学委员会	2012 年 12 月	102	—
上海海运委员会	2012 年 12 月	78	—
上海科技系统委员会	2012 年 11 月	26	—
上海金融委员会(筹)	2012 年 12 月	116	—
上海医科大学委员会	1990 年 9 月	—	2002 年 1 月因两校融合并入复旦大学委员会，现为复旦大学枫林分委员会

说明：表内“社员数”均为 2012 年底的数据。由于种种原因，另有 11 位社员未统计入列。

表 7-1-8　2012 年底九三学社上海市直属支社人数情况表

名　　称	人数(人)	名　　称	人数(人)
上海理工大学支社	67	上海音乐学院支社	35
上海体育学院支社	65	上海财经大学支社	81
上海中医药大学支社	74	上海应用技术学院支社	64
上海第二工业大学支社	84	上海船舶支社	95
上海化工研究院支社	58	上海市委员会机关支社	64
上海化工支社	48	梅山冶金公司支社	43
上海建工建材支社	53	上海农科院支社	52
上海旅游业支社	33	上海市政工程设计院支社	40
上海社会科学院支社	41	上海现代集团支社	51
上海外贸支社	87	上海冶金支社	52
上海医工院支社	43	中石化上海工程公司支社	55
上海仪电支社	67	—	—

表 7-1-9　2012 年底九三学社上海市直属小组人数情况表

名　　称	人数(人)
上海体育科学研究所小组	13

第二章　代表大会和委员会全体会议

九三学社上海市社员大会或代表大会是九三学社上海地方组织的领导机构。九三学社上海市委员会全体会议在代表大会闭会期间领导本地区社的工作。九三学社上海分社第一、二、三届理事会，第四、五届委员会均由社员大会选举产生。九三学社上海市第一至三次社员代表大会分别于1958年9月14—17日、1961年4月27—5月24日、1964年12月10—13日举行，大会选举产生了九三学社上海分社第六至八届委员会。1980—1992年，社员代表大会每四年举行1次，1992年以后每五年举行1次，至2012年共举行11次（社员）代表大会。1980—2012年，九三学社上海分社第九届委员会、九三学社上海市第十届至第十六届委员会共举行55次全体会议。

第一节　代 表 大 会

九三学社上海市社员大会或代表大会的职权是：(1) 贯彻、执行社的全国代表大会、中央委员会及上级组织的决议和决定；(2) 听取和审议同级委员会的报告；(3) 讨论、决定同级委员会的工作；(4) 选举同级委员会。

一、第四次社员代表大会

九三学社上海市第四次社员代表大会于1980年1月12—15日在延安中路1000号上海展览馆举行，211名社员代表出席。大会期间，中共市委第一书记彭冲，市委书记严佑民、王一平、韩哲一、钟民、赵行志、夏征农接见与会代表，彭冲作了讲话，赵行志作了形势报告。陈植代表九三学社上海分社第八届委员会作工作报告。大会选举产生九三学社上海分社第九届委员会委员48名、候补委员5名。杨槱在闭幕词中号召全体社员以国家主人翁态度，艰苦奋斗，在九三学社中央和中共市委的领导下，为把上海建设成先进的工业、科技、外贸基地，为实现祖国统一大业作出新的贡献。

二、第五次社员代表大会

九三学社上海市第五次社员代表大会于1984年4月5—7日在延安西路200号文艺会堂举行，237名社员代表出席。九三学社中央发来贺电。中共市委书记、市长汪道涵到会致贺词。杨槱代表九三学社上海分社第九届委员会作工作报告。根据九三学社第四次全国社员代表大会修改的社章规定，经九三学社中央批准，自本次市代表大会起，九三学社上海分社委员会改为九三学社上海市委员会。大会选举产生九三学社上海市第十届委员会委员60名、候补委员10名。陈植在闭幕词中号召全体社员认真学习，提高觉悟，积极参与国家大政方针的协商，积极帮助中共整党，要求社员在新技术革命的挑战中作出贡献。

三、第六次社员代表大会

九三学社上海市第六次社员代表大会于 1988 年 6 月 16—18 日在延安西路 200 号文艺会堂(开幕式)及北京西路 860 号市政协江海厅(闭幕式)举行,366 名社员代表出席。九三学社中央副主席徐采栋出席大会并讲话。中共市委副书记杨堤在大会上致贺词。张叔英代表九三学社上海市第十届委员会作题为《增强政党意识,发挥人才优势,为振兴中华、建设上海贡献力量》的工作报告。大会选举产生九三学社上海市第十一届委员会委员 70 名,候补委员 10 名。大会通过的决议号召全体社员积极参政议政,发挥政治协商、民主监督的作用;努力为社会主义经济建设服务;协助中共市委、市政府做好协调关系的工作,维护安定团结的政治局面;进一步加强自我教育,振奋精神、开拓前进,为振兴中华、建设上海作出贡献。

图 7-2-1　1988 年 6 月 16—18 日,九三学社上海市第六次社员代表大会在文艺会堂举行

四、第七次社员代表大会

九三学社上海市第七次社员代表大会于 1992 年 6 月 26—28 日在北京西路 860 号上海市政协江海厅举行,331 名社员代表出席。九三学社中央副主席杨樾出席大会,中共市委副书记陈铁迪出席会议并致贺词。张叔英代表九三学社上海市第十一届委员会作工作报告。大会通过了给离任市委委员的致敬信,选举产生九三学社上海市第十二届委员会委员 75 名。大会通过的决议号召全体社员贯彻执行《中共中央关于坚持和完善中国共产党领导的多党合作和政治协商制度的意见》,积

极投入改革开放的洪流，不断加强自身建设，认真履行参政议政、民主监督的职责，为建设有中国特色的社会主义事业，加快发展上海而努力奋斗。

五、第八次社员代表大会

九三学社上海市第八次社员代表大会于1997年7月7—9日分别在南京西路1333号上海展览中心(开幕式)及陕西北路128号民主党派大厦六楼多功能厅(闭幕式)举行，249名社员代表出席。九三学社中央副主席杨槱、中共市委副书记孟建柱出席开幕式并讲话。中共市委统战部部长王生洪宣读中共市委的贺信，台盟市委主委郑励志代表上海市各民主党派、市工商联致贺词。中共市委常委、副市长赵启正，市人大常委会副主任沙麟，市政协副主席赵定玉、郭秀珍等应邀出席开幕式。会上，王天铎代表九三学社上海市第十二届委员会作题为《弘扬民主科学精神，团结奋斗迈向新世纪》的工作报告。全体与会代表推举杨槱为九三学社上海市第十三届委员会名誉主委，陈植等8人为名誉副主委，丁光生等22人为顾问。会上，还宣读了给离任市委委员的致敬信。大会选举产生九三学社上海市第十三届委员会委员75名。选举出席九三学社第七次全国代表大会代表23名。大会通过的决议号召九三学社各级组织和广大社员坚持中国共产党领导的多党合作和政治协商制度，以高度的历史责任感和时代紧迫感，同心同德，艰苦奋斗，为上海的改革、发展和稳定，为两个文明建设和祖国统一大业作出新的贡献。

六、第九次代表大会

九三学社上海市第九次代表大会于2002年6月22—24日分别在南京西路1333号上海展览中心友谊会堂(开幕式)和陕西北路128号民主党派大厦六楼多功能厅(闭幕式)举行，332名社员代表出席。九三学社中央主席吴阶平和中共市委副书记罗世谦出席开幕式并讲话，中共市委常委、统战部部长黄跃金宣读中共市委的贺信，台盟市委主委石四箴代表上海市各民主党派、市工商联致贺词。九三学社中央副主席赵伟之，市人大常委会副主任漆世贵，副市长周慕尧，市政协副主席左焕琛、陈正兴等应邀出席大会开幕式。谢丽娟代表九三学社上海市第十三届委员会作题为《与时俱进，开拓创新，为建设新世纪的参政党而努力奋斗》的工作报告。会上，还宣读给36位离任市委委员的致敬信。大会选举产生九三学社上海市第十四届委员会委员80名。选举出席九三学社第八次全国代表大会代表39名。大会通过的决议号召九三学社全市各级组织和全体社员进一步增强参政党意识、大局意识、责任意识、创新意识，解放思想，奋发有为，与时俱进，为建设适应新世纪要求的参政党而努力奋斗。

七、第十次代表大会

九三学社上海市第十次代表大会于2007年4月19—21日在南京西路1333号上海展览中心举行，385名社员代表出席。九三学社中央主席韩启德和中共市委副书记罗世谦出席开幕式并讲话。会上，中共市委常委、统战部部长杨晓渡宣读了中共市委的贺信。民建市委主委周汉民代表上海市各民主党派、市工商联致贺词。谢丽娟代表九三学社上海市第十四届委员会作题为《践行科学发展观，为构建和谐社会积极履行参政党职能》的工作报告。大会选举产生九三学社上海市第十五届委员会委员82名。选举出席九三学社第九次全国代表大会代表38名。大会通过的决议强调九三学社全市各级组织要进一步增强接受中国共产党领导的自觉性,弘扬民主与科学的精神,努力发挥参政党作用,进一步提高政治把握能力、参政议政能力、组织领导能力与合作共事能力,进一步实施"人才强社"战略,为上海实现"四个率先",加快建设"四个中心"的目标而努力工作。

八、第十一次代表大会

九三学社上海市第十一次代表大会于2012年4月19日—21日在南京西路1333号上海展览中心举行,398名社员代表出席。全国政协副主席、九三学社中央副主席王志珍,中共市委副书记殷一璀出席开幕式并讲话。中共市委常委、统战部部长杨晓渡宣读中共市委的贺信,台盟市委主委杨健代表上海市各民主党派、市工商联致贺词。中共市委常委、市政协副主席吴志明,市人大常委会副主任王培生,副市长姜平应邀出席开幕式。赵雯代表九三学社上海市第十五届委员会作题为《努力发挥优势,认真履行职责,为建设高素质参政党贡献力量》的工作报告。会上,还宣读了给离任市委委员的致敬信。大会选举产生九三学社上海市第十六届委员会委员86名。选举出席九三学社第十次全国代表大会代表37名。大会通过的决议号召九三学社全市各级组织和全体社员在新一届市委员会的带领下,弘扬九三学社的光荣传统,深入学习和践行社会主义核心价值体系,同心同德,求真务实,振奋精神,扎实工作,以优异的成绩迎接中国共产党第十八次全国代表大会、九三学社第十次全国代表大会和中国共产党上海市第十次代表大会的召开。

第二节　委员会全体会议

九三学社上海市委员会全体会议的职权是:(1) 贯彻、执行上级组织和代表大会的决议、决定,定期向上级组织报告工作;(2) 听取和审议同级常务委员会的报告;(3) 讨论、决定本地区重大社务;(4) 选举主委、副主委,选举常委组成同级常委会。

表7-2-1　九三学社上海分社第九届委员会历次全会情况表

会议名称	时　间	地　点	主要议程及决定	备　注
第一次全会	1980年1月16日	延安中路1000号上海展览馆	选举产生主委、副主委、常委;产生秘书长(兼)	委员48名,候补委员5名
第四次全会	1981年12月28日	陕西北路186号九三学社上海分社机关大礼堂	传达九三学社中央常委扩大会议精神;通报分社一年来的工作情况;传达全国人大、政协会议精神	扩大会议
第五次全会	1982年5月12日	陕西北路186号九三学社上海分社机关大礼堂	传达九三学社中央1982年工作打算;汇报分社开展知识分子落实政策情况调查进展;通过《选举办法》,增选常委4名,副主委2名	扩大会议
第六次全会	1983年1月20日	陕西北路186号九三学社上海分社机关大礼堂	传达全国及上海市人大、政协会议精神;汇报分社1983年工作初步打算	扩大会议

（续表）

会议名称	时　间	地　　点	主要议程及决定	备　注
第七次全会	1983 年 5 月 7 日	陕西北路 186 号九三学社上海分社机关大礼堂	传达汇报上海市人大、政协会议精神	扩大会议
第八次全会	1983 年 9 月 10 日	陕西北路 186 号九三学社上海分社机关大礼堂	传达九三学社中央工作会议精神；选举产生九三学社第四次全国社员代表大会代表	扩大会议

说明：第二次、第三次全会材料缺失。

表 7－2－2　九三学社上海市第十届委员会历次全会情况表

会议名称	时　间	地　　点	主要议程及决定	备　注
第一次全会	1984 年 4 月 8 日	延安西路 200 号文艺会堂	选举产生主委、副主委、常委；成立工作班子，产生秘书长、九三学社市委顾问	委员 60 名，候补委员 10 名
第三次全会	1986 年 3 月 15 日	陕西北路 186 号九三学社市委机关大礼堂	汇报 1985 年工作总结和 1986 年工作计划，以及 3 个工作委员会工作情况与打算；汇报第六次常委会通过的 3 项决议；增选杨槱为主委，增补市委委员、常委兼秘书长 1 名	扩大会议
第四次全会	1986 年 7 月 17 日	陕西北路 186 号九三学社市委机关大礼堂	传达九三学社中央会议精神，传达中共中央书记处对统战工作重要指示及中央统战部部长讲话精神；审议《九三学社市委工作报告》	扩大会议
第五次全会	1987 年 3 月 12 日	陕西北路 186 号九三学社市委机关大礼堂	传达中共市委统战工作会议精神，审议通过 1986 年工作总结和 1987 年工作要点	扩大会议
第六次全会	1987 年 5 月 12 日	陕西北路 186 号九三学社市委机关大礼堂	传达全国和上海市人大、政协会议精神；传达九三学社中央常委会精神	扩大会议
第七次全会	1987 年 11 月 4 日	陕西北路 186 号九三学社市委机关大礼堂	传达九三学社中央和市委关于贯彻中共十三大精神的 2 个文件；增补市委委员 5 名、常委 6 名、副主委 2 名	扩大会议
第八次全会	1988 年 1 月 9 日	陕西北路 186 号九三学社市委机关大礼堂	传达九三学社中央全会精神；传达中共市委“双月座谈会”精神；审议通过 1987 年度工作总结和 1988 年工作打算；传达九三学社中央关于省级组织换届工作意见；汇报九三学社上海市第六次社员代表大会初步打算	扩大会议
第九次全会	1988 年 4 月 5 日	陕西北路 186 号九三学社市委机关大礼堂	传达全国各民主党派和非党知识分子工作会议精神；传达中央统战部领导讲话及九三学社中央常委会精神；审议召开九三学社上海市第六次社员代表大会筹备情况和有关人事安排	扩大会议

说明：第二次全会材料缺失。

表 7-2-3　九三学社上海市第十一届委员会历次全会情况表

会议名称	时　间	地　　点	主要议程及决定	备　注
第一次全会	1988 年 6 月 18 日	北京西路 840 号市政协江海厅	选举产生主委、副主委、常委;产生秘书长(兼)	委员 70 名,候补委员 10 名
第二次全会	1988 年 8 月 27 日	陕西北路 186 号九三学社市委机关大礼堂	审议通过《1988 年下半年度工作要点》及《关于加强九三学社市委领导工作的若干意见》;学习中共中央统战部《关于加强非党知识分子工作若干意见》;选举产生九三学社市委顾问	扩大会议
第四次全会	1989 年 6 月 19 日	陕西北路 186 号九三学社市委机关大礼堂	传达中共市委"双月座谈会"精神	扩大会议
第五次全会	1990 年 6 月 23 日	陕西北路 186 号九三学社市委机关大礼堂	传达全国统战工作会议精神;审议通过《九三学社上海市第十一届委员会第五次全体会议工作报告》及《九三学社上海市委贯彻〈中共中央关于坚持和完善中国共产党领导的多党合作和政治协商制度的意见〉的初步设想》	扩大会议
第六次全会	1991 年 11 月 27 日	陕西北路 186 号九三学社市委机关大礼堂	审议通过 1991 年工作报告,汇报市、区两级组织换届准备工作的进展情况;对秘书长任免作出说明	扩大会议

说明:第三次全会材料缺失。

表 7-2-4　九三学社上海市第十二届委员会历次全会情况表

会议名称	时　间	地　　点	主要议程及决定	备　注
第一次全会	1992 年 6 月 28 日	北京西路 860 号市政协檀山厅	选举产生主委、副主委、常委;任命秘书长	委员 75 名
第二次全会	1993 年 1 月 11 日	北京西路 860 号市政协月潭厅	传达九三学社第六次全国代表大会精神	扩大会议
第三次全会	1993 年 9 月 29 日	陕西北路 186 号九三学社市委机关大礼堂	传达九三学社中央社务工作会议精神;审议通过九三学社常委会工作报告和九三学社市委《关于九三学社中央全国工作会议精神的贯彻意见》,汇报九三学社市委机关财务情况	—
第四次全会	1995 年 2 月 8 日	陕西北路 186 号九三学社市委机关大礼堂	传达九三学社中央全会精神;审议通过常委会 1994 年工作报告及九三学社市委关于加强自身建设的 3 个文件	扩大会议
第五次全会	1996 年 1 月 12 日	陕西北路 186 号九三学社市委机关大礼堂	听取、审议通过常委会 1995 年工作报告;传达九三学社中央全会精神;进行届中调整,同意杨槱辞去主委职务,选举谢丽娟为主委;宣读《给杨槱同志的致敬信》	扩大会议
第六次全会	1996 年 8 月 23 日	北京西路 860 号市政协月潭厅	增选九三学社市委委员 10 名、常委 4 名、副主委 2 名	扩大会议

（续表）

会议名称	时　间	地　　点	主要议程及决定	备　注
第七次全会	1997 年 1 月 17 日	陕西北路 128 号民主党派大厦	传达九三学社中央全会及中共中央统战部副部长刘延东讲话精神；审议通过九三学社市委 1996 年工作总结和 1997 年工作要点；审议通过上海市第八次社员代表大会召开日期	扩大会议
第八次全会	1997 年 7 月 3 日	陕西北路 128 号民主党派大厦	汇报上海市第八次社员代表大会筹备情况；审议通过《第十二届委员会工作报告》《第十三届委员会委员候选人名单及出席九三学社全国代表大会候选人建议名单》	扩大会议

表 7－2－5　九三学社上海市第十三届委员会历次全会情况表

会议名称	时　间	地　　点	主要议程及决定	备　注
第一次全会	1997 年 7 月 9 日	陕西北路 128 号民主党派大厦	选举产生主委、副主委、常委；任命秘书长	委员 75 名
第二次全会	1998 年 3 月 27 日	陕西北路 128 号民主党派大厦	传达全国和上海市“两会”精神；审议通过《九三学社上海市委关于第八次代表大会以来的工作总结和 1998 年工作要点》《九三学社上海市委议事规则》《关于学习、贯彻全国“两会”和上海市“两会”精神的决议》3 个文件	扩大会议
第三次全会	1999 年 1 月 6 日	陕西北路 128 号民主党派大厦	传达九三学社中央全会精神；审议通过《常委会 1998 年工作报告》；通过《深入开展学习王选同志精神活动的决议》	扩大会议
第四次全会	1999 年 12 月 24 日	陕西北路 128 号民主党派大厦	传达九三学社中央全会精神；审议通过《1999 年常委会工作报告》；学习贯彻《中共中央关于坚持和完善中国共产党领导的多党合作和政治协商制度的意见》精神	扩大会议
第五次全会	2001 年 2 月 24 日	陕西北路 128 号民主党派大厦	传达全国统战工作会议和九三学社中央全会精神；审议通过《常委会 2000 年工作报告》	扩大会议
第六次全会	2002 年 2 月 8 日	陕西北路 128 号民主党派大厦	审议通过常委会 2001 年工作报告及《关于召开九三学社上海市第九次代表大会的决定》；补选市委常委 1 名，增选副主委 4 名	扩大会议
第七次全会	2002 年 6 月 12 日	中共市委统战部二楼会议室	汇报九三学社上海市第九次代表大会筹备情况，审议通过大会举行的日期、议程、日程，审议通过《第十三届委员会工作报告》	—

表 7－2－6　九三学社上海市第十四届委员会历次全会情况表

会议名称	时　间	地　　点	主要议程及决定	备　注
第一次全会	2002 年 6 月 24 日	陕西北路 128 号民主党派大厦	选举产生主委、副主委、常委；任命秘书长；推举名誉主委、名誉副主委、九三学社市委顾问	委员 80 名

(续表)

会议名称	时　间	地　　点	主要议程及决定	备　注
第二次全会	2003年1月21日	陕西北路128号民主党派大厦	审议通过《常委会2002年工作报告》;传达九三学社第八次全国代表大会精神及社章修改情况	扩大会议
第三次全会	2003年12月31日	陕西北路128号民主党派大厦	传达九三学社中央全会精神;审议通过《常委会2003年工作报告》	扩大会议
第四次全会	2004年12月17日	陕西北路128号民主党派大厦	传达全国政协常委会精神及九三学社中央全会精神;审议通过《常委会2004年工作报告》	扩大会议
第五次全会	2006年3月17—18日	上海东湖临港大酒店(南汇区南芦公路888号)	传达全国“两会”精神;审议通过《常委会2005年工作报告》;增选市委常委1名、副主委2名;同意3位同志辞去副主委职务,审议通过《给离任副主委的致敬信》	扩大会议
第六次全会	2006年12月21日	上海工程技术大学(松江龙腾路333号)	传达九三学社中央全会精神;审议通过《常委会2006年工作报告》;审议通过《召开九三学社上海市第十次代表大会的决定》	扩大会议
第七次全会	2007年3月30日	陕西北路128号民主党派大厦	汇报九三学社上海市第十次代表大会筹备情况;审议通过《第十四届委员会工作报告》,以及第十次代表大会议程、日程等	—

表7-2-7　九三学社上海市第十五届委员会历次全会情况表

会议名称	时　间	地　　点	主要议程及决定	备　注
第一次全会	2007年4月21日	南京西路1333号上海展览中心友谊会堂三楼宴会厅	选举产生主委、副主委、常委;任命秘书长	委员82名
第二次全会	2007年12月21—22日	嘉定区迎园宾馆(清河路150号)	传达九三学社第九次全国代表大会精神;审议通过《常委会2007年工作报告》	扩大会议
第三次全会	2008年12月19—20日	上海寰鑫富贵天地大酒店(嘉定区宝安公路3189号)	传达九三学社中央全会精神;审议通过《常委会2008年工作报告》;表彰政治交接学习教育活动和抗震救灾先进集体、先进个人;民主推荐九三学社市委领导班子的后备干部	扩大会议
第四次全会	2009年12月17—18日	上海金山海鸥大厦(金山区龙秋路58号)	传达九三学社中央全会精神;审议通过《常委会2009年工作报告》	扩大会议
第五次全会	2010年7月2日	陕西北路128号民主党派大厦	审议通过增选第十五届委员会常委1名、副主委3名;通过1位同志不再担任第十五届委员会副主委、常委、委员职务的决定	扩大会议
第六次全会	2010年12月7日	上海市社会主义学院尚苑宾馆(天等路465号)	传达九三学社中央全会精神;审议通过《常委会2010年工作报告》;审议通过1位同志不再担任第十五届副主委、常委、委员的决定;表彰获九三学社中央优秀基层组织和优秀社员荣誉的集体和个人	扩大会议

（续表）

会议名称	时 间	地 点	主要议程及决定	备 注
第七次全会	2011年12月20日	锦江饭店锦江小礼堂一楼宴会厅（茂名南路59号）	传达九三学社中央全会精神；审议通过《常委会2011年工作报告》	扩大会议
第八次全会	2012年3月29日	陕西北路128号民主党派大厦	汇报九三学社上海市第十一次代表大会筹备情况，审议通过《第十五届委员会工作报告》和第十一次代表大会议程、日程等	—

表7-2-8 九三学社上海市第十六届委员会历次全会情况表

会议名称	时 间	地 点	主要议程及决定	备 注
第一次全会	2012年4月21日	南京西路1333号上海展览中心友谊会堂一楼友谊厅	选举产生主委、副主委、常委；任命秘书长	委员86名
第二次全会	2012年12月21日	东方体育中心东方体育大厦一楼会议厅（浦东新区济阳路168号）	传达九三学社全国代表大会精神；宣读荣获九三学社中央学习践行社会主义核心价值体系全国先进集体和优秀社员名单；审议通过《常委会2012年工作报告》；成立第十六届监督委员会，审议通过《第十六届委员会监督委员会名单》	扩大会议

第三章　履行职能

1978年12月中共十一届三中全会召开，中国多党合作事业得到进一步发展，各民主党派在改革开放和社会主义现代化建设中的地位和作用日益显现。九三学社上海市组织积极履行参政议政、民主监督的职能，参加由中共市委领导的各项政治协商活动。当选人大代表、担任政协委员的九三学社社员参加历届全国、上海市人民代表大会和政治协商会议的各项活动。社员中的一些代表性人士，有的担任市、区两级政府和司法机关等单位、部门的领导职务，直接参与政府事务管理；有的受聘担任特邀监察员、特约检察员、特约审计员和特约教育督导员[简称："特约(邀)四员"]等，履行民主监督的职责。九三学社上海市组织充分发挥自身的特色和优势，积极建言献策和反映社情民意，开展专题调研，举办论坛与研讨会，认真履行参政党职能。

第一节　参加政治协商活动

1978年9月，中共市委恢复"文化大革命"期间中断的民主党派负责人座谈会。1984年4月，又恢复民主党派负责人"双月座谈会"制度，传达中央和上海市重要部署和方针政策，听取意见和建议。1989年12月，《中共中央关于坚持和完善中国共产党领导的多党合作和政治协商制度的意见》制定，中国共产党领导的多党合作和政治协商这一基本政治制度走上了制度化和规范化轨道。自1991年起，九三学社市委领导受邀列席市长办公会议及市政府有关工作会议，了解市政府重要施政情况。

1984—1993年，九三学社市委领导积极参加由中共市委及中共市委统战部召开的"双月座谈会"(后改称为"党外人士座谈会")、"民主协商会"、民主党派负责人谈心会和小型座谈会等活动，参与上海市有关大政方针和市级领导职务建议人选的协商，参与有关法律法规、方针政策的制定及执行，提出相关的意见和建议。1993—2012年，中共市委同各民主党派上海地方组织不断完善"党外人士座谈会"和"民主协商会"两种会议协商基本形式。九三学社市委领导除了参加由中共市委组织召开的民主协商会，参与市人大、市政府、市政协及市级司法机关等领导职务建议人选的协商，还参加由中共市委每年召开的党外人士座谈会，学习中央和上海市重要会议精神，听取上海市贯彻中央大政方针及重要部署的传达，提出意见和建议，并对中共市委、市政府工作报告以及改革开放各个阶段的方针政策、工作重点等建言献策，参与党风廉政大检查，为中共市委、市政府提供决策参考。20年间，九三学社市委集全社之力，认真履行参政党职能。通过政党协商、政府协商、政协协商等平台，围绕上海率先建立社会主义市场经济体制与完善运行机制、加大浦东开发开放、制定上海经济社会发展中长期规划、实施"科教兴市"战略、"两个文明"建设、加强社区管理与基层政权建设、国企改革与构筑上海工业新高地、上海世博会与上海城市精神、自主创新和高新技术产业化发展、住房保障及党风廉政建设等重要议题提出意见和建议。

1995年5月，在听取上海市党政机构改革方案后，九三学社市委领导提出"统战工作只能加强不能削弱，应处理好机构改革与统战工作的关系"的建议。1998年7月，在听取上海市"再就业工程"建设等工作情况通报后，九三学社市委领导提出"做好再就业工作一定要有新思路，如社区服务业要实现市场化、社会化”的意见。2000 年，在听取全国民主党派工作会议、上海市对台工作会议和中共市委常委(扩大)会议精神传达后，九三学社市委领导积极建言。2001 年，在听取中共中央工作会议及全国治安工作会议精神传达后，九三学社市委领导提出建设性意见。2002 年，在中共市委召开的党外人士座谈会上，九三学社市委领导畅谈学习贯彻中共十六大精神的认识和体会。2003 年，九三学社市委参与由中共市委统战部牵头、各民主党派市委组织的上海世博会与上海城市精神大讨论。2005 年，九三学社市委把促进科学发展作为参政议政的最重要任务，参与对中共市委、市政府工作报告及重要议题的征求意见工作。2006 年，九三学社市委通过参加政治协商活动，就上海市的重要人事安排，经济发展和科技、教育等重大问题提出意见和建议。2009 年，九三学社市委参加由中共市委召开的民主协商会、党外人士座谈会和情况通报会等，就上海“四个中心”建设、经济结构调整、世博会筹办、促进就业、推进城乡一体化、科技创新、党风廉政建设和反腐败工作等重大问题建言献策。2010 年，九三学社市委围绕上海“十二五”规划编制、转变经济发展方式、自主创新和高新技术产业化发展、党风廉政建设等方面发表意见和建议。2011 年，九三学社市委参加党外人士座谈会，就反腐倡廉、深化文化体制改革、医疗改革与发展、智慧城市建设等工作发表意见，提出针对性的建议，受到中共市委、市政府及有关方面的重视。2012 年，九三学社市委参与中共市委统战部关于贯彻落实《中共中央关于加强新形势下党外代表人士队伍建设的意见》精神的实施意见及中共上海市第十次党代会工作报告征求意见的讨论，并就推进上海社会建设、加强社区治理和街道共建、促进社会组织发展等工作发表意见和建议。

第二节　参加人民代表大会

1977 年以后，在历届全国和上海市人民代表大会上，当选人大代表的九三学社社员，依照《中华人民共和国宪法》和相关法律法规履行人民代表的职责。

一、当选人大代表

1978—2012 年，在第五届至第十一届全国人民代表大会上，社员中共有 14 人、23 人次当选全国人大代表，其中有 1 人、1 人次任常委会委员。1977—2012 年，在第七届至第十三届上海市人民代表大会上，社员中共有 147 人、212 人次当选市人大代表，其中有 13 人、18 人次任常委会委员。

【全国人大】

第五届(1978 年 2 月—1983 年 6 月)

代　表: 王应睐　卢于道　杨　槱　陈　植　董承琅　谭其骧

第六届(1983 年 6 月—1988 年 4 月)

代　表: 王应睐　杨　槱　陈　植　卢于道(1985 年 8 月止)

第七届(1988 年 4 月—1993 年 3 月)

代　表: 张元震　张友隽

第八届(1993 年 3 月—1998 年 3 月)

常委会委员: 孙廷芳

代　表： 王天铎　孙廷芳　张元震　张友隽

第九届(1998 年 3 月—2003 年 3 月)

代　表： 张友隽

第十届(2003 年 3 月—2008 年 3 月)

代　表： 王恩多(女)　李定国　褚君浩

第十一届(2008 年 3 月—　)

代　表： 王恩多(女)　贾伟平(女)　褚君浩

【上海市人大】

第七届(1977 年 12 月—1983 年 4 月)

常委会委员： 王有琪　邓佩鑫　汪定曾　张元震

代　表： 王一山　王有琪　王应睐　王雪渔　王福山　尹文英(女)　邓佩鑫　卢于道　叶衍庆　刘铸晋　刘慧忠　孙璧媃(女)　苏祖斐(女)　汪定曾　张元震　张钟俊　陈瑞铭　陈駒声　林飞卿(女)　周嘉民　郑善忠　胡宗光　洪铭声　夏镇夷　戚盛豪　龚清浩　程福秀　陈吉余(1981 年 4 月任)

第八届(1983 年 4 月—1988 年 4 月)

常委会委员： 邓佩鑫　杨　槱　汪定曾　张元震

代　表： 王一山　王天铎　王有琪　王雪渔　王福山　尹文英(女)　邓佩鑫　石光海　叶志成　叶衍庆　刘铸晋　刘慧忠　许佩珍(女)　苏祖斐(女)　杨　槱　杨昌毅　杨姮彩(女)　吴　诚　汪定曾　张元震　张钟俊　陈吉余　陈尚翰　林飞卿(女)　林权昌　周嘉民　郑善忠　俞载道　夏镇夷　徐学成　殷鹏程　高君珠(女)　戚盛豪　龚清浩　蒋慰荪　谢国定　薛志麟　魏墨盦　谢丽娟(女，1985 年 4 月任)

第九届(1988 年 4 月—1993 年 2 月)

常委会委员： 李新洲　张重超　潘介人

邓佩鑫(1990 年 8 月止)

代　表： 王　丁　王天铎　王行乾　王纯尧　尹文英(女)　石光海　庄涛声　刘光坤(女)　刘德生　李元干　李成方　李新洲　沈芸荪　张重超　陈吉余　林权昌　周允中　费振翼　袁诗鑫　徐在新　徐学成　殷鹏程　高君珠(女)　戚盛豪　盛才超　潘介人　薛志麟　魏墨盦　邓佩鑫(1990 年 8 月止)

第十届(1993 年 2 月—1998 年 2 月)

常委会委员： 张重超

代　表： 马菲亚(女)　王纯尧　井　然　尹文英(女)　冯大钰　刘小德　孙　荆(女)　李晓玉(女)　杨远芷(女)　何兆熊　沈芸荪　张永新　张重超　陆晓民　陈克瀛　陈明仪　范承善　林权昌　郑曙星(女)　徐在新　徐学成

第十一届(1998 年 2 月—2003 年 2 月)

常委会委员： 何克诚

代　表： 丁小燕(女)　王恩多(女)　井　然　方　芸(女)　叶舜发　刘小德

许永年　孙　庆(女)　孙小玲(女)　李长毅　杨绍刚　吴向阳　何兆熊
何克诚　沈宝飞　陈正国　陈全令　陈克瀛　夏　红(女)　徐在新　梁恭杰
董慧琴(女)　谢雅芬(女)　褚君浩　管伟康　缪建鹤　潘德明

第十二届(2003年2月—2008年1月)

常委会委员:张良仪　赵　雯(女)　姚　政

代　表:王崇斌　井　然　朱云仙(女)　朱丽华(女)　任向阳　刘小德
孙　庆(女)　孙小玲(女)　杨怀志　吴向阳　吴乾瑜(女)
沈红慧(女)　宋克俭　张良仪　张启琴(女)　陆秋生　陈克瀛　陈俊峰
赵　雯(女)　洪秀时(女)　姚　政　夏　红(女)　夏以群(女)
徐静琳(女)　黄　鸣(女)　董慧琴(女)　程维明　傅维安　管伟康
缪建鹤

第十三届(2008年1月—　)

常委会委员:李迅雷

代　表:孔庆健　朱　红(女)　朱小娟(女)　朱云仙(女)　朱丽华(女)
刘　樱(女)　许丽萍(女)　孙小玲(女)　严俊瑛(女)　李长毅
李迅雷　李昕欣　吴赛阳(女)　沈群慧(女)　张士青　张启琴(女)
张英仪　陈俊峰　陈晓玲(女)　邵印麟　林洁梅(女)　赵　雯(女)
钟　磊(女)　施菊萍(女)　贾　锋　夏　红(女)　倪正茂　徐益超
爱新觉罗·德甄(女)　高庆迁　陶励强　黄　晨(女)　龚纪伟
康　青(女)　董慧琴(女)　程维明　傅维安　谭洁群(女)
曹燕华(女)　冯丹龙(女)

二、代表履职

当选全国和上海市人大代表的九三学社社员,在历届人民代表大会上听取和审议政府工作报告、国民经济计划及预算报告、法院与检察院工作报告,以及人大常委会工作报告等;选举全国和上海市人大、政府、法院与检察院主要领导人;通过参与制定法律法规,提交议案及书面意见,参加专题协商会议和分组讨论等,对国家大政方针、地方重要事务以及与人民群众关系密切的重大问题建言献策,反映选民的意见和建议;参加人大代表的视察活动,监督各项决议的实施。

【在全国人大会议上领衔提交的议案】

1993—2012年,当选全国人大代表的社员在历届全国人大会议上领衔提出的议案共48件。

在第八届全国人大第一至第五次会议上,由王天铎、孙廷芳、张友隽等代表分别领衔提出《关于制定〈科技进步法〉的实施细则议案》《关于修改〈药品管理法〉的议案》《关于完善〈商标法〉立法的议案》等共20件议案,引起与会代表的关注。

在第九届全国人大第一至第五次会议上,由张友隽代表领衔提出《关于维护我国海洋权益,尽快制定〈海洋法〉的议案》《关于增设〈担保法〉有关条款的议案》《关于制定〈涉港、澳民事诉讼的特别规定〉的议案》等共11件议案。

在第十届全国人大第一至第五次会议上,由褚君浩代表领衔提出《关于〈科技进步法〉修改的议案》和《关于制定〈科技投入法〉的议案》2 件议案,引起科技领域代表的关注。

在第十一届全国人大第一至第五次会议上,由褚君浩、王恩多、贾伟平等代表分别领衔提出《关于修改〈可再生能源法〉的议案》《关于修改促成科技成果转化法的议案》《关于制定低碳技术促进法的议案》《关于制定〈住房保障法〉的议案》以及《关于制定〈吸烟控制法〉》《关于修改〈选举法〉和〈代表法〉》等共 15 件议案,引起与会代表的关注。

【在市人大会议上领衔提交的议案】

1977—1992 年,在历届上海市人民代表大会上,九三学社社员中的市人大代表围绕上海市社会发展、经济建设、文化教育、科技发展和市政建设等方面的重大问题,在小组会上积极发言,并提出议案和书面意见共 237 件。在市第九届人大第一至第五次会议上,由尹文英代表领衔提出《关于黄浦江上游二期引水工程的议案》,提请市人大常委会研究,并于 1990 年组织实施;由费振翼、邓佩鑫、高君珠、张重超等代表分别提出的关于《建立三位数治安报警电话》《整顿外滩形象改善投资环境》《宾馆、酒店应认真执行"三同时要求"》,以及由陈吉余代表提出的《关于振兴上海、开发浦东,充分发挥长江河口自然资源优势的建议》等书面意见,受到市政府及有关部门的重视,先后得以落实。

1993—2012 年,当选市人大代表的社员在历届市人大会议上领衔提出的议案共有 24 件。

在市第十届人大第二次会议上,杨远芷代表领衔提出《关于尽快制定〈上海市城市道路桥梁管理条例〉的议案》,建议为加强城市道路管理工作,减少乱占乱用城市道路的现象,充分发挥现有城市道路的功能,应尽快制定《上海市城市道路桥梁管理条例》。

在市第十一届人大第一次会议上,梁恭杰代表领衔提出《关于尽快将〈上海市外商投资企业管理条例〉列入 1998 年地方立法计划的议案》,认为上海已有 1991 年公布的《上海市外商投资企业清算条例》和 1996 年公布的《上海市外商投资企业审批条例》,为了使外商投资企业在健全的法律框架下健康有序地发展,建议加快《上海市外商投资企业管理条例》的立法进程。

在市第十一届人大第二次会议上,何克诚代表领衔提出《关于制定〈上海市旅游管理条例〉的建议》议案,建议市人大常委会在制订 1998—2002 年立法规划中,增加旅游立法内容。2001 年,该议案被市人大列入立法调研。2002 年,九三学社市委参与《上海市旅游管理条例》的起草,2003 年 12 月上海市人大常委会通过《上海市旅游条例》。

在市第十一届人大第三次会议上,杨绍刚代表领衔提出《建议制订〈上海市保护商业秘密条例〉》议案,建议规定各企业应建立一整套严密的保护措施和约束机制,对于泄密造成的后果应追究其经济责任或者刑事责任。有关部门对此议案高度重视,表示将进一步作调查研究,为立法作准备。

在市第十二届人大第一次会议上,徐静琳代表领衔提出《尽快出台有关科技园区的地方法规》议案,建议应当尽早出台一套具有上海特点的创新科技园区法律制度。完善科技园区的法律环境,将大大加快科技创新,吸引优秀人才,培育具有自主知识产权的高新技术及产品,优化投资环境。

在市第十二届人大第五次会议上,沈红慧代表领衔提出《关于制定〈上海市水文管理条例〉的议案》,建议有关部门应尽早做好相关的立法调研,尽早出台《上海市水文管理条例》。科学合理划分水源地,有效降低水源地污染成本;正确处理治标与治本、郊区与中心城区水环境保护、上游与下游等关系;积极开展生态治理,合理开发利用水资源。

在市第十三届人大第三次会议上,李迅雷代表领衔提出《关于修改〈上海市老年人权益保障条例〉的建议》,提出应尽快对 1999 年 1 月 1 日起实施的《上海市老年人权益保障条例》进行修订,对其中 66 处提出了具体修改建议,对其中 9 条内容作了较大的修正,以适应城市老龄化发展趋势。

在市第十三届人大第四次会议上，孔庆健代表领衔提出《关于公立医疗机构在慈善助医中应该发挥主体作用的议案》，建议公立医疗机构建立慈善基金专用账户用于慈善事业，建立健全财务会计制度和受赠财产的使用制度，并按照《公益事业捐赠法》加强管理。

表 7-3-1　1993—2012 年九三学社社员中的市人大代表提交议案情况表

届　次	提议人	案　　由	备　注
市第十届人大	陆晓民	关于土地批租中充分保护搬迁居民合法权益的议案	第一次会议
	杨远芷	关于尽快制定《上海城市道路桥梁管理条例》的议案	第二次会议
	孙　荆	市区内禁止燃放鞭炮	
	杨远芷	进一步完善合流污水一期工程和继续治理苏州河水质	第三次会议
	陆晓民	关于充实完善《上海市老年人保护条例》的议案	
	张重超	修订《上海市环境卫生管理条例》个别案例的议案	第四次会议
	杨远芷	关于尽快制定《上海城市排水条例》的议案	
市第十一届人大	梁恭杰	关于尽快将《上海市外商投资企业管理条例》列入 1998 年地方立法计划的议案	第一次会议
	何克诚	关于制定《上海市旅游管理条例》的建议	第二次会议
	何克诚	关于与人群健康相关化学品的风险管理立法的建议	
	何克诚	关于就控制化肥用量进行地方立法的建议	
	杨绍刚	应制订“关于选聘人民陪审员的规定”的地方法规	
	杨绍刚	建议制定上海实施《中华人民共和国预防未成年人犯罪》办法	第三次会议
	杨绍刚	建议制定《上海市保护商业秘密条例》	
	杨绍刚	建议制定《上海市维护律师依法执业权益条例》	第四次会议
市第十二届人大	徐静琳	尽快出台有关科技园区的地方法规	第一次会议
	沈红慧	关于制定《上海市水文管理条例》的议案	
	董慧琴	建设“东方水都”，关注湿地保护	第二次会议
	杨怀志	关于修订《上海市保护少数民族权益保障条例》部分条款，解决部分少数民族学生在校就餐问题的议案	第三次会议
	沈红慧	关于制定《上海市饮用水水源保护条例》的议案	第五次会议
市第十三届人大	傅维安	关于制定《上海市社区卫生服务条例》的议案	第二次会议
	李迅雷	关于修改《上海市老年人权益保障条例》的建议	第三次会议
	康　青	关于尽快制定《上海市大学生实习条例》的议案	
	孔庆健	关于公立医疗机构在慈善助医中应该发挥主体作用的议案	第四次会议

第三节　参加政治协商会议

1977 年以后，担任政协委员的九三学社社员在历届全国和上海市的政协工作中积极参加政治协商,民主监督,参政议政,认真履行职责。

一、担任政协委员

1978—2012年,上海九三学社社员中共有41人、79人次担任第五届至第十一届全国政协委员,其中有6人、11人次任常务委员。1977—2012年,上海九三学社社员中共有232人、400人次担任第五届至第十一届市政协委员,其中有47人、69人次任常务委员,4人、10人次任副主席。

【全国政协】

第五届(1978年2月—1983年6月)

委　员:卫仲乐　王淑贞(女)　卢鹤绂　朱物华　汤定元　阮雪榆　孙师白　孙廷芳　余　濵　邹元爔　张汇兰(女)　陈涵奎　周志宏　黄叔培　陈瑞铭(1979年任)　笪移今(1981年任)

第六届(1983年6月—1988年3月)

常务委员:汤定元　孙廷芳

严东生(1987年4月任)

委　员:卫仲乐　王壮飞　王德宝　卢鹤绂　朱物华　汤定元　孙廷芳　邹元爔　陈兼善　陈涵奎　孟庆闻(女)　笪移今　董方中　严东生(1987年4月任)　张叔英(1987年4月任)

第七届(1988年3月—1993年3月)

常务委员:汤定元　孙廷芳　严东生　杨　槱

委　员:王壮飞　王德宝　卢鹤绂　汤定元　孙廷芳　严东生　杨　槱　张叔英　陈涵奎　孟庆闻(女)　笪移今　董方中

第八届(1993年3月—1998年3月)

常务委员:杨　槱

委　员:王一飞　汤定元　李昌道　杨　槱　沈允钢　张叔英　张鉴祖　陈涵奎　周　翔(女)　孟庆闻(女)　谢丽娟(女,1994年3月任)

第九届(1998年3月—2003年3月)

常务委员:谢丽娟(女)

委　员:许根俊　李昌道　沈允钢　张叔英　张鉴祖　陈明仪　周　翔(女)　翁祖泽　谢丽娟(女)

第十届(2003年3月—2008年2月)

常务委员:谢丽娟(女)

委　员:许政暟　许根俊　杨雄里　张鉴祖　周　翔(女)　郑祖康　翁祖泽　谢丽娟(女)　廖昌永

第十一届(2008年2月—　)

常务委员:郑祖康(2011年11月止)

委　员:李定国　杨雄里　赵　雯(女)　钱　锋　葛均波　廖昌永　郑祖康(2011年11月止)

【上海市政协】

第五届(1977年12月—1983年4月)

副 主 席：卢于道

常务委员：苏德隆　李学海　杨　钦　沈善炯　荣独山　胡汝鼎　殷之文　董方中　谢光华　戴　弘(1979年12月任)

委　　员：刁友道　王鸣岐　王祖骥　石光海　卢于道　刘师汉　苏德隆　李学海　杨　钦　杨通谊　吴善芳　何永熙　何尚志　沈善炯　宋　杰　张友端(女)　张作人　陆道炎　陈梅芳(女)　苗迪青　金汉珍(女)　周志宏　荣独山　胡汝鼎　胡家骏　夏宗辉　顾恺时　顾绥岳　倪葆春　徐常太　殷之文　郭秉宽　诸培南　曹裕丰　笪移今　琚定一　彭佩瑛(女)　董方中　蒋汉文　程达肯　谢光华　楼鸿棣　雷学熹　褚荣生　谭世熹　戴　弘　戴天右

第六届(1983年4月—1988年4月)

副 主 席：卢于道(1985年8月止)　杨　櫆(1986年4月任)　严东生(1987年4月任)

常务委员：阮雪榆　杨　钦　杨通谊　沈善炯　荣独山　洪铭声　殷之文　谢光华　谭其骧　苏德隆(1985年4月止)　胡汝鼎(1985年10月止)

委　　员：刁友道　王鸣岐　王祖骥　方　重　石金虎　丘日庆　朱宗馨　刘师汉　刘育民　阮雪榆　杨　钦　杨庆龄　杨通谊　吴沈钇　吴善芳　何永熙　何尚志　汪之江　沈善炯　宋　杰　张友端(女)　张则陆　张作人　陆道炎　陈梅芳(女)　陈瑞铭　陈駒声　苗迪青　金汉珍(女)　周志宏　宗少彧　荣独山　胡家骏　洪铭声　秦诒纯　夏宗辉　顾恺时　顾绥岳　倪晋山　倪葆春　徐常太　殷之文　郭秉宽　诸培南　谈孚雄　黄维敬　梅斌夫　曹裕丰　琚定一　彭佩瑛(女)　蒋汉文　程达肯　温可铮　谢光华　楼鸿棣　雷学熹　詹同渲　褚荣生　谭世熹　谭其骧　戴　弘　戴天右　戴元法　陈从周(1984年任)　苏德隆(1985年4月止)　卢于道(1985年8月止)　胡汝鼎(1985年10月止)　严隽鸿(女，1986年任)　杨　櫆(1986年任)　罗宗英(1986年任)　赵安泰(1986年任)　郭礼和(1986年任)　涂克仁(1986年任)　严东生(1987年任)

第七届(1988年4月—1993年2月)

副 主 席：杨　櫆　严东生

常务委员：王雪渔　阮雪榆　杨通谊　沈冠群　罗宗英　赵安泰　洪铭声　袁国英(女)　蒋慰荪　詹同渲　孙曾一(1990年4月任)

委　　员：马文华　王季卿　王祖骥　王雪渔　王德孝　朱世昌　庄恩及　阮雪榆　孙曾一　严东生　严隽鸿(女)　李昌道　李晋五　杨　櫆　杨通谊　谷华运(女)　汪之江　沈冠群　张则陆　张叔英　张绍麟　张素胤(女)　陆仲文　陆敬业　陆道炎　陈　仪(女)　陈仁彪　陈从周　陈梅芳(女)　邵敏望　范祖尧　林万骥　罗宗英　金汉珍(女)　周　翔(女)　郑善忠　宗少彧　赵安泰　胡家骏　洪铭声　袁国英(女)　夏宗辉　顾正中　顾恺时　倪正茂　徐尧洲　徐孝礼　郭礼和　涂克仁　诸培南　谈孚雄　脱天禄　蒋慰荪　温可铮　雷学熹　詹同渲　谭玉钧　戴元法

第八届(1993 年 2 月—1998 年 2 月)

副 主 席: 杨　檩(1996 年 2 月止)　谢丽娟(女,1996 年 2 月任)

常务委员: 朱家珠(女)　阮雪榆　孙曾一　李新洲　沈冠群　张则陆　罗宗英　赵安泰　袁国英(女)　詹同渲

委　　员: 马文华　王以忠　王季卿　王德孝　乐卫忠　朱世昌　朱家珠(女)　庄恩及　刘天华　许登堡　阮雪榆　孙曾一　严隽鸿(女)　李晋五　李新洲　何克诚　闵健行　沈冠群　沈蓉芬(女)　张则陆　张绍麟　张素胤(女)　陆敬业　陈　仪(女)　陈元光　陈仁彪　陈行祥　邵延令　邵敏望　罗宗英　金麟孙　周定中　周翊钟　赵安泰　姜林宗　袁国英(女)　夏慧荣(女)　顾正中　倪正茂　徐尧洲　徐孝礼　徐迪民　翁祖泽　郭礼和　诸培南　戚盛豪　程鸿兴　舒朵云(女)　曾路夫　谢荣国　詹同渲　端木时夏　谭玉钧　潘慧珍(女)　杨　檩(1996 年 2 月止)　谢丽娟(女,1996 年 1 月任)　范滇元(1997 年 1 月任)

第九届(1998 年 2 月—2003 年 2 月)

副 主 席: 谢丽娟(女)

常务委员: 王以忠　朱家珠(女)　阮雪榆　李新洲　张良仪　范滇元　侯志俭　郭礼和　雷啸霖(2001 年 2 月任)

委　　员: 王以忠　王纯尧　王国俭　乐卫忠　朱家珠(女)　刘天华　阮雪榆　李　静(女)　李定国　李新洲　杨思远　邹　申(女)　沈冠群　张良仪　陆敬业　陈　仪(女)　陈绍行(女)　邵敏望　范滇元　金　瑜(女)　周洪琪(女)　周振惠　郑华耀　郑祖康　封亚培　胡刚毅　胡学超　侯志俭　姜林宗　姚　政　贾伟平(女)　顾亚平　钱　苑　钱森申　倪正茂　徐尧洲　徐迪民　徐益超　郭礼和　黄莉萍(女)　曹正文　戚盛豪　程鸿兴　童文贤　曾纪骝　谢丽娟(女)　谢荣国　雷啸霖　叶舜发(1999 年 12 月止)　周允中(1999 年 12 月任)　杨雄里(2000 年 10 月任)

第十届(2003 年 2 月—2008 年 1 月)

副 主 席: 谢丽娟(女)

常务委员: 李新洲　范滇元　侯志俭　倪正茂　徐益超　郭礼和　葛均波　雷啸霖

委　　员: 王　育　王国俭　毛时安　叶胜龙　朱守正　华　峰　刘天华　江来珠　阮康成　李忠湧　李新洲　杨思远　吴力坚　吴健生　吴家睿　何序新　余丹红(女)　邹　申(女)　沈　灏　张金仓　陈绍行(女)　范滇元　林正国　季晓烨　金　佩(女)　金　瑜(女)　金国新　金忠贤　金荣得　周允中　周洪琪(女)　郑华耀　封亚培　胡忠泽　胡学超　侯志俭　贾伟平(女)　顾亚平　钱　锋　倪正茂　徐迪民　徐益超　郭礼和　曹正文　葛均波　景　莹(女)　童文贤　曾纪骝　谢丽娟(女)　谢荣兴　雷啸霖　戴伟钟　张培志(2005 年 12 月任)　季　萍(女,2007 年 1 月任)

第十一届(2008 年 1 月—　　)

常务委员: 毛时安　朱守正　许政暟　阮康成　李新洲　陈代杰　封亚培　徐静琳(女)　黄　鸣(女)　敬忠良

委　　员：王　育　王承馥(女)　　毛时安　方建安　方唯一　左　伋　叶银忠　朱守正
朱家文　华　峰　齐　聪(女)　　江来珠　许政暟　阮康成　孙周兴
孙建琴(女)　　李忠湧　李建国　李新洲　吴青峰　吴健生　何序新
余丹红(女)　　邹　申(女)　　沈　洁(女)　　沈　灏　宋志棠　张　华
张　焰(女)　　张　蓓(女)　　张其林　张金仓　张培志　陈义汉　陈代杰
陈妍音(女)　　陈绍行(女)　　范　洁(女)　　季晓烨　金　佩(女)
金　亮　金国新　金忠贤　周　锋　郑青山　宓一鸣　封亚培　胡忠泽　顾亚平
徐静琳(女)　　桑　标　黄　鸣(女)　　黄勇平　曹正文　脱　宁(女)
梁治安　敬忠良　谢荣兴　蔡生力　朱自强　何序新(2008年12月止)
沈　灏(2011年12月止)　曹珍富(2011年12月任)　景　莹(2011年12月任)
许政暟(2012年1月止)

二、委员履职

【大会发言】

自1977年12月第五届市政协会议开始，担任市政协委员的九三学社社员开始在历届政协会议上积极建言。1989年12月制定《中共中央关于坚持和完善中国共产党领导的多党合作和政治协商制度的意见》后，社员参政议政的积极性大大提高。自1990年起，各民主党派市委在历届市政协会议上以组织名义作大会发言。

1990—2012年，市政协第七届第三次至第十一届第五次会议上，以九三学社市委名义所作的大会发言共有26件，这些大会发言受到相关部门重视，产生较好的社会反响。

在市政协第八届第五次会议上，九三学社市委以《尽快实施医药分业，促进医疗保险制度的改革》为题作大会发言，指出新中国成立以来国内一直采取医药合业、以药养医的机制，改革开放以后医药合业的弊端日益凸显，建议尽早实施医药分业，可以先试点、后推广。

在市政协第九届第一次会议上，九三学社市委以《关于解决秸秆焚烧、污染大气问题的建议》为题作大会发言。1998年8月，九三学社市委又提交《“关于解决秸秆焚烧，污染大气提案”的追踪建议》。市政协就此提案多次组织跟踪调研活动。1998年底，市农委等有关部门制定上海秸秆综合利用的规划，副市长冯国勤与郊区各区(县)政府签订秸秆焚烧责任书，上海有关部门仅2001年就为此进行环保执法400多次，还采取措施，拓宽秸秆利用、化废为宝的渠道，使利用秸秆制成的建筑板材推向市场。九三学社市委又多次呼吁国家农业部尽早推出关于秸秆建筑板材的国家标准，农业部也为上海落实部分研制建筑板材的资金，推进科研成果实现产业化。2003年1月，《“关于解决秸秆焚烧，污染大气提案”的追踪建议》被评为市第九届政协会议优秀提案。

在市政协第十届第一次会议上，九三学社市委以《关于对本市岸线与滩涂资源实行可持续利用的建议》为题作大会发言，指出上海岸线资源供需矛盾突出，应实现岸线和滩涂资源可持续利用，提出挖掘再生岸线潜力、开发扁担沙岸线、置换青草沙水源地、加快横沙浅滩成陆步伐、把九段沙建成沙口湿地保护与开发示范区以及调整相关政策等建议。据此提交的研究报告被评为2004年上海市政府决策咨询研究政策建议奖三等奖，由该大会发言形成的提案被评为市第十届政协第一次会议优秀提案。

在市政协第十届第二次会议上，九三学社市委以《对上海新型工业化道路的探索和思考》为题作大会发言，建议加大改革开放力度，大力发展金融产业，恢复昔日龙头地位，吸引国内外精英来沪创办企业,建设集疏运输枢纽以及在上海建立一个装备工业园区等建议。

在市政协第十届第五次会议上,九三学社市委以《关于推进企业自主知识产权建设的若干建议》为题作大会发言,指出上海企业在专利的数量和质量方面,与发达国家相比仍然有明显差距,提出推动企业创新并拥有自主知识产权,加强企业知识产权的运用与保护,营造企业拥有自主知识产权的良好氛围等建议。

在市政协第十一届第四次会议上,九三学社市委以《以开放的胸怀,国际化的视野,稳步提升上海国际航运中心的航运服务功能》为题作大会发言,建议在大力推进其他航运服务功能建设的同时,将上海"游船、游艇、邮轮"等资源的服务产业链整合作为航运服务的新兴市场来发展,以建成航运资源高度集聚、服务功能健全、市场环境优良、现代物流服务高效且具有全球航运资源配置能力的国际航运中心。由该大会发言形成的提案被列为市政协主席重点促办提案。

在市政协第十一届第五次会议上,九三学社市委以《大力推进科普建设,增强上海文化软实力》为题作大会发言,指出上海科普事业存在着缺乏公益宣传、科普实效性较差和针对性不强、科普专家队伍尚未真正建立,以及科普资源配置不合理、社会共享性较差等问题。对此提出科普工作应提高实效性、强化互动性、突出公益性及实现可持续性等建议。

表 7-3-2 1990—2012 年九三学社市委在市政协全会大会发言情况表

届 次	年度	发 言 题 目
第七届三次会议	1990	知识分子队伍断层是一个不容忽视的重大问题
		科技创新的法制保障
第七届四次会议	1991	依靠科技进步,加速高新技术成果产业化,增强大中型国营企业活力
		共同努力,进一步发挥政协的多党合作组织作用
		加快科技立法,把制定《上海市科技进步条例》提到议事日程上来
第七届五次会议	1992	上海股份制投资环境分析
第八届一次会议	1993	改革政府机构,转变政府职能,促进经济体制改革的深化
第八届二次会议	1994	关于"读书收费""择业自主"的几点看法
第八届三次会议	1995	尽快将上海建成国际航运中心纳入跨世纪工程
第八届四次会议	1996	采取切实措施,使上海菜篮子工程更上一个台阶
第八届五次会议	1997	尽快实施医药分业,促进医疗保险制度的改革
第九届一次会议	1998	关于解决秸秆焚烧、污染大气问题的建议
第九届二次会议	1999	发展高新技术与风险投资的法律需求
第九届三次会议	2000	科技创新的法律保障
第九届四次会议	2001	为把上海建成一个节水型城市而努力
第九届五次会议	2002	开拓创新,发展上海环城绿带产业的对策思路
第十届一次会议	2003	关于对本市岸线与滩涂资源实行可持续利用的建议
第十届二次会议	2004	对上海新型工业化道路的探索和思考
第十届三次会议	2005	上海形成产学研战略联盟的若干思考
第十届四次会议	2006	关于完善本市科技创新指标体系的若干建议

（续表）

届　次	年度	发　言　题　目
第十届五次会议	2007	关于推进企业自主知识产权建设的若干建议
第十一届一次会议	2008	关于加快民用建筑节能的建议
第十一届二次会议	2009	拉动旅游消费，促进经济增长
第十一届三次会议	2010	紧抓“物联网”发展机遇，推动经济发展率先转型
第十一届四次会议	2011	以开放的胸怀，国际化的视野，稳步提升上海国际航运中心的航运服务功能
第十一届五次会议	2012	大力推进科普建设，增强上海文化软实力

【提案】

自1977年恢复组织活动后，上海九三学社社员在历届全国政协、上海市政协会议上提出1 148件提案。

全国政协　1978—2012年，担任全国政协委员的上海九三学社社员深入调研，积极履职。在第八届至第十一届全国政协会议上，政协委员们共提交提案84件，其中《关于加快上海“菜篮子”工程再上台阶的建议》《关于东西部开展科技合作的思路和对策》《中国“入世”的法律准备的建议》及《加强对非实质性贸易的外汇流入监管的建议》等被评为全国政协优秀提案。

在第七届全国政协第四次会议上，杨槱委员作题为《关于西南岩溶地区脱贫和振兴经济的建议》的大会发言。在第七届全国政协第五次会议上，杨槱委员代表九三学社中央作题为《为科技进步创造良好的外部和内部条件》的大会发言，并提交《解决人才断层问题刻不容缓》提案，建议加强对中青年知识分子的培养和使用，采取灵活的退休政策，引进国外中青年优秀人才等。

在第八届全国政协第一次会议上，李昌道和李毅委员联名提交《请严格按照现行宪法第64条规定的修宪程序修宪建议》提案，通过九三学社中央，转呈全国政协、全国人大，被全国人大采纳。在随后举行的全国人大第八届第一次全体会议上采用该提案提出的程序通过修宪修正案。九三学社中央、全国政协、中共中央统战部均以不同方式对此提案予以充分肯定。

在第八届全国政协第二次会议上，张叔英委员领衔提交《关于建议在全国政协大会期间中央领导同志参加政协委员讨论》提案，指出中共中央领导直接参加全国政协委员的讨论，有利于密切中共中央领导和广大政协委员之间的联系；通过政协委员的渠道体察民情，了解民意，有助于决策的科学化和民主化。政协全国委员会办公厅充分肯定该提案，认为“该提案所提建议很重要且符合实际，具有重大意义和价值”，对进一步调动广大政协委员参政议政积极性大有帮助。从1995年起，中共中央领导每年参加全国政协大会的分组讨论，已成为全国政协会议的一项重要活动内容。该提案被评为第八届全国政协优秀提案。

在第九届全国政协第一次会议上，谢丽娟委员提交《关于制止民工子弟成为21世纪新文盲》提案，并于第九届全国政协第二次会议上提交追踪提案，建议国家有关部门修订政策和法规，保障进城民工子弟受教育的权利，引起国务院及有关部门的重视。2003年，国务院办公厅转发教育部等6委办《关于解决农民工子弟教育问题》的78号文件，规定以流入地为主和公办学校吸纳民工子弟入学的原则。该提案及其追踪提案的提出，为推动北京、上海、广州等一些大城市外来民工子弟义务教育现状的改善起到了积极作用。

在第九届全国政协第二次会议上，谢丽娟与江景波委员联名提交《要使企业真正成为科技进步的主体》提案，并以此为题作大会发言。

在第十届全国政协第五次会议上，翁祖泽委员提交《加强对非实质性贸易的外汇流入监管的建议》提案，建议加强对外汇流入的监管，完善相应的管理政策、法规；完善综合监管体制，健全对非实质性贸易外汇流入管理的应对手段；加大对地下钱庄的打击力度等。提案得到承办单位国家外汇管理局的高度重视，被认为对国家外汇管理的长远规划和宏观决策有重要参考价值。该提案被评为第十届全国政协优秀提案。

在第十一届全国政协第三次会议上，钱锋委员提交《关于优化专利转化制度环境，推进高新技术产业化》提案，针对目前专利成果转化及高新技术产业化过程中存在的困难和问题，建议建立高校专利成果创新与应用的体制与机制；完善专利资助办法，强化专利实施率与转化率；聚焦重大核心技术和关键共性技术，设立专利成果产业化专项基金；加强专利中介机构建设，以及尽快建立完善专利权的质押融资制度。提案承办单位国家知识产权局联合中国银监会、财政部、教育部对该提案予以重点办理，并联合组成调研组开展专题调研，促进专利成果转化和高新技术产业化发展。

在第十一届全国政协第三次会议上，赵雯委员提交《关于抓住世博机遇，促进旅游发展》提案，建议以国家名义推出特色旅游线，吸引参观世博会的境内外游客到各地旅游，刺激消费；加大对导游及各类服务人员的培训力度，着力提升各旅游服务水平，并建议将发展旅游业作为“扩大内需、促进增长，拉动就业、改善民生”的一项重要举措，列入“十二五”发展规划。提案承办单位国家旅游局高度重视，表示将采取措施，加以落实。

上海市政协　1980—2012年上海市历届政协会议上，由九三学社社员领衔提出的联名和个人提案以及以九三学社市委名义提交的提案共有1 065件，其中集体提案25件。自1992—2012年历届市政协会议上，以九三学社市委名义提出、被评为市政协优秀提案的共有37件，其中获市政协2012年“优秀提案特别奖”1件。

在市第八届政协第一次会议上，九三学社市委提交《关于多造平价房，以加快本市住房制度改革的建议》提案，建议落实职工住房建设主体；调动非营利性职工住房建设公司积极性；要求制定住房布局规划、优先安排非营利性职工住房建设基地；多渠道筹集职工住房建设资金等。提案对加快上海住房制度的改革具有实际参考价值，被列为第八届市政协第一号建议案。经分管副市长阅批后，由有关部门制定实施意见，并被列为市政府1995年15件实事之一。该提案被市政协评为优秀提案。

在市第九届政协第二次会议上，九三学社市委提交《关于发展高等教育多元化办学体制的建议》提案。在此基础上，又于2000年向市第九届政协第三次会议提出《关于上海市高等教育多元化投资体系改革的八条建议》提案。提案承办单位市教委在答复中认为：提案中有关上海市高等教育多元化改革的建议，对于“当前高等教育的改革与发展提供了一条很好的思路”。该提案被评为市第九届政协优秀提案。九三学社市委还提交《对〈上海市促进高新技术成果转化的若干规定〉的几点意见》《关于上海发展高新技术风险投资及其法制需求的建议》，均受到有关部门的肯定。市科委认为该提案“很有针对性，有较高的参考价值”。其主要内容被分别吸纳到同年6月颁布实施的《上海市促进高新技术成果转化的若干规定》以及起草的《上海市创业投资暂行规定》之中。

在市第十届政协第一次会议上，九三学社市委提交《关于取消本市市区销售活家禽市场的建议》提案。当时正值全国范围内抗击“非典”时期，九三学社市委专门组织专家针对疾病流行途径进行调研，提出此项提案。该提案获得市政协优秀提案奖，并得到提案承办单位市商委的充分肯定。《解放日报》和《新闻晨报》登载了该提案的主要内容。上海人民广播电台、东方广播电台“市民与社会”节目还就此组织专题讨论，九三学社市委有关专家应邀作为嘉宾参与讨论。

在市第十届政协第五次会议上，九三学社市委提交《关于加大公交优惠，完善公交管理的建议》提案。针对上海地面公交存在的公交优惠力度不够、公交路线规划有待完善等问题，建议明确政府购买服务、加大公交基金投入、完善公交线路规划、实施高龄老人公交免费、进一步完善限时转乘优惠政策等建议。该提案对市政府出台70岁以上老人乘车免费的尊老敬老政策起到了积极作用，被评为市政协优秀提案。

在市第十一届政协第一次会议上，九三学社市委提交《关于提升上海经济贸易仲裁服务的建议》提案，分析上海经济贸易仲裁的现状，指出经贸仲裁中介服务中存在的问题，提出加大支持与宣传力度、培养高素质仲裁员队伍、开展多方交流加强仲裁理论研究，以及完善仲裁机构的运行模式等建议。此提案由市政协主席冯国勤领衔促办，对推进上海的经济贸易仲裁工作起到促进作用，被市政协评为优秀提案，2012年又被市政协评为“优秀提案特别奖”。

在市第十一届政协第四次会议上，九三学社市委提交《关于改革行政管理制度，促进高校和谐发展的建议》提案。针对当前高校行政管理工作中存在的问题，建议建立现代大学制度；制定《高等学校章程》，规范高校内部管理；健全学术委员会制度，探索教授治学的有效途径；优化资源配置，提高行政管理效率；健全监督查处机制，提升民主参与力度等建议，以深化制度改革，促进高校和谐发展。

在市第十一届政协第五次会议上，九三学社市委提交《推进上海自由贸易园区建设的几点建议》提案，建议准确定位，规划先行，争取在激烈的竞争中脱颖而出；积极探索，合力推进，明确责任主体和工作重心；功能创新，政策突破，早日实现转型；整合资源，全力出击，联动发展。

第四节　参与政府事务管理

中共十一届三中全会召开后，中共中央对民主党派代表人士在参政议政、参与政府事务管理等方面的作用越来越重视。根据《中共中央关于坚持和完善中国共产党领导的多党合作和政治协商制度的意见》有关规定，应选配民主党派成员、无党派人士担任县以上地方政府及有关部门的领导职务，以及担任司法机关领导职务等意见精神，九三学社市委按照“德才兼备”原则和干部“四化”方针进行认真选拔，向市、区两级政府和司法机关举荐优秀人才和代表性人士走上领导岗位，参与政府事务管理。

一、在政府和司法机关任职

1977—2012年，上海九三学社社员中先后有20人在市、区两级政府和司法机关中担任领导职务，直接参与政府事务管理，其中有2位社员担任上海市副市长，另有2位社员担任上海市政府参事室主任。

表7-3-3　1978—2012年九三学社社员担任政府和司法机关领导职务情况表

姓　名	职　　务	任　　期
洪铭声	上海市政府参事室副主任	1958年10月—1989年4月
朱瑞镛	上海市卫生局副局长	1978年8月—1982年4月
程达肯	上海市公用事业管理局副局长	1960年2月—1983年5月

(续表)

姓　名	职　　务	任　　期
陈　植	上海市文物保管委员会副主任	1979 年 8 月—1988 年 10 月
胡汝鼎	上海市第一机电局副局长	1964 年 9 月—1985 年 10 月
汪定曾	上海市城市规划建筑管理局副局长	1982 年 3 月—1983 年 5 月
沈芸荪	上海市医药管理局副局长	1982 年 4 月—1987 年 8 月
谢丽娟(女)	卢湾区副区长	1984 年 2 月—1985 年 7 月
	上海市副市长	1985 年 7 月—1996 年 1 月
李昌道	上海市高级人民法院副院长	1991 年 4 月—1998 年 4 月
	上海市政府参事室主任	1998 年 4 月—2001 年 4 月
赵　雯(女)	南汇区副区长	2001 年 10 月—2003 年 3 月
	上海市副市长	2008 年 1 月—
季晓烨	上海市质量技术监督局副局长	2003 年 6 月—
郑祖康	上海市政府参事室主任	2009 年 1 月—2011 年 11 月
陈克瀛	闸北区副区长	1987 年 4 月—1998 年 4 月
夏以群	嘉定区副区长	2002 年 1 月—2011 年 11 月
	静安区副区长	2011 年 11 月—
景　莹(女)	南汇区副区长	2003 年 1 月—2006 年 12 月
	普陀区副区长	2006 年 12 月—
陈东辉	静安区副区长	2003 年 1 月—2006 年 12 月
任向阳	松江区副区长	2003 年 1 月—2012 年 1 月
吴乾渝	杨浦区副区长	2006 年 12 月—
吴力坚	南汇区副区长	2006 年 11 月—2009 年 7 月
王训国	青浦区副区长	2011 年 11 月—

说明：洪铭声、程达肯、胡汝鼎在“文化大革命”期间曾停职下放劳动。

二、与相关政府部门的对口联系

九三学社市委发挥科技界别优势，与中共上海市科技党委、上海市科技委员会建立起对口联系制度，推进政府决策的民主化、科学化。1995 年 7 月，中共上海市科技工作党委和上海市科学技术委员会制定《关于加强和完善同九三学社上海市委对口联系的意见》。从 1996 年开始，中共上海市科技工作党委和上海市科学技术委员会每年召开民主党派对口联系会，邀请九三学社市委主要领导及科技工作委员会委员参加会议，对上海市的科技工作提出意见和建议。2003 年 7 月，九三学社市委发出《关于进一步加强与市科技党委、市科委对口联系的函》，进一步推进对口联系工作。2004 年 2 月，中共上海市科技工作党委、上海市科学技术委员会与各民主党派市委对口联系会议举行，九三学社社员中的部分"两院"院士及专家学者纷纷提出建议。自此以后，市科委每年举行情况通报会，征求各民主党派市委的意见、建议，社员中的专家、学者积极参与，踊跃发言。至2012年底，上海市科学技术委员会在对口联系会上先后向包括九三学社在内的各民主党派市委通报历年上海市的科技工作情况，征求各民主党派的意见和建议。

第五节　民主监督

1989年12月，制定的《中共中央关于坚持和完善中国共产党领导的多党合作和政治协商制度的意见》指出："聘请一批符合条件和有专门知识的民主党派、无党派人士担任特约监察员、检察员、审计员和教育督导员。"根据文件精神，九三学社市委选派符合条件的社员兼任"特约(邀)四员"，参与监察、检察、审计、教育等部门的执法检查和民主监督；还选派符合条件的社员兼任市高、中级法院人民陪审员，以及社会行风政风监督员、广播电视特邀评议员等，履行民主监督职能。九三学社市委还把"特约(邀)四员"的推荐工作与后备干部的培养锻炼结合起来，推荐素质高、有发展潜力的中青年干部担任"特约(邀)四员"，行使民主监督职责。

一、担任"特约(邀)四员"

1988—2012年，上海的九三学社社员中共有23人次被聘为市特邀监察员、特约检察员、特约审计员和特约教育督导员，参与对监察、检察、审计、教育等领域的民主监督。

表7-3-4　1988—2012年九三学社社员担任"特约(邀)四员"情况表

聘任单位	类别	任期	姓名
上海市监察委员会	特邀监察员	1988年10月—1997年4月	张叔英
		1997年5月—2003年9月	徐迪民
		1997年5月—2008年5月	吴力坚
		2000年10月—2008年5月	徐静琳
		2003年10月—	陈代杰
		2008年6月—	李定国
上海市人民检察院	特约检察员	1990年4月—1991年3月	李昌道
		1990年4月—2003年8月	钱淼申
		1990年4月—1998年6月	陆德发
		1993年11月—2009年3月	李新洲
		1993年11月—2003年9月	张小英
		2003年9月—2009年3月	许政暟
		2003年9月—	王　育
		2009年4月—	封亚培
		2009年4月—	毛时安

(续表)

聘任单位	类别	任期	姓名
上海市审计局	特约审计员	1990年5月—1998年4月	陆德麟
		1998年7月—2003年10月	梁恭杰
		2003年11月—2008年9月	褚君浩
		2008年10月—	沈　洁
		2008年10月—	季晓烨
上海市教育委员会 上海市政府教育督导室	特约教育督导员	1990年11月—1997年10月	谢天维
		2003年9月—	朱家文
		2008年7月—	周　锋

1991年初，为了使“特约(邀)四员”工作逐步规范化、制度化，中共市委统战部会同相关聘任单位与各民主党派市委建立起联系制度，不断从实践中共同探索与完善。九三学社市委也在做好“特约(邀)四员”工作制度上不懈努力。在1991年召开的市第七届政协第四次会议上，九三学社市委提出《关于加强“特约四员”工作的建议》提案，对受聘“特约(邀)四员”的工作起到促进和推动作用。

二、履行民主监督职责

上海的九三学社社员在担任“特约(邀)四员”的过程中积极履职，不断提高民主监督水平。1991年，担任首届特邀检察员的九三学社社员、复旦大学法学院教授李昌道被任命为上海市高级人民法院副院长。1995年，社员钱森申在担任市检察院特邀检察员期间，针对上海检察机关开办“三产”和检察干警的待遇问题等提出意见，并建议检察机关要提高自身拒腐防变能力，中共上海市检察院党组十分重视，表示要尽快落实予以解决。1997年，社员徐迪民在担任特邀监察员期间，除参加对监察部门的执法检查，还参与对上海税收、公用、卫生3个系统的行风评议。2000年5月，由钱森申撰写的《参政议政，多做实事》一文被市检察院汇编的《特约检察员参政议政录》收录。2000—2008年，社员徐静琳在担任市监察委特邀监察员期间，参与信访接待、课题调研和执法检查等工作，并在《上海监察》上发表《从制度上强化民主监督职能》《规范行政执法》等论文，还参与联合国开发计划署和国家监察部于2002年提出的“中国廉政建设——我国行政权力的制约和监督”课题研究。

2005年2月，《中共中央关于进一步加强中国共产党领导的多党合作和政治协商制度建设的意见》发布后，担任各级“特约(邀)四员”和行风政风监督员的九三学社社员进一步对上海一些行业、部门进行行风政风评议和民主监督，提出一些很有价值的意见和建议。在纠正行业不正之风和加强队伍廉政建设、争创“两个一流”等专题活动中，担任“特约(邀)四员”的九三学社社员撰写的《对旅游行业暗访的报告》《要充分发挥政府在大力推广社会养老中的作用》等文章，均受到有关部门的重视。九三学社市委有关领导还参与由中共上海市纪委组织的有关党风廉政建设责任制的专项检查，对部分局级单位领导班子和领导干部进行检查并提出意见和建议，体现九三学社社员积极履行民主监督的职责。许多担任“特约(邀)四员”的社员在不断履行执法监督职责同时，自身的工作能力也得到锻炼和提高。

除了推荐社员担任“特约(邀)四员”，九三学社市委还就上海相关部门的一些重点难点问题开展调研，行使民主监督职责。2010年底至2011年7月，为吸取静安区“11·15”特大火灾事故的教

图 7-3-1 2004 年 10 月 28 日,九三学社市委举行社内“特邀四员”座谈会,九三学社市委主委谢丽娟(右三)出席

训,市政协人资环建委和九三学社市委就上海建筑市场整治和城市建设安全风险防范开展深入调研,并分别以建议案和提案等方式向市政府及市建设管理部门建言。2011 年 7 月 11—25 日,市政协人资环建委与九三学社市委联合检查组对虹口、宝山两区规范整治建筑市场进行专项抽查活动,在听取两区政府工作汇报后又深入现场察看,并查阅工地文档,进行座谈询问。这一民主监督活动既有随机抽样的察看,也对曾有举报并发生过死亡事故、媒体曝光过的项目等进行追踪。专项抽查后指出存在的薄弱环节,并提出需进一步整改的意见和建议。专项抽查工作报告报送中共市委、市政府,得到中共市委书记俞正声的批示。这次专项抽查活动所提出的意见和建议,被市政府出台的《关于进一步规范本市建筑市场,加强工程质量安全管理的若干意见》及一系列实施细则所采纳。

第六节 建言献策和反映社情民意

20 世纪 80 年代以后,九三学社市委充分发挥人才优势,积极建言献策和反映社情民意,撰写了许多高质量的信息稿,得到中央领导和上海市领导的批示。

一、中央领导批示

2000 年 4 月,九三学社市委完成《国民素质的提高与法制建设》调研报告。报告论述了国民素质提高与法制建设的关系,提出借鉴国外经验完善中国相关政策法规,通过完善立法来提高社会的道德素质等建议。中共中央政治局委员、中共市委书记黄菊对此作出批示。

2004 年 2 月,社员艾晓杰等在接受新华社记者专题采访时提出,国内防治禽流感应从长远考虑,推出新的对策与措施。这些建议受到中央领导的高度重视,国务院总理温家宝、副总理回良玉、国务委员兼国务院秘书长华建敏分别作出重要批示。全国防治高致病性指挥部决定安排专项经费1亿元,重点用于加强防治高致病禽流感的科研攻关。

2005年6月,社员金忠贤撰写的《水污染治理效果不理想的深层次原因——体制问题》信息稿经有关部门转呈国务院,得到国务院总理温家宝的批示。

2007年4月,社员翁祖泽撰写的《加强对非实质性贸易外汇流入的监管》信息稿,获国务院总理温家宝的批示;社员王恩多撰写的《进一步完善和改进当前科研项目的管理方法》信息稿被中共中央统战部《零讯》采纳,国务委员陈至立作了批示。

2008年7月,史煦光等多位社员撰写的《对跨国粮商进入我国粮食流通领域应保持高度警惕》信息稿,获全国政协副主席、中央统战部部长杜青林的批示。

2008年9月,社员谢丽娟撰写的《抓住机会吸纳美国的华人金融人才》信息稿,获中共中央总书记、国家主席胡锦涛的批示,中共中央政治局常委、国家副主席习近平,中共中央政治局委员、国务院副总理王岐山,中共中央政治局委员、组织部部长李源潮等中央领导也作了批示。

二、市领导批示

1980年3月,九三学社上海分社科技委员会就城市建设及市政规划工作中存在的问题召开研讨会,形成书面建议,建议市政府成立上海市建设规划委员会和技术顾问小组,由一位副市长负责,以加强对市政建设工作的集中领导。该建议被市政府采纳。

2005年,由社员提交的《建设天然气分布式能源系统是高效利用终端天然气的良好选择》《制止干部人事调动的迎送吃喝送礼风》及《政府不应承担非公共事务性的补贴》信息稿,分别得到市领导的批示。

2006年,社员季萍撰写的《秸秆焚烧何时休》信息稿,得到副市长杨雄、胡延照、杨定华的批示。

2008年,社员邱海撰写的《公交车燃烧引发的思考》,社员封履宁撰写的《房屋装修破坏承重墙的做法必须引起重视》2篇信息稿,得到副市长沈骏的批示。

2009年,社员黄鸣撰写的《切实鼓励刚性需求,推进房地产市场健康发展》信息稿,获中共市委书记俞正声的批示。社员张国炎建议采取切实有效措施,提高法律案件执行率的意见,获市高级人民法院院长应勇的批示。

2011年,由九三学社市委提出的《关于建立上海高铁、磁悬浮及机场等重大工程地震预警系统的建议》获得中共市委书记俞正声,中共市委副书记、市长韩正的批示。

除此之外,上海九三学社社员围绕经济社会发展各个时期的工作重点、难点与焦点问题积极建言献策。例如,2003年,围绕"同心同德抗击'非典'"主题,许多社员认真撰写信息稿,积极献计献策;2006年,围绕"建设社会主义新农村"议题,就村干部培训、人才支农、解决"三农"问题及生态崇明岛的建设等积极建言献策;2009年,九三学社市委组织开展"我为应对国际金融危机献一策"活动,共收到基层组织社员撰写的信息稿48篇;2012年1月4日,九三学社市委网站开启"信息直通车"系统,使广大社员能便捷、快速地反映社情民意。

第七节　专题调研

20世纪80年代以后,九三学社市委致力于开展各类专题调研活动,形成书面报告,报送九三学社中央、中共市委和市政府、市政协及有关部门，提供决策参考。

一、协助九三学社中央开展在沪调研

20世纪90年代以后，九三学社中央领导十分重视来上海进行专项视察和专题调研工作，并对九三学社市委的工作进行指导，对此，九三学社市委给予了积极协助和配合。

1993年6月3—9日，九三学社中央主席吴阶平到上海视察社务工作。6月9日，九三学社市委召开座谈会，吴阶平等与社内40多位全国及上海市人大代表、政协委员就“社会主义市场经济的建立对党派工作的作用及其影响”进行专题座谈，与会者就社务工作如何适应当前经济形势和九三学社中央的工作献计献策。

2003年2月13—14日，九三学社中央主席韩启德赴上海视察社务工作，在听取九三学社市委的汇报后予以充分肯定，强调要加强民主党派自身建设，加强九三学社中央与地方的联系，把民主党派的各项工作做得更好。

2004年1月10日，韩启德出席九三学社市委召开的社务工作座谈会。主委谢丽娟主持会议并介绍2003年上海社务工作情况。韩启德强调，要把发展作为第一要务，坚持人才强社战略，发挥每位社员的作用，进一步增强社组织的活力。在沪九三学社中央委员、九三学社市委副主委、常委、各区委和直属基层委员会主委、各专门工作委员会主任等参加会议。

2007年9月28日，韩启德来沪出席“社会进步与医学发展”现代医学发展论坛，作了题为《医学与人文》的主题报告，主委赵雯出席。9月29日，韩启德出席“上海医科大学创建80周年庆祝大会”，就提升医学教育水平发表讲话。

2009年9月11日，韩启德来沪考察，在九三学社市委机关与部分社员就建设高素质参政党、提升自身建设水平等进行座谈，并听取九三学社市委近期工作情况汇报，赵雯主持会议。来自各基层的近20位社员就思想建设、组织发展、制度建设、参政议政工作，以及发挥参政党作用与基层人才培养等议题发表各自的看法。韩启德指出，自身建设是参政党建设的根本，希望九三学社各级组织要积极培养和建设一支有参政能力的骨干队伍，以引领九三学社未来事业的发展。九三学社市委相关领导，各专委会主任，在沪中央委员等近50人出席会议。

2009年10月19日，九三学社中央副主席王志珍来沪出席九三学社市委科技创新工作座谈会，听取参政议政工作情况的汇报，并与部分院士、科技界人士围绕科技创新面临的问题和挑战进行座谈。九三学社市委原主委谢丽娟以及部分社内专家围绕建设科技创新环境、加强科技体制建设、改善科技行政管理方式、完善科技奖励制度、加大基础研究投入、资助创新科研集体等话题发表各自的看法。九三学社市委相关领导和市委常委，科技委员会委员，科技界政协委员等50人出席会议。

2011年5月27—29日，九三学社中央副主席邵鸿来沪进行专题调研。5月27日，邵鸿出席组织建设工作座谈会，就加强组织建设进行指导。5月29日，邵鸿出席九三学社上海市部分高校社员座谈会，就高校学术委员会的现状、设想以及高校改革等议题，与来自各高校的社员代表进行座谈。邵鸿指出，九三学社中央一直把科技与教育作为参政议政的重点，围绕高等教育改革进行了大量调研，确立“去行政化”、信息公开和高校债务问题等调研方向，对于推动高校管理方式改革意义重大。座谈会还就行业特色高校建设、科研教学经费的分配、高校评估标准等议题进行探讨。

二、九三学社市委开展的专题调研

二十世纪八九十年代，九三学社市委开始组织开展专题调研工作，先后形成《关于发挥工程技术人员作用的建议》等共15项课题报告。1993—2012年，九三学社市委围绕上海改革与发展中的重大问题开展专题调研，为相关部门献计献策，共完成专题调研报告100多项。

【关于宝钢工程建设的调研】

1979年12月，中国科学院学部委员、社员周志宏被聘任为宝钢首席顾问委员会副首席顾问。1981年1月，宝钢面临"二期工程取消，一期工程下马，论证善后方案"的情况，国家计委就贯彻中共中央决策在宝钢召开会议，周志宏与有关专家在充分调研的基础上分析宝钢续建、缓建和停建的利弊得失，力证有条件继续建设宝钢，不能半途而废。随后，他又提出书面意见经国家计委上报，受到中共中央、国务院的重视，终于使宝钢工程继续上马。1986年11月，宝钢一期工程建成投产后，九三学社市委随即组织上海宝钢的社员开展调研，总结一期工程的经验和教训，并对二期工程提出建议，提出宝钢要建设成为中国改革开放的样板，并为全国钢铁企业的改造提供经验。

图7-3-2　1987年3月27日，九三学社市委召开"发挥宝钢、上钢优势，献计献策研讨会"

【关于浦东开发开放的调研】

上海九三学社社员为浦东新区的开发开放做了大量工作。20世纪80年代初，在中共中央、国务院正式作出开发浦东新区的决定之前，社内有关专家先后发表《上海的曼哈顿区在哪里?》《综合开发浦东，建设上海新城》等一系列论文。

1986年7月，九三学社市委受市政府经济研究中心委托，组织社内专家就《上海新市区建设预可行性研究——浦东新区建设方略》课题进行调研，先后完成总报告《浦东新区建设方案》及 8 篇专题报告，并有附件、附图，从不同角度提出开发、建设和改造浦东新区的方案与设想。课题组还就建设浦东新区过江交通问题，以及论证黄浦江建桥方案等进行决策分析，写出专题报告。1987 年 2 月，九三学社市委召开课题评估会，决定将研究报告递交市政府作为决策参考。

1988 年 5 月，社员王纲怀代表九三学社上海发展战略研究会参与组织"上海市浦东新区开发国际研讨会"，完成市政府开发浦东研究组委托的《开发浦东研究资料汇编》《上海浦东新区开发国际研讨会文集》等编写工作。1989 年 10 月，社员周家骧提出关于开发浦东交通方面的专题建议，经市长朱镕基审阅批准。1990 年，九三学社市委所属上海联合发展战略研究所完成《上海轮渡发展综合研究报告》，为浦东开发、改善浦江两岸交通提出可行性建议。

图 7-3-3　2002 年 11 月 5 日，九三学社市委"关于对本市岸线与滩涂实行可持续利用的对策思路"课题组考察宝山扁担沙

【关于科技创新的法制保障】

中共十五大提出"依法治国""科教兴国"战略。1999 年 9 月，九三学社市委在调研基础上完成《科技创新的法制保障》课题报告，主要内容包括科技创新需要法制建设，国际上鼓励科技创新的法律制度，国内科技法制建设概况及存在的问题，促进科技创新加强中国科技法制建设的对策建议等。课题报告还附有 10 个分报告。课题组组长倪正茂根据该课题报告撰写的论文《科技创新与科技法制》在《政治与法律》杂志上发表，并获上海市第五届（1998—1999 年）哲学社会科学优秀成果论文类二等奖。课题报告部分内容以《关于创新人才的引进和培养的政策法制问题》为题，刊登于市政府研究室主办的内刊《决策参考》2000 年第 3 期。

【世博会对长江三角洲一体化的影响与对策研究】

2003 年，九三学社市委启动"世博会对长江三角洲一体化的影响与对策研究"课题。课题报告认为，上海作为长江三角洲地区的核心城市，应把握世博会机遇，更好地发挥其"引擎"作用，加快长江三角洲地区的国际化、信息化、法制化和市场化步伐，实现物质设施与精神文明的互动。课题调研包括世博会的概况,世博会对长江三角洲一体化的影响和作用,上海如何利用世博会机遇,推动长江三角洲经济一体化等方面。

【上海如何形成产学研战略联盟的思考与对策】

2004年,九三学社市委就“上海如何形成产学研战略联盟”开展调研,并提出建议:一是形成产学研战略联盟须树立正确的指导思想,包括政府引导优化的体制机制,以企业为主体,以技术为核心的开放式、面向全国和世界的战略联盟等;二是应建立以行业、专业为背景,项目为纽带的共建、开放式产学研战略联盟;三是开放式产学研战略联盟应具有技术合作、公共技术平台、人才培养、信息交流四项基本任务;四是在政策层面上要有保障机制。研究课题形成的提案作为2005年市第十届政协第三次会议的大会发言,被评为市政协优秀提案。

【关于上海市科技投入和产出绩效问题的研究】

2005年,九三学社市委就“关于上海市科技投入和产出绩效问题的研究”开展专题调研,并完成调研报告。报告对上海市科技投入和产出现状与问题进行分析,建议进一步拓宽科技投入渠道,着力提高资本市场与技术市场的融合度;推动上海技术引进主导型模式向自主创新主导型模式转变;构建支持原始创新的激励机制;重视推进企业制度、管理与技术创新,强化对科技项目的绩效考评;进一步挖掘高校和科研机构的创新潜力,推进科技型中小企业的产学研合作;进一步完善科技投入和产出绩效的评估机制等方面。据此课题报告形成的提案被作为市政协第十届第四次会议大会发言,并被评为市政协优秀提案。

【“宽口径、重实践”本科教育培养的现状和对策建议】

2007年,针对本科教学尚存在把通识教育与专业教育割裂、课程内涵不够和质量不高等现象,九三学社市委就相关问题开展调研,并形成《“宽口径、重实践”本科教育培养的现状和对策建议》调研报告,提出要大力提高高校教师通识教育自觉意识和能力,合理建立专业大类平台课程体系,用科学评估方法促使高校教学科研与社会需求紧密结合,加强创新能力培养,产学结合搭建实践平台,构建人才培养新模式等建议。

【上海科技服务业发展的政策需求和体制环境研究】

2009年,九三学社市委开展“上海科技服务业发展的政策需求和体制环境研究”专题调研。研究报告指出,科技服务业是为技术创新提供社会化和专业化服务和管理的行业,然而,与当前科技服务业发展不相适应的,是既缺少鼓励其发展的财政、税收等政策支持,又没有形成有效的行政管理体制等。为此,建议理清各类科技服务行业创新的政策需求取向和差异,制定有针对性的政策支持措施,优化科技服务业创新的体制环境,促进上海创新型城市建设又好又快地发展。

【构建上海水资源保护的综合长效机制】

2011年,九三学社市委开展关于“构建上海水资源保护的综合长效机制”课题研究。调研报告指出,水资源保护关系到大城市生存的战略性问题,保障水资源环境质量与维护城乡社会稳定发展密切相关,建议完善饮用水水源保护生态补偿制度,调整水资源保护区域经济发展考核指标,一次性征地,减少建设成本,开发开放湿地公园,发展生态旅游,建设上海青少年水资源保护与水乡文化教育基地，发挥上海企事业单位保护水资源积极性，每年“世界水日”举行水源保护大型活动，水资源保护与产业升级结合，创建生态文明先进城市。

【进一步完善政府采购制度】

2012年，九三学社市委开展关于“进一步完善政府采购制度”专题调研。调研报告指出，政府采购法颁布实施已经10年了，其自身建设及外部环境早已发生变化。为此建议：一是尽快制定配套地方法规、条例、实施细则，完善采购评价体系（特别是事后评价），完善供应商退出机制；二是完善监管框架，建立方便快捷的网上竞价平台，设立最终用户的满意度打分机制用以考核与评价财政部门及采购效率；三是加强执行力度，设立面向所有最终用户的内部反馈平台，充分引入竞争，加强采购人才培训。

三、与九三学社其他省级组织、市政协等开展的合作调研

【长江三角洲地区经济合作发展联合专题调研】

1995年，为加快长江三角洲地区的开发开放和经济发展，带动长江流域的经济振兴，九三学社上海市委、浙江省委和江苏省委就长江三角洲地区经济合作发展问题，联合开展专题调研，内容涉及产业结构调整与生产力布局、港口群和城市群、农业和自然灾害防治及环境保护等方面。九三学社上海市委、浙江省委和江苏省委组织社内专家先后开展4次专题研讨，完成《长江三角洲地区经济合作发展问题研究报告》。此后，九三学社中央向中共中央、国务院提交相关建议，并在全国政协第八届第四次会议上作了相关主题的大会发言。

2004年1月9日，“长江三角洲区域经济协调发展”论坛在上海举行。九三学社中央主席韩启德、中共市委副书记罗世谦、中共市委统战部部长沈红光、九三学社市委主委谢丽娟出席会议。长江三角洲两省一市的领导和专家学者60余人参加会议，为区域经济协调发展献计献策。

2007年5—7月，围绕市政协开展的“长江三角洲地区经济联动发展”系列专题调研活动，九三

图7-3-4　2004年1月9日，九三学社中央主办、九三学社市委承办的“长江三角洲区域经济协调发展”论坛在上海举行，九三学社中央主席韩启德（左三）、中共市委副书记罗世谦（右三）、中共市委统战部部长沈红光（左二）、九三学社市委主委谢丽娟（右二）出席

学社市委与市政协人资环建委联合承接“关于长江三角洲地区(太湖)流域水环境保护的建议”分课题。课题报告针对太湖流域水环境综合治理面临的管理体制、协调机制、政策法规不够完善及科技投入不足等问题,指出地处太湖流域的两省一市应本着“共防、共治、共保、共建、共享”原则,不断改善太湖流域水环境质量,并提出加强综合治理的7项建议。8月6日,在市政协召开的“长江三角洲地区经济联动发展”专题研讨会上,时任中共市委书记习近平指出,长三角地区的发展是国家战略,也是上海进一步发展的源泉和机遇。他还对长三角系列调研课题中的三个分课题进行总结,予以充分肯定,其中包括《关于长江三角洲地区(太湖)流域水环境保护的建议》。

【推进上海房地产健康发展系列专题调研】

进入21世纪后,上海的住房问题已成为全社会关注的重点之一。2004年,在市第十届政协第二次会议上,九三学社市委提出《关于调整本市供房结构与租售并举的建议》提案。2005年,谢丽娟提出《完善住房租赁市场——“安居”应有之举》提案,得到市政协主席蒋以任的充分肯定,被市政协主席会议列为重点追踪提案。4—6月,九三学社市委与市政协开展10多次联合调研,召开不同群体群众代表座谈会。在听取各类人员意见基础上,于6月23日联合举办“培育发展住房租赁市场”研讨会,提出住房供给应租售并举、建立政府保障和市场供给相结合的住房供应体系等建议。7月1日,谢丽娟在《文汇报》“文汇时评”栏目撰文指出,要进一步放宽廉租房准入条件,改善中低收入家庭的住房状况。在各方共同努力下,九三学社市委和市政协人口资源环境建设委员会联合撰写了《上海市房地产形势发展》调研报告,明确提出“住房供给不能全盘市场化”的观点,被列为市政协常委会建议案。

2006年初,谢丽娟就发展租房租赁等观点及有关调研资料致信中共市委领导,受到高度重视,“发展住房租赁”被写入市政府工作报告之中。同时,市政协决定将“促进上海房地产市场平稳健康发展”专题调研纳入2006年重点工作之一。由谢丽娟领衔的课题组于1月13日再次启动,连续召开由专家学者、房地产开发商、政府部门、新闻媒体等各方人士参加的10多个座谈会,并分赴徐汇区、浦东新区等地实地调研,形成调研报告。6月22日,九三学社市委和市政协联合举办“上海房地产发展论坛”,针对2006年上海房地产发展中存在的主要问题,提出若干对策建议。

2007年,谢丽娟领衔的课题组继续通过专题调研、专项视察及召开相关座谈会,形成《关于推进本市保障性租赁住房工作的若干建议》的主席会议建议案和“关于推进廉租房制度建设”的专项视察报告。2008年12月16日,九三学社专家参与市政协召开的“上海探索多模式旧区改造专题协商会”,之后又进行“上海房地产态势、走向及对策建议”的专题研究。2009年3月25日,九三学社市委与市政协人资环建委联合举办“保增长、重民生、促进房地产市场健康发展论坛”。

2004—2009年,九三学社市委与市政协合作,持续就上海住房问题开展系列调研,对推进房地产市场租售并举、倡导住房消费梯度化、完善住房租赁政策等起到了促进作用,并在社会上产生了相当大的影响,取得了良好效果。

【关于适应老龄化社会趋势,促进上海养老事业发展的若干建议】

2005年,市政协社会与法制委与九三学社市委联合开展关于促进上海养老事业发展的相关课题调研。课题报告建议:一是从构建和谐社会的高度重视养老事业,健全与经济社会发展相适应的养老体系;二是进一步完善居家养老为主、机构养老为辅的养老模式;三是健全养老医疗保障体系;四是关爱老年人的精神生活;五是开拓老龄事业新领域;六是进一步加强居住区养老机构、老年服务设施建设等。课题研究探索中国特色、上海特点的养老模式，对上海当今和未来发展都具有重要意义。该课题成果于2005年5月18日被市第十届政协第十七次常委会列为“常委会建议案”，获得中共市委书记、副书记的批示。

【上海市工业园区淘汰落后产能的对策研究】

2007年，九三学社市委与市政协人资环建委合作开展“上海市工业园区淘汰落后产能的对策研究”课题调研。课题报告指出，虽然上海的工业园区发展取得一定成绩，但是仍存在一些问题。对此建议：要淘汰落后产能，完善产业结构调整和有关法律法规；加大工业园区环保执法力度，重视土地集约利用，提高园区的准入标准；设立专项发展基金，制定相关配套政策；建立有效的落后产能退出机制；加强技术改造，实施产学研结合；采用国际节能机制，建立节能指标交易市场等。该课题受到市政协及相关政府部门的重视，相关内容被《人民政协报》刊载。

【关于“上海市公共卫生临床中心可持续发展”的若干建议】

2007年4月，市政协教科文卫体委员会和九三学社市委就“上海市公共卫生临床中心可持续发展”问题开展联合调研，在市政协副主席谢丽娟的带领下，由20名市政协委员和九三学社社员组成的视察组赴上海市公共卫生临床中心开展专题视察。专题视察分为4个阶段进行，共有88人次参加，前后共召开7次座谈会，共有142人次参加座谈。随后形成的调研报告在充分肯定市公共卫生临床中心多年实践的基础上，分析其发展中存在的困难和问题，提出进一步明确市公共卫生临床中心在行业中的作用，实施与其性质相符合的财政政策，落实配套措施，改善医护人员从业环境，提出进一步理顺管理体制等若干建议。

【突破上海生物医药产业化发展瓶颈的对策建议】

2009年，九三学社市委参与了由市政协教科文卫体委员会牵头，与民革市委、上海市科协等单位联合开展“突破上海生物医药产业化发展瓶颈的对策建议”课题研究。经过4个多月的共同努力，形成了1个市政协常委会建议案及8个分报告。建议案分为生物医药产业的基本概念、基本特点与国内外发展趋势，上海生物医药产业发展现状及产业化发展的瓶颈问题，国内外生物医药产业发展政策与措施等4个部分，还提出突破“上海生物医药产业化发展瓶颈”方面的6项对策建议。

【科技型中小企业融资问题研究】

2011年，九三学社市委与市决策咨询委员会合作开展“科技型中小企业融资问题研究”课题调研。针对当前科技型中小企业融资难等问题，课题报告提出：加快推进上海融资租赁交易平台建设、大力发展微小商业银行、完善知识产权交易市场、健全风险投资的中介服务机构、健全科技型中小企业服务网等对策建议。

除此之外，九三学社市委完成的“上海科技创新与区县经济发展的思路与对策”等课题，也受到市政协及相关政府部门的重视。

第八节　举办论坛与研讨会

从20世纪80年代开始，九三学社市委努力发挥自身科技与人才优势，举办各类论坛和专题研讨会。进入21世纪后,九三学社市委所举办的论坛和研讨会已具有一定的社会影响力,并逐步发展完善。

一、九三学社上海高校论坛

“九三学社上海高校论坛”始于1985年,由九三学社上海交通大学、同济大学、复旦大学3个直属支社联合召开座谈会而开启。1987年1月10日,九三学社复旦大学、上海交通大学、同济大学、上海科技大学、上海师范学院、上海大学及上海外国语学院7个直属支社在上海师范学院举行第一次联席会议,旨在加强横向联系,交流经验,研讨问题。1988年,因上海海运学院(现为上海海事大学)的加盟,联席会议被称为“八高校基层联席会议”。

20世纪90年代,“八高校基层联席会议”步入常态化,即每年举行2次,每次会议围绕1个主题进行研讨,并将提交的论文汇集成册,联席会议由8所高校基层组织轮流承办。随着“八高校基层联席会议”的影响力逐渐扩大,联席会议成员单位研究确定,其他高校基层组织可选派1—2名成员作为观察员代表出席会议并作交流发言。

进入21世纪后,“八高校基层联席会议”又吸纳华东师范大学、中国纺织大学(现为东华大学)等高校的九三学社组织加盟。至2009年,已有10所高校成为“八高校基层联席会议”的成员单位。2009年5月26日,在上海外国语大学举行的第41次会议上,决定将“八高校基层联席会议”改为“九三学社上海高校论坛”(简称“高校论坛”)。“高校论坛”为广大高校的九三学社社员提供各抒己见、畅所欲言的一个平台,也逐渐成为九三学社市委为上海高等教育改革与发展献计献策的一个重要“品牌”活动。2012年11月1日,“高校论坛”第48次会议在上海工程技术大学举行,至此,“高校论坛”成员单位已扩大至13所高校的九三学社组织,会议围绕“教授治学与大学民主管理探讨”主题开展交流研讨。九三学社中央副主席邵鸿出席会议,他充分肯定“高校论坛”的内容和形式,希望“高校论坛”再接再厉,为国内高等教育的改革与发展作出新贡献。

二、工业八基层联席会议

“工业八基层联席会议”是20世纪80年代由九三学社上海市机电、广电、仪电、纺织、化工、冶金、有色和船舶8个支社发起的。1988年11月21日,九三学社市委召开工业系统8个基层组织的主委联席会议,决定成立“九三学社上海市委工业系统主委联谊会”(简称“工业八基层联席会议”)。

20世纪90年代,“工业八基层联席会议”不定期召开会议,由8个工业系统基层组织轮流承办。会议交流各基层的组织发展、参政议政、社会服务等社务工作,探讨民主党派如何开展活动及加强自身建设等议题。

进入21世纪后,“工业八基层联席会议”确定每年定期召开两次会议,即上、下半年各召开一次。除了交流各基层的社务工作,还确定每一次会议的主题,如“企业的转制和迎接入世”“加入WTO后企业面临的机遇与挑战”“国有企业转制后如何面对市场竞争”“上海工业企业面对金融危机背景下如何进行第二次创业”“经济复苏背景下各行业的发展趋势”“现代装备制造业在迁移过程中保障体系的建设”及“新时期如何做好产业结构调整,为上海的制造业发展贡献力量”等。至2012年,持续保持每年召开2次会议,结合形势发展与自身实际确定会议议题。

三、九三讲坛

自2008年起，九三学社市委决定举办“九三讲坛”，邀请社内外专家，定期举行报告会。

2008年3月22日，“九三讲坛”启动仪式在民主党派大厦举行，首场讲坛邀请3位参加四川汶川抗震救灾的社员介绍他们的亲身经历和所见所闻。9月27日，举办第二场“九三讲坛”，主委赵雯作题为《奥运文化与志愿者精神》的主题报告。

2009年6月10日，“九三讲坛”围绕上海世博会这一主题，邀请上海世博会事务协调局主题演绎部部长季路德作题为《上海世博会：机遇与挑战》的报告，100余位社员聆听讲座。10月23日，“九三讲坛”举办学习中共十七届四中全会精神报告会，邀请中共市委党校教授刘宗洪作题为《新形势下加强党的建设的纲领性文件——十七届四中全会(决定)导读》的专题报告。

2010年10月27日，由九三学社市委主办、浦东新区区委协办的“九三讲坛”，邀请国泰君安证券公司总经济师、社员李迅雷作题为《转变经济发展方式刻不容缓》的专题报告，浦东新区各民主党派200余人聆听讲座。12月25日，由九三学社市委主办、社长宁区委协办的“九三讲坛”邀请复旦大学教授、社员干杏娣作题为《中国内需结构性失衡与经济增长方式》的专题报告，长宁区各民主党派120多人聆听讲座。

2011年3月22日，“九三讲坛”邀请全国人大代表、政协委员传达全国“两会”精神，邀请中国国际问题研究院李伟建博士作关于“当前中东局势”的热点辅导报告。7月16日，邀请复旦大学教授葛剑雄作题为《辛亥革命与上海》的专题报告。10月19日，邀请市政府对台办研究室副主任李雷鸣作题为《当前台海形势》的报告。12月28日，邀请上海市质量技术监督局副局长、社员季晓烨作题为《新加坡城市管理启示》的报告。

2012年2月28日，“九三讲坛”邀请市政府参事、社员毛时安作题为《时代、艺术和我们》的报告。7月4日，邀请民建市委副主委张兆安作题为《创新驱动，转型发展》的专题辅导报告。

截至2012年底，“九三讲坛”共举办17期专题报告会。

图7-3-5　2011年10月19日，九三学社市委举办第十四期“九三讲坛”

四、妇女论坛

1990年11月,九三学社市委妇女工作委员会举办首次“妇女论坛”,邀请社内外知名人士探讨妇女问题。从1990年起,九三学社市委围绕不同的主题不定期地开展形式多样的“妇女论坛”活动。1993年11月15日,为庆祝“妇女论坛”成立3周年,80多位女社员在民主党派市委大礼堂举行交流会,内容包括“九十年代美国高科技概论”“介绍关贸总协定”“婚姻、家庭、道德研讨会”等等,不少女社员还即兴表演文艺节目。1994年1月,九三学社市委妇女工作委员会收到全国妇联办公厅的来信,对“妇女论坛”表示肯定。同年11月15日,“妇女论坛”邀请市第九人民医院女社员汪嘉滢谈参加“绮华万宝杯自我整体造型设计大赛”的体会。1996年10月15日、12月15日,“妇女论坛”邀请于素霞、张永莲、陈季华三位女社员分别作专题报告和科普讲座。

进入21世纪后,“妇女论坛”已坚持活动10多年,在社内外都有一定的影响,也已成为九三学社市委的一项“品牌活动”。妇女论坛紧密结合国内外形势,抓住社会热点开展形式多样、丰富多彩的活动,使之逐渐成为女性社员的大课堂、大舞台,深受广大女社员的欢迎。主委谢丽娟带头主讲《人生感悟点滴》,为这一“品牌活动”增添风采。2003年,“妇女论坛”交流的题目有《人大的制度与作用》《妇女保健讲座》等,并开展科普知识讲座。同时,还建立“九三学社上海市女性人才信息库”,并对首批入库的24名女性人才进行培训。2005年,九三学社市委妇委会与上海大学联合举办《当前社会妇女关心的热点问题》等专题讲座,并邀请市政府对台办研究室副主任李雷鸣作题为《连战、宋楚瑜访问大陆与两岸关系》的专题报告。

至2006年底,“妇女论坛”不再组织活动。

五、科技论坛与研讨会

1985年10月,九三学社市委、九三学社中科院上海分院支社与中共上海市科技委员会、中共市委统战部联合举办《科技与社会》讲座,由上海市政府顾问汪道涵,副市长刘振元,中科院学部委员、社员严东生,市科技情报所文献馆馆长、社员夏宗辉等领导、专家先后主讲有关专题,聆听讲座的有各类科技人员5 000余人。

1999年9月9日,九三学社市委举行第二次科技论坛,主题是“上海的技术信息服务机构如何更好地为中小企业服务”。主委谢丽娟等出席并讲话。与会者听取副主委张叔英在论坛上所作的《世界各国为中小企业提供服务》报告及其他专题报告。

2000年7月14日,九三学社市委举办题为“上海科技在西部开发中发展及服务对策思路”的科技论坛,谢丽娟出席并致辞。与会者听取同济大学教授、社员徐迪民作题为《关于在西部开发中上海科技发展的对策建议》主题报告。谢丽娟在讲话中充分肯定科技论坛的成功举办,强调举办本次论坛的目的是使参与者对西部开发这一举国瞩目、众所关心的热点有理性认识。

2001年11月,九三学社市委召开“海洋科技与上海”科技论坛,谢丽娟出席会议并讲话。同济大学教授、社员吴健生等多位专家先后在论坛上作演讲,就“如何发展海洋科技”“海洋经济与可持续发展”等展开讨论,并提出许多有针对性的对策和建议。

2003年4月18日,九三学社市委召开“世博会与上海科技发展”论坛,谢丽娟等领导出席会议。在农业、环保信息产业等领域工作的九三学社社员、专家在会上发言,认为要大力提倡科技兴市,发挥科技专家的作用，提高举办世博会的科技含金量，并在科普宣传、科技攻关、参政议政等方面提出意见和建议。

2004 年 7 月 3 日，九三学社市委医卫委员会、上海市环境科学信息技术交流中心等联合举办“2004 年健康产业与生命科学高层论坛”，以“健康、科技、发展”为主题，社员中两位中科院院士分别作专题报告，就世界生命科学与人类保健的展望、新药市场分析与医院用药动态等问题发表意见。为配合这次论坛，组委会还在上海光大会展中心同期举办“2004 健康产业博览会暨 2004 健康产业网上博览会”。

2012 年 12 月 27 日，九三学社市委举办“亚太知识产权中心建设与上海创新城市发展”专题研讨会，主委赵雯出席会议并讲话。九三学社市委组织社内科技、教育、法学专家，与市知识产权局局长吕国强等就“科技创新与知识产权的国际发展趋势”“竞争态势和推进成果转化”“运用国际规则、完善法制保障”等问题进行交流探讨，提出许多富有创造性和建设性的意见和建议。市知识产权局、市发改委、市科协、市科委等相关部门领导出席会议。

六、与九三学社中央及其他省级组织联合举办的研讨会

【华东六省一市工作研讨会】

1987 年 9 月 11—16 日，九三学社华东地区六省一市首次工作会议在上海举行。会议由九三学社华东六省一市的 6 位负责人组成的大会领导小组轮流主持。九三学社市委主委杨槱致开幕词。上海市副市长谢丽娟出席会议并讲话。来自华东六省一市的代表分别就社的组织建设、思想建设、参政议政、基层工作等作专题发言，还对九三学社在自身建设、科技咨询、社会服务及海外联络等方面的工作进行专题研讨。大会期间，六省一市的秘书长召开联席（扩大）会议，决定成立“九三学社华东地区发展战略研究会”。九三学社中央组织部副部长楚九英、《红专》编辑部主编苏廷彦以及九三学社贵州、湖南两省省委的负责人出席会议。来自浙江、江苏、江西、安徽、山东、福建 6 省和上海市的社员代表共 48 人参加此次会议。

1998 年 8 月 26—28 日，九三学社华东六省一市基层工作研讨会在上海召开。此次会议总结交流基层工作情况，分析基层工作面临的形势和主要问题，并就“如何切实有效地加强基层工作”进行探讨。与会者认为，要继续发挥九三学社自我教育的功能，加强基层领导班子的建设，继续贯彻落实《九三学社中央关于认真学习贯彻〈关于民主党派组织发展若干问题的座谈会纪要〉的意见》，坚持“发展为了工作”和“在工作中发展”的原则，做好组织发展工作。主委谢丽娟出席会议。九三学社江苏、浙江、山东、安徽、福建、江西及上海组织的部分社员代表出席会议。

2010 年 6 月 7—9 日，九三学社华东六省一市工作会议在上海民主党派大厦召开。此次会议以如何做好参政议政工作为主题，旨在推动区域参政议政工作的交流与合作。九三学社江苏、浙江、安徽、福建、江西、山东 6 省省委及九三学社上海市委的领导，分别就“开展参政议政工作的体会”“新形势下面临的问题”等作交流发言。九三学社中央参政议政部副部长郭悦作形势和政策解读，通报了九三学社中央课题申报和重大课题的开展情况。华东六省一市九三学社组织的代表，九三学社上海市各区委、直属基层组织的代表及九三学社市委机关干部近 80 人出席会议。

【九三学社中央科技发展研讨会】

1992 年 2 月 25—27 日，九三学社中央科技委员会在上海召开科技发展研讨会。20 多个九三

学社省级组织的代表共40人参加研讨会。九三学社中央副主席、九三学社上海市委主委杨樨,九三学社中央科技委员会副主任、国家农业部副部长洪绂曾,副市长刘振元,中共市委统战部副部长赵定玉出席开幕式,上海市科委、市经委、市人大科教文卫委员会、市政协科技委员会等相关单位领导出席开幕式。杨樨在讲话中指出,依靠科技振兴中华,是中国现代化建设的一项基本方针,要使"科学技术是第一生产力"的思想,成为全体社员乃至全社会的共识。研讨会共收到50篇论文,其中19篇在会上宣读交流。参会论文围绕科技成果转化为生产力等问题,从体制、机制、政策等方面进行探讨,提出意见和建议。

【九三学社中央召开多党合作座谈会】

1998年8月4日,九三学社中央研究室在沪召开多党合作座谈会。会议指出,中共十五大的召开对民主党派如何更好地履行参政议政的职责提出了更高的要求,与会者围绕"如何进一步发挥民主党派的参政党作用""进一步发挥政治协商、民主监督的作用"等发表看法,提出建议。

【京、津、沪、渝四个直辖市社务工作研讨会】

2001年5月16—18日,九三学社北京、天津、上海、重庆组织第三次社务工作研讨会在上海召开。九三学社中央副主席金开诚、黄其兴、谢丽娟,以及4个直辖市九三学社组织的负责人出席会议。九三学社各直辖市市委负责人交流了开展社务工作和搞好机关建设工作的经验与体会,就如何调动广大社员的集体智慧,坚持以经济建设为中心,为两个文明建设建言献策等进行探讨。4个直辖市的专职副主委和秘书长还就机关领导班子和干部队伍的建设、机关的思想政治工作、各项规章制度的建立等进行交流。

【"三农问题的法律对策"研讨会】

2003年11月7—8日,由九三学社中央社会与法制委员会主办、学苑出版社协办,九三学社市委承办的"三农问题的法律对策"研讨会在上海举行。九三学社中央社会与法制委员会副主任张学

图7-3-6　2003年11月7—8日,九三学社中央和九三学社市委共同举办"三农问题的法律对策"研讨会,九三学社中央副主席洪绂曾(后排左三)出席

栋介绍了“三农”问题的形势，来自全国各地的45位社员代表就“三农问题的法律对策”“农民权益的法律保护”“农业经济发展”和“农村社会组织”等作专题论述。农业部政策法规司副司长李生在会上作了讲话。九三学社中央副主席洪绂曾出席会议并讲话，他指出：“三农问题”是历史难点，更是今后政府工作的重点，要认真学习《农业法》，关注土地制度，改革农村税制，使农村城镇化建设有序进行。九三学社中央领导及各省市代表70余人出席研讨会。上海电视台、上海东方电视台、《文汇报》等新闻媒体对会议进行报道。

七、与市政协联合举办的论坛与研讨会

【自主创新与上海发展——市政协科教兴市系列论坛】

2006年7月20日，由市政协主办，九三学社市委等单位参与的“2006自主创新与上海发展（产学研结合专题）——市政协科教兴市系列论坛”在市科学会堂举行。近200名来自社会各界的人士参加论坛并进行交流。市政协教科文卫体委员会、九三学社市委等单位有关专家出席会议并提交论文，围绕推进上海产学研结合专题，就提升企业自主创新能力、探索科技成果转化有效途径、科技风险投资等诸多问题进行探讨。论坛由市政协副主席、九三学社市委主委谢丽娟主持，市政协主席蒋以任到会致辞，上海市副市长严隽琪出席会议并讲话。

【金融论坛】

2008年11月4日，九三学社市委和市政协经济委员会联合举办“应对国际金融危机，维护上海金融安全”研讨会，旨在积极应对全球性金融危机。会议围绕上海金融中心建设的主题，就深化金融体制改革、完善金融市场建设、优化金融资源配置、理顺银企关系等方面进行探讨，提出规避、控制、防范和化解金融风险的思路和对策。市政协副主席王新奎作主旨发言，上海金融界有关专家、教授也分别作了发言。市政协经济委员会成员及各基层代表等近120位专家学者参加会议。

【“建立上海市罕见遗传病基本医疗保障机制”专题会议】

2010年5月26日、12月16日，九三学社市委与市政协教科文卫体委员会联合举行2次“建立上海市罕见遗传病基本医疗保障机制”专题会议。九三学社中央副主席王志珍，副市长沈晓明，中华慈善总会副会长、卫生部原副部长彭玉，市政协副主席钱景林等出席会议并讲话，九三学社市委原主委谢丽娟等应邀出席会议。2次会议分别由市政协教科文卫体委员会主任孙正心及市政协副主席蔡威主持。与会者分别听取九三学社市委副主委李定国所作的开题报告和专题发言。市人力资源和社会保障局、民政局、卫生局、市科委、市红十字会等有关部门负责人分别介绍上海市建立罕见遗传病基本医疗保障机制工作推进情况。与会的专家和学者从立法调研、医保力度、调查现状、救助机制、宣传教育、药品引进等方面进行讨论。王志珍在总结讲话中指出，建立罕见病基本医疗保障制度是社会公平的体现，希望九三学社市委发挥积极作用，为切实推进罕见遗传病医疗保障体制的建立作出积极的贡献。市政府相关委办局、市红十字会、市慈善基金会、市医学会领导，部分市人大代表、政协委员、九三学社社员，以及来自上海及全国其他省市的临床医学专家和法学专家等120余人参加了会议。

第四章　社 会 服 务

1978 年改革开放后，九三学社上海组织以经济建设为中心开展各项社会服务工作。广大社员立足本职，岗位建功，为“科教兴市”和振兴上海作出贡献。从 1983 年 3 月开始，九三学社上海组织成立科技咨询服务部(后改名为社会服务部)，面向社会进行多学科、多渠道、多形式的社会服务活动。截至 2012 年，先后开展科普活动、咨询服务、扶贫帮困、业余办学及社区服务、赈灾救灾、海外联谊与促进祖国统一、服务上海世博会等工作，充分发挥九三学社的优势和特色，推动和促进社会主义现代化建设事业。

第一节　岗 位 建 功

上海九三学社社员主要分布在科技、高教、医卫等界别，他们在各自的工作岗位上脚踏实地，努力工作，为改革开放和社会主义现代化建设做出应有的贡献，获得各级各类奖励。其中，有的荣获全国五一劳动奖章、全国先进工作者、全国劳动模范、全国三八红旗手、全国优秀教师等奖项与荣誉称号；有的荣获上海市劳动模范、市先进工作者、市三八红旗手标兵、市三八红旗手、市科技功臣、市科技精英、市优秀教育工作者等荣誉称号。

据不完全统计，1990—2012 年，上海九三学社社员中有 83 人次获得国家自然科学、技术发明、科技进步 3 大科技奖项；有 11 人次获得“何梁何利基金奖”等重大科技奖项；有 131 人次作为第一完成人获得上海市自然科学、技术发明、科技进步 3 大科技奖项；还有许多社员获得其他省部级及以上的重大科技奖项。35 年来，上海的九三学社社员中共有“两院”院士 28 名，其中中国科学院院士 23 名，中国工程院院士 6 名(其中 1 名兼为“两院”院士)。九三学社作为以科技界高、中级知识分子为主体的参政党，以自身的科技与人才优势为载体，为实施“科教兴国”战略，促进经济社会可持续发展建功立业。

一、科学技术

中国科学院院士、神经生物学家、复旦大学教授杨雄里长期从事视觉神经机制的研究，在视网膜中信号传递处理及其机制研究方面取得若干重要成果，发表学术论文 250 多篇，专著、译著多册。他在水平细胞所接受的光感受器信号及其相互作用等方面有新的发现，修正了传统观念，获 1989 年中国科学院自然科学奖一等奖，还曾获得教育部自然科学奖一等奖。2001 年，获“何梁何利基金科学与技术进步奖”医学药学奖。

中国工程院院士，机械制造工艺与设备、设施规划与设计学家，同济大学教授郭重庆长期从事工程项目设计、咨询及产业发展战略研究。他曾担任世界银行中国第一个工业项目——上海机床项目总设计师；主持中国工程咨询机构首次独立承担的世界银行沈阳工业改革项目的可行性研究；担任国内主要大型机床厂和磨料磨具厂的基建、技改项目总设计师，并组织完成“扩大我国磨料出口的研究”，为中国跃居世界磨料生产及出口大国发挥重要作用。曾荣获国家科技进步奖 1 项，国家优秀工程设计金奖1项、银奖3项，并于1989年获“中国工程设计大师”称号。

中国科学院院士、材料物理学家、上海交通大学教授雷啸霖从事凝聚物质的电子输运和超导电性研究，创立半导体输运的平衡方程理论。他发展了超晶格子带输运模型，建立任意能谱材料在电场和磁场中的热载流子输运方程，提出研究强电磁辐照下半导体输运性质的新方法，发展了光子辅助磁输运的电流控制理论，解释了高迁移率二维系统中微波辐照和电流激发引起的磁阻振荡。在国际物理学刊物上发表论文300多篇，出版《半导体输运的平衡方程方法》等专著，其研究成果“半导体输运理论”获1995年国家自然科学奖二等奖。2006年，获“何梁何利基金科学与技术进步奖”物理学奖。

中国工程院院士、河口海岸学家、华东师范大学教授陈吉余是国内河口海岸学科的奠基人，河口海岸理论与工程实践的开拓者。他引领河口海岸研究的发展，获得一系列重大成果，取得良好的社会效益和经济效益，发表论文共180多篇。1986年，他所编写的《中国自然地理(历史自然地理篇)》和《中国自然地理(地貌篇)》分别获得中国科学院科技进步一等奖；1992年，由他参与的“全国海岸带和海涂资源综合调查研究”获国家科技进步一等奖和国家海洋局一等奖；1999年，由他主持的“浦东国际机场东移和九段沙生态工程研究”获上海市科技进步一等奖。2004年，获中国地理学会“中国地理科学成就奖”；2011年，获交通运输部“长江口深水航道治理工程建设杰出人物”称号。

中国科学院院士、分子生物学家、中科院上海生命科学研究院研究员张永莲长期从事雄激素作用原理的研究。在“雄激素诱导大鼠前列腺PSBP基因表达的机制研究”中，证明其作用发生在原始转录水平，并鉴定到4个调控元件和与之作用的反式因子。在“精子在附睾中成熟的分子机制”研究中，发现附睾上皮细胞特异表达一系列与生育相关的天然抗菌肽beta—防御素，其中两个都与精子运动相关，这是一项跻身于世界前沿的创新性基础研究，获2008年国家自然科学奖二等奖。2002年，获“何梁何利基金科学与技术进步奖”生命科学奖。2004年，获上海市“科技功臣”光荣称号。她还曾获得上海市劳动模范、全国“三八红旗手”等荣誉称号。

中国科学院院士、生物化学与分子生物学家、中科院上海生命科学研究院研究员王恩多长期进行酶学及酶与核酸相互作用的研究。首次系统研究蛋白质生物合成的关键酶之一亮氨酰—tRNA合成酶(LeuRS)的编校途径和影响编校功能的结构域和氨基酸残基。通过不同来源的LeuRS结构和功能的比对，筛选到以病原菌肺炎球菌LeuRS编校结构域为靶标的候选抗菌素。在国际学术刊物上发表论文100多篇，申请专利5项。由其主持的研究项目“氨基酰—tRNA合成酶及其与相关tRNA相互作用”获2001年国家自然科学奖二等奖。2006年，获“何梁何利基金科学与技术进步奖”生命科学奖。她还曾获得上海市三八红旗手标兵、上海市劳模等称号，2007年获全国五一劳动奖章。

中国科学院院士、红外物理学家、中国科学院上海技术物理研究所研究员褚君浩长期从事红外光电子材料和器件的研究。他发现窄禁带半导体碲镉汞带间光跃迁本征吸收光谱，发展了碲镉汞能带结构理论和光跃迁理论；建立窄禁带半导体表面二维电子气子能带结构理论；解决了碲镉汞薄膜材料和焦平面列阵器件研制中涉及的有关重要基础问题；开展铁电薄膜材料物理和非制冷红外探测器研究，研制成功PZT和BST铁电薄膜非制冷红外探测器并实现了热成像。他发表学术论文400多篇，出版中、英文专著《窄禁带半导体物理学》等三部。由他主持的“碲镉汞薄膜的光电跃迁和红外焦平面材料器件研究”项目，获2005年国家自然科学奖二等奖。

中国科学院院士、心血管病学家、复旦大学附属中山医院心内科主任葛均波长期致力于心血管疾病的临床和科研工作，主要研究冠心病的发病机制、早期诊断和治疗方案优化等。在国际上首次发现心肌桥“半月现象”,使心肌桥检出率大幅提高;主持研制国内首例可降解涂层新型冠脉支架;作为首位国内学者,在美国经导管心血管治疗(TCT)会议上首创“逆行钢丝对吻技术”。发表SCI和EI收录论文共134篇;主编英文专著1部、中文专著4部;以其为主的“血管内超声和多普勒技术在冠状动脉疾病诊治中的应用研究”获2006年国家科技进步奖二等奖;“新型可降解涂层冠脉药物洗脱支架的研制”获2011年国家技术发明奖二等奖。2011年被评为上海“十大科技精英”,2012年获全国五一劳动奖章。

同济大学教授陈义汉,长期从事心血管疾病临床工作和基础研究,临床特长为心律失常和心力衰竭的诊断和治疗,其研究方向为心律失常和心力衰竭的发生机制和干预。他在心律失常和心力衰竭研究领域取得了重要的科学发现和研究成果,其标志性成果发表在《Science》等刊物上;其科学发现已经被写进多本国外教科书和专著中,并有多种遗传性心律失常依据其发现而分类。其科学发现也曾经被评为国际心脏电生理学领域年度突破性进展和中国高等学校十大科技进展等。他的研究成果“心房颤动分子遗传学和细胞电生理学研究”获2005年国家自然科学奖二等奖;2006年,荣获“中国医师奖”。

华东理工大学副校长、教授钱锋,长期从事化工过程资源与能源高效利用的制造系统智能控制和实时优化理论与关键技术研究。他创新研发了“乙烯装置智能控制与优化运行技术和软件”,并在国内乙烯行业全面推广应用,成效显著。其科研成果突破精对苯二甲酸装置全流程优化运行关键技术,实现工业装置大幅度节能降耗。由其发明的汽油管道调合优化控制技术,实现了调合过程实时优化系统长周期高效运行。他的研究成果已在数十套大型石油化工装置上成功应用,取得显著的经济和社会效益;获国家授权发明专利30项,登记国家计算机软件著作权60项;出版专著1部、发表的论文被SCI和EI收录250多篇;还先后获得4项国家科技进步奖二等奖、中国专利优秀奖等奖项。

复旦大学肝癌研究所副所长、复旦大学附属中山医院肝肿瘤内科主任、教授叶胜龙长期致力于肝癌的基础与临床研究,擅长肝脏肿瘤诊断与非手术综合治疗及肝癌复发转移的防治。他在国内外发表论文400多篇。1987—2008年,他的科研成果先后获国家科技进步一、二等奖,教育部、卫生部科技进步一等奖,中华医学科技一、二等奖等共11项奖项。其中,“转移性人肝癌模型系统的建立及其在肝癌转移研究中的应用”获2006年国家科技进步奖一等奖。

中国科学院上海生物化学研究所研究员甘人宝长期从事人表皮生长因子基因工程研究和乙型肝炎变异株的研究,在分子生物学的理论和技术方面取得较高的学术价值和重要的经济效益。其主要论文著作有《克隆的adr亚型乙型肝炎病毒(pADR-1)DNA的全顺序》《人表皮生长因子在大肠杆菌中高效表达和分泌》等。他主持并参与的研究成果“乙肝病毒基因的克隆和表达”获1989年国家自然科学奖二等奖,“重组人表皮生长因子研制及临床应用”获2002年国家科技进步奖二等奖。

华东理工大学教授黄道长期从事化工过程计算机控制、控制理论与应用等方面的研究。由其主持的国家“七五”科技攻关项目——“合成氨装置计算机控制系统”在国内首次实现大型合成氨装置的在线计算机控制和实时优化,促进计算机控制在大型化工装置应用并推广。他发表论文150篇,出版《氮肥生产自动化》《CENTUM集散控制系统》等专著。以他为主的研究成果“合成氨装置计算机控制系统”获1991年国家科技进步奖三等奖;“合成氨和尿素装置优化控制与调度”获1996年国家科技进步奖二等奖。他还曾荣获国家学位办、国家教委等联合授予的“做出突出贡献的中国博士学位获得者”称号;并获国家人事部“有突出贡献中青年专家”称号。

复旦大学附属中山医院终身荣誉教授杨英珍长期从事病毒性心脏病的临床与实验研究，擅长心肌病、心力衰竭、高血压等疾病的诊断和治疗。她创建国内第一个心血管病毒研究室，开设国内第一个心肌炎专科门诊。1994年，组建卫生部病毒性心脏病重点实验室。她主持并参与“病毒性心肌炎的临床及实验研究”“自分子水平研究病毒性心脏病的诊断、发病机制及治疗”及“黄芪治疗病毒性心肌炎”等科研项目，发表相关论文200多篇；出版《病毒性心肌炎》《病毒性心脏病》专著各一册。其研究成果“病毒性心肌炎的临床及实验研究”获1989年国家科技进步奖三等奖；“病毒性心肌炎与扩张型心肌病的临床与实验研究”获2004年国家科技进步奖二等奖。

中国科学院上海生物化学研究所研究员刘望夷长期从事核糖核酸结构与功能研究与酶学研究。他在国内外首创用荧光试剂标记核糖核酸，并纠正了酵母tRNAAla结构中的错误，为正确合成酵母tRNAAla提供依据；合成了三种放射性同位素标记的化合物。在国内外专业杂志上发表研究论文100篇，著有《转移核糖核酸——结构、功能与合成》等专著。他主持并参与的“tRNA和5SRNA结构、功能与进化的研究”获1994年国家自然科学奖三等奖；“转移核糖核酸——结构、功能与合成”获1999年国家科技进步奖三等奖；“核糖体失活蛋白与核糖体RNA结构与功能的研究”获2005年国家自然科学奖二等奖。

上海交通大学机电控制研究所所长、机械与动力工程学院教授刘成良长期从事机电一体化理论及技术、农业机器人技术、基于网络的远程监控及智能维护技术等的研究。在《IEEE Trans.》《中国科学》等刊物上发表论文102篇，获国家发明专利授权32项、软件著作登记权25项。他主持的研究成果“高性能尾气净化器柔性制造关键技术及成套装备”获2009年国家科技进步奖二等奖；“土壤作物信息采集与肥水精量实施关键技术及装备”获2011年国家科技进步奖二等奖。

中国医药工业研究总院首席专家、副院长、研究员，上海交通大学药学院副院长、教授陈代杰，长期从事“从无到有”的创新药物研发、“从有到优”的微生物药物产业化关键技术开发，以及“从多到少”的制药废弃物技术开发，获得过一系列重要科研成果奖项。他发表论文200多篇，出版专（译）著8本，科普书籍2本，授权发明专利27项。他主持的“环孢菌素A生产新工艺及其应用”及“万古霉素关键技术研究及其应用”研究分别获2005年及2007年国家科技进步二等奖；“环孢菌素A发酵工艺”和“万古霉素产生菌及其应用”获中国专利优秀奖。

上海交通大学附属第六人民医院院长、教授贾伟平长期从事糖尿病诊治与病因等方面研究。她发现2型糖尿病12个新易感基因，占国际发现的2型糖尿病易感基因的八分之一；发现FGF21是非酒精性脂肪肝的新生物标记物，揭示FGF21通过对抗内质网应激而改善脂肪肝的分子机制。她还建立国际上首个动态血糖监测正常值的临床判断标准，并开发配套数据分析自动报告系统，制定国际首个临床应用指南；建立适用于中国人腹型肥胖诊断的新标准和糖化血红蛋白诊断糖尿病的新标准；发表SCI论文400多篇。其研究成果“2型糖尿病的发病机理和临床诊治技术”，获2009年国家科技进步奖二等奖。

东华大学教授奚旦立长期从事环境科学与工程教学工作和研究，包括纺织领域环境保护、印染废水处理和回用、节能减排和低碳经济、有害化学品的管控等研究。他参与编写纺织染整水污染物排放标准、纺织染整废水设计规范、纺织染整废水回用标准等文本；主编《纺织工业节能减排和清洁生产审计》《清洁生产与循环经济》《突发性污染事件应急处置工程》《环境监测》等书籍。其研究成果“印染废水大通量膜处理及回用技术与产业化”，获2008年国家科技进步奖二等奖。

上海海洋大学教授严兴洪专长于大型经济海藻的遗传育种、生理和分子生物学、栽培与病害等研究。他在国际上完成了首例江蓠原生质体的成株培养，培育出国内第一个紫菜良种——坛紫菜

“申福 1 号”,并得到推广和应用。他发表原创论文近百篇,参与《海藻生物技术》《海水养殖生物的细胞工程育种》《水产生物育种理论与实践》等专著的编写。其研究成果“坛紫菜新品种选育与推广”,获 2010 年上海市科技进步奖一等奖;“坛紫菜新品种选育、推广及深加工技术”,获 2011 年国家科技进步奖二等奖。

二、文化艺术

中国合唱指挥泰斗、上海音乐学院指挥系教授马革顺是中国合唱音乐的奠基人之一,其教学足迹遍布全国,在合唱艺术上的造诣获得业内广泛认可。1981 年,他前往美国 21 所大学讲学和举行音乐会。1981 年,获得美国威斯敏斯特合唱学院荣誉院士称号,并获古斯塔夫学院“艺术荣誉奖章”,2001 年,获首届中国音乐金钟奖“终身荣誉奖”。他还著有中国第一部关于合唱艺术的学术专著《合唱学》,这标志着中国合唱学术理论已达到国际水平,对国内合唱指挥教学领域产生深远影响。

世界著名男低音歌唱家、声乐教育家、教授温可铮是在国际舞台上最活跃、举办独唱音乐会最多的中国歌唱家代表人物之一。他能用中、俄、意、英、德、法及西班牙等多国语言演唱歌剧咏叹调、艺术歌曲,以及各国民歌、宗教圣乐、黑人灵歌等各类不同风格的曲目。他曾多次应邀赴日本、美国、新加坡及香港等地讲学、演出,举办个人独唱音乐会近 300 场。他毕生致力于中外文化的交流、推广中国优秀声乐新作、探索美声唱法的民族化,以及培养高水平的声乐人才。曾出版发行《温可铮演唱珍藏版 CD》《当代中国声乐艺术大师——温可铮演唱专辑》《中国艺术歌曲及民歌》等音乐专辑。他被誉为“当代的夏里亚宾”。

中国音乐家协会副主席,上海音乐学院副院长、教授廖昌永是目前活跃于世界歌剧舞台上杰出的亚洲歌唱家之一。他先后与伦敦交响乐团、纽约大都会歌剧院交响乐团等多个世界著名交响乐团及多明戈、卡雷拉斯等多位歌剧大师合作演出,主演《塞维利亚的理发师》《假面舞会》《游吟诗人》等 30 多部经典歌剧,举办过数十场独唱音乐会。他还多次在国内外重大声乐比赛中获奖,1996 年获第四十一届“图鲁兹国际声乐大赛”一等奖,1997 年获挪威“宋雅王后国际声乐大赛”第一大奖,以及“多明戈世界歌剧大赛”第一大奖等奖项。2002 年获全国五一劳动奖章,2004 年被授予“全国中青年德艺双馨文艺工作者”等称号。

第二节 科 普 活 动

开展科普活动,是九三学社市委社会服务工作的一个重要方面,也是提高广大社员及社会民众科学素质的重要手段。九三学社上海组织充分利用自身的智力优势,开展科普工作,并通过举办科普专题讲座、共建科普教育基地、开设科普讲坛,开展“科普之旅”和“科普讲坛外埠行”活动,组织“国际科学与和平周”科普主题系列活动等,为提升全社会的科学素养,推动科普事业的发展发挥积极作用。

一、科普工作

从 20 世纪 80 年代起,九三学社上海组织就开始充分利用社内各领域、各学科专家的雄厚实力，组织开展各类科普讲坛讲座、科普宣传教育及参观考察等活动，并以合作共建科普教育基地、主办报刊和网站等作为宣传科普知识的载体，结合国内外科技发展的前沿动态、高科技领域产业化发展的重大成果，以及社会关注的热点问题等，向广大社员和社会各界传播普及科学知识，取得一定成效。

【科普专题讲座】

1997 年 5 月，九三学社市委组织基层举办有关"疯牛病"、克隆技术等内容的科普报告会，并为广大青少年举办有关激光知识的讲座。1998 年 5 月 31 日，与市建委联合举办以"绿色居住环境与绿色交通"为主题的义务咨询活动，宣传相关的科普知识，增强市民的环保意识，共有 100 余人参加此次活动。2000 年 12 月 24 日，组织社内"两院"院士及专家教授开展以"展望 21 世纪的科学与生活"为主题的科普讲座，共有 100 多人聆听讲座。2001 年 3 月 13—18 日，与市容环卫局联合主办"文明餐饮、洁净家园"系列公益宣传活动，并在南京路步行街向市民进行宣传，部分社员和社会志愿者 200 人参加此次活动。2003 年，举办纪念《中华人民共和国科学普及法》颁布一周年科普活动，组织社内专家作《21 世纪医学展望》《认识冠心病》等科普报告。2004 年，参与筹备"2004 年健康产业与生命科学"高层论坛。2005 年，参与"科学生活，拥抱健康"科普进社区活动，并在卢湾区等地举办科普讲座 11 次。2009 年，九三学社市委继续加强与市科协等社会团体的合作，为配合"上海科技节"活动，参与举办、承办"2009 年国际健康生活方式博览会""名医与您谈疾病"等系列科普论坛；在"世界心脏日""世界高血压日"，分别开展义诊和科普宣传活动；召开区县组织"共建文明"工作交流会和"科普讲坛"成立 5 周年座谈会。2010 年，为配合"上海科技节"活动，为宝钢集团等大型国企举办专场科普报告会等。2011 年，九三学社市委还举办"神奇光源探秘"科普活动。

【科普教育基地】

2003 年，九三学社市委与上海中学共建科普教育基地，组织专家为中学生作科普报告。2004 年，与嘉定区教育局签订"创建青少年科普教育基地"协议。2005 年，为嘉定区教育局干部及上海中学的青少年作科普报告，组织中学生参观上海大学生命科学院实验室。2006 年，组织社内专家为青浦区朱家角中学科普教育基地的学生作科普报告 6 场；为金山区农民作科技专题报告 2 场，作科普报告 6 场。2008 年，与崇明中学、扬子中学共建科普教育基地，并在上海中学等科普教育基地举行大型科普报告会。2009—2011 年，组织社内院士、专家开展"进乡村、入学堂"活动，在上海中学等科普教育基地举办 4 场科普讲座；组织社内专家学者赴崇明中学、扬子中学、横沙乡中学等科普教育基地作科普讲座，并与中学生进行交流互动；在上海市闸北八中举行科普教育基地签约仪式；为配合全国科普周、上海科普日和上海科技节等活动，在金山区、上海中学和青浦高级中学分别举办专场科普报告会。2012 年，为加强与闸北八中的科普合作，举办科普报告会 2 场，合作开展相关课题研究；组织社内专家开展"进乡村、入学堂"活动，赴崇明县作科普报告，开展全科医生培训系列讲座等活动。

【科普讲坛】

"科普讲坛"以提高群众科学文化素质、促进社会发展进步为宗旨，以科普教育基地、合作共建和社内基层组织为依托，举办各种形式的科普报告会，普及自然科学、社会科学、人文科学、医药卫生等方面的科学知识。经过多年的实践，"科普讲坛"逐渐成为九三学社市委开展社会服务工作的特色品牌活动，并多次被社会媒体报道。从2003年起，九三学社市委与市科协等单位联合举办“名家科普讲坛”，向市民作科普宣传。2004年，成立“科普讲坛”顾问团和报告团；同年，“科普天天谈”国庆特别节目特邀九三学社市委“科普讲坛”高级顾问、中科院院士杨雄里作为嘉宾走进上海人民广播电台990频率直播室，向广大听众介绍《探索脑的奥秘》的研究情况，并回答听众提问，据电台统计听众人数达80万左右；一年间，先后有9位报告团成员走进直播室与市民互动，介绍各自专业的科学研究进展情况，此项活动成为九三学社市委“科普讲坛”的又一亮点。2005年，参与上海人民广播电台“科普天天谈”节目12次，并与相关单位合作出版《科学家对你说》科普书籍；与上海人民广播电台合作举办科普报告会3场。2007年，开展“科普讲坛”基层巡讲活动，组织科普巡讲团成员先后到12个区县开展科普宣讲，共举办科普讲座32场，内容涵盖脑科学、疾病防治等领域。2008年，九三学社市委主办的“科普讲坛”，在19个区县及基层组织进行巡讲。2011年，在九三学社市委直属基层、学校和社区举办“科普讲坛”巡讲活动12场。2012年，九三学社市委共举办“科普讲坛”15场。截至2012年，九三学社市委的“科普讲坛”累计举行600余场的科普报告活动，直接听众有数万名，与市科协联合举办“名家科普讲坛”报告会共100余场。

【“科普之旅”和“科普讲坛外埠行”活动】

2010年，九三学社市委开启“科普之旅”活动，并在上海世博会公共参与馆举行启动仪式。2011年，在上海师范大学、中科院上海生物化学研究所等地举办“科普之旅”活动；启动“科普讲坛外埠行”活动，组织专家分赴河南省漯河市、四川省剑阁县、贵州省贵阳市及黔南州地区，以及安徽省金寨县等地举办科普报告会。至2012年，开展“科普之旅”活动共14次。

九三学社市委还编辑出版了系列科普书籍，举行《科苑掇英——九三学社上海市委院士专家科普文集》首发式和杨槱院士科普书籍捐赠仪式。

二、“国际科学与和平周”主题系列活动

进入21世纪后，根据“国际科学与和平周”中国组委会和九三学社中央的要求，九三学社市委充分发挥科技与人才的优势和特长，围绕每一次活动的主题组织开展科普系列活动。2001年11月，在第十三届中国“国际科学与和平周”系列活动举办期间，九三学社市委邀请专家作科普报告，向市民普及科学知识。11月15日，组织社内专家到嘉定区众仁老人园开展义诊活动，还邀请市公安局治安总队报告团作APEC会议期间安全保卫工作情况的报告等。

2003—2008年，九三学社市委在每年11月举办的中国“国际科学与和平周”活动中，围绕不同主题开展科普系列活动。2003年，在第十五届“国际科学与和平周”活动中，围绕“维护和平，促进发展；培育人才，科教兴国”主题开展形式多样的科普系列活动，并组织相关专家作《掌握科学规律，造福人类——从红外科学谈起》科普报告。2004年，在第十六届“国际科学与和平周”活动中，组织社内专家开展形式多样的科普报告会，并在上海市建青实验学校作《艾滋病的预防与法律问题》科普报告，全校2 600多名学生聆听报告。2005年，在第十七届“国际科学与和平周”活动中，专门邀请社内专家到上海人民广播电台新闻频道通过“科普天天谈”节目与听众直接交流，并作相关科普报告。2006年，在第十八届“国际科学与和平周”活动中，在东方明珠电视塔举行“和平・科学・生活”主题展，并以“科技进步、生活和谐”为主题，通过图片、模型及实物展示向市民宣传科学进步的成果。2007年，在第十九届“国际科学与和平周”活动中，以“科技发展和环境保护”为主题开展系

图 7-4-1　2001 年 11 月 15 日，第十三届中国“国际科学与和平周”系列活动期间，九三学社市委组织社内专家到嘉定区众仁老人园开展义诊

列活动，在上海音乐厅广场举办“汽车科技与环保节能”展览，并开展系列科技论坛及助学捐赠等活动。2008 年，在第二十届“国际科学与和平周”活动中，开展以“科学和平，和谐发展”为主题的科普系列活动，邀请相关专家作题为《中国载人航天工程漫谈》的讲座，有近百位社员聆听此次讲座。

2009—2012 年，九三学社市委在每年开展的中国“国际科学与和平周”活动中，大多以组织医务专家开展医务咨询服务为主。2009 年，在第二十一届“国际科学与和平周”活动中，开展以“弘扬科学，关注民生，发展公益，促进和谐”为主题的系列活动，组织社内三级甲等医院专家在南汇区新场镇社区卫生服务中心为 200 余人提供诊疗服务，还对新场镇社区卫生服务中心的医务人员进行带教指导。2010 年，在第二十二届“国际科学与和平周”活动中，以“绿色、低碳、健康、和谐”为主题开展系列活动，组织社内外专家在浦东新区慈善医院为近 200 人提供免费诊疗服务，并对该院医务人员进行带教指导。2011 年，在第二十三届“国际科学与和平周”活动中，组织 10 位社内医务专家在普陀区长征镇社区服务中心为社区居民义诊，惠及 260 多人。2012 年，在第二十四届“国际科学与和平周”活动中，与九三学社长宁区委、长宁区老年协会和新泾镇政府联合，在新泾镇社区活动中心举办义诊活动，300 多人受益。

第三节　咨询服务

一、科技咨询

1983 年 3 月，九三学社上海分社委员会成立科技咨询服务部，设立机电、化工、冶金等 23 个专业组，负责日常咨询接待工作，共有 200 位科技人员参加。20 世纪 80 年代后，在九三学社市委的指导下,九三学社长宁、静安、杨浦、徐汇、闵行、宝山、黄浦、虹口等区级组织,复旦大学、上海交通大学等高校,以及机电、仪表、纺织等基层组织先后成立科技咨询组织,开发科技咨询服务业务。科技咨询服务部面向企业开展技术咨询服务,协助企业筹建工厂、开发新产品、研制专用设备等,并承接建筑设计、商品装潢和包装设计等业务。为了使社员的科技成果及时推向社会,科技咨询服务部参与由市政府合作交流办公室组织的各工业系统、大专院校、科研院所咨询机构组成的市科技协作联合办公室,截至 1992 年,共承接大中型科技咨询及可行性研究项目 130 项,技术服务项目 108 项,服务范围遍及江苏、浙江、河南、北京、内蒙古、黑龙江等省、自治区、直辖市。

1997 年 5 月 11—14 日,九三学社市委应浙江省余姚市政府邀请,组织专家对该市玩具城、塑料城、模具城以及部分股份制企业和乡镇企业进行实地调研,就余姚市政协 14 个课题与当地市政府、各委办局领导进行座谈,并对余姚市的城市规划、经济发展等提出具体的建议。

2000 年 3 月 23 日,在九三学社市委主委谢丽娟和 7 名社内院士的带领下,来自中科院上海分院和复旦大学、上海交通大学等 11 所高校的近百名博士生导师、博士研究生应浦东新区邀请来到张江,考察高科技园区的创业基地,了解园区的发展前景,参观上海博达数据有限公司和国家人类基因上海研究中心。在座谈交流中,谢丽娟代表九三学社市委表示:将尽全力支持张江高科技产业的发展,为园区的发展作出新贡献。九三学社市委医学服务中心还与园区签订《建立张江园区创业者健康热线》协议,为他们提供医疗保健服务,以完善园区的投资环境。

2001 年,九三学社市委开展 ISO9000 质量管理体系认证咨询业务,面向全国提供咨询服务。2002 年,九三学社市委组织一批高级管理人才,成立 ISO 质量体系认证咨询中心,为企业提供咨询服务,并负责内审员培训等工作,帮助相关企业建立符合国际标准的质量管理体系。

2004 年初,九三学社市委选拔 20 位各学科专家组成科技咨询专家组,并引入社外专家加盟,采取定期组织"科技沙龙"结合专题研讨的方式,开展社会服务工作。共举办科技沙龙活动、研讨会 4 次,完成罗门哈斯公司上海特殊涂料厂建厂前期工程咨询、上海轨道交通有限公司调度楼工程咨询等数十个工程咨询项目。

2008 年 1 月 14 日,九三学社市委、九三学社上海交通大学委员会与南汇区政府农业科技项目对接签约仪式在南汇区举行。此次签约旨在通过构建长效联系机制,推进产学研一体化建设,通过协作发挥各自优势,全面提高农业科学水平。随后,九三学社市委与南汇区政府签署科技合作协议书。九三学社市委副主委李定国在总结讲话中表示:希望通过双方的合作,一方面能够促进南汇区经济的发展,另一方面则可以提高九三学社作为参政党履行职责的能力。

二、医务咨询

1983—2012 年,九三学社上海组织充分利用社内医学专家和医务人才荟萃的优势,面向社会开展医务咨询服务。

【设立专家咨询门诊】

1983—1984 年,九三学社上海分社组织社内医学专家 3 次赴云南昆明、玉溪等地进行医务咨询,并在当地举办各类医学讲座。1985 年,九三学社市委设立"九三学社上海医学专家咨询门诊"。这是上海市首个"专家门诊",每周日在卢湾区中心医院为患者服务,共设立 26 个专科,由社员中 50 多位副教授以上的资深医师参加应诊。1992 年 5 月,九三学社市委又在黄浦区中心医院开设医疗专家咨询活动；同年 9 月 9 日，组织社内医学专家赴复旦大学开展医务咨询门诊。1985—1992 年，专家咨询门诊已为 1 万多人次解疑排难，九三学社市委还多次组织专家分赴江苏省、浙江省等地为当地各界人士进行健康咨询，每年还为教师、儿童、老人、残疾人、公安干警等举办义务诊疗服务。

1997 年，九三学社上海市卢湾区中心医院特邀专家咨询门诊经调整后，又重新开始面向社会为各界人士服务；2 月，九三学社市委举办"中老年医学保健讲座"，年内共举办 12 场讲座；7 月，组织医学专家分赴上海安亭、金山等地，为当地居民开展为期 2 天的义诊咨询。在安亭医院，10 位医学专家共开设 13 个专科，为当地 500 名患者进行医务咨询服务。

【成立"九三学社上海医学服务中心"】

1995 年 4 月 14 日，九三学社市委成立"九三学社上海医学服务中心"（又名"九三学社上海名医俱乐部"），每年组织社内医务专家开展医务咨询、诊疗、健康体检及讲学等活动。1996 年 4 月，组织专家小组应邀赴江苏省江阴市开展为期 5 天的医务咨询及参观活动，为当地 500 人次提供医务咨询服务；8 月 27—31 日，组织部分专家赴江西省萍乡市开展为期 5 天的医务咨询活动，并为萍乡人民医院及下属各乡镇医院的医务人员授课，受到好评。1998 年 10 月 20 日，又与市慈善基金会所属的嘉定众仁老人乐园签订共建文明协议，定期为园内老人体检，举办医学保健讲座等，还向众仁老人乐园捐赠一套教学音响和两套健身器材，并为身住上海福利院的孤寡老人进行义务体检。1999 年 10 月 10 日，为迎接"上海科技节"的到来，举办大型义务医务咨询活动，组织 10 位知名医学专家为广大市民提供医务咨询服务；10 月 19 日，还与上海红十字会联合，举办针对老年人肿瘤防治的知识讲座。

2000 年 10 月 29 日—11 月 4 日，应安徽省淮北市人民医院邀请，组织 14 名医学专家赴该院进行医务咨询活动，共为当地居民义务咨询各种病症约 500 例，成功实施高难度眼科手术 2 例，并在该院进行教学查房等活动；为当地医务人员开办讲座 10 次，共有 700 多人聆听讲座。与此同时，还与淮北市人民医院签署长期合作协议。2002 年 6 月，与浦东新区总工会签订共建文明协议，常年为浦东新区的市级劳模提供医务咨询服务；截至 2002 年底，共为浦东新区劳模 80 余人次服务。

【开展医务咨询服务】

2003 年，九三学社市委为上海医药设计院、广发银行等企事业单位 2 000 人次提供健康检查及医务咨询服务；召开《关于进一步加强上海流动人口疾病监控的若干建议》专题研讨会；组织专家前往嘉定区众仁老人乐园举办医学保健讲座，提供医务咨询服务，并于敬老节免费为老人体检等。此外，通过"老年茶座"等形式，为广大老年社员举办多期"医疗保健知识讲座"。2004 年，为上海市内若干企事业单位人员提供健康检查及医务咨询服务；组织专家前往嘉定区众仁老人乐园为住园老人作 4 次医务养生保健讲座，并在现场进行医务咨询，还为 200 位住园老人做健康体检。

2005 年，定期组织医务专家赴嘉定区众仁老人乐园进行义务健康体检，举办养生保健讲座；组织社内专家分赴崇明县和嘉定区，为 1 000 多名农民进行义务医务咨询；为上海港务公司 500 多名务工者义诊；为科技人员开设健康咨询专场，有 1 000 多人参加此次活动。2006 年，多次组织社内医学专家分赴嘉定区、南汇区和崇明县提供医务咨询服务，并对当地医护人员进行业务培训。2007 年，与浦东新区总工会等联合举办"关爱农民工，五送到工地"活动，为农民工送医送药，提供免费医疗服务等。

2008 年，组织社内 80 名医学专家，在长宁区、嘉定区、南汇区和崇明县等地同时举办大型医务咨询活动,积极为社区居民和农民工服务;与浦东新区区委联合,组织医务专家为在上海港务工的贵州省黔南州民工进行两场义诊活动;与上海市医学会心血管病分会联合,举办"2008 年第八届世界心脏日暨心脑血管健康大型主题会"。2009—2010 年,组织社内医学专家分赴崇明县新海镇和港沿镇,为当地农民和城镇居民 400 人次进行医务咨询和义诊活动。2011 年,组织社内医学专家分赴普陀区长征镇社区、青浦区夏阳街道华骥苑社区和崇明县横沙乡开展义诊活动;参加市老年学会"迎'七一'关注民生关爱老人"专家义务咨询服务活动;举办"重阳节"大型义诊活动,为老年社员服务。

2012 年,举办"传递光明,凝聚关怀"——全国"爱眼日"眼科义诊活动,有 250 名老年社员及其家属受益;举办"重阳节"大型义诊活动,为广大老年患者服务;组织专家分赴长宁区新泾镇、崇明县新村乡、嘉定区嘉定镇、浦东新区进才中学北校等地开展义诊活动。

【组织医务系列培训】

1998 年 1 月,九三学社市委与安徽省淮北市人民医院签订合作协议,组织医学专家开赴该院诊治疑难杂症,举办各类医学讲座,帮助该院进行临床学科建设,并提供医疗技术业务指导。2002 年 10 月 12 日,又与安徽省池州市人民医院举行合作签约仪式,组织社内医学专家帮助池州市人民医院建立特色专科,并定期进行教学、业务技术指导等。2003 年,还组织社内医学专家为池州市人民医院、淮北人民医院进行学科建设指导、教学业务培训,定期组织专家开展讲学、教学查房、会诊疑难病例等,协助联系该院医务人员来上海进修。

2007—2011 年,九三学社市委与中华医学会崇明分会、崇明县医学会建立合作关系,在崇明县联合举办"乡镇全科医生培训系列讲座",促进医院的学科建设;由九三学社市委牵头组织,在九三学社嘉定区委的配合下,为崇明县社区卫生服务中心的医务人员安排落实免费进修事宜;不定期地开展医学讲座,先后邀请社内各科医学专家作专题学术讲座,促进该县乡镇全科医生提高业务水平。

三、法律咨询

从 1992 年起,九三学社市委组织社内法律专家,为广大社员及市民开展法律义务咨询活动。1992 年 12 月 6 日,为纪念《中华人民共和国宪法》颁布 10 周年,普及法律知识,九三学社市委和《劳动报》报社联合在外滩举办法律咨询活动,社员中的司法部门领导、研究人员、律师等参加此次活动,并为 200 多名市民解答相关法律问题。1993—1995 年,九三学社市委每两月举办一次"法律咨询接待日"活动,为广大社员提供法律咨询服务。

1997 年 10 月 23 日,由九三学社市委与《劳动报》报社联合主办,九三学社黄浦区委、金陵街道办事处等协办的"敬老节"法律咨询活动在福州路举行,共接待咨询者 49 人次。11 月 3 日,九三学社市委又在南京路举办义务法律咨询活动,有 10 位法学专家和律师为近 300 名市民解答有关法律问题,普及法律知识。12 月,九三学社市委还组织社内法学专家,面向市民开展义务法律咨询活动。

1998 年 10 月 28 日,九三学社市委与闸北区人大联合举行义务法律咨询活动,20 位法律专家为数百名市民宣传法律知识,提供咨询服务。1999 年 4 月,九三学社市委又与长宁区人大、区司法局在天山路街道联合举办"贯彻宪法精神、增强法律意识"大型义务法律咨询,10 位法学专家、律师,以及区司法局、劳动局、房产局等部门的负责人共接待近百名群众,取得良好的社会效果,《新民晚报》予以报道。

图 7-4-2 1992 年 12 月 6 日，九三学社市委和劳动报报社联合在外滩举办法律咨询活动

第四节 扶贫帮困

一、智力支边

支边扶贫工作是民主党派致力于支援边疆、发展经济、脱贫致富的一个重要途径和参与方式。自 1983 年起，九三学社上海组织成立支边扶贫领导小组，并设立 9 个专业组。同年 3 月，中共市委统战部组织上海 5 个民主党派组成"智力支边赴云南学习参观团"，九三学社上海组织一行 14 人参加，历时 22 天，通过实地考察，提供研究资料，做好支边准备工作。1988 年，九三学社市委组织专家赴贵州考察，签订一批技术服务合同。

【贵州省黔南州扶贫帮困工作】

20 世纪 80 年代，九三学社市委与贵州省黔南布依族苗族自治州（简称黔南州）政府签署《科技支边定点扶贫协议》。1991 年 11 月，九三学社市委代表团赴贵州考察，与黔南州政府签署为期 5 年的科技支边定点扶贫协议。九三学社市委组织专家无偿为当地企业提供技术服务和优质水稻良种、玉米良种及奶牛品种等，并安排技术工人来上海培训；同时派遣针织专家协助黔南州都匀市针织厂进行技术改造与产品更新，帮助该厂操作人员来上海袜子一厂培训。

2000 年 6 月，九三学社市委与黔南州政府又签订为期 10 年的科技支边协议。2002—2006 年，九三学社市委主委谢丽娟三次率团赴黔南州考察，进一步推进沪黔两地的交流与合作。

2000—2002 年，九三学社市委教育考察团赴黔南州考察，向州政府捐赠教学仪器设备，并为黔南州民族师范学院等院校安排教师 31 人次到上海高等院校进修，还负责安排 17 名医生分别到上海市第六人民医院、东方医院等进行培训;由九三学社社员牵头并通过上海外国语大学的帮助,从2000 年起将黔南州民族师范学院列为亚洲基金会捐赠图书资料的院校。九三学社市委还组织社内医学专家对黔南州医学和卫生事业进行考察并开展讲学等活动;在九三学社市委的帮助下,贵州省黔南州与上海交通大学农学院关于皇竹草的合作研究项目获得西部开发基金的资助,并在黔南州独山县尧梭乡建立皇竹草种苗生产基地。九三学社市委还整合社内资源,向当地捐赠价值 10 万元的教学仪器、22 台电脑,以及建造一所希望小学的资金。

在九三学社市委协调下,2003 年 8 月 10 日,上海新华医院与黔南州人民医院缔结"友好医院"揭牌,两家医院制定"2003—2004 年度友好医院合作计划";组织专家在黔南州举办科技、教育相关讲座 20 次,有 7 700 人聆听讲座;协调黔南州医学专科学校与上海二医大卫生技术学院签订缔结友好院校协议;促进黔南州民族师院与上海外国语大学签订合作举办研究生班的协议,并帮助黔南州建立远程教学点;向黔南州捐款资助当地贫困学生,使 430 名家境贫困的小学生重返课堂;与上海浦南医院签约,建立支边扶贫人员进修培训基地,接受黔南州等外地来上海进修的医生;九三学社市委还组织支边工作组到黔南州访问,组织专家教授赴黔南州讲学,并举办研修班。2003—2005 年,九三学社市委共安排黔南州 45 名教师、34 名医务人员来上海进修。

图 7-4-3　2003 年 8 月 10 日,在九三学社市委协调下,上海新华医院与黔南州人民医院缔结"友好医院"揭牌

2006—2010 年,九三学社市委捐助 20 万元帮助黔南州三都县合江镇拥寨小学修建校舍;组织社内专家教授为该州教育工作者、医务工作者、农业科技人员及学生等开展讲学,并为黔南州的农村劳动力转移工作牵线搭桥,还在黔南州建立良种推广基地;组织社内经贸界成员赴黔南州考察,为当地的社会经济发展建言献策;组织社内医学专家对在上海务工的黔南州民工进行义务咨询。2006—2008 年,三次为贵州省黔南州等贫困地区捐赠图书 12.4 万册、捐赠助学款项 29 万元,以及捐赠 10 万元的药品、教学仪器设备等。2006—2010 年,共安排落实黔南州 71 名教师到复旦大学、上海交通大学、同济大学等高等院校进修培训，这些教师回到原单位后大都成为教学骨干，其中还有部分走上院系领导岗位。2010 年 11 月，九三学社市委召开支边扶贫工作情况通报会，通报近 5 年来对口援助黔南州高校教师的培训工作情况。

2011—2012 年，九三学社市委支边工作组赴黔南州进行工作访问，并续签双方长期科技、教育支边关系协议，还安排落实 25 名黔南州教师到上海高等院校进修等事宜。

【贵州省毕节市扶贫帮困工作】

2008 年以后，九三学社市委智力支边帮扶工作扩展到贵州省毕节市威宁县。

2010 年，九三学社中央提出以"科技扶贫、观念扶贫"为重点，采取"中央牵头、贵州省委为主，其他省级组织参与"的方式，加大与对口的贵州省威宁县的帮扶力度。九三学社市委的主要任务是与威宁彝族回族苗族自治县(简称威宁县)中水镇建立对口帮扶关系。九三学社市委与贵州省毕节市威宁县中水镇签署了开展对口帮扶工作协议书，组织安排当地教师赴贵州省黔南师范学院进修，并组织社内教师赴中水镇开展业务培训。

2011 年初，按照九三学社中央、中共市委统战部的部署和要求，九三学社市委组织开展"同心·智力行"活动，制定参与毕节试验区威宁县建设工作计划，并做好对威宁县及中水镇的智力帮扶工作。3 月 23 日，九三学社市委与威宁县教育代表团举行座谈会，商议九三学社市委在教师、医技人员的培训以及农业、畜牧业发展等方面帮扶威宁县，促成毕节市实验三中、威宁二中、威宁四中与上海闸北八中、扬子中学、进才北校结对帮扶，并分别签订了《友好帮扶协议》；6 月 13—15 日，九三学社市委率上海闸北八中教育代表团一行 22 人，赴毕节市实验三中进行为期 3 天的助教帮扶活动；上海闸北八中教师通过开展讲座、课堂教学以及召开座谈会等形式与威宁县的 7 所高中学校师生进行交流。这是威宁县首次举办的大型教育对口交流系列活动，当地媒体作了连续报道。下半年，九三学社市委应邀组织社内农业、畜牧业以及教育、卫生等专家赴威宁县开展讲学活动，还联系安排落实威宁县的 6 位医技人员以及 3 所与上海结对学校的部分干部和教学骨干来上海挂职和进修。

2012 年，九三学社市委落实威宁县 12 名医生到上海的对口医院进修，并协调威宁县 14 名中学教师来沪学习，还组织社内外农业、畜牧业、污水处理和教育专家赴威宁县开展科技普及和培训指导活动。

二、科技扶贫

自 1983 年起，九三学社上海分社委员会组织建材技术人员前往云南省昆明市，帮助兴建年产万吨的白水泥厂；组织专业技术人员去内蒙古自治区呼和浩特市，帮助当地灯泡、造纸企业提高产品质量，解决灯泡厂的生产技术问题；派出两批技术人员去辽宁省建平县，帮助当地发展陶瓷产业，提高印刷质量。1988 年，九三学社市委还组织社内高级工程师去贵州省惠水、瓮安两县，无偿转让金针菌种和生产技术资料，并签订一批技术服务合同。

【"九广合作"项目】

1996 年 4 月，九三学社中央召开沿海六省、市科技扶贫支边工作会议，确定将四川省广元市作为九三学社上海市委与浙江省委的重点扶贫对象(即"九广合作"项目)。1998 年，九三学社中央明确要求九三学社上海市委重点支援四川省广元市的剑阁县。1999 年 11 月，九三学社市委妇委会与当地12名贫困女学生建立长期捐资助学关系,并在当地设立中小学助学基金。

2000年,九三学社市委通过上海希望工程办公室落实20万元资金,为剑阁县沙坪镇捐助一所希望小学;4月,九三学社市委专家考察团应邀赴剑阁县考察,与剑阁县政府签订《科技兴农合作协议书》,组织上海水产大学支社专家编制剑阁县《杨家坝水库综合开发项目规划》和水产养殖方案;组织上海农科院支社无偿为剑阁县农业技术人员培训蔬菜、食用菌栽培等技术;组织医学专家在剑阁县人民医院进行义诊,诊治患者有450多人;举办专题讲座,听众达1 000人次,并进行查房示教指导等工作。2002年8月,九三学社市委组团考察广元市和剑阁县,向剑阁县贫困中小学生捐赠3万元助学金,并与两地有关部门商讨进一步帮扶事宜。九三学社市委筹资1.5万元,并通过上海重型矿山机械公司等,共筹资3万元在剑阁县设立"九三学社上海市委助学基金";还先后联系安排当地14名医生到上海东方医院、瑞金医院等免费进修,联系落实由上海瑞金医院卢湾分院捐赠2台电动医疗手术床及2台医疗手术无影灯的活动。此外,还培训农业栽培技术人员及赠送优良品种。

2004年,九三学社市委向剑阁县农业局赠送由社员提供的大豆、黄瓜、豌豆等良种,并在社内募集"帮困助学专款",资助当地贫困学生,此专项助学捐款共分3年完成。2005年,组织专家为剑阁县农业局、畜牧局约100位基层科技人员作题为《农产品加工与食品安全》的科技讲座。2009年,与剑阁县特殊教育学校签订捐资助学和捐赠图书的协议。2010年,与四川省剑阁县签署2010—2013年"九广合作"项目协议书。2011年,在剑阁县特殊教育学校举行帮困仪式,为当地困难学生捐资助学。2012年,安排落实剑阁县9名医生到上海的对口医院进修,还组织社内外农业、畜牧业等方面的专家赴四川省剑阁县,开展科普教育及培训指导等活动。

【沪豫科技合作】

2008年9月,根据九三学社中央的要求,九三学社市委开始筹备"沪豫科技合作",并与九三学社河南省委签订《沪豫科技合作协议》,组织开展九三学社与地方政府合作的"九地合作"项目工作。

2009年3月30—31日,九三学社"沪豫科技合作"项目洽谈会在上海召开。沪豫两地有关专家20余人参与洽谈科技合作的相关项目,并与相关对口单位签订了合作框架协议。4月13日,九三学社"沪豫科技合作"项目暨"引智入鹤"启动仪式在河南省鹤壁市举行。全国政协副主席、九三学社中央副主席王志珍出席签约仪式。九三学社市委以科技服务项目为载体,推进两地政府、企业、科研机构和高校之间科研项目的合作。

2010年3月,九三学社河南省委建议将河南工业大学、河南中医学院等4个单位共17个项目作为2010年"沪豫科技合作"的重点项目,其中有11个合作项目在九三学社市委的努力下进行成功对接。4月15日,九三学社市委召开第二次"沪豫科技合作"项目商洽会,九三学社河南省委科技合作代表团16人来上海出席了商洽会。其间,沪豫两地社内外相关专家20余人就多个科技合作项目进行洽谈。10月,由九三学社市委牵头、中国科学院上海药物研究所领衔的学术交流团访问河南中医学院。中科院上海药物所的专家学者也为河南中医学院的100多名师生作了学术报告。

2011年6月24—26日,九三学社市委率队参加在郑州召开的第三次"沪豫科技合作"商洽交流会,就2011年沪豫科技合作项目进行对接。来自上海的专家与河南省4所高等院校的项目负责人进行交流,就相关合作项目达成合作意向。

2012年4月,九三学社市委率队参加在郑州召开的第四次"沪豫科技合作"项目商洽会。河南工业大学等高校、企业和科研院所分别与10余位上海专家达成合作意向。11月7—8日,九三学社市委组织社内专家赴河南科技大学开展科技合作与学术交流,为该校300多位师生作了题为《工业革命与自动化技术》《化工装置节能降耗的优化运行技术及工业应用》的报告，并就该校的学科建设、人才培养、科学研究、社会服务等达成初步的合作意向。

除上述“九广合作”“九地合作”等支边扶贫项目外，九三学社市委还利用自身的科技和智力优势，与浙江省湖州市、云南省玉溪市等地合作，参与促进区域经济发展和开展科技扶贫等双边交流活动。

三、捐资助学

1998 年 6 月，福建省南平地区建瓯县发生特大洪水灾害，应九三学社福建省南平市委的要求，九三学社市委向各区委、直属基层组织发出“关于为福建南平市灾区儿童建校办学捐款的紧急通知”。在一个月内募集集体和个人捐款 30 多万元，为该市徐墩镇建造一所以九三学社命名的“丰乐九三小学”。同年 8 月 6 日，九三学社市委举行“援助福建南平灾区筹建小学捐赠仪式”，主委谢丽娟将募集的 30 万元赠送给福建省南平市。1999 年 9 月 6 日，九三学社市委领导抵达福建省建瓯市，参加“丰乐九三小学”落成仪式，并向该校师生赠送学习用品。

1999 年，九三学社市委向“吴阶平科技教育基金”（九三学社中央为促进与贫困地区的科教合作而专门设立）捐款 8 万元；同年 7 月，社员倪葆春、王淑贞夫妇子女根据他们的遗嘱，将遗产 420 万元捐献给上海市教育发展基金会，用于资助二医大和上医大妇产科医院的优秀师生和专家，促进医学教学和科研事业。

2002 年 10 月，中科院院士、社员汤定元获 2002 年度“何梁何利基金科学与技术进步奖”后，将奖金 20 万港元捐赠给其母校江苏省金坛市华罗庚中学，并设立奖学金资助品学兼优的贫困学生，以支持家乡的教育事业。

2005 年 11 月 25 日，谢丽娟一行专程来到革命老区江西省，出席江西省新建县聋哑人特殊学校落成庆典暨董淑冬女士捐赠仪式。该校由社员董淑冬捐款 30 万元资助修建。

2006 年 10 月 19 日，九三学社市委向南汇区航头希望学校（农民工子弟学校）捐赠 60 套全新的双人课桌椅及《辞海》四卷本 1 套，帮助该校改善教学条件。

2007 年 11 月 14 日，九三学社市委在崇明中学举行爱心帮困助学仪式，由社员杨方军出资 10 万元设立助学基金，用于资助崇明中学品学兼优且家境困难的 10 位高二学生。

第五节　业余办学及社区服务

一、业余办学

【业余办学历程】

1982 年起，九三学社上海市组织根据社会需求，先后创办各类学校 13 所。几经变化后，至 1992 年底还有 5 所，至 2002 年底仅剩 3 所。在此之后，由于生源不足、办学条件有限等原因，至 2012 年上述学校陆续被关闭。

上海电视大学九三学社工作站　创办于 1986 年，其业务由上海电视大学领导，最初开设三年制大专学历班和各类专业培训班。之后，又开展服装设计和制作、装潢设计、财经、建筑和装潢施工管理等专业的教学工作。多年来，该工作站致力于培养社会紧缺的专门人才，拥有教职工 10 人，历届毕业生达 3 000 余人。2004 年 3 月，该工作站因生源不足等原因关闭。

上海市家政礼仪进修学校　1993 年 2 月由九三学社市委妇女委员会倡议成立,其办学宗旨为:增长知识、丰富生活、陶冶情操、增进健康、服务社会。学校面向社会招生,并定期开设家政礼仪系列讲座,内容包括《家庭社会学》《生活美学》《社交礼仪》《家庭管理》等课程,还出版了《现代家政》和《女子家政》两本教材。1995 年后,采取到基层单位举办培训班、开设讲座等方式,免费为下岗女工举办各类培训班。1996 年 12 月—1997 年 1 月,九三学社市委积极参与上海的"再就业工程",在静安区南京西路街道为下岗女工共举办 14 期家政培训班。1998 年,学校专门为上海市华阳路、南京西路、天平路等街道和静安区侨联的妇女干部培训,并为市公安局干部举办系列讲座。2000 年,为上海市青少年教养所开设初级电脑班。2001 年,又开设钢琴、电脑、日常英语、中医保健及推拿、家政礼仪等课程,上课地点设在茂名南路 144 号清华中学内。此外,九三学社市委还开办上海市卢湾区家政礼仪进修学校,聘请教学经验丰富的资深教师执教,开设的专业课程包括外语、钢琴、中老年计算机操作应用等,还有家政礼仪、烹饪、高级护理等培训班。2005 年 1 月,该校正式关闭。

上海沪中科技进修学校　九三学社市委利用社会力量于 1997 年 10 月创办,以青少年英语教学为主,并以开办"剑桥英语"为特色。1999 年,开办自强少年班。之后,上海市教育考试院在该校成立上海市《剑桥少儿英语学习系统》管理第一分中心,负责管理联办和静安区的各培训机构。2000 年与 2002 年,上海沪中科技进修学校连续两次被评为"社会力量办学 A 级单位"。2002 年,又被上海市教育考试院评为"上海地区开展剑桥少儿英语考试项目工作优胜单位",培训学员的人数累计达 1.4 万人。

【基层组织办学】

二十世纪八九十年代,九三学社市委及所属的基层组织,利用自身的智力和人才优势,创办教科文培训中心、淞沪计算机学校等各类学校。各区级组织创办的学校有杨浦区的沪东科技进修学院、黄浦区的专业外语进修学校、徐汇区的沪西业余科技学校、虹口区的儿童英语实验班等。各直属基层组织创办的培训班有同济大学的建筑设计培训班、复旦大学的复新进修学校、上海外国语学院的万国外语培训中心、上海大学在闸北区开办的海通进修学校等等。10 多年来,这些院校、培训班共培养了 10 多万名科技、外语、计算机及其他专门人才。

九三学社上海的各基层组织在办学过程中,涌现出一些业绩比较好的院校。由九三学社杨浦区委 1979 年创办的沪东科技进修学院,自 1982 年起连续 5 次被评为"上海市社会力量办学先进集体";1995 年起连续三年被评为"上海成人教育先进单位";1997 年被批准为上海市首批"高等教育学历文凭考试试点单位",多年来共培养各类专门人才 33.4 万人。由九三学社上外支社 1984 年创办的万国外语培训中心,多年来为社会培养多层次、多门类的外语人才及其他紧缺人才达 5 万余人,2001 年被上海虹口社会力量评估事务所评估组评为"A 组——优秀学校",2002 年获"上海市社会力量办学先进集体"称号。由九三学社徐汇区委 1983 年创办的沪西业余科技学校拥有教职工 230 人,历届毕业生 2 万人以上;1996 年 9 月,还与瑞典英孚教育机构合作开办英利孚语言培训中心。

【规范办学管理】

1995 年 5 月 25 日,九三学社市委召开"办学单位校长工作联席会议"成立大会暨第一次全体会议,会上通过《社内办学单位校长工作联席会议条例》。2001 年,九三学社市委召开办学工作研讨会,制定《九三学社加强办学工作暂行办法》,建立校长联席会议制度,理顺各办学单位的关系,规范办学的管理工作。

二、社区服务

【签订合作共建协议】

20世纪90年代，九三学社市委及各区级组织在参与街道、社区的经济社会建设，促进街道、社区和谐发展等方面做了许多实事，也扩大了九三学社的影响力。1991—1999年，九三学社静安、徐汇、长宁、卢湾、黄浦、宝山及浦东新区7个区委员会分别与曹家渡、斜土、周桥、打浦桥、半淞园、淞南镇及崂山等街道、社区签订共建文明协议并开展合作共建工作。

进入21世纪后，九三学社杨浦、闸北、虹口、金山、嘉定、松江及青浦7个区委员会也分别与相关的五角场、彭浦镇、四川北路及广中路、廊下镇、嘉定镇、新浜镇及夏阳等街道、社区签订合作共建协议，使对口联系社区共建工作规范化、制度化。

【开展社区服务工作】

1991年，自九三学社徐汇区委与中共徐汇区建设党委开展共建文明活动后，充分利用对口联系机制进行合作交流，紧紧围绕该区水质治理、绿化、环保、房地产等专题开展调研，为区域经济发展建言献策。1994年，九三学社黄浦区委参与区、街道的两个文明建设，为在自然博物馆建立青少年自然科学基地牵线搭桥。1996年，九三学社浦东新区区委(筹)与崂山街道联合举办文明市民学校，开设市民礼仪修养、人际交往艺术等系列讲座。自1997年6月九三学社宝山区委与淞南镇签订共建社区文明协议后，又签订劳动就业技能培训班协议，积极开展社区服务工作。

2001年7月11日，九三学社市委妇委会在江桥护理院开展“千万人帮千家”慈善捐赠活动。7月25日，九三学社上海医学服务中心与上海奉城老年护理院在奉贤区举行共建文明签字仪式。通过与基层的交流与合作，既为广大社员搭建发挥作用的平台，也进一步拓宽开展社会服务工作的渠道。

2003年起，九三学社市委在长宁区华阳街道和虹口区四川北路街道开展试点，建立离退休社员社区活动小组，并听取他们在社区开展活动的意见和建议。

2003年，社宝山区委专门邀请社上海大学等基层组织的钢铁专家到淞南镇召开钢铁产业链延伸发展研讨会；2004年，举办“上海大学如何围绕宝山地区的发展输送人才”研讨会。2008年后，社杨浦区委与复旦大学委员会等基层组织联合开展“知识杨浦”九三讲坛，经多年实践，已成为杨浦区九三学社社员的参政议政平台。自从九三学社金山区委与廊下镇签订共建协议后，2009年又受区农委之邀，组织开展为建设社会主义新农村服务的考察活动，并与区科委合作调研，撰写《加大我区农业科学软投入的意见和建议》等参政议政提案。2009年11月，九三学社普陀区委与外贸支社、曹杨职校等共同举办“读书伴我健康成长”主题共建活动。

2010年3—10月，九三学社宝山区委多次组织专家下基层开展医疗与法律咨询活动，以后又将共建工作逐步向基层、社员、社会延伸，并形成品牌和特色；同年10月31日，九三学社青浦区委为夏阳街道居民作冬令养生知识讲座。2011年11月5日，与夏阳街道城管大队、豫英学校等举行座谈会，就豫英学校周边环境治理、保证学校正常秩序进行交流。2011年，九三学社静安区委与区科委合作，举办“智慧城市，美好生活”为主题的科技周活动；2012年6月5日，又联合举办“我的安全我作主———联合减灾，应急管理”科普讲座。同年11月7日，九三学社杨浦区委与财经大学支社联合举办“谋杨浦发展，迎财大校庆”为主题的中青年骨干联谊活动。

至2012年,九三学社各区委在合作共建中充分发挥自身科技、人才优势,在医疗、科技、教育等方面向社区提供无偿帮助,并积极为加强社区管理建言献策,推动与促进区域经济社会的发展和社区的精神文明建设。

第六节　赈灾救灾

一、抗击"非典"

2003年,"非典型性肺炎"(简称"非典")肆虐全国。九三学社市委动员和组织广大社员积极投入到抗击"非典"的工作中,共举行2次关于抗击"非典"对策的专家座谈会,并向市政协提交《关于取消本市市区销售活家禽市场的建议》等提案,还向九三学社中央和中共市委统战部提交反映社情民意的相关信息43条,其中33条被采纳。九三学社市委在谢丽娟的带领下,多次下基层向广大社员和机关干部宣讲防治"非典"的常识和措施,并向日夜奋战在防治"非典"一线工作岗位上的医务界社员和科研工作者发出慰问信,对他们进行表彰和鼓励。

九三学社市委加强宣传工作,深入上海各大医院,采访19位战斗在抗击"非典"第一线的社员,撰写相关报道,同时收集大量关于社员抗击"非典"的先进事迹,分别刊登在《解放日报》《联合时报》等社会媒体,以及《九三学社中央社讯》《上海九三》,及时予以宣传报道。此外,九三学社市委还购买1 000支口腔体温表专门运往贵州省黔南州,以支援当地农村抗击"非典"的工作。

二、向印度洋海啸灾区捐款

2004年12月,印度洋海啸灾难发生后,九三学社市委号召上海社员积极响应中共中央的号召,向印度洋灾区捐款。九三学社市委妇委会、卢湾区委员会、市卫生局委员会、外经贸支社等组织的社员纷纷捐款,市红十字会向九三学社市委妇委会和市卫生局委员会颁发荣誉证书。同时,九三学社市委全体机关干部也纷纷捐款。

三、汶川地震救灾

2008年5月12日,四川省汶川县发生里氏7.8级大地震。地震灾害发生后,九三学社有12位上海社员立即赶赴灾区,直接参与抗震救灾工作。5月13日,九三学社市委召开会议商议救灾事宜,向九三学社四川省委发出慰问信;在及时了解当地灾情后,立即联系对口帮扶的四川省广元市剑阁县,实时询问当地受灾情况和受助学生的生活情况,还向上海各基层组织和广大社员发出通知,号召大家向受灾地区"伸援手、献爱心、送温暖",积极踊跃捐款捐物。5月22日,九三学社市委响应九三学社中央"为灾区重建做一件实事"的号召,定向支援受灾严重的四川省绵阳市和广元市农村。九三学社市委还与市政府侨务办公室协助相关生产企业捐助价值1 400万元的救灾物资送往灾区。据不完全统计,汶川大地震发生后,九三学社上海社员通过各种渠道向灾区捐款共计344万余元,并捐赠价值近40万元的医疗物资和急救用品。

5月21日,九三学社市委召开主委(扩大)会议,与会者围绕"情系灾区,献计出力"的主题,结合参政党工作作交流发言。5月22日,九三学社中央下发《关于为抗震救灾建言献策的紧急通知》,九

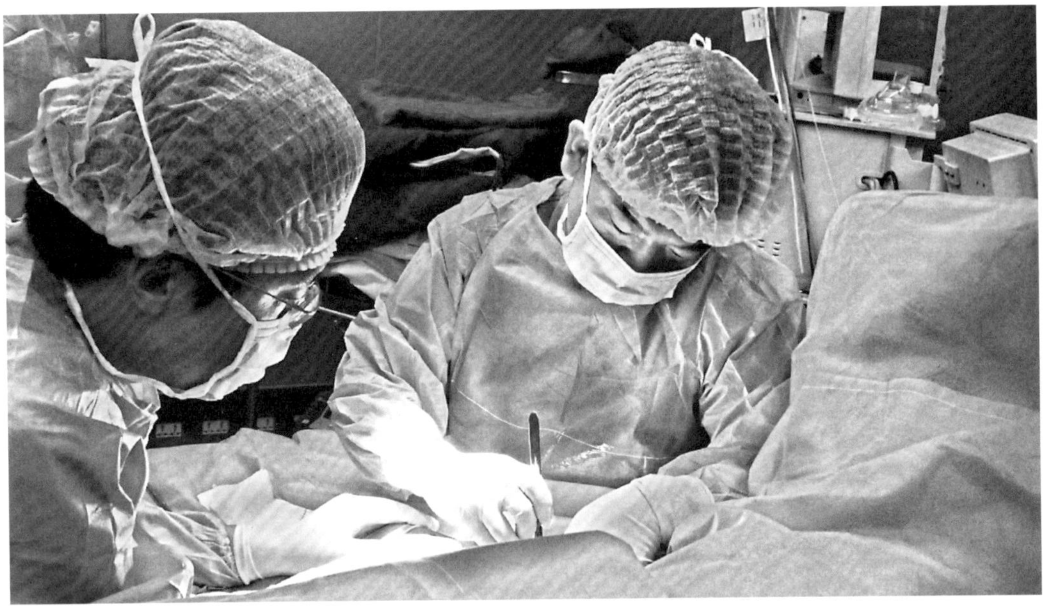

图 7-4-4　2008 年 5 月 15 日，九三学社社员、复旦大学附属儿科医院骨科主任助理马巍（右）在为灾区儿童李小兰做手术

三学社市委积极响应，及时将有针对性、建设性的建言提交九三学社中央。广大上海社员围绕抗震救灾工作积极建言献策，上报相关信息共 26 篇。此外，九三学社市委组织社内全国及上海市的人大代表、政协委员 30 余人赴上海市地震局进行专题调研，围绕《中华人民共和国防震减灾法》展开讨论，结合防震抗震的实践提出具体的修改意见和建议。九三学社市委还在网站上增设专栏，在《九三沪讯》上辟出专版，及时报道九三学社市委及各基层组织的抗震救灾活动，并通过举办赴四川参加抗震救灾社员座谈会、"心手相连、守望相助——抗震救灾报告会"等，积极反映各级组织和广大社员参与抗震救灾的情况。

四、其他赈灾救灾活动

2008 年 1 月，中国南方部分地区出现罕见的雨雪、冰冻天气等灾情。2 月 21 日，为了给受灾地区人民送去一份温暖，九三学社市委积极组织社员及机关干部进行募捐。2010 年，青海省玉树地区地震灾害发生后，九三学社上海电气委员会的许多社员纷纷慷慨解囊、捐款捐物。据不完全统计，共捐款 20.5 万元支援灾区。2010 年 11 月 17 日，在为静安区"11·15"特大火灾受灾群众捐款仪式上，九三学社静安区委向受灾居民捐款共计 1.4 万元。

第七节　海外联谊与促进祖国统一

推进"一国两制"方针的实施，实现祖国的和平统一大业，是民主党派的工作任务之一。九三学社市委将"开展海外联谊""促进祖国统一"与为上海改革开放和经济建设服务相结合，发挥九三学社海外联系广泛、交流层次较高的特点，有计划、有重点地开展与港澳台以及海外侨胞、外籍华人的联系，努力开拓"三引进"渠道，积极开展各种形式的海外联谊活动。

一、建立联谊网络

1988—1992年,九三学社市委和部分社员接待海外和港澳台学术、工商、法律及政党等各界人士200余人(次)。

从1993年起,九三学社市委在社内开展全面调查,了解社员在海外分布情况和社员中的海外关系情况等,做好统计调查工作。上海的九三学社社员每年有数百人(次)出国讲学、考察、访问和探亲,九三学社市委有针对性地邀请他们参加相关的报告会,介绍国外形势和情况;有计划、有重点地开展与港澳台同胞、海外侨胞和外籍华人的联络工作;并通过向旅居海外的社员寄发贺卡等方式加强联络。此外,九三学社市委还举办了12次经济信息交流会,促进上海同港澳台地区及海外的信息交流和经济合作。

二、接待各界来访

九三学社市委经常鼓励社员通过书信往来、外出探亲访友、学术交流和接待来访等活动,密切同港澳台同胞、海外侨胞和国际友人的联系,并向他们介绍中国大陆改革开放和经济建设的成就,宣传"和平统一""一国两制"的方针与政策。

九三学社市委还多次接待海(境)外各界人士,邀请他们座谈和参观访问,并向他们介绍中国大陆及上海地区改革开放的大好形势,增强他们对中国的了解与关注。

1999年5月,正值以美国为首的北约轰炸中国驻南斯拉夫使馆事件发生,原定由九三学社市委联系来华访问的美国威斯康星州大学教授访华团欲取消此行,经反复协商,最终克服阻力来华访问。九三学社市委为他们安排到北京、上海、苏州、杭州等地考察观光,得到了他们的认可,表示将组织更多的美国各界人士来中国考察交流。

2000年,九三学社市委邀请美国威斯康星州大学教授来沪,与上海包装设计协会开展交流活动,有关营养专家讲授了美国社会营养知识及对疾病的预防和治疗。随后,组织来沪美国专家与上海国际经济进修学院电脑专家进行交流。

2001年,九三学社市委邀请美国的某大学教授来沪交流,向社员介绍美国的经济社会形势。此后,邀请台湾大学教授来沪,介绍李登辉上台后的台湾形势及民情反映等情况。

三、为促进祖国统一服务

随着中共中央"和平统一,一国两制"方针的提出,九三学社市委衷心拥护并为推进此项事业作出积极努力。面向广大社员开展反对"台独"、促进祖国统一,迎接香港、澳门回归等爱国主义教育活动,20世纪90年代,九三学社市委举办"一国两制"研讨班及对台工作培训班,每2个月组织社员观看一次"台情资料"电视片,让他们及时了解台湾政局态势。此外,九三学社市委领导和社员还多次出席"浦江之声"电台举办的对台广播等活动,宣传"一国两制"政策,呼吁和平统一。

【庆祝香港回归】

自1994年开始,九三学社市委即组织社员开展学习香港《基本法》系列活动。至1997年,先后

3次邀请九三学社市委副主委李昌道作关于香港问题和香港《基本法》的专题报告，并以庆祝香港回归为契机，进行爱国主义教育和历史传统教育，激发广大社员的爱国热情和民族自信心。1997年7月1日，国家对香港恢复行使主权，九三学社市委组织开展"迎香港回归"系列活动，举办了一系列报告会和庆祝会。

【庆祝澳门回归】

1999年6月，九三学社市委牵头，联合各民主党派市委和市工商联举办报告会，邀请上海社会科学院费成康博士主讲澳门的历史和现状。此外，还专门邀请定居澳门的社员介绍澳门的风土人情与国民经济状况。11月，邀请九三学社市委副主委李昌道作关于《澳门基本法与澳门回归》的专题报告，各民主党派市委领导、有关方面人士以及机关干部出席报告会。12月，在澳门回归祖国后，九三学社市委还举办"庆祝澳门回归，迎接新世纪"的联欢活动。

图7-4-5　1999年12月28日，九三学社市委举行"庆祝澳门回归　迎接新世纪"联欢会

【反"台独"、促统一】

1999年8月27日，九三学社市委召开主委办公会议，坚决反对并严厉谴责李登辉鼓吹的"两国论"，推进"反'台独'、促统一"活动。

2000年3月20日，九三学社市委召开座谈会，坚决拥护国务院台湾事务办公室、国务院新闻办公室发表的《一个中国的原则和台湾问题》白皮书。会议指出，白皮书发表得非常及时，全面阐述中国政府对台湾问题的严正立场，表明中国的主权和领土完整决不允许受到侵犯。与会者表示要始终坚持"一个中国"的原则，坚定不移地为完成祖国统一大业作贡献。

【拥护《反分裂国家法》】

2005年3月8日，在听取全国人大常委会副委员长王兆国关于《反分裂国家法(草案)》说明后，九三学社市委主委谢丽娟发表讲话,指出“《反分裂国家法》的出台完全符合人民意愿、符合国家意志”。该法明确鼓励和推动两岸经济文化等各方面的交流和发展,承诺依法保护台湾同胞的权利和利益,并以法律的形式反对和遏制“台独”分裂势力。

第八节　服务上海世博会

一、献计出力

举世瞩目的2010年上海世博会,以“城市,让生活更美好”为主题,向世人展示上海国际大都市的风采。九三学社市委将“服务世博、献计世博”作为一项重要的工作,要求广大社员立足本职、发挥优势、献计出力,积极投身到“参与世博,服务世博”的各项活动中,为世博会的成功举办做出应有的贡献。

2003年,九三学社市委组织召开“上海世博会情况介绍会”,特邀市世博办副主任黄耀诚作有关世博会情况的专题报告;参与由中共市委统战部牵头、各民主党派市委组织的三次世博会大讨论;参与由市政协组织的两次世博会大讨论并作大会书面发言;九三学社市委科技、经济、文教等专委会联合举办世博会与上海“科教兴市”座谈会。同年3月28日,九三学社市委下发《关于开展“世博会与上海经济发展大讨论”的通知》,要求各基层组织围绕“参与世博、服务世博”主题献计献策。

2008年1月,九三学社市委在市政协十一届一次会议上提交《关于完善世博会旅游公共信息体系建设的建议》提案,建议相关旅游部门构建完善的世博旅游公共服务信息体系。

2009年4月3日,九三学社市委主委赵雯召开会议,要求举全社之力,围绕上海“两个中心”建设和世博会筹办,全面推进各项工作;5月13日,九三学社市委召开“参与世博、服务世博”专题座谈会,围绕如何办好2010年上海世博会积极建言献策;5月20日,九三学社市委举行“迎世博600天行动计划”科普讲坛活动,邀请有关专家作专题报告;7月13日,九三学社市委全体机关干部积极参与“世博会知识竞赛”活动。

九三学社市委还在党外人士座谈会上,针对“应用世博理念创新城市管理方式,塑造和培养城市精神”等专题建言献策;组织开展“上海世博后旅游业发展及其对策研究”“世博会对上海科技创新的启示研究”等课题调研,并就“世博会后续效应对上海经济科技及旅游推动作用”等专题召开座谈会。

为配合世博会的成功举办,九三学社市委在学校、社区及社直属基层组织举办《科普讲坛》世博专题报告会21场;在世博会期间参与由中共市委宣传部、市科委联合举办的“相约名人堂——与院士一起看世博”活动,身为“两院”院士的九三学社社员沈允钢、郭重庆、杨雄里、王恩多、张永莲、褚君浩等相继走进“相约名人堂”作相关科普专场报告。

二、社员奉献世博

在2010年上海世博会召开前,九三学社市委组织和动员广大社员,积极为申博、办博献计出力。2002年12月,担任上海世界博览会议有限公司高级总监及世博网董事长的社员梁恭杰,随中国代表团前往摩纳哥参加由国际展览局召开的第132次代表大会,为代表团申博成功作出贡献。2004年6月,“第二届世博会国际论坛”在法国巴黎举行,社员褚云茂被聘为上海世博会事务协调局专家,参与“2010年上海世博会”注册报告的修改工作。

2010年2月27日，为动员全市九三学社社员积极“服务世博、奉献世博”，九三学社市委专门成立领导小组，制定《九三学社上海市委世博期间工作方案》，提出具体要求，动员和组织广大社员认真做好世博会期间的服务保障工作，并要求广大社员在规划设计及工程建设、技术研发、世博宣传及保障工作等方面立足本职，做出贡献。

【规划设计及工程建设】

2006年，社员黄以宽牵头的规划团队，编制《中国2010年上海世博会信息化总体规划》和《中国2010年上海世博会综合管理信息系统项目建议书》，为世博会信息化管理做出重要贡献。

2010年上海世博会召开前夕，张伟立、王文其、陈文莱、朱若兰等多位社员，在世博会场馆规划设计、工程建设等方面作出贡献。这些社员所做的工作包括负责近100个场馆及餐饮、购物等200栋建筑的规划设计工作，负责芬兰馆等一些世博场馆的具体设计工作，负责世博园区场地前期研究、动拆迁研究、规划研究等工作，承建“城市人馆”、俄罗斯馆、葡萄牙馆等的建设以及浦西DE地块总体配套工程钢结构制作及安装工程，带领相关企业完成世博动迁配套工程工作，等等。

【技术研发】

同济大学、上海理工大学等高校的社员黄晨、张道芳、徐迪民、朱钟炎、张其林、严隽薇、王坚、程大章、吴健生等带领他们的团队充分发挥自己的专业特长，完成多项世博会的重大工程和科研项目。其中包括研发喷雾降温装置，参与世博会标识导向系统规划设计，参加世博轴建设的实验、设计、监测研究，参与“网上世博会”网站的策划设计、三维效果体验制作等一批重大工程，以及完成“世博园区废弃物循环利用产品集成技术及示范”“模型驱动的异构系统集成框架与基于SOA的数据交换平台技术”“世博交通紧急事件处理预案仿真分析与评估系统研究”“世博交通微观仿真、评估和三维仿真再现系统研究”“南汇—湖州MT观测和上海市活动断裂、深部结构研究”等一批重大科研项目。

【世博宣传及各项保障工作】

2010年上海世博会期间，九三学社上海社员在各自的岗位上，在世博会的宣传、接待、民族宗教事务、志愿者服务等方面的工作中做出应有的贡献。

社员朱国建参与起草关于旅游、旅馆业的10项地方标准；社员李胡生担任世博园区运行指挥中心指挥长兼世博局技术办公室副主任后，在安全保障、设施设备保障、医疗保障等方面协调园区运行；自2007年底开始，作为世博会分管餐饮服务执法监督、监管手段信息化建设以及食品安全宣传培训的分管副所长，社员张磊先后参与讨论和起草《2010年世博食品安全行动纲要》等核心文件和方案；社员程映雪等在世博前完成五角场街道19个小区的综合整治、12个小区的二次供水改造等工作；社旅游业支社的社员们在其所在的宾馆、酒店做好接待各国政要及代表的各项工作；在上海世博局担任中国馆贵宾组翻译的青年社员高倩艺认真做好各国贵宾的接待工作；陈庆康、林琳、德甄等社员组织少数民族志愿者及老年志愿者队伍，参与世博会的各项服务工作；社员田春红进驻世博会场地后，立即进入“角色”参与各项活动；社员吴凤娟等参加“小白菜”志愿者队伍，奋战在服务世博的第一线。

在上海世博会召开期间，九三学社市委共上报反映社情民意的信息稿59篇，其中《世博园区个别项目仍未签署建设合同，可能影响到工程工期和质量》《世博会试运行中存在的问题及对策建议》2篇稿件获得上海市领导的批示。

第五章　自 身 建 设

在改革开放和社会主义现代化建设新的历史时期，民主党派加强自身建设对于坚持中国特色社会主义道路、推进和巩固中国共产党领导的多党合作事业具有重要意义。九三学社市委以思想建设为核心、组织建设为基础、制度建设为保障，建立健全工作机制，各项工作走上制度化、规范化的轨道。

第一节　思 想 建 设

一、理论学习

1978年12月中共十一届三中全会召开后，九三学社上海市组织围绕国家和上海市经济建设的中心任务，通过开展政治理论学习，不断提高广大社员的思想政治素质。

20世纪80年代后，九三学社上海市组织积极动员和组织广大社员学习《中华人民共和国宪法》《关于建国以来党的若干历史问题的决议》等文件精神，不断提高他们的思想觉悟和认识。1986年，九三学社市委以邓小平建设有中国特色社会主义理论为指导，教育广大社员坚持“四项基本原则”，组织开展“两个文明”建设的学习活动。1993年6月，九三学社中央召开全国工作会议，制定并下发《关于当前思想工作的几点意见》。1995年3月，九三学社市委制定《关于加强思想建设的几点意见》，并下发到各区委和直属基层组织，要求切实做好自身的思想建设工作。2000—2012年，九三学社市委每年制定主委会、常委会的学习计划，组织开展专题报告会、学习会及研讨会等多种形式的理论学习活动，并给予各基层组织指导。30多年来，主要进行以下诸方面的专题学习。

【学习多党合作和政治协商制度文件精神】

1989年12月30日，《中共中央关于坚持和完善中国共产党领导的多党合作和政治协商制度的意见》发布，九三学社市委通过主委会、常委会学习，举办报告会等各种形式开展对文件精神的学习，使广大社员认识到民主党派作为参政党在国家政治生活中的地位和任务。1999年12月，九三学社市委召开常委会，纪念上述文件颁布10周年。2004年12月，九三学社市委举行纪念上述文件颁布15周年座谈会，对如何推进多党合作制度化和规范化提出建议。

2005年3月29日，九三学社市委召开主委会议，学习《中共中央关于进一步加强中国共产党领导的多党合作和政治协商制度建设的意见》和九三学社中央《关于学习贯彻〈中共中央关于进一步加强中国共产党领导的多党合作和政治协商制度建设的意见〉的通知》。九三学社市委指出，上述中共中央的文件是对15年来多党合作和政治协商制度建设实践的总结和提升，相比《中共中央关于坚持和完善中国共产党领导的多党合作和政治协商制度的意见》，其内容更为丰富、务实，更加具有新意和可操作性，对于各民主党派如何发挥作用做出明确的要求。2009年7月30日，中共中央督查组来沪对上海贯彻落实《中共中央关于进一步加强中国共产党领导的多党合作和政治协商制度建设的意见》情况进行督查。九三学社市委在汇报会上指出，随着文件精神的深入贯彻落实，政治协商更加科学规范，信息渠道更加畅通，民主党派意见受到充分重视，民主监督有了新进展，同时对党外干部的培养教育、安排使用更加重视，民主党派在国家政治生活中的地位进一步提高，在上海经济社会发展中的作用进一步显现。

【学习邓小平理论、“三个代表”重要思想、科学发展观】

学习邓小平理论　1992年，九三学社市委把学习邓小平理论与中共十四大以来历次重要会议精神的学习相结合。1993年11月，九三学社市委向各基层组织下发《关于认真学习〈邓小平文选〉第三卷的通知》，九三学社市委领导多次深入基层作学习《邓小平文选》的辅导报告，并组织社员收看邓小平南方谈话的影像资料，还在社刊《上海九三》上开辟“学习邓小平文选”“精神文明建设笔谈”等专栏，刊登社员的学习体会文章。先后举办各类学习报告会、研讨会和基层学习经验交流会，使广大社员进一步认识邓小平理论的伟大意义，增强投身于中国社会主义现代化建设的信心和决心。1996年10月，结合领会《中共中央关于加强社会主义精神文明建设若干重要问题的决议》精神，深入学习邓小平理论。1997年9月，九三学社市委组织收看中共十五大召开的大会实况转播，并进行学习讨论和交流。九三学社市委认为，中共十五大把邓小平理论作为指导思想，既坚持了马克思主义基本原理，又实事求是地解决了历史进程中的新问题，对于开创建设有中国特色社会主义事业的新局面具有重要意义。

学习“三个代表”重要思想　2000年5月，根据九三学社中央《关于学习江泽民同志“三个代表”重要论述的通知》精神，九三学社市委制定学习计划，要求各基层组织认真学习“三个代表”重要思想，深刻领会其丰富内涵、精神实质和指导意义。6月，九三学社市委召开主委会议，学习“三个代表”重要思想，指导各基层组织开展学习。2001—2002年，九三学社市委多次举办学习会、座谈会和学习班，结合学习领会江泽民“七一”讲话和“5·31”讲话精神，引导广大社员深入学习“三个代表”重要思想，坚持和完善中国共产党领导的多党合作和政治协商制度，提高广大社员的思想政治素质。

学习科学发展观　2008年10月24日，九三学社市委召开主委会，学习中共十七届三中全会精神和胡锦涛在全党深入学习与实践科学发展观活动动员大会上的重要讲话。与会者认为，科学发展观是马克思主义中国化的最新成果，也是指导九三学社踏实有效地履行参政党职能的思想指南。九三学社市委要求广大社员自觉学习，深刻理解，把握精髓，重在实践。既要把科学发展观作为分析判断的思想武器，也要把它作为指导实践的方法论。要树立正确的世界观、政绩观，从小事做起，从本职做起，从参政议政、社会服务做起，全面推动社组织各项工作的健康发展。2009年，按照九三学社中央的部署，九三学社市委进一步组织社员学习贯彻“以人为本，全面、协调、可持续”的科学发展观，利用社内报刊、网站等媒体交流学习情况，刊登学习体会和辅导文章。

【学习《中国的政党制度》白皮书】

2007年11月26日，九三学社市委召开常委会，学习国务院新闻办公室发表的《中国的政党制度》白皮书(简称白皮书)。与会者一致认为，白皮书内容全面、思想深刻、概括精准，有助于各民主党派加强对中国政党制度的了解，也坚定了九三学社社员走中国特色社会主义政治发展道路的信念。九三学社市委、各区委及直属基层组织在动员和引导广大社员认真学习的基础上，应按照白皮书的要求积极履行参政党职责，为进一步推进社会主义现代化建设事业做好各项工作。

【学习中共中央《关于加强新形势下党外代表人士队伍建设的意见》】

2012年2月,中共中央下发《关于加强新形势下党外代表人士队伍建设的意见》(以下简称《意见》)。3月,九三学社市委召开常委会,传达学习贯彻《意见》精神。会议认为,《意见》是新形势下中国共产党对党外代表人士队伍建设的纲领性文件,充分体现中国共产党对党外代表性人士的高度重视。九三学社市委要求全市社的各级组织深入学习和贯彻《意见》精神,进一步加强自身建设,全面推进"人才强社"战略,拓宽视野、整合资源,切实抓好干部(特别是年轻干部)的发现、储备、教育培养和选拔任用等工作,认真履行参政党的历史使命和职责。

二、主题教育活动

【"三增强""四热爱"学习教育活动】

2003年6—8月,九三学社市委按照《九三学社中央关于开展"三增强""四热爱"教育活动的意见》,组织开展"增强对'三个代表'重要思想的认识、增强对社会主义制度优越性的认识、增强对中华民族凝聚力的认识,热爱中国共产党、热爱祖国、热爱社会主义、热爱人民"(即"三增强""四热爱")的一系列学习实践活动,通过主委会、常委会、机关干部学习会等加强理论学习,兴起学习与贯彻"三个代表"重要思想的新高潮。九三学社市委强调要以"三增强""四热爱"教育活动为载体,通过举办多种形式的学习活动(诸如征集书法、摄影和散文作品等),扎实开展宣传教育。要求结合广大社员的本职工作和抗击"非典"斗争的实际,深入推进"三增强""四热爱"学习教育活动。

【政治交接学习教育活动】

2007年初,为确保九三学社各级组织通过换届实现组织上和政治上的顺利交接,不断加强自身建设,九三学社中央下发《关于开展以"坚持走中国特色社会主义政治发展道路"为主题的政治交

图7-5-1 2007年7月16日,九三学社市委召开全社政治交接学习教育活动动员大会

接学习教育活动的意见》，九三学社市委成立政治交接学习教育活动领导小组和办公室，精心组织，制定方案，在各级组织和广大社员中开展政治交接学习教育活动。

学习教育活动分为四个阶段进行：

2007年5—7月为宣传动员阶段。2007年5月，九三学社市委召开常委会，通过《九三学社上海市委"关于开展以'坚持走中国特色社会主义政治发展道路'为主题的政治交接学习教育活动"的实施方案》。随后，又下发《关于开展以"坚持中国特色社会主义政治发展道路"为主题的政治交接学习教育活动的通知》，并于7月16日召开全社政治交接学习教育活动动员大会。

2007年7月—2008年3月为学习教育阶段。2008年1月21日，九三学社市委牵头举办"上海市各民主党派政治交接学习教育活动图片展"；3月22日，九三学社市委召开"政治交接学习教育活动交流会"。

2008年4—8月为查找问题阶段。2008年6月，九三学社市委组织开展"政治交接主题学习教育活动知识竞赛"活动。

2008年9—12月为总结提高阶段。2008年10月，九三学社市委召开总结会，对27个政治交接学习教育活动的先进集体予以表彰。

在学习教育活动中，九三学社市委坚持主委会、常委会的集体学习。通过举办九三学社市委委员及基层干部研讨班、中青年骨干学习班、社内人大代表及政协委员履职培训班以及举办专题讲座等多种形式，对各级领导干部及骨干成员进行培训，并与九三学社其他省级组织及兄弟党派进行学习与交流。此外，九三学社市委还印发2期"政治交接学习参考资料"和11期简报，并通过社内报刊、网站等媒体对学习教育活动开展宣传、促进交流。

【"树立和践行社会主义核心价值体系"学习教育活动】

2010年4月，九三学社市委开展"树立和践行社会主义核心价值体系"学习教育活动，将"树立

图7-5-2　2010年9月26日，九三学社市委召开常委会，交流"树立和践行社会主义核心价值体系"学习体会

和践行社会主义核心价值体系”作为2010年度主委会、常委会学习的主要内容。5月,组织社员参加由九三学社中央举办、在天津市召开的“树立和践行社会主义核心价值体系”研讨会,所提交的论文中有16篇被编入研讨会文件。6月30日,九三学社市委与上海市社会主义学院联合举办“社会主义核心价值体系”学习会,邀请专家作专题报告。7月12日,印发《九三学社上海市委员会树立和践行社会主义核心价值体系实施方案》的通知,扎实推进学习教育活动。

2010年11月,九三学社市委开展“树立和践行社会主义核心价值体系”学习教育活动阶段汇报。承接九三学社中央“树立和践行社会主义核心价值体系2010学习宣传年”工作,包括参与九三学社中央的征文活动、在报刊及网站设置专栏专刊确定宣传主题、组织赴基层宣讲等7项内容。

【“同心同行”学习教育活动】

2011年2月25日,九三学社市委召开主委会议,要求广大社员认真学习胡锦涛在中共中央组织召开的党外人士迎春座谈会上的讲话精神,与中国共产党在“思想上同心同德、目标上同心同向、行动上同心同行”,坚定不移地走中国特色社会主义政治发展道路。6月10日,在“纪念九三学社上海组织成立65周年座谈会”上,九三学社市委指出:要按照九三学社中央和九三学社市委的部署和安排,切实有效地开展“同心同行”学习教育活动。要求广大社员坚定政治信念,提高思想认识,自觉树立与中国共产党“同心同行”的基本立场、基本观念和价值取向。九三学社市委的各级基层组织也开展了“同心同行”学习教育活动。

三、传统教育

【社史教育】

新社员入社教育 20世纪80年代后,加入九三学社的新社员逐年增多,九三学社上海组织定期召开欢迎新社员大会。会上,由九三学社上海组织的领导讲述社史,新社员交流入社体会。1984年,九三学社市委副主委笪移今撰写《九三学社的缘起和解放前在上海的斗争》一书,作为社史教育材料。至2012年,每年定期召开新社员座谈会、学习会,加强对新社员的社史教育。

纪念九三学社成立50周年 1995年9月3日,九三学社市委举行“庆祝九三学社成立50周年大会”,中共市委、市人大、市政府及市政协的有关领导应邀出席会议,1 000多名社员代表参会。九三学社市委主委杨槱主持会议,九三学社市委副主委李昌道作题为《奋发图强,为建设有中国特色的社会主义作出贡献》的讲话,回顾九三学社50年来走过的历程,展望九三学社各级组织未来发展。为配合社庆活动,九三学社市委专门编辑出版《九三学社五十周年纪念专刊》和《我与九三》一书,并在庆祝大会前举行新闻发布会,向上海电视台、《解放日报》及《文汇报》等上海主要新闻媒体通报九三学社的概况和九三学社市委近年来参政议政及自身建设等方面的进展。

纪念九三学社上海市组织成立50周年 1996年6月12日,九三学社市委举行纪念九三学社上海市组织成立50周年座谈会。九三学社市委主委谢丽娟主持会议。与会者回顾九三学社上海市组织成立50年来的历程以及组织发展壮大的情况,一致认为:作为以科技界高、中级知识分子为主体的具有政治联盟特点的参政党,九三学社市委要在中国共产党的领导下,继续高举爱国主义、社会主义旗帜,继续发扬“民主与科学”的光荣传统,在参政议政、为经济建设服务等方面作出新贡献。

纪念九三学社成立60周年 2005年5月,为纪念九三学社成立60周年,九三学社市委组织基层开展社史知识竞赛，共有2 601人参与此次活动，19个基层组织获得竞赛优秀组织奖，九三学社市委也获得由九三学社中央授予的“优秀组织奖”。同时，还举办系列活动，包括纪念建社60周年征文活动、医务咨询系列活动、为科技人员开展健康咨询活动等。8月27日，九三学社市委“纪念九三学社成立60周年大会”在中共市委党校大礼堂隆重举行，中共市委、市人大、市政府及市政协的有关领导应邀出席会议。谢丽娟在致辞中指出，要总结历史经验，发扬优良传统，坚持和维护中国共产党领导的多党合作和政治协商制度，巩固中国共产党团结合作的政治基础，以民主和科学精神积极履行参政党职能，不断加强九三学社的自身建设。

纪念九三学社上海市组织成立60周年　2006年9月2日，九三学社市委召开纪念九三学社上海市组织成立60周年座谈会。谢丽娟在讲话中指出，历史的发展赋予了参政党新的任务，赋予了民主与科学精神新的时代内涵。要创造整合力量、上下互动的机制，重视参政议政的战略性、前瞻性和综合性，围绕经济社会发展中的热点、难点和焦点问题积极建言献策，不断提高参政议政的水平和能力，为促进社会主义物质文明、政治文明和精神文明的协调发展和人的全面发展而不懈努力。为配合此次纪念活动，九三学社市委还编辑出版《继往开来六十年》纪念画册。

此外，每年9月3日，九三学社市委和各区委、直属基层组织都举行纪念座谈会，回顾九三学社与中国共产党风雨同舟、亲密合作的历史，激励社内同仁继承传统，再立新功。九三学社市委还结合形势，于不同时期开展丰富多样的社史教育活动。1998年6月，根据九三学社中央的要求，九三学社市委开展“学社史，继传统，迎接新世纪”读书活动；组织开展学习《九三学社简史》及优秀社员、中科院院士王选先进事迹的活动；举办专题讨论会，开展“回眸五十年，迈向新世纪”征文活动；在社刊上开辟专栏，刊登社员的学习体会及纪念、回忆文章。九三学社市委被九三学社中央授予“读书活动组织奖”。2003年9月，九三学社市委组织开展“学习新社章，加强思想建设”活动，并对28个基层组织进行表彰。

【重大纪念活动】

纪念响应中共中央“五一口号”60周年座谈会　2008年4月25日，九三学社市委召开纪念响应中共中央“五一口号”60周年座谈会。九三学社市委主委赵雯，原主委谢丽娟，中共市委统战部副部长周箴等出席会议并讲话。赵雯在讲话中回顾了九三学社响应中共中央“五一口号”的光荣历史，强调继承与发扬老一辈九三学社社员几十年来始终与中国共产党保持一致的优良传统，号召广大社员加强理论学习，提高政治责任感，献立国之策、惠民之计，为国分忧，为民解难，为上海的发展，民族的振兴努力拼搏、自觉奉献。

纪念改革开放30周年　2008年11月14日，“九三学社上海市委纪念改革开放30周年座谈会”举行，赵雯出席会议并讲话。与会社员深情回顾改革开放30年的历程，深为国家兴盛和多党合作事业的蓬勃发展感到欣喜和自豪，并表示将以更大的热情投身现代化建设，履行好参政党职能，尽己所能服务社会。九三学社市委希望广大社员在新的历史起点上，争做改革开放的实践者和推动者，投身到加快上海“四个中心”建设和上海世博会筹备的工作中，做新一轮改革开放事业的先锋。

纪念多党合作和政治协商制度确立60周年　2009年9月10日，九三学社市委举办第六期“九三讲坛”，邀请市政协研究室主任徐海鹰作题为《历史启示和现实思考——纪念中国共产党领导的多党合作和政治协商制度确立60周年》的报告。会后，与会者就民主党派的先进性、成员发展以及参政议政等问题进行现场互动交流。

庆祝中华人民共和国成立60周年 2009年9月20日,九三学社市委隆重召开庆祝中华人民共和国成立60周年大会。赵雯指出:在新中国建立与发展的历史上,涌现出许多为新中国成立奔走呼号、唤起民众觉醒的九三学社前辈先贤,以及为改革开放呕心沥血、无私奉献的九三学社科技精英,希望广大社员高举民主科学的旗帜,不断加强自身建设,像前辈一样团结在中国共产党的周围,用智慧和力量,在中国特色社会主义道路上阔步前进、再创辉煌。

纪念中国共产党成立90周年 2011年6月30日,九三学社市委召开纪念中国共产党建立90周年座谈会,赵雯出席会议并讲话。与会者热情赞扬中国共产党带领中华民族创造了举世瞩目的人间奇迹,表达了自觉接受中国共产党领导,与中国共产党通力合作、同心同德,携手中华民族伟大复兴的决心。

四、参政党理论和社史研究

2004年,九三学社市委开展参政党理论和社史研究,完成理论研究课题3项。2006年4月,九三学社市委成立"民主党派与统一战线理论小组"。2007年3月,九三学社市委与市政协文史资料委员会联合编纂出版《上海文史资料选辑——上海九三学社专辑》,共收录80多篇社史研究文章。2008年,完成参政党理论研究课题2项,编辑出版《上海九三学社文史资料——口述历史》。2009年,为庆祝中华人民共和国成立60周年和多党合作制度确立60周年,开展征文活动;承担上海市政协理论研究会2项课题;同年12月,为纪念中国共产党领导的多党合作和政治协商制度确立60周年,编纂《印迹》专辑。2010年,完成市政协理论研究课题"现阶段进一步发挥党派界别在人民政协中作用的对策研究";编辑出版《上海九三学社文史资料——口述历史(续集)》,完成九三学社中央"九三人物系列丛书"《杨櫆传》的撰写工作。2011年,承担九三学社中央及中共市委统战部的2项理论研究课题,又于同年启动《上海市志·民主党派分志》的编纂工作;参与由上海市现代上海研究中心主编的口述上海系列统一战线专辑《一寸丹心图报国》部分章节的编写工作,并首次开展基层组织大事记的组织编写工作。2012年,完成九三学社中央理论研究课题"民主党派政治交接长效机制的研究"。

2012年7月,九三学社市委首次面向各基层组织及广大社员启动参政党理论研究课题招标活动,共立项3个课题;3—8月,组织社员参加九三学社中央理论与社史研究征文活动,《同心:凝聚科学共同体的文化纽带》《社会主义价值观的哲学和科学基础》等7篇文章分别获得一、二等奖,获奖数量列全国各省级组织之首,还组织社员参加市政协及统战理论研究会的征文活动。

2012年10月,九三学社市委召开"理论和社史研究中心"成立大会,聘任47位社员为研究员;承接九三学社中央口述历史课题3项;开展口述历史资料征集活动,完成对部分社内历史人物的史料征集整理工作。

五、表彰先进

【九三学社中央表彰先进】

社务工作表彰 2004年12月7日,九三学社中央作出关于表彰社务工作先进集体和先进个人的决定,九三学社市委有3个基层组织和4名社员受到表彰。2005年9月3日,九三学社中央为纪念建社60周年,开展优秀基层组织和优秀社员的评选活动,九三学社市委有6个基层组织被九三学社中央评选为先进基层组织，85 名社员被九三学社中央评选为"全国优秀社员"。2010 年 9 月 3 日，九三学社中央为纪念建社 65 周年，开展优秀基层组织和优秀社员的评选活动，九三学社市委 6 个基层组织被评选为九三学社中央先进基层组织，83 名社员被评选为九三学社中央优秀社员。

参政议政课题及信息工作表彰　1999 年 6 月 7—12 日，九三学社中央召开组织、宣传及信息工作会议，九三学社市委及部分信息员荣获"信息工作先进集体"和"优秀信息员"称号。2008 年，九三学社中央发布《表彰 2003—2007 年为社中央参政议政做出贡献的决定》，九三学社市委荣获突出贡献奖，名列第一。2009 年 12 月 6 日，九三学社中央作出关于表彰 2009 年度信息工作先进单位和先进个人的决定，九三学社市委荣获 2009 年度信息工作先进单位三等奖。2010 年 8 月 2—3 日，九三学社中央召开参政议政和信息工作会议，九三学社市委荣获全国参政议政工作二等奖，10 名社员荣获九三学社中央 2010 年度全国参政议政工作先进个人称号。2012 年 7 月 24—25 日，九三学社召开全国参政议政和信息工作会议，九三学社市委荣获参政议政工作二等奖，12 名社员获先进个人称号。

社会服务工作表彰　2006 年，九三学社市委有 1 个基层组织和 1 名社员分获九三学社中央社会服务工作先进集体及先进个人称号，2 名社员获"九广合作先进个人"称号。2010 年 7 月 6—8 日，九三学社全国社会服务工作会议在江西井冈山举行，九三学社市委被九三学社中央授予"全国社会服务工作先进集体"称号，5 名社员被授予"全国社会服务工作先进个人"称号。

【九三学社市委表彰先进】

社务工作表彰　九三学社市委不定期地召开社务工作表彰会。1985 年，15 个基层被评为先进集体，150 名社员被评为社务工作积极分子。1989 年，8 个基层被评为先进集体，84 名社员被评为社务工作积极分子。1993 年，表彰 10 个先进集体和 30 名先进个人。1995 年，表彰 38 个先进集体和 188 名先进个人。2000 年，表彰 27 个先进集体和 71 名优秀社员。2005 年，表彰 28 个先进集体和 80 名优秀社员。2010 年，表彰 31 个先进集体和 95 名优秀社员。

参政议政课题及信息工作表彰　2002 年 4 月 11 日，"2001 年度课题、提案及信息工作表彰会"召开，11 名社员获得表彰。2004 年，在"2003 年度课题、提案工作会议"上，3 名社员获得表彰。2005 年 4 月 29 日，"2004 年度课题、提案表彰会"召开，3 名社员受到表彰，10 名社员获嘉奖。2006 年 4 月 13 日，"2005 年度课题、提案表彰会"召开，4 名社员受到表彰，8 名社员获嘉奖。2008 年 4 月 16 日，在"2007 年度课题、提案、信息工作表彰会"上，31 名社员获得表彰，2 名社员获嘉奖。

2008 年度，共有 29 项课题、提案在参政议政工作表彰中获奖；4 个基层组织及 19 名社员在信息工作表彰中获奖。2009 年度，共有 27 项课题、提案在参政议政工作表彰中获奖；6 个基层组织及 17 名社员在信息工作表彰中获奖。2010 年度，共有 37 项课题、提案在参政议政工作表彰中获奖；11 个基层组织及 17 名社员在信息工作表彰中获奖。2012 年 3 月，参政议政暨信息工作会议召开，49 个课题组、10 个集体和 18 名社员受到表彰。

社会服务及其他工作表彰　2006 年 12 月 28 日，"2006 年度社会服务工作表彰会"召开，9 个基层组织被评为"社会服务先进集体"，16 名社员被评为"社会服务先进个人"。2008 年 5 月 12 日，四川汶川地区发生大地震，各级社组织和广大社员积极参加抗震救灾工作，九三学社市委授予 11 个基层组织"抗震救灾先进集体"称号，17 名社员被评为"抗震救灾先进个人"。2012 年 12 月 28 日，九三学社市委召开“社会服务工作总结交流暨表彰大会”,12 个基层组织和 30 名社员分别被授予“社会服务工作先进集体”和“社会服务工作先进个人”称号。

六、宣传报道

【宣传阵地】

《上海九三》与《九三沪讯》 九三学社上海分社于 1953 年 10 月创办机关刊物《社讯》,1957 年第 33 期起改名为《上海社讯》。“文化大革命”期间停刊。1980 年改称《九三上海社讯》,为双月刊。1992 年 10 月改名为《上海九三》,由双月刊改为季刊。更名后的《上海九三》增设“参政议政”“社内要闻”“人物专访”“社员论坛”“杂感随想”等栏目,突出思想性和理论性。1993 年,《上海九三》(季刊)第一期出版,九三学社中央主席吴阶平为《上海九三》题词:“解放思想,实事求是,把握机遇,迎接挑战”。1993 年 10 月 21 日,九三学社市委举行社刊创办 40 周年座谈会。

1992 年 9 月,根据九三学社上海市第七次社员代表大会代表的建议,九三学社市委创办《九三沪讯》(月报),为八开四版,每月 20 日出版,其宗旨为“上情下达,下情上传,提供信息,增进交流”,内容以刊登信息动态为主。1997 年 7 月,《上海九三》和《九三沪讯》均改为双月刊,其中《上海九三》逢双月出刊,《九三沪讯》则逢单月出版。2005 年 2 月,九三学社市委对《九三沪讯》《上海九三》进行改版,将《上海九三》改版为季刊,《九三沪讯》则增版为四开四版,于 2007 年 8 月改为月报。截至 2012 年,《上海九三》共发行 91 期,《九三沪讯》共发行 171 期。

九三学社上海市委员会网站 2003 年 7 月 1 日,九三学社上海市委员会网站正式开通,网址为 www.sh93.org.cn。网站开设社务动态、参政议政、人物介绍、社会服务、理论研讨、联络沙龙、社刊、历史回眸、组织机构等栏目。经过 6 个月试运行,于 2004 年 1 月网站正式启用,成为社内思想建设的新阵地。此后,九三学社市委不断推进社内信息化、网络化建设,丰富网站内容,为社员提供更多信息。2011 年,九三学社市委网站升级改版,网址变更为 http://www.sh93.gov.cn。

【新闻宣传】

20 世纪 80—90 年代,九三学社市委加大宣传力度,及时将社内重大事件、重要活动等通过上海各大新闻媒体进行宣传报道,扩大社会影响力。2002—2012 年,九三学社市委在《解放日报》《文汇报》《新民晚报》及《联合时报》等报刊上共发表稿件 1 283 篇,在电视广播等其他新闻媒体宣传 75 次。

第二节 组织建设

一、领导班子建设

1978 年以后,九三学社上海组织在工作实践中不断加强领导班子建设,健全和完善工作机制,推进各项工作持续深入地开展。

【领导班子新老合作和交替】

1980 年 1 月,选举产生九三学社上海分社第九届委员会,领导班子由正、副主委(其中 1 人兼任秘书长)9人组成,当选平均年龄70.5岁。1982年增补副主委2名。

1984年4月,选举产生九三学社上海市第十届委员会,领导班子由正、副主委(其中1人兼任秘书长)12人组成,当选平均年龄67.7岁。1985年,主委卢于道与2名副主委相继逝世,九三学社市委即进行领导班子调整,决定由杨槱任代理主委。根据《九三学社中央省级组织引进新人加强领导班子和工作班子的意见》,1987年增补2名副主委(其中1人兼任秘书长),领导班子初步出现新老合作局面。

1988年6月,选举产生九三学社上海市第十一届委员会,领导班子由正、副主委(其中1人兼任秘书长)10人组成,当选平均年龄66.3岁。1991年9月,第十一届常委会十三次会议同意兼职秘书长辞去职务并任命专职秘书长,以加强对市委机关的领导,自此九三学社市委机关开始设有专职领导岗位。

1992年6月,选举产生九三学社上海市第十二届委员会,领导班子中,正、副主委8人,专职秘书长1人,当选平均年龄64.1岁。1996年1月,在第十二届五次全会上,杨槱辞去主委职务,谢丽娟当选为主委。同年4月,九三学社市委领导班子进行届中调整,并规定委员会主委、副主委、常委及委员的退留年龄界限。同年8月,经十二届六次全会选举,增选2人为副主委,正、副主委由8人增加至10人,领导班子形成良好的工作格局。

1997年7月,选举产生九三学社上海市第十三届委员会,领导班子中,正、副主委10人(其中,专职副主委2人),专职秘书长1人,当选平均年龄59.2岁。2002年2月,对领导班子进行届中调整,增选副主委4人。

2002年6月,选举产生九三学社上海市第十四届委员会,领导班子中,正、副主委11人,秘书长1人,当选平均年龄57岁。2006年3月,3名副主委到龄辞去职务,增选2名副主委。

2007年4月,选举产生九三学社上海市第十五届委员会,领导班子中,正、副主委10人,秘书长1人,当选平均年龄51.4岁。2010年进行届中调整,2位副主委因到龄辞去职务,1位副主委因病逝世,增选3名副主委。

2012年4月,选举产生九三学社上海市第十六届委员会,领导班子中,正、副主委10人,秘书长1人,当选平均年龄50.6岁,领导班子的年龄结构更趋于合理。

【领导班子学习】

从1980年开始,领导班子的学习活动以上海市政协学习委员会九三学社学习分会的形式组织开展,每次由主委、副主委主持。1997年以后,每次主委会议都安排一定时间进行学习交流,学习工作由主委负责,分管副主委具体落实,每次学习均有主题,并指定发言人。结合学习情况,适时组织报告会和交流会。专职副主委、秘书长还参加各民主党派市委学习联席会。领导班子通过学习,继承和发扬老一代领导人与中国共产党风雨同舟、团结合作的优良传统,增强接受中国共产党领导的自觉性,把政治思想工作落到实处。2003年,制定《九三学社上海市委员会领导班子学习制度》。至2012年,主委会议坚持定期组织开展领导班子学习活动。

专题座谈会　1993—2002年,九三学社市委领导先后多次出席由中共市委统战部举办的专题学习座谈会,围绕学习贯彻中共十四大文件精神、全国民主党派工作座谈会精神、中共市委六届三次全会精神,以及中共十四届五中、六中全会精神和江泽民"5·31"讲话精神等,就新时期如何发挥参政党职能、开创上海民主党派工作新局面等议题畅所欲言,提出意见和建议。

新年学习会和暑期学习会　1996—2012年,九三学社市委主委每年出席由中共市委统战部举办的新年学习会和暑期学习会。通过学习增进共识,推进社务工作。在2002年召开的新年学习会上,谢丽娟就九三学社市委领导班子换届提出了两个调研重点:一是如何推进干部队伍年轻化;二是如何创造条件促进人才流动和提高干部素质。希望通过学习和交流,强化机关干部队伍建设,以推进九三学社市委机关的各项工作。同年暑期学习会上,谢丽娟又进一步指出,各民主党派作为参政党也要与时俱进。她要求九三学社市委进一步加强领导班子成员的沟通交流,建立民主生活会制度,以及采取竞聘上岗、考核考评等方式,加强九三学社市委机关建设。

学习联席会 从1992年起,在中共市委统战部的建议下,建立上海市各民主党派、工商联领导成员的学习联席会制度,参会成员为各民主党派市委专职副主委、秘书长和宣传部门负责人,由各民主党派市委和市工商联按年度轮流主持。有些学习活动还扩大到各民主党派市委机关的处级干部。1999—2002年,学习联席会共举行65次学习活动。在1999年召开的学习联席会上,专门邀请九三学社市委副主委李昌道作《澳门回归与澳门基本法》的报告。2007年,九三学社市委作为上海各民主党派学习联席会的主办单位,围绕政治交接学习教育活动、学习贯彻中共十七大精神及换届工作等共举办相关活动12次(包括学习座谈会6次,工作交流会3次,参观考察活动1次,辅导报告1次,图片展1次),并就贯彻全国"两会"、中共上海市第九次党代会、中共市委书记习近平暑期学习会讲话以及《中国的政党制度》白皮书精神等开展学习座谈,形成《各民主党派上海市委关于加强市委机关建设的会议纪要》,为提升机关工作水平奠定基础。至2012年,学习联席会由各成员单位轮流主持。

【转变工作方式与作风】

坚持集体领导制度 1997年领导班子实现新老交替后,按照"集体领导、民主集中、个别酝酿、会议决定"的议事程序,制定《九三学社上海市委员会议事规则》。凡涉及重要决策、干部任免等重要事项,均由领导班子集体讨论并形成决议,对有关重大事项还按社章规定提交常委会、委员会审议通过。至2012年,该制度一直沿用。

健全分工负责制度 从领导班子成员专职与兼职相结合的特点出发,明确班子成员的分工和职责,建立岗位责任制。主委负责全面工作,把握全局,解决关键性问题。2002年制定了第一专职副主委、专职副主委、兼职副主委及秘书长的工作职责。至2012年,两名专职副主委合理分工,各司其职;兼职副主委参加集体领导,履行分工职责;秘书长协助主委、副主委工作,在主委会议的领导下,主持机关日常工作。

建立联系基层制度 1999年,九三学社市委建立常委联系基层制度。2003年,又制定《主委会议组成人员深入基层调查研究制度》。专职副主委、秘书长每月至少下基层调研1—2次,其他领导班子成员原则上每季度下基层活动不少于1次。至2012年,领导班子成员紧密联系基层,通过下基层走访调研了解情况,听取意见,指导工作,帮助基层和社员解决实际问题。

二、社员发展

从1979年开始,九三学社上海分社按照九三学社中央"在工作中发展,发展为了工作"和"发展与巩固相结合"原则,积极、慎重地开展组织发展工作,1979—1983年共发展社员1 001人。1983年11月,中共中央统战部邀请各民主党派主要负责人就组织发展问题进行座谈,形成《关于民主党派组织发展问题座谈会纪要》(简称《纪要》),明确各民主党派在组织发展中的重点分工。九三学社上海组织提出用两年时间贯彻执行《纪要》精神，确定“放慢步伐，稳妥慎重”原则，坚持以“科技界为主，中上层骨干为主”的组织发展方针，并进一步完善组织发展程序，1984—1985 年，共发展社员 534 人。

1986 年，根据中共中央统战部《关于新时期党对民主党派工作的方针任务的报告》提出的民主党派要把发展成员作为经常性工作及“有计划地稳步进行”精神，九三学社市委于 1986—1988 年共发展社员 1 425 人。1989 年 1 月，九三学社第五次全国社员代表大会通过的社章提出，发展对象为“自然科学、社会科学、工程技术、文化教育、医药卫生和农林界的高、中级知识分子”；同年 9 月，九三学社中央召开组织宣传工作会议，要求各级地方组织控制组织发展速度，以不超过 10％的发展速度为宜，重点抓好组织的巩固工作。1990 年，九三学社中央八届六次常委扩大会议提出了少量发展原则和有关具体规定，1989—1992 年共发展社员 920 人。

1993 年 6 月，九三学社中央召开全国工作会议，对组织发展工作提出新要求。按照九三学社中央组织部制定的《关于当前组织工作的几点意见》精神，组织发展工作转向有计划地主动发展。1995 年 3 月，为贯彻落实《九三学社中央关于加强自身建设的意见》，九三学社市委制定《关于基层组织建设的几点意见》，对组织发展工作提出三点要求，即提高组织发展质量、继续坚持“三个为主”原则和注重年轻化。1996 年 6 月，各民主党派中央联合发出《关于民主党派组织发展若干问题座谈会纪要》，进一步明确提出民主党派组织发展的指导思想和方针政策。确定九三学社发展的主要对象是从事科学技术工作以及高等教育、医药卫生等方面的高、中级知识分子，在坚持重点分工的前提下，可适当发展一些其他方面有代表性的高、中级知识分子，这部分人士一般掌握在不超过发展成员总数的 30％以内，在非公有制企业中从事经营管理和技术工作的高、中级知识分子中政治素质好、有一定代表性的，各民主党派可个别发展。根据历年组织发展的实际情况，提出每年的净增率以不超过 5％为宜，由各民主党派中央从总体上掌握。自此，九三学社市委的组织发展工作，在坚持重点分工前提下，注意社员专业结构的合理分布，在新闻出版、文艺、财经、政法等领域和政府部门的专业人员中物色优秀人才，并开始在非公有制经济企业“新的社会阶层人士”中发展社员。1993—1998 年，共发展社员 2 077 人，每年净增率在 5％左右。

1999 年 5 月，《各民主党派中央关于加强自身建设若干问题座谈会纪要》进一步提出，组织发展要正确处理质量与数量、发展与巩固、重点与非重点、发展骨干成员与发展一般成员的关系，把发展的重点放在骨干成员及高素质后备干部上来。九三学社市委在组织发展工作中牢牢把握政策导向，一方面大力发展科技界顶尖人才，突出特色，保持影响力；另一方面积极发展其他界别有较强代表性的优秀人才，优化人才结构，充实参政议政力量；并把组织发展与后备干部队伍建设紧密结合，注意吸收政治素质好、层次高、代表性强、有发展潜力的知识分子入社。1999—2002 年，共发展社员 1 048 人，每年发展的净增率均控制在 5％以内。

2003 年 5 月，九三学社市委召开专题常委会议，对组织发展问题进行研究并形成会议纪要下发到各基层组织，对全市社的组织发展工作起到重要推动作用。2004 年，九三学社中央提出实施“人才强社”战略；各民主党派中央又联合发出《关于进一步做好民主党派组织发展工作座谈会纪要》，重申 1996 年和 1999 年两个《纪要》精神，并针对新情况、新问题对两个《纪要》进行必要补充。2003—2012 年，共发展社员 3 494 人。在发展的社员中，科技、高教和医卫等主体界别占 72.5％，文学艺术、新闻出版、财经、法律、政府机关、党派、团体机关以及非公经济等界别人士保持在 20％以内，年增长率稳定在 2.7％—3.9％之间。

表7-5-1 1981—2012年九三学社市委发展社员情况表

单位:人

年 度	1981	1982	1983	1984	1985	1986	1987	1988	1989	1990	1991
发展人数	195	232	469	234	300	395	493	537	389	213	157
年 度	1992	1993	1994	1995	1996	1997	1998	1999	2000	2001	2002
发展人数	161	326	404	330	426	278	313	299	253	235	261
年 度	2003	2004	2005	2006	2007	2008	2009	2010	2011	2012	
发展人数	277	381	412	337	323	365	312	340	351	396	

表7-5-2 1996—2012年九三学社市委发展社员基本情况表

年 度		1996	1997	1998	1999	2000	2001	2002	2003
发展人数(人)		426	278	313	299	253	235	261	277
女社员人数(人)		181	118	127	118	116	93	125	124
文化程度	大专以上(人)	—	—	—	293	245	233	259	276
	比例(%)	—	—	—	98.0	96.8	99.1	99.2	99.6
层次分布	中上层人士	413	273	303	290	245	230	259	268
	比例(%)	96.9	98.2	96.8	97.0	96.8	97.9	99.2	96.8
	其他(人)	13	5	10	9	8	5	2	9
	比例(%)	3.1	1.8	3.2	3.0	3.2	2.1	0.8	3.2
职称	高级(人)	133	91	118	110	99	88	98	109
	比例(%)	31.2	32.7	37.7	36.8	39.1	37.4	37.5	39.4
	中级(人)	280	182	184	180	144	134	156	151
	比例(%)	65.7	65.5	58.8	60.2	56.9	57.0	59.8	54.5
年龄结构	平均年龄(岁)	41.4	40.8	41.6	40.5	39.2	39.6	38.2	40.6
	40岁以下(人)	221	91	161	168	172	146	168	177
	41—50岁(人)	115	183	86	76	55	64	74	78
	51—60岁(人)	89	4	65	54	26	24	19	22
非公有制企业界人士		0	0	0	0	0	0	1	1

年 度		2004	2005	2006	2007	2008	2009	2010	2011	2012
发展人数(人)		381	412	337	323	365	312	340	351	396
女社员人数(人)		189	191	154	147	184	159	164	160	183
文化程度	大专以上(人)	381	412	298	286	336	291	326	351	396
	比例(%)	100	100	88.4	88.5	92.1	93.3	95.9	100	100
层次分布	中上层人士(人)	315	358	308	286	318	264	286	286	318
	比例(%)	82.7	86.9	91.4	88.5	87.1	84.6	84.1	81.5	80.3
	其他(人)	66	54	29	37	47	48	54	65	78
	比例(%)	17.3	13.1	8.6	11.5	12.9	15.4	15.9	18.2	19.7

（续表）

年　度		2004	2005	2006	2007	2008	2009	2010	2011	2012
职称	高级(人)	127	148	143	138	146	100	125	116	133
	比例(%)	33.3	35.9	42.4	42.7	40.0	32.1	36.8	33.0	33.6
	中级(人)	188	210	165	148	172	164	161	170	185
	比例(%)	49.3	51.0	49.0	45.8	47.1	52.6	47.4	48.4	46.7
年龄结构	平均年龄(岁)	39.0	38.5	37.9	39.2	38.7	38.1	38.2	37.8	38.4
	40岁以下(人)	207	262	225	188	225	201	221	232	241
	41—50岁(人)	146	124	96	119	123	103	104	105	131
	51—60岁(人)	25	25	16	16	17	8	15	14	24
非公有制企业界人士		7	7	3	0	2	4	1	0	0

表7-5-3　1996—2012年九三学社市委发展社员界别分布情况表

年　度		1996	1997	1998	1999	2000	2001	2002	2003
教育(人)		87	73	83	48	53	34	36	53
比例(%)		20.4	26.3	26.5	16.1	20.9	14.5	13.8	19.1
科学技术(人)		201	128	126	141	103	93	107	103
比例(%)		47.2	46.0	40.3	47.2	40.7	39.6	41.0	37.2
医药卫生(人)		89	47	59	66	57	54	69	67
比例(%)		20.9	16.9	18.8	22.1	22.5	23.0	26.4	24.2
文化艺术(人)		4	2	2	0	1	1	0	0
比例(%)		0.9	0.7	0.6	0	0.4	0.4	0	0
新闻出版(人)		1	4	6	5	2	7	7	3
比例(%)		0.2	1.4	1.9	1.7	0.8	3.0	2.7	1.1
公有制经济(人)		28	12	16	19	16	27	23	24
比例(%)		6.6	4.3	5.1	6.4	6.3	11.5	8.8	8.7
非公有制经济	企业界人士	0	0	0	0	0	0	1	1
	比例(%)	0	0	0	0	0	0	0.4	0.4
	其他人员	0	0	0	0	0	0	0	4
	比例(%)	0	0	0	0	0	0	0	1.4
法律(人)		0	0	0	2	1	2	4	3
比例(%)		0	0	0	0.7	0.4	0.9	1.5	1.1
政府机关(人)		6	9	4	6	10	8	4	5
比例(%)		1.4	3.2	1.3	2.0	4.0	3.4	1.5	1.8
党派机关(人)		5	1	3	2	2	2	2	2

(续表)

年　　度	1996	1997	1998	1999	2000	2001	2002	2003
比例(%)	1.2	0.4	1.0	0.7	0.8	0.9	0.8	0.7
团体(人)	0	0	0	1	1	0	3	0
比例(%)	0	0	0	0.3	0.4	0	1.1	0
其他(人)	5	2	14	9	7	7	5	12
比例(%)	1.2	0.7	4.5	3.0	2.8	3.0	1.9	4.3

年　　度		2004	2005	2006	2007	2008	2009	2010	2011	2012
教育(人)		84	108	74	90	90	86	82	99	102
比例(%)		22.0	26.2	22.0	27.9	24.7	27.6	24.1	28.2	25.8
科学技术(人)		96	120	113	82	105	66	95	87	110
比例(%)		25.2	29.1	33.5	25.4	28.8	21.2	27.9	24.8	27.8
医药卫生(人)		85	69	63	72	74	62	69	63	65
比例%		22.3	16.7	18.7	22.3	20.3	19.9	20.3	17.9	16.4
文化艺术(人)		0	1	0	1	1	1	1	1	2
比例(%)		0	0.2	0	0.3	0.3	0.3	0.3	0.3	0.5
新闻出版(人)		0	1	2	3	3	1	6	4	1
比例(%)		0	0.2	0.6	0.9	0.8	0.3	1.8	1.1	0.3
公有制经济(人)		40	39	27	26	35	33	27	45	56
比例(%)		10.5	9.5	8.0	8.0	9.6	10.6	7.9	12.8	14.1
非公有制经济	企业界人士	7	7	3	0	2	4	1	0	0
	比例(%)	1.8	1.7	0.9	0	0.5	1.3	0.3	0	0
	其他人员	0	40	37	24	40	38	50	35	41
	比例(%)	0	9.7	11.0	7.4	11.0	12.2	14.7	10.0	10.4
法律(人)		0	0	0	1	0	1	0	0	0
比例(%)		0	0	0	0.3	0	0.3	0	0	0
政府机关(人)		15	12	10	18	13	13	6	13	12
比例(%)		3.9	2.9	3.0	5.6	3.6	4.2	1.8	3.7	3.0
党派机关(人)		0	1	2	1	1	2	1	2	5
比例(%)		0	0.2	0.6	0.3	0.3	0.6	0.3	0.6	1.3
团体(人)		0	1	0	0	0	0	0	0	0
比例(%)		0	0.2	0	0	0	0	0	0	0
其他(人)		54	13	6	5	1	5	2	2	2
比例(%)		14.2	3.2	1.8	1.5	0.3	1.6	0.6	0.6	0.5

说明："教育"栏内主要是指高等教育。

三、后备干部队伍建设

【建章立制】

加强后备干部队伍建设，选拔和培养新一代代表人物是顺利实现领导班子新老合作交替的重要基础。1991年，九三学社市委制定《关于后备干部队伍建设的意见》，对后备干部的基本条件、年龄范围、选拔对象、组织领导、选拔方式和考察培养等方面提出具体要求。1995年，依照《九三学社关于加强自身建设的意见》精神，九三学社市委又制定《关于加强后备干部队伍建设的意见》，并根据后备干部的选拔标准，要求各级组织按照德才兼备原则，拓宽选拔和培养渠道，建设一支政治素质好、年龄结构和知识结构合理，能继承和发扬九三学社优良传统的高素质后备干部队伍。

图7-5-3　2003年11月25—29日，九三学社市委举办第七期中青年骨干培训班，主委谢丽娟(中)出席开学典礼

2004年12月10日，九三学社市委召开组织工作会议，特别强调新时期要抓好后备干部队伍的建设。2005年，制定并下发《九三学社上海市委员会关于加强后备干部队伍建设的意见》，进一步明确选拔后备干部的原则和范围，后备干部的条件、数量和结构，以及选拔后备干部的一般程序、分类分层动态管理、培养教育和组织领导等方面的工作内容，推进后备干部队伍建设的程序化、制度化和规范化。2008年5月，九三学社市委着眼于后备干部队伍的长效机制建设，发出《关于做好2008年九三学社上海市委后备干部推荐工作的通知》，并召开组织工作会议，对后备干部队伍推荐工作从指导思想、工作原则、推荐范围及入选条件等方面做了动员，开展了新一轮后备干部的推荐

工作,不断补充后备干部的名单。2008—2012年,九三学社市委坚持有计划、分领域、多层次开展系统培训工作,致力于打造一支与中国共产党在思想上同心同德、目标上同心同向、行动上同心同行的高素质党外代表人士队伍。

【建立人才库】

1991年,九三学社市委《关于后备干部队伍建设的意见》下发后,各区委和直属基层组织都十分重视,并进行专门研究,指定专人负责,按照后备干部的选拔标准,征求相关单位中共党组织的意见,先后确定一批后备干部名单向九三学社市委上报,经汇总后建立起后备干部人才库。后备干部队伍既着眼于换届,又与干部队伍的长远建设相结合,九三学社市委领导班子后备干部主体为55岁以下,地区、直属基层领导班子后备干部主体为50岁以下。各级组织换届时,领导班子人选优先从后备干部中选拔,首批后备干部在九三学社市委和直属基层组织换届时发挥了积极的作用。至2012年,九三学社市委定期了解人才库中的后备干部情况,及时补充人选,有进有出,实行动态管理。

【培养使用】

1990—2012年,九三学社市委与上海市社会主义学院共联合举办16期学习培训班,共培训中青年骨干社员790名,并从中推荐一批社员参加由中共市委统战部和上海市社会主义学院联办的干部培训班进行学习,或参加由中共中央统战部和中央社会主义学院联办的民主党派干部培训班学习。与此同时,九三学社市委还定期邀请他们参加座谈,交流思想,研讨问题,帮助他们提高思想理论水平。

根据后备干部的自身条件,主要从四个方面为他们创造培养、锻炼的机会:一是向中共市委统战部和有关部门举荐一批符合任职条件的社员担任政府部门和相关单位的行政领导。2007年8月9日,九三学社市委专门召开局级后备干部民主推荐会。二是结合市、区(县)和直属基层组织的换届,考察并引进一批新人进入各级领导班子。1992年九三学社市委换届时有16位55岁以下的中青年社员被选为委员,其中3人当选常委;1993年直属基层组织换届时有33位50岁以下的中青年社员进入基层领导班子,其中4人担任基层组织副主委。三是推荐符合条件的社员参选各级人大代表、担任政协委员,提高他们参政议政的能力。每次人大、政协换届,九三学社市委除了在党派界别推荐外,还主动与区(县)和直属基层组织的有关统战部门沟通,为市、区和其他界别推荐优秀社员。四是推荐中青年骨干到基层挂职锻炼,2008—2012年,先后推荐10名后备干部骨干分别到宝山区、浦东新区和司法部门挂职锻炼,在工作实践中培养他们的综合素质和能力,部分后备干部挂职期满后被留在政府部门工作。

四、区(县)和直属基层组织建设

民主党派基层组织建设是发挥参政党作用、增强民主党派活力、建设高素质参政党的基础。搞好基层组织建设,发挥好基层组织的作用,对增强民主党派内部的凝聚力、向心力、影响力,增强民主党派成员的组织归属感,推进统一战线和多党合作事业的发展,具有十分重要的意义。

图 7－5－4　2011 年 1 月 27 日，九三学社市委邀请区（县）、系统和高校的中共统战部门领导召开恳谈会

【基层组织领导班子建设】

九三学社市委 1995 年制定《关于基层组织建设的几点意见》，以此为依据，加强基层组织领导班子建设。在 1991 年、1996 年、2001 年、2006 年和 2011 年全市基层组织换届前，九三学社市委均举办基层组织主委学习班，统一思想认识，将政治素质好、有代表性的中青年骨干选进各级领导班子。

九三学社市委通过召开基层社务工作经验交流会，举办基层骨干社员学习培训班、中青年骨干培训班等形式对基层领导班子成员及后备干部进行培训，并推荐基层骨干社员和后备干部等参加上海市社会主义学院及中央社会主义学院举办的学习班学习，以及推荐挂职锻炼等，提升干部的综合素质。

2003 年 5 月 16 日，九三学社市委常委会在专题讨论“组织发展的现状和对策”的同时，还通过《九三学社上海市委员会关于基层组织领导成员任期时间的意见》。

2005 年 1 月，九三学社市委开展了部分直属基层组织聘任主委助理工作。考虑到一些直属基层组织因没有配备专职人员，而主委、副主委等主要领导干部大都是本单位的业务骨干，平时工作忙、压力大且都是利用业余时间从事党派工作。经九三学社市委研究决定，在人数超过 150 人（2007 年后改为 100 人），且能提供办公场所的直属基层组织中，开展聘请主委助理试点工作，以协助主委开展社务工作，并决定从主委经费中拨出专款给主委助理一定的工作津贴。这一做法对开展好直属基层组织的社务工作起到了促进作用。至 2012 年，共有 18 个直属基层组织聘任 17 名主委助理，每三个月召开 1 次主委助理例会。

【指导基层组织工作】

1995 年，九三学社市委制定《关于基层组织建设的几点意见》，通过组织调研、交流学习、树立典型等措施，加大对基层组织指导工作的力度。1999 年，建立起九三学社市委常委联系基层的工作制度。1991—2011年,基层组织先后五次换届,九三学社市委每次都制订、下发关于基层组织换届的工作意见,开展专题学习培训,指导各基层顺利开展换届工作。

九三学社市委要求各基层组织抓好组织生活,学习社章社史,弘扬优良传统,提高社员的思想政治水平和参政议政能力。为了整合资源,发挥优势,九三学社市委从2003年起调整机关干部联系基层的制度,实行条块结合的联系方式,促进区级组织与直属基层组织的沟通交流,丰富了基层组织的组织生活。

九三学社市委每年召开基层工作交流会、基层组织负责人座谈会、基层组织委员会议、区委专职干部例会等,及时掌握基层情况,沟通交流信息,做好协调指导工作。此外,还通过召开基层统战部部长恳谈会等形式,加强与中共各级基层组织的沟通联系,支持基层组织开展各项工作。

截至2012年底,大部分基层组织都能做到组织健全、制度完善,并能够积极加强自身建设,履行民主党派职责,围绕本系统、本部门、本单位的中心工作献计献策。

五、机关建设

机关建设是民主党派工作的重要组成部分。机关建设的目标是建设高素质的机关干部队伍和集学习型、服务型、创新型、和谐型于一体的高效工作集体。

【完善机关工作职能】

1978年,九三学社上海分社机关设立3个部门,机关干部共有20多名。由3个专职副秘书长兼任部门领导并各司其职,由于缺乏专职秘书长的协调,各部门之间配合存在一定问题。1983年以后机关编制逐年增加,职能部门增至6个。机关干部采取社会招聘、录用应届大学毕业生等途径任用,处级干部则通过内部提拔和外部引进相结合的办法选配。1991年,机关任命了专职秘书长;1997年起又设有专职副主委,各级干部配备逐步到位。至2012年,九三学社市委机关设有专职副主委2名、秘书长1名。

【加强机关制度建设】

机关工作班子配齐后,机关领导体制分为三个层次:一是主委办公会议,由主委、专职副主委主持,正、副秘书长参加,处理市委员会的重要日常工作和机关的重要事项;二是秘书长办公会议,由秘书长主持,各部门负责人参加,落实主委办公会议的决定,协调和推动机关各部门工作;三是部门工作会议,由各部门负责人主持,布置本部门各个岗位的工作。

【注重机关队伍建设】

1993年,机关制定目标管理及干部培训考核制度。1998年,机关完成参照公务员管理的各项工作,制定"三定"方案,编制职位说明书,明确机关各部室的职能和岗位职责。组织机关干部参加公务员任职培训、统一战线干部专业培训、计算机应用能力(信息技术应用基础)及英语等学习与培训,并通过相关考试。2002年,按照《党政领导干部选拔任用工作条例》的有关规定,进行部分处级干部选拔任用试点,为机关干部轮岗交流作好准备。2003年,推行机关处级领导选拔任用、民主推荐试点和机关干部职位轮换的工作,进一步调动机关干部的积极性和创造性。1998—2010年,先后选派九三学社市委机关干部到市级机关、企事业单位和街道挂职锻炼。

【开展机关文化建设】

2000年，九三学社市委机关成立机关学习领导小组，建立起经常性的机关学习制度。2000年12月，在中共市委统战部召开的上海市民主党派机关建设经验交流会上，九三学社市委提交《以学习为先导，加强自身建设，努力使机关建设工作跃上新台阶》的书面发言。在2001年的“九三学社四直辖市第三次社务工作研讨会”上，九三学社市委也交流了机关建设的情况和经验。2002年，完成九三学社市委机关局域网的收发模块试运转工作，为实施机关办公自动化创造条件。2009年，召开机关文化建设动员大会，制定《九三学社市委机关文化建设工作实施方案》，机关工会还举行“迎国庆绘画比赛”。通过开展机关精神文明建设活动，加强学习，提高干部综合素质，更好地发挥机关在社务工作中的枢纽作用。

第三节　制 度 建 设

制度建设在民主党派自身建设中具有根本性、长期性的特点，是长期工作实践的升华和规范。九三学社市委在总结经验的基础上，根据民主党派性质和任务的要求，逐步建立一套适合自身特点、适应组织运行需要的制度，使各项工作有章可循。

一、领导班子制度

1995年，九三学社市委根据九三学社中央《关于加强自身建设的意见》及《九三学社章程》精神，起草《九三学社上海市委员会议事规则(草案)》，于1998年3月召开的第十三届委员会第二次全体会议上正式通过，规范了九三学社市委领导班子议事、决策的程序，2003年第十四届常委会第六次会议进行修订，2007年第十五届委员会对《九三学社上海市委员会议事规则》再次修订，不断予以完善。

2002年7月，九三学社市委制定《专门委员会工作条例(试行)》；8月，又制定《第一专职副主委主要工作职责》《专职副主委主要工作职责》《兼职副主委主要工作职责》及《秘书长主要工作职责》。

2003年8月，九三学社市委制定《领导班子学习制度》《社内情况通报制度》《重大情况反映制度》及《主委会议组成人员深入基层调查研究制度》等文件，推进决策的科学化、民主化。

2010年，第十五届常委会第十五次会议通过《九三学社上海市委员会2010年领导班子届中调整工作方案》，对副主委年满64周岁即离任等作了明确的规定。

二、各级会议制度

《九三学社上海市委员会议事规则》对全会、常委会和主委会等的组织作用和权限、职责、程序都作了具体的规定。

【市委员会全体会议】

市委员会是九三学社上海组织的领导机构，在市代表大会闭会期间领导上海的九三学社工作。

市委员会全体会议由常委会召集,每年至少举行1次。

【常委会会议】

常委会议在市委员会全体会议闭会期间领导九三学社的工作,由主委会议召集,原则上每季度举行1次,根据需要并经主委会议决定可提前或延期举行。常委会议在必要时,经主委会议决定可召开常委会扩大会议;常委会举行扩大会议时,由主委会议决定扩大会议的范围。

【主委会议】

由主委或由主委委托的副主委召集,原则上每月举行1次。主委会议实行集体领导和个人分工负责相结合制度。重大问题集体讨论决定,必要时可予表决。

【主委办公会议】

由主委、专职副主委、秘书长、副秘书长组成,每周举行1次,由第一副主委召集和主持,处理市委员会的重要日常工作和机关的重要事项。主委办公会议在议事过程中,坚持民主集中制原则,无论是对九三学社市委工作的安排检查,还是对人事问题的酝酿、调研课题的商议等,都进行充分的讨论。

【秘书长办公会议】

2002年制定的《秘书长办公会议工作规则》规定,秘书长办公会议由秘书长、副秘书长和机关各部门负责人组成。在秘书长领导下,协助主委、副主委开展工作,发挥参谋助手的作用。会议由秘书长主持,每周举行。至2012年,秘书长办公会议仍按照此规则进行。

三、基层工作制度

从1984年起,九三学社市委每年举办培训班、研讨班等,组织九三学社市委委员及基层组织负责人开展专题学习。1995年,九三学社市委制定《加强基层组织建设的几点意见》,要求各基层组织每年制定工作计划,年终进行总结汇报。1999年,建立起九三学社市委常委联系基层制度。2003年8月,第十四届委员会第十四次主委会议制定《主委会议组成人员深入基层调查研究制度》。2007年1月,九三学社市委主委办公会议通过《关于直属基层组织聘任"主委助理"的意见》,配备主委助理是九三学社市委推出的一项创新举措,多年来的工作实践证明,主委助理协助直属基层组织的主委处理了很多事务性工作,为直属基层组织各项工作顺利开展起到重要的推动作用。

四、机关工作制度

【围绕参照和实施公务员管理制定的制度】

1993年,九三学社市委机关制定目标管理实施方案及干部培训考核制度。1998年,机关参照《国家公务员暂行条例》进行管理,制定"三定"方案,编制职位说明书,进一步明确机关各部室的职能。2003年,制定《九三学社上海市委员会机关机构设置及其职责》《机关政治学习制度》《机关职位轮换(轮岗)规定》《机关职位升降、任免规定》《机关教育培训办法》《机关保密工作制度》等一系列

图 7－5－5　2004 年 1 月，九三学社市委印发《九三学社上海市委员会制度汇编》《九三学社上海市委员会机关管理制度汇编》

规章制度，对机关工作人员进行科学管理，提升工作效能。

【规范办事程序】

2001 年起，先后制定《公文处理办法》《报刊、杂志和网站审稿制度》《看望老同志的规定》及《机关信访工作办法》等规章。

【规范机关内部管理】

2001 年，机关对原有的规章制度进行梳理修改，制定《机关印章管理办法》《机关国有资产管理办法》《机关财务管理办法》等制度。2003 年，在修订各项制度的基础上，增加《机关计算机网络管理办法》等制度。2008 年 12 月，机关对各项规章制度再次进行梳理和修订，增加《机关档案工作规定》《公务网管理规定》等规章。2009 年，又制定《机关经费使用有关规定》。2011 年，各项规章制度汇集成《九三学社上海市委员会机关管理制度汇编》。

通过加强机关制度建设，九三学社市委努力把机关建设成学习型、服务型、创新型的机关，为更好地履行参政党的职能做好各项服务保障工作。

第八篇

台湾民主自治同盟
上海市委员会

台湾民主自治同盟(简称台盟)是由台湾省人士组成的社会主义劳动者、社会主义事业建设者和拥护社会主义爱国者的政治联盟，是接受中国共产党领导的，同中国共产党通力合作、共同致力于中国特色社会主义事业的参政党。长期以来，台盟上海市组织和上海盟员在多党合作事业中与中国共产党风雨同舟、肝胆相照，为社会主义革命和社会主义建设事业，为推进两岸交流交往、促进祖国和平统一作出贡献。

台湾民主自治同盟上海市委员会(简称台盟市委)是台盟的省级地方组织。台盟市委的前身是成立于1949年7月31日的台盟华东总支部。1978年11月27日，台盟上海市第四次盟员大会在北京西路840号上海市政协东厅举行，这次会议标志着"文化大革命"结束后台盟活动的恢复。1978—2012年，上海台盟组织共经历过2次更名，先后产生第四届支部(1978年11月—1984年4月，1983年11月改称分部)、第五届分部(1984年4月—1987年10月)、第六届分部(1987年10月—1992年5月，1987年11月改称委员会)、第七届委员会(1992年5月—1997年7月)、第八届委员会(1997年7月—2002年5月)、第九届委员会(2002年5月—2007年4月)、第十届委员会(2007年4月—2012年4月)、第十一届委员会(2012年4月—　)。台盟市委下设若干专门委员会：妇女工作委员会、台情研究委员会、老年委员会、青年委员会、参政议政委员会、联络服务委员会。曾设参政议政工作组、学习宣传工作组、联络咨询工作组、台情研究工作组和7个提案小组。台盟市委机关工作机构由仅设办公室发展为办公室(联络部)、宣传研究部、组织人事部。截至2012年底，台盟市委共有徐汇、浦东、杨浦、黄浦4个区级组织，2个直属支部。台盟盟员主要由台湾省人士中的机关干部、教育工作者、医务工作者、科技工作者、文化艺术工作者和部分工商业者组成。1978年11月，上海台盟恢复活动以前有盟员34人，至2012年底有320人。

根据《台湾民主自治同盟章程》规定，台盟的各级地方组织的最高权力机关为地方各级盟员大会(或者盟员代表大会)，大会闭会期间是它选举产生的同级委员会。1987年起，台盟上海市盟员(代表)大会每五年召开1次。1978—2007年，台盟上海市组织共召开7次盟员大会、173次全体会议。2012年起召开代表大会。第四届至第十届委员会期间，未设常委会。自第十一届委员会起，设立常委会。

台盟市委在中共市委和台盟中央的领导下，发挥自身特色和优势，按照"和平统一，一国两制"的基本方针，组织宣传，就重大涉台事件发表意见，举办涉台纪念活动，开展宣传报道，宣传统一祖国的方针政策，认真落实中央对台工作部署。根据两岸关系的发展变化，台盟市委以促进两岸交流交往和经贸合作为重点，积极开展台情研究、对台联络、服务台胞，把对台工作落到实处，为促进祖国和平统一作贡献。

1978年恢复活动后，上海台盟结合自身特点，围绕每一时期的中心任务和国家大政方针，以及群众关心的问题，认真开展调查研究。紧紧依靠盟员、机关干部和所联系的专家学者三支队伍，通过议案提案、调研课题、社情民意信息等方式，积极履行参政议政、民主监督职能。台盟市委主要是通过参与中共市委、市政府等部门组织召开的双月座谈会、民主协商会、情况通报会，并在会上提出意见和建议的方式，参加政治协商活动。1978—2012年，上海台盟盟员中累计有3人次当选全国人大代表，1 人次当选全国人大常委会委员，26 人次当选市人大代表，其中 6 人次当选市人大常委会委员；14 人次担任全国政协委员，其中 5 人次当选常委，69 人次担任市政协委员，其中 7 人次当选常委，5 人次当选市政协副主席。据不完全统计，1987—2012 年，盟员中的人大代表在市人民代表大会上共提出议案(含附议)、书面意见 212 件。盟员中的政协委员在市政协大会发言、提交提案，紧密围绕党和政府的中心工作，充分体现自身“台”字特色。1980—2012 年，台盟市委以党派名义在历次市政协会议上共提交提案 370 多件，内容涉及经济建设、科学教育、文化卫生、环境保护、促进祖国统一、反腐倡廉和政府管理、精神文明建设等方面。1978—2012 年，台盟盟员中共有 3 人次担任各级政府机关领导职务。1990—2012 年，52 人次担任市“特约(邀)四员”。台盟市委与市政府台办的对口联系始于 1990 年，主要形式有双月沟通会，参加上海市对台工作会议和重大情况通报会、研讨会，听取台盟对制定与实施涉台政策性文件的意见，重大事项的沟通，工作中的联系与合作。自 20 世纪 90 年代开始，台盟市委紧紧围绕上海国民经济和社会发展中的热点、难点和重点问题，以及关于促进祖国统一问题，发挥自身优势和理论研究的成果，每年确定若干课题，开展专题调研。台盟市委履行监督职能，向有关部门反映问题，积极提交社情民意，为改善社会风气、促进和谐社会建设做出贡献。1990—2012 年，台盟市委主办、参与举办的论坛活动共 14 次。通过学术交流平台，实现做好对台工作、加强学术交流和促进上海经济发展的多赢局面。

恢复活动以来，台盟市委始终将社会服务作为履行参政党基本职能的延伸和载体。台盟盟员多数分布在教育、医务、科技、文艺等方面，他们在各自的岗位上作出贡献。台盟市委还组织各条战线上的盟员和台胞，开展服务社会、扶贫帮困和对口援建、赈灾救灾、服务上海世博会等活动，为发展上海两个文明建设积极贡献力量。

为了适应国内外形势的变化和统一战线新形势的需要、发挥好参政党的作用，台盟市委坚持把盟组织的自身建设放在首位。1989 年 12 月 30 日，《中共中央关于坚持和完善中国共产党领导的多党合作和政治协商制度的意见》发布和 1990 年 6 月第十七次全国统战工作会议召开后，台盟市委发动全体盟员，采取各种措施，加大工作力度，努力建设一支适应新世纪发展要求的参政党队伍。2005 年，根据《中共中央关于进一步加强中国共产党领导的多党合作和政治协商制度的意见》精神，台盟市委坚持从实际情况出发，以思想建设为核心，组织建设为基础，制度建设为保障，把自身建设提高到新的水平，进一步巩固多党合作共同思想政治基础，全面推动思想、组织、制度建设向前发展。2007—2012 年，先后开展政治交接学习教育活动、“树立和践行社会主义核心价值体系”学习教育活动、“同心同行”学习教育活动，把自身建设推向深入。

第一章　组　　织

1978年11月27日，台盟上海市第四次盟员大会在北京西路840号上海市政协东厅举行，这次会议标志着“文化大革命”结束后台盟活动的恢复。1978—2012年，上海台盟组织共经历过2次更名：1983年11月，根据台盟第三次全盟代表大会通过的新章程，台盟上海市支部改名为台盟上海市分部；1987年11月30日，根据台盟第四次全盟代表大会通过的修改后的《台湾民主自治同盟章程》规定，台盟上海市分部改名为台盟上海市委员会。

第一节　盟　　员

台盟是台湾省爱国人士组成的民主党派。台盟盟员主要由台湾省人士中的机关干部、教育工作者、医务工作者、科技工作者、文化艺术工作者和部分工商业者组成。1978年11月，上海台盟恢复活动以前有盟员34人，至2012年底有320人，盟员人数增加8.4倍。

表8-1-1　1978—2012年台盟市委盟员人数情况表　　单位：人

年　度	1978	1979	1980	1981	1982	1983	1984	1985	1986
盟员人数	28	37	59	73	81	105	105	112	121
年　度	1987	1988	1989	1990	1991	1992	1993	1994	1995
盟员人数	131	144	156	165	165	170	169	182	196
年　度	1996	1997	1998	1999	2000	2001	2002	2003	2004
盟员人数	213	216	225	233	237	242	244	250	257
年　度	2005	2006	2007	2008	2009	2010	2011	2012	
盟员人数	270	282	288	302	305	309	313	320	

1993年底台盟市委盟员人数为169人，至2002年底增加为244人。从1993年到2002年，盟员人数增加了44.4%，女盟员所占比例由36.7%上升至47.1%，离退休盟员比例由39.1%上升至43.9%，大专以上文化程度的盟员占比逐步上升达到70.1%，中上层（指具有中、高级专业技术职称的人员，县以上各级人大代表和政协委员，县处级以上职务的干部）盟员21世纪前后占54%—55%，中高级职称比例从39.1%增加到50.9%，平均年龄在53—56岁；在界别分布情况方面，公有制经济、教育、科学技术界别盟员分别由28.4%、16.6%、9.5%演变为同一比例16.8%，医药卫生界别盟员增加比例位居第二位，21世纪后非公有制经济界别（“非公有制经济”栏中的“企业界人士”是指独资、合资企业中的私人投资者，“其他人员”是指在这些企业中工作的工程技术人员、经营管理人员）盟员显著增多达到7.7%。

至2003年底台盟市委盟员人数为250人，至2012年底增加至320人。从2003—2012年，盟员人数增加28%，女盟员比例略上升至49.1%，离退休盟员占比保持在42%—45%，大专以上文化程度的盟员下降后又逐步回升至48.4%，中上层盟员占比由82%降为77.2%，中高级职称比例下

表 8-1-2 1993—2012 年台盟市委盟员基本情况表

年度		1993	1994	1995	1996	1997	1998	1999	2000	2001	2002
盟员人数(人)		169	182	196	213	216	225	233	237	242	244
女盟员	人数(人)	62	70	79	90	91	101	106	107	111	115
	比例(%)	36.7	38.5	40.3	42.3	42.1	44.9	45.5	45.1	45.9	47.1
离退休	人数(人)	66	64	70	69	72	82	83	90	100	107
	比例(%)	39.1	35.2	35.7	32.4	33.3	36.4	35.6	38.0	41.3	43.9
文化程度	大专以上(人)	102	113	124	140	143	151	158	162	166	171
	比例(%)	60.4	62.1	63.3	65.7	66.2	67.1	67.8	68.4	68.6	70.1
层次分布	中上层(人)	107	137	146	145	147	156	129	131	132	133
	比例(%)	63.3	75.3	74.5	68.1	68.0	69.3	55.3	55.3	54.5	54.5
	其他(人)	62	45	50	68	69	69	104	106	110	111
	比例(%)	36.7	24.7	25.5	31.9	32.0	30.7	44.7	44.7	45.5	45.5
职称	高级(人)	29	30	34	36	36	36	36	36	36	37
	比例(%)	17.2	16.5	17.3	16.9	16.7	16.0	15.4	15.2	14.9	15.2
	中级(人)	37	44	45	49	50	54	82	84	88	87
	比例(%)	21.9	24.2	23.0	23.0	23.1	24.0	35.2	35.4	36.4	35.7
年龄结构	平均年龄(岁)	55	56	55	55	53.5	54.4	54	54.4	55.1	55.3
	40 岁以下(人)	22	25	24	33	35	36	42	44	42	44
	41—50 岁(人)	77	87	99	55	57	60	55	53	52	45
	51—60 岁(人)				53	57	61	64	66	69	74
	61 岁以上(人)	70	70	73	72	67	68	72	74	79	81

年度		2003	2004	2005	2006	2007	2008	2009	2010	2011	2012
盟员人数(人)		250	257	270	282	288	302	305	309	313	320
女盟员	人数(人)	118	123	129	135	143	144	145	150	152	157
	比例(%)	47.2	47.9	47.8	47.9	49.7	47.7	47.5	48.5	48.6	49.1
离退休	人数(人)	108	116	115	122	130	128	137	139	137	143
	比例(%)	43.2	45.1	42.6	43.3	45.1	42.4	44.9	45	43.8	44.7
文化程度	大专以上(人)	178	185	99	108	116	132	136	141	147	155
	比例(%)	71.2	72.1	36.7	38.3	40.3	43.7	44.6	45.6	47	48.4
层次分布	中上层(人)	205	213	229	241	248	239	239	239	237	247
	比例(%)	82	82.9	84.8	85.5	86.1	79	78.4	77.3	75.7	77.2
	其他(人)	45	44	41	41	40	37	66	70	76	73
	比例(%)	18	17.1	15.2	14.5	13.9	12.3	21.6	22.7	24.3	22.8

(续表)

年　　度		2003	2004	2005	2006	2007	2008	2009	2010	2011	2012
职称	高级(人)	36	38	40	40	40	41	41	39	39	41
	比例(%)	14.4	14.8	14.8	14.2	13.9	13.6	13.4	12.6	12.5	12.8
	中级(人)	87	84	88	91	90	90	91	91	91	91
	比例(%)	34.8	32.7	32.6	32.3	31.3	29.8	29.8	29.4	29.1	28.4
年龄结构	平均年龄(岁)	55.6	54.9	54.2	54	53.7	53	54	54	54.4	53.9
	40岁以下(人)	50	57	64	73	79	93	90	91	93	92
	41—50岁(人)	40	42	42	40	37	33	37	38	35	43
	51—60岁(人)	73	67	71	68	67	67	64	62	62	53
	61岁以上(人)	87	91	93	101	105	109	114	118	123	132

降8%,平均年龄占比由55.6%降为53.9%。在界别分布情况方面,公有制经济、教育、科学技术界别盟员分别由16.8%、16.4%、16.4%的相近比例发生明显变化,分别为29.1%、18.4%、5.6%,至2012年,非公有制经济界别盟员位居第二位(占22.2%),医药卫生界别盟员所占比例(占10.3%)超过科学技术界别盟员所占比例。

表8-1-3　1993—2012年台盟市委盟员界别分布情况表

年　　度		1993	1994	1995	1996	1997	1998	1999	2000	2001	2002
教育(人)		28	30	36	40	34	34	37	38	41	41
比例(%)		16.6	16.5	18.4	18.8	15.7	15.1	15.9	16.0	16.9	16.8
科学技术(人)		16	17	17	18	16	7	47	47	42	41
比例(%)		9.5	9.3	8.7	8.5	7.4	3.1	20.2	19.8	17.4	16.8
医药卫生(人)		14	14	16	20	22	23	25	25	26	26
比例(%)		8.3	7.7	8.2	10.2	10.2	10.2	10.7	10.5	10.7	10.6
文化艺术(人)		6	6	6	6	5	2	3	3	3	3
比例(%)		3.6	3.3	3.1	2.8	2.3	0.9	1.3	1.3	1.2	1.2
新闻出版(人)		1	1	2	2	3	2	3	3	3	3
比例(%)		0.6	0.5	1.0	0.9	1.4	0.9	1.3	1.3	1.2	1.2
公有制经济(人)		48	51	88	73	73	89	46	48	41	41
比例(%)		28.4	28.0	44.9	34.3	33.8	39.6	19.7	20.3	16.9	16.8
非公有制经济	企业界人士	0	0	0	0	0	0	3	3	4	4
	比例(%)	0	0	0	0	0	0	1.3	1.3	1.7	1.6
	其他人员	0	0	0	3	0	6	4	5	13	15
	比例(%)	0	0	0	1.4	0	2.7	1.7	2.1	5.4	6.1

（续表）

年　度	1993	1994	1995	1996	1997	1998	1999	2000	2001	2002
政府机关(人)	4	4	4	4	4	4	5	5	3	2
比例(%)	2.4	2.2	2.0	1.9	1.8	1.8	2.1	2.1	1.2	0.8
党派机关(人)	7	6	7	8	7	7	7	7	6	6
比例(%)	4.1	3.3	3.6	3.6	3.2	3.1	3.0	3.0	2.5	2.5
团体(人)	4	4	4	5	4	4	5	5	4	4
比例(%)	2.4	2.2	2.0	2.3	1.8	1.8	2.1	2.1	1.7	1.6
其他(人)	32	39	2	37	45	47	48	48	56	58
比例(%)	18.9	21.4	1.0	17.4	20.8	20.9	20.6	20.3	23.1	23.8

年　度		2003	2004	2005	2006	2007	2008	2009	2010	2011	2012
教育(人)		41	44	55	57	57	59	59	59	59	59
比例(%)		16.4	17.1	20.4	20.2	19.8	19.5	19.3	19.1	18.8	18.4
科学技术(人)		41	40	22	23	22	20	20	19	19	18
比例(%)		16.4	15.6	8.1	8.2	7.6	6.6	6.6	6.1	6.1	5.6
医药卫生(人)		26	25	29	32	31	32	33	32	32	33
比例(%)		10.4	9.7	10.7	11.3	10.8	10.6	10.8	10.4	10.2	10.3
文化艺术(人)		3	3	8	8	8	8	8	8	8	8
比例(%)		1.2	1.2	3	2.8	2.8	2.6	2.6	2.6	2.6	2.5
新闻出版(人)		3	4	4	4	4	5	5	5	5	5
比例(%)		1.2	1.6	1.5	1.4	1.4	1.7	1.6	1.6	1.6	1.6
公有制经济(人)		42	44	89	88	88	90	92	92	92	93
比例(%)		16.8	17.1	33	31.2	30.6	29.8	30.2	29.8	29.4	29.1
非公有制经济	企业界人士	4	3	5	5	5	4	3	4	4	5
	比例(%)	1.6	1.2	1.9	1.8	1.7	1.3	1.3	1.3	1.3	1.6
	其他人员	20	26	33	38	44	53	54	58	61	66
	比例(%)	8	10.1	12.2	13.5	15.3	17.5	17.7	18.7	19.5	20.6
政府机关(人)		2	3	1	1	1	1	2	3	3	3
比例(%)		0.8	1.2	0.4	0.4	0.3	0.3	0.6	1	0.9	0.9
党派机关(人)		6	6	9	11	12	13	12	13	13	13
比例(%)		2.4	2.3	3.3	4	4.2	4.3	3.9	4.2	4.2	4.1
团体(人)		4	4	7	7	6	6	6	6	6	6
比例(%)		1.6	1.6	2.6	2.5	2.1	2	2	1.9	1.9	1.9
其他(人)		58	55	7	7	9	10	9	9	10	10
比例(%)		23.2	21.4	2.5	2.5	3.1	3.3	3	3	3.2	3.1

第二节　市级组织

一、市委员会

台盟上海市委员会是台盟的地方组织，由上海台盟盟员(代表)大会选举产生。1978—2012 年共经历了第四届支部(1983 年 11 月改称分部)、第五届分部、第六届分部(1987 年 11 月改称委员会)、第七至十一届委员会。

第四届委员会(1978 年 11 月—1984 年 4 月)

主任委员：

许文思

副主任委员：

林田烈　李乔松　郭炤烈　范新发(1983 年 1 月任)

秘 书 长：

陈晓帆(1982 年 9 月任，1983 年 8 月止)　周光远(1983 年 8 月任)

委　员：

许文思　朱　实　李乔松　林田烈　范发镇　郭炤烈　黄憨潭　李进守(1983 年 1 月任)　李宝珠(女，1983 年 1 月任)　陈晓帆(1982 年 9 月任)　周光远(1983 年 1 月任)　范新发(1983 年 1 月任)

第五届委员会(1984 年 4 月—1987 年 10 月)

主任委员：

林田烈

副主任委员：

周光远　欧国藩　范新发

秘 书 长：

周光远(兼)

委　员：

叶　青(女)　朱　实　陈文彬　李进守　李宝珠(女)　林田烈　林　亮　周光远　欧国藩　范新发　廖炯模

第六届委员会(1987 年 10 月—1992 年 5 月)

主任委员：

郑励志

副主任委员：

范新发　周光远　欧国藩

秘 书 长：

欧国藩(兼)

名誉主任委员：

林田烈(1988 年 6 月止)

委　　员：

叶　青(女)　庄传霖　刘黛莉(女)　陈文彬　李　丽(女)　李进守　林　亮

周光远　郑励志　欧国藩　范新发　廖炯模　林田烈(1988 年 6 月止)

第七届委员会(1992 年 5 月—1997 年 7 月)

主任委员：

郑励志

副主任委员：

范新发　周光远　黄瑞霖　石四箴(女,1996 年 11 月任)　潘孝彰(1996 年 11 月任)

秘 书 长：

许佩琴(女)

委　　员：

王　中　叶　青(女)　庄传霖　许佩琴(女)　刘黛莉(女)　林　亮　周光远

郑励志　欧国苏　范新发　黄瑞霖　谢黎明　廖炯模　石四箴(女,1996 年 11 月任)

石学耕(1996 年 1 月任)　潘孝彰(1996 年 1 月任)　林义雄(1997 年 4 月任)

第八届委员会(1997 年 7 月—2002 年 5 月)

主任委员：

郑励志(1999 年 8 月止)　石四箴(女,1999 年 8 月任)

副主任委员：

许佩琴(女)　王　中　潘孝彰　石四箴(女,1999 年 8 月止)

石重明(2001 年 5 月任)

秘 书 长：

许佩琴(女,兼,2000 年 7 月止)

名誉主任委员：

许文思　郑励志(1999 年 8 月任)

名誉副主任委员：

郭炤烈　黄瑞霖

委　　员：

王　中　石四箴(女)　石学耕　许佩琴(女)　刘黛莉(女)　李伟文

余碧娥(女)　林义雄　林真意(女)　欧国苏　姚小远　梁素霞(女)　谢黎明

潘孝彰　郑励志(1999 年 8 月止)　石重明(2001 年 5 月任)

顾　　问：

周光远　廖炯模

第九届委员会(2002 年 5 月—2007 年 4 月)

主任委员：

石四箴(女)

副主任委员：

王　中　石重明　梁国扬　高美琴(女)　杨　健(2006 年 12 月任)

秘 书 长：

暂缺。

由副秘书长凤懋伦代行(2006年7月止)
由副秘书长李碧影代行(2006年7月起)

名誉主任委员:

许文思　郑励志

名誉副主任委员:

郭炤烈　黄瑞霖

委　　员:

王　中　石四箴(女)　石学耕　石重明　吴　敏(女)　张莉菁(女)　孙荣华　余碧娥(女)　陈　宁　李伟文　林真意(女)　姚小远　柯丽珠(女)　高美琴(女)　梁国扬　杨　健(2006年7月任)　李碧影(女,2006年7月任)

第十届委员会(2007年4月—2012年4月)

主任委员:

杨　健

副主任委员:

王　中　高美琴(女)　吴　敏(女)

秘 书 长:

李碧影(女)

委　　员:

王　中　石　威　刘　艳(女)　孙荣华　庄振文　陈　宁　杨　健　吴　敏(女)　李伟文　李碧影(女)　郑南越　林慧军　姚小远　高美琴(女)　廖志豪

第十一届委员会(2012年4月—　　)

主任委员:

杨　健

副主任委员:

王　中　高美琴(女)　吴　敏(女)　刘　艳(女)

秘 书 长:

李碧影(女)

常务委员:

王　中　刘　艳(女)　庄振文　陈　宁　杨　健　吴　敏(女)　李碧影(女)　高美琴(女)　廖志豪

委　　员:

王　中　王巨成　石　威　刘　艳(女)　庄振文　庄峻斐(女)　许静之(女)　陈　乐(女)　陈　宁　陈　旭　杨　健　吴　敏(女)　张　錡　李伟文　杜倩文(女)　李碧影(女)　林丽平(女)　林慧军　姚小远　高美琴(女)　廖志豪

二、专门机构

根据《台湾民主自治同盟章程》的规定,市委员会可下设非职能机构的专门委员会。专门委员会委员由市委员会任命。台盟市委设立的专门委员会有：妇女工作委员会、台情研究委员会、老年委员会、青年委员会、参政议政委员会、联络服务委员会。

新中国成立初期，台盟上海市支部成立了妇女小组，1985 年 12 月，根据市妇联的有关精神，改名为妇女工作委员会。1991 年 3 月，成立政策研究委员会。1992 年 6 月 13 日，第七届委员会第二次会议决定增设 4 个工作组：参政议政工作组、学习宣传工作组、联络咨询工作组、台情研究工作组。1997 年 10 月，第八届委员会第三次会议决定成立台情研究小组。1998 年初，台盟市委决定以盟员中的各级人大代表和政协委员为主建立经济、科技、教育、文化、卫生、法政等 7 个提案小组。2001 年 9 月，老年委员会成立。2002 年后，各工作小组功能逐步与各专门委员会合并。2002 年 1 月，台盟市委改台情研究小组为台情研究委员会。2002 年 8 月，成立青年委员会。2007 年 7 月，成立参政议政委员会、联络服务委员会。

第五届专门委员会（1985 年 5 月—1987 年 10 月）

妇女工作委员会

主　任：李　丽（女）

第六届专门委员会（1987 年 10 月—1992 年 5 月）

妇女工作委员会

主　任：叶　青（女）

第七届专门委员会（1992 年 5 月—1997 年 7 月）

妇女工作委员会

主　任：叶　青（女）

副主任：梁素霞（女）

政策研究委员会

主　任：郑励志

参政议政工作组

组　长：范新发

副组长：欧国苏

学习宣传工作组

组　长：黄瑞霖

副组长：刘黛莉（女）　　谢黎明

联络咨询工作组

组　长：周光远

副组长：林　亮　庄传霖

台情研究工作组

组　长：许佩琴（女）

副组长：廖炯模　王　中

第八届专门委员会（1997 年 7 月—2002 年 5 月）

妇女工作委员会

主　任：石四箴（女）

副主任：梁素霞(女)

台情研究小组

组　长：郑励志(2000年8月止)　　潘孝彰(2000年8月起)

副组长：王　中

政策研究委员会

主　任：郑励志

老年委员会

主　任：陈天章

副主任：林胜兴

第九届专门委员会(2002年5月—2007年4月)

台情研究委员会

主　任：潘孝彰

副主任：黄瑞霖

老年委员会

主　任：陈天章

副主任：林胜兴

青年委员会

主　任：庄振文

副主任：廖志豪

妇女工作委员会

主　任：林真意(女)

副主任：张莉菁(女)

第十届专门委员会(2007年4月—2012年4月)

台情研究委员会

主　任：欧国苏

副主任：陈　宁

老年委员会

主　任：石重明

副主任：邱正义　叶　青(女)

青年委员会

主　任：刘　艳(女)

副主任：张　錡

妇女工作委员会

主　任：张莉菁(女)

副主任：兰海凤(女)　　杨健敏(女)

参政议政委员会

主　任：林真意(女)

副主任：庄振文

联络服务委员会

主　任：孙荣华

副主任：石学耕　林慧军

第十一届专门委员会(2012 年 4 月—　　)

台情研究委员会

主　任：王　中

常务副主任：陈　乐(女)

副主任：刘亚伟　陈　宁　黄　旭

老年委员会

主　任：欧国苏

副主任：叶　青(女)　石学耕　刘黛莉(女)

青年委员会

主　任：陈　旭

副主任：沈白杨(女)　姜　琦

妇女工作委员会

主　任：张莉菁(女)

副主任：兰海凤(女)　许静之(女)　杨健敏(女)

参政议政委员会

主　任：庄振文

副主任：石　威　孙荣华　张　錡　梁素霞(女)

联络服务委员会

主　任：林真意(女)

副主任：林慧军　杜倩文(女)　梁　杰(女)

三、市委机关工作机构

1978 年恢复活动后，上海台盟的内设机构为办公室。1992 年 5 月，第七届委员会成立，增设组织宣传处。1994 年 4 月，增设研究室，同组织宣传处合署办公。2004 年，第九届委员会调整机关内设机构为办公室、宣传研究处、组织人事处。2011 年 11 月，第十届委员会调整机关内设机构为办公室(联络部)、宣传研究部、组织人事部。

恢复活动后，上海台盟机关在陕西北路 186 号 2 楼办公。1988 年 5 月—1996 年 11 月，办公地点设在北京西路 860 号市政协大楼 19 楼。1996 年 11 月，机关迁至陕西北路 128 号市民主党派大厦 17 楼。2004 年 8 月—2012 年底，机关在市民主党派大厦 10 楼办公。

第三节　基 层 组 织

截至 2012 年底，台盟市委共有徐汇区、浦东新区、杨浦区、黄浦区 4 个区级组织及 2 个直属支部。

1993 年 7 月，台盟市委在浦东新区设立联络处，为台盟市委派出机构。1994 年 5 月成立的台

图 8-1-1　2008 年 3 月 22 日,台盟杨浦区支部升格为台盟杨浦区委

盟徐汇区支部,是台盟上海市第一个区级组织。1996 年 11 月,台盟徐汇区支部升格为台盟徐汇区委。1997 年 8 月,台盟浦东新区区委(筹)成立。1997 年 12 月,台盟杨浦区支部成立。2000 年 8 月,台盟黄浦区支部成立。2001 年 6 月,台盟浦东新区区委正式成立。2008 年 3 月 22 日,台盟杨浦区支部升格为台盟杨浦区委。2011 年,上海市行政区划变更,黄浦区与卢湾区"撤二建一"合并建立新的黄浦区。同年 8 月,台盟上海市黄浦区第一次盟员大会选举产生了新的台盟黄浦区支部第一届委员会。2012 年 12 月,成立台盟黄浦区委筹备委员会。

为了发挥好尚未具备建立区级组织条件地区的盟员作用,落实各项盟务工作,1998 年 4 月,台盟市委分别建立了 2 个直属支部。2012 年 9 月,台盟市委直属二支部、直属一支部换届会议先后召开。台盟市委直属一、二支部是由 13 个区县(除徐汇区、浦东新区、杨浦区、黄浦区 4 个区级组织外)的盟员分别整合而成。

表 8-1-4　1993—2012 年台盟市委各基层组织情况表

名　称	成立时间	组织沿革
徐汇区委	1994 年 5 月	支部
	1996 年 11 月	区委员会
浦东新区区委	1993 年 7 月	联络处
	1997 年 8 月	区委员会(筹)
	2000 年 6 月	区委员会
杨浦区委	1997 年 12 月	支部
	2008 年 3 月	区委员会
黄浦区委	2000 年 8 月	支部
	2011 年 8 月	新支部
	2012 年 12 月	区委筹备委员会
直属一支部	1998 年 4 月	由虹口、闸北、黄浦、宝山、南市五个区组成
	2012 年 9 月	包括虹口、闸北、宝山、奉贤、崇明等区(县)
直属二支部	1998 年 4 月	由静安、长宁、普陀、卢湾、闵行、奉贤 6 个区(县)组成
	2012 年 9 月	包括静安、长宁、普陀、闵行、金山、嘉定等区

第二章　盟员大会和委员会全体会议

根据《台湾民主自治同盟章程》规定，台盟的各级地方组织的最高权力机关为地方各级盟员大会(或者盟员代表大会)，大会闭会期间是它选举产生的同级委员会。1978—2007年，上海的台盟组织共召开8次盟员大会、173次全体会议。2012年起召开代表大会。

第一节　盟员(代表)大会

一、第四次盟员大会

1978年11月27日，在北京西路840号上海市政协东厅举行。这次会议标志着“文化大革命”结束后台盟活动的恢复。出席盟员27人。中共市委统战部部长、市政协副主席张承宗到会祝贺并讲话。大会传达全国人大、政协和市人大、政协会议精神，以及台盟总部理事会精神；选举产生第四届支部委员会，委员7人。会议号召全体盟员努力为现代化建设和祖国统一服务；做好对台宣传和接待工作；宣传中共党和政府的政策；积极参与国家大事的协商，发挥民主监督作用。

二、第五次盟员大会

1984年4月12—14日，在陕西北路186号台盟机关礼堂举行，出席盟员105人。台盟总部副主席田富达、中共市委书记杨堤分别代表台盟中央和中共市委致贺词。市人大常委会副主任赵祖康，副市长刘振元，市政协副主席张承宗等出席开幕式。范新发作题为《振兴中华，统一祖国，开创台盟工作新局面》的工作报告。大会选举产生台盟上海市第五届分部委员会，委员11名。会议确定今后三年的主要任务：把工作重点放在现代化建设上；为祖国和平统一大业作出贡献；在中国共产党领导下，参加协商国事，起到民主监督作用。会议要求全体盟员“必须努力学习，提高自己的觉悟和能力，在改造客观世界的同时，改造自己的主观世界”。范新发致闭幕词。

三、第六次盟员大会

1987年10月16—17日，在北京西路860号市政协礼堂举行，出席盟员135人。台盟总部副主席林盛中向大会宣读台盟总部的贺信，中共市委常委、市政协副主席、统战部部长毛经权代表中共市委致贺词。林田烈作工作报告。大会选举产生第六届分部委员会，委员13名。会议确定今后一段时间的主要任务：加强台盟的自身建设，提高盟员政治思想素质；发挥台胞优势，做好对台工作；充分发挥台盟的参政议政和民主监督作用，继续为两个文明建设和健全社会主义民主法制服务。欧国藩致闭幕词。

四、第七次盟员大会

1992年5月28—30日,在北京西路860号市政协江海厅举行,出席盟员170人。台盟中央主席团委员陈仲颐、中共市委副书记陈铁迪分别代表台盟中央和中共市委向大会致贺词。民革市委副主委兼秘书长陆玉贻代表市各民主党派、市工商联致贺词,市台联会长梁泰平代表市台联、市侨联致贺词。中共市委常委、市政协副主席、统战部部长毛经权,市人大常委会副主任孙贵璋,市政协副主席吴增亮出席开幕式。郑励志作工作报告。大会选举产生出席台盟第五次全盟代表大会的上海市代表9名;选举产生第七届委员会,委员13名。会议提出,要认真学习贯彻邓小平南方讲话精神,紧紧围绕经济建设这个中心,积极参政议政,献计献策。会议号召每位盟员充分发挥自身优势,积极宣传"和平统一,一国两制"的总方针和上海浦东开发、开放的各项政策,积极鼓励岛内外的亲朋来投资,以实际行动为祖国的和平统一作出应有的贡献;以高度的责任感和主人翁精神,搞好台盟的建设,使台盟的工作跃上一个新台阶。郑励志致闭幕词。

五、第八次盟员大会

1997年7月10—12日,在北京西路860号市政协江海厅举行,出席盟员168人。台盟中央主席蔡子民、中共市委副书记孟建柱分别代表台盟中央和中共市委致贺词。民进市委主委刘恒椽代表市各民主党派、市工商联致贺词,市台联会长林明月代表市台联致贺词。中共市委常委、副市长赵启正,市人大常委会副主任孙贵璋,市政协副主席赵定玉,市政协副主席、中共市委统战部部长王生洪出席开幕式。郑励志作题为《团结奋斗,振兴中华——迎接更加灿烂的二十一世纪》的工作报告。大会选举产生出席台盟第六次全盟代表大会的上海市代表12名;选举产生第八届委员会,委员15名。会议提出今后的工作方向:坚持以邓小平建设有中国特色社会主义理论和中国共产党的基本路线为指导,坚持和完善中国共产党领导的多党合作和政治协商制度,加强盟的自身建设;认真贯彻中共十四届五中、六中全会精神和即将召开的中共十五大精神,积极投身于社会主义的两个文明建设;学习、宣传和贯彻"和平统一,一国两制"的总方针,进一步做好对台工作。郑励志致闭幕词。

六、第九次盟员大会

2002年5月18—20日,在上海第二医科大学懿德楼举行,出席盟员243人。台盟中央副主席吴国祯宣读台盟中央贺信,中共市委副书记罗世谦在开幕式上致辞。中共市委统战部部长黄跃金宣读中共市委贺信。市人大常委会副主任、民盟市委主委张圣坤代表市各民主党派、市工商联致贺词,市台联会长林明月代表市台联致贺词。全国政协副主席、台盟中央主席张克辉,市人大常委会副主任漆世贵,副市长杨晓渡,市政协副主席陈正兴出席开幕式。石四箴作题为《抓住新机遇,创造新业绩——为祖国建设和祖国统一作出新贡献》的工作报告。大会选举产生出席台盟第七次全盟代表大会的上海市代表30名;选举产生第九届委员会,委员15名。会议提出今后的工作方向:高举邓小平理论的伟大旗帜,深入学习"三个代表"重要思想,加强盟员的自身建设,努力建设适应新世纪要求的参政党;认真学习贯彻中共十五大、十五届六中全会精神和即将召开的中共十六大、市八次党代会的精神,积极投身于社会主义的两个文明建设;进一步学习、宣传、贯彻"和平统一,一国两制”的总方针和江泽民主席关于发展两岸关系、促进祖国统一的八项主张，进一步做好对台工作。张克辉、黄跃金分别在闭幕式上讲话。石四箴致闭幕词。

七、第十次盟员大会

2007 年 4 月 13—15 日，在南京西路 1333 号上海展览中心友谊会堂三楼宴会厅举行（小组讨论、闭幕式在民主党派大厦内进行），出席盟员 241 人。全国政协副主席、台盟中央主席林文漪宣读台盟中央贺信，中共市委副书记罗世谦在开幕式上致辞。中共市委常委、统战部部长杨晓渡宣读中共市委贺信。市人大常委会副主任、民革市委主委厉无畏代表市各民主党派、市工商联致贺词，市台联会长林明月代表市台联致贺词。台盟中央秘书长张华军，市人大常委会副主任陈豪、副市长唐登杰、市政协副主席王荣华等出席开幕式。石四箴作题为《求真务实，继往开来——努力为构建社会主义和谐社会作贡献》的工作报告。大会选举产生出席台盟第八次全盟代表大会的上海市代表 28 名；选举产生第十届委员会，委员 15 名。会议提出今后工作方向：继续高举邓小平理论和“三个代表”重要思想伟大旗帜，全面贯彻和落实科学发展观，努力建设适应新世纪新阶段要求的参政党；认真履行政治协商、民主监督、参政议政职能，为建设富强、民主、文明、和谐的社会主义现代化国家贡献力量；牢牢把握两岸关系和平发展的主题，积极发挥自身优势和特点，进一步做好对台工作。张华军、杨晓渡分别在闭幕式上讲话。杨健致闭幕词。

图 8－2－1　2007 年 4 月 13—15 日，台盟上海市第十次盟员大会在上海展览中心举行

八、第十一次盟员（代表）大会

2012 年 4 月 20—22 日，在南京西路 1333 号上海展览中心友谊会堂三楼宴会厅举行（小组讨论、闭幕式在民主党派大厦内进行），222 名代表出席大会，列席人员 17 名。全国政协副主席、台盟中央主席林文漪，中共市委副书记殷一璀分别在开幕式上致辞。中共市委常委、统战部部长杨晓渡宣读中共市委的贺信。市政协副主席、市工商联主席王新奎代表市各民主党派、市工商联致贺词，市台联会长林明月代表市台联致贺词。全国政协常委、副秘书长、台盟中央副主席黄志贤，市人大常委会副主任王培生，副市长姜平等出席开幕式。杨健作题为《增进共识，凝心聚力——为促进上海经济社会发展和祖国和平统一作出新贡献》的工作报告。大会选举产生出席台盟第九次全国代表大会的上海市代表32名；选举产生第十一届委员会，委员21名。会议号召全体盟员紧密团结在以胡锦涛同志为总书记的中共中央周围，在台盟中央和中共市委的领导下，携手同心、奋发有为，以更优异的成绩，迎接中国共产党第十八次全国代表大会和上海市第十次代表大会的召开，迎接台盟第九次全盟代表大会的召开。黄志贤、杨晓渡分别在闭幕式上讲话。杨健致闭幕词。

第二节　委员会全体会议

2012年修订的《台湾民主自治同盟章程》规定，地方各级委员会每届任期五年，委员会选举产生主委、副主委，根据需要可设常委会，常委会委员亦由同级委员会选举产生。委员会的职权包括：根据需要设置职能机构、专门委员会；经上级委员会批准，调整、增选部分同级委员会委员；经上一级委员会同意，召开盟员代表会议，讨论和决定重大问题等。自台盟上海市第十一届委员会起，设立常委会。

表8-2-1　台盟上海市第四届支部委员会全体会议情况表

会议名称	时　间	地　　点	主要议程及决定
第一次盟员大会	1980年1月13日	上海展览馆友谊厅	选举第四届支部委员会；听取和审议工作报告；讨论当前活动打算；郑励志作“台湾经济情况”报告；市台办副主任鲁波作“对台宣传工作”报告
第二次盟员大会	1983年1月17日	陕西北路186号礼堂	传达全国、市人大政协会议精神；传达台盟总部蔡啸主席在理事会上的讲话精神；增补委员4名，补选副主委1名
第三次盟员大会	1983年8月12日	陕西北路186号礼堂	总结上半年工作，布置下半年工作；选举出席台盟第三次全盟代表大会的代表
第四次盟员大会(扩大)	1984年3月7日	陕西北路186号礼堂	讨论第五次盟员大会事宜

说明：台盟上海市第四届支部委员会共召开4次盟员大会(含扩大)。第四届支部委员会没有会议纪要，只有全体盟员大会决定重要事项。

表8-2-2　台盟上海市第五届分部委员会全体会议情况表

会议名称	时　间	地　　点	主要议程及决定
第一次会议	1984年4月14日	陕西北路186号礼堂	选举第五届分部委员会
第二次会议	1986年2月6日	陕西北路186号207室	讨论学习组相关事宜；讨论分部近期工作
第三次会议	1986年3月6日	陕西北路186号207室	研究讨论组织工作

（续表）

会议名称	时　间	地　点	主要议程及决定
第四次会议	1986 年 5 月 8 日	陕西北路 186 号 207 室	组织发展工作；讨论全盟大会事宜；决定与台湾商行脱钩
第五次会议	1986 年 6 月 12 日	陕西北路 186 号 207 室	学习贯彻统战工作座谈会精神
第六次会议	1986 年 6 月 26 日	陕西北路 186 号台盟主委室	向台盟总部汇报工作打算（台盟中央主席蔡子民参加）
第七次会议（扩大）	1986 年 10 月 9 日	陕西北路 186 号台盟主委室	传达关于台湾商行清理工作有关问题精神；研究组织工作；学习中共中央批转中央统战部《关于新时期党对民主党派工作的方针任务的报告》[中发（1986）19 号文件]和中共十二届六中全会文件，拟于 10 月下旬召开分部盟员大会传达

说明：台盟上海市第五届分部委员会共召开 7 次全体会议（含扩大）。

表 8－2－3　台盟上海市第六届委员会部分全体会议情况表

会议名称	时　间	地　点	主要议程及决定
第一次全体会议	1987 年 10 月 17 日	市政协新大楼接待厅	选举第六届委员会领导班子；讨论台盟成立 40 周年和召开四大会议事宜
第二次全体会议	1987 年 10 月 24 日	市政协新大楼接待厅	建立台盟日记和大事记
第三次全体会议	1987 年 10 月 31 日	陕西北路 186 号 207 室	确定台盟市委委员分工
第六次全体会议	1988 年 1 月 16 日	陕西北路 186 号 207 室	讨论蒋经国逝世后台湾局势发展和对台工作打算
第七次全体会议	1988 年 2 月 6 日	陕西北路 186 号台盟主委室	推荐市人大代表、政协委员候选人
第八次全体会议	1988 年 3 月 5 日	陕西北路 186 号台盟主委室	讨论年度工作要点
第十次全体会议	1988 年 5 月 21 日	市政协 1903 室	传达中央统战部会议精神；成立政策研究会；筹办台盟咨询服务部
第十三次全体会议（扩大）	1988 年 9 月 10 日	市政协 1903 室	总结台盟市委工作；研究新形势下的工作安排
第二十次全体会议	1989 年 4 月 1 日	市政协 1903 室	传达全国政协会议精神；增补台盟市委委员
第二十一次全体会议	1989 年 5 月 6 日	市政协 1903 室	任命副秘书长 1 名
第二十三次全体会议	1989 年 6 月 17 日	市政协 1903 室	学习贯彻邓小平同志讲话精神；研究下半年工作打算
第二十四次全体会议	1989 年 7 月 15 日	市政协 1903 室	传达台盟中央常委扩大会议精神

(续表)

会议名称	时　间	地　　点	主要议程及决定
第三十一次全体会议	1990 年 2 月 3 日	市政协 1905 室	传达中共中央〔1989〕14 号文件精神
第三十六次全体会议	1990 年 7 月 1 日	市政协 1905 室	研究下半年工作计划
第四十一次全体会议	1991 年 1 月 12 日	市政协 1905 室	传达中共七中全会精神；传达台盟四届四中全会精神；总结 1990 年工作，部署 1991 年工作
第五十六次全体会议	1992 年 4 月 11 日	市政协 1905 室	讨论换届有关工作

说明：台盟上海市第六届委员会共召开 56 次全体会议(含扩大)。

表 8-2-4　台盟上海市第七届委员会部分全体会议情况表

会议名称	时　间	地　　点	主要议程及决定
第一次全体会议	1992 年 5 月 29 日	市政协檀山厅	选举第七届委员会主委、副主委、秘书长；推举顾问
第二次全体会议	1992 年 6 月 13 日	市政协 1905 室	确定班子分工和机关分工；成立非职能型机构 5 个
第六次全体会议	1993 年 2 月 6 日	市政协 1905 室	讨论年度工作要点
第十次全体会议	1993 年 11 月 4 日	市政协 1905 室	传达中央统战部与台盟中央座谈会议精神；传达台盟五届四次中常会精神
第十一次全体会议	1994 年 1 月 4 日	市政协 1905 室	传达李瑞环在台盟中央座谈会议精神
第十六次全体会议	1994 年 9 月 29 日	市政协 1905 室	传达中央统战部在沪召开各民主党派主要负责人座谈会精神
第十七次全体会议	1994 年 12 月 5 日	市政协 1905 室	传达台盟五届三中全会精神；讨论 1995 年台盟市委工作
第二十次全体会议	1995 年 6 月 14 日	市政协 1905 室	传达全国政协八届十三次常委会和中央领导视察上海讲话精神
第二十二次全体会议	1995 年 10 月 19 日	市政协 1905 室	传达台盟五届十一次中常会精神
第二十三次全体会议	1995 年 12 月 7 日	市政协 1905 室	总结年度工作，讨论下年度工作打算
第二十五次全体会议	1996 年 1 月 22 日	市政协 1905 室	传达上海对台工作会议精神；增补台盟市委委员 2 名
第二十八次全体会议	1996 年 7 月 25 日	市政协 1905 室	传达全国民主党派工作会议和上海市统战工作会议精神；传达台盟中央和省级组织关于换届工作会议有关精神

（续表）

会议名称	时　间	地　点	主要议程及决定
第三十次全体会议	1996年11月12日	民主党派大厦1705室	增补台盟市委委员1名；增补副主委2名
第三十一次全体会议	1996年12月24日	民主党派大厦1705室	总结年度工作，讨论下年度工作打算
第三十四次全体会议	1997年4月11日	民主党派大厦1705室	增补台盟市委委员1名
第三十六次全体会议	1997年7月4日	民主党派大厦1705室	确定设立第八届台盟市委荣誉职务的事宜

说明：台盟上海市第七届委员会共召开36次全体会议（含扩大）。

表8-2-5　台盟上海市第八届委员会部分全体会议情况表

会议名称	时　间	地　点	主要议程及决定
第一次全体会议	1997年7月11日	市政协檀山厅	选举第八届委员会主委、副主委，任命秘书长；推举名誉主委、名誉副主委、顾问；台盟中央主席蔡子民讲话
第二次全体会议	1997年7月21日	民主党派大厦1705室	传达台盟五届十八次中常会精神；确定领导班子分工
第四次全体会议	1997年12月5日	台盟徐汇区委	总结年度工作，讨论下年度工作打算
第十次全体会议	1998年12月16日	民主党派大厦1705室	传达台盟六届二中全会精神；总结年度工作，讨论下年度工作打算
第十四次全体会议	1999年8月19日	民主党派大厦1705室	届中调整，选举石四箴为主委，推举郑励志为名誉主委
第十六次全体会议	1999年12月17日	民主党派大厦1705室	传达台盟六届三中全会精神；审议年度工作报告
第二十次全体会议	2000年12月16日	民主党派大厦1705室	传达全国统战工作会议及台盟六届四中全会精神；审议年度工作报告
第二十二次全体会议（扩大）	2001年4月14日	嘉定区宾馆西风厅	成立老年委员会
第二十三次全体会议	2001年5月11日	民主党派大厦1705室	增补委员1名；增补副主委1名；确立基层工作例会制度
第二十五次全体会议	2001年12月7日	民主党派大厦1705室	审议年度工作报告
第二十八次全体会议（扩大）	2002年5月4日	安徽省滁州琅琊山度假村三楼会议室	审议通过第九次盟员大会议程、日程、委员候选人名单等文件；审议第八届委员会工作报告讨论稿、决议草案等17个文件；确定出席台盟第七次全盟代表大会的上海代表名单

说明：台盟上海市第八届委员会共召开28次全体会议（含扩大）。

表 8-2-6　台盟上海市第九届委员会部分全体会议情况表

会议名称	时　间	地　　点	主要议程及决定
第一次全体会议	2002 年 5 月 19 日	上海第二医科大学新科技大楼 101 室	选举第九届委员会主委、副主委;推举名誉主委、名誉副主委;通过全会决议
第四次全体会议	2002 年 12 月 16 日	民主党派大厦 1705 室	审议年度工作报告
第七次全体会议	2003 年 12 月 20、21 日	松江区森林宾馆	学习中共十六届三中全会精神,传达台盟七届二中全会精神;审议年度工作报告
第十次全体会议	2004 年 12 月 14 日	宝山区政府会议中心	审议年度工作报告
第十三次全体会议	2005 年 9 月 8 日	民主党派大厦 1006 室	传达台盟七届四中全会精神;审议年度工作报告
第十五次全体会议	2006 年 7 月 15 日	民主党派大厦 1006 室	增补台盟市委委员 2 名
第十七次全体会议	2006 年 12 月 24 日	上海法官培训基地圆桌会议室	学习中共市委八届十次全会精神;传达台盟七届五中全会精神;审议年度工作报告;增补副主委 1 名

说明：台盟上海市第九届委员会共召开 17 次全体会议(含扩大)。

表 8-2-7　台盟上海市第十届委员会部分全体会议情况表

会议名称	时　间	地　　点	主要议程及决定
第一次全体会议	2007 年 4 月 14 日	民主党派大厦 1006 室	选举产生第十届委员会领导班子,任命秘书长
第五次全体会议	2007 年 12 月 26 日	民主党派大厦 1006 室	学习胡锦涛在各党派中央、全国工商联新老主要领导座谈会上讲话精神;审议年度工作报告
第六次全体会议	2008 年 6 月 29 日	民主党派大厦 1006 室	学习中央统战部和台盟八届三次常委会会议精神;总结政治交接活动;专职领导、机关述职
第八次全体会议	2008 年 12 月 20 日	民主党派大厦 1006 室	传达台盟八届二中全会精神;审议年度工作报告
第十二次全体会议	2009 年 12 月 19 日	民主党派大厦 1006 室	学习中央经济工作和中共市委九届九次全会精神;审议年度工作报告
第十六次全体会议	2010 年 12 月 18 日	松江区开元名都大酒店	学习中共中央统战部杜青林部长讲话精神及台盟八届四中全会精神;审议年度工作报告
第二十一次全体会议	2011 年 11 月 24 日	民主党派大厦 1006 室	传达台盟中央关于省级组织换届工作会议精神;审议年度工作报告
第二十三次全体会议	2012 年 3 月 25 日	市衡山北郊宾馆	审议第十一次盟员(代表)大会文件(草案);汇报第十一次大会代表产生情况;讨论通过第十一届委员会委员候选人建议名单;讨论通过出席台盟第九次全盟代表大会上海市代表候选人建议名单

说明：台盟上海市第十届委员会共召开 23 次全体会议(含扩大)。

表 8－2－8　台盟上海市第十一届委员会全体会议情况表

会议名称	时　间	地　　点	主要议程及决定
第一次全体会议	2012 年 4 月 21 日	民主党派大厦 1006 室	选举第十一届委员会主委、副主委、常委，任命秘书长
第二次全体会议	2012 年 8 月 20 日	民主党派大厦 1006 室	学习胡锦涛总书记“7・23”讲话精神；通报台盟市委领导班子分工；通报台盟市委全会会议制度；通报专门委员会换届工作；审议上半年工作，并就下半年参政议政工作进行部署

说明：至 2012 年底，台盟上海市第十一届委员会共召开 2 次全体会议。

第三章 对台工作

台盟市委在中国共产党和台盟中央的领导下，发挥自身优势，按照“和平统一，一国两制”的基本方针，认真落实中央对台工作方针政策，根据两岸关系的发展变化，以促进两岸交流交往和经贸合作为重点，积极开展台情研究、真诚服务台商台生、深化对台交流交往，把对台工作落到实处，为促进祖国和平统一作出贡献。

第一节 对台宣传

一、组织宣传

1978年恢复活动后，台盟上海市支部组织盟员和所联系台胞学习中共中央的对台政策，有的并作出决议，表示拥护。支部配合有关对台的重大事件，组织集会。经常注意台湾人民的民主活动，并给予政治上的声援和支持。1980年4月，支部举行在沪台胞反对台湾当局制造高雄事件迫害台胞的集会活动，并发表声明书，以此表示支部对台湾乡亲的关怀和希望。旅日台胞团体的《台湾省民报》《爱知县华侨报》转载支部的声明。1983年8月，发生日本文部省在教科书篡改侵华史实的事实时，支部举行集会谴责日本文部省的错误行径。有关新闻单位先后报道此消息。

1991年6月7日，中共中央台办负责人就两岸关系的发展发表三点建议，台盟市委组织盟员讨论，并通过新闻媒介表明态度。针对岛内“台独”活动加剧的情况，特别是1991年10月民进党把“台独”条款列入其党纲后，台盟市委组织座谈，严厉谴责民进党的“台独”行为，上海主要报刊和电台都作了报道。

1992—1997年，面对复杂多变的形势，台盟市委发挥自身优势，适时开展一系列的对台宣传工作。如1995年李登辉访美，严重破坏两岸关系，台盟市委组织盟员和所联系的台胞座谈、撰文，进行了有力的批判，并与海峡之声电台合作，录制专题节目，对台广播，揭露李登辉搞“台独”的真面目，宣传“和平统一，一国两制”的总方针，有力地配合了对台舆论斗争，并被评为上海市对台宣传先进集体。

1997—2002年，两岸关系曲折发展，台盟市委组织盟员学习“和平统一，一国两制”的方针政策，正确分析国际形势和两岸关系的变化发展，看清岛内形势发展的趋势，充分认识对台工作的复杂性、艰巨性和长期性，自觉做好台湾人民的工作。同时严厉抨击岛内“台独”分离言行，开展对台宣传。1998年4月13日，中共市委在西郊宾馆召开座谈会，国务院副总理钱其琛听取上海对台工作情况汇报。市政协副主席、台盟市委主委郑励志参加座谈会，并代表台盟市委作了《关于进一步做好台湾人民工作的几点意见》的发言。

2002—2007年，台盟市委组织召开各类座谈会、报告会等，坚持学习“和平统一，一国两制”的基本方针和现阶段关于发展两岸关系、促进祖国统一的八项主张，学习中共中央总书记胡锦涛关于新形势下发展两岸关系的重要讲话和《反分裂国家法》，在盟员中开展“如何发挥台盟自身优势，进一步做好对台工作”大讨论等。

2007—2012年，台盟市委多次召开台情报告会、座谈会等，学习胡锦涛在纪念《告台湾同胞书》发表30周年座谈会上的讲话(即“12·31”重要讲话)精神等，全面准确地理解和把握中共中央对台方针政策和海峡两岸形势。

二、就重大涉台事件发表意见

【中美建交】

中美两国建交的联合公报和中国政府关于中美建交的声明发表后，1978年12月，台盟上海市支部聚会座谈，拥护中国政府关于中美建交的声明，表示决心与大陆同胞和台湾的骨肉同胞一起，为早日实现国家统一作出贡献。台盟盟员、台胞发言指出，中美建交不仅是中美两国关系中的历史性事件，符合中美两国人民的愿望，也是台湾同胞所期望的。

【余登发事件】

1979年1月21日，台湾知名人士余登发、余瑞言父子因主张台湾同祖国大陆和平统一而被台湾当局以涉嫌参与“匪谍”案逮捕，判处有期徒刑8年。5月28日，台盟上海市支部举行在沪台胞大型座谈会，近500名台胞出席座谈会，台盟上海市支部主委许文思代表上海的全体台胞宣读《在沪台胞声援余登发爱国主义斗争，给台湾父老兄弟姐妹们的公开信》。座谈会愤怒谴责台湾当局迫害爱国民主人士余登发，声援台胞要求台湾回归祖国的爱国斗争。

图8-3-1　1979年5月28日，台盟上海市支部举行声援台湾知名人士余登发的座谈会；图为许文思(左一)发言

【《告台湾同胞书》】

1979年元旦,全国人大常委会发表《告台湾同胞书》。台盟上海市支部于1月4日隆重集会,400多名在沪台胞参加大会,一致拥护《告台湾同胞书》。大会由支部主委许文思主持,台湾省籍的干部、医生、体育工作者、科技人员和归侨等各界代表发言,呼吁台湾当局顺应民意,顺应潮流,消除隔阂,撤除藩篱,以民族利益为重,实现祖国统一大业。

【汪辜会谈】

1993年4月,海峡两岸关系协会会长汪道涵和海峡交流基金会董事长辜振甫首次会谈。台盟市委于5月6日组织台情研究组成员及部分盟员就"汪辜会谈"的圆满成功进行座谈。台盟市委主委郑励志、顾问郭炤烈等发言。会议指出,台盟作为一个由台湾省人士组成的参政党,要进一步发挥自己的优势,多做台湾各政党、团体、各阶层人士的工作,让他们更多、更深入地了解大陆,促进海峡两岸的交往,互利互补,早日实现两岸直接通邮、通航、通商,推动两岸的经济发展,共同振兴中华民族。

【《台湾问题与中国的统一》白皮书】

1993年9月7日,台盟市委和市台联联合举行《台湾问题与中国的统一》白皮书座谈会,在沪台胞60人出席。座谈会由市台联会长梁泰平主持,台盟市委主委郑励志、顾问郭炤烈等在会上发言。与会人士一致认为,白皮书是实现祖国统一的纲领,台湾问题纯属中国内政,只能通过两岸协商求得解决。会议呼吁家乡的父老兄弟姐妹携起手来,共同促进海峡两岸关系的发展。

【《台海两岸关系说明书》】

1994年7月26日,台盟市委举行座谈会,结合海峡两岸关系的发展,评析台湾当局前不久发表的《台海两岸关系说明书》。与会者认为,台湾当局在《台海两岸关系说明书》中表示坚持统一目标,并表示"坚决主张'一个中国',反对'两个中国'与'一中一台'"这是值得肯定的,但说明书歪曲台湾问题的由来,是不符合历史事实的,呼吁岛内的父老兄弟姐妹携起手来。会议由市政协副主席、台盟市委主委郑励志主持,参加会议的还有台盟中央评议委员会副主席许文思,台盟市委顾问、市台湾研究会会长郭炤烈等20多位盟员,市政府台办领导出席会议并讲话。

【《为祖国统一大业的完成而继续奋斗》重要讲话】

1995年1月30日,中共中央总书记、国家主席江泽民在中共中央台湾工作办公室、国务院台湾事务办公室举行的新春茶话会上发表《为促进祖国统一大业的完成而继续奋斗》重要讲话,讲话就现阶段发展两岸关系、促进祖国统一提出八项主张。2月3日,台盟市委和市台联联合举行在沪台胞学习讲话精神座谈会,市政协副主席、台盟市委主委郑励志,市台联会长林明月,市台研会会长郭炤烈等在沪台胞、知名人士近30人参加座谈会。与会人士认为江泽民的讲话通篇体现着民族的感情、民族的大义和民族的责任,讲话既高瞻远瞩又晓以情理,具有极大的亲和力,真正说到了台湾同胞的心里,并呼吁岛内父老兄弟姐妹敦促台湾当局以民族大义为重,抛弃前嫌,放眼未来,共同完成祖国统一、振兴中华的大业。1996年2月3日,台盟市委举行"纪念江总书记关于台湾问题的重要讲话发表一周年座谈会"。1998年1月26日,市政府台办与台盟市委、市政协台港澳侨联谊委员会、市台联举行纪念江泽民《为促进祖国统一大业的完成而继续奋斗》讲话发表3周年座谈会。

图 8－3－2　2005 年 1 月 28 日，台盟市委举行纪念江泽民《为促进祖国统一大业的完成而继续奋斗》重要讲话 10 周年座谈会

2001 年 1 月 21 日，市政府台办与台盟市委、市政协港澳台侨委员会、市台联联合举行座谈会纪念江泽民对台重要讲话发表 6 周年。

【李登辉分裂中国的言行】

1999 年 7 月 9 日，李登辉在接受“德国之声”广播公司采访时，公然鼓吹两岸关系为“特殊的国与国的关系”，令世人震惊。7 月 16 日，台盟市委举行座谈会，近 20 位盟员参加会议。与会人士呼吁岛内父老乡亲携起手来，揭露和认清李登辉分裂祖国的真面目，与祖国大陆人民一起为维护祖国的主权和领土完整，为促进祖国的和平统一，为振兴中华民族而共同努力奋斗。8 月 8 日，台盟市委与市台联联合举行座谈会，抨击台湾当局领导人李登辉以“私人身份”访美并在美国康奈尔大学发表分裂中国的言行。与会人士吁请岛内亲朋好友，积极到大陆、到上海来投资，推进海峡两岸的交流交往，加强海峡两岸的经贸往来，促进祖国和平统一大业的早日完成。市政协副主席、台盟市委主委郑励志主持座谈会，在沪台胞近 100 人参加座谈会。

【《一个中国的原则和台湾问题》白皮书】

2000 年 2 月 21 日，国务院台湾事务办公室、国务院新闻办公室发表《一个中国的原则和台湾问题》白皮书，引起在沪台胞的强烈反响，盟员打电话、发传真、写信到台盟市委，表明他们坚持一个中国原则的严正态度。22 日，台盟市委、市台联联合举行座谈会，台盟市委主委石四箴等 60 人参加会议。石四箴在发言中强调指出，在沪的台胞一定要认真学习党的对台方针、政策，深入了解台湾问题的实质，坚持一个中国原则，坚持“和平统一，一国两制”方针，贯彻江泽民关于台湾问题的八项主张，发挥台胞在两岸关系中的纽带和桥梁作用，为促进海峡两岸关系的发展和完成祖国的和平统一不懈努力。

【陈水扁"台独"言论】

2002年8月3日,台湾当局领导人陈水扁在"世界台湾人大会"上叫嚷"台湾是一个主权独立的国家"、两岸是"一边一国"、要用"公民投票"的方式决定"台湾的前途、命运和现状"等分裂中国的言论,引起世界华人和中国人民的抗议。8月8日,台盟市委、市台联联合举行"一个中国原则不容挑衅"座谈会,强烈谴责陈水扁的"一边一国"论。市政协副主席、台盟市委主委石四箴等近30位盟员、台胞出席座谈会。会议指出,当前两岸经贸和人员往来持续稳定发展,陈水扁的"台独"言论既不利于两岸的互动,更对台湾的经济发展没有好处,希望台湾当局领导人审时度势,认清形势,停止一切分裂活动,回到"一个中国"原则上来。

三、涉台纪念活动

【纪念台湾省人民"二二八"起义】

1978—2012年,台盟上海市组织每年均举行台湾省人民"二二八"起义纪念活动。盟员以亲身经历,重申"二二八"是台湾人民反对当时的国民党当局暴政的正义行动,呼吁国民党应该面对历史,面对现实,为"二二八"彻底平反,为遇难者昭雪。2008年后,因应海峡两岸关系新变化,将活动名称改为台湾省人民"二二八"事件纪念活动。

图8-3-3 2007年2月25日,台盟市委召开在沪台胞纪念"二二八"起义60周年座谈会

【举行《马关条约》签订百年座谈会】

1995年4月17日,中共市委统战部、市政府台办等有关方面领导人和在沪台胞100多人出席《马关条约》签订百年座谈会。座谈会由市政协副主席、台盟市委主委郑励志主持。与会人士指出,《马关条约》的签订使台湾和澎湖列岛被日本割占,使台湾人民在日本殖民统治下生活50年,民族的团结、祖国的统一是中国繁荣发展、富强昌盛的基础,两岸同胞只有携手共进,迎接挑战。

【纪念台湾光复】

1995年10月23日，台盟市委、市台联联合举行座谈会，纪念中国现代史上这一具有重大历史意义的日子——台湾光复50周年。市政协副主席郑励志、刘恒椽，中共市委统战部、市台办和各民主党派、人民团体的负责人、在沪台胞共100人出席座谈会。与会人士强调，两岸同胞共同纪念台湾光复50周年，就是要携起手来发扬爱国主义的精神，共同反对旨在搞“台独”“一中一台”“两个中国”的图谋，共同促进两岸关系的进一步发展，促进祖国和平统一大业的早日完成。

2005年10月24日，台盟市委、市台联联合举行座谈会，共同纪念台湾光复60周年。上海老中青三代60余位台胞畅所欲言，重温历史，缅怀先辈，展望两岸和平统一前景。市政协副主席、台盟市委主委石四箴表示，在中国共产党倡导下的“抗日民族统一战线”是夺取中国抗战胜利的法宝，也是60年前光复台湾的有力武器。她说，台湾光复的这段历史恰恰证明，祖国强则台湾强，海峡两岸的人民休戚与共，海峡两岸的命运息息相关。

【纪念《告台湾同胞书》发表】

1998年12月30日，台盟市委举行座谈会，纪念全国人大常委会《告台湾同胞书》发表20周年。市政协副主席、台盟市委主委郑励志与40余位盟员出席座谈会。与会人士重温这一庄严文告，回顾20年来两岸关系的发展。会议指出，促进祖国和平统一是台盟主要的目标，台盟市委将继续发扬爱国爱乡的光荣传统，加强与台湾各界朋友的联系沟通，不断开拓做好台湾人民工作的渠道，为推进祖国和平统一贡献力量。

2008年12月28日，台盟市委召开《告台湾同胞书》发表30周年纪念大会。台盟中央副主席、台盟市委主委杨健出席并讲话。会上，上海国际问题研究所两岸四地研究室主任严安林为与会盟员作了“三十年来中共中央对台政策和海峡两岸关系”辅导报告。近150位盟员参加会议并交流发言。大家表示，将为进一步推进沪台经贸、文化、科技、体育等各个领域的交流与合作，增进两岸同胞的了解和互信而努力；做好新形势下涉台调研工作，为大陆实施和充实惠及广大台胞的政策措施积极建言献策；尽最大努力为在沪台胞居住、生活、投资提供良好的服务。

四、新闻报道

1979—1982年，台盟上海市支部共组稿239篇，其中新闻稿125篇，采用率占89.9%。1984—1987年，台盟上海市分部积极协助中央台、海峡之声电台等对台新闻部门撰写对台广播稿件112篇，被采用77篇，采用率68.8%。1987—1992年，台盟市委向电台、电视台、各大报社、期刊提供各类宣传稿件355篇，被采用310篇。1993—2002年，向电台、电视台、各大报社、期刊提供各类宣传稿件355篇，被采用310篇。2002—2012年，台盟市委在《解放日报》《联合时报》等报刊网站上累计提供各类宣传稿件700篇。

协助新闻单位撰写、录音、组稿、组织台胞撰写对台宣传稿，是台盟支部一项经常性的重要工作。台盟支部组织对台写作小组。1979年后，组织盟员为《人民日报》(海外版)、《上海对台工作》《上海统一战线》《光明日报》《解放日报》《文汇报》《新民晚报》等报刊和上海电视台、上海人民广播电台、浦江之声电台、海峡之声电台提供对台宣传稿，宣传“和平统一，一国两制”的对台方针政策，为促进祖国统一大业服务。广播稿《花好月圆》被评为1982福建前线台三等奖，1980年协助上海电视台拍摄的《大海深情》《一个富有家乡特色的婚礼》电视片宣传稿被市政协对台宣传工作委员会办公室选载在对台宣传稿中。

1984—1987 年,台盟分部应出版社、电台和外省地区宣传部门等 10 多个单位的要求,多次召开座谈会,提供台湾资料,提出意见和建议。

自 1989 年第四季度起,台盟市委与市政协《联合时报》每季度出版一次《海风》版副刊,报道海峡两岸讯息。每逢元旦、春节、中秋等传统节日和海峡两岸形势发生重大变化之时,台盟市委都通过电台、电视台、报纸向岛内同胞宣传方针、政策,抒发思乡之情。例如 1991 年春节前夕,台盟市委和上海人民广播电台联合制作一台 55 分钟的"四季可乐为台湾亲友点歌"节目,该节目被评为 1991 年上半年度上海人民广播电台好节目二等奖。

1995 年起,台盟市委与中共市委统战部机关刊物《浦江同舟》合作,每季度合编一期《海内外》专栏,介绍两岸关系发展和变化情况,至 2002 年底,提供稿件 53 篇。自 1996 年春节开始,台盟市委每年都与浦江之声电台合作,共同举办广播联欢活动,通过电波向岛内亲友祝贺春节。2001 年,联合录制元旦对台广播节目——"迎世纪新年、盼祖国统一"座谈会,盟员和台胞代表通过电波向岛内亲友传递迎接新年,盼望统一的心愿。2002 年,由台盟市委推荐的在沪就读的台湾学生李奕儒撰写的《感受上海》获得"浦江之声"广播电台和市台办组织的"上海缘、同胞情"征文特别奖。

第二节　台 情 研 究

一、研究组织与刊物

1985 年,在市统战理论研究会的领导下,台盟分部成立台盟统战理论研究小组,先后撰写有关"一国两制"论文数篇。

1988 年 9 月,台盟市委成立政策研究会,基本上每月活动一次,以组织台情报告、传达对台工作会议精神、举办学术讨论会为主。

1997 年 10 月,台盟市委成立台情研究小组(2002 年改为台情研究委员会),就岛内政局和两岸关系的变化开展定期与不定期的研讨,然后将分析情况和对策建议以情况反映的形式报有关领导和有关部门。

台盟市委于 1990 年创办《上海台盟》(内部季刊)。《试比海峡两岸生活水平》一文,经转发送至中共中央主要领导参阅。《谈谈台湾意识》《美国全球战略中的对台政策》等文章都受到好评,并在重要刊物上被转载。2001 年,台盟市委创办并出版《两岸简讯》,至 2012 年底共出刊 192 期。

二、理论研讨

从 1982 年起,台盟支部对台湾的政治、经济、社会等方面开始做了研究,在此基础上编译《台湾情况参考资料》共 4 期,供有关部门参考。支部还 3 次举办台湾问题报告会、讲座,向盟员和台胞介绍台湾情况。

1984—1987 年,为提高盟员的对台政策水平,上海台盟采用多种形式的座谈会、研究会,学习中央领导同志关于对台方针政策的重要讲话,印发有关对台宣传材料,参加有关对台部门召开的《台湾情况》讲座,对台广播录音,邀请出国探亲归来的盟员介绍海外台胞以及台湾岛内的情况。

1990 年 11 月,台盟市委举行首届学术讨论会,围绕台情和两岸交往等问题进行专题研讨,研讨会收到19篇论文。

2000年，台湾地区领导人选举后民进党上台，台盟市委邀请中国社科院台研所、上海台研所的专家学者编写了《台湾新政要简介》一书。这是台湾首次“政党轮替”后大陆第一本介绍岛内新上台政治人物的书籍。

2001年，台盟市委与市台研会联合举行研讨会，针对民进党上台后岛内形势和两岸关系出现的变化进行研讨，向有关部门提出建议。

2002年5月，上海台盟参加台盟中央举行的台情研讨会，在会上发表了《“和平统一、一国两制”是实现两岸最终统一的最佳选择》《论坚持“和平统一、一国两制”方针》。

2002—2007年，台盟市委针对两岸关系中出现的新情况、新问题，收集资料、编发稿件，宣传中共中央对台方针政策和台情信息。

2007—2012年，台盟市委台情研究委员会就台湾地区领导人选举、ECFA对两岸关系的影响等重大问题开展研讨。

第三节　对台联络

一、接待来访

1979年元旦，全国人大常委会发表《告台湾同胞书》，标志着和平统一祖国新阶段的开始。10月，台盟支部首批接待以日本东京华侨总会议长黄成台为团长、张景霖为副团长的旅日台胞回国参观代表团，双方共同表示要为早日实现大陆与台湾的通邮、通航、通商而努力。

1980—1984年，先后接待来自台湾岛、旅居海外以及香港地区的台湾同胞共129批，281人次。他们中有旅日华侨总会、台湾省民会的负责人，有工商界、学术界和科技界等人士。在接待中听取他们对祖国统一的看法和建议，了解台湾的一些情况。

1984—1987年，台盟分部接待前来大陆探亲、访友、观光、贸易、学术交流和学习深造的台胞共有139批，238人次，他们中有旅居美国、日本、加拿大、巴西、新加坡、泰国和台湾岛内以及港澳的台胞。分部始终利用接待机会，向台胞如实宣传介绍祖国大陆的情况及大陆对台的方针政策，认真听取他们对祖国统一的看法和意见。

1987年11月，台湾当局开放台湾同胞回大陆探亲，台盟市委在做好“寄希望于台湾当局，更寄希望于台湾人民”的工作同时，努力做好以经济促政治的工作。1987—1992年，以组织名义接待的来自台湾岛内及香港、日本、美国等的台胞共173批，366人次。在1989年的政治风波后，台盟市委继续坚持做好台胞联络工作。

为促进海峡两岸双向沟通，台盟市委咨询服务部于1990年6月与市台联、大地文化社和上海茶叶学会等单位合作邀请台湾茶文化学会理事长范增平在上海奥林匹克餐厅作茶艺表演，各界人士100多人出席，上海电视台、电台、新闻单位均作了新闻报道。

1992—1997年，台盟市委以组织名义共接待来自台湾岛内和香港、日本、美国等地的台胞77批，272人次。通过座谈、参观，使他们了解上海经济建设成就和投资环境，并在交往过程中，交流对祖国统一问题的看法，加深相互了解，增进共识。1993年起，台盟市委每年都要接待由台盟中央邀请的“台湾政治受难者遗属访问团”。1994年10月，台盟市委接待由台盟中央邀请的“已牺牲原台湾中共地下党员的亲属和原住民中的政治受难者国庆参观访问团”一行10人。1996年7月31

图 8-3-4　1988 年 6 月 23—24 日,台盟上海市委接待台湾范光陵博士率领的"海峡两岸经济文化观光探问团"

日—8 月 2 日,"两岸青年学生互访交流活动——台湾大学生大陆访问团"一行 20 人来上海参观访问,访问团中的许多大学生都是第一次来上海。通过交流沟通,两岸大学生表示应该互相学习,发挥所长,各补所短,共同进步,并表示今后要加强互访和交流,共同为发展中华文化而努力。1997 年 4 月 23—24 日,台盟市委协助台盟中央接待黄文龙为团长的"台湾资深青商总会访问团"一行 15 人。通过与台盟市委的接触,访问团成员对台盟有所了解,增进共识。

1997—2002 年,共接待来自台湾岛内、香港,以及美国、日本的台胞 121 批,411 人次。例如 2001 年 2 月 10—18 日,台盟市委主委石四箴、名誉主委许文思等领导接待来自台湾中兴大学台商研究中心组织的大陆参访团 40 人。

2002—2007 年 3 月底,共接待台湾原住民大陆参访团、台湾青年"上海音乐之旅"夏令营、台湾科技大学青年交流访问团、台湾屏东科技大学学生代表团等台胞 60 批,1 015 人次。

2007 年后,按照中共中央"寄希望于台湾人民"的工作方针,台盟市委将对台交流交往的重心向台湾南部民众和青少年倾斜。至 2012 年底,共接待台湾屏东科技大学参访考察团、台湾少数民族青年夏令营等团组 71 批,1 188 人次。特别是上海世博会期间,在短短半年时间里接待各类台胞世博观摩团组 14 批,390 人次,通过展示大陆发展成果,加强交流、沟通、认同。2009 年,台盟市委首次组织夏令营团入台湾岛参访,实现从单向接待到双向互访的突破。台盟市委对台工作多次在全市对台工作会议上作经验交流,台盟市委联络部还荣获"上海市对台工作先进集体"称号。

二、联谊活动

【节日活动】

上海台盟组织每年都与市台联共同举行中秋、春节等中国传统节日的团聚活动。1978—1982

年，根据不同时期的传统节日，台盟支部举行25次大小不同的庆祝集会活动。20世纪70年代，台盟支部成立台胞业余文艺宣传队，在庆国庆、中秋赏月、游园会以及接待旅居海外台胞参观团的来访等联欢活动中，表演丰富多彩的富有台湾民族特色的文艺节目。特别是台湾歌仔戏、台湾客家山歌、台湾民间舞蹈等，使观看演出的来沪台胞感到分外亲切。进入20世纪90年代，每年在中秋、春节等联欢活动，都邀请在沪投资的台商，就读的台湾学生参加，并请他们一起上台表演节目。每次活动都请上海浦江之声电台制成专题节目向台湾岛内播送。自1996年春节始，台盟市委与《浦江同舟》合作，举办在沪台胞迎新春活动，通过电波向岛内亲友祝贺春节。2002—2007年，台盟市委借助端午、中秋等传统节日，邀请部分台商、台生参加包粽子、划龙舟、插花等活动，与盟员一起欢度传统佳节。带头组织和成立“上海台商龙舟队”和“台盟台生龙舟队”，参加“2005年全国龙舟月启动仪式暨上海苏州河龙舟赛比赛”，台湾无线卫星电视台、中天电视等岛内外媒体给予广泛报道。2007—2012年，台盟市委与市台联、刘海粟美术馆等单位合作，利用春节、端午、中秋等传统节日，开展在沪台胞、台商座谈、联谊活动20次。

图8-3-5　2005年6月11日，台盟市委组织台商龙舟队参加苏州河龙舟赛

1998年4月25—26日，结合纪念五四青年节活动，台盟市委组织在沪就读的9名台湾学生和台盟青年盟员15人一起赴南京参观考察，两岸青年同吃同住同游。通过此次活动，不仅使台湾青年了解祖国的悠久历史和改革开放的发展情况，而且加深两岸青年的相互了解和交往。

【往返沪台的联络】

1987—1992年，上海盟员中先后赴台湾家乡探亲、探病、奔丧的有34人次，赴台湾定居的有5

人。凡盟员赴台前后,台盟市委机关干部都做到上门访问,有的帮助他们解决困难,有的请他们给大家介绍情况、谈体会。1990年,许文思应邀到台湾进行学术交流,在桃园机场受到台湾当局的无理阻挠时,大义凛然,立场坚定,拂袖而回,受到各方面称赞。自1988年12月,台湾当局公布"允许现在大陆台籍前国民党军人返台定居案"始,台盟市委每年都召开返台定居回沪的原盟员座谈会,了解他们在台湾生活和工作情况,并通过他们了解台湾普通百姓的想法。每逢春节,台盟市委向他们寄发节日贺卡,以示思念和慰问。

1992—1997年,上海盟员中先后有35人次赴台探亲、探病、奔丧,有11人赴台定居。自1994年起,台盟市委每年都召开去台返沪盟员、台胞座谈会,听取情况,了解、分析、研究台湾民众心态,并形成纪要上报有关部门,供决策参考。

1997—2002年,上海共有22位盟员赴台定居、探亲,根据台盟中央有关规定的精神,台盟市委十分重视这些同志,在思想上关心他们,在生活上照顾他们,每年都召开赴台定居人员的座谈会,了解他们的想法,紧紧依靠他们,发挥他们作用,去影响岛内民众,做岛内民众的工作。

2002—2007年,台盟市委开创以联合组团、借平台自行组团的方式进入岛内,共组织5批、19人次经台盟组团到故乡宝岛参访。

2007—2012年,台盟市委等以联合组团的方式积极入岛交流,陆续组织"蔬菜行业协会交流团""普陀区教育参访团"等团组赴台参观考察,9位盟员先后参团。

【为中国台北体育运动员加油鼓劲】

1993年,首届东亚运动会在上海举行,台盟市委和市台联组成一支60人的上海台胞啦啦队,为来自故乡台湾的中国台北体育代表团的运动员加油鼓劲。在中国台北队参加的女篮和田径等4场赛事中,啦啦队以各种标语和台湾民歌等形式,为女篮队员和李福恩、乃慧芳、王惠珍和苏子宁等运动员参加的跳高、跳远、100米、200米短跑和万米长跑赛加油鼓劲,为他们的良好表现和优异成绩欢呼,形成场内场外互动景观。上海台胞啦啦队引起金陵之声广播电台、福建海峡之声广播电台等媒体记者的关注,并获得"东东杯"啦啦队优胜奖。

【组织台胞参与体育活动】

2005年6月11日,为了让远离家乡的台湾同胞在上海感受端午传统佳节的气氛,为了增强在沪台湾同胞的凝聚力和乡情,让台湾同胞更好地融入上海社会,由台盟市委携手上海市台资企业协会,组织在上海投资经商的台商、在上海就读的台湾大学生和上海台盟的盟员,共同组建起两只独具特色的"台"字头龙舟队,参加了"2005年全国龙舟月启动仪式暨上海苏州河龙舟赛"。这是在沪台胞第一次参加这种全国性的体育竞技运动,两支队伍分获比赛第八、九名。

2006年9月,台盟市委和上海市台湾同胞投资企业协会首次联合组织上海台商台胞代表团参加上海市第十三届运动会,36名在沪投资的台商和生活在上海的台胞参加乒乓球、羽毛球、保龄球、篮球、台球、钓鱼6个项目的比赛,其中台商参加的篮球队获得第九名。

【种植"宝岛林"植树活动】

2002年4月9日,台盟市委开展种植"宝岛林"的植树活动,植一棵树、尽一份心、愿上海更美好、愿祖国早统一。台盟市委主委石四箴带领全体盟员在上海市闸北区第八中学前的高压林带内种下150棵大叶樟树的树苗,以茁壮成长的大树寄托上海广大盟员盼望家乡台湾早日与祖国大陆统一的心愿。上海电视台、《解放日报》《新民晚报》《联合时报》等新闻媒体予以报道，浦江之声电台、海峡之声电台为此对台广播。

第四节　服务台胞

台盟市委将对台联络与社会服务相结合，通过组织公益义诊活动、举办座谈会等形式，为台商、台生提供各类咨询服务。随着改革开放形势的发展，到上海进行投资、考察、就学的台胞日益增多，台盟市委为做好引进台资的工作，加大了为台胞排忧解难的工作力度。此外，台盟市委心系岛内同胞，积极组织赈灾募捐活动。

一、引进台资

1993—2002年，台盟市委接待来沪考察了解经贸情况的台商有44批、88人次，其中有了解投资环境、寻找合作伙伴的，有考察第三产业的，有了解开设医疗机构的，有要求帮助聘请常务律师的等。台盟市委为台商提供服务，做好工作。据不完全统计，台盟市委及盟员帮助台商牵线搭桥60件，引进台资近4亿元人民币。

1993年2月，帮助台商成立上海环亚开发经营有限公司，并在青浦区成功开发亚洲花园别墅项目，投资总额为1 250万美元。1998年4月，帮助台商成立上海玮阳咖啡馆有限公司，并在闸北区江场西路开设真锅咖啡连锁店，注册资金为100万美元。2002年，帮助台资旺旺集团有限公司下属的神旺房地产开发有限公司在静安区引进房地产开发项目，投资达1.4亿元。2002年后，因工作重心转移，台盟市委的引进外资、咨询服务职能逐步弱化。

二、为台胞排忧解难

1978—1982年，台盟支部鼓励和帮助盟员及台胞同台湾亲友通信联系。据统计，盟员中与台湾亲友通信的有80%；通过各种渠道和适宜的地点实现多年来亲友团聚愿望的有17%。1982—1984年，帮助3位离散三四十年的盟员台胞取得了联系、会亲团聚。

1992—1997年，上海有台商投资企业3 000家，协议台资40多亿美元。台盟市委通过联谊、参观等各种形式的活动加强与台商的联系，还为多家台资企业排忧解难，多方奔走，反映情况，帮助他们挽回一些经济损失。1994年，台盟市委分别帮助台资企业天王星股份有限公司、上海统联实业有限公司和美又美食品公司等，化解动拆迁、与合资方纠纷及债务等方面的矛盾。台盟市委咨询服务部于1995年与市台联联合聘请上海经济律师事务所为“两台”的常年法律顾问，为台商、台胞提供法律服务。1996年，台盟市委为配合国家关于《中华人民共和国台湾同胞投资保护法实施条例》的制定，多次走访台商，召开座谈会，形成“进一步做好台商工作，促进祖国统一”的纪要上报给各有关部门。1997年12月，帮助王姓台商较好地解决与上海永成海产公司的财务纠纷问题。20世纪90年代，一大批岛内学子到上海高校求学。台盟市委主动关心，照顾这些学生的学习和生活。

1993—2002年，台盟市委为在沪台商、就读台湾学生排忧解难近200件，包括台商购房、住房、就医、签证、子女就学，以及台湾学生来沪求学问题等，帮助10多位台商解决具体困难。

2002—2007年，台盟市委走访台资企业44家、协助排解难题23次，3次组织台商赴云南等地

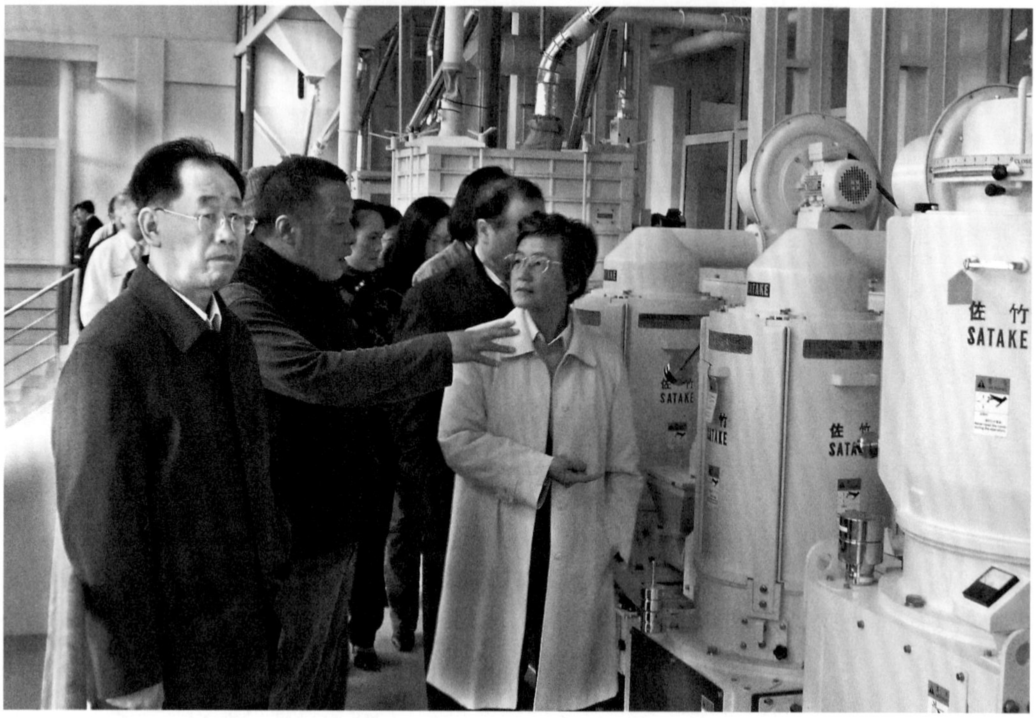

图8-3-6 2006年11月23日,台盟市委主委石四箴(前排右三)在举行沪台农业合作研讨会期间,深入崇明的农业基地调研

参观考察,寻找商机。还帮助台商协调关系、化解矛盾,维护其合法权益。2002年8月,帮助上海台昌农业机械厂设备有限公司负责人郑姓台商追回部分被骗钱款。

2007—2012年,台盟市委以让在沪台胞更好地融入上海社会为己任,将对台联络与社会服务相结合。5年来,共为台商、台生提供各类咨询服务83人次。2009年,为帮助在沪台商应对国际金融危机,台盟市委领导带队,实地走访、调研30多家中小台资企业,将台商在动迁、融资、转型等方面遇到的困难报送有关部门,报送的《关于进一步做好被动迁台资企业异地安置工作的建议》得到中共市委主要领导批示。2010年,台盟市委与金山区人民法院共同举办座谈会,邀请上海市高级人民法院及金山区人民法院的高级法官为在沪台商就涉法问题进行答疑解惑。

三、台湾地震后赈灾募捐

1999年9月21日晚,台湾发生7.6级大地震,22日台盟市委领导就向已回台定居的台胞、在沪工作的台商、就读的台湾学生及一些平时联络交往的台湾朋友打电话表示慰问,并把台湾受灾情况及时向有关部门反映,请求帮助。与此同时,台盟市委还在中秋联欢活动上,开展"思念骨肉同胞,奉献一份爱心"赈灾募捐活动。

2009年8月,台湾部分县市遭受"莫拉克"台风侵袭。在台盟市委的号召下,各级组织发动盟员捐款。

第四章　履行职能

1978年上海台盟恢复活动后，结合自身特点，围绕每一时期的中心任务和国家大政方针，以及群众关心的问题，认真开展调查研究。紧紧依靠盟员、机关干部和所联系的专家学者三支队伍，通过提案议案、调研课题、社情民意信息等方式，积极履行参政议政、民主监督职能。

第一节　参加政治协商活动

台盟市委主要是通过参与中共市委、市政府等部门组织召开的双月座谈会、民主协商会、情况通报会，并在会上提出意见和建议的方式，参加政治协商活动。例如，1988年9月13—17日，台盟市委主委郑励志出席中共中央于北京召开的各民主党派市委领导、无党派爱国人士民主协商会，就《关于价格、工资改革的初步方案》提出建议；1996年，在中共市委书记黄菊召集的各民主党派和人民团体负责人座谈讨论“中共市委关于加强社会主义精神文明建设的意见(草案)”时，台盟市委提出七条建议和意见，受到市领导的重视。

进入21世纪后，根据《中共中央关于进一步加强中国共产党领导的多党合作和政治协商制度建设的意见》中关于“各民主党派应对协商议题集体研究后提出意见和建议”精神，台盟市委建立相

图8-4-1　2003年2月9日，台盟市委主委石四箴(右)在民主协商会上发言

应机制,在协商准备过程中,注重听取盟员意见、吸纳专家观点、充分开展调研,以质高务实的建议促进党和政府决策的科学化、民主化。例如,第八届委员会领导参加中共市委召开的各种座谈会、协商会、谈心会、情况通报会等50次,就上海经济与社会发展、加强精神文明建设、人事安排、两岸关系发展等积极建言。第九届委员会领导参加中共市委召开的民主协商会、党外人士座谈会、情况通报会和谈心会等43次,对中共市委关于贯彻《中共中央关于构建社会主义和谐社会若干重大问题的决定》实施细则等重要文件的出台提出建议和意见;对上海关于制定国民经济和社会发展第十一个五年规划和促进民间组织健康有序发展等涉及上海经济和社会发展的重大问题提出建议和意见。第十届委员会领导参加中共市委、市政府及有关部门举行的协商会、座谈会和情况通报会等共69次,先后对政府工作报告、"十二五"规划、市第九次党代会报告等重要文件的起草修改发表看法;就反腐倡廉、世博会筹办、保障房建设、文化体制改革等重大问题提出建议;至2012年底,第十一届委员会领导参加由中共市委、市政府召开的党外人士座谈会、协商会、情况通报会等9次,集盟员智慧,围绕中共上海市第十次党代会工作报告、合理使用教育经费、社区建设和社会组织发展等重大议题建言献策。

第二节　参加人民代表大会

一、当选人大代表

在第四、五届全国人民代表大会中,各有1名上海台盟盟员当选全国人大代表;在第十一届全国人民代表大会中,有1名上海台盟盟员当选全国人大代表并任常委会委员。在第七至第十三届上海市人民代表大会中,上海台盟盟员中累计有15人、26人次当选市人大代表,其中4人、6人次任常委会委员。他们依照宪法和有关法律规定,参加各项活动,履行代表职责。

【全国人大】

第四届(1975年1月—1978年2月)

代　表:李　丽(女)

第五届(1978年2月—1983年6月)

代　表:林敏敏(女)

第十一届(2008年3月—　　)

常委会委员:梁国扬

代　表:梁国扬

【上海市人大】

第七届(1977年12月—1983年4月)

代　表:郭炤烈　邱伯卿

第八届(1983年4月—1988年4月)

常委会委员:许文思

代　表:许文思　周光远　石光海　陈天章　邱伯卿

第九届(1988年4月—1993年2月)

常委会委员:许文思

代　表：许文思　周光远　石光海　刘黛莉(女)　陈天章

第十届(1993年3月—1998年3月)

常委会委员：许文思

代　表：许文思　周光远　叶　青(女)

第十一届(1998年3月—2003年2月)

常委会委员：石四箴(女)

代　表：石四箴(女)　王　中　石重明

第十二届(2003年2月—2008年1月)

常委会委员：王　中

代　表：王　中　石重明　庄振文

第十三届(2008年1月—　)

常委会委员：王　中

代　表：王　中　吴　敏(女)　庄振文　李伟文　林丽平(女)

二、代表履职

当选市人大代表的台盟盟员在历次市人大会议上，参与审议《政府工作报告》、年度《预决算报告》、“两院”工作报告和人大常委会《工作报告》；选举人大常委会组成人员、政府领导人和“两院”主要负责人；讨论制定经济和社会发展计划，参与制定法律法规。通过议案、书面意见、发言等形式，对国家大政方针、地方重要事务以及与人民群众关系密切的重大问题提出意见和建议，反映选民的要求和意见；参与人大的视察活动，督促各项决议的实施。

据不完全统计，1987—1992年，盟员中的市人大代表在历届人民代表大会上共提出议案、书面意见72件。1993—2002年，盟员中的市人大代表，在历届人民代表大会上以附议形式提交议案19件，书面意见8件。2002—2012年，提出议案、书面意见121件。其中效果较好的有，1998年2月，在市十一届人大一次会议上，市人大代表王中提出“关于在本市开展《中华人民共和国台湾同胞投资保护法》执行情况检查的议案”，被列为代表书面意见。该意见得到市人大领导的重视，在之后的连续几年中，市人大每年组织人大代表对相关问题进行视察，并对意见中提出的建议逐步予以落实，推动了在沪台资企业的进一步良性发展。2003年2月和2007年1月，市人大代表庄振文先后在市人大十二届一次会议和五次会议上分别提出“关于尽快完善业主委员会运作机制的议案”和“关于制定《业主委员会运作管理规定》的议案”，促成了《上海市住宅物业管理规定》在2010年修订通过。2008年1月，市人大代表庄振文在市人大十三届一次会议上提出“关于尽快制定志愿服务法规的议案”，直接促成《上海市志愿服务条例》在2009年通过施行。

表8-4-1　1993—2008年台盟盟员中的市人大代表提交部分议案、书面意见一览表

届　次	时　间	提案人	案　　由	类　别
第十届第一次	1993年2月18日	许文思	从高消费中提取教育经费	财经
第十届第一次	1993年2月22日	许文思	建议争取在地铁建设中与国外合资	市政

(续表)

届 次	时 间	提案人	案 由	类 别
第十届第一次	1993年2月22日	许文思 叶 青 周光远	关于优先照顾在沪台胞安装电话的意见	邮电
第十届第一次	1993年2月19日	叶 青	在上海市区应严格禁止燃放烟花爆竹	法制
第十届第二次	1994年2月21日	叶 青	关于提高本市台籍同胞生活困难补助标准的意见	财政
第十届第四次	1996年2月8日	许文思	关于抓紧筹造九十年代华侨新村的意见	侨务
第十届第四次	1996年2月8日	叶 青	关于在小学课本中增加道德伦理的课目的问题	教育
第十届第五次	1997年2月18日	周光远	建议更新或整修高峰公交车	公共交通
第十一届第一次	1998年2月14日	石四箴	尽快建造上海会堂	主任会议
第十一届第一次	1998年2月15日	王 中	关于在本市开展《中华人民共和国台湾同胞投资保护法》执行情况检查的议案	财经
第十一届第三次	2000年2月16日	石四箴	重视长江口近岸海域的污染,加快上海污水处理工程建设,加强对环境污染的立法、执法工作	城建环保
第十一届第五次	2002年2月23日	王 中	为配合《中华人民共和国人口与计划生育法》的颁布施行,尽快修订并同步施行《上海市人口与计划生育条例》的议案	科教文卫
第十一届第五次	2002年2月24日	石重明	建议每年一次进行交通法规宣传月	内务司法
第十二届第三次	2005年1月19日	庄振文	关于修订《上海市信访条例》的议案	法制
第十二届第五次	2007年1月29日	庄振文	关于制定《业主委员会运作管理规定》的议案	城建环保
第十三届第一次	2008年1月26日	庄振文	关于尽快制定志愿服务法规的议案	内务司法

第三节 参加政治协商会议

一、担任政协委员

1978—2012年,全国政协、上海市政协各历7届。在第五届至第十一届全国政协中,上海台盟盟员先后有7人、14人次担任全国政协委员,其中4人、5人次任常务委员。在第五届至第十一届上海市政协中,台盟盟员有38人、70人次担任政协委员,其中5人、7人次任常务委员,3人、6人次任副主席。

【全国政协】

第五届(1978年2月—1983年6月)

委　员:李乔松　林田烈

第六届(1983年6月—1988年3月)

委　员:林田烈　范新发

第七届(1988 年 3 月—1993 年 3 月)

委　　员:郑励志　范新发

第八届(1993 年 3 月—1998 年 3 月)

常务委员:郑励志

委　　员:郑励志　范新发

第九届(1998 年 3 月—2003 年 3 月)

常务委员:郑励志

委　　员:郑励志　石四箴(女)

第十届(2003 年 3 月—2008 年 3 月)

常务委员:梁国扬　石四箴(女)

委　　员:梁国扬　石四箴(女)

第十一届(2008 年 3 月—　　)

常务委员:杨　健

委　　员:杨　健　石四箴(女)

【上海市政协】

第五届(1977 年 12 月—1983 年 4 月)

副 主 席:许文思

常务委员:林田烈

委　　员:许文思　林田烈　石光海　林玉灿　李　丽(女)　李进守　林胜兴　林朝权　洪山海　郭炤烈　范新发(1979 年 12 月任)

第六届(1983 年 4 月—1988 年 4 月)

常务委员:林田烈

委　　员:林田烈　郭炤烈　范新发　林　亮　洪山海　林朝权　黄占鳌　廖炯模

第七届(1988 年 4 月—1993 年 2 月)

副 主 席:郑励志

常务委员:林田烈

委　　员:郑励志　林田烈　郭炤烈　林　亮　洪山海　林朝权　范新发　林胜兴　黄占鳌　欧国藩　廖炯模　杨丽华(女)

第八届(1993 年 3 月—1998 年 3 月)

副 主 席:郑励志

常务委员:黄瑞霖

委　　员:郑励志　黄瑞霖　郭炤烈　石四箴(女)　林　亮　廖炯模　林胜兴　许佩琴(女)　梁素卿(女)　范新发(1995 年 1 月止)　潘孝彰(1997 年 1 月任)

第九届(1998 年 3 月—2003 年 2 月)

副 主 席:郑励志(2001 年 2 月止)　石四箴(女,2001 年 2 月任)

常务委员:欧国苏

委　　员:郑励志　石四箴(女)　郭炤烈　潘孝彰　许佩琴(女)　林真意(女)

石学耕　梁素卿(女)　杨素英(女)　欧国苏

第十届(2003 年 3 月—2008 年 2 月)

副 主 席: 石四箴(女)

委　　员: 石四箴(女)　梁国扬　高美琴(女)　林真意(女)　石学耕　林莉菁(女)　余碧娥(女)　欧国苏　吴　敏(女)

第十一届(2008 年 2 月—　　)

常务委员: 杨　健　高美琴(女)

委　　员: 杨　健　高美琴(女)　李碧影(女)　林真意(女)　孙荣华　陈　宁　姚小远　廖志豪　刘　艳(女)

二、委员履职

【市政协大会发言】

在政协会议上进行大会发言,是民主党派和政协委员个人履职的重要形式。台盟市委的政协大会发言,一方面紧密围绕党和政府的中心工作,另一方面充分体现自身“台”字特色,形成了独特的建言角度。

表 8-4-2　1990—2012 年台盟市委在市政协全会上的大会发言一览表

序号	年　度	届　次	报　告　题　名
1	1990	第七届第三次	重视对台经贸,振兴上海促进祖国统一
2	1991	第七届第四次	建议在开发“质量、品种、效益年”活动中强调服务质量
3	1992	第七届第五次	加速沪台科技交流步伐,促进上海高新技术产业发展
4	1993	第八届第一次	吸引台资加快上海第三产业的发展
5	1994	第八届第二次	抓住机遇,进一步开拓沪台经贸合作
6	1995	第八届第三次	发扬爱国主义精神,进一步做好促进祖国统一工作
7	1996	第八届第四次	加紧功能开发,推动浦东外高桥保税区进一步发展
8	1998	第九届第一次	因应新挑战,进一步吸引台资促进上海经济发展
9	2001	第九届第四次	抓住机遇进一步吸引台资发展上海经济
10	2003	第十届第一次	关于培育和发展上海休闲经济的建议
11	2004	第十届第二次	完善管理体制,加快现代化社区建设
12	2005	第十届第三次	采取切实措施,营造更好的环境,促进台资企业进一步发展
13	2006	第十届第四次	发展海洋经济,建设蓝色上海
14	2007	第十届第五次	做好试验区规划,推进上海都市型农业发展
15	2008	第十一届第一次	落实惠台政策,促进沪台交流交往,进一步做好台湾人民工作
16	2009	第十一届第二次	把握历史机遇,进一步推进沪台经贸合作
17	2009	第十一届第二次	关于实施政府公共项目应注重高新技术应用产业培育的建议

（续表）

序号	年　度	届　次	报　告　题　名
18	2009	第十一届第二次	关于推动建立上海行政自由裁量基准制度的建议
19	2010	第十一届第三次	加大农村金融服务力度，夯实上海“三农”发展基础
20	2011	第十一届第四次	借鉴台北经验，积极推进上海生活垃圾“三化”处置
21	2011	第十一届第四次	关于加强对上海市经济和社会发展中不平衡、不协调、不可持续问题比较研究的建议
22	2012	第十一届第五次	发挥世博效应，大力推进沪台文化创意产业交流与合作
23	2012	第十一届第五次	借鉴台湾诚品书店文化经营理念，优化上海商业服务业发展环境的建议
24	2012	第十一届第五次	关于借鉴台湾经验，推动上海中、高职贯通衔接的建议
25	2012	第十一届第五次	关于加强沪台公益社会团体交流合作的建议

【提案】

担任市政协委员的台盟盟员，在历次市政协会议上听取、审议政协常委会《工作报告》和《提案工作报告》，选举政协常委会组成人员，并通过提案、大会发言、联组讨论、小组讨论等形式，反映所联系人士的意见和建议，参加政协的视察活动，了解社情民意，督促各项决议的实施。1990—2012年，台盟市委以党派名义在历次市政协会议上共提交提案370多件，内容涉及经济建设、科学教育、文化卫生、环境保护、促进祖国统一、反腐倡廉和政府管理、精神文明建设等方面。

1989年12月，《中共中央关于坚持和完善中国共产党领导的多党合作和政治协商制度的意见》发布后，台盟市委进一步增强参政意识。1990—2012年，台盟市委共有40件提案被市政协评为优秀提案。

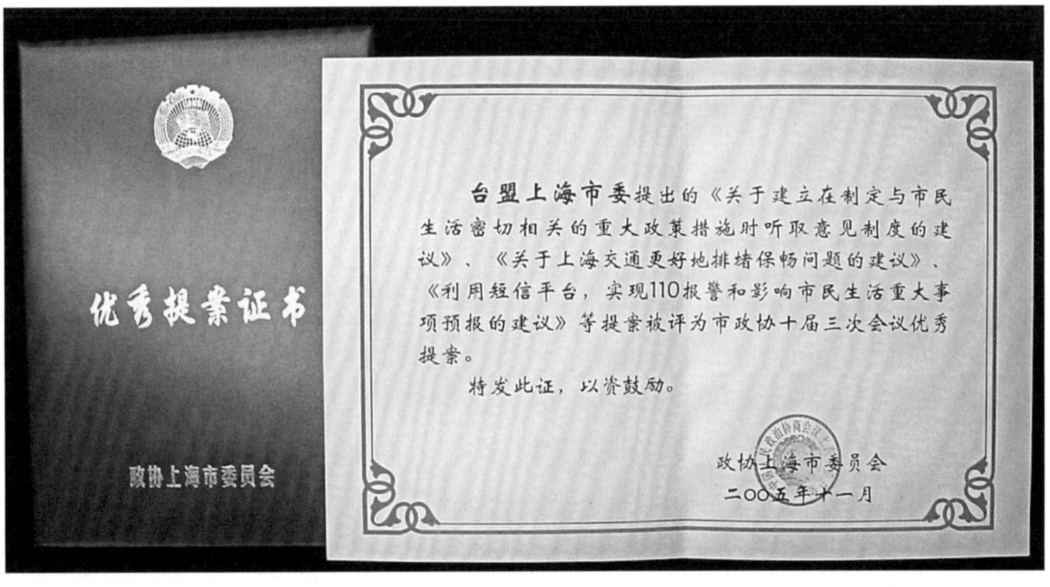

图8-4-2　台盟市委获得的优秀提案证书之一：2005年三件优秀提案的证书

表 8-4-3　1990—2012 年台盟市委在市政协全会上的优秀提案一览表

序号	年　度	提　案　名　称	附　　注
1	1990	建议成立台湾经济情报研究中心	受到市台办、上海社会科学院等单位的重视，促成“上海社会科学院台湾研究中心”于 1991 年 2 月成立
2	1991	建议提倡国饮、推广茶艺馆(室)	受到市财贸办等提案承办单位的重视
3	1992	关于上海自己创办英文报纸，加强上海对外宣传的建议	促成《上海英文星报》创刊
4	1992	关于搞好大中型企业要强化企业的技术改造管理和综合协调、扶助	—
5	1992	关于在南汇县建造“中国文化村”的建议	—
6	1993	建议市党、政主要领导亲自批阅民主党派提案	得到中共中央政治局常委、中共市委书记吴邦国，市长黄菊的批示，从此民主党派的重要提案就成为中共市委书记办公会议或市长办公会议专题研究的一个内容
7	1994	建议发展股份制风险投资公司推动科技成果转化，加速高新技术	经市长徐匡迪批示，并由上海科技投资公司和美国合资成立上海太平洋技术创业有限公司，进行风险性科技投资
8	1995	关于加强对基础科学研究的投入和支持，加快科技体制改革步伐的建议	—
9	1995	关于在全市范围内开展认真学习江泽民总书记对台湾问题的重要讲话，进行促进祖国统一的全民教育的建议	被列为当年市政协大会的一号提案，引起全社会的普遍关注，其中的几条建议经有关部门落实，都成为具体的措施，有效地促进“和平统一，一国两制”总方针的学习、宣传和贯彻
10	1995	关于加强语言文字管理，尽快制定相应法规(八党派联合提案)	—
11	1996	建立计算机二手交易市场进一步推动上海计算机普及工作的建议	经市科委、市商委、市技监局、市计算机办公室、市政协提案办及淮海旧货商场等的共同努力，上海第一家二手计算机交易市场于 1996 年 6 月正式开张
12	1996	关于合理布局新华书店网点，推进社会主义精神文明建设建议	—
13	1997	关于研究和制定《上海可持续发展战略及其行动方案》的建议	—
14	2000	关于利用太阳能、开发太阳能产业的建议	受到市政协和有关部门的重视，市政协组织专门的视察，有关科研与生产部门采纳建议，促进太阳能的普及利用
15	2000	关于培育和发展上海中药产业的建议	—
16	2001	关于进一步提高工业出口能力，促进上海工业外贸发展的建议	—
17	2001	关于编辑出版反腐倡廉分析读本，加强进行普法、廉政教育，有效推进反腐倡廉工作进一步深入的建议	—

（续表）

序号	年　度	提　案　名　称	附　　注
18	2002	关于用明信片作为上海著名旅游景点的门票，扩大宣传，推动上海旅游业进一步发展的建议	得到市建委、市旅游委以及市邮政局的重视与推动，并于2002年8月在上海市城市规划展示馆举行项目落实签约仪式，此后上海各主要景点相继推出明信片门票，成为上海新的“城市名片”
19	2003	关于改善投资、生活环境，进一步吸引台资、促进上海经济发展的建议	—
20	2004	关于整治药价虚高，将药品回扣问题列为行风检查项目的建议	—
21	2004	关于尽快建立台商子弟学校的建议	—
22	2004	完善管理体制，加快现代化社区建设	—
23	2005	关于建立制定与市民生活密切相关的重大政策措施听取意见制度的建议	得到分管副市长批示
24	2005	关于更好地解决上海交通排堵保畅问题的建议	—
25	2005	利用短信平台，实现110报警和影响市民生活重大事项预报的建议	得到市公安局重视和采纳
26	2006	关于拓展上海海洋经济的若干建议	—
27	2006	关于推进本市农业专业经济合作组织发展的建议	—
28	2006	关于鼓励和吸引台湾同胞积极参加世博会筹备和各项活动的建议	—
29	2007	关于大力发展工艺礼品、旅游纪念品产业，服务2010年上海世博会的建议	—
30	2007	关于尽快出台《上海市终身教育条例》的建议	—
31	2007	关于建设海峡两岸（上海郊区）农业合作试验区起步工作的相关建议	—
32	2008	关于利用筹办世博会的重要契机，进一步拓展对台工作新领域的建议	—
33	2008	关于加大政策投入力度，扶持农民专业合作社发展的建议	—
34	2009	聚焦崇明，推进海峡两岸（上海）农业合作试验区发展	得到中共中央政治局常委、中共市委书记俞正声的批示
35	2009	加快城乡教育一体化的建议	—
36	2010	关于加强落实邮政公建配套设施的建议	—
37	2010	关于进一步做好世博会涉台服务工作的建议	在上海世博会举办期间得到落实
38	2011	关于建立与转变经济发展方式要求相适应的市管党政领导班子绩效考核评价体系的建议	获得市主要领导批示，并在《科学发展》等刊物上发表

(续表)

序号	年 度	提 案 名 称	附 注
39	2011	关于积极推进上海市生活垃圾"三化"处置的若干建议	—
40	2012	关于进一步推进临港新城开发建设的若干建议	得到市领导批示

第四节 参与政府事务管理

一、担任政府和司法机关领导职务

1978—2012年,台盟盟员中共有3人次担任政府和司法机关领导职务。

表8-4-4 2003—2012年台盟盟员担任政府和司法机关领导职务情况表

姓 名	职 务	任 期
许佩琴(女)	上海市人民检察院第一分院副检察长	2003年4月—2008年3月
	上海市人民检察院副检察长	2008年3月—
杨 健	上海市水务局副局长	2010年12月—

二、民主监督

台盟市委寓民主监督于政治协商和参政议政之中,充分发挥人大代表、政协委员和各类特约人员的作用。由市人大、市政协和民主党派市委推荐的各党派成员组成的市政风行风监督员,对政府各部门、各行业损害群众利益的突出问题进行监督检查,对政风行风进行评议,是民主党派履行民主监督职能的重要形式。

根据1989年12月制定的《中共中央关于坚持和完善中国共产党领导的多党合作和政治协商制度的意见》的精神,自1990年起,台盟市委选拔、推荐盟员担任特邀监督员、特约检察员、特约教育督导员、特约审计员,参与对有关工作的监督。

1992—1997年,推荐"特约(邀)四员"参与民主监督,先后推荐6名盟员担任市的特邀监察员、特约检察员、特约教育督导员、特约审计员,同时还有一批盟员分别担任所在区、系统、单位的廉政、行风、党风监督员工作,直接参与有关部门的各种会议和活动,进行民主监督,提出各种建议和意见。

1997—2002年,先后推荐多位盟员担任市特邀监察员、特约检察员和行风评议员,同时还有一批盟员分别担任所在区、系统、单位的廉政、行风、党风监督员的工作。2001年,台盟市委配合由台盟中央主席张克辉和台盟中央副主席李敏宽率领的台盟中央调研小组来上海调研,专门总结民主监督的有关工作,并对进一步做好民主监督和社情民意工作进行探讨。

2002—2007年,共有53位盟员担任各级人大代表、政协委员及各类各级监督员和行风评议员。他们通过调查研究、考察视察、提案议案、座谈讨论、咨询评议等多种形式对政府工作提出意见和建议。自2002年起，台盟市委每年召开一次民主监督工作座谈会，邀请曾经担任和正在担任民主监督工作的盟员参加会议，就所开展的监督工作进行座谈讨论，总结经验，提出建议，努力探索并逐步形成台盟市委监督工作"有程序有制度、有党派自身工作方法和特点、有一支监督队伍、有成果与实效"的"四有"局面。

2007—2012年，主动选择关于上海发展全局性的工作开展民主监督，以经济发展、依法行政、决策执行和事关群众利益的热点、难点问题为重点，通过提交提案议案、旁听开庭审理、案件陪审监督、政风行风评议、视察调研活动、反映社情民意等形式，认真履行民主监督职责。担任各类特约(邀)人员的盟员，参加各类监督检查活动近200次。2009年，台盟市委领导参加市纪委组织的党风廉政建设责任制专项检查；参与党派提案的跟踪活动；各级人大代表、政协委员参加书面意见、提案的督办、促办和视察活动，推进政府部门的相关工作。2010年上海世博期间，台盟界别市级人大代表、政协委员观博84次，开展民主监督8次，提交建议19篇等。2011年，在党风廉政建设的党外人士座谈会上，提出"尝试各区的纪检干部直接由市级任命的模式，或者采取区与区之间异地暗访的做法，排除区域和部门利益的影响，调查结果直接上报市纪检部门"的推进反腐倡廉体制机制创新等六项有针对性的建议。

截至2012年底，台盟市委加强党风廉政建设，提出的推进反腐倡廉的建议获得台盟中央领导的肯定。担任各级人大代表、政协委员、"特约(邀)四员"、政风行风评议员和各级监督员的盟员，参加各类视察、评议、座谈活动，履行职责、反映群众意愿。根据部署，4位市政风行风监督员分别参加为期半年的水务(供水)、银行、科技、大型零售企业方面的检查评议工作，并提出相关意见和建议。

表8-4-5　1990—2012年台盟盟员担任"特约(邀)四员"情况表

聘任单位	类别	任期	姓名
上海市监察委员会	特邀监察员	1990年4月—1997年12月	庄传霖
		1990年4月—1993年11月	周光远
		1990年4月—1993年11月	林　亮
		1998年6月—2003年10月	王　中
		1998年7月—2003年7月	刘黛莉
		2000年10月—2007年7月	陈　宁
		2003年10月—	庄振文
		2008年6月—	高美琴
上海市人民检察院	特约检察员	1993年11月—1998年6月	谢黎明
		1994年1月—1996年7月	林　亮
		1998年7月—2003年7月	刘黛莉
		2003年7月—	林真意
上海市审计局	特约审计员	1990年5月—1997年12月	陈天章
		2003年10月—	王　中
上海市教育委员会 上海市政府教育督导室	特约教育督导员	2000—2007年	欧国苏
		2008—2012年	姚小远

三、对口联系

台盟市委与市政府台办的对口联系始于1990年,主要有5种形式。

双月沟通会。每逢双月月末,台盟市委与市政府台办定期举行双月沟通会,必要时可提前、推迟和增加次数。台盟市委一般由政策研究会的成员(由盟员与台胞中的各级人大代表和政协委员组成)参加,遇有重大、特殊情况,可扩大到全体盟员,也可另行安排人员参加,市政府台办通常由主任、副主任出席。主要内容是由台办领导人介绍近期台湾岛内情况、两岸关系发展状况和吸引台资情况;介绍中国共产党和政府的对台方针、政策和有关规定,并就与会人员提出的问题进行解答、讨论。从1996年开始,双月沟通会还邀请市台联的理事出席。2001年开始,双月沟通会改为每半年举行一次。

参加上海市对台工作会议和重大情况通报会、研讨会。由中共市委台湾工作办公室和上海市人民政府台湾事务办公室召开的上海市对台工作会议,邀请台盟市委领导参加;市政府台办发出和转发的各种涉台文件酌情发给、通报台盟市委;重大情况通报会邀请台盟市委领导参加,如1995年李登辉访美引发两岸关系紧张,国务院台湾事务办公室领导到上海在小范围内通报情况,台盟市委领导应邀参加。市台办举行的有关两岸关系发展和台湾岛内情况研讨会,也邀请台盟市委有关同志参加。

听取台盟市委对制定与实施涉台政策性文件的意见。例如,1994年市政府台办邀请台盟市委领导参加有关会议,就1988年国务院颁布的《关于鼓励台湾同胞投资的若干规定》的实施情况听取台盟市委的意见;1996年国家有关部委组成调查组,来上海了解台商投资情况,征求制定《中华人民共和国台湾同胞投资保护法实施条例》的意见,市政府台办邀请台盟市委领导参加相关会议,听取台盟市委的意见和建议。

重大事项的沟通。台盟市委领导与市政府台办领导经常就涉台工作中的重大事项和重要信息进行沟通。例如,1990年国家教委颁布关于大学生出国留学的若干规定,其中对于在大陆的台湾省籍同胞子女出国留学的问题,缺乏明确的规定,引起大家的疑虑。台盟市委与台办领导沟通,经台办与有关方面协商,妥善处理这一问题;1996年12月,台盟市委就"如何运用自身优势开展对台工作,更好地发挥积极作用"议题,经多次研究后形成一个工作意见,并征求市政府台办领导意见,完善工作方案,以进一步协助党和政府做好对台工作。凡属涉台工作中的重要信息,台盟市委领导通过电话、书面形式及时向市政府台办领导通报。

工作中的联系与合作。台盟市委在确定每年的对台专题调研课题和调研过程中,以及在吸引台资、促进两岸交流交往、帮助台商台胞排忧解难等工作中,都得到市政府台办的指导和支持,并在市政府台办的帮助下,解决一些实际问题。

第五节 专题调研

自20世纪90年代开始,台盟市委围绕上海国民经济和社会发展中的热点、难点和重点问题,以及关于促进祖国统一问题,发挥自身优势和理论研究的成果,每年确定若干课题,开展专题调研。1990—2012年,承接来自台盟中央、市决咨委、市政协、中共市委统战部、市教委等部门112个课题的研究,其中一些调研报告成为市政协会议上的大会发言和提案,一些专题调研成果经转化,提出的建议被有关部门重视与采纳。

图 8-4-3　2007 年 7 月 4 日，台盟市委就“台湾高新技术企业在上海发展”课题赴台资企业调研

表 8-4-6　1990—2012 年台盟市委部分专题调研情况表

序号	年　度	调研报告名称	附　　注
1	1990	试比较海峡两岸的生活水平	受到中共中央对台领导小组的重视，并被送给杨尚昆、邓颖超等领导参阅
2	1994	上海台商投资情况跟踪及其对策研究	引起中共市委和市政府的重视，其中有的建议被采纳
3	1995	台湾对岛外投资的流向分析及其我们的对策	被市人民政府研究室的《决策参考》刊登，被中共市委的信息快报采用，其中间成果在市台办的《上海对台工作》刊登，其中有的建议为有关部门采用
4	1995	浦东外高桥保税区的功能及实施与运作研究	副市长赵启正专门作了批示，若干建议得到逐步的落实；该课题在 1997 年第二届上海市决策咨询研究成果评奖中获政策建议奖
5	1996	两岸关系曲折发展中的台商来沪投资情况分析及其对策	被市人民政府发展研究中心主办的《上海经济研究》以增刊形式全文刊登，为有关决策部门所重视和采纳；该课题在上海市 1996 年度民主党派和工商联专题调研评比中获一等奖
6	1996	加强沪台农业合作，促进上海农业发展	经有关部门专报市有关领导部门，副市长孟建柱批示，《人民日报》(海外版)1997 年 2 月 20 日在第五版(港澳台专版)上头条刊出，经市农委等有关职能部门研究逐步予以落实
7	1997	因应新的挑战，进一步吸引台资——上海进一步吸引台资的前景分析及其对策	受到市人民政府台湾事务办公室、市对外经济贸易委员会等有关职能部门的重视，并被市人民政府研究室的《决策参考》刊登

(续表)

序号	年　度	调研报告名称	附　　注
8	1998	两岸交流的启示与进一步做好台湾人民的工作	由市台研会专报国家有关部门作为决策参考，该报告同时被台盟中央“进一步做好台湾人民工作研讨会”选为大会发言材料，在会上发言
9	1998	关于培育上海中药产业的研究	得到市政协领导的重视并组织跟踪视察，有关意见还被市政协的相关研究课题所吸收，课题中的许多内容被有关部门制定的《上海中药产业三年发展行动纲要》所采纳，市政府研究室主办的《决策参考》2000 年第 5 期刊登该课题报告
10	2000	关于发展上海休闲观光农业的研究	由市政府发展研究中心作为《专家反映》报送市政府领导，同年 7 月 28 日副市长冯国勤作了批示，部分建议付诸实施；该课题报告还被收入市旅游委《旅游与相关产业》调研课题中
11	2000	关于进一步提高上海工业品出口能力的研究	首次采用与大学合作研究的模式，与上海交通大学管理学院国际商务系合作完成，调研报告提供的思路与措施为市经委所采纳
12	2001	关于发展上海海洋经济的研究	市政府发展研究中心作为《专家反映》报中共市委、市政府领导；该课题获上海市第五届决策咨询研究成果建议奖二等奖
13	2001	关于沪滇对口支援工作的若干思考和建议	台盟上海市委和台盟云南省委合作完成，得到市政府协作办公室的重视，台盟上海市委与台盟云南省委结成对口协作单位参与沪滇对口协作工作
14	2002	关于培育崇明岛自由贸易功能的若干思考	该课题纳入 2002 年市政协“崇明岛的发展定位”课题的子课题，并作为 2002 年市政协常委会建议案《关于崇明岛发展定位的若干建议》的有关内容，报市政府，得到市政府的重视
15	2004	关于上海科技旅游的现状及发展前景的研究	由市旅游委向市政府领导汇报，并被收入相关文集中
16	2004	关于促进本市公共交通发展情况的调研	由台盟市委与市政协合作完成，成果作为市政协常委会建议案交市政府
17	2005	上海拓展海洋经济研究	受到市政府发展研究中心的好评
18	2005	关于现代化国际大都市社区发展规律的研究	受到中共市委领导专门批示
19	2006	关于建立海峡两岸(上海郊区)农业合作试验区的实证研究	得到中共市委的重视，在中共市委决咨委的支持下，台盟市委创新模式，将调研课题延伸，以借鉴台湾经验，加快上海现代农业发展，推进上海新郊区新农村建设为主题，主办了“沪台农业合作与发展研讨会”，取得较好的效果
20	2006	关于民间组织在现代社区发展中的作用	被台盟中央采纳，并转化为全国政协十届十五次常委会的书面发言
21	2009	关于沪台农民专业合作组织金融服务的比较研究	被列为专项成果上报给中共市委主要领导
22	2010	关于建立与转变经济发展方式要求相适应的市管党政领导班子绩效考核评价体系的建议	被列为当年市政协“十二五”规划六个课题之一
23	2011	建立健全本市食品质量安全监管长效机制	引起中共市委、市政府重视，市领导专门做出批示
24	2012	促进临港新城产城融合式发展	得到市领导重视和肯定

第六节　建言献策和反映社情民意

台盟市委履行监督职能，向有关部门反映问题，积极撰写社情民意，为改善社会风气、促进和谐社会建设做出贡献。1978—2012年，根据工作着力点的不同，台盟市委建言献策反映社情民意工作，经历三个不同的阶段。

第一阶段从1978—1987年。上海台盟建言献策和反映社情民意主要着力于对台胞的落实政策、对台工作以及有关市政建设等，其中社会影响较大的有全国政协委员、高桥化工厂副总工程师范新发的关于《组建高桥地区石油炼制——化工联合企业》的提案，后得到国务院的重视，经市人民政府研究付之措施，收到效益。

第二阶段从1988—2002年。建言献策的焦点逐步转移到经济、社会发展和对台工作等方面。1988年9月，成立政策研究会，加强国情、台情研究，为参政议政打好基础工作。1989年12月，《中共中央关于坚持和完善中国共产党领导的多党合作和政治协商制度的意见》发布后，台盟市委更加重视建言献策工作，1994年6月提出的《关于调整本市粮油购销价格的情况反映》，1996年8月亚特兰大奥运会举办期间报送的《我奥运报道希望注意"一个中国"原则》，1999年9月21日，台湾发生里氏7.6级大地震后报送的相关情况反映等均获采纳。1997—2002年，共上报68条信息。2000年和2001年，连续两年被评为统战信息工作先进单位，受到表彰。

第三阶段从2002—2012年。2002—2007年，每年1次开展"提一个建议，出一个点子"活动，从盟员中收集信息素材，建立盟员信息反馈制度和信息例会制度，盟员参与率逐年提高；台盟市委向中共市委统战部、台盟中央等上报情况反映245篇，《媒体报道共产党员先进性教育活动要有深度》等79篇稿件被采用，提出的意见受到重视。自2003年底，台盟市委与市政协建立了常规化的信息反映渠道，至2007年台盟市委共向市政协报送社情民意素材113篇，其中《加快非政府组织发展，促进政府职能进一步转变》等46篇稿件被采用，报送有关部门和市领导参阅、上报全国政协，所反映内容获市领导批示9次，《要充分重视和应对铁路上海南站正式开通后，巨大客流将对轨道交通的运营带来的安全隐患》等得到落实并经《新闻晚报》等多家媒体报道。2007—2012年，累计向市政协、中共市委统战部上报信息1 594篇，年均增长率达33%，其中《修改评分办法，及时解决本市高校环境类专业非上海生源应届生进沪就业问题》《在上海设立"两岸经济合作委员会"常设执行机构》等多篇信息得到市领导批示；《建议在"十二五"期间加强我国能源战略储备》等10篇信息在统战系统"为文明增色、为世博添彩""聚焦'十二五'，同心促发展"等建言献策活动中被采纳，《关于建立健全农村土地流转机制的建议》得到中央领导的批示。

第七节　举办论坛与研讨会

1990年，台盟市委政策研究会首次举办两岸学术讨论会。1998年，台盟市委举办海峡两岸关系学术交流研讨会。2002年后，台盟市委按照"学术搭台、专业切入"的工作方法，注重加强海峡两岸专业领域学术交流。2004—2007年，借助同济大学儿童口腔医学研究所、上海市台湾研究会等学术机构资源，共举办"沪台医疗服务研讨会""沪台农业合作与发展研讨会""沪港澳台儿童口腔医学学术交流会""台湾光复60周年暨两岸关系前景学术研讨会"等多个学术专业领域会议，邀请海峡两岸层次较高、影响较大，相关专业领域有所建树的专家学者及台湾岛内上层重要政界人士共

400 人参加。2008—2012 年,台盟市委按照中共中央"寄希望于台湾人民"的工作方针,将对台交流交往的重心向台湾南部民众和青少年倾斜,举办"海峡两岸医务合作研讨会""沪台中小学校长论坛"等学术活动,邀请 150 多位资深的专家学者及政界精英与会。通过学术交流平台,实现做好对台工作、加强学术交流和促进上海经济发展的多赢局面。

图 8-4-4　2008 年 11 月 22 日,台盟市委举办海峡两岸医务合作研讨会

表 8-4-7　1990—2011 年台盟市委主办、参与举办论坛一览表

序　号	年　度	活　动　名　称
1	1990	台盟市委政策研究会首届学术讨论会
2	1998	海峡两岸关系学术交流研讨会
3	2004	沪港澳台儿童口腔医学学术交流会
4	2005	台湾光复 60 周年暨两岸关系前景学术研讨会
5	2005	沪港澳台口腔医学学术交流筹备会
6	2006	沪港澳台口腔医学学术研讨会暨澳门儿童牙科学会成立典礼
7	2006	沪台医疗服务研讨会
8	2006	沪台农业合作与发展研讨会
9	2007	沪台农民专业合作组织研讨会
10	2008	海峡两岸医务合作研讨会
11	2010	2010 沪台中小学校长论坛
12	2010	沪台城市合作与发展论坛
13	2010	两岸医务交流论坛
14	2011	海峡两岸四地口腔医学暨医务专家论坛大会

第五章 社 会 服 务

《台湾民主自治同盟章程》规定，根据需要组织盟员参加面向社会的活动。台盟市委将社会服务作为履行参政党基本职能的延伸和载体，从自身实际出发，充分发挥广大盟员与台湾岛内乡亲血脉相连的亲情优势和知识层次较高的智力优势，扎实开展捐资助学、扶贫帮困、合作共建等活动，为促进两岸和平统一、服务上海城市发展、构建和谐社会做出贡献。

第一节 岗 位 建 功

一、医药卫生

中国工程院首批院士、国务院学位评定委员会药学组委员、抗生素药物专家许文思，成功研制出新中国第一批青霉素药剂，结束国内“以 500 克黄金换购 500 克青霉素”的历史。领导和设计新霉素、四环素、赤霉素的工艺路线，带领研究人员开展红霉素、制霉菌素、灰黄霉素的研究获得成功，使中国进入抗生素生产全盛时期。在四环素的研究开发中，采用改良提炼法，生产出优质四环素产品并打入国际市场，享有“中国黄”称号。1956 年获“全国劳动模范”称号。

同济大学儿童口腔医学研究所所长、教授、儿童口腔医学专家石四箴，在儿童龋病防治的系列措施及牙列生长发育等方面的研究做出出色业绩，有关乳牙龋病、乳牙畸形牙、乳牙列及龋病敏感度等分析研究的结果为国家填补不少空白。通过国际友人得到价值近 500 万元人民币的资助，创建中国至今唯一的儿童口腔医学研究所。20 世纪 90 年代以来，先后赴芬兰、日本等国家及中国香港、中国台湾地区出席各类齿科学会、学术交流会、研讨会作学术交流和演讲 20 次。被推举为国际牙医师学院院士、亚洲小儿齿科学会会长。1995 年被国家教委、人事部评为全国优秀教师，1997 年被评为全国牙防标兵。享受国务院政府特殊津贴。

复旦大学附属华山医院传染病学教授、卫生部艾滋病治疗专家组成员潘孝彰，长期从事传染性疾病的临床、教学及研究工作，擅长各类细菌感染的论断与抗菌药物的治疗、寄生虫病的诊治、免疫缺陷病人合并感染的诊治等疑难病例的诊治。在研究防治艾滋病工作中，设计 3 种药物联合应用的新方案，为 1996 年后世界推广的“鸡尾酒”疗法提供理论依据，同时在利用中药治疗艾滋病方面，又规划出最新治疗方案。20 世纪 90 年代以来，实际组织《实用内科学》《现代感染病学》《医学百科全书》等书的编著。领衔的“脑型囊虫病”“肠肝菌科细菌的快速诊断系统”的科研课题，分别获得 1983 年度国家卫生部重大科学技术进步乙等奖和 1988 年度上海市科学技术进步二等奖。2003 年作为上海防治“非典”专家组成员做出积极贡献。

上海曙光医院医学整形激光美容中心主任、主任医师石重明，从事显微外科和颅颌面外科的临床和研究工作。20 世纪 80 年代，第一次提出 IGF—1 与 BP—1 对创伤愈合有促进作用，引起学术界的关注，并因此获得日本研究皮肤科学会为表彰有贡献的外国籍研究者的安田奖。在日本、美国医学杂志上发表 10 篇论文，并多次参加在日本和美国举行的学术会议。《足趾关节游离移植治疗颞颌关节强直》获得 1984 年度上海市科研成果二等奖。

二、科学技术

上海高桥石化公司总工程师、石油化工行业专家范新发，长期从事化学工业研究，在国内率先研制生产环氧树脂，填补了国家空白。1974年起，负责高密度聚乙烯高效催化剂的研究，成功研制SG—010A型和B型催化剂，大幅提升催化效率和聚乙烯合格率，进而降低产品成本，使中国聚乙烯产品打入国际市场，每年为国家多上缴利润400万元。为提升高桥地区化工单位整体效率，于1981年在市政协会议上提出“成立生产联合体”提案，后经国务院批准，成立7厂1所联合的高桥石油化工公司。1978年得到全国科学大会表彰，并获得上海市重大科技成果奖。1979年获全国劳动模范称号。

上海电机厂教授级高级工程师黄瑞霖，长期从事交直流电机的设计和研究工作，亲自领导参与重大、中大型电机系列产品的开发研制，攻克大型直流电机的噪音和振动等难题，负责开发研制成功的特殊用途大型电机，为中国尖端科学研究装置的建成作出贡献。先后撰写论文50多篇发表在各种学术刊物上。享受国务院政府特殊津贴。

上海石化多纶油剂发展有限公司总工程师、高级工程师林真意，合纤油剂、表面活性剂单体合成的学科带头人。在上海先后开发成功并已投产的主要产品有：卞基联苯酚、脂肪醇及脂肪酸聚氧乙烯醚的磷酸酯钾盐，不同品种环氧乙烷、环氧丙烷的嵌段及无规聚醚，丙烯酸羟丙酯，各种类型多元醇与高碳酸的酯化物等。1997—2000年，发表近10篇论文，并负责中国石油化工集团公司组织的“十五科技计划及2015年科技规划项目”中合纤油剂部分的编写工作等。1998年ATF农用薄膜防雾剂获上海市优秀新产品奖。被评为1995年中国石油化工总公司劳动模范，2001年全国台湾同胞先进个人。

三、社会科学

复旦大学日本研究中心理事长、教授郑励志，主要从事经济研究，特别是日本经济、中国国有企业股份制改革的研究，是中国对国有企业进行股份制改革的首倡者之一。著有《试论战后主要资本主义国家的经济发展速度》《略论台湾经济的发展》等。1993—2002年，主编出版的著作有《日本最大企业一百家》《快速发展中的亚太地区经济》和《日本公务员制度与政治过程》。《日本公务员制度与政治过程》获“孙平化基金”优秀著作奖。享受国务院政府特殊津贴。

上海国际问题研究所副所长、研究员郭炤烈，主要研究日本的政治经济和对外关系、亚太地区的经济合作和台湾政治经济等。著有《日本与东盟关系的历史与现状》《东盟的15年》《日本与东盟》《太平洋的今天和明天》《台海两岸的共识和互信》等。在各种国际、国内会议等场合宣传中国政府“和平统一，一国两制”的对台方针，反对“台独”，反对分裂，努力促进海峡两岸的交流交往。

上海国际问题研究所日本室主任、翻译家朱实，20世纪70年代，曾任周恩来、朱德、廖承志等领导人日语翻译。长期从事中日文化交流，曾发表《中日新时代的黎明与中日美三国关系》《神户人工岛的建造及其经济效率》等论文。1993—2000年，被聘为日本岐阜经济大学名誉教授，在该校教授汉语、中国古代诗词等。1998—2000年，在NHK名古屋及岐阜文化中心开设唐诗讲座。

上海人口视听国际交流中心主任、一级编辑王中，长期从事计划生育宣传教育工作，并主管宣传培训业务。1985—2001年，他参与导演、编剧、制作和译制的各类电视片有90多部，其中获部委级奖12次。在国内较早开发有关性病、艾滋病和毒品防治等题材的科教片。1995年，为配合“第四次世界妇女大会”在北京举行，主编、翻译大型文集《中国妇女与计划生育》及同名画册，作为中国代表团的主要对外宣传品向大会发放。在国内外学术会议及专业杂志上先后发表论文、研究报告10篇。1995年被联合国人口基金驻华代表处、国家计划生育委员会评为“联合国人口基金中国合作项目先进个人”，1999年被国家卫生部、教育部、公安部、广播电影电视总局评为“全国预防与控制艾滋病性病先进个人”。

四、文学艺术

上海大学教授、上海油画院特聘美术家廖炯模，擅长西洋绘画。1993—2002年，作品分别赴美、日、法、德、俄、丹麦、朝、韩、东欧各国、东南亚各国及港澳台等地展出。几十幅作品被收录在《海上油画集》《中国风景油画集》《中国美术全集现代篇》《中国水彩画集》《当代中国山水·中国油画风景》等内。

上海音乐学院教授、广陵派古琴家林友仁，在中国古代音乐史、古琴的研究与教学等方面有心得，对中国音乐文化的内涵与特征等方面有见地；其演奏风格浑朴自然、韵味醇厚、意境悠远，其教学方法别称“松—钟功”，既独树一帜又继承传统精神。录制MUSIC FOR THE QIN ZITHER(英国Nimbus公司)(中唱上海公司的版本为《雪夜闻钟》)、《中有真味》(台湾风潮公司)、《广陵琴韵(七)》(香港雨果公司)、《琴韵箫声弄流水》(中唱上海公司)等多张个人专辑。

第二节　教育、文化、医疗服务和吸引外资

一、教育服务

【发挥日语优势服务社会】

1979年3月，开办台盟日语夜校。夜校争取上海外语学院、复旦大学、交通大学等的台胞教师担任顾问，教员全由台胞在业余时间来担任。首期共招收学生140人次。夜校设有口语和资料翻译共3个班。1984年9月2日，开办现代日语讲座班，专门培养中高级日语专业理论水平的在职职

图8-5-1　1984年9月2日，台盟上海市分部(后改名为台盟市委)开办现代日语讲座班

工及专业日语工作者。讲座班得到中国日语教学研究会的赞助,收费低。台盟分部充分发挥老台胞的优势,讲座内容丰富、知识面广、基本上做到用日本语授课,在当时社会各个业余日语学校中,该讲座班是不可多得的日语学习班。1984—1987年,共培养中高级日语人才65人。1987年后,台盟日语夜校停办。1986年,台盟市委组织盟员协助中国唱片公司上海分公司进行《苏州导游》日本版录音磁带翻译工作,在一个多月内完成了4.8万字的中译日工作。此外,在上海金山石油化工总厂,宝山钢铁厂的建设中,老一辈的台胞在口译和翻译大量技术资料等方面,为这两大工程的建设做出贡献,并为增进中日两国人民的友谊起了桥梁作用。

【星星少年儿童艺术班】

以市联社科技文化服务中心为主、台盟分部配合开办的"星星少年儿童艺术班"于1984年10月开学。台盟成员担任该班的顾问和干事等艺术工作。共有学员192名,7个班级,学员年龄均在8—15岁。艺术班特聘上海著名书画家钱君匋、沈子丞、张雪文、万籁鸣、廖炯模、富华、赵冷月、乔木、方坛先为艺术指导,还特聘有几十年教学经验的退休校长张寄豪为教育顾问。

【上海市通益培训中心】

1995年,台盟市委主办上海市通益培训中心,旨在发挥民主党派人才优势,为社会培养20世纪90年代必需复合型人才。中心开设托福、GRE、GMAT、英语口语、听力等以英语专业为主的各种课程,辅以中考、高考复习提高班、奥林匹克数学、神速数学等辅导班。1995年开设的一期会计上岗证辅导班,在当年的全市统考中,合格率名列前茅。1996年开办经营管理专业大专自学考试辅导班。1999年开办律师资格考试辅导班。2002年为困难家庭(单亲、父母双下岗、残疾)的子女提供全额免费的助考套餐服务30人次。中心自创办至2002年底,为社会培养各类人才12 000名。2007年,台盟市委与上海市通益培训中心脱钩。

二、文化医疗服务

1984年,开展中日系列文化服务活动:配合外贸部监制《中国的对外贸易》《引进外贸政策》对外宣传影片(日语版)的配音工作;配合上海木偶剧团翻译成日语的七幕神话剧《红宝石》访日演出剧本;翻译中国昆剧剧本《朱买臣休妻》在日本发表,该剧本用日本古文翻译,保持古典戏剧的风格。

2000年12月,台盟市委与静安区原常熟路小学(现改为市西小学)达成共建精神文明协议,并签订共建精神文明公约。根据公约,台盟市委协助常熟路小学开展爱国主义和精神文明建设方面的教育活动;协助进行涉台教育试点工作与相关建设;举办各种科学知识、医疗卫生知识的普及与咨询讲座;酌情邀请该校老师参加台盟市委组织的相关报告等。2001年"全国爱牙日",台盟市委邀请同济大学口腔医学院教授陈国民为该校师生讲授全国爱牙日的由来、牙齿的构造、如何保护牙齿和养成良好用牙习惯等方面的小知识。

自2005年起,由台盟市委主委石四箴发起成立的"石四箴口腔医疗中心"每年都会在9月20日全国爱牙日当天举办义诊咨询活动。在石四箴的牵线搭桥下,台湾知名牙医郭经华、郑文韶等来自沪港澳台两岸四地的名医先后参加活动,为社区居民提供优质的齿科诊疗服务。

图 8-5-2　2000 年 12 月 7 日，台盟市委与常熟路小学签署“共建精神文明公约”，成为共建单位

三、吸引外资

1985 年，日本东京三江物产株式会社通过台盟市委，为福建厦门市海洋渔业公司提供 24 条拖网捕鱼船，为江西省纺织工业品进出口公司提供 3 500 锭规模的麻纺厂。日本神户日荣实业株式会社经台盟成员的多次争取做工作和在有关方面的支持配合下，在沪创办华荣实业有限公司。盟员郑励志自 1989 年以来 10 年间，为复旦大学日本研究中心争取到日本企业、个人和半官方机构的无偿援助近 2 亿日元。

1988 年 5 月，台盟市委成立咨询服务部。其职能主要是为海内外台胞和上海外向型经济发展服务，在横向经济联系引进技术的经济活动中发挥“桥梁”和“催化”作用。咨询服务部主要为石化、轻工、机械技术咨询，同时兼营经济、技术信息服务、企业管理及科技教育咨询、资料翻译、代办科技专利申请等。1985 年，当台盟市委了解到国家“七五”重点建设项目“新上海第六人民医院”建成后无钱购买先进医疗设备时，主动与在日本的友人联系，会同有关部门与市六院一起，争取到日本国际协力事业团(JICB)提供的 1 200 万美元的无偿援助，给市六院用以购置具有国际先进水平的医疗设备。至 1995 年，为国内技术转让共达成 300 多个项目，成交总额 200 多万元；为上海市外贸公司中介 60 多笔机械产品出口任务，创汇 80 多万美元，还与上海重型机械公司联合创办上海台申实业公司。1997 年后，咨询服务部逐步停止运营。

第三节　扶贫帮困和对口援建

一、援建希望小学

1998 年 7—8 月，长江中下游地区遭遇百年未遇的洪涝灾害，湖南省湘西土家族苗族自治州的许多学校均受到不同程度的损坏。经台盟市委主委郑励志提议，台盟市委八届九次会议决定，在全体盟员中进行一次捐助活动，援建希望小学。148 名盟员共捐助 46 720 元，台盟市委又从盟费中拿出 3 280 元，共计捐助 5 万元。通过台盟市委和其他 3 家单位的共同捐赠，投资 20 万元的该州保靖县复兴镇普溪希望小学于 2000 年 6 月建成。学校可解决本村以及邻近 4 个村近 300 名学龄儿童完成初等义务教育的任务。

2002 年，台盟市委与台盟云南省委合作，支援云南省昆明市寻甸回族彝族自治县城关乡台新民族希望小学的建设，帮助该校建立完善的教学设施，捐赠电脑、油印机、文具用品、儿童课外读物等 24 个大类 2 900 多件(只)价值 1 万元物品。台盟市委与云南台新民族希望小学结对帮困，每年在全盟组织一次帮困捐款活动，盟员参与面达 90%以上，2002—2007 年先后捐款近 3 万元，还为该小学采购电脑、篮球架等教学和体育设施。利用各种在云南开会的机会，3 位副主委到学校探望。2006 年 10 月 25 日，主委石四箴率团到该校，这次所开展的捐资助学共募得 1 万元人民币，以提供奖学金、助学金的方式与该校学生结对，受益学生达 50%。

图 8-5-3　2006 年 10 月 25 日，主委石四箴(左二)赴云南台新民族希望小学看望师生

二、援建毕节

赫章县是台盟中央对口帮扶的国家新阶段扶贫开发重点县，是胡锦涛同志亲自倡导建立的“开发扶贫，生态建设”毕节实验区的发祥地。自 2009 年起，台盟市委响应台盟中央的号召，学习和贯彻台盟中央下发的《关于加强全盟对毕节地区赫章县帮扶工作的意见》。结合多年捐助云南台新希望小学的经验，经台盟市委十届第二十六次主委会议决定，将支援毕节地区作为台盟市委社会服务工作的新的重点，以提供资金援助为主的形式，有针对性地帮助和改善赫章县基础教育条件，为当地孩子就学奉献爱心。2009—2011 年，共向赫章地区捐款 6 万元。

2012 年 5 月，台盟市委领导作为特邀专家率队随同台盟中央副主席黄志贤一行赴赫章县考察。本次考察是台盟市委首次赴黔西北山区直接开展扶贫援建工作，旨在向贫困山区学生奉献爱心，为当地农业发展提供技术支持；了解当地经济、农业、教育和医疗现状和需求，为今后开展援建工作打下基础，为推动当地各项事业发展贡献力量。台盟市委主委杨健带头捐款2万元，购置价值近万元的篮球架和乒乓球桌等体育用品，于“六一”前夕捐赠给赫章县最偏远的河镇苗族彝族自治乡海雀小学。

台盟市委为贫困山区的师生们增长见识、创新思维积极创造条件。2012年暑假期间，邀请赫章县海雀小学师生一行8人来沪参加“上海·赫章心连心——台盟市委2012海雀师生夏令营”，组织海雀小学同学与台盟盟员子女共同参加活动。通过参访静安区教育学院附属学校，参观中共一大会址、国歌纪念馆、世博纪念馆、上海科技馆、上海海洋水族馆等爱国主义教育基地和场馆，使赫章学生开阔眼界，增长见闻，激励目标。上海电视台、《联合时报》等媒体予以报道。活动得到台盟中央领导的高度肯定，也为台盟市委参与毕节试验区工作开辟新途径。

在号召盟员捐资助学的基础上，台盟市委还针对贫困地区的实际情况，将扶贫工作由“输血”式向“造血”式转型。2012年，台盟市委领导先后两次深入赫章农村，考察当地农业大棚种植现状。针对困扰农民的潮湿气候造成大棚蔬菜烂根的问题，台盟市委领导与农业专家进行“会诊”，运用获得国家专利技术的SFA-1试剂有效解决棚膜的流滴、消雾和透光性能等技术难题。11月份，台盟市委领导与两位专家专程到赫章举办大棚种植技术专题培训班，免费提供200千克试剂产品，同时面对面教授100多位农业技术骨干大棚种植棚膜试剂使用知识，进行现场技术指导，为推广大棚种植、提高农业生产技术水平、解决居民吃菜难问题贡献力量。该项目被选为2012年上海市政府合作交流统战系统重点援建项目之一。

图8-5-4　2012年11月25日，台盟市委组织技术团队前往贵州省赫章县现场指导大棚种植技术

第四节　赈灾救灾

一、抗击“非典”

2003年，台盟市委动员盟员为抗击“非典”献计献策，关于“对随地吐痰等不文明行为进行阶段性整改”的情况反映,受到中共市委领导的重视和批示,此后市人大启动历史上首次快速立法程序,对《上海市市容环境卫生管理条例》进行修订,加大对不文明行为的处罚力度。台盟市委做好盟员和所联系对象的宣传工作,号召盟员积极预防,科学防范,部分台盟医务界盟员主动写请战书要求上第一线工作,华山医院教授潘孝彰作为成员加入市“非典”防治专家组,获得台盟中央和中共市委统战部的表彰。

二、汶川地震后抗震救灾

2008 年汶川大地震发生后,台盟市委第一时间致电台盟成都支部进行慰问,并下发通知,要求各级组织全力配合做好抗震救灾工作。为灾区捐款 28 万元。在中共市委统战部召开的“我能再为灾区做什么”座谈会中,台盟市委提出服务灾区台胞和为灾区引进“造血”能力等建议,获得高度评价。救灾阶段,台盟市委提出“借鉴台湾‘9·21’地震的经验,发挥民间非政府组织和宗教界对受灾地区人员的心灵安抚,对受灾害打击的儿童开展心理疏导”等建议,获得采纳。抗震救灾进入重建阶段后,台盟市委将灾后重建作为参政议政的重要内容。台盟市委还提出重视加强全民灾害教育,把 5 月 12 日设立为全国“防灾日”并进行定期防灾演练,在灾区修建地震纪念馆,建立抗震救灾基金,加强灾款资金管理、监督和审计,合理、科学地使用捐助灾款等建议,均获采纳。

三、慈善捐募

台盟市委体现社会责任,捐资救灾,帮困献爱心。1981 年 9 月,为筹募儿童福利基金的文艺义演,造福儿童,台盟支部发动全体盟员参加认赠活动,完成捐募任务。1991 年,将盟费 1 000 元捐给

图 8-5-5 2008 年 5 月 21 日,台盟市委组织盟员向四川汶川灾区捐款

宋庆龄基金会少年儿童小世界筹建中心。在1991年抗洪救灾中，咨询服务部和广大盟员、机关干部向灾区捐款1 736元。1994年广西遭受特大洪涝灾害、1998年长江中下游特大洪涝灾害后，台盟市委均组织盟员捐款捐物。2005年，青年委员会组织青年盟员为瑞金医院两位来自贫困地区的病患儿童募集7 000元手术费。面对严重自然灾害如莫拉克台风、西南旱灾、舟曲特大山洪泥石流等，为援建灾区，累计捐款近40万元。2012年，各基层组织捐款支持毕节试验区建设外，还为帮助本地孤寡老人、贫寒学子和成立互助基金等事业慷慨解囊。

第五节　服务上海世博会

一、建言献策

自市政协十届二次会议起至2010年底，台盟市委提交与上海世博会相关的提案9件，大会发言2次。各级基层组织提交与世博会相关提案12件，大会发言2次。盟员中的人大代表、政协委员提出与上海世博会相关提案5件，书面意见8篇。

2009年，台盟市委在全盟开展"我为世博献一策"活动，共收到来自41名盟员的55篇信息。2010年，台盟盟员中的市人大代表、政协委员观博84次，开展民主监督8次，提出建议19次。上海世博会召开期间，共收集盟员世博会相关信息素材220篇，经整理后上报台盟中央信息65篇，上报市政协信息190篇，被采用近70篇。各级基层组织上报信息46篇。

2010年9月，在台盟中央、市政协、市台办、嘉定区政协、上海东方讲坛的支持协助下，台盟市委承办"2010沪台城市发展与合作论坛"。全国政协副主席、台盟中央主席林文漪，市政协主席冯国勤出席开幕式，包括42位台湾嘉宾在内的近200位来自沪台两地环保领域的政府官员、专家学者和企业家与会。论坛期间，与会嘉宾围绕"环保——低碳城市的路径与选择"主题，作了主旨发言和专题探讨，共提交论文33篇。

二、接待台胞

2010年，台盟市委接待各类来访团组41批，共计639人次。其中，境内团组27批、249人次，境外团组14批、390人次。境内团组包括外省市27个台盟组织中的16个，台胞团组涵盖台湾中南部、少数民族、青少年等群体，其中基层台胞占接待台胞总人数的75%。境内团组中省部级以上领导有5批、26人次，台胞团组中包括台湾美国加州大学伯克利分校校友参访团，台湾新竹"清华大学"校友参访团，台湾齿颚矫正学会首席顾问、创会理事长、前台湾国防医学院牙医学系主任费筱宗夫妇，台湾著名作家林海音长子夏祖焯夫妇，台湾新竹清华大学1970级化学系校友世博参访团等高层次来宾95人。

第六章　自 身 建 设

加强自身建设，是一个政党永葆活力的重要保证。台盟上海市组织始终高度重视盟组织的自身建设工作。1989 年 12 月《中共中央关于坚持和完善中国共产党领导的多党合作和政治协商制度的意见》发布和 1990 年 6 月第十七次全国统战工作会议召开后，坚持和完善中国共产党领导的多党合作和政治协商制度，加强民主党派的自身建设已成为一种时代的要求和党派自身发展的内在需要。台盟市委发动全体盟员，采取各种措施，加大工作力度，努力建设一支适应新世纪发展要求的参政党队伍。2005 年，根据《中共中央关于进一步加强中国共产党领导的多党合作和政治协商制度的意见》精神，台盟市委坚持从实际情况出发，以思想建设为核心，组织建设为基础，制度建设为保障，把自身建设提高到新的水平。

第一节　思 想 建 设

一、理论学习

【学习邓小平理论】

1993 年 10 月，《邓小平文选》第三卷出版发行，根据台盟中央的有关精神，台盟市委及时下发《关于认真学习〈邓小平文选〉的通知》。11 月，台盟市委举行学习《邓小平文选》第三卷动员会。1994 年 4 月 12 日，举办为期 1 天的《邓小平文选》第三卷学习班，近 70 位盟员参加学习。1995 年 4 月 15—17 日，台盟市委举办为期 3 天的市委委员学习班，学习邓小平建设有中国特色社会主义理论和江泽民关于《为促进祖国统一大业的完成而继续奋斗》重要讲话。在中共十五大召开之后，台盟市委专门发出《关于认真学习、贯彻和落实中共十五大精神的通知》，要求全体盟员抓好江泽民同志《高举邓小平理论伟大旗帜把建设有中国特色社会主义事业全面推向二十一世纪》报告的学习。2004 年，结合邓小平同志诞辰 100 周年重大纪念日，组织相关学习、会议和征文活动 13 次。

【学习"三个代表"重要思想】

2001 年 7 月 2 日，台盟市委、市台联联合举行座谈会，学习座谈江泽民"七一"重要讲话。台盟市委主委石四箴、名誉主委许文思、市台联领导等近 30 名盟员、台胞参加。随后，上海台盟各级组织认真组织盟员学习"七一"讲话，在普遍学习的基础上，9 月 20 日台盟市委举行"江泽民总书记'七一'重要讲话学习交流会"，12 位盟员分专题交流学习心得。2002 年 6 月 3 日，台盟市委召开学习贯彻江泽民在中共中央党校省部级干部进修班毕业典礼上的讲话精神（下称"5・31"重要讲话）和中共上海市第八次党代会精神座谈会。石四箴在讲话中指出：江泽民"5・31"重要讲话是继 2001 年"七一"讲话后理论上的又一个重要发展，是中共十六大的思想、政治和理论准备。2004 年 7 月，台盟市委选派 2 人参加中央社会主义学院第六期民主党派省级组织副主委"三个代表"重要思想研讨班。

【学习科学发展观】

2004 年 7—8 月，台盟市委举办关于"树立和落实科学发展观、推动上海经济增长方式转变"暑期报告会，为盟员知情出力创造条件。2008 年 10 月 28 日，中共市委召开党外人士座谈会，就如何深入贯彻落实科学发展观听取意见和建议。中共中央政治局委员、市委书记俞正声主持座谈会并讲话。台盟市委主委杨健出席会议并围绕以科学发展观指导参政议政等话题代表台盟发言。12 月 2 日，中共中央统战部副部长楼志豪到沪，就学习贯彻科学发展观活动举行座谈会，听取上海各民主党派对于中央统战部党派工作的意见和建议，台盟市委领导出席会议并发言。

【学习多党合作和政治协商制度文件精神】

1990 年 2 月，《中共中央关于坚持和完善中国共产党领导的多党合作和政治协商制度的意见》（以下简称《意见》）的发布和第十七次全国统战工作会议以及中共中央对台工作会议的相继召开，极大地推动了国内统战领域和对台各项工作。《意见》首次提出民主党派是参政党。为贯彻中央精神，台盟市委 1990 年的工作始终紧紧围绕着学习和贯彻落实《意见》和全国统战工作会议精神这一中心进行。1999 年，《意见》制定 10 周年之际，台盟市委开展系列纪念活动。4 月，台盟市委举办市委委员和后备干部学习班，邀请上海市社会主义学院副院长张颖作题为《重温中发〔1989〕14 号文件——坚持和完善中国共产党领导的多党合作和政治协商制度》的辅导报告。12 月，组织盟员撰写纪念文章，发表在《上海台盟》（1999 年第 4 期）"纪念《意见》发表十周年"专栏上。2000 年 1 月，台盟徐汇区委、杨浦支部、浦东新区区委及直属一支部、二支部相继召开纪念《意见》发表 10 周年座谈会。2004 年 12 月 16 日，台盟市委召开"纪念中共中央 14 号文件颁布 15 周年座谈会"。2005 年，台盟市委领导明确《意见》作为指导新世纪新阶段中国多党合作事业的纲领性文件，进一步加强自身建设，指导台盟各项工作。2009 年 9 月，召开"庆祝新中国成立 60 周年暨中国共产党领导的多党合作和政治协商制度确立 60 周年"座谈会。12 月，召开纪念《意见》颁布 20 周年暨人大代表、政协委员及"特约（邀）四员"座谈会。

二、主题学习教育活动

【"三增强""四热爱"学习教育活动】

2003 年 5 月下旬，台盟中央下发《在全盟开展"三增强""四热爱"教育活动的通知》。根据中央统战部的要求和台盟中央的通知精神，台盟市委于 6 月 10 日向各基层组织下发活动通知，拉开活动序幕。台盟市委"三增强""四热爱"活动的开展是在市委统战部的指导下进行的。根据协商安排，台盟市委集中 2 个月时间分 5 个阶段开展这场活动。整个活动以贯彻、落实《各民主党派上海市委关于加强领导班子和机关建设座谈会纪要》精神为契机逐步推进，制定《台盟上海市委关于贯彻〈各民主党派上海市委加强领导班子和机关建设座谈会纪要〉的实施意见（试行）》，对领导班子和机关建设提出符合台盟实际、切实可行的意见措施。

【政治交接学习教育活动】

2007 年 3 月，中共中央统战部和各民主党派中央在广西南宁召开的民主党派工作座谈会上，作出开展政治交接学习教育活动的决定。4 月，台盟中央下发《台盟中央关于在全盟开展以坚持走中国特色社会主义政治发展道路为主题的"政治交接学习教育活动"的决定》，对开展政治交接活动作

图 8-6-1　2007 年 8 月 11 日,换届后新一届台盟市委请老领导为新班子成员讲授政治交接

出部署。台盟徐汇区委被确定为全盟基层组织先行试点单位。6 月,台盟市委主委杨健带领新一届市委领导班子成员和台盟各区委(支部)的主委,逐一走访石四箴、郑励志等 18 位台盟老领导老同志,听取他们对开展"政治交接学习教育活动"的意见;拜访基层组织所在的中共区委统战部,沟通交流相关情况,争取各区委统战部对政治交接学习教育活动的支持。在当月召开的十届三次主委会议上,讨论通过《台盟上海市委关于开展以坚持走中国特色社会主义政治发展道路为主题的政治交接学习教育活动的意见》,成立以杨健为组长的"政治交接学习教育活动领导小组",以秘书长为主任的"台盟市委政治交接学习教育活动办公室"。7 月,台盟中央副主席刘亦铭来沪为全体盟员作政治交接学习教育活动动员报告;班子主要领导与新一届市委委员及机关干部分别谈心、召开座谈会,了解思想状况、听取意见和建议。2008 年 4 月 29 日,台盟市委召开纪念响应中共中央"五一口号"60 周年暨"政治交接学习教育活动"交流座谈会,杨健出席并作重要讲话。同年,台盟市委牵头组织各民主党派市委举行图片全市巡展,参观人数累计达 3.5 万人。活动期间,台盟市委领导班子成员先后在主委会议、市委全会、委员学习班、区级组织主委学习班上认真学习胡锦涛同志"6・25"重要讲话精神、中共十七大精神、中共第九次市党代会精神、《中国的政党制度》白皮书,以及中共中央统战部部长刘延东等领导有关政治交接、多党合作、上海发展、党派工作的讲话精神 22 次。邀请全国台联会长梁国扬、中共十七大报告宣讲团成员周锦尉等专家学者作相关报告 7 次。结合第五届"热爱祖国、了解台湾"读书活动,重点研读推荐的 20 本书籍,撰写学习心得体会,保证每个盟员自学时间不少于 30 小时。向全体盟员下发"台盟市委改进工作建议表",收到盟员反馈 106 份。活动至 2008 年底完成。台盟市委编印《政治交接学习教育活动汇编》,为建立长效机制、推进活动长期开展奠定基础。

【"树立和践行社会主义核心价值体系"学习教育活动】

2010 年,根据《台盟中央关于开展树立和践行社会主义核心价值体系活动的意见》的要求,台盟市委开展学习践行社会主义核心价值体系活动。12 月,邀请台盟中央常务副主席汪毅夫作盟史专题报告。2011年4月,召开"重温历史、同心同行——《上海文史资料选辑(台盟专辑)》首发式及座谈会"。11月,台盟市委青年委员会开展"继承前辈光荣传统,同心同行再谱新章"青年盟员演讲活动,8位青年盟员演讲9位前辈人生历程和感想体会。12月,台盟市委开展第七届热爱祖国、了解台湾的读书活动交流。2012年4月底,以"实践同心思想、深化政治交接"为主题的各民主党派学习践行社会主义核心价值体系活动经验交流会在北京召开,对前一阶段各民主党派开展学习践行活动的经验进行阶段性总结,对进一步开展活动提出指导意见。6月,台盟市委下发《关于深入开展学习践行社会主义核心价值体系活动的通知》,就进一步深入开展践行活动提出四点要求。2012年底,"树立和践行社会主义核心价值体系"学习教育活动告一段落。

【"同心同行"学习教育活动】

2011年春节后,各民主党派认真学习胡锦涛同志在党外人士迎春座谈会上的讲话精神,开展与中国共产党"思想上同心同德、目标上同心同向、行动上同心同行",坚定不移地走中国特色社会主义政治发展道路的主题教育活动。4月19日,台盟市委举行《上海文史资料选辑·上海台盟专辑》首发式,主委杨健介绍并表示,台盟将以此书作为开展同心同行活动的有效载体,通过读史明史,以史为鉴,继承前辈的优良传统。11月19日,台盟市委在虹桥街道社区文化中心·市民演艺中心隆重举行"继承前辈光荣传统,同心同行再谱新章"演讲活动。2012年,台盟市委向各基层组织下发《台盟上海市委关于深入开展学习践行社会主义核心价值体系活动的通知》,对加强"同心"思想指导,引导盟员在参政议政、社会服务等方面做出成绩提出具体的要求。在全盟开展关于盟员思想状况的调研,完成问卷分析,形成分析报告,为今后进一步开展"同心"工程建设提出一些有针对性的建议和设想。新成立的第十一届委员会将"同心工程"工作与政治交接紧密结合,带领全体盟员加强"同心"理论学习,深刻领会"同心"品牌内涵,认真推进"同心"实践。台盟市委第一时间组织盟员收看中共十八大开幕式,并通过举行全体盟员专题辅导报告会,举办市委委员、各基层组织委员学习班,开展盟内征文活动等多种形式,学习领会十八大会议精神,为更加自觉地树立"同心"思想打下坚实的理论基础。结合台盟成立65周年,先后开展形式多样的系列庆祝活动,通过举办读书交流和知识竞赛,组织盟员参观松江妈祖庙、金华台湾义勇队纪念馆、观看台湾史诗影片《赛德克·巴莱》等活动,回顾台盟与中共同心同德、同心同向、同心同行的风雨历程,加深盟员对多党合作理论、统战理论、台盟历史和台湾知识的了解,更加坚定坚持不懈走中国特色社会主义道路的政治信念与决心。

三、政治教育

【落实政策】

恢复活动后,根据台盟总部和中共市委统战部关于落实政策的有关文件精神,台盟组织始终把落实台胞政策作为一项重要任务,做了大量工作。通过反复多次的调查摸底,召开座谈会和填写表格等各种办法,台盟支部基本弄清盟员和所联系人士的情况。配合有关部门做好台胞的政策落实和接待来信来访的处理工作。在中共各级党委的重视和支持下,随着政策的落实,盟员的政治工作和生活方面都有不同程度的改善。到1987年,盟员在"文化大革命"中所遗留的冤、假、错案都已解决。除一名退还查抄文物尚待落实外,都已作了妥善处理。根据中共中央《关于确定建国前民主党派成员参加革命时间和享受离休待遇的有关规定》的精神,台盟组织即按政策规定,积极着手整理材料。根据组织手续,先后召开盟员大会宣布中央这一规定精神,同时采用走访等方法,协助盟员所在单位办理离休手续,16 人享受民主党派离休干部待遇,1 人延长工龄。

【时事政策教育】

上海台盟举办专题报告会、台情研讨会,不断提高盟员素质。坚持每月 1 次的盟员组织生活。盟员组织生活内容主要有:结合形势学习理论、组织各种传达会、报告会、学习会、座谈会等,以提高盟员的理论素养、对形势的认识和对中共中央、国务院、上海市的重大方针政策的理解。1980—1984 年,配合形势进行爱国主义教育,组织 10 多批、900 多人次和 2 批自费赴外省的参观学习活动。1984—1987 年,基本坚持每月 1 次的盟员学习、组织生活制度,组织盟员共召开 42 批、1 635 人次的学习活动,不定期举办"形势报告会""台情介绍会""盟史盟章学习会"以及不同类型的经验交流会、恳谈会、座谈会和退离休老盟员的学习活动,共举办各种交流活动 12 次、380 人次。1987—1992 年,学习国家的大政方针,学习新时期的统战方针政策和"和平统一,一国两制"的总方针,学习中国共产党领导的多党合作和政治协商制度的有关理论,进行社会主义信念和爱国主义教育,深入社会实践、调查研究。1992—1997 年,坚持每月 1 次的盟员组织生活,通过报告会、座谈会、学习会、外出参观等多种形式组织盟员学习。1997—2002 年,针对改革不断深入以及在建设社会主义市场经济体制过程中出现的新情况、新问题,特别是针对各个时期的形势发展,集中力量开展思想政治工作。2002—2007 年,重点学习中共十六大以来的历次中央全会精神和重要理论创新成果,学习《中共中央关于进一步加强中国共产党领导的多党合作和政治协商制度建设的意见》和《中共中央关于加强人民政协工作的意见》文件等统战理论和对台大政方针,学习各种时事政治、经济、文

图 8-6-2 2008 年 4 月 7 日,台盟盟员参观"风雨同舟继往开来——上海市各民主党派纪念响应中共中央'五一口号'60 周年暨政治交接学习教育活动图片展"

化、法律知识。2007—2012 年，深入学习贯彻中共十七大精神，胡锦涛同志在纪念中国共产党成立 90 周年大会、改革开放 30 周年大会、辛亥革命 100 周年大会上的讲话精神和中共中央的重大方针政策等，累计召开各类纪念会、座谈会、学习会、报告会近 40 次。

【盟史传统教育】

台盟上海市组织每年都要举办新盟员学习班和台盟联系对象学习班。通过学习，向新盟员和联系对象介绍台盟的历史、性质、地位、作用、组织情况和近况，使新盟员和申请入盟的联系对象提高对台盟组织的认识，增强党派意识，促进盟员之间的了解和横向联系。1993 年，台盟市委成立《上海台盟志》编写领导小组。《上海台盟志》概括叙述上海台盟的历史发展。1998 年，上海各民主党派、市工商联联合组织《继承优良传统，共创光辉未来》宣讲团，2 篇讲稿在《上海台盟》刊出。1999 年 7 月，结合上海台盟成立 50 周年，组织老盟员撰写盟史、传记和回忆文章等，编辑出版《风雨同舟 50 年》纪念集。纪念集以"历史的足迹""往事的回忆""时代的节奏""岁月的印记"4 个篇章，反映上海台盟 50 年的历程以及广大盟员继承台湾人民爱国爱乡的光荣传统，发扬台盟老一辈与中国共产党风雨同舟、肝胆相照、团结合作的优良传统，谱写多党合作新篇章的心愿。2009 年，台盟市委庆祝台盟上海市组织成立 60 周年之际，为加强青年盟员队伍建设，台盟市委编撰《台盟盟员学习读本》。《台盟盟员学习读本》得到中共市委常委、市委统战部部长杨晓渡的充分肯定，专门批示："《台盟盟员学习读本》编得很好，以这样的方式帮助本党派成员学政治、明政策、理观点、定方向、履使命、尽责任具有积极意义。"2010 年，台盟市委同市政协文史资料委员会合作，编辑出版《上海文史资料选辑（上海台盟）》，回顾和梳理上海台盟发展的历史。全书共 30 万字，编辑收录 103 篇文章和近百幅照片，以"历史发展、参政议政、两岸交流的事件篇和创始人、历任领导、代表性盟员的人物篇"的体例，真实反映上海台盟发展的历史轨迹。

【"热爱祖国、了解台湾"读书活动】

台盟市委利用业余时间在盟员中开展读书活动。1990—1991 年，组织部分中青年盟员每星期六晚上举行读书活动，历时 1 年，由主委亲自任教，以盟员自学为主，研究台情、学习党的方针政策等。1998 年起，台盟市委又在盟内开展"热爱祖国、了解台湾"每人每年读一本书的读书活动，并在年底的盟员大会上择优安排交流发言。该活动每两年开展 1 届，至 2012 年已举行 8 届。

四、表彰先进

1979 年，在沪台胞中被评为劳动模范和先进工作者的，有全国劳动模范 1 名，市三八红旗手 3 名，局、厂级先进工作者共近 100 名。1980—1984 年，召开 10 多次先进工作者座谈会和为"四化"服务经验交流大会，表彰在各条战线上荣获先进称号的盟员，并给予精神上和物质上的鼓励。盟员中荣获各级先进工作者、劳动模范共有 33 名，占盟员总人数的 31%。其中全国劳动模范和三八红旗手 2 名，市劳动模范、三八红旗手 2 名，单位系统先进工作者 29 名。

1985 年，台盟上海市分部与各民主党派一起举行《上海市各民主党派先进事迹展览会》。为庆祝首届教师节暨为"四化"建设和祖国统一服务经验交流活动，分部于 8 月组织盟员中的教师和各级先进工作者共 40 人到浙江莫干山举行交流活动。

1987—1992 年，上海盟员中获全国、市、区、局各类先进称号的有 74 人次。1988 年，经全体盟员评选,5 位同志被评为上海市各民主党派、市工商联先进个人。此外,台盟市委还多次在“三八”妇女节表彰女盟员积极分子。

1994 年 12 月 23 日,台盟市委举行“台盟市委参政议政先进个人和积极分子表彰会”,表彰经广大盟员评比、台盟市委会议讨论确定的 11 位积极分子。

1978—1998 年,获国家和市级荣誉称号的有 20 人次,其中全国劳动模范 1 人,市劳动模范及先进工作者 6 人次,全国三八红旗手 1 人,市三八红旗手 12 人次,市三八红旗手标兵 1 人次,上海巾帼英雄 2 人次,台盟市委妇委会被评为 1998 年度市三八红旗集体。台盟市委机关组宣处于 1996 年被评为全国各民主党派工商联为“两个文明”建设服务先进集体,盟员许文思被评为全国各民主党派工商联为“两个文明”建设服务先进个人,4 人于 1997 年被评为上海市各民主党派、市工商联为“两个文明”服务先进个人。

1999 年 7 月,在台盟市委成立 50 周年庆祝大会上,台盟市委表彰台盟徐汇区委和台盟市委机关 2 个先进集体、41 位优秀盟员和 7 位优秀盟务工作者;同时对 1966 年以前入盟、为台盟作出贡献的 26 位盟员颁发纪念品,授予荣誉证书。

2002 年 8 月,台盟市委举行“参政议政经验交流暨表彰大会”。台盟徐汇区委被授予先进集体荣誉称号,12 人被授予先进个人荣誉称号,9 人被授予积极分子荣誉称号。

2007 年 7 月,台盟市委举行参政议政工作会议。台盟中央副主席李敏宽,中共市委统战部副部长周箴出席会议并作重要讲话。会上表彰 4 个先进集体、10 名先进个人和 13 名积极分子,并为参政议政委员会委员、信息联络员颁发聘书。台盟市委研究室在台盟中央参政议政会议上获得参政议政先进集体二等奖,1 人获得参政议政先进个人荣誉称号。

为进一步促进参政议政工作开展,自 2010 年起,台盟市委每年对参政议政先进集体和个人进行表彰。

2012 年 4 月,台盟市委召开会议,对 2007—2011 年内参政议政工作表现突出的集体和个人进行表彰。台盟浦东区委等 8 个组织分获先进集体称号,石四箴、郑励志获特别贡献奖,18 位盟员被评为先进个人,30 位盟员被评为积极分子。

五、宣传活动

【建盟纪念活动】

1989 年 7 月 31 日,台盟市委举行纪念台盟上海市组织成立 40 周年座谈会,市有关领导和 100 多位盟员、台胞参加座谈会。台盟中央评议委员会副主席许文思到会讲话,副主委范新发代表台盟市委讲话。会上宣读台盟中央给台盟市委的贺电、宣读台盟中央主席蔡子民的回忆文章和常委江浓的贺信。中共市委统战部和市政府台办的领导到会祝贺。

1999 年 7 月 30 日,台盟市委举行台盟上海市组织成立 50 周年庆祝大会。台盟中央副主席刘亦铭,中共上海市委副书记、市政协主席王力平,市人大副主任沙麟,副市长左焕琛,市政协副主席、九三市委主委谢丽娟,市政协副主席陈正兴,中共市委统战部副部长陶人观,市台办副主任顾明,以及各党派、工商联、团体等领导到会祝贺。谢丽娟等代表市各民主党派、市工商联和市台联致贺词。郑励志、王力平、刘亦铭分别作了重要讲话。台盟市委向 1966 年以前入盟的同志颁发纪念品,向先进集体台盟徐汇区委和台盟市委机关,41 名优秀盟员和 7 名优秀盟务工作者,分别授予证书。名誉副主委郭炤烈,顾问周光远等和盟员及来宾 200 多人出席庆祝大会。

2007 年 11 月 10 日，台盟市委举办纪念台盟成立 60 周年座谈会暨《啊！谢雪红》读书演讲活动。台盟中央副主席李敏宽出席活动并作总结讲话。台盟市委主委杨健等参加会议。

2009 年 8 月 1 日，台盟市委召开纪念台盟上海市组织成立 60 周年纪念大会，全国人大常委会委员、台盟中央常务副主席汪毅夫，中共市委常委、中共市委统战部部长杨晓渡出席会议并讲话。全国政协常委、台盟中央副主席、台盟市委主委杨健出席并致辞。各民主党派市委、市工商联，市社会主义学院、有关单位团体，部分区委和高校统战部领导出席会议。近 250 位盟员参加纪念大会。纪念大会后，台盟市委举行“歌唱祖国”纪念歌会。

【重大庆祝纪念活动】

1997 年 7 月 1 日，中国政府恢复对香港行使主权，香港回到祖国怀抱。为庆祝这一盛事，台盟市委组织“五个一”活动：(1) 举办一次讲座。5 月，邀请《中华人民共和国香港特别行政区基本法》起草委员会成员、市高级人民法院副院长、复旦大学教授李昌道向全体盟员作《中华人民共和国香港特别行政区基本法》的辅导讲座。(2) 举行一场报告会。6 月，邀请市政府台办主任张志群向全体盟员作《关于香港回归后台湾与香港的关系及台湾当局对香港回归态度》的报告。(3) 召开一次座谈会。6 月 13 日，召开“台盟市委迎香港回归座谈会”，表达喜迎香港回归之情，畅谈如何借香港回归之契机做好对台工作的意见和建议。主委郑励志主持会议，近 40 位盟员参加。(4) 编辑一本“雪洗百年耻辱，喜迎香港回归”的《上海台盟》专辑。(5) 在全体盟员中组织一次“庆香港回归知识竞赛”。

1998 年 12 月 1 日，台盟市委集会，纪念中共十一届三中全会召开 20 周年，市政协副主席、台盟市委主委郑励志和盟员 60 人出席。郑励志代表台盟市委讲话。

1999 年 12 月 16 日，台盟市委召开座谈会，喜庆澳门回归祖国。市人大常委会委员、台盟市委主委石四箴及近 100 位盟员参加会议。台盟市委副主委王中代表台盟市委讲话。

2001 年 6 月 26 日和 2006 年 6 月 26 日，台盟市委先后召开庆祝中国共产党成立 80 周年座谈会和庆祝中国共产党建党 85 周年座谈会，主委石四箴出席并讲话。老中青三代盟员 20 人参加会议。

【宣传阵地】

《上海台盟》。由台盟市委主办。1990 年 3 月正式创刊。《上海台盟》辟有“盟务报道”“政策规定”“海内外文摘”“台湾瞭望”“盟员之声”“论坛”“学习园地”等专栏，并在不同时期，根据形势发展的需要，适时增加新栏目，如“台岛万象”“改革潮”等。至 2012 年底，共出刊 94 期。

《台盟申讯》。20 世纪 70 年代末，上海台盟恢复活动后，《台盟简报》随即问世，1989 年改版为《台盟工作简报》。《台盟工作简报》每月 1 期，主要有“大事记”“盟员动态”“基层动态”和介绍台湾情况的“两岸快讯”，及时向盟员介绍本月盟内发生的事情。1999 年，经台盟市委八届十五次会议决定，将《台盟工作简报》改版为《台盟申讯》。《台盟申讯》为每月 1 期，但内容更全面，版面更活跃，信息量更丰富，并增加“三言两语”“统战要闻”等更加贴近盟员的栏目。至 2012 年底，《台盟工作简报》和《台盟申讯》共出刊 439 期。

《两岸简讯》。台盟市委于 2001 年编辑创刊《两岸简讯》，发放对象主要是台盟市委领导、台情研究委员会有关成员和市委统战部相关领导。《两岸简讯》主要为摘报形式，每月 2—3 期，及时将近期台湾岛内的政治、经济和社会中发生的大事、要事，以及两岸关系中发生的重大事件，摘编出来。至 2012 年底,《两岸简讯》共出刊 162 期。

上海台盟网站。台盟市委于 2012 年 4 月正式开通门户网站(网址为 http://www.shtm.gov.cn)。作为台盟市委对外宣传的重要窗口,网站定位于对外宣传上海台盟各级组织开展盟务、参政履职情况,向社会大众展示台盟风采,对内向广大盟员发布各类盟务、活动、台情信息,提供沟通渠道。网站紧跟台盟市委中心工作开展网站建设,首页主推市委要闻、参政议政、联络服务、中央和兄弟省市、涉台要闻共 5 大板块,使广大盟员能够及时掌握盟务动态和相关信息,正确引导盟内舆论,也扩大台盟的社会影响力。网站开通以来,日益受到广大盟员和台胞的关注,至 2012 年底,网站总浏览量已超过 23 000 次,日均浏览量在 100 人次左右。

"新闻发言人"和新闻发布会。2008 年,为更好地服务上海世博会,台盟市委建立"新闻发言人"制度。2009 年起,在每年市"两会"前,台盟市委都会召开"两会提案新闻发布会",邀请各新闻媒体参加,就台盟市委和台盟界别委员的大会发言、提案等进行介绍。

第二节　组 织 建 设

一、领导班子建设

1978 年、1984 年、1987 年,台盟上海市委员会换届,先后选举产生台盟上海市第四届支部委员会、第五届分部委员会、第六届分部委员会,领导班子成员大多为老一辈的党派领导和台胞中的专家学者。

1992 年 5 月,台盟市委换届后,领导班子由主委 1 人、副主委 3 人和秘书长 1 人组成。平均年龄 66 岁,文化程度均是大学,其中高级职称 4 人。1994 年 8 月,副主委范新发因病去世,领导班子成员由 5 人减为 4 人。为了更好地推进新老交替,1996 年 11 月在七届三十次会议上,增补 2 位副主委。领导班子成员数增至 6 人。

1997 年 7 月,选举产生第八届委员会,领导班子由主委 1 人、副主委 4 人组成(秘书长由专职副主委兼任)。此次换届,有 2 人因超过任职年龄退出领导班子,新进班子成员 2 人。换届后班子成员的平均年龄 56.2 岁,文化程度进一步提高。1999 年 8 月 19 日召开的八届十四次会议,选举石四箴为主委,推举郑励志为名誉主委。2001 年 5 月 11 日,八届二十三次会议增补 1 位副主委,班子成员仍为 5 人。

2002 年 5 月,选举产生第九届委员会,领导班子由主委 1 人、副主委 4 人组成。

2007 年,选举产生的第十届委员会成员平均年龄为 48.2 岁,文化层次较高,具有广泛代表性和较好的基层基础,特别是新老委员 4∶6 的构成比例保证台盟工作的连续性。

1993—2012 年,经过 4 次换届和 3 次届中调整,台盟市委领导班子成员的平均年龄从 1992 年的平均年龄 66 岁,到 1997 年换届后班子成员的平均年龄 56.2 岁,至 2012 年平均年龄降至 55 岁;文化程度也进一步提高,从 1992 年的全部大学文化到 2012 年的博士 2 人、大学 2 人、大专 1 人。总体上更趋年轻化,更具代表性。

二、盟员发展

台盟的盟员发展工作方针是:巩固和发展相结合,注重素质,有领导、有计划地稳步发展,坚持以大中城市、中上层、有一定代表性人士为主。

中共十一届三中全会后，上海台盟恢复组织活动，并在工作中发展组织。后根据《关于民主党派组织发展工作座谈会纪要》及《中共中央统战部关于新时期党对民主党派工作的方针任务的报告》精神，台盟上海市分部坚持采取边发展、边巩固的方针，有针对性地发展盟员。1989 年 12 月，《中共中央关于坚持和完善中国共产党领导的多党合作和政治协商制度的意见》制定后，明确民主党派的参政党地位，台盟市委加大发展力度。1992—1997 年，台盟市委发展部分在沪台胞配偶入盟。2002 年后，按照“注重质量，保持特色”的原则，台盟市委着重发展有较高学历、较高层次的盟员。从 2002—2012 年，盟员总数进一步提升，平均年龄有所下降，具有大学以上文化程度的盟员比例、中上层盟员比例均稳步上升，呈现“年轻化、知识化”的发展趋势。与此同时，具有中高级职称的盟员比例有所下降，各领域顶尖人才相对匮乏。

表 8－6－1　1980—2012 年台盟市委发展盟员情况表　　单位：人

年　度	1980	1981	1982	1983	1984	1985	1986	1987	1988	1989	1990
发展人数	18	13	20	0	9	10	11	17	6	10	18
年　度	1991	1992	1993	1994	1995	1996	1997	1998	1999	2000	2001
发展人数	5	8	2	14	16	20	6	10	9	4	5
年　度	2002	2003	2004	2005	2006	2007	2008	2009	2010	2011	2012
发展人数	5	7	12	16	12	12	17	4	6	6	9

三、后备队伍建设

【盟员培训】

台盟市委重视从不同层次、多角度开展盟员培训工作。在培训对象上，既有针对基层干部、中青年盟员的培训班，也有针对骨干盟员、市委委员的培训班。培训内容方面，既有关于多党合作理论的，也有涉台方面的专题培训。

1984—1987 年，台盟上海市分部先后举办 2 期培训，参加的有台盟分部委员、盟员学习组长以及机关干部共 22 人次。从 1989 年起，与市社会主义学院联合开展每年 1 期的盟员轮训活动。1999 年后，市委委员培训班与盟员骨干学习班合并为骨干盟员培训班。至 2012 年，共举办 24 期骨干盟员培训班。

1991—1995 年，台盟市委利用假期先后举办 3 期暑期读书班。第一期暑期读书班于 1991 年 8 月 5—10 日举办。25 人参加学习，主要是担任各级人大代表和政协委员的盟员、部分盟员骨干及台盟市委机关的干部。重点学习中共中央总书记江泽民“七一”讲话和《中共中央关于坚持和完善中国共产党领导的多党合作和政治协商制度的意见》。第二期暑期读书班于 1992 年 8 月 1—5 日举办。对象为台盟市委委员和新成立的 5 个非职能性工作组、工作委员会成员及机关工作人员共 34 人。1995 年 8 月 8—11 日，台盟市委举办第三期暑期读书班，台盟市委委员、部分盟员骨干和浦东新区盟员参加此次学习。读书班在台盟市委会议室听取浦东新区开发情况及新一轮基础功能开发的报告和近期台情报告后，赴青浦朱家角镇飞云宾馆，进行专题座谈讨论。读书班期间，大家还专门评析李登辉分裂祖国的言论，召开小型的“中国人民抗日战争胜利五十周年暨世界反法西斯战争胜利五十周年纪念座谈会”。

随着台湾岛内和海峡两岸形势的发展,为了培养盟员对台情分析的基本立场、观点和方法,为台情研究打好基础,台盟市委与市社会主义学院于 1992 年 10 月、1993 年 7 月、1994 年 6 月、1995 年 6 月、1996 年 9 月联合举办 5 期台情研究培训班,参加对象为台盟市委委员、台情研究小组成员和盟员骨干。

台盟市委于 1994 年 11 月 10 日举办台盟中青年骨干培训班,对象是盟员中的市、区二级人大代表、政协委员,台盟市委委员和机关干部中的中青年骨干。培训班采取听报告、自学、座谈、讨论和参观等相结合的形式。自此每年都举办 2 期台盟市委委员学习班,台盟市委骨干(包括台盟市委委员、各级人大代表、政协委员、区级、基层组织主要负责人)学习班。集中学习两三天,就一两个专题讨论学习,统一思想,提高认识。2001 年 4 月,举办学习、贯彻全国和上海市统战工作会议精神盟员骨干学习班,台盟市委委员、各区委委员、支部委员(召集人)、青年骨干等 30 人参加。

台盟市委推荐、选派优秀盟员参加培训。1993—2002 年,台盟市委共推荐盟员骨干 24 人次参加中共中央党校、中央社会主义学院和中共市委党校、市社会主义学院组织的学习、轮训。2002—2007 年,推荐 14 人次参加中共市委党校、中央社会主义学院、台盟中央学习;2007—2012 年,推荐 20 人次参加中央社会主义学院、台盟中央和中共市委党校举办的培训班。

【后备干部队伍建设】

2002 年 5 月换届后,台盟市委成立青年委员会。青年委员会设立主任、副主任,由 10 位在专业领域内较有成就的青年盟员骨干组成。青年委员会以 45 岁以下青年盟员作为联系对象,每年组织 1—2 次活动,为青年盟员发挥才能提供舞台。随后,台盟市委将 60 位 45 岁以下青年盟员的基本情况录入电脑,建立资料库,形成一个后备干部管理的信息系统,以掌握后备干部的成长情况,为选拔人才打好基础。从多党合作事业可持续发展的战略高度,台盟市委加大后备干部队伍建设力度,结合实际建立起人才结构合理的后备干部梯队。

台盟市委推荐青年盟员骨干担任区委委员和支部委员,充实区委和基层组织领导班子;同时,与有关部门协商推荐他们担任各级人大代表、政协委员和“特约(邀)四员”,让他们在工作中经受锻炼。2002—2007 年,台盟市委加大对盟员骨干、后备干部和机关干部的培养力度,走访各区委、高校统战部及有关单位党组织近 20 次;增补台盟市委委员 2 名,副主委 1 名;推荐 2 名到市级司法、人大等部门担任实职干部,其中 1 名晋升副局级。2007—2012 年,推荐 3 人次赴基层组织挂职锻炼,43 人担任各级人大代表、政协委员,7 人担任各级青联委员,建立台盟市委委员、人大代表、政协委员盟内述职制度。

四、基层组织建设

1994—2012 年底,台盟市委共建立 4 个区委、2 个直属支部。上海台盟通过召开基层组织工作研讨会、基层组织建设工作会议等,探索适合自身特点的基层组织工作机制,逐步做到组织健全、制度完善、活动正常。各基层组织结合各自实际和特色,在参政议政、社区共建、联络咨询等方面做了大量工作,为所在地区的“两个文明”建设做出贡献。各专门委员会联系所对应的工作对象,根据职能发挥作用。

1998 年 9 月,台盟市委召开基层组织工作研讨会,就在新形势下做好基层组织工作形成若干共识，在此共识的基础上，10月制定《台盟上海市委直属支部工作规范(试行)》(简称《规范》)。《规范》明确直属支部的性质、任务、作用、开展活动的经费等相关事宜，为直属支部开展工作明确方向。《规范》指出，直属支部直接受台盟市委领导，主要功能是：搞好支部的自身建设，提高盟员的素质和参政议政能力；根据台盟市委工作部署，制定支部工作计划，组织落实和完成台盟市委布置的各项工作；开展调研，为台盟市委参政议政做好基础性工作。

2000年9月，台盟市委举行第一次基层建设工作会议，通过《台盟上海市委基层建设工作会议纪要》，并建立一年2次的基层工作例会制度。至2012年，共召开24次基层工作例会。

图8－6－3　2005年12月3日，台盟市委举行第十次基层工作例会

在基层组织未成立前，台盟市委每月组织全体盟员活动，有学习、有参观、有听报告等。基层组织成立后，台盟市委继续按月组织盟员活动，同时，各基层组织也开展相应的活动。为避免活动重复，2001年4月，八届二十二次会议决定，将每年2月、5月、8月、11月原由台盟市委组织的4次活动改为由各基层组织自行组织活动，使盟员活动有分有合。

2001年5月18日，台盟市委首次基层工作例会在浦东新区区委举行。至2002年底，已召开4次。每次会议根据当时形势和工作需要，确定主题，先后就“如何培养后备干部力量”“如何充分发挥专职干部作用”“如何协调好基层组织与基层组织、台盟市委与基层组织之间的关系”“如何使基层组织之间资源共享，做好参政议政工作”等进行讨论交流。2002—2007年，不断完善基层工作例会制度，重点做好议题选择，会上基层组织交流经验、台盟市委提供指导协助。2007—2012年，台盟市委陆续出台关于市委员会、基层组织工作、机关干部挂职锻炼等一系列文件。台盟市委重视并支持各基层组织、专委会加强横向联系，逐步完善基层组织工作例会制度，制定专委会工作规范，给予专项资金支持,进一步提高盟务工作水平。

为进一步加强市、区联动,2000年,台盟市委决定由6位台盟市委机关工作人员担任基层组织联络员,联系、协调、指导基层组织开展工作。联络员参加各自基层组织召开的会议和活动,将台盟市委的工作任务、最新动态和台盟市委主要精神传达下去予以贯彻,同时将基层组织遇到的问题和困难与台盟市委沟通、协调,取得帮助。联络员在上传下达信息方面发挥独特的渠道作用,获得台盟市委和基层组织的肯定。

由于历史原因,上海台盟基层组织原先没有专职干部编制,后在中共有关区委统战部的支持下,为基层组织配备专职干部。至2012年底,在已经成立的4个区委中均安排专职干部,台盟市委为2个直属支部聘请专人担任专职干部工作。

第三节 机关建设

台盟上海市组织恢复活动后,支部的领导成员多数不脱产,台盟的日常工作由1名副主委负责,有4名干部分管办公、组织、宣传和秘书工作。1982年,相应调整和增补领导班子,有主委和支部委员7名,秘书长1名,办公室主任1名。为适应台盟组织的发展,1983年,领导班子增加非党员的比例。1984年起,陆续配备机关干部和工作人员4名,调干1名,深造培养2名,新引进分部领导干部1名。1987—1992年,逐步为机关增配工作人员。1992—1997年,台盟市委通过各种途径加强对机关班子的建设。在补充人员、配齐干部的基础上,机关参照国家公务员管理制度,进一步健全各项工作机制,规范工作程序。根据中共市委组织部、市人事局和中共市委统战部的要求,台盟市委从1997年10月底开始实施参照国家公务员制度管理机关干部的工作,至1998年3月,各项工作基本完成。2000年起,按照国家公务员考试录用制度,招录公务员。2010年,机关编制增加至19人,通过选调、调任和公务员招聘,优化、充实机关干部队伍。

台盟市委机关原先在市政协大楼19楼办公。1996年10月30日,台盟市委搬入新落成的上海市民主党派大厦17楼办公,机关的办公条件得到改善。进入21世纪后,机关加快信息化建设步伐,电脑配置数量和水平不断提升,网络应用不断丰富,工作中积极运用现代化数码辅助设备,逐步实现办公自动化,提升了机关整体工作效率和质量。

为打造学习型机关,着力提高机关干部的业务素质和水平,从1993年起,台盟市委每周的机关办公会议都安排干部学习,学习内容主要为最新的重要会议精神和最近的台湾情况,由研究室同志讲台情、其他部门同志结合形势和有关文件精神作政治学习辅导。1995年起,学习形式改为由1位同志主讲,全体人员参与讨论,并且规定由每位同志轮流主讲,以提高大家的语言表达能力、分析问题能力和学习参与度。2002年起,学习形式又改为两人一组主讲,全体人员参与讨论,并对主讲同志的学习态度、普通话水平等各项指标打分,将竞争机制引进机关学习。同时还采取适当组织参观考察、问卷考试、知识测验等形式,提高学习效果。

台盟市委积极创造条件让机关干部参加各种业务技能培训。1993—2012年,147人次参加"应用文写作""市初级计算机和初级英语""社会主义市场经济理论与实践""现代科技与上海"等各类公务员基础知识培训和市统考;7人次参加"档案干部培训""人事管理紧缺人才岗位""海峡两岸关系及基层对台工作讲习班""上海党外干部应对入世培训班"等专业知识方面的培训;13人次参加"公务员初任培训""初级领导职务任职培训""高级管理干部培训"等新进公务员和新任领导岗位的培训,提高机关干部的综合素质和业务能力。

第四节　制度建设

20世纪90年代后，台盟市委日益重视加强制度建设。1999年8月，台盟市委对原有规章制度进行全面的梳理，结合实际逐个讨论，最终形成涉及台盟市委18项工作的《规章制度汇编》。2007年，台盟市委对工作制度进行修订，整理成为《台盟市委工作操作程序汇编》。此外，台盟市委还根据国家政策、工作要求的变化，对各项制度不断进行动态性的修订，以确保其适应形势发展的需要。

一、领导班子制度

从1987年第六届分部委员会成立伊始，就坚持集体领导、坚持民主集中制，凡有关盟的大事都拿到委员会讨论并做出决定。坚持每月召开1次委员会议，每两周召开1次主委办公会议，并做到制度化。1997年各民主党派中央关于加强自身建设若干问题座谈会纪要下发后，台盟市委按照集体领导、民主集中、个别酝酿、会议决定的原则，采取切实措施，贯彻民主集中制。

1999年8月起，台盟市委设立主委联系箱，以畅通领导与盟员之间的联系渠道。盟员和机关工作人员可以将自己对台盟工作的意见、建议、批评及个人的需求等以书面形式投入箱内，由主委亲自开箱，直接了解群众意见。同时在《台盟申讯》上设立“三言两语”栏目，以便广大盟员能充分地表达自己的意见，使台盟市委的工作更贴近实际，贴近盟员。同年第四季度，增订《关于加强民主集中制，实行盟务公开的规定》等制度。

1999年11月18日，台盟市委领导班子成员围绕加强民主集中制建设，举行学习谈心会，贯彻落实台盟中央《关于加强思想建设的若干意见》。同年12月11日召开的八届十六次会议上，经讨论决定，秘书长以上领导班子成员每季度举行1次学习谈心会，台盟市委委员每半年举行1次民主生活会，开展批评与自我批评，沟通思想，加强团结。

经过努力，在台盟市委领导班子内形成“重大事情集体讨论决定、具体工作分工负责、遇到问题及时通报商量、完成之后总结汇报”的运作机制；在台盟市委领导班子与机关的工作衔接上形成“领导班子决定重大事项及其原则、机关负责提出方案、领导同意后机关落实、遇到问题及时汇报请示”的运作机制；在台盟市委与基层组织的工作联系中形成“市委统一部署工作、基层结合实际贯彻、有分有合有所发挥、上下齐心形成合力”的运作机制。并在机关内部进一步完善规章制度，落实岗位责任制，工作到人，责任到人。

二、会议制度

1978年台盟上海组织恢复活动时，根据《台湾民主自治同盟章程》的规定，盟员大会每四年举行1次。1992年第七次盟员大会后，改为每五年举行1次。盟员大会闭会期间，由台盟市委全会代行职权。2007年，台盟市委修订工作制度，整理成为《台盟市委工作操作程序汇编》，明确各级、各类会议的操作程序。2008年，制定《台盟上海市委员会议事规则》，明确台盟市委全会、主委会、主委办公会的作用和权限、职责、程序。2012年第十一次盟员代表大会后，台盟市委设立常委会，根据新的职责分工，建立常务委员会会议制度，修订《台盟市委全会制度》。

三、基层工作制度

台盟市委基层工作制度主要包括《区委(支部)换届工作的操作程序》《区委(支部)届中增补委员工作的操作程序》《区支部升格为区委工作的操作程序》《直属支部工作的操作程序》等,收录在2007年修订的《台盟市委工作操作程序汇编》中。

四、机关工作制度

1994年,台盟市委在原有基础上制定《会议制度》《接待工作的规定》《保密工作规定》《公章使用规定》《港台海外报刊及有关内部资料的订阅规定》等14项规章制度,落实岗位责任制,做到工作到人、责任到人,并严格按照办事流程、操作规程办事,使工作不断制度化、规范化、程序化。

1996年,补充、修订《台盟上海市委机关工作人员纪律》《台盟上海市委机关会议(接待)室使用说明》《台盟上海市委关于与市台联工作联系及有关事务处理的规定》等制度。

1998年,参照国家公务员管理制度,修订《人事管理工作暂行规定》《机关奖惩暂行条例》《机关工作用车等管理办法》。

1999年,针对工作中遇到的具体情况,台盟市委对已有的规章制度逐个进行讨论,提出修改意见和补充条款,并增订《关于对各项制度落实与执行情况进行检查的规定》《调研工作制度》《直属支部工作规范》等规章制度,最终形成涉及台盟市委工作各个方面的18项规章制度。

2007年,国务院下发《行政机关公务员处分条例》,进一步明确机关公务员的责任和义务。在组织机关工作人员认真学习条例的基础上,台盟市委对机关工作操作流程进行修改,修订完成《台盟市委工作操作程序汇编》,明确机关各项工作制度流程,使其更具有可操作性。

2008年,在完善各项制度的基础上,根据实际需要完成对《职位说明书》的修订和《议事规则》的编写,进一步理顺机关工作流程,明确各岗位的工作要求。

2011年,建立和完善公车使用制度、公务礼品领用制度、盟员慰问探访制度、财务报销制度、机关干部考核和职务晋升制度等规章制度。

第九篇

人　物

本篇主要记载的是1978—2012年期间上海民主党派代表性人士。人物传略为在沪已故的，曾任全国人大、全国政协和市人大、市政府、市政协领导职务的民主党派成员，曾任民主党派中央主席、副主席和民主党派上海市委主委、副主委。人物简介为在沪的、由沪到中央工作，曾任或者现任民主党派中央主席、副主席和民主党派上海市委主委。名录中主要包括在沪民主党派中央主席、副主席、常委、委员；荣获中央和市政府荣誉称号；在沪中国科学院、中国工程院院士；上海市人民政府参事，以及上海市文史研究馆馆员。

第一章　人物传略

黄丹臒(1895年—1979年4月)

江苏崇明(今属上海市)人,字延梓。1919年国立南京高等师范毕业,先后在上海中华职业学校、河南省立第一师范、江苏省立第四中学任职。1938年回家乡创办私立崇明中学。后参与创办文华补习社(后改名会文中学)。抗战胜利后,受聘担任市北中学教导主任、代理校长。次年与友人筹办复兴中学。1950年起担任复兴中学校长。1956年被评为特级校长。1957年7月调任上海市教育局副局长。1979年任上海市教育局顾问,全国教育工会上海市委员会第二届委员。

在教育上注重“以老带新”“互学互帮”“择善而用”;在教学中强调“严格训练”“严师出高徒”;并提出“透彻理解,牢固掌握,举一反三,熟练运用”作为学生衡量自身的准则。注重吸收国内外先进教育经验,重视学生德智体全面发展。译著《珐琅学》,主编《中学物理实验课本》《高中物理复习资料》《高中化学复习资料》等。

1952年12月加入中国民主促进会,历任民进理事会上海分会第三届理事、民进市委第四届常委、第五至七届副主委。上海市第一至三届各界人民代表会议代表、上海市人大第一至五届代表,虹口区政协第一、二届副主席。

刘侠任(1895年4月—1979年8月)

四川涪陵人,原名刘光国,号家修,曾用名刘潜。16岁参加光复重庆,1917年成都高等师范学校毕业,先后在涪陵和缅甸仰光华侨中学任教。1923年考入东南大学,毕业后回家乡办学。1926年反对驻军预征田亩被捕,出狱后参加国民革命军北伐。1928年退伍,先后在南通中学、广东第四中学、广东第一中学等任教。1932年参加“一·二八”抗战,任十九路军七十八师政治部主任,失败后到上海。1934年赴日本中央大学研究院学习农业经济,1936年6月毕业回国先后在重庆大学体育科、南充蚕丝职业学校任教。1941年听取陈铭枢、郭沫若建议,在国民党中央训练团从训育干事、教务组长直到主任秘书。1945年夏经陈铭枢、于振瀛介绍参加三民主义同志联合会(简称民联)。1948年冬经陈仪引荐任福建省省训团主任做策反工作。新中国成立后在省立师范专科学校任教,1950年夏到苏州华东革大政治研究院学习,结业后任华东教育部普教处副处长,1951年9月任华东师范大学总务长兼教授,后任上海师范大学政教系教授。

新中国成立初任福州市人大代表、福建省民革筹委,1951年组织关系转至上海,同年任民革上海市分会筹委。历任民革市委第一届委员、第二届常委,第三至五届副主委,第四届中央委员;第二至五届上海市人大代表;第一届上海市政协委员、第二至五届常委。

姚国桐(1906年10月—1981年3月)

山西太谷人,曾用名姚志明。早年当学徒,1937年10月参加八路军太谷县游击支队,1938年2月加入中国共产党。曾任游击支队营总支书记、司令部参谋、政治秘书,1939年后先后任冀南银行总行

科长、印刷厂厂长、主任、冀南区行经理、瑞华银行经理、太原银行副经理等职，在极端困苦恶劣的条件下，根据中共发展经济、保障供给的财政工作总方针，积极开展敌后根据地的金融事业，支援前线作战，发展后方经济。

新中国成立后，领导太原银行的接管和建行工作，任中国人民银行太原分行副行长，不久调任河北省人民政府委员兼任中国人民银行河北省分行行长。1951 年初调到总行，先后担任货币管理处处长、预算执行局局长、私人业务局局长、商业信贷局局长。1958 年初调任上海市分行行长和党组书记，结合上海的具体情况做了大量工作。1978 年后重新担负市分行重任，整顿和恢复金融秩序，关心上海的金融研究工作，领导筹建上海市金融学会，开展金融学术活动。后主动要求退居二线当顾问，对年富力强的干部言传身教，使银行工作后继有人。

1951 年 10 月加入民革，历任民革市委第三届委员、第四届常委，第五、六届副主委；第五届中央委员；第三、四届上海市人大代表；第五届上海市政协常委。

李乔松(1896 年 8 月—1981 年 4 月)

台湾台中人。12 岁在村中药店当童工，后在日本制糖公司当常佣工。1921 年筹资与朋友合股开南货店、运输店。1922 年被乡民选为“保正”(即保长)，并相继担任雾峰信用组合理事、乡协议会员、台中州青果同业组合代议员等公职。

1925 年加入台湾文化协会，参加新文化运动，后受到台湾农民组合运动先锋赵港的启发教育和帮助，1926 年加入台湾农民组合，并被选为新成立的大屯郡支部支部长。从此投身农民运动，参加反对日本殖民地退职官员霸占农民土地、反对日本制糖公司剥削蔗家的斗争等。1937 年起参与反战宣传活动，1945 年同杨逵夫妇以及谢富等人组织成立“焦土会”，对青年学生进行反战宣传。1945 年日本投降后参与“台湾人民协会”创建，为中央委员兼宣传部部长，后在同年 11 月成立的“台湾农民协会”中当选中央委员。

1947 年 7 月到上海，1954 年 8 月任上海市公费医疗中医门诊所副所长，后任上海市第五门诊部副主任，1958 年 11 月，被调到上海第二医院专事中医，之后又先后被邀请至北京、西安等地行医。

1947 年 12 月 10 日，在上海加入中国共产党。1949 年 7 月 31 日，当选台盟华东总支部委员，任总支部秘书。1978 年 11 月，当选台盟上海市支部第四届委员会副主委。全国政协第五届委员会委员。

陈清琤(1905 年 2 月—1983 年 6 月)

浙江鄞县(今宁波市鄞州区)人。1920 年来上海均昌钱庄当学徒，后在钱庄、银行等任职。1936 年合作经营棉花生意，历任三益花号、九丰花号、新丰棉号经理。1947 年，携资挈眷移居香港，阅读毛泽东《新民主主义论》等进步书刊，还接触了不少中共地下党员及进步民主人士。1949 年 4 月，毅然又携资挈眷回上海迎接解放。接济在上海的中共地下工作同志、资助民盟同志转移去港，支持两个女儿参加革命。

新中国成立后，积极认购人民胜利折实公债，在棉花商业同业公会中起了带头作用。1951 年，把从事棉花经营的商业资金转业投资到公私合营光中染织厂，并积极宣传公私合营。同年，任上海地方工业处公私合营厂联合管理委员会副主委。1954 年联管会撤销，历任光中染织厂副厂长、江宁区政协副主席、副区长，静安区副区长等职。1958 年宣布放弃定息。1978 年后，积极宣传中共的路线、方针、政策，做好对台湾的宣传工作，联络海内外朋友，穿针引线，引进资金、技术。1979 年，上海工商界爱国建设公司筹集资金，踊跃认购，推动海外亲友集资，任爱建公司常务董事。

1949 年 9 月加入中国民主建国会，任民建市委第一至四届常委，第五届副主委，民建中央第三届委员；上海市人大第四至八届代表。

周煦良(1905 年 8 月—1984 年 1 月)

安徽至德(今东至)人，字舟斋。1924 年毕业于上海大同学院，1926 年毕业于上海光华大学化学系，1932 年英国爱丁堡大学文学系毕业，获硕士学位。1933 年底参加蔡廷锴等发起的反蒋抗日运动。1935 年后历任暨南大学、四川大学、光华大学、武汉大学教授。抗战胜利后，与傅雷共同主编《新语》半月刊，与施蛰存合编《话时代》半月刊。1945 年底参加马叙伦、王绍鏊等发起组织的中国民主促进会。1947 年参与发表《反内战宣言》。

新中国成立后，历任华东师大外文系教授、系主任，作家协会上海分会书记处书记，上海社会科学联合会外文学会副会长，上海社会科学院情报研究所顾问，国际笔会上海中心会员等。1956 年，建言《关于代课教师的问题和意见》受到教育部高度重视，上海 1 000 名中小学代课教师得以转正。1961 年《关于改进翻译稿酬标准的方案》获中央有关部门采纳实施。有论著、译著多部，主编全国高等学校教材《外国文学作品选》。

历任民进市委第五至八届副主委，民进中央第四、五届委员、第六届常委；上海市人大第一至四届代表；上海市政协第一至四届副秘书长，第五至六届常委；全国政协第五届委员。

刘思慕(1904 年 1 月—1985 年 2 月)

广东新会人。就读广州岭南大学期间发起广东文学研究会，编辑《文学旬刊》。1935 年 4 月因为共产国际远东情报局搜集情报，遭国民党通缉。次年春赴日避难，翻译《歌德自传》。1937 年抗战爆发后回国，先后在上海、武汉从事抗日宣传。1938 年在香港参加国际新闻社，任专栏作家、中国青年新闻记者学会理事，并为中国新闻学院讲课。1940 年夏赴印度尼西亚雅加达任《天声日报》主笔。太平洋战争爆发后任滇军第一旅第二团政治顾问。1943 年任湖南衡阳《力报》总主笔，次年任《广西日报》主笔。1944 年冬返昆明任美国新闻处心理作战部编辑，同年参加中国人民救国会。抗战胜利后回广州继续任职于美国新闻处。1945 年底到香港筹备《华商报》复刊，任总编辑，同时兼中国新闻学院院长、达德学院教授、《文汇报》总编、《光明报》以及英文《远东通讯》主编。

1949 年 10 月任上海《新闻日报》总编，次年兼上海市文化局副局长。1950 年 1 月，由民盟中央任命为民盟上海市支部主委(未到职)。1954 年任《新闻日报》社长、《解放日报》副总编、上海国际问题研究所副所长。1961 年赴北京任国际关系研究所副所长兼世界知识出版社社长、总编。1979 年起任中国社会科学院世界历史研究所所长。

1946 年加入中国民主同盟，历任民盟上海市支部主委，民盟中央第二、三届委员，第四届常委；

全国政协第一届委员;全国人大第一至三届代表。

苏德隆(1906年7月—1985年4月)

江苏南京人。1935年上海医学院毕业留校任教。1944年赴美国霍普金斯大学学习,获公共卫生硕士学位。1945年赴英国牛津大学深造,获博士学位,入选英国皇家统计学会会员和英国微生物学会会员。1948年回国先后任上海医学院微生物科主任、公共卫生科主任等职。新中国成立后,历任上海第一医学院公共卫生学院副院长、卫生系主任、流行病学教研室主任,上海第一医学院教授、副院长,上海医科大学预防医学研究所所长等职。历任中华医学会常务理事、全国流行病学学会主委、全国血吸虫病防治研究委员会副主委,上海市寄生虫学会副主委。

主要从事血吸虫病、副霍乱、桑毛虫皮炎病因和原发性肝癌病因的研究。全面阐明钉螺生态规律,发明多种血吸虫病预防药物;首创副霍乱地方性的理论,确定桑毛虫皮炎的病因;提出肝癌病因同水污染有关的科学结论;3次主编流行病学全国教材,为国内流行病学理论与实践的发展奠定了基础。

1962年加入九三学社,1980年加入中国共产党。历任九三学社上海分社委员会第九届副主委,九三学社市委第十届副主委;上海市政协第四届委员,第五、六届常委。

叶鸿宝(1895年3月—1985年5月)

福建福州人。早年侨居印尼,从事教育和华侨社团工作,历任印尼中华学校校长、泗水福州同乡会主席、日惹中华总会主席、雅加达福州公会主席等职。

日本侵占印尼时,因宣传抗日被日本宪兵关注而避难美利达山村。日本投降后被推举为福州、福清、兴化三方华侨团体新生社的主席,后又兼任当地华侨中华总会主席,为华侨权益,不辞奔波,尽心竭力。提出宗旨:第一,各侨团团结起来,为维护华侨合法权益而斗争;第二,依据孙中山的民族主义,反对荷兰殖民主义,拥护印尼民族独立,号召华侨支持印尼政府。新中国成立后,印尼政府允许华侨组团回国观光。返回后,侨团举行大规模欢迎会,被推举为大会主席。

1952年,回福州故乡定居,先后担任福州市侨联副主席;福州市人大代表、市政协委员;仓山区副区长,福州华侨中学董事长等职。1974年,叶鸿宝迁居上海。

1957年,加入中国致公党。1980年受致公党中央主席黄鼎臣的委托,与董寅初一道筹组致公党上海市地方组织。1980年12月,致公党上海市支部成立,任副主委。1983年,被选为致公党中央委员。1984年3月,致公党市委成立,任副主委。1981年起,市政协第五届、六届委员。

卢于道(1906年1月—1985年8月)

浙江鄞县(今宁波市鄞州区)人,曾用名析薪、日新、启新。解剖学家,中国解剖学的先驱之一。1930年美国芝加哥大学毕业,获博士学位。回国后历任中央大学医学院副教授、中央研究院心理研究所专任研究员、湘雅医学院神经解剖学教授、中国科学社生物研究所秘书兼动物部代主任、复旦大学生物系主任及教授、中国科学社代理总干事兼《科学》杂志主编等职,创办《科学画报》。新中国成立后,先后担任复旦大学校务委员会委员、理学院院长、生物系主任、人体及动物生理教研室主任。

主要从事神经解剖及人脑显微研究。对针刺麻醉进行探索；研究电针刺激脑的尾核抑制晚期癌症病人疼痛；促成中科院脑研究所成立。出版国内第一部人体神经系统解剖学专著《神经解剖学》，以及《活的身体》《中国人之大脑皮层》《脑的进化》《自然辩证法》《西洋哲学史》等著作。曾任上海科普协会主席、上海科协副主席、上海市科普创作协会理事长。

1946年加入九三学社。在九三学社成立大会上当选监事，在九三学社理监事第一次联席会议上被推选为常务监事，并先后担任九三学社上海分社第三届理事会主任理事，分社委员会第四至九届主委，九三学社市委第十届主委；九三学社中央第二届理事会理事，第三至五届常委，第六、七届副主席。历任上海市各界人民代表会议第一至三届代表，上海市人大第一至七届代表，上海市各界人民代表会议协商委员会第二届委员、第三届常委，上海市政协第一至三届常委、第四至六届副主席，全国人大第三、五、六届代表，全国政协第一至三和五届委员。

胡汝鼎(1905年7月—1985年10月)

浙江杭州人。1929年美国麻省理工学院毕业，获硕士学位。同年回国，任浙江大学教授、电机工程系主任、工学院院长等职。1938年投资新丰化工厂，并历任合丰企业公司铁电厂厂长、新丰电化厂经理、公用电机公司董事兼总经理。新中国成立后，历任上海电机第一联合工厂总管理处总经理、总工程师，兼任震旦大学教授、电机系主任，上海华东工业部管理局工程师，第一机械工业部上海办事处技术科科长，上海市第一重工业局、机电工业局、电机工业局和第一机电工业局副局长兼总工程师，兼任上海科学技术大学副教务长、自动化系主任。曾任中国自动化学会副理事长、上海市电机工程学会理事长。

长期从事电机及自动化方面工作。发明交通自动化信号灯——黄灯和高起动力感应电动机；将异步电机改为同步电机，解决有声电影声响的关键；发明干电池冷制法、区段尺度计算尺，主持设计国内第一台磁放大器；发表《运算微积分学和电路中的不稳定现象》《模拟计算机同步电机的脉冲负载》等多部著作、译著。

1956年10月加入九三学社。历任九三学社上海市分社委员会第九届副主委、九三学社市委十届副主委；上海市各界人民代表会议协商委员会第二、三届委员；上海市政协第五、六届常委。

阮玄武(1894年3月—1986年3月)

安徽舒城人。1919年保定陆军军官学校毕业，先后在西北军、国民革命军、察哈尔抗日同盟军等部任职，历任军长、中将参谋主任、安徽省代主席等职。1928年任34军军长，拒绝执行蒋介石逮捕所属部队中共党员指令。1929年拒绝蒋介石任命，清除蒋安插在其部队的亲信，与宋哲元将军联合通电反蒋，任冯玉祥将军领导下讨蒋第二十路军总指挥。“九一八”事变后与方振武将军一起创立抗日救国军开赴察哈尔抗日前线。1933年与吉鸿昌、高树勋等参加由冯玉祥创立的察哈尔抗日同盟军，被任命为第五军军长。1936年为陷入危难的共产党抗日武装让出通道使其安全突围。“七七”事变后与张自忠将军一起留守北平。抗战期间任国民党军政部中将部附等职,抗战胜利后脱离国民党军政界。

新中国成立后参加社会活动,拥护中国共产党。1978 年后拥护中共政策,为祖国现代化和统一大业做了许多工作,在团结和联系原国民党军政人员方面发挥积极作用,写《我和冯玉祥将军的关系》《张自忠将军从政述略》等数十万字有价值的文史资料。

1956 年加入民革,历任民革静安区委主委,民革市委第二届委员,第三、四届常委,第五至七届副主委,民革中央第五届委员,第六届监察委员、顾问;静安区人大常委会副主任,静安区政协副主席;上海市政协第五、六届委员。

漆琪生(1904 年 10 月—1986 年 4 月)

四川江津人,原名相衡,号伯勋。1923 年中学毕业后留学日本京都帝国大学经济学部,受教于著名的马克思主义经济学家河上肇,学习和研究马克思《资本论》。1931 年回国,参加中国国民党临时行动委员会(农工民主党前身)。历任中国公学、暨南大学、中山大学、广西大学教授,其间用马克思主义的观点,讲授农业经济学、政治经济学、经济危机、经济史、经济循环、货币学等课程,编写《经济学讲义》《中国经济史讲义》。在《新中华》《文化建设》等杂志上发表宣传中共农业政策和土地改革文章,在《时事新报》上批评国民党政策。1945 年在复旦大学任教。同年由施复亮介绍加入民建,当选第一届理事。1946 年,民建总会迁上海,以理事身份参加总会的宣传工作。1947 年冬,他在上海写文稿宣传中共的工商政策,增强工商业者对中共的认识。

1978 年后,在复旦大学任研究生导师、教授、经济系主任、经济研究所所长,撰写《〈资本论〉大纲》。任全国《资本论》研究会副会长、上海市哲学社会科学学会联合会顾问。

新中国成立初先后任民建上海临时工作委员会组织处长、民建上海市分会副秘书长,曾任劳动部劳资争议司副司长。任民建市委第一至四届常委、第五至六届副主委,民建中央第一至二届委员、第三至四届常委;市人大第一至五届代表,市政协第一至六届常委。

武和轩(1902 年 7 月—1986 年 5 月)

山西文水人,原名肇煦。日本东京帝国大学毕业,回国在国民党中央党部和蒙藏委员会任职多年,参与上海、北平、广州等地反对蒋介石专制独裁和对日屈膝投降活动,一度被开除国民党党籍。抗战期间,任国民参政会参政员和国民参政会驻会委员,与中共方面参政员多有往来。抗战胜利后,当选制宪国民大会代表,后任立法委员。其间参加三民主义同志联合会,公开抨击蒋介石的反动政策,利用社会关系和立法委员的身份掩护和营救被追捕的中共党员和民主人士,多次冒险出入于国民党政府的宪兵司令部和卫戍司令部。新中国成立前夕,与其他 52 位立法委员联名发表《原国民党立法委员脱离国民党反动派宣言》宣布起义。

1950 年 10 月—1953 年 7 月,先后两次参加中国人民赴朝慰问团。回国后在山东和上海等地进行传达,进行爱国主义和国际主义的宣讲教育。后被推为上海各民主党派土改工作团主任,在皖北阜阳地区参加了为期 4 个月的土改工作。1964 年,在民革市委"回顾检查"中受到不公正批评和处理,1978 年后拨乱反正恢复名誉。

1950 年 5 月,任民革上海市分部筹备委员会委员、常委兼党员登(记)审(查)组组长。1949 年 11 月,应邀赴京参加民革、民联、民促和国民党其他爱国民主人士四方面代表会,当选民革中央委员，任第三、四届委员，第六届常委会顾问。1950年10月任上海市二届一次各界人民代表会议协商委员会常委。上海市政协第一至五届委员、常委、副秘书长。全国政协第三至六届委员。

赵忍安(1912年11月—1986年5月)

四川成都人。1925年，参加孙中山逝世的纪念会和"三一八"惨案的游行示威。1933年，参加"反帝大同盟"。1937年，受中共党组织派遣到四川乐山彝族地区工作。1938年4月，加入中国共产党。历任乐山乐群垦社特支书记，南充支部书记、南华艺社党团书记，在重庆任银行特支和党团书记、化龙桥区委书记等。1945年10月，被中共中央南方局派往武汉开展地下工作，争取工商界上层人士和一些重要政界人士。武汉解放前夕参加筹备武汉市民临时救济委员会，进行反拆迁、反破坏、维持真空期间社会秩序和迎接解放等工作。

新中国成立后历任中国人民银行中南区行金融管理处处长、中国人民银行武汉市分行副行长，与民建和工商界保持联系，任武汉市各界人民代表会议协商委员会工商代表团副首席代表，武汉市工商联筹备会副主委，民建武汉分筹会筹备员。

1952年调中共中央统战部工作，任国务院第八办公室工业组副组长。1959年调任中共市委统战部副部长。1978年后任中国人民银行上海市分行副行长，落实中共统战政策，使金融界的知名人士得到妥善安排，钻研金融体制改革。

1950年5月，加入中国民主建国会，历任民建市委第三届副主委、民建中央第二届委员；曾任市工商联副主委、全国工商联常委。

张汇文(1905年8月—1986年6月)

山东临朐人，号叔海。17岁考入清华大学，1926年加入国民党，1928年赴美国斯坦福大学留学，先后获公法政治的学士、硕士和博士学位，并在胡佛研究所等从事研究。1932年至英国伦敦大学从事研究，翌年回国在南京国立中央大学法学院任教，1943年至剑桥大学任交换教授。1947年回国任南京国立政治大学教授，后到上海任英文《自由论坛报》主笔、总经理。1948年任立法院立法委员，上海解放前夕与其他52位立法委员联合发表宣言与国民党决裂。新中国成立后在东吴大学法学院、复旦大学法学院从事教学，后调到上海社科院工作，1960年起兼任《辞海》编委、国际法学分科主编，1978年任上海社科院法学研究所国际法教授，1979年担任《辞海》国际法学会分科主编。

1943年出版《公法概念与行政管理效率》，1946年代表中国赴伦敦出席联合国教科文组织关于社会科学筹备会议。新中国成立后与人合译摩尔士著《中华帝国对外关系史》，撰写《驳斥杜勒斯》《坚决反对美帝干涉我国内政》等文，1960年在国际关系年会上宣读《从"西姆拉会议"的非法性来说明"麦克马洪线"的非法性》，1979年发表《概述外交特权与豁免》，1980年与卢莹辉率先在法学界提出知识产权的法律保护。

1949年参加"民联"组织，当年秋天正式加入民革。历任民革市委副主委和民革中央委员；上海市人大第三、四、五、七届代表，第七届市人大常委会委员；上海市政协第一至六届委员，第二、三、五、六届上海市政协常委。

李锐夫(1903年10月—1987年1月)

浙江平阳人。1929年中央大学数学系毕业,先后在徐州中学、常州中学、重庆大学、贵阳师范学院任数学教师。同期兼任中华自然科学社副理事长及《科学世界》总编辑。1945年由教育部选派赴英国剑桥大学深造,研究复变函数,专攻整函数论。1948年回国,任暨南大学、复旦大学数学系教授。

1952年院系调整,任华东师范大学副教务长,20世纪60年代任副校长。1964—1985年,任上海市高等教育局副局长、上海市数学学会理事长。长期从事教学与整函数及亚纯函数研究,著有《高中三角学》《太阳系》,合著有《复变函数论》,主持编写《辞海》数学部分,译有《微积分》《数学分析中的问题和定理》等。

1951年参加中国民主同盟,1985年参加中国共产党。历任民盟市委第三届委员,第四、五、六届市委常委,第七、八届副主委,民盟中央第四、五届委员;上海市人大第三、四、五届代表;上海市政协第一届委员,第二、三、四、五届常委;全国人大第五、六届代表。

申葆文(1910年—1987年5月)

江苏苏州人,号行健。1928年在吴淞中国公学大学部政经学院学习,毕业后于1934年到东北军任职。西安事变后服务于抗日联军西北军事委员会交通处和军政部。1945年加入中华民族解放行动委员会(农工党前身)和中国民主同盟从事爱国民主运动。1947年2月农工党上海市党部成立,任市党部委员,负责秘书处工作。还先后担任农工党华东局委员,民盟总部上海区执行部、华东区执行部执行委员,进行反对国民党反动统治斗争,争取团结爱国民主人士和进步青年,策反国民党军政人员起义等工作。反对农工党内第三条路线。上海解放前夕,在农工党组织遭到严重破坏的时候,出任市党部代理主委,领导农工党员护厂护校迎接解放。

新中国成立后,先后任上海市人民政府委员、华东军政委员会人民监察委员会委员、上海市人民政府监察委员会委员、上海市交通局副局长、上海市公用事业管理局副局长和顾问。1987年加入中国共产党。

历任农工党上海市工作委员会主委,农工党市委第一至五届副主委;任农工党中央第七、八届委员;是上海市各界人民代表会议第一至三届代表;协商委员会第一届常委;上海市人大第一至五届代表;上海市政协第一届委员,第二至五届常委;全国政协第六届委员。

谢光华(1910年7月—1987年8月)

福建闽侯(今福州市)人。1935年获美国康乃尔大学硕士学位。1936年回国,历任河南焦作工学院、陕西西北工学院、上海交通大学教授。

新中国成立后,先后任上海交通大学图书馆馆长,同济大学教授,同济大学卫生工程系、城建系及水暖系系主任,同济大学校务委员会委员等职。从事教育工作40多年,编写全国教材《排水工程》的管钢部分,翻译苏联西什金《排水工程》教材。

1952年加入九三学社。历任九三学社上海分社委员会第七至九届副主委,兼第七、九届秘书长,九三学社市委第十届副主委;九三学社中央第六届委员、第七届常委；上海市人大第三至五届代表；上海市政协第二至四届副秘书长，第五、六届常委。

张兆桢(1912年5月—1988年2月)

江苏昆山人。曾在苏州中学师范求学2年，1934年在交通部吴淞商船专科学校驾驶科毕业，留校任教。抗战全面爆发后，随家人在苏北避难。1938年6月被上海妇女补习学校聘为教员，之后在智仁勇女中、育德、思源、江南、联合等中学任教4年。参加赴南京请愿的抗日救亡运动。抗战胜利后至新中国成立前夕，由其表兄介绍到永大、恒益等证券号任职。

新中国成立后，先后在育才中学、新成区第廿业余中学任教。1954年10月起历任新成区第廿业余中学、区机器制造职工业余中学、区业余中专、区第三业余中学副校长。1956年参加中央教育部数学教材编写工作，1958年负责上海全市业余教育的教材编写工作。“文化大革命”中，在武定二中任数学教师。1976年后，重新被任命为武定二中副校长。后调任建东中学副校长、校长。

1951年8月加入中国民主促进会。历任民进新成区委副主委，民进市委第四届候补委员，第七至九届副主委；新成区政协第一至三届委员，静安区政协第四届委员；上海市政协第二至六届委员，第五届副秘书长。

汤蒂因(1916年1月—1988年3月)

女，江苏吴江人。原名凤宝，招弟，又名葶、碧珍。幼时在上海万竹小学读书，毕业后因生活所迫进益新教育用品社当店员，后提升为门市部主任、进货部主任等。

1933年在其胞兄资助下开现代物品社，经销金笔、文具用品。1942年独立经营现代教育物品社，设门市部，以“绿宝”作标记为吉士自来水笔厂生产金笔。1947年创办绿宝金笔厂。

新中国成立后响应中共号召，认真贯彻执行对资本主义工商业的社会主义改造政策。1951年参加中国民主建国会。1952年以民建会员身份参加第二届赴朝慰问团。1954年，她的绿宝金笔厂在行业中率先实行公私合营，并与制笔业的其他同仁一起推动完成全行业公私合营，任上海市制笔工业公司经理，中国制笔协会副理事长。1955年12月，毛泽东在上海接见各界知名人士，与她亲切握手，并称她为“金笔汤”。1957年8月，她参加全国人大代表团访问了芬兰和苏联。1978年后，分管民建、工商联的工商专业培训工作，筹建上海工商专业进修学校、上海工商学院等院校。1985年10月，随全国政协代表团访问了民主德国和罗马尼亚。

历任民建市委第一至六届副主委、民建中央第二至四届委员；全国人大第一至三届代表；全国政协第二、三、五、七届委员，第六届常委。

林田烈(1906年11月—1988年6月)

台湾台北人，又名林殿烈。1922年台北市简易商业学校毕业。1927年就读于广东省汕头市高中，后因病辍学返台。1929年起先后在台北德记合名会社、未广木炭行、茂记行，广州鼎新行，香港煤气公司、大春行等企业任会计、出纳、总务等。

青年时接受进步思想，1931年3月参加日本共产党台湾民族支部从事抗日爱国活动，反对日本

帝国主义的侵华战争。抗战胜利后同台湾进步人士投入民主运动。1947年台湾爆发“二·二八”武装起义,林同广大群众投入反对国民党统治斗争。同年10月到香港参加台湾民主自治同盟创建工作。1948年8月在香港加入中国共产党,任中共地下组织交通联络工作。

1950年10月携带家眷到上海,先后在荣鼎橡胶厂、联一橡胶二厂等单位任供销、财务和副厂长等职。

1978年任台盟上海市支部专职干部,后任支部副主委,台盟上海市分部主委,台盟市委名誉主委,台盟总部常务理事和台盟中央评议委员会委员。历任上海市人大第一届至第五届代表;上海市政协第二、三、四、五、六、七届常委,全国政协第五、六届委员。为中华全国工商业联合会第四、五届常委。

刘良模(1909年11月—1988年8月)

浙江宁波人。从1934年开始积极倡导民众歌咏运动,以歌代戈,宣传抗战。在上海四川路基督教青年会会所发起成立了第一个民众歌咏会,教唱抗日救亡歌曲。1936年上海各界救国联合会正式成立,刘良模被选举为执委。在救国会组织的各种活动中,刘良模都带头传唱《义勇军进行曲》,被沈钧儒等称为“救国会的拉拉队长”。因抗日歌咏活动遭到国民党当局迫害,1940年夏刘良模、陈维姜夫妇流亡海外,结识著名黑人男低音歌唱家保罗·罗伯逊。由保罗公开演唱《义勇军进行曲》,并灌录历史上第一张外国人演唱中文歌曲专辑唱片 *Chee Lai: Songs of New China*(起来:新中国之歌),收录《义勇军进行曲》在内的一组中国进步歌曲,宋庆龄亲自为这张唱片作序。

1949年9月21日,第一届中国人民政治协商会议召开,《义勇军进行曲》被确定为中华人民共和国国歌。刘良模对《义勇军进行曲》的广泛传唱,作出巨大贡献。1950年7月28日,刘良模与吴耀宗等40人联名发表《中国基督教在新中国建设中努力的途径》公开信,发起基督教“自治、自尊、自传”三自革新运动。随后,又陆续在《天风》上发表文章,批判帝国主义。

历任民盟中央委员,上海市政协第五、六届副主席,全国政协第四至六届常委,中国基督教三自爱国运动委员会副主席,全国青联副主席,上海市侨联副主席等职。

胡厥文(1895年10月—1989年4月)

江苏嘉定(今属上海市)人,原名保祥。青少年时受爱国主义思想影响,立志实业救国。1914年进北京高等工业专门学校学习。1921年起先后创办新民机器厂、合作五金厂、黄渡电灯公司、长城机制砖瓦公司、石城窑厂等企业。1927年,被推为上海机器业同业公会主委,连任10年。

1932年“一·二八”事件日军侵沪后,胡厥文组织工商界拆迁机器沪南建厂,抽调技术工人支持兵工厂,支援十九路军抗敌。抗日战争期间,胡厥文组织苏、浙、沪、宁100家民营工厂内迁,先后任迁川工厂联合会常务理事、理事长的职务。1945年12月,胡厥文等发起组织中国民主建国会,历任理事、常务理事。1949年9月,他以民建会代表身份出席中国人民政治协商会议第一届全体会议。

1952年任第二届赴朝慰问团总团副团长兼第4分团团长,在社会主义改造中率先申请自己企业公私合营。1962—1967年任上海市副市长。

历任民建中央第一至二届副主委，第三届主委，第四届主席，第五届名誉主席，民建市委第一至二届副主委、第三至四届主委；曾任上海市工商联副主委，全国工商联第一至四届执委，第五届常委；上海市各界人民代表会议协商委员会副主席，市政协副主席；全国人大第一届代表，第二至三届常委会委员、第四至六届常委会副委员长；全国政协第一至四届委员，第五届常委。

洪铭声(1913年12月—1989年4月)

安徽繁昌(今芜湖市)人。早年参加学生组织的进步活动，加入反帝大同盟。1930年在上海协助中共地下组织开展工作，后赴安徽九华山地区参加农民运动。1931年从上海新民中学毕业，先后在南京市社会局、四川营业税局、财政部地方财政司、国家总动员会议、兰州甘肃省银行等处任职。1936年7月在上海参加救国会。1938年任重庆救国会地下领导小组宣传干事，主编地下油印刊物《救国情报》，参加青年和学生救国会工作。联系文化学术界进步人士，参加"反内战、反迫害、反饥饿"及反对美帝扶助日本等爱国民主运动，主编新民晚报《财政与金融》周刊。1948年任上海粮食公司专员、上海碾米厂副厂长。

新中国成立后，历任中国工业协会研究部主任，华东军政委员会办公厅调研室副主任、参事，上海市人民委员会参事。1958年起任上海市人民委员会参事室副主任、上海市人民政府参事室副主任。

1946年加入九三学社。历任九三学社上海分社委员会第七至九届副主委、九三学社市委第十届副主委。并任九三学社中央理事会第二届理事、第三至六届委员、第七届常委、中央参议委员会第八届常委；上海市人大第二至五和七届代表；上海市政协第一届副秘书长，第六、七届常委。

杨村彬(1911年7月—1989年11月)

北京人，原名杨瑞麟。1932年北平大学艺术学院毕业，在中华平民教育促进会工作。1937年赴四川省立戏剧教育实验学校任教务主任，后转至江安国立剧专教书。抗战胜利后回沪，在上海实验戏剧学校教课，曾参加过反美游行和反对北大西洋公约的签名运动。

上海解放后，在泰州苏北军区任政治部文艺研究室主任，主要培训文训班学员。1950年初，调回上海戏剧学校工作，任教务主任兼戏剧工作团团长。1952年参加上海文艺界治淮工作队，任队长。1956年调上海电影厂演员剧团任导演。1959年调上海人民艺术剧院任导演。1979年任上海人民艺术剧院副院长。终身从事导演事业，他导演的话剧《清宫外史》《枯木逢春》《一家人》《鉴湖女侠》，戏曲《杨门女将》《墙头马上》《蔡文姬》等被誉为中国气派的精品。他的写作影响较大的是话剧三联剧《清宫外史》三部曲。是中国著名戏剧作家、导演艺术家、戏剧教育家。

1947年加入民盟，历任民盟市委第三届委员，第六届常委，第七、八届副主委和第九届顾问；上海市政协第三、四届常委，全国政协第五、六、七届委员。

金学成(1904年1月—1990年3月)

江苏奉贤(今属上海市)人，曾用名庆云，又名松涛，笔名任重。1925年加入中国共产党。参加反帝爱国"五卅"运动。1927年北伐军进驻上海时，任上海市临时政府专员。1929年因身份暴露，

又患重病,经组织批准赴日本治病和留学,后因上海地下党组织遭到破坏失去联系。1938年1月返沪,与中共党组织取得了联系,积极投身抗日救亡活动,创办宣传抗日的报刊。任《文献》杂志社、《华美晨报》经理和《松青》杂志编辑,承印毛泽东的《新民主主义论》等重要革命文献。抗战胜利后,创办日文版《改造日报》,向日俘、日侨做宣传工作。解放战争时期,积极从事同工商界人士的团结联络工作。在日期间曾入东京美术学校研习雕塑,作品有《史量才像》《许静仁像》《少女头像》等。

历任华东军政委员会副秘书长,上海市人民委员会委员、副秘书长,上海市民族事务委员会主任。

1949年9月,加入中国民主建国会。历任民建上海临时工作委员会组织处处长、民建上海市分会组织处处长,民建市委第一至二届常委、第三至六届副主委、第七届顾问,民建中央第一至四届委员;市人大第一至五届代表;全国政协第二至六届委员。

吴若安(1890年3月—1990年6月)

女,江苏金山(今属上海市)人。1903年入上海务本女塾读书,1911年毕业留校从事教育工作。半年后去苏州景海女校进修英语等科。翌年返沪任教南洋女子师范(后改为南洋女子中学)兼任同济大学预科英语教师。受辛亥革命影响,立下"教育救国"之志。上海沦陷期间坚持办学,保持民族气节。1948年6月,根据中共地下党要求出面调处,解决了上海教职员工请愿问题,保护和支持校内参加"反饥饿、反迫害"爱国民主运动的进步师生。1937年任南洋女子中学校长至上海解放。1946年起兼任上海中教研究会理事、校长互助会主席和上海教联主席。

上海解放后任民立女子中学校长,1956年任市教育局副局长。

1951年6月加入中国民主促进会,历任民进市委第四至九届主委、第十届名誉主委,民进中央第六至七届副主席,民进中央参议委员会第一、二届副主席;上海市人大第三至六届代表,第七至八届常委会副主任,全国人大第一至六届代表;上海市政协第四至五届副主席;中国红十字会上海分会名誉会长。

张乃璇(1907年3月—1991年2月)

上海嘉定人,曾用名张运奎。1926年7月江苏省第四中学高师毕业,先后任戬浜中心小学、纪王中心小学、奎山中心小学等小学校长。1928年,积极参与嘉定县以中心小学校长管理区内所属小学的教育改造,与县教育局局长杨保和(希时)合著《中心小学区制理论和实践》,全面总结和介绍了中心小学区制度,受到国民政府教育部的重视。抗日战争时期,先后在江苏省第四行政区专署、江西省教育厅,广西中华铁工厂、贵州省教育厅工作。编写《战时小学国语读本》第五、六册,著有《国民教育通论》等书。后又在重庆中华职业教育社任黄炎培秘书,受黄炎培影响,进步倾向日益鲜明,积极投身爱国民主运动。1945年7月,随同黄炎培等社会贤达访问革命圣地延安。回重庆后,协助黄炎培整理编辑《延安归来》一书,客观公正介绍了中国共产党的施政政策和解放区的成就,引起社会各界的轰动。1947年7月回沪,先后任杨思中学教务主任、上海体专讲师。上海解放前夕参加"民联""教协"等进步组织,揭露国民党反动派的法西斯统治,鼓励和支持学生看进步书籍、关心时事。

1949年8月任命为杨思中学校长。1957年11月任东郊区副区长，1958年10月任浦东县副县长，1961年1月任川沙县副县长。

1956年12月加入中国民主促进会。1965年1月调民进市委任秘书长，历任民进市委第八、九届副主委；上海市政协第五、六届委员。

吴文祺(1901年—1991年3月)

浙江海宁人，原姓朱，字问奇。1916年于浙江师范学院讲习所毕业后，在硖石任小学教员，同时在父亲朱起凤指导下参与《辞通》(原名《读书通》)的编纂，在音韵训诂方面受到较好训练。1923年经郑振铎介绍，加入文学研究会，被邀为《文学报刊》特约撰稿人，积极参加新文化运动。1924年经宣中华、华林介绍加入中国共产党和国民党，在杭州负责浙江地区社会主义青年团经济和宣传工作。1927年大革命失败后脱离国共两党，先后在厦门、上海、温州等地任教。1933年夏赴北平任燕京大学、中国学院、北平师范大学等校讲师，参加北平师生爱国运动，进行中国文学和语言文字的系统研究。1935年回沪任暨南大学中文系教授。1941年暨大内迁，他拒任日伪所办大学的教授，开小书店卖书维持生活。抗战胜利后任《前线日报》副刊编辑。暨大复校后，继续任该校中文系教授，参加上海大学教授联谊会，进行反对内战，争取和平工作。上海解放后，任复旦大学中文系教授、汉语教研室主任。

1953年参加农工民主党，历任农工党市委第二、三届常委，第四至六届副主委，曾一度主持农工党市委的工作，第七届名誉主委；农工党中央第七、八届委员，第九届常委，第二届咨监委员会常委；上海市人大第七届常委会委员；上海市政协第一至五届委员，第六届常委、副主席。

徐铸成(1907年6月—1991年12月)

江苏宜兴人。早年就读无锡师范学校，后考入清华大学，一年后转北京师范大学，1930年毕业后步入新闻界。在天津《大公报》任编辑，后转至上海《大公报》任要闻版编辑，兼为《国闻周刊》撰写评论。1938年《文汇报》在上海创刊，任编辑部实际负责人，积极宣传抗日救国，被日伪迫使租界当局责令《文汇报》停刊。

后任香港《大公报》编辑主任。香港沦陷后回内地任桂林《大公报》、重庆《大公晚报》总编辑，抗战胜利回沪任上海《大公报》总编辑。1946年《文汇报》复刊，徐任总主笔。因该报坚持反对内战，要求民主、和平，以大量真实报道揭露国民党的反动行径，遂于1947年5月被强行停刊。赴港创办香港《文汇报》，任总主笔兼总经理。1948年12月在港加入中国民主同盟。1949年9月赴京参加第一届中国人民政治协商会议。

1949年6月，《文汇报》在上海复刊，任社长兼总编辑。1951年春，参加赴朝慰问团。1957年作为中国新闻代表团团长出访苏联。1957年被错划为右派分子。1980年6月，经复查得到改正，落实政策。著有《报海旧闻》《旧闻杂忆》《新闻艺术》《杜月笙正传》等。

历任民盟上海市支部第一届委员、第二届常委，民盟市委第三届常委兼宣传部部长，第四、五、六、七届委员，第八、九届顾问；民盟中央第五届委员，参议委员会第六届常委；任上海市各界人民代表会议第一、二届代表，上海市协商委员会第二届委员、第三届常委；上海市政协第二、三、四、五届委员,全国政协第五、六、七届委员。

赵超构(1910年5月—1992年2月)

浙江瑞安人,笔名林放。青年时就读于温州中学。1930年中国公学大学部经济系毕业,任南京《朝报》记者、编辑,主写评论。1938—1945年任重庆《新民报》主笔、副主笔。1944年春随中外记者西北访问团访问延安,受毛泽东、周恩来接见并有多次谈话。回重庆在《新民报》上发表《延安一月》,公正、真实地报道革命根据地风貌。1946年《新民报》上海版晚刊创刊,任总编辑,发《今日论语》揭露国民党的腐败,为避迫害1948年冬离沪赴港。1949年9月参加第一届中国人民政治协商会议与中华人民共和国开国大典。

1949年8月起,历任上海市各界人民代表会议代表,上海市协商委员会委员。1950年,担任华东军政委员会人民监察委员会委员。历任全国新闻工作者协会副主席、顾问,全国晚报工作者协会会长,1984年起任《联合时报》社社长,还兼任中国韬奋基金会副主席、上海市文联副主席等职务。

1953年9月加入中国民主同盟,历任民盟市委第三、四届委员,第五、六、七、八、九届常委,第六、七、八、九届市委副主委;民盟中央第四届委员,第五届常委,中央参议委员会第六届常委;上海市人大第七届常委会委员;上海市政协第五届委员,第六届和第七届副主席;全国人大第一、二、三、四、五届代表;全国政协第六、七届常委。

周旧邦(1910年1月—1992年12月)

辽宁营口人,原名周永勤,曾用名周维新。1929年毕业于辽宁营口师范学校,1931—1935年在国民党万全县党部、天津市党部任职,1935—1948年在国民党中央广播电台、西安广播电台、陕西广播电台、大明公司运输部、中央广播事业受理处任职。参加张家口抗日救国会的工作。1944年参加"中国民主革命同盟",1948年参加了民联,利用自己在广播电台的工作之便,收录解放区军事和政治方面重要消息提供给民联同志。上海解放前夕来往于南京和上海传递情报,为解放上海作出了贡献。

新中国成立后,任上海市中苏友好协会秘书处副主任,参与筹备和组建民革上海市分部工作,1956年起调入民革市委机关工作。为坚持和完善中国共产党领导的多党合作制度做了不少有益的工作,撰写的许多对台宣传稿件,为促进祖国和平统一作出了应有的贡献。退居二线后仍以国事为念,关心民革的组织发展和干部的培养。1956年起兼任上海市人民政府参事。

历任民革上海市分部筹备委员会委员,民革市委第一届委员、第二届常委、第三至五届副秘书长、第六届副主委兼秘书长,第七届副主委、第八届顾问;民革中央第五届候补委员,第六届委员,第七届监察委员;上海市政协第一至五届委员,第六届常委。

张赞臣(1904—1993年)

江苏武进人,字继勋。20岁来上海先后就读于上海中医专门学校和上海中医大学,1926年毕业后在沪行医,并拜师名医谢利恒、曹颖甫、包识生等,因医术高明,热心公益,深得病家爱戴。他兼任中国医学院教授,发起创办学术团体医界春秋社,任执行委员会主席,兼任《医界春秋》月刊主编11年。1929年国民政府拟立法废止中医,他率先以医界春秋社名义严正驳斥。后发起组织全国医药团体联合总会,促成全国中医界在上海召开代表大会,任执行委员与宣传部主任,参加代表团赴

南京抗争，迫使国民政府撤销废止中医案。1935年再次发动全国中医药界和有关人士进行斗争，迫使国民政府正式颁布了《国医条例》。

1928年创办上海国医讲习所，1937年参与创办上海中医专科学校，又先后受聘于上海中国医学院、新中国医学院、苏州国医研究院，任校董、讲师、教授等职。抗战时，热心从事难民医疗救济工作受到嘉奖，同时编写了《中国诊断学纲要》等书，成为国内多所中医学校的教材。长期的医学实践和教学工作使他医术日益精湛，为沪上著名中医。

新中国成立后参加国家医疗单位工作，多次到各地农村巡回医疗。1956年参加上海中医学院筹建工作，历任上海市中医门诊所副所长，上海中医学院教授、耳鼻喉科教研室主任，上海市卫生局中医处副处长，上海市中医文献研究馆副馆长，国家科委中医专题委员会委员，卫生部医学科学委员会委员，中华全国中医学会理事等职。1956—1960年在市卫生局任中医处副处长期间，为发展中医、建设中医机构做了大量工作，3次获得嘉奖。他撰写十几本(篇)中医专著和论文。20世纪60年代初，在花甲之年致力于喉科的临床与研究工作，培养了一大批中医耳鼻喉科人才。

1957年加入中国农工民主党。历任农工党市委第四届委员，第五届副主委，第六至八届顾问；上海市人大第五、七届代表，上海市政协第六届委员。

李振麟(1914年—1993年6月)

山东济南人。1936年清华大学外国语言文学系毕业，继续在清华研究院攻读研究生，抗战爆发次年结业，到昆明西南联大(清华部分)任助教，又先后任贵阳大夏大学社会学研究部研究员，昆明东方语言学院和贵州大学教授、研究员，同济大学德国语言文学系教授。1946年，到上海受聘于同济大学和复旦大学。

一生致力于英语高等教育和理论语言学的学科建设，培养大批中外文专业的学生。参加过许多英语著作、大学教材和辞书的编审工作，参与编写、校订《新英汉辞典》《语言和语言学辞典》，主持翻译《普通语言学概述》《音位学概论》，所著的《发言基础知识》以及关于语言学、历史比较语言学的系列论文，得到学术界高度评价，是著名语言学家、翻译家。

历任复旦大学外文系、中文系和语言文学研究所教授，复旦大学语言学研究室主任。1984年后兼任上海市社会主义学院筹备工作组副组长、上海市民族事务委员会委员、上海市对外友协理事。

历任农工党市委第二至五届副主委、秘书长，主持农工党市委机关工作；第六届委员，第七届顾问；农工党中央第八、九届委员，中央咨监委员会第二、三届委员。上海市政协第二、三、四、六届常委，第五届委员、副秘书长；全国政协第五至七届委员。

苏延宾(1909年10月—1993年9月)

江苏如东人。1924年8月进上海东华公学读中学，1926年进南通学院纺织科学习。历任上海永安纺织一厂车间班长、上海棉业统制委员会调查员、上海棉纺染织实验馆技术员、重庆裕华布厂工程师、昆明国立中央研究院工学研究所技师等职。1945年赴美国北卡罗来纳大学纺织学院学习，后任上海中国纺织建设公司工程师，并在上海工业专科学校、交通大学纺织工程系、中国纺织工学院任兼职教授。

1943年11月,参加中国民主同盟。1948年成立民盟上海执行部,任委员兼秘书主任。解放前夕开展护厂活动。1949年1月被上海淞沪警备司令部逮捕,后经营救获释转道香港去北京。

1949年随军南下任上海市军管会财政经济委员会顾问,协助接管中国纺织建设公司。同年冬任华东纺织管理局顾问、华东军政委员会人民监察委员会委员、中国纺织学会秘书长。1957年5月,任华东纺织管理局副局长。1959年1月,任上海市纺织工业局副局长。1979年任上海市纺织工业局顾问。1985年7月加入中国共产党。

1943年11月加入民盟,1950年1月被民盟中央任命为上海市支部副主委(主持工作)。1951年和1953年任上海市支部委员。历任民盟市委第三至八届副主委。1979年当选民盟中央委员,1988年任民盟中央参议委员会常委。上海市各界人民代表会议第一届和第三届代表;上海市人民委员会第二届委员;上海市人大第一至五届代表;上海市政协第一、二、三、五届常委,全国政协第三至六届委员。

梅达君(1908年9月—1993年12月)

安徽宣城人,曾用名梅光庾。1930年东吴大学毕业,任苏州女子职业中学教员,安徽省政府、贵州省政府秘书,贵定县县长。1939年10月加入中国共产党。1941年任安徽郎溪县县长,皖南事变前夕保护全县共产党员免于被捕。上海解放后,历任上海市军管会交际处、市人民政府交际处处长,市人民政府办公厅副主任,市政协副秘书长,中共华东局统战部第四处处长。1953年任驻苏联大使馆政务参赞。1955年受潘汉年冤案株连审查。1956年后任上海市民族事务委员会副主任。1962年起任上海财经学院副院长。1972年调至华东纺织工学院,1978年任该院(现东华大学)顾问。

梅达君曾与赵朴初等合办大众出版社,秘密出版《民族统一战线教程》(凯丰)、《游击战争》(朱德)以及《马克思、恩格斯、列宁、斯大林论政党》和《毛泽东论文集》(出版于1937年12月)。

1945年12月30日,与马叙伦、王绍鏊等在上海成立中国民主促进会。1949年出席全国政协第一届全体会议,参加开国大典。

历任民进理事会上海分会第一届理事、第二、三届常务理事;民进理事会第一届理事,民进中央理事会第三届理事,民进中央第四至七届委员,民进中央参议委员会第二、三届副主席;上海市人大第一、二届代表。

徐国懋(1906年6月—1994年8月)

江苏镇江人。完成金陵大学学业后赴美留学,获政治学博士学位,其间,参加中国留学生组织的仁社,任两年社长。回国后任金陵女子大学政治学教授、国家经济委员会秘书和专员。1936年任金城银行汉口分行副经理。抗战期间任金城银行重庆分行经理,对抗战后方重要企业在资金上予以支持,帮助处理美国援华捐款和物资,兼任美国教会援华委员会主席、全国大学生救济委员会主席、金陵大学校董等职务。抗战胜利后任金城银行上海总行经理,新中国成立前夕赴港,后响应周恩来总理的号召回沪任金城银行总经理。

1952年秋，金城银行实行公私合营，任副总经理兼董事会常务董事，后兼任中国人民银行金融研究室主任。改革开放后就振兴上海经济，吸引和利用台资、外资以及浦东的开放、开发等写出多份调研报告和建议。1981—1992年间多次出国探亲访友，引进国内建设急需的通信设备、电子技术、管理技术，促进贸易合作。新中国成立初期主持编辑出版了《上海钱庄史料》和《金城银行史料》等书。任民革市委经济研究委员会主任及通沪咨询服务公司董事长和名誉董事长。

历任民革市委第一至八届委员、常委，第六至八届副主委，第九届顾问；1979年后当选民革中央委员、常委和中央监察委员会委员。前后任上海市政协五届委员、常委、副秘书长，全国政协第六、七届委员。

史　说(1910年8月—1994年9月)

浙江富阳人，字习之。1927年浙江省立师范学校毕业，次年考入南京交通技术学校，后该校编入黄埔军校，为第六期学员，毕业后在国民党军事委员会工作，1932年考入陆军军官大学，毕业后任中央军校教官。“八一三”淞沪抗战前，随张治中负责苏州、常熟、无锡、上海、江阴等地国防工事的构筑工作，任第九集团军总部作战科长。1937年12月起任湖南省政府高级参谋、保安处第一科长，中央军校长沙分校少将科长、通讯兵学校少将教育处长等职。1940年秋，任国民党军事委员会政治部少将军务处长。1944年6月，任第一军参谋长赴印度、缅甸抗击日军。1945年回国后任新一军38师师长、新七军副军长、代军长等职。1948年驻守长春，10月随郑洞国起义。

新中国成立后，史任解放军东北军区司令部研究员，后调齐齐哈尔五七步兵学校任军事教员。1955年转业在齐齐哈尔市第一中学、师范专科学校教数学。同年调上海在比乐中学、向明中学任教。曾任上海市黄埔同学会顾问。1983年12月至1994年9月上海市政府参事室主任，与参事们写出调查报告和建议10多篇，并写史料稿件114篇。

1956年参加民革，历任民革市委第五至八届团结委员，第六至八届副主委；黑龙江省政协第二届委员；上海市政协第二至五届委员，第六、七届全国政协委员。

王　中(1914年8月—1994年10月)

山东高密人。1935年考入山东大学外文系，参加“一二·九”爱国学生运动，翌年参加抗日民族先锋队。1937年4月起在青岛和高密组织抗日游击队，翌年加入中国共产党，同年3月去东北军从事抗日救亡的宣传和兵运工作。1940年转移到山东抗日根据地，先后担任中共中央山东分局宣传部主办的《大众月刊》编辑，中共中央山东分局机关报《大众日报》编辑、编委、通联部副部长、编辑部主任，新华社山东总分社编辑部主任，《鲁中日报》《农民报》总编辑，中共济南市委机关报《新民主报》编辑部主任等职。

上海解放后，参加上海新闻出版系统接管工作，担任上海市军管会新闻室代表、华东新闻学院教务长，1950年起任复旦大学政治理论教学委员会主任、新闻系主任、新闻理论课教授和副教务长。1957年被错划为“右派分子”。1979年后任复旦大学新闻系主任，并任复旦大学分校校长、国务院学位委员会文学学科评议组成员、博士研究生导师、上海市新闻学会副会长、中国新闻教育学会副会长、中华全国新闻工作协会特邀理事、《中国大百科全书》新闻出版卷编委。

1953年加入民盟。曾任民盟市委第七届副主委。

赵祖康(1900年9月—1995年1月)

江苏松江(今属上海市)人,字静侯。1922年交通大学唐山工学院毕业后,1930年赴美国康奈尔大学进修,1931年回国后历任铁道部技士、全国经济委员会筹备处公路专员、公路处副处长、代理处长。抗战期间任交通部公路总管理处处长、交通部公路总局局长、战时运输顾问。曾规划整修苏、浙、皖、宁、沪等省市联络公路,制定国标、建立制度,为全国公路联网和规范化奠定基础,主持修建西北、西南大后方三条公路干线,参与开辟滇缅公路。抗战胜利后任上海市工务局局长,上海解放前夕曾代理上海市市长,毅然留在上海迎接解放,协助军管会顺利接管。

新中国成立后历任市人民政府工务局(后改为市政工程局)局长、市政建设委员会副主任、市规划建筑管理局局长、市人民委员会委员、上海市副市长。改革开放后常接待海外、台湾来访的人士,1987年10月出任上海中山学社社长。1976年10月后将主编的《英汉道路工程辞典》一书修订增补,于1978年重版发行,被联合国教科文组织指定为道路工程专业的参考工具书。

1951年7月加入民革,历任民革上海市分部筹备委员会委员,民革市委第一、二届副主委,第三至七届主委,第八届名誉主委;民革中央第三至五届委员,第五、六届副主席,第七、八届名誉副主席;上海市人大第一至七届代表,第八、九届常委会副主任,全国人大第一至七届代表;上海市政协第一至四届委员、常委,第五届副主席。

范新发(1927年7月—1995年1月)

台湾苗栗人。1946年9月来上海任台湾台北贸易行上海分行及中荣贸易行上海分行职员,1949—1952年为上海中荣药房业主,1952—1956年上海鸿大电木粉厂及上海中国树脂厂工程师,1957—1958年上海塑料公司塑料研究室工程师,1958—1979年上海高桥化工厂副总工程师,1979年起历任上海高桥石化公司副总经理、总工程师、技术咨询委员会副主任等。此外,还担任中国能源研究会华东区域委员会副主任、中国能源研究会石化塑料专业委员会主任、中国能源研究会华东塑料协会理事长、上海市科学技术协会常委等职。1990年任上海市人民政府参事。

从20世纪50年代起就从事石油化工和高分子专业的开发、研究和技术管理工作,先后完成了30多项科研专题,其中9项填补了国内空白,1项超过了国际先进水平。多次被评为上海市先进工作者和市劳动模范。1979年荣获全国劳动模范称号,1990年荣获中国石化总公司颁发的"突出贡献的科技和管理专家"证书。

1979年12月加入台湾民主自治同盟,历任台盟市委(支部、分部)第四至六届副主委;台盟中央第三届委员,第四、五届中央常委;上海市政协第五至八届委员,全国政协第六至八届委员。

祝公健(1912年6月—1995年4月)

浙江余姚人,曾用名祝祷。中华职业教育社高级晨班毕业。先后在上海余姚等地工作。抗战初在上海第一难民收容所任训导员,任上海文化界抗日救亡协会政治讲师。后赴延安参加陕北公学第一期学习,1938年结业。转赴武汉、郑州、洛阳等地,历任战地文化处郑州分处主任、军委政治部调查室第一战区调查站主任。后转重庆,任"救国会"干事,中法比瑞文化协会"欧美月刊"社编辑、国讯书店第一经理等。在中共地下党领导下,用座谈会、读书会、储蓄会等方式从事青年民主运

动。1944年，加入中国民主同盟，任民盟中央青年委员、《青年知识》杂志主编。1946年，参加发起组织陪都青年联谊会任常务理事；参加发动重庆职业青年反内战活动。1949年5月赴北京出席第一次全国青年代表大会，7月任上海市劳军总会秘书处主任，9月调市工商联工作，历任组织处主任、联络处处长、副秘书长。

1951年2月，加入中国民主建国会。1956年调民建市委工作。任民建市委第一至二届副秘书长、第二至五届秘书长、第三至五届副主委、第六届顾问；民建中央第二至四届委员、三至四届常委；市工商联执委、常委。历任上海市人大第一、三、四届代表，全国人大第三、五届代表；上海市政协第二至五届委员，全国政协第六届委员。

朱学范(1905年6月—1996年1月)

浙江嘉善(今上海市金山县)人，曾用名朱屏安。早年就读上海圣芳济书院、上海法学院，毕业后赴美国哈佛大学深造，1924年进入上海邮政局，1925年即投身劳工运动，1927年任上海邮务工会执行委员，全国邮务总工会常委，1932年任上海市总工会主席。“一·二八”上海抗战期间，组织邮工救护队抢救伤员；1937年“八一三”上海淞沪保卫战中率领上海工人武装别动队参加抗战。1935年任中国劳动协会常务理事、理事长，参加第二十届至二十六届国际劳工大会，任国际劳动局理事、国际工会联合会理事、世界工会联合会副主席。

1947年底协助李济深、何香凝、冯玉祥，联合国民党中的爱国民主力量实现国民党民主派的联合。响应中共中央“五一”号召，接受中国共产党的政治领导。1948年到解放区参加第六次全国劳动大会，被选为中华全国总工会副主席。

任新中国首任邮电部部长，中华全国总工会第六至九届副主席，中国红十字会名誉会长，中国国际友谊促进会理事长，中国医学基金会主席，中国国际工合委员会名誉理事长。

历任民革中央第一、三届常委，第五、六届副主席，第六、七届中央主席，第八届名誉主席，中央监察委员会主席；全国人大第一至三届代表，第五至七届常委会副委员长；全国政协第一届代表、第二至四届常委。

寿进文(1913年12月—1996年9月)

浙江绍兴人。1932年在上海加入左翼作家联盟，1934年参加社会科学家联盟。1942年任北碚复旦大学商学院副教授。1946年3月起，在上海中央银行总行经济研究处任协纂，并兼任《上海经济周报》编委，《文汇报》社论委员、《商报》社论委员、《金融日报》社论委员等职。

上海解放后，作为军代表联络员，参加银行接管工作。历任中国人民银行上海市分行秘书室、业务室、计划室副主任、主任，中国新经济学会上海分会秘书长、上海折实公债推销委员会秘书长、上海金融业同业公会主任秘书，震旦大学夜校银行系主任，上海财经学院银行专修科主任、教授。上海市手工业局副局长、上海市手工业生产合作社联合社副主任。上海市工商行政管理局副局长。上海经济学会副会长、上海金融学会副会长等职。主要著作有：《战时中国的银行业》《战时中国物价问题》《什么是货币》《货币与信用讲话》《借贷资本与信用》《商业资本与商业利润》等。翻译有：

《报酬法》《帝国主义》《出卖的上海滩》《不完全的竞争》《拉丁美洲史》《第一次世界大战的重大战役》等。

1945 年加入中国民主同盟，1959 年 8 月加入中国共产党。历任民盟市委第六至八届副主委，民盟中央第四、五届委员；1955 年 5 月任上海市政协委员，第四至六届常委，全国政协第五至七届委员。

程达肯(1916 年 6 月—1996 年 10 月)

江苏苏州人。1936 年，在上海中法学校读书时就接受进步思想影响，积极参加抗日爱国宣传活动。1941 年加入中国共产党。1947 年任中共中法校友会党支部书记，在国民党白色恐怖下，千方百计完成上级党组织交予的任务。1949 年 2 月任中共地下党上海市政工作委员会委员，负责联系上海市电话公司中共党组织。

1952 年 10 月，任上海市公用局煤气管理处业务财务科科长，同年 11 月任煤气管理处副处长，并作为上海市军事管制委员会军代表，全面负责接管英商上海煤气公司。1953 年 7 月上海煤气公司成立，任中共煤气公司党委书记兼经理。1958 年任上海吴泾焦化厂工程建设委员会副总指挥，为确保上海第一个依靠自己力量建设起来的大型炼焦制汽化工厂工程的顺利实施，在方案立项、征地、设备材料供应等方面精心组织、科学决断，保证了重点工程在短时期内完成。1960 年 2 月，任上海市公用事业管理局副局长。1966 年下放基层参加劳动。1972 年 9 月重新工作后任公用局生产组副组长。1978 年恢复上海市公用事业管理局副局长职务，1983 年离休。

1951 年加入九三学社。历任九三学社上海分社委员会第三、四届委员，第五届常委，第七至九届副主委；九三学社中央第六届委员；上海市政协第四至六届委员。

周谷城(1898 年 9 月—1996 年 11 月)

湖南益阳人。早年在北京高等师范学校学习期间参加五四运动。1921 年毕业后任长沙第一师范学校教员，1930 年加入中国国民党临时行动委员会，在上海创办《正言报》，著文批判买办哲学。同年秋任广东中山大学教授兼社会系主任。1933 年，任暨南大学教授兼历史社会系主任。1942 年后，任复旦大学教授兼历史系主任和教务长。抗战期间创办社会科学讲习所，向沦陷区青年宣传爱国主义思想，被日伪机关监视后遭逮捕。保释后，赴重庆复旦大学任教，被聘为民主政团同盟顾问。抗战胜利后，支持、参加反内战、反饥饿、反迫害斗争。1946 年参与发起成立上海大学教授联谊会，在中共地下组织领导下，反对国民党独裁政治，争取和平民主。上海解放前夕被上海警备司令部关押，由于复旦大学师生的罢教、罢课反对，国民党政府才被迫释放交学校"管束"。

1954 年起任农工党上海市委第一至六届主委。1951 年起历任农工党第六、七届中央委员，第八、九届中央副主席，1986 年 12 月起任第九届中央主席，第十、十一届中央名誉主席。是上海市各界人民代表会议第一至三届代表，上海市人大第三至六届代表，第七届常委会副主任。1954 年起当选全国人大第一至五届代表，第六、七届常委会副委员长兼教科文卫委员会主任。1955 年起任上海市政协第一、二届常委，第三至五届副主席；全国政协第五届常委。

夏高阳(1914年10月—1996年11月)

浙江宁波人。早年任庐山军官训练团、第三路军总指挥部及庐山暑期训练团速记员，武昌陆军整理处速记员兼图书管理员，广州行营速记员；龙游浙江抗日自卫干训班教官、浙江防空司令部秘书；诸暨县县长；温岭县县长；财政部专员。其间为抗日反蒋做过一些有益的工作。1947年3月参加中国农工民主党，任农工党华东局委员，从事地下工作，成功策反国民党政府官员。

1949年8月任农工党上海临时工作委员会委员。1949年11月在北京参加农工党第五次全国干部会议期间，担任周总理讲话记录工作。根据他的记录打印的油印稿，成为现存于农工党中央档案库的珍贵史料。1950年报名参加土改工作，任杨思区土地改革工作队队长。1957年错划为右派分子，1961年摘帽。后又打成历史反革命，1979年5月平反，1980年10月改为离休。先后受聘任上海商业专科学校、大夏大学、华东纺织工学院等校教授。

历任农工党市委第一届委员，第五届常委、代理秘书长，第六、七届副主委；农工党中央第八、九届委员，中央咨监委员会第二、三届委员；上海市各界人民代表会议协商委员会第一至三届委员、常委。上海市人大第一、二届代表；上海市政协第五届委员，第一、六、七届常委。

陆　诒(1911年8月—1997年1月)

上海人。1930年起在上海私立民治新闻学院学习，翌年10月进上海《新闻报》采访科当外勤记者。淞沪抗战中采写十九路军抗击日本侵略军的事迹。1935年任《救亡情报》编委。

抗战中任上海《大公报》记者，先后采访承德战役、“七七”卢沟桥事变、“八一三”淞沪抗战、太原之战、台儿庄战役保卫武汉战役，及冯玉祥、蔡廷锴、吉星文、张自忠等抗日爱国将领；并到太行山、晋察冀和平西等抗日根据地，采访毛泽东、周恩来、朱德、彭德怀、邓小平、刘伯承、聂荣臻、贺龙等领导人。1938年1月任武汉《新华日报》编委兼采访部主任。太平洋战争期间赴滇缅采访。1943年6月通过陈诚访问被国民党软禁的新四军军长叶挺，转达中共中央和周恩来的关怀和问候。1944年2月任重庆《大公报》记者。抗战胜利后，任上海《联合日报》《联合晚报》和《时代日报》编委、采访部主任。1946年参加中国民主同盟，任国新社香港分社社长，筹建民治新闻专科学校香港分校任校长。同时任民盟中央宣传委员兼《光明报》主编和民盟港九支部委员、达德学院新闻专修班主任、教授。新中国成立后任《新闻日报》副总编辑。著作有《前线巡礼》《火线上的五路军》《热河失陷目击记》《亚非地区的新形势》《古老城市的新建设》《战地萍踪》和《文史杂忆》等。1957年被错划为右派分子。

1978年后，历任民盟市委第八届副主委，民盟中央第五届委员、中央参议委员会常委；上海市政协第五届常委，第六届委员、常委。

诸尚一(1913年—1997年1月)

江苏武进人，笔名尚公、小回。1934年上海商学院国际贸易系毕业，进上海大公职业学校任教员、商科主任，同在上海启明染织厂兼任副经理，1938年又任上海中孚信托公司副经理。1947—1951年任上海《商报》经理部经理，辟“尚公说法”专栏，抨击国民党反动派经济政策。解放后主持上海丽明印染厂恢复工作，公私合营后被任命为上海第七化纤厂副厂长。1978年上海市会计学会

成立,任学会常务理事、副会长,主编《上海会计》月刊。任上海市会计师事务所董事,立信会计师事务所主任会计师、副董事长,上海市注册会计师协会常务理事、顾问,上海潘陈张联合会计师事务所高级顾问,贵阳会计师事务所、上海中信会计师事务所及高信会计师事务所顾问。还曾任《上海民革》主编、《联合时报》社务委员、《团结报》上海记者站站长;上海市监察局特邀监察员。

1949年4月参加民革,1996年10月加入中国共产党。任民革沪宁区临时工作委员会委员,并任民革上海市分部筹备委员会委员,民革市委宣传、联络、秘书处副处长、处长、副秘书长,第一、二届常委,第六至八届副主委,第九届顾问;民革中央第五届团结委员,第六至八届监察委员;上海市政协第一、二、三、五、六、七届委员。

刘靖基(1902年9月—1997年2月)

江苏常州人。早年就读省立第二工业专科学校。1919年后,在苏州苏纶纱厂、上海宝成纱厂任职员、营业主任,上海裕靖棉纺厂任经理。1930年与刘国钧合办常州大成纱厂,担任经理、常务董事。1938年创办安达纱厂,1945年后任南京江南水泥厂常务董事、董事长,上海大丰纱厂常务董事,全国纺织业联合会常务理事。

1949年6月2日,参加上海市市长陈毅主持的各界人士见面座谈会;1950年3月赴京出席全国劳动局长会议,回沪后在棉纺行业率先建立劳资协商会,把留在香港和海外的资金、原料及设备等调回浦东新建安达一厂、二厂。

1979年率先认款筹集资金,成立上海市工商界爱国建设公司,任董事长兼总经理。协助政府组建上海市投资信托公司,去日本为上海市投资信托公司发行250亿日元的债券。联合香港知名人士发起筹组沪港经济发展协会。1985年2月,民建成立全国第一所民办成人高校上海工商学院,刘靖基任董事会主席。

1951年11月加入中国民主建国会,任民建市委第一至四届副主委、第五至六届主委、第七至八届名誉主委;民建中央第一届委员、第二至四届常委、第五至六届顾问。曾任上海市工商联常委、副主委、主委;全国工商联常委、副主席、名誉副主席;全国人大第一至四届代表,第五至六届全国人大常委会委员;第七至九届市人大常委会副主任;全国政协第二至四届委员,第五届常委,第六至八届副主席;市政协第一届常委,第二至五和第八届副主席。

卢鹤绂(1914年6月—1997年2月)

山东掖县(今莱州)人,字合夫。1936年毕业于燕京大学,1941年在美国明尼苏达大学获哲学博士学位。同年回国,先后任中山大学理学院、广西大学理工学院、浙江大学理学院等校教授。1952年起任复旦大学教授,分子物理教研组、理论物理研究组、原子物理研究组主任,校务委员会副主任,兼任中国科学院上海原子核研究所副所长等职。历任中国物理学会理事兼物理学名词审定委员会副主任,上海物理学会理事长。

主要从事理论物理和核物理方面的教学和研究。发现了热离子发射的同位素效应;发明了在质谱仪中测定轻同位素丰度比的时间积分法。在国际上首次公开估算铀235原子弹和费米型链式裂变反应堆的临界大小的简易方法及其全部原理;提出了最早期的原子核壳模型并首次提出了核半径新的计算公式。建立了流体的容变黏滞弹性理论并对经典流体力学基本方程作了推广。20世纪50年代初,在浙江大学任教时,开辟了分子物理领域的研究方向,并修改纳威尔—斯托克斯非线性方程,国际上称之为“卢鹤绂不可逆方程”。出版有《受控热核反应》《高能粒子物理学漫谈》《哥本哈根学派量子论考释》等著作。1956年成为全国最年轻的一级教授。1980年当选中国科学院学部委员,1988年被中国科学院授予从事科学工作50年荣誉奖状。

1953年加入九三学社。历任九三学社上海分社委员会第九届副主委,九三学社市委第十、十一届副主委;九三学社中央第六至八届委员,中央参议委员会第九届委员;全国人大第三届代表;全国政协第五至七届委员。

王聿先(1909年8月—1997年5月)

辽宁锦西人。1937年11月在汉口参加新四军,随部队迁至皖南,在军部医务所工作。1938年10月加入共产党。1939年9月,由陈毅推荐为新四军军医处副处长、代处长,组织领导军内卫生工作,以精湛的医术治疗伤病,是新四军卫生工作的创建人之一。1941年1月皖南事变中,与叶挺将军同时被俘,关押在江西上饶集中营。在狱中与国民党顽固派进行斗争,并为难友治病。1944年9月经保释出狱,到在华美军第14航空队任医生兼翻译,后辗转至福建、扬州、镇江等地医院工作。

1949年4月,回到中国人民解放军华东军区卫生部,任医务主任。5月27日上海解放,任上海市军管会卫生处秘书主任,不久调往山东任华东白求恩医学院教育长兼山东省卫生厅医务主任。1950年10月调回上海任市卫生局副局长,1952年由政务院任命为局长,长期主管上海市的卫生工作。1979年复任市卫生局局长,先后兼任上海市红十字会副会长、上海市爱国卫生运动委员会副主任、中国防痨协会上海分会会长、上海市卫生工作者协会主委、上海市退离休高级专家协会副会长等领导职务,1985年离休。

1958—1984年任农工党市委第二至五届副主委。此外,任上海市各界人民代表会议代表、上海市人大代表、上海市人民委员会委员、上海市政协常委。

徐以枋(1907年11月—1998年1月)

浙江平湖人,曾用名徐驭群。1928年复旦大学毕业,在杭州市工务局、江苏省建设厅、上海特别市工务局工作,1933年7月调国民政府全国经济委员会公路处任副工程师。抗战中参加滇缅等公路的开辟与抢修。1946年任上海工务局沟渠处处长兼复旦大学土木系桥梁学教授。1947年赴美考察回国后任上海工务局道路处处长。新中国成立前任工务局副局长。

新中国成立后任市政府工务局副局长,1951年兼任局技术处处长,1955年任市政工程局局长,1957年兼上海市政工程设计院院长。1958年任上海城市建设局局长、总工程师。1961年任崇明围垦工程副总指挥,70年代负责领导设计重庆长江公路大桥、上海泖港斜拉桥工程,分别获国家优秀设计奖,前者还获银质优质工程奖。1978年任上海市城市建设局(后改为市政工程管理局)总工程师,兼上海市政工程设计院院长。1987年7月被中国土木工程学会授予荣誉证书。

1957 年 3 月加入民革，历任民革市委第二届委员，第三、四届常委，第五、六届副主委，第七至九届主委，第十届名誉主委；民革中央第五至七届委员，第七届监察委员会常委。历任上海市人大第二至五届代表、第七届上海市人大常委会委员；上海市政协第三、四届委员，第五届常委，第六至八届副主席；全国政协第五届委员，第六、七届常委等。

何声武(1940 年 7 月—1998 年 1 月)

广东琼海人。1961 年复旦大学数学系毕业留校任数学系助教。1965 年任上海半工半读师范学院助教。1972 年后历任华东师范大学数学系助教、讲师、副教授、教授。1997 年任华东师范大学国际商学院院长、教授、博士生导师。其间，1981—1983 年为法国斯特拉斯堡大学访问学者，1988—1989 年为美国普度大学访问学者。兼任中国概率统计学会常务理事，上海市数学会副理事长，美国数学会会员。华东师范大学校工会副主席。

长期从事概率论与数理统计的教学与研究。出版专著多种，其中《半鞅与随机分析》在 1992 年与美国 CLC 出版公司联合出版英文版，1995 年获第七届全国科技图书特别奖。1986 年获得国家教委科技进步二等奖，1993 年获曾宪梓教育基金三等奖。1997 年获上海市统战系统为两个文明建设服务先进个人。

1986 年 5 月加入中国民主同盟。历任民盟华东师大委员会主委、民盟市委第十、十一届常委，第十一届副主委；上海市政协第七届委员，全国政协第八届委员。

李楚材(1905 年 11 月—1998 年 4 月)

江苏张家港人。1927 年进入南京晓庄试验乡村师范学习，师从人民教育家陶行知。1928—1943 年，参与创建浙江湘湖师范，先后在第三中山大学区民众教育学院、浙江湘湖师范、江苏宝山师范、黄渡乡村师范、上海漕河泾农学团、上海爱国女学、江苏无锡师范等校担任教师和教务主任。1943 年春，受位育学校董事会聘请，以位育小学为基础创办位育中学并担任校长。

新中国成立后，位育中学得到进一步发展。1960 年位育中学被评为上海市和全国文教战线先进单位。1964 年李楚材调任华东师大教育科学研究所研究员。李楚材是研究陶行知教育思想的专家，著有《陶行知和儿童文学》等著作，并为《陶行知全集》提供了大量文稿。专著《教会教育》，对西方国家教会在中国创设学校的历史进行研究和评介。1984 年，李楚材被市政府命名为位育中学名誉校长。任中国陶行知研究会顾问，上海市陶行知研究协会顾问。

1952 年加入中国民主促进会。历任民进市委第八、九届副主委、第十至十二届名誉副主委；民进中央第六、七届委员，民进中央参议委员会第二、三届委员；上海市人大第一至四届代表，上海市政协第一届委员，第三至七届常委。

赵宪初(1907 年 10 月—1998 年 4 月)

浙江嘉善人，名型，字宪初。1928 年 7 月交通大学电机工程学院毕业，在南洋模范中学从事数学教学。1931 年任校教务主任兼数学教师。新中国成立后，任南洋模范中学副教导主任，1956 年任副校长，1979 年任校长。1984 年任名誉校长，是上海市第一批特级教师。任上海市社会主义学院副院长。

赵宪初曾任上海市数学学会副理事长,著有数理化自学丛书《代数》第一册、《怎样列方程解应用题》《一元二次方程》和《赵宪初教育文集》等。在教育思想上,提出"德为师之本""学高为师,身正为范",面向全体学生,主张读书乐。强调培养学生的科学思维能力和勤于思考的良好习惯,学生中有中国科学院院士和中国工程院院士20人。

1955年加入中国民主促进会,历任民进徐汇区委副主委,民进市委第七至九届副主委,第十届主委,第十一、十二届名誉主委;民进中央第六、七届委员,民进中央参议委员会第一、二届委员、第三届常委;徐汇区政协第一至四届常委,徐汇区副区长;上海市政协第三、四届委员,第五、六届常委,第七届副主席。

笪移今(1909年12月—1998年10月)

江苏句容人。早年投身革命,在江苏、江西等地从事中共地下工作,1931年曾加入中国共产党。曾先后在上川实业公司总务处、中国工业经济研究所、上海商业银行研究室等处任职。中华人民共和国成立后,历任上海法政学院政治教员及兼职教授、代理院长、院长,上海学院院长;复旦大学经济系教授。

长期从事世界经济教学与研究。发起创办《观察》周刊,联合各兄弟党派和各界爱国人士积极参与争取民主、和平、反独裁、反内战的正义斗争。著有《论资本主义总危机新阶段的生产和发展》《美国对外政策和经济基础》《美国经济发展的历史特点》等。

参与九三学社的创建工作,1946年加入九三学社,在九三学社成立大会上当选理事。参加筹建九三学社上海组织,任九三学社上海分社第三届理事会副主任理事,九三学社上海分社第四、五、九届委员会副主委,九三学社上海市委第十、十一届副主委;九三学社中央理事会第一、二届理事,第三届中央候补委员,第四至六届委员,第七届常委,中央参议委员会第八、九届副主任;上海市各界人民代表会议第二、三届代表,上海市人大第一、二届代表;上海市政协第一至四届常委、第五届委员;全国政协第五至七届委员。

董涤尘(1901年2月—1998年11月)

江苏武进人,原名董藩,字涤尘,曾用名永椿、一清。1920年7月,进上海私立大同大学学习四年,毕业后在上海商务印书馆任数学编辑。受二哥董亦湘(革命烈士)的影响,接受马克思主义教育。1926年春,由沈雁冰介绍加入中国共产党。先后参加"五卅"反帝爱国斗争和上海工人三次武装起义。1932年以后,由于中共党组织遭到破坏,与组织失去联系。次年起从事教育工作,在上海清心女中等校教书。

1951年9月起,先后任市八女中(清心女中)和私立中理中学副校长,1956年2月任黎明中学校长,1956年9月任上海市中学教师进修学院办公室第一副主任,徐汇区第二至五届副区长。

1952年参加中国民主促进会,1976年加入中国共产党。1957年筹建民进徐汇区委,任第一、二届主委。历任民进市委第七至九届副主委;徐汇区人大第二至五届代表,第七、八届常委会副主任。

许士林(1916—1998年)

上海人。1937年,在"八一三"淞沪抗战中参加中国红十字会组织的救护队救护伤员,任第五大队第三组组长;后随救护队撤退到武汉,成立武汉黎明抗敌剧团并任团长。1938年春,加入中华民族解放行动委员会,转移到江西,任"江西省各界人民抗敌救援会"救护工作团指导员兼第九战区救护总站站长。同年冬赴赣北敌后岷山游击区,建立有100人的战地工作队并担任队长。翌年夏到吉安担任赣县人民自卫大队少校政治指导员。1942年,任修水县国民兵团少校团副、江西省行政干部训练团训导、遂川县行政干部训练所教育长等职。1946年8月回到上海,以慎德中学教务主任为公开身份,从事农工党地下工作。1948年12月因"利群书报案"被捕,至上海解放出狱。

1947年2月起先后任农工党华东局委员,上海市党部委员会兼工人运动委员会主任。1953年4月任上海市人民委员会、上海市人民政府参事,1954年6月兼任市政府政治法律委员会委员。

历任农工党上海市临时工作委员会、农工党上海市工作委员会和农工党市委第一至六届副主委,第七至九届顾问;农工党中央咨监委员会第二、三届委员。历任上海市各界人民代表会议第一至三届代表;市人大第一至五届代表;市政协第二至七届委员,第一至四届副秘书长,兼任市爱国卫生运动检查团总干事。

高令山(1935—1998年)

山东阳谷人。1958年山东省聊城第三中学毕业,1962年上海中医学院毕业。先后任上海市延安医院主治医师,上海第一医学院附属肿瘤医院主治医师、主任医师,上海市中医医院主任医师、肿瘤科主任。

1981年由卫生部委派到菲律宾为当地华人和菲律宾国家领导人治疗,在宿雾市以高超的中医医术医治许多疑难病症,除约定的费用外,其余门诊全部无偿服务,并把患者所送的报酬实物,全部返还患者本人。为此当地报刊多次以较大篇幅报道他的事迹,其他各岛也纷纷邀其前往,促进了中菲两国人民的友谊。回国时获赠巨款,均捐献给上海医院。

1985年被派赴日本,在近畿大学东洋医学研究所、福岛医科大学从事中医药研究工作,成为日本东洋医学会会员,从事中日民间交流工作。1987—1992年在日本福岛县立医科大学第一外科从事中西医结合医疗的研究及中医药教学,在日本津村顺天堂制药公司和福井制药株式会社兼任学术顾问和研究开发部长。1992年在菲律宾宿雾市建立环球制药有限公司并开设中医药诊疗研究所,将中医药研究成果介绍到东南亚,邀请国内中医名家进行交流。

1981年加入中国农工民主党,1985年6月—1988年8月任农工党市委第六届副主委;1983年4月—1988年4月任上海市政协第六届委员。

陈云涛(1902年9月—1999年3月)

湖南长沙人。1923年在湖南省立第一师范由郭亮介绍参加中国共产主义青年团,次年到该校附小任教。1925年7月由郭亮、夏曦介绍加入中国共产党。此后历任长沙私立幼幼小学校长,中共湖北省汉阳县党部秘书、中共中央直属特支部书记、中共上海沪东区委委员、中共江苏省委通讯机关联络员等职。1927年到上海以教师职业为掩护,开展革命活动。先后担任群治大学附属中学教

导主任，务本女中、怀久女中、道光女中、务光女中教导主任和国文教师。1946 年 1 月参加上海市中等教育研究会并担任理事。

上海解放后，任上海市接管私立中学调研小组副组长，敬业中学校长，上海市教育局师范教育处处长，中共上海第一师范学院党委书记兼副院长，中共上海师范学院党委书记兼中共上海半工半读师范学院党委书记、院长等职。1976 年后，担任市教育局和市高教局顾问。著有《新教学法大纲》和《新教育法大纲》等著作。中共上海市第六、七次代表大会特邀代表。

历任民进市委第五至九届副主委，第十至十二届名誉副主委；民进中央第五至七届委员，民进中央参议委员会第一至三届常委；上海市政协第二至四届常委、第五至七届委员。

赵朴初(1907 年 11 月—2000 年 5 月)

安徽太湖人。早年就学于苏州东吴大学。1928 年起，先后任职上海和江浙佛教联合会、中国佛教协会秘书，佛教净业社社长，四明银行行长，上海安通、华通运输公司常务董事、总经理。

新中国成立后，历任上海临时联合救济委员会总干事，中国人民保卫世界和平委员会副主席，中国人民救济总会上海市分会副主席兼秘书长，华东民政部、人事部副部长，上海市政府政法委副主任。1953 年后任中国佛教协会副会长兼秘书长，中国作家协会理事，中国红十字会副会长等。1980 年后任中国佛教协会会长，中国佛学院院长，中国宗教和平委员会主席，中国书法家协会副主席。中国著名的宗教领袖和社会活动家。著有《佛教常识答问》等著述。1951 年，曾代表中国佛教界送观音像给日本佛教界，打开了中日民间友好交流大门。

1945 年 12 月 30 日，与马叙伦等在上海成立中国民主促进会。历任民进理事会上海分会第一、二届副主任理事，第三届主任理事，民进中央理事会第三届常务理事、民进中央第四、五届常委、第六至八届副主席，第九、十届名誉主席，民进中央参议委员会第一至三届主席；上海市第一至三届各界人民代表会议代表；全国人大第一至五届代表；全国政协第一至三届委员，第四、五届常委，第六至九届副主席。

柯　灵(1909 年 2 月—2000 年 6 月)

浙江绍兴人，原名高隆任，字季琳。早年在家乡小学任教。1930 年到上海编《时事周报》。1931 年起在天一等电影公司任职。曾主编《明星》半月刊和《鲁迅全集》校对工作。1937 年后，任《民族呼声》等杂志主编，《文汇报》副刊主编，金星影业公司编导部副主任。1945 年后，任《文汇报》主笔、副刊主任和上海文华影片公司编剧，同年创办《周报》。

1945 年 12 月，与马叙伦等在上海发起成立中国民主促进会。1948 年任香港《文汇报》副总编辑。1949 年 6 月出席全国政协筹备会，同年参加首届全国文代会。1950 年加入中国共产党。任上海《文汇报》总编辑，华东军政委员会文教委员会委员，上海电影创作所所长，上海作家协会副主席，全国文联委员，中国作家协会、中国电影家协会理事，国际笔会上海中心会长，上海市广播电影电视局顾问等职。著有文学作品 52 集、电影 14 部、戏剧 3 部，荣获多项国内外文学艺术大奖。1995 年荣获第三届上海白玉兰文学艺术杰出贡献奖。

历任民进理事会第一届理事、第二届候补理事，民进中央理事会第三届理事，民进中央第四至七届常委，第十届名誉副主席，民进中央参议委员会第一至三届副主席；上海市第一至三届各界人民代表会议代表；全国政协第二至五届委员，第六、七届常委。

王应睐(1907年11月—2001年5月)

福建金门人。1941年英国剑桥大学毕业，获生物化学博士学位。1941—1945年受聘于英国剑桥大学从事维生素及血红蛋白研究。1945年回国任南京中央大学医学院教授、中央研究院医学研究所筹备处研究员。新中国成立后，任中国科学院生理生化研究所研究员兼副所长，中国科学院生物化学研究所所长，中国科学院上海分院和上海科学院院长，中国科学院上海生物工程基地专家委员会主任。中国生化学会理事长，上海生化学会理事会主席，国内现代生物化学研究的倡导者和奠基人之一。

主要从事氨基酸代谢与维生素的关系及酶研究，1955年当选中国科学院学部委员。在人工合成生物高分子研究方面，组织领导团队先后于1965年和1981年完成人工合成胰岛素和人工合成酵母丙氨酸转移核糖核酸研究，分别获1978年全国科学大会重大成果奖，1982年和1987年国家自然科学奖一等奖。1981年当选比利时皇家科学文学与美术院外籍院士，1986年12月获匈牙利科学院名誉院士称号，1988年12月又当选捷克斯洛伐克科学院外籍院士。

1953年加入九三学社，1958年加入中国共产党。历任九三学社上海分社委员会第六、七和九届副主委，九三学社市委第十至十一届副主委；九三学社中央第四至六届委员，第七届常委，中央参议委员会第八、九届常委。当选上海市人大第二至四届代表，全国人大第三、五、六届代表。

黄铭新(1909年2月—2001年12月)

广东惠阳人。1931年圣约翰大学医学院毕业，1934年获医学博士学位，1939年回国任圣约翰大学附属医院内科正教授兼内科主任。历任圣约翰大学附属医院内科主任、圣约翰大学医学院代理院长、上海同仁第二医院院长兼内科主任。1951年12月参加抗美援朝医疗队。1952年成立上海第二医学院，黄铭新受聘为内科一级教授，兼医疗系二部系主任，上海第二医科大学附属仁济医院院长、上海市免疫研究所所长，全国血吸虫病研究委员会副主任、全国高等医学教材编审委员会副主任、卫生部科学委员会专题委员会副主委、中华医学会上海分会内科学会副主任等职。

对风湿性心脏病、冠心病及病毒性心肌炎独具心得，1953年在国内首创抗链球菌溶血素抗“O”的测定。1954年协助兰锡纯教授成功地完成了国内第一例二尖瓣分离手术。1985年，主持抢救一例心跳停止、多脏器功能衰竭的心肌梗死老人获成功，国内外多家媒体均对此有所报道。在中西医结合、血吸虫病防治、代谢和激素、临床免疫学、风湿病学、老年医学及医学管理学等方面均有较深的造诣和贡献。他是国内著名内科学教授，1982年被美国密苏里大学医学院聘请为名誉教授。

历任民盟市委第六届委员，第七、八届副主委，民盟中央第四、五届委员。1988年加入中国共产党。历任上海市政协第二至四届委员、第五届常委；全国政协第四至六届委员。

陈　植(1902年11月—2002年3月)

浙江杭州人，字直生。1928年美国宾夕法尼亚大学毕业，获硕士学位。1929年9月回国，在东

北大学建筑系任教。1930 年在上海开办赵深陈植建筑师事务所，1933 年更名为华盖建筑师事务所。1938 年起在之江大学建筑系兼职任教。新中国成立后，先后任之江大学建筑系主任、华东建筑设计公司总建筑师、上海市规划建筑管理局副局长兼总建筑师、上海市民用建筑设计院院长兼总建筑师、上海市基本建设委员会委员和上海市文物保管委员会副主任等职。

长期从事建筑设计与修复工作。负责并参与设计的工程项目包括中苏友好大厦(现上海展览中心)、鲁迅墓及鲁迅纪念馆、锦江饭店小礼堂、苏丹民主共和国友谊厅等。在建筑修复方面，先后修复设计了中共一大会址、豫园、松江方塔等建筑；参与课题调研，提出上海市第一批 61 项近代优秀保护建筑名单，经市政府审批公布。1989 年，被建设部授予“中国工程设计大师”称号。历任中国建筑学会第一至四届常务理事、第五届副理事长。

1956 年加入九三学社。历任九三学社上海分社委员会第六至九届副主委，九三学社中央第六届委员，第七届常委，中央参议委员会第八、九届常委。当选上海市人大第二至五届代表，全国人大第三至六届代表。

丁日初(1917 年 4 月—2002 年 3 月)

福建邵武人，生于北京。1936 年留学日本，抗战爆发后回国赴延安抗日军政大学第四期学习。1941 年在重庆中央银行业务局任职，为中共从事情报工作，其间以笔名“夏迪蒙”在进步报刊上发表政论文章。1944 年参加中国民主同盟，为该组织发起人之一，同年参加“三民主义同志联合会”的筹建，1945 年“民联”正式成立，担任中央文教委员会委员兼秘书，同年调任福建省银行驻南京办事处经理。1947 年 11 月加入中国共产党，翌年任中央合作金库福建省分库副经理。1949 年初曾协助其父丁超五在《星闽日报》发表抨击国民党政府的政论文章，其间，一直从事中共的地下情报活动，福州解放前夕，负责掩护中共在他家中设立的秘密电台报务员的工作。

新中国成立后，任中国人民银行福建省分行业务科科长、省财委计划处科长和福州人民政府委员、福州市工商联副主委等职。1953 年调北京中国国际贸易促进会办公室任秘书科科长。1956 年调上海财经学院，1958 年担任上海社会科学院经济研究所经济史研究组组长，开始了对中国经济史的专业学术研究。

20 世纪 60 年代，主持编辑《上海资本主义工商业的社会主义改造》一书。“文化大革命”后，承担《近代上海城市研究》和《上海近代经济史》的集体研究课题，分别获得国家和上海市优秀成果著作奖。曾担任上海社会科学院出版社负责人、中国经济史学会近代经济史专业委员会副主任、上海市经济史学学会会长、上海中山学社副社长兼秘书长等学术性职务，主编《中国近代经济史研究资料》第 1—10 辑、《近代中国》第 1—12 辑。20 世纪 80 年代以后，多次赴日本、美国等国家和地区参加讲学或访学。

1950 年 3 月 1 日重新登记加入民革，历任民革上海市委第三届委员，第四、五届常委，第六、七、八届副主委，第九届顾问，第十届名誉副主委；上海市政协第六、七届委员。

孔令朋(1919 年 7 月—2002 年 4 月)

山东曲阜人。新中国成立前先后在中央银行、国民政府粮食部任职。1945 年，抗战胜利先后

任天津市政府第三科科长(主管社会、警察、民政三局和外事处)、参事、民食调配处副处长、处长,坚决抵制国民党军队征粮,为天津市民保住了60万袋面粉。1957年被错划为右派分子,1979年平反后由中国化工上海进出口公司化医部退休,后受聘于上海外贸学院任教,主授进出口业务课程。1983年被聘为教授。

作为孔子嫡系近支第76代八府长房长孙,任中国孔子基金会副会长、香港孔教学院顾问,多次出访美国、日本和中国港台地区,受到隆重的接待,出访期间他以亲身经历宣传中国共产党领导的祖国日益繁荣昌盛,称赞多党合作的政治制度,为促进中国与世界的交往和祖国统一作出了积极贡献。晚年定居香港,撰写弘扬孔子思想和文化的文章与著作。主要著作有《风雨人生》(又名《今生今世》)、《孔裔谈孔》等,2001年完成《论语精句今用新解》(港台版名为《旷古同钦》)。

历任农工党市委第六至八届副主委,第十届顾问;农工党中央第九届委员,第十届委员、常委,中央咨监委员会第三届常委;全国政协第六至八届委员。

苏步青(1902年9月—2003年3月)

浙江平阳人。留日期间师从著名几何学家洼田忠彦教授,以优异的成绩荣获理学博士学位。回国到浙江大学任教并将研究方向转到射影微分几何。1931—1949年,苏步青和在美国、日本等国的著名杂志上发表了射影曲线论文26篇、射影曲面论文30篇,被赞誉为"东方第一几何学家",中国微分几何学派创始人。

1952年院系调整到复旦大学,历任教务长、副校长、校长、名誉校长等职,中国科学院院士。1956年,撰述《K展空间和一般度量空间的几何学、射影曲线论》获得首届国家自然科学二等奖。1963年,兼任刚成立的上海电视大学副校长。在仿射微分几何学、射影微分几何学、高维空间共轭理论研究等方面成就卓著。主要作品有《射影曲线概论》《射影共轭网概论》《计算几何》等著作。

1972年,苏步青赴江南造船厂进行《船体数学放样》研究,于1978年荣获全国科学大会奖,并在国内创立计算几何新学科。先后荣获国家自然科学奖、全国科学大会奖、国家科技进步二等奖等奖项。

1951年9月加入民盟,1959年加入共产党。历任民盟市委第四、五、六届副主委,任民盟中央第四、五届副主席,民盟中央参议委员会第一、二、三届主任,第八、九届名誉主席;上海市人大第一、二届代表,第七届常委会副主任;全国人大第二、三届代表,第五至七届常委;上海市政协第五届副主席,全国政协第七、八届副主席。

段力佩(1907年12月—2003年3月)

江苏金坛人。1929年江苏省第一师范学校毕业,在家乡书院小学执教。1935年赴上海,先后在东明小学、华光中学和敬业孤儿教养院从事和负责教育工作。1941年加入中国共产党,并在麦伦中学、储能中学等任职。1946年任储能中学校长,其间聚集了一批进步人士。

1949年5月上海解放,任市东中学校长,旋任育才中学校长。后任新成区、静安区副区长,新成区、静安区政协副主席。任中国教育学会常务理事、市教育学会副会长、市教育工会副主席等职。20世纪60年代初,段力佩辞去所有行政职务,回到育才中学当专职校长。在60年代中期和80年

代中期，在他主持下育才中学两次进行教改，“育才经验”在上海和全国产生重大影响。1963年被上海市政府命名为超级校长，1978年被评为市特级教师，1984年被上海市政府命名育才中学名誉校长。1996年段力佩90岁生日之际，江泽民、吴邦国、徐匡迪及赵朴初等都题词祝贺。著有《段力佩教育文集》等专著。

1951年加入中国民主促进会。历任民进理事会上海分会第三届副主任理事，民进市委第四届副主委；民进中央第四、五届委员、第六、七届常委；上海市第二、三届各界人民代表会议代表，上海市政协第一届常委、第五届委员；全国政协第六届委员。

陈铭珊(1916年1月—2003年7月)

浙江萧山人。早年到上海求学。1933年起任上海南洋药房职员、襄理、万国药房副经理。抗战期间，秘密为新四军某部提供药品。1942年起任上海信谊药厂副经理、经理、总经理。上海解放前夕，多次掩护中共地下党员，保护工厂设备财产，迎接上海解放。

新中国成立初期，任上海信谊制药厂总经理，协助党和政府恢复生产，接受国家加工订货和包销任务，带领全厂职工试制成功国内首创的抗痨药，推动同业公会成员踊跃认购公债，捐献飞机大炮。接受国家对私营工商业的社会主义改造，第一批向市政府提出公私合营申请，并在工商界作宣传报告。1954年7月，任信谊药厂厂长。1986年10月，作为全国民建、工商联代表去美访问。任市工商联副主委，全国工商联顾问；上海医药管理局顾问，上海爱建股份有限公司董事长。

1952年12月，加入中国民主建国会。1954年至民建市委、市工商联工作。历任民建上海市分会委员，民建市委第一届秘书长，第二至六届副主委，第七至八届主委，第九至十届名誉主委；民建中央第一、二届委员，第三届常委，第四至六届副主席，第七至八届名誉副主席。历任市人大第十届常委会副主任；市政协第二至六届常委，第七届副主席；全国政协第六至八届常委。

赵安泰(1924年5月—2003年9月)

浙江宁波人。1946年7月上海交通大学电机工程系毕业。1946年9月就职于戚墅堰电厂；1950年4月任上海新安电机厂设计工程师；1956年10月任上联电器厂副总工程师；1960年5月任上海动力拖动研究所副所长；1966年10月—1972年7月在上海人民电器厂、长江电器厂、蓄电池厂、上海公交五七干校劳动；1972年7月—1978年10月在上海石油化工总厂指挥部从事设计管理；1978年10月起任上海市电器公司副总工程师、副经理、总工程师；1982年5月—1995年4月任上海第一机电工业局副总工程师。

1956年加入九三学社。历任九三学社市委第十届副主委兼秘书长，第十一、十二届副主委；九三学社中央第八、九届委员；上海市政协第六届委员，第七、八届常委。

许文思(1925年3月—2004年8月)

台湾高雄人。1947年日本帝国大学毕业。1948—1949年在日本北海道札幌市加森制药厂任药剂师。1950年回国在北京中央卫生部生物制品研究所任技士。1952—1975年，参加筹建上海第

三制药厂并在该厂工作,先后任厂技术员、研究室副主任、生产技术科科长、总工程师、副厂长。1975年5月起,任上海医药工业研究院院长。1986年起任上海医药工业研究院名誉院长。1978年9月—1984年11月,任上海市侨联副主席。

1956年,青霉素发酵新工艺研究成功,获国家发明奖。在四环素的研究开发中,他采用改良提炼法,生产出优质四环素,产品打入国际市场,享有"中国黄"的声誉。1993年,阿霉素生产工艺和劳动保护研究取得成功,结束了长期依赖进口阿霉素的历史,获国家科技进步三等奖。1954年、1955年两度获上海市劳动模范称号,1956年获全国劳动模范称号。中国工程院首批院士,国务院学位评定委员会药学组委员。

1949年1月参加日本共产党,1950年5月加入中国共产党,1978年11月参加台湾民主自治同盟,任台盟上海市第四届支部(上海市分部)主委,台盟中央评议委员会第五、六届副主席。历任上海市人大第八、九、十届常委会委员;上海市政协第五届副主席。

李国豪(1913年4月—2005年2月)

广东梅县人。1938年赴德国达姆斯塔特工业大学,发表论文《悬索桥按二阶理论的实用计算方法》,获得工学博士学位。回国后任同济大学校长、教授,为同济大学建立桥梁工程专业,在土木工程、桥梁工程研究领域成就卓著。是国务院科学规划委员会委员、土建组组长,中国土木工程学会理事长,国际桥梁与结构协会常委,上海市科学技术协会主席。

提出被广泛应用的悬索桥按变位理论的实用计算方法,参与建造设计了武汉长江大桥、南京长江大桥等众多桥梁。主要作品有《工程结构抗震动力学》《桁梁扭转理论——桁梁桥的扭转、稳定和振动》《桥梁结构稳定与振动》《工程结构抗爆动力学》等著作。荣获上海市重大科技成果奖、上海市科技进步一等奖、全国科学大会奖、国家自然科学三等奖、国家科技进步二等奖、国际结构工程功绩奖、"何梁何利科技进步奖"等荣誉奖项。1981年,被国际桥梁与结构工程协会推选为世界十大著名结构工程专家之一。中国科学院院士、中国工程院院士。是著名桥梁工程与力学专家、教育家、社会活动家。

1953年5月加入民盟,1956年加入共产党。历任民盟市委第三届副主委;上海市各界人民代表会议第三届代表,上海市人大第二至四届代表,全国人大第三、五届代表;上海市政协第六届主席,全国政协第七届常委。

荣毅仁(1916年5月—2005年10月)

江苏无锡人。1937年上海圣约翰大学毕业,辅助父亲经营面粉、纺织和金融等家族企业。1949年解放前夕毅然作出留在上海的决定。新中国成立后,任上海申新纺织印染公司总管理处总经理,兼华东军政委员会财经委员会委员、上海市人民政府委员、上海市财政经济委员会委员等职。

1956年率先进行公私合营。1957年,当选上海市副市长,同时任中国国际贸易促进会上海市委员会副主委。1959年任纺织工业部副部长。1979年,牵头组建并出任中国国际信托投资公司董事长兼总经理。后任国家进出口管理委员会、国家外国投资管理委员会顾问,香港特别行政区基本法起草委员会委员，海峡两岸关系协会名誉会长，中国和平统一促进会会长，宋庆龄基金会副主席等职。1993 年 3 月当选中华人民共和国副主席。

1950 年 6 月加入中国民主建国会，1985 年加入共产党。历任民建上海市分会副主委，民建市委第一至四届副主委；民建中央第一至五届常委。曾任上海市工商联副主委，全国工商联筹委会副主委、全国工商联副主委、副主席、主席；上海市第一届三次各界人民代表会议协商委员会常委、上海市人大第一至五届代表，全国人大第一至三届代表、第四至五届常委会委员、第六至七届常委会副委员长；上海市政协第一至二届常委，全国政协第二届委员、第三至四届常委、第五届副主席。

宗之琥(1914 年 7 月—2005 年 11 月)

江苏常熟人，曾用名玉虎。1936 年交通大学北平铁道管理学院毕业到铁道部实习。抗战开始先后在西南运输处、中缅运输总局、滇缅公路运输局、黔桂铁路工程局等部门工作。抗战胜利后，交通部成立全国船舶调配委员会，先后任秘书组组长、副秘书长。1946 年，任民生公司业务处顾问，民生公司上海分公司、广州分公司任顾问、副经理兼业务部经理、经理等职。

1952 年民生公司上海分公司公私合营，任副经理。任长江航运管理局上海分局副局长、长江轮船公司上海分公司、长江航运公司上海分公司副经理。1966 年后在长江轮船上当服务员。1978 年 6 月调回长江航运管理局上海分局，参与了上海市工商界爱国建设公司的筹备及成立后的经营管理，先后任副总经理、副董事长。1978 年 12 月调到民建市委工作。1992 年 9 月上海爱建股份有限公司成立，先后任监事、副监事长、监事会顾问。

1951 年 11 月，加入中国民主建国会。1986 年 5 月，加入中国共产党。历任民建市委第一届委员，第二至三届常委、第四至七届副主委、第九至十届名誉副主委；民建中央第三届委员。曾任全国工商联常委，市人大第三至五届代表，市政协第五届委员、第六至七届常委。

刘育民(1921 年 11 月—2005 年 11 月)

湖北大冶人。1945 年上海医学院医疗系毕业，获学士学位，同年任中央研究院医学研究所(筹备处)助理研究员。1949 年 5 月—1958 年 1 月任中科院生理生化研究所助理研究员，1958 年 1 月—1959 年 3 月赴瑞典诺贝尔神经生理研究所进修；1959 年 3 月—1987 年历任中科院上海生理研究所副研究员，第三研究室主任、研究员，学术委员会副主任、主任，《生理学报》主编，中国生理学会理事，中国生物物理学会理事。

在国内开创视觉生理方面研究，涉及视觉电生理、心理物理等多个研究领域，在人的视网膜电图的特性分析、中国色觉特性的测定、视色素漂白和复生的动力学研究、人眼光学调制传递函数的研究等方面均取得研究成果，发表论文近 50 篇，是国内现代视觉生理研究的奠基人。

1957 年加入九三学社，历任九三学社市委第十届副主委；九三学社中央第七届委员；上海市政协第六届委员。

吴中一(1911 年—2006 年 5 月)

江苏无锡人，别号熙钧。1936 年英国波尔顿专科大学纺织系毕业回国，进入上海申新九厂，先

后任工程师、襄理、协理。后任中华第一针织厂经理,中国纺织染专科学校校董会主席、教授。1942年,兼任中国纺织工学院副院长、教授。新中国成立前夕,随其父吴昆生赴香港,任香港伟纶纱厂常务董事。1949年8月,返回重振在沪企业,把在港资金投入国内企业。特别是上海遭受"二六"轰炸时,申新九厂面临困难,说服在港资方,争取汇回港币300万元,恢复生产。1950年,上海申新纺织印染公司总管理处成立,被委任为副总经理。

1952年11月,参加中国人民第二届赴朝慰问团,到朝鲜前线慰问中国人民志愿军。1955年,任公私合营中华第一针织厂经理,后任申新总管理处副总经理兼申新九厂厂长、上海棉纺织工业公司副经理。1972年12月去香港探亲,因其父在港病重而留居,任伟纶纱厂有限公司董事长。

1951年7月,加入中国民主建国会。历任民建上海市分会委员,民建市委第一至二届委员,第三至五届副主委;曾任市工商联执委、副主委、顾问。任上海市人大第一至五届代表,全国人大第三届代表;上海市政协第二至四届常委,全国政协第五、七届委员。

方学武(1917年1月—2007年2月)

江苏昆山人。1929年小学未毕业进烟纸店当学徒。1936年8月考入邹韬奋、徐伯昕领导的上海生活书店工作。1939年2月5日,方学武在重庆经吴全衡等介绍加入中国共产党。1944年参加中国民主同盟。1946年4月回到上海,由组织安排担任《民主》周刊社经理,并经由王绍鏊、徐伯昕介绍参加中国民主促进会。1947年受中共委派,担任民盟领导沈钧儒秘书。新中国成立后,与民盟停止组织关系。

上海解放后,方学武担任上海军管会新闻出版处出版室调研组副组长,1949年10月担任华东出版委员会研究室主任,1950—1956年分管私营出版社改造工作。后历任华东新闻出版局出版处副处长,上海市出版局办公室主任,上海市出版文献资料编辑所主任,上海译文出版社副社长、顾问。

20世纪60年代中后期被打成"走资派",下放黑龙江爱辉县劳动。1977年回上海人民出版社工作,1978年3月调入上海译文出版社。1981年12月,受民进中央委托,去安徽合肥筹建民进安徽省组织。

历任民进市委第五至七届常委,第八届副主委兼秘书长;民进中央第六届委员;上海市政协第四至六届委员。

孟庆闻(1926年11月—2007年4月)

女,江苏常州人。1949年同济大学理学院生物系毕业,获学士学位;1949—1951年任同济大学生物系助教;1951—1958年任华东师范大学生物系助教、讲师;1958—1972年任上海水产学院水产养殖系讲师;1972—1979年任厦门水产学院养殖系讲师;1980年5月被上海水产学院破格提升为教授。1983年10月—1985年10月,任上海水产学院院长。

长期从事鱼类形态学研究,是著名鱼类学专家,出版《白鲢的系统解剖》《中国软骨鱼类的侧线管系统及罗伦瓮和罗伦管系统的研究》《鱼类分类学》等专著6部,鱼类学教材4本,翻译专著1本,发表论文30篇,发现软骨鱼类新种13种。曾被评为全国优秀教师、全国三八红旗手、上海市三八红旗手。1991年7月获国务院颁发的政府特殊津贴。其生平事迹于1988年载入《华夏妇女名人词典》,1991年载入英国剑桥《世界名人录》,1994年载入《中国农业百科全书》水产卷上册。

1956年加入九三学社。历任九三学社市委第十至十二届副主委,第十三、十四届名誉副主委;九三学社中央第七至九届委员;全国政协第六至八届委员。

王洪昌(1921年10月—2007年6月)

江苏常熟人。1936年初中毕业,进上海亚洲无线电公司当练习生,在亚洲实用无线电学校工程系学习,后升为技术员。后任上海意大利广播电台(属意大利领事馆)副工程师。1944年,合伙开设整业电器公司,任厂长、工程师。1946年合伙开设信通电器公司,任经理。长期从事无线电技术工作,参与设计制造10座航空用的无线电报话两用电台和2座无线电飞机导航电台,以及海军舰艇、渔轮和公安部门所需的通信设备。

在社会主义改造中带头推动自己所在区公私合营,任工商青年突击队队长。1956年公私合营后,历任宏音无线电厂厂长、上海无线电器材厂厂长、上海无线电三厂副厂长。20世纪60年代中后期下放无线电三厂车间劳动。1981年担任静安区副区长。曾任上海工商界爱国建设特种基金会监事。

1954年1月,加入中国民主建国会。1957年起先后任新成区和静安区的民建、工商联主任,静安区政协副主席等。1984年4月任民建市委秘书长主持工作。历任民建市委第一届委员,第二至四届常委,第五至七届副主委,第八届常务副主委,第九至十届名誉副主委;民建中央第三届委员,第四至六届常委。历任市人大第八届代表;市政协第六至七届副秘书长,全国政协第七届委员、第八届常委。

张国魁(1921年4月—2007年10月)

江苏宝山人(今属上海市)。德国柏林工业大学毕业。1944年10月至1946年8月,在德国西门子电器厂任工程师;1947年1月至1949年7月,回国在国民党中央印制厂任工程师;1949年7月至1981年12月,任国营六一四厂副总工程师,后任上海造币厂副总工程师。

1982年加入民革,历任民革市委第六、七届委员,第七、八届基层联络委员会主任,第七至九届副主委,第十、十一届顾问;民革中央第六、七、八届委员。曾任上海市政协第六至八届委员。

许根俊(1935年11月—2008年1月)

安徽歙县人。1957年复旦大学化学系物理化学专业毕业。1957年至1979年任中科院上海生化所实习研究员、助理研究员、副研究员,1979—1985年任中科院上海生化所副研究员,1985年3月起任中科院上海生物化学与细胞生物学研究所研究员、中国生物化学与分子生物学会理事长,1991年当选中科院学部委员(院士),任中科院生物学部常委、中科院生物学部副主任、第一届中科院道德委员会委员。

长期从事生物化学研究,是蛋白质、酶学专家,主要著作有《酶的作用原理》等。20世纪50年代,参加胰岛素的人工合成研究工作;20世纪60年代初,进行酶动力学和酶的侧链基因团的定量关系研究;20世纪70年代,开创了用天然肽段于人工合成胰岛素结构与功能关系研究和对一系列酶有关的动力学、作用机制,别构调节和构象动态变化与活力的关系研究。在用单克隆抗体探测蛋白质折叠过程中,提出用自由能的方法来划分结构域等方面的研究,并取得成绩。荣获国家自然科学奖一等奖 2 次,中科院科技进步奖二等奖 2 次,中科院科技大会重大成果奖 1 次。

1985 年加入九三学社。历任九三学社上海市委员会第十二、十三届副主委;九三学社中央第九届委员;全国政协第九、十届委员。

盛士琰(1927 年 11 月—2008 年 2 月)

江苏靖江人。1947 年江苏省无锡市师范高师科毕业,历任上海市中、小学辅导员、教导主任、副校长。1982 年 7 月—1994 年,任南市区教育局副局长。

在 1988 年上海市人大九届一次全会上提出《切实贯彻"义务教育法",清除教育危机,提高教育质量,制止人员素质的"滑坡"》议案,共有 60 位市人大代表参与签名,引起政府部门的重视,将当年上海市教育经费由原来计划增长的 5.7%提高到 8%。在市人大十届会议上,盛士琰分别提出了《加强农业投入,抓好蔬菜的生产与销售》《对外环线环绿带建设呼吁紧急立法》《尽快制定〈上海市法制宣传教育条例〉,加大法制宣传力度》议案。

1951 年 8 月加入中国民主促进会。历任民进南市区第四届副主委、第五至七届主委,第八届名誉主委,民进市委第八、九届常委,第十、十一届副主委,第十二、十三届名誉副主委。历任南市区人大第七届常委会委员;南市区政协第七、八届副主席;上海市人大第八、九届代表,第十届常委会委员。

叶宝珊(1919 年 2 月—2008 年 4 月)

浙江慈溪人。1937 年上海邮务函授学校毕业。先后在上海中华书局、上海万康酿造厂任职员。1950 年后,历任上海万主录酿造厂经理,中国油脂公司上海市公司经理,黄浦区副区长,黄浦区工商联主委,市工商联副主委,全国工商联副秘书长、常委、会务局副主任。1988 年当选全国工商联第六届执委会副主席,1993 年 10 月被推选为全国工商联第七届执委会顾问。

历任民建黄浦区工委主任、民建市委第一届副主委、第二届常委;民建中央第一至三届委员。历任全国政协第三至七、九届政协委员,第八届常委,全国政协文史资料委员会委员。

谈家桢(1909 年 9 月—2008 年 11 月)

浙江宁波人。1930 年东吴大学生物系毕业,1932 年在燕京大学获硕士学位。1932 年任东吴大学讲师。1934 年赴美国加州理工学院生物学部读研究生,1936 年获博士学位留校任博士后研究助理。1937—1952 年,任浙江大学教授、理学院院长。1952—1961 年,任复旦大学生物系主任、教授。1961 年起,先后任遗传学研究所所长,复旦大学副校长、生命科学院院长和校长顾问等职务。1978 年以后,先后发起并担任中国遗传学会副会长、会长和名誉会长,《遗传学》报主编,中国环境诱变剂学会理事长和中国生物工程学会会长。

1980年当选中科院院士。1984年、1985年分别被加拿大约克大学、美国马里兰大学授予荣誉科学博士。1985年当选美国国家科学院外籍院士和第三世界科学院院士。1987年当选意大利国家科学院外籍院士。1995年获求是科学基金会“杰出科学家奖”。1999年当选纽约科学院名誉终身院士。任上海自然博物馆馆长，复旦大学生命科学学院名誉院长兼遗传学研究所名誉所长，国家人类基因组南方研究中心名誉主任。

1951年10月加入民盟，历任民盟市委第七至十届主委；民盟中央第五至七届副主席，第七、八、九届名誉主席。历任上海市人大第八至十届常委会副主任，全国人大第三、四届代表；上海市政协第五届副主席，全国政协第二、三届委员，第五至八届常委。

陆玉贻(1921年2月—2009年1月)

江苏镇江人。自1937年起，历任交通银行练习生、办事员、课长等职，1945年10月任交通银行重庆分行化龙桥办事处主任，1946年1月在重庆参加“陪都青年联谊会”并任理事、常务理事兼会员部主任等职，在中国共产党的领导下，为抗战胜利和祖国解放做了有益的工作。

1949年11月任交通银行重庆分行秘书室副主任，1949—1954年任中国人民银行业务科长，1954年任北京建设银行总行人事处科长，1954—1959年任中央财政部基建财务司拨款处副处长；1959—1983年任上海市商业二局财务处副处长，熟悉财经、金融和会计业务。二十世纪六七十年代下放烟糖公司财务组工作，1978年后对改进商业二局的工作大胆提出意见和建议，得到局领导的赞许。任上海通沪咨询服务公司副董事长、董事长。

1953年参加民革。1983年4月，调至民革市委任副秘书长兼组织处处长，第六、七、八届委员、常委，第七、八届副主委兼秘书长；民革中央第六、七届委员。曾任上海市政协第六届委员，第七、八届常委。

董寅初(1915年9月—2009年6月)

曾用名董旭，安徽合肥人。1938年上海交通大学毕业，任上海《大美晚报》翻译，后到香港邮政汇金局任职，兼香港《申报》的翻译和编辑。1939年8月赴印尼雅加达任《天声日报》编辑。1940年创办《朝报》任经理兼总编辑，开展抗日救国宣传工作。1942年12月在印尼被日军逮捕入狱，1945年9月重获自由，任印尼中华侨团总会总干事兼华侨治安总会主任。1947年回上海定居，任印尼建源公司上海分公司经理，中华酒精厂厂长。1949年后任上海市国际贸易联营公司副总经理、上海溶剂厂经理、上海轻工业进出口公司经理，上海市对外贸易促进会副主任、上海华建公司董事长兼总经理等职。1951年任市侨联委员、副主席。1956年带领上海部分进出口企业第一批公私合营。1981年起，任市侨联副主席、主席、名誉主席，全国侨联常委、顾问，上海市海外联谊会名誉顾问，上海市工商业联合会顾问，中国和平统一促进会顾问等职。

1980年加入致公党，是致公党上海地方组织创始人。先后任致公党上海市支部主委，中国致公党上海市委员会第一届主委。1983年11月起任为致公党中央副主席，第九、十届主席，第十一届委员会名誉主席。历任上海市人大第七届常委；第七届全国人大常委会委员会委员。上海市政协第五届常委、第六、七届副主席；全国政协第五届委员、第六届常委、第八届副主席。

张镜人(1923年6月—2009年6月)

上海人,名存鉴。出生于上海中医世家,为张氏内科第十二代传人,1945年独立挂牌应诊。新中国成立初期,率先关闭私人诊所,参加上海市卫生局工作,任中医科副科长、中医处副处长、处长等职。历任上海市第一人民医院中医科暨中医气血理论研究室主任、上海医科大学教授、上海市卫生局副局长、顾问。全国中医药学会副会长、上海市科学技术协会委员、上海市中医药学会理事长、顾问。上海中医药大学、上海市中医药研究院专家委员会顾问。上海市中医文献馆、上海市中医药情报研究所顾问等职。

对各种急性感染性疾病、慢性胃炎、病毒性心肌炎后遗症、冠心病、慢性肾功能不全、风湿病等均有深入研究,特别是在热病和脾胃病得研究方面有深厚的造诣。撰写《上海张氏医学经验》《张骧云医学成就》等科研论文108篇,主编及参编著作有《中华名中医治病囊秘张镜人》及《辞海·中医学科》等20部著作,获多项国家级重大科研成果奖,为著名中医理论家、中医临床学家,上海市首批名医,全国首批"国医大师"之一。

中国民主同盟盟员,2006年8月18日加入中国共产党。历任民盟市委第七至十届副主委,第十一、十二届名誉副主委,民盟中央第五至七届委员;上海市政协第五、六届常委,全国政协第七、八届委员。

尚　丁(1921年1月—2009年9月)

江苏丹阳人。1938年8月考入军委会战时干部训练团,1939年5月毕业。1941年7月,参加由郭沫若、田汉领导的铁血剧团。1942年民治新闻专科学校毕业,参加中华职业教育社,担任《国迅》杂志编辑、《宪政》月刊编辑,1944年9月加入中国人民救国会,1945年任国迅书店经理、民盟机关报《民主报》经理兼社论委员,参与筹建中国民主建国会,并于同年12月加入中国民主建国会,在黄炎培身边工作并参加"宪政座谈会"的具体组织工作,组织全国规模"拒检运动"、沧白堂、较场口的斗争,担任主席团成员及宣传组长等。

1948—1954年任《展望》周刊编委、经理,副社长兼总编辑。1954—1957年任新知识出版社副社长。1956—1957年任古典文学出版社副社长和《学术》月刊常务编委。1957年被错划为右派分子后到青海省南海藏族自治州政协工作。1962年9月摘帽,调任上海文献编辑所任编审,1973年起任上海辞书出版社编审。兼任中国年鉴研究会会长,《辞书研究》杂志主编,华东师范大学、上海大学兼职教授。

1943年10月加入中国民主同盟。任上海民盟青年区分部主任、上海地下组织执行委员兼组织部部长,民盟市委第七届副秘书长兼宣传部部长,第八届驻会常委,第九、十届副主委,民盟中央第五、六届委员,中央参议委员会常委;上海市人大第一届代表。上海市政协第五、六届委员,第七、八届常委。

孙更舵(1917年2月—2010年1月)

江苏川沙人(今属上海市浦东新区),原名根图。1936年6月在沪参加国难教育社和进取社。1938年5月参加江南抗日义勇军,任挺进纵队三支队军需长兼政治处总务科科长、纵队税务科科长,江都抗日自卫会财经委员会主任,江都县政府财政科科长,泰兴县政府财政科科长,江都县政府民政科科长,江都高邮行署民政科科长兼司法科科长,1941年5月加入中国共产党,任苏中一分区

专员公署财经处处长，苏中行政公署办公厅秘书、主任秘书兼中共机关党支部书记。1945 年 10 月任苏皖边区华中银行秘书长，华中银行副行长兼华中对外贸易局副局长。1949 年 4 月任中国人民银行南京分行军代表兼经理，上海分行副行长、中共党组副书记兼交通银行上海分行经理。

1953 年 11 月任上海市财经委秘书长、财贸办副主任，市人民委员会副秘书长，中共市房地局党委书记兼副局长，中共市粮食局党委书记、局长，中共市后方工作委员会副书记。三年困难时期，受命主持全市粮食工作。1973 年 11 月任市外贸局革委会副主任、主任，中共党委书记、局长。1977 年 11 月任市财贸办副主任、中共党组副书记，市出口办公室主任、中共党组书记，中国国际贸易促进会上海分会主任，市进出口领导小组副主任。

1956 年 1 月加入中国民主建国会，任民建市委第一至二届副主委；市人大第四、五、七届代表，第八届常委会委员，市人大财政经济委员会副主任。

嵇汝运(1918 年 4 月—2010 年 5 月)

江苏松江人(今属上海市)。1934 年松江中学初中毕业，进松江高级应用化学科职业学校就读。1937 年考取中央大学化学系。1947 年通过中英"庚款"留英全国统考，前往英国伯明翰大学化学系攻读生物化学博士学位。1953 年回国在上海药物研究所从事药物研究工作，在抗血吸虫病新药、金属解毒药物、抗疟疾新药、抗心律失常药物和抗感染新药等方面成果卓著。

历任中国科学院上海药物研究所所长、研究员、博士生导师，卫生部药典委员会委员，中国药学会副理事长、上海分会理事长，亚洲药物化学联合会执行委员等。1980 年当选中国科学院学部委员。发表 200 多篇学术论文，出版 20 多部学术著作；获得多项国家和中科院自然科学奖、国家技术发明奖；被授予"全国优秀归侨知识分子"的称号；先后荣获中国药学发展奖特别贡献奖、何梁何利基金科学与技术进步奖。

1957 年参加中国民主同盟，任民盟市委第七届委员、第八届常委、第九届副主委，民盟中央第八至九届委员、中央参议委员会委员；上海市政协第五届委员、第六至七届常委。

钱伟长(1912 年 10 月—2010 年 7 月)

江苏无锡人。18 岁考入清华大学历史系，后转投物理系，考取中英庚款会公费生留学生，赴加拿大留学。1942 年，博士毕业到美国师从世界导弹之父冯·卡门。1946 年 5 月回国，应聘为清华大学机械系教授，兼北京大学、燕京大学教授。参与创建创办中国第一个力学系专业——北京大学力学系，出版中国第一本《弹性力学》著作，开设国内第一个力学研究班和力学师资培养班。任清华大学副校长、上海大学校长等职，为中国科学院资深院士。擅长应用数学、力学、物理学、中文信息学，在弹性力学、变分原理、摄动方法等领域有突出成就。重要著作有《变分法及有限元》《广义变分原理》《穿甲力学》《弹性力学》《钱伟长文选》《钱伟长学术论文集》等。

1985—1990 年任中华人民共和国香港特别行政区基本法起草委员会委员，1988 年任中华人民共和国澳门特别行政区基本法起草委员会副主委、中国和平统一促进会会长。曾荣获上海市科技进步二等奖、北京市科技进步奖、全国优秀科技图书一等奖、2010 年感动中国十大人物、国家自然科学二等奖等荣誉奖项。

1952年加入中国民主同盟,任民盟中央第五、六、七届副主席、第七、八、九届名誉主席;全国政协第六、七、八、九届副主席。

蒋达宁(1919年3月—2011年1月)

安徽歙县(今黄山市)人。继承父亲产业,任上海恒丰泰茶号经理。1949—1956年任振达茶叶公司经理。

任卢湾区工商联主委,积极推动所在区公私合营。1956年任上海糖业糕点公司副经理,1957年3月,调任上海市工商联副秘书长。1963年底,参加民建、工商联"两会"中央在北京举办的第一期读书班,受到李维汉、黄炎培、陈叔通的亲切接见。二十世纪六七十年代下放到市糖业烟酒公司劳动。1979年回到市工商联副秘书长工作岗位,1980—1983年担任民建市委副主委,分管咨询培训工作,开展协助政府安置回城知青、为"四化"建设献计献策等活动。1983年4月,带领20多名成员赴宁夏固原,开办皮革、西服、皮鞋和食品等短期培训班。同年7月,赴北京民建中央任职。1988年8月回沪在民建市委分管宣传工作。为第七届全国工商联顾问。

1952年12月加入中国民主建国会。任民建市委第一届委员,第二至四届常委,第五、七、八届副主委,第九至十届名誉副主委;民建中央第四届委员、秘书长、执行局委员,第五届常委;中央执行局委员;第七届全国工商联顾问;市人大第一至五届、第七至八届代表;全国政协第六至七届委员。

董幼娴(1920年9月—2011年1月)

女,四川宜宾人,曾用名董畹华。1943年四川大学经济系毕业后,历任四川省银行经济研究处研究员、图书资料课副课长。受施复亮影响,开始参加民主运动,参加星期五聚餐会。1944年,加入中国民主同盟。1945年,参与发起成立民主建国会,12月民建成立,当选监事。1946年,赴美国费城彭德山学院学习。

上海解放后,到民建上海临时工作委员会工作。1950年后任上海市财经委员会综合计划处副科长、市工商局综合科副科长,兼职民建市委秘书处副处长。1956年调民建市委任专职干部,任工商改造辅导处副处长、宣传教育处处长。二十世纪六七十年代受到冲击。1978年后回到民建市委工作岗位。1980年任民建市委副秘书长。推动民建高校组织建设、祖国和平统一和妇女委员会工作,任民建中央妇委会副主任,民建市委妇委会主任,被评为上海市三八红旗手。

历任民建上海临时工作委员会委员,民建上海分会委员,民建市委第一至四届委员,第五届常委,第六至八届副主委,第九至十届名誉副主委;民建总会第一届监事,民建中央第一至三届委员,第四至六届常委,曾任民建中央咨议委员会常委。市政协第五至六届委员,全国政协第七至八届常委。

郑祖康(1947年7月—2011年11月)

浙江杭州人。1968年8月—1977年12月先后在崇明农场、交通部三航局二处当工人。1978年1月—1980年9月,在复旦大学数学研究所攻读研究生。1980年10月—1984年10月,在美国哥伦比亚大学攻读博士并获得博士学位。1984年10月—1988年,任复旦大学讲师、副教授、教授。

1989—1997年任复旦大学统计运筹系副主任、主任，1993年任博士生导师。1997年—2001年6月，任复旦大学管理学院副院长、院长。2001年7月，任复旦大学副校长兼管理学院院长。2009年1月—2011年11月，任上海市政府参事室主任。

曾任国家教育部高等学校数学与统计学教学指导委员会副主委、统计学专业教学指导分委员会主委、全国概率统计学会常务理事，中国工程概率统计学会副理事长，中国统计教育学会常务理事。发表论文80多篇、专著2部，荣获国家教育委员会科学技术进步奖、全国优秀教学成果一等奖、上海市教学成果一等奖，荣获全国优秀科技工作者、五一劳动奖章、上海市劳动模范等称号，享受国务院政府特殊津贴。

1994年3月加入九三学社。任九三学社复旦大学委员会主委。历任九三学社市委第十四、十五届副主委；九三学社中央第十、十一届委员，第十二届常委；第九届上海市政协委员；第十至十一届全国政协委员，第十一届全国政协常委。

张元震(1923年5月—2011年12月)

上海人。1946年沪江大学物理系无线电广播专业毕业。任上海新声、建成广播电台工程师。新中国成立后，历任上海中华自由、大中国广播电台工程师，苏州东吴大学讲师，上海宏音无线电器材厂副厂长。公私合营后任上海无线电器材厂技术科长。1957年2月，加入九三学社。1960年后，历任上海无线电三厂工程师、办公室副主任，上海无线电四厂副总工程师。

长期从事无线电技术的研究工作，主持、研制、指导成功大小技术项目共计70项，主持设计4G4X线医用工业电视获得全国科学大会重要成果奖。二十世纪六七十年代下放车间劳动。1977年后任上海无线电四厂副厂长、总工程师，成功主持国内首次引进彩电生产流水线，任上海电视一厂副厂长、总工程师，上海广播电视工业公司副经理、总工程师。1984年任上海市仪表局科技委员会主任，此外任全国工商联执委。

1984年4月加入中国民主建国会。1992年调任民建市委专职副主委，分管咨询和培训工作。任民建市委第六至八届副主委、第九届名誉副主委；民建中央第五、六届委员。曾任全国工商联执委；市人大第七、八届常委会委员；全国人大第七、八届代表。

刘恒椽(1931年1月—2012年1月)

浙江上虞人。1949年就读于圣约翰大学，1952年院系调整至华东师范大学化学系，1953年毕业留校从事教学和科研工作48年。1992年起任华东师范大学校务委员会副主任。任华东师大化学系教授、主任，有机合成研究室主任，海外联谊会理事会名誉会长，国家科技奖励评审委员会专家，上海市科技进步奖评审委员会专家，《上海市青年科技启明星计划》评审组专家，上海市高校高级职称评审委员会化学学科组成员。2002年被华东师范大学聘为终身教授。

他是国内有机化学学科研究的带头人之一。在功能试剂的合成理论及其应用方面有深入系统的研究，达到国内外领先水平，并产生重要学术影响。他的稀土元素、镁和铋的检测方法,被国家一机部和冶金部定为部颁标准试剂。

多年来共提交个人提案45件和政协大会发言材料14篇。其中3件提案被全国政协评为优秀提案,《运用高质量提案 履行好委员职责》提案被全国政协首次破例写上按语,并印发给政协主席班子和全体委员参阅,供撰写提案参考,被媒体称之为"提案的提案"。在报纸杂志上公开发表有关多党合作的文章46篇。享受国务院政府特殊津贴。

1987年5月加入中国民主促进会。1988年1月增补为民进市委第九届副主委,历任民进市委第十至十二届主委,第十三届名誉主委;民进中央第八届委员,第九、十届常委;上海市政协第八、九届副主席;全国政协第七至九届委员。

贾亦斌(1912年1月—2012年4月)

湖北兴国(今阳新)人,原名再恒,字思齐。1930年秋入陆军四十八师教导队当学兵,1931年加入国民党,1932年入南京陆军步兵学校学习。抗战期间参加过淞沪抗战、武汉会战、徐州会战、鄂西会战及第三次长沙会战,因战功从营长提升为师参谋长、军委会少将参议。抗战时期考入国民党陆军大学,1943年陆军大学特别班第七期毕业。1947年4月,任预备干部局副局长、代理局长。1949年4月率手下青年军在浙江嘉兴起义。后随解放军进入上海,任上海市公安局社会处干训班副主任,在中国人民解放军第九兵团、中国土产出口公司上海分公司工作,任中国食品出口公司上海分公司经理。兼任中国国际文化交流中心理事会副理事长,中国和平促进会常务理事、顾问,湖南谭嗣同研究会名誉会长等职。

1949年4月底被批准为中共党员,1957年8月加入民革,历任民革市委第三至六届副主委,民革中央第四届委员。1979年10月调至民革中央工作,先后任第五至七届副主席、第八至十一届名誉副主席;全国人大第四届代表;全国政协第三、四、九届委员,第五至八届常委。

王宇平(1932年2月—2012年5月)

女,江苏镇江人。1952年上海圣约翰大学经济系经济学专业毕业。任职中央船舶工业局,后任上海江南造船厂厂校教师、英语翻译、教研组长、厂长秘书等职,长期从事科技英语的教学和研究,翻译引进国外许多造船技术和经营管理先进经验的资料文献,总结与外国签订经济合同的经验,建立一套比较完善的中英文船舶出口合同。1984年后,任上海大学美术学院教研组长,后筹建国际商业学院国际经济系,任主任、副教授。先后获评市三八红旗手、全国教育系统劳动模范,被授予"人民教师"奖章。

1991年调民建市委工作,历任民建市委副秘书长兼联络处处长,副主委、常务副主委,兼浦东新区委员会(筹)主委。副主委期间分管联络工作,宣传改革开放政策和良好投资环境,结交朋友、凝聚人心、引进资金和先进技术。任常务副主委期间,抓各层次学习,为每批新会员上入会教育第一课。

1987年11月加入民建。任民建市委第八届副主委、第九届常务副主委;民建中央第五届委员、第六至七届常委;上海市政协第七届委员、第八届常委兼副秘书长;全国政协第九届委员。

周芝石(1934年2月—2012年5月)

上海人。1951年毕业于上海立信高级会计学校,分配至中国人民银行上海市提篮桥区办事处任会计员,1953年6月任鸭绿江路储蓄所主任,1961年1月任中国人民银行上海市虹口区办事处

计划信贷科信贷员、计划员，1963 年 1 月任东大名路储蓄所主任，1976 年 12 月任中国人民银行上海市虹口区办事处外勤组和综合账务组组长，1979 年 4 月任储蓄科辅导员，1981 年 12 月任储蓄科副科长。

1983 年 2—12 月参加中央财政金融学院与中国人民银行总行的进修班。1984 年 6 月任中国人民银行上海市闸北区办事处主任。1985 年 2 月，任中国人民银行上海市分行副行长兼国家外汇管理局上海分局副局长，高级经济师。1990 年 12 月兼任上海证券交易所监事长，1991 年 6 月被聘为上海市人民政府参事。1993 年 11 月任中信实业银行上海分行行长，1998 年 7 月后任中信实业银行巡视员。任上海金融学会常务理事、上海会计学会常务理事、上海钱币学会理事长。

历任民盟市委第九届常委、第十、十一届副主委，民盟中央第六至八届委员；全国人大第九届代表；上海市政协第八届常委。

徐　鹏(1926 年 8 月—2012 年 6 月)

江苏南汇人(今属上海市浦东新区)。1956 年毕业于复旦大学中文系，留校工作并跟从王欣夫学习古典文献学，任复旦大学教授、中文系主任，复旦大学图书馆馆长，全国高校“大学语文研究会”副会长。一直从事古典文献学和古代文学的研究。先后整理王欣夫遗著《藏书记事诗补正》《文献学讲义》《蛾术轩箧存善本书录》，参加朱东润主编的《中国历代文学作品选》中三国两晋南北朝部分的编撰，参加 20 世纪 70 年代的《二十四史》中《新唐书》《旧唐书》的整理，参加《汉语大词典》的编纂，并担任复旦大学编写组的负责人和《汉语大词典》分卷的主编、《通用大学语文》副主编。出版《于湖居士文集》(校勘)、《唐五十家诗集前言》《书目答问补正前言》、校点《陈子昂集》和《孟浩然集校注》，并参与复旦古籍整理研究所的组建。

1982 年 4 月加入民盟，历任民盟市委第八至十届副主委，第十一、十二届名誉副主委，民盟中央第五、六届委员，第七届常委；上海市政协第六届委员，全国人大第六至八届代表。

第二章　人 物 简 介

黄器周(1913 年—　　)

上海人,曾用名黄锺鼎。1942 年毕业于上海同德医学院。创设中医第五门诊部、中医文献馆、上海市第十一人民医院(中医院)等四所中医机构,参与筹建上海中医学院。新中国成立后,先后任上海市卫生局医政处、中医处、农村卫生处及医院管理处副处长、处长等职,主任医师。

1987 年 1 月—1988 年 5 月任农工党市委第六届主委,第六、七届主委级顾问;农工党中央第九、十届咨询监督委员会委员。任上海市人大第八届常委,全国人大第七届代表,上海市政协第五届委员。

杨　槱(1917 年 1 月—　　)

江苏句容人。1940 年毕业于英国格拉斯哥大学。新中国成立后,历任同济大学教授兼造船系主任、大连造船厂建厂委员会工务处长、中苏造船公司副总工程师、第一机械工业部船舶工业管理局工程师、大连工学院教授兼造船系主任;1955 年 2 月起任交通大学副教务长,上海造船学院教务长,上海交通大学教务长兼造船系主任;1978 年 9 月任上海交通大学船舶及海洋工程研究所所长、船舶及海洋工程系教授。1980 年当选中国科学院学部委员(院士);1984 年当选国务院学位委员会学科评议组成员,任船舶工程(含海洋工程)学科评议组组长。

1956 年加入九三学社。历任九三学社上海市委员会第十至十二届主委;九三学社中央第六届委员,第七届常委,第八、九届副主席,第十、十一届名誉副主席。历任上海市人大第八届常委;上海市政协第六至八届副主席;第五、六届全国人大代表;第七、八届全国政协常委。

郑励志(1924 年 9 月—　　)

台湾台北人,曾用名郑添火。1943 年 12 月台北第二商业学校毕业。1947 年 2 月台北延平学院肄业。1948 年 1 月任台湾水产公司基隆水产试验所会计课长。

1949 年在解放军华北军政大学预科和华东革命大学台湾干部班学习。1951 年后任台盟总部、中共中央华东局统战部、上海中兴海运公司政治处、上海海运局政治部干事。1956 年就读于复旦大学经济系,毕业后留校任世界经济研究所助教、讲师、副教授、教授,历任日本经济研究室主任、世界经济研究所副所长和所长,日本研究中心主任,日本研究中心理事长等职。著有《战后日本经济》《展望九十年代的中国》《日本最大企业一百家》等。

1949 年 11 月加入台盟,1980 年 4 月加入中国共产党。任台盟市委第六至八届主委,第八届名誉主委，台盟中央第四至六届委员、常委；上海市政协第七至九届副主席，全国政协第七届委员，第八、九届常委。

陈灏珠(1924 年 11 月—　　)

广东新会人。1949 年毕业于前国立中正医学院。1957 年在中国医学科学院进修。复旦大学医学院中山医院内科教授、博士生导师和博士后流动站导师、上海市心血管病研究所所长。中国工程院院士。国家重点学科和上海市心血管病临床医学中心学科带头人。

任世界卫生组织专家咨询委员会委员以及培训和研究合作中心主任、国务院学位委员会学科评议组临床工组组长，中华医学会心血管病学会副主委。2010 年 3 月，获上海市科技功臣奖。获国家科技进步二等奖 1 项，全国科学大会、卫生部和上海市重大成果与科技进步一等奖 8 项。

任农工党市委第六届代理主委，第七、八届主委；农工党中央第十、十一届副主席；上海市政协第五届委员，第六届常委，第七、八、九届副主席；全国政协第七届委员，第七、八、九届常委。

吴肇光(1925 年 5 月—　　)

广东四会人。1949 年上海医学院毕业，后赴美国进修，任新泽西州泽西市医学中心住院医师、外科总住院医师、主治医师。1956 年底回国，任上海第一医学院附属中山医院讲师、副教授、教授和博士生导师，外科副主任、主任，外科教研室主任。

1988 年起任中华基督教青年会全国协会董事会主席。历任第一至三届上海欧美同学会理事，国际外科学会会员，国际胰腺病学会会员，中国生物材料和人工器官学会理事，卫生部医学科学委员会器官移植专题委员会委员，上海科学技术委员会医学专业委员会委员，中国生化学会会员，中国营养学会理事，中华医学会外科学会常委，中华医学会上海分会理事，上海市医疗事故鉴定委员会委员。

1981 年 1 月加入中国致公党，1986 年加入中国共产党。任致公党市委第一届副主委，第二、三届主委，第四、五届名誉主委；致公党中央第七至十届委员；上海市人大第十届常委会副主任，全国人大第五至八届代表。

江景波(1927 年 7 月—　　)

福建福州人。1950 年上海大夏大学毕业。1951 年起历任同济大学助教、讲师、副教授、教授、博士生导师，任校务委员会委员、施工组织教研室主任、教务处长、副校长、校长等行政职务。

任国务院学位委员会管理科学与工程学科评议组成员，中国高等教育学会副会长，中国施工企业管理协会常务理事，中国优选法、统筹法、经济数学研究会常务理事，中国基建优化研究会主要学术顾问，中国建筑统筹管理研究会副理事长、理事长、名誉理事长。1986 年上海市劳动模范，享受国务院政府特殊津贴。

1952 年 10 月加入民盟，1980 年加入中国共产党。历任民盟中央第

六、七、八届常委,第七、八届副主席,第九届名誉副主席;上海市政协第七届常委;全国政协第八、九届常委。

俞云波(1936年1月—)

福建福清人。1951年12月从印尼回国。1956年闽侯一中保送中国人民大学,1960年8月毕业,同年9月任共青团山西省委团校教员,1970年7月山西省直属机关五七干校劳动,1972年10月任山西人民出版社编辑,1973年11月任山西财经学院教师。1974年12月,调复旦大学国际政治系任讲师、副教授,从事西方国家政治制度比较的研究和教学工作。1991年4月任命为上海市人民检察院副检察长。全国侨联第五至七届副主席。全国华侨历史学会理事、秘书长,中国人权研究会理事,上海市法学会副会长。2001年12月被评为国家二级大检察官。

1981年1月加入中国致公党。任致公党市委第一届驻会副主委,第二届常务副主委,第三届第一副主委,第四、五届主委,致公党中央第八届委员,第九、十届中央常委,第十一、十二届中央副主席;上海市政协第九、十届副主席;全国政协第七、八届委员,第九、十届常委。

谢丽娟(1936年3月—)

女,浙江湖州人。1961年7月上海第二医学院毕业,同年8月起任上海市卢湾区中心医院住院医师、主治医师、副主任医师、副院长。1984年2月,任上海市卢湾区副区长。1985年7月,任上海市副市长。曾任中华全国妇女联合会副主席,上海市红十字会会长,宋庆龄基金会副主席,上海市教育基金会会长等职务。

1981年7月加入九三学社。任九三学社市委第十二至十四届主委。九三学社中央第八、九届常委,第十、十一届副主席;上海市政协第八至十届副主席;全国政协第八届委员,第九、十届常委。

冯之浚(1937年4月—)

北京人。1958—1962年在上海铁道学院建筑工程系学习,毕业后留校任教,历任助教、讲师、副教授。1984—1986年任上海铁道学院管理科学研究所所长、教授,上海科学学研究所所长,1986年后任中国管理科学研究院副院长,国务院参事。曾兼任中国软科学研究会副会长、中国可持续发展研究会副会长等职务。是中国科学学等领域的奠基人,中国软科学、循环经济学、区域经济学等领域的杰出贡献者。

1981年4月加入中国民主同盟。历任民盟市委第八届副主委,民盟中央第五至九届副主席,全国人大第六届代表,第七至十届常委,先后任全国人大的教育科学文化卫生委员会委员,民族委员会委员、副主委,环境与资源保护委员会副主委;上海市政协第五届委员、第六届常委,全国政协第六届委员。

邓伟志(1938年11月—)

安徽萧县人,曾用名邓天纵。1960年上海社会科学院经济系毕业,先后在上海社会科学院、中共中央华东局政治研究室、《自然辩证法》杂志社、《红旗》杂志社、中国科学院研究室工作。1987年

后，任中国大百科全书出版社上海分社编审，后在上海市社会科学院和上海大学从事理论研究和教学工作，为上海大学终身教授。任中国社会学学会副会长，上海社会学学会会长，上海市中外哲学与文化研究会会长等。

出版各类专著 24 种，发表各类文章数千篇，内容涉及自然科学、社会科学等多重领域，曾获国家级一等奖，中国图书奖、林放杂文奖、人民日报金台奖等奖项。

1986 年 11 月加入中国民主促进会。历任民进市委第十、十一届副主委；民进中央第七届常委、第八至十届副主席；全国政协第八届委员、第九届常委、第十届委员。

黄关从（1938 年 12 月—　　）

广东中山人。1963 年 2 月华东纺织工学院机械系毕业，任上海第二纺织机械厂设计科技术员、工程师、副科长、科长、副厂长、厂长。1992 年 2 月任中国纺织机械厂厂长、中国纺织机械股份公司董事长兼总经理。教授级高级工程师，高级经济师。1994 年 6 月起任上海太平洋机电（集团）有限公司总裁、董事长，高级顾问。第九届上海市工商联副会长，上海中华职业教育社主任，中国纺织工程学会常务理事，中国机械工程学会理事，上海机械工程学会副理事长，上海纺织工程学会常务理事。

1995 年 12 月加入民建。任民建市委第八届副主委，第九、十届主委；民建中央第七、八届副主席；全国人大第八届代表；上海市政协第九、十届副主席；全国政协第九、十届常委。

石四箴（1940 年 4 月—　　）

女，台湾台南人。1961 年上海第二医学院口腔医学系毕业，留校任口腔内科住院医师、主治医师、科主任，1987 年任上海二医大口腔医学院副院长兼儿童口腔医学教研室主任，1994 年 3 月任上海铁道医学院口腔医学系任主任，上海铁道大学口腔医学院院长、附属口腔医院院长。分别于 1992 年和 1996 年两度赴日本东京齿科大学担任客座教授。1998 年 5 月当选国际牙医师学院院士，11 月获日本九州齿科大学博士学位。2000 年 4 月任同济大学儿童口腔医学院院长兼儿童口腔医学研究所所长。2002 年 7 月任同济大学口腔医学院名誉院长。任中华口腔医学会儿童口腔医学专业委员会主委，亚洲小儿齿科学会会长。第四、五届上海市台湾同胞联谊会副会长。

1975 年 5 月加入中共，1996 年 10 月加入台盟。任台盟市委第八、九届主委，台盟中央第六、七届常委；上海市人大第十一届常委；上海市政协第九、十届副主席，全国政协第九、十、十一届委员、第十届常委。

左焕琛（1940 年 9 月—　　）

女，湖南湘阴人。1962 年 9 月上海第一医学院毕业，后任上海医科大学（原第一医学院，后复旦大学上海医学院）基础医学院院长，基础医学研究所所长。两次赴美国斯坦福大学医学院进修。1995 年任上海市卫生局副局长，1996 年任上海市副市长。曾任中国解剖学会临床解剖学组秘书长，上海解剖学会理事、副秘书长。

有多项科研成果获国家卫生部、国家教委、上海市科技进步等奖项。1991年享受国务院政府特别津贴。

任农工党市委第七届常务副主委、代秘书长,第八、九届副主委,第九、十届主委;农工党中央第十、十一届委员,第十二届常委,第十三届副主席。上海市人大第九、十、十一届代表,第十届常委;上海市政协第九、十届副主席,全国政协第八、九届委员,第十、十一届常委。

张圣坤(1942年2月—　　)

浙江奉化人。1964年7月上海交通大学毕业,后留校任教。1981年6月至1983年6月为美国密歇根大学造船系访问学者。1994年4月任上海交通大学科学首席责任教授,1997年11月起任上海交通大学副校长、船舶与海洋工程学院院长。

多年来承担多项基础研究、军工预研项目和企业重大攻关项目,发表论文120多篇,曾荣获国家科技进步三等奖一项;上海市科技一等奖、三等奖各一项;中国船舶工业总公司(部级)二等奖、三等奖各三项;上海科技振兴设计会战项目一等奖一项;上海交大研究生优秀导师奖等。1995年被评为全国优秀教师并被授予全国优秀教师奖章。

1987年5月加入民盟。任民盟市委第十一、十二届主委;民盟中央第九、十届副主席;上海市人大第十一、十二届常委会副主任,第十三届代表;全国政协第九、十、十一届常委。

厉无畏(1942年11月—　　)

浙江东阳人。1982年6月上海社会科学院获硕士学位。同年7月在上海社科院部门经济研究所工作,后任数量经济与统计理论研究室主任、部门经济研究所副所长,1991年12月晋升为研究员,1996年5月任部门经济研究所所长。

长期从事产业经济、数量经济和经济管理等方面的研究工作,主编、合作撰写《创意产业——城市发展的新引擎》《创意产业导论》《创意改变中国》《转型中的中国经济》《中国产业经济发展前沿》等专著。其中《创意改变中国》在2011年7月获全球文化产业学院奖思想驱动奖。2007年和2012年,分别获得全国创意产业杰出贡献奖、终身成就奖。

1981年7月加入民革。任民革市委第七、八届副主委,第九至十一届主委,民革中央第七、八届委员,第九、十届副主席,第十一届常务副主席、第一副主席;上海市人大第十届常委,第十一届常委会副主任;全国人大第十届代表、常委;上海市政协第八届副主席;全国政协第八、九届常委,第十一届副主席。

吴幼英(1946年6月—　　)

女,江苏吴县人。1970年8月毕业于北京师范学院,1970年8月北京市朝阳区星火中学教师,1975年6月起先后在上海思南中学、兴业中学任教师,1986年2月起先后任卢湾区政协副秘书长兼办公室副主任、区政协副主席,区人大副主任,卢湾区副区长。2003年7月起任上海市监察委副主任。上海市侨联第九、十届主席,中国侨联第八届副主席。

2001年5月加入中国致公党。任致公党市委第五届副主委,2006年12月起任第五、六届主委;致公党中央第十三届常委;上海市政协第十一届副主席；全国政协第十、十一届委员。

严隽琪(1946年8月—　　)

女，江苏吴县人。上海交通大学毕业，在丹麦技术大学获博士学位。历任上海交通大学教授，机械与动力工程学院院长，校长助理。2000年任上海市政府信息化办公室副主任。2001年5月—2007年3月任上海市副市长。2008年10月任中央社会主义学院院长。

她是国内计算机集成制造系统和虚拟制造理论与技术专家。发表学术论文50篇、学术著作6部。获3项国家科技进步二等奖及多项省部级科技进步奖，以及全国五一劳动奖章、上海市劳动模范等荣誉。

1998年2月加入中国民主促进会。历任民进市委第十二届副主委、第十三届主委，民进中央第十一届副主席、常务副主席，民进中央第十二、十三届主席；全国人大第十一届常委会副委员长；全国政协第十届委员。

万　钢(1952年8月—　　)

上海人。1969年吉林省延边朝鲜族自治州下乡知青。1978年东北林业学院毕业留校任教。1979—1981年就读同济大学结构理论研究所实验力学专业获硕士学位并留校任教，1985—1991年赴德国克劳斯塔尔工业大学机械系攻读获工学博士学位，1991—2001年在德国奥迪汽车公司工作。2001年1月，任同济大学新能源汽车工程中心主任教授，2001年8月任同济大学校长助理、汽车学院院长，2003年7月任副校长(主持工作)。2004年7月起任同济大学校长(副部长级)。2007年4月起任科学技术部部长。

2005年加入中国致公党。任致公党中央第十二届委员、常委、副主席，第十三、十四届主席；全国政协第十届常委，第十一届副主席。

郑惠强(1953年2月—　　)

广东潮阳人。1976年同济大学毕业，1977年起在同济大学先后任助教、讲师、副教授、教授、博导，其间赴德国达姆斯塔特工业大学进修，1987年起在职进修硕士研究生和博士生，1998年10月获工学博士学位。2003年4月起任上海应用技术学院副院长。2006年6月—2008年1月任上海市信息化委员会副主任。2007年12月起任同济大学副校长、教授。

从事机械与汽车设计理论专业的教学与研究，主要研究机械结构动态设计和测试，负责参与了几十项科研项目，在国内外发表学术论文40多篇，主(参)编专著教材5本。两次获得上海市优秀教育工作者。

1990年5月加入民盟。任民盟市委第十一、十二届主委；民盟中央第十、十一届副主席。上海市人大第十三届常委会副主任；全国人大第十届代表，全国政协第十一届常委。

杨　健(1953年12月—　　)

台湾台南人。1977年2月同济大学水暖系毕业留校，任同济大学环境科学与工程学院助教、讲师、高级工程师、研究员、博士生导师、教授，同济大学校务委员会委员；1988年11月获中英奖学金，为英国纽卡素大学访问学者。从事水污染控制技术方面的教学科研工作，“微生物—蚯蚓系统处理生活污水”等科研成果获国家发明专利。2006年5月任上海市台联专职副会长兼秘书长,2008年3月任上海市水务局副局长(正局级)。

2006年5月加入台盟,1984年12月加入中国共产党。任台盟市委第九届副主委,第十、十一届主委;台盟中央第八届副主席;全国政协第十一届常委。

赵　雯(1956年11月—　　)

女,安徽安庆人。1974年任安徽省潜山县油坝公社中学教师。1976年任南京航道局财务处主办会计。1983年就读于武汉交通管理干部学院会计系。1985年任长江航道总局财务处主办会计。1986—1993年任武汉交通管理干部学院讲师,1992年获中南财经大学会计系硕士学位。1993年后任广东商学院会计系审计教研室主任、副教授,上海市五角场高新技术产业园区管委会副总会计师,同济大学商学院副教授,经济与管理学院会计系副主任(主持工作)、主任,校长助理。2001—2003年任南汇区副区长,同济大学教授、博士生导师。2002年获同济大学经济与管理学院博士学位。2003年任市人大常委、市人大常委会预算工委副主任、市人大财经委委员、市人大常委会副秘书长。2008年任上海市副市长。

1994年1月加入九三学社。任九三学社市委第十四届副主委,第十五、十六届主委;九三学社中央第十一届委员,第十二届常委,第十三届副主席;上海市人大第十二届常委,第十三届代表;全国政协第十一届委员。

周汉民(1957年4月—　　)

浙江镇海人。1975年4月在徐汇区中心医院总务科工作;后在上海对外贸易学院学习任教,获国际经济法硕士学位,英国利物浦大学名誉法学博士,博士生导师,教授。任上海对外贸易学院国际经济法系主任,研究生部主任,国际经贸研究所所长,法学院院长,上海对外贸易学院副院长;浦东新区副区长,兼任中国2010年上海世博会申办工作领导小组办公室副主任;上海世博会事务协调局副局长;上海世博会执行委员会副主任。上海市社会主义学院院长,上海中华职教社主任。

2004年10月加入民建。民建市委第十届副主委,第十一、十二届主委;民建中央第八届委员,第九届副主席;上海市人大第十、十一届代表;上海市政协第十一届副主席;全国政协第十届委员,第十一届常委。

蔡　威(1959年11月—　　)

浙江杭州人。1983年毕业于上海第二医科大学,先后任上海第二医科大学附属新华医院主任医师、小儿外科副主任、临床营养中心主任,1995—1998年先后在美国哈佛医学院附属波士顿儿童医院、附属麻省总医院及麻省理工学院学习,任新华医院副院长,上海第二医科大学教务处处长、副校长,上海交通大学医学院副院长,上海市卫生局副局长,上海交通大学副校长、上海市儿科医学研究所所长。

获上海市科学技术一等奖、国家科技进步二等奖等;2016年获全国优秀科技工作者称号。

1999年7月加入农工党。任农工党市委第九届委员、第十届常委、副主委，第十一、十二届主委；农工党中央第十三届委员、第十四届常委、第十五届副主席；上海市政协第十一届副主席；全国政协第十届委员，第十一届常委。

蔡达峰(1960年6月—)

浙江宁波人。毕业于同济大学，先后获建筑学硕士、博士学位。历任同济大学、复旦大学讲师、教授、博士生导师，系主任、教务处处长，2003年3月起任复旦大学副校长。

长期从事建筑历史与理论、文物建筑保护的教学和研究。曾主持多项全国重点与上海市级文物保护单位的建筑修复项目与上海市社科项目，负责完成一系列文物建筑的保护与修复方面的设计研究工作，发表过多部专著和30余篇论文，其“文物学基础理论”受到文物界关注。获上海市高校优秀青年教师，上海市育才奖等荣誉。

1995年1月加入中国民主促进会。历任民进市委第十二、十三届副主委，第十四、十五届主委；民进中央第十二、十三届副主席；上海市人大第十三届常委会副主任，全国人大第十届代表，全国政协第十一届常委。

张恩迪(1960年12月—)

上海人。1986年6月获华东师范大学生态学硕士，1986年7月参加工作。1996年8月获剑桥大学生态学博士。1996年8月回国工作，任华东师范大学生命科学学院副院长、教授、博士生导师。华东师范大学校学术委员会委员。兼国际野生动物保护学会(WCS)中国项目主任，上海野生动物保护协会顾问，2002年获“上海市保护野生动物先进个人”称号。2003年2月—2012年1月，任上海市浦东新区人民政府副区长。2008年2月—2009年6月，兼张江高科技园区管委会主任。2012年1月，任上海市民政局副局长。

1998年4月加入中国致公党。任致公党市委第五、六届副主委，第七届主委；致公党第十二、十三届中央委员、第十四届常委；上海市政协第十届委员；全国政协第十一届委员。

高小玫(1961年3月—)

女，陕西渭南人。1982年毕业于西安交通大学，到常州一家煤炭机械厂从事化验工作，1983年考上北京钢铁学院研究生，后攻读北京科技大学金属材料专业获工学博士学位。任上海钢铁研究所研究中心副主任，上海市经委科技处主任科员、副处级调研员、投资与技改处副处长，上海建材集团总公司教授高工、总工程师。2006年6月—2009年2月任上海市知识产权局副局长，2009年2月起任上海市科学技术协会副主席。

1988年1月加入民革。任民革市委第十一届副主委，第十二、十三届主委；民革中央第十届委员，第十一、十二届常委。上海市人大第十一届代表；上海市政协第十一届副主席全国人大第十届代表；全国政协第十一届常委。

第三章 人物名录

第一节 上海各民主党派任中央主席、副主席、常委、委员

中国国民党革命委员会

第五届委员会(1979年10月—1983年12月)

副主席：贾亦斌 赵祖康(1981年12月任)

常务委员：贾亦斌 赵祖康

委　　员：贾亦斌 赵祖康 田桓 刘昌义 阮玄武 张汇文 武和轩 姚国桐 徐以枋 顾毓琭 徐国懋

第六届委员会(1983年12月—1988年11月)

副主席：赵祖康

常务委员：赵祖康 徐国懋 毛增滇 黄启汉

委　　员：赵祖康 徐以枋 张国魁 李赣驹 陆玉贻 周旧邦 顾毓琭 刘昌义 王天厚

第七届委员会(1988年11月—1992年12月)

名誉副主席：赵祖康

常务委员：毛增滇

委　　员：毛增滇 王天厚 厉无畏 李赣驹 张国魁 陆玉贻 郑毓蕃 徐以枋 黄崇武 谢继民

第八届委员会(1992年12月—1997年11月)

名誉副主席：赵祖康

常务委员：毛增滇

委　　员：毛增滇 厉无畏 过传忠 宋大有 陆玉贻 郑毓蕃 黄崇武 谢继民

第九届委员会(1997年11月—2002年12月)

副主席：厉无畏

常务委员：毛增滇 厉无畏

委　　员：毛增滇 厉无畏 过传忠 刘豫阳(女) 李忠萌 汪尧昌 武重年 章念祖 谢继民 宋经中(2001年2月止)

第十届委员会(2002年12月—2007年12月)

副主席：厉无畏

常务委员：厉无畏

委　　员：王卓贤 厉无畏 刘豫阳(女) 吕元 严诚忠 陈永亮 项斯文 郭立 高小玫(女) 葛剑雄 蒋洪 董波 忻伟明(2008年12月止)

第十一届委员会(2007 年 12 月—2012 年 12 月)

副 主 席: 厉无畏

常务委员: 厉无畏　高小玫(女)

委　　员: 王卓贤　厉无畏　吕　元　忻伟明　杨逢珉(女)　陈永亮　陈博昌　高小玫(女)　屠大维　彭颖红　董　波

中国民主同盟

第四届委员会(1979 年 10 月—1983 年 12 月)

副 主 席: 苏步青

常务委员: 刘思慕　苏步青　钱伟长　谈家桢

委　　员: 刘良模　刘思慕　刘馥英(女)　寿进文　苏步青　苏延宾　李锐夫　李鸿寿　杨村彬　吴永刚　张江树　赵超构　钱伟长　钱宝钧　谈家桢　黄铭新　傅于琛

第五届委员会(1983 年 12 月—1987 年 1 月)

副 主 席: 苏步青　钱伟长　谈家桢

常务委员: 苏步青　赵超构　钱伟长　谈家桢

顾　　问: 刘良模　张江树

委　　员: 丁是娥(女)　王丹凤(女)　冯之浚　刘馥英(女)　寿进文　苏延宾　苏步青　李锐夫　李鸿寿　杨村彬　时宜新　张镜人　陆　诒　陈仁炳　尚　丁　赵超构　钱伟长　钱宝钧　徐　鹏　徐铸成　翁曙冠　谈家桢　黄铭新　韩学章(女)

全国代表会议后的第五届委员会(1987 年 1 月—1988 年 10 月)

副 主 席: 钱伟长　谈家桢　冯之浚

常务委员: 王丹凤(女)　赵超构　钱伟长　谈家桢　冯之浚　韩学章(女)

委　　员: 丁是娥(女)　王丹凤(女)　刘馥英(女)　寿进文　李传芳　李鸿寿　杨村彬　张镜人　陆　诒　陈仁炳　尚　丁　赵超构　钱伟长　徐　鹏　翁曙冠　谈家桢　桑国光　嵇汝运　韩学章(女)　欧阳仁荣(1987 年 1 月任)

第六届委员会(1988 年 10 月—1992 年 12 月)

副 主 席: 钱伟长　谈家桢　冯之浚

常务委员: 王丹凤(女)　江景波　钱伟长　徐　鹏　翁曙冠　谈家桢

委　　员: 马克烈　王丹凤(女)　王守根　王菊珍(女)　孙　逊　江景波　李传芳　张镜人　尚　丁　罗小未(女)　周永康　周芝石　桑国光　翁曙冠　徐　鹏　钱伟长　谈家桢　黄茂福　嵇汝运　欧阳仁荣

第七届委员会(1992 年 12 月—1997 年 10 月)

名誉主席: 钱伟长(1996 年 11 月任)　谈家桢(1996 年 11 月任)

副 主 席: 钱伟长(1996 年 11 月止)　谈家桢(1996 年 11 月止)　冯之浚　江景波(1996 年 11 月任)

常务委员: 王丹凤(女)　江景波　谈家桢　钱伟长　徐　鹏　翁曙冠

委　　员: 马克烈　王丹凤(女)　王守根　王菊珍(女)　江景波　孙　逊　李传芳　张镜人　罗小未(女)　周永康　周芝石　谈家桢　钱伟长　徐　鹏　黄茂福　翁曙冠　欧阳仁荣　倪映文(1994 年 12 月任)　沈立恭(1996 年 11 月任)

张圣坤(1996年11月任)　徐吉浣(女,1996年11月任)
葛锡锐(1996年11月任)

第八届委员会(1997年10月—2002年12月)

名誉主席:钱伟长　谈家桢　苏步青
副 主 席:冯之浚　江景波　张圣坤(2001年12月任)
常务委员:马克烈　江景波　沈立恭　张圣坤　徐吉浣(女)　欧阳仁荣
委　　员:马克烈　马莉莉(女)　计镇华　石印玉　江景波　孙　逊　沈立恭　吴冲锋　何声武　邹逸麟　邵士信　张圣坤　陆健健　周芝石　倪映文　徐吉浣(女)　谢遐龄　葛锡锐　欧阳仁荣　徐方瞿(2000年12月任)

第九届委员会(2002年12月—2007年12月)

名誉主席:钱伟长　谈家桢　苏步青
名誉副主席:江景波
副 主 席:冯之浚　张圣坤
常务委员:张圣坤　郑惠强　谢遐龄　鲍敏中
委　　员:马莉莉(女)　计镇华　厉家俊　石印玉　孙　逊　吴大器　吴冲锋　张圣坤　陆健健　陈大康　陈英南　周　梁　郑惠强　金由辛　徐方瞿　郭广昌　章　鲁　蒋卫东　谢遐龄　鲍敏中　孙南申(2005年12月任)

第十届委员会(2007年12月—2012年12月)

副 主 席:张圣坤(2010年10月止)　郑惠强(2010年12月任)
常务委员:张圣坤　郑惠强　贺　林　谢遐龄
委　　员:马　驰　马莉莉(女)　孙南申　吴大器　张圣坤　李　原(女)　沈志刚　连　琏(女)　陆健健　陈大康　陈英南　周　梁　郑惠强　贺　林　郭广昌　常　青　章　鲁　蒋华良　谢遐龄

第十一届委员会(2012年12月—　　)

副 主 席:郑惠强
常务委员:丁光宏　沈志刚　郑惠强　贺　林
委　　员:丁光宏　马　驰　厉　明　由文辉　吉永华　吴大器　李　原(女)　杨德姝(女)　沈志刚　狄　文　花　蓓(女)　连　琏(女)　陈英南　周　梁　茅善玉(女)　郑惠强　贺　林　郭广昌　常　青

中国民主建国会

第三届委员会(1979年10月—1983年11月)

副主任委员:吴志超
常务委员:刘靖基　陈元钦　陈铭珊　祝公健　漆琪生
委　　员:王洪昌　文先俊　朱天民　刘靖基　汤蒂因(女)　孙瑞璜　李柏华　杨延修　吴志超　吴沈钇　吴振珊　邱文奎　宋保林　张春申　张雪澄　张善章　陈元钦　陈铭珊　陈清琤　卓碧玉(女)　金曰英(女)　金学成　宗之琥　荣仁本　荣漱仁(女)　胡世俊　姜庆湘　祝公健　姚惠泉　夏炎德　高事恒　唐志尧　陶敏之(女)　董幼娴(女)　漆琪生

第四届委员会(1983 年 11 月—1988 年 6 月)

副 主 席: 吴志超　陈铭珊

常务委员: 刘靖基　祝公健　董幼娴(女)　漆琪生　王洪昌(1987 年 2 月任)

委　　员: 王洪昌　王鸿文　文先俊　朱天民　刘靖基　汤蒂因(女)　李柏华　杨少振　杨延修　吴志超　吴沈钇　邱文奎　余益年　张春申　张雪澄　陈铭珊　卓碧玉(女)　金曰英(女)　金学成　郎继芳(女)　荣仁本　荣漱仁(女)　胡世俊　姜庆湘　祝公健　姚惠泉　夏炎德　徐名全　徐雪筠(女)　唐志尧　诸德耀　陶敏之(女)　董幼娴(女)　漆琪生　戴焕禧　鄞云鹤(女)　王仁中(1987 年 2 月任)　史久华(1987 年 2 月任)　吴仲信(1987 年 2 月任)　潘介人(1987 年 2 月任)

候补委员: 朱德瀛(1987 年 2 月任)　高凯生(1987 年 2 月任)

第五届委员会(1988 年 6 月—1992 年 11 月)

副 主 席: 吴志超　陈铭珊

常务委员: 王洪昌　顾宗棠　董幼娴(女)　蒋达宁

委　　员: 王仁中　王宇平(女)　王洪昌　王鸿文　史久华　冯春源　朱德瀛　李柏华　吴仲信　吴志超　余益年　张元震　陈铭珊　庞延斌　郎继芳(女)　胡世俊　姜庆湘　顾宗棠　徐名全　徐雪筠(女)　高凯生　陶敏之(女)　黄耀忠　董幼娴(女)　蒋达宁　潘介人　戴焕禧

候补委员: 桂祖光

第六届委员会(1992 年 11 月—1997 年 11 月)

副 主 席: 陈铭珊

常务委员: 王洪昌　顾宗棠　黄关从(1996 年 3 月任)　王宇平(女,1996 年 10 月任)

委　　员: 王仁中　王宇平(女)　王洪昌　史久华　朱德瀛　江　明　吴仲信　张　惟　陈永达　陈铭珊　庞延斌　郑健龄　郎继芳(女)　桂祖光　顾宗棠　高凯生　陶敏之(女)　黄耀忠　潘介人　白晓江(1993 年 12 月任)　杨俊德(1993 年 12 月任)　黄关从(1996 年 3 月任)

候补委员: 李　基

第七届委员会(1997 年 11 月—2002 年 12 月)

副 主 席: 黄关从

常务委员: 王宇平(女)顾宗棠

委　　员: 王宇平(女)　白晓江　朱德瀛　江　明　李　基　李维屏　邱剑吟　张　惟　陈宏民　陈秋芳(女)　周文彪　庞延斌　郑健龄　胡国胜　桂祖光　顾宗棠　高凯生　黄关从　彭镇秋

第八届委员会(2002 年 12 月—2007 年 12 月)

副 主 席: 黄关从

常务委员: 王　曦　朱易安(女)　黄泽民

委　　员: 王志雄　王　曦　白晓江　朱易安(女)　朱德瀛　严定邦　吴景平　邱剑吟　陈宏民　陈建安　周小弟　周文彪　胡可一　钟元秋(女)　黄关从　黄泽民　彭少成　彭镇秋　葛俊杰　谭文松　周汉民(2005 年 12 月任)

第九届委员会(2007 年 12 月—2012 年 12 月)

副 主 席: 周汉民

常务委员: 王　曦　黄泽民

委　　员: 马国湘　王志雄　王　曦　方怀瑾　杨成长　吴景平　宋钰勤　张兆安　周汉民　胡可一　顾晓敏(女)　徐钧健　黄泽民　葛俊杰　程裕东

第十届委员会(2012 年 12 月—　　)

副 主 席: 周汉民

常务委员: 马国湘

委　　员: 马国湘　方怀瑾　王　曦　孙敏杰　宋钰勤　张兆安　杨成长　其　实　周汉民　胡可一　徐钧健　顾晓敏(女)　黄泽民　程裕东　葛俊杰

中国民主促进会

第六届委员会(1979 年 10 月—1983 年 11 月)

副 主 席: 吴若安(女)

常务委员: 吴若安(女)　柯　灵　周煦良(1982 年 6 月任)　段力佩(1982 年 6 月任)

委　　员: 方学武　朱有瓛　朱镜清　李楚材　吴若安(女)　陈云涛　周煦良　赵宪初　柯　灵　段力佩　黄羡明　梅达君　温崇实　臧慧芬(女)　薛　正(女)

候补委员: 王佩贞(女)　杨国英(女)

第七届委员会(1983 年 11 月—1988 年 11 月)

副 主 席: 吴若安(女)

常务委员: 吴若安(女)　陈穗九　段力佩　柯　灵　邓伟志(1987 年 6 月任)　蒋家祥(1987 年 6 月任)

委　　员: 王佩贞(女)　朱有瓛　朱镜清　李楚材　杨国英(女)　吴若安(女)　陈云涛　陈穗九　宓逸群　赵宪初　柯　灵　段力佩　黄羡明　梅达君　蒋家祥　臧慧芬(女)　薛　正(女)　陈邦炎(1986 年 1 月任)　邓伟志(1987 年 6 月任)　毛智凤(女,1987 年 6 月任)　朱鸿鹗(1987 年 6 月任)　陈炳生(1987 年 6 月任)

候补委员: 陈邦炎　毛智凤(女)　黄葆慧(女,1987 年 6 月任)

第八届委员会(1988 年 11 月—1992 年 11 月)

副 主 席: 邓伟志

常务委员: 邓伟志　陈穗九　蒋家祥

委　　员: 毛智凤(女)　邓伟志　朱鸿鹗　朱镜清　刘恒椽　沈剑英　陈邦炎　陈炳生　陈穗九　赵丽宏　黄羡明　蒋家祥　臧慧芬(女)

候补委员: 黄葆慧(女)

第九届委员会(1992 年 11 月—1997 年 12 月)

副 主 席: 邓伟志

常务委员: 邓伟志　刘恒椽　蒋家祥

委　　员: 毛智凤(女)　邓伟志　朱鸿鹗　刘恒椽　许世远　沈剑英　陈炳生　赵丽宏　黄葆慧(女)　蒋家祥　臧慧芬(女)

候补委员：柏连松

第十届委员会（1997 年 12 月—2002 年 12 月）

名誉副主席：柯 灵

副 主 席：邓伟志

常务委员：邓伟志 刘恒椽

委 员：王慧敏（女） 邓伟志 刘奕民 刘恒椽 许世远 李名慈 邵光宇 赵丽宏 柏连松 顾国庆 黄葆慧（女） 蔡达峰

第十一届委员会（2002 年 12 月—2007 年 12 月）

副 主 席：严隽琪（女）

常务委员：王慧敏（女） 严隽琪（女）

委 员：王慧敏（女） 严隽琪（女） 李名慈 吴 毅 张 辰（女） 陈 瑜（女） 陈振楼 邵光宇 赵丽宏 顾国庆 黄 震 蔡达峰 胡 卫（2005 年 12 月任）

第十二届委员会（2007 年 12 月—2012 年 12 月）

主 席：严隽琪

副 主 席：蔡达峰

常务委员：黄 震 蔡达峰

委 员：刘伟国 李名慈 吴 毅 张 辰（女） 陈振楼 赵丽宏 胡 卫 黄 震 屠 杰 程霄玉（女） 鲍英菁（女） 褚以琳（女） 蔡达峰

第十三届委员会（2012 年 12 月— ）

主 席：严隽琪

副 主 席：蔡达峰

常务委员：黄 震 蔡达峰

委 员：丁建勇 许政涛 吴 毅 余 岚（女） 张 辰（女） 陈振楼 赵丽宏 胡 卫 黄 震 屠 杰 程霄玉（女） 鲍英菁（女） 褚以琳（女） 蔡达峰

中国农工民主党

第八届委员会（1979 年 10 月—1983 年 12 月）

副 主 席：周谷城

常务委员：周谷城

委 员：申葆文 李振麟 吴文祺 周谷城 魏指薪

候补委员：叶吉益（女）

第九届委员会（1983 年 12 月—1988 年 11 月）

主 席：周谷城（1987 年 1 月任）

副 主 席：周谷城（1987 年 1 月止）

常务委员：吴文祺 周谷城

委 员：孔令朋 李国衡 李振麟 吴文祺 陈曾德 周谷城 顾 淦 夏高阳 裘劭恒

候补委员：任桂珍（女） 叶吉益（女）

第十届委员会（1988 年 11 月—1992 年 12 月）

名誉主席：周谷城

副 主 席:陈灏珠

常务委员:孔令朋 陈灏珠

委　　员:孔令朋 李国衡 余红仙(女) 陈曾德 陈灏珠 曹国琛 蔡 琰

候补委员:左焕琛(女)

第十一届委员会(1992年12月—1997年11月)

名誉主席:周谷城

副 主 席:陈灏珠

常务委员:陈灏珠 曹国琛

委　　员:李根渊 余红仙(女) 陈克瀛 陈曾德 周骏羽 曹国琛 蔡 琰 左焕琛(女,1995年12月任) 丁传贤(1996年12月任)

第十二届委员会(1997年10月—2002年12月)

副 主 席:陈灏珠 左焕琛(女,1999年12月任)

常务委员:左焕琛(女) 陈灏珠 曹国琛

委　　员:丁传贤 左焕琛(女) 叶建农 朱冰玲(女) 朱明德 李根渊 余红仙(女) 陈克瀛 陈灏珠 周骏羽 郭天玲(女) 曹国琛

第十三届委员会(2002年12月—2007年12月)

副 主 席:左焕琛(女)

常务委员:左焕琛(女) 叶建农

委　　员:左焕琛(女) 叶建农 叶惠贤 朱邦贤 朱冰玲(女) 寿子琪 张喆人 陈克瀛 周骏羽 祝墡珠(女) 姚俭建 魏 松 蔡 威(2004年12月任)

第十四届委员会(2007年12月—2012年12月)

常务委员:叶建农 蔡 威

委　　员:叶建农 叶惠贤 朱邦贤 寿子琪 张喆人 陈芳源(女) 陈晶莹(女) 祝墡珠(女) 姚俭建 蔡 威 魏 松 黄峰平

第十五届委员会(2012年12月—)

副 主 席:蔡 威

常务委员:蔡 威 寿子琪 张 全 黄峰平(2013年11月止)

委　　员:寿子琪 李院生 张 全 张怀琼 张喆人 陈芳源(女) 陈晶莹(女) 金如颖(女) 姚俭建 蔡 威 黄峰平(2013年11月止)

中国致公党

第八届委员会(1983年11月—1988年12月)

副 主 席:董寅初(1987年8月任常务副主席;1988年4月任代主席)

常务委员:董寅初

委　　员:董寅初 叶鸿宝 吴肇光 林铮墉 林文进 俞云波(1986年4月任)

候补委员:陈作义

第九届委员会(1988年12月—1992年11月)

主　　席:董寅初

常务委员:俞云波

委　　员：陈作义　陈德川（女）　吴肇光　林文进　林铮墉　周国瑾　俞云波　高坤敏（女）　董寅初

候补委员：郑足珍（女）

第十届委员会（1992年11月—1997年11月）

主　　席：董寅初

常务委员：俞云波

委　　员：吴建生　郑足珍（女）　周国瑾　陈汝作　陈作义　陈昌福　陈德川（女）　俞云波　徐维铭

第十一届委员会（1997年11月—2002年12月）

名誉主席：董寅初

副 主 席：俞云波

常务委员：俞云波

委　　员：吴建生　陈汝作　陈作义　陈昌福　陈德川（女）　郑足珍（女）　周国瑾　俞云波　徐维铭

第十二届委员会（2002年12月—2007年12月）

副 主 席：俞云波　万　钢（2006年12月任）

常务委员：俞云波　蔡建国　万　钢（2006年12月任）

委　　员：王向朝　冯　涛　任忠鸣　吴幼英（女）　吴建生　张恩迪　俞云波　蔡建国　万　钢（2006年12月任）

第十三届委员会（2007年12月—2012年12月）

主　　席：万　钢

常务委员：万　钢　吴幼英（女）　蔡建国

委　　员：万　钢　王向朝　冯　涛　任忠鸣　吴幼英（女）　张立军　张恩迪　段祺华　蔡建国

第十四届委员会（2012年12月—　　）

主　　席：万　钢

常务委员：张恩迪　蔡建国

委　　员：孙立坚　应仲树　张立军　张恩迪　邵志清　袁　雯（女）　蔡建国

九三学社

第六届委员会（1979年10月—1983年12月）

副 主 席：卢于道

常务委员：卢于道

委　　员：王应睐　尹文英（女）　卢于道　卢鹤绂　朱物华　杨　槱　余　濵　陈　植　陈子展　洪铭声　倪葆春　郭秉宽　笪移今　程达肯　谢光华

候补委员：王祖骥

第七届委员会（1983年12月—1988年12月）

副 主 席：卢于道

常务委员：王应睐　卢于道　杨　槱　陈　植　洪铭声　笪移今　谢光华

委　　员：王应睐　王祖骥　尹文英（女）　卢于道　卢鹤绂　朱物华　刘育民　汤定元

杨　槱　余　濆　陈　植　陈子展　孟庆闻(女)　洪铭声　倪葆春　郭秉宽
笪移今　谢光华

候补委员: 孙曾一

顾　　问: 周志宏　谭其骧

第八届委员会(1988年12月—1992年12月)

副 主 席: 杨　槱

常务委员: 杨　槱　谢丽娟(女)

委　　员: 王一飞　王季卿　王祖骥　尹文英(女)　卢鹤绂　汤定元　孙曾一　李新洲
杨　槱　张友隽　张叔英　张重超　陆敬业　孟庆闻(女)　赵安泰　倪正茂
谢丽娟(女)

候补委员: 周　翔(女)　邵敏望　王文吉(女)　闻建勋

第九届委员会(1992年12月—1997年11月)

副 主 席: 杨　槱

常务委员: 孙曾一　杨　槱　周　翔(女)　谢丽娟(女)

委　　员: 王一飞　王季卿　尹文英(女)　许根俊　阮雪榆　孙曾一　李新洲　杨　槱
张友隽　张叔英　张重超　邵敏望　陆敬业　范滇元　周　翔(女)
孟庆闻(女)　赵安泰　倪正茂　翁祖泽　谢丽娟(女)　童宣明

候补委员: 闻建勋　何克诚

第十届委员会(1997年11月—2002年12月)

名誉副主席: 杨　槱

副 主 席: 谢丽娟(女)

常务委员: 周　翔(女)　谢丽娟(女)

委　　员: 王文吉(女)　许根俊　阮雪榆　何克诚　张友隽　张叔英　李新洲　沈　灏
邵敏望　陈明仪　周　翔(女)　范滇元　郑祖康　闻建勋　倪正茂　徐迪民
翁祖泽　谢丽娟(女)　童宣明　郭重庆(1999年调入)
杨雄里(2001年任)

第十一届委员会(2002年12月—2007年12月)

名誉副主席: 杨　槱

副 主 席: 谢丽娟(女)

常务委员: 郑祖康　谢丽娟(女)

委　　员: 许政暟　阮康成　杨雄里　李定国　李忠湧　李新洲　沈　灏　陈代杰　季晓烨
郑祖康　赵　雯(女)　夏以群(女)　倪正茂　徐迪民　徐静琳(女)
翁祖泽　黄　道　敬忠良　葛均波　谢丽娟(女)

顾　　问: 汤定元

第十二届委员会(2007年12月—2012年12月)

常务委员: 赵　雯(女)　郑祖康(2011年11月止)

委　　员: 阮康成　李昕欣　李忠湧　李定国　李新洲　吴乾渝(女)　张其林　陈代杰
季晓烨　封亚培　赵　雯(女)　夏以群(女)　徐静琳(女)　黄　道
葛均波　敬忠良　程维明　廖昌永　郑祖康(2011年11月止)

第十三届委员会(2012年12月—　　)

副 主 席: 赵　雯(女)

常务委员: 赵　雯(女)　葛均波

委　　员: 冯丹龙(女)　朱自强　李迅雷　李青峰　李昕欣　吴乾渝(女)　张其林　陈代杰　季晓烨　周　锋　封亚培　赵　雯(女)　顾亚平　贾伟平(女)　钱　锋　徐　昭　唐　颐　葛均波　敬忠良　廖昌永

台湾民主自治同盟

第二届总部理事会(1979年10月—1983年11月)

理　　事: 许文思　李乔松　林田烈

第三届总部理事会(1983年11月—1987年11月)

常务理事: 林田烈

理　　事: 林田烈　范新发　周光远

候补理事: 陈文彬　林　亮

顾　　问: 许文思

第四届委员会(1987年11月—1992年11月)

常务委员: 范新发　郑励志

委　　员: 林　亮　范新发　欧国藩　周光远　郑励志

候补委员: 陈文彬　廖炯模

评议委员会副主席: 许文思

评议委员会委员: 许田烈　周　明　朱　实　范发镇

第五届委员会(1992年11月—1997年11月)

常务委员: 范新发　郑励志

委　　员: 范新发　林　亮　周光远　郑励志　黄瑞霖

候补委员: 许佩琴(女)

评议委员会副主席: 许文思

评议委员会委员: 许文思　周光远　郭炤烈

第六届委员会(1997年11月—2002年12月)

常务委员: 石四箴(女)　郑励志

委　　员: 王　中　石四箴(女)　许佩琴(女)　欧国苏　郑励志　潘孝彰

第七届委员会(2002年12月—2007年12月)

常务委员: 石四箴(女)

委　　员: 王　中　石四箴(女)　林真意(女)　欧国苏　高美琴(女)　梁国扬

第八届委员会(2007年12月—2012年12月)

副 主 席: 杨　健

常务委员: 杨　健

委　　员: 王　中　刘　艳(女)　吴　敏(女)　杨　健　高美琴(女)　廖志豪

第九届委员会(2012年12月—　　)

副 主 席: 杨　健

常务委员: 王　中　杨　健

委　　员: 王　中　刘　艳(女)　吴　敏(女)　杨　健　高美琴(女)　廖志豪

第二节　中国科学院院士、中国工程院院士中的民主党派成员

中国科学院院士

民盟

苏步青　谈家桢　李国豪　谷超豪　钱伟长　吴浩青　周同庆　胡和生(女)　嵇汝运　黄耀曾　徐祖耀　高怡生　施教耐　贺　林

民建

江　明

致公党

刘新垣

九三学社

周志宏　朱物华　顾翼东　王应睐　谭其骧　卢鹤绂　张钟俊　邹元爔　沈善炯　杨　槱　严东生　王德宝　殷之文　汤定元　尹文英(女)　沈允钢　张永莲(女)　许根俊　雷啸霖　杨雄里　王恩多(女)　褚君浩　葛均波

中国工程院院士

民盟

李国豪　江绍基

民建

唐希灿

农工党

陈灏珠　丁传贤　戴尅戎

九三学社

严东生　陈吉余　阮雪榆　郭重庆　周　翔(女)　范滇元

台盟

许文思

第三节　上海市人民政府参事和上海市文史研究馆馆员中的民主党派成员

上海市人民政府参事

民革

史　说　田寄苇　陈长蘅　翟俊千　许卜五　杨小佛　瞿世镜　葛剑雄　蒋　洪　章念驰　毛增滇

民盟

文先俊　勾适生　韩学章(女)　贝幼强　张　志　沈杰飞　郭思永　李树棠　汪贤度

周芝石　彭万林　谢遐龄　孙南申

民建

文先俊　邱文奎　雷传湛　唐雄俊　马仲文　孙廷芳　张泓铭　彭镇秋　王　曦　黄泽民

民进

瞿　钧　赵丽宏

农工党

章继浩　叶建农

致公党

林　莺

九三学社

洪铭声　吴　铎　林万骥　孙廷芳　王天铎　罗宗英　陆敬业　时蓉华(女)　杨绍刚
李昌道　郑祖康　褚君浩　王恩多(女)　毛时安　华　峰

台盟

范新发

说明：文先俊为民盟和民建交叉成员，孙廷芳为民建和九三学社交叉成员。史说、李昌道、郑祖康先后担任市政府参事室主任。

上海市文史研究馆馆员

民革

陈长蘅　陈乃文　仇敬芬(女)　高梨痕　惠毓明　姜　豪　厉国香(女)　林仲兴
陆有珣　罗静轩　毛国伦　潘介眉　谭少云　汤静逸　汪一鹤　王弘之　王映霞(女)
王治平　翁闿运　吴凯声　吴青霞(女)　武重年　邢志远　许卜五　翟俊千　张　剑
张令澳　张寿龄　张子孚　诸建正

民盟

王个簃　吴藻溪　勾适生　金梅生　王撲生　黄幻吾　褚保权　陈宝荪(女)　蔡　谦
范定九　应野平　吴青霞(女)　钱君匋　滕白也　胡若思　陈巨来　严桂荣
许瑞珪(女)　沈子丞　胡吉宣　任书博　薛耕莘　钱素君(女)　浦　泳
严琦兰(女)　曹慧麟(女)　陆传纹(女)　罗选斌　陶冷月　顾　飞(女)
林　任　陈烟帆　张南冥　陆　芝(女)　杨　永　胡问遂　王仲清　张惠民　赵冷月
李慕白　林永俣　钱悦诗(女)　陈九思　钱延康　黄子曦　李卓云　胡雪尘　张苏予
王公助　叶树平　江南春　李济生　吴　诒　宗国栋　哈琼文　程　之　王石安　郑炳中
谢蔚明　吴天荫　陈良廷　汪观清　张撝之　徐　鹏　朱玉成　刘耋龄　徐园园(女)
石印玉　孙　逊　张培础　焦　晃　邹逸麟　沈　寂

民建

蒋孝义　林永俣　陈征雁　曹用平　吴景平

民进

高　潮　高式熊　徐孝穆　童祥苓　邓伟志　李名慈　贺友直　张静娴(女)
陈　瑜(女)

农工党

毕修勺　曹简楼　程乃珊(女)　仇　标　范之超　顾水如　姜文华　李詠森

厉国香(女)　刘一闻　陆全根　陆小曼(女)　陆俨少　乔　木　沈剑南　施南池
孙　扬　童玉民　王康乐　吴湖帆　吴寿谷　夏伊乔(女)　宣景琳(女)
玄采薇(女)　颜梅华　郁文华　袁淡如　岳美缇(女)　郑逸梅　朱梅村　朱屺瞻

致公党

林　莺　沈受觉　周丽珍(女)

九三学社

邓克愚　唐郁南(女)　张　兰(女)　姚淑玉(女)　曾路夫　蔡　平
严隽鸿(女)　赵鑫珊

台盟

何非光　廖炯模

说明：厉国香为民革和农工党交叉成员；吴青霞为民革和民盟交叉成员。

第四节　获国家最高科学技术奖、上海市教育功臣和上海市科技功臣荣誉称号的民主党派成员

国家最高科学技术奖

民盟

谷超豪(2010年1月获奖)

上海市教育功臣

民盟

李国豪(2003年9月获奖)　谈家桢(2003年9月获奖)　谷超豪(2008年9月获奖)

上海市科技功臣

民盟

张　曙(1995年4月获奖)　谷超豪(2002年3月获奖)　贺　林(2012年3月获奖)

农工党

戴尅戎(2008年1月获奖)　陈灏珠(2010年3月获奖)

九三学社

沈定中(1998年12月获奖)　张永莲(女,2004年4月获奖)

附 录

中共中央关于坚持和完善中国共产党领导的多党合作和政治协商制度的意见

（一九八九年十二月三十日）

中国共产党领导的多党合作和政治协商制度是我国一项基本政治制度。中国共产党和各民主党派团结合作，互相监督，共同致力于建设有中国特色的社会主义和统一祖国、振兴中华的伟大事业。我国实行的共产党领导、多党合作的政党体制是我国政治制度的特点和优点。它根本不同于西方资本主义国家的多党制或两党制，也有别于一些社会主义国家实行的一党制。它是马克思列宁主义同中国革命与建设相结合的一个创造，是符合中国国情的社会主义政党制度。坚持和完善这项制度，是我国政治体制改革的一项重要内容，对巩固扩大爱国统一战线，发扬社会主义民主，促进全国各族人民大团结，实现党和国家的总任务具有重要意义。

中国共产党领导的多党合作和政治协商制度是在长期革命与建设中形成和发展起来的。在民主革命时期，各民主党派同中国共产党长期合作，共同奋斗，为争取新民主主义革命胜利和建立中华人民共和国作出了重要贡献。新中国成立后，各民主党派参加了人民政权和人民政协的工作，为巩固人民民主专政，顺利实现社会主义改造和促进社会主义事业的发展，推进改革开放，进行社会主义现代化建设，发挥了重要作用。实践证明，各民主党派是同中国共产党长期风雨同舟、患难与共的新密战友，是我国爱国统一战线的一支重要力量，也是维护我国安定团结、促进社会主义现代化建设和祖国统一的一支重要力量。中国共产党和各民主党派的共同任务，就是坚持社会主义初级阶段的基本路线，为把我国建设成为富强、民主、文明的社会主义现代化国家，为统一祖国、振兴中华而奋斗。

我国是人民民主专政的社会主义国家。中国共产党是社会主义事业的领导核心，是执政党。各民主党派是各自所联系的一部分社会主义劳动者和一部分拥护社会主义的爱国者的政治联盟，是接受中国共产党领导的，同中共通力合作、共同致力于社会主义事业的亲密友党，是参政党。我国的多党合作必须坚持中国共产党的领导，必须坚持四项基本原则，这是中国共产党同各民主党派合作的政治基础。中共对各民主党派的领导是政治领导，即政治原则、政治方向和重大方针政策的领导。中共各级党委都要加强和改善对民主党派的领导，进一步加强和发展同民主党派的合作，支持各民主党派为社会主义物质文明和精神文明建设服务，为推进“一国两制”，实现祖国统一服务。

“长期共存、互相监督、肝胆相照、荣辱与共”，是中国共产党同各民主党派合作的基本方针。中共处于执政党的地位，领导着拥有十一亿人口的国家政权，非常需要听到各种意见和批评，接受广大人民群众的监督。各民主党派是反映人民群众意见、发挥监督作用的一条重要渠道。充分发挥和加强民主党派参政和监督的作用，对于加强和改善共产党的领导，推进社会主义民主政治建设，保持国家长治久安，促进改革开放和现代化建设事业的发展，具有重要的意义。

民主党派参政的基本点是：参加国家政权，参与国家大政方针和国家领导人选的协商，参与国家事务的管理，参与国家方针、政策、法律、法规的制定执行。

发挥民主党派监督作用的总原则是：在四项基本原则的基础上，发扬民主，广开言路，鼓励和支持民主党派与无党派人士对党和国家的方针政策、各项工作提出意见、批评、建议，做到知无不言,言无不尽,并且勇于坚持正确的意见。

中国共产党和各民主党派都必须以宪法为根本活动准则,负有维护宪法尊严、保证宪法实施的职责。民主党派享有宪法规定的权利和义务范围内的政治自由、组织独立和法律地位平等。中共支持民主党派独立自主地处理自己内部事务,帮助他们改善工作条件,支持他们开展各项活动,维护本组织成员及其所联系群众的合法利益和合理要求。

中国共产党和各民主党派共同负有保卫国家安全、维护社会安定团结的责任,决不允许存在反对四项基本原则、危害国家政权的政治组织,一经发现,应依法取缔。

一、加强中国共产党和各民主党派之间的合作与协商

(1) 中共同民主党派进行政治协商,是中国共产党领导的多党合作和政治协商制度的一项重要内容。总结建国以来行之有效的经验,主要采取以下几种协商形式:

中共中央主要领导人邀请各民主党派主要领导人和无党派的代表人士举行民主协商会,就中共中央将要提出的大政方针总是进行协商。这种会议一般每年举行一次。

中共中央主要领导人根据形势需要,不定期地邀请民主党派主要领导人和无党派的代表人士举行高层次、小范围的谈心活动,就共同关心的问题自由交谈、沟通思想、征求意见。

由中共召开民主党派、无党派人士座谈会,通报或交流重要情况,传达重要文件,听取民主党派、无党派人士提出的政策性建议或讨论某些专题。这种会议大体每两个月举行一次。重大事件随时通报。有的座谈会亦可委托中共全国政协党组举行。

除会议协商以外,各民主党派和无党派人士可就国家大政方针和现代化建设中的重大问题向中共中央提出书面的政策性建议,也可约请中共中央负责人交谈。

上述各种协商形式,原则上也适用于中共地方党委和民主党派地方组织之间的协商活动。

(2) 中共各级党委的负责人要同民主党派负责人保持联系,交知心朋友,交诤友,在政治上、思想上互相了解和帮助。中共党委有关部门要加强与民主党派的协作,积极支持他们开展工作。在有民主党派组织的基层单位,中共党组织应经常召开座谈会,认真听取民主党派的意见,发挥他们的作用。中共同民主党派在团结合作中也会出现矛盾,应当在基本原则的基础上,进行民主协商,按照“团结——批评——团结”的公式,求得正确解决。

(3) 中共各级党委统战部负责协助党委同各民主党派保持密切联系,了解情况,协调关系,贯彻中共中央的方针政策,帮助民主党派解决工作中的实际问题。

二、进一步发挥民主党派成员、无党派人士在人民代表大会中的作用

(4) 人民代表大会制度是我国的根本政治制度。人民代表大会是我国人民行使国家权力的机关,也是民主党派成员、无党派人士参政议政和发挥监督作用的重要机构。

民主党派成员、无党派人士中的人大代表在人大中以人民代表的身份,依照《宪法》及《全国人民代表大会组织法》《全国人民代表大会议事规则》等法律进行活动。

(5) 要保证民主党派成员、无党派人士在全国人大代表、人大常委会委员和人大常设专门委员会委员中占有适当比例,并可聘请有相应专长所主党派成员、无党派人士担任专门委员会顾问。

在省、自治区、直辖市的人大中应保证民主党派成员、无党派人士占适当比例。

在市、州、县人大中应保证无党派人士占适当比例。在有民主党派组织的市、州、县应保证民主党派成员在人大中占适当比例。

(6) 中共人大党组成员应与担任人大领导职务的民主党派和无党派人士经常交流情况,沟通思想,交换意见。

(7) 人大、人大常委会在组织关于特定问题的调查委员会，人大各专门委员会在组织有关问题的调查研究时，吸收人大代表中的民主党派成员和无党派人士参加，并可聘请民主党派、无党派的专家。

三、举荐民主党派成员、无党派人士担任各级政府及司法机关的领导职务

(8) 民主党派成员和无党派人士担任国家和政府的领导职务，是实现共产党领导的多党合作的一项重要内容。应采取切实措施，选配民主党派成员、无党派人士担任国务院及其有关部委和县以上地方政府及其有关部门的领导职务。

(9) 选配民主党派成员和无党派人士担任政府领导职务，要坚持德才兼备原则和干部“四化”方针。考虑到目前的实际情况，对民主党派成员、无党派人士的年龄要求和任职资历可适当放宽。中共各级党委统战部门、组织部门和政府人事部门要对民主党派推荐的适合任职条件的人选，做好考察和培养工作。

(10) 国务院和各级地方政府召开全体会议和有关会议讨论工作时，可视需要邀请有关民主党派和无党派人士列席。

政府及其有关部门可聘请民主党派成员和无党派人士兼职、任顾问或参加咨询机构，也可就某些专题，请民主党派进行调查研究，提出建议。政府有关部门可就专业性问题同民主党派对口协商，在决定某些重大政策措施前，组织有关民主党派座谈，征求意见。注意在政府参事室中适当安排民主党派成员和无党派人士，发挥他们的咨询作用。

(11) 推举符合条件的民主党派成员和无党派人士担任检察、审判机关的领导职务。聘请一批符合条件和有专门知识的民主党派成员、无党派人士担任特约监察员、检察员、审计员和教育督导员等。

政府监察、审计、工商等部门组织的重大案件的调查，以及税收检查，可吸收民主党派成员、无党派人士参加。

(12) 民主党派要按照国家的政策规定，有计划地开展对台湾同胞、港澳同胞、海外侨胞和外籍华人的联谊工作，协助引进资金、技术和人才，发展经济往来，推进大陆与台湾、香港、澳门及海外的科技、文化、学术、体育交流。有关部门要积极给予协助和指导。

(13) 民主党派开展经济、科技、教育、法律、医卫、文化等咨询及社会服务工作，要以服务为宗旨，注重社会效益。政府有关部门要创造必要的条件，积极支持民主党派为社会主义现代化建设和统一祖国事业多做贡献。

(14) 在政府部门任职的共产党员和非共产党人士都是国家公务人员，必须严格遵守政纪、法纪，全心全意为人民服务。中共组织及中共党员尤其是领导干部，应当尊重非共产党人士的职权，同他们建立起良好的合作共事关系。

四、进一步发挥民主党派在人民政协中的作用

(15) 人民政协是我国爱国统一战线组织，也是共产党领导的多党合作和政治协商的一种重要组织形式。人民政协应当成为党派、各人民团体、各界代表人物团结合作、参政议政的重要场所。

人民政协要对国家大政方针、地方重要事务、政策法令的贯彻、群众生活和统一战线中的重大问题，加强政治协商和民主监督。政协全国委员会制定的《关于政治协商、民主监督的暂行规定》，应当认真贯彻执行。

(16) 在政协的各种会议上，要切实保障政协委员提出批评的自由和发表不同意见的自由。

在政协会议上，民主党派可以本党派名义发言、提出提案。

(17) 要保证民主党派和无党派人士在政协常委和政协领导成员中占有一定比例。政协各专门委员会要有民主党派和无党派人士参加,政协机关中应有一定数量的民主党派和无党派人士担任专职领导干部,并真正做到有职、有权、有责。政协机关要更好地为民主党派开展活动创造条件。注意安排民主党派和无党派人士参加有关的出国访问和国际活动。

(18) 尊重民主党派和无党派政协委员的视察、举报及参与调查和检查活动的权利。对他们的提案和举报,有关部门应认真研究处理,及时答复。

(19) 中共和政府有关部门应同政协及其有关专门委员会建立联系,发挥它们在决策咨询中的作用。

(20) 政协要根据政协章程的规定,组织和推动政协委员在自愿的基础上学习马克思列宁主义、毛泽东思想,学习中国共产党和国家的方针政策,学习时事政治,以利于统一认识,增进共同政治基础上的团结合作。

五、支持民主党派加强自身建设

(21) 为了坚持和不断完善中国共产党领导的多党合作和政治协商制度,民主党派需要加强思想建设和组织建设,首先是民主党派各级领导班子的建设。民主党派中央和省级组织的老一辈领导人,为国家作出了重要贡献,要继续发挥他们的影响和作用。同时,要积极培养一批拥护四项基本原则、拥护改革开放、有一定群众基础和组织领导能力的中青年,逐步充实到领导班子。中共各级党委和有关部门要协助各民主党派做好这项工作。

(22) 各民主党派要注意提高成员的素质。吸收新成员要注意政治质量,德才并重。发展组织要坚持已协商确定的范围和对象,坚持以大中城市、有一定代表性的人士为主。各民主党派之间在发展组织上遇有交叉时,应在尊重本人自愿的基础上,由有关党派相互协商解决。

(23) 民主党派应发扬自我教育的优良传统,对成员加强思想政治工作,深入进行坚持基本原则和反对资产阶级自由化的教育、爱国主义和社会主义的教育、国情教育以及民主党派同中共长期合作的优良传统的教育。

办好中央和省一级的社会主义学院,作为民主党派和无党派人士的联合党校。马克思列宁主义、毛泽东思想应列为社会主义学院的必修课。政府应从师资和经费上给予切实支持。

民主党派报刊要坚持四项基本原则,宣传国家的方针政策,并有自己的特色。

(24) 民主党派需要采取有效措施加强机关建设,提高机关干部的政治素质和业务水平,并根据国家的干部政策、人事制度和有关规定,加强对机关干部任免、调动的管理。

中国的政党制度(节选)

(二〇〇七年十一月)

前言

政党制度是现代民主政治的重要组成部分。一个国家实行什么样的政党制度,由该国国情、国家性质和社会发展状况所决定。各国政党制度的不同体现了人类文明发展的多样性。

中国实行的政党制度是中国共产党领导的多党合作和政治协商制度(以下简称中国多党合作制度),它既不同于西方国家的两党或多党竞争制,也有别于有的国家实行的一党制。这一制度在中国长期的革命、建设、改革实践中形成和发展起来,是适合中国国情的一项基本政治制度,是具有中国特色的社会主义政党制度,是中国社会主义民主政治的重要组成部分。

《中华人民共和国宪法》明确规定:中国共产党领导的多党合作和政治协商制度将长期存在和发展。在中国,中国共产党和各民主党派都必须以宪法为根本活动准则,维护宪法尊严,保证宪法实施。

中国多党合作制度中包括中国共产党和八个民主党派。八个民主党派是中国国民党革命委员会、中国民主同盟、中国民主建国会、中国民主促进会、中国农工民主党、中国致公党、九三学社、台湾民主自治同盟。中国人民政治协商会议(以下简称人民政协)是中国共产党领导的多党合作和政治协商的重要机构。在中国多党合作制度中,中国共产党与各民主党派长期共存、互相监督、肝胆相照、荣辱与共,共同致力于建设中国特色社会主义,形成了"共产党领导、多党派合作,共产党执政、多党派参政"的基本特征。中国多党合作制度在中国的政治和社会生活中显示出独特的政治优势和强大的生命力,发挥了不可替代的重大作用。

一、中国社会历史发展的必然选择

中国经历过漫长的封建社会。1840 年后,由于西方资本主义列强的野蛮入侵和封建统治集团的腐朽衰败,中国逐渐沦为半殖民地半封建社会。在将近 110 年的时间里,中华民族危难深重,人民根本没有民主权利。

为改变国家和民族的悲惨命运,一代又一代中国人奋起抗争,努力寻求救国救民的真理。20 世纪初,中国民主革命的先行者孙中山先生,向西方寻求救国救民的道路,发动和领导了具有资产阶级民主革命性质的辛亥革命,推翻了延续几千年的君主专制制度,建立了中华民国,并效仿西方国家实行议会政治和多党制。尽管相对于君主专制制度这是一个历史性的进步,但它很快就在中外各种反动势力的冲击下归于失败,无法实现中国人民要求独立、民主的迫切愿望。正如孙中山先生所总结的,中国的社会既然和欧美不同,管理社会的政治自然也不能完全仿效欧美。

1927—1949 年新中国成立前,国民党蒋介石集团实行一党专制,独揽国家一切权力,打击和迫害民主进步力量,违背民主政治发展潮流和人民愿望,最终被历史所抛弃。

近代中国政治的发展呼唤适应中国国情的新的政党制度。这一历史责任由中国共产党和各民主党派共同承担了起来。

1921 年成立的中国共产党,把马克思列宁主义与中国实际相结合,提出了新民主主义革命纲领,团结全国各革命阶级为实现民族独立、人民解放和国家富强、人民幸福而奋斗。主要在抗日战争时期(1937—1945年)和解放战争时期(1945—1949年)成立的各民主党派,其社会基础是民族资产阶级、城市小资产阶级以及同这些阶级相联系的知识分子和其他爱国分子,有着反帝、爱国、民主的政治要求,是中国社会的进步力量。中国共产党与各民主党派建立了亲密的合作关系,并在严酷斗争中不断加强这种关系,为实现中国的和平、民主而共同奋斗。在抗日战争时期,民主党派积极参加中国共产党领导的抗日民族统一战线,广泛开展抗日民主运动,同中国共产党一道,共同为坚持抗战、团结、进步而努力,反对国民党顽固派的投降、分裂、倒退行径;抗日战争胜利后,民主党派同中国共产党一道,反对国民党蒋介石集团的内战、独裁政策。

中国共产党在领导新民主主义革命走向胜利的伟大斗争中,确立了在中国各种革命力量中的核心领导地位。各民主党派、无党派民主人士在长期实践中经过比较,自觉地、郑重地选择了中国共产党的领导。1948年4月,中国共产党提出召开新政治协商会议、成立民主联合政府的主张,得到各民主党派和无党派民主人士热烈响应。他们公开表示,愿意在中国共产党的领导下,共同为建立新中国而奋斗。1949年9月中国人民政治协商会议的召开,标志着中国共产党领导的多党合作和政治协商制度的正式确立,中国共产党与各民主党派和无党派民主人士共同参加新中国国家政权建设。

中华人民共和国成立后,中国共产党在执政条件下进一步加强同各民主党派的团结合作,不断推进多党合作的理论创新和实践发展。1956年社会主义改造基本完成后,根据中国阶级状况发生的深刻变化,中国共产党提出了"长期共存、互相监督"的八字方针,明确共产党存在多久,民主党派就存在多久,共产党可以监督民主党派,民主党派也可以监督共产党;由于共产党居于领导、执政地位,主要是民主党派监督共产党。社会主义条件下中国多党合作的基本格局由此确立。1957年后特别是"文化大革命"(1966—1976年)期间,中国多党合作制度遭受严重挫折。

1978年实行改革开放以来,根据形势和任务的变化,中国共产党明确多党合作是中国政治制度的一个特点和优势,确立了中国共产党与各民主党派"长期共存、互相监督、肝胆相照、荣辱与共"的十六字方针,提出了一整套关于多党合作和政治协商的理论和政策,使坚持和完善多党合作制度成为中国特色社会主义理论和实践的重要组成部分。1989年中国共产党制定了坚持和完善中国共产党领导的多党合作和政治协商制度的意见,多党合作和政治协商走上了制度化轨道。1993年召开的第八届全国人民代表大会第一次会议,将"中国共产党领导的多党合作和政治协商制度将长期存在和发展"载入宪法,中国多党合作制度有了明确的宪法依据。2002年中共十六大后,从建设社会主义政治文明的高度,中国共产党先后制定了进一步加强中国共产党领导的多党合作和政治协商制度建设的意见和加强人民政协工作的意见,使多党合作制度进一步规范化和程序化。新中国成立以来,中国多党合作制度不断巩固和发展,在国家政治和社会生活中发挥着重要作用。

中国近现代政治发展的历史和实践证明:中国的民主政治建设,必须从中国的基本国情出发,盲目照搬别国政治制度和政党制度模式,是不可能成功的;实行专制独裁统治,违背历史发展规律和人民意志,也必然要归于失败。中国多党合作制度的形成和发展,是中国近现代历史发展的必然选择,是马克思列宁主义与中国实际相结合的产物,是中国共产党和各民主党派智慧的结晶,符合中国国情和中国革命、建设、改革的实际,符合社会主义民主政治的本质要求,体现了中华民族和而不同、兼容并蓄的优秀文化传统,具有鲜明的中国特色。这项制度,既合乎时代发展潮流,又体现了中国社会发展的内在要求。

二、中国的一项基本政治制度

中国宪法规定:中华人民共和国是工人阶级领导的、以工农联盟为基础的人民民主专政的社会主义国家。与这种国体相适应的政权组织形式是人民代表大会制度，与这种国体相适应的政党制度是中国共产党领导的多党合作和政治协商制度。人民代表大会制度、中国共产党领导的多党合作和政治协商制度、民族区域自治制度以及基层群众自治制度，构成了中国政治制度的核心内容和基本框架，是社会主义民主政治的集中体现。

作为国家的一项基本政治制度，中国多党合作制度规定了中国共产党和各民主党派在国家政治生活中的地位、作用和相互关系。

——中国共产党处于领导和执政地位。中国共产党的领导地位是在长期革命、建设、改革实践中形成并巩固起来的，是历史的选择、人民的选择。在80多年的奋斗历程中，中国共产党领导中国人民完成了新民主主义革命的任务，实现了民族独立和人民解放；建立了人民当家作主的国家政权，维护了国家统一和各民族团结；建立了社会主义制度，实现了中国历史上最广泛最深刻的社会变革；开创了中国特色社会主义事业，为实现国家富强和人民幸福探索出了一条正确道路。中国是一个有着960万平方公里国土、13亿人口、56个民族的发展中大国。在这样一个幅员辽阔、人口众多的多民族国家进行现代化建设，必须有一个坚强的领导核心。中国共产党代表中国先进生产力的发展要求，代表中国先进文化的前进方向，代表中国最广大人民的根本利益。中国共产党的坚强领导是中国实现社会主义现代化的根本保证，是维护中国国家统一、社会和谐稳定的根本保证，是把亿万人民团结起来、共同建设美好未来的根本保证。这是中国各族人民在长期革命、建设、改革实践中形成的政治共识。

——各民主党派是中国的参政党。中国人民民主专政的内在要求和各民主党派在中国政治生活中的实际作用，决定了民主党派的参政党地位。各民主党派作为各自所联系的一部分社会主义劳动者、社会主义事业建设者和拥护社会主义爱国者的政治联盟，属于人民的范畴，他们在中国共产党的领导下参政，是人民民主的重要体现。民主党派参政的基本点是：参加国家政权，参与国家大政方针和国家领导人选的协商，参与国家事务的管理，参与国家方针政策、法律法规的制定和执行。参政党的地位和参政权利受到宪法和法律的保护。

——中国共产党与各民主党派形成了团结合作的新型政党关系。中国共产党与各民主党派在长期的共同奋斗中，形成了亲密的友党关系。中国共产党的基本理论、基本路线、基本纲领、基本经验得到各民主党派的认同，建设中国特色社会主义成为中国各政党的共同目标。在保持宽松稳定、团结和谐的政治环境中，中国共产党与各民主党派实行广泛的政治合作，照顾同盟者的政治利益和物质利益，团结他们一道前进。

——中国共产党与各民主党派的合作具有丰富的内容。第一，中国共产党就重大方针政策和重要事务同各民主党派进行政治协商，实行相互监督。第二，各民主党派成员在国家权力机关中占有适当数量，依法履行职权。第三，各民主党派成员担任国家及地方人民政府和司法机关的领导职务；各级人民政府通过多种形式与民主党派联系，发挥他们的参政议政作用。第四，各民主党派通过人民政协参加国家重大事务的协商。第五，中国共产党支持民主党派参加改革开放和社会主义现代化建设。为经济社会发展服务，是各民主党派履行参政党职能的重要内容，是中国多党合作制度的一大特色。

——中国共产党与各民主党派互相监督。这种监督是通过提出意见、批评、建议的方式进行的政治监督。由于中国共产党处于领导和执政地位，更需要来自民主党派的监督。民主党派民主监督的内容是：国家宪法和法律法规的实施情况；中国共产党和政府重要方针政策的制定和贯彻执行情况；中国共产党各级党委的工作和中共党员领导干部履行职责、为政清廉等方面的情况。民主党派的监督,对于加强和改善中国共产党的领导,健全社会主义监督体系,有着重要而独特的作用。

中国多党合作制度创立了一种新型的政党制度形式,在世界政党制度中独具特色。中国共产党同各民主党派既亲密合作又互相监督,而不是互相反对。中国共产党依法执政,各民主党派依法参政,而不是轮流执政。这一制度与人民代表大会制度相适应,实现人民当家作主,而不是少数人的民主。

三、社会主义民主的重要体现

没有民主就没有社会主义,就没有社会主义现代化。实现和发展人民民主是中国共产党和各民主党派始终不渝的奋斗目标。中国多党合作制度以其独特的结构功能和运行机制,体现了社会主义民主的本质要求,保障人民民主权利的充分行使,是实现社会主义民主的重要形式。

中国共产党的领导和充分发扬社会主义民主,是中国多党合作制度的本质要求。中国共产党以全心全意为人民服务为宗旨,代表中国最广大人民的根本利益。中国共产党的领导和执政,就是领导和支持人民当家作主,最广泛地动员和组织人民群众依法管理国家和社会事务,管理经济和文化事业,维护和实现人民群众的根本利益。中国多党合作制度既坚持中国共产党的坚强领导,又体现广泛民主;既保持一致性,又体现多样性;既规范有序,又充满活力。

选举民主与协商民主相结合,是中国社会主义民主的一大特点。在中国,人民代表大会制度与中国共产党领导的多党合作和政治协商制度,有着相辅相成的作用。人民通过选举、投票行使权利和人民内部各方面在作出重大决策之前进行充分协商,尽可能取得一致意见,是社会主义民主的两种重要形式。选举民主与协商民主相结合,拓展了社会主义民主的深度和广度。经过充分的政治协商,既尊重了多数人的意愿,又照顾了少数人的合理要求,保障最大限度地实现人民民主,促进社会和谐发展。

中国多党合作制度的价值和功能主要体现在以下方面:

——政治参与。中国多党合作制度为各民主党派的政治参与开辟了制度化渠道,把各种社会力量纳入政治体制,巩固和扩大人民民主专政国家政权的基础;调动各方面积极性,广集民智,广求良策,推动执政党和政府决策的科学化、民主化;在保持社会稳定的前提下,推进社会主义民主积极稳步发展。

——利益表达。中国是一个人口众多的大国,存在不同的阶级、阶层和社会群体。人民内部在根本利益一致的基础上存在着具体利益的差别和矛盾。特别是随着社会主义市场经济的发展,经济体制深刻变革,社会结构深刻变动,利益格局深刻调整,思想观念深刻变化。中国多党合作制度能够有效反映社会各方面的利益、愿望和诉求,畅通和拓宽社会利益表达渠道,协调利益关系,照顾同盟者利益,从而保持社会和谐稳定。

——社会整合。中国现代化建设的艰巨性和复杂性,要求政治制度具备高度的社会整合功能。中国多党合作制度以中国共产党的坚强领导为前提,又有各民主党派的广泛合作,从而形成强大的社会整合力。在建设中国特色社会主义大目标下,中国共产党紧密团结民主党派,形成高度的政治认同,促进政治资源的优化配置,调动各方面的积极性,引导和组织社会沿着现代化的方向不断前进。

——民主监督。中国共产党与各民主党派互相监督,有利于强化体制内的监督功能,避免由于缺乏监督而导致的种种弊端。各民主党派反映和代表着各自所联系群众的具体利益和要求,能够反映社会上多方面的意见和建议,能够提供一种中国共产党自身监督之外更多方面的监督,有利于执政党决策的科学化、民主化,更加自觉地抵制和克服官僚主义和各种消极腐败现象,加强和改进执政党的工作。

——维护稳定。中国多党合作制度以合作、协商代替对立、争斗，避免了政党互相倾轧造成的政局不稳和政权频繁更迭，最大限度地减少社会内耗，维护安定团结的社会政治局面。这一制度既有中国共产党的坚强领导，又有各民主党派的广泛参与，能够有效化解各种社会矛盾和冲突，保持政治稳定和社会和谐。

中国多党合作制度，反映了人民当家作主的社会主义民主的本质要求，体现了中国政治制度的特点和优势。在新的历史条件下，发展社会主义民主政治，其中一个重要方面就是坚持和完善中国共产党领导的多党合作和政治协商制度，扩大公民有序的政治参与，拓宽社会利益表达渠道，促进社会和谐发展。

四、多党合作制度中的政治协商

政治协商是中国多党合作制度的重要内容。中国共产党就国家重大方针政策和重要事务在决策前和决策执行过程中与各民主党派、无党派人士进行协商，是实行科学决策、民主决策的重要环节，是中国共产党提高执政能力的重要途径。经过多年的实践，中国多党合作制度中的政治协商形成了两种基本方式：一种是中国共产党同各民主党派的协商；一种是中国共产党在人民政协同各民主党派和各界代表人士的协商。

中共中央同各民主党派中央政治协商的内容主要包括：中国共产党全国代表大会、中央委员会的重要文件；宪法和重要法律的修改建议；国家领导人的建议人选；关于推进改革开放的重要决定；国民经济和社会发展的中长期规划；关系国家全局的一些重大问题；通报重要文件和重要情况并听取意见，以及其他需要协商的重要问题等。

中共中央同各民主党派中央政治协商的主要形式是：中共中央邀请各民主党派领导人举行民主协商会，就中共中央将要提出的大政方针进行协商；中共中央主要领导人根据形势需要，不定期邀请民主党派领导人举行高层次、小范围的谈心活动，沟通思想，交换意见；中共中央或中共中央委托有关方面召开民主党派和无党派代表人士座谈会，通报或交流重要情况，听取民主党派提出的政策性建议，或讨论某些专题；除会议协商外，民主党派中央还可就国家大政方针及其他重大问题向中共中央提出书面建议。

中共中央同各民主党派中央政治协商的主要程序是：中共中央根据年度工作重点，研究提出全年政治协商规划；协商的议题提前通知各民主党派中央、无党派人士，并提供相关材料；各民主党派中央组织相关人员阅读文件，调查研究，对协商议题进行集体研究后，提出意见和建议；在协商过程中充分发扬民主，广泛听取意见，求同存异；中共中央认真研究民主党派中央、无党派人士提出的意见和建议，对重要意见和建议的采纳情况及时进行反馈。

中国共产党各级地方党委就地方重大问题同地方各级民主党派组织负责人进行协商，也已形成制度。中国共产党各级党委同民主党派广泛的协商，有力地推进了决策的科学化、民主化。

中国共产党在人民政协同各民主党派、无党派人士和各界代表人士的协商，是政治协商的另一重要方式。人民政协由 34 个界别组成，包括中国共产党、各民主党派、无党派人士以及各界代表人士。加强人民政协的政治协商，是发展社会主义民主政治、建设社会主义政治文明的重要内容。进一步发挥人民政协的作用，有利于体现和发挥中国社会主义政治制度和政党制度的特点和优势，巩固和发展民主团结、生动活泼、安定和谐的政治局面。

五、多党合作制度与国家政权建设

中国共产党是执政党，坚持科学执政、民主执政、依法执政；各民主党派是参政党，参加国家政权。中国共产党同各民主党派在国家政权中团结合作,支持他们发挥参政党作用,履行参政议政、民主监督职能,推动国家政权建设。

人民代表大会是中国人民行使国家权力的机关,也是民主党派成员发挥作用的重要机构。民主党派成员在各级人大代表、人大常委会委员及专门委员会委员中,均占有一定数量。2003 年第十届全国人民代表大会第一次会议以来,民主党派成员、无党派人士共有 17.7 万人当选各级人大代表。其中,全国人大常委会副委员长 7 人,全国人大常委会委员 50 人;省级人大常委会副主任 41 人,省级人大常委会委员 462 人;市级人大常委会副主任 357 人,市级人大常委会委员 2 084 人。他们履行人民代表的职责,参与宪法、法律和地方性法规的制定和修改,参与选举、决定和罢免国家和政府领导人,参与审查和批准国民经济和社会发展计划和计划执行情况的报告、国家预算和预算执行情况的报告,反映人民意愿,提出议案和质询案,参与视察和执法检查工作,发挥了重要作用。

民主党派成员担任政府和司法机关领导职务,是实现中国共产党领导的多党合作的一项重要内容。截至 2006 年底,担任县处级以上职务的民主党派成员、无党派人士共有 3.1 万人,他们对分管的工作享有行政管理的指挥权、处理问题的决定权和人事任免的建议权。还有许多民主党派成员、无党派人士在高等院校、人民团体、科研院所和国有企业中担任领导职务。2007 年,民主党派成员、无党派人士 2 人分别担任国务院科技部、卫生部的部长职务。

国务院和地方各级人民政府重视加强与民主党派的联系,为民主党派发挥参政议政作用开辟了新渠道。联系的方式主要是:国务院召开有民主党派负责人参加的座谈会,就拟提交全国人民代表大会审议的政府工作报告、有关重大政策措施征求意见,通报国民经济和社会发展的有关情况;根据需要邀请民主党派负责人列席政府全体会议和有关会议;政府组织有关廉政建设、社会治安综合治理和规范市场经济秩序等检查工作,邀请民主党派成员参加;政府有关部门根据工作业务范围同相关民主党派建立和加强联系,重要专业性会议和重要政策、规划的制定,根据需要邀请相关的民主党派负责人参加。国务院和各级地方政府还聘请民主党派成员、无党派人士 767 人担任政府参事室参事,1 393 人担任中央和地方文史馆馆员。

民主党派成员担任特约人员的领域进一步扩大。政府有关部门和司法机关聘请民主党派成员担任特约人员,是发挥民主党派民主监督作用的一项重要举措和制度安排。目前,最高人民检察院、教育部、监察部、国土资源部、审计署、税务总局共聘请民主党派成员、无党派人士 87 人担任特约检察员、教育督导员、特约监察员、特约国土资源监察专员、特约审计员、特约税务监察员。地方各级政府部门也聘请民主党派成员、无党派人士 1.7 万人担任特约人员。特约人员参加有关执法检查和执法监督工作,参与有关法律法规制定的研究,参加对重大案情的调查,发挥参谋咨询作用和联系人民群众的桥梁纽带作用,充分履行民主监督职责。近五年来,全国各级监察机关特约监察员共转呈群众来信 13 600 余件次,接待群众来访 23 800 余人次,在监察机关加强同人民群众的联系中发挥了独特作用。

民主党派参加重要外事、内事活动制度进一步规范,作用进一步发挥。中共中央和国家领导人会见外宾时,邀请民主党派中央领导人参加;出席重要庆典、慰问、纪念活动,邀请民主党派中央领导人参加。

六、多党合作制度与人民政协

人民政协是中国人民爱国统一战线的组织,是中国共产党领导的多党合作和政治协商的重要机构,是中国发扬社会主义民主的重要形式。

民主党派是人民政协的重要界别。在人民政协的组织构成中,民主党派成员在各级政协委员、常务委员和政协领导成员中占有较大比例，在政协各专门委员会负责人和委员中，在政协机关中，均占有一定数量。2003 年全国政协十届一次会议以来民主党派成员、无党派人士担任政协委员的有 1 343 人，占委员总数的 60%；担任政协常委的有 195 人，占常委总数的 65.2%；担任全国政协副主席的有 13 人，占副主席总数的 54.2%。在省、市、县各级人民政协中，共有 33.6 万名民主党派成员、无党派人士担任政协委员。各民主党派在政协的各种会议上以本党派名义发表意见，开展视察、提出提案、举报、反映社情民意以及参与调查和检查活动的权利得到充分尊重和保障。民主党派在人民政协中发挥作用，主要表现在：

——积极参与政治协商。各民主党派充分运用人民政协的各种协商方式，对国家和地方的大政方针以及政治、经济、文化和社会生活中的重要问题，对各民主党派参加人民政协工作的共同性事务、政协内部的重要事务以及有关爱国统一战线的其他重要问题，进行协商讨论，提出意见和建议。

——认真开展民主监督。各民主党派运用政协视察、大会发言或以其他形式对国家宪法、法律和法规的实施，重大方针政策的贯彻执行、国家机关及其工作人员的工作，通过建议和批评进行监督。政协委员中的民主党派成员还通过参加中共党委和政府有关部门组织的调查和检查活动或应邀担任司法机关和政府部门特邀监督人员等开展民主监督 1997 年至 2006 年，各民主党派中央在全国政协会议上作大会发言(包括书面发言)370 余次(份)。民主党派在人民政协的大会发言，充分体现了集体力量和智慧，他们运用政协大会的政治讲坛，纵论国是，许多意见建议被采纳。

——深入参政议政。参加人民政协的各民主党派成员对政治、经济、文化、社会生活中重要问题以及人民群众普遍关心的问题开展调查研究，反映社情民意，通过调研报告、提案、建议案或其他形式向中国共产党和国家机关提出了大量的意见和建议。1990 年至 2006 年，各民主党派和民主党派成员的政协委员，在全国政协会议上共提交提案 2 400 余件。其中许多提案得到采纳实施，或促成了相关法律的制定，或成为制定政策的重要参考依据。

七、多党合作制度与现代化建设

各民主党派坚持把促进发展作为团结奋斗的第一要务，紧紧围绕国家的中心工作，认真履行参政议政、民主监督的职能，积极推进社会主义经济建设、政治建设、文化建设、社会建设。

——深入调查研究，积极建言献策。各民主党派积极参与国家方针政策的制定和实施，就国家政治、经济、社会生活中的全局性、战略性、前瞻性重大问题开展考察调研，提出政策性建议。一些地方还采取了“中共党委出题、民主党派调研、政府采纳、部门落实”的形式，有效地发挥了民主党派的政策咨询和智力咨询作用。

——开展扶贫开发，兴办公益事业。各民主党派充分发挥人才荟萃、智力密集的优势，为促进国家经济社会、城乡区域协调发展积极开展活动，大力推动和实施智力支边、光彩事业和“温暖工程”等活动，开展职业培训、兴教办学、捐资救灾、扶危济困等公益事业，产生了良好的经济效益和社会效益。赢得了社会各界的广泛赞誉。

——反映社情民意，维护安定团结。各民主党派充分发挥协调关系、化解矛盾的重要作用，努力做好反映社情民意工作，为中国共产党各级党委和各级政府的科学决策、民主决策服务。努力推进民主监督，积极参加中国共产党各级党委和各级政府组织的反腐倡廉、财税、物价、环保以及社会治安综合治理的检查工作。本着肝胆相照的精神，认真调查分析，对中国共产党各级党委和各级政府存在的问题知无不言、言无不尽，不断提高监督的质量和水平。深入实际、深入基层，积极反映涉及各界群众切身利益的问题，加强对各自成员和所联系群众的思想引导，做好沟通思想、理顺情绪的工作，及时消除影响社会稳定的各种因素，为促进社会和谐发挥了积极作用。

——加强对外联系，开展交流交往。各民主党派发挥联系广泛的重要特点，积极拓展与广大港澳同胞、台湾同胞、海外侨胞和国际友人的联系，推进经济、科技、文化、卫生、体育等领域的交流合作和人员往来，引进资金、技术、人才和管理经验；帮助和支持有条件的企业“走出去”，利用国内国际两个市场、两种资源，更好地参与国际经济技术合作和竞争。不断扩大交流规模，不断拓宽交流领域，不断丰富交流内涵，通过学术交流、出访、接待来访等形式，加强与海外的交流联系。

中国共产党在与民主党派团结奋斗的同时，也与无党派人士建立了亲密的合作关系。无党派人士是在中国革命的具体历史条件下形成发展的，是指没有参加任何党派、对社会有积极贡献和一定影响的人士，其主体是知识分子。无党派人士是中国政治生活中的一支重要力量，是中国共产党领导的多党合作和政治协商制度的重要组成部分，是人民政协的重要界别，在中国革命、建设和改革的各个历史时期都发挥了重要作用。中国共产党支持无党派人士在各级人大、政府、政协、司法机关中积极发挥作用。

民主党派成员、无党派人士涌现出了一大批优秀人物，其中7 142人次获全国性、国际性荣誉称号和奖励。民主党派成员、无党派人士是发展先进生产力、推进社会主义民主政治、弘扬社会主义先进文化、构建社会主义和谐社会的一支重要力量，在全面建设小康社会、加快推进社会主义现代化进程中具有不可替代的作用。

结束语

中国多党合作制度走过了58年的光辉历程。实践证明，作为国家的一项基本政治制度，中国多党合作制度具有历史的必然性、伟大的创造性和巨大的优越性。

随着中国政治体制改革的不断推进和社会主义民主政治的日益发展，中国多党合作制度也将不断发展。坚持和完善这项基本政治制度，必须坚定不移地走中国特色社会主义政治发展道路，同时要积极借鉴人类政治文明发展的有益成果，但绝不能照搬照抄别国政党制度模式。在建设中国特色社会主义事业的伟大进程中，中国共产党和各民主党派一道创建和发展的中国多党合作制度，将不断巩固完善并发挥越来越重要的作用。

各民主党派上海市委关于加强领导班子和机关建设座谈会纪要

各民主党派市委换届后，新一届领导班子对进一步加强市委领导班子和机关建设非常重视。2002年11月，各民主党派上海市委专职副主委和秘书长举办研讨班，就民主党派领导班子建设和市委机关建设进行专题研讨，后各党派市委领导又作了深入的研究，形成了共识，现纪要如下：

一、充分认识加强领导班子建设和机关建设的重要意义

进入新世纪，各民主党派围绕建设适应新世纪要求的高素质的参政党，在加强自身建设方面进行了积极探索。换届以后，新形势、新任务、新目标，对新一届领导班子建设提出了新的要求。加强民主党派领导班子建设是中共十六大提出的全面建设小康社会的必然要求；是坚持和完善中国共产党领导的多党合作的重要基础；是适应当前形势与任务要求、积极履行参政党职能的有力保证；是民主党派自身建设的重中之重。民主党派市级机关是本市各民主党派工作运转的总枢纽，起着承上启下的重要作用。民主党派市委和各级基层组织以及广大成员对市级机关的工作作风、工作水平和工作效率提出了比以往更高的要求。加强领导班子建设和机关建设，对于民主党派坚持正确的政治方向，搞好政治交接，提高参政议政水平，建设高素质的参政党，具有重要而深远的意义。

二、关于领导班子建设

加强民主党派领导班子建设，是各民主党派市委当前和今后一个时期工作的首要任务。

（一）建立健全领导班子学习制度，加强政治理论学习，努力提高班子整体的政治水平和领导水平

加强领导班子的思想建设，重点是自觉接受和维护中国共产党的领导，巩固和发展与中国共产党长期合作的思想政治基础。各民主党派要高举邓小平理论伟大旗帜，学习实践“三个代表”重要思想，认真学习贯彻中共十六大精神，始终坚持正确的政治方向，坚定不移地坚持和完善中国共产党领导的多党合作和政治协商制度，与中国共产党同心同德，亲密合作，为全面建设小康社会而奋斗。

各民主党派领导班子要进一步完善、健全班子成员学习制度，定期开展学习。市委领导班子中的专职领导要重视和积极参加各民主党派市委领导班子学习联席会的各项活动。

思想建设要着重抓好以下几方面的工作：

（1）把学习中共十六大精神作为一项首要政治任务，认真学习贯彻中共十六大精神，自觉实践“三个代表”的重要思想，保持坚定正确的政治方向，巩固和发展民主党派与中国共产党长期合作的思想政治基础。

（2）认真学习中国共产党领导的多党合作和政治协商制度，继承和发扬民主党派老一辈领导人与中国共产党同心同德、风雨同舟、肝胆相照、荣辱与共的优良传统，自觉接受中国共产党的领导。

（3）加强对成员的思想政治工作，把思想政治工作作为一项长期的政治任务，列入领导班子的重要议事日程。要建立和完善思想建设的各项制度和机制，定期分析成员的思想状况和态势，经常进行国情教育、形势教育和政策教育，进行多党合作的优良传统教育，引导广大成员正确把握形势、

服从服务大局,自觉维护政治稳定。

(4) 贯彻各民主党派代表大会精神,认真学习新章程。按照大会决议和章程的要求,加强自身建设,为建设一个高素质的参政党而努力。

(二) 认真贯彻民主集中制,健全领导体制和工作机制

民主党派领导班子建设中,领导体制和内部工作机制的健全是十分重要的。因此,探索和建立适应民主党派自身特点的科学高效的领导体制和工作机制刻不容缓。

一是切实贯彻民主集中制原则。"坚持集体领导、民主集中、个别酝酿会议决定"的民主程序;实行集体领导与分工负责相结合,重大问题由主委会议或常委会议、全委会议讨论决定。贯彻民主集中制原则,要把握以下几点:(1) 充分发扬民主,不搞"一言堂",真正体现领导班子的集体意见;(2) 成员之间要团结协作互相理解、尊重和信任,特别要尊重不同的意见;(3) 充分酝酿协商、达成共识,不是简单的少数服从多数,除必要时,一般不简单采用表决方式决定事项;(4) 个人服从组织,要维护集体的决定和意见,形成合力,确保工作质量,提高工作效率;

二是健全领导体制和内部工作机制。从目前看,要健全领导体制和内部工作机制,特别要明确主委、副主委、秘书长的职责、任务并且正确处理好相互之间的关系。建议可从以下几方面把握:(1) 民主党派领导班子建设中,主委是第一责任人,是班长,要抓好全局,管好方向,议好大事,带好队伍;(2) 专职副主委是党务工作者,协助主委抓好市委的日常工作,特别是重点工作;(3) 兼职副主委大都是某一方面的专家、学者,本职工作繁忙,可根据情况分管或协助分管市委的某方面工作;(4) 秘书长要在主委会议的领导下,抓好机关建设、日常事务的管理和有关协调工作,当好领导班子的参谋和助手,加强向主委、专职副主委的请示汇报。班子内部要讲团结,讲大局,大事讲原则,小事讲风格,理顺关系,当好不同的角色。在党派工作的大舞台上,做到职责明确,分工合作,运作有序,整体发挥。领导班子成员应不断加强个人修养,提高理论水平和党务工作水平。

(三) 建立健全领导班子的各种会议制度和自我约束监督机制

各民主党派市委普遍设有市委主委会议、主委办公会议、常委会议、全委会议等制度。目前,要进一步健全和完善这些会议制度及相应议事规则和决策程序。努力使市委的各项会议制度和有关重大活动做到有章可循,有序操作,保证重大事项、重要工作由集体讨论决定。

民主党派领导班子内部的自我约束监督是完善班子建设的一个重要方面。各民主党派市委应根据各党派中央的要求和各自实际情况,逐步建立、完善领导班子民主生活会(谈心会)制度,每年可安排1～2次;逐步建立民主党派专职领导干部年终述学述职报告及评议制度,领导班子要自觉接受本党成员和群众的监督。

三、关于民主党派市委机关建设的几个问题

多年来,各民主党派市委领导十分重视机关建设,积累了不少机关建设的好做法,好经验。总的看,各民主党派机关工作有进步,有起色,机关干部队伍的整体素质也是好的。但与新形势、新任务、新要求相比,机关的工作机制和各项制度亟待健全完善,机关干部的思想作风、政策水平和业务能力有待进一步提高。

机关建设要以机关工作制度和干部人事制度的规范和完善为重点,以加强中层干部的培养为切入口,抓思想、作风和队伍建设,抓制度建设和目标管理,注重机制的建设、努力形成一个高效、文明、团结、务实的机关,建设一支高素质的机关干部队伍。当前要做好以下几方面工作:

(1) 参照《公务员管理暂行条例》,理顺机关内部关系,明确处室和干部岗位职责,使机关工作进一步规范化、程序化。

(2) 积极探索机关干部人事制度改革，进一步规范干部轮岗、挂职锻炼工作，要积极创造条件试行干部的竞聘上岗，逐步形成赏罚分明的激励约束机制和鼓励脱颖而出、积极向上的良好工作氛围。

(3) 认真参照《党政领导干部选拔任用工作条例》，严格执行干部任免程序，切实做好干部任免工作。进一步建立完善干部考核制度，并根据考核情况决定晋升和奖惩。

(4) 加强机关干部的学习，形成制度，提高机关干部政治理论水平、政策业务水平和实际工作能力。要切实采取有效措施，多形式、多渠道地加强机关中青年干部的培养，尤其是要加强对中层干部的培养工作。

(5) 加强民主党派市委机关内的民主党派支部建设，充分发挥机关内的民主党派支部、中共党支部和工会的积极作用，关心机关干部的思想、工作、生活，做好深入细致的思想政治工作。

民革上海市委
民盟上海市委
民建上海市委
民进上海市委
农工党上海市委
致公党上海市委
九三学社上海市委
台盟上海市委
2003 年 4 月

上海市各民主党派市委关于加强领导班子后备干部队伍建设的会议纪要

上海市各民主党派市委领导自2005年9月19日暑期学习会以来，就贯彻落实《中共中央关于进一步加强中国共产党领导的多党合作和政治协商制度建设的意见》精神，进一步加强自身建设，特别是加强领导班子后备干部队伍建设，多次开展专题学习、研讨。各民主党派市委对加强后备干部队伍建设的重要意义、指导思想、工作原则，选拔培养的方法、途径，后备人选的条件等达成了共识。为建立民主党派领导班子后备干部队伍建设的长效机制，不断推进民主党派领导班子后备干部队伍建设的制度化、规范化，特形成如下纪要：

一、充分认识加强民主党派领导班子后备干部队伍建设的必要性和紧迫性

加强民主党派领导班子后备干部队伍建设，是领导班子建设和发挥参政党作用带有根本性的基础工作，关系到中国共产党领导的多党合作和政治协商制度的长期存在和发展，是一项具有战略性的政治任务。二十世纪九十年代以来，各民主党派市委通过几次换届，培养选拔出一批新一代代表性人士，担任了民主党派市委领导职务，保证了中国共产党领导的多党合作和政治协商制度的巩固和发展。但是，各民主党派领导班子的新老交替是一项长期的工作，调整充实的任务仍十分艰巨。要保证新一代高素质代表人士源源不断地产生，需要以雄厚的后备干部队伍资源的建设为基础，并推进其制度化、规范化。为此，必须从巩固和发展中国共产党领导的多党合作事业的高度，从参政党建设的目标和要求出发，增强责任感和紧迫感，研究制订加强领导班子后备干部队伍建设的各项制度和措施，并予以落实。

二、加强民主党派领导班子后备干部队伍建设的指导思想

领导班子后备干部队伍的建设，要以邓小平理论和“三个代表”重要思想为指导，从坚持和完善中国共产党领导的多党合作和政治协商制度的战略高度出发，着眼于民主党派的新老交替、政治交接和民主党派干部队伍的长远建设，融入于参政党的自身建设，制定和健全必要的制度、措施，建立长效机制。要积极选拔培养与中国共产党真诚合作、政治素质好，代表性强、群众基础好、年龄和知识结构合理、充分体现本党派特色的后备干部，并保持足够的数量，为多党合作的长期发展奠定扎实的干部基础。

三、开展民主党派领导班子后备干部队伍建设应遵循的基本原则

领导班子后备干部队伍的建设，应明确并坚持以下的原则：坚持中国共产党党管干部与发挥参政党自身作用相统一；坚持人选的政治标准和代表性相统一；坚持体现各参政党的特色和改善结构相统一；坚持推进工作和完善制度相统一。各民主党派开展后备干部队伍建设工作，要保持与中共党委（组织）及其统战部门的密切联系，及时听取意见，后备干部人选应同中共党委（组织）及其统战部门协商沟通，并在中共党委（组织）及其统战部门的规划和协调下落实培养锻炼。

四、民主党派领导班子后备干部必须具备的基本条件和选拔的重点

领导班子后备干部必须具备的基本条件：

（1）坚持四项基本原则，自觉接受中国共产党的领导，与中国共产党亲密合作，拥护中国共产党的基本路线和基本纲领，努力学习实践邓小平理论和“三个代表”重要思想；

(2) 有较强的参政议政能力,有一定的组织领导水平;

(3) 热爱民主党派组织,热心民主党派工作,了解统一战线和多党合作的理论、方针、政策;

(4) 在本行业、本专业中有一定的代表性和知名度;

(5) 作风正派,团结同志,廉洁自律,有较好的群众基础;

(6) 符合后备干部的年龄条件,身体健康。

选拔领导班子后备干部,特别要注重以下几点:在人选条件上,首先必须坚持政治标准,即自觉接受中国共产党的领导,与中国共产党亲密合作,坚持中国共产党领导的多党合作和政治协商制度。在人选范围上,首先要物色选拔体现党派界别特色的优秀人才,保证领导班子在总体上能够体现党派自身特色,在履行参政党职能中能够发挥自身的独特作用。在人选结构上,要注意物色选拔具有较强代表性的主委后备人选和熟悉党务工作、具有较强组织管理能力的专职领导人选。为扩大后备干部资源,也应注意在无党派人士中物色优秀人才吸收加入民主党派,并适时推荐为后备干部人选,做到组织发展与后备干部队伍建设相结合。

五、民主党派领导班子后备干部的年龄要求和规模

领导班子后备干部的年龄要求,根据新的形势和工作实际,要逐步实现年轻化,同时适应党派组织自身特点。市级组织领导班子后备干部的年龄主体应为55岁以下,并注意形成合理的年龄梯次。既要考虑近期的需要,也要考虑中长期的培养。后备干部队伍的规模按照与领导班子职数相适应的原则确定,一般以正职1∶2,专职副职和秘书长1∶2,兼职副职1∶1或稍多一点为宜。

六、选拔民主党派领导班子后备干部要开展民主推荐

在领导班子后备干部队伍建设中,各民主党派要着重注意做好人选物色和民主推荐工作。人选推荐要充分发扬民主,严格组织程序,防止由少数人选人和在少数人中选人,市委一般应通过召集市委常委会或市委全会进行民主推荐。必要时,也可采取民主协商的方法进行推荐,注意吸纳其他各有关方面推荐的人选。在推荐前后,要积极依靠有关单位中共组织,充分听取各方面意见,对推荐人选的素质、表现等基本情况要有较全面的了解。各民主党派应根据各自具体情况,制定民主推荐办法。在民主推荐的基础上,经主委会议讨论,提出后备人选推荐名单。推荐出的人选名单可适当多一些,并与中共党委统战部进行沟通协商。

七、采取切实措施加强对民主党派领导班子后备干部的培养锻炼

后备干部名单确定后,要采取切实措施,有针对性地加强培养考察:一是充分发挥自身组织优势,为后备干部搭建工作舞台。安排后备干部在中青年联谊会或中青年工作委员会及市委各专门委员会中担任一定的职务,委派参与重大课题调研和参政议政工作,推荐担任特约(邀)人员和行风政风监督员等,增强后备干部对民主党派工作的熟悉了解和同本党派组织的联系,同时在工作中加深对后备干部的了解。二是积极推荐选送后备干部到中央和本市的社会主义学院学习,推荐参加由市委统战部举办的党外干部培训班,推荐参加由其他各个方面组织的相关培训,帮助后备干部提高政治理论和政策水平,开阔眼界。三是根据后备干部培养方向的需要,向统战部积极建议,推荐选送到政府部门或其他相关单位任职或挂职,帮助后备干部提高组织领导和管理能力。

八、民主党派领导班子后备干部队伍建设要建立长效机制

领导班子后备干部队伍建设,是一项长期的工作,要建立长效机制。对后备干部的推荐调整,一般可在届中开展一到两次,根据实际情况实施滚动。领导班子后备干部的推荐调整,可同政治安排、实职安排的后备干部的推荐调整结合起来,各有侧重,通盘考虑。对后备干部队伍要建立信息库并实行动态管理,要认真撰写后备干部的材料,及时掌握并反映后备干部的信息变化。对后备干部名单及有关材料要做好保密工作。

各民主党派市委要在此纪要基础上，结合本党派的实际，制定相关的工作制度和措施，明确领导责任和责任部门，建立起领导班子后备干部工作机制。同时，根据区县组织实际情况，指导区县组织搞好领导班子后备干部队伍建设。

民革上海市委
民盟上海市委
民建上海市委
民进上海市委
农工党上海市委
致公党上海市委
九三学社上海市委
台盟上海市委
2006年2月10日

各民主党派上海市委关于加强领导班子建设的研讨纪要

2007年，各民主党派上海市级组织换届工作已全部完成，为在新一届市委任期内，领导班子能够更好适应新的形势和任务的要求，落实好政治交接各项要求，积极履行领导职责，团结带领上海的广大党派成员正确履行参政党职能，充分发挥参政党的作用，在过去历届的基础上，把工作推向一个新的水平，加强市委领导班子建设是一项十分重要而突出的任务。根据2002年换届以来加强领导班子建设的经验，在2003年形成的《各民主党派上海市委关于加强领导班子和机关建设座谈会纪要》的基础上，学习参照《各民主党派中央关于加强地方组织领导班子建设座谈会纪要》，经过主委研讨班和专职副主委、秘书长研讨班的学习研讨，对于今后进一步加强民主党派上海市委领导班子建设，形成了共识。

现纪要如下：

一、加强学习，提高领导班子成员政治思想水平

领导班子在学习上要始终走在前面。学习内容主要是中国特色社会主义理论体系、中国共产党和国家的大政方针、基本国情和形势政策、统一战线的理论和政策、多党合作历史、本党派历史、章程、优良传统和中央重要精神，及经济、法律、科技、管理、文化等方面专业知识。学习要密切联系思想实际和工作实际，落实到高举中国特色社会主义伟大旗帜，深入贯彻落实科学发展观，坚定走中国特色社会主义政治发展道路的信念上来，落实到提高政治把握能力、参政议政能力、组织领导能力、合作共事能力和依靠自身力量解决问题的能力上来。

建立学习制度，保证学习落实。建立健全主委会学习制度或市委中心组学习制度，制定学习计划，明确学习内容。坚持完善专职副主委、秘书长参加的民主党派和工商联双周学习联席会制度。在常委会和市委会中也要建立相应的学习制度。

学习要注重实效，可以采用多种形式。搞好集体学习的同时，加强个人自学。主委要带头搞好个人自学，在集体学习中带头宣讲。为检验、督促学习落实情况，鼓励领导班子成员开展述学，定期汇报交流学习成果。

二、贯彻民主集中制原则，发挥领导班子整体合力

贯彻民主集中制，要按照“集体领导、民主集中、个别酝酿、会议决定”的原则实行，做到：(1) 重要决策、重大事项和干部人事事项必须集体讨论决定；(2) 班子内部充分发扬民主，每个成员有充分发表自己意见的权利和义务；对集体讨论作出的决定，个人可保留不同意见，但行动上必须服从并执行；(3) 重大问题上会讨论之前，在班子内先要充分酝酿、沟通，平时工作中要经常相互沟通、相互支持。主委应当好班长，带头执行民主集中制，发扬民主，把握大局，支持领导班子成员在职责范围内独立负责开展工作。

建立和完善有关会议制度及议事规则。制定主委会议、常委会议、全委会议、主委办公会议以及有关工作专题会议等会议制度，明确会议出席范围、召开周期、议事范围、议题确定等，围绕相应事项决策，明确议事的规则程序。做到决策过程有章可循，有序操作，保证重大事项集体讨论决定。

分工负责制是民主集中制的一个基本内容。要明确班子成员的分工和职责，以及内部运作中的相互关系。既要发挥好专职领导的作用,又要注意发挥兼职领导的作用。班子成员要根据集体的分工决定,切实履行自己的职责,同时要关心全局工作,积极参与集体领导,保证在日常工作中各司其职,有分工,又有集中和统一。

三、探索建立内部监督约束机制,保证领导班子健康运作

民主党派领导班子内部的监督约束,主要针对班子成员遵守党派组织章程、执行组织决议、贯彻民主集中制、树立良好作风、遵守国家法律和党派组织纪律、廉洁自律等方面的情况,采取一定方式和制度,进行监督检查和制约。

探索建立监督约束机制,重要的是建立适合党派特点的制度。要建立领导班子成员的述职评议考核制度。主委和兼职副主委任期内须进行两次述职和评议;专职副主委和秘书长根据公务员制度,每年进行年度考核。主委和兼职副主委的述职评议一般在常委会或委员会范围进行,专职副主委和秘书长的年度考核一般在班子及机关范围内,任期内也须有两次在常委会或委员会范围内进行。畅通信息反馈渠道,接受群众评议、监督。

要建立班子内部的谈心谈话制度和谈心会制度,经常沟通思想,开展批评和自我批评,或谈话告诫,形成互相提醒、互相监督、互相帮助的风气和机制。必要时,在举行谈心会前可召开意见征询会和专题座谈会,邀请基层组织成员和干部对市委工作和领导成员发表意见和建议。对群众意见,要进行梳理,在谈心会上作通报,并且通过谈心会,提出整改措施。

四、加强领导班子作风建设,增强领导班子凝聚力

领导班子要大力倡导八个方面的良好风气:一是要勤奋好学、学以致用;二是要心系群众、服务人民;三是真抓实干、务求实效;四是艰苦奋斗、勤俭节约;五是顾全大局、令行禁止;六是发扬民主、团结共事;七是秉公用权、廉洁从政;八是生活正派、情趣健康。全面加强思想作风、学风、工作作风、领导作风和生活作风建设,努力促进领导班子作风的进一步转变。

五、加强后备干部队伍建设,为多党合作事业的长远发展奠定组织基础

按照2006年2月《各民主党派上海市委关于加强领导班子后备干部队伍建设的会议纪要》精神,在换届任务完成后,结合本党派实际,及时抓好新一轮领导班子后备干部队伍建设工作,制定计划,明确任务、要求、步骤、程序,稳步实施。同时,要按照中共市委组织部的要求和部署,积极稳妥做好政府、司法部门任职的后备干部的推荐工作。

在领导班子后备干部队伍建设中,在推荐选拔环节上,要注意发扬民主,开阔视野,拓宽渠道;在培养锻炼环节上,要注重政治培训和实践锻炼相结合,制定切实的措施和方案。对人选标准把握上,一方面要注意人选的政治素质和参政议政能力、社会活动能力,一方面要注意人选的代表性和知名度;把握好年龄梯次和界别结构,特别要注意选拔发展潜力大并能体现本党派特色的年轻后备干部;在制定培养方案中,把握好锻炼和使用的节奏,对重点人选要设计个体培养方案。

领导班子后备干部队伍建设要同领导班子成员进退机制结合起来,一方面建立健全领导班子成员到规定的年龄即退的机制,一方面要及时选拔培养合适的接替人选,及时补充接替,做到进退有序。

中国国民党革命委员会上海市委员会
中国民主同盟上海市委员会
中国民主建国会上海市委员会

中国民主促进会上海市委员会
中国农工民主党上海市委员会
中国致公党上海市委员会
九三学社上海市委员会
台湾民主自治同盟上海市委员会
2007 年 10 月

各民主党派上海市委关于加强机关建设的会议纪要

民主党派市委机关是民主党派市委的参谋部、服务部，是联系广大成员的重要桥梁，也是展示党派形象的窗口。2007年各民主党派市委换届后，普遍把加强机关建设作为实现政治交接的重要措施。各民主党派市委专职领导多次召开会议研讨机关建设工作，总结近些年来机关建设的成果和经验，分析存在的问题和面临的任务，提出加强机关建设的思路和措施，对若干问题形成共识。现纪要如下：

一、指导思想和总体目标

高举中国特色社会主义伟大旗帜，以邓小平理论和“三个代表”重要思想为指导，深入贯彻落实科学发展观，学习贯彻中共十七大精神，按照中共中央两个5号文件和15号文件要求，并根据《公务员法》和有关配套法规的规定，加强机关制度建设，使机关工作进一步规范化，切实提高机关工作水平和服务质量；优化机关干部队伍结构，加强机关干部的培养锻炼，切实提高机关干部思想作风、政策水平和业务能力，建设一支政治坚定、业务精通、作风优良、结构合理的机关干部队伍。

二、加强制度建设，提高机关工作水平和质量

（1）健全岗位责任制。根据机关工作发展需要，细化部门职能，修订职位说明书，逐步健全科学、合理、可操作性的岗位责任制。

（2）健全内部工作规范。根据民主党派机关工作的特点，制定工作流程、工作标准和具体操作规范，重点是优化工作流程。机关工作实现纵向层级管理，横向互相支持配合，使工作规范有序，形成逐级负责、团结协作工作氛围。

（3）健全机关管理规章制度。进一步完善机关管理、考核、激励、约束的制度，逐步形成一套职责明确、程序健全、运转有效且适合民主党派机关特点的工作制度。同时在培育和提高制度执行力上下功夫，形成以制度规范行为，以制度激励精神的有效机制。

三、加强干部队伍建设，提高干部的综合素质

（4）提高干部政治思想素质。建立健全机关干部学习制度，采取报告会、学习会、研讨会等会议和自主学习形式，认真学习中国特色社会主义理论体系，学习中国共产党领导的多党合作和政治协商制度的理论方针政策，了解多党合作的历史和光荣传统，熟悉党派工作政策和本党派章程。深入开展理想信念、社会主义荣辱观、公务员行为规范等教育，教育干部树立正确的世界观、人生观、价值观和权力观、地位观、利益观，全面提升政治品德、职业道德、公民道德水平。

（5）拓宽干部培养渠道。根据提高干部能力和素质的要求，制订机关干部培训计划，依托上海市行政管理学院和上海市社会主义学院，开展政治理论知识和相关业务知识培训，推荐干部参加市有关部门举办的任职培训、在职培训、业务培训等，提高干部的政治理论水平、业务能力和职业道德水准。实行轮岗制度，探索挂职渠道，从实践中提高干部的能力和素质。

（6）严格干部晋升程序。建立健全符合民主党派市委机关特点的干部选拔任用工作细则。按照酝酿沟通、民主推荐、人选考察、协商讨论、集体决定、任前公示等程序晋升处级干部，科级干部晋升也要按规范程序办理。坚持公开、平等、竞争、择优原则，推动干部竞争上岗和向社会公开选拔工作，拓宽选拔干部的渠道和途径，努力形成广纳群贤、能上能下的用人机制。

(7) 健全干部考核、奖惩制度。逐步建立以职位说明书为基础，以工作实绩为主要内容的考核指标体系。依照职位说明书确定的职位职责和年度工作目标，制定相应的量化标准，设置每位干部的考核指标，年终进行绩效评估，并将年度考核结果作为干部奖惩、培训、调整、选拔的重要依据，充分发挥考核的激励和约束作用。

(8) 改善干部队伍结构。在录用、引进机关干部和干部职务晋升时，充分考虑优化机关干部队伍结构，逐步改善机关干部的年龄结构、知识结构和职级结构。要开发使用好干部资源，合理使用各个年龄段干部，充分发挥各个层面干部的积极性，积极培养选拔优秀年轻干部。同时，根据工作需要引进优秀干部。

四、加强机关作风建设，树立良好的机关形象

(9) 培育良好的机关作风。大力培育勤奋好学、学以致用的作风，真抓实干、务求实效的作风，顾全大局、令行禁止的作风，相互支持、团结共事的作风，生活正派、情趣健康的作风。领导干部要以身作则，率先垂范，坚持优良传统，弘扬新风正气，抵制歪风邪气。加强干部思想作风、学风、工作作风和生活作风建设，坚持以人为本的理念，不断创新机关作风建设的形式和途径，牢固树立大局意识、服务意识和纪律意识，切实改进机关作风。

(10) 开展机关文化建设。围绕建设社会主义核心价值体系，开展机关文化建设，丰富机关文化生活，活跃机关氛围，弘扬爱国主义、社会主义、集体主义思想，增强机关凝聚力。发挥机关干部主动性、创造性，采取多种形式，建设符合机关工作和机关管理实际的机关文化，为机关的良性运转营造健康向上、团结和谐的思想氛围。

中国国民党革命委员会上海市委员会
中国民主同盟上海市委员会
中国民主建国会上海市委员会
中国民主促进会上海市委员会
中国农工民主党上海市委员会
中国致公党上海市委员会
九三学社上海市委员会
台湾民主自治同盟上海市委员会
2007 年 12 月

索　　引

一、主题索引

D

E

F

G

H

J

N

P

Q

R

S

X

Y

Z

二、人 名 索 引

D

F

G

J

K

L

M

T

W

Y

Z

三、图 表 索 引

N

S

T

X

Z

1

2

编 后 记

《上海市志·民主党派分志(1978—2010)》在民主党派分志编委会的领导下和市地方志办公室的指导下,经过编纂办公室全体同志和各民主党派修志人员的共同努力,历经10年完成。

根据上海市政府《上海市第二轮新编地方志书编纂规划》、市地方志编纂委员会《〈上海市志(1978—2010)〉编纂实施方案》中的卷目及编纂分工,《上海市志·民主党派与群众团体分志·民主党派卷》(2011年2月,经市方志办同意将《上海市志·民主党派与群众团体分志·民主党派卷》改为《上海市志·民主党派分志》,简称《民主党派分志》),由中共上海市委统战部牵头承编,各民主党派市委参编,成立由中共上海市委统战部和8个民主党派市委领导人组成的编纂委员会,并建立《民主党派分志》编纂办公室,负责落实《民主党派分志》的编纂工作,各民主党派分别由一个部门负责,配备编修人员。2010年12月16日,《民主党派分志》编纂委员会举行第一次会议,正式启动编纂志书的各项工作。

在编委会的统筹安排和有序推进下,《民主党派分志》编纂办公室积极组织协调各民主党派修志人员实施编纂工作计划。2015年底,初步完成资料收集和长编工作;2016年底,初步完成志稿各章节、人物篇的初稿撰写,以及图照的选用;2017年上半年,完成志稿初稿的总纂工作,2017年11月,完成内部专家评议工作;2017年12月提交市地方志办公室,进入评议、审定、验收阶段。

编纂工作主要经历了四个阶段。一是确定框架结构阶段。根据民主党派五年一届的实际情况,经市地方志办公室同意,此次编志的截止时间延长至2012年底。按照全面、客观地记载上海市各民主党派在1977年恢复活动以来,加强自身建设,履行参政议政、民主监督职能,参加中国共产党领导的政治协商以及服务社会的主要活动、主要工作和重要成果的要求,经过近十几次的修改,形成了分志的篇目结构,内容由凡例、概述、大事记、正文、附录、编后记等组成,其中正文分篇、章、节、目四级。二是收集及制作资料长编阶段。按照市地方志办公室"先制作资料长编,后编纂志书"的要求,以"先近后远、先简后繁,力求资料全面、真实准确"为原则,编纂办公室和各民主党派修志人员用了两年多的时间,开展资料长编的收集和制作工作。其中,1978—1992年的资料基本沿用已经出版的《中国民主党派上海市地方组织志(1949—1992年)》,对该阶段的资料长编,着重在梳理、补缺和纠错上下功夫。1993—2012年的大部分资料是新征集的。经过编纂人员的辛勤工作,总量500多万字的资料长编于2015年底基本完成。三是志书初稿编写阶段。2015年初开始,编纂人员在资料长编的基础上开始志书的撰写。用近两年的时间完成了100万字的文字初稿。本分志共记载了1978—2012年35年来上海市各民主党派市委的主要工作,时间跨度大,发展变化大,按照"分工负责、集中讨论、把握进度、注重质量"的要求有序推进工作。其间,各党派分别试写几篇,请市方志办市志处的同志进行点评,通过座谈和书面广泛征求中共市委统战部和民主党派市委老领导以及机关干部意见,做到知错即改,努力达到框架脉络清晰、文字表述规范的要求,并对有疑义之处反复斟酌核实，确保志书的质量。四是志书修改及评议阶段。2017年上半年，在志书初稿形成的基础上，编纂办公室对篇章文字内容进行了逐字逐句地通读修改，并完成配图、人物、附录等相关工作。2017年10月，编纂委员会召开内部评审会，邀请曾在中共市委统战部分管党派工作的老领导和民主党派市委老同志，民主党派成员中史学专家，市地方志办公室的相关同志，采用"分散审阅、集中评议"的方式，对志书进行内部评审，继而根据专家们提出的意见和建议再次进行专篇专章、逐字逐句地修改，形成了100万字的评议稿。2018年8月报送市地方志办公室评议。根据市地方志办公室组织的专家评议会意见，再次对志书作了梳理、订正、修改。2019年5月，报送市地方志办公室审定。再根据专家审定会的意见，又一次对志书中的照片、志稿进行调整、梳理、修改。于2020年4月通过验收。

在志书编纂工程中，中共市委统战部领导和各民主党派市委领导高度重视。中共市委统战部部长杨晓渡、沙海林、施小琳、郑钢淼先后担任编委会主任，各民主党派市委主委担任编委会副主任。编委会原则上每年召开一次全体会议，按照市政府有关部门关于志书编写的各项标准和要求，对编纂工作重要的节点都给出明确的指导和有力的支持，对篇目结构、重要章节的编写原则和方式、工作进度等都进行集体研究，确定方向。在志书编纂工程中，得到了市地方志办公室的有力指导。市地方志办公室有关同志始终关心《民主党派分志》的编纂工作，多次就电子卡片制作、资料长编的制作、志书的编修技巧等上门指导，特别是参与了初稿样本的点评、修改和内部评审。

编纂方志工作是中华民族的优秀文化传统，功在当代，利在千秋，要经得起历史的检验。《民主党派分志》编纂办公室全体同志和各民主党派修志人员深知意义重大，不懈怠，不厌烦，认真负责，斟字酌句，一丝不苟，精益求精。尽管尽了最大的努力，但限于我们的工作水平和缺少编修志书的实际经验，因此，《民主党派分志》肯定存有不足甚至错误，敬请读者批评指正。同时，也希望能成为后人编志之鉴。

《上海市志·民主党派分志(1978—2010)》编纂办公室

2020年12月

图书在版编目(CIP)数据

上海市志. 民主党派分志：1978—2010 / 上海市地方志编纂委员会编. —上海：上海人民出版社，2021
ISBN 978-7-208-16961-6

Ⅰ.①上… Ⅱ.①上… Ⅲ.①上海—地方志②民主党派—概况—上海—1978-2010 Ⅳ.①K295.1 ②G259.275.1

中国版本图书馆 CIP 数据核字(2021)第 034350 号

责任编辑 马瑞瑞 杨 清
封面设计 严克勤

上海市志・民主党派分志(1978—2010)
上海市地方志编纂委员会 编

出　　版 上海人民出版社
（201101 上海市闵行区号景路 159 弄 C 座）
发　　行 上海人民出版社发行中心
印　　刷 上海中华商务联合印刷有限公司
开　　本 889×1194 1/16
印　　张 69
插　　页 23
字　　数 1,750,000
版　　次 2021 年 12 月第 1 版
印　　次 2021 年 12 月第 1 次印刷
ISBN 978-7-208-16961-6/K・3053
定　　价 420.00 元